文 / 白 / 对 / 照

困學紀聞

上

〔南宋〕王应麟 著
郝二伟 译

团结出版社

© 团结出版社，2024 年

图书在版编目（ＣＩＰ）数据

文白对照困学纪闻 /（南宋）王应麟著；郝二伟译
-- 北京：团结出版社，2024.8
    ISBN 978-7-5234-0583-3

Ⅰ.①文… Ⅱ.①王…②郝… Ⅲ.①笔记－中国－
南宋－选集 Ⅳ.① Z429.442

中国国家版本馆 CIP 数据核字（2023）第 208367 号

责任编辑：张振胜
封面设计：张 信

出　　版：团结出版社
　　　　　（北京市东城区东皇城根南街 84 号 邮编：100006）
电　　话：（010）65228880 65244790
网　　址：http://www.tjpress.com
E-mail：zb65244790@vip.163.com
经　　销：全国新华书店
印　　装：天宇万达印刷有限公司

开　　本：145mm×210mm　32 开
印　　张：44　　　　　　　字　　数：918 千字
版　　次：2024 年 8 月 第 1 版　印　　次：2024 年 8 月 第 1 次印刷

书　　号：978-7-5234-0583-3
定　　价：198.00 元（全三册）

前　言

一、王应麟的生平经历

王应麟（1223—1296），字伯厚，号厚斋，后改号深宁，庆元府鄞县（今宁波鄞县）人，为宋末元初大儒，于《宋史》《宋元学案》均有传，清儒钱大昕又撰有《王深宁先生年谱》一卷，三者相互参照，可见其一生学行与志向所在。

王应麟少承家学，号称"九岁通六经"。宋理宗嘉熙三年（1239），王应麟十七岁，以父命从余天锡学习文辞之学，钱大昕《王深宁先生年谱》称其"为文益敏捷"。

宋理宗淳祐元年（1241），王应麟十九岁，登进士第，又从金华王埜受学，《年谱》言其"得吕成公、真文忠之传"。吕成公即南宋名贤东莱先生吕祖谦，代表伊洛道学、中原文献之学和浙东史学的传统；真文忠公即西山先生真德秀，是宋儒朱熹的再传弟子。此外，王应麟之父王撝曾拜史弥巩为师，史弥巩则为杨简弟子，杨简又是陆象山的高足，王应麟也由此接续了陆氏学统。《学案》由此认为，王应麟接续了朱、吕、陆三家学统，具体而言，即朱氏的格物致知、居敬穷理之学，吕氏的史学与典章文献之学以及陆氏的心学工夫。

据《学案》记载，王应麟中进士后曾说："今之事举子业者，一切委弃，制度典故漫不省，非国家所望于通儒。"可见，王应麟所期望成为的"通儒"，必须要熟知"制度典故"，有通经致用之才。他由此立誓，要"以博学宏词科自见"。

宋理宗宝祐四年（1256），王应麟三十四岁，中选博学宏词科。当年五月，王应麟充任覆考检点试卷官，评论文天祥的文章为"古谊若龟鉴，忠肝如铁石"，理宗遂将文天祥擢为状元。

此后二十年间，至南宋灭亡前，王应麟历任太常寺主簿、著作佐郎、起居舍人、礼部侍郎兼中书舍人等官职，累迁至礼部尚书兼给事中。其议论多忤皇帝、权贵，均不得行。宋亡以后，王应麟隐居不仕，"杜门不出，朝夕坐堂上，取经史诸书讲解论辩"，以遗民终其身，学者称其为厚斋先生。此后二十年，王应麟七十四岁，卒于家。

王应麟学问广博，而著作宏富。《宋史·王应麟传》载录其著作二十二种，合计六百九十六卷。而根据《四库全书》所列，王应麟现存的著作有：《周易郑康成注》一卷、《诗考》一卷、《诗地理考》六卷、《通鉴地理通释》十四卷、《汉制考》四卷、《汉艺文志考证》十卷、《通鉴答问》五卷、《六经天文编》二卷、《困学纪闻》二十卷、《玉海》二百卷、《辞学指南》四卷、《小学绀珠》十卷、《姓氏急就篇》二卷、《四明文献集》五卷，计十四种，二百八十四卷。

王应麟早年所言的"通儒"二字，正是他毕生学问追求的写照：论为学之风格，他不拘守门户之见，在道学范围内会通朱、吕、陆三家之传，在整体的学术范围内，他通贯了汉唐经学和两宋

的经学与理学传统，并兼之以小学考证的工夫，《学案》中全祖望所作的"和齐斟酌，不名一师"的评价，可谓得之。而论其著述之内容，则是通贯经、史、子、集四部，其精彩处在贯通经术、义理、文辞而为通儒之学。其力学之方法所及，则有注疏、考据、校雠、辑佚等，均开后世之先，达到了极高的水准，清儒章学诚标举"辨章学术，考镜源流"为校雠学之准的，而深宁实足以当之。

二、《困学纪闻》与王应麟的学术旨趣

《困学纪闻》是王应麟晚年所撰的一部巨著。其书以札记考证的形式呈现，深宁每于典籍中拾得碎金零屑，即加以考据而笔之于书。此书共二十卷，其分卷内容如下：

卷一至卷八以《易》《诗》《书》《礼》（含三礼和《大戴礼记》）《乐》《春秋》（含三传）《论语》《孝经》《孟子》《小学》的经学序列编成，正与两宋时期完成的"十三经"经目体系相合，在卷八之末又有"经说"部分，集中探讨了经学体系的相关问题。在经学方面，王应麟之持论是"于汉唐取其核，于两宋取其纯"（翁元圻语），所谓"核"，指的是事实详核，尤其指对经典中的典章制度考求详备；所谓"纯"，指的是义理精纯，尤其强调以圣人之心体悟圣人之言。因此，王应麟既对汉唐的经学传统予以关注和接受，同时对宋儒在经学方面的疑义和成果也加以精密的考察。在王应麟眼中，这居首的八卷乃是《困学纪闻》的核心内容，可以说底定了全书的义理根据。

卷九、卷十则分述天道、历数、地理、诸子这四类问题，"天道"篇集中讨论天文现象及其观测，"历数"篇则主要关注历法问题，前者重"观象"，后者重"授时"。"地理"篇考察古籍中地名

的历史变迁，以及同地理相关的文化现象，实是历史地理学的先
声。"诸子"的考察内容则涉及诸子其人其事的考定，和书籍版本
的流传，其排序则以曾子居首，子思、荀子等儒家诸子为先，而以
《管子》《老子》《庄子》《列子》《鬼谷子》《吕氏春秋》等别家
诸子居后。"观象授时"在上古属"天学"，为天官之职守，是上古
帝王治理天下的根本之学，是以深宁将其置于专论经学的前八卷
之后。卷十"地理"篇上承卷九之"天学"而述古今地名之变和军
备、民事之实，"诸子"篇则采录诸子之善言，用以证经学之正道。
《困学纪闻》前十卷的内容，恰好体现了王应麟"通经致用"的追
求。

后续的卷十一至十六，其内容均为考订史事；卷十七至卷
十九则为评论诗文；卷二十题为"杂识"，为杂录札记。则是深宁
之学养在史、集二部的综合体现，清儒牟应龙在其序言中说："盖
九经诸子之旨趣，历代史传之事要，制度名物之原委，以至宗工巨
儒之诗文议论，皆后学所当知者"，又说其书"辞约而明，理融而
达，该邃渊综，非读书万卷，何以能之？"可谓颇得著者之心。

王应麟在书前又有手书自识三十八字，其内容为："幼承义
方，晚遇艰屯；炳烛之明，用志不分。困而学之，庶自别于下民；开
卷有得，述为纪闻。深宁叟识。"其自识恰好点破了《困学纪闻》这
一书名。"幼承义方，晚遇艰屯"是自述其为学之经历，幼时所承
之"义方"也就是通经致用的通儒之学，晚年所遇之"艰屯"则为
宋室之亡，这是王应麟的遭际之困。"炳烛之明"，典出《说苑·建
本》"老而好学，如炳烛之明"，"用志不分"，典出《庄子·达生》
"用志不分，乃凝于神"。这是王应麟的力学之深，同时也是苦学

之困。王应麟不自居于上智，而以"困而学之"的工夫贯彻始终，而"开卷有得，述为纪闻"，他也只是将自己的所闻、所得"述"之于当世，这是他对孔子"述而不作"之义有意识的继承。

《困学纪闻》一书强调"通经致用"的通儒追求，和其所体现的下学、读书穷理的风格，披沙拣金的考证方式，都颇为后世学者所重。其中尤著者厥为明末大儒顾炎武，顾炎武所撰的《日知录》一书，和"经学即理学"一语，颇为清代考据学者所称道，考其渊源，则深宁实可为亭林之先声。与顾炎武同时的阎若璩也受《困学纪闻》影响颇深，阎咏所作《困学纪闻序》曾转述阎若璩之言，认为"说部书最便观者"正是王应麟的《困学纪闻》，阎若璩还为之校雠、作注，以此为"续古人之慧命，启来学之博闻"的事业。阎若璩以考辨"古文《尚书》"之伪见称于时，但其《潜邱札记》也是以札记形式，寄寓考证之实。近人梁启超称"宋王应麟《困学纪闻》，为清代考证学先导"，可为确论。

三、前人的成就与本书的特色

（1）《困学纪闻》的版本流传

《困学纪闻》的流传始于元代，而校勘工作主要始于清代。根据明初刻本所载陆晋之的《序》文，元泰定二年（1325）庆元路儒学曾刊刻《困学纪闻》，其事由王应麟弟子袁桷主之。其后又有明正统年间刻本和万历三十一年刻本流传于世。

据张骁飞考证，《困学纪闻》于元初成书，最初以抄本流传，元泰定二年（1325）庆元路儒学本当为此书唯一的元刻本。明刻诸本有三，即南京国子监本、保定府刻本和吴献台刻本。清代刊刻诸的诸多版本有六，其中马氏丛书楼所刻阎若璩笺本最早，其

次为汪氏桐华书塾刻何焯笺本，今所见全祖望三笺本乃嘉庆时鄞县屠继序合康乾时方楘如、程瑶田校注及己注而成，已非其旧。八笺本乃屠继序将其所辑全氏三笺本与万希槐所作集证及钱大昕注合而成之，而翁元圻注本，则可谓集大成者。

此外，《困学纪闻》在海外流传亦广。检索"全球汉籍影像开放集成系统"和日本"全國漢籍データベース"可知，在宽文元年（1661）已有和刻《困学纪闻》流传，而日本现存的《困学纪闻》藏本总量则有193种之多。

（2）目前整理点校的成果和本书的特点

目前，国内对《困学纪闻》的整理、点校成果主要有以下几家：

辽宁教育出版社1998年版《困学纪闻》，孙通海点校。

上海古籍出版社2008年版《困学纪闻（全校本）》，栾保群、田松青、吕宗力校点。此版后来又经过修订再版。

中华书局2016年版《困学纪闻注》，孙通海点校。

凤凰出版社2018年版《困学纪闻》，黄怀信、巩宝平整理。

以上四种整理本，都为学者研究《困学纪闻》提供了极大便利。其中，《困学纪闻（全校本）》和《困学纪闻注》更是为读者提供了清人笺注的宝贵成果，有助于后人理解厚斋用典之深意。但考据文字向称枯涩难读，这无疑是当今读者阅读《困学纪闻》的一大障碍。因此，本书以传承、传播学术文化为首要宗旨，在前辈成果的基础上，首次对《困学纪闻》一书进行了系统的白话全文翻译。翻译学术考证类的著作同翻译外文小说一样，也会面对"信、达、雅"三个标准的考验：在翻译本书的过程中，"信"要求译者

忠实地理解原文所依托的史料和著者论证的过程，前人的整理和研究成果在这方面提供了极大助力。"达"则要求表达平实、流畅，语言不至于滞涩难懂，这就要求译者在拣择文辞上更下工夫。"雅"则是基于原书的表达风格，王应麟应试博学宏词，即使是考证文字也多有骈偶之辞，这就需要译者在语言的形式、结构上用心体会，力图表现原书的风格气韵。

　　本书的翻译致力于实现上述三点标准，而期望以平实、易读的风格使优秀传统文化更好地走向大众。此外，本书在翻译过程中对前人的标点成果也有所调整。本书由郝二伟主译，并对全书体例、文字做了整体校对修订。此外中国人民大学的钟章铭、崔雨莹、郑虹、周怡然诸君亦参与了本书部分内容的翻译、查阅对比资料的工作，为本书做出了贡献。笔者虽竭力为之，限于能力，未逮之处敬请读者方家多多指正。

目　录

卷一——卷五

卷一

易

危者使平，易者使倾，《易》之道也。处忧患而求安平者，其惟危惧乎？故《乾》以惕无咎，《震》以恐致福。

"修辞立其诚。"修其内则为诚，修其外则为巧言。《易》以辞为重。《上系》终于"默而成之"，养其诚也。《下系》终于六辞，验其诚不诚也。辞非止言语，今之"文"，古所谓"辞"也。

履霜戒于未然，月几望戒于将然。《易》贵未然之防，至于几，则危矣。

"潜龙以不见成德"，管宁所以箴邴原也；全身以待时，杜袭所以戒繁钦也。《易》曰："括囊无咎无誉。"

"贞者，元之本。"周公曰："冬日之闭冻也不固，则春夏之长草木也不茂。"（原注：见《韩非·解老》。）可以发明贞固之说。

　　让处身危难艰险的人平安，让心态轻慢懈怠的人倾覆，这是《易经》告诉世人的道理。那些身处忧患而一心求安定太平的人，难道他们只是惧怕危难吗？因此《乾卦》认为谨慎警惕才可以没有过失，《震卦》认为恐惧敬畏才可以招致福气。

　　《乾卦·文言》说："修饰文辞来建立诚心。"修养内在则为心诚，修饰外在则为花言巧语。《周易》以文辞为重。《系辞上传》以"默而成之"结尾，是培养人内在的诚。《系辞下传》以六类人的言辞作结，可以检验人是否心诚。"辞"不只是言语文字，今天的"文"，也是古时所谓的"辞"。

　　《坤卦》中的"履霜"是戒备还没有发生的事，《小畜卦》中的"月几望"是戒备将要发生的事。《周易》重视防备还没有发生的事，一旦已经到了即将要发生的时候，就危险了。

　　"潜藏的龙以不显现来成就其品德"，是管宁用来劝告邴原的；保全性命等待时机，是杜袭用来规诫繁钦的。《易经》说："扎紧口袋闭口不言，没有过错，也没有美誉。"

　　《大学衍义》说："贞是元的根本。"《韩非子·解老》中，周公说："如果冬天封冻得不够坚固，那么春夏时节的草木也不会长得茂盛。"这些可以透彻地阐释坚持正道的道理学说。

《乾》初九,《复》也,"潜龙勿用",即"闭关"之义。《坤》初六,《姤》也,"履霜坚冰至",即"女壮"之戒。

《淮南·人间训》云:"《易》曰'潜龙勿用'者,言时之不可以行也,故'君子终日乾乾,夕惕若厉,无咎。'终日乾乾',以阳动也;'夕惕若厉',以阴息也。因日以动,因夜以息,唯有道者能行之。"以阴阳言日、夕,《易》说所未及。

蔡泽谓:"《易》曰'亢龙有悔',此言上而不能下,信而不能诎,往而不能自反者也。"亦善言《易》矣。泽相秦数月而归相印,非苟知之。《贾谊书》云:"亢龙往而不能反,故《易》曰'有悔';潜龙入而不能出,故《易》曰'勿用'。龙之神也,其惟蜚龙乎?"

《越绝》引《易》进退存亡之言曰:"进有退之义,存有亡之几,得有丧之理。"陆宣公云:"丧者得之理,得者丧之端。"其语本此。

《坤》之'六五',程子以为'羿、莽、娲、武,非常之变'。干宝之说曰:"柔居尊位,若成、昭之主,周、霍之臣也。百官总己,专断万机,虽情体信顺,而貌近僭疑。言必忠

《乾卦》的第一爻阳爻，与《复卦》意义相通，"潜藏之龙，不要施展能力"，即"闭关"之义。《坤卦》的第一爻阴爻，与《姤》意义相通，"踩在霜上，冰冻时节来临"，即对"女壮"（即：对方强大）的警戒。

《淮南子·人间训》说："《周易》中的'潜龙勿用'，是说时势不允许妄动。因此'君子整个白日要勤勤恳恳，夜晚像有危险一样警惕，这样才不会有过错。'白天勤勤恳恳，是依照阳气来安排活动；夜晚像有危险一样警惕，是依照阴气进行歇息。顺着白天活动，随着夜晚歇息，只有有道的人才能够做得到。"结合阴阳来说白天、夜晚，是《周易》体例中所没有提及的。

蔡泽说："《周易》说'龙飞过高就会产生悔恨'，这就是说那些能在上而不能下、能伸而不能屈、能往而不能自己回顾反省的人。"也是对《周易》的正确解释。蔡泽在秦国作丞相几个月后归还了相印辞官，不只是通晓这些道理。贾谊《新书·容经篇》说："飞得过高的龙，能去往却不能返回，因此《周易》说'有悔恨'；隐藏的龙能深入而不能显露，因此《周易》说'不要施展能力'。龙作为具有神妙莫测之能的神物，难道只是飞龙吗？"

《越绝书》引用《周易》讲进退存亡的话说："前进中有后退的意义，生存中隐含着灭亡的预兆，得到中包含着丧失的道理。"陆宣公陆贽说："丧失是得到的道理，得到是丧失的开端。"这句话就本源于此。

针对《坤卦》的'六五'（即：第五爻阴爻），程颐认为'后羿、王莽、女娲、武则天，不是正常的事变'。干宝的说法是："柔弱的人居于高位，就如周成王、汉昭帝等君主，是因为他们

信，行必笃敬，然后可以取信于神明，无尤于四海。"愚谓此
说为长。

《乾》、《坤》之次《屯》，曰："建侯"。封建与天地并
立。一旅复夏，共和存周，封建之效也。匹夫亡秦，五胡覆
晋，郡县之失也。

古者君臣之际，分严而情通。"上天下泽，《履》"，其分
严也；"山上有泽，《咸》"，其情通也。不严则为《未济》之
三阳失位，不通则为《否》之"天下无邦"。

《阴符经》云："天地之道浸，故阴阳胜。"愚尝读
《易》之《临》曰："刚浸而长。"《遁》曰："浸而长也。"自
《临》而长为《泰》，自《遁》而长为《否》，浸者渐也，圣人
之戒深矣。

"系于苞桑"，三柔在下而戒之也。"系于金柅"，一柔
方进而止之也。

《蒙》之刚中，二也，占而求之曰"初筮"。《比》之刚
中，五也，占而从之曰"原筮"。

对应周公、霍光等臣子。周公、霍光等权臣将百官职权汇总于自己，独自决定处理各种事务，虽然真实可信，情理有据且恭顺，但总有貌似接近僭越的嫌疑。说话必定忠实诚信，行为必定笃实恭敬，然后才可以取信于神明，没有过失于天下。"我认为这个说法特别正确。

《乾卦》、《坤卦》的下一个是《屯卦》，卦辞说："建侯"。封邦建国与天地并立。一支军队能使夏朝复辟，周召共和能使周朝保留下来，都是分封制度的功效。平民百姓竟然可以灭亡秦朝，胡人居然可以倾覆西晋，这是郡县制度的过失。

古时君臣的界限，区分严格但情分互通。"上天下泽，是《履卦》"，它表明君臣区分严格；"山上有泽，是《咸卦》"，它表明二者(君臣)情分互通。区分不严则为《未济卦》的三个阳爻失去地位，情分不通则为《否卦》的"天下无邦"。

《阴符经》说："天地之道渐微地浸透万物，所以阴阳可以相互制约。"我曾读《周易》的《临卦》说："阳刚逐渐增长。"《遁卦》说："(阴气)逐渐增长。"从《临卦》增长一阳就是《泰卦》，从《遁卦》增长一阴就是《否卦》，浸就是逐渐，圣人的规诫实在是深刻啊。

《否卦》中的"系于苞桑"(即：束缚于柔软的苞桑，情况危险)，是对三阴爻在下的规诫。《姤卦》中的"系于金柅"(即：束缚于阳性的金属制动器，阴柔被阳刚牵制)，是对一阴爻刚要进长的阻止。

《蒙卦》中间的阳爻，是第二爻，占卜求得的卦辞说"初筮"。《比卦》中间的阳爻，是第五爻，占卜依照的卦辞说"原筮"。

"童蒙"应于"二"之刚，则吉，养之早也。"童观"远于"五"之刚，则吝，见之小也。

信君子者治之原，《随》之"九五"曰："孚于嘉，吉。"信小人者乱之机，《兑》之"九五"曰："孚于剥，有厉。"

"鸣谦"则吉，"鸣豫"则凶。鸣者，心声之发也。"未知获戾于上下"，鸣谦者欤？"二三子亦姑谋乐"，鸣豫者欤？

柔而刚，则能迁善。刚而柔，则能顺理。《复》之"六三"，柔而不中，勉为初之刚而屡失，故频复。《巽》之"九三"，刚而不中，勉为初之柔而屡失，故频巽。

《小畜》上九，"月几望"则凶，阴亢阳也。《归妹》六五，"月几望"则吉，阴应阳也。《中孚》六四，"月几望"则无咎，阴从阳也。曰"几"者，戒其将盈，阴盈则阳消矣。

《同人》之"初"曰"出门"，《随》之"初"曰"出门"，谨于出门之初，则不苟同，不诡随。

《蒙卦》(即：六五)中的"童蒙"相应于第二的阳爻，则是吉利的，是因为培养得早。《观卦》(即：初六)中的"童观"远于第五的阳爻，则会悔吝，是因为见识的浅薄。

相信正人君子，是安定的本源，《随卦》的第五爻阳爻说："讲信于美善之人，吉。"相信奸佞小人，是动乱的关键，《兑卦》的第五爻阳爻说："一旦信用剥脱消亡，就会有凶猛之事出现。"

《谦卦》"鸣谦"(即：显露谦虚)则吉，《豫卦》"鸣豫"(即：显露逸豫)则凶。鸣，是指内心声音的发出。《尚书·汤诰》中的"不知是否得罪天地"，不就是显露谦虚吗？《左传·哀公五年》中齐景公的"你们这些人也姑且去寻欢作乐"，不就是显露逸豫吗？

柔和而能刚强，则能改过向善。刚强而又柔和，则能遵循道理。《复卦》的第三爻阴爻，阴柔却不在内里，勉强为第一的阳爻却屡次失去，所以频频反复不顺利。《巽卦》的第三爻阳爻，阳刚却不在内里，勉强为第一的阴爻而屡次失去，所以频频卑顺不坚定。

《小畜卦》第一爻阳爻，"月亮接近圆满"则凶恶，是因为阴高于阳。《归妹卦》第五爻阴爻，"月亮接近圆满"则吉利，是因为阴应和阳。《中孚卦》第四爻阴爻，"月亮接近圆满"则没有过错，是因为阴顺从阳。之所以叫作"几"的，是警戒月亮将会变得圆满，阴影如果占满，光亮就会消失了。

《同人卦》的第一爻说"出门"，《随卦》的第一爻说"出门"，是谨慎地对待出门之初，所以便不随便地赞同，也不妄随人意。

冥于《豫》而勉其"有渝"，开迁善之门也。冥于《升》而勉其"不息"，回进善之机也。

"大蹇朋来"，进君子之真朋也。"涣其群"，退小人之伪朋也。（原注：泰言"朋"，否言"群"。）

君子进而众贤聚，故《复》"朋来无咎"。众贤盛而君子安，故《解》"朋至斯孚"。君子之志行，而小人之心服，故《豫》"勿疑，朋盍簪"。

《易》言"密云不雨"者二：《小畜》终于"既雨"者，阳之极为阴也；《小过》终于"已亢"者，阴之极为阳也。（原注：畜极则通，过极则亢。）

"谨乃俭德，惟怀永图"，故"甘节，吉"。"盗言孔甘，乱是用餤"，故"甘临，无攸利"。

"不义而富且贵，于我如浮云"，故曰"舍车而徒，义弗乘也"。"万钟则不辨礼义而受之，万钟于我何加焉"，故曰"自求口实，观其自养也。"

召平、董公、四皓、鲁两生之流，士不以秦而贱也。伏

《豫卦》暗中预备而勉励"有所变化",是开改过向善的门径。《升卦》暗中上升而勉励"不加停息",是回报进呈善言的关键。

"遭遇大的险阻,朋友们都来帮忙"(《蹇卦》),是呈现君子这样真正的朋友。"涣散自己的群队朋党"(《涣卦》),是退散小人这样虚伪的朋友。(原注:泰卦说"朋",否卦说"群"。)

君子出仕,会有众多贤人聚集,所以《复卦》说"朋友前来就没有灾祸"。众多贤人显赫兴盛,那么君子便能安定,所以《解卦》说"朋友到来能得到信任"。君子的志向和操行,会得到小人的衷心佩服,所以《豫卦》说"不必疑虑,朋友会像头发聚集于发簪一样汇集起来"。

《周易》说"密云不雨"(即:云密集却不下雨)的有两处:一是以"既雨"为结尾的《小畜卦》,阳到了极致就变为阴;二是以"已亢"为结尾的《小过卦》,阴到了极致就变为阳。(原注:蓄积到了极致就会通畅没有阻碍,逾越到了极致就会过高。)

"要重视节俭之德,怀有长远的谋划"(《尚书·太甲上》),因此"适当的节制,是吉利的"(《节卦》)。"恶人总是以好话来诱说人,于是乱事因而滋生"(《诗经·小雅·巧言》),因此"以甜言蜜语临政,没有裨益"(《临卦》)。

"以不正当手段得到的荣华富贵,对于我来说就像浮云一样随风即逝"(《论语·述而》),所以说"舍弃车子徒步行走,其义理在于不乘车"。"高官厚禄却不辨是否合乎礼义就接受了它,那么高官厚禄对我有什么好处呢"(《孟子·告子上》),所以说"从一个人自己的口腹所求,可以观察到他自己的修养"。

因为有东陵侯邵平、新城三老董公、商山四皓、鲁地二生等

生、浮丘伯之徒，经不以秦而亡也。万石君之家，俗不以秦而坏也。《剥》之终曰"硕果不食"，阳非阴之所能剥。

下阳举而虢亡，虎牢城而郑惧，西河失而魏蹙，大岘度而燕危，故曰"设险以守其国"。狄患攘而民怨结，宗藩弱而戚党颛，柄臣揣而宦寺恣，寇叛平而方镇强，故曰"思患而豫防之"。

《复》曰"朋来"，所以致泰；《泰》曰"朋亡"，所以保泰。

阳大阴小而言"阴阳"，阖而辟也；朔先晦后而言"晦朔"，终而始也。

《尔雅》："小罍谓之坎"，"大琴谓之离"。万物之象，无非《易》也。

《易》之终始皆阳也，始于《乾》之"初九"，终于《未济》之"上九"。

《易》于《蛊》"终则有始"，于《剥》"消息盈虚"，于《复》"反复其道"，皆曰"天行也"。然则无与于人事欤？曰：圣人以天自处，扶阳抑阴，尽人事以回天运，而天在我矣。

一类人，有德之士不因秦朝的迫害而轻贱。因为有伏胜、浮丘伯等一类人，经书典籍没有因秦朝的暴政而亡佚丢失。因为有万石君石奋等一类人，良好的风俗不因经历了暴戾的秦朝而遭到破坏。《剥卦》的最后一爻说"硕果不食"（即：巨大的成果、难得的人物没有被吞食），阳刚正气不是阴邪之气所能破坏的。

下阳被攻克然后虢国灭亡，孟献子在虎牢筑城而后郑国惧怕，失去河西之地后魏国变得紧迫，刘裕度过大岘山后南燕陷入危险，所以《坎卦》说"设置险要之地来守卫国家"。周宣王攘除外族祸患却结下了民怨，汉武帝削弱宗室诸侯却造成外戚朋党专政，东汉执掌政权的大臣被翦除后致使宦官专权不受约束，唐代宗时安史之乱被平定但使方镇势力强大，所以《既济卦》说"要思虑忧患并预防它"。

《复卦》说"朋友来到"，所以可以到达佳境；《泰卦》说"朋友离散"，所以可以保存好运。

阳象征大而阴象征小，却叫作"阴阳"，是表示由闭合到开启；月初之日"朔"先而月末之日"晦"后，却叫作"晦朔"，是表示终而复始，不断往复。

《尔雅·释器》："小的盛酒的罍器叫作坎"，《尔雅·释乐》："大的琴叫作离"。万物的形象，无不出自《易经》。

《易经》的终始都是阳，开始于《乾卦》的第一爻阳爻，结束于《未济卦》的第六爻阳爻。

《周易》在《蛊卦》的"终则有始"（即：终而复始），在《剥卦》的"消息盈虚"（即：消散生息圆满亏缺），在《复卦》的"反复其道"（即：返回复归其正道）之后，都说"这是天道运行的自然法则"。虽然如此，但是难道没有人情事理的参与吗？回答

言行可以欺于人，而不可以欺于家，故《家人》之《象》曰："君子以言有物而行有恒。"

《复》之初即《乾》之元，"硕果不食"则生矣，《复》之所谓仁也。《乾》为木果，在春为仁，发生也，在冬为干，归根也，终而复始。

张子曰："《易》为君子谋，不为小人谋。"朱熹谓"圣人作《易》，示人以吉凶，言'利贞'，不言'利不贞'，言'贞吉'，不言'不贞吉'，言'利御寇'，不言'利为寇'也。"

闻之前修曰："中庸、诚、敬，自有乾坤，即具此理。《乾》九二言'龙德正中，庸言之信，庸行之谨，闲邪存其诚'，《坤》六二言'敬以直内'。"

"《复》以自知"，必自知，然后见天地之心。有不善，未尝不知，自知之明也。

"致命遂志"，"命可致而志不可夺"；"行法俟命"，命可俟而法不可变。

"下学而上达"，故《大畜》上九"何天之衢，亨。"

是：圣人按照天道自居自处，扶持阳气抑制阴气，尽人力能为之事来回归至天道的运行轨道，而天道就在自己啊。

人的言行可以欺骗得了别人，但欺骗不了家人，所以《家人卦》的《象传》说："君子要说话有根据和内容、行动有准则和规矩。"

《复卦》的第一爻就是《乾卦》的初始，"硕果不被吞食"就会生存下来，这是《复卦》所谓的仁。《乾卦》为树木的果实，在春天是果仁，是发生生长的，在冬天是枝干，是回归到其本根，结束后又回到开始。

张载说："《易经》为君子谋划，不为小人谋划。"（《正蒙·太易》）朱熹说"圣人创作《易经》，让人知道吉凶，强调'利于贞正'，不说'利于不贞正'，强调'贞正为吉'，不说'不贞正为吉'，强调'利于预防仇寇'，不说'利于成为仇寇'。"

听闻之前有人写道："中正平和、真诚、恭敬，自然有它的天地，就具有这个道理。《乾卦》第二爻阳爻说'龙是指德行正直中和，日常言论讲究诚信，日常行为讲究谨慎，防止邪恶、保存真诚'，《坤卦》第二爻阴爻说'（君子）用恭敬来使内心正直'。"

《系辞下》说"《复卦》是用来了解自己的"，一定要先了解自己，然后才看到天地内在运行的道理。有不好的地方，都能有所觉察，这才是自知之明。

《困卦》说"牺牲性命来实现志向"，是因为"性命可以牺牲，但志向不可以被夺走"；《孟子·尽心下》说"依法度而行，等待听从天命"，是因为天命可以等待，但法度不可以改变。

《论语·宪问》说"要向下学习人情事理，进而向上通达自

　　魏相以《易》相汉，能上阴阳之奏，而不能防戚宦之萌，不知"系于金柅"之戒也。匡衡以《诗》相汉，能陈《关雎》之义，而不能止奄寺之恶，不知"昏椓靡共"之戒也。经术虽明，奚益焉！

　　五阳之盛而一阴生，是以圣人谨于微。齐桓公七年始霸，十四年，陈完奔齐，亡齐者已至矣。汉宣帝甘露三年，匈奴来朝，而王政君已在太子宫。唐太宗以武德丙戌即位，而武氏已生于前二年。我艺祖受命之二年，女真来贡，而宣和之祸乃作于女真。张芸叟曰："《易》者极深而研几，当潜而勿用之时，必知有亢；当履霜之时，必知有战。"

　　《易》言"积善"曰家，《大学》言"兴仁"、"兴让"曰家，家可以不正乎！
　　世之治也，君子以直胜小人之邪。《易》曰："田获三狐得黄矢。"世之乱也，小人以狡胜君子之介。《诗》曰："有兔爰爰，雉离于罗。"

然的法则", 所以《大畜卦》第一爻阳爻说"天道如此畅通无阻, 是顺利的。"

魏相因精通《易经》而任汉朝丞相, 他能上正副本不同的奏折, 却不能防止外戚专权的萌生, 是不知道《姤卦》"系于金柅"(即: 阴柔被阳刚牵制)的规诫。匡衡因能精通《诗经》而任汉朝丞相, 他能陈述《关雎》的意义, 却不能阻止宦官专政的恶行, 是不知道《诗经·大雅·召旻》"昏椓靡共"(即: 乱政谗毁不供职)的规诫。他们虽然明白通晓经书之术, 又有何益处呢?

《姤卦》五条盛烈的阳爻由一条阴爻生出, 是因为圣人在细微之处都很谨慎。齐桓公即位后七年开始称霸诸侯, 而在位十四年的时候, 陈完逃奔到齐国, 灭亡姜齐的人已经到了。汉宣帝甘露三年, 匈奴前来朝贡, 而王政君已在太子刘奭宫中。唐太宗在武德丙戌年即位, 而武则天已经出生于前两年。宋太祖即位的第二年, 女真人前来进贡, 而宋徽宗宣和年间的祸乱就是女真人所做。张舜民说: "《易经》的道理极为深奥, 但深入钻研这些精微之理发现, 在隐藏不显露的时候, 就知道将来一定有地位极高的时候; 在冰霜上谨小慎微地行走的时候就知道将来一定有斗争的时候。"

《周易》说"积累善行"叫做家, 《大学》说"兴起仁德"、"兴起谦让"叫作家, 家怎么可以不正直呢!

世道安定的时候, 君子的正直胜过小人的邪恶。就如《周易·解卦》说的: "田猎时捕获多只狐狸(即: 小人), 又得到了刚直的金箭(即: 君子)。"世道动乱的时候, 小人的狡黠胜过君子的耿介。就如《诗经·王风·兔爰》说的: "狡猾的野兔自在

《易》者象也。木上有水为《井》，以木巽火为《鼎》，上止下动为《颐》，颐中有物为《噬嗑》，《小过》有飞鸟之象焉。余卦可以类求。王辅嗣"忘象"之说，蒙庄绪余尔。

《左传》疏引《易》云："伏羲作十言之教，曰：乾、坤、震、巽、坎、离、艮、兑、消、息。"朱熹发以为郑康成之语。愚谓："正其本而万物理；失之毫厘，差以千里。"见于《易纬通卦验》，汉儒皆谓之《易》，则此所谓《易》云者，盖纬书也。

郑康成《诗笺》多改字，其注《易》亦然。如"包蒙"，谓"包当作彪，文也"；《泰》"包荒"，谓"荒读为康，虚也"；《大畜》"豮豕之牙"，谓"牙读为互"；《大过》"枯杨生荑"，谓"枯音姑，无姑，山榆"；《晋》"锡马蕃庶"，读为"藩遮"，谓"藩遮，禽也"；《解》"百果草木皆甲宅"，"皆读如解，解谓坼，呼皮曰甲，根曰宅"；《困》"劓刖"当为"倪仉"；《萃》"一握为笑"，"握"读为"夫三为屋"之"屋"；《系辞》"道济天下"，"道"当作"导"；"言天下

逍遥，耿介的雉鸡陷入罗网。"

《周易》中的卦是其形象的描述。如象征木、绳的巽上面有象征水、穴的坎则为《井卦》（即：以绳汲水为井的形象），象征木的巽在下，象征火的离在上则为《鼎卦》（《鼎卦》内部呈现象征金的乾、象征水泽的兑，内部有金有水，外部用木烧火为用鼎烹饪的形象），上面是象征山、止的艮，下面是象征雷、动的震则为《颐卦》（即：上止下动如口嚼食物为颐养的形象），颐卦形象中有一像物的阳爻则为《噬嗑卦》（即：颐口中有物为咬合咀嚼的形象），《小过卦》象像飞鸟的形象。其余卦的形象可以以此类推可以求得。王弼"得意忘象"的说法，是基于庄子"得意忘言"说的后续发展。

《左传》疏引用《周易》说："伏羲作了十个字的言教，分别是：乾、坤、震、巽、坎、离、艮、兑、消、息。"朱震《汉上易传》阐发认为这是郑玄《六艺论》中的话。我认为："要正确了解事物的根本，才能明白万物演变的道理"，"在微小的地方失误一点点，结果就会相差极大"，见于《易纬通卦验》，汉代儒生都认为它是《周易》。那么这个所谓的《周易》，只是纬书而已。

郑玄的《诗笺》经常改变原书文字，他注释《周易》也是如此。如《蒙卦》的"包蒙"，他说"包应当作彪，彪是文的意思"；《泰卦》的"包荒"，他说"荒读为康，康是虚的意思"；《大畜卦》的"豮豕之牙"，他说"牙读为互"；《大过卦》的"枯杨生荑"，他说"枯读音姑，是指无姑，即山榆"；《晋卦》"锡马蕃庶"，读为"藩遮"，他说"藩遮，是一种禽类"；《解卦》中的"百果草木皆甲宅"，他说"皆读如解，解就是裂缝，百果草木的表皮叫作甲，根叫作宅"；《困卦》中的"劓刖"当为"倪仉"；《萃

之至赜"，"赜"当为"动"；《说卦》"为乾卦"，"乾"当为"干"。其说多凿。郑学今亡传，《释文》及《正义》间见之。

《书序》："八卦之说，谓之《八索》，求其义也。"而贾逵以为"八王之法"，张平子以为"《周礼》八议之刑"。索，空也，空设之。唯马融以为八卦。杜预但云"古书名"，盖孔安国《书序》犹未行也。愚按，《国语》史伯曰"平八索以成人"，韦昭注谓"八体以应八卦也。谓《乾》为首，《坤》为腹，《震》为足，《巽》为股，《离》为目，《兑》为口，《坎》为耳，《艮》为手"，此足以证孔、马之说。

《易》正义云："伏牺制卦，文王系辞，孔子作《十翼》。"朱熹谓《系辞》本文王、周公所作之辞，系于卦爻之下者，《上系》、《下系》乃孔子所述《系辞》之传也。《彖》即文王所系之辞。《象》者，卦之上下两象及两象之六爻，周公所系之辞也。《彖》、《象》、《上、下传》者，孔子释经之辞也。愚按：《释文》云："王肃本作《系辞上传》，讫于《杂卦》，皆有'传'字。"《本义》从之。《汉·儒林传》云："孔子晚而好《易》，读之韦编三绝，而为之传。"王肃本是也。

卦》中的"一握为笑"的"握"读为"夫三为屋"的"屋";《系辞》中的"道济天下","道"当作"导";《系辞》中的"言天下之至赜","赜"当为"动";《说卦》中的"为乾卦","乾"当为"干"等。他的说法多穿凿附会。郑玄的学问今天没有传承下来,在《经典释文》和《周易正义》中可以看到他的说法。

《尚书序》说:"八卦又叫做《八索》,是探求义理的书。"而贾逵认为《八索》是"八王之法",张平子认为《八索》是"《周礼》中的八议之刑"。索,是空的意思,就是虚置、捏造它的意思。只有马融认为《八索》是八卦。杜预只说它是"古书名",大概是当时孔安国的《尚书序》还没有流通。我认为,《国语》中的史伯说"平八索以成人",韦昭注对此注解说"人的八个身体部位对应八卦。即《乾卦》为头,《坤卦》为腹部,《震卦》为双足,《巽卦》为大腿,《离卦》为眼睛,《兑卦》为嘴,《坎卦》为耳朵,《艮卦》为双手",这些足以证明孔安国、马融的说法是对的。

《周易正义》说:"伏牺制做卦符,文王给卦符作文辞注解,孔子写作《十翼》。"朱熹《周易本义》说《系辞》原本是周文王、周公旦所作的释辞,是系在卦爻之下的,《系辞上传》、《系辞下传》是孔子为《系辞》作的注解。《彖传》即是文王所作的文辞注解。《象传》是周公旦为每一卦的上下两象及两象的六爻所作的文辞注解。《彖传》、《象传》、《上、下传》,是孔子解释《易经》的话。我认为:《经典释文》说:"王肃本作《系辞上传》,结束于《杂卦传》,皆有'传'字。"《周易本义》与此一致。《汉书·儒林传》说:"孔子晚年喜好《易经》,读它使编联竹简的皮绳多次脱断,从而为《易经》作传。"王肃本的观点是正确

阮逸云：“《易》著人事，皆举商、周。‘帝乙归妹’、‘高宗伐鬼方’、‘箕子之明夷’，商事也。‘密云不雨，自我西郊’、‘王用亨于岐山’，周事也。”朱熹发云：“《革》存乎汤、武，《明夷》存乎文王、箕子，《复》存乎颜氏之子。故曰‘存乎其人’。”朱文公谓：“疑皆帝乙、高宗、箕子占得此爻。”

《明夷》之《象》曰文王、箕子者，《易》《洪范》道统在焉。“用晦”，所以明道也。象、数相为经纬，皆演于商之季世。

桓谭《新论》云：“《连山》八万言，《归藏》四千三百言。”夏《易》详而商《易》简，未详所据。

孔子卜得《贲》。孔子曰：“不吉。”子贡曰：“夫《贲》亦好矣，何谓不吉乎？”孔子曰：“夫白而白，黑而黑，夫《贲》又何好乎？”（原注：《吕氏春秋》：“贲，色不纯也。”）

苕溪刘氏云：“《夬》以五君子决一小人，不曰‘小人道消’，而曰‘道忧’，盖上下交而志同，如‘泰’之时，然后小人之道不行。若以五君子临一小人，徒能使之忧而已。惟其有忧，则将图之，无不至矣。”愚谓：“小人道消”，嘉祐是也；“小人道忧”，元祐是也。

的。

阮逸云:"《周易》写人事,都是商、周时期的。'帝乙嫁妹'、'武丁征伐鬼方民族'、'箕子在商纣王时隐藏自己的才智',这些是商朝的事。'在我们商都西面,事物正在酝酿中'、'太王古公亶父在岐山举行享祭',这些是周人的事。"朱震在《汉上易传》中阐发说:"《革卦》保存了商汤王、周武王的事迹,《明夷卦》保存了周文王、箕子的事迹,《复卦》保存了颜回的事迹。所以说'保存了这些人物'。"朱子《朱熹语类》说:"恐怕都是帝乙、武丁、箕子占卜得到这些卦爻。"

《明夷卦》的《象传》说的文王、箕子,和《周易》《尚书·洪范》是儒家传道系统的所在。"用谦虚收敛自己",所以才能明白道理。卦象、爻数相互为经纬条理,都演化于商朝的末期。

桓谭的《新论》说:"《连山》有八万字,《归藏》有四千三百字。"夏代的《易经》详细而商代的《易经》简略,不知其依据在哪。

孔子占卜得到《贲卦》。孔子说:"不吉利。"子贡问:"《贲卦》也是好的,为什么说不吉利呢?"孔子说:"白就是白,黑就是黑,《贲卦》又有什么好呢?"(原注:《吕氏春秋》:"贲,是指颜色不纯正。")

苕溪的刘一止在《上殿论用君子小人劄子》中说:"《夬卦》是五个象征君子的阳爻对决一个象征小人的阴爻,卦辞不说'小人卑劣之道消解',而说'道有忧患',大概是上下交流,志向相同,正如'泰'(即:通泰、《泰卦》)的时候,然后小人卑劣之道不能通行。如果五个君子面临一个小人,不过是能使之

《井》之'九三'，荆公解云："'求王明'，孔子所谓'异乎人之求'也。君子之于君也，以不求求之；其于民也，以不取取之；其于天也，以不祷祷之；其于命也，以不知知之。《井》之道，无求也，以不求求之而已。"文意精妙，诸儒所不及。

王辅嗣以"寂然至无"为"复"。又云："冬至，阴之复；夏至，阳之复。"苏子美辨其非。愚谓先儒云"至静之中有动之端"，所以见天地之心，与寂然至无之说异矣。"冬至阴之复"，盖如周子"利贞诚"之复，就归处言之。荆公曰："阳以进为复，初九是也；阴以退为复，六二、六三、六四是也。"

薛氏曰："《易》以初爻为七日者，举前卦而云也。《复》之'七日来复'，《震》、《既济》之'七日得'，皆举初爻。"

叶少蕴谓："凡《易》见于有为者，皆言'用'。用之者何？体也。而《易》不以体对用，故别而论之曰：《易》无体。"晁景迂曰："体用本乎释氏。"

利贞者，性情也。王辅嗣注："不性其情，何能久行其

忧虑而已。只有君子有忧虑，就会有所谋划，没有什么不能达到的。"我认为："小人卑劣之道消解"，是宋仁宗嘉祐年间的样子；'小人之道处于劣势'，是宋哲宗元祐年间的样子。

《井卦》的第三爻阳爻，荆公王安石注解说："'求王明'，是孔子的'与别人不同的追求'。君子对于君王，索求的是可以不用索求；对于民众，索取的是可以不用索取；对于天道，祷告的是不用祷告；对于命运，所知的是不知道。《井卦》的道理，是没有所求，祈求可以无需所求。"这文章意义的精妙，是诸多儒生所不能达到的。

王弼认为"寂然至无"是"复"的内涵。又说："冬至，是阴的返归根本；夏至，是阳的返归根本。"苏舜钦《复辨》认为这个观点不正确。我认为先前的儒生说"至静之中有动的始端"，所以可见天地的本心，与"寂然至无"的说法不同。"冬至为阴的返复"，就如周敦颐《太极图说》中的"利、贞为诚的返归根本"，是就归处而言的。王安石说："阳气以进升为返复，就像第一爻阳爻；阴气以退散为返复，就像第二爻阴爻、第三爻阴爻、第四爻阴爻。

薛温其说："《周易》以第一爻为'七日'，是就前一卦爻而言的。《复卦》的'七日来复'，《震卦》《既济卦》的'七日得'，都是列举的第一爻。"

叶少蕴说："凡是《周易》出现有所作为的，都叫作'用'。用是什么呢？就是事物的本体。而《周易》不认为本体与作用相互对立，所以区别地说：《周易》中没有本体。"晁景迁说："本体、作用的区分来源于佛教。"

和谐贞正，是性情所致的。王弼注："不以本性制约情感，

正?"程子《颜子好学论》"性其情"之语本此。

"君子道盛,小人自化,故舜、汤举皋、伊而不仁者远。"玉泉喻氏云:"《泰》'小人道消',非消小人也,化小人为君子也。"

《泰》初九"拔茅茹,以其汇,征吉",《本义》云:"郭璞《洞林》读至'汇'字绝句,下卦放此。"愚按《正义》曰:"'以其汇'者,汇,类也,以类相从。'征吉'者,征,行也。上坤而顺,下应于乾,已去则纳,故征行则吉。"亦以"汇"字绝句。《泰》之"征吉",引其类以有为;《否》之"贞吉",洁其身以有待。

俭德辟难,朱熹谓"收敛其德,不形于外"。(原注:申屠蟠以之。)

《泰》之三"无往不复",阳之极也,而否将萌。《否》之四"有命无咎",阳之复也,而泰将至。

一许敬宗在文馆,唐为武氏矣。一杨畏居言路,元祐为绍圣矣。"羸豕"之孚,"左腹"之入,可不戒哉!

家声之隳,陇西以为愧;城角之缺,新平以为耻。清议所以维持风俗也。清议废,风俗坏,则有毁宗泽而誉张邦昌

怎么能长久地遵行正道呢？"程颐《颜子所好何学论》中的"以本性统率情感"的话就本原于此。

"君子的正道昌盛，小人自己便会被感化，所以虞舜、商汤推举提拔皋陶、伊尹之后不仁的人便远离他们了。"玉泉喻樗说："《泰卦》说'小人之道消散'，而不是消灭小人，是感化小人变为君子。"

《泰卦》第一爻阳爻说"拔出柔软的茅草，将它们汇合在一起，出征吉利"，《周易本义》说："郭璞的《洞林》读到'汇'字断句，下一卦是模仿此卦的。"我认为，《周易正义》说："'以其汇'中，汇，是归类的意思，指按类从属。'征吉'中，征，是行动的意思。上面是顺从的坤卦，下面是相应的乾卦，已经失去则接纳新的，所以征行是吉利的。"同样以"汇"字断句。《泰卦》的"征吉"，是援引同类来能有所作为；《否卦》的"贞吉"，是洁身自好等待时机。

用俭朴的德行来避免危难，朱熹说"收敛自己的德行，不表现在外面"。（原注：申屠蟠就是这样。）

《泰卦》的第三爻"没有往而不返的"，是阳气的极致，但意味着否运将要萌发。《否卦》的第四爻"遵行天命就没有过错"，是阳气的返复，而此时泰运就将要到来了。

只一个许敬宗在弘文馆，就助推了唐朝变为武则天的政权。只一个杨畏身居谏官，保守派的元祐时代就变为了变法派的绍圣时代。《姤卦》中"羸豕"（即：母猪）的浮躁，《明夷卦》中"左腹"（即：心腹）的进入，怎能不有所戒惧呢！

家族声名的败落，李陵感到惭愧；被前秦王符坚削去的城角的缺口，新平人以之为耻。清议活动可以维持风俗。清议废

者，有贬张浚而褒秦桧者。观民风设教，居贤德善俗，可不谨哉！

齐德衰于召陵，晋志怠于萧鱼；淮平而异、镈用，潞定而归真惑。《易》曰："日中则昃。"《玄》曰："月阙其抟，不如开明于西。"

"制官刑"则"具训蒙士"；"无彝酒"则"诰教小子"。《易》曰："童牛之牿。"《记》曰："禁于未发之谓豫。"

龟灵而焦，雉文而翳，是以"衣锦尚絅"。兰薰而摧，玉刚而折，是以"危行言孙"。此"白贲"、"素履"所以无咎。

知止而后有定，故观身于《艮》。恻隐之心，仁之端也，故观心于《复》。

惟进贤可以正君，故公仲进牛畜、欣、越，而歌者之田

止，风俗就会败坏，就会有诋毁英雄宗泽而赞誉奸臣张邦昌的人，就会有贬损忠臣张浚而褒奖小人秦桧的人。观察民俗风气来设置教化，使人身处贤良美德、友善风俗之中，怎能不有所谨慎呢！

齐国的德行衰落于召陵之盟，晋国的志向懈怠于萧鱼之会；淮西平定后，程异、皇甫镈被任用，潞州平定后，道士赵归真蛊惑皇帝。《周易》说："太阳过了正午就要西斜。"《太玄经》说："满月有缺，不如让天色从西方由暗转明。"

"制定官府刑法"来"训导冥蒙之士"；"不要经常饮酒"是"对子孙后代的劝诫教导"。《周易·大畜卦》说："在小牛角上系一横木，以防其撞人。"《学记》说："禁止于还没有发生之前叫作豫（即：预防）。"

神龟因为它的灵性而被烧焦龟甲用于占卜，雉鸟正因为它的羽毛华丽而被射杀，所以《中庸》引用《诗经》"穿着的锦衣要崇尚深色"的说法，来反对过于华丽、昭著的文理。兰花因为其芳香而被人摧折采去，玉石因为其坚硬的质地而折断，因此《论语》中有"国家无道的时候，要操行高峻、而言语逊顺"的说法。这就是《周易》中《贲》卦上九爻的"白贲"和《履》卦初九爻的"素履"之所以能没有灾患的原因。

能体知自己所应当居处的那个"位"，达到"知止"的境界，在这之后才能做到内心安定、如如不动。所以要从象征"止"和"山"的《艮》卦中看到自己立身行事的法则。恻隐之心，是仁爱这一德性的发端，所以要从象征"阳气生发，一阳来复"的《复》卦中看到内心状态的变化。

只有进用贤人才可以匡正君主，所以赵国的公仲连向赵烈

止；孔明进攸之、祎、允，而宫府之体一。惟正己可以格君，故管仲有三归，不能谏六嬖之惑；魏相因许伯，不能遏弘、石之恶。《泰》曰"拔茅"，《渐》曰"进以正"。

《乾·文言》曰："宽以居之。"朱熹谓："心广而道积。"程子《易·小畜》传曰："止则聚矣。"吕成公谓："心散则道不积。充拓收敛，当两进其功。"

丹书敬义之训，夫子于《坤》六二《文言》发之。"孟子以'集义'为本，程子以'居敬'为先。"张宣公谓"工夫并进，相须而相成也。"

"《艮》者，限也，限立而内外不越。天命，限之内也，不可出。人欲，限之外也，不可入。"郭冲晦云。

侯推荐牛畜、荀欣、徐越三位贤才，赵烈侯就不再把万亩良田赐予给宫中的歌者；诸葛孔明向后主刘禅推荐郭攸之、费祎、董允等贤才，从而让宫廷和相府遵循同样的体统和原则。只有自身作风正直才能够匡谏君主，所以说管仲自己娶了三姓的夫人，他就不可能劝谏齐桓公远离六嬖的惑乱了；魏相是通过许伯晋身上位的，那就不可能遏止弘恭、石显的恶行了。所以《易经》的《泰》卦就说"拔去茅草的根"，《渐》卦说"以正道前进"。

《乾·文言》曰："君子以宽宏的器量来居守道义。"朱子（即：南宋儒者朱熹）说："心量广大，而后道德的修为才能日渐积累。"程子（即：北宋儒者程颐）在他《程氏易传》对《小畜》卦的解释中说："有'知止'的修养工夫，道义就能凝聚积累了。"吕成公（即：南宋儒者吕祖谦）说："心思发散，就谈不上积累道义的工夫。一方面是充养德行、开拓心胸；另一方面是收其放心、凝聚精神，这两方面应当相辅相成，同时用功。"

《大戴礼记》记载，姜太公所称述的"丹书"中主敬和集义的教导，孔夫子已经在《坤》卦六二爻的《文言》传中揭示出来了。张宣公（即：南宋儒者张栻）说："孟子的修养工夫是以'集义'作为根本，要在事上积累道义；程子的修养工夫则是把'持守敬的体会'作为入门。"张宣公进一步说："工夫是内在的"敬"和事上的"义"同时长进，这二者是相互依靠、也是相互成就的。"

"《艮》卦的宗旨就是界限，将界限的标准确立起来后，不论是界限之外想要进入界限之内，还是界限之内想要冲出界限之外，就都不可能了。人身上的'天命'，就是在你的界限之内，不能够冲破的标准。所谓的'人欲'，就是界限之外的事

"《小畜》下体《乾》,《复》上体《坤》,乾坤相应,故《小畜》初九'复自道',九二'牵复,吉',与《复》六四'中行独复',六五'敦复无悔',义甚相类。'牵复'中'不自失','敦复'中以'自考',二、五皆得中故也。"澹庵云。

"同人于野",公之大也;"艮其背",止之至也,皆见于《彖》,明一卦之义也。

里克之中立,邓析之两可,终于邪而已,故《随》之"六二"曰:"弗兼与也。"

"虚美熏心",秦乱之萌;"浮文妨要",晋衰之兆,故《贲》受之以《剥》。

廉耻,国之脉也,廉耻泯则国从之。是以楚瓦好贿,郢城危;晋盈求货,霸业衰;秦赂谗牧,迁为虏;汉金间增,垓

务，不能让它进入你的内心。"这是郭冲晦的说法。

"《小畜》卦的下卦的卦体是《乾》卦，《复》卦上卦的卦体是《坤》卦，《乾》卦纯阳，代表天，《坤》卦纯阴，代表地，这二者相互感应。因此《小畜》卦的第一爻所说的'自己走回正道'，第二爻所说的'被牵引着返回正道，是吉祥的'，这两段话同《复》卦的第四爻'走到了中途独自返回正道'，第五爻'诚实地返回，没有悔恨'，意思非常相似。'被牵引着返回'的《象传》说'没有失去自己'，'诚实地返回正道'的《象传》说'在心里对自我进行考察'，它们意思相近，这是因为二爻和五爻都分别处在各自卦体的中位的缘故。"澹庵先生（即：南宋儒者胡铨）这样解释道。

"同人于野"的象辞，指在荒野中和人相遇，这是最伟大的公正之德；"艮其背"，的象辞，指停止在事物背后，这是最深刻的"知止"的工夫。它们都被记载于《象》辞之中，都是为了表明这一卦的大义啊。

里克在晋国"骊姬之祸"的政变中想要保持中立的立场，邓析子在郑国以两可的学说说服他人，最终都是归于邪道罢了。所以《随》卦的六二爻就说："（万事万物）是不能够同时拥有对立双方的好处的。"

西汉路温舒上奏说到"美好的假象迷乱了心志"，这正是秦朝大乱的根源；王羲之所说的"虚浮的文辞妨碍了施政的要务"，这正是东晋衰落的征兆。所以崇尚华丽文饰的《贲》卦之后，就必须接上象征文采剥落的《剥》卦。

廉耻是国家的根脉，如果一国上下都泯灭了廉耻，那么国家就会随之而衰败。这就是为什么楚国的令尹囊瓦喜欢收贿，

败羽。利之覆邦，可畏哉！《大学》之末，七篇之始，所以正人心、塞乱原也。在《益》之《屯》曰："莫益之，或击之。"

"翰音登于天"，无实之名也，殷浩、房琯以之。

君子无斯须不学也，黄霸之受《尚书》，赵岐之注《孟子》，皆在患难颠沛中，况优游暇豫之时乎？《易》曰："困而不失其所亨。"

《连山》首《艮》，艮，万物之所终始也。八风始于不周，卦气始于《中孚》。冬至为历元，黄钟为律本。北方终阴而始阳，故谓之朔方。《太玄》纪日于牛宿，纪气于中首，而以罔、冥为元，《艮》之终始万物也。虞仲翔云："万物成始《乾》甲，成终《坤》癸。《艮》东北是甲、癸之间。"沙随程氏云："医家《难经》为《百刻图》，一岁阴阳升降，会于立

最终让吴国攻入郢都，楚国几乎灭国；晋国的荀寅在诸侯盟会时向蔡侯索贿，晋国的霸业也就衰落了；秦国利用贿赂向赵王迁进谗言，害死将军李牧，最终赵王迁也成为秦国俘虏；汉朝用金钱离间项羽和范增，最终项羽也在垓下被击败了。贪图货利足以覆灭国家，这是多么值得敬畏啊！《大学》的结尾说"治理国家不能把牟取私利作为利益的标准"；《孟子》七篇，开头就说"大王为什么一定要说利益呢？"，正是为了让人心重回正道，堵塞天下祸乱的根源啊。在《周易》中，《益》卦上六爻的爻辞就说："（利益是天下人都想要的，若有人凭借权力独占利益）没有让其他人得到利益，其他人可能就会攻击他。"

《中孚》卦的上九爻说："飞鸟鸣叫的声音响彻天空"，这里说的是实际的能力配不上虚美的名声，殷浩和房琯就是这样的人。

君子没有一刻是不在学习的，西汉的黄霸被论死罪下狱时，仍然跟随夏侯胜学习《尚书》之学，东汉的赵岐则是在逃难途中注解了《孟子》，他们都是在极大的磨难、颠沛流离之中学有所成，何况我们这样有平静且足够闲暇的时间呢？所以《周易》说："即使在最窘困的境地下也不失去自己所能走向亨通的正道。"

《连山易》的卦序是以《艮》卦为首。《艮》卦象征山，也是万物的开始和最终的归宿。八个方向的风是从西北方的不周风开始，卦气是从《中孚》卦开始。历法的计算是从冬至日开始，律吕的基础是黄钟。北方是阴气的终点，也是阳气的起点，因此北方也被称为朔方。《太玄经》中是以牛宿来计算日期，以"中"为首来计算气的变动，并以北方的罔、冥作为本原之德。这就是

春，一日阴阳昏晓，会于艮时。此说与《易》合。"又云："北方之气，至阴而阳生焉。《象》曰：'《习坎》，重险也。'于物为龟、为蛇，于方为朔、为北，于《太玄》配罔与冥，所以八纯卦中独冠以'习'。"

日月为《易》，一奇一耦，阴阳之象也。王介甫《诗说》云："彼曰'七月'、'九月'，此曰'一之日'、'二之日'，何也？阳生矣则言日，阴生矣则言月，与《易·临》'至于八月有凶'，《复》'七日来复'同意。四月，正阳也，秀葽言月，何也？以言阴生也。阴始于四月，生于五月，而于四月言阴生者，气之先至者也。"李子思云："《复》刚长，以日云者，幸其至之速；《临》阳消，以月云者，幸其消之迟。"沙随程氏云："阳极于九，而少阴生于八，阴之义配月；阴极于六，而少阳复于七，阳之义配日。"

象征着万物开始和终结的《艮》卦。虞仲翔(原注:东汉易学家虞翻)说:"万物的开始是在《乾》卦,在天干中位于甲,万物的结束是在《坤》卦,在天干中位于癸。《艮》卦位于东北,处于甲、癸之间。"沙随先生(程迥)说:"医家在《难经》中画出了《百刻图》,其中记载,一年里阴气阳气的升降,是在立春交会的。一天之中阴气阳气的升降,凌晨和黄昏的交替,则交会于艮时。这一说法同《易经》相符。"他又说:"北方的元气本来属于至阴,可是阳气却也从中诞生。《象》传中说:'《习坎》卦,表示着重重险阻。'它所象征的物象包括了龟和蛇,所代表的方位是朔、是北,在《太玄经》中所配的元气形态和方位是罔和冥。因此,在《乾》《坤》《巽》《震》《坎》《离》《兑》《艮》八个纯卦中,只有《坎》卦是用"习坎"来命名的。

日和月就构成了《易》,一个代表奇数、一个代表偶数,它们之间的变化就代表阴阳物象的变化。王介甫(即:北宋儒者王安石)在《诗说》中提到:"《豳风·七月》这首诗中,前面说'七月'、'九月',这里又说'一之日'、'二之日',它的原因何在?阳气生发的时候就在诗歌中称'日',阴气生发的时候时就称'月',这与《周易·临》卦中所说的'到了八月就有凶险'和'七天以后阳气归复'是相同的意思。四月是正阳之月,可是诗歌提到'秀葽'又用月份来形容,这是为什么呢?阴气在四月开始萌生,在五月开始生长,却要在四月时说阴气发生的原因,是因为阴气在此之前已经到来了。"李子思说:"《复》卦阳气生长,在经文中称'日'的原因,是因为希望阳气快些到来;《临》卦的阳气消退,在经文中称'月'的原因,是因为希望阳气慢些消散。"沙随先生(程迥)认为:"阳气极盛,其象征的数字就是九,少

一卦变六十四,六十四卦变四千九十有六。六爻不变
与六爻皆变者,其别各六十有四。一爻变与五爻变者,其别
各三百八十有四。二爻变与四爻变者,其别各九百有六十。
三爻变者,其别一千二百有八十。朱熹发谓:"《需》'利用
恒'者,《需》之《恒》也;《蒙》六五'顺以巽'者,《蒙》之
《观》也;《乾》九四'乾道乃革'者,《乾》之《小畜》也。
《小畜》之中又有《离》、《兑》,故曰《革》,是谓天下之至
变。"张真父谓:"《易》无所不变,《蒙》曰'困蒙',《小畜》
曰'复自道',又曰'牵复',《履》曰'夬履',《离》曰'履
错然',《归妹》曰'跛能履',《泰》曰'帝乙归妹',《临》
曰'咸临',《咸》曰'执其随',《艮》曰'不拯其随',《噬
嗑》曰'颐中有物',《睽》曰'厥宗噬肤',《损》曰'勿损益
之',又曰'或益之',《夬》曰'壮于前趾',又曰'壮于頄',
《遁》曰'执之用黄牛之革',《鼎》曰'鼎耳革',《兑》曰
'孚于剥',《未济》曰'震用伐鬼方',皆有卦变之象。《小
畜》以一阳为复,《兑》以一阴为剥,变之变者也。六十有
四,相错而不相乱。"张文饶谓:"《临》之初、二,皆曰'咸
临',有《咸》象也,《咸》之用,在《兑》之说也。《履》之
九五曰"夬履",有《夬》象也,《夬》与《履》,《乾》、《兑》
相易之卦也。

阴开始生长，其所对应的数字就是八，阴的取义是同月份相配；阴气极盛，所代表的数字就是六，少阳开始复苏于数字七，阳的取义就同日相配。"

一卦变成六十四卦，六十四卦产生卦变，加起来就有四千零九十六种变化。其中六爻不变和六爻全部变化的情况下，卦象各自都有六十四种变化。只有一爻变化和五爻都有变化的情况下，卦象各有三百八十四种变化。有两个爻变化和四个爻变化的情况下，卦象各自有九百六十种变化。有三爻变化的卦象，总共有一千二百八十种变化。朱熹发（即：朱震）说："在《需》卦中，'利用恒'的爻辞指的就是从《需》卦转变为《恒》卦；《蒙》卦六五爻的爻辞'顺以巽'，指的就是从《蒙》卦转变为《观》卦；《乾》卦九四爻'乾道乃革'的爻辞，是指《乾》卦变为《小畜》卦。《小畜》卦中的三、四、五爻又组成了《离》卦，二、三、四爻又组成了《兑》卦，因此就组成了《革》卦。这就是所谓的天下最大的变化。"张真父说："《易经》没有一处不在变化，《蒙》卦说'困蒙'，《小畜》卦中说'复自道'，又说'牵复'，《履》卦中说'夬履'，《离》卦中说'履错然'，《归妹》卦中说'跛能履'，《泰》卦中说'帝乙归妹'，《临》卦中说'咸临'，《咸》卦中说'执其随'，《艮》卦中说'不拯其随'，《噬嗑》卦中说'颐中有物'，《睽》卦中说'厥宗噬肤'，《损》卦中说'勿损益之'，又说'或益之'，《夬》卦中说'壮于前趾'，又说'壮于頄'，《遁》卦中说'执之用黄牛之革'，《鼎》卦中说'鼎耳革'，《兑》卦中说'孚于剥'，《未济》卦中说'震用伐鬼方'，这都是《周易》中所存在的卦变的现象。《小畜》卦把其中的一个阳爻作为阳气的复归，《兑》卦把自己的一个阴爻作为阳气的剥落，这就是卦变

《临》所谓"八月",其说有三:一云自丑至申为《否》;一云自子至未为《遁》;一云自寅至酉为《观》。《本义》兼取《遁》、《观》二说。《复》所谓"七日",其说有三:一谓卦气起《中孚》,六日七分之后为《复》;一谓过《坤》六位,至《复》为七日;一谓自五月《姤》一阴生,至十一月一阳生。《本义》取"自《姤》至《复》"之说。

《易》正义云:"四月纯阳,阴在其中,而靡草死;十月纯阴,阳在其中,而荠麦生。"《汉和帝纪》"有司奏以为夏至则微阴起,靡草死,可以决小事",与《月令》不同。张文饶曰:"阳虽生于子,实兆于亥,故十月荠麦生。阴虽生于午,实兆于巳,故四月靡草死。"(原注:《参同契》:"二月榆死,八月麦生。")

之中的变化。六十四卦变化无端，相互错杂，却能不相紊乱。"张文饶说："《临》卦的初爻和二爻都叫作'咸临'，具有《咸》卦的卦象，《咸》卦感应的作用，就在于《兑》卦的和悦。《履》卦的九五爻爻辞叫作'夬履'，有《夬》卦的卦象，《夬》卦和《履》卦，是《乾》卦和《兑》卦相互交替所产生的卦。"

关于《临》卦辞中所说的"八月"，一共有三种说法：第一种说法认为，从丑月到申月就是《否》卦所象征的月份；第二种说法认为，从子月到未月所指的就是《遁》卦所象征的月份；第三种说法认为，从寅月到酉月是《观》卦所象征的月份。朱子（即：朱熹）的《周易本义》中同时采纳了《遁》卦和《观》卦这两种说法。《复》卦的卦辞中所说的"七日"也有三种说法：第一种说法是指卦气从《中孚》卦开始生起，在经过六日七分之后就到了《复》卦；第二种说法是指经过了《坤》卦六爻的六个位置，到了《复》卦，初爻为阳，阳气初生就是第七日；第三种说法是指从五月的《姤》卦，一个阴爻出现开始，到十一月的《复》卦，一个阳爻出现结束。《周易本义》中采纳了"从《姤》卦到《复》卦"的说法。

《周易·贲卦·象传》的《正义》说："四月是纯阳的月份，可是阴气也在其中，所以在这个月靡草枯死；十月是纯阴的月份，但阳气也寓于其中，所以荠麦在这个月生长。"《后汉书·和帝纪》记载："有司上奏，认为夏至的时候就有微小的阴气开始作用，导致靡草枯死，可以判决小的刑狱案件"，这里的记载同《礼记·月令》不同。张文饶说："阳气虽然是在子时就已经生发，但实际上在亥时就已经产生了征兆，所以十月的时候荠麦就已经开始生长。阴气虽然是在午时就已经生发，但实际上在

"初六，履霜，阴始凝也。"见于《魏·文帝纪》注，太史丞许芝引《易传》之言。沙随程氏、朱文公皆从之。（原注：郭京本无"初六"字。）

龟山曰："子见南子，'包承'者也。此大人处否而亨之道。"朱文公谓非所以为训，"若使大人处否而包承小人以得亨利，则亦不足以为大人矣。"

《颐》初九，王辅嗣注云："安身莫若不竞，修己莫若自保。守道则福至，求禄则辱来。"至哉斯言！可书诸绅。

"病从口入，祸从口出"，傅玄《口铭》也。《颐》"慎言语，节饮食"，《正义》用其语。

"圣人教人，用《蒙》而不用《复》。盖《复》者，去其不善而复于善之谓也；若《蒙》，则无不善，亦未有所失也。"周南仲云。

巳时就已经有了端倪,所以在四月的时候靡草就已经枯死。"
(原注:《周易参同契》中说:"二月的时候,榆树枯死,八月的时候,麦子生长。")

"初六爻,脚踩着霜,这是阴气开始凝结的时候。"这句话出自《魏书·文帝纪》的注释,这是太史丞许芝引用了《易传》的话。沙随先生(程迥)和朱文公(即:朱熹)都接受了这种说法。(原注:唐代郭京《周易举正》一书所引用的版本里,没有"初六"这两个字。)

龟山先生杨时说:"孔子去见南子,这就是《周易》中'包容承受'的例子。这就是大人君子在逆势和困境中走出一条通路的方式。"朱文公认为这不是正确的教导,"如果让大人君子遇到了困境,就包容小人之行,以此来获得成功和利益,那么他也不足以成为大人君子了。"

《颐》卦的初九爻,王辅嗣(即:王弼)的注解说:"立身处世没有比不去竞争更好的原则,要修养自身,也没有比保守自己这样的原则更高明的了。坚守道义,福气自然就会降临,谋求利禄,那么折辱也会随之而来。"这番话说得真是太到位了,都可以把它们写在绅带上,随时提醒自己。

"疾病源于口中所食,祸患源于口中所言",这句话出自傅玄的《口铭》。《颐》卦的《象传》说"谨慎言语,节制饮食",《周易正义》在解释《象传》时就引用了傅玄的这句话。

"圣人教导人们,是用《蒙》卦启蒙的道理,而不是用《复》卦的道理。大概《复》卦的取义,是指去除身上不好的东西,让它回归到善的本然状态;而《蒙》卦的取义,则是本来就没有什么善的表现,同时也没有什么不好的东西。"这是周南仲

"趾所以行，辅所以言。'艮其趾'，虽行犹不行也；'艮其辅'，虽言犹不言也。故能时行时止，动静不失其时，其道光明。"冯当可云。（原注：《艮》六四"艮其身"，《象》以"躬"解之。伛背为躬，见背而不见面。朱文公诗云："反躬艮其背。"）止于所不见，止于至善也。

"帝乙归妹"，《子夏传》谓汤之归妹也。京房载汤嫁妹之辞曰："无以天子之尊而乘诸侯，无以天子之富而骄诸侯。阴之从阳，女之顺夫，本天地之义也。往事尔夫，必以礼义。"荀爽对策，引"帝乙归妹"，言"汤以娶礼归其妹于诸侯也"。张说《郢国公主铭》亦云："帝唐降女，天乙归妹。"若《左传》筮遇《泰》之《需》，曰："微子启，帝乙之元子也。"虞翻亦云"纣父"。二说不同，《正义》皆略之。

"《离》言'明两作'，《坎》言'水洊至'。起而上者作也，趋而下者至也。"此陆农师之说，朱文公取之。

范谔昌《证坠简》："《震·彖辞》脱'不丧匕鬯'四字"，

说的话。

"脚趾用来行走，牙床用来说话。'停在他的脚趾前'，即使是行动了也跟没有行动一样；'停在他的颊骨前'，即使是说话了也跟没说话一样。因此能够在适当的时候行动，在适当的时候停止，动静不失时机，这样的君子之道才能光大昭明。"这是冯当可的说法。（原注：《艮》卦的六四爻说"停在他的身上"，《象传》用"躬身"来解释。弯下自己的背就是躬身，只能看到背而看不到脸。朱文公（即：朱熹）的诗中说："反省自己，躬身停在自己的背上。"）把境界停留在看不见的地方，这就是让自己停止于至善之处。

"帝乙出嫁少女"，《子夏易传》说这是商汤将少女出嫁给别人。汉代的京房记载了商汤在嫁出少女时所说的颂辞，说："不要因为天子的尊贵而凌驾于诸侯之上，不要因为天子的富有而在诸侯面前表现骄横。阴气要跟从阳气，女子顺从丈夫，这本就是天地之间的道理。去吧！去侍奉你的丈夫，一定要以礼义为准则。"荀爽在对策中引用"帝乙归妹"这一爻辞，说"汤用婚礼将他的妹妹嫁给诸侯"。张说在《郧国公主铭》中也说："帝尧陶唐氏将女儿嫁给大舜，商汤天乙把妹妹嫁给诸侯。"像《左传·哀公九年》就记载，在卜筮中遇到《泰》卦变为《需》卦，就会说："微子启，是帝乙的长子。"虞翻也说"微子启是纣的父亲"。两种说法不同，《周易正义》都把它们略过了。

"《离》卦的《象传》说："光明接连升起"，《坎》卦的《象传》说："水接连不断地向前流"。升起向上的过程叫作'作'，迅速往下走的过程被称为'至'。"这是陆农师的说法，朱文公（即：朱熹）在其著作中也采纳了这个说法。

范谔昌所著的《证坠简》提到："《震卦·象辞》脱漏了"不

程子取之；"《渐》上六，疑'陆'字误"，胡安定取之。

《释文》引《子夏传》云："地得水而柔，水得地而流，故曰比。"《周礼》疏谓："坤为土，坎为水。水得土而流，土得水而柔。是水土和合，故象先王建万国，亲诸侯。"

《释文》引郑注异字，然《内则》注"明夷睇于左股"，犹有所遗。

"朋盍簪。"簪，疾也。至侯果始有冠簪之训。晁景迂云："古者礼冠，未有簪名。"

《说苑》：周公戒伯禽曰："《易》曰：'有一道，大足以守天下，中足以守国家，小足以守其身，谦之谓也。'"孔子曰："《易》曰：'不损而益之，故损；自损而终，故益。'"今《易》无此言。又泄冶曰："《易》曰：'"夫君子居其室"云云，君子之所以动天地，可不慎乎？天地动而万物变化。'"今《易》无末一句，然泄冶在夫子之前，而引《易大传》之言，殆非也。

丧匕邑"这四个字", 这种说法被程子 (即: 程颐) 采纳了;《证坠简》又说:"《渐》卦中上六爻爻辞中的'陆'字可能有误", 安定先生胡瑗采纳了这种说法。

《经典释文》引用了《子夏易传》的话说:"大地得到水才能变得柔和, 水必须依据土地才得以流淌, 所以称作《比》卦;《周礼·夏官·大司马》的疏文解释说:"《坤》卦象征土,《坎》卦象征水, 水依据土地才得以流淌, 土地得到了流水才变得柔和,《比》卦象征了水和土的和会交融, 所以它就象征着先王以此建立万国, 让诸侯亲睦。"

《经典释文》常常引用郑玄注解中的异文和不一样写法的字, 然而《礼记·内则》郑玄的注解引用了《周易》的经文, 叫作"黎明前的黑暗中, 用余光扫视到了自己左边的大腿", 可见《经典释文》对郑玄的注解还是有所遗漏。

《豫》卦九四爻的爻辞说:"朋友们都会迅速地来会合。"簪的本义是速度快、迅疾。直到侯果才开始用束发的冠簪来训释这句经文。景迂先生晁说之说:"在古代行冠礼的时候, 还没有冠簪这个名字。"

《说苑》中记载, 周公告诫他的儿子伯禽说:"《周易》中说:'有一条道理, 它广大到足以用这条道理持守天下, 即使仅仅做到中等的程度, 也足以凭着它守住国家, 在最小的范围内, 也足以凭着它持守自身、免于祸患, 这就是谦虚之道。'"孔子说:"《周易》中说:'不减损它而是去增益它, 所以反而招致了损害; 自始至终减损自己, 所以反而得到了增益。'"但现在的《周易》中没有这些话。《说苑》又记载了泄冶的话说:"《周易》中说到了'"君子居处在他的室内"之类的话, 这就是君子

　　《盐铁论》文学引《易》曰："小人处盛位，虽高必崩。不盈其道，不恒其德，而能以善终身，未之有也。是以初登于天，后入于地。"《说文》引《易》曰："地可观者，莫可观于木。"今《易》无之，疑《易传》及《易纬》。

　　后汉鲁恭引《易》曰："'潜龙勿用'，言十一月、十二月阳气潜藏，未得用事，虽煦嘘万物，养其根荄，而犹盛阴在上，地冻水冰，阳气否隔，闭而成冬。故曰：'履霜坚冰，阴始凝也。驯致其道，至坚冰也。'言五月微阴始起，至十一月坚冰至也。"又云："《易》十一月'君子以议狱缓死。'"又云："案《易》五月《姤》用事，经曰'后以施令诰四方'，言君以夏至之日，施命令止四方行者，所以助微阴也。"又引《易》曰"'有孚盈缶，终来有它，吉'，言甘雨满我之缶，诚来有我而吉已。"赵温曰："于《易》，一为过，再为涉，三而弗改，灭其顶，凶。"汉儒说《易》，可以参考。

之所以能够推动天地变化的根源，难道不应该谨慎吗？天地运转，万物也随之变化。'"但现在的《易经》中没有最后一句话。然而泄冶所处的时代在孔子之前，却引用了《易大传》的话，恐怕这是有问题的。

《盐铁论》中，文学之士引用《周易》的话说："小人处于高位，即使位置非常高贵，也必然招致崩溃。不让自己的道义充盈，不能够长久地持守自身的德行，却能够完满地度过自己的一生，这是从未有过、也不可能有的事情。所以小人最初得势，能够高升上天，最后崩溃，也会堕入地下。"《说文解字》引用《周易》的话说："在地上所有值得观察的东西中，没有比树木更值得观察的了。"但是今天的《周易》中并没有这些话，恐怕是出自《易传》或者《易纬》之中的吧。

东汉的鲁恭引用《周易》说："'潜伏的龙，不要有所作为'，这是在说十一月和十二月的时候，阳气潜藏，不应当兴作大事，尽管煦风送暖、万物生长，蕴养植物的根脉，可是浓重的阴气仍然在上、居于主导，大地冻结、水面结冰，阳气同万物隔绝、无法顺利传达，最终阳气闭塞，形成了严冬。所以《象传》说'踩上霜，即将迎来坚冰，这是阴气已经开始凝聚了。慢慢顺着它自然的道理，就会发展到坚冰的状态。'这里说的是在五月的时候，微弱的阴气开始升起，直到十一月时，坚冰就会到来。"此外，他又说："《周易》记载：'十一月的时候，君子以诚信之德审议讼狱、宽缓死刑'"，他又说："考察《周易》中，五月是由《姤》卦主掌，经文说'王者用《姤》卦相遇的道理来施发命令、传告四方'，这里说的是君主要在夏至日这一天，发放命令让四方的行人停止行动，以此来辅助微弱的阴气生长。"他还引

　　王肃注《易》十卷，今不传。其注"噬乾胏，得金矢"曰："四体离阴卦，骨之象。骨在乾肉，脯之象。金矢所以获野禽，故食之反得金矢。君子于味必思其毒，于利必备其难。"见《太平御览》。

　　《汉·郊祀志》引"西邻之禴祭"，颜师古注："瀹，煮新菜以祭。"盖以"禴"为"瀹"。王辅嗣云："禴，祭之薄者也。沼沚之毛，苹蘩之菜，可羞于鬼神。"亦与颜注同。郑康成谓："禴，夏祭之名。"

　　《离》九三，蔡伯静解云："'鼓缶而歌'，当衰而乐也。'大耋之嗟'，当衰而哀也。盛衰之道，天之常也。君子之心，顺其常而已。不乐则哀，皆为其动心而失其常者，故

用《周易》说："'君主的诚信如美酒充盈酒缸，终于让远方不驯服的他邦也来归附了，吉祥'，这句经文的意思是，好像甘美的雨水注满了我的酒缸，我凭着诚信之德而来，最终就能够获得好结果。"赵温说，"在《周易》中，一次犯错就叫作过失；如果你在同一个问题上犯了两次错，那就叫'涉'，就是轻率；如果你犯了三次错还不改正，那就会遭受灭顶之灾，是极大的凶险。"这些汉朝儒者对《周易》的解释，非常值得参考。

王肃所注解的《周易》一共有十卷，但是今天没有流传下来。他在注解《噬嗑》卦的爻辞"吃带骨头的干肉，吃到了金属的箭头"时说："《噬嗑》卦的九四爻属阳，脱离了其上和其下的阴爻，这是骨头的象征。骨头在干肉中，象征着脯肉。金属箭头是用来猎取野禽的，所以吃了野禽之后，反而得到了金属箭头。这是说，君子在品尝食物的时候一定要思考食物本身的毒性，在获取利益的时候一定要准备好应对困难。"这段话见于《太平御览》。

《汉书·郊祀志》中引用了《周易》中的"西边邻居的禴祭"这句经文，颜师古的注解说："所谓的禴祭，就是煮新鲜的菜来供应祭祀。"他大概是认为"禴"可以解释为"瀹"。王辅嗣说："禴指的是供品最为简单的那种祭祀。使用沼泽里的植物，还有萍菜、蘩菜来祭祀，这样的供品也能够成为祖先的人鬼和天神享用的珍馐。"他的说法也同颜师古相同。郑康成（即：郑玄）则认为："'禴'就是夏季祭祀的名称。"

关于《离》卦九三爻的爻辞，蔡伯静的解释说："'敲击盆缶、放声歌唱'，是在衰老的过程中仍然保持快乐，而'非常衰老的嗟叹'则表示在衰老的过程中感到哀伤。从年轻强盛到衰

凶。"此说长于古注。

《京氏易》，"剥床以簠"谓祭器。澹庵云："《易》于《剥》、《坎》，取象簠簋，以精意寓焉。"

"上天下泽，《履》"，此《易》之言礼。"雷出地奋，《豫》"，此《易》之言乐。吕成公之说，本于《汉书》"上天下泽，春雷奋作，先王观象，爰制礼乐"。

"涣其群"，苏明允云："群者，圣人所欲涣以一天下者也。"《本义》取之，谓《程传》有所不及。

充善端于"蒙泉"之始，绝恶念于"履霜"之萌。

《坊记》曰："不耕获，不菑畬，凶。"《荀子》曰："括囊无咎无誉，腐儒之谓也。"《左氏传》穆姜以"元、亨、利、贞"为《随》之四德，为是说者，其未见《彖》、《象》、《文言》欤？

败老朽的变化之理，这是天的常道。君子的心境，只不过是顺应这个常道而已。如果失去了这个常道，那就要么是过于快乐要么就落入悲伤，都是被外在的事物扰动自己的心思，更失去了顺应常道的平静之心，所以会招致凶险。"这样的说法比汉魏古人的注解在义理上更加高明。

在《京氏易传》中，"剥蚀床体，落入簋中"，这里说的是祭器。澹庵先生胡铨说："《周易》在《剥》卦和《坎》卦之中，大多采用簋和篚等祭器的意象，这是寓有精深的含义的。"

"上面是代表天的乾卦、下面是代表泽的兑卦，这就是《履》卦"，这是《周易》对礼的说法，"雷声激荡、大地振奋，这就是《豫》卦"，这就是《周易》所表述的乐教的道理。这是吕成公（即：南宋东莱先生吕祖谦）的解释。这个说法是源于《汉书》里的"上面是天，下面是沼泽，春雷激荡，先王就是观察了这一现象，就因此而制定了礼乐。"

《涣》卦的爻辞说："涣散自己的朋辈"，苏明允（即：苏洵）解释说："这里所说的朋类，是指圣人所要涣散他们，以此来统一天下的人心。"《周易本义》采取了这个说法，并认为即使是《程氏易传》对这一卦的解释也不如苏洵说得到位。

在《蒙》卦"蒙泉"所象征的启蒙的开始，就应当扩充自身所体悟到的至善的端倪；在《坤》卦"踩上冰霜"这种刚刚萌发的时候，就应该断绝恶念。

《礼记·坊记》说："不耕种就得到收获，不先完成第一年的菑，就想完成第二年的畬，都是凶险的。"《荀子》说："扎紧口袋，没有灾祸，也没有荣誉，说的就是腐朽不知变通的儒生。"在《左传·襄公九年》，穆姜认为"本原、亨通、善利、贞

　　《易纬坤凿度》注云："虞世南曰：'不读《易》，不可为宰相。'"注者未详其人，亦天下名言也。

　　"乾乾"、"夬夬"皆九三，重刚也，"谦谦"初六，居下卦之下也，"坎坎"六三，居重险之间也，"蹇蹇"六二，阴居阴也。

　　诸卦之爻，皆及卦名。《坤》、《小畜》、《泰》、《大畜》、《既济》六爻悉无之。

　　八卦之象，又有六焉：巽曰木；坎曰云、曰泉、曰雨；离曰明、曰电。

　　《曾子·天圆篇》："火日外景，金水内景。"薛士龙诗云："尝闻曾子书，金火中外明。圆方递含施，二景参黄庭。"愚谓《周髀》云："日犹火，月犹水。火则外光，水则含景。"其说本于《易》之坎、离。《坎》内阳外阴，故为水、为月；《离》内阴外阳，故为火、为日。

　　《系辞》正义云："韩氏亲受业于王弼，承王弼之旨，故

固"视为《随》卦所具有的四种德性。出现这些解释，恐怕是因为未曾看到过《彖传》、《象传》、《文言传》的原因吧?

《易纬坤凿度》的注释说:"虞世南说:'不读《周易》，就不能够做宰相。'"尽管我们不能再了解到注释者的详细情况，但这句话也算得上是天下的名言了。

"乾乾"和"夬夬"的爻辞，说的是各自卦象中的九三爻，是以阳爻居于阳刚之位;"谦谦"的爻辞出现在初六爻，位于下卦的最底下;"坎坎"的爻辞出现在六三爻，上下都是《坎》卦所代表的险要之处;"蹇蹇"的爻辞出现在六二爻，是以阴爻居于阴位。

《周易》六十四卦，大多数卦中的每句爻辞都会对应这一卦的名字，但只有《坤》卦、《小畜》卦、《泰》卦、《大畜》卦、《既济》卦，它们六爻的爻辞中都没有提及自己这一卦的卦名。

八卦的取象，其实还有六种:巽代表木;坎代表云、泉、雨;离代表光明和电。

《曾子·天圆篇》中说:"火焰和太阳的光芒是向外照射的，金属和水的光芒是内收的，蕴于自身的。"薛士龙的诗也说:"我曾听闻曾子所撰的书，金属是内在有光，而火焰是外放光亮。圆周回环的天道和方正载物的地道、交替变化、协理万物，(我)就凭着两种光明参悟《黄庭经》。"我注意到《周髀算经》中的解释是:"太阳就像火，月亮就像水。火焰是外放光亮的，水则是蕴含和接受光亮的。"这种说法源于《周易》中的《坎》卦和《离》卦。《坎》卦是内为阳爻、外为阴爻，所以代表水和月亮;《离》卦是内为阴爻，外为阳爻，所以代表火和太阳。

《系辞传》的《正义》说:"韩氏(即:韩康伯)亲自跟从王

引'弼云'以证成其义。"愚考王弼终于魏正始十年。韩康伯，东晋简文帝引为谈客。二人不同时，相去甚远，谓之"亲受业"，误矣。

程子言《易》，谓"得其义，则象数在其中"，朱熹以为"先见象数，方说得理，不然事无实证，则虚理易差"。愚尝观颜延之《庭诰》云："马、陆得其象数，取之于物；荀、王举其正宗，得之于心。"其说以荀、王为长。李泰发亦谓"一行明数而不知其义，管辂明象而不通其理"。盖自辅嗣之学行，而象数之说隐。然义理、象数，一以贯之，乃为尽善。故李鼎祚独宗康成之学，朱熹发兼取程、邵之说。

冯当可谓："王辅嗣蔽于虚无，而《易》与人事疏；伊川专于治乱，而《易》与天道远。"又谓："近有伊川，然后《易》与世故通，而王氏之说为可废。然伊川往往舍画求《易》，故时有不合。又不会通一卦之体，以观其全，每求之爻辞离散之间，故其误十犹五六。"晁子止为《易广传》，当可答书曰："判浑全之体，使后学无以致其思，非传远之

弼拜师受学，也继承了王弼学问的宗旨，因此他引用'王弼说'来证明其中的义理。"根据我的考察，王弼在魏正始十年就已经去世了，而韩康伯，则曾经被东晋时期的简文帝延请过来作为谈玄的上宾，两个人的时代并不相同，甚至还相差甚远，因此要说韩康伯是"亲身受学"于王弼，这是不对可能的。

程子（即：伊川先生程颐）讨论《周易》时，曾经说："如果理解了经文的义理，那么象数的道理也就蕴含在其中了"。朱子则认为"先要看到《周易》象数的知识，才能解释出其中的道理，否则经文所阐明的事情没有实证，那么由此得出的虚理也容易出错"。我曾经看过颜延之的《庭诰》，其中说："马融和陆绩得到通晓了《周易》的象数之学，他们是从外物中求证的；荀爽、王弼则揭示出了《周易》的正道，他们是从内心中印证的。"他认为荀爽、王弼的观点更为正确。李泰发也说过"唐代的高僧一行大师了解易数之学，却不知道《周易》根本的义理；管辂了解易象之学，却不通晓其中的道理"。大概自从王辅嗣的易学风行天下，汉代象数的学说就变得隐没不闻了。然而义理和象数，只有相互贯通才能达到尽善尽美的境界。所以李鼎祚唯独崇尚郑玄的易学，朱震则同时结合讲义理的程子（即：程颐）和讲象数的邵雍的观点。

冯当可曾经说过："王辅嗣被老、庄虚无的学说所局限，他所传的《周易》之学于是就和实际的人事疏离了；程伊川（即：程颐）专注在人世间的治乱兴王，于是《周易》之学就远离了天道的奥秘。"他又说："近来有了伊川先生出现，才使得《周易》同世道变动的根源相通，进而王弼的学说也变得可以废弃了。然而伊川往往抛开卦画的取象，而去讲求《周易》的道理，所以他

道。”

吕元钧云：“求于八卦之先，而牵于数，故谓《坎》、《离》先天地；得于六爻之后，而惑乎气，故谓卦气起《中孚》。”

伏羲之《易》，当以图观，文王以后始有书。艾轩云："《易》不画，《诗》不歌，无悟入处。"诚斋云："卦者其名，画者非卦也。此伏羲氏初制之字也。"愚按：《易纬乾凿度》以八卦之画为古文天、地、风、山、坎、火、雷、泽字。

上《系》七爻，起于《中孚》"鸣鹤在阴"；下《系》十一爻，起于《咸》"憧憧往来"。《卦气图》自《复》至《咸》八十八阳、九十二阴，自《姤》至《中孚》八十八阴、九十二阳。《咸》至《姤》凡六日七分，《中孚》至《复》亦六日七分，阴

的解释跟《周易》经传的本义有时也会有不能相符的地方。他又不能够通观一卦六爻的整体，来体悟这一卦的整体意义，而常常是通过分析爻辞的离散来寻求义理，所以他出错的概率大约有十分之五、六。"晁子止（即：晁公武）写作《易广传》，冯当可在答复的书信中说："把一个浑然完整的卦体分析拆解开，让之后的学者不再有穷尽思考的空间，这不是将学问流传久远的大道。"

吕元钧说："想要追求产生八卦之前的状态，而把象数相关的学问牵扯进来，所以有人就认为《坎》卦和《离》卦的道理在天地生成之前就已经存在；要在重卦以后用六爻推求义理，却被卦气之说给迷惑了，所以有人就认为《中孚》卦是卦气萌生的开始。"

伏羲时代的《易》，应该将它视为一种图像，到了周文王之后，《易》才被撰写成书。艾轩先生（即：林光朝）说："学习《周易》如果不去还原画卦的道理，学习《诗经》如果不去尝试歌唱，那就没有真正领悟入门的可能。"诚斋先生（即：杨万里）说："'卦'是这种符号的名字，伏羲所画的卦其实并不是卦象本身，这些符号原本是伏羲最初制定的文字。"我了解到，《易纬乾凿度》认为，伏羲所画的八卦，它的图像就是上古时期的"天"、"地"、"风"、"山"、"坎"、"火"、"雷"、"泽"这些字的字形。

《系辞上传》所引用的七段爻辞，是从《中孚》卦中的"鸣鹤在阴"这一句开始的；《系辞下传》所引用的十一段爻辞，是从《咸》卦的"憧憧往来"这一句开始的。《卦气图》记载，从《复》卦到《咸》卦共有八十八个阳爻和九十二个阴爻；从

阳自然之数也。

　　龟山曰："《乾》、《坤》两卦，圣人释其义于后，是解《易》之法。"沙随曰："《乾》、《坤》，《易》之门。《文言》于《乾》，四致意焉，《坤》则一而已。举《乾》、《坤》之义，则他卦可知。上《系》解七爻，下《系》解十一爻，大略类《文言》。学者可以三隅反。"

　　"何以守位曰人"，《释文》云："桓玄，明僧绍作'仁'。"今本乃从桓玄，误矣。《本义》作"人"，云："吕氏从古，盖所谓'非众罔与守邦'。"

　　筮法，依七、八、九、六之爻而记之。古用木画地。《少牢》云："卦者在左坐，卦以木。"《特牲》云："卒筮，写卦。筮者执以示主人。"（原注：卦者主画地识爻，六爻备，乃以方版写之。"今则用钱，以三少为重钱，九也；三多为交钱，六也；两多一少为单钱，七也；两少一多为坼钱，八也。"）见《仪礼》疏。

《姤》卦到《中孚》卦共有八十八个阴爻和九十二个阳爻。从《咸》卦到《姤》卦的时间为六又八十分之七天，从《中孚》卦到《复》卦的时间也是六又八十分之七天，这符合自然界阴阳之气变化的定数。

龟山先生（即：杨时）说："对《乾》卦、《坤》卦这两个卦，圣人将它们的义理都在经文后面解释清楚了，这就是解释《周易》的方法。"沙随先生（程迥）说："《乾》卦和《坤》卦是学习《周易》的入门之处。《文言传》对《乾》卦有四次提及，而对《坤》卦则只有一次。我们揭示出《乾》卦、《坤》卦的大义，那么其他卦的义理也就可以理解了。《系辞上传》所解释的七个爻的爻辞，《系辞下传》所解释的十一个爻的爻辞，大致就类似于《文言传》。学者们可以举一反三。"

"凭借什么来守住自己的位置呢？要靠人"，《经典释文》中说："桓玄和明僧绍把'人'字写作'仁'。"今天通行的版本都是跟着桓玄写作"仁"，这是错误的。《周易本义》中就写作"人"，朱子写道："吕氏（即：吕祖谦）信从古本的《周易》文字，在这里大概指的就是'没有众多的人，就没有办法守卫国家'。"

卜筮的方法，是按照数字七、八、九、六分别对应，以这四种对应的爻象来记录的。古代用木头画地。《仪礼·少牢》中写道："卜卦的人在左边坐下，使用木头来画卦。"《仪礼·特牲》中写道："在结束卜筮的时候，要写出卦来。占卜的人要拿着写出的卦画向主人展示。"（原注：卜卦的人要负责在地上用木头画出卦的爻象，当六爻齐备了，才用方形的木板将卦象给写下来。"今天这个过程是用钱币来代替了，三个钱币都是背面，叫作'三少'，也被称为重钱，

《易》者，数之原也。《屯》"十年乃字"，《需》"三人"，《讼》"三百户"、"三褵"，《师》"三锡"，《比》"三驱"，《同人》"三岁"，《蛊》"先甲后甲三日"，《临》"八月"，《复》"七日"、"十年"，《颐》"十年"，《坎》"簋贰"、"三岁"，《晋》"三接"，《明夷》"三日不食"，《睽》"二女"、"一车"，《解》"三狐"，《损》"二簋"、"三人"、"一人"、"十朋"，《益》"十朋"，《夬》"五刚"，《萃》"一握"，《困》"三岁"，《革》"三就"，《震》"七日"，《渐》"三岁"，《丰》"三岁"，《旅》"一矢"，《巽》"先庚、后庚三日"、"三品"，《既济》"七日"、"三年"，《未济》"三年"。其数例总释于《乾凿度》。如"月几望"、"巳日乃孚"，皆阴阳气数之变。

卦具四德者七，《乾》、《坤》、《屯》、《随》、《临》、

就是数字九，象征老阳；三个钱币都是正面，就叫作'三多'，也叫交钱，就得出数字六，代表老阴；掷出来有两个是背面，一个是正面，这就叫作单钱，代表数字七，是少阳；两个正面一个背面就叫作拆钱，代表数字八，是少阴。"）这段解说见于《仪礼》贾公彦的疏文。

《易经》是各类数字的本原。《屯》卦的爻辞说"过了十年才允许婚嫁"，《需》卦的爻辞谈到了"三个人"，《讼》卦的爻辞谈到"三百户人口"、"三次被褫夺"，《师》卦的爻辞说"三次被赐予重任"，《比》卦的爻辞说"三方驱赶的礼仪"，《同人》的爻辞说"三年"，《蛊》卦的爻辞说"先于甲日三天，后于甲日三天"，《临》卦的爻辞说"八月"，《复》卦的爻辞有"七天"和"十年"，《颐》卦的爻辞有"十年"，《坎》卦的爻辞有"两个篚"和"三年"，《晋》卦的爻辞有"三次受到接见"，《明夷》卦的爻辞有"三天不吃东西"，《暌》卦的爻辞有"两个女人""一辆车"，《解》卦的爻辞有"三只狐狸"，《损》卦的爻辞有"两个篚"、"三个人"、"一个人"还有"十个朋友"的价值，《益》卦的爻辞也有"十朋"，《夬》卦的爻辞中提到"五个刚爻"，《萃》卦中有"一握"的说法，《困》卦有"三年"，《革》卦的爻辞有"三次俯就"，《震》卦的爻辞有"七天"，《渐》卦的爻辞有"三年"，《丰》卦的爻辞也有"三年"，《旅》卦的爻辞有"一支箭矢"，《巽》卦的爻辞有"先于庚日三天后于庚日三天"、"三种品类"，《既济》卦有"七天"和"三年"的爻辞，《未济》卦有"三年"的爻辞。这些数字的用例都在《易纬乾凿度》中得到了总体的解释。像是"月亮几乎到了望日盈满的时候"、"到巳日才实现诚信"，这里说的都是阴阳气数的变化状况。

在六十四卦中，兼具"元亨利贞"四德的有七个卦，它们分别

《无妄》、《革》也。唯《乾》不言所利。

　　遏恶扬善，所以顺天休命；内君子外小人，所以财成天地之道。

　　《乾》、《坤》既位，人居其中。《屯》以"建侯"作之君，《蒙》以"养正"作之师。

　　《大畜》为学，《贲》为文。"能止健"而后可以为学，"文明以止"而后可以为文。止者，笃实而已。不以笃实为本，则学不足以成德，文不足以明理。

　　《易》立乎其中，体也；《易》行乎其中，用也。朱熹谓："行以造化言，立以卦位言。"

　　《旅》初六"斯其所取灾"，王辅嗣注云："为斯贱之役。"唐郭京谓："斯"合作"儩"。愚按《后汉·左雄传》"职斯禄薄"注云："斯，贱也。"不必改"儩"字。

　　"城复于隍，其命乱也"，汤伯纪云："乱，如'疾病则

是《乾》卦、《坤》卦、《屯》卦、《随》卦、《临》卦、《无妄》卦和《革》卦。在这七卦中，只有《乾》卦是普遍地善利天下万物，没有说它究竟对哪一类人有利。

遏制恶行，发扬善性，这是大人君子顺应天道神圣使命的方式。接纳真正的君子，远离小人，这是大人君子来协助完成天地之道的方式。

当《乾》卦和《坤》卦的位置确定，人类就居于其中。《屯》卦是用"分封诸侯"来象征真正君王的事业，《蒙》卦则是用"培养正道"来作为天下师表的原则。。

《大畜》卦象征的是做学问的道理，而《贲》卦象征的是写文章的道理。"有畜止刚健的德行"，在这之后才可以深入圣贤之学，"文采昭明，而又各得其所"，这以后才能够写文章。这里所谓的"止"，就是诚笃踏实的意思。如果不能够把笃厚踏实作为自己的根本，那么为学就不可能成就自己的德行，写文章也不足以辨明万事万物的道理。

《易》道在天地间确立，这是在形容大《易》的本体；《易》道在天地间运行，这是形容《易》的作用。朱子就说："这里用的'行'是从天地万物的生生变化来说的，这里说的'立'是依据卦画的在卦体中的位置来说的。"

《旅》卦初六爻的爻辞叫作"斯其所取灾"，王辅嗣（王弼）的注释说："这里说的是做一些卑贱的劳役。"唐代的郭京则认为"斯"字应该改为"儩"。我注意到《后汉书·左雄传》"职斯禄薄"这句话的注释说："斯，是卑贱的意思。"所以也就没有必要把"斯"字改为"儩"字。

"城墙倒塌，掉进了护城河里面，是预示着混乱的征兆"，

乱'之'乱'。"愚谓唐玄宗极炽而丰，泰之极也。以李林甫、杨国忠为周、召，以安禄山、哥舒翰为方、虎，非"命乱"而何?

《汉·郊祀志》："刘向引《易大传》曰：'诬神者，殃及三世。'"愚按《大戴礼·本命篇》"诬鬼神者罪及二世"，《易大传》岂即此篇欤?

《说卦·释文》引荀爽《九家集解》，得八卦逸象三十有一。《隋》、《唐志》"十卷"，唯《释文序录》列九家名氏，云："不知何人所集，称荀爽者，以为主故也。其序有荀爽、京房、马融、郑玄、宋衷、虞翻、陆绩、姚信、翟子玄为《易》义注。内又有张氏、朱氏，并不详何人。"荀悦《汉纪》云："马融著《易解》，颇生异说。爽著《易传》，据爻象承应、阴阳变化之义。以十篇之文，解说经意。由是兖、豫言《易》者，咸传荀氏学。"今其说见于李鼎祚《集解》。若"乾升于坤曰云行，坤降于乾曰雨施"，"乾起坎而终于离，坤起离而终于坎；离坎者，乾坤之家而阴阳之府，故曰大明终始"，皆诸儒所未发。

汤伯纪（即：汤汉）说："这里的'乱'字，就像'生了疾病就会引起昏乱的那个'乱'字一样。"我个人认为唐玄宗的时候，其事业极度炽盛，用于奉养自己的玩好极度奢靡，这就是《泰》卦所象征的安泰达到了极点。于是他把李林甫、杨国忠等人视为周公、召公这样的贤相，把安禄山、哥舒翰当做方叔、召虎这样救国的将领，这不是"注定昏乱"又是什么呢？

《汉书·郊祀志》记载："刘向引用了《周易大传》的文字说：'诬罔神明的人，他身上的灾殃是要波及三代人的。'"我考察到《大戴礼记·本命》篇，其中有"诬罔鬼神的人，他的罪过要延续两代人"，难道说《周易大传》就是这同一篇文章吗？

《说卦·释文》中引用了荀爽的《九家集解》这本书，书中记载了八卦亡佚的卦象有三十一条。但《隋书·经籍志》、《唐书·经籍志》称这部《九家集解》的篇幅是"十卷"，只有《释文序录》中列出了九位易学家的名字，并且还说"这部书不知道是谁收集、编纂的，被称为'荀爽'，是因为此书的义理以荀爽的易学作为主线。本书所采纳的学说顺序是：荀爽、京房、马融、郑玄、宋衷、虞翻、陆绩、姚信、翟子玄等人的解说，编为《易义注》。其中还有张氏和朱氏的注解，但不清楚这两人具体是谁。"荀悦的《汉纪》提到，"马融著有《易解》一书，提出了不少不同于传统的观点。而荀爽所著的《易传》，则是基于爻象的相承和感应、阴阳变化的原则，用《周易》'十翼'的传文来解说经文的含义。在此之后，兖州、豫州等地学习《周易》的人，都传承荀爽的易学。"现在这些注解的内容还能从李鼎祚的《周易集解》中看到。像是"《乾》卦上升到《坤》卦之上就叫作'云行'，《坤》卦下降与《乾》卦相交就叫作'雨施'"、"《乾》卦是从

　　王昭素谓："《序卦》云'《离》者丽也'，丽必有所感，故受之以《咸》。咸者感也。"凡十四字，晁以道《古易》取此三句增入正文，谓后人妄有上、下经之辩。吴仁杰亦从王、晁之论。沙随程氏按《系辞》曰："二篇之策，从韩康伯本。"张文饶云："《序卦》上经不言《乾》、《坤》，下经不言《咸》者，天地人物之本，必藏诸用也。"朱新仲谓："一行《易纂》引孟喜《序卦》曰：'阴阳养万物，必讼而成之；君臣养万民，亦讼而成之。'然则《序卦》亦杂以经师之言欤？"

　　刘梦得《辩易九六论》曰："董生言本毕中和，中和本其师，师之学本一行。"朱文公曰："毕氏揲法，视疏义为详。柳子厚诋梦得肤末于学，误矣。"

　　《古易》五家：吕微仲、晁以道、睢阳王氏、东莱吕氏、

《坎》卦生起，而在《离》卦中完成，《坤》卦是起于《离》卦，而在《坎》卦中完成，《离》卦和《坎》卦，是《乾》、《坤》二卦的家宅，也是阴阳二气的所在，所以要说至大的光明成始成终"，这些都是其他儒者所未曾谈及的。

王昭素说："《序卦传》中说'《离》是附丽的意思'。因为要附丽，所以必然会有所感应，所以在《离》卦之后要接着《咸》卦，咸就是感应的意思。"这段一共十四个字的引文，晁以道的《古易经》将这三句话加在正文里面，认为《周易》上经、下经的分别是后世的人擅自给它分开的。吴仁杰也赞同王昭素和晁以道的观点。沙随先生（程迥）则在考察了《系辞》之后说："《周易》分为上、下二篇的版本，是跟从着韩康伯的版本来的。"张文饶说："《序卦传》在上经的部分中并没有提到《乾》、《坤》两卦，在下经中也没有提到《咸》卦，这是因为天地人物的本体必然要包含在万物的作用之中。"朱新仲认为："唐代高僧一行大师的《易纂》引用孟喜的《序卦》说：'阴阳长养万物，一定是经过《讼》所代表的争辩才能完成的；君臣养育万民，也是通过《讼》卦的争辩来完成的。'这样说来，那么《序卦传》中也是混杂着汉代经师的言论吗？"

刘梦得（即：刘禹锡）在《辩易九六论》中说："董生（即：董挺）的言论是本于毕中和，而毕中和的学说又是源于他的老师，他老师的学问又是源于一行大师。"朱文公（即：朱熹）说："毕中和所传授的占筮方法，比《周易正义》的注疏解说得还要详尽，但是柳子厚（即：柳宗元）却指责刘梦得（即：刘禹锡）在学术上属于肤浅、末流，这是错误的。"

传承《古易》的学说一共有五家：吕微仲、晁以道、睢阳王

九江周燔。又有程迥、吴仁杰二家。而洪兴祖以一行所纂《古子夏传》为正，以诸书附著其下，为《考异释疑》。

经说多依托，《易》为甚。《子夏传》，张弧作也；《关子明传》，阮逸作也；《麻衣正易》，戴师愈作也。

《越绝外传》：范子曰："道生气，气生阴，阴生阳。"愚谓"先阴后阳"即《归藏》先《坤》之义，阖而辟，静而动也。

《郑志》：张逸问："《赞》云'我先师棘下生'，何时人？"答云："齐田氏时。善学者所会处也，齐人号之棘下生，无常人也。"愚案康成有《易赞》，所谓《赞》云者，《易赞》也。棘下，即稷下也。刘向《别录》："谈说之士会于稷门下。"

《京氏易·积算法》引夫子曰："八卦因伏羲，暨于神农，重乎八纯。圣理玄微，易道难究。迄乎西伯父子，研理穷通，上下囊括。推爻考象，配卦世应，加乎星宿，局于六十四所，二十四气。分天地之数，定人伦之理，验日月之行，寻五行之端。灾祥进退，莫不因兹而兆矣。故考天地、日月、星辰、山川、草木、虫鱼、鸟兽之情状，运气、生死、休咎，不可执一隅。故曰《易》含万象。"又引孔子云："《易》有四易：

氏、东莱吕氏、九江周燔。另外还有程迥和吴仁杰两家。洪兴祖则用一行大师所编纂的《古子夏传》作为正本，将上述这些书籍的说法附在正本之下，写成了《考异释疑》。"

解说经文的著作，其中多有依托古人的名字流传下来的，对《周易》这部经典来说，情况尤其突出。《子夏易传》是张弘创作的；《关子明易传》是阮逸所作的；《麻衣道人正易心法》，是戴师愈所作的。

在《越绝外传》中，范子说："是大道生出了元气，元气生出了阴气，阴气生出了阳气。"我认为这里说的"阴气在先阳气在后"就是指《归藏易》中以《坤》卦为首的意思，表示要先闭合才能张凯，先有静止才能有活动。

《郑志》记载：张逸问道："《赞》中所说的'我先师棘下生'，是什么时候的人？"郑玄回答说："那是在战国时期，田氏掌握齐国的时代。善于学习的人所聚集的地方，齐国人就称之为棘下生，没有固定指哪一个人。"我注意到郑玄有一部《易赞》，这里所谓的"《赞》"大概就是指的《易赞》吧。棘下，其实就是稷下。刘向的《别录》记载："在齐国，讨论各家学说的士人都聚集在稷门下。"

《京氏易·积算法》引用了孔子的话说："八卦是起源于伏羲，传到了神农的时候，把八纯卦两两相重，成为六十四卦。圣人的道理玄妙深微，大易之道难以穷究。直到西伯父子（指周文王、周公旦父子二人），研究万物的道理，不论是穷困还是通达，上上下下都一起囊括进来。推演卦爻、考究卦象，配合卦象、世应爻，再加上星宿的运行，安放在六十四卦和二十四节气之中，分析天地运行的象数，确定人伦的道理，用日月的运行

一世、二世为地易，三世、四世为人易，五世、六世为天易。游魂、归魂为鬼易。"此占候之学，决非孔子之言也。张文饶言"四易"又异于是："《易》有四：体一用三。伏羲《先天》，体也；《连山》天易，《归藏》地易，《周易》人易，用也。"

京氏谓"二至四为互体，三至五为约象"。《仪礼疏》云："二至四，三至五，两体交互，各成一卦，先儒谓之互体。"

《说卦》虞翻曰："《乾》、《坤》五贵三贱，故定位。《艮》、《兑》同气相求，故通气。《震》、《巽》同声相应，故相薄。《坎》戊《离》己，月三十日一会于壬，故不相射。《坤》消从午至亥，故顺。《乾》息从子至巳，故逆。"盖用纳甲卦气之说。

来印证，寻找五行的端绪。不论是灾祸还是祥瑞，上升还是后退，没有不因此而显露征兆的。所以他们就考察天地、日月、星辰、山川、草木、虫鱼、鸟兽的情状，运数和元气、生和死、吉祥和灾祸，不能仅仅局限在一个方面。所以说《易》包含了万象。"又引用孔子的话："《易》包含了四种易：第一世、第二世叫作地易；第三世、第四世叫作人易；第五世、第六世叫做天易。游魂、归魂叫作鬼易。"这是用术数进行占候的学说，绝不是孔子所说的话。张文饶关于"四易"的说法又不同于此："《易》有四种：其中一个是本体，其他三个都是作用。伏羲的《先天易》，是《易》的本体；《连山易》是天易，《归藏易》是地易，《周易》是人易，它们都是作用。"

京房认为"第二爻到第四爻形成了互体关系，第三爻到第五爻是相互照应的'约象'关系"。《仪礼疏》中说："第二爻到第四爻，第三爻到第五爻，两部分的卦体交互，各自成为一个单独的卦，之前的儒者把它称为'互体'。"

关于《说卦传》，虞翻说："《乾》和《坤》这两个卦中的第五爻是尊贵的，第三爻是低贱的，所以被称为'定位'。而《艮》卦和《兑》卦两卦分别代表山和泽，二者气息相同，所以叫作'通气'。《震》卦和《巽》卦两卦分别代表雷和风，声音相同，相互感应，所以能够相互激荡。《坎》卦在天干中属于戊，《离》卦属于己，每个月三十日会在壬日相遇一次，因此它们之间不会相互影响。《坤》卦中阳气消散的是从午时到亥时，所以它变化的方向是顺的。而《乾》卦中的阳气生成则是从子时到巳时，所以它的方向是逆的。"这些解释大概根据的就是纳甲和卦气的说法。

"初九，潜龙"，辞也。有"九"则有"六"，变也。"潜龙"，象也。"勿用"，占也。辅汉卿谓："《易》须识辞、变、象、占四字。"（原注：项氏曰："不称'乾马'而称'震龙'，震，动也，《乾》之动自《震》始。"）

阳为大，阴为小。《大畜》、《小畜》，《大过》、《小过》，取阴阳为义。

六爻有得有失，唯《谦》三吉三利，《家人》一爻悔亡，五爻皆吉。

《汉书·叙传》"六世耽耽，其欲浟浟。"（原注：音涤。）注：《颐·六四》爻辞。浟浟，欲利之貌。今《易》作"逐逐"，《子夏传》作"攸攸"。颜注以"浟浟"为欲利，辅嗣以"逐逐"为尚实，其义不同。

上蔡谢子为《晁以道传易堂记后序》，言："安乐邵先生《皇极经世》之学，师承颇异。安乐之父，昔于庐山解后文恭胡公，从隐者老浮图游。隐者曰：'胡子世福甚厚，当秉国政。邵子仕虽不耦，学业必传。'因同授《易》书。"上蔡之文今不传，仅载于张祺《书文恭集后》。康节之父伊川丈人，名古，字天叟。

"初九，潜龙"，这是《周易》的文辞。有阳爻代表的"九"就会有阴爻代表的"六"，这是《周易》的变话。"潜龙"，这是这一爻所取的物象。"勿用"，这是占筮的结果。辅汉卿（即：辅广，朱子弟子）说："学习《周易》，必须要了解辞、变、象、占这四个字。"（原注：项氏说："不称'乾马'而称为'震龙'，是因为震就代表动，《乾》卦的动是从《震》卦开始的。"）

属阳的就是大，属阴的就是小。《大畜》卦和《小畜》卦，《大过》卦和《小过》卦中，都是从阴阳中辨别大小，确立的宗旨。

一般《周易》卦象的，六爻之中，各自都会有所得有所失，只有《谦》卦有三个爻是吉祥，三个爻是顺利，只有《家人》卦中有一爻有"悔亡"的占辞，而其他五爻都是吉祥的。

《汉书·叙传》中说："六代人耽耽追求，他们的欲望澉澉，渴求不已。"（原注："澉"音"涤"。）《汉书》的注解说："这里用的是《周易·颐卦·六四》的爻辞，'澉澉'是想要追求利益的样子。今天的《周易》将其写作'逐逐'。"《子夏易传》将其写作"攸攸"。颜师古的注解将"澉澉"解释为追求利益，王辅嗣的注解将"逐逐"解释为崇尚敦实的品行，两者的意义不同。

上蔡谢子（即：北宋儒者谢良佐）写了《晁以道传易堂记后序》这篇文章，说：'安乐邵先生（即：邵雍）的《皇极经世》之学，他的师承跟其他人很不相同。安乐先生的父亲，昔日曾在庐山跟文恭胡公（即：胡宿）邂逅，跟随山中的隐士老僧学习。隐者说：'胡先生在世俗中的福分很厚，应该能够掌管国家政事。邵先生的仕途虽然比不上胡先生，但是他的学问必定能被传承下去。'因此就一起授予他们《易》书。"谢上蔡的文章今天没

邵子《观物外篇》曰："天地之气运，北而南则治，南
而北则乱，乱久则复北而南矣。"张文饶谓："《先天图》自
《泰》历《蛊》而至《否》，自《否》历《随》而至《泰》，即南
北之运数也。"《闻见录》载邵子之言，曰："天下将治，地气
自北而南，将乱，自南而北。"盖为闻杜鹃声也。陈忠肃谓重
南轻北，分裂有萌，则以人事知之。

欧阳公以《河图》、《洛书》为怪妄，东坡云："著于
《易》，见于《论语》，不可诬也。"南丰云："以非所习见，
则果于以为不然，是以天地万物之变为可尽于耳目之所及，
亦可谓过矣。"苏、曾皆欧阳公门人，而论议不苟同如此。

迂斋讲《易》，谓"伏羲未作《易》之前，天下之人心
无非易。伏羲既作《易》之后，天下之万事无非易。"又《策
问》谓："种明逸以易学名，而其后世衡至师道，累叶为名
将。郭逵以将帅显，而其后兼山、白云皆明《易》。盖《易》之

有传下来，这段话只在张栻的《书文恭集后》有所记载。康节先生（邵雍）的父亲是伊川先生（程颐）的丈人，名叫邵古，字天叟。"

邵子（即：邵雍）的《观物外篇》说："天地间的气运，如果由北往南走就容易成就治平，如果由南往北走就容易导致混乱，混乱久了就又会变回由北往南。"张文饶认为："《先天图》是从《泰》卦经过《蛊》卦再到《否》卦，从《否》卦经过《随》卦再到《泰》卦，这就是南北的运数。"《邵氏闻见录》记载了邵子（即：邵雍）的话说："天下将要得到大治的时候，地气就会由北往南运行，将要混乱的时候，地气就会由南往北运行。"这是听到杜鹃的叫声而得出的结论。陈忠肃所说的重视南方人、看轻北方人，分裂的征兆就已经显露，这则是从人间的政事中看出来的。

欧阳公（即：欧阳修）认为《河图》和《洛书》是怪诞之作，而苏东坡（即：苏轼）说："《河图》和《洛书》的说法被明白地写在《周易》中，也见于《论语》之中，不可以这么轻率地就认为它是虚妄的。"南丰先生（即：曾巩）说："如果因为一件事物你从来没有接触过，就很草率地认为这是错误的，那么这就是认为天地万物的一切变化都可以通过耳目见闻所及就能穷尽了，这也可以说是错了。"苏轼和曾巩都是欧阳公的门人，但他们不轻易在学术见解上与其老师求同到了这样的地步。

迂斋先生晁说之在讲解《周易》时说："伏羲还没有创作《易》之前，天下的人心中没有不是易道的。伏羲一旦创作了《易》，天下万事就没有不为《易》所涵盖的了。"他又在《策问》中说："种明逸（即：种放）因为易学而成名，他的后代从种衡到

为书，兵法尽备，其理一也。"愚闻之先君云。

知识欲高明，故效天。操履贵笃实，故法地。

晁景迂述郭敏修之言曰："所以生生者，智水不可不崇，而礼火则卑之。此卦之所以《既济》也。"（原注：养生之说，阴升阳降。）

《史记》春申君说秦昭王，引《易》曰："狐涉水，濡其尾。"此言始之易，终之难也。今《易·未济》曰："小狐汔济，濡其尾。"

"高宗伐鬼方"，《后汉·西羌传》："武丁征西羌鬼方，三年乃克。"《竹书纪年》："武丁三十五年，周王季伐西落鬼戎。"然则鬼方即鬼戎与？《诗·殷武》"奋伐荆楚"，朱熹《集传》云："《易》曰：'高宗伐鬼方，三年克之。'盖谓此。"愚按：《大戴礼·帝系篇》："陆终氏娶于鬼方氏"，《楚世家》："陆终生子六人，六曰季连，芈姓，楚其后也"，可以证《集传》之说。

种师道，历代相传，都是名将。郭逵是因为将帅之才而著名，而他的后代兼山先生郭忠孝、白云先生郭雍也都精通《易经》。大概《易经》作为一部书，兵法的精妙都涵盖在其中，它们的原理是一致的。"这是我从我父亲那里听说的。

人的知识见解都是想要走向高明的境界，所以要效法天道。人的节操和道德的践履都要以笃实厚重为贵，所以要效法大地。

晁景迂引述郭敏修的话说："要实现天地万物生生不息的境界，对于像水一样的智德就不可以不去推崇，而像火一样的礼德、就不能不出于下位。这就是上《坎》下《离》的这个卦之所以叫作《既济》的原因。"（原注：这是养生家的说法，本于阴气上升阳气下降。）

在《史记》中，春申君游说秦昭王，春申君就引用《周易》说："狐狸渡过河流，它的尾巴被水濡湿。"这是说一件事情开始非常容易，要完美地结束就很困难了。今天的《周易·未济》卦的卦辞说："小狐狸过河，快到岸边的时候，濡湿了它的尾巴。"

"殷高宗武丁讨伐鬼方"，《后汉书·西羌传》中说："武丁征讨西羌的鬼方，花了三年才攻克下来。"《竹书纪年》中说："武丁三十五年，周国的王季讨伐西边的鬼戎。"这样看来，鬼方就是鬼戎吗？《诗经·殷武》中说"奋力讨伐荆楚"，朱子的《诗集传》说："《周易》中说：'殷高宗讨伐鬼方，过了三年才攻克下来。'大概说的就是这件事。"我认为《大戴礼记·帝系篇》中说："陆终氏娶了鬼方氏的女子"，《楚世家》中说"陆终生了六个儿子，第六个叫季连，芈姓，楚国的王室就是他的后代"，这可

《未济》"三阳失位"，程子得之成都隐者。朱熹谓："《火珠林》已有，盖伊川未曾看杂书。"

虞翻梦吞三爻而通《易》，陆希声梦三圣人而舍象数作传。然翻未知"言有序"之戒，希声未知"比之匪人"之训，践履与《易》相违。

张绪云："何平叔不解《易》中七事。"伏曼容云："何晏疑《易》中九事。"愚谓晏以《老》、《庄》谈《易》，系小子观朵颐，所不解者岂止七事哉！（原注：以义理解《易》，自王弼始，何晏非弼比也。清谈亡晋，衍也，非弼也。范宁以王弼、何晏并言，过矣。）

"上坎为云，下坎为雨"，虞翻之说也，郭子和从之。（原注：坎在上为云，故云雷《屯》。坎在下为雨，故雷雨作《解》。）"女子贞不字"，谓许嫁笄而字，耿氏之说也，朱文公从之。

以证明《诗集传》中的说法。

《未济》卦"三个阳爻都没能得到正位"的这种解释，据说是程子从成都的一位隐士那里得来的。朱熹说："这种解释在专门论述占卜的《火珠林》中就已经有了，之所以不知道，大概是因为伊川先生不曾去翻看这些杂书的缘故。"

虞翻通过梦中领悟到《易经》中的三个爻象，于是就通晓了其中的奥义。陆希声梦见了伏羲、文王、孔子三位圣人，于是就抛开了象数之学，为《周易》作传。但是虞翻并不知道"出言要按照次序"的戒律，而陆希声也没有理解"亲近的对象不是真正需要亲近的人"的教训，他们所做的事情就与《周易》的思想相违背。

张绪说"何平叔（即：何晏）不理解《周易》中的七件事"，而伏曼容则说"何晏对《周易》中的九件事持有怀疑的态度"。我认为何晏通过《老子》和《庄子》来解释《周易》，就像是小孩子贪看别人大口咀嚼食物，并不能深入其中的精义，他所不能理解的又哪里仅仅是七件事呢！（原注：超越象数、通过义理来理解《周易》，这是从王弼开始的，何晏的水平并不能够与王弼相比。因为玄学上的清谈而耽误国势、招致晋朝灭亡，这是王衍的罪状，而不应当归罪于王弼。范宁把王弼和何晏放在一起评价，这是不准确的。）

"坎卦在上就代表云，坎卦在下就代表雨"，这是虞翻的观点，郭子和也支持这种说法。（原注：坎卦在上面就象征着云，因此《屯》卦的取象就是"云雷"；坎卦在下面象征着雨，因此在《解》卦中就用"雷雨"来表示。）"女子保持坚贞，不哺育孩子"，意思是直到女子及笄许下婚配之后才哺育孩子，这是耿氏（即：耿南

《咸》之感无心，感以虚也。《兑》之说无言，说以诚也。尧之"于变时雍"，孔子之"绥来动和"，其感至矣。文王"灵台"之乐，宣王《云汉》之喜，其说深矣。

德非日新，不足以言盛；义非入神，不足以言精。

《馆阁书目》："《周易元包》十卷，唐卫元嵩撰。"今按：杨楫序云："元嵩，益州成都人。明阴阳历算。献策后周，赐爵持节蜀郡公。武帝尊礼，不敢臣之。"《北史·艺术传》："蜀郡卫元嵩，好言将来事，不信释教，尝上疏极论之。"《书目》以为唐人，误矣。

扬雄《核灵赋》曰："《大易》之始，河序龙马，雒贡龟书。"刘牧谓《河图》、《洛书》同出于伏羲之世。

曾子固为《徐复传》云："康定中，仁宗命讲《易》《乾》、《坤》、《既济》、《未济》，又问今岁直何卦，西兵欲出如何。复对：'岁直《小过》，而太一守中宫，兵宜内不宜外。'仁宗嘉其言。与林瑀同修《周易会元纪》。"今考侍讲林瑀上《会元纪》，推帝王即位，必遇辟卦，而真宗乃得卿卦。每开说，皆谄谀之辞，缘饰以阴阳。贾昌朝奏瑀所学不

仲)的观点，朱文公(即：朱熹)也赞同这种说法。

《咸》卦的感应是没有私心的，是凭借虚灵的状态来感应。《兑》卦所代表的悦乐是不需要语言的，是用自己的真诚来悦乐对方。尧的"在尧的政治下变得雍容和乐"，孔子的"安抚百姓，百姓就会踊跃前来，发动百姓，百姓就能齐心协力"，他们感化的力量是极其深刻的。周文王建造"灵台"时的与民同乐，周宣王《云汉》诗中的喜悦，他们的喜悦是极其深刻的。

如果德行不是日新又新，就不足以称之为盛大；如果义理不是达到神妙不测的境界，就不足以称之为精妙。

《馆阁书目》记载："《周易元包》十卷，是唐代的卫元嵩所撰写的。"今天考察杨楫的序说："卫元嵩，是益州成都人。通晓阴阳历算的知识。他向后周献上计策，被赐予了持节蜀郡公的爵位。他受到后周武帝非同一般的尊重、礼遇，皇帝不敢以一般臣子的态度来面对他。"《北史·艺术传》记载："蜀郡的卫元嵩，善于预言未来的事情，他不相信释教，曾上疏极力批评佛教学说。"《馆阁书目》认为他是唐代人，这是错误的。

扬雄在《核灵赋》中说："《大易》被创制的开始，黄河中出现了龙马背负《河图》，雒水也进献了龟书。"刘牧认为，《河图》、《洛书》都是源自伏羲时代。

曾子固(即：曾巩)写《徐复传》，其中说道："康定年间，仁宗皇帝命令徐复讲解《周易》中的《乾》卦、《坤》卦、《既济》卦、《未济》卦这四卦，又问他今年所对应的卦象到底是什么，如果要向西方出兵的话又应该怎么办。徐复回答说：'今年所对应的卦象是《小过》卦，而太一星守在中宫，如果要用兵的话，适合内收、防守而不应该向外出兵。'仁宗皇帝对他的话表示赞赏。

经，不宜备顾问，遂绌之。复与瑀同修不经之书，不可谓知《易》也。《荀子》曰："善为《易》者，不占。"

"介于石"，古文作"砎"。晋孔坦书曰："砎石之易悟。"

《坤》曰"早辩"，《解》曰"夙吉"。治之于未乱，为之于未有，在周子谓之"几"，在张子谓之"豫"。

程子《易传》，晚始授门人。止斋《春秋后传》亦曰："此身后之书。"刘道原谓："柳芳《唐历》本皆不同，由芳书未成而传之故也。"

《易纬辨终备》曰："煌煌之燿，《乾》为之纲。合凝之类，《坤》握其方。雄雌呿吟，六节摇通。万物孳甲，日营始东。"六节盖谓六子。日营始东，《震》也。

他与林瑀一起修订了《周易会元纪》。"今天考察侍讲林瑀向皇帝进献《会元纪》，推演到帝王即位的时候时，必然会遇到辟卦，可是真宗皇帝即位的时候却得推演到了卿卦。林瑀每次开讲时，说的都是谄媚阿谀皇帝的话，然后用阴阳术数来粉饰它们。贾昌朝上奏说林瑀所学不符合经典中的正道，不应该让他参与顾问的职责，于是将他撤职。徐复与林瑀一起修订了荒唐不符合经典的书籍，所以也不能说他真正懂得《周易》了。正如《荀子》所说的："精于《周易》的人，是不会去占卜的。"

《豫》卦六二爻的爻辞说："坚刚好像石头那样"，古文《周易》中的"介"字写作"砎"。晋代的孔坦曾写道："像磨损小石头那样，容易有所感悟。"

《坤》卦中说"要早早分辨事物的善恶"，《解》卦中说"早早行动就能得到吉祥"。要在还没有发生混乱的时候就进行治理，在还没有发生之前就有所应对，在周子（即：周敦颐）看来，这就叫作"几"，在张子（即：张载）看来，这就叫做"豫"。

程子（即：程颐）所著的《易传》是在晚年才传授给门人的。止斋先生（即：陈傅良）所著的《春秋后传》也说："这是我离世之后才能流传的书。"刘道原（即：刘恕）说："柳芳的《唐历》在世间流传的版本各自都不一样，这可能是因为他的书还没有写完就被流传出去的缘故。"

《易纬辨终备》说："广大光明的宇宙之中，万物闪烁着璀璨的光芒，《乾》卦正是宇宙的纲领。由元气聚合起来的各种物类，是《坤》卦在执掌它的形象方所。雄性和雌性张口高吟长啸，在一年的六个节点中都摇动畅通。万物滋生，日出就从东方

东坡曰:"左氏论《易》,唯南蒯、穆姜之事为近正。"（原注:知庄子曰:"师出以律,有律以如己也。"杜预注:"法行则人从法,法败则法从人。"亦格言也。）

天地未尝一日无阳,亦未尝一日无君子,故十月为阳,纯坤称龙。朱熹曰:"《复》之一阳,是《坤》卦积来。一日生一分,至十一月一阳始成。"

《困》九五曰:"利用祭祀。"李公晦谓:"明虽困于人,而幽可感于神。岂不以人不能知,而鬼神独知之乎?"（原注:愚谓孔子云"知我者其天乎",韩子云"惟乖于时,乃与天通",不求人知而求天知,处困之道也。）

《坎》之"六四"曰:"樽酒,簋贰,用缶。"在险之时,用礼之薄。它爻之言酒者三:《需》九五"需于酒食",《困》九二"困于酒食",《未济》上九"有孚于饮酒",卦皆有《坎》。文王、周公以《酒诰》戒,其象见于《易》,其言详于《书》。三爻皆阳,刚制之意也。

开始。"这里的"六节"指的就是《乾》卦《坤》卦生成的六个子女卦。"太阳从东边开始升起",这里说的就是《震》卦。

苏东坡（即：苏轼）说："《左传》中讨论《周易》的内容，只有南蒯和穆姜的经历可以算是符合《周易》的正道。"（原注：知庄子说："军队行动要根据军法律令，有了军法律令，指挥军队就像指挥自己一样了。"杜预的注释说："法律能够通行，那么人们就会遵守法律；法律失去效力，那么法律也就跟着人的意思变了。"这也是一句格言。）

天地从未有一天没有阳气存在，也从未有一天没有君子存在，所以十月也属于阳，而纯阴的坤卦也被称为龙。朱熹说："《复卦》中的一阳是从《坤》卦累积而来。每一天都会增加一分，直到十一月的时候才形成完整的一个阳爻。"

《困》卦的九五爻说："利于用来举行祭祀。"李公晦说："明面上虽然被人事所困，可是在幽隐处却可以同鬼神感通。这难道不是因为人类无法理解，而独独只有鬼神才能了解吗？"（原注：我窃以为孔子说的"真正了解我的恐怕就是上天了吧"，韩子（即：韩愈）说的"只有在被时势所困、非常艰难的时候，心境才能与上天相通"，不追求他人的理解，而是去寻求上天的理解，这是处于困境时的做法。）

《坎》卦的六四爻说："一樽酒，两簋饭，把它们用盆缶盛着。"在遇到险阻的时候，使用的礼节就是微薄的。在其他爻中提到酒的还有三处：《需》卦的九五爻有说"在酒食上有所等待"，《困》卦的九二爻"被美酒和饮食所困"，《未济》卦的上九爻"饮酒中有诚信"，这些卦中都包含了《坎》卦。文王和周公

"莧陆夬夬"，项氏《玩辞》曰："莧音丸，山羊也。陆，其所行之路也。犹'鸿渐于陆'之陆。兑为羊，在上卦有山羊之象。"愚按，《说文》"莧，山羊细角也。从兔足，苜声，读若丸。'宽'字从此。"徐锴按："《本草注》：莧羊似䴤，羊角，有文，俗作羱。"

"圣人不以位为乐也。"在《易》谓之"虎尾"，在《书》谓之"朽索"、"深渊"。

"先甲"、"先庚"。吴秘注《法言》云："《周礼》'治象，挟日而敛之。'郑司农云：'从甲至癸，谓之挟日，是以《易》称'先甲三日'、'先庚三日'，皆为申命令之义。独取甲、庚者，以甲木主仁，示其宽令也；庚金主义，示其严令也。"

程子谓"学《易》先看王弼"。余谓辅嗣之注，学者不可忽也。于《乾》九三曰："《乾》三以处下卦之上，故免亢龙之悔。《坤》三以处下卦之上，故免龙战之灾。"上九曰："夫以刚健而居人之首，则物之所不与也；以柔顺而为不正，则

用《酒诰》来警戒后人，酒食的取象都出现在了《易经》中，他们的话语都详细地载录在《尚书》中。这里所提及的三个爻都是阳爻，是用来表示刚强制约的意义。

"山羊蹦蹦跳跳，非常果决"，项氏（即：项安世）的《周易玩辞》中说："觅的发音就是丸，指的是山羊。'陆'是指山羊所要走的路，就像'鸿渐于陆'中的陆一样。《兑》卦就象征着山羊，当《兑》卦位置在上的时候就是山羊的象征。"我考察《说文解字》中说，"觅是山羊的细角，从兔从足，声符是首，读音就是丸。'宽'这个字也是从这个字产生的。"徐锴的按语说："根据《本草注》的记载：觅羊长得像麂，生着羊角，上有花纹，俗称为'羱'。"

"圣人不以自己的地位高低为乐。"在《易经》中，这个意思被称为"老虎的尾巴"，在《尚书》，这个意思被称为"朽坏的绳索"或"深渊"。

《周易》中谈到了"先于甲日"、"先于庚日"的说法。吴秘在《法言》的注释中说："在《周礼》中有'形成文字的治典悬挂在象魏上，让民众观看治典，过十天而后收藏起来'的说法。郑司农（即：郑众）解释说：'从甲日到癸日，就称为挟日，因此在《易经》中说'先于甲日三天'、'先于庚日三天'，都是指申告命令的意思。只选取甲、庚这两个天干，是因为甲木代表仁慈，表明其令行宽松；庚金代表义气，表明其令行严格。"

程颐说："学习《易经》先要看王弼的注解。"我认为，学者如果要学习《周易》，就不要忽视王辅嗣的注解。王弼在《乾》卦九三爻的注解中就说："《乾》卦的九三爻排列在下卦的最上面，因此避免了龙飞得过高而带来的悔恨。《坤》卦的六三爻，

佞邪之道也。故'乾吉'在无首，'坤利'在永贞。"于《文言》曰："进物之速者，义不若利；存物之终者，利不及义。"又曰："文王'明夷'，则主可知矣；仲尼'旅人'，则国可知矣。"又曰："不性其情，何能久行其正？"于《坤》曰："方而又刚，柔而又圆，求安难矣。"初六曰："阴之为道，本于卑弱而后积著者也，故取'履霜'以明其始。阳之为物，非基于始以至于著者也，故以'出处'明之，则以初为潜。"于《小畜》上九曰："大畜者，畜之极也。畜而不已，畜极则通，是以其畜之盛在于四、五，至于上九，道乃大行。《小畜》积极而后乃能畜，是以四、五可以进，而上九说征之辐。"于《大有》六五曰："不私于物，物亦公焉；不疑于物，物亦诚焉。"于《豫》初六曰："乐过则淫，志穷则凶，豫何可鸣？"于《观》上九曰："观我生，自观其道者也；观其生，为民所观者也。"于《贲》六五曰："贲于束帛，丘园乃落；贲于丘园，帛乃戋戋。用莫过俭，泰而能约，故必吝焉乃得终吉也。"于《复》曰："凡动息则静，静非对动者也。语息则默，默非对语者也。"于《颐》初九曰："安身莫若不竞，修己莫若自保。守道则福至，求禄则辱来。"于《家人》初九曰："凡教在初而法在始。家渎而后严之，志变而后治之，则悔矣。"九三曰："行与其慢，宁过乎恭；家与其渎，宁过乎严。"上九曰："凡物以猛为本者，则患在寡恩；以爱为本者，则患在寡威。故《家人》之道，尚威严也。"于《睽》上九曰："见豕负涂，甚可秽也；见鬼盈车，吁可怪也。先张之弧，将攻害也；后说之弧，睽怪通也。往不失时，睽疑亡也。贵于遇雨，和阴阳也。阴阳既和，群疑亡也。"于《蹇》初六曰："处难之

也是处在下卦的最上面，因此避免了龙交战而带来的灾祸。"在《乾》卦的上九爻中，王弼说："如果采取刚健的态度要做众人的首领，那么物力就不能够再支持你了。如果采取柔顺的态度，而去做不正当的事情，那么就会走向谄媚邪恶的道路。因此，《乾》卦的吉祥就在于没有一个首领，而《坤》卦的善利之德就在于永远坚持正道。"在《文言传》的注解中，王弼说："如果说要迅速得到宝物，那么行义就比不上求利；可是如果要持久地保存宝物，直至终结，求利就比不上行义了。"他又说："周文王这样的圣人遇上了'明夷'的遭际，被囚羑里；而孔子这样的圣人则遭遇了'旅人'的命运，周游列国，那么国家的状况就可以推知了。"还说："如果不能让情感顺从自己的天性，那又怎么可能长久地践行正道呢？"在《坤》卦的注解里，他说："如果既方正而又刚强，既柔顺而又圆滑，那么寻求自己的安全是很困难的。"他在《坤》卦初六爻的注解中说："阴气本身运行的道理，就是基于卑弱，然后不断积累以变得鲜明的，所以《周易》用'踩上微霜'来揭示阴气的开始。阳气作为物象运行的道理，并不是基于某一个开始而最终积累到鲜明的地步的，所以《周易》用'出仕和退隐'来说明《乾》卦运行的道理，所以《乾》卦的初爻就取象于潜龙。"在《小畜》卦的上九爻中，他说："《大畜》是畜养的极致。不断畜养而不停止，直到畜养到极点，就会自然通达，所以它畜养最盛大的时候是在于第四、五爻，到了上九爻，正道就大行于天下了。《小畜》卦是积累到了极限，然后才能开始畜养，所以到了第四、五爻，它还是可以不断地推进，而到了上九爻才说明九三爻的征战的车辐。"在《大有》卦的六五爻中，王弼说："不在万事万物上存有私心，那么万事万物也会以公正

始，居止之初，独见前识。睹险而止，以待其时，知矣哉。"
于《萃》之《象》曰："聚而无防，则众生心。"于《渐》上九
曰："进处高絜，不累于位，无物可以屈其心而乱其志。峨峨
清远，仪可贵也。"于《中孚》上九曰："飞音者，音飞而实不
从之谓也。"于《小过》六五曰："《小畜》尚往而亨，则不雨
也；《小过》阳不上交，亦不雨也。"

的状态回应；不对万事万物存有怀疑，那么万事万物也会以诚实表现。"在《豫卦》的初六爻中，他说："沉溺于快乐会就会过头了，志向走到了穷尽处也就有了凶险，《豫》卦本身怎么能发出声响呢？"对《观卦》的上九爻，他说："观察我自己的生命，这是在观察自己所行的道；这里说的'观其生'，这说的是被百姓来观仰的人。"他在《贲卦》六五爻的注解中说："如果只是注重束帛这种礼物的文饰，那么招揽贤士的丘园也就荒废了；能够懂得文饰丘园招揽贤士，那么束帛等礼物也才能丰厚。用度不需要过分简朴，即使处于最顺利的境地也要能安守穷约的条件，所以一定要经过'吝'的缺憾，这样才能终有好运。"他在注解《复卦》时说："只要有行动，行动停下来也就是静止了，静止并不是相对于运动而言的。言语停息就是沉默，沉默也不是同言语相对而言的。"在《颐卦》的初九爻，他说："要让自身保持安全，没有比不与他人争斗更好的方法；要修行自身，没有比保全自己更好的方法。如果你能坚守正道，福祉就会降临；如果你只是为了追求功名利禄，那么折辱就会随之而来。"他在《家人》卦初九爻的注解中说："教化就要在最初的阶段推行，法度也要在最开始的时候就确立。当家里已经有了轻慢无礼的行为之后再去严格要求，当志向已经改变之后再去寻求调整，这就不能不后悔了。"九三爻的注解中说："与其行为轻慢，宁可把礼做得过分地恭敬；与其家族败坏，宁可做得过分严格。"在上九爻的注解中说："凡是以强势为本的事物，就会面临刻薄而缺乏温情的祸患；而以亲爱为本的事物，它们的问题则是威势不够。所以，《家人》卦所揭示的道路，更加崇尚威严。"在《睽》卦上九爻的注解中，他说："看到猪的背上满是泥，这是非常污秽的

《乾》称父，（原注：纯阳。）《坤》称母，（原注：纯阴。）《震》长男，（原注：阳在初。）《巽》长女，（原注：阴在初。）《坎》中男，（原注：阳在中。）《离》中女，（原注：阴在中。）《艮》少男，（原注：阳在末。）《兑》少女，（原注：阴在末。）

"知之崇，必欲其效天。义之精，必欲其入神。"

情景；看到满车的鬼物，这是多么奇怪的状况。首先拉开弓箭想要射击，是为了攻击敌害；后来却放下弓箭，是因为隔绝和奇怪的状态都贯通起来。抓住时机前往，怀疑也就自然消亡了。以遇到下雨作为可贵的事情，是因为阴阳相互和谐。在阴阳和谐之后，各种各样的疑虑就都会消失。"在《蹇》卦初六爻的解释中，他说："处在艰难处境的开端，在及时停止的端倪下，能够独独看见未来的状况。看到艰险就停下，等待合适的时机，这是多么智慧啊。"在注解《萃》卦的《象传》时说："聚集起来而不设防备，那么众人就会生出异心。"他注解《渐》卦的上九爻时说："向上进取，操守高洁，而不被位势所牵累，没有任何事情能够让君子的心屈服，扰乱他的志向。高峻清远，这是多么可贵的仪范啊。"在《中孚》卦的上九爻中，他说："所谓的'飞音'，说的就是声音高飞，可它的实质并不能跟上它的名声。"在《小过》卦的六五爻中，他说："《小畜》卦崇尚往来亨通，那自然就不会下雨；《小过》卦中阳气无法上行，同阴气相交，也不会下雨。"

《乾》卦代表父亲，（原注：也代表纯阳。）《坤》卦代表母亲，（原注：也代表纯阴）。《震》卦代表长男，（原注：因为阳爻在初爻的位置。）《巽》卦代表长女，（原注：因为阴爻在初爻的位置。）《坎》卦代表中男，（原注：因为阳爻在中间。）《离》卦代表中女，（原注：因为阴爻在中间。）《艮》卦代表少男，（原注：因为阳爻在最上面。）《兑》卦代表少女，（原注：因为阴爻在最上面。）

"要让智慧达到崇高的境界，必须要让你的心达到效法天道的程度。要让义理达到精深微妙的地步，必须要去体知万事万物的变化，察知神妙不测的道理。"

《蒙》之养正，察乎微；《颐》之养正，先乎近。

《家人》卦辞曰："利女贞。"男正易，女正难。二《南》之诗，以化行闺门为极致。上九之《象》曰："反身之谓也。"身正则家正矣。

《蒙》之初曰"发"，《家人》之初曰"闲"，《颜氏家训》谓："教儿婴孩，教妇初来。"

　　《蒙》卦的养正之道在于观察微小之处；《颐》卦的养正之道在于以切近的事务为先。

　　《家人》卦的卦辞说："利于女子守持正固。"让男子持守正道容易，而让女性持守正道却很难。《周南》、《召南》这"二南"的诗歌，把在女子闺门之内都风行教化作为一种教化的极致。"上九"爻的《象传》就说："这里说的是反省自身。"自身能够践行正道，那么家族也就能够持守正道了。

　　《蒙》卦的初爻爻辞是"发蒙"，其中用了"发"字，采取了生发之意；《家人》卦的初爻爻辞用了"闲"字，采取"预防""排除"的意思，《颜氏家训》就说："教孩子要在他们在婴孩的时候就开始，教导新娘子也要在她刚来家里的时候就开始。"

卷二

书

《周官》"外史掌三皇五帝之书",《春秋传》所谓"《三坟》、《五典》"是也。前贤谓"皋、夔、稷、契有何书可读?"理实未然。黄帝、颛顼之道在《丹书》,武王所以端冕东面而受于师尚父也。少皞氏之纪官,夫子所以见郯子而学焉也。孰谓无书可读哉?

《吕氏春秋·序意》曰:"尝得学黄帝之所以诲颛顼矣:爰有大圜在上,大矩在下,汝能法之,为民父母。"不韦《十二纪》成于秦八年,岁在涒滩,上古之书犹存,前圣传道之渊源犹可考也。

《书大传》,《虞传》有《九共篇》,引《书》曰:"予辩下土,使民平平,使民无傲。"《殷传》有《帝告篇》,引《书》曰:"施章乃服,明上下。"岂伏生亦见《古文逸篇》邪?《大传》之《序》有《嘉禾》、《揜诰》,今本阙焉。《隋志》有《逸篇》二卷,出齐、梁之间,似孔壁中书残缺者。唐有三卷,徐邈注。郑渔仲谓:《书》逸篇,仲尼之时已无矣。恐未然。

汉初去圣未远,帝王遗书犹有存者。《贾谊书·修政

《周官》记载："外史负责管理三皇五帝之书"，三皇五帝之书就是《春秋左传》所谓的"《三坟》、《五典》"。前贤说"皋、夔、稷、契的时代有什么书可读？"其实并非如此。黄帝、颛顼的精神记载在《丹书》中，（这是）武王正直诚谨地拜姜子牙为师的原因，少皞氏管理官员，孔子见到郯子就向他学习。谁说无书可读呢？

《吕氏春秋·序意》说：曾经学到黄帝教诲颛顼的话，"有皇天在上，大地在下，你能够效法它们，就可以做人民的父母了。"吕不韦《吕氏春秋》成书于秦始皇八年，岁阴申（古代纪年），上古的书还在，圣人传道的渊源仍可知道。

《尚书大传》，《虞传》有《九共篇》，引《尚书》说："我受天命省视天下四方，使人民治理有序，使人民不至于倨傲。"《殷传》中有《帝告篇》，引用《尚书》："通过着装表明身份的尊卑。"难道伏生也见到《古文逸篇》了吗？《尚书大传》的《序》中有《嘉禾》、《揜诰》两篇，今本《尚书》没有。《隋志》中有《逸篇》二卷，是南朝齐、梁时期出世的，可能是孔壁中《尚书》残卷。唐有三卷，徐邈作注。郑玄说：《尚书》逸篇，孔子时已经没有了。事实恐怕不是这样。

汉初离圣人的时代不远，古代帝王遗书还有存世的。《贾谊

语》引黄帝曰："道若川谷之水，其出无已，其行无止。"颛项曰："至道不可过也，至义不可易也。功莫美于去恶而为善，罪莫大于去善而为恶。故非吾善善而已也，善缘善也；非恶恶而已也，恶缘恶也。吾日慎一日。"帝喾曰："缘巧者之事而学为巧，行仁者之操而与为仁也，故节仁之器以修其躬，而身专其美矣。德莫高于博爱人，而政莫高于博利人，故政莫大于信，治莫大于仁。吾慎此而已矣。"帝尧曰："吾存心于先古，加志于穷民，痛万姓之罹罪，忧众生之不遂也。故一民或饥，曰此我饥之也；一民或寒，曰此我寒之也；一民有罪，曰此我陷之也。"帝舜曰："吾尽吾敬而以事吾上，故见谓忠焉；吾尽吾敬以接吾敌，故见谓信焉；吾尽吾敬以使吾下，故见谓仁焉。吾取之以敬也，吾得之以敬也。""大禹诸侯会，则问于诸侯曰：'诸侯以寡人为骄乎？'朔日朝，则问于士曰：'诸大夫以寡人为汰乎？'又曰：'民无食也，则我弗能使也。功成而不利于民，我弗能劝也。'汤曰："学圣王之道者，譬其如日；静思而独居，譬其若火。舍学圣之道而静居独思，譬其若去日之明于庭，而就火之光于室也，可以小见而不可以大知。得贤而举之，得贤而与之，譬其若登山乎！得不肖而举之，得不肖而与之，譬其若下渊乎！是以明君慎其举，而君子慎与。"又曰："药食尝于卑，然后至于贵；药言献于贵，然后闻于卑。求道者不以目而以心，取道不以手而以耳。致道者以言，入道者以忠，积道者以信，树道者以人。"又引周文王、武王、成王问粥子，武王问王子旦、师尚父。《淮南·人间训》引《尧戒》曰："战战栗栗，日慎一日。人莫踬于山而踬于垤。"此帝王大训之存于

书·修政语》引用黄帝说:"大道就像行山川河谷中的水,流出时无穷无尽,流动起来永不停止。"又引用颛顼说:"最高明的道是不能超越的,最上乘的义是不能改变的。功劳没有比除恶为善更大的,罪行没有比除善为恶更大的。因此我不仅仅是喜欢善行,还喜欢沿着善的方向发展;不仅仅是厌恶恶性,还厌恶沿着恶的方向发展。我一天比一天谨慎"又引用帝喾说:遵循灵巧的人处理事情的方法可以学习巧妙地处理问题,实行仁人的德操可以学习行仁政。所以他能征验仁的具体表现而修饰自身,而他也就拥有了美好的品质了。道德没有比广泛地爱人民更崇高的了,而政治没有比广泛地使人民获得利益更好的了。所以政治没有比信义更重要的了,统治没有比仁政更伟大的了。我只是小心地实行这些罢了。"又引用帝尧说:"我向往古代的政治,注意关心那些走投无路的人民,哀痛他们陷入犯罪的境地,担忧他们不能顺利成长。所以有一个人挨饿,我就认为这是我使他挨饿的;有一个人受冻,我就认为这是我让他受冻的;有一个人犯罪,我就认为这是我促使他犯罪的。"帝舜说:"我用我全部的恭敬来事奉上级,所以被称为忠诚;我用我全部的恭敬来对待与我地位相等的人,所以被称为有信义;我用我全部的恭敬来指使我的下属,所以被称为仁爱。我用恭敬取得了天下,用恭敬赢得了民心。""大禹时诸侯来朝会,他就要问诸侯说:'诸侯认为我骄傲吗?'每月头一天,下属来朝见,他就问下属说:'诸位大夫认为我骄纵奢侈吗?'又说:'人民没有食物,那么我就不能指使他们了;事情成功了却对人民不利,我也就不能激励他们去干了'汤说:"学习圣王的正道,就好像是太阳;自己独自冥思苦想,就好像是烛火的光芒。舍弃学习圣王的

汉者。若高帝能除挟书之律，萧相国能收秦博士官之书，则
倚相所读者必不坠矣。幸而绪言尚在，知者鲜焉，好古之士
盍玩绎于斯？

墨子南使卫，载书甚多，弦唐子见而怪之。墨子曰："昔
周公旦朝读书百篇，夕见七十二士，相天下犹如此，吾安敢
废此也？"（原注：今本阙。《墨子》七十一篇，今止十三篇。）"外
史掌三皇五帝之书"，"《大训》在西序"，"读书百篇"，谓
此类也。

正道而自己独自冥思苦想, 就好像是离开明亮庭院里的灿烂阳光, 而进入房间里去挨近那昏暗的烛火光芒, 这样可以获得一些小小的见识但不可能具备大的智慧。得到贤能的人才并加以推荐提拔, 得到贤能人才与他相处, 就像是登高山; 得到不成器的人而加以推荐重用, 得到不成器的人而与他相处, 就像是下到深渊里去。因此英明的君主推荐选拔人很慎重, 而君子对与自己相处的人也慎重选择。"又说:"药饵和食物由地位低下的人品尝, 然后送给地位高贵的人; 有规劝意义的话献给地位高贵的人, 然后让地位卑下的人听到。求取正道的人不是用眼睛而是用心灵, 取得正道的人不是用手而是用耳朵, 送来正道的人用语言, 向君主进尽正道的人用忠诚, 积聚正道的人用诚信, 树立正道的人用仁爱。"又引用了周文王、武王的话以及成王的言论问鬻子, 武王问王子旦、师尚父(周公旦、姜太公)的对话。《淮南子·人间训》引用《尧戒》说:"每天都过得提心吊胆, 一天比一天谨慎。人不会在大山上跌倒, 往往跌倒在小土堆前。"这是上古帝王大训留存到汉代的。如果汉高祖能解除秦代所颁布的挟书的法令, 萧何能收集秦朝博士官的藏书, 那么倚相能够读到的书必然不会消亡。幸而绪言还在, 但能了解的人却很少, 好古之士何不玩味探求这方面?

墨子向南出使卫国, 车上带了很多书, 弦唐子见了觉得很奇怪。墨子说:"先前周公旦早上读书百篇, 傍晚接见七十二士, 位居相位尚且如此, 我怎么敢荒废学习呢?"(原注: 今本《墨子》没有记载这段话。古本《墨子》有七十一篇, 今本只有十三篇。)"外史负责管理三皇五帝之书", "先王圣哲的教诲在小学(文字、音韵、训诂之学)之中", "早上读书一百篇", 说的就是这些。

　　《释文序录》云："《尚书》之字，本为隶古。既是隶写古文，则不全为古字。今宋、齐旧本，及徐、李等音所有古字，盖亦无几。穿凿之徒，务欲立异，依傍字部，改变经文。"然则今所传《古文尚书》，未必皆孔安国之本。宋景文《笔记》云："杨备得《古文尚书释文》，读之大喜，书讯刺字皆用古文。"按《国史艺文志》"唐孝明写以今字，藏其旧本。开宝五年，别定《今文音义》。咸平二年，孙奭请摹印《古文音义》，与新定《释文》并行。"今亦不传。然汉至唐所谓古文者，孔安国以隶存古，非科斗书也。今有《古文尚书》，吕微仲得本于宋次道、王仲至家。（原注：郭忠恕定《古文尚书》并《释文》，今本岂忠恕所定欤？宣和六年，诏《洪范》复从旧文，以"陂"为"颇"，然监本未尝复旧也。）

　　吴才老《书裨传·考异》云："伏氏口传与经传所引，有文异而有益于经，有文异而无益于经，有文异而音同，有文异而义同。"才老所述者今不复著。"以闰月定四时成岁"，古文"定"作"正"，开元误作"定"。（原注：晁景迂云。）"舜让于德，弗嗣"，班固《典引》作"不台"。（原注《史记自序》：唐尧逊位，虞舜不台。）"在治忽"，今文作"采政忽"，《史记》作"来始滑"，《汉书》作"七始咏"。"忽"又或作"曶"（原注：郑康成曰："㫊也。"）《大传·大诰》曰："民仪有十夫。"（原注：王莽作《大诰》曰："民献仪九万夫。"盖本于此。）又《康

　　《释文序录》记载："《尚书》使用的文字，本来是隶古。既是以隶书写古文，则不全是古字。今天宋、齐旧本，及徐邈、李轨等注音的古字，也没有多少。穿凿附会的人，一定要标新立异，依托字部，更改经文。"然而今天所传的《古文尚书》，不一定都是孔安国本。宋景文《笔记》记载："杨备得到《古文尚书释文》，读了非常开心，在书讯和名帖中都写古文。"我注意到《国史艺文志》中提到说"唐玄宗时又以今字抄写，收藏了旧本。北宋开宝五年（972年），另外写定了《今文音义》。咸平二年（999年），孙奭奏请摹印《古文音义》，与新写定的《释文》并行。"没有传到今天。然而从汉代到唐代说的古文，是孔安国用隶书写的《古文尚书》，不是先秦时期的蝌蚪文。今本《古文尚书》，是吕大防得本于宋敏求、王钦臣家。（原注：郭忠恕删定《古文尚书》并《释文》，今本难道是郭忠恕删定的吗？宣和六年（1124年），下诏令《洪范》重新以旧文为准，以"陂"为"颇"，然而监本没有按旧本改正。）

　　吴棫在《书裨传·考异》中说："伏生口传与经传所引的内容，有些文字差异而对经有好处，有些文字不同而对经没有好处，有的文字不同而字音相同，有的文字不同而意义相同。"吴棫所说的情况今天已经不再存在了。"用闰月调配年和月，使春夏秋冬四时不差"，古文中"定"写作"正"，开元本误写作"定"。（原注：晁景迂这样认为。）"舜要让给有德的人，不让他的儿子继承"，班固《典引》写作"不台"。（原注：《史记自序》：唐尧退让王位，虞舜不高兴。）"在治忽"，今文写作"采政忽"，《史记》写作"来始滑"，《汉书》写作"七始咏"。"忽"又写作"智"（原注：郑玄认为是："上朝用的笏板。"）《大传·大诰》说：

诰》曰："惟乃丕显考文王，克明俊德。"今无"俊"字。《伊训》"惟元祀十有二月乙丑"，《汉·历志》作"惟太甲元年十有二月乙丑朔"（原注：是朔旦冬至之岁）。"高宗亮阴"，《礼记》作"谅闇"，（原注：读为"梁瘖"），《汉五行志》作"凉阴"，《大传》作"梁闇"。"予若观火"，《周礼注》谓"今燕俗，名汤热为观"。《微子》"我其发出狂"，《史记·宋世家》"狂"作"往"，注引郑康成曰："我其起作出往也。"《君奭》"天难谌"，《王莽传》作"天应棐谌。""钦明文思安安"，《考灵耀》作"晏晏"，（原注郑氏注："宽容覆载谓之晏。"冯衍《显志赋》："思唐虞之晏晏。"第五伦上书："体晏晏之姿。"）《无逸》"肆高宗之飨国，五十有九年"，《石经》曰："肆高宗之飨国百年。"汉杜钦亦曰："高宗享百年之寿。""誓誓"，《说文》作"柴誓"，《史记》作"肦"，《大传》作"鲜"。"度作刑以诘四方"，《周礼注》云："度作详刑。""哀矜折狱"，《汉·于定国传》作"哀鳏哲狱"。（原注：《大传》："哀矜哲狱。"）"折民惟刑"，《汉·刑法志》作"悊民"。"天齐于民，俾我一日"，杨赐《封事》作"假我一日"。（原注：赐通《桓君章句》，即欧阳《尚书》。）刘恺引"上刑挟轻，下刑挟重"。《说文》："顾畏于民喦"，多言也。（原注：尼辄切。）

"有十位贤臣辅佐我。"(原注：王莽作《大诰》说："百姓献上九万
个贤人。"大概来源于这里。)《康诰》说："你的伟大光明的父亲
文王，能够发扬大德。"今文没有"俊"字。《伊训》"太甲元年
十二月乙丑日"，《汉·历志》作"太甲元年十二月初一乙丑日"
(原注：是初一冬至的时节)。"殷高宗守丧"，《礼记》写作"谅闇"
(原注：读为"梁痦")，《汉五行志》写作"凉阴"，《大传》写作
"梁闇"。"(对于这些)我像看火一样(清楚)"，《周礼注》说
"当今燕地的习俗，把汤热叫作观"。《微子》篇"我将被废弃
而出亡在外"，《史记·宋世家》把"狂"写作"往"，注引用郑康
成玄说："我将要出发去往外边。"《君奭》"上天是难以相信
的"，《王莽传》写作"上天会辅助诚信的人。""他办事恭敬，
明察四方"，《考灵耀》写作"晏晏"，(原注：郑玄注："宽容覆盖、
承载叫作晏。"冯衍《显志赋》："追思尧舜时代宽容、并包、承载万
物的盛世。"第五伦上疏："感受那种包容、承载的气质。")《无逸》
"因此高宗在位五十九年"，《石经》说："因此高宗在位百年"
汉代杜钦也说："高宗活了一百年。""费誓"，《说文》写作"柴
誓"，《史记》写作"肸"，《大传》写作"鲜"。"广泛谋求制定刑
法，以严格治理天下"，《周礼注》云："审慎地谋求断狱。""应
当怀着哀怜的心情判决诉讼案件"，《汉·于定国传》写作"哀怜
没有亲人的人，判决诉讼案件"。(原注：《大传》就写作："哀矜哲
狱。")"用刑律制服人民"，《汉·刑法志》写作"愍民"。"上帝
治理下民，暂时任用我们"，杨赐《封事》写作"假我一日"。(原
注：赐通《桓君章句》，即欧阳《尚书》。)刘恺引用"上刑宜于减轻，
下刑宜于加重。"《说文》说"对人民的艰难险阻常常顾念和畏

《书》始二《典》，犹《诗》之首二《南》；取费、秦之《誓》，犹《诗》之有《鲁颂》。

《大传》说《尧典》谓之《唐传》，则伏生不以是为《虞书》。

《夏小正》、《月令》、《时训》详矣，而《尧典》"命羲和"以数十言尽之；《天官书》、《天文志》详矣，而《舜典》"玑衡"以一言尽之。叙事当以《书》为法。（注：《尧典》以"日中"、"宵中"为春秋之别，《月令》两言"日夜分"，无春秋之异。）

《尧典》"日月星辰"，孔注谓"星，四方中星；辰，日月所会"；《益稷》"日月星辰"谓"日、月、星为三辰。五礼一也，孔注于《舜典》，以为吉、凶、宾、军、嘉；于《皋陶谟》，则曰公、侯、伯、子、男五等之礼。

《史记索隐》云："春言东作，夏言南为，皆是耕作营为劝农之事。孔安国强读为'讹'字，虽训化，解释纡回。"（原注：今《史记》作"南讹"。）

《周礼注》引《书》曰："分命和仲，度西曰柳谷。"虞翻云："郑玄所注《尚书》，古篆'丣'字，反以为'昧'。古大篆'丣'字，读当为'柳'。古'柳'、'丣'同字，而以为'昧'。"裴松之谓翻言为然。

惧"，是常说的话。(原注：尼辄切。)

《尚书》开头的二《典》(即《尧典》《舜典》)，如同《诗经》之首的二《南》(即《周南》、《召南》)；《尚书》中的费、秦之《誓》，如同《诗经》中的《鲁颂》。

《尚书大传》将《尧典》称为《唐传》，说明伏生没有把它当作《虞书》。

《夏小正》、《月令》、《时训》三部分很详细，而《尧典》"命羲和"部以十几句话写完；《天官书》、《天文志》两篇详细，而《舜典》"玑衡"用一句话说完了它们。叙事当以《尚书》为榜样。(注：《尧典》以"日中"、"宵中"是春与秋的区别，《月令》只说"日夜分"两言，没有春秋的差异。)

《尧典》"划分日月星辰"，孔安国解释说"星，是天空四个方向中间的星；辰，是日月交汇的地方"；《益稷》关于"日月星辰"说"日月星称为三辰"。五礼是一体的，孔安国在注《舜典》时以为是吉、凶、宾、军、嘉；注《皋陶谟》时则说是公、侯、伯、子、男五等之礼。

《史记索隐》说："春天说去东边劳作，夏天说去南边劳作，都是劝农耕作的事。孔安国强行将'为'读为'讹'字，虽然训化，但解释起来十分麻烦。"(原注：今本《史记》中写作"南讹"。)

《周礼注》引用《尚书》说："任命和仲，居于西土，观察日落，官职叫作柳谷。"虞翻说："郑玄所注的《尚书》，古篆的'邜'字，以为是'昧'字。古大篆的'邜'字，应当读作'柳'。古时'柳'、'邜'是同一个字，而郑玄以为是'昧'。"裴松之认为虞翻说得更准确。

"宅嵎夷"，《释文》云："《尚书考灵耀》及《史记》作'禺铁'。"今按《史记·尧本纪》"居郁夷"，《正义》："郁"音"隅"。《夏本纪》"嵎夷既略"，《索隐》云："《今文尚书》及《帝命验》并作'禺铁'。"（原注：古"夷"字。）薛氏曰："今登州之地。"

"四岳"，孔注云："即上羲和四子，分掌四岳之诸侯。"按《周语》太子晋曰："共之从孙四岳，佐禹胙国，命为侯伯，赐姓曰姜氏，曰有吕。"《左传》"许，太岳之胤也"。杜氏注谓："岳，神农之后，尧四岳也。"当从《周语》之说。（原注：迂斋云："申、吕、齐、许皆四岳之后。尧让许由，亦其一也。"）

"五典克从"，孔安国《传》本于《左氏》，程子《解》本于《孟子》《左氏》言五教，不及君臣、夫妇、朋友，"天叙有典"，而遗其三焉，唯《孟子》得之。

程子谓：共、兜之徒，及舜登庸之始，侧陋之人，顾居其上，此凶乱之人所不能堪，故其恶显而舜诛之。韩非曰："尧欲传天下于舜，鲧谏，共工又谏，曰：'孰以天下而传之于匹夫乎？'尧不听。"此可以证程子之说。（原注：韩非谓尧诛共、鲧，非也。）

范蜀公《正书》曰："舜之五刑：流也，官也，教也，赎

"任命羲仲居住在东方的旸谷"，《释文》说："《尚书考灵耀》和《史记》都写作'禺銕'。"如今我注意到《史记·尧本纪》写作"居郁夷"，《正义》说"郁"的读音是"隅"。《夏本纪》"嵎夷治理好了以后"，《索隐》说："《今文尚书》和《帝命验》都写作'禺铁'。"（原注：古"夷"字。）薛季宣说："在今登州附近。"

关于四岳，孔安国解释说："其实就是羲和的四个孩子，分别掌管四方的诸侯。"我注意到《周语》中太子晋说："四岳是共工的侄孙，辅佐大禹治国，被任命为侯伯，赐姓姜氏，称作有吕。"《左传》说"许氏，是太岳的后代"。杜预注释到："岳，是神农的后人，尧时分为四岳。"应该以《周语》的说法为准。（原注：楼昉说："申、吕、齐、许四氏都是四岳的后人。尧准备禅让天下的许由，也是四岳之一。"）

关于"父义、母慈、兄友、弟恭、子孝五种常法，人们都能顺从"，孔安国的解释来源于《左氏春秋》，二程的解释来源于《孟子》。《左氏春秋》中所说的五教，没有提及君臣、夫妇、朋友，"上天规定了人与人之间的伦常"，而少了其中的三个方面，只有《孟子》没有遗漏。

二程说：共工、驩兜这些人，从舜即位开始，由于舜出身卑贱却看到他身居高位，这些凶逆之臣无法忍受，所以他们的邪恶之处显现出来，舜杀了他们。韩非子说："尧打算传天下给舜，鲧和共工都进言阻止，共工说：'怎么能把天下传给一个匹夫呢？'尧没有听从他们。"这可以证明二程的说法。（原注：韩非子说尧杀了共工、鲧禹，是不对的。）

范镇在《正书》中说："舜时期的五刑是：流，官，教，赎，

也，贼也。'流宥五刑'者，舜制五流，以宥三苗之劓、刵、荆、宫、大辟也。"《皇王大纪》之说本诸此，而以墨、劓、荆、宫、大辟为贼刑之科目。

《书序》"帝厘下土方，设居方"，《释文》云："一读至'方'字绝句。"《商颂》"禹敷下土方，外大国是疆"，朱文公亦以"方"字绝句，云《楚辞·天问》"禹降省下土方"，盖用此语。然《书序》已有此读矣。

郑康成读《舜典》云："'舜生三十'，谓生三十年；'登庸二十'，谓历试二十年。"

《大禹谟》言"念哉"者二，《益稷》言"念哉"者一，皆禹告舜之辞。心者治之本，心斯须不存，治忽分焉。"恭惟千载心，秋月照寒水"，于此见之。

皋陶曰："彰厥有常，吉哉！"周公曰："庶常吉士。"召公曰："吉士吉人。"帝王用人之法，一言以蔽之曰"吉"。舜所举曰"元"、曰"恺"，吉德之实也；所去曰"凶"，吉德之反也。议论相传，气脉相续。在春秋时谓之"善人"，在西汉时谓之"长者"。惟吉则仁，所谓"元者，善之长"，为天地立心者也。

"儆戒无虞"，絜斋解云："治安之时，危乱之萌已兆。汉宣帝渭上之朝，是年元后生成帝，新都篡汉已兆于极盛之

贼。舜用流放的惩罚来宽宥应处"五刑"的人,舜制定了五种流放之法,以宽宥三苗应受的劓、刵、剕、宫、大辟五种刑罚。"《皇王大纪》中的说法来源于此,但是把墨、劓、剕、宫、大辟归类为贼刑的类目之中。

《书序》中提到"帝舜治理天下诸侯之事,在他们中间一一设置官员",《释文》解释道:"一种读法在'土'后断句,一种在'方'后断句"《商颂》中有"大禹平治天下四方,远方之国均为禹的疆土",朱熹也在"方"字后断句,说《楚辞·天问》中有"大禹省视天下四方",大概是引用的这句。然而《书序》中已经是这样断句了。

郑玄读了《舜典》后说:"'舜生三十',是指他活了三十岁;'登庸二十',指他即位前历练了二十年。"

《大禹谟》中提到"念哉"两次,《益稷》提及"念哉"一处,都是禹推辞舜禅让之辞。正直之心是治国之本,正直的心不存在了,国家就要衰落了。朱熹所说的"流传千载的恭敬之心,秋月照耀着寒水",就是在说这个。

皋陶说:"要表彰那些具有九德的好人啊!"周公说:"各官都吉祥善良。"召公说:"良士贤人。"古代帝王用人之法,用一句概括就是"吉"。舜提出的"元"、和"恺",其实就是吉与德;抛弃的叫"凶",是吉与德的反面。他们关于用人标准的议论延续到今。在春秋时称为"善人",在西汉时称为"长者"。只有"吉"的品格才能实现"仁",所谓"元是众善的尊长",指的是为天地立心者。

关于"警惕戒备就不会出差错",袁燮解释说:"天下太平的时候,危机和混乱的苗头已经显现。汉宣帝在渭桥上与匈奴

日矣。无虞岂可不儆戒？愚谓匈奴衰而女戎兴，倚伏果可畏哉！”又解“七旬有苗格”，云：“舜耕历山之时，祗见厥父，惟知己之有罪而不见父之为顽，所以底豫。及其征苗也，自省未尝有过而惟见苗民之作慝，所以逆命。至班师之后，诞敷文德，无异负罪引慝之心而遂格焉。满损谦益，捷于影响，人心岂可以自满哉？”愚谓仲虺之诰成汤，召公之训武王，戒其满而自矜也。齐桓服楚，魏武得荆州，唐庄宗取汴，皆以满失之。

　　“九德”，知人之法；“三俊”，用人之法。

　　禹之告舜曰：“安汝止”，尽天理而无人欲，得至善而止也。尹之告太甲曰：“钦厥止”，去人欲而复天理，求至善而止也。

　　《虞书》作服，天子自日月而下十二章，郑康成注周礼谓：“周以日月星辰画于旌旗，而冕服九章。”注《礼记·郊特牲》“祭之日，王被衮以象天”，谓：“有日月星辰之章，此鲁礼也。”二《礼》之说，自相背驰。鲁秉周礼，周、鲁之礼其有异乎？

　　《古文尚书》及《说文》“璪火黺絺黼黻”，艾轩曰：“黺絺黼黻，当各为一物。‘璪’当为‘玉璪’之‘璪’。‘璪’，圜物也，意其为‘璪’之状而以火旁饰之，火因物而后见耳。

单于会面的那年元后生了成帝，王莽篡汉的征召已经在西汉极盛时显露。天下安定时又怎么能不警戒？我认为匈奴衰弱而女戎兴起，祸福相依的道理果然令人敬畏！"又解释"经过七十天，苗民不讨自来了"，说："舜在历山耕作的时候，恭敬地去见他们的父亲，只知道自己有罪而看不到父亲的愚昧，所以感到快乐。等到他征战三苗的时候，省察自身觉得没有过错，只看到苗民作恶，所以接受命令。到班师回朝之后，广布文德，这等同于展现勇于承认错误的风度。自满会受到损害，自谦会获得益处，两者产生的影响很快就会实现，所以人怎么能自满呢？"我认为仲虺辅佐成汤灭夏，召公教导周武王，就是戒除他们的自满使他们保持自谦。齐桓公使楚国屈服，魏武帝取得荆州，唐庄宗攻下汴州，都是因为自满又失去了胜利成果。

"九德"是了解人的方法；"三俊"是用人的方法。

禹劝告舜："安于你的职位"，穷尽天理去除人欲，达到至善才停止。尹之告诫太甲："遵循你祖上的做法"，只有去除人欲并且复归天理，才能达到至善的境地。

《虞书》中关于服饰部分说，由天子而下的冕服上画有日月等共十二章图案，郑玄解释《周礼》说："周代把日月星辰画在旌旗上，而冕服只有九章。"《礼记·郊特牲》的注释说："郊祀那天，天子穿着衮衣象征天"，谓："天子衣服有日月星辰的图案，这是鲁国的礼制。"这两种《礼》的说法互相矛盾。鲁国延续周礼，周、鲁的礼难道有差异吗？

《古文尚书》和《说文》中提到"璪火黺絺黼黻"，林光朝说："黺絺黼黻，应该各是一种东西。'璪'应该是'玉璪'的'璪'。'璪'，是圆形的物体，意思它是'璪'的形状而以火字修

《考工记》谓'火以圜'，得非指燥火为一物乎？郑司农谓为圜形似火，此为近之。希冕，谓黼黻黼黻皆从'黹'，同谓之'希冕'。陆德明'希'与'黹'同，盖有由来也。"

"鸟兽跄跄"，马融以为笋虡，《七经小传》用其说。《书裨传》以"凤凰来仪"为箫声之和，艾轩亦曰："制器尚象。"

古文"箾磬"，今文作"箫"，（原注：《左氏》曰："韶箾，舜乐名也。"）诸儒误以箫管解之。

《说文》"嫚，嫚也"，引《虞书》"若丹朱嫚"、《论语》"嫚荡舟"。按《书》有"罔水行舟"之语，则"嫚荡舟"者，恐即谓丹朱。

《古文》"天明畏，自我民明畏"，《今文》下"畏"字作"威"，盖卫包所改，当从古。

"若稽古"，称尧、舜、禹三圣而皋陶与焉。舜以天下逊禹，禹独推皋陶。孟子论道之正传，亦曰："若禹、皋陶则见而知之。"又曰："舜以不得禹、皋陶为己忧。"子夏亦曰："舜举皋陶，观于《谟》而见皋陶之学之粹也。"

蛮夷猾夏，明刑治之而有余；四夷交侵，征伐制之而不足。虞、周之德，天渊矣。

饰，因为此物的花纹很像火。《考工记》说'画火用圆环作为象征'，难道说璪和火是同一种东西吗？郑玄说是圆形而又像火，所以二者相近。祭祀用的礼冠，黼黻黼黻都是'黹'字旁，可以统称为'希衣之冕'。陆德明说'希'与'黹'同，大概是有由来的。"

关于"飞禽走兽走路有节奏"，马融认为是悬挂钟磬的木架，《七经小传》沿用这一说法。《书裨传》认为"凤凰来舞，仪表非凡"是对箫声的应和，林光朝也说："制作器物很看重形象。"

古文的"籥韶"，今文写作"箫"，（原注：《左传》曰："韶箾，是舜帝时期的乐名也。"）许多儒生误把它解释为箫管。

《说文》记载："嫚是嫚的意思"，引用《虞书》"像丹朱一样傲慢"、《论语》"嫚善于划船"。我注意到《尚书》有"没有水而在陆地上行船"这一句，那么"嫚善于划船"中的人，恐怕说的就是尧的儿子丹朱。

《古文尚书》中有"上天奖赏行善的人、惩罚作恶的人是依从民众的意愿。"，《今文尚书》中"畏"写作"威"，这是卫包篡改的，应该以《古文尚书》为准。

"像考察古代之道理"，称举尧、舜、禹三位圣王，而皋陶也算圣贤之一。舜把天下传给禹，禹却推荐皋陶。孟子提到道的传承，也说："像禹和皋陶亲眼见到了尧舜之道。"又说："舜把不能得到禹和皋陶视为自己的忧虑。"子夏也说："舜提拔了皋陶，看了他的《皋陶谟》才知道皋陶学问的精深。"

少数民族侵扰中原，通过刑罚惩治他们绰绰有余，却没有能力通过武力征伐制止他们。虞舜和周之间的差距有如天壤之

《淮南子》曰："皋陶瘖而为大理。"此犹"夔一足"之说也。皋陶陈谟赓歌，谓之瘖，可乎? 司马公诗云："法官由来少和泰，皋陶之面如削瓜。"然《荀子·非相》之言，亦未必然。

《史记·秦本纪》："大费佐舜，调驯鸟兽，是为柏翳"，《索隐》云："《尚书》谓之'伯益'。"而《陈杞世家》谓："伯翳之后，秦、垂、益、夔、龙，其后不知所封，不见也"，则"伯翳"非"伯益"矣。《水经注》偃师九山有《百虫将军显灵碑》，云："将军姓伊氏，讳益，字隤敳，帝高阳之第二子伯益者也。"（原注：黄度文叔《书说》"益"即"隤敳"，本于此。）

《郑语》史伯曰："姜，伯夷之后也。伯夷，能礼于神以佐尧者也。"注谓："四岳之族。"《大戴礼·诰志篇》虞史伯夷曰："明，孟也。幽，幼也。"（原注：《史记·历书》引之，而其文小异，"虞夏之历"为"昔在古历"，"百草权舆，瑞雉无释"为"百草奋兴，秭鴂先滜。"）

《吕氏春秋·察传篇》云："舜欲以乐传教于天下，乃令重黎举夔于草莽之中而进之，舜以为乐正。"（原注：《吕刑》乃命重黎，即羲和也。《楚语》"尧育重黎之后"，重黎举夔见于此。）

汉董贤册文，言"允执其中"，萧咸谓：此尧禅舜之文，非三公故事，班固笔之于史矣。而固纪窦宪之功，曰："纳于大麓，惟清缉熙。"其谀甚于董贤之册。当宪气焰方张，有议

别。

《淮南子》记载:"皋陶沉默不语而用法宽明。"这是断章取义的说法。皋陶叙述自己的学问唱赓歌,可以称之为沉默不语吗? 司马光在诗中说:"法官很少和颜悦色,皋陶的脸是青绿色。"所以《荀子·非相》中的说法也不一定准确。

《史记·秦本纪》记载说:"大费帮助舜驯服鸟兽,大费就是柏翳",《索隐》解释说:"'柏翳'在《尚书》写作'伯益'。"而《陈杞世家》中说:"伯翳的后代,封为秦,垂、益、夔、龙,再往后不知道封在哪,没有看到",那么"伯翳"与"伯益"不是同一人。《水经注》记载偃师九山有《百虫将军显灵碑》,写有:"将军姓伊氏,名叫益,字隤敳,是帝高阳的第二个儿子伯益。"(原注: 黄度《书说》中认为"益"即"隤敳",就是由此得来。)

《郑语》中史伯说:"姜姓是伯夷的后代。伯夷,是能以礼制祭祀神明来辅佐尧的人。"注解说:"四岳的家族。"《大戴礼·诰志篇》中虞史伯夷说:"明是孟的意思。幽是幼的意思。(原注:《史记·历书》引用了它,而文字有一点差异,"虞夏之历"为"昔在古历","百草权舆,瑞雉无射"为"百草奋兴,秭鴂先澡。")

《吕氏春秋·察传篇》说:"舜希望用音乐教育感染天下百姓,于是下令重黎举荐夔于草莽之中,任命他传授音乐,舜封他为乐正。"(原注:《吕刑》中有"乃命重黎",重黎就是羲和。《楚语》中"尧育重黎之后",重黎举荐夔的事迹记载于此。)

汉董贤册文中说"言行不偏不倚,符合中正之道",萧咸说:这是尧禅让舜的文章,不是三公的故事,班固将其写入史书中。而班固记载窦宪的功名时说:"治理国事,高洁光明。"其阿

欲拜之伏称万岁者，微韩棱正色，则无君之恶肆矣。此固所以文奸言而无忌惮也。倪正父驳"昆命元龟"之制，有以也夫。

五行，《大禹谟》以相克为次，《洪范》以生数为次。五德，邹衍以相胜为义，刘向以相生为义。

"柔而立"，无立为懦；"柔惠且直"，不直为谄。"柔嘉维则"，失其则，非嘉也。

《贾谊书·君道篇》引《书》曰："大道亶亶，其去身不远；人皆有之，舜独以之。"此《逸书》也。

《禹贡释文》："《周公职录》云：'黄帝受命，风后受图，割地布九州。'《隋》、《唐》无此书，《太平御览》引《太一式占》、《周公城名录》有此三句。夹漈《通志·艺文略》："《周公城名录》一卷。城、职字相似，恐传写之误。"（原注：《世说注》云："推《周公城名录》，冶城宜是金陵本里。"《抱朴子·内篇·登涉》引《周公城名录》。）

《大传》曰："歌《大化》、《大训》、《六府》、《九原》而夏道兴。"注谓：四章皆歌禹之功。所谓"九叙惟歌"，"九德之歌"，于此犹可考。

《说文》引《虞书》曰："仁闵覆下，则称旻天。"盖《虞

谀程度比董贤的册文还高。窦宪气焰最盛的时候，有人议论要拜称他为万岁的，如果没有韩棱严厉阻止，那目中无君的恶行就肆虐开了。这就是班固肆无忌惮写下奸言的原因。倪正甫反驳"用大龟占卜"的制度，这是有缘由的啊。

关于五行，《大禹谟》中按五行相克排列，《洪范》按五行相生排列。关于五德，邹衍看重五德相克，刘向看重五德相生。

"柔和而又有主见"，没有主见就会懦弱；"温顺柔和还要正直"，不够正直就会奉承巴结。"善良温和也要有原则"，没有了原则，就不是善良。

《贾谊书·君道篇》引用《书》说："大道十分平坦并且离我们并不遥远；人人都能拥有它，却只有舜能沿着大道前行。"这是《逸书》里的内容。

《禹贡释文》引《周公职录》记载："黄帝受命于天，风后给他河图，把天下分为九州。"《隋志》、《唐志》中没有记载这本书，《太平御览》引用的《太一式占》、《周公城名录》有这三句话。郑樵在《通志·艺文略》中说："《周公城名录》一卷。城和职二字相似，可能是在传写过程中把书名混淆了。"（原注：《世说注》云："推《周公城名录》，冶城应该是金陵本里的。"《抱朴子·内篇·登涉》引《周公城名录》。）

《大传》说："歌颂《大化》、《大训》、《六府》、《九原》然后夏朝的大道就兴荣了。"注说："四章都是歌咏大禹的功绩。所说的"九叙惟歌"，"九德之歌"，仍然可以从这里得到书面的依据。

《说文》引用《虞书》中："因为上天有以仁覆万物，以德闵

书》说也。

　　"豫州，荥波既猪"，《古文》云："荥嶓既都。"《职方氏》"豫州，其浸波溠"，郑注云："'波'读为'播'，《禹贡》曰：'荥播既都。'"贾公彦疏云："《禹贡》有播水，无波。"然则《汉、唐书》本皆作"荥播"也。（原注：《史记·夏本纪》作"播"，音"波"。）

　　《史记》引《禹贡》"二百里任国"，（原注：《书》男邦，孔注："男，任也，任王者事。音壬。"）王莽封王氏女皆为任。（原注："任，充也，男服之义，男亦任也。"）"男"、"任"二字盖通用。

　　"扬州，沿于江海，达于淮泗。"东坡《书传》云："吴王夫差阙沟通水，而江始有入淮之道，禹时则无之。"愚按吴之通水有二焉，《左氏传》："哀九年，吴城邗沟通江淮。"（原注云："今广陵韩江。"）此自江入淮之道也。《吴语》夫差起师北征，阙为深沟于商、鲁之间，北属之沂，西属之济，以会晋公午于黄池。《左氏传》哀十三年"会黄池"，（原注云："陈留封丘县南有黄亭，近济水。"）此自淮入汴之道也。

　　百川东注，弱水独西，故《洪范》弱为六极。弱与柔异，柔如汉文帝，弱如元帝。

众生的特性，体现天的这种特性，则称之为'旻天'"这句话来解释"旻"字。

关于"豫州，荥波泽已经聚集了大量的积水"这句话，《古文》中写作："荥嶓既都。"《职方氏》中写作"豫州，其浸波溠"，郑玄注释到："'波'读为'播'，《禹贡》中说：'荥波泽已经聚集了大量的积水。'"贾公彦进一步解释道："《禹贡》中记载的有播水，没有波水。"然则《汉书》、《唐书》都写作"荥播"。(原注：《史记·夏本纪》写作"播"，读音为"波"。)

《史记》引用《禹贡》"往外二百里以内为小的封国"，(原注：《书》男邦，孔注：男，是一种官职，担任王者所委派的职事。音壬。)王莽把王家女性亲戚都封为"任"。(原注：任，就是充当之义，男服的意思，男也是充当的意思。)所以"男"和"任"二字古代应该是通用的。

"扬州，紧临着江海，直接通达淮泗。"苏轼的《书传》记载："吴王夫差挖沟引水，长江之水首次有了连接淮河的通道，大禹治水时没有这条河道。"我认为河道有两条：《左传》哀公九年记载，吴国开掘沟通江淮两河的河道，(原注说："即今广陵韩江。")这是从长江进入淮河的河道。《吴语》记载夫差向北征伐，在商地和鲁国之间挖了一条深沟，北边引入沂水，西边引入济水，通过这条河道去黄池会见晋定公。《左传》记载哀公十三年"会黄池"，(原注说："陈留封丘县南，有黄亭，临近济水。")这就是从淮河入汴的河道。

百川都往东流，只有弱水向西，所以《洪范》中把"弱"列举为"六极"。弱和柔不同，就像汉文帝是"柔"，好比汉元帝是

"过九江，至于东陵"，曾彦和谓"东陵，今之巴陵"。
余按：《史记正义》岳州有巴陵，盖是东陵。曾说本此。

"朔南暨"为句，下云"声教讫于四海"。《史记》注本
如此。

《说苑》子贡曰："禹与有扈氏战，三陈而不服。禹于是
修教一年，而有扈氏请服。"《庄子》谓"禹攻有扈，国为虚
厉"，皆与《书》异。《楚辞·天问》云："该秉季德，厥父是
臧。胡终毙于有扈，牧夫牛羊？"又云："有扈牧竖，云何而
逢？击床先出，其命何从？"古事茫昧，不可考矣。《吕氏春
秋》曰："夏后相与有扈战于甘泽，而不胜，六卿请复之，夏
后相曰：'不可。吾地不浅，吾民不寡，战而不胜，是吾德薄
而不教不善也。'于是乎处不重席，食不贰味，琴瑟不张，
钟鼓不修，子女不饬，亲亲长长，尊贤使能，期年而有扈氏
服。"愚谓：伐扈战甘者，夏后启也，误以为相。然其事可以
补《夏书》之阙。

《甘誓》"予则孥戮汝"，《孔传》谓"辱及汝子"，《王
莽传》作"奴"，颜注谓："戮之以为奴也。"《泰誓》云："囚
奴正士。"岂及子之谓乎？

"弱"。

"经过九江，到达东陵"，曾彦和说"东陵就是今天的巴陵"。我认为：《史记正义》记载巴陵在岳州，大概指的就是东陵。曾彦和的说法来源于《史记》。

在"朔南暨"后断句，下句是"声教迄于四海"。《史记》注解中是这样断句的。

《说苑》记载子贡说："禹和有扈氏交战，有扈氏数次不服输。后来禹推行教化一年，而有扈氏请求归顺。"《庄子》记载"禹攻打有扈，国家变成废墟，百姓成为了厉鬼"，这二者都与《书》中的记载不同。《楚辞·天问》中说："王亥秉承王季的德行，受到他的父亲褒奖。为何最终遭受有扈之难，让他在此放牧牛羊？"又说："有扈国的放牧小子，又在哪里撞破私情？凶器击床王亥已出，如何得以保存性命？"古代的事太过遥远，已经不能确切地考证了。《吕氏春秋》记载："夏朝君主相与有扈氏在甘泽交战而不能取胜，六卿请求再战，夏后相说：'不行。我们地域辽阔，人民众多，但是无法战胜他们，是我缺乏德行不能教化人民向善啊。'于是他生活简朴，节衣缩食，不听靡靡之音，他的子女也身着素装，尊敬长者，任人唯贤，一年后有扈氏来请求归顺。"我认为：在甘泽讨伐有扈氏的是夏后启，后人误传为夏后相。然而这件事可以补充《夏书》中缺失的部分。

《甘誓》篇有"我会把你们变成奴隶，或者杀掉你们"，《孔传》认为"孥，不但是说某一个人，还涉及他的妻子儿女"，《王莽传》写作"奴"，颜师古的注释认为："孥戮是指囚禁其为奴隶。"《泰誓》记载的："囚禁士人为奴隶。"难道是涉及妻女的说法吗？

蔡邕《铭论》：殷汤有《甘誓》之勒。

《五子之歌》其二章皆述禹之训。蔡氏：自"予视天下"以后，谓"予"，五子自称也，然"予临兆民"之语，恐非五子自称。

《周语》单穆公引《夏书》曰："关石和均，王府则有。"韦昭注云："《逸书》也。关，门关之征也。石，今之斛也。言征赋调均，则王之府藏常有也。一曰：关，衡也。"时未见古文，故云《逸书》。左思《魏都赋》"关石之所和钧，财赋之所厎慎"，盖亦用韦说。李善引贾逵《国语注》曰："关，通也。"孔安国谓"金铁曰石"，未详。

《左氏传》"夏有观、扈"，《汉》东郡有畔观县。（原注：今开德府观城。）《楚语》士亹曰："尧有丹朱，舜有商均，启有五观，汤有太甲，文王有管、蔡，是五王者皆元德也，而有奸子。"韦昭注谓：五观，启子，太康昆弟也。观，洛汭之地。《书序》曰："太康失国，昆弟五人，须于洛汭。"《水经注》亦云："太康弟曰五观。"愚谓五子述大禹之戒作歌，仁义之人，其言蔼如也，岂朱、均、管、蔡之比？韦氏说非也。

《史记》"汤始居亳，从先王居，作《帝诰》"，《索隐》云："一作俈。从先王居，故作《帝俈》。"

蔡邕《铭论》中记载：商汤把《甘誓》这篇文章刻在石头上。

《五子之歌》中的两章都在讲述禹留下的训诫。蔡邕认为：第一章从"我看这天下"以后，这里"予"是五子的自称，然而"予临兆民"后的这些话中的"予"恐怕不是五子自称。

《周语》中单穆公引用《夏书》说道："征税和田赋均衡公平，则夏的国库有用不完的财物"韦昭注解说："这是《逸书》的内容。关，指的是关税。石，指的是如今的斛。整句话说征税田赋均衡，那么国库就会充实。另外还有一说：关指的是秤。"当时人没有见过《古文尚书》，所以说是《逸书》。左思《魏都赋》中有"关石之所和钧，财赋之所底慎"，应该也是参照韦昭的注解。李善引用贾逵《国语注》说："关是关卡的意思。"孔安国说"石是金属器具"，这不知道出自哪里。

《左氏传》记载"夏有观、扈"，《汉书》记载东郡有畔观县。（原注：今开德府观城）《楚语》中士亹说："尧的儿子丹朱，舜的儿子商均，夏启的五个儿子，商汤的孙子太甲，周文王的儿子管叔、蔡叔，这五位君王，都有大德，却有邪恶的子孙。"韦昭注解说：五观，启的儿子，是太康的兄弟。观，在洛河附近。《书序》记载："太康丧失国家，他的五个兄弟，被赶到洛河边。"《水经注》也说："太康的弟弟被称为五观。"我认为五子把大禹的训诫写成诗歌，是仁义之人，他们言辞恳切，丹朱、商均、管叔、蔡叔怎么能和他们相提并论？韦昭的说法不对。

《史记》记载"汤最初跟先王居住在亳，写了《帝诰》"，《索隐》说："诰也写作诰。跟先王一起生活，所以写了《帝诰》。"

《史记》"汤征诸侯，葛伯不祀，汤始伐之。汤曰：'予有言：人视水见形，视民知治不。'伊尹曰：'明哉！言能听，道乃进。君国子民，为善者皆在王官。勉哉，勉哉！'汤曰：'汝不能敬命，予大罚殛之，无有攸赦！'作《汤征》。"岂孔壁逸篇，太史公亦见之乎！后有补《汤征》者，盖未之考。

"辰弗集于房"，《大衍历议》云："《新历》仲康五年癸巳岁，九月庚戌朔，日蚀在房二度。"按《皇极经世》仲康元年壬戌；征羲、和，五年丙寅。与《历》不同。

君子之去留，国之存亡系焉，故《夏书》终于《汝鸠》、《汝方》，《商书》终于《微子》。

《汤誓》"予则孥戮汝，罔有攸赦"，孔安国以为："古之用刑，父子兄弟罪不相及，今云者，权以胁之，使勿犯。"《酒诰》"予其杀"，安国"以为择罪重者而杀之"。吕居仁谓：安国能明圣人未尽之意，实有大功于圣人者。

郑康成注《禹贡》"九河"云："齐桓公塞之，同为一。"《诗》正义云："不知所出何书。"愚按：《书》正义引《春秋纬宝乾图》云："移河为界，在齐吕，填阏八流以自广。"郑盖据此文。九峰蔡氏曰："曲防，齐之所禁，塞河非桓公所为也。"

《史记》记载"汤征讨四方诸侯,葛伯不祭祀鬼神,汤首先讨伐他。汤说:'我说过:人照一照水就能看出自己的形貌,看一看民众就可以知道国家治理得好与不好。'伊尹说:'英明呀!进谏的言语能够听从,治国的道术才会推进。做国家的君主爱护百姓,凡是有善良品行的人都会在王府任官。努力吧,努力吧!'汤说:'你们不能敬顺天命,我就要重重地惩罚你们,概不宽赦。'于是写了《汤征》。"难道孔壁里的《尚书》逸篇司马迁也见过吗?可能后来有人在《尚书》里补充了《汤征》篇,但是无从考证了。

关于"日月在房宿交汇时发生了日食",《大衍历议》记载:"仲康五年,这一年是癸巳年,九月初一发生了日蚀。"《皇极经世》记载仲康元年讨伐羲、和,这一年是壬戌年,那么五年就是丙寅年。与《大衍历》的说法不同。

君子的去留关系国家存亡,所以《夏书》以《汝鸠》、《汝方》两篇为结尾,《商书》以《微子》为结尾。

《汤誓》中说"我会奴役且杀了你们,概不宽恕",孔安国认为:"古人使用刑罚,不会连坐到家人,现在之所以这样说,是为了威胁别人不要犯罪"《酒诰》"我杀了你们",孔安国认为"针对的是罪行最重的人"。吕居仁说:孔安国能发现圣人的话外音,在理解圣人这方面立了大功。

郑玄注释《禹贡》"九河"说:"齐桓公以它们为边塞,将九河并为一条河。"《诗经》正义说:"不知道郑玄从哪里看到这个说法。"我认为:《尚书》正义引用《春秋纬宝乾图》提到:"把河流当作边界,填埋淤塞八条河流来扩大领土。"郑玄的说法应该源于这里。蔡沈说:"周密而详慎的防备不是齐国的作

郑康成《书》注，间见于疏义，"如作服十二章"、"州十二师"，孔注皆所不及。

《吕氏春秋》引《夏书》曰："天子之德广运，乃圣乃神，乃武乃文。"《商书》曰："五世之庙，可以观怪；万夫之长，可以生谋。"又曰："仲虺有言曰：'诸侯之德，能自为取师者王，能自为取友者存；其所择而莫如己者亡。'"又曰："刑三百，罪莫重于不孝。"《周书》曰："若临深渊，若履薄冰。"其舛异如此。

《仲虺之诰》言仁之始也，《汤诰》言性之始也，《太甲》言诚之始也，《说命》言学之始也。皆见于《商书》。"自古在昔，先民有作。温恭朝夕，执事有恪，先圣王之传恭也"，亦见于《商颂》，孔子之传有自来矣。

孟子云："伊尹、莱朱。"注：莱朱，亦汤贤臣，一曰仲虺是也。《春秋传》曰："仲虺居薛，为汤左相。"是则伊尹为右相。《唐宰相世系表》：仲虺为汤左相，臣扈、祖己皆其胄裔也。（原注：未详所据。）

孔安国谓汤始改正朔，郑康成谓自古改正朔。叶少蕴云："《甘誓》已言三正，则子、丑、寅迭以为正者，尚矣。"（原注：爰革夏正，林少颖谓：革正之事，古未尝有，盖始于汤，而武

风,填河应该不是齐桓公做的。"

郑玄《尚书》的注解,好在疏通和阐发文义,比如对"将十二种图案画在衣服上制作了十二种样式的礼服"、"每州用三万劳力"的解释,这是孔安国没有注解过的地方。

《吕氏春秋》引用《夏书》说:"天子的仁德之风广泛地传遍天下,圣德神明,文经天地,武定祸乱。"引用《商书》说:"五代之祖庙,可看到鬼怪;万人之首领,可产生奇谋"。又说:"仲虺曾说过:'诸侯的品德,能为自己选取老师的,就会称王天下;能为自己选取朋友的,就会保存自身;所选取的人不如自己的,就会灭亡。'"又说:"被重罚治罪的人很多,其中最严重的罪乃是不孝。"引用《周书》说:"如同处于深渊边缘一样,好似在薄冰上行走一般。"引用的句子太奇怪了。

《仲虺之诰》一篇叙述仁的起点,《汤诰》叙述性的起点,《太甲》叙述诚的起点,《说命》叙说学的起点。这些品德都能在《商书》中找到。"在那遥远的古代,先民行止有法度。早晚温文又恭敬,祭神祈福见诚笃。古代圣王的美好品德得到奉行",这也是《商颂》中的内容,孔子传授的学问一直都有。

孟子说:"伊尹、莱朱。"有人注解:莱朱也是汤时的贤臣,一种说法认为莱朱就是仲虺。《左传》记载:"仲虺在薛地生活,是汤的左相。"如果是真的,那么伊尹就是右相。《唐宰相世系表》记载:仲虺是汤的左相,臣扈、祖己都是他的后裔。(原注:不知这种说法从何而来。)

孔安国说从汤开始改定正朔,郑玄说古代一直有改正朔的传统。叶少蕴说:"《甘誓》已经提及三正,既是以子、丑、寅轮换为正月。"(原注:轮流替换确定正朔,林少颖认为:改定正朔之事,

王因之。）

　　《汉·律历志》引《伊训》"伊尹祀于先王，诞资有牧方明"，说者谓祀先王于方明。朱文公曰："'方'当作'乃'，即所谓'乃明言烈祖之成德'。"

　　郑康成云："祖乙居耿，后奢侈逾礼，土地迫近山川尝圮焉。至阳甲立，盘庚为之臣，乃谋徙居汤旧都。上篇是盘庚为臣时事，中篇、下篇是盘庚为君时事。"《正义》以为"谬妄"，《书裨传》云："郑，大儒，必有所据而言。"

　　《书序》"祖乙圮于耿"，孔氏注云："圮于相，迁于耿。"《殷本纪》谓祖乙迁于邢。《皇极经世》"祖乙践位，圮于耿，徙居邢"，盖从《史记》。以《书序》考之，孔氏以"圮于耿"为"圮于相"，恐未通。苏氏《书传》云："祖乙圮于耿，盘庚不得不迁。"以《经世》、《纪年》考之，祖乙以乙未践位，后有祖辛、沃甲、祖丁、南庚、阳甲，而后盘庚立。（原注：祖乙曾孙。）盘庚之立，以己亥，自祖乙践位至此一百二十五年。若谓民荡析离居，因耿之圮，不应如是之久也。当阙所疑。

　　盘庚之迁也，曰："天其永我命于兹新邑。"消息盈虚之运，哲王其知之矣。唐朱朴议迁都，以观天地兴衰为言，谓关中文物奢侈皆极焉，已盛而衰，难可兴矣，而以襄、邓

古代并没有，自汤开始，而武王遵循这一做法。）

《汉·律历志》引用《伊训》："伊尹祀于先王，诞资有牧方明"，有人说这是在方明祭祀先王的意思。朱熹说："'方'应该是'乃'，就是说'歌颂先王的品德'。"

郑玄说："祖乙时国都在耿地，因为国都靠近山川，所以频繁祭祀超出了礼的范围。到阳甲即位，盘庚是他的臣子，计划迁徙到汤时的旧都。《盘庚》上篇记载盘庚为臣子时的事情，中篇、下篇记载盘庚为国君时的事情。"《正义》认为这一说法"一派胡言"，《书裨传》说："郑玄是大儒，他说的话必然有依据。"

《书序》记载："祖乙在相地被河水冲毁以后，把国都迁到耿"，孔安国注解说："冲毁的是相，迁都到耿。"《殷本纪》说祖乙迁都到邢。《皇极经世》记载"祖乙即位后，大水冲毁了耿，于是他把都城迁到邢"，应该是按《史记》的说法。以《书序》中的记载考究这件事，孔安国把"冲毁了耿"改为"冲毁了相"，恐怕没法解释通。苏轼在《书传》中说："祖乙时耿被洪水冲毁，盘庚不得不迁都。"以《经世》、《纪年》中的记载考察，祖乙在乙未年即位，他去世后祖辛、沃甲、祖丁、南庚、阳甲等人即位，而后才是盘庚。（原注：盘庚是祖乙的曾孙。）盘庚即位是己亥年，从祖乙即位至己亥年已经过了一百二十五年。如果说人民因为洪水冲毁了耿从而失去家园，也不应该这么久都没有恢复。应该有一部分记载缺失了。

盘庚迁都时说："上天将使我们的国运在这个新都延续下去。"古代圣哲们是知道盛衰的变化和行为的进退的。唐代朱朴议论盘庚迁都这件事，认为这是观察天地兴衰变化规律提

为建都极选。陈同父上书孝庙，亦谓"钱塘山川之气，发泄无余"，而以荆、襄为进取之机。其言与朴略同。朴不足道也，岂亦有闻于气运之说乎？

《大传》引《盘庚》"若德明哉！汤任父言卑应言"，皆古文所无。

《论语》："予小子履，敢用玄牡，敢昭告于皇皇后帝。"孔安国注云："《墨子》引《汤誓》，其辞若此。"疏云："《尚书·汤誓》无此文，而《汤诰》有之，又与此小异。唯《墨子》引《汤誓》，其辞与此正同。"

"尔惟德罔小，万邦惟庆；尔惟不德罔大，坠厥宗汉"。昭烈曰："勿以恶小而为之，勿以善小而不为。"盖得此意。

桑榖之祥，太戊问伊陟，《韩诗外传》以为"榖生汤之廷，三日而大拱，汤问伊尹"，误也；《汉·五行志》刘向以为"殷道既衰，高宗承敝而起，怠于政事，故桑榖之异见"，又误也；《书大传》谓"武丁之时，先王道亏，刑罚犯，桑榖俱生于朝，武丁问诸祖己"，刘向盖袭《大传》之误。

"说筑傅岩之野"，吴氏《裨传》、蔡氏《集传》以"筑"

出的，并且认为关中礼乐过度到极致了，已经由盛转衰，很难再复兴了，襄、邓是建都最好的选择。陈同父上书谈到孝庙选址时也说："钱塘山川的灵气，已经完全泄露了"，应该把荆、襄等地看作是积极进取的好地方。他的话和朱朴差不多。朱朴这个人如今不值一提，难道他名声的衰减也和气运有关吗？

《大传》引用《盘庚》说"汤低声下气地回应父亲的话，他的德行多么明了啊"，这些都是《古文尚书》里没有的。

《论语》："我履（即：商汤的名字），谨用黑色的公牛来祭祀，向伟大的天帝祷告。"孔安国注解到："《墨子》引用的《汤誓》的话跟这段差不多。"进一步解释说："《尚书·汤誓》中没有这段话，《汤诰》中有，而且文字上有些差异。但是《墨子》引用的《汤誓》跟这句话一模一样。"

"你做的好事不论多么小，天下的人都会感到庆幸；你做的坏事即使不大，也会得到报应。"刘备说："勿以恶小而为之，勿以善小而不为。"应该是从这句话引申出来的。

出现了桑树和楮树合生在朝堂上的怪异现象，太戊很害怕，去问伊陟，《韩诗外传》说"当时国都亳出现了桑树和楮树合生在朝堂上的怪异现象，三天就长得很粗。太戊帝很害怕，就去向伊陟询问"，这种说法是错的；《汉书·五行志》中刘向认为"当时殷朝（即商朝）已经衰落，高宗上任后，努力改变国家状况，收到一些效果，结果又怠于政事，所以才会有桑穀之异出现。"这种看法也错了；《书大传》说"武丁的时候，王道亏损，刑罚过重，桑穀都在朝堂上生长，武丁去向祖己询问"，刘向应该是沿袭《大传》的错误。

"傅说在傅岩野外从事版筑"，吴棫的《裨传》、蔡沈的

为"居"。愚按:《孟子》曰:"傅说举于版筑之间",当从古注。(原注:傅岩在陕州平陆县北。)

《鲁语》展禽曰:"上甲微,能帅契者也,商人报焉。"《孔丛子》引《书》曰:"维高宗报上甲微。"盖《逸书》也。

学,立志而后成,逊志而后得。立志,刚也;逊志,柔也。

"西伯既黎",孔注云:"文王貌虽事纣,内秉王心。"岂知文王之心哉!文王之德之纯,心与貌异乎?

"西伯既戡黎,祖伊恐。"商都朝歌,黎在上党壶关,乃河朔险要之地。朝歌之西境,密迩王畿,黎亡则商震矣。故武王渡孟津,莫之或御。周以商墟封卫,狄人迫逐黎侯,卫为方伯连率,不能救,而《式微》、《旄丘》之诗作。唇亡齿寒,卫终为狄所灭。卫之亡,犹商之亡也。秦拔上党而韩、赵危,唐平泽潞而三镇服,形势其可忽哉!

《泰誓》古文作"大誓",孔氏注:"大会以誓众。"晁氏曰:"开元间,卫包定今文,始作'泰'。或以交泰为说,真燕书哉!"(原注:或说谓新经以"泰"为"否泰"之"泰",纣时上下不交,天下无邦,武王大会诸侯往伐,以倾纣之否。非经意也。)《大

《集传》认为"筑"应改为"居"。我认为：《孟子》说："傅说从筑墙的劳作之中被起用"应该以古人的说法为准。（原注：傅岩在今天山西平陆县北。）

《鲁语》中展禽（即：柳下惠）说："上甲微是能继承殷契（商人始祖）的人，商朝人为他举行报恩祭。"《孔丛子》引用《书》说道："武丁祭祀上甲微。"这大概是《逸书》中的内容。

学习，要先立足志向才能成功，稍微降低点志向追求才会有所收获。确定志向，这是刚性的；适度调低志向，这是柔性的。

"周文王战胜黎国之后"，孔安国注释："文王表面上服侍纣王，但有自立为王的心。"他怎么知道文王的心里怎么想呢？文王德行纯正，难道会表里不一吗？

"周文王打败黎国之后，祖伊十分恐慌。"商朝的国都是朝歌，黎国在上党壶关，是河北险要的地方。黎国在朝歌西面，离王都非常近，黎国被打败，那么商朝就会有危险。所以周武王渡过孟津，没有人能够抵挡。周朝把商朝旧都封给卫国，狄人追杀黎侯，卫君是黎侯的连率，但却没有尽职救他，于是产生了《式微》、《旄丘》等诗作。唇亡齿寒，卫国后来也被狄人所灭。卫国的灭亡与商朝的灭亡一样。秦国攻占上党之后韩、赵两国就危险了，唐武宗平定泽潞而使其余三镇屈服，唇齿之间的关系多重要啊！

《泰誓》篇《古文尚书》写作"大誓"，孔安国注释道："与诸侯大会誓师"晁说之说："开元年间，卫包将《古文尚书》用今文改写，才开始将'大誓'写作'泰'。大概是取天地交泰的意思，真是写得漫不经心啊。"（原注：有的说新经认为"泰"是"否

誓》与《大诰》同。（原注：音"泰"者非。）

"虽有周亲，不如仁人。"孔安国注《论语》，言"虽有管、蔡为周亲，不如箕子、微子之仁人"，与注《尚书》异。（原注：《书传》云："纣至亲虽多，不如周家之少仁人。"朱文公《集注》从《书传》。）

《论语·释文》"予有乱十人"。《左传》叔孙穆子亦曰："武王有乱十人。"刘原父谓：子无臣母之理，妇人盖邑姜。然本无"臣"字，旧说不必改。

《左氏》云："太伯不从。"《楚辞·天问》云："叔旦不嘉。"与夷、齐之心一也。此武所以"未尽善"。

《武成》"式商容闾"，《正义》引《帝王世纪》云："商容及殷民观周军之入，见毕公至，殷民曰：'是吾新君也。'容曰：'非也。视其为人，严乎将有急色，故君子临事而惧。'见太公至，民曰：'是吾新君也。'容曰：'非也。视其为人，虎据而鹰趾；当敌将众，威怒自倍；见利即前，不顾其后。故君子临众，果于进退。'见周公至，民曰：'是吾新君也。'容曰：'非也。视其为人，忻忻休休，志在除贼。是非天子，则周之相国也。故圣人临众知之。'见武王至，民曰：'是吾新君也。'容曰：'然。圣人为海内讨恶，见恶不怒，见善不

泰"的暴政，纣王那时上下没有交汇在一起，天下没有国家，武王集合诸侯去讨伐来压倒纣王的"否"。这不是经书的意愿。）《大誓》与《大诰》发音相同。（原注：将之读作"泰"是错误的。）

"即使是同姓至亲，也不如有仁德的人。"孔安国注解《论语》说到"周武王虽然有管叔、蔡叔为至亲，却不如有箕子、微子等仁臣"，与注解《尚书》时不同。（原注：《书传》说："纣王的至亲好友虽然多，但比不上周家（指四周）的少数仁德之人。"朱熹《论语集注》采纳了《书传》的这一说法。）

《论语·释文》记载"我有十个帮助我治理国家的臣子"。《左传》中叔孙穆子也说："武王有十个帮助治理国家的臣子。"刘原父（他解释"有妇人焉，九人而已。"）说：任用贤才不分男女，妇人指的应是邑姜。然而当时还没有"臣"字，所以以前的说法不用改。

《左传》说："太伯不听从命令。"《楚辞·天问》云："周公旦不赞许。"与伯夷叔齐的心意一样。这是武王"没有做到尽善尽美的地方"。

《武成》篇记载"去商容家门前过道里向他致敬"，《正义》引用《帝王世纪》说："商容和殷商的百姓一起观看周的军队进入。看见毕公高走过来，殷民们说：'这是我们的新国君了！'商容说：'不是他。看他好像着急的样子，这是位面临大事时心怀畏惧的君子罢了。'看见太公吕望，殷民们说：'这是我们的新国君了！'商容说：'不是他。这个人蹲在那里像猛虎，站在那里像雄鹰，面对敌人、率领军队，会有加倍的威严。他看见利益就拼命向前，不顾其后。所以他只是个能统领军队、进退果敢的君子罢了。'看见周公，殷民们说：'这是我们的新

喜，颜色相副，是以知之。'"愚按：《韩诗外传》云："商容
尝执羽籥，冯于马徒，欲以伐纣而不能。遂去，伏于太行。及
武王克殷，立为天子，欲以为三公。商容辞曰：'吾尝冯于马
徒，欲以伐纣而不能，愚也；不争而隐，无勇也。愚且无勇，
不足以备乎三公。'固辞不受命。君子闻之曰：'商容可谓内
省而不诬能矣。君子哉！去素餐远矣。'"《史记》燕王《遗
乐间书》曰："纣之时，商容不达，身祇辱焉，以冀其变。"
《乐记》："释箕子之囚，使之行商容而复其位。"郑注乃
谓："使箕子视商礼乐之官，贤者所处，皆令反其居。"盖康
成不见古文《武成》，故以"容"为"礼乐"。张良云："武王
入殷，表商容间。"《史记·周纪》云："表商容之间。"皆与
《书》合。

　　颜师古《刊谬正俗》云："《武成序》'往伐归獣'，当
依'兽'字。《费誓序》'东郊不闢'，案《说文》及《古今字
诂》，闢，古'辟'字，辟训开，故孔氏释云：'东郊不开。'不

国君了！'商容说：'不是他。看他的为人很乐意做好事，集中心思剪除祸害。他不是天子就是周的相国，他是个一出现大家就能看出来的圣人！'看见武王，殷民们说：'这是我们的新国君了！'商容说：'对，是他！圣人为天下讨伐恶人，看见恶不暴怒，看见善不喜悦，面容和表情相符，因此能知道他就是国君。'"

我注意到：《韩诗外传》记载："商容曾为纣王执掌仪仗乐舞，跟在商纣王的身后，想用礼乐来感化商纣王，结果失败了。于是辞去职务，隐居在太行山中。待到周武王兴兵攻下朝歌，废掉了殷商之后，做了天子，封商容为三公，商容辞谢道：'自己曾经跟在商纣王的身后，企图用礼乐来感化他，没有实现，这是自己太愚钝了；自己没有向殷纣王据理力争，而是选择隐退，这是自己没有勇气。既愚钝，又没有勇气，怎么能够当三公呢？'因此商容没有接受周武王的敕封。君子听到后认为：'商容有自知之明，能够反省自己，能够正确地评价自己。称得上是君子，不是吃白饭的人。'"《史记》燕王《遗乐间书》曰："纣王时，商容不得志，身遭凌辱，仍希望纣王回心转意。"《乐记》记载说："释放被囚禁的箕子，并让他去探视商容，恢复其官职。"郑玄注解说："让箕子去看望商朝主管礼乐的官，意在让避世的贤者都回来任职。"大概郑玄没有看过《古文尚书》中《武成》篇，以为"容"就是"礼乐"的意思。张良说："武王进入商都，去商容家门前过道里向他致敬。"《史记·周纪》记载说："去商容家门过道里向他致敬。"都与《尚书》的记载一致。

颜师古《刊谬正俗》中说："《武成序》里'往伐归兽'一句当写为'兽'字。《费誓序》里有'东郊不開'，我注意到《说文》和《古今字诂》，開是古时的'辟'字，辟训开，所以孔安国注释

得径读'辟'为'开'。"愚按:《古文尚书》,师古之说是也。
（原注:虞翻谓"分北三苗","北"古"别"字。)

　　《大传·洪范》曰:"不叶于极,不丽于咎,毋侮矜寡,
而畏高明。"《史记·宋世家》亦云:"毋侮鳏寡。"

　　《周礼·太卜》注引《洪范》:"曰雨,曰济,曰圛,曰
蟊,曰克。"《诗》"齐子岂弟"笺:《古文尚书》以"弟"为
"圛"。《正义》云:"《洪范稽疑》论卜兆有五,'曰圛'注
云:'圛者,色泽光明。'盖古文作'悌',今文作'圛'。贾逵
以今文校之,定以为'圛'。郑依贾氏所奏。"(原注:《说文》
引《书》"圛圛升云,半有半无",今按"圛"即《洪范》"曰驿",其
下乃注文。)《古文尚书》"曰塗,曰圛",与《周礼注》同。

　　《诗》"或圣或否,或哲或谋,或肃或艾",《庄子》"天
有六极五常,帝王顺之则治,逆之则凶。九洛之事,治成德
备",皆为《洪范》之学。

　　曾子固奏疏曰:"《洪范》所以和同天人之际,使之无
间,而要其所以为始者,思也。《大学》所以诚意正心修身治
其国家天下,而要其所以为始者,致其知也。正其本者,在
得之于心而已;得之于心者,其术非他,学焉而已矣。古之人
自可欲之善而充之,至于不可知之神。自十五之学而积之,

道:'东郊不开。'不能直接把'辟'读为'开'。"我认为:《古文尚书》和颜师古的说法是正确的。(原注:虞翻认为"分北三苗","北"就是古代的"别"字。)

《大传·洪范》说:"行为不合法则,但没有陷入罪恶的人,你就成就他们;不欺辱无依无靠的人,要敬畏那些贤明之人。"《史记·宋世家》也说:"不要欺辱无依无靠的人。"

《周礼·太卜》的注解引用《洪范》:"有的叫作雨,有的叫作霁,有的叫作蒙,有的叫做驿,有的叫作克。"《诗》对"齐子岂弟"一句的解释:《古文尚书》把"圛"写作"弟"。《正义》说:"《洪范·稽疑》卦象有五种,'曰圛'的解释是:'圛,色泽光明的东西。'所以古文写作'悌',今文写作'圛'。贾逵以《今文尚书》为底本校勘,将其定为'圛'。郑玄遵从了贾逵校订的。"(原注:《说文》引《书》"圛圛升云,半有半无",如今我认为"圛"就是《洪范》中的"曰驿",下面就是注文。)《古文尚书》中的"曰蒙,曰圛",与《周礼注》中的说法一致。

《诗经》中有"人有聪明有糊涂,还有明哲有善谋,有人能治国有人严肃",《庄子》中有"上天本身就存在六合和五行,帝王顺应它便能治理好国家,违背它就会招来灾祸。顺应九州聚居之人的各种事务,致使天下治理而道德完备",这些都源于《洪范》。

曾子曾经解释说:"《洪范》用来协调统一上天和人事的关系,使他们不出现漏洞,而探究那最先做起的东西,就是要思考啊。《大学》用来精诚意念、端正心智、修养自身,进而治理好国家和天下,而探究那最先做起的东西,就是要充实知识啊。端正根本,要从内心做起;而内心要有所得,具体的办法不是别的,

至于从心、不逾矩，岂他道哉？由是而已矣。"二程子以前，告君未有及此者。

《韩非》谓先王之法曰："臣毋或作威，毋或作利，从王之指。无或作恶，从王之路。"盖述《洪范》之言而失之也。

"天命有德"，"天讨有罪"，故无作好恶；"惟天聪明，惟圣时宪"，故无作聪明。以天之德，行天之权，故"惟辟作福、威"。

司马彪注《庄子》云："箕子名胥余。"（原注：《史记正义》：《尸子》云。）

"巢伯来朝"，注云："南方之远国。"《正义》谓"南巢"，李杞解曰："成汤放桀于南巢，巢人纳之。意者终商之世，义不朝商乎？诚如是，亦足以见巢之忠，商之盛德矣。商亡而周兴，于是巢始来朝。"其说美矣，然无所据。

《金滕》之书，其异说有二焉：《鲁世家》云："周公卒后，秋未获，暴风雷雨，禾尽偃，大木尽拔。周国大恐，成王与大夫朝服，以开金滕书。"《梅福传》云："昔成王以诸侯礼葬周公，而皇天动威，雷风著灾。"此皆《尚书大传》之说，盖伏生不见《古文》故也。《蒙恬传》云："成王有病，

学习罢了。古人从符合自己愿望的美好事物来充实自己，一直发展为妙不可测的神妙境界。从十五岁开始学习来不断积累，一直到随心所欲而不逾越规矩的境界，这哪里是什么别的途径呢？通过这学习罢了"自二程以前，上书教导帝王的没有超过曾巩的了。

《韩非子》中提及谓先王之法说："臣下不要逞威，不要牟利，顺从君主旨意；不要作恶，跟随君主脚步。"这是依据《洪范》中的话，而又没有完全得其精髓。

"上天要任命有德行的人"，"上天惩罚有罪的人"，所以要遵行先王之道，不要做私好、私恶；"上天聪明公正，圣主效法它"，所以不要自作聪明。效法上天的德行，行使上天的权力，所以说"只有君主才有权给人以赏赐或者惩罚"。

司马彪注解《庄子》说："箕子的名字叫胥余。"（原注：《史记正义》：《尸子》这样说。）

关于"巢伯前来朝贡"一句，注解说："巢伯是南方很远的国家。"《正义》说是"南巢"，李杞解释道："成汤把夏桀流放到南巢，南巢人接纳了他。这句话的意思是有商一代，南巢出于道义没有来朝贡吗？如果是这样，也可以看到南巢人的忠诚，商朝极高的品德啊。商朝亡而周朝兴起，所以南巢开始朝贡。"他的说法很精妙，然而却没有依据。

关于《金滕》这篇，有两个不同的主张：《鲁世家》记载："周公去世时尚未秋收，突然狂风大作，雷电交加，庄家全部被风吹倒，大树被大风连根拔起。周室上下大为惊恐，成王和大夫们穿上礼服，打开周公留下的金滕之书。"《梅福传》记载："当初成王以诸侯礼仪规格埋葬周公，于是上天发怒，降下狂

甚殆，公旦自揃其爪，以沉于河，乃书而藏之记府。及王能治国，有贼臣言周公欲为乱，周公走而奔于楚。成王观于记府，得周公沉书，乃流涕曰：‘孰谓周公旦欲为乱乎？’”此又以武王有疾为成王。《索隐》曰：“不知出何书。”《鲁世家》亦与《恬传》同。谯周云：“秦既燔书，时人欲言金縢之事，失其本末。”南轩曰：“至诚可以回造化，若金縢策祝之辞，则不无妄传者。”

　　“我之弗辟”，朱文公谓：当从郑氏，以“辟”为“避”。

　　《武成》“惟九年，大统未集”，《通鉴外纪》引《尚书大传》“文王受命一年，断虞、芮之质”，《帝王世纪》“文王即位四十二年，岁在鹑火，更为受命之元年”，《周书·文传》“文王受命九年，时惟暮春，在镐，召太子发”。按《史记》秦惠王十四年更为元年；《汲冢纪年》魏惠成王三十六年，改元称“一年”，或有因于古也。

　　文公赏雍季，以义而不以谋；襄子赏高共，以礼而不以功，故曰“崇德报功”。

风暴雨导致灾情。"这些说法都来源于《尚书大传》，可能因为伏生没见过《古文尚书》。《蒙恬传》记载："有一次成王生病很危险，周公旦自己剪下指甲来投入黄河（为成王祈福），（希望代成王受罪的话）记载下来收藏在档案馆里。到了周成王能够治理国家时，有奸臣说周公旦想要作乱已经很久了。君王如果不加防备，必定会有大变故。成王就非常恼怒，周公旦逃奔到楚国。成王到档案馆察看，得到了周公旦投指甲入黄河时的祷辞记录，就流着眼泪说：'谁说周公旦想要作乱呢？'"还有一种说法，生病的是武王而不是成王。《索隐》说："不知道这事出自哪本书。"《鲁世家》的说法与《蒙恬传》一致。谯周说："秦始皇焚书后，当时的人已经说不清金縢之事的原委了。"张栻说："（周公）心意志诚可以挽回成王的性命，但金縢这篇文章的始末，有很多人往往空穴来风。"

"我如果不去（代替君王）治理国家"，朱熹认为：郑玄的说法是对的，"辟"是"避"的通假字。

《武成》记载"（周文王）在诸侯归附九年后去世，大业没有完成"，《通鉴外纪》引用《尚书大传》说"文王接受天命称王一年后，解决了虞、芮两国之间的矛盾"，《帝王世纪》记载"文王即位的第四十二年，木星在鹑火（约公元前1046年），改当年为新纪元元年"，《周书·文传》记载"文王受命称王九年的暮春时节，在镐地召见太子姬发"。我注意到《史记》中记载，秦惠王十四年改元；《汲冢纪年》记载魏惠成王三十六年改元称"一年"，应当是因袭古人做法。

晋文公赏赐雍季，因为他的忠义而不是智谋；赵襄子赏赐高共，因为他的礼节而不是功劳，所以说"尊崇有德行的人，酬

"若尔三王，是有负子之责于天"，《史记·鲁世家》以"丕"为"负"，《索隐》引郑玄曰："'丕'读曰'负'。"隗嚣《移檄》曰："庶无负子之责。"盖本此。晁以道解"丕子之责"，如《史传》中"责其侍子"之"责"，盖云"上帝责三王之侍子"，指武王也。

"唐叔得禾，成王命唐叔以馈周公于东土，作《馈禾》"。《史记》以"归"为"馈"。二字通用，见《论语》。

"三监"，孔氏谓管、蔡、商。《汉·地理志》："殷畿内为三国，邶、鄘、卫是也。邶封武庚；鄘，管叔尹之；卫，蔡叔尹之，以监殷民。"唯郑康成以三监为管、蔡、霍。苏氏从孔说，林氏、蔡氏从郑说。"三亳"，孔氏谓亳人之归文王者三，所为之立监。康成云："汤旧都之民，服文王者分为三邑，其长居险，故言阪尹，盖东成皋，南辕辕，西降谷也。"皇甫谧以蒙为北亳，穀熟为南亳，偃师为西亳。林氏从郑说，吕氏从皇甫说。（原注：《诗谱》以三叔为三监。孙毓云："三监当有霍叔，郑义为长。"）

"民献有十夫，予翼"，"亦惟十人，迪知上帝命"，周公

报有功劳的人"。

"你们三王对于上天有保护子孙的责任,请用姬旦之身代替周王姬发",《史记·鲁世家》把"负"写作"丕",《索隐》引郑玄的注解说:"'丕'应该读成'负'。"隗嚣在《移檄》中说:"我们不会背弃跟随自己的百姓子民。"应当是源于此。晁说之解释"对太子的要求"中的"责"如同《史传》中"要求他入朝做侍子"的"责",所以说"上帝要求三王的后裔来陪同他",指的是武王。

"唐叔得到二茎共生一穗的粟禾,成王命令唐叔把它送给在东部驻地的周公,(于是)写下了《馈禾》"《史记》把"归"当成"馈"的通假字。两个字可以通用,这可从《论语》中得到佐证。

关于"三监",孔安国说是管叔、蔡叔、武庚。《汉书·地理志》记载:"商的王畿分为三个封区,即邶、鄘、卫。将武庚封到邶;管叔封到鄘;蔡叔封到卫,来监视商朝遗民。"郑玄认为"三监"说的是管叔、蔡叔、霍叔。苏轼认同孔安国的说法,林之奇、蔡沈则认同郑玄的说法。关于"三亳",孔安国说亳人有三个部落归顺了文王,文王在三地设立了官府。郑玄说:"商朝旧都归顺文王的百姓被分为三个小国家,三地的长官叫作阪尹,占据地势险峻地方,东边的是成皋,南边的是辕辕,西边的是降谷。"皇甫谧认为蒙地是北亳,穀熟是南亳,偃师是西亳。林之奇依从郑玄的说法,吕祖谦依从皇甫谧的说法。(原注:《诗谱》以三叔(即管叔、蔡叔、霍叔)为三监。孙毓云:"三监当有霍叔,郑云的解释比较好。")

"这些天有十位贤者来帮助我","现在有十个人引导我们

以贤人卜天意。史失其名，不独"鲁两生"也。

《周书·作雒》曰："俾康叔宇于殷，俾中旄父宇于东。"注云："东谓卫、殷、邶、鄘。"《诗谱》"自纣城而北谓之邶，南谓之鄘，东谓之卫。"康叔宇于殷，即卫也。注以殷为邶、鄘，非是。殷地在周之东，故曰东征。邶、鄘、卫皆东也。《康诰》曰："在兹东土。"中旄父，其邶、鄘之一欤？（原注：《顾命》有南宫毛。）

《法言》谓："《酒诰》之篇，'俄空焉'。"愚按：《酒诰》古、今文皆有之，岂扬子未之见欤？《艺文志》云："刘向以中古文校欧阳、大小夏侯三家经文，《酒诰》脱简一。"而《大传》引《酒诰》曰："王曰：封，唯曰若圭璧。"今无此句，岂即脱简欤？

"矧惟若畴圻父薄违，农父若保，宏父定辟"，荆公以"违"、"保"、"辟"绝句，朱文公以为复出诸儒之表。《洛诰》"复子明辟"，荆公谓："周公得卜，复命于成王也。"汉儒"居摄还政"之说，于是一洗矣。山谷云："荆公六艺学，妙处端不朽。"信夫！

"厥或告曰：'群饮。'汝勿佚，尽执拘以归于周，予其杀。"无隐张氏以为："此告者之词云尔。劝汝执而尽杀之也，汝当思之曰：'是商之诸臣，化纣为淫湎者，而可遽

知道天命和天帝辅助诚信的道理"，周公认为贤人能知天意。史书上没有记载姓名的不只有"鲁二生"啊。

《周书·作雒》记载："（周公平定三监之乱后）让康叔管理殷地，让中旄父治理东方。"注解说："东方指的是卫、殷、邶、鄘四地。"《诗谱》记载"殷的北方是邶，南方是鄘，东方是卫。"康叔封到的殷，其实是卫。注解中把殷当成邶和鄘是错误的。殷在周朝国都的东边，所以才说向东征伐。这样邶、鄘、卫都在（周都）东边了。《康诰》说："在东边的土地。"中旄父到底被封到邶地还是鄘地呢？（原注：《顾命》有南宫毛。）

《法言》中说："《酒诰》一篇，'是空着的'。"我认为：《酒诰》这篇古文《尚书》、今文《尚书》都有，难道杨雄没见过吗？《艺文志》记载："刘向以中古文字校对欧阳和伯、夏侯胜、夏侯建三家经文，《酒诰》这篇遗失了一片简牍。"而《大传》引用《酒诰》说："王这样说，我的话就像是圭璧一样有分量。"今本《尚书》没有这一句，难道就是脱去的那片简牍吗？

"讨伐叛乱的军事长官圻父，主管农业生产的长官农父，制定法律的司法长官宏父"，王安石在"违"、"保"、"辟"三字后断句，朱熹以为他的断句比很多儒生都高明。《洛诰》有"把政务还给你"，王安石说："周公得到卜辞后，把天命还给成王。"汉儒"把代行天子的职责还给天子"的说法，到他这里焕然一新了。黄庭坚说："王安石六艺之学中有许多绝妙的说法会传承下去。"确实如此！

"假若有人报告说：'有人聚众饮酒。'你不要放纵他们，要全部逮捕起来押送到周国都，我将把他们杀掉。"张震认为："这是警告大家的话罢了。如果有人鼓励你把他们抓起来全部

杀乎？亦姑惟教之而已。若不教而使陷于罪，是亦我杀之也。'周公戒康叔，皆止杀之词，奈何以为劝哉！"愚谓：此说得忠厚之意。

《梓材》曰："以厥庶民暨厥臣，达大家。"周封建诸侯与大家巨室共守之，以为社稷之镇。"九两"，所谓"宗，以族得民"。《公刘》之雅，所谓"君之宗之"。此封建之根本也。鲁之封有六族焉，卫之封有七族焉，唐之封有九宗、五正焉，皆所以系人心，维国势。不特诸侯为然，周公作《皇门》之书曰："维其有大门宗子，茂扬肃德，勤王国王家，乃方求论择元圣。武夫羞于王所，咸献言助王恭明祀，敷明刑，用能承天嘏命。先人神祇报职用休，俾嗣在厥家，万子孙用末被先王之灵光。"然则王室之不坏，繫大门宗子是赖。自封建之法废，国如木之无根，其亡也忽焉。然古者世臣必有家学，内有师保氏之教，外有外庶子之训。国子之贤者，命之导训诸侯，若鲁孝公是也。使惇惠者教之，文敏者道之，果敢者谂之，镇静者修之，若晋公族大夫是也。教行而俗美，然后托以安危存亡之寄，而国有与立矣。

杀掉,你应该这样想:'这些都是商朝的旧臣,把纣王怂恿成淫湎之人,能够一下都杀掉吗?只能教导他们啊。如果不教导他们让他们犯罪了,那就是我害死了他们。'周公劝诫康叔的都是停止杀戮的话,怎么可能鼓励杀人呢!"我认为:他的说法深得忠厚之意。

《梓材》中说:"从殷的老百姓和他们的官员到卿大夫。"周分封诸侯与大臣宗室共同守卫天下,来保障江山社稷的传承。(《周礼》)"九两"也就是所谓的"通过宗族笼络民心"。《公刘》中的雅,也就是所谓的"宗族推选公刘为领袖"。这是封建王朝的根本啊。鲁国封赏了同姓六个宗族,卫国封赏了同姓七个宗族,唐国封赏了同姓九个宗族、任命了五官之长,都是笼络人心稳定国家的举措。不只是诸侯这样做,周公创作《皇门》这本书说:"因为有大族嫡子、重臣,无不勤勉奋发、肃敬道德,帮助他们的君王勤于国事家事,更广求有大智慧且品德高尚的人以及武夫推荐给朝廷,他们出言帮助天子恭敬地祭祀,宣扬法令,使天子能够继承天命赋予的职责。先王的灵魂和神明回报天子以美好的事物,使他继承家业,万千子孙因此永远蒙受先王的灵光。"所以王室之所以能持久稳定,是依靠大家宗族子弟的维系。自从分封制废除以后,国家就像无根之木,灭亡是很快的。然而古人世家大臣都有家学,在内有师氏、保氏教导,在外有庶子教导。贵族当中贤明的人,(天子)任命他教育诸侯,鲁孝公就是这样做的。使敦厚聪慧的人教导他们,素质文雅高尚办事干练的人引导他们,勇敢果断的人规劝他们,安定平静的人锻炼他们,晋国的公族大夫就是这样做的。教导他们的行为,使他们顺从人民,然后把国家的安危存亡寄托在他们身上,国

　　商之泽深矣，周既翦商，历三纪而民思商不衰。考之
《周书》，《梓材》谓之"迷民"，《召诰》谓之"雠民"，不
敢有忿疾之心焉，盖皆商之忠臣义士也。至《毕命》始谓
之"顽民"，然犹曰："邦之安危，惟兹殷士。"兢兢不敢忽
也。孔子删《诗》，存邶、鄘于《风》，系商于《颂》。吁，商之
泽深矣。

　　《召诰》正义引《周书·月令》云："三日粤朏。"《汉·律
历志》引《古文·月采篇》曰："三日曰朏。"颜注：谓说月之
光采。愚以《书正义》考之，"采"字疑当作"令"。

　　娄敬曰："成王即位，周公营成周，以为此天下中，有
德则易以王，无德则易以亡。"《吕氏春秋》南宫括曰："成
王定成周，其辞曰：'惟予一人，营居于成周。惟予一人，有
善易得而见也，有不善易得而诛也。'"《说苑》南宫边子
曰："昔周成王之卜居成周也，其命龟曰：'予一人兼有天
下，辟就百姓，敢无中土乎！使予有罪，则四方伐之，无难得
也。'"三说大意略同。

　　"周公为师，召公为保。"郑康成不见《周官》之篇，以
"师"、"保"为《周礼》师氏、保氏，大夫之职。（原注：《师
氏、保氏注》亦引《书叙》云："圣贤兼此官。"）《礼记·文王世
子》注："大司成、司徒之属，师氏也。"两注自不同。

家就能和他们一样稳定。

商朝的恩惠深入人心，周朝灭了商朝，过了三十六年殷民还在怀念商朝。《周书》中《梓材》篇称这些人是"迷民"，《召诰》篇称这些人是"雠民"，不敢有愤怒憎恶的心思，大概这些人都是商朝时的忠臣义士。《毕命》篇开始称他们为"顽民"，却仍然说："国家的安危存亡，在于殷朝遗民啊。"小心谨慎不敢怠慢。孔子删定《诗经》，在《风》中保留了邶风、鄘风，商朝诗歌放入《颂》中。唉，商朝的恩泽深入人心啊。

《召诰》正义引用《周书·月令》说："每月初三叫作朏。"《汉书·律历志》引用《古文·月采篇》说："初三那天叫朏。"颜师古注释道：说月亮开始生明发光。我根据《书正义》考察认为"采"字可能原本是"令"字。

娄敬说："成王即位时，周公主持营建成周，把这里当作天下的中心，有德行的话就容易在这里称王，没有德行就容易在这里灭亡。"《吕氏春秋》中南宫括说："周成王把成周定为国都，成王说：'我营建并居住在成周，在这里我身上有好的地方容易被发现，不好的地方容易受责备。'"《说苑》中南宫边子说："当初周成王占卜定都成周，他占卜的结果说：'我治理天下和百姓，怎么能不占据天下的中心呢！如果我有罪，那么四方的诸侯讨伐我也不难'"这三种说法意思差不多。

"周公作太傅，召公作太保。"郑玄没有看过《周官》篇，认为"师"、"保"指的是《周礼》里面说的师氏、保氏，即大夫的官职。（原注：《师氏、保氏注》也引用《书叙》说："圣贤兼任此官职。"）《礼记·文王世子》注解说："大司成是司徒的属下，姓师。"这两处注解说法不一致。

"有若散宜生",《孔氏传》云:"散氏,宜生名。"愚按:《汉书·古今人表》:"女皇尧妃,散宜氏女。"当以"散宜"为氏。

《多方》"越惟有胥伯小大多正",《大传》云:"古者,十税一,多于十税一谓之大桀、小桀,少于十税一谓之大貊、小貊。王者十一而税,而颂声作矣。故《书》曰:'越维有胥赋小大多政。'"古今文之异如此。

《无逸》,《大传》作"毋逸"。毋者,禁止之辞,其义尤切。

《无逸》中宗、高宗、祖甲、文王之享国,以在位言;《吕刑》"穆王享国百年",以寿数言。

祖甲,孔安国、王肃云:"汤孙太甲也。"马融、郑玄云:"武丁子帝甲也。"《书正义》以郑为妄。《史记正义》按《帝王年代历》,帝甲十六年,太甲三十三年,明王、孔说是。王肃云:"先中宗,后祖甲,先盛德,后有过。"蔡氏《书传》从郑说,谓非太甲。按邵子《经世书》高宗五十九年,祖庚七年,祖甲三十三年,世次、历年皆与《书》合,亦不以太甲为祖甲。

《无逸》多言"不敢",《孝经》亦多言"不敢",尧、舜之兢业,曾子之战兢,皆所以存此心也。

"如同散宜生"，《孔氏传》说："这人姓散，名宜生。"
我认为：《汉书·古今人表》记载："女皇尧妃是散宜氏之
女。""散宜"应该是姓氏。

《多方》中提到"所有的徭役赋税和大大小小的政事"，
《大传》说："尧舜之道为收取十分之一的赋税，多于十分之一
的征税是暴君的行为，视超出程度称为大桀、小桀；少于十分
之一征税是明君的行为，称为大貊、小貊。天子收取十分之一的
税，人民就会歌颂他。所以《书》中说：'所有的徭役赋税和大
大小小的政事。'"这就是《古文尚书》和《今文尚书》的差异如
此。

《无逸》篇，《大传》中写作"毋逸"。毋是禁止的意思，这
样写也很贴切。

《无逸》记载的中宗、高宗、祖甲、文王享国是指的在位年
数；《吕刑》记载的"穆王享国百年"说的是王的寿命。

关于祖甲，孔安国和王肃说："是汤的孙子太甲。"马融和
郑玄说："是武丁的儿子帝甲。"《书正义》不赞成郑玄的说法。
《史记正义》梳理帝王年代，认为帝甲在位十六年，太甲在位
三十三年，很明显，王肃和孔安国说的对。王肃说："先是中宗，
然后到祖甲，先有盛德，然后有过错。"蔡沈的《书传》依从郑玄
的说法，认为不是太甲。我注意到邵子《经世书》记载高宗在位
五十九年，祖庚在位七年，祖甲在位三十三年，世次和历年都跟
《尚书》能一一对应，也没有把太甲当成祖甲。

《无逸》中出现了很多"不敢"，《孝经》也多说"不敢"，
尧、舜的谨慎戒惧，曾子的畏惧戒慎，都是通过这二字来表现
的。

“天命自度”，天与我一；“自作元命”，我与天一。

民之疾苦常在目，故曰“顾畏于民碞”；天之监临常在目，故曰“顾諟天之明命。”

“文王罔攸兼于庶言，庶狱庶慎”，司马公曰：“人君急于知人，缓于知事。”愚谓：汉宣帝综核名实，非不明也，而不能知弘、石之奸；唐宣宗抉摘细微，非不察也，而不能知令狐绹之佞，明于小而闇于大也。故尧、舜之知，不遍物而急先务。

观《蔡仲之命》，知周所以兴；观中山靖王之对，知汉所以亡。周公吊二叔之不咸，方且封建亲戚，以蕃屏周；汉惩七国之难，抑损诸侯，以成外戚之篡。心有公私之殊，而国之兴亡决焉。

君陈，盖周公之子，伯禽弟，见《坊记注》，它无所考。《传》有“凡、蒋、邢、茅、胙、祭”，岂君陈其一人欤？凡伯、祭公、谋父，皆周公之裔，世有人焉，家学之传远矣。

“命君陈分正东郊、成周”，郑注：周之近郊五十里，今河南、洛阳相去则然。郑以目验知之。（原注：《仪礼疏》。）

"度量自己所行之事是否合于天意"，那么上天就与我一致；"自己造就了好命"，那么我就与上天一致了。

经常能看到人民的疾苦，所以说"对人民的艰难险阻常常顾念和畏惧"；上天在监督着天子的行为，所以说"常常回头重新审视天命的要求。"

"文王不兼管各种教令，各种狱讼案件和各种禁戒"，司马光说："人君首先掌握的是识人，而不是处理事务。"我认为：汉宣帝全面考核官员与其官职名实是否一致，也可算作是英明的君主了，但却不能发现弘恭、石显是奸佞之人；唐宣宗挑剔细微小事，可以算作是能分辨善恶的君主了，但却不能知道令狐绹的叛逆，是因为他能明了小事，却在大事上犯糊涂。所以尧、舜的智慧在于先学会识人再去处理政务。

看《蔡仲之命》篇，能知道周朝为什么能兴起；看中山靖王应对汉武帝削藩，能知汉朝为什么灭亡。当年周公因管叔、蔡叔（联合殷后裔武庚）背叛周朝，所以大肆分封亲戚功臣，来充当周室屏障；汉朝警惕七国之乱，压制削弱诸侯王，所以外戚篡夺了权力。心里公私分明能够决定国家的兴亡。

君陈，是周公的儿子，伯禽的弟弟，只有《坊记注》中有关于他的记载。《传》记载"凡、蒋、邢、茅、胙、祭"，难道君陈是其中的某人吗？凡伯、祭公、谋父，都是周公的后裔，周公后继有人，所以家学传得很久远。

"任命君陈到成周的东郊去（监视殷遗民）"，郑玄对此注释说：距离成周五十里的近郊，大概是现在河南到洛阳的距离。郑玄亲自看过所以知道。（原注：《仪礼疏》中郑玄如此解释。）

"尔乃顺之于外，曰：'斯谋斯猷，惟我后之德。'"先儒谓成王失言。盖将顺其美，善则称君，固事君之法，然君不可以是告其臣。"顺"之一字，其弊为谀。有善归主，李斯所以亡秦也，曾是以为良显乎？闇愎之君诵斯言，则归过求名之疑不可解矣。承弼昭事，称文武而不及成王，其有以夫。

推诚以待士，则栾氏之勇，亦子之勇；用贤以及民，则田单之善，亦王之善。故曰："有容，德乃大。"

史伯论周之敝曰："去和而取同。"与晏子之论齐，子思之论卫，一也。西汉之亡，亦以群臣同声，故曰："庶言同则绎。"

《周官》"诸侯各朝于方岳，大明黜陟"，黜陟明而后封建定。柳子谓"天子不得变其君"，殆未考周制也。

"康王释丧服而被衮冕，且受黄朱圭币之献，诸儒以为礼之变，苏氏以为失礼"。朱文公谓："天子诸侯之礼，与士庶人不同，故孟子有'吾未之学'之语。如《伊训》'元祀十二月朔，奉嗣王祗见厥祖'，固不可用凶服矣。汉、唐即位行册礼，君臣亦皆吉服，追述先帝之命，以告嗣君。盖易世

　　"你到外面就和大家说:'这个计策智谋是我们君主出的'"之前的历代儒生说这是成王失言了。所以臣子要顺势相助,成全君王的美事,施行善政要归功到君王头上,这是臣子服侍君王的道理,然而君王不可以把这些直接对臣子说出来。"顺"这一个字,它的弊端在于会使人阿谀奉承。好事都归功于君主,这是李斯使秦朝灭亡的做法,这是让美好的东西显现的做法吗?愚昧刚愎的君主读了李斯的书,那么将过错和功劳归到谁的疑惑就没办法解决了。遵循君王命令勤勉地服侍君主的臣子,承颂文王武王而没有提及及成王,这是有原因的。

　　诚心相待士人,那么栾氏的勇猛,就是你的勇猛;任用贤人造福百姓,那么田单的优点,也是君主的优点。所以说:"有了包容万物的襟怀,品德才能高尚。。"

　　史伯论及周朝的衰落说:"去除不同的声音,留取观点相同的人。"这和晏子论齐、子思论卫时候的说法一致。西汉的灭亡也是因为群臣中没有不同的声音,所以说:"大家的话语一致,就需要考究原因了。"

　　《周官》记载"诸侯各自朝见主管自己的方岳,人才的进退,官吏的升降就明了了",进退升降明了之后才能封邦建国。柳宗元说"天子无法撤换诸侯国的君主",应当是没有考察周朝的制度。

　　"康王脱掉丧服,穿上礼服,并且接受圭玉和束帛等贡品,诸儒认为这是变通后的礼,苏轼认为这是失礼"。朱熹说:"天子诸侯的礼仪,与大夫平民不同,所以孟子说'我没有学过'。比如《伊训》记载'元祀十二月初一这一天,(伊尹)指导太甲恭敬地拜见他的祖先',确实不能使用丧服了。汉、唐君主

传授，国之大事，当严其礼也。"蔡氏《书传》取苏氏而不用文公之说。愚观孝宗初上太上帝后尊号，有欲俟钦宗服除奉册者，林黄中议："唐宪宗上顺宗册，在德宗服中，谓行礼无害，第备乐而不作可也。"刘韶美议曰："唐自武德以来，皆用易月之制，既葬之后，谓之无服。群臣上尊号，亦多在即位之年。与本朝事体大相远也。"观韶美之言，则文公《语录》所云"汉唐册礼"，乃一时答问，未为定说也。

《史记·周纪》："康王命作策毕公分居里，成周郊。"《书序》缺"公"字。

《毕命》一篇，以风俗为本。殷民既化，其效见于东迁之后，盟向之民，不肯归郑；阳樊之民，不肯从晋。及其末也，周民东亡而不肯事秦，王化之入人深矣。唐贾至议取士以安史之乱为鉴，谓："先王之道消，则小人之道长；小人之道长，则乱臣贼子生焉。盖国之存亡在风俗。'四维不张'而秦历促，'耻尚失所'而晋祚覆。"至其知本之言哉！

周之兴也，商民后革，百年化之而不足；周之衰也，卫风先变，一日移之而有余。

即位时要行册封之礼，君臣也都穿祭祀时的衣服，追述先帝的遗命来告知即位的君主。改朝换代是国家大事，应该严格它的礼仪要求。"蔡沈《书传》认同苏轼而不采用朱熹的说法。我看宋孝宗刚开始封宋高宗为太上帝后的时候，有人希望等宋钦宗守孝期满再册封，林栗说："唐宪宗给唐顺宗封尊号的时候，也在唐德宗的丧期呢，说这没有妨害礼制，不演奏歌舞音乐就行了。"刘韶美议论到："唐自高祖以来，都沿用缩短丧期以年易月的丧制，埋葬之后就不需要守丧了。群臣议定皇帝的尊号大多是在皇帝即位的当年。与本朝的礼制相差很远。"从刘韶美的议论出发，朱熹《语录》所说的"汉唐行册封之礼"，是针对特定问题说的，不一定准确。

《史记·周纪》记载："康王命令毕公写作策书，让民众分别村落居住，划定周都郊外的界线。"《书序》中缺了一个"公"字。

《毕命》这篇，主要关注民风民俗。殷民在东迁之后才被感化，盟、向两城的人民，不愿意归附郑国；阳樊的人民，不肯屈服于晋国。周朝末年，周民向东逃亡而不肯侍奉臣服于秦国，天子的教化深入人心啊。唐代贾至以安史之乱为教训议论，选取人才："先王之道衰微，小人之道就增长；小人之道增长，那些乱臣贼子就会出现。国家存亡的关键在于风俗。'纲纪废弛，政令不行。'于是秦二世就迅速灭亡，'不知道礼义廉耻'于是晋朝灭亡。"这是他把握到事情的根本了啊！

周朝兴起以后，商朝遗民才变革，周朝用了上百年还未完全感化他们；周朝衰弱的时候，卫地的风俗首先改变，一天就让卫地的百姓改变。

"虽收放心，闲之惟艰"，孟子"求放心"之说也。"绳
愆纠谬，格其非心"，孟子"格君心"之说也。

卫石碏以义厉一国，而宁、蘧之类萃焉；晋赵衰以逊化
一国，而知、范之贤继焉。故曰："树之风声"。

齐太史之守官，尚父之德远矣；鲁宗人之守礼，周、孔
之泽深矣。故曰："惟德惟义，时乃大训"。

"皇帝"始见于《吕刑》。赵岐注《孟子》引《甫刑》曰：
"帝清问下民。"无"皇"字。然岐以"帝"为"天"，则非。

兵以恭行天罚，谓之"天吏"。刑以具严天威，谓之"天
牧"。

《中说》薛收曰："古人作元命，其能至乎？"阮逸注云：
"《元命包》，《易书》也。"愚按：《春秋纬》有《元命包》，
《易书》有《元包》。薛收盖谓"自作元命"，其言见于《吕
刑》，阮注误矣。

张子韶《书说》于《君牙》、《冏命》、《文侯之命》，其
言峻厉激发，读之使人愤慨，其有感于靖康之变乎？胡文定
《春秋传》，于夫椒之事亦致意焉。朱熹《诗传》，其说《王
风·扬之水》，亦然。

子夏问"金革之事无辟"，孔子曰："吾闻诸老聃曰：'昔
者，鲁公伯禽有为为之也。'"郑注云："有徐戎作难，丧，

"放恣之心今天虽然收敛了，但防备他们还是难事"，这是孟子提出"求放心"的原因。"举发错误，纠正过失和错误、不正确的思想"，这是孟子提出"格君心"的原因。

卫国的石碏以大义勉励一个国家，而宁武子和蘧伯玉是其中出类拔萃的人；晋国赵衰以谦逊感化一个国家，而知庄子、范文子的贤能继承了他。所以说："建立好的教化，宣扬好的风气"。

齐国太史坚守职责，但离姜子牙的品德已经很远了；鲁国人守礼法，是因为周公、孔子之恩德深刻。所以说："行德行义，这是天下的大训"。

"皇帝"二字最先出现在《吕刑》中。赵岐注释《孟子》时引用《甫刑》说："（尧）帝详细地询问下面的民众。"没有"皇"字。然而赵岐认为"帝"是指"天"，事实并非如此。

天子用兵奉天之命进行惩罚，所以叫"天吏"。天子施加刑罚来使人共同敬畏上天的威严，所以叫"天牧"。

《中说》中薛收说："古人造就好命，真的能做到吗？"阮逸注解到："《元命包》是《易书》之类的书籍。"我认为：《春秋纬》中有《元命包》，《易书》中有《元包》。薛收说的是"自己造就好命"，引用的是《尚书》中的《吕刑》篇，阮逸注解错了。

张九成的《书说》本于《君牙》、《冏命》、《文侯之命》，他的文字严厉而动人心魄，读了让人觉得愤慨，是有感于靖康之变吗？胡安国的《春秋传》在叙述夫椒之战中也表达了真情实感。朱熹的《诗传》中关于《王风·扬之水》篇的议论也是如此。

子夏问孔子"（在守孝期间）发动战争"，孔子说："我听老聃说过：'从前鲁公伯禽做过这样的事。'"郑玄注释到："当时

卒哭而征之，急王事也。征之作《柴誓》。"后世起复者，皆
以伯禽藉口。尝考《书·多方》"王来自奄"，孔注云："周公
归政之明年，淮夷奄又叛。鲁征淮夷，作《费誓》。"《鲁世
家》："伯禽即位之后，有管、蔡等反，淮夷、徐戎并兴，于是
伯禽率师伐之于肸，作《肸誓》"。据此，则伯禽征淮、徐，
在周公未没之时，非居丧即戎也。《左传》"殽之役，晋始
墨"，若伯禽行之，则晋不言"始"矣。《礼记》之言，恐非谓
《费誓》也。

魏觞诸侯于范台，鲁共公举觞择言，以酒、味、色、台池
为戒。汉高帝围鲁，诸儒尚讲诵习《礼》、《乐》，弦歌之音不
绝。周公、伯禽之化，历战国、秦、楚，犹一日也。

周益公谓："《文苑英华》赋多用'员来'，非读《秦誓》
正义，安知今之'云'字，乃'员'之省文。"愚按：《汉书》韦
孟《谏诗》，颜师古注引《秦誓》"虽则员然"。（原注：古文作
"员"。）

《文心雕龙》云："《书》标七观。"孔子曰："六《誓》
可以观义，五《诰》可以观仁，《甫刑》可以观诚，《洪范》
可以观度，《禹贡》可以观事，《皋陶谟》可以观治，《尧典》
可以观美。"见《大传》。（原注：《孔丛子》云："《帝典》观美，
《大禹谟》、《禹贡》观事，《皋陶谟》、《益稷》观政，《泰誓》观

徐戎发难，鲁公哭完丧就兴兵征伐，是急于君王大事。出征时写了《柴誓》。"后世官员遭父母之丧，守制尚未满期而应召任职的人，都把伯禽的事当作借口。我曾经考察过《书·多方》"成王从奄地回来"，孔安国注释："周公还政于成王的第二年，淮夷奄又发生叛乱。鲁公征讨淮夷，写了《费誓》。"《鲁世家》记载："伯禽即位之后，管叔、蔡叔谋反，淮夷、徐戎兴兵作乱，于是伯禽起兵在肸讨伐他们，写了《肸誓》"。由此，伯禽征讨淮、徐是在周公去世之前，并不是服丧期间从事战争。《左传》记载"秦晋殽之战后，晋国开始穿黑色（的丧服）"，如果伯禽如《鲁世家》记载的那样，那么到晋这里就不应该说"开始"了。《礼记》中的记载恐怕说的不是《费誓》。

魏惠王在范台宴请各国诸侯，鲁共公举起酒杯严肃地说，要警惕酒、味、色、台池四种东西。汉高祖围困鲁地时，鲁地的儒生仍在讲诵学习《礼》、《乐》，弹琴和唱歌吟诗的声音没有中断。周公、伯禽的教化，经过了战国、秦、楚三个时代，仍和他们还在的时候一样。

周必大说："《文苑英华》用了很多次'员来'，如果没有读过《秦誓》正义，怎么能知道如今的'云'字就是'员'字的简写。"我认为：《汉书》记载有韦孟的《谏诗》，颜师古注释时引用《秦誓》"虽然这样说"。（原注：《古文尚书》写作"员"。）

《文心雕龙》说："《尚书》有七个可供借鉴的方面。"孔子说："在六篇《誓》中可以看到义，在五篇《诰》中可以借鉴仁，在《甫刑》中可以看到诚，在《洪范》中可以看到度，在《禹贡》可以看到事，在《皋陶谟》可以看到治，在《尧典》可以看到美。"可以参看《尚书大传》。（原注：《孔丛子》记载："《帝典》可

义。"此其略略异者。)

春秋时，郤缺之言"九功《九歌》"，穆姜之言"元亨利贞"，子服惠伯之言"黄裳元吉"，叔向之言"昊天有成命"，单穆公之言"《旱麓》"，叔孙穆子之言"《鹿鸣》之三"，成鱄之言"《皇矣》之雅"，闵马父之言"商《那》之颂"，左史倚相之言"《懿》戒"，观射父之言"重、黎"，白公子张之言"《说命》"，其有功于经学，在汉儒训故之先。盖自迟任、史佚以来，统绪相承，气脉未尝绝也。

《颜氏家训》云：《王粲集》中难郑玄《尚书》事，今仅见于唐元行冲《释疑》。（原注：王粲曰："世称伊、雒以东，淮、汉以北，康成一人而已。咸言先儒多阙，郑氏道备，粲窃嗟怪，因求所学，得《尚书注》。退思其意，意皆尽矣，所疑犹未谕焉，凡有二篇。"《馆阁书目》：粲集八卷，诗赋论议垂六十篇。)

"官师相规"，注谓：官众。《左传》"官师从单靖公"，注："天子官师，非卿也。"《汉·贾谊传》"官师小吏"，注

以看到美，《大禹谟》、《禹贡》可以看到事，《皋陶谟》、《益稷》可以看到政，《泰誓》可以看到义。"这是二者略有差异之处。）

春秋时期，郤缺解释"（六府、三事被称为）九功，九功可以歌颂，称为《九歌》"，穆姜解释"（周易的卦象）元是仁，亨是礼，利是义，贞是正，称为四德"，子服惠伯解释"（周易的卦象）穿不显眼的黄色下衣吉祥，（而对臣子来说应当忠信才是大吉）"，叔向解读"《周颂·昊天有成命》"，单穆公解读"《旱麓》"，叔孙穆子解释"（拜谢）《鹿鸣》三曲（的原因）"，成鱄解释"《皇矣》有九德"，闵马父解释"商颂《那》篇（关于恭敬）"，左史倚相解读"《懿戒》"，观射父解释"重、黎（使天地五法想通的传说）"，白公子张解读"《说命》"，这些都对经学的发展有益，比汉代儒生解释文意要早。经学从上古时期的迟任、史佚以来，系统地发展，气脉没有中断过。

《颜氏家训》中说：《王粲集》中有反驳郑玄对《尚书》的注解的事情，如今只能在唐人元行冲的《释疑》中看到了。（原注：王粲说："世人都认为自伊水、雒水以东，到淮水、汉水以北的地区，仅有郑玄一人如此伟大。他们都认为先前儒生多有差误，唯有郑玄讲说齐备无疑，我个人认为这种看法很奇怪，因此就去学习研究郑玄的学说，得到了郑玄写的《尚书注》。反复思考其中的深意，我认为此书基本可以把《尚书》中的意义讲解清楚，但我之前对世人于郑玄的评价仍然心存怀疑，因此写了这两篇文章。"《馆阁书目》：记载说：王粲集共八卷，其中诗赋议论类文章有六十篇。）

关于"官长互相规劝"，注说：众官的意思。《左传》记载说"官师跟随单靖公在齐国迎接王后"，注说："天子的老师，不

云:"一官之长。"愚谓:汉注得之。周官皆有师。

王景文谓:"文章根本在六经",张安国欲记《考古图》,曰:"宜用《顾命》。"游庐山,序所历,曰:"当用《禹贡》。"

伊尹之始终,《书序》备矣。陆士衡《豪士赋序》"伊生抱明,允以婴戮",盖惑于《汲冢纪年》之妄说也。皇甫谧云:"伊尹百有余岁。"应劭云:"周公年九十九。"王充《论衡》云:"召公百八十。"故赵岐注《孟子》云:"寿若召公。"

《吕氏春秋·孝行览》云:"《商书》曰:'刑三百,罪莫重于不孝。'"注:商汤所制法也。(原注:三百,商之刑。三千,周之刑。其繁简可见。)

《周礼·大司马》注引《书》曰:"前师乃鼓譟。"疏谓:《书传》说武王伐纣时事。(原注:《二礼疏》引《书传·略说》,皆书"《大传》"也。)

《洪范》"五者来备",《史记》云:"五是来备。"荀爽谓之"五疐",李云谓之"五氏",传习之差如此,近于郢书燕说矣。

土气为风,水气为雨。箕属东方木,克土,土为妃,故好风。毕属西方金,克木,木为妃,故好雨。此郑康成说也。吴仁杰谓:《易》以《坎》为水,北方之卦。又曰"雨以润之,则雨属水"。《汉志》:"轸星亦好雨。"

是公卿。"《汉书·贾谊传》中有"官师和小吏",注说:"是一官之长。"我认为:《汉书》的注是正确的。周代的官员都有老师。

王景文说:"所有文章的根本都在六经",张安国打算记录《考古图》,说:"应该模仿《顾命》篇。"周游庐山,记下经历,说:"应该模仿《禹贡》。"

伊尹的一生,《书序》记载得很详细。陆士衡的《豪士赋序》说"伊尹清明公允却被杀戮",应该是被《汲冢纪年》中的荒谬说法迷惑了。皇甫谧说:"伊尹活了一百多岁。"应劭说:"周公活了九十九岁。"王充《论衡》中说:"召公活了一百八十岁。"所以赵岐注解《孟子》说:"寿命和召公一样长。"

《吕氏春秋·孝行览》记载:"《商书》说:'被重罚治罪的人很多,其中最严重的罪乃是不孝。'"注说:(这是)商汤时制定的法令。(原注:三百,是商朝的刑罚。三千,是周朝的刑罚。其繁简可见。)

《周礼·大司马》的注引用《书》说:"前军鸣鼓喧哗。"疏说:《书传》记载的武王伐纣时的事。(原注《二礼疏》引用《书传·略说》,都是从"《大传》"来的。)

《洪范》中有"(雨、旸、燠、寒、风)五种气候都有",《史记》写为:"五是来备。"荀爽说是"五趣",李云说是"五氏",传授与学习中产生的差距如此之大,如同郢书燕说(郢地人信中的误写,燕国人却为之解说)。

土气形成风,水气形成雨。箕宿是东方的木星,克土,土气被消耗,所以容易起风。毕宿是西方的金星,克木,木气被消耗,所以容易下雨。这是郑玄的说法。吴仁杰说:《易》把《坎》卦作为水,是北方之卦。又说"雨滋润万物,雨也属水"。《汉

　　"五福"不言贵而言富,先王之制。贵者始富,贱者不富也。

　　赵岐注《孟子》,不见《古文》,以"其助上帝宠之"断句。又"我武惟扬",注云:"古《尚书》百二十篇之时《太誓》也。"又"帝使其子九男二女",注云:"《尧典》曰'釐降二女',不见'九男',孟子时《尚书》凡百二十篇。《逸书》有《舜典》之叙,亡失其文。孟子诸所言舜事,皆《尧典》及《逸书》所载。"又"不及贡,以政接于有庳",谓皆《逸篇》之辞。(原注:又引《书》:禹拜谠言。)

　　"葛伯仇饷",非《孟子》详述其事,则异说不胜其繁矣。(原注:孟子之时,古书犹可考,今有不可强通者。)

　　《易乾凿度》曰:"《易》之'帝乙'为汤,《书》之'帝乙'六世王,名同不害以明功。"(原注:帝乙,汤玄孙之孙也。按《史记》汤至帝乙二十九王,谓六世王,未详。唐陈正节曰:"殷自成汤至帝乙十二君,其父子世六易。"谓十二君,亦未详。)

　　林少颖《书说》至《洛诰》而终,吕成公《书说》自《洛诰》而始。(原注:朱熹曰:"苏氏伤于简,林氏伤于繁,王氏伤于

志》说："轸星也喜好下雨。"

　　"五福"没有提到贵却说了富，这是古代君王的准则。尊贵的人才能富，卑贱的人不能富。

　　赵岐注解《孟子》是没有看过《古文尚书》，在"就是帮助上天来爱护人民"后断句。关于"威武凌厉，奋发向上"，注说："古文《尚书》一百二十篇之中的《太誓》篇。"关于"尧帝让他的九个儿子两个女儿"，注说："《尧典》记载'把两个女儿嫁给舜'，没有"九男"的记载，孟子的时代《尚书》共有一百二十篇。《逸书》中记录了有《舜典》一篇，但是没有具体的文章。孟子等人说的舜的事情，都是《尧典》和《逸书》中记载的。"又说"不必等到朝贡的时候，平常也以政治需要为由来接待"，说这都是《逸篇》中的记载。（原注：又引用《书》的记载说：禹拜说言，即乐于吸取别人的优点。）

　　"葛伯仇饷"的故事，如果不是《孟子》中详细记述了这件事，那么各种说法就会层出不穷。（原注：孟子的时代，古书仍然可以察，当今由于古书散佚。一些说法已经无法考究真伪了。）

　　《易乾凿度》中说："《易》中说的'帝乙'是汤，《书》中说的'帝乙'是商代第六个王，名字相同但不妨害汤的英明功绩。"（原注：帝乙是汤玄孙的孙子也。我注意到《史记》中汤至帝乙一共历经二十九王，说帝乙是第六个王，不知从何而来。唐代陈正节说："殷自从成汤至帝乙共十二代君主，这十二代君主中变迁过六次父子世系。"说十二代君王，也不知从何而来。）

　　林少颖的《书说》叙述到《洛诰》篇结束，吕成公的《书说》从《洛诰》篇开始。（原注：朱熹说："苏轼的问题在于过于简

凿，吕氏伤于巧，然其间尽有好处。”）

制治于未乱，保邦于未危。《泰》之极，则“城复于隍”；《既济》之极，则“濡其首”。不于其未，而于其极，则无及矣。

伊尹以“辩言乱政”戒其君，盘庚以“度乃口”告其民。商俗利口，其敝久矣。邵子曰：“天下将治，则人必尚行；天下将乱，则人必尚言。”周公训成王“勿以憸人”，所以反商之敝也。张释之谏文帝超迁啬夫，所以监秦之失也。《周官》曰：“无以利口。”《冏命》曰：“无以巧言。”此周之家法；将相功臣，少文多质，安静之吏，悃愊无华。此汉之家法。

“恭在貌，敬在心”，《书》正义之说也。“中心为忠”，“如心为恕”，《诗》、《春秋》正义之说也。

尧、舜之世，名臣止任一事；仲尼之门，高第皆为一科。故曰：“无求备于一夫。”

“强恕而行”，忍也，原宪之“克、伐、怨、欲不行焉”也；一视同仁，容也，颜子之“克己复礼，天下归仁”也。（原注：忍言事，容言德。习忍则至于容。）

略，林氏的问题在于过于繁杂，王氏的问题在于过于穿凿附会，吕氏的问题在于过于机巧，然其间也有不少好处。"）

治理国事要在动乱发生之先，保家卫国要在危难发生之前。《泰》卦的尽头是"城墙倒塌在城壕旁边"；《既济》的尽头是"水将要淹没头部"。不防患于未然而任其发展，就没有挽回的余地了。

伊尹通过"口才雄辩的人扰乱政局"这句话来警戒君主，盘庚通过"杜绝信口乱说"这句话来告诫他的人民。商朝的地区以巧辩为贤，已经积弊很久了。邵子说："天下将要太平，人民必然会崇尚良行；天下将要大乱，人民必然崇尚巧辩。"周公告诫成王"不要用奸邪之人"，来纠正商代的弊端。张释之劝谏汉文帝不要任命啬夫，是看到了秦国灭亡的原因。《周官》篇说："不可巧饰言语（来混乱官常）。"《囧命》篇说："不要任用那些花言巧语的人。"这是周室的家法；将相功臣多质朴而少文饰，安静的官吏，至诚而不虚浮。这是汉室的家法。

"外貌要很恭顺，心里要有敬意"，这是《书》正义中的说辞。"了解人的心意尽力帮助他是忠"，"人的内心能够推己及人是恕"，这是《诗》、《春秋》正义中的说辞。

尧、舜时期的名臣只负责一项事务；孔子的门徒，都只有一项科目成绩好。因此说："对一个人不能求全责备。"

"按推己及人的恕道尽力去做"，要忍耐克制，原宪所说的"不能好胜、骄傲、忌刻、贪婪"；要一视同仁，要体谅宽恕，颜回的"克制自己的私欲，使言行举止合乎礼节，天下的人就会赞许你为仁人了"也。（原注：忍是在说事，容是在说德。习忍才能达到的境界。）

"式和民则","顺帝之则","有物有则","动作礼义威仪之则",皆天理之自然,有一定之成法。圣贤传心之学,唯一"则"字。

"若农服田力穑,乃亦有秋",故"民生在勤则不匮"。"先知稼穑之艰难,乃逸",故"君子能劳则有继"。

"乃命三后",先儒曰:"人心不正则入于夷狄禽兽,虽有土不得而居,虽有谷不得而食,故先伯夷而后及禹、稷。"此说得孔子"去食"、孟子"正人心"之意。《小雅》尽废,其祸烈于泽水。四维不张,其害憯于阻饥。

《周礼·司刑》五刑之属二千五百,穆王虽多五百章,而轻刑增,重刑减。班固以《周礼》为中典,《甫刑》为重典,非也。

舜、皋陶曰"钦"、曰"中",苏公曰"敬"、曰"中",此心法之要也。《吕刑》言"敬"者七,言"中"者十,所谓"惟克天德",在此二字。

禹有典则,贻厥子孙,而有盘游无度者;汤有义礼,垂裕后昆,而有颠覆典刑者,是以知嗣德之难也。宋武帝留葛灯笼、麻蝇拂于阴室,唐太宗留柞木梳、黑角篦于寝宫,作法于俭,其敝犹侈,况以侈示后乎!

"用和谐人民的准则""顺从上天的准则""天地间凡事物皆有其法则""有动作、礼义、威仪的准则"，皆天理的规律，都有一定的成法。圣贤传授的心学，只有"则"一条。

"就像农夫在田野上劳作，只有努力耕种才会有丰收。"，所以说"民众的生计在于勤劳，勤劳就不会出现物资匮乏"。"先了解耕种收获的艰难，然后处在逸乐的境地"，所以说"君子能够勤劳吃苦，他的子孙就会兴旺发达。"

"命令三位君王慎重地为民服务"，先儒说："人心不正的话就会成为夷狄禽兽一类，虽然有土地但不能居住生活，虽然有谷物但不能吃饭，所以把伯夷排在禹、稷之前。"这个说法深得孔子"去食"、孟子"正人心"之意。《小雅》荒废了，招来的祸患猛于洪水。纲纪废弛，政令不行，招来的害处大于饥荒。

《周礼·司刑》记载了五刑共二千五百种，穆王时虽然又添加了五百种，但轻刑增加，重刑减少。班固认为《周礼》为宽严适中、可以常行的法典，《甫刑》是严厉的刑律，不是的。

舜、皋陶常说"钦"和"中"，苏公常说"敬"和"中"，这是心学的要义。《吕刑》有七处提到"敬"，有十次提到"中"，所谓的"（他们）肩负上天仁爱的美德"，就在于这两个字。

禹制定了准则，遗留给他的子孙后代，但他的子孙中还有耽于游乐、没有限度的人；汤制定了礼仪制度，是为后世子孙留下的财产，但是他的子孙中还是有颠覆义礼制度的人。所以知道德行的传承很难。宋武帝的居所还留着葛做的灯笼、麻做的蝇拂子；唐太宗的寝宫中放着柞木梳、黑角篦。创制典章立足于节俭，还怕出现奢侈的情况，如果奢侈的一面展现给后人会怎么样呢？

因岱柴而封禅，因时巡而逸游，因《洛书》而崇饰符瑞，因建极而杂糅正邪，因享多仪而立享上之说。塞忠谏谓之浮言；锢君子谓之朋比。惨礉少恩曰威克厥爱，违众妄动曰惟克果断。其甚焉者，丕之夺汉，托之舜、禹；衍之篡齐，托之汤、武。邵陵、海西之废，托之伊尹；新都之摄，临湖之变，托之周公。侮圣言以文奸慝，岂经之过哉！

苏绰《大诰》，近于莽矣，《太玄》所谓"童牛角马，不今不古"者欤？苏威《五教》，绰之遗风也。

《史记·秦纪》："缪公三十三年，败于殽。三十六年，自茅津渡河，乃誓于军。申思'不用蹇叔、百里傒之谋，令后世以记余过'。君子闻之，皆为垂涕，曰：'嗟乎！秦缪公之与人周也，卒得孟明之庆。'"《书序》云："败崤归，作《誓》。"与《史》不同。邵子谓："修夫圣者，秦穆之谓也"。穆公是霸者第一，悔过自誓之言，几于王道。此圣人所以录于《书》末。

《大传》："太子年十八曰'孟侯'，于四方诸侯来朝，迎于郊者，问其所不知。"唐《册太子文》云："尽谦恭于齿胄，审方俗于迎郊。"愚谓："孟侯"见《康诰》，谓诸侯之长，盖

凭借在泰山上祭天而封禅，凭借帝王巡狩而放纵游乐，凭借《洛书》的记载而崇尚粉饰受天命的征兆，凭借帝王之位而把正邪混杂在一起，凭借进献礼品要看重礼仪而提出奉承上级的说法。堵塞忠臣的劝谏并将之当作没有根据的话；禁锢君子并将之说成他们相互勾结。用法严酷苛刻说是严明胜过慈爱，违背民意的行为说是自己果断。比这更严重的，曹丕把篡汉的行为比作舜让位给禹；萧衍把篡齐的行为比作为商汤灭夏、武王伐纣。把废曹芳、司马奕两人的行为比作为伊尹驱逐太甲；王莽摄政，把临湖之变假托为周公辅政、讨伐管蔡。侮辱圣人的言语来修饰奸邪之人，难道是古代经典的过错吗！

苏绰的《大诰》，和王莽写的《大诰》很像，是《太玄》所说的"不伦不类，不今不古"的东西吗？苏威的《五教》是模仿苏绰的风格写的。

《史记·秦纪》记载："秦穆公三十三年，秦国在秦晋殽之战中战败。穆公三十六年，从茅津渡过黄河，于是在军中激励众将士。反思道'自己不听从蹇叔、百里傒的计谋，让后代记住自己的过失'。君子听说这件事都流泪哭泣，说：'哎呀！秦穆公待人真周到，终于等到孟明等人的胜利。'"《书序》说："在殽战败后回去写了《秦誓》。"与《史记》不同。邵子说："圣明的君主，说的就是秦穆公"。秦穆公是春秋五霸之首，悔过自誓之言，接近于王道。这就是圣人把他这篇收录于《尚书》最后的原因。

《大传》记载："太子十八岁被称为'孟侯'，在近郊迎接四方诸侯朝贡，请教自己不懂的事。"唐朝时的《册太子文》中说："太子在入学的年龄要谦恭地在迎郊活动中观察四方风俗。"

方伯也。《大传》说非。

《汉·艺文志》:“《周书》七十一篇。刘向云:‘周时诰誓号令,盖孔子所论百篇之余。’”《隋》、《唐志》系之《汲冢》,然汲冢得竹简书在晋咸宁五年,而两汉已有《周书》矣。太史公引《克殷》、《度邑》,郑康成注《周礼》云:“《周书·王会》备焉。”注《仪礼》云:“《周书》‘北唐以闾’。”许叔重《说文》引《逸周书》“大翰若翚雉”,又引“豲有爪而不敢以撅”,马融注《论语》引《周书·月令》,皆在汉世。杜元凯解《左传》时,《汲冢书》未出也,“千里百县”、“辔之柔矣”,皆以《周书》为据,则此书非始出于汲冢也。按《晋·束皙传》:太康二年,汲郡得竹书七十五篇。其目不言《周书》。(原注:《纪》云:“咸宁五年,《左传后序》云太康元年,当考。”)《左传》正义引王隐《晋书》云:“《竹书》七十五卷,六十八卷有名题,七卷不可名题。”其目录亦无《周书》。然则系《周书》于汲冢,其误明矣。

《书大传》载四海、河江、五湖、钜野、钜定、济中、孟诸、隆谷、大都之贡物,此禹时也。《周书》载伊尹为四方献令,此汤时也。《王会》载八方会同,各以其职来献。自稷慎以下,其贽物二十一;自义渠以下,其贽物二十;自高夷以下,其贽物十四;自权扶以下,其贽物九,此成王时也。愚谓:《旅獒》之训曰:“毕献方物,惟服食器用,珍异之贡。”

我认为:"孟侯"在《康诰》中提到过,意思是诸侯的领袖,就是"方伯"。《大传》这里的说法是错的。

《汉书·艺文志》记载:"《周书》共有七十一篇。刘向说:'周代时诰、誓、号、令各种文体,孔子议论过的有一百多篇。'"《隋书·经籍志》、《唐志》把他们归为《汲冢书》中,但是汲冢出土竹简书是在西晋咸宁五年,而两汉时已经有《周书》了。司马迁引用《克殷》、《度邑》两篇,郑玄注解《周礼》说:"《周书·王会》写得很详细。"注解《仪礼》说:"《周书》'北唐向周成王上贡了驴'。"许慎在《说文》引用《逸周书》"大翰像五彩的野鸡",又引用"豪猪身上有跳蚤却不敢抓",马融注解《论语》引用《周书·月令》,都是在汉代。杜预注解《左传》时,《汲冢书》还未出土,"千里辖区可设县"、"缰绳很柔软",都是以《周书》为根据,那么这本书不是首次跟随汲冢出世的。我注意到《晋书·束皙传》记载:太康二年,汲郡出土了竹简书七十五篇,目录中没有《周书》。(原注:纪说:这里的西晋"咸宁五年(279年),《左传后序》却说是太康元年(280年)。应当考察一下。")《左传》正义引用王隐的《晋书》说:"《竹书》一共七十五卷,其中六十八卷有标题,其余七卷没有标题。"目录中也没有《周书》。这样把《周书》归于汲冢书中,就是很明显的错误。

《书大传》中记载了来自四海、河江、五湖、钜野、钜定、济中、孟诸、隆谷、大都的贡品,这是禹在位时期。《周书》记载伊尹写了四方献令,这是汤在位时期。《王会》记载八方诸侯按其职位来进献天子。自稷慎以下的诸侯共进贡物品二十一个;自义渠以下的诸侯共进贡物品二十个;自高夷以下的诸侯共进贡物品十四个;自权扶以下的诸侯共进贡物品九个。这是成王在位时

恐非三代之制。

《王会》曰："堂下之右，唐公、虞公南面立焉。堂下之左，殷公、夏公立焉。"唐公、虞公，《乐记》所谓祝陈也。殷公、夏公，《乐记》所谓杞宋也。然则《郊特牲》云："尊贤不过二代。"其说非矣。

《周书·史记篇》"穆王召左史戎夫，取遂事之要戒"，言皮氏、华氏、夏后、殷商、有虞氏、平林、质沙、三苗、扈氏、义渠、平州、林氏、曲集、有巢、有郐、共工、上衡氏、南氏、有果氏、毕程氏、阳氏、穀平、阪泉、县宗、玄都、西夏、绩阳、有洛之亡。（原注：国名多传记所未见。）

《周书·大聚篇》"若冬日之阳，夏日之阴，不召而民自来"，亦见《文子》。张文潜《祭司马公文》"冬暘夏冰，赴者争先"，盖本于此。

《周书·谥法》"惟三月既生魄，周公旦、太师望相嗣王发，既赋宪，受胪于牧之野。将葬，乃制作谥。"今所传《周书》云："维周公旦、太公望开嗣王业，建功于牧之野。终葬，乃制谥。"与《六家谥法》所载不同。（原注：盖今本缺误，《文心雕龙》云"赋宪之谥"出于此。吕成公《策问》"旦以文名，奭以康名，闳夭以尊显。"闳夭谥当考。）

期。我认为:《旅獒》中的训诫说:"都贡献些各地的物产,都是一些衣食器用的东西和珍贵奇异的贡品。"这恐怕不是上古三代时的规定。

《王会》说:"堂下右边,唐公、虞公面朝南站在那里。堂下左边,殷公、夏公站在那里。"唐公、虞公就是《乐记》中说的祝公和陈公。殷公、夏公就是《乐记》中所说的杞公、宋公。然而《郊特牲》中说:"尊贤礼不应用在第二代人身上。"他的说法是错误的。

《周书·史记篇》记载"周穆王命令左史戎夫,记述历代国君亡乱的事迹作为鉴戒",提到了皮氏、华氏、夏后、殷商、有虞氏、平林、质沙、三苗、扈氏、义渠、平州、林氏、曲集、有巢、有郐、共工、上衡氏、南氏、有果氏、毕程氏、阳氏、穀平、阪泉、县宗、玄都、西夏、绩阳、有洛等国的灭亡。(原注:这些国名大多是传记中所没有记载的。)

《周书·大聚篇》中说"像冬天里的阳光,夏日天的树荫,人民自然都会亲附",《文子》中也有这一说。张文潜的《祭司马公文》中有"冬天的太阳夏天的冰,人们争先恐后来奔赴,"大概就源于此。

《周书·谥法》中说"三月间月光初生,周公旦、姜子牙辅佐武王姬发,颁布法令,在牧野接受武王的嘱托。武王去世后即将下葬,于是为他制定谥号。"今天所传的《周书》记载:"周公旦、姜子牙开创了成王基业,因为武王在牧野立了大功。去世后将要安葬,就制定了谥号。"与《六家谥法》的记载不一致。(原注:这大概是今本的缺误,《文心雕龙》中说"赋宪之谥"就出于此。吕成公在《策问》中说"周公旦以其政治、文材闻名于世,召公奭以

　　《文心雕龙》："夏、商二《箴》，余句颇存。"《夏箴》见《周书·文传篇》，《商箴》见《吕氏春秋·名类篇》。

　　《周书·小武开篇》周公曰："在我文考，顺道九纪：一辰以纪日，二宿以纪月，三日以纪德，四月以纪刑，五春以纪生，六夏以纪长，七秋以纪杀，八冬以纪藏，九岁以纪终。""九纪"与《洪范》"五纪"相表里。《文选》任彦升曰："不改参辰而九星仰止。"注引《周书》"王曰：'余不知九星之光。'周公曰：'星、辰、日、月、四时、岁，是谓九星。'"九星即九纪也。

　　任章引《周书》曰："将欲败之，必姑辅之；将欲取之，必姑与之。"（原注：《战国策》。）萧何引《周书》曰："天予不取，反受其咎。"此岂苏秦所读《周书·阴符》者欤！老氏之言，范蠡、张良之谋，皆出于此。（原注：朱熹云："老子为柱下史，故见此书。"）

　　《三坟》书无传，宓牺唯《易》存，而商高所云"周天历度"，（原注：《周髀》。）《管子》所云"造六峜以迎阴阳者"，不复见。（原注：《管子·轻重戊篇》：虑戏作造六峜以迎阴阳，作九九之数以合天道，而天下化之。周人之王，循六峜，行阴阳。"峜"字，未详。）许行为神农之言，晁错述神农之教，列子称

其治国安民闻名于世，闳夭以其忠诚智慧闻名于世。"闳夭的谥号应当考察一下。)

《文心雕龙》中说"夏、商两篇《箴》，有很多名句传世。"《夏箴》保存在《周书·文传篇》中，《商箴》保存在《吕氏春秋·名类篇》中。

《周书·小武开篇》记载周公说："从前先父文王，顺势依照九纪：一，时辰纪日；二，列宿纪月；三，太阳显示有德；四，月亮显示刑杀；五，春季显示出生；六，夏季显示成长；七，秋季显现肃杀；八，冬季显示收藏；九，岁末显示终结。""九纪"与《洪范》中说的"五纪"互为表里。《文选》记载任彦升说："不更改参辰二宿而九星仰望它们。"注引用《周书》"王说：'我不知道九星九光是什么意思。'周公说：'星、辰、日、月、春夏秋冬、岁，被称为九星。'"九星就是九纪。

任章引用《周书》说："想要打败它，一定要暂且帮助它；想夺取他一些什么，得先给予他一些什么。"（原注：《战国策》。）萧何引用《周书》说："上天赐予的东西不接受，反而会受到惩罚。"这难道是苏秦所读《周书·阴符》吗！老子的话，范蠡、张良的计谋，都是从这里学来的。（原注：朱熹说："老子是周朝柱下史，所以可以看见此书。"）

《三坟》这本书没有传世，只有伏羲的《易》传世，而商高所说的"周天历度"，（原注：《周髀》。）《管子》所说的"创造六爻八卦来预测阴阳"，无法看到了。（原注：《管子·轻重戊篇》：虑戏创造六峜以迎阴阳，创作九九之数以迎合天道，而天下万物都依此理运行。周人之王，遵循六峜，按阴阳运行。"峜"字，不知道从何而来。）

黄帝之书。阴阳五行，兵法医方，皆托之农、黄而大道隐矣。
今有山、气、形之书，谓之《连山》、《归藏》、《坤乾》。元丰
中毛渐得之西京。或云："张天觉得之比阳民家，非古也。"
（原注：《列子》引黄帝书，即《老子》谷神不死章。）

　　"有言逊于汝志"，《艮》之"不拯其随"也；"惟学逊
志"，《谦》之"卑以自牧"也。逊一也，而善恶异。君体刚而
用柔，臣体柔而用刚。君不逊志，则为唐德宗之强明；臣而
逊言，则为梁丘据之苟同。

　　"周人乘黎，祖伊恐。"商受能如《震》上六之"畏邻
戒"，则无咎矣。蜀汉之亡也，吴华核诣宫门上表曰："成都
不守，社稷倾覆。臣以草芥，窃怀不宁。陛下至仁，必垂哀
悼。臣不胜忡怅之情，谨拜表以闻。"吁，华覈亦吴之祖伊
欤！

　　学古入官，然后能议事以制，伯夷以《礼》折民，汉儒以
《春秋》决狱。子产曰："学而后入政，未闻以政学者也。"
荀卿始为"法后王"之说，李斯师之，谓"诸生不师今而学
古"。太史公亦惑于流俗之见，《六国表》云："传曰：'法后
王'何也？以其近己而俗变相类，议卑而易行也。"文帝谓：
"卑之毋甚高论"。宣帝谓："俗儒好是古非今"。秦既亡，
而李斯之言犹行也。《孟子》曰："为政不因先王之道，可谓
智乎？"

许行主张神农氏的学说，晁错讲述神农的学说，列子陈述黄帝的书。阴阳五行，兵法医方，都假托神农、黄帝，然而大道已经消逝了。今天传有关于山、气、形的书，叫作《连山》、《归藏》、《坤乾》。元丰年间毛渐从西京获得。有人说："张商英从比阳民家获得，不是古代典籍。"（原注：《列子》引黄帝书，即《老子》"谷神不死章"。）

有些话很顺你的心，艮卦显示不能举步随从它；谦虚好学顺从人求善的志向，君子谦卑自守。一直谦卑下去而善恶自显。人主的体统强硬就用软的，臣子的体统柔弱就要用硬的。君主不放纵迎合心意，就会像唐德宗一样精明能干；臣子巧言令色，就会与梁丘据成为一类人。

"周人灭了黎国，祖伊非常惊恐。"商纣王能像《震》卦上六所说的"因为邻居的事有所警戒"，就不会有过错了。蜀汉灭亡之后，吴国华核到宫门上表说："成都被攻占，蜀汉灭亡了。我微不足道，仍然觉得不安。陛下有仁德，一定会垂泪哀悼蜀汉。我禁不住忧伤惆怅，所以上表给您看。"唉，华覈核就是吴国的祖伊啊！

先学古训再做官，然后能够举古制议事，伯夷通过《礼》折服人民，汉儒通过《春秋》判决狱讼。子产说："听说过学习以后才能从政做官，没听说过通过做官来学习的。"荀子首先提出"效法当代圣明君王的言行、制度，因时制宜"，李斯跟随他学习，说"当代的儒生不学今而学古"。太史公司驻也被这种风俗迷惑，他在《六国表》中："传说：'取法于当代君王'什么意思呢？因为离自己的时代较近，风俗习惯等相通，道理讲起来浅显明白，容易推行。"汉文帝说："浅显点，别空讲高论"。汉宣帝

舜之"克艰",文王之"无逸",心也。后之勤政者,事为
而已。

"勿以憸人",《立政》之戒也。《爻辞》周公所作,
《师》之"上六"、《既济》之九三,皆曰:"小人勿用。"

《左氏传》引《商书》曰:"沉渐刚克,高明柔克。"《洪
范》言"惟十有三祀",箕子不忘商也,故谓之《商书》。陶
渊明于义熙后,但书甲子,亦箕子之志也。陈咸用汉腊亦
然。

"既获仁人",武所以克商也。"养民以致贤人",兴汉
在于一言。"延揽英雄,务悦民心",复汉在于一言。

张文饶曰:"尧之历象,盖天法也。舜之玑衡,浑天法
也。"

李仁父《宰相年表序》曰:"孔子序三代之《书》,其称
相者,独伊尹、伊陟、傅说、周公、召公、毕公六人耳。"

说:"迂腐的儒士喜欢厚古薄今"。秦虽然已经灭亡,但李斯的学说还在传播。《孟子》说:"治国理政不依靠前代圣王之道,能称得上明智吗?"

舜说的"克服艰难",文王说的"不贪图安乐",是由心而发的。后代勤政的君主,只是表面行为上这样而已。

"不可任用贪利奸佞的小人"是《立政》中的训诫。《爻辞》是周公所作,《师》卦的"上六"、《既济》卦的九三,都说:"不要任用小人。"

《左传》引用《商书》说:"对于柔弱的人要用强硬的办法去制服他;对于刚强的人要用软化的办法去制服他。"《洪范》中说'周文王十三年'时依旧用商朝的纪年方式'祀'而不用周朝的纪年方式'年',说明箕子没有忘记殷商,所以说它是《商书》。陶渊明在义熙年间(晋安帝被杀)后,文章中(不写年号)只写甲子,有如同箕子之志愿(怀念晋朝)。陈咸(在王莽篡汉后)仍然用汉代的祭祀礼制。

"得到了仁人志士",所以武王能灭商。"而为大王招致天下的能人贤士",汉代的兴起在于这一句话。"招致天下英雄,顺从民心",汉的光复在于这一句话。

张文饶说:"尧时历法,遵循的是'盖天说'之法。舜时的天文学,遵循的是'浑天说'之法。"

李仁父的《宰相年表序》写到:"孔子整理上古三代传下来的《尚书》,能与他媲美的,只有伊尹、伊陟、傅说、周公、召公、毕公六人。"

"尔尚盖前人之愆,惟忠惟孝",若沈劲之于充,张嵊之于稷,李湛之于义府,可谓能盖愆矣。

刑止于五,而《秋官·条狼氏》"誓驭曰车辕"。此春秋时尝有之,至秦用之,岂成周之法哉!

"烹鱼烦则碎,治民烦则乱",故以"丛脞"为戒。器久不用则蠹,政不常修则坏,故以"屡省"为戒。多事非也,不事事亦非也。

"皋陶曰'杀之'三,尧曰'宥之'三。"苏氏虽以意言之,考之《书》:"明于五刑,以弼五教",皋陶所执之法也;"与其杀不辜,宁失不经",舜所操之权也。皋陶执法于下,而舜以其权济于上,刘颂所谓"君臣之分,各有所司"。《王制》曰:"王三又然后制刑。"(原注:又与宥同。)则苏氏之言,亦有所本。

"你应该努力去弥补或纠正自己的先祖所犯的过错,专注于忠心侍奉君主和孝顺父母",就像东晋的忠臣沈劲之于他的父亲奸臣沈充,像南朝梁时期的忠臣张嵊之于其父奸臣张稷,像唐代武后时期的忠臣李湛之于其父奸臣李义府,沈劲、张嵊、李湛可以说是能够弥补他们的先祖所犯的过错了。

刑罚最多不过墨、劓、宫、刖、杀这五种,在《周礼·秋官·条狼氏》中记载的"对驾车的驭夫高声重复命令说'若你不听从命令就对你施行车裂大刑'"。这些刑罚在春秋时期就有了,到了秦朝还在使用,怎么会是西周时期的刑罚呢?

《毛诗传》中说:"烹饪鱼时如果步骤过于繁琐,鱼肉就会变碎;治理民众时如果法令过于繁琐,民众的生活就会被搅乱",因此《尚书·益稷》中以"繁琐"作为帝王的警戒。器物如果久不使用就会生虫,政治如果不经常修整就会变得混乱,因此《尚书·益稷》中以"经常省察"作为帝王的警戒。治国时采用繁琐之法固然不对,但完全放任不管也不对。

苏轼在《刑赏忠厚之至论》一文中说:"皋陶三次都说'杀了他',帝尧三次都说'放了他'。"苏轼在这里虽然并没有严格依据《尚书》的经文,而是按照圣贤的推理说出这句话。考察《尚书》中有"明确五种刑罚,用以辅助君臣、父子、夫妇、长幼、朋友五种教化"这样的话,这是皋陶执法所依据的原则;《尚书》中还说:"与其杀无辜的人,还不如姑息那些不守法的人",这是帝舜统治国家所依据的原则。皋陶在下面具体执法,帝舜在上面统筹治理国家,这就是晋代的刘颂所说的"君臣职权自有分别,各自有所掌管"。《荀子·王制》中说:"帝王三次原

"格于皇天","格其非心",皆诚意感通而极其至。事君如事天。

"玩物丧志",志为物所役也。李文饶《通犀带赋》曰："美服珍玩,近于祸机。虞公灭而垂棘返,壮武残而龙剑飞。先后所以闻义则服,防患则微。经侯委佩而去,宣子辞环以归。"此可为玩物之戒。

"好问则裕",谓闻见广而德有余也。《中庸》曰："舜好问。""博学之",必"审问之";"学以聚之",必"问以辨之";"敏而好学",必"不耻下问"。老子亦云："知而好问者圣,勇而好问者胜。"

谅犯罪的人，然后制作刑罚。"（原注：这里的"又"字与"宥"字相同。）由此看来苏轼的话也是有所依据的。

《尚书》中说："被上天所嘉许"，"纠正他们的不正邪心"，这些都是诚意感通之后达到了极致的状态。侍奉君主就像侍奉上天一样。

"玩弄器物就会丧失自己的志向"，这是志向被器物所奴役的结果。唐代的李德裕在《通犀带赋》中说道："美丽的服装和珍奇的玩物都是招揽祸患的东西。春秋时期晋国通过贿赂虞公名马和宝玉从而借道灭亡了虢国，之后顺道又灭亡了虞国，取回了之前贿赂虞公的名马和宝玉；晋代的张华被赵王伦所杀害之后，其之前通过不当手段得到的宝剑飞入了襄水之中。这些事件先后发生，所以知道以仁义为人处事才能服人，要从事先的细微征兆处防范祸患的发生。经侯向魏太子炫耀自己佩戴的宝玉和宝剑，却听到魏太子以贤人才是国家之宝的话，默默解下宝玉和宝剑羞愧而去；春秋时期的晋国韩宣子在出使郑国时顺带索求宝玉所制成的玉环却听到了子产所说的关于礼仪的大义之后，舍弃了已经到手的玉环回国。"这两件事可以成为玩物丧志者的反面例证。

《尚书》中还说："尊师好问就会有所得，也会因此伟大"，说的是见多识广就会德行高尚。《中庸》中说道："帝舜好问。"想要实现"博学"就必须先"审问"；想要实现"通过学习来获得进步"就必须先"通过审问来区分辨别"；想要实现"优秀而好学"就必须先"不耻于向不如自己的人求教"。老子也说过："虽然通晓万事但却仍然好问的人是圣人，虽然勇敢但仍然好问的人才能胜出。"

舜咨十二牧，终于"难任人"；命九官，终于"圣谗说"。孔子答为邦之问，终于"远佞人"，一也。

南丰序《南齐书》曰："唐虞为《二典》者，所记岂独其迹邪？并与其深微之意而传之。"又曰："方是时，岂特任政者皆天下之士哉，盖执简操笔而随者，亦皆圣人之徒也。"后山《黄楼铭序》云："昔之诗人，歌其政事，则并其道德而传之。"朱文公《诗·破斧》传云："当是之时，虽披坚执锐之人，亦皆能以周公之心为心，而不自为一身一家之计，盖亦莫非圣人之徒也。"皆用南丰文法。

虞之《赓歌》，夏《五子之歌》，此《三百篇》之权舆也。《洪范》"无偏无陂"至"归其有极"，蔡氏（《书籍传》）谓此章盖《诗》之体，使人吟咏而得其情性，与《周礼》"大师教以六诗"同一机。《伊训》以"三风十愆"训太甲，自"圣谟洋洋"而下，亦叶其音，盖欲日诵是训，如卫武公之《抑》戒也。故曰："《诗》可以兴。"

在《尚书》中帝舜向十二州的行政长官训话时以"拒绝任用奸邪之人"作为结尾；在任命九个重要官员时以"我厌恶馋毁之言与贪婪残忍的行为"作为结尾。孔子回答颜回如何治理国家时以"远离只会夸夸其谈之人"作为结尾，这些说的其实都是同一件事。

萧子显在《南齐书》序中说："在《尚书》中只有帝尧、帝舜二帝的记录作为《尧典》、《舜典》，但这二典里记载的岂止是帝尧、帝舜二人的事迹呢？还包含了他们深奥微妙的大义一道流传。"又说："当时，岂止是担任政事的官员才算是天下优秀的士人呢？那些拿着书简和刀笔跟随帝王和高级官员记录政事的人也都是圣人之徒。"陈师道在《黄楼铭序》中说："以前的诗人，以诗来歌颂政事，并且将自己的道德体现于诗歌中一起流传。"朱熹在《诗·破斧》传中说道："当时，即便是披着坚硬的铠甲拿着锐利的武器之武将，也都能以周公之心为自己之心，大公无私，而并不为自己的一身一家之私利谋划，他们也都是圣人之徒。"陈师道、朱熹的写法都仿照了萧子显作《南齐书》时的写法。

《尚书》中虞舜时期的《赓歌》，夏时期的《五子之歌》，这些文章的风格都是三百篇《诗经》的源头。《洪范》中的"不要偏执不要不正"到"臣民归附君王要有法则"，蔡沉在《书集传》中认为《洪范》中的这一章是《诗经》的风格，让人通过吟咏来获得自己的情性，这与《周礼》中"太师教给六诗"的风格是相同的。《尚书》中的《伊训》这一篇中以"三种歪风和十种过错"来训诫太甲，从"圣谟洋洋"这一句开始一直到之后的文句，也都要注意协调字词的音韵，这样做的目的是为了能够每天诵

"击石拊石，百兽率舞"，凡两言之，或谓脱简重出。《东观汉记》王阜为重泉令，鸾鸟集学宫，阜击磬而舞，况舜乐所感乎？

汤之《诰》曰："惟皇上帝，降衷于下民。"武之《誓》曰："惟人万物之灵。"刘子所谓"天地之中"，子思所谓"天命之谓性"，孟子所谓"性善"，渊源远矣。

《文侯之命》："其归视尔师，宁尔邦"，此《觐礼》所谓"伯父无事，归宁乃邦"，古者待诸侯之礼如此。平王能存西周礼文之旧，而不能雪君父之雠耻，岂知礼之本乎？

"洪舒于民"，古文作"洪荼"。薛氏曰："大为民荼毒也。"

"宅西曰昧谷"，虞翻谓当为"柳谷"。（原注：《周礼》注："度西曰柳榖。"见《天官·缝人》。）魏明帝时，张掖柳谷口

读这些训诫教诲。正如卫武公所作的《抑》篇被用来每日自我提醒和教诫一样，因此才说："《诗经》可以用来启发激扬人的精神和情感。"

《尚书·舜典》中说道："我轻轻敲击着石磬，使各种野兽都跟着音乐舞动起来"，类似这种"击石拊石"之类的两两相出的话，有人认为是竹简错乱遗漏或重复出现的。《东观汉记》记载说汉代的王阜曾担任重泉县的县令，当时有鸢鸟聚集在重泉县的学宫，这被认为是一种吉祥的征兆。王阜敲击磬（一种打击乐器）而鸢鸟尚且能随之舞动，何况舜帝时期的音乐能够感召天地万物能使凤凰来仪呢？

《尚书·汤诰》中说："伟大的上帝啊，赐福给世间的民众。"《尚书·泰誓》中说："人才是万物之灵。"也就是刘康公所谓的"天地之中"，子思所谓的"天命之谓性"，孟子所谓的"性善"，可见这类说法的渊源可以追溯到很远。

《尚书·文侯之命》记载说："望您回国后可以治理好您的臣民，安定您的国家"，这也就是《仪礼·觐礼》中的所谓"伯父不必担任公务职责，回到您的封地好好享受平静安宁的生活"，这就是古代君王对待诸侯的礼仪。然而周平王能遵循存续西周时期的旧礼，却不能一雪他父亲周幽王被犬戎所杀、故国被犬戎所占的耻辱，这岂能算是知晓礼之根本呢？

《尚书·多方》中提到"深深地荼毒了民众"，"洪舒"的古文写作"洪荼"。薛季宣在《书古文训》中说："（这里的意思就是）深刻地毒害了民众。"

《尚书·尧典》中说："（帝尧命令和仲）住在西方的昧谷这个地方"，三国时的东吴人虞翻认为这里的"昧谷"应当是

水溢涌，宝石负图，即其地也。

周之盛也，内诸侯为伯，为周、召、毕公之任；周之衰也，外诸侯为伯，为齐、晋之霸。三公行二伯之职，以统诸侯，则霸者安得而窃王命？

"'我生不有命在天'，'得之不得曰有命'，一为独夫之言，一为圣人之言。"真文忠公曰："命一也，恃焉而弗修，贼乎天者也；安焉而弗求，乐乎天者也。此圣狂所以异。"

圣王畏天畏民。人有畏心，然后敬心生。谓天不足畏，民不足畏，为桀、纣、秦、隋。

詹元善曰："'惟皇上帝，降衷于下民。若有恒性，克绥厥猷惟后。'此即'天命之谓性，率性之谓道，修道之谓教'也。人能知此，则知观书之要，而无穿凿之患矣。"（原注：吕成公已有此说。）

"柳谷"。(原注:《周礼》注释说:"度西又叫柳穀。"这句话见于《周礼·天官·缝人》。)三国曹魏明帝时期,张掖的柳谷口河水泛滥溢出了堤坝,一块像灵龟的宝石上刻着一幅图(上面写着"大讨曹"),这里的"柳谷口"就是《尚书·尧典》中提到的"柳谷"。

在周王朝兴盛之时,在周王室内部的姬姓诸侯等自家亲戚为侯伯,如(周武王的兄弟)周公、召公、毕公等人所担任的职务;当周王朝衰弱时,却是在周王室之外的诸侯为侯伯,如齐桓公、晋文公称霸诸侯。如果周公、召公、毕公这三公能行使齐桓公、晋文公的职责,以此来统帅诸侯,那么像齐桓公、晋文公这样的诸侯霸主又怎么能窃取王命去统帅诸侯呢?

"'(《尚书·西伯戡黎》说:)我的一生难道不是由天命所确定的吗?','(《孟子·万章上》中说:)去追求那些不属于人力范围内的目标叫作有命',这两句话前者为昏庸的纣王所说,后者为圣明的孟子所说。"真德秀评价这句话说:"其实这两者都是同一个命,如果是依仗天命而不去反省修持自身,那就是所谓的'贼天者';如果是将之视为人力范围之外的力量而安之若命不去刻意求索,这就是所谓的'乐天者'。这也就是圣人与狂人的区别。"

(自古以来的)圣明君王都敬畏天命敬畏民众。人如果有畏惧之心,之后才能生出敬畏之心。认为天命不足以敬畏,民众不足以敬畏的,是夏桀、商纣王、秦始皇、隋炀帝这样的帝王。

詹体仁(朱熹弟子)所说的:"'(《尚书·汤诰》)伟大的上帝,赐福于世间的民众。顺从人所与生俱来的人性,能够合理妥善地制定礼法才是一位合理的君王。'这也就是《中庸》中所谓的'上天所命的人与生俱来的就叫作性,遵循人性行为处事

"治梁及岐"，若从古注，则雍州山距冀州甚远，壶口、太原不相涉。晁以道用《水经注》，以为吕梁、狐岐。

就叫作道，反省修持道就叫作教'。人如果能明白这一点，也就
掌握了读书的核心概要，也就不会有按照己意穿凿附会的风险
了。"（原注：类似的话，吕祖谦已经在《东莱书说》中说过了。）

　　《尚书·禹贡》中说的"治理梁山及其支脉"，如果依从古
代的注释，则雍州之山距离冀州很远，壶口与太原并不相接壤，
晁以道依据《水经注》中的记载，认为这里的"治梁及岐"指的
是吕梁山与狐岐山。

卷三

诗

《经典序录》："河间人大毛公为《诗故训传》，一云鲁人"。（原注：失其名。）《初学记》："荀卿授鲁国毛亨，作《诂训传》以授赵国毛苌。时人谓亨为大毛公，苌为小毛公。"（原注：大毛公之名，唯见于此。《正义》云："《儒林传》毛公，赵人。"不言其名。《后汉书》赵人毛苌《序录》亦云"名长"，今《后汉书》作"苌"，此小毛公也。）程子曰："毛苌最得圣贤之意。"

徐整云："子夏授高行子。"即《诗序》及《孟子》所谓"高子"也。以《丝衣》"绎宾尸"为灵星之尸，以《小弁》为"小人之诗"，则已失其义矣。赵歧云："高子，齐人。"（原注：谓"禹之声尚文王之声"，亦高子也。）

《序录》："子夏传曾申，申传李克。"《读诗记》引陆玑《草木疏》，以曾申为申公，以克为魁，皆误。

《诗》"六义"，三经三纬，郑氏注《周礼》"六诗"及孔氏正义，其说尚矣，朱熹《集传》从之。而程子谓："《诗》之

　　《经典序录》记载："河间人大毛公写了《诗故训传》，另一种说法他是鲁人"。（原注：他的具体姓名被遗失了。）《初学记》记载："荀子传授鲁国人毛亨，毛亨写了《诂训传》传授给赵国人毛苌。当时的人称毛亨为大毛公，称毛苌为小毛公。"（原注：大毛公之名，唯见于此。《正义》说："《儒林传》中的毛公，是赵国人。"没有提到他的名字。《后汉书》中赵国人毛苌《序录》亦说"名长"，今本《后汉书》写作"苌"，这是指小毛公。）程子说："毛苌的注解最接近圣贤的本意。"

　　徐整说："子夏传授高行子。"即《诗序》和《孟子》中所说的"高子"。认为《丝衣》说的"第二天再次祭祀"指祭祀灵星，认为《小弁》是"小人写的诗"，就已经误会了诗的意涵。赵歧说："高子是齐国人。"（原注：《孟子·尽心下》这里也说："大禹时期的音乐要好于周文王时期的音乐"，提到的人也叫高子。）

　　《序录》记载："子夏把《诗》传授给曾申，曾申又传授给李克。"《读诗记》引用陆玑的《草木疏》，把曾申写为申公，把克写为尅，都错了。

　　《诗》的"六义"，有三经（赋比兴）和三纬（风雅颂），郑玄注解《周礼》中说的"六诗"和孔安国的正义，他们的说法

六体，随篇求之，有兼备者，有偏得一二者。"《读诗记》谓：
"风非无雅，雅非无颂。"盖因《郑笺》"豳雅"、"豳颂"之
说。然朱熹疑《楚茨》至《大田》四篇为"豳雅"，《思文》、
《臣工》、《噫嘻》、《丰年》、《戴芟》、《良耜》等篇为"豳
颂"，亦未知是否也。（原注：吕成公云："豳雅、颂恐逸。"）

　　《逸诗》篇名，若《貍首》（原注：《射义》。）、《骊驹》
（原注：《大戴礼》、《汉书》注。）、《祈招》（原注：《左传》。）、
《甉之柔矣》（原注：《左传》、《周书》。）皆有其辞，唯《采
荠》（原注：《周礼》。）、《河水》、《新宫》、《茅鸱》（原注：
《左传》。）《鸠飞》（原注：《国语》。）无辞。或谓《河水》，
《沔水》也；《新宫》，《斯干》也；《鸠飞》，《小宛》也。周
子醇《乐府拾遗》曰："孔子删《诗》，有全篇删者，《骊驹》
是也。有删两句者，'月离于毕，俾滂沱矣；月离于箕，风扬
沙矣'是也。有删一句者，"素以为绚兮"是也。愚考之《周
礼》疏引《春秋纬》云："月离于箕，风扬沙"，非诗也；"素
以为绚兮"，朱文公谓《硕人》诗四章，而章皆七句，不应此
章独多一句，盖不可知其何诗，然则非删一句也。若全篇之
删，亦不止《骊驹》。（原注：《论语》"唐棣之华"之类。）

　　近世说《诗》者，以《关雎》为毕公作，谓得之张超，或

值得采用，朱熹的《集传》沿用他们的说法。而二程说："《诗》中的六体，要根据具体篇目来总结，有的篇目兼备六体，有的只有一二体。"《读诗记》说："风中不是没有雅，雅中不是没有颂。"大概是因为《郑笺》中"《豳风·七月》中有一部分是雅"、"《豳风·七月》中有一部分是颂"的说法。然而朱熹怀疑从《楚茨》到《大田》四篇是"豳雅"，《思文》、《臣工》、《噫嘻》、《丰年》、《戴芟》、《良耜》等篇是"豳颂"，也不知道到底是不是这样。（原注：吕成公说："豳雅、颂可能是逸诗。"）

　　《诗经》中的逸诗篇名，如《狸首》（原注：《射义》。）《骊驹》（原注：《大戴礼》、《汉书》注。）《祈招》（原注：《左传》。）《綮之柔矣》（原注：《左传》、《周书》。）篇中都有文辞流传，只有《采荠》（原注：《周礼》。）《河水》、《新宫》、《茅鸱》（原注：《左传》。）《鸠飞》（原注：《国语》。）没有文辞流传。有人说《河水》就是《沔水》；《新宫》就是《斯干》；《鸠飞》就是《小宛》。周子醇的《乐府拾遗》说："孔子删《诗》，有把全篇都删掉的，如《骊驹》。有删掉两句的，如'月亮近与毕星，就怕大雨滂沱呀。月亮近与箕行，就怕大风扬起尘土呀'。有删掉一句的，如'用素粉来打扮啊。'"。我考查了《周礼》疏引用的《春秋纬》："月亮近与箕行，就怕大风扬起尘土呀"，不是《诗经》中的内容。"用素粉来打扮啊"，朱熹说《硕人》诗分为四章，每章都是七句，不应该这一章多出一句，所以不能知道这到底是什么诗，但不是只删一句。全篇都删掉的也不只有《骊驹》。（原注：《论语》中"唐棣之华"之类。）

　　近世解读《诗经》的，认为《关雎》是毕公所作，或者说是

谓得之蔡邕。未详所出。

鹤林吴氏《论诗》曰:"兴之体,足以感发人之善心。毛氏自《关雎》而下,总百十六篇,首系之兴:《风》七十,《小雅》四十,《大雅》四,《颂》二。注曰:'兴也。'而比、赋不称焉,盖谓赋直而兴微,比显而兴隐也。"朱氏又于其间增补十九篇,而摘其不合于兴者四十八条,且曰:"《关雎》,兴诗也,而兼于比;《绿衣》,比诗也,而兼于兴;《頍弁》一诗,而兴、比、赋兼之。"则析义愈精矣。"李仲蒙曰:"叙物以言情,谓之赋,情物尽也。索物以托情谓之比,情附物也。触物以起情,谓之兴,物动情也。"(原注:《文心雕龙》曰:"毛公述传,独标兴体,以比显而兴隐。"鹤林之言本于此。)

太史公云:"周道缺而《关雎》作。"艾轩谓"三家说《诗》,各有师承。今齐、韩之《诗》,字与义多不同。毛公为赵人,未必不出于《韩诗》。太史公所引,乃一家之说。《古文尚书》与子长并出,今所引非古文,如'祖饥'、'惟刑之谧',当有来处,非口传之失也。"(原注:晁景迂曰:"齐、鲁、韩三家,以《关雎》、《蔿蕈》、《卷耳》、《鹊巢》、《采繁》、《采蘋》、《驺虞》、《鹿鸣》、《四牡》、《皇皇者华》之类,皆为康王诗,《王风》为鲁诗。")薛士龙曰:"《关雎》作刺之说,是赋其诗者。"

张超传下来的，或者说是蔡邕传下来的。不知道根据在哪。

　　鹤林吴泳在《论诗》中说："兴这一修辞手法，能够感发人的善心。毛诗正义从《关雎》往下总共一百一十六篇，把兴放在首位：《风》七十篇，《小雅》四十篇，《大雅》四篇，《颂》两篇。注说：'起兴啊。'而没有提到比和赋的修辞手法，说赋太直白，起兴比较委婉，比太明显，起兴则比较不那么明显。"朱熹又在他的基础上增补了十九篇，而去掉其中不符合兴的要求的四十八条，并且说："《关雎》是主要用兴的诗，而又兼用了比；《绿衣》，主要用比的诗，兼用了兴；《頍弁》一诗，而兴、比、赋的手法都用了。"越分析越细致。"李仲蒙说："记叙某物来抒情叫作赋，情和物都写尽了。借用某物来寄托情感叫作比，情附着在物上。接触某物引发某种情感叫作兴，是因物动情。"（原注：《文心雕龙》说："毛公述传，特别重视兴体，认为比体太明显而兴体比较隐微。"鹤林之言就来源于此。）

　　太史公说："周道衰弱于是《关雎》被创作出来。"艾轩说"三家说《诗》，各有师承。今齐、韩两家的《诗》，文字与意义有很多不同。毛公是赵人，未必不是继承了《韩诗》。太史公引用的，是一家之说。《古文尚书》出世与司马迁在同一时代，而他所引的不是《古文尚书》，如'开始饥馑'、'刑罚要慎重'，应该是有出处的，不是伏生口传尚书产生的讹误。"（原注：晁景迁说："齐、鲁、韩三家，像是《关雎》、《葛覃》、《卷耳》、《鹊巢》、《采繁》、《采蘋》、《驺虞》、《鹿鸣》、《四牡》、《皇皇者华》之类，皆为康王时期的诗，《王风》为鲁诗。"）薛士龙说："《关雎》是规劝诗的说法，是过度解读这首诗了。"

艾轩谓:"《诗》之萌芽,自楚人发之,故云江、汉之域,《诗》一变而为《楚辞》,屈原为之唱。是文章鼓吹,多出于楚也。"

《周南》之诗,曰"公侯干城",曰"王室如燬",当文王与纣之事,于君臣之分严矣。此周之所以为至德。

朱熹《诗传》云:"旧说扶风雍县南有召亭。今雍县析为岐山、天兴两县,未知召亭的在何县。"愚按:《史记正义》引《括地志》,召亭在岐山县西南。

横渠《策问》云:"湖州学兴,窃意遗声寓之埙龠,因择取《二南》、《小雅》数十篇,使学者朝夕咏歌。今其声无传焉。"朱熹《仪礼通解》有《风雅十二诗谱》,乃赵彦肃所传,云即开元遗声也。

《诗正义》曰:"《仪礼》歌《召南》三篇,越《草虫》而取《采蘋》,盖《采蘋》旧在《草虫》之前。"曹氏《诗说》谓:齐诗先《采蘋》而后《草虫》。

马永卿问刘元城曰:"《王·黍离》在《邶》、《鄘》、《卫》之后,且天子可在诸侯后乎?"曰:"非诸侯也。周既灭商,分畿内为三国,邶、鄘、卫是也。序《诗》者以其地本商之畿内,故在《王·黍离》上。"

《新序》云:"卫宣公子寿,闵其兄伋之见害,作忧思之诗,《黍离》是也。"《鲁诗》出于浮丘伯,以授楚元王交。刘向乃交之孙,其说盖本《鲁诗》。然《黍离》,《王风》之首,

艾轩说："《诗》萌芽，楚人将它发扬过大，所以说在江、汉流域，《诗经》变风为《楚辞》，屈原为之颂唱。所以宣扬文章辞采华美的大多是楚人。"

《周南》中的诗，说"为公侯抵御外侮的武将"，曰"王室事务急如火"，说的是文王与纣的事，严明君臣之分。这是周成就至高无尚的品德的原因。

朱熹《诗传》中说："前人说扶风雍县南有召亭。如今雍县被分为岐山、天兴两县，不知道召亭在二者中的哪个县。"我认为：《史记正义》引用《括地志》记载，召亭在岐山县的西南。

张载《策问》中说："湖州人学兴，认为诗篇歌唱的方式能在埙、龠二种乐器中发现，所以选取《二南》、《小雅》中的几十篇，让学习的人每天唱出来。如今他们的唱法失传了。"朱熹的《仪礼通解》中有《风雅十二诗谱》是赵彦肃传授的，说是开元年间流传下来的。

《诗正义》说："《仪礼》咏唱了《召南》中三篇，越过《草虫》选取了《采蘋》，大概《采蘋》原先在《草虫》前面。"曹粹中的《诗说》认为：齐诗中《采蘋》在《草虫》前面。

马永卿问刘元城说："把《王风·黍离》排列在《邶》、《鄘》、《卫》三风之后，难道天子能放在诸侯后面吗？"回答说："不是诸侯。周灭了商以后，把商都城畿内分为三国，就是邶、鄘、卫。排列《诗》篇的人因为这三风的地区属于商都内部，所以放在《王风·黍离》前面。"

《新序》记载："卫宣公的儿子公子寿，怜悯他的哥哥公子伋被害，写下了《黍离》这篇忧思之诗。"《鲁诗》出于浮丘伯之手，传授给楚元王刘交。刘向是刘交的孙子，他的说法应该

恐不可以为《卫诗》也。《韩诗》云："《黍离》，伯封作。"陈
思王植《令禽恶鸟论》曰："昔尹吉甫信后妻之谗，而杀孝子
伯奇，其弟伯封，求而不得，作《黍离》之诗。"其《韩诗》之
说欤。伯封事，唯见于此。

南丰谓："《列女传》称《诗·芣苢》、《柏舟》、《大车》
之类，与令序《诗》者之说尤乖异。"《式微》一篇，又谓二
人之作。

韩文公为《施士丐铭》曰："先生明毛、郑《诗》，通《春
秋左氏传》，善讲说。朝之贤士大夫从而执经考疑者继于
门。"《唐语林》云："刘禹锡与韩、柳诣士丐，听说《诗》，
曰：《甘棠》'勿拜'，如人身之拜，小低屈也。'勿拜'则不止
'勿翦'，言召伯渐远，人思不可及。'"《读诗记》董氏引士
丐说。

周有《房中》之乐，《燕礼》注谓："弦歌《周南》、《召
南》之诗"。汉《安世房中乐》，唐山夫人所作。魏缪袭谓
《安世歌》"神来燕享，永受厥福"，无有二《南》后妃风化
天下之言。谓《房中》为后妃之歌，恐失其意。《通典》："平
调、清调、瑟调，皆周《房中》之遗声。"

《白虎通·谏诤篇》："妻得谏夫者，夫妇荣耻共之。
《诗》云：'相鼠有体，人而无礼。人而无礼，胡不遄死？'此
妻谏夫之诗也。"亦齐、鲁、韩之说欤？

来源于《鲁诗》。然而《黍离》是《王风》之首，恐怕不能把它当成《卫诗》。《韩诗》说："《黍离》是伯封所作。"陈思王曹植的《令禽恶鸟论》中说："当初尹吉甫听信后妻的谗言，杀了孝子伯奇，他的弟弟伯封求死不能，写了《黍离》。"这是《韩诗》的说法。伯封的事迹只有此处记载。

南丰说："《列女传》称赞《诗·芣苢》、《柏舟》、《大车》几篇，与这是节日诗的说法很不一样。"《式微》这篇，又有人说是两个人的作品。

韩文公写的《施士丐铭》中说："先生理解毛、郑《诗》，通晓《春秋左传》，擅长讲说。朝中贤士大夫相继拿着经书去他府上提出有疑问的地方。"《唐语林》记载："刘禹锡与韩愈、柳宗元去拜见士丐，听他讲说《诗》，他说：《甘棠》所说的'勿拜'，像人身行拜礼，受了委屈低头一样。'勿拜'比'不要修剪'更深了一层，说召伯已经走远，人们思念他。'"《读诗记》中董氏引用了士丐的说法。

周代有乐曲《房中》歌，《燕礼》注说："这是弹弦歌唱《周南》、《召南》中的诗"。汉有《安世房中乐》，是唐山夫人所作。魏国的缪袭说《安世歌》"以酒食祭祀神明，永远受到祝福"，没有关于二《南》是后妃风化天下的说法。说《房中》是后妃之歌，恐怕错失了它的本意。《通典》记载："平调、清调、瑟调三调都是周代《房中》歌留下的曲调。"

《白虎通·谏诤篇》中说："妻子能够劝谏丈夫的，夫妇能够荣辱与共。《诗》中有：'看老鼠都有肢体，人却没有礼教。人若没有礼教，为什么还不快去死？'这是妻子劝谏丈夫的诗。"这也是齐、鲁、韩三家诗中的说法。

《韩诗外传》："高子问于孟子曰：'夫嫁娶者，非己所自亲也，卫女何以得编于《诗》也？'孟子曰：'有卫女之志则可，无卫女之志则怠。若伊尹于太甲，有伊尹之志则可，无伊尹之志则篡。'"

晁景迂《诗序论》云："序：《驺虞》，王道成也，风其为雅欤！序：《鱼丽》，可以告神明，雅其为颂欤！"《解颐新语》云："文王之风，终于《驺虞》，《序》以为王道成，则近于雅矣。文、武之雅终于《鱼丽》，《序》以为可告神明，则近于颂矣。"（原注：滴水李氏曰：《小雅》虽言政，犹有风之体。《大雅》之正，几于颂矣。"）

欧阳公曰："霸者兴，变风息焉。"然《诗》止于陈灵，在桓、文之后。

"八能之士"，见《易纬通卦验》："或调黄钟，或调六律，或调五音，或调五声，或调五行，或调律历，或调阴阳，或调正德所行。""大夫九能"，见《毛诗·定之方中传》："建邦能命龟，田能施命，作器能铭，使能造命，升高能赋，师旅能誓，山川能说，丧纪能诔，祭祀能语。君子能此九者，可谓有德音，可以为大夫。"

《定之方中传》引仲梁子曰："初立楚宫也。"《郑志》："张逸问：'仲梁子何时人？'答曰：'仲梁子，先师鲁人，当

《韩诗外传》记载："高子问孟子：'男娶女嫁，结婚的对象不是自己的原本的亲人，卫女的故事为什么能够载于《诗》呢？'孟子说：'有卫女的志向就可以，没有卫女的志向就会懈怠。如同伊尹和太甲的事，有伊尹的志向就可以，没有伊尹的志向就会篡位。'"

晁景迁的《诗序论》中说："毛诗序说《驺虞》（是歌颂文王教化的诗作），成就王道，是风诗中的雅诗！毛诗序说《鱼丽》可以祭祀神明，是雅诗中的颂诗！"《解颐新语》说："文王的风化，止步于《驺虞》，《序》认为王道已成，所以接近于雅诗。文王、武王的雅诗在《鱼丽》篇之后终结，《序》认为可以祭祀神明，所以接近于颂诗矣。"（原注：潏水李氏认为："《小雅》虽然谈及政治，仍有风之体。《大雅》之正，接近颂矣。"）

欧阳修说："霸主兴起，淫靡柔弱的诗风就消失了。"然而《诗经》的内容以陈灵公为结尾，在齐桓公、晋文公之后。

关于"有八种能力的君子"，《易纬通卦验》中说："或者能调和黄钟，或者能调和六律，或者调和五音，或者能调和五声，或者能调和五行，或者能调和律历，或者能调和阴阳，或者调和正德的行为。"关于"大夫应具备的九种才能"，《毛诗·定之方中传》："建国时能占卜，田猎时能够发号施令，能在各种器物上创作铭文，出使他国能完成君主的使命，登高山能吟诗作赋，领兵打仗能够誓师，熟悉各地山川地形并予以评说，在丧事中能作诔文，祭祀时能说祝祷之辞。君子有这九种才能，可以说是有好名声，可以去做大夫。"

《定之方中传》引用仲梁子说："第一次站立于在楚丘营建的宫室中。"《郑志》记载："张逸问：'仲梁子是什么时代的

六国时，在毛公前。'"（原注：《正义》：春秋时，鲁有仲梁怀，故言鲁人。）《韩非子》"八儒"有仲良氏之儒。陶渊明《群辅录》云："仲梁氏传乐为道，以和阴阳，为移风易俗之儒。"（原注：史失其名。）

刘孝孙为《毛诗正论》，演毛之简，破郑之怪。李邦直亦谓："毛之说简而深，此河间献王所以高其学也。"郑之释繁塞而多失。郑学长于《礼》，以《礼》训《诗》，是案迹而议性情也。"绿衣"，以为裳；"不谏亦入"，以为入宗庙；"庭燎"，以为不设鸡人之官。此类不可悉举。

艾轩云："读《风》诗不解《芣苢》，读《雅》诗不解《鹤鸣》，此为无得于《诗》者。"傅至乐读《诗》至《鸳鸯》之二章，因悟比兴之体。

江汉之女，不可犯以非礼，可以见周俗之美。范滂之母，勉其子以名节，可以见汉俗之美。

《大雅》之变，作于大臣，召穆公、卫武公之类是也。《小雅》之变，作于群臣，家父、孟子之类是也。《风》之变也，匹夫匹妇皆得以风刺。清议在下，而世道益降矣。

驺虞、驺吾、驺牙，一物也，声相近而字异。《解颐新语》既以"虞"为"虞人"，又谓"文王以驺牙名囿"，盖惑于异说。《鲁诗传》曰："梁邹，天子之田。"见《后汉》注与

人？'回答说：'仲梁子，我的前辈老师，鲁国人，当时六国还在，比毛公早。'"（原注：《正义》：春秋时期，鲁国有仲梁怀这个人，所以说他是鲁国人。）《韩非子》所说的"八儒"中有仲良氏之儒。陶渊明《群辅录》中说："仲梁氏以传授礼乐为自己的使命，来调和阴阳，是能移风易俗的儒者。"（原注：史官没有记录他的名字。）

刘孝孙写了《毛诗正论》，推衍二毛注诗中简短的地方，打破郑玄注解中怪异的地方。李邦直也说："二毛的解释简短而深刻，这是河间献王刘德推崇他们学问的原因。"郑玄的解释繁缛不通，多有错误。郑玄的学问长处在于《礼》，通过《礼》来解释《诗》，是照本宣科并且随性而发的。"绿衣"，郑玄认为是礼服；"不谏亦入"，郑玄认为是进入宗庙；"庭燎"，郑玄认为是没有设报时的官员。这种情况还有很多。

艾轩说："读《风》诗不理解《茉苢》，读《雅》诗不理解《鹤鸣》，这是读完《诗》没有任何收获的人。"傅自得读《诗》到《鸳鸯》两章，悟得比兴的修辞手法。

江汉的游女，不和礼制不能追求她，可以看到周代民俗的美好。范滂的母亲，勉励她的孩子以死守住名节，可以看到汉代民俗的美好。

《大雅》的变体，发源于大臣，如召穆公、卫武公等人。《小雅》的变体，发源于群臣，如家父、孟子等人。《风》的变体产生后，平民百姓都可以作诗讽刺。社会舆论的主导者下降了，所以世风日下。

驺虞、驺吾、驺牙是同一种动物，三者发声相近但是有文字差异。《解颐新语》既把"虞"解释为"虞人"，又说"文王把园林叫作驺牙"，应该是被怪诞的言论迷惑了。《鲁诗传》中说：

《贾谊书》同，不必以"驹牙"为证。

《射义》："天子以《驺虞》为节，乐官备也"。郑康成注云："于嗟乎，《驺虞》，叹仁人也。"《周礼疏》引韩、鲁说："驺虞，天子掌鸟兽官。"其说与《射义》合。《文选注》引《琴操》曰："《邹虞》，邵国之女所作也。古者役不逾时，不失嘉会。"《墨子》曰："成王因先王之乐，命曰《驺吾》。"岂即《诗·驺虞》欤？

《大戴礼·投壶》云："凡《雅》二十六篇，其八篇可歌，歌《鹿鸣》、《貍首》、《鹊巢》、《采蘩》、《采蘋》、《伐檀》、《白驹》、《驺虞》；八篇废不可歌，七篇《商》、《齐》可歌也；三篇闲歌。"《上林赋》"掩群雅"，张揖注云："《诗·小雅》之材七十四人，《大雅》之材三十一人。"愚谓：八篇可歌者，唯《鹿鸣》、《白驹》在《小雅》，《貍首》今亡。郑氏以为《射义》所引"曾孙侯氏"之诗，余皆风也，而亦谓之雅，岂风亦有雅欤？刘氏《小传》"或曰：'《貍首》，《鹊巢》也，篆文似之。'"此有《貍首》，又有《鹊巢》，则"或说"非矣。张揖言"二雅之材"，未知所出。

《无衣》非美晋，盖闵周也。自僖王命曲沃伯为晋侯，而篡臣无所忌。威烈王之命，晋大夫袭僖之迹也。有曲沃之命，则有三大夫之命，出尔反尔也。

"梁邹是指天子的田猎的地方。"《后汉书》的注释和《贾谊书》中都这样说，不需要把"驺牙"当作证明。

《射义》记载："天子射箭用《驺虞》的节拍，《驺虞》歌颂百官齐备"。郑玄注解："哎呀，《驺虞》是吟诵贤人的啊。"《周礼疏》引用韩、鲁的说法："驺虞是为天子掌管鸟兽的官职。"他的说法《射义》相同。《文选注》引用《琴操》说："《邹虞》是邵国的女子创作的。古人大型活动不超过规定的时间，不错过欢乐的聚会。"《墨子》说："成王继承先王的雅乐，命名为《驺吾》。"这难道说的就是《诗·驺虞》吗？

《大戴礼·投壶》说："《雅》总共二十六篇，其中八篇可以歌唱，有《鹿鸣》、《狸首》、《鹊巢》、《采蘩》、《采蘋》、《伐檀》、《白驹》、《驺虞》；八篇不能歌唱出来，七篇《商》、《齐》等可以歌唱；三篇吹笙与歌唱相交替演奏出来。"《上林赋》有"遍访天下贤人雅士"，张揖注解此句："《诗·小雅》记载贤才七十四人，《大雅》记载贤才三十一人。"我认为：八篇能够歌颂的，只有《鹿鸣》、《白驹》在《小雅》，《狸首》已经失传。郑玄认为除了《射义》所引用的"曾孙侯氏（狸首诗）"，其他的都是风诗，然而又称它们是雅诗，难道说风诗中也有雅诗吗？刘原交《小传》中记载"有人说：'《狸首》,《鹊巢》似乎是篆文写的。'"这里有《狸首》，又有《鹊巢》，那么"有人的说法"就不对了。张揖言"二雅中的人材"，不知道有什么根据。

《唐风·无衣》不是称赞晋侯，而是怜悯周王。从周僖王任命曲沃武伯为晋侯，谋权篡位的臣子开始无所忌惮。周威烈王赐封（韩赵魏三家为诸侯），晋国的大夫沿袭周僖王时的事。有曲沃赐封，就有三大夫的赐封，你如何对待别人，别人也会

　　"《诗》亡，然后《春秋》作。"胡文定谓：自《黍离》降为《国风》，天下不复有《雅》。《春秋》作于隐公，适当《雅》亡之后。（原注：《孟子集注》同。）吕成公谓："盖指笔削《春秋》之时，非谓《春秋》之所始也。《诗》既亡，则人情不止于礼义，天下无复公好恶，《春秋》所以不得不作欤。"艾轩曰："文中子以为：'诗者，民之情性，人之情性不应亡。'使孟子复出，必从斯言。"

　　《泉水》云："出宿于干，饮饯于言。"说《诗》者未详其地。《隋志》邢州内丘县有干言山。（原注：李公《绪记》云："柏人县有干山、言山。柏人，邢州尧山县。"）《鲁颂》"徂来之松"，《后汉》注："兖州博城县有徂来山。"（原注：一名尤来。）"新甫之柏"，《传注》不言山之所在，唯《后魏·地形志》："鲁郡汶阳县有新甫山。"（原注：《通典》：汉汶阳故城在兖州泗水县东南。）太史公闻之董生曰："《诗》记山川溪谷，禽兽草木，则山川不可不考也。"

　　桧有疾恣之诗。《周语》富辰曰："郐之亡，由叔妘。"

　　《豳风》于十月云"曰为改岁"，言农事之毕也。《祭义》于三月云"岁既单矣"，言蚕事之毕也。农桑一岁之大务，故皆以岁言之。
　　《七月》笺、传言"豳土晚寒"者三。孙毓云："寒乡率

如何对待你。

　　"《诗》消亡，然后《春秋》出现"。胡文定说：从《黍离》被归类到《国风》中，天下不再有《雅》诗。《春秋》的记载开始于鲁隐公，刚好是《雅》诗消亡之后。（原注：这与《孟子集注》的说法一致。）吕成公说："指的是开始删改《春秋》的时期，不是说开始书写《春秋》的时期。《诗》已经消亡，则人情欲不再受礼的节制，天下没有共同的善恶标准，所以《春秋》不得不兴起。"艾轩说："文中子认为：'《诗》是人民的情性，人的情性不会消亡。'如果孟子能复活，必定认同他的说法。"

　　《泉水》中有："出嫁赴卫宿在干，喝酒饯行却在言。"解说《诗》的人没有说明具体在什么地方。《隋志》记载邢州内丘县有干言山。（原注：李公《绪记》说："柏人县有干山、言山。柏人，就是邢州尧山县。"）《鲁颂》"徂徕山上青松郁郁"，《后汉书》注释中记载："兖州博城具有徂来山。"（原注：也叫尤来。）"新甫山上翠柏葱葱"，《传注》没有说新甫山在哪，只有《后魏·地形志》记载："鲁郡汶阳县有新甫山。"（原注：《通典》：汉汶阳故城在兖州泗水县东南。）司马迁听董仲舒说过："《诗经》记录山川溪谷，禽兽草木，所以山川的位置必须要去考证。"

　　桧风中有国人讽刺其国君淫恣的诗。《周语》中富辰说："邻国的灭亡是因为叔妘。"

　　《豳风》在写到十月时说"岁末将过新年到"，指的是农事的结束。《祭义》说到三月是"一岁要结束了"，指的是养蚕的事结束了。种植养蚕是一年的大事，所以这里说岁。

　　《七月》的笺、传中提到"豳土晚寒"三次。孙毓说："寒冷

早寒，北方是也。热乡乃晚寒，南方是也。"《毛传》言"晚寒"者，豳土寒多，虽晚犹寒，非谓寒来晚也。

"《郑志》十一卷，魏侍中郑小同撰。"《诗·七月》正义："《吴志》孙皓问《月令》季夏火星中，答曰：'日永星火，举中而言，非心星也。'是郑以'日永星火'，与心星别。"今按：康成答问，盖《郑志》所载，孙皓乃康成弟子，后人因孙皓名氏，遂改《郑志》为《吴志》。康成不与吴孙皓同时，《吴志》亦无此语。

"熠燿宵行"，《传》云："熠燿，燐也。"朱熹谓："熠燿，明不定貌。宵行，虫名，如蚕夜行，有光如萤。"其说本董氏。《说文》引《诗》"熠燿宵行"："熠，盛光也。"末章云："仓庚于飞，熠燿其羽。"其义一也。

《七月》见王业之难，亦见王道之易。孟子以农桑言王道，周公之心也。

《风》终于周公，《雅》终于《召旻》。有周、召之臣，则变者可以复于正。

子击好《晨风》、《黍离》，而慈父感悟，周磐诵《汝坟》卒章，而为亲从仕。王裒读《蓼莪》，而三复流涕，裴安祖讲《鹿鸣》，而兄弟同食，可谓兴于《诗》矣。李楠和伯，亦自言："吾于《诗·甫田》悟进学，《衡门》识处世。"（原注：和伯弟樗迂仲，吕成公所谓二李伯仲也。此可为学《诗》之

的地方大概早寒，比如北方。炎热的地方才会晚寒，比如南方。"
《毛传》说的"晚寒"是指豳地寒冷的时间很长，虽然已经过了
冬季还是寒冷，不是说寒冷来得比较晚。

"《郑志》十一卷，魏国的侍中郑小同记载。"《诗·七月》
的正义说："《吴志》中孙皓问《月令》记载的夏天最后一个月
大火星在天空正中间是什么意思，回答说：'白昼最长的那天大
火星运行到天空整年，说的不是心星。'郑玄用'日永星火'一句
把大火和心星区别开。"我认为：郑玄回答问题这件事，《郑志》
中有记载，孙皓是郑玄的弟子，后人因孙皓的姓氏，把《郑志》
改为《吴志》。然而郑玄跟吴国孙皓不是同一个时代，《吴志》
也没有这话。

关于"磷火闪闪夜间流"，《传》说："熠燿就是燐火。"朱
熹认为："熠燿，是光亮闪烁不定的样子。宵行，是虫的名字，像
蚕在晚上爬行，会发出像萤火虫的光。"他的说法依从董仲舒。
《说文》引用《诗》中的"磷火闪闪夜间流"认为："熠是强光。"
末章说："黄莺飞行时它的羽毛会发光。"也是一样的意思。

《七月》中能看到君王事业的艰难，也能看到王道的改易。
孟子通过农桑来说明王道，他能明白周公的心。

《风》结束于周公，《雅》结束于《召旻》。有周公、召公一
样的臣子，变风变雅可以恢复到正道上来。

魏公子子击喜欢《晨风》、《黍离》，而感动了他的父亲魏
文侯，周磐读到《汝坟》的最后，能够为了母亲去做官。王裒读
到《蓼莪》而再三哭泣流涕，裴安祖讲到《鹿鸣》而与兄弟分
享食物，可以说是被《诗经》感化了。李和伯自己也说："我读了
《诗·甫田》才明白如何学习，读了《衡门》才知道怎样处世。"

法。）

太史公谓："仁义陵迟，《鹿鸣》刺焉。"蔡邕《琴操》：
"《鹿鸣》，周大臣所作也。王道衰，大臣知贤者幽隐，弹弦
风谏。"汉太乐食举十三曲：一曰《鹿鸣》《杜夔传》旧雅乐
四曲：一曰《鹿鸣》，二曰《驺虞》，三曰《伐檀》，四曰《文
王》，皆古声辞。《琴操》曰："古琴有诗歌五曲，曰：《鹿
鸣》、《伐檀》、《驺虞》、《鹊巢》、《白驹》。"蔡邕《琴赋》
云："《鹿鸣》三章。"《鹿鸣》在《宵雅》之首。马、蔡以为风
刺，盖齐、鲁、韩三家之说，犹《关雎》刺时作讽也。（原注：
吕元钧谓：陈古以讽，非谓三诗作于衰周。）

"宵雅肄三"，《丽泽论说》以为"夜诵"，此门人记录
之失。《读诗记》取郑、董二子，以"宵"为"小"，则夜诵之
说非矣。

刘原父曰："《南陔》以下六篇，有声无诗，故云'笙'，
不云'歌'。有其义，亡其辞，非亡失之亡，乃'无'也。"朱
熹谓："古经篇题之下必有谱焉。如《投壶》鲁、薛鼓之节，
而亡之。"（原注：《仪礼疏》曰："堂上歌者不亡，堂下笙者即
亡。"）

《诗》"苢"有三："薄言采苢"，菜也；"丰水有苢"，
草也；"维糜维苢"，白粱粟也。《礼记》引"丰水有苢"，郑
氏注：苢，枸檵也。杞有三："无折我树杞"，柳属也；"南山

（原注：和伯的弟弟樗迁仲，也就是吕成公所谓的二李伯仲。此可作为学《诗》之法。）

太史公谓："仁义之道逐渐败坏，《鹿鸣》这首诗就是在讽刺这种情况。"蔡邕《琴操》中说："《鹿鸣》，是周朝的大臣创作的。王道衰弱，大臣知道贤才多隐世不出，唱歌讽谏。"汉朝太乐在帝王进餐时演奏十三首曲子：其中就有《鹿鸣》。《杜夔传》记载旧时有雅乐四曲：第一首《鹿鸣》，第二首《驺虞》，第三首《伐檀》，第四首《文王》，都是古代的声辞。《琴操》记载："古琴的琴谱有诗歌五曲，分别是：《鹿鸣》、《伐檀》、《驺虞》、《鹊巢》、《白驹》。"蔡邕《琴赋》中说："《鹿鸣》有三章。"《鹿鸣》在《宵雅》中的最前面。马、蔡认为是规劝诗，应该是按照齐、鲁、韩三家诗的说法，认为《关雎》也是讽刺时事的作品。（原注：吕元钧认为：这是古代之事讽刺时人，而不是说这三首诗是周朝衰落时创作的。）

"要吟诵《小雅》中的三篇诗"，《丽泽论说》以为是"晚上吟诵"，这是门生记录的过失。《读诗记》依从郑玄、董仲舒二人，把"宵"理解为"小"，所以晚上诵诗的说法不对。

刘原父说："《南陔》之后的六篇，有乐调没有文辞，所以叫作'笙诗'，不叫'歌诗'。有意涵，但没有文辞，亡不是失传的意思，是'没有'。"朱熹说："古代诗经每篇题目下面都有歌谱。比如《投壶》，是鲁、薛等地打鼓的节奏，现在失传了。"（原注：《仪礼疏》说："堂上歌者不亡，堂下笙者即亡。"）

《诗》中提到"芑"有三处："采芑呀"中是一种菜；"丰水边上有芑"是一种草；"红米白米"中是指白米。《礼记》引用"丰水边上有芑"，郑玄注：芑就是枸杞。杞有三种："不要折

有杞"、"在彼杞棘"，梓杞也；"集于苞杞"、"言采其杞"、
"隰有杞桋"，枸檵也。荼有三："谁谓荼苦"，苦菜也；"有
女如荼"，茅秀也；"以薅荼蓼"，陆草也。

"薄伐玁狁，至于太原。"《后汉·西羌传》："穆王西
征犬戎，迁戎于太原。夷王衰弱，荒服不朝。乃命虢公率六
师伐太原，而戎至于俞泉。宣王遣兵伐太原戎，不克。"盖
自穆王迁戎于太原，而太原为戎狄之居，宣王仅能驱之出境
而已。其后料民太原，而戎患益深。郦山之祸，已兆于此。
其端自穆王迁戎始，西周之亡，犹西晋也。（原注：籍谈曰：
"晋居深山，戎狄之与邻，而远于王室。王灵不及，拜戎不暇。"太
原，晋地。）书此以补《诗说》之遗。

《史记·周纪》："懿王之时，王室遂衰，诗人作刺。"
《汉·匈奴传》："懿王时，王室遂衰，戎狄交侵，暴虐中国，
中国被其苦。诗人始作，疾而歌之，曰：'靡室靡家，猃允之
故'；'岂不日戒，猃狁孔棘'"。注云："《小雅·采薇》之诗
也。"《古今人表》"懿王时诗作"，注："政道既衰，怨刺之
诗始作。"然则《采薇》为懿王之诗矣。（原注：《史记·匈奴
传》不云懿王。）《诗谱序》：懿王始受谮，烹齐哀公，夷王失
礼之后，邶不尊贤。"《正义》谓："变风之作，齐、卫为先。
齐哀公当懿王，卫顷公当夷王，故先言此也。"愚谓：《采

我的树杞"，是一种柳；"南山有杞树"、"沾在枸杞荆棘上"指
的是梓杞；"歇在枸杞树下"、"去采山上枸杞子"、"杞树棫树
长在洼地"，指的是枸杞。荼有三中："谁说荼菜味苦"，是一种
苦菜；"美女多若茅花白"，是茅秀；"除去田畦中的杂草"，是一
种陆地上的草。

　　"讨伐玁狁，进军到了太原。"《后汉·西羌传》记载："周
穆王西征犬戎部落，把戎人迁徙到太原。周夷王时周室衰弱，
戎人不来朝贡。于是周王命令虢公统领六师讨伐太原，而戎人
跑到俞泉。周宣王派兵讨伐太原戎人，没有取胜。"自从周穆王
迁戎人到太原，太原成为戎狄生活的地方，周宣王只能把他们
赶出周王室统治的地区而已。后来统计调查太原人口，发现戎
人的隐患更加深重。后来周幽王被杀死在郦山脚下，此时已经
有了征兆。这事发端于周穆王迁移戎人，西周的灭亡和西晋一
样。（原注：籍谈说："晋居于深山，戎狄与之相邻，而距离王室很远。
周王的威仪未能普及至此处，没有时间精力去对付戎狄。太原，就是晋
地。）我写这些以补全《诗说》中没有提到的地方。

　　《史记·周纪》记载："周懿王时，周王室逐渐衰弱，诗人作
诗讽刺世情。"《汉书·匈奴传》记载："周懿王时，王室逐渐衰
弱，周围的戎狄轮番入侵中原，凶恶残暴地对待中原国家，中原
国家苦不堪言。于是诗人开始作诗，心怀不满要唱出来，说：'没
有妻室没有家，都是为了和猃狁打仗'；'怎么能不每天戒备呢？
猃狁之难很紧急啊'"。注解说："是《小雅·采薇》中的内容。"
《古今人表》说"周懿王时有人创作了这首诗"，注解："周王室
的统治力衰弱，怨刺诗开始出现。"那么《采薇》是说周懿王的
诗啊。（原注：《史记·匈奴传》不说懿王。）《诗谱序》记载：懿王

薇》正雅，当从毛氏，若变风，则始于懿王。

　　《史记·匈奴传》"周襄王与戎狄伐郑，戎狄逐襄王，于是戎狄或居于陆浑，东至于卫，侵盗暴虐中国，中国疾之。故诗人歌之曰：'戎狄是膺'、'薄伐猃狁，至于太原'、'出舆彭彭，城彼朔方。'"《汉·匈奴传》则曰："宣王兴师命将，以征伐之。诗人美大其功曰：'薄伐猃狁，至于太原'、'出车彭彭，城彼朔方。'"以《六月》为宣王诗，是也。以《鲁颂》、《六月》、《出车》为襄王诗，以《出车》为宣王诗，而《史》、《汉》又不同，皆未详。

　　《文王》之诗曰："文王孙子，本支百世。凡周之士，不显亦世。"此周所以兴也。宣王之后为幽王，《斯干》之祥，《黍离》之萌也。太师皇父之后为皇父卿士，尹吉甫之后为尹氏太师，蹶父之后为蹶维趣马，申伯之后为申侯，则与犬戎灭宗周矣。君臣皆弗克绍，周焉得不替乎！

　　"吉甫作诵"，美诗以名著者也。"家父作诵，以究王訩。""寺人孟子作为此诗"，刺诗以名著者也。为吉甫易，为家父、孟子难。

首先听信谗言，烹杀了齐哀公，周夷王做了不合礼制的事后，邶地不再尊重贤人。"《正义》说："变风的作品，首先齐、卫两国开始。齐哀公被周懿王烹杀，卫顷公贿赂周夷王，所以说首先由齐、卫开始。"我认为：《采薇》是雅中的正作，应当依从毛氏的说法，至于变风，是由周懿王时开始的。

《史记·匈奴传》记载"周襄王伙同戎狄讨伐郑国，后来戎狄驱逐了周襄王，于是戎狄有一部分在陆浑生活，东边挨着卫国，凶恶残暴的侵犯劫掠中原国家，中原国家憎恨他们。所以诗人歌诗说：'痛击戎狄部落'、'讨伐猃狁，进军到了大原'、'兵车战马众多'，'前往朔方筑城'"《汉·匈奴传》则说："周宣王发兵任命将领，来出征讨伐他们。诗人歌颂他的功德说：'讨伐猃狁，进军到了大原'、'兵车战马众多，前往朔方筑城。'"认为《六月》是说周宣王的诗，是这样的。《鲁颂》、《六月》、《出车》是说周襄王的诗，《出车》是说周宣王的诗，而《史记》、《汉书》的说法不一致，都不都详尽。

《文王》这篇诗说："文王子孙多兴旺，本宗旁支百世昌。凡在周朝为卿士，累世尊显又荣光。"这是周代兴盛的原因。周宣王之后即位的是周幽王，《斯干》描述的兴盛场景《黍离》的哀伤衰落已经萌芽了。太师皇父的后代是皇父卿士，尹吉甫的后代是尹氏太师，蹶父的后代是蹶维趣马，申伯的后代是申侯，他们和犬戎一起灭亡了西周。君臣都不能继承祖先的品德，周朝又怎么能不灭亡呢！

"吉甫作了这首颂"，把颂诗的作者假托为名人。"家父作此一篇诗，以追究王朝祸乱的元凶。""近臣孟子作了这首诗"，把规劝诗的作者假托为名人。假托吉甫容易，假托家父、孟子

"皇父孔圣"，自谓圣也。"具曰予圣"，君臣俱自谓圣也。自圣者，乱亡之原。光武诏上书者不得言"圣"。大哉言乎！

"既克有定，靡人弗胜"，言天之胜人也。"藐藐昊天，无不克巩"，言天之终定也。申包胥曰："人众者胜天。"人曷尝能胜天哉？天定有迟速耳。《诗》所以明天理也，故不云人胜天。

"凡百君子，各敬尔身。胡不相畏。不畏于天？"荆公谓："世虽昏乱，君子不可以为恶。自敬故也，畏人故也，畏天故也。"愚谓《诗》云"周宗既灭"，哀痛深矣，犹以敬畏相戒。圣贤心学，守而勿失。中夏虽亡，而义理未尝亡；世道虽坏，而本心未尝坏，君子修身以俟命而已。

"岂不欲往，畏我友朋"，畏人也。"胡不相畏？不畏于天？"畏天也。不畏人则亦云可使，怨及朋友。畏天则神之听之，介尔景福。

郑用三良未可间，卫多君子未有患，季梁忠谋强敌畏，汲直守节乱萌弭。《诗》曰："无竞维人，四方其训之。"正先谏诛嬴运促，李云忠陨汉宗覆，章华罹傹陈业隳，昭图婴祸唐鼎移，《诗》曰："曾是莫听，大命以倾。"

难。

"皇父实在很圣明",自称圣人。"都说自己最灵验",君臣都说自己圣明。自称圣贤的人,是国家衰亡的源头。汉光武帝下诏,上书的人不准说"圣"。实在是英明的话!

"如果天命已确定,没人抗拒能奏效",说天命胜于人力。"厚土皇天高莫测,控制生灵定乾坤",说天命最终决定一切。申包胥说:"人多能够战胜天命。"人力怎么能够胜过天命呢?上天注定的事有的发生早有的发生的晚。《诗》知晓天理,所以不说人能胜天。

"所有君子众卿大夫,各自谨慎小心一点。为何互相不知戒惧?竟敢不畏天命尊严?"王安石说:"世道虽然混乱,君子不可以作恶。因为要自己心怀敬畏,敬畏人民,敬畏上天。"我认为《诗》说"周室如今惨遭灭亡",哀痛深刻,但仍告诫人要心怀敬畏。圣贤的学问,要传承下去。周代虽然灭亡,但义理没有失传;世道虽然败坏,但人的本心不坏,君子修身养性等待天命而已。

"为什么不想去,是害怕我的朋友们",这是说敬畏人。"为何不互相诫惧?竟敢不畏天命尊严?"这是说敬畏天。不敬畏人的话也还可以,会让朋友怨恨你。敬畏天的话上天就会听进你的话祝福你。

郑国任用三个贤明的人执政,因此没有空子可钻,卫国多君子,没有忧患,季梁的忠义谋略使强敌害怕,汲黯坚持礼制把危乱扼制在萌芽中,《诗》说:"有了贤人国强盛,四方诸侯来归诚",正先进谏被诛杀,秦朝就离灭亡不远了,李云因为诚而死,汉就要灭亡了,章华上书被杀,南朝陈就即将灭亡,昭图去世

君子在下位，犹足以美风俗，汉之清议是也。小人在下位，犹足以坏风俗，晋之放旷是也。《诗》云："君子是则是效。"

"巧言如簧，颜之厚矣"，羞恶之心未亡也；"不愧于人，不畏于天"，无羞恶之心矣。天人一也，不愧则不畏。

《车攻》"东有甫草"，《郑笺》云："郑有甫田。"谓圃田，郑薮也。止斋《周礼说》云："《诗》不以圃田系郑。"愚谓：宣王封弟友于郑，在畿内咸林（原注：今华州郑县。）圃田泽，《左氏》谓之原圃，（原注：在今开封之中牟。）宣王时非郑地，《小雅》安得系于郑乎？《尔雅》"郑有圃田"，盖指东迁后之郑言之。

《诗小传》云："《诗》有夏正，无周正。《七月》陈王业、《六月》北伐、《十月之交》，刺纯阴用事而日食。"四月维夏，六月徂暑"，言暑之极，其至皆夏正也，而独谓《十月之交》为周正可乎？汉历幽王无八月朔食，而唐历则有之。识者疑其傅会而为此也。"愚按《正义》谓"校之无术"，而《大衍历·日蚀议》云："虞𠠎以历推之，在幽王六年。"虞𠠎造《梁大同历》，非始于唐也。《郑笺》谓"周之十月，夏之八月"，故历家因之。孙莘老解《春秋》用郑说，谓"八月秋之分，日食秋分，而诗人丑之，安得曰分至不为灾也？"苏

后唐代就灭亡了，《诗》说："这样不听人劝告，命将转移国将灭亡"

君子即使地位卑下沦落民间，仍可以移风易俗，比如汉代的清议事件。小人地位卑下仍足以败坏风俗，比如晋代士子不循礼法。《诗》说："君子贤人纷纷来仿效。"

"巧言动听如鼓簧，厚颜无耻行为卑下"，这不算是懂羞耻的良心没有消亡；"而他走在人前不愧疚，在天命面前不诚惶诚恐"，这就算抛弃了懂羞耻的良心。天和人是一体的，没有愧疚就不会敬畏。

《车攻》中说"东方甫田茂草长"，《郑笺》说："郑地有甫田。"说圃田就是郑薮。陈傅良在《周礼说》说："《诗》不因为提到圃田就认为是郑风。"我认为：周宣王封他的弟弟姬友到郑，在周王畿内的咸林（原注：今华州郑县。）圃田泽，《左传》称为原圃，（原注：在今开封市中牟县。）周宣王时还不属于郑国，《小雅》怎么能被归入郑风中呢？《尔雅》记载了"郑有圃田泽"，这大概指的是郑国东迁后的疆域。

《诗小传》记载说："《诗》沿用夏正，没有周正。《七月》叙述王业、《六月》记录北伐、《十月之交》，讽刺统治者在其位不谋其政引发日食。"四月已经是夏天，六月酷暑就将结束"，说酷暑将要结束，用的都是夏正，但只说《十月之交》沿用周正可以吗？汉历没有记载周幽王时八月初一日食的事，而唐历记载了。有识之士怀疑那是牵强附会的说法。"我认为《正义》说的"校对不需要使用方术"，而《大衍历·日蚀议》记载："虞𠠎按历法推算，日食在幽王六年发生。"虞𠠎写了《梁大同历》，不是唐代首次记载。《郑笺》说"周代的十月就是夏代的八月"，所

子由、陈少南皆以十月为阳月，朱文公从之。《宋书·礼志》载魏史官之言曰："黄帝、颛顼、夏、殷、周、鲁六历，皆无推日蚀法，但有考课疏密而已。"（原注：《大衍历议》云："黄初已来，治历者始课日蚀疏密，及张子信而益详。"）尝考《通鉴》、《皇极经世》，秦始皇八年岁在壬戌。《吕氏春秋》云："维秦八年，岁在涒滩。"（原注：申。）历有二年之差，后之算历者，于夏之"辰弗集房"，周之"十月之交"，皆欲以术推之，亦已疏矣。沈存中云："日食正阳之月，先儒止谓四月，非也。正谓四月，阳谓十月。"子由《诗说》与存中同。

元城谓："《韩诗》有《雨无极篇》，序云：'《雨无极》，正大夫刺幽王也。'篇首多'雨无其极，伤我稼穑'八字。"朱熹曰："第一、二章皆十句，增之则长短不齐。又此诗正大夫离居之后，执御之臣所作。其曰'正大夫刺幽王'者，非是。"《解颐新语》亦云："《韩诗》世罕有，其书或出于好事者之傅会。"

《盐铁论》引《诗》曰："'方叔元老，克壮其犹'，故商师若鸟，周师为荼。"盖谓商用少而周用老也。

《小弁》，赵岐谓伯奇之诗："伯奇仁人而父虐之，故作

以历法家沿用他的说法。孙莘老解释《春秋》用了郑玄的说法，说"八月是中秋，日食发生在秋分时，而诗人厌恶它，怎么能说分、至时节没有灾害呢？"苏子由、陈少南都认为十月就是阳月，朱熹依从他们。《宋书·礼志》记载魏史官的话说："黄帝、颛顼、夏、殷、周、鲁六历，都没有推演日蚀的方法，只有检查日食发生频率的方法。"（原注：《大衍历议》说："自从曹魏黄初年间已来，历法家们才开始计算日蚀频率日蚀疏密，到张子信时而越加详尽完善。"）我曾经考察《通鉴》、《皇极经世》，秦始皇八年，岁在壬戌。《吕氏春秋》说："秦始皇八年，岁在涒滩。"（原注：申。）这与前二者的说法差了两年，后来推算日期的人，对夏代"日月在房宿汇集发生日食"，周代"十月发生日食"，都想用方术去推演，也都疏忽了。沈存中说："日食发生在正阳的月份，先儒只说是四月，不是的。正说的是四月，阳说的是十月。"子由《诗说》与沈存中的说法一致。

元城说："《韩诗》中有《雨无极篇》，序说：'《雨无极》是正大夫讽刺周幽王的作品。'篇首多用'大雨下个不停，妨害我的农业劳动'八个字。"朱熹说："第一、二章都是十句，添一句就会长短不齐。此诗写于正大夫隐居以后，是为君主驾车的臣子所作。'正大夫讽刺周幽王'的说法不对。"《解颐新语》也说："世人很少有《韩诗》这本书，这说法可能是好事的人附会而创作的。"

《盐铁论》引用《诗》说："'想那方叔为元老，谋划一定很谨严'，故商军将领用年轻人，周军将领用老年人。"说的是商用少年人而周用老年人。

关于《小弁》，赵岐说是伯奇的诗："伯奇是仁义之人而他

《小弁》之诗曰:'何辜于天?'亲亲而悲怨之辞也。"又谓《鸱鸮》之篇刺邠君。盖汉儒言《诗》多异说。《论衡》亦云:"伯奇放流,首发早白。《诗》云:'惟忧用老'。"

《韩诗》"'锺彼甫田',锺,卓也。"《尔雅·释诂》:"锺,大也。"郭璞注云:"锺,义未闻",岂未见《韩诗》故邪?(原注:《疏》引《韩诗》。)

《大东》"维北有斗",或以为南斗,或以为北斗,朱熹《集传》兼取二说。

《吕氏春秋》谓舜自为诗曰:"普天之下,莫非王土。率土之滨,莫非王臣。"疑与咸丘蒙同一说,而托之于舜。

袁孝政释《刘子》曰:"魏武公信谗,诗刺之曰:'营营青蝇,止于藩。岂弟君子,无信谗言。'此《小雅》也,谓之《魏诗》,可乎?"

朱熹《诗传》:"《采菽》,天子所以答《鱼藻》也。《黍苗》,宣王时美召穆公之诗,皆非刺诗。"愚按《国语注》:"《采叔》,王赐诸侯命服之乐也。《黍苗》,道召伯述职,劳来诸侯也。"韦昭已有是说。

郑康成先通《韩诗》,故注二《礼》,与笺《诗》异。如"先君之思,以勖寡人",为定姜之诗。"生甫及申"为仲山

的父亲虐待他，所以创作了《小弁》说：'我有什么对不起上天的地方？'爱自己的亲人而又心怀悲怨的文辞。"又说《鸱鸮》篇讽刺邻国国君。汉儒解释《诗》产生了很多不同的说法啊。《论衡》中也说："伯奇被流放，头发早早地愁白了。《诗》云：'忧伤使我容颜衰老'。"

《韩诗》中有"'就是这片一望无际的田地'，甸是卓的意思。"《尔雅·释诂》："甸是大的意思。"郭璞注解说："甸，不知道什么意思"，难道因为他没看过《韩诗》吗？（原注：《疏》引《韩诗》。）

《大东》中有"北部天空有斗星"，有人以为是南斗，有人以为是北斗，朱熹《集传》中两种说法都采用了。

《吕氏春秋》说舜自己写诗到："普天之下都是君王的土地和财产，四海之内的每个人都是君王的臣民。"可能跟咸丘蒙持同一种说法，而假托于舜。

袁孝政解释《刘子》说："魏武公听信谗言，这首诗规劝他说：'嗡嗡营营飞舞的苍蝇，停在篱笆上吮舐不停。和蔼可亲的君子啊，切莫把害人的谗言听信。'这是《小雅》中的篇章，把它叫作《魏诗》可以吗？"

朱熹《诗传》中："《采菽》篇是天子回答《鱼藻》篇。《黍苗》，是周宣王时歌颂召穆公的诗，都不是讽刺诗。"我认为《国语注》中说："《采菽》，是王赐给诸侯礼服时用的音乐。《黍苗》，说的是召伯向天子述职，慰问、劝勉前来的诸侯。"韦昭早已经提过这种说法。

郑玄先学习了《韩诗》，所以注解二《礼》，与注释《诗》不同。比如认为"常常想着父王，叮咛响我耳旁"是定姜的诗。

甫、申伯。又"不濡其翼"、"惟禹敶之"、"上天之载"、"匪革其犹"、"汭沍之即"、"至于汤齐",是也。注《礼记》与注《易》异,如"东邻""西邻"是也。

"乱离瘼矣,爰其适归",《新经义》云:"乱出乎上,而受患常在下。及其极也,乃适归乎其所出矣。"噫,宣、靖之际,其言验矣。而兆乱者谁欤?言与行违,心与迹异,荆舒之谓也。

单穆公曰:"旱麓之榛楛殖,故君子得以易乐干禄焉。若夫山林匮竭,林麓散亡,薮泽肆既,君子将险哀之不暇,而何易乐之有焉?"诵"险哀"二字,此《文中子》所以有"帝省其山"之叹也。"天地变化,草木蕃",况贤者而不乐其生乎!"天地闭,贤人隐",况草木而得遂其性乎!

《旱麓》,毛氏云:"旱,山名也。"曹氏按:"《汉·地理志》汉中南郑县有旱山,沱水所出,东北入汉。"旱山在梁州之境,与汉广相近,故取以兴焉。

"鼍鸣如鼓",《新经》之说也。《解颐新语》取之,凿矣。

《贾谊书·容经篇》"谚云:'君子重袭,小人无由入。正人十倍,邪辟无由来。'古之人,其谨于所近乎!《诗》曰:

认为"甫侯申伯出生人间"指的是仲山甫、申伯。又比如对"翅膀滴水不沾身"、"这里是大禹所辟地盘"、"上天行事总是这样"、"不是要急着施行自己的政治思想"、"去住到河流两岸"、"到成汤时最合天心"等句的解释。注解《礼记》与注解《易》不同，如同往东往西两个方向的差距。

"颠沛流离痛苦深，何时才能回家里"，《新经义》说："混乱出于上位者，而承受患难的人常在下位。等混乱到极致的时候，就会报应到产生他的人头上。"唉，宣和、靖康年间，他的话应验了。而孕育动乱的人是谁呢？言语与行为相违背，内心的想法与行动不同，春秋时的荆国和舒国就是这样。

单穆公说："旱山山脚有茂密的榛树楛树，所以君子能够平易和乐地祈福。如果山林空乏枯竭，湖泊干枯，君子为它哀伤还来不及，怎么会平易和乐呢？"读"险哀"两个，这是《文中子》之所以会有"上天省视周地岐山"的叹息。"天地交感，变生万物，那么草木茂盛"，贤者哪有不因其生机而快乐的呢！"天地隔绝，阴阳不通，那么贤达人世隐蔽不出"，草木也会遵从其本性啊！

关于《旱麓》，毛氏说："旱是山名。"曹氏认为："《汉书·地理志》记载汉中南郑县有座山叫旱山，沱水从山中流出，往东北流入汉水。"旱山在梁州境内，离汉水比较近，所以用这座山起兴。

"鼍的叫鸣像是击鼓"，这是《新经》里的说法。《解颐新语》采用了这个说法，已经很确定了。

《贾谊书·容经篇》中说"君子一层又一层，小人就没有机会进入；正人君子众多占据优势，歪风邪气就无法钻空子。"古

'芃芃棫朴，薪之槱之。济济辟王，左右趣之。'此言左右日以善趣也。"此即选左右之说。爰延亦云："善人同处则日闻嘉训；恶人从游，则日生邪情。"

"维申及甫，维周之翰。"申、甫之地，为形势控扼之要。"甫"即"吕"也，《吕刑》一曰《甫刑》。史伯曰："当成周者，南有申、吕。"《左氏传》："楚子重请申、吕以为赏田。申公巫臣曰：'不可。此申、吕所以邑也，是以为赋，以御北方。'"盖楚得申、吕而始强，兹所以为周室之屏翰欤。《汉·地理志》"南阳宛县，申伯国。"《诗》、《书》及《左氏》注不言吕国所在。《史记》正义引《括地志》云："故吕城，在邓州南阳县西。"徐广云："吕在宛县。"《水经注》亦谓："宛西吕城，四岳受封。"然则申、吕，汉之宛县也。高帝入关，光武起兵，皆先取宛，其形势可见。李忠定曰："天下形势，关中为上，襄、邓次之。"（原注：《舆地广记》云："蔡州新蔡，古吕国。今按新蔡之地，属蔡，未尝属楚。子重不当请为赏田，则吕国在宛明矣。"）

《礼记·孔子闲居》："《诗》曰：'惟岳降神，生甫及申。'"郑康成注言："周道将兴，五岳为之生贤辅佐仲山甫及申伯，为周之干臣。"（原注：《正义》云：按《郑志》注《礼》

时候的人真是对所接近的人谨慎啊!《诗》曰:'椒树朴树多茂盛,砍作木柴祭天神。周王气度无与伦比,群臣簇拥左右跟随'这是说的贴身近臣每天用善来敦促君主。"这就是选左右近臣的说法。爰延也说:"善良的人一起相处,那么每天都会听到有益的话;恶人之间相互交往,那么每天都会产生不正当的嗜欲或情感。"

"申伯甫侯是大贤人,是辅佐王室的国家栋梁。"申、甫两地,是控制天下形势的关键。"甫"就是"吕",《吕刑》也叫《甫刑》。史伯说:"护卫成周的,南边有申、吕。"《左传》:"楚国子重请求取得申邑、吕邑土地作为赏田。申公巫臣说:'不行。申、吕两地之所赖以成为城邑的,是因为从这里征发兵赋,以抵御北方。'"大概楚国吞并了申、吕而开始强大,所以说这两地是周室的屏障。《汉书·地理志》记载"南阳宛县就是申国。"《诗》、《书》及《左传》的注解没有说吕国在哪。《史记》正义引用《括地志》说:"春秋时的吕城,在邓州南阳县西边。"徐广说:"吕国在如今的宛县。"《水经注》也说:"宛县西边的吕城,是四岳的封地。"那么申、吕就是汉代的宛县。汉高祖进入关中,汉光武帝兴兵讨贼,都先攻占宛县,可以看到其形势的险要。李忠定说:"天下形势,关中地区是最重要的,之后就是襄、邓两地。"(原注:《舆地广记》说:"蔡州新蔡,就是古吕国。我现在认为新蔡之地,属蔡,从没有属楚。子重不应当请求作为他的赏田,则吕国在宛就很清楚了。")

《礼记·孔子闲居》:"《诗》说:'神明灵气降四岳,甫侯申伯生人间。'"郑玄注说:"周朝将要兴起,五岳的灵气孕育了仲山甫和申伯等贤才辅佐周室,是周的肱股之臣。"(原注:《正义》

在先，未得《毛传》。）愚谓：仲山甫，犹《仪礼》所谓"伯某甫"也。《周语》云："樊仲山父"，盖"甫"与"父"同。若以仲山甫为"甫"，则尹吉甫、蹶父、皇父、程伯休父，亦可以言"甫"矣。近世说《诗》者，乃取此而舍《笺》、《传》，爱奇之过也。（原注：《权德舆集》云："鲁献公仲子曰山甫，入辅于周，食采于樊。"）

《左氏传》曰："诸侯释位，以间王政。宣王有志而后效官。"《云汉》之序曰："内有拨乱之志，非立志何以成中兴之功？"

宣王晏起，姜后请愆，则《庭燎》之箴，始勤终怠可见矣。杀其臣杜伯而非其罪，则《沔水》之规，谗言其兴可见矣。

《祈父传》谓："宣王之末，司马职废，羌戎为败。"按《通鉴外纪》："三十三年，王伐太原戎，不克。三十八年，王伐条戎、奔戎，王师败绩。三十九年，战于千亩，王师败绩于姜氏之戎。四十一年，王征申戎，破之。""转予于恤"，盖谓此四役也。

"尹氏不平"，此幽王所以亡。《春秋》于平王之末，书"尹氏卒"，见权臣之继世也。于景王之后，书"尹氏立王子朝"，见权臣之危国也。《诗》之所刺，《春秋》之所讥，以此坊民，犹有五侯擅汉、三马食曹之祸。

说:《郑志》注解《礼》在先,当时还没有开始注解《毛传》。)我认
为:仲山甫就是《仪礼》所谓的"伯某甫"。《周语》说:"樊仲山
父",大概"甫"与"父"通用。如果以仲山甫的"甫"为准,那尹
吉甫、蹶父、皇父、程伯休父,都可以用"甫"。近世解说《诗》
的就用这种写法而舍弃《笺》、《传》,这是崇尚新奇的过失。
(原注:《权德舆集》说:"鲁献公的次子叫山甫,去辅佐周王,其采邑
在樊。")

　　《左传》说:"诸侯各自远离他们的职位,来参加王朝的政
事。宣王长大后有远大志向,然后让他继承了王位。"《云汉》的
序言中说:"内心有拨乱反正的志向,如果不是立志远大如何能
让周室中兴?"

　　宣王很晚才起床,姜后请求处罚自己,所以《庭燎》一篇中
记载了宣王克服懒惰开始勤政的事迹。宣王杀了来劝谏的杜伯
而且不承认自己的罪行,于是能从《沔水》这篇规劝宣王的作品
中看到谏言的兴起。

　　《祈父传》说:"宣王末年,(任命祈父为司马)荒废了司
马这个职位,周军被羌戎击败。"《通鉴外纪》记载:"周宣王
三十三年,王师讨伐太原戎人,没有取胜。三十八年,王师讨伐
条戎、奔戎,王师战败。三十九年,王师在千亩姜氏之戎交战
被打败。四十一年,王师征讨申戎,打败了他们。""让我去征
戎。"大概说的就是这四次战役。

　　"太师尹氏执政不平",这是幽王和西周灭亡的原因。《春
秋》在周平王末年,写了"尹氏去世",可以看到权臣职位是世
袭的。在景王之后,写了"尹氏立王子朝为周王",可以看到权臣
对国家的危害。《诗》的讽刺,《春秋》的讥讽,用这些来规范人

"召彼故老，讯之占梦"，于是"即我御事，罔或耆寿俊在厥服"矣。"好谗慝暗昧"，"近顽童穷固"矣。商之"咈其耇长"，吴之"播弃黎老"，与乱同事也。

宣三十年，有兔舞于镐京，而赫赫宗周有寖微之象矣。幽二年，三川竭，岐山崩，而陵谷易处，有将亡之形矣。匪降自天，职竞由人。致此者人也，岂天所为哉？

《裳裳者华》，兴贤者功臣之子孙，世臣与国升降者也。王朝则周、召二公夹辅王室，家父、仍叔，二《雅》旧人。历汾王之乱、平王之迁犹在也。侯国则翼之九宗，遂之四氏，与封建之法相维持。彼汉之彧、群，魏之荀、何，江左之渊、俭，唐季之崔、柳，岂世臣之谓乎？

"执我仇仇，亦不我力"，周所以替也。"虽不能用，吾憝实之于耳"，楚所以乱也。"君且休矣，吾将思之"，汉所以微也。

"择三有事，亶侯多藏"，贪墨之臣为蟊贼；"小东大东，杼柚其空"，聚敛之臣为斧斤，《文侯之命》所谓"殄资泽于下民"也。是时虢石父好利用事，而皇父以卿士为群邪之宗。

们，还会发生汉代五侯独揽大权、司马懿家族三人取代曹氏的祸乱。

"但见老臣受征召，请他占梦来问讯"，于是"现在我的治事大臣，没有老成人长期在职"。是因为"任用奸邪昏庸的人"，"接近无知有穷凶顽恶的人"啊。商代"违逆年老长者"，吴国"弃置不用老臣"，也是一种动乱之事。

周宣王三十年，有群兔在镐京玩耍，于是显赫的周室逐渐有了衰弱的气象。周幽王二年，三川枯竭，岐山崩塌，丘陵和山谷位置互换，有将要灭亡的形势。这不是天意决定的，是人造成的。导致这种事情发生的是人啊，难道是上天做的吗？

《裳裳者华》，歌颂与国家同升降的功勋老臣们的子孙。周室为天子之初有周公、召公辅佐王室，家父、仍叔是二《雅》记载的功臣后人。他们家族经历了汾王之乱、平王东迁仍然存在。去了封国就保护一姓九宗，遂国的四大家族，与分封建国的祖法互相维持。汉代的荀彧、陈群，魏国的荀顗、何曾，南齐的褚渊、王俭，唐末的崔胤、柳璨，难道就是世臣吗？

"得到我后很慢待，不再重用与倚靠"，这是周朝灭亡的原因。"我虽然不能采用，但我愿意把它放在耳朵里"，这是楚国动乱的原因。"你先回去休息吧，我会好好思考的"，这是汉朝衰弱的原因。

"选择亲信作三卿，真是富豪多珍藏"，贪污的臣子是国家的害虫；"东方远近诸小国，织机布帛空荡荡"，搜刮财物的臣子是砍向国家的斧子，《文侯之命》所说的"没有福利德泽施给老百姓"。当时虢国的石父喜欢剥削国人取财，而卿士皇父为一群佞臣的首领。

"神之听之，终和且平"，朋友之信，可质于神明。"神之听之，式穀以女"，正直之道，无愧于幽隐。

杨泉《物理论》曰："稻、粱、菽各二十种，为六十，疏、果之实助谷各二十，凡为百谷。故《诗》曰：'播厥百谷'。"

《诗谱》引《传》曰："文王基之，武王凿之，周公内之。"《疏》云："未知此传在何书。"

三代之礼有损益，而所因者，未之有改也。以《公刘》之诗考之："君之宗之"，宗法始于此；"其军三单"，军制始于此；"彻田为粮"，彻法始于此。《周礼》有自来矣。

"咨女殷商"，犹贾山之借秦为谕也。周公戒成王"无若殷王受"，又曰："宜监于殷，骏命不易。"人君常闻危亡之言，则可保其安存矣。

"靡哲不愚"，司空图之耐辱也。"善人载尸"，裴度之晚节也。

孔子于《烝民》加四字而意自明；于《绵蛮》曰："于止知其所止，可以人而不如鸟乎？"此说《诗》之法。韩子于《菁菁者莪》屑屑训释，盖少作也。晚岁引《诗》，言"老成人重于典刑"，简而当矣。

考之《周语》，立鲁公子戏，则仲山甫谏。料民太原，则仲山甫又谏。然听之藐藐也。当时公卿，唯虢文公谏"不籍

"天上神灵请聆听，赐我和乐与宁静"，朋友之间的友情，可以找神明验证。"神灵就会听到这一切，从而赐你们福祉鸿运"，正直之道，在幽微之处也问心无愧。

杨泉《物理论》说："稻、粱、菽各有二十种，共六十种，疏、果各二十种与六十种谷算在一起，称为百谷。所以《诗》说：'去播种那些百谷杂粮'。"

《诗谱》引用《传》说："文王为它奠定了基础，武王实现了它，周公接受了啊。"《疏》说："不知道这个传在哪本书。"

上古三代的礼制有增有减，但是有些传承下来的没有改变过。以《公刘》这篇考察这件事："以公刘为领袖"，宗法制开始于此；"组织军队分三班"，军制开始于此；"开荒种粮治田畴"，开荒之法开始于此。《周礼》是有由来的。

"叹息殷商纣王"，如贾山借秦国灭亡为比喻。周公劝诫成王说"不要像殷王受那样"，又说："应该以殷为借鉴，国运不易永盛昌。"人君经常听到有关国家危亡的话，就能让国家存续下去。

"没有一个哲人不出现愚蠢的时候"，如司空图忍辱避祸。"好人像尸体一样没法倾诉"，如裴度保全晚节。

孔子在《烝民》中加了四个字，于是这首诗意思明了了；关于《缗蛮》说："在该停止的地方，我们都要知道在那里停止，在这方面人能不如鸟吗？"这是解说《诗》的方法。韩子对《菁菁者莪》琐屑地训释，应该是年轻时所作。晚年引用《诗》，说"老年人对于典刑很重要"，简短妥当。

考察《周语》，周宣王想立鲁公子戏为鲁国太子，仲山甫劝谏。周宣王在太原调查百姓户口，仲山甫又劝谏。但宣王不听劝

千亩"，而他无闻焉。此诗人所以有"爱莫助之"之叹。

"溥彼韩城，燕师所完"，《郑笺》以"燕"为"燕安"；王肃云："今涿郡方城县有韩侯城。（原注：见《水经注》。）燕，北燕国。"愚谓：《诗》云："奄受北国。"肃说为长。

"韩侯出祖，出宿于屠"，《毛氏》曰："屠，地名。"不言所在。潏水李氏以为同州鄜谷。今按《说文》有左冯翊鄜阳亭，（原注：同都切。）冯翊即同州也。潏水之言信矣。

《汉·恩泽侯表》曰："帝舅，缘《大雅》申伯之意。后之宠外戚者，率以是藉口。"自宣王褒申伯，而申侯终以召戎祸，犹可以为万世法乎？外戚秉政，未或不亡。汉亡于王莽、何进，晋亡于贾谧，唐几亡于杨国忠，石晋亡于冯玉。

"盗言孔甘，寇攘式内"，皆孟子所谓民贼也。有民贼则贼民兴。汉傅燮曰："天下之祸，不由于外，皆兴于内。"唐裴度曰："欲平贼，当先清朝廷。"真文忠公曰："内有衣冠之盗，而后外有干戈之盗。"

"大师维垣"，《郑笺》以为三公，王介甫以为大众。朱熹《集传》从王说。
《维天之命》传引孟仲子曰："大哉天命之无极，而美

谏。当时的公卿只有虢文公劝谏不要"取消籍田制",而其他人没有记载。所以诗人发出"想帮助但又无能为力"的叹息。

"扩建韩城,燕国征役来筑韩城",《郑笺》认为"燕"指"燕安";王肃说:"当今涿郡方城县有韩侯城。(原注:见《水经注》。)燕指的是北燕国。"我认为:《诗》中有:"管辖北方各国。"王肃的说法比较好。

"韩侯祖祭出行,首先住宿在杜陵",《毛氏》说:"屠,地名。"没说具体在哪。滽水李氏认为是同州郿谷。《说文》中提到左冯翊有郿阳亭,(原注:同都切。)冯翊就是同州。滽水李氏的话是可信的。

《汉书·恩泽侯表》说:"帝舅,缘自《大雅》中的申伯。后来天子宠幸外戚的,大都以他为借口。"自从宣王封赏申伯,而申伯的侄子申侯最终联合西戎灭亡西周,仍然值得后世效法吗?外戚秉持政权,国家没有不灭亡的。西汉灭亡于王莽,东汉灭亡于何进,晋灭亡于贾谧,唐差点灭亡于杨国忠,石晋灭亡于冯玉。

"盗贼谗人话甜蜜","强横窃据朝廷上",都是孟子所说的残害人民的人。有残害人民的人那么犯上作乱之民就会兴起。汉代傅燮说:"天下的祸乱,不是产生于外部,都是兴起于内部。"唐代裴度说:"想要平定反贼,要先清理朝廷内部。"真德秀说:"内部有衣冠楚楚的强盗,然后外部才有拿着刀枪的强盗。"

"民众好比围墙高耸",《郑笺》认为大师指三公,王介甫认为大师指大众。朱熹《集传》依从王氏的说法。

《维天之命》传引用孟仲子说:"天命没有中心没有边际,

周之礼也。"《诗谱》云:"子思论《诗》'于穆不已',孟仲子
曰:'于穆不似'。"(原注:仲子,子思之弟子。)《閟宫传》引孟
仲子曰:"是禖宫也。"《序录》云:"子夏传曾申,申传魏人
李克,克传鲁人孟仲子。"(原注:《孟子注》:孟仲子,孟子之从
昆弟。学于孟子者,岂名氏之同欤?)

　　《笔谈》云:"'彼徂矣岐,有夷之行',《朱浮传》作
'彼岨者岐,有夷之行。'"今按《后汉·朱浮传》无此语。
《西南夷传》:"朱辅上疏曰:'《诗》云:彼徂者岐,有夷之
行。'"注引《韩诗·薛君传》曰:"徂,往也。"盖误以"朱
辅"为"朱浮",亦无"岨"字。

　　欧阳公《时世论》曰:"《昊天有成命》'二后受之,成
王不敢康',所谓二后者,文、武也,则'成王'者,成王也。
当是康王以后之诗。《执竞》'不显成康',所谓'成康'者,
成王、康王也。当是昭王已后之诗。《噫嘻》曰'噫嘻成王'
者,亦成王也。"范蜀公《正书》曰:"《昊天有成命》言文、
武受天命以有天下,而成王不敢以逸豫为也。此扬雄所谓
'康王之时,颂声作于下'。'自彼成康,奄有四方',祀武王
而述成、康,见子孙之善继也。班孟坚曰:'成、康没而颂声
寝。'言自成、康之后,不复有见于《颂》也。"朱熹《集传》
与欧、范之说合。

　　《昊天有成命》"二后受之,成王不敢康。"朱熹引《国

而将于品德完备的文王身上。"《诗谱》说:"子思论《诗》'多么庄严啊没有止息',孟仲子说成是:'于穆不似'。"(原注:仲子,子思之弟子。)《閟宫传》引用孟仲子说:"是姜嫄之庙。"《序录》说:"子夏传授曾申,曾申传授魏人李克,李克传授鲁人孟仲子。"(原注:《孟子注》:孟仲子,孟子的堂弟。向孟子请教学习的人,怎么会连姓氏都相同呢?)

《笔谈》说:"'他率领民众云集岐山,阔步行进在康庄大道',《朱浮传》写为'彼岨者岐,有夷之行。'"《后汉书·朱浮传》没有这句话。《西南夷传》记载:"朱辅上疏说:'《诗》说:彼岨者岐,有夷之行。'"注引用《韩诗·薛君传》说:"岨就是去往的意思。"大概误把"朱辅"当成了"朱浮",而且也没有写成"岨"字。

欧阳公《时世论》说:"《昊天有成命》中'文、武二王接受天命,成王不敢贪图安乐,',所谓二后,指的是文王、武王,那'成王'值得就是成王。应当是康王以后的诗。《执竞》中'成康二王真显赫,',所谓'成康',指的是成王、康王。应当是昭王以后的诗。《噫嘻》有'成王轻声感叹作祈告',也是成王。"范蜀公《正书》说:"《昊天有成命》提到文王、武王接受天命取得天下,而成王不敢有闲适安乐的行为。这是扬雄所谓的'康王的时侯,民众创作了颂歌'。'从那成康时代起,拥有天下占四方',祭祀武王而称赞成王、康王,是看到武王的子孙继承了他的善政。班孟坚说:'成王、康王去世后颂歌消失了。'说自从成王、康王之后,没有哪位君王出现在《颂》中了。"朱熹《集传》与欧氏、范氏的说法相同。

《昊天有成命》中说"文、武二王接受天命,成王不敢贪图

语》叔向曰："是道成王之德也。成王能明文昭，定武烈者
也。其为祀成王之诗无疑。"愚观《贾谊书·礼容语》引叔
向曰："'二后'，文王、武王。成王者，武王之子，文王之孙
也。文王有大德而功未就，武王有大功而治未成，及成王承
嗣，仁以临民，故称'昊天'焉。"其义尤明。

欧阳公《诗论》："古今诸儒谓'来牟'为麦者，更无
他书所见，直用二《颂》毛、郑之说。来牟为麦，始出于毛、
郑，而二家所据，乃臆度伪《大誓》不可知之言。愚按：刘向
《封事》，引"饴我釐麰"，"釐麰，麦也，始自天降。"《文
选》注引《韩诗》"贻我嘉麰"，薛君曰："麰，大麦也。"毛、
郑之说，未可以为非。（原注：《毛氏传》：牟，麦也。《郑笺》：赤
乌以牟麦俱来。《广雅》：䅈以为来小麦，牟大麦。以刘向说参考，
当从古注。）

陈少南不取《鲁颂》，然"思无邪"一言，亦在所去乎？

《晋姜鼎铭》曰："保其孙子，三寿是利。"《鲁颂》"三
寿作朋"，盖古语也。先儒以为"三卿"，恐非。

商、周之《颂》，皆以告神明。太史公曰："成王作
《颂》，推己惩艾，悲彼家难。"至《鲁颂》始为溢美之言，
所谓"善颂"、"善祷"者，非商、周之体也。后世作颂，效鲁
而近谀，又下矣。

安乐。"朱熹引用《国语》叔向说："是说成王的德行。成王是文德昭著、有武功的人。这首诗无疑是祭祀成王的诗。"我看《贾谊书·礼容语》引用叔向说："'二后'指文王、武王。成王是武王的儿子，文王的孙子。文王有高尚的品德而功业未成，武王有大功业而没来得及治理国家，等到成王即位，用仁来对待人民，所以称他是'昊天'。"这意思很明了。

欧阳公《诗论》说："古今的儒生说'来牟'是麦子，没有见到其他书有这种说法，直接引用毛、郑对二《颂》的解释。来牟是麦子，是毛、郑首先提出，而二者的依据，是猜测伪《大誓》中不明不白的话。我认为：刘向的《封事》引用"赠送我麦子"，"厘麰是麦子的意思，最开始是上天赠与的。"《文选》注引用《韩诗》"赠送我好麦子"，薛君说："麰是大麦。"毛、郑的说法，不能认为是错的。（原注：《毛氏传》：牟，麦也。《郑笺》：赤乌以牟麦俱来。《广雅》：开始认为来是小麦，牟是大麦。以刘向说作为参考，应当依从古注。）

陈少南认为《鲁颂》可以删掉不解释，那"心无邪意"这句话也要去掉吗？

《晋姜鼎铭》说："保佑他的孙子能活到三寿命。"《鲁颂》"有上中下三寿比并"，大概都是古语。先儒认为是指"三卿"，恐怕不是。

商、周两《颂》，都是用来祭祀先祖神明的诗篇。太史公说："成王作《颂》，推究自己发生过错的原因而引起警惕，惊惧国家的难处。"到《鲁颂》开始出现溢美的文辞，所谓的"颂扬之中带有规劝"，不是商、周诗的风格了。后世作颂的，效法鲁而近于阿谀，还不如鲁颂。

或谓文之繁简，视世之文质。然商质而周文，《商颂》繁而《周颂》简，文不可以一体观也。

《法言》曰："正考甫常睎尹吉甫矣，公子奚斯常睎正考甫矣。"司马公注《杨子》，谓："正考甫作《商颂》，奚斯作《閟宫》之诗，故云然。"愚按：《史记·宋世家》："襄公之时，修仁行义，欲与盟主。其大夫正考甫美之，故追道契、汤、高宗，殷所以兴，作《商颂》。"注云："《韩诗章句》美襄公。"《乐记》："温良而能断者，宜歌商。"郑康成注谓"商、宋诗。"盖用《韩诗》说也。考之《左传》，正考甫佐戴、武、宣。《世本》：正考甫生孔父嘉，为宋司马，华督杀之，而绝其世。皆在襄公之前，安得作《颂》于襄公之时乎？《后汉·曹褒传》"奚斯颂鲁，考甫咏殷"，注引《韩诗》"新庙奕奕，奚斯所作。"《薛君传》云："是诗，公子奚斯所作。""正考甫，孔子之先也，作《商颂》十二篇。"《诗正义》云："奚斯作《新庙》，而汉世文人班固、王延寿谓《鲁颂》奚斯作，谬矣。"然扬子之言，皆本《韩诗》，时《毛诗》未行也。（原注：薛汉世习《韩诗》，父子以章句著名。《冯衍传》注引薛夫子《韩诗章句》，即汉也。）

"《长发》，大禘"，《笺》云："郊，祭天也。""《雝》，禘大祖"，《笺》云："大祭也，大于四时而小于祫。"郑康成以祭天为禘，与宗庙大祭同名。《春秋纂例》赵子已辩其失

有人说文章的繁缛简洁,要看时代风气是文饰或朴实。商代朴实而周代文饰,但《商颂》繁缛而《周颂》简洁,所以说文章不能只用一种观点去看。

《法言》说:"正考甫常常眺望尹吉甫,公子奚斯常常眺望正考甫。"司马公注《杨子》,说:"正考甫创作了《商颂》,奚斯创作了《閟宫》诗,所以这样说。"我认为:《史记·宋世家》记载:"宋襄公时,仁义得以施行,周天子打算让他做诸侯的盟主。他的大夫正考甫称赞他,所以追述契、汤、高宗等人,他们使殷商兴起,作了《商颂》。"注说:"《韩诗章句》以为是称赞宋襄公。"《乐记》说:"温和善良而又能决断,应当是歌颂殷商。"郑玄注说"歌颂商、宋的诗。"采用了《韩诗》说法。考察《左传》,正考甫辅佐过宋戴公、宋武公、宋宣公。《世本》记载:正考甫生了孔父嘉,孔父嘉是宋国司马,华督杀了他,而且断了他的家世传承。这些事都在宋襄公之前,他怎么能在宋襄公时作《商颂》呢?《后汉书·曹褒传》记载"奚斯歌颂鲁国,考甫歌咏殷商",注引用《韩诗》"新修庙堂光彩融融,大夫奚斯写成此诗。"《薛君传》说:"这首诗是公子奚斯所作。""正考甫是孔子的祖先,作了《商颂》十二篇。"《诗正义》说:"奚斯作了《新庙》,而汉代文人班固、王延寿说《鲁颂》是奚斯所作,错了。"然而扬子的话,都源于《韩诗》,当时《毛诗》还没有流行于世。(原注:薛汉世学习《韩诗》,父子二人皆以章句著名。《冯衍传》注引薛夫子《韩诗章句》,即汉也。)

"《长发》是说大祭",《笺》说:"郊是祭天的意思。""《雝》,祭祀最早的祖先",《笺》说:"是一种大祭,大于四时祭而小于祫祭。"郑玄认为祭天是禘,与宗庙大祭同名。

矣。王肃以禘、祫为一祭，亦非也。禘与祫异，祫则太祖东向，毁庙及群庙之主，昭南穆北，合食于太祖。禘则祖之所自出者，东向，惟以祖配之。今混禘于祫，宗庙有祫无禘。

范宁《谷梁序》："孔子就太师正《雅》《颂》，因鲁史修《春秋》，列《黍离》于《国风》，齐王德于邦君，明其不能复《雅》，政化不足以被群后也。"然《左传》襄二十九年，季札观乐于鲁，已为之歌《王》矣。孔子至哀十一年始自卫反鲁，乐正，《雅》《颂》得所，则降《王》于《国风》，非孔子也。

《隰有苌楚》笺云："人少而端悫，则长大无情欲。"胡邦衡《解学记》取之。

《吕氏春秋》："宁戚饭牛，居车下，望桓公而悲，击牛角疾歌。"高诱注以为歌《硕鼠》，不知何所据？（原注：《三齐记》载宁戚歌，所谓"南山矸，白石烂"者是也。）

"四月秀葽"，诸儒不详其名，唯《说文》引刘向说，以为苦葽。曹氏以《尔雅》、《本草》证之，知其为远志。

董氏举侯包言："卫武公作《抑》诗，使人日诵于其侧。"朱熹谓不知此出在何处。愚考侯包之说见于《诗》正

《春秋纂例》中赵子已经辩明他的错误。王肃以为禘、祫是一祭，也不是。禘与祫不同，祫祭太祖的排位向东，在毁庙和群庙的主位，昭的排位放在南边，穆的排位放在北边（父辈牌位放在左边为昭，儿辈牌位放在右边为穆。二世为昭，三世为穆），与太祖一起享用祭品。禘祭指祭最早的祖先，排位向东，只有太祖享用祭品。如今把禘祭混入祫祭中了，宗庙祭祀只有祫祭，没有禘祭。

范宁《谷梁序》说："孔子任职太师时纠正《雅》《颂》，按鲁国史修订了《春秋》，把《黍离》排入《国风》中，按照天子的德行要求各诸侯国国君，知道他不能恢复礼制，政治教化不足福荫后世。"然而《左传》记载鲁襄公二十九年，季札在鲁国观乐，鲁国已经为他歌唱了《王》。孔子在鲁哀公十一年时才从卫国返回鲁国，纠正礼乐，将《雅》《颂》复原，那么把《王》排入《国风》的，不是孔子。

《隰有苌楚》笺说："人少年时正直诚谨，长大没有逾礼的情欲。"胡邦衡《解学记》采用了这一说法。

《吕氏春秋》说："宁戚在车前给牛喂食，看到齐桓公而悲伤，敲打着牛角，唱着很悲伤的歌曲。"高诱注认为是歌唱《硕鼠》，不知道有什么依据？（原注：《三齐记》记载宁戚歌，也就是所谓"南山矸，白石烂"的就是指这件事。）

"四月远志结了籽"，各位儒学大师都不知道蒉具体的名称，只有《说文》引用刘向的说法，认为是苦蒉。曹氏通过《尔雅》、《本草》考察它，知道它是远志。

董氏举出侯包的话："卫武公写作了《抑》诗，让人每天在他旁边诵读。"朱熹说这个说法不知出自哪里。我考察侯包的

义。《隋·经籍志》：“《韩诗翼要》十卷，侯包撰。”然则包学《韩诗》者也。

《秦诗》“在其板屋”，西戎地寒，故以板为屋。张宣公《南岳唱酬序》云：“方广寺皆板屋，问老宿，云：‘用瓦辄为冰雪冻裂。’自此如高台、上封皆然。”（原注：《汉·地理志》：天水陇西，民以板为屋。以南岳观之，非独西陲也。）

“唐棣之华”“维常之华”，协“车”字；“黍稷方华”，协“涂”字；“隰有荷华”，协“且”字。曹氏谓：“华”当作“花”，音“敷”。盖古“车”本音“居”。《易》曰：“睽孤见豕负涂，载鬼一车。”“来徐徐，困于金车。”其音皆然。至《说文》有“尺遮”之音，乃自汉而转其声。愚按：《何彼秾矣》，《释文》或云“古读‘华’为‘敷’”，与“居”为韵。后放此。”朱文公《集传》并著二音，而以音“敷”为先。

“野有蔓草，零露溥兮。有美一人，清扬婉兮”，溥音“团”，《集传》叶上兖反。颜氏《正俗》云：“按吕氏《字林》作‘霉’，上兖反。训云：露貌。音与‘婉’类。”

“艺麻如之何？衡从其亩”。颜氏云：“《礼》‘今也衡缝’，衡即横也，不劳借音。徐氏“音横”，失之矣。”

说法记载于《诗》正义。《隋书·经籍志》："侯包撰写了《韩诗翼要》十卷。"那么侯包是学《韩诗》的。

《秦诗》"他去从军住板屋"，西方地区寒冷，所以用木板建造屋子。张宣公《南岳唱酬序》说："方广寺都是用木板建造的屋子，询问老年人原因，回答说：'用瓦的话很快就会被冰雪冻裂了。'这里的高台寺、上封寺都是这样。"（原注：《汉书·地理志》：天水陇西，人民都用木板建房子。以南岳观之，不是只有西方建房子才用木板。）

"如同唐棣花般美妍"，"是棠棣花"中的"花"读成"车"；"麦苗青青夏初"中的"华"读作"鲞"；"池里有美艳的荷花"中的"华"读作"且"。曹氏说："华"应当写作"花"，读音为"敷"。古时"车"的本音读"居"。《易》说："乖离而孤独，看到涂满泥土的猪，车辆载了一车鬼。""那个人被关押在囚车里，慢慢地走来。"其中"车"的读音都是"居"。"车"字到了《说文》里才有"尺遮反"的读音，是从汉代改变了这字的读音。我认为：《何彼秾矣》，《释文》记载有人说"古时把'华'读作'敷'"跟"居"是同一韵部。后人效仿这个说法。"朱文公的《集传》把二音都记录了，把读音"敷"放在前面。

"郊野蔓草青青，缀满露珠晶莹。有位美丽姑娘，眉目流盼传情"，漙读音为"团"，《集传》说临时读成"上兖反"。颜氏《正俗》："吕氏《字林》说'専'，上兖反。训说：露水的样子。读音与'婉'接近。"

"种麻该当怎样？纵横耕耘田亩"。颜氏说："《礼》中'现在的吉冠是横缝的'，衡就是横，不需要借音。徐氏说'衡'的'读音是横'，错了。"

《干旄》四马，至于"五之"、"六之"，犹《缁衣》之"改为"也。《权舆》"四簋"，至于"每食不饱"，犹醴酒之"不设"也。君子之去就，于其心，不于其礼。

营谢、戍申，其笃于母家一也。一美焉，一刺焉。宣王亲亲，平王忘雠也。

《孝经》言卿大夫之孝曰："非先王之法服不敢服；非先王之法言不敢道；非先王之德行不敢行。"孟子谓曹交曰："服尧之服，诵尧之言，行尧之行。"圣贤之训，皆以服在言行之前，盖服之不衷，则言必不忠信，行必不笃敬。《中庸》修身，亦先以"齐明盛服"。《都人士》之"狐裘黄黄"，所以"出言有章，行归于周"也。

"召公是似"，"南仲大祖"，世济其美也。逄有充，超叛鉴，苏文忠慨焉。彧附曹，群忘汉，朱文公恼焉。

"敬之，群臣进戒嗣王。"《荀子》云："天子即位，上卿进曰：'能除患则为福。'中卿进曰：'先事虑事，先患虑患。'下卿进曰：'敬戒无怠。'"群臣进戒始以敬，三卿授策终以敬，此心学之原也。伊尹训太甲曰："祗厥身。"召、

《干旄》开始说四马，到后面"五之"、"六之"，如同《缁衣》中的"又做一件衣衫"（礼遇愈加丰厚）。《权舆》中的"每天吃四簋"，到后面"每天挨饿顿顿吃不饱"，如同楚王戊没有为穆生准备醴酒一样。君子的去留，在于君主的心意，不在于礼的厚重。

营建谢邑、戍卫申国，他们都忠实专一于母家。但一个是称赞，一个是讽刺。周宣王爱自己的亲属，周平王忘记自己的仇人。

《孝经》论及公卿大夫的孝道说："不是先代圣明君王所制定的合乎礼法的衣服不敢穿戴，不是先代圣明君王所说的合乎礼法的言语不敢说；不是先代圣明君王实行的道德准则和行为不敢去做"孟子对曹交说："穿着尧所穿的衣服，说尧所说的话，做尧所做的事。"圣贤的训诫，都把衣着放在言行的前面，大概是因为衣着不善不诚，说话必定不忠诚信实，行为必定不笃厚敬肃。《中庸》论到修身，也先说"洁净心灵，服饰端庄"。《都人士》衣着"狐皮袍子亮黄黄"，所以能够"说出话来像文章，行为遵循周礼"。

"你要继承召公传统"，"名将南仲是这重臣的始祖"，后世称赞他们的美德。贾逵有儿子贾充继承了他的美德，郗超叛离了父亲郗鉴的忠义，苏轼很感慨。荀彧依附了曹操，陈群忘记了汉室，朱熹为他们感到悲伤。

"群臣进言劝诫新君要恭敬。"《荀子》说："天子刚刚即位，上卿进言说：'能免除祸患的就是有福，不能免除就会受到伤害。'中卿进言说：'在事情发生前就考虑到事情的发展过程，在祸患到来之前就已经考虑到了。'下卿进言说：'要警惕

毕告康王曰:"今王敬之哉!"皆以此为告君第一义。

叶氏云:"汉世文章未有引《诗序》者。魏黄初四年诏
云:'《曹诗》刺远君子,近小人。'盖《诗序》至此始行。"

朱熹《诗序辩说》多取郑渔仲《诗辩妄》。艾轩谓:"欧
阳公《诗本义》不当谓之《本义》,古人旨意精粹,何尝如此
费辞?"

《唐志》:"《毛诗草木虫鱼图》二十卷。开成中,文宗
命集贤院修撰并绘物象。学士杨嗣复、张次宗上之。"按
《名贤画录》:"太和中,文宗好古重道,以晋明帝朝,卫协
画《毛诗图》,草木鸟兽、古贤君臣之像,不得其真,召程修
己图之。皆据经定名,任意采掇。由是冠冕之制,生植之姿,
远无不详,幽无不显。"然则所图非止草木虫鱼也。(原注:
《隋志》:梁有《毛诗古贤圣图》二卷。)

格物之学,莫近于《诗》。关关之雎,挚有别也;呦呦之
鹿,食相呼也。德如鸤鸠,言均一也;德如羔羊,取纯洁也
仁。如驺虞,不嗜杀也。鸳鸯在梁,得所止也;桑扈啄粟,失
其性也。仓庚,阳之候也;鸣鵙,阴之兆也。蒹葭露霜,变也;
"桃虫拚飞",化也。"鹤鸣于九皋,声闻于野",诚不可掩
也;"鸢飞戾天,鱼跃于渊",道无不在也。"南有乔木",正

啊不要懈怠。'"群臣进言劝诫以敬开始,三卿传授治国方略以敬结束,这心学的开端。伊尹训诫太甲说:"当以这些教导警戒自身。"召公、毕公告戒康王说:"王要尊敬它!"都把敬作为首先要告诫君王的。

叶氏云:"汉代的文章没有引用《诗序》的。曹魏黄初四年的诏文中说:'《曹诗》讽刺远离君子,亲近小人。'大概《诗序》从此开始流行于世。"

朱熹《诗序辩说》中多采用郑渔仲的《诗辩妄》。艾轩说:"欧阳公《诗本义》不应该叫作《本义》,古人的主旨意义精炼纯粹,哪有那么多长篇大论?"

《唐志》记载:"有《毛诗草木虫鱼图》二十卷。开成年间,唐文宗命令集贤院修撰并画出《诗经》中的物象。学士杨嗣复、张次宗呈上了这二十卷书。"我注意到《名贤画录》记载:"太和年间,唐文宗喜爱古人之道,因为晋明帝时代的卫协画了《毛诗图》,其中有草木鸟兽、古贤君臣的画像,画得不太真实,于是唐文宗命程修己画出来。都根据诗经记载命名,任随其意的选取。于是古代冠冕制读,动植物的姿态,虽然时间久远但是都很详细,幽微的地方也都显现。"那么画的不只是草木虫鱼啊。
(原注:《隋志》:南梁有《毛诗古贤圣图》二卷。)

没有比《诗》更接近穷究事物的道理的学问了。关关和鸣的雎鸠,情意极为深厚,却又能保持一定的距离;呦呦欢鸣的鹿儿,说宴会主人也有如同野鹿和睦群处、相呼共食一样的恳诚之心。品德如同布谷鸟,是说布谷鸟对待自己的孩子平均如一;品德如同羔羊,指的是它洁白的羊毛;如同驺虞一样仁义,是劝诫人不要嗜杀。鸳鸯在水中的石头上休息,知道自己该于

女之操也；"隰有荷华"，君子之德也。"匪鳣匪鲔"，避危难也；"匪兕匪虎"，慨劳役也。《蓼莪》、《常棣》，知孝友也；《蘩蘋》、《行苇》，见忠信也。《葛屦》褊而《羔裘》怠也；《蟋蟀》俭，而《蜉蝣》奢也。"爰有树檀，其下维穀"，美必有恶也；"周原膴膴，堇荼如饴"，恶可为美也。黍以为稷，心眩于视也；蝇以为鸡，心惑于听也。"绿竹猗猗"，文章著也；"皎皎白驹"，贤人隐也。"赠以勺药"，"贻我握椒"，芳馨之辱也；"焉得谖草"，"言采其虻"，忧思之深也。"柞棫斯拔"，"侯薪侯蒸"，盛衰之象也；"凤凰于飞"，"雉离于罗"，治乱之符也。《相鼠》、《硕鼠》，疾恶也；《采葛》、《采苓》，伤谗也。引而伸之，触类而长之，有多识之益也。

诵《诗》三百，"不能专对"，"不足以一献"。皆诵言而忘味者也。自赐、商之后，言《诗》莫若孟子，其述孔子之言，以为知道者二：《鸱鸮》、《烝民》是也。如《灵台》、《皇

何处止息；桑扈鸟吃谷物，是失去了食肉的天性。"黄莺"出现是天气将转暖的征兆；"黄莺鸣叫"，是天气转寒的征兆。"白露在芦苇上凝结成霜"，事情要有转机变化了；"鹙鹒飞扬"（转眼由小鸟称大鸟），是事物的变化转换。"鹤在曲折深远的沼泽中鸣叫，声音穿遍四野"，有些事是无法掩饰住的；"老鹰在天空中飞翔鸣叫，鱼从深潭中跳跃出来"，道无处不在。"南山乔木大又高"，如同女子的操守；"池里有美艳的荷花"，如同君子的美德。"为人不如鲤和鲜"，说的是逃避祸患；"既非野牛又非虎"，慨叹劳役的繁重。由《蓼莪》、《常棣》，知到了事父母孝顺、对兄弟友爱；有《繁蓣》、《行苇》，看到了忠实诚信。《葛屦》说狭隘，《羔裘》说懈怠；《蟋蟀》说俭朴，《蜉蝣》说奢侈。"檀树高高枝叶密，下面楮树矮又细"，什么事都有美中不足的地方；"周原土地真肥美，董菜苦菜都像糖"，坏事可以转化为好事。把稷说成是黍，心中有忧虑而迷惑了眼睛；把蝇叫当成鸡叫，是心中警惧才听错。"碧绿竹林片片连"，礼乐法度就显现了；"马驹毛色白如雪"，于是贤人就隐逸了。"送给她一支芍药"，"送我花椒一大束"，花的芳香被辱没了；"哪儿去找忘忧草"，"采摘贝母治忧郁"，是忧思太深。"柞树棫树都已砍完"，"粗细只能当柴烧"，是天下盛衰的象征；"青天高高凤凰飞"，"山鸡落网惨凄凄"，是天下治乱的表现。《相鼠》、《硕鼠》，说的是憎恨奸邪；《采葛》、《采苓》，说的是被谗言中伤。《诗经》由动植物引申出来描述社会现实，有丰富知识的益处。

　　读《诗》三百篇，"不能随机应变，独立应对"，"不能圆满地完成仅仅用一献的小祀"。都是只读文辞而忘记其中深意的人。自从孔子弟子子夏（卜商）与子贡（端木赐）之后，解说

矣》、《北山》、《云汉》、《小弁》、《凯风》，深得诗人之心，以意逆志，一言而尽说《诗》之要。学《诗》必自孟子始。

申、毛之诗，皆出于荀卿子，而《韩诗外传》多述荀书。今考其言"采采卷耳"、"鸤鸠在桑"、"不敢暴虎，不敢冯河"，得《风》、《雅》之旨。而引《逸诗》尤多，其孔笔所删欤？

《法言》曰："守儒：辕固，申公。"二子无愧于言《诗》矣。王式以《三百五篇》谏，亦其次也。彼语《诗》"解颐"者，能无愧乎？

《草木鸟兽虫鱼疏》，陆玑字元恪所撰，非陆机也。

"郑氏《诗谱》，徐整畅，太叔裘隐。"（原注：见《释文序录》。）《隋志》："太叔求及刘炫注。"《古今书录》云："徐正阳注。"《馆阁书目》谓：注者为太叔求，而不考《叙录》。徐正阳疑即徐整，误以"整"为"正"，"畅"为"阳"也。（原注：整，字文操，吴太常卿。）

《诗纬含神雾》曰："集微揆著，上统元皇，下序四始，罗列五际。"又曰："《诗》者，天地之心，君德之祖，百福之宗，万物之户也。"《推度灾》曰："建四始、五际，而八节通。"《泛历枢》曰："午亥之际为革命，卯酉之际为改正。辰在天门，出入候听。卯，《天保》也。酉，《祈父》也。午，《采芑》也。亥，《大明》也。《大明》在亥，水始也。《四

《诗》的没有人比得上孟子，他追述孔子的话，认为通晓道的有
两篇：《鸱鸮》、《烝民》。如《灵台》、《皇矣》、《北山》、《云
汉》、《小弁》、《凯风》等篇在后世诗人中很受欢迎，用自己
的心思去揣度别人的意图。用一句话说尽《诗》的要义就是学
《诗》必须从孟子的解读开始。

　　申培、二毛的诗注解，都是出自荀子，而《韩诗外传》大都
是陈述荀子的书。今天考察他"采呀采呀采卷耳"、"布谷筑巢
桑树上"、"不敢空手去打虎，不敢徒步去过河"，能明白《风》、
《雅》的旨要。引用了很多《逸诗》，这些是孔子所删掉的吗？

　　《法言》说："守成的儒者：辕固，申培。"二人不愧能解说
《诗》。王式用《三百五篇》劝谏，排在他们之后。说《诗》能令
人"开颜欢笑"的，也能同心无愧吗？

　　《草木鸟兽虫鱼疏》，是陆玑，字元撰写的不是陆机。

　　"郑氏《诗谱》记载，徐整极力发挥诗义，太叔裘努力缩小
诗义。"（原注：见《释文序录》。）《隋志》记载："是太叔求和刘
炫注解。"《古今书录》说："是徐正阳注解。"《馆阁书目》说：
注者以为是太叔求，而没有参考《序录》。徐正阳可能就是徐
整，误把"整"当成"正"，把"畅"写成"阳"。（原注：整，字文操，
吴太常卿。）

　　《诗纬含神雾》说："搜集各种短句和著作，上与元皇统
一，下面排列了四始，罗列了五际。"又说："《诗》是天地的中
心，是君主德行的主要构成部分，是各种幸福的源头，是万物
的归属。"《推度灾》说："弘扬四始、五际，而八节通行天下。"
《泛历枢》说："午亥之际国家将要动荡，卯酉之际是改朝换
代的时候。辰星在天门伺察监听人事变迁。卯是《天保》。酉是

牡》在寅，木始也。《嘉鱼》在巳，火始也。《鸿雁》在申，金始也。"翼奉学《齐诗》，闻五际之要《十月之交》篇。郎𫖮曰："四始之缺，五际之厄。"五际本于《齐诗》，四始与《毛诗序》异。盖习闻其说，而失之也。

曹氏《论诗》云："诗之作本于人情，自生民以来则然：太始天皇之策，包羲罔罟之章，葛天之八阕，康衢之民谣。"愚按：《素问·天元纪大论》：鬼臾区曰："积考《太始天元册》，文曰：'太虚寥廓，肇基化元。万物资始，五运终天。布气真灵，总统坤元。九星悬朗，七曜周旋。曰阴曰阳，曰柔曰刚。幽显既位，寒暑弛张。生生化化，品物咸章'。"盖古诗之体始于此，然伊川谓《素问》出于战国之末。

《文粹》李行修云："刘迅说《诗》三千言，言《诗》者尚之。"今考迅作《六说》以继《六经》，自"孔氏"至"考乱"，凡八十九章。取汉史诏书及群臣奏议以拟《尚书》。又取《房中歌》至《后庭斗百草》、《临春乐》、《小年子》之类凡一百四十二篇，以拟雅章。又取《巴渝歌》、《白头吟》、《折杨柳》至《谈容娘》，以比《国风》之流。然文中子尝续经矣。朱熹谓："高、文、武、宣之制，岂有'精一执中'之传？曹、刘、颜、谢之诗，岂有'物则秉彝'之训？"况迅乎！

《祈父》。午是《采芑》。亥是《大明》。《大明》在亥，是水的源头。《四牡》在寅，是木的源头。《嘉鱼》在巳，是火的源头。《鸿雁》在申，是金的源头。"翼奉学习了《齐诗》，听闻五际的关键在于《十月之交》篇。郎颖说："四始之缺，五际之厄。"五际的说法源自《齐诗》，四始与《毛诗序》的说法不同。大概是学习了毛诗，而又舍弃了一部分。

曹氏《论诗》说："诗的创作源自人的性情，自从上天刚刚降生人民以来都是这样：炎帝伊耆氏的芦苇歌，伏羲氏的渔歌，葛天氏的八阕，四通八达的大路上的民谣。"我认为：《素问·天元纪大论》记载：鬼臾区说："多次考察《太始天元册》，文中说：'自然界无边无际，是一切生命现象产生的基础和源泉，万物因为有了它而开始，五运的周天运动促进了万物的生长发育，上天总统着生化万物的大地。九星明朗高照于天空，七曜在环周旋转。形成了阴阳刚柔不同性质的物类。昼夜寒暑交替。万物不断生长变幻，全部彰显各自的性质。'"大概古诗的体制发源于此，然而伊川说《素问》创作于战国末期。

《文粹》记载李行修说："刘迅用三千字解《诗》，论《诗》的人很推崇他。"今天考察刘迅写作《六说》来承续《六经》，从"孔氏"篇到"考乱"篇共八十九章。摘取了汉代史书、诏书以及群臣的奏议来比拟《尚书》。又摘取《房中歌》与《后庭斗百草》、《临春乐》、《小年子》之类共一百四十二篇，来拟《雅》诗。又摘取《巴渝歌》、《白头吟》、《折杨柳》至《谈容娘》，来比拟《国风》之类。文中子曾经尝试过续写经书。朱熹说："汉高祖、汉文帝、汉武帝、汉宣帝等帝王的制度，难道有'精研专一，诚实保持着中道'的传成？曹、刘、颜、谢之诗，难道有'物

艾轩曰："九德、九夏，《雅》、《颂》之流也。《貍首》，《风》也。幽之《雅》、《颂》犹《鲁颂》也。"薛士龙曰："《诗》之音律，犹《易》之象数。"

说《诗》者，谓宋襄公作《韹钟》之乐。案《博古图》有宋公成韹钟。《大晟乐书》："应天得六钟，篆其带曰荃钟。诏谓：'获英荃之器，于受命之邦。'"此奸谀傅会之言。宋公成亦非襄公，用以说《诗》，陋矣。

《大学》"止于至善"，引《诗》者五；"齐家"，引《诗》者三。朱熹谓："咏叹淫液，其味深长，最宜潜玩。"《中庸》末章凡八引《诗》，朱熹谓："衣锦尚絅"至"不显维德"，始学成德之序也。"不大声以色"至"无声无臭"，赞不显之德也。反复示人，至深切矣。《孝经》引《诗》十，引《书》一，张子韶云："多与《诗》、《书》意不相类，直取圣人之意而用之。是《六经》与圣人合，非圣人合《六经》也。或引或否，卷舒自然，非先考《诗》、《书》而后立意也。《六经》即圣人之心，随其所用，皆切事理。此用经之法。"

束皙《补亡诗》"循彼南陔"，释曰："陔，陇也。"《群经音辩》云："《序》曰：'孝子相戒以养。''陔'当训'戒'。《乡饮酒》、《燕礼》：'宾醉而出，奏《陔夏》。'郑氏注：'陔之言戒也。'以《陔》为节，明无失礼。与《诗序》义

的法则，人的常性'的训诫？"何况刘迅呢！

艾轩说："九德、九夏如同《雅》、《颂》之类。《狸首》如同《风》诗。豳地的《雅》、《颂》如同《鲁颂》。"薛士龙："《诗》中的音律，如同《易》中的象数。"

论《诗》的人，说宋襄公创作了《韶钟》乐。我注意到《博古图》中记载了宋公制作了韶钟。《大晟乐书》记载："顺应天命获得了六钟，在它的带子上书写说是茎钟。下诏说：'在接受天命的邦国获得了演奏英茎的器物。'"这是奸人阿谀附会的话。宋公作成也不是指宋襄公，用这个来解说《诗》，太浅陋了。

《大学》"处于最完美的境界"，引用《诗》的地方有五处；"治家"，引用《诗》的地方有三处。朱熹说："咏叹的声音绵延不绝，其中意味深长，最适合深入玩味。"《中庸》的末章有八处引用了《诗》，朱熹说："独自一人在室也应当无愧于神灵"到"让上天的德行大放光彩"，首次学到圣人培养德行的顺序。"不声张宣扬"到"无声无味"，称赞不外显的美德。反复让人看见，非常深切。《孝经》引用《诗》十处，引用《书》一处，张子韶说："是因为多跟《诗》、《书》的思想不相似，直接取用圣人的思想。是《六经》符合圣人思想，不是圣人思想符合《六经》。引用或者不引用，进退自然，不是先考查《诗》、《书》然后立意的。《六经》就是圣人的心意，随便它如何使用，都切合事理。这才是使用经文的方法。"

束皙《补亡诗》"跑到南边的田埂"，解释说："陔就是田陇。"《群经音辨》："《序》说：'孝子之间互相告诫奉养亲人。''陔'的意思应当是'戒'。《乡饮酒》、《燕礼》：'宾客喝醉了出门，演奏《陔夏》。'郑氏注：'陔就是说劝诫。'用《陔》

协。"愚按：《春官·乐师》郑司农注："今时行礼于大学，罢出，以鼓《陔》为节。"

荀子曰："善为《诗》者不说。"程子之"优游玩味，吟哦上下"也。董子曰："诗无达诂。"孟子之"不以文害辞，不以辞害志"也。

曹子建《表》："忍垢苟全，则犯诗人胡颜之讥。"《诗》无此句。李善引《毛诗》曰："何颜而不速死也。"今《相鼠》注无之。

《说文叙》云："其称《诗》毛氏者，皆古文也。"以今《诗》考之，其文多异。"得此醮疉"，为"蟾蟧"；"硕大且婑"，为"重颐"，皆《韩诗》之说也。

蔡邕《正交论》云："周德始衰，颂声既寝，《伐木》有鸟鸣之刺。"是以《正雅》为刺也。

春秋时，诸侯急攻战而缓教化，其留意学校者，唯鲁僖公能修泮宫，卫文公敬教劝学，它无闻焉。郑有《子衿》"城阙"之刺，子产仅能不毁乡校而已。

吴才老《诗叶韵补音序》曰："《诗》音旧有九家，唐陆德明定为一家之学。"开元中修《五经文字》，"我心惨惨"为懆，（原注：七到反。）"伐鼓渊渊"为鼜。（原注：于巾反。）

的节拍，标明没有失礼的行为。与《诗序》意思接近。"我认为：《春官·乐师》记载郑司农的注："当今在大学履行礼制，结束出门时，用鼓演奏《陔》的节拍。"

荀子说："学通了《诗经》的人不会天天引用《诗经》来卖弄自己的文采。"正如程子说的"十分闲适地玩味其中深意，朗读推敲诗句"。董子说："对《诗经》没有通达的或一成不变的解释。"如同孟子说的"不要拘泥于文字而误解词句，也不要拘泥于个别词句而误解作品完整的意思"。

曹子建的《上责躬应诏诗表》中说："不顾羞耻地苟活下去，与诗人所谓厚颜不死的讥讽相抵触。"《诗》中没有这一句。李善引用《毛诗》说："有什么脸面不快点去死呢。"如今的《相鼠》注没有。

《说文叙》说："称赞《诗》毛氏注解的人，都是学古文的。"用今天的《诗》考察，毛诗文字上有很多差异。"得到了这个醯醯"，写成"蟾蜍"；"高大壮实很威严"，写成"双下巴"，这都是《韩诗》中的说法。

蔡邕《正交论》说："周室开始衰弱，颂声就消失了，《伐木》中写鸟鸣讽刺规劝。"因此《正雅》意在规劝。

春秋时期，诸侯急于相互攻伐而忽视了教化，能够留意学校的人，只有鲁僖公能够修建泮宫，卫文公尊重教育倡导学习，其他没有再听说了。郑风有《子衿》"高高城楼"的讽刺，子产也只是能够不去摧毁乡校而已。

吴才老《诗叶韵补音序》说："《诗》旧时有九家注音，唐代的陆德明将之确定为一家之学。"开元年间修了《五经文字》，"我心烦闷又悲哀"注音为懆，（原注：七到反。）"击鼓咚咚阵容

皆与《释文》异。乃知德明之学，当时亦未必尽用。

"取萧祭脂"，曰"其香始升"；"为酒为醴"，曰"有飶其香。"古所谓香者如此。韦彤《五礼精义》云："祭祀用香，今古之礼，并无其文。"《隋志》曰：'梁天监初，何佟之议鬱鬯萧光，所以达神。与其用香，其义一也。'考之殊无依据，开元、开宝礼不用。"

"诞后稷之穑，有相之道。"疏云："种之必好，似有神助。"《吕氏春秋》"后稷曰：'子能使子之野，尽为泠风乎？六尺之耜，所以成亩也。其博八寸，所以成甽也。耨柄尺，此其度也。其耨六寸，所以间稼也。'"汉赵过曰："后稷始甽田。"

"兴雨祁祁"，雨欲徐徐则入土。《盐铁论》云："周公太平之时，雨不破块，旬而一雨，雨必以夜。"

"以按徂旅"，《孟子》作"以遏徂莒"，《韩非》云："文王克莒。"

"夏屋渠渠"，《笺》云："设礼食大具，其意勤勤。"《正义》王肃云："大屋。"崔骃《七依》说宫室之美，云："夏屋渠渠。"《文选·灵光殿赋》注引《七依》作"蘧蘧。"《檀弓》"见若覆夏屋者矣"，注："夏屋，今之门庑。其形旁广而卑。"《正义》："殷人以来，始屋四阿。夏家之屋，唯两

强"注音为矍。(原注:于巾反。)都与《释文》不同。于是我们可以知道陆德明的学问,当时的人也没有完全采用。

"香蒿牛脂燃芬芳",说"香气升腾满厅堂";"酿成美酒千杯万觞",说"祭献食品喷喷香。"古人所说的香是指这些。韦彤《五礼精义》说:"祭祀时烧香,是今人认为的古礼,但这一礼节没有文字记载。"《隋志》说:'南朝梁天监初年,何佟之认为香酒和燃艾蒿所生的香气,能够传达给神明。与祭祀时燃香,是一个意思。'考察后发现记载没有依据,开元、开宝年间的祭礼也不用这种方式。"

"后稷耕田又种地,辨明土质有法道。"疏说:"种下的农作物都长得好,如有神助。"《吕氏春秋》记载"后稷说:'你能使你的田地吹遍和风吗?耜的长度六尺,是用来测定田垄的宽窄。它的刃宽八寸,是用来挖出标准的垄沟。锄头的柄长以尺,这是农作物行距的标准。它的刃宽六寸,是为了便于间苗。'"汉代赵过说:"后稷最早开始在田中开小沟。"

"小雨飘下细绵绵",雨将要徐徐进入土中。《盐铁论》说:"周公时天下太平,风调雨顺,十多天下一次雨,而且必定是晚上下雨。"

"痛击敌人猖狂侵扰",《孟子》写作"以遏徂莒",《韩非》说:"文王攻克了莒国。"

"住在华馆大屋",《笺》说:"设礼用重要的器具为客人盛饭,心意恳切至诚。"《正义》王肃说:"夏是大屋的意思。"崔骃《七依》称赞宫室之美时,说:"住在华馆大屋。"《文选·灵光殿赋》注引用《七依》写作作"蕿蕿。"《檀弓》"见过像夏代屋顶覆盖在地上的坟头",注解:"夏屋,是今天的门

下而已，无四阿，如汉之门庑。"（原注：郑康成于《诗》、《礼》注异如此。）

　　文王之治，由身及家。《风》始于《关雎》，《雅》始于《大明》，而《思齐》又《关雎》之始也。《家人》之"九五"曰："王假有家。"（原注：不显亦临。谨独者，齐家之本。故《家人》之吉，在于反身。）

　　卫武公自警曰："慎尔出话，敬尔威仪，无不柔嘉。"古之君子，刚中而柔外，"仲山甫之德，柔嘉维则"，随会"柔而不犯"。韩文公为《王仲舒铭》曰："气锐而坚，又刚以严。哲人之常，与其友处，顺若妇女，何德之光！"

　　"尔土宇昄章"，必曰："俾尔弥尔性。"务广地而不务广德者，人君之深戒也。"不务德而勤远略"，齐之霸所以衰。"狄之广莫，于晋为都"，晋之乱所以萌。

　　风俗，世道之元气也。观《葛生》之诗，尧之遗风变为北方之强矣。观《驷驖》、《小戎》之诗，文、武好善之民变为山西之勇猛矣。晋、秦以是强于诸侯，然晋之分为三，秦之二世而亡，风俗使然也。是以先王之为治，威强不足而德义有余。商之季也，有故家遗俗焉。周之衰也，怀其旧俗焉。

庑。它的形状宽又矮。"《正义》:"殷人最先开始建造屋顶四边
的檐溜。夏代的房屋,只有房屋的前后两檐而已,没有四边的檐
溜,如同汉代的门庑。"(原注:郑玄于《诗》、《礼》二注的差异就在
于此。)

文王的治理,从自身到家庭。《风》开始于《关雎》,《雅》
开始于《大明》,而《思齐》又是《关雎》的开头。《家人》卦的
"九五"说:"一家之主通过自己的行为感染带动家里的人,是
会吉祥如意的。"(原注:美好的德行也会来临。能谨慎内省自身是治
家的根本。因此《家人》卦的吉祥就会在于能反躬自省。)

卫武公警示自己说:"说话开口要谨慎,行为举止要端正,
处处温和又可敬。"古时的君子,内心刚强而外部柔和,"仲山
甫贤良具美德,温和善良有原则",随会"性情柔和,但不容侵
犯"。韩文公写的《王仲舒铭》说:"勇气锐利坚定,为人刚强而
严厉。这是哲人的平常事,与朋友相处,却温顺得像个妇人,王
仲舒的德行多么光辉!"

"你的版图和封疆",必定说:"终生辛劳有作为。"谋求宽
广的土地而不谋求宣扬德行的人,君主要深刻警戒。"不致力
于德行,而忙于远征",这是齐国失去的霸主地位的原因。"狄
人广漠的土地,归属晋国",这是晋国混乱萌芽的原因。

风俗,是社会的元气。看《葛生》这篇诗,尧时遗传下来的
风气变为北方的争强好胜。看《驷驖》、《小戎》两篇诗,文王、
武王乐于为善的人民变为山西勇猛的军队。晋国、秦国因此强于
诸侯,然而晋国被分为三国,秦朝二世而亡,都是因为风俗的变
化。因此上古君王治理国家,君王的威力不足而德义有余。商代
衰微时,有从前遗留下来的风俗。周室衰弱时,人民怀念旧时风

"皇皇后帝，皇祖后稷。"鲁以稷配天，周之东迁，始僭礼矣。夫子以为周公之衰，而史克何美焉？齐百庭燎，晋请王章，习以为常，礼乐安得不自大夫出乎？

朱熹发曰："《诗》全篇削去者二千六百九十四篇，如《貍首》、《曾孙》之类是也。篇中删章者，如'唐棣之华，偏其反而。岂不尔思？室是远而'之类是也。章中删句者，如'巧笑倩兮，美目盼兮，素以为绚兮'是也。句中删字者，如'谁能秉国成，不自为政，卒劳百姓'是也。"

止斋曰："《国风》作而二《南》之正变。邶、鄘、曹、邠，特微国也，而《国风》以之终始。盖邶、鄘自别于卫，而诸侯浸，无统纪，及其厌乱思治，追怀先王先公之世，有如曹、邠然，君子以为是二《南》之可复。世无周公，谁能正之？是故以《豳》终。"

俗。

"上帝在天辉煌英明，始祖后稷伟大光荣。"鲁国祭天时以后稷配祭，周室的东迁，开始出现僭越礼制的行为。夫子认为周公之道衰微，而太史克称赞什么呢？齐桓公在宫廷中燃起一百把火炬，晋文公请求死后隧葬，僭越礼制的行为习以为常，礼乐怎么能不出自大夫之手呢？

朱震说："《诗》全篇被删去的有二千六百九十四篇，比如《狸首》、《曾孙》这些。篇中删去章节的，比如'唐棣树的花，翩翩地摇摆，难道不思念你吗？是因为家住得太远了。'这些。章节中删去某句的，如'嫣然一笑动人心，秋波一转摄人魂，好像洁白的质地上画着美丽的图案啊'。句中删去某字的，如'有谁能掌好权平理朝政？如不能躬亲去施政，悴劳的仍是众百姓。'"

止斋说："《国风》兴起之后二《南》的正风开始产生变风。邶、鄘、曹、邻，都是微小的国家，而《国风》在他们那里发展演变。邶风、鄘风与卫风不同，而诸侯相互侵伐，没有纲纪，致使其民厌恶动乱谒望治世，缅怀先王先公的时代，如同曹风、邻风，君子以为二《周南》、《召南》能够变回正风。世上没有周公，谁能正风雅？所以以《豳风》结尾。"

卷四

周礼

汉河间献王得《周官》，而武帝谓"末世渎乱不验之书"，唯唐太宗夜读之，以为"真圣作"，曰："不井田，不封建，而欲行周公之道，不可得也。"人君知此经者，太宗而已。刘歆始用之，苏绰再用之，王安石三用之，经之蠹也。唯文中子曰："如有用我，执此以往。"程伯子曰："必有《关雎》、《麟趾》之意，然后可以行《周官》之法度。"儒者知此经者，王、程二子而已。

《汉志》谓之《周官经》，《序录》云："刘歆始建立《周官经》，以为《周礼》。"意者《周礼》之名昉此乎？然《后汉书》云："郑众传《周官经》，后马融作《周官传》，授郑玄，玄作《周官注》。"犹未以《周礼》名也。《隋志》自马融注已

西汉时期，河间献王刘德从民间搜集到了《周官》（即《周礼》）经文，但汉武帝却将其称之为"衰乱无道之世所产生的混乱不能应验之书"，唯有唐太宗深夜阅读《周官》，认为这是"真正的圣人所作（的经典）"，并评价说："不奉行井田制度，不能够封邦建国，而想要真正践行周公所传的大道，这是不可能实现的。"历代能够深知《周礼》意义的君主，也只有唐太宗而已。西汉末年、新莽初年，刘歆辅佐王莽，这是《周礼》第一次用于国家制度的设计；西魏时期，苏绰再次依据《周礼》法度用于国政；北宋时期，王安石辅佐宋神宗，第三次用《周礼》的经义治理天下。他们悖离经义，因此不能造就太平，是《周礼》这部经术的蠹虫。只有隋代文中子王通说："如果能有托付我为政的君主，我将带着这部经书前去辅佐他。"明道先生程颢说："一定得先有如《关雎》、《麟趾》所表达的王者教化之意，在这之后才能推行《周官》所记载的制度。"能了解《周礼》意义的儒者，也只有王通、程颢两位先生罢了。

《汉书·艺文志》称《周礼》为《周官经》，唐代陆德明《经典释文·序录》说："直到王莽称帝，刘歆为国师，才在学官中设立《周官经》，认为这就是《周礼》。"或许《周礼》这个名字是从刘歆这里开始的吧？但是《后汉书》又说："东汉经学家郑

下始曰《周官礼》。(原注:《隋志》:"《三礼目录》一卷,郑玄撰。"今见于《释文》。)

　　五峰胡氏云:"《周官》司徒掌邦教,敷五典,司空掌邦土,居四民。世传《周礼》阙冬官,未尝阙也,乃冬官事属之《地官》。"程泰之云:"五官各有羡数,天官六十三,地官七十八,春官七十,夏官六十九,秋官六十六,盖断简失次。取羡数,凡百工之事归之冬官,其数乃周。"俞庭椿为《复古编》,亦云:"《司空》之篇,杂出于五官之属。"九峰蔡氏云:"周公方条治事之官,而未及师保之职。《冬官》亦阙,首末未备,周公未成之书也。"

　　《考工记》,或以为先秦书,而《礼记正义》云:"孝文时求得《周官》,不见《冬官》一篇,乃使博士作《考工记》

众传授《周官经》，在郑众之后，马融又为《周官经》作传，就是《周官传》，传授给弟子郑玄，郑玄又依据《周官传》作《周官注》。"可见，在郑玄所处的东汉时期，《周官》还没有被称为《周礼》。《隋书·经籍志》直到马融的《周官经》以下才改称为《周官礼》。(原注:《隋书·经籍志》记载:"现存《三礼目录》一卷，为东汉郑玄所撰。"现在还见于《经典释文》。)

南宋儒者五峰先生胡宏说:"《周官》中，司徒这一职官掌管国家的教化，传布'父义、母慈、兄友、弟恭、子孝'这五常的教典，司空这一职官主管国家的土地，使国家内的士、农、工、农安居乐业。按照世代相传的说法，《周礼》的《冬官》一篇缺失了，实际上《冬官》篇并未曾有缺失，实际上是《冬官》的职守都被放到了《地官》这一篇中。"南宋学者程泰之说:"现存《周礼》'天、地、春、夏、秋'这五类职官的篇幅内，职官员数都各有超额，《天官》共六十三员，《地官》共七十八员，《春官》七十员，《夏官》六十九员，《秋官》六十六员，大概是因为《周礼》传承过程中，残编断简排列失序。把现存'五官'中多余的数目以及所有和各类工匠有关的事务都归入冬官管理。那么《冬官》的数目仍然是周备的。"俞庭椿写《复古编》，也说:"《司空》(即"冬官司空")这一篇的内容，散见于现存《周礼》五官的各篇之中。南宋儒者蔡沈说:"周公正要把掌管具体政事的官员条列出来，但还没有来得及列入师职、保傅这一类职官，《冬官》也残缺了，《周礼》的头尾尚未齐全，可见《周礼》是周公还没有完成的一部书。"

有人认为《周礼》中的《考工记》一篇是先秦时候写成的书。但唐代经学家孔颖达在《礼记正义》中说:"西汉孝文帝

补之。"马融云："孝武开献书之路，《周官》出于山岩屋壁。"《汉书》谓河间献王得之，非孝文时也。《序录》云："李氏上五篇，失《事官》一篇，取《考工记》补之。"《六艺论》云："壁中得六篇"，误矣。齐文惠太子镇雍州，有盗发楚王冢，获竹简书，青丝编简，广数分，长二尺。有得十余简以示王僧虔，僧虔曰："是科斗书《考工记》，《周官》所阙文也。"汉时科斗书已废，则《记》非博士所作也。易氏云："《考工记》非周书也。言周人上舆，而有梓匠之制；言周人明堂，而有世室、重屋之制；言沟洫浍川，非遂人之制。言旂旗旟旐，非大司马、司常、巾车之制，眂周典大不类。"

　　《礼器》"经礼三百"，郑氏注谓："即《周礼》三百六十官。"《汉志》"礼经三百"，臣瓒注云："《周礼》三百，是官名也。礼经谓冠、昏、吉、凶。"盖以《仪礼》为经礼也。朱熹从瓒说，谓《周礼》乃设官分职之书，礼典在其

时，皇室向民间求书，得到了《周官》经，但《周官》中亡佚了《冬官》这一篇经文，于是孝文帝命博士作《考工记》来补全它。"马融说："西汉孝武帝向民间打开献书的途径，《周官》经就是从山岩间房屋的墙壁中搜求而得的。"班固《汉书》认为，是河间献王刘德先求得的《周官》，而并不是西汉孝文帝时的事。《序录》说："李氏（向河间献王）进献《周官》五篇，其中丢失了《事官》一篇，于是（河间献王）选取《考工记》用来补全它。"《六艺论》说："从（山岩间屋子的）墙壁中得到《周礼》六篇"，这个说法错了。南齐文惠太子镇守雍州时，有盗贼挖开楚王坟墓，得到竹简文书，用青丝编联竹简，宽有数分，长有二尺。有人得到了十多支简，把它们拿给王僧虔看，王僧虔说："这是用蝌蚪文书写的《考工记》，就是《周官》所缺少的那部分文字。"在汉代时，蝌蚪文已经被废弃不用了，这样的话，那《考工记》就不是汉朝的博士所作了。南宋易祓说："《考工记》并不是周代的书。《考工记》中说'周人崇尚制作车舆的工匠'，却在文中保留了殷代制梓之匠和夏代营建都城的匠人的制度；《考工记》说周人有明堂之制，说到周代的明堂，却又谈到夏代'世室'、殷代'重屋'的规制；说到周代用沟、洫、浍等工事直通河川，这不是周代'遂人'的礼制；说到周代的龙旂、熊旗、鸟旟、龟旐，这不是周代大司马、司常、巾车的礼制。总而言之，《考工记》跟周代的典章制度大不相同。"

《礼记·礼器》篇说"经礼三百"，东汉郑玄的注释说："'经礼三百'说的就是《周礼》中所记载的三百六十官。"《汉书·艺文志》说"礼经三百"，臣瓒的注解说："《周礼》中的三百职官，这说的是职官的名分。《汉书·艺文志》中的'礼经'

中，而非专为礼设也。

郑康成释经，以纬书乱之，以臆说汩之，而圣人之微指晦焉。徐氏《微言》谓："郑注误有三。《王制》，汉儒之书，今以释《周礼》，其误一。《司马法》，兵制也，今以证田制，其误二。汉官制皆袭秦，今引汉官以比周官，小宰乃汉御史大夫之职，谓小宰如今御史中丞，如此之类，其误三。"鹤山谓："以末世弊法释三代令典，如以汉算拟邦赋，以莽制拟国服。"止斋谓："以《周礼》为非圣人之书者，以说之者之过也。"

张禹以《论语》文其谀，刘歆以《周官》文其奸，犹以《诗》、《礼》发冢也。禹不足以玷《论语》，而以歆訾《周礼》可乎？（原注：西山曰："歆之王田，安石之泉府，直窃其一二以自盖尔。"）

说的是冠礼、婚礼、吉礼（即祭礼）、凶礼（即丧礼）这四类礼仪。臣瓒大概是把《仪礼》中的分类当作礼仪的大原则。南宋朱熹在接受了臣瓒的说法，他也认为《周礼》是设置朝廷官位，分配官员职能的书，礼仪典章的宗旨自然包含于其中，而不是专门为了记述礼仪而撰写的。

东汉郑玄（字康成）解释经典，用纬书的记载来混淆经典的本义，用臆造的学说来汩没经书的本旨，因此圣人的微言大义就这样晦暗不明了。徐氏《微言》说："郑玄的《周礼注》有三个错误。《礼记·王制》篇，这是汉儒者所撰写的书，郑玄却拿它来解释《周礼》，这是第一个错误。《司马法》谈的是军事制度，现在却拿它来作为周代土地制度的论据，这是第二个错误。汉代的官制都是沿袭秦朝的，现在却援引汉代的官职来比拟周代的官职，认为'小宰所承担的职能就是汉代的御史大夫'，说'小宰就像现在的御史中丞'，类似这样的说法，是他的第三个错误。南宋鹤山先生魏了翁说："拿末世礼制败坏的法典来解释夏商周三代的有道之典章，就好像按照汉朝的税法来比拟周代的邦赋制度，拿王莽的制度来比拟周代的'国服'税制。"止斋先生陈傅良说："认为《周礼》不是圣人（即周公）所作的书，这是因为注解《周礼》之人（无法阐明经义）的过错。"

西汉安昌侯张禹用《论语》这部经典来文饰他阿谀奉承的行为，西汉末年刘歆用《周官》经义为王莽服务，用来掩饰他的奸诈，这就像庄子所说的，"说着《诗经》、《礼》的话而来盗挖别人的坟墓"一样。张禹自然不足以玷污《论语》，却要因为刘歆来批评《周礼》，难道可以吗？（原注：西山先生真德秀说："刘

易氏《总义》云："府史胥徒，《通典》总言其为六万三千六百七十五人。"愚考之《通典》，周六万三千六百七十五员，内二千六百四十三人，外诸侯国官六万一千三十二人。此乃官数，非谓府史胥徒也。

嫔御、奄寺、饮食、酒浆、衣服、次舍、器用、货贿，皆领于冢宰。冕弁、车旗、宗祝、巫史、卜筮、瞽侑，皆领于宗伯。此周公相成王，格心辅德之法。周之兴也，滕侯为卜正，吕伋为虎贲氏。侍御仆从，罔非正人，左右携仆，庶常吉士。及其衰也，昏椓靡共，妇寺阶乱，膳夫内史，趣马师氏，缔交于嬖宠。琐琐姻亚，私人之子，窃位于王朝。至秦而大臣不得议近臣矣，至汉而中朝得以诎外朝矣，至唐而北司是信，南司无用矣，由周公之典废也。间有诘责幸臣如申屠嘉，奏劾常侍如杨秉；宫中府中为一体如诸葛武侯，可谓知宰相之职者。唐太宗责房玄龄以"北门营缮，何预君事"，岂善读《周礼》者哉！我朝赵普于一熏笼之造，亦制以有司之法；李沆于后宫之立，奏以臣沆不可；赵鼎于内苑移竹，责宦者罢其役，庶几古大臣之风矣。五峰乃谓周公不当治成王燕私之事，殆未之思也。

歆为王莽设计的'王田'，王安石为宋神宗设计的'泉府'制度，只是窃取了《周礼》中的一二名号来掩盖自己的私心罢了。"）

南宋易祓的《周官总义》说："《周礼》中所记载的'府史胥徒'，即官府之中非正式的办事人员，在《通典》中总共有六万三千六百七十五人。"我曾经从《通典》中查证，《通典》所记载的职官数量总共是六万三千六百七十五名，朝廷内部有二千六百四十三人，朝廷外各个诸侯国的官吏总共有六万一千零三十二人。这是官员的数量，而并不是说'府史胥徒'这些人。

嫔御、奄寺、饮食、酒浆、衣服、次舍、器用、货贿，这些跟王者起居用度有关的官员都由天官冢宰来统领掌管；戴冕、车旗、宗祝、巫史、卜筮、瞽侑，这些跟王者私人生活有关的官员都由春官宗伯来统领管辖。这是周公辅佐成王，用来规正君王的心性、辅助君主德行的方法。周朝刚刚兴起时，滕侯是卜正，吕伋是虎贲氏，侍卫车驾、处理日常事务的仆从，没有一个不是正直的人，跟随在君主左右的仆从，基本常常是纯良之士。等到周朝衰微的时候，"昏椓"（即宫中的阉人）不再忠于职守，宫中的女侍制造祸端，甚至把负责饮食的膳夫提拔为内史，负责王马的趣马、负责王室教育的师氏，跟受宠的近嬖结交。同王后一家有姻亲关系的小人，这样的私家子弟，也在周天子的朝堂上窃居尊位。到了秦朝的时候，朝廷的大臣就不能再批评皇帝身边亲近得宠的侍臣了，到了汉代，中朝的近臣就可以让外朝的三公等官员大臣折腰了。到了唐代，皇帝就专门信用北司的宦官，南司的宰相大臣就没有用了。这都是出于周公创设的典章制度被废除的缘故。在这么长的时间内，偶尔有能责备、批评皇帝心腹的申屠嘉，

　　李泰伯曰："内宰用大夫、士、世妇。每宫卿二人，皆分命贤臣，以参检内事。"（原注：汉世皇后詹事，以二千石为之，犹有成周遗意。）

　　《汉·食货志》："太公为周立九府圜法。"颜师古注："《周官》太府、玉府、内府、外府、泉府、天府、职内、职金、职币，皆掌财币之官，故曰九府。"愚按《尔雅》"医无闾之珣玗琪，会稽之竹箭，梁山之犀象，华山之金石，霍山之珠玉，昆仑之璆琳琅玕，幽都之筋角，斥山之文皮，岱岳之五谷鱼盐，是谓九府。"五峰胡氏《皇王大纪》所述与《尔雅》同，而继之曰："尚父立圜法，轻重以铢，通九府之货。"又按《史记·列传》"吾读管氏《轻重》、《九府》"，刘向《别录》曰："《九府书》，民间无有"，《索隐》谓其书论铸钱之轻重，《盐铁论》文学曰"管仲设九府，徼山海"，《通典》亦云"太公立九府之货"。然则九府，太公立之，管仲设之，其名列于《尔雅》，盖即管氏书也。《大纪》之说得之，颜注恐非。（原注：《曲礼》"天子之六府"，亦与《大禹谟》之"六

向皇帝上奏，弹劾常侍的杨秉，了解皇帝的内廷和宰相的官府都是一体的诸葛亮，这些人可以算是知晓宰相职责的人。唐太宗责备房玄龄说"宫中营建北门，跟你有什么关系？"，这难道是善于读《周礼》的人吗？我朝的赵普，即使建造一个熏笼，也要制作官方的法令法规；宋真宗想要立后，李沆上奏，说"臣李沆不允许"；皇宫内苑要挪移竹林，赵鼎责令宦官停止此项工程，这样才差不多是古代大臣的风范。五峰先生胡宏为周公不应当管理成王日常生活的事情，恐怕是他还没有深入思考吧！

北宋盱江先生李觏说："'内宰'这个官职要起用大夫、士、世妇。每一后宫的两名'卿'都需要分别任命贤臣来参与规正后宫的事务。"（原注：汉代的皇后詹事这一官职，需要二千石级别的官员才能担任，这尚有成周礼乐遗留下来的一些微意。）

《汉书·食货志》记载："姜太公为周朝设立了九府圜法。"颜师古的注释说："《周官》所记载的太府、玉府、内府、外府、泉府、天府、职内、职金、职币，都是掌管国家钱财货币的官员，所以合称为'九府'。"我注意到：《尔雅》说"来自东方医无闾的美玉珣玗琪，来自东南会稽山的竹箭，来自南方梁山的犀牛皮角和象牙，来自西南华山的黄金美石，来自西方霍山的宝珠美玉，来自西北昆仑山的璆琳琅玕等宝玉，来自北方幽都山的兽畜筋角、来自东北斥山的兽皮，中部泰山出产的五谷鱼盐，这九种宝藏就被称作九府。"五峰先生胡宏的《皇王大纪》所述的内容和《尔雅》相同，而接着这个意思解说道："周代尚父姜太公设立圜法，用铢来衡量轻重，流通来自九府的货物。"我还注意到，《史记·管晏列传》中提到，"（太史公说：）我读管子的《轻重》、《九府》"，刘向的《别录》说："《九府书》，在民间没有

府"异。)

"九嫔"注引孔子曰"日者天之明，月者地之理"，《孝经援神契》之言也。何休《公羊传序》引孔子有云"吾志在《春秋》，行在《孝经》"，《孝经钩命决》之言也。汉儒以纬书孔子所作。（原注：康成注《中庸》亦引孔子曰："吾志在《春秋》，行在《孝经》。"）

"宫伯掌王宫之士、庶子"。汉诸侯子入宿卫，齐王之弟章是也；入京师受业，楚王之子郢客是也。其制犹古。

奄止于上士，抑其权也。唐太宗诏内侍省不立三品官，不任以事，然内侍并列于六省，开奄尹与政之阶，与周典统于冢宰异矣。

流传"，《史记索隐》说《九府》这本书是讨论钱币铸造的轻重。《盐铁论》中记载文学之士说："管仲设立九府，搜刮山海的财富"，《通典》也说："姜太公确立九府财货的法度"。既然如此，那么九府就是由姜太公立法度，管仲设立职官，九府财货的名字记载在《尔雅》中，大约就是管仲的《九府书》了。胡宏《皇王大纪》的说法符合实情，颜师古的注释恐怕不对。（原注：《礼记·曲礼》中所说的"天子之六府"，也跟《尚书·大禹谟》中谈到的"六府"不同。）

　　《周礼·天官冢宰》"九嫔"下，东汉郑玄的注解引用孔子的话说"太阳是上天明亮之德的体现，月亮是大地分理的彰显"，这是出自纬书《孝经援神契》的话。东汉何休的《公羊传序》引用孔子的一句话说："我的志向表露在《春秋》经中，我对道的践行表现在《孝经》中"，这是《孝经钩命决》中的话。汉代的儒者普遍认为纬书是春秋末年孔子所创作的。（原注：郑玄注解《中庸》时，他也引用孔子的话说："我的志向表露在《春秋》经中，我对道的践行表现在《孝经》中。"）

　　《周礼·天官冢宰》"宫伯"篇经文说："宫伯负责掌管王宫中的士和庶子。"汉代诸侯的庶子要进入皇宫，作为皇宫的警卫，西汉齐哀王的弟弟刘章就是这样；诸侯的庶子还需要进入汉朝京城受业学习，西汉高后时期，楚元王的儿子刘郢客就是这样。汉代的制度还是跟古代的时候一样。

　　宦官所得到的权力最高只能停留在"上士"，这是为了抑制宦官的权力。唐太宗下诏，明令，管理宫廷内部事务内侍省中，不能设立三品及以上的官员，不能委任以职事。然而，唐代内侍

"八则"，"礼俗以驭其民"。吕微仲谓"庶民可参之以俗，士以上专用礼"，此说非也。《大传》："百志成，故礼俗刑。"吕成公谓："礼、俗不可分为两事。制而用之谓之礼，习而安之谓之俗。若礼自礼，俗自俗，不可谓之礼俗。"

王之膳服虽不会，而九式有羞服之式，冢宰所均节也。待王之膳服，不过以关市之赋，则其用简矣。

司徒掌教不言财，司马掌政不言兵。乡遂、九畿，兵、财在其中。井田、封建，足食、足兵之本也。《周官》之法不行，无善教善政，于是忧财用，畏夷狄矣。

乡有军制，无田制；遂有田制，无军制。（原注：《疏》云：

省和尚书省、门下省、中书省、秘书省、殿中省等外廷机构并列为"六省"，这种安排给宦官参与政事铺下了阶梯，这样的设置与《周礼》将宫廷内外事宜都交给冢宰统领大不相同。

《周礼·天官》"太宰"篇所说的"八则"和"用礼仪风俗来驱使其民众"。吕微仲说这句经文的意思是"对待庶民，可以用风俗教化，而对士以上的贵族，则专门用礼来引导"，这个说法是错的。《礼记·大传》说："各种愿望都能够得以完成，所以礼仪和风俗的教化也都能够成为范型。吕成公（东莱先生吕祖谦）说："礼仪和风俗不能被拆成两件事来看待，圣王制作礼乐，并在实际政治中使用它，这就叫作礼仪；百姓习以为常，而安于如此，这就叫作风俗。如果把礼仪仅仅当作礼仪，把风俗仅仅看作风俗，那就不能称作礼俗了。"

虽然《周礼》并不计算、限制天子膳食、服饰的规模，但在《天官·太宰》中记载有"九式"，其中有"羞服之式"，也就是天子置办天子饮食、衣服、仪仗等经费的法度，这是由冢宰来节度，以实现收支均衡的。《周礼·大府》记载，供给天子的膳食、服装，都不过是用由司关、司市征收的商业赋税，那么这方面的用度必然是俭省的。

《周礼》记载，司徒所负责掌管的是人民教化，不会插手财政，司马掌管的是政令，而不会参与军事。周代基层的乡遂制度、分封诸侯的九畿制度，兵事和财政都蕴含在其中。井田制和封邦建国，这才是让粮食丰足，兵员充沛的根本。《周官》所立的法度不能施行，天下没有好的教化，也没有好的政令，因此国家就只能为财富用度而忧虑，畏惧夷狄的侵略了。

周代的乡有军事职能，却没有耕种的土地制度；遂有土地

"郑注互见其义。")

大司徒"建邦国，以土圭土其地"。匠人建国，"昼参诸日中之景，夜考之极星"。《诗·定之方中》传云："度日出日入，以知东西；南视定，北准极，以正南北。"愚按《晏子春秋》："景公新成柏寝之室，使师开鼓琴。师开左抚宫，右弹商，曰：'室夕，东方之声薄，西方之声扬。'公召大匠曰：'室何为夕？'大匠曰：'立室以宫矩为之。'于是召司空，曰：'立宫以城矩为之。'"明日，晏子朝，公曰：'先君太公立宫，何为夕？'对曰：'古之立国，南望南斗，北戴枢星，彼安有朝夕哉？而以今之夕者，周之建国，国之西方，以尊周也。'公曰：'古之臣乎。'"枢星即极星也。公刘居豳，"既景乃冈"，然则尚矣。

蔡邕《明堂论》曰："王居明堂之礼，南门称门，西门称闱。故《周官》有门闱之学，师氏教以三德，守王门；保氏教

制度，却不具有军事职能。（原注：《周礼注疏》贾公彦《疏》说："郑玄的注解是用乡遂相互阐发各自的意义。"）

《周礼·地官》"大司徒"篇，大司徒的职责是"建立各个诸侯国，树立土主测量日影以划分疆域封土。"匠人负责营建国都，"白天用正午太阳的影子作为参照，夜晚则参考北极星的位置（以辨别方位）"。《诗经·定之方中》的"毛诗诂训传"说："测量太阳升起和落下的方位，用来辨知东西方向，向南可以观察定星，向北可以用北极星作为参照，用来校正南北的方位。"我注意到，《晏子春秋·内篇》中记载说："齐景公新修建了柏寝这个宫室，让乐师师开弹琴庆贺。师开左手抚宫声，右手弹商声，说：'这个房子建得偏斜不正，东方的声音低微，而西方的声音高扬。'齐景公招来负责营建宫室的大匠说：'房子为什么修建得偏斜了呢？'大匠说：'营建宫室，是按照宫殿的规尺来建造的。'于是又召来司空，司空回答：'营建宫殿，是按照都城的规尺来建造的。'第二天，晏子上朝，齐景公说：'我的祖先太公营建宫殿，为什么（都城的规尺）偏斜不正呢？'晏子恭敬地回答道：'古代建立国都的时候，需要朝南可以望见北斗星，向北朝着枢星，它们的方向都是以南北为准，哪里有偏东偏西的呢？但今天都城和宫室偏西，是因为周朝建都，都在我国的西方，这是用此来表现尊重周室的意思啊。'齐景公说：'您真是古代的臣子啊！'"这里说的枢星就是北极星。周朝的先王公刘迁居在豳地时，"已经用日影观测南北，又登上山岗眺望"，这样说来，那这种观测方法是上古就已经存在了。

蔡邕的《明堂论》说："王者居处明堂的礼制，明堂的南门称作门，明堂的西门称作闱。因此《周官》经有所谓的'门闱之

以六艺，守王阍。然则师氏居东门、南门，保氏居西门、北门也。"朱熹《大学章句序》"王宫有学"，盖谓此。鲁孝公之为公子，尝入京师为国子，人称其孝。宣王命之导训诸侯。他书言国子者，唯《周语》焉。

《师氏》"三德"，朱熹曰："至德以为道本，明道先生以之。敏德以为行本，司马温公以之。孝德以知逆恶，赵无愧、徐仲车之徒以之。"

《牧誓》、《顾命》皆言"师氏"，《云汉》之传曰："年谷不登，则师氏弛其兵。"《文王世子》"大司成"，注以为师氏。而"橚维师氏"，以刺匪其人。"九两"，"师以贤得民"，注谓"诸侯师氏"，言贤者以身教也。后妃亦有之，《葛覃》云："言告师氏。"

《保氏》"九数"，郑司农云："今有重差、夕桀、句股。"

学',师氏负责用"至德、敏德、孝德"这三德教授贵族子弟,也负责守卫王宫的南门;保氏负责用"五礼、六乐、五射、五驭、六书、九数"这六艺教导贵族子弟,同时负责守卫王宫的西门。这样看来,师氏居住的地方就是东门、南门,保氏居住的地方就是西门和北门了。南宋朱子在《大学章句序》中说"王宫中也有学校",大概说的就是这个意思吧。在鲁孝公还是公子的时候,曾作为国子进入周朝京师受学,人们都称许他孝顺,因此周宣王命令鲁孝公训导诸侯。除《周官》以外谈到"国子"的书,只有《周语》这一本。

关于《地官·师氏》篇所说的"三德",南宋时期的朱子评论说:"把至高的道德(即中庸之德)作为道德的根本,明道先生程颢践行的是这样的德行。敏锐顺时、践行仁义,把它作为行为的根本,温公司马光也具备这样的德行。奉行孝德,不让悖逆凶恶之事发生,赵无愧、徐仲车这些人都是这样的人。"

《尚书》中的《牧誓》和《顾命》两篇都说到了"师氏",《诗经·云汉》的《毛诗传》说:"当年的五谷不能丰收,那么师氏就要松弛兵事武备了。"《礼记·文王世子》篇说到了"大司成",郑玄的注解认为这说的也是"师氏"这个官职。而《诗经·十月之交》中的"楀维师氏"这句诗,是用来讽刺不能称职的官员。《周礼·天官冢宰》篇所说的"九两"中,有谈到"师,是因为其贤能、技艺获得民众的信任",郑玄的注解说这是"诸侯师氏",是在说贤者用躬行大道的方式来教化百姓。此外后妃也有女师来完成德行的教育,如《诗经·葛覃》中就有"言告师氏"这样的诗句。

《保氏》篇所说的"九数",东汉郑众郑司农的注解说:

《释文》：“夕音的。此二字非郑注。”愚按《少仪》正义引郑司农云：“今有重差、句股。”马融、干宝等更云：“今有夕桀、各为二篇，未知所出。”则“夕桀”二字，后人附益，非郑注信矣。刘徽《九章算经序》云：“包牺氏始画八卦，作九九之术，以合六爻之变。黄帝建《历纪》，协律吕。隶首作数。周公制礼有九数。九数之流，则《九章》是矣。汉张苍、耿寿昌皆善算，因旧文删补，故校其目。与古或异，而所论多近语。”

　　里宰“以岁时合耦于锄”，注云：“锄者，里宰治处也。若今街弹之室，于此合耦，使相佐助。”疏谓“汉时在街置室，检弹一里之民”。《金石录》有中平二年正月《都乡正街弹碑》，在昆阳城中。赵明诚失于考《礼》注，而郦氏注《水经》、洪氏《隶释》，皆以“街”为“卫”，又误矣。《汉·食货志》言古制云：“春将出民，里胥平旦坐于右塾，邻长坐于左塾，毕出然后归，夕亦如之。”里胥之“塾”，其即《里宰》所谓“锄”者欤？

"九数中现存的算术方法有重差、夕桀、句股。"陆德明《经典释文》说："夕音的，'夕桀'这两个字不是郑司农的注释。"我考察《礼记·少仪》的正义部分，孔颖达引用郑司农的注解说："现在还存有重差、句股。"马融、干宝等学者更是说："现在还存有夕桀和各为，这两篇不知道出自何处。"这样的话，"夕桀"两个字属于后人添加进去，不是郑众注解的原貌，这一点就可以肯定了。晋代刘徽的《九章算经序》说："从包牺氏开始画成八卦，创作九九乘法的算术，用来配合六爻变化的情状。黄帝编写《历纪》，调和十二律吕。隶首始创数字。周公制礼作乐，在'六艺之中'就有'九数'。九数的流亚，就是《九章算经》了。汉朝的张苍、耿寿昌都善于算术，他们根据旧传的文字各自对《九章算经》进行删改、补充，因此如果拿今本的目录去参照，与古代的传本或有不同，而且所用的论述多是些近代的话。"

《周礼·地官》中的里宰之职有"按照一年四季的时令在'锄'这个办公处安排农民耦耕"，郑玄的注解说："锄，是里宰办公的地方。就像今天里长办事的'街弹'室，里宰在这个地方安排农民配合相耦，让他们在耕稼时相互帮助。"贾公彦的疏说："汉代时，官府会在街道上建一个房子，来监察评议一里内所住的百姓"。赵明诚《金石录》中记载有汉代中平二年正月所立的《都乡正街弹碑》，在昆阳城中。赵明诚未能详细考究《周礼》的注解，而郦道元注解《水经》、洪适撰写《隶释》，都把"街"字改成了"卫"，这又是错误的。《汉书·食货志》说："春天率领民众出至都邑之外，里胥清晨坐在右侧的堂屋，邻长坐在左侧的堂屋，等人们全出来之后再回去，在晚上也这样做。"这里里胥的"塾"，大概就是《里宰》篇中所说的"锄"吧？

"庖人"注："青州之蟹胥。"（原注：《释文》"胥，息徐反"，）刘音素《字林》"先於反，蟹酱也。"《集韵》："蝑，蟹醢，四夜切。"（原注：当从《集韵》。）"笾人"注："鱐者，析干之，出东海。"陆广微《吴地记》云："阖闾思海鱼，而难于生致。治生鱼，盐渍而日干之，故名为鲞。"（原注：读如想。）

《管子·地员篇》："九州之土，为九十物。每土有常，而物有次。群土之长，是唯五粟。次曰五沃，次曰五位，次曰五蘟，次曰五壤，次曰五浮，凡上土三十物，种十二物。中土曰五怘，次曰五纑，次曰五壏，次曰五剽，次曰五沙，次曰五塥，凡中土三十物，种十二物。下土曰五犹，次曰五壮，次曰五殖，次曰五觳，次曰五凫，次曰五桀，凡下土三十物，种十二物。凡土物九十，其种三十六。"按《大司徒》："以土会之法，辨五地之物生；以土宜之法，辨十二壤之物而知其种。"此篇亦古制之存者。《河图》谓："东南神州曰晨土，正南邛州曰深土，西南戎州曰滔土，正西弇州曰开土，正中冀州曰白土，西北柱州曰肥土，北方玄州曰成土，东北咸州曰隐土，正东扬州曰信土。"

《周礼·天官》"庖人"的注解说:"青州的蟹胥。"（原注:
陆德明《经典释文》说:"胥,读音为息徐反",）刘音素《字林》说
"读音为先於反。蟹胥就是螃蟹酱。"）《集韵》说:"蝑,就是
蟹制成的酱,读音为四夜切。"（原注:应该采用《集韵》的解释。）
《周礼·天官》"笾人"的注解说:"鱐,就是把鱼肉分开晒干,
这种鱼干出产于东海。"陆广微的《吴地记》说:"吴王阖闾想吃
海鱼,但海鱼很难活着送到吴地,于是就想办法处理生鱼,把
鱼用盐浸渍后,在太阳下晒干,因此叫作鲞。"（原注:"鲞"读音
就是"想"。）

《管子·地员篇》:"九州的土地,有九十种。每种土地都有
它固定的特性,也有其等级次第。在众多土地中最为上等的,是
五种粟土。其次是五种沃土,在沃土之下是五种位土,在位土
之下是五种蕴土,在蕴土之下是五种壤土,在壤土之下是五种
浮土。上等的土地一共有三十种,可以种植十二种谷物。中等的
土地有五种悉土,悉土之下是五种纑土,纑土之下是五种壏土,
壏土之下是五种剽土,剽土之下是五种沙土,沙土之下是五种塥
土,中等级别的土地也一共三十种,可以种植十二种谷物。下等
的土地中有五种犹土,犹土之下是五种壯土,壯土之下是五种
殖土,殖土之下是五种瘠薄的觳土,觳土之下是五种高地上的
兔土,在兔土之下是海边盐卤之地的五种桀土,下等的土地一
共有三十种,可以种植十二种谷物。土地的类别一共有九十种,
可以种植的谷物一共有三十六种。"考察《周礼·地官·大司徒》
的经文:"根据按照土地等级计算赋税的方法,辨别五种土地
所生的人民和物产;根据适宜当地所生人民和物产的方法,来
辨别土地的十二分野的物类,了解它们的适合种植的品种。"这

　　《地员篇》："凡草土之道，各有穀造。或高或下，各有草土。叶下于蓶，蓶下于苋，苋下于蒲，蒲下于苇，苇下于雚，雚下于蒌，蒌下于茾，茾下于萧，萧下于薜，薜下于萑，萑下于茅。凡彼草物，有十二衰。"（原注：蓶即郁也。"衰"，谓草上下相重次也。）按《周官》有"草人"，此岂其遗制欤？

　　土圭度地之法：景一寸，地差千里；一分，地差百里。王畿千里，以寸为法；五等诸侯之地，以分为法。尺有五寸者，一万五千里之景也。天地相去三万里。尝考《隋》、《唐志》："宋元嘉十九年，测于交州，何承天谓六百里差一寸。后魏永平元年，测于洛阳，信都芳谓二百五十里差一寸。然宋之于阳城，魏之于金陵，皆隃度，未可据也。唐开元十二年，植表浚仪，大率五百二十六里二百七十步差二寸余，遂以旧说千里一寸为妄。（原注：王朴曰："阳城乃在洛之东偏，开元得浚仪之岳台，应南北弦，居地之中。"）司马公《日景图》云："日行黄道，每岁有差。地中当随而转移。故周在洛邑，汉在颍川

篇文章也是遗存下来的古代制度的记录。《河图》说："东南方的神州，其土地是晨土；正南方的邛州，其土地是深土；西南方的戎州，其土地是滔土；正西方的弇州，其土地是开土；正中央的冀州，其土地是白土；西北方的柱州，其土地叫肥土；正北方的玄州，其土地是成土；东北方的咸州，其土地是隐土；正东方的扬州，其土地是信土。"

《管子·地员篇》说："大凡草木与土地结合，各有相应的草木生成。有的生在高处，有的生在低处，各自都有相应的草和土。荷叶的生长地域低于蓲，蓲的地域低于苋，苋的地域低于蒲，蒲的地域低于苇，苇的地域低于蓷，蓷的地域低于蒌，蒌的地域低于荓，荓的地域低于萧，萧的地域低于薜，薜的地域低于萑，萑的地域低于茅。所有的这些草物，都分十二个等次。"（原注：在这段话中，"蓲"的本字就是"郁"，"衰"就是说草的生长地域高低的等次。）考察《周官》经中《地官》有"草人"这一职位，这难道是先王遗留下来的制度吗？

《周礼·地官·大司徒》所记载的用土圭测量土地的方法：两地日影长度相差一寸，实际的距离相距达到千里；日影长度相差一分，实际的距离相差百里。周王室的王畿之地方圆千里，测量土地需要以日影一寸作为法式；测量公、侯、伯、子、男五等诸侯的土地，需要以日影一分作为法式。测得两地日影差一尺五寸的，这是相差一万五千里的影子。天地之间，相隔的距离有三万里。我曾经考察《隋书》《唐书》的"天文志"：南朝"宋文帝元嘉十九年，朝廷在交州测量日影，何承天说每过六百里，日影相差一寸。后魏的永平元年，在洛阳勘测，信都芳说每过二百五十里，日影长度相差一寸。但是刘宋的交州对于阳城，北魏的洛阳

阳城，唐在汴州浚仪。"潏水李氏云："周于阳城测景，说者谓地形西北高，东南下。极星在北，斗亦在北。极星乃天之中也，天之中则地之中。"

"诸公之地，方五百里"，与《武成》、《孟子》之言不合。子产曰"列国一同"，《孟子》亦曰"鲁方百里"，《明堂位》乃云"鲁方七百里"。或谓《周官》、《明堂位》兼附庸而言。《职方氏》疏云："无功，纵是公爵，惟守百里地，谓若虞公、虢公，旧是殷之公，至周仍守百里国，以无功故也。"愚按：《左氏传》"虞仲，太王之昭也；虢仲、虢叔，王季之穆也"，皆周所封，谓"旧是殷之公"，误矣。

对于金陵城,它们的营建规模都超越了规制,这些数据不能够信据。唐朝开元十二年时,在浚仪县树立圭表测量日影,大约是五百二十六里二百七十步的距离,日影相差二寸多,于是唐人就认为《周礼》旧说"千里距离日影相差一寸"是妄言。(原注:王朴说:"阳城是在洛阳偏东的方位,开元时期,测量者到了浚仪的岳台,同南北相呼应,在大地中央。")司马光的《日景图》说:"太阳在黄道运行,每一年会产生一定偏差,大地的中心点也应当随之改变。所以周代大地的中心在洛邑,汉代在颖川阳城,唐代在汴州浚仪。"潏水先生李复说:"周代在阳城测量日影,历代解说的人都认为整体的地形西北高,东南低。北极星在北方,北斗星也在北方。北极星在天空的正中间,天空的中央就是大地的中央。"

《周礼·地官·大司徒》说"诸位公爵的封地,其标准是方圆五百里",这一论述与《尚书·武成》和《孟子》的记载不符。《左传·襄公二十五年》里,子产说:"列国的土地都一样,是方圆百里",《孟子》也说"鲁国方圆百里",到《礼记·明堂位》才说:"鲁国方圆七百里"。有人说《周礼》和《明堂位》是包含了各个诸侯国的附庸来说的。《周礼·夏官司马·职方氏》,贾公彦的疏说:"没有实际的功业,即使你是公爵,也只能安守方圆百里的土地,像是虞公、虢公这样的诸侯,过去是殷商的公爵,到了周代仍然保持方圆百里的国土,这都是因为没有功劳的缘故。"我考察《左传》的说法,"虞仲,是周太王古公亶父的第一代子嗣,论排位为'昭';虢仲、虢叔,是王季的儿子,其排位为'穆'",他们都是周朝克商之后所封,这里说"他们过去是殷商的公爵",错了。

"岁终，正治而致事"，注："上其计簿。"疏云："汉时考吏，谓之计吏。"今按《说苑》"晏子治东阿，三年，景公召而数之。明年上计，景公迎而贺之。"《韩子·外储说》"西门豹为邺令，居期年上计，君收其玺"，《新序》"魏文侯东阳上计，钱布十倍"，《史记》"秦昭王召王稽，拜为河东守，三岁不上计"，然则春秋、战国时已有上计，非始于汉。

朱文公曰："读曹公、杜牧《孙子》，见其所论车乘人数，诸儒皆所未言。唯蔡季通每论此事，以考《周礼》军制皆合。"愚按《孙子·作战篇》"凡用兵之法，驰车千驷，革车千乘，带甲十万。"曹公注："驰车，轻车也。"杜牧注："轻车，战车也。古者车战，革车、辎车，重车也，载器械财货衣装。《司马法》曰：'一车甲士三人，步卒七十二人，炊家子十人，固守衣装五人，厩养五人，樵汲五人。轻车七十五人，重车二十五人。'故二乘兼一百人为一队。举十万之众，革车千乘。校其费用支计，则百万之众，皆可知也。"《左氏传》："乙卯，楚师军于邲。丙辰，楚重至于邲。"吕成公谓："凡战，兵车在前，辎重常在兵车之后。楚重次日乃至，后一日，故无钞击之患。"唐说斋云："儒者谓甸出七十五人，不知实出百人。其七十五人战车也。其二十五人重车也。"

"（夏历）年终时，（大司徒）要谨慎地安置好往年行政的文书，上报计簿等工作的总结"，郑玄的注解说："上报计簿。"贾公彦的疏说："汉代的时候考察官吏的行政成绩，被称作'计吏'。"现在考察《说苑·政理篇》的说法："晏子治理东阿，三年后，齐景公召见并批评了晏子。第二年，晏子提交计簿，齐景公迎接并祝贺他。"《韩非子·外储说》记载："西门豹做邺这个地方的县令，做了满一年，年终考核，国君收回了西门豹的印玺"。刘向的《新序》说："魏文侯东阳上交本年度的考核成绩，收上来的钱币增长了十倍"。《史记》记载："秦昭王召来王稽，任命他为河东的守令，三年不去考核他的政绩"。这样说来，"上计"这种考核政绩的做法在春秋、战国时期已经有了，并不是从汉代才开始。

朱子（朱熹）说："我读曹操、杜牧注解的《孙子》，看他们讨论的战车人数的问题，历代儒者们都没有谈及。只有蔡季通经常谈论这件事，用《孙子》所记载的兵制来考察《周礼》所记载的军制，都能符合。"我考察《孙子·作战篇》的说法："凡是用兵的方法，要率领驰车一千驷，革车一千辆，全副武装的士兵十万人"，曹操注解这段话说："所谓'驰车'就是轻车"。杜牧的注解说："轻车就是战车。古代车战的时候，革车、辎车都是所谓的'重车'，用来装载器械、财物和衣服甲胄。《司马法》说：'一辆战车要配备披甲的士兵三人，步兵七十二人，负责炊饭、饮食的士兵十人，坚守衣服甲胄的士兵五人，负责照料马匹的厩养五人，负责打柴汲水的五人。轻车需要配备七十五人，重车需要配备二十五人。'所以轻车和重车两辆加起来一共一百人，可以编为一队。动用十万大军，其中有一千辆兵车。如果考

　　古者步百为亩。古之百亩，为今四十一亩一百六十步，古之一井，为今三百七十五亩。窦俨曰："小亩步百，周之制也。中亩二百四十，汉之制也。大亩三百六十，齐之制也。今所用者，汉之中亩。"《盐铁论》御史曰："古者制田，百步为亩。先帝哀怜百姓，制田二百四十步而一亩。"《通典》谓："商鞅佐秦，以为地利不尽，更以二百四十步为亩。"二说不同。

　　《禹贡》之田九等，茑掩别楚地亦九等，《孟子》、《王制》为五等，而《周官》止三等。解者谓《大司徒》不易、一易、再易三等，都鄙之制也；《小司徒》上、下、中地三等，六乡之制也；《遂人》上、中、下地三等，有莱者，六遂之制也；《大司马》上、中、下地三等，诸侯之制也。

察费用支出，那就要达到百万之多。这是可以推知的。"《左氏传》说："乙卯日，楚国的军队在郏驻扎。丙辰日，楚国军队的重车也到了郏。"吕成公（吕祖谦）说："凡是作战的时候，战车需要在前方，军队的辎重常会在战车的后面。楚国的辎重第二天就到郏，晚了一天，因此就没有被包抄围攻的祸患。"说斋先生唐仲友说："儒者旧说每一甸要配备士兵七十五人，不知道实际上应该是配备一百人。其中七十五人是归属于战车的，另外的二十五人是归属于辎重车的。"

古代以一百步见方的区域作为一亩。古代的一百亩，相当于现在的四十一亩一百六十步，古代的一井之地，相当于现在的三百七十五亩。北宋窦俨说："一小亩等于一百步，这是周朝的制度。一中亩等于二百四十步，这是汉朝的制度。一大亩等于三百六十步，这是齐国的制度。我们今天（即北宋时期）所用的亩制，是汉代的中亩。"《盐铁论·未通篇》里，御史说："古代确立土地制度的时候，以一百步为一亩。汉朝的先帝怜惜百姓的劳苦，重新确定田制，定二百四十步为一亩。"杜佑在《通典》中说："商鞅辅佐秦国的时候，认为现有的田制没法充分利用土地的肥力，于是改用二百四十步为一亩的制度。"这两种说法不同。

《尚书·禹贡》将天下的田地分为九等，蔿掩划分楚国的土地，也分为九等，《孟子》、《礼记·王制》将土地为五等，可是《周礼》只分出了三等。历来解释的人说《大司徒》里所说的"不易之地"（一年随时耕作，不必休耕），"一易之地"（一年休耕、更换作物一次）、"再易之地"（一年休耕、更换作物两次）三等土地，这是营建王公、诸侯采邑的制度；《小司徒》篇

  《遂人》"治野"，乃乡遂公邑之制；《匠人》"沟洫"，乃采地之制。郑康成云："周制，畿内用夏之贡法，税夫无公田；邦国用殷之助法，制公田不税夫。"朱文公亦云："沟洫以十为数，井田以九为数，井田、沟洫决不可合，而永嘉诸儒欲混为一。康成注分为二，是也。"愚按李泰伯《平土书》云："周畿内及诸侯一用贡法。"盖泰伯已与康成异矣，非始于永嘉诸儒也。刘氏《中义》以《匠人》沟洫求合乎《遂人》治野之制，谓《遂人》言积数，《匠人》言方法，然《周礼》、《考工》各为一书。易氏谓："《匠人》，前代之制。"

  禹"尽力乎沟洫"，"濬畎浍，距川"。《遂人》五沟五涂之制，因于古也。以水佐耕者丰，稻人掌之；以水佐守者固，司险掌之。自乡遂之法弛，子驷为田洫而丧田者以为

将土地分为上、下、中三等，这是城邑之外六乡的制度；《遂人》篇将土地分为上、中、下三等地，除此之外还有休耕的土地，这是六遂的制度；《大司马》篇将土地分为上、中、下三等地，这是诸侯的制度。

《周礼·地官司徒·遂人》篇说的"治理野地"，这说的是周代地方基层乡遂和公邑制度；《周礼·冬官考工记·匠人》篇谈"沟渠"，这是用于王公子弟采邑的制度。郑康成（郑玄）说："周代的制度，在都城王畿以内使用夏代的贡法收税，纳税的人没有公田，以私产纳税；在各个诸侯国，收税则要用殷代的'助'法，在井田之中设置公田，而不找个人收税。"朱文公（朱熹）在《朱熹语类》也说："开掘沟渠以十作为计数的原则，井田制则把九作为计数的原则，'井田'和'沟洫'这两个内容绝对不可能相合。但永嘉的儒者们想要把这两种制度混为一谈。郑康成的注解把这两者分开，这才是对的。"我考察李泰伯（李觏）的《平土书》，他说："周代王畿内部，还有天下诸侯都用贡法来收税。"大概李泰伯对这个问题的认识已经跟郑康成不一样了，这种"混为一谈"的做法并不是从永嘉一派的儒者开始的。宋代刘彝的《中义》想要拿《匠人》篇开挖沟渠的制度去对应《遂人》篇治理野地的制度，说《遂人》篇谈的是加起来的书目，《匠人》篇说的是营建的方法，但是《周礼》和《考工记》实际上各自流传，是不同的书。易祓说："《匠人》篇所说的是周代之前的制度。"

大禹"在疏导沟渠上用尽全力"，"开通田间沟渠，使积水流入河流"。由此可见，《周礼·地官司徒·遂人》篇中所说的五沟、五涂的制度，是继承自上古的。通过水利辅助耕种，就可以

怨，子产作封洫而伍田畴以为谤。晋欲使齐尽东其亩，而戎
车是利，甚而两周争东西之流。至商鞅决裂阡陌，吕政决
通川防，古制荡然矣。古者内为田庐，外为沟洫，在《易》之
《师》。寓兵于农，伏险于顺，取下《坎》上《坤》之象。沟洫
之成，自禹至周，非一人之力；沟洫之坏，自周衰至秦，非一
日之积。先儒谓："井田坏而戎马入中国，如入无人之境。"
悲夫！

人耦牛耦，郑氏注"合耦"并言之。疏谓"周时未有牛
耦耕，至汉赵过始教民牛耕。"今考《山海经》："后稷之孙
叔均始作牛耕。"周益公云："孔子有'犁牛'之言，冉耕亦
字伯牛。《贾谊书》、《新序》载邹穆公曰'百姓饱牛而耕'，
《月令》季冬'出土牛'，示农耕早晚，何待赵过？过特教人
耦犁，费省而功倍尔。"

鹽盐，引池而化，《山海经》"鹽贩之泽"，《穆天子传》

让收成丰足，这是由稻人负责的；利用水利辅助守城，就可以让都邑更加稳固，这是由司险掌管的。自从周代基层的乡遂制度废弛后，子驷为民田挖通沟渠、兴修水利，可是因此而丧失土地的人为此而怨恨他；子产兴作沟渠，重划疆界、安排田畴，但民众却谤议子产。晋国想让齐国把田地的垄亩都改为朝着东向，只为了方便战车行动。甚至战国时期还有东西二周国争夺水的流向。直到商鞅把田地的分界全部划开，吕政（秦始皇）打通各大河流之间的防护，古代制荡然无存。古时候的田制，在内修建田地房屋，在外挖开沟渠，这种意象见于《周易》的《师》卦。在农事中寓有兵事的深意，在顺境下防备危险，这取用的是下为《坎》上为《坤》的易象。"沟洫"制度的完成，从夏禹到周代，不是凭借一个人的力量；"沟洫"制度的破坏，从周朝衰落到秦朝，也不是一天积累的结果。先儒说："井田制遭到破坏，戎狄的战马进入中国就如入无人之境了。"真是可悲啊！

人的耦耕和牛的耦耕，郑玄的《周礼注》用了"合耦"来概括。贾公彦的疏说："周朝的时候还没有使用牛来完成耦耕，直到汉朝的赵过才开始教百姓用耕牛耕田。"今天考察《山海经》中有这样的话："后稷的孙子叔均最开始用牛耕田。"周益公说："孔子曾说过'犁牛'这样的话，孔子的弟子冉耕也字伯牛。贾谊的《新书》，刘向的《新序》都记载邹穆公说：'百姓喂饱了牛之后用牛进行耕种'，《礼记·月令》的季冬说'制作土牛'，来表示农耕早晚的时令。创造牛耕哪里要等到汉朝的赵过呢？赵过只是教给人民两头牛耦犁的办法，节省了开支又让功效增倍罢了。"

盬盐，是接引池水而化出来的，《山海经》里说到的"盬贩

"至于鹽", 晋郇瑕氏之地, 而猗顿用是起者也。散盐, 煮水而成, 《夏书》青州之贡, 《职方》幽州之利, 齐之渠展, 燕之辽东, 而宿沙初作者也。形盐, 掘地以出之, 周公阅所云"盐虎形也"。饴盐, 于戎以取之, 伊尹所云"和之美"者, 大夏之盐也。后周四盐之政仿此。古者川泽之饶, 与民共之, 自《海王》之篇, 祈望之守, 作俑于齐, 至汉二十倍于古。考之《汉志》, 盐官三十有五, 唐有盐之县一百五。本朝盐所出者十二路, 为池二, 为监七, 为场二十二, 为井六百有九, 法益详而利无遗矣。

"玩物丧志", 召公以为戒。凡式贡之余财, 以共玩好之用, 恐非周公之典。《无逸》曰:"惟正之供。"

《外府》注:"泉始盖一品, 周景王铸大泉而有二品。"韦昭注《周语》曰:"单穆公云:'古者有母平子、子权母而行。'然则二品之来, 古而然矣。"

的水泽",《穆天子传》中的"到了鹽地",鹽地就是晋国郇瑕氏的封地,大商人猗顿就是凭借这里的盐兴起的。散盐,是把水煮开而成形的,《尚书·夏书》中记载的青州的贡品,《周礼·夏官司马·职方氏》所说的幽州当地的特产,齐国的渠展,燕国的辽东,散盐就是宿沙氏最初创造制盐方法的产物。形盐,是挖掘地表而产出的盐,也就是周公阅所说的"老虎形状的盐"。饴盐,最初是从戎人那里获取的,伊尹所说的"调和五味的最美之物",就是大夏所产的盐。后周设置"四盐"的制度就是仿照这四种而来。古时候山川大泽的丰饶物产,都是王者与人民共同享有的,直到管子主政,有《海王》篇谈盐业,设置祈望这样掌管海水之利的官员,从齐国开始,到汉朝时国家由此所获的利益已经比古代涨了二十倍。查考《汉志》,汉代的盐官职位一共有三十五名,唐朝产出盐的县有一百零五个。本朝盐的产地有十二路,挖了两个盐池,设置七个盐监,兴建了二十二个盐场,打了六百零九口盐井,法规更加详密,从盐业中能获取的利益也已经毫无遗漏了。

"耽于外物而丧失志向",召公也引用这句话来警戒自己。凡是把各地进献上来的剩余财物,拿来供给君王享乐用,这恐怕不是周公创设的典章。《尚书·无逸》篇里就说:"只能以正道进贡。"

《周礼·天官冢宰·外府》的注解说:"钱币一开始大概只有一个类别,到了周景王要铸大钱时,才分出了两种品级。"韦昭注解《国语·周语》时说:"单穆公说:'古时候有较重的母钱、较轻的子钱,母钱有余,就多用母钱、辅以子钱;母钱不足,就推行子钱,辅助母钱流通。'"既然如此,那么有两种品类的钱

古者以射、御为艺。孔子曰："执射乎？执御乎？"《诗》
曰："叔善射忌，又良御忌。""四黄既驾，两骖不猗"，御
之善也；"不失其驰，舍矢如破"，射之善也。学射者多矣。
造父之师泰豆氏，尹需之习秋驾，皆学御者也。《说苑》谓：
"御者使人恭，射者使人端。"亦正心修身之法。

"货贿用玺节"，注："今之印章也。"《司市》注云：
"如今斗检封。"《职金》云："楬而玺之。"《左传》："季武
子使公冶问玺书，追而与之。"《战国策》："欲玺者段干子
也。"蔡邕《独断》云："古者尊卑共用之。"卫宏云："秦以
来天子为玺，又独以玉为之，臣下莫敢用。"唐又改玺为宝。
（原注：《五代史》臣曰："国以玉玺为传授神器，邃古无闻。"）
《运斗枢》曰："舜为天子，黄龙负玺。"《世本》曰："鲁昭
公始作玺。"

《司门》"正其货贿"，正者，禁其淫侈而归于正也。注
读为"征"，非是。

迹人，春秋末，宋犹有是官。《左氏》哀十四年《传》：

币，看来自古以来就是这样了。"

古代人把射箭、驾车当作"六艺"中的技能。孔子说："我将要射箭呢？还是要驾车呢？"《诗经》中有这样的文字："叔既善于射箭，又善于驾车。""四匹黄马已经驾上，两旁的骖马无偏差"，这是驾车技艺中最为高妙的境界了；"驾驭骏马不失其道，张弓放箭就必能破敌"，这是射箭中最好的境界了。学习射箭的人太多了。造父拜泰豆氏为老师，尹需在梦中学习秋驾的技术，这些都是学习驾车的人。《说苑》说："驾车让人恭谨，射箭让人端正"，驾车和射箭也是正心修身的方法啊。

《周礼·地官司徒·掌节》篇说："运输货物用玺节"，郑玄的注释说："玺节，就是当今的印章。"《周礼·地官司徒·司市》的注释说："玺就像今天用来封存文书的斗检封。"《周礼·秋官司寇·职金》的经文说："书写标签并加盖印章。"《左传》记载："季武子派公冶问，以印封好书信派人追上了公冶问，交给了他。"《战国策》说："想得到玺印升官的是段干子。"蔡邕《独断》说："古时候部分地位尊卑，都可以使用玺。"卫宏说："从秦朝建立以来，只有天子的印可以称为玺，又独独用玉来制造，臣下都不敢使用。"到了唐代，又改国玺为宝印。（原注：《五代史》臣说："国家把玉玺作为传递天命的神器，自古以来都没听说过。"）《春秋运斗枢》说："舜当天子的时候，有黄龙背负着玺印。"《世本》说："鲁昭公最早制作玺印。"

《周礼·地官司徒·司门》说："端正出入的财物"，经文中所谓的"正"，就是禁止过分奢侈的财货，而使其归于正道。郑玄的注解把它读作"征"，是不正确的。

《周礼·地官司徒》所记载的"迹人"，直到春秋末年的时

"迹人来告曰：'逢泽有介麋焉。'"

"司禄阙"。《孟子》云："诸侯恶其害己也，而皆去其籍。"赵氏注："今《周礼》司禄之官无其职，是诸侯皆去之，故不复存。"

《槁人》注："今司徒府中有百官朝会之殿。"后汉《蔡邕集》所载"百官会府公殿下"者也。古天子之堂未名曰殿。《说苑》："魏文侯御廪灾，素服辟正殿五日。"《庄子·说剑》云："入殿门不趋。"盖战国始有是名。《燕礼》注："当东霤者，人君为殿屋也。"疏谓"汉时殿屋四向流水"，举汉以况周。然《汉·黄霸传》"先上殿"，注谓"丞相所坐屋"。古者屋之高严，通呼为殿，不必宫中也。

《大宗伯》疏：《星备》云："五星初起牵牛，岁星一日行十二分度之一，十二岁而周天。荧惑日行三十三分度之一，三十三岁而周天。镇星日行二十八分度之一，二十八岁而周天。太白日行八分度之一，八岁而周天。辰星日行一度，一岁而周天。"《冯相氏》疏：《星备》云："明王在上，则日月五星皆乘黄道。"《保章氏》疏：《星备》云："五星更王相休

候，宋国仍然有这个官职。《春秋左氏传》哀公十四年的《传》文说："迹人来报告说：'逢泽有发现一只离群的麋鹿。'"

《周礼·地官司徒》经文说："司禄阙"。《孟子》的解释是："诸侯憎恨保留司禄这样的官职会损害自己的利益，于是把这个职位从官籍中削去了。"赵岐的注释说："今天所见的《周礼》里，司禄这个官位没有相应的职能，是因为诸侯都把这部分内容删去了，所以不再存世。"

《周礼·地官司徒·槁人》篇的注解说："现在司徒的官府中还有各级官员朝会的大殿。"这就是后汉《蔡邕集》中所记载的"百官在司徒府中的大殿下集会"。古代天子的殿堂还没有被起名叫"殿"。《说苑店·反质》篇记载："魏文侯专有的仓廪发生了火灾，文侯穿着素白的礼服，在正殿中避居了五天。"《庄子·说剑》篇说："进入宫殿的大门也不小跑前进。"大概是到战国时期才有了"殿"这个名字。《礼记·燕礼》的注解说："面对着殿屋东檐的滴水处，这就是所营建的殿屋。"孔颖达的疏说"汉代时宫殿的屋舍四面都有流水"，这是拿汉代情况来同周代相比。但是《汉书·黄霸传》又有记载"先走上殿中"，注释说"殿是丞相所坐的屋子"。古时候把高大庄严的屋子都一致称之为殿，不一定是到皇帝的宫中去。

《周礼·春官宗伯·大宗伯》的疏引用《星备》说："五星最初从牵牛星的位置升起，岁星一天运行十二分之一度，十二年能够绕天一周。火星每天运行三十三分一度，经过三十三年能够绕天一周。镇星每日运行二十八分一度，二十八年能够绕天一周。金星每天运行八分之一度，八年能够绕天一周。水星每天运行一度，经过一年就绕天一周。"《春官宗伯·冯相氏》篇贾公彦的

废，其色不同。王则光芒，相则内实，休则光芒无角，不动摇；废则少光，色顺四时，其国皆当也。"《星备》之书，仅见于此。《隋》、《唐志》皆不著录。

　　周五礼之别三十有六。唐五礼之仪一百五十有二。《唐志》云："自梁以来，始以当时所行，傅于《周官》五礼之名，各立一家之学。"

　　"九磬之舞"注云："当为大磬。"愚谓九磬之名尚矣，不必改字。按《说苑》，"孔子至齐郭门之外，遇一婴儿，挈一壶相与俱行，其视精，其心正，其行端。孔子谓御曰：'趣驱之、趣驱之，韶乐方作。'孔子至彼，闻韶，三月不知肉味。"齐景公作《徵招》、《角招》，盖舜乐之存者。刘原父云："《九招》者九名，予识其三焉，祈、徵、角之谓也。"《山海经》："夏后开得《九辩》、《九歌》以下，始歌《九招》于大穆之野。"《帝王世纪》："启升后十年舞《九韶》。"（原注：《竹书》曰："夏后开儛《九招》。"）《史记》："禹乃兴《九招》之乐。"《索隐》曰："即舜乐《箫韶》九成。"艾轩谓："'劝之以《九歌》'，即《九招》之乐。"《吕氏春秋》："帝喾命咸黑作为舞声，歌《九招》、《六列》、《六英》。帝舜令

疏也引用《星备》的说法："圣明的君王在位的时候，那么太阳、月亮，还有五星都会沿着黄道运行。"《春官宗伯·保章氏》篇贾公彦的疏也引用《星备》说："天上的五星在王、相、休、废五种状态中不断更替，它们的光芒各自不同。在'王'的状态星星会闪耀光芒；在'相'的状态，星星光芒内敛、充实；在'休'的状态，星星的光芒没有角，不会动摇；在'废'的状态，星星的光芒就少。星光的类别顺应四时，国家的政事都会恰当。"《星备》这本书相关的记载，仅仅能从这几条材料中见到。《隋书》、《唐书》的《天文志》都没有记录。

周代五礼的类别一共有三十六种。唐代五礼不同的仪节共有一百五十二种。《唐书·礼乐志》说："自从梁朝以来，才开始拿当时社会所通行的礼仪，附会在《周官》'吉、凶、军、宾、嘉'五礼的类目下，各自成为一家之学。"

《周礼·春官宗伯·大司乐》"九磬之舞"的注解中说："应当改为'大磬'。"我认为"九磬"这个名字由来已久，不一定要改"九"字为"大"字。考察《说苑·修文》篇的记载，"孔子来到齐国外城的城门之外，遇到一个手里提着壶的婴儿跟他一起走，这个婴儿的目光格外精明，心地纯良端正，行为端庄有礼。孔子马上对驾车的人说：'快催马追上他，快催马追上他，韶乐将要奏起了。'孔子到了那个地方，听了韶乐后，三个月都尝不出肉的味道。"齐景公作《征招》、《角招》两部音乐，大概是虞舜时期留存下来的音乐。刘原父先生（刘敞）说："《九招》有九个名字，我明白其中的三个，就是祈、徵和角。"《山海经》说："夏后开（即夏启）得到了《九辩》、《九歌》以后，才开始在大穆的旷野吟唱《九招》这首歌。"皇甫谧《帝王世纪》说："夏启即位

质修《九招》、《六列》、《六英》，以明帝德。"然则《九招》作于帝喾之时，舜修而用之。（原注：秦唯《韶》、《武》二乐存。）

班固《律历志》述刘歆之言，以律为下生，吕为上生。郑康成以黄钟三律为下生，以蕤宾三律为上生。梁武帝《钟律纬》谓："班固夹钟、中吕，过于无调。郑康成有升阳而无降阳。"陈用之《礼书》谓"自子午以左皆上生，子午以右皆下生"，以郑说为是。张文饶《翼玄》曰："十二月之律以候月，六十日之律以候日。月律当一下一上，依次而生；日律当用蕤宾重上生。司马迁、刘歆之法，月律也；吕不韦、淮南、京房之法，日律也。《晋志》取司马而非淮南，梁武是京房而非班固，皆非通论。"

为天子十年后，舞《九韶》之乐。"（原注：《竹书纪年》说："夏后开舞《九招》。"）《史记·五帝本纪》说："到禹，创作了《九招》这部音乐。"《史记索隐》说："就是舜帝时候的音乐《箫韶》演奏九次。"艾轩先生林光朝说："'用《九歌》来劝勉百姓'，这就是所谓的《九招》这部音乐。"《吕氏春秋·仲夏纪·古乐》篇记载："帝喾命令咸黑创作配合舞蹈的声乐，歌唱《九招》、《六列》、《六英》这些曲子。舜帝命令质来重修《九招》、《六列》、《六英》，用来彰明天帝的德行。"这样说来，那么《九招》最早是在帝喾时期创作的，到舜的时重新加以修订并运用。（原注：在秦朝，只有《韶》、《武》两种古乐得以保存。）

班固在《汉书·律历志》记述刘歆的话，认为六律是'下生'（即将音高在前一律的基础上减损三分之一）的，六吕是'上生'（将音高在前一律的基础上增加三分之一）的。郑康成则认为，黄钟、太簇、姑洗这三律是下生的，而蕤宾、夷则、无射三律是上生的。梁武帝的《钟律纬》说："依照班固的说法，夹钟、中吕会因为律管过短，而失去了音调。如果按照郑康成的说法，阳律只有上升，却没有下降。"陈用之的《礼书》说："律管以子、午为界，子午线的左边都是'上生'，律吕的音高是在前一律吕的基础上各自增加三分之一；子午线的右边都是'下生'，音高是各自在前一律吕的基础上减少三分之一。"陈用之实际上认为郑玄的说法是正确的。张文饶在《翼玄》中说："十二个月份的律管可以用来占候月气，六十日的律管可以用来占候日气。十二月的月律应当是一下一上，依次生出的；日律应当以蕤宾为基准而上生。司马迁和刘歆所记述的定律吕之法是月律，吕不韦、淮南子、京房的说法，是上生的日律。《晋书·天文志》采取了司马迁

大卜"三兆","其颂皆千有二百"。夏后铸鼎,繇曰:"逢逢白云,一南一北,一西一东。九鼎既成,迁于三国。"懿氏占曰:"凤凰于飞,和鸣锵锵。有娲之后,将育于姜。"成季卜曰:"间于两社,为公室辅。"骊姬繇曰:"专之渝,攘公之羭,一薰一莸,十年尚犹有臭。"卫侯繇曰:"如鱼窥尾,衡流而方羊裔焉。"汉文兆曰:"大横庚庚,余为天王,夏启以光。"皆龟繇也。

卜师"四兆",郑氏锷以理推之,谓:"方兆,占四方之事也,汉武帝发易占,知神马从西北来;功兆,占立功之事也,楚司马子鱼卜战令龟;义兆,占行义之事也,惠伯曰'忠信之事则可';弓兆,有射意,后世有覆射之法。"

龟人"六龟",《易》"十朋之龟",（原注:《尔雅》十"龟"。）《唐六典》辨龟九类五色,依四时用之。

的说法，批评淮南子的说法，梁武帝则肯定京房的说法，批评班固的说法，这两者都不是固定不变、普遍通用的。"

《周礼》记载大卜所掌握的"三种兆象（即龟甲经火灼烤后的裂纹）"，"它们的占辞都有一千二百条"。夏朝的君主铸造了鼎，鼎上的繇辞说："蓬蓬、广大的白云啊，一会儿流向南北，一会儿流向西东。九鼎已经铸成，将要在三个国度迁移相传。"针对懿氏的占辞说："凤凰飞翔，应和鸣唱，声音锵锵，清脆嘹亮。妫氏的后代将会在姜氏那里成长。"针对成季的卜辞说："将会身处周社、亳社两社之间，成为鲁国公室的辅助。"关于骊姬的繇辞说："专宠一定会产生变乱，将要夺走您的肥羊。香草和臭草放在一起，十年后还会有臭气。"卫侯自己卜得的繇辞说："就如同红尾巴的鱼儿，穿过水流却在那儿迷忽彷徨。"汉文帝卜得的兆辞说："卜得大横的兆象，我将身为天王，夏启因我光大。"这些事例所用的占卜方法都是龟卜。

《周礼》中卜师掌握"四种龟卜的兆象"，郑锷凭借常理推断，他认为："方兆，是为了占卜天下四方的大事，汉武帝用《周易》占卜，知道会有大宛的神马从西北方来到中国；功兆，是为了占卜建功立业的大事，比如楚国的司马子鱼在战争前用龟卜占候；义兆，是为了占卜行义之事，就是惠伯说的'如果做符合忠信之道的事情，那就可以成就'；弓兆，有射覆的意思，直到后代还有射覆这种占卜猜物的方法。"

《周礼》中的龟人掌管"六种神龟"，《易经》中记载有"价值'十朋'（朋为计量单位）的神龟"，（原注：《尔雅》记载的说法是十种"神龟"。）《唐六典》详细分辨了九种类别的龟甲，还分为五种颜色，按照四时的运行来分别用于占卜。）

《列子》"梦有六候"，与《占梦》同。"噩"作"蘁"。东坡曰："高宗言梦，文王、武王言梦，孔子亦言梦。其情性治，其梦不乱。"西山曰："正梦不缘感而得，余皆感也。"

大祝"九祭"，"九曰共祭"，注云："共犹授也，王祭食，宰夫授祭。《孝经说》曰：'共绥执授。'"疏云："《孝经说》，《孝经纬》文。共绥执授，谓将绥祭之时，共此绥祭以授尸。"愚谓：疏谓绥祭，非也。《后汉·礼仪志》注："《孝经援神契》曰：'尊三老者，父象也。谒者奉几，安车软轮，供绥执授。'宋均曰：'供绥，三老就车，天子亲执绥授之。'"永平二年养老诏亦有"安车软轮，供绥执授"之语，盖取《孝经纬》。

郑司农注"肃拜"："但俯下手，今时揖是也。项氏云："古之拜如今之揖，折腰而已。介胄之士不拜，故以肃为礼，以其不可折腰也。其仪特敛手向身，微作曲势。此正今时妇人揖礼也。汉时妇人之拜不过如此。"或谓自唐武氏始尊妇人，不令拜伏，误矣。周天元令妇人拜天台，作男子拜，

《列子·周穆王》篇说："人做梦有六种性状"，这与《周礼·春官宗伯·占梦》所说的相同，只是把《占梦》的"噩"写作了"蘁"。苏东坡说："商代的高宗说自己的梦，文王、武王都说自己做梦，孔子也要说梦。只要这个人的情性得到修治，他做梦就不会有混乱。"西山先生真德秀说："正梦不是因为受到外物的感应而产生，除此以外其余各类的梦境都是外物感应的结果。"

《周礼》中太祝所掌管"九种祭礼"，其中"第九是'共祭'（即取所当祭的食物授王以祭）"，郑玄的注解说："这里的'共'就是'授'的意思，当王要祭祀食物的时候，宰夫负责把需要祭祀的食物交给王。《孝经说》里有说：'在供应绥祭的时候传递祭品。'"贾公彦的疏说："《孝经说》，是《孝经纬》中的文字。所谓'共绥执授'，就是说在将要进行绥祭的时候，把绥祭要用的祭品交付给尸。"我个人以为：贾公彦的疏认为'绥'指绥祭，这是不对的。《后汉书·礼仪志》的注释说："《孝经援神契》说：'尊敬乡里的三老，是崇尚父道的象征。谒见三老的人需要双手捧几案，用好车软轮，拿着车上的车绳交予三老。'宋均说：'供绥，是指三老上车后，天子要亲自拿着车绳，把它递给三老。'"东汉永平二年的养老诏中也有"安车软轮，共绥执授"这样的话。这大概也是取自《孝经纬》。

郑司农在《大祝》篇对"肃拜"的注解说："肃拜只是俯身低下手，就是现在作揖这种礼节。"项安世说："古代的'拜'就相当于今天的作揖行礼，只是弯腰行礼而已。穿着甲胄的将士可以不行拜礼，所以用肃立的礼节，这是因为全副武装的将士不可以弯腰的缘故。肃揖的仪节只是拱手转身，稍微做出一个弯

则虽虏俗，妇人亦不作男子拜也。《内则》尚右手者，言敛手右向，非若今用手按膝作跪也。男之尚左亦然。"（原注：今考太祖问赵普拜礼："何以男子跪而妇人不跪？"）普问王贻孙，对曰："古诗'长跪问故夫'，妇人亦跪也。唐武后时，妇人始拜而不跪。"普问所出，对曰："唐张建章《渤海记》备言之。"

"眂祲掌十煇之法"，占日旁之气也。二郑解，其同者六，其异者四。"太卜掌三梦之法"，"其经运十，其别九十"，谓占梦之正法有十也，一运而九变，十运而九十变。注以"经运"为"十煇"，先儒谓日之煇光。梦之变通，其占不同，不当改"运"为"煇"。

《太史》"正岁年以序事"，注："中数曰岁，朔数曰年。"中数三百六十五日四分日之一，朔数三百五十四日。《汉·历志》曰："闰所以正中朔也。"或谓周以建子为正，而四时之事有用夏正建寅者。用建寅则谓之岁，用建子则谓之年。（原注：《洪范》正义从冬至及明年冬至为一岁。）

曲的态势。这正是现在妇人所行的作揖的礼仪。汉代妇人的拜礼不过是这样罢了。有人说从唐代武则天当政后才开始尊崇妇女，不让妇女行伏地跪拜的礼仪，这就错了。北周天元皇帝宇文赟命令妇女拜祭天台，像男子一样行跪拜之礼，那么，即使是按照胡虏的习俗，妇人也不像男人那样行拜礼了。《礼记·内则》篇说妇人崇尚右手，是说拱手向右，而不是像今天用右手按着膝盖行跪拜礼。男人尚左也是这样。（原注：今天考察宋太祖问赵普拜礼的情形："为什么今天男子要跪着行礼，而妇人却不下跪呢？"）赵普就去问王贻孙，王贻孙回答说："古诗说'长跪问故夫'，可见妇人也是跪着行礼的。到了唐代武后主政时，妇人才开始只行拜礼却不下跪行礼。"赵普问这些说法的来历，王贻孙回答说："唐朝张建章的《渤海记》已经讲得非常完备了。"

"眡祲掌管观察十种日旁气晕的方法"，这实际上是占验太阳旁边的云气。郑玄和郑众的解释中，两者相同的有六条，两者不同的有四条。"太卜掌管三种用梦占卜的方法"，"在十运中，作为正道的方法有十种，由正道分别出来的方法有九十种"，这是说占梦的正法有十种，由一种正法能够衍生出九种变化，十种正法就有九十次变化。郑玄的注释把"经运"解释为"十辉"。之前的儒者说太阳旁边的日晕光芒，跟梦境占卜的变化交通，它们之间占卜的方法是不同的，不应该把"运"改为"辉"。

《周礼》中太史这个官职"调整岁和年的误差以便按季节安排民众应做的事"，郑玄的注解说："每个月中气（即每月的第二个节气）所相差的天数叫作岁，十二次日月交会的天数相合叫作年。"按照中气计算，一岁的天数总共有三百六十五又四分之一天，按照朔望来计算，一年总共有三百五十四天。《汉书·律历

《冯相氏》"致日"、"致月"，注："冬至，日在牵牛，景
丈三尺。夏至，日在东井，景尺五寸。此长短之极。春分日在
娄，秋分日在角，而月弦于牵牛、东井。"《左氏传》："日月
之行，分同道也，至相过也。"《正义》云："春分，朔则日在
娄，望则月在角。秋分，朔在角，望在娄。娄、角天之中道，
故昼夜等。冬至，朔则日在斗，望则月在井。夏至，朔在井，
望在斗。斗、井南北，故昼夜长短极。"冬至，古日在牵牛，今
在斗。郑注与孔疏异，历法岁差也。

《保章氏》"星土"，按《乙巳占》论十二次云："北方之
宿主吴、越；火午之辰在周邦。天度均列而分野殊别，一次

志》说:"闰月是用来校正中数和朔数之间的误差的。"有人认为周代的历法以子月作为正月,但是四季的祭祀有按照夏代的历法,以寅月为正月的。用寅月作为正月,这就叫作岁,用子月作为正月,这就叫作年。(原注:《尚书·洪范》正义说:从今年的冬至到第二年的冬至,这就叫作一岁。)

《周礼·春官宗伯》中冯相氏的职守有"测度日影的长短"、"测度月影的长短"在注解中说:"冬至日的时候,太阳的位置在牵牛星,日影的长度是一丈三尺。夏至日的时候,太阳正处在井宿东部的位置,日影的长度是一尺五寸。这是日影长短的极限。春分日的时候,太阳的位置在娄宿,秋分日的时候,太阳的位置在角宿,月亮则在牵牛星和井宿的东部形成弦月。"《左传》中记载:"太阳和月亮的运行,在春分、秋分的时候在黄道与赤道相交,在夏至、冬至日则远离赤道相交。"《左传正义》说:"春分的时候,如果在朔日,那么太阳就在娄宿,如果是望日,那么月亮就在角宿。秋分的时候,如果是朔日,太阳就在角宿,如果是望日,月亮就在娄宿。娄、角二宿是天上黄道的中道,所以当太阳、月亮运行到这里时,白天和黑夜是等长的。冬至日,如果是朔日,那么太阳就在斗宿,如果是望日,那么月亮就在井宿。夏至日的时候,如果是朔日,那么太阳就在井宿,如果是望日,那么月亮就在斗宿。斗宿和井宿分别是天上星宿的最北和最南,所以白天黑夜的长短都达到极点。"冬至日,古时候太阳会在牵牛星,现在太阳会在斗宿。郑玄的注解之所以同孔颖达的疏解有差异,是由于历法不同,还有岁差的缘故。

《周礼·春官宗伯·保章氏》篇中所说的"星宿的分野",考察《乙巳占》对十二星次分野的说法:"北方的星宿掌管吴国、

所主,或亘万里,跨数州,或于寰内不布一郡。《国语》'岁在鹑火,有周之分野',今丰鄗当秦宿,而周分隶豫州,理实难详。至如荧惑守心,宋景禳其咎;实沈为祟,晋侯受其殃,事验时有相应。"贾公彦谓:"吴、越在南,齐、鲁在东,今岁星或北或西,不依国地所在。此受封之日,岁星所在之辰,国属焉故也。"或云十二次可言者一,其惟析木乎?"（原注:尾、箕艮维燕,可以言东北。）

　　"十有二岁",注:"岁星为阳,右行于天,太岁为阴,左行于地,十二岁而小周。"潏水云:"岁星在天,岁阴在地。《天官书》曰:'岁阴在摄提格,岁星在星纪;岁阴在单阏,岁星在玄枵。'自嘉祐丁酉,验之多差,近年尤甚。岁星常先月余,近年以来常先一百二十余日。"愚考《大衍历议》曰:"岁星自商、周迄春秋之季,率百二十余年而超一次。战国后,其行寖急,至汉尚微差,及哀、平间余势乃尽,更八十四年而超一次。"三山陈氏谓:"如《左氏》之说,则寅而在卯,午而在亥。如《史记》之说,则寅而在丑,辰而在亥。以次推之,皆不同。"《汲冢·师春》谓:"岁星每岁而成一分,

越国所处的地方，火、午的辰星映照周国的位置"。在天上，星辰运行的度数是平均排列的，但各个星次对应的分野却大不相同，一个星次所主掌的地域，有的绵延了万里之遥，跨越了数州之地，有的所照应的地区大小却连一郡之地都不到。《国语》上说'岁星在鹑火，对应地上的分野在周国'，现在丰、鄗是周朝的旧都城所在，却正对应秦国的分野，古代周朝的土地又分属于豫州，其中的道理实在难以详解。至于像火星居于心宿，宋景公归咎于自己，最后禳除了灾祸；实沈死后作乱，晋平公也受到了灾殃。类似的灾异之事是否应验，时常能与人事相应。贾公彦说："吴、越之地在南方，齐、鲁之地在东方，今天我们观察岁星的运行轨迹，或是在北或是在西，并不是依照原本各国国土的所在地而来。这是按照周初诸侯受封当日岁星所在的辰位，周天子将国土分封给各国诸侯的缘故。"有人说，十二次能够说清楚的只有一条，那大概只有析木吧。（原注：东方七宿中的尾、箕二宿对应燕国，说的正好是东北方。）

　　《保章氏》中经文"岁星历经十二次"的注解说："岁星属阳，在天上向右边运行，太岁属阴，在地下向左运行，经过十二次就完成了一个小周期。"潞水先生李复说："岁星在天上运行，岁阴在地下运行。《史记·天官书》说：'当岁阴运行到摄提格的时候，岁星就运行到星纪，当岁阴在单阏的时候，岁星就在玄枵。'从嘉祐丁酉年起往后，检验岁星运行的实际情况，大都有差错，近年来错得尤其厉害。岁星常常比太岁早一个月到达相应的位置，近年来常常会早一百二十多天。"我考察《大衍历议》，其中有这样的说法："岁星从商、周到春秋时期，大概一百二十多年就会超过一个星次的位置。到了战国以后，岁星的运行渐

积百四十四年而满本数, 则为超辰之限。”

《外史》“达书名”, 郑康成谓: “古曰名, 今曰字。”（原注: 字者, 滋也。）《聘礼》记云: “百名以上书于策, 不及百名书于方。”王文公云: “文者, 奇偶刚柔, 杂比以相承, 如天地之文, 故谓之文。字者, 始于一而生于无穷, 如母之字子, 故谓之字。”夹漈谓: “独体为文, 合体为字。主类为母, 从类为子。六书: 象形、指事, 文也; 会意、谐声、转注, 字也; 假借者, 文与字也。”“谐声与五书同出, 五书尚义, 谐声尚声。”“《说文》形也, 以母统子;《广韵》声也, 以子该母。”“字书, 眼学; 韵书, 耳学。”《中庸或问》曰: “司徒教民, 书居其一。外史达书名于四方, 大行人又九岁一谕焉。其制度之详如此。秦以小篆、隶书为法, 而周制始改。”

渐变得迅疾，直到汉朝还只是稍有偏差，到了哀帝、平帝在位期间，剩余的加速之势才完结，又变为过了八十四年就超过一个星次。"三山陈用之说："如果按照《左传》的说法，那么太岁在寅时，岁星在卯位，太岁在午时，岁星在亥位。如果按照《史记》的说法，则是太岁在寅的时候，岁星在丑；太岁在辰的时候，岁星在亥。按照星次去推断，结果都不一样。"《汲冢·师春》说："岁星每年运行多出一分，累计一百四十四年多出一轮运行的距离，这就是所谓'超辰'（岁星运行超出一个星次）的时限。"

《周礼·春官宗伯·外史》的职能有"把统一的文字传达"，郑康成说："同样是'字'，古人称之为名，今人把它们叫作字。（原注：字，就是滋长的意思。）《仪礼·聘礼》记载说："书文如果长达百字以上，就用竹简书写。书文如果不到一百字，就用木版书写。"文公王安石说："文，是具有奇偶、刚柔的特点，排列比应、相互承接，就像天地的纹理一样，所以叫作'文'。字，是从一个开始，之后不断衍生，至于无穷，就如同母亲生育孩子，所以称之为'字'。"夹漈先生郑樵说："独体的文字叫作文，由不同部首合为一体的文字就是字。在字中，作为主体的那一类文字是母，作为附属的那一类文字是子。古代相传的'六书'中：象形、指事，这两种都是说的独体的'文'；所谓的会意、谐声、转注，指的就是合体的'字'；所谓假借，是兼指文和字而言。""谐声和其他五书并列，其他五书都是崇尚字义，由字义产生，谐声则崇尚字音。""《说文解字》这部书是按照字形来排列，是以主要的母字来统合繁多的合体文字；《广韵》是按照字音来排列的，是由合体的文字来囊括母字。""历史上流传下来的字书跟字形有关，是用眼睛做的学问；至于流传下来的韵书，

　　《鎛师》注引《春秋传》"宾将趋"，今《左传》作
"趡"。《环人》注引"御下揻马"，今作"两"。《职方氏》注
引《国语》"闽芈蛮矣"，今作"蛮芈"。

　　"司爟"，郑司农引《鄹子》，与《论语》马融引《周
书·月令》同。（原注：春取榆柳之火，夏取枣杏，季夏取桑柘，
秋取柞楢，冬取槐檀。）王劭曰："《周官》四时变火以救时
疾，火不数变，疾必兴。圣人作法，岂徒然也。晋时有以洛阳
火度江者，代代事之，相续不灭，火色变青。"《东汉·礼仪
志》："日夏至，浚井改水。日冬至，钻燧改火。"（原注：改水
唯见于此。）

　　水有疏导，火有出纳，山林金锡之地，皆为之厉禁，
时而用之，先王财成辅相之妙也。《盐铁论》大夫曰："五
行东方木，而丹章有金铜之山；南方火，而交趾有大海之

则跟字音有关，是用耳朵去学的学问。"朱熹《中庸或问》说："《周礼》司徒教化民众的六艺，书就是其中之一。外史把统一的文字传达到天下四方，大行人又要九年一次让天下明白其意。《周礼》所设计的制度是这样的详密！直到秦朝以小篆、隶书作为法式，周朝的制度才改变了。"

《周礼·春官宗伯·镈师》篇的注解引用了《春秋传》所说的"宾客打算'趿'"，今天流传的《左传》把"趿"字写作"揌"。《夏官司马·环人》篇的注解所引用的"御下掫马"，今天所见的《左传》把"掫"字写作"两"。《夏官司马·职方氏》篇的注解引用《国语》说："闽芈蛮矣"，今天流传的《国语》写作"蛮芈"。

《周礼·夏官司马》中有"司爟"这个官职，郑司农引用的《鄹子》中的说法，与马融《论语注》中引用《周书·月令》的文字相同。（原注：春天要用榆柳树来取火，夏天要用枣树、杏树来取火，季夏要用桑、柘来取火，秋天要用柞木和楢树来取火，冬季要用槐树和檀树来取火。）王劭说："《周官》随着四季的变化改变取火的木材是为了补救四季易发的疾病，如果取火的木材不能屡次变更，疾病一定要发作。圣人制定法令，哪里是没有道理的呢！晋朝的时候有凭借洛阳的长明灯火渡过长江的，一代一代都有人从事这个工作，灯火相续，一直不灭，火的颜色都变青了。"《后汉书·礼仪志》记载："在夏至日的时候，要挖井换水；在冬至日的时候，要改变火种重新钻木取火。"（原注："改水"的说法只在这里出现过。）

对流水，要有疏浚和引导，对火种，要有管理出入的手段，对山林和出产金、锡的地方，要有设置严格的禁令，顺应时节来开放使用，这是古代的圣王裁节助成、辅助赞勉天地之道的妙

川；西方金，而蜀陇有名材之林；北方水，而幽都有积沙之地。此天地所以均有无、通万物也。"《管子》："出铜之山四百六十七，出铁之山三千六百九。"《唐六典》："天下水泉三亿三万三千五百五十有九。"

　　漏刻之法，昼夜百刻。易氏云："十二时，每时八刻二十分，每刻六十分。"王昭禹云："寅、申、巳、亥、子、午、卯、酉八时，各八刻。辰、戌、丑、未四时，各九刻。"愚谓：易氏之说与古法合。《司寤氏》"掌夜时"，注谓"夜晚早，若今甲、乙至戊"，疏云："甲、乙则早时，戌、亥则晚时"。愚按，卫宏《汉旧仪》"中黄门持五夜，甲、乙、丙、丁、戊夜，今谓之五更。"疏以"戊"为"戌"，误矣。马融以昏明为限，郑康成以日出入为限，有五刻之差。蔡邕以星见为夜，日入后三刻，日出前三刻，皆属昼。郑与蔡校一刻。王伯照云："昼夜长短，以岳台为定。九服之地，与岳台不同，则易箭之日，亦皆少差。"

用。《盐铁论·通有篇》记载，大夫说："在五行中，东方属木，可是东方的丹扬、豫章却有产出金、铜的大山；南方属火，可是南方的交趾郡却有通往大海的河川；西方属金，可是陇西、四川等地却有生长着名贵木材的森林；北方属水，可是北方的幽都却有常年积沙的地方。这就是天地用来协调有无，会通万物的道理。"《管子·地数篇》说："出产铜矿的山有四百六十七处，出产铁矿的山有三千六百零九处。"《唐六典》记载："天下的水泉总共有三亿三万三千五百五十九处。"

用来计时的漏刻法，一昼夜的时间总共是一百刻。易祓说："十二个时辰，每个时辰的长度有八刻二十分，每一刻的长度有六十分。"王昭禹说："寅、申、巳、亥、子、午、卯、酉这里八个时辰，其时长都是八刻。辰、戌、丑、未这四个时辰，每一个时长都是九刻。"我认为易祓的说法是与古法相合的。《周礼·秋官司寇·司寤氏》中说，其职责是"执掌夜间报时"，经文的注解说"夜间迟早的区分，就好像现在的甲夜、乙夜到戊夜的区分一样"，贾公彦的疏中说："甲、乙是夜晚早些的时候，戌、亥则是晚间的时候。"我查考卫宏的《汉旧仪》，其说法是："中黄门这个官员负责值守五夜，就是甲、乙、丙、丁、戊夜，今天我们称之为五更。"贾公彦的疏把"戊"改为"戌"，这是错误的。关于昼夜的区分，马融以黄昏和天亮为昼夜的界限，郑康成以太阳的升起和下落为界限，他们之间有五刻的时间差。蔡邕认为，夜空中星宿出现就是入夜了，太阳落山后的三刻钟和太阳升起前的三刻钟，都属于白天。郑玄和蔡邕相差了一刻时间。王伯照说："昼夜的长短，需要以浚仪县岳台的测量结果作为标准。天下九服这么广大的土地，它们跟岳台所处不同，那么当更换漏箭的时

"职方氏"，汉樊毅《修西岳庙记》作"识方氏"。《史通》云："《周书·职方》之言，与《周官》无异。"

"兖州，其浸卢维"，注云："当为雷雍，字误也。"颜师古曰："卢水在济北卢县。"《说文》："潍水出琅邪箕屋山，东入海，徐州浸。"《夏书》："潍、淄其道。"郑读非也。

王有三朝，一曰治朝，在路门之外，宰夫、司士掌之；二曰燕朝，在路门之内，大仆掌之；三曰外朝，在皋门之内，库门之外，朝士掌之。（原注：内朝二，外朝一。）《唐六典》："承天门，古之外朝。太极殿，古之中朝。两仪殿，古之内朝。"

郑康成因《左氏》"三辰旂旗"之文，谓：王与公同服九章之衮。考之经，无所见。《司服》云："公自衮冕而下，如王之服。"则衮冕而上之章，日月星辰也。冕十二旒，取法天数，岂"同服九章"，无君臣之别哉！《郊特牲》"王被衮以象天"，注谓"有日月星辰之章"，此鲁礼也，岂有周服九章而鲁乃服十二章者乎？汉明帝采《周官》、《礼记》、《尚书·皋陶篇》，乘舆服从欧阳氏说，备十二章，得古制矣。

间,也都会稍有差别。"

《周礼·夏官司马》所记载的"职方氏",在汉代樊毅的《修西岳庙记》中写作"识方氏"。刘知几的《史通·内篇·尚书家》说:"《周书·职方解》所载录的文字,与《周官》经没有区别。"

《夏官司马·职方氏》说:"兖州,它的可资灌溉的水资源卢水、潍水",经文下郑玄的注释说:"应当改成'雷雍',这里是文字书写的错误。"颜师古说:"卢水在济北的卢县。"《说文解字·水部》记载:"潍水发源于琅邪的箕屋山,向东流入大海,是徐州可资灌溉的水源。"《尚书·夏书》上记载:"潍水和淄水就是它的通道。"郑玄把文字改读成"雷雍"是不对的。

王者举行朝会的地点有三处:其一是治朝,在王宫的路门之外,由宰夫、司士两位官员掌管;其二叫燕朝,在王宫的路门以内,由大仆掌管;第三是外朝,在王城的皋门里面,库门的外面,由朝士专门负责掌管。(原注:内朝一共有两个,外朝一共有一个。)《唐六典》记载:"今天的承天门,就是古代王者的外朝;今天的太极殿,就是古代的中朝。今天的两仪殿,就是古代的内朝。"

郑康成根据《左传》"画有日、月、星三辰,画有熊和龙的旗帜"这段文字,认为王者与公爵同样,都会穿带有九种纹样的衮服。在经书中搜考,并没有见到相关的记载。《周礼·春官宗伯·司服》说:"公爵的服装,从衮冕以下其样式都如同王者的服装。"那么在衮冕以上绘制的纹样,就是日、月、星三辰了。王者的冕冠上挂有十二旒,这是取法于象征上天的数字,假设真的"公爵与王者同样穿着九种文饰的衣服",这不是取消了君

　　"五刑之法"，疏谓宫刑至隋乃赦。崔浩《汉律序》：
"文帝除肉刑，而宫不易。"《书》正义："隋开皇之初，始除
宫刑。"按《通鉴》西魏大统十三年"三月，除宫刑"，非隋
也。

　　孙君孚《谈圃》谓："《周官》赞牛耳，荆公言取其顺
听，不知牛有耳而无窍，本以鼻听。有人引一牛与荆公辩。"
今按《周礼义》云："牛耳，尸盟者所执。"无顺听之说，盖
荆公闻而改之。

　　《萍氏》"几酒"，犹妹土之诰也，禹恶旨酒，《易·未
济》之终，以"濡首"为戒，曷尝导民以饮而罔其利哉！初榷
酒酤，书于《汉武纪》，其流害万世，甚于鲁之"初税亩"。

臣的分别吗?《礼记·郊特牲》记载"王者穿戴着衮服来效法上天",郑玄的注释说"衮服上面有日、月、星辰的纹样",这是鲁国的礼仪,哪有周礼让天子穿着九种纹样的礼服,而鲁国却要穿上十二种纹样的衮服的道理?汉明帝采纳《周官》、《礼记》和《尚书·皋陶篇》的记载,在车舆、服饰上采纳欧阳氏的礼乐学说,衮服上完整地绘有十二章,可以说是符合古代的制度了。

《周礼·秋官司寇·司刑》篇所载的"墨、劓、宫、刖、杀五种刑罚的法度",贾公彦的疏认为,宫刑直到隋代才被废除。崔浩的《汉律序》说:"汉文帝废除肉刑,可是宫刑却没有被废除。"《尚书·吕刑》孔颖达的正义说:"直到隋朝开皇初年,才废除宫刑。"考察《资治通鉴》记载西魏大统十三年记载"三月,废除宫刑",废除宫刑并不是从隋朝开始的。

孙君孚的《谈圃》说:"《周官》中谈到'帮助王者割牛耳、执牛耳'。荆公王安石说这是为了取象于牛的顺服听从,却不知道牛有耳朵却没有窍孔,牛本来就是靠着鼻子听声音的。有个人当时就牵着一头牛同王安石辩论。"今天考察王安石的《周礼新义》的记载:"牛耳,是主持结盟的人所执掌的。"没有再保留顺服、听从这样的说法,大概王荆公在听说了正确的说法后就改掉了原来的见解。"

《周礼·秋官司寇·萍氏》的职守有"监察人们饮酒",就如同《尚书·酒诰》中周公所说的"妹土之诰",大禹不喜欢美酒,《周易·未济》卦的最后,也以"(饮酒过度,像狐狸)沾湿头部"作为告诫,先王哪里曾引导百姓饮酒用来牟取利益呢?国家最初实行专营酒税,是在《史记·汉武纪》中记载的,这一制

《大戴记·朝事篇》取《周官·典命》、《大行人》，朱熹《仪礼经传》以为《朝事》义。

《考工记》"貉逾汶则死"，先儒以汶为鲁之汶水。《列子释文》云："案《史记》汶与岷同，谓汶江也。今江边人云'狐不渡江'。《说文》：'貉，狐类也。'逾越大水，则伤本性。"

"有虞氏上陶"。舜陶河滨，器不苦窳。周陶正犹以虞阏父为之。

"周人上舆"。《中庸或问》："轨者车之辙迹，舆之广六尺六寸，其辙迹在地者，相距之间，广狭如一，无有远迩，莫不齐同。至秦，然后车以六尺为度。"

《轮人》注："揱，读为'纷容揱参'之'揱'。"疏云："今检未得。"愚谓即《上林赋》"纷溶箾蓩"。

《冶氏》注："铤，读如'麦秀铤'之'铤'。"《表记》注："移，读如'禾汜移'之'移'。"六字未知出何书，疏不释其义。或者农书所载钦？（原注：移，昌氏反。）

度的流传，对以后天下万世的危害，要比鲁国的"初次按土地面积收税"还要厉害。

《大戴礼记·朝事篇》的内容多取材于《周官》经中的《典命》、《大行人》两篇，朱熹的《仪礼经传通解》也把这一篇作为《朝事》的解义。

《考工记》"貉越过汶水就会死去"，以前的儒者把"汶"解释为鲁国的汶水。《列子释文》说："考察《史记》的记载，汶字与岷字相同，这里的汶水说的就是汶江。今天生活在江边的人都传说'狐狸不会渡过江'。《说文解字》说：'貉，是狐一类的动物。'跨越广阔的河水，就会伤及它们自己的性命。"

《考工记》记载："有虞氏尊尚制作陶器的工匠"。舜在黄河岸边做陶器，这个地方做出来的陶器都不会粗制滥造。直到周朝，掌管陶器制造的陶正官还是让虞舜的后人虞阏父担任。

《考工记》记载，"周人尊尚制造车舆的工人"。朱熹《中庸或问》说："所谓的'轨'就是车轮在地上留下的印迹，按照周代的制度，车舆的宽度在六尺六寸，看它在地上的痕迹，两个轮子之间的距离，宽窄合一，不管是远处还是近处，都没有不一致的。直到秦朝统一，在这之后，车辆的宽度才用六尺作为标准。"

《周礼·冬官考工记·轮人》篇的注解说："挈字，读音如同'纷容挈参'的'挈'"。贾公彦的疏说："原句现在还未能检索到。"我窃以为这里的原句就是《上林赋》中的"纷溶箾蓼"。

《周礼·冬官考工记·冶氏》，郑玄的注解说："铤，读音就像'麦秀铤'这句话中的'铤'。"《礼记·表记》，郑玄的注解说："移，读音就像'禾汜移'这句话中的'移'。""麦秀铤"和"禾

潏水云："粟氏为量。郑玄以'方尺积千寸'，此乃《九章》米粟法。"某家旧有一古铜敦，乃周成王时物。甘人侵扈，命正人出师复扈邦，赐有功师氏，而数亦皆备。

嘉量之铭，祭侯之辞，皆极文章之妙。而《梓人》筍虡之制，文法奇古，有飞动之状。盖精于道者，兼物物而后能制器。《庄子》谓梓庆削木为鐻，鐻成，见者惊犹鬼神。以天合天，道与艺俱化，岂物物刻雕之哉！

《大戴记·投壶篇》云："嗟尔不宁侯，为尔不朝于王所。故亢而射，女强食。食尔曾孙侯氏百福。"此祭侯之辞也，与《梓人》同而略异。（原注：苌弘设射不来。不来者，诸侯之不来朝者也。侯者，射埓也，因祭寓意，以为诸侯之戒。）

汜移"这六个字不知道到底出自什么书,贾公彦的疏也没有解释它们的句意。或许是古代传下来的《农书》中所记载的吗?(原注:移的读音,是昌氏反。)

溍水先生李复说:"《考工记·粟氏》记载,粟氏制作量器。郑玄认为'一立方尺的容器,可以容纳千寸乘积的粮食',这就是《九章算数》计算米粟体积的方法。"某人家里原来有一件古代的铜敦,是周成王时的东西。甘人侵犯有扈氏的时候,周成王命令正人出兵收复扈国,赏赐建功立业的师氏等武官,相关的数据也都吻合齐备。

作为量器标准的嘉量中的铭文,祭祀射侯所用的文辞,文章都写得精妙到了极点。《考工记·梓人》篇中描述笱虡制作的文字,文法奇美古奥,文字行云流水,有飞动的姿态。大概精于大道的人,再加上能够顺应事物的本性,因物付物,之后才能去制作器物。《庄子·达生》篇说梓庆可以刻削木料做成镰,当镰制成之后,见到的人都感到惊奇,如同见到鬼神一样。以天然之道合于事物的天性,道的修为与技艺都化入自然,这哪里仅仅是对着事物去刻雕它呢!

《大戴礼记·投壶篇》说:"你们这些不愿安定的诸侯,因为你们不到大王这里来朝会,因此要高高地张弓,射击他们!你们(指安定的诸侯)努力地饮酒用食吧,遗留给你们后世做诸侯的子孙多多的福佑!"这是在行射侯礼之前祭祀皮侯的文辞,同《考工记·梓人》篇的记载大致相同,文字上略有差异。(原注:苌弘设下射侯,射击不来的人。这里所指的不来的人,就是不来朝见天子的诸侯。侯的意思,就是射垛,通过祭祀来寄托天子的心意,以此作为诸侯的警戒。)

《司仪》"问君","君问大夫","君劳客",注云:"问君曰:'君不恙乎?'对曰:'使臣之来,寡君命臣于庭。'问大夫曰:'二三子不恙乎?'对曰:'寡君命使臣于庭,二三子皆在。'劳客曰:'道路悠远,客甚劳。'劳介则曰:'二三子甚劳。'"疏云:"未知所出何文,或云是孔子聘问之辞,亦未得其实。"愚按《说苑》:"魏太子击封中山,遣仓唐使于文侯。文侯召仓唐,见之曰:'击无恙乎?'仓唐曰:'唯唯。'如是者三,乃曰:'君出太子而封之国,君名之,非礼也。'文侯怵然变容,问曰'子之君无恙乎?'仓唐曰:'臣来时拜送书于庭。'"郑氏所述,盖古礼也。(原注:《大行人》注亦云"问不恙。")

《周礼》,刘向未校之前有古文,校后为今文。古、今不同。郑据今文注,故云"故书"。朱熹曰:"八法、八则、三易、三兆之类,各有书。'属民读法',其法不可知,'如战之阵',其阵法不可见矣。"

　　《周礼·秋官司寇·司仪》中有"主君问候客人的国君的健康","主君问客人国卿大夫的健康状况","主君慰问远道而来的国客的辛劳",郑玄的注释说："主君问候客的国君说的话是：'您的国君还好吗？没有什么微恙吧！'客要恭敬地回答说：'我作为使臣到来，是敝国的国君在朝廷中任命的。'主君再次问候客国的卿大夫时要说：'各位卿大夫也都还好吧？'客人恭敬地回答说：'当敝国国君在朝廷堂上任命臣出使的时候，卿大夫们也都在场。'主君慰劳客人说：'您过来路途遥远，您也真是辛苦了！'主君慰劳客人随副的介时则说：'你们几位都辛苦了！'"贾公彦的疏写道："从'问君曰'这部分往下，不知道出自什么文章，有人说是孔子行聘问之礼留下的言辞，大概也不符合实际的情况。"我查考《说苑》，在《奉使》篇中记载："魏国的太子魏击被分封在中山国，魏击派遣仓唐出使到魏文侯处。魏文侯召见仓唐，见到他之后就说：'魏击还平安吗？身体都还好吧！'仓唐说：'是的。'像这样问答，反复多次。仓唐才说：'君上您派出太子，分封给他一国之地，让他成为国君，君上您还叫他的名字，这是不合于礼的。'魏文侯脸色陡然一变，于是再问仓唐：'您的国君还平安吗？'仓唐说：'我来的时候，君上在殿堂上亲自为我送上了文书。'"郑玄所说的，大概就是古代的聘问礼节了。（原注：《周礼·秋官司寇·大行人》的注释中也说到了"问候是否平安。"）

　　《周礼》这部经典，在刘向未曾校订之前，就有古文的传本存在，在刘向校订完成之后，就成为今文隶书的传本。古文所写的《周礼》和今本的《周礼》是不一样的。郑玄注解经文，依据的是今文的传本，所以在他的注解中会说到"旧版本的书"。

《冥氏》注，郑司农云："读为'冥氏《春秋》'之'冥'。"按《儒林传》，"冥都传颜氏《春秋》之学。"疏谓"若《晏子》、《吕氏》之类。"非也。

王肃《圣证论》讥短郑康成，谓："天体无二，郊、丘为一，禘是五年大祭先祖，非圜丘及郊。祖功宗德，是不毁之名，非配食明堂。"皆有功于礼学，先儒韪之。《圣证论》今不传，《正义》仅见一二。《唐·礼志》曰："谶纬乱经，郑玄主其说。'以禋祀祀昊天上帝'，此天也。玄以为天皇大帝者，北辰耀魄宝也。'兆五帝于四郊'，此五行精气之神也。玄以为灵威仰、赤熛怒、含枢纽、白招拒、汁光纪者，五天也。由是有六天之说。显庆二年，礼官议：'六天出纬书。南郊、圜丘一也，玄以为二。郊及明堂祭天，而玄以为祭太微五帝。"启蛰而郊，郊而后耕"，而玄谓周祭感帝灵威仰，配以后稷，因而祈谷。皆缪论也。'"

朱熹说："太宰治理官府的'八法'；治理都邑的'八则'；大卜执掌的《连山》、《归藏》、《周易》这'三易'；玉兆、原兆、瓦兆这'三兆'，这些内容各自本来应该都有书本的传承。'聚集民众宣读律法'，这里具体的法条已经不能知道详情了，'好像真正战争中那样列阵'，这里真正用兵的阵法也已经不能再见到了。"

《秋官司寇·冥氏》的注解，郑司农说："'冥'应该读作'冥氏《春秋》'的'冥'字。"根据《汉书·儒林传》，"冥都传承了颜安乐的《公羊春秋》之学。"贾公彦的疏认为"这里的《冥氏春秋》就是像《晏子春秋》、《吕氏春秋》这一类的著作。"这是不对的。

王肃的《圣证论》指责郑康成著述的缺陷，说："上天本来就没有两个本体，郊祀和圜丘都是一个，孔子所说的'禘'礼是王者每五年，以盛大的礼仪祭祀先祖，不是去圜丘祭天还有郊祭上天。祖宗的功业和大德，是不会朽坏的名声，不是在明堂配祀上天，享用祭品。"这些话对澄清礼学都有功绩，之前的儒者也都认可。《圣证论》现在没有流传下来，仅仅在孔颖达的《礼记正义》中能见到一两处。《唐书·礼志》说："用图谶和纬书这样的学问来紊乱经义，是郑玄主张这样的学说。'用禋祀来祭祀昊天上帝'，这里说的就是昊天上帝，就是上天，郑玄却认为是天皇大帝，也就是纬书中记载的北辰耀魄宝。'在四郊确定五帝（祭祀坛场的）范围'，这里的'五帝'指的是五行的精气之神，郑玄却认为是指灵威仰、赤熛怒、含枢纽、白招拒、汁光纪这五方天帝。因此郑玄就有了六位天帝的说法。显庆二年，礼官上奏议说：'所谓六天的说法出自纬书。南郊的祭坛和圜丘本

古未有笔，以书刀刻字于方策，谓之削。鲁为诗书之国，故《考工记》以鲁之削为良。

沙随程氏曰："《禹贡》冀州之北，不可画五服之地。《周官》雍州之西，不可画九畿之地。"

《师氏》："使其属帅四夷之隶，各以其兵服守王之门外。"《司隶》："帅四翟之隶，使皆服其邦服，执其邦兵，守王宫。"唐太宗擒颉利，其酋长带刀宿卫，亦古制也。然结社率之变，几至危殆。盖先王德化之盛，非太宗所能及。慕冠带百蛮之名，而不虞后患，《孟子》曰："以力服人者，非心服也。"

《遂师》"抱膊"，音"历"。《史记》乐毅书："故鼎反乎膊室。"徐广注："膊，历也。"《战国策》、《新序》作"历室"。盖古字通用。

来是一个，郑玄却认为这是两个地方。天子举行郊祀和在明堂祭祀，都是在祭祀上天，可郑玄却认为这里祭祀的是太微五帝。'在惊蛰举行郊祭，郊祭以后才进行耕作'，可郑玄却说周代祭祀的是天帝灵威仰，用周代的祖先后稷配祀，由此来祈求五谷丰登。这些都是荒谬的言论。'"

古代没有毛笔，都是用刀在木牍和竹简上刻字，这就叫作"削"。鲁国是传承诗书、文化水平较高的国度，所以《考工记》认为鲁国刻字的水平是最好的。

沙随程迥说："《禹贡》所记载冀州再往北，不能被划入侯、甸、男、采、卫五服以内的中原地区。《周官》中记载的雍州再往西，也不能被划入侯、甸、男、采、卫、蛮、夷、镇、蕃这九畿之地。"

《周礼·地官司徒·师氏》说："让自己的下属率领四夷奴隶，各自拿着本族的兵器、穿着本族的服装守卫在王的库门外。"《秋官司寇·司隶》中说："负责率领四翟隶官属下的隶民，使他们都穿着本国的服装，拿着本国的兵器，守卫王宫。"唐代，唐太宗擒获了颉利可汗，令他们部落酋长带着刀在宫中担任守卫，这也是古代的礼制。然而贞观十三年夏天，突厥将领阿史那结社率在九成宫发动兵变，让唐太宗几乎有生命危险。大概先王道德教化的盛美，不是唐太宗所能比得上的。唐太宗倾慕于让各类蛮族文明开化的名声，却没有考虑到后患，《孟子》说："倚仗实力来使他人服从，他们并不是从内心里服从你啊。"

《周礼·地官司徒·遂师》所说的"抱磨"，"磨"字读作"历"。《史记·乐毅列传》中记录了乐毅写给燕惠王的书信，信上说："所以燕国的大鼎返回了磨室。"徐广的注解说："磨，就

《太史》"大师抱天时"，注云："大出师，则大史主抱式，以知天时。"《史记·日者传》："旋式正棋"，《唐六典》"太卜令三式曰：雷公、太一、六壬。其局以枫木为天，枣心为地。"六壬之说，许叔重曰："水者，准也。"生数一，成数五，以水数配之，为六壬也。遁甲者，推六甲之阴而隐遁也，本黄帝、风后之术。孤虚者，一画为孤，无画为虚，二画为实。以六十甲子定四方，占其孤、虚、实而向背之。（原注：《吴越春秋》计倪曰："孤、虚，谓天门地户也。"）

郑刚忠《解义》，如"冕服九章"，"授田三等"，"治兵大阅，旗物之互建"，"六乡六遂，师都之异名"，"阴阳之祀，有用牲之疑"，"九畿之国，有朝贡之惑"，"豆区钟釜，有多少之差"，"世室重屋，非明堂之制"，皆辩明使有条理。

古者国有闲田，田有余夫，夫有闲民，民有羡卒，不尽

是历。""《战国策·燕策》和《新序》都写作"历室"。大概古代两个字是通用的。

《周礼·春官宗伯·太史》记载"王亲征，大史就抱持观测天象的仪器"，郑玄的注释说："王者要大规模出兵，那么大史就要掌管抱持式这样的仪器，以观测知晓天时。"《史记·日者列传》记载："旋转式盘，端正卜筮用的棋"，《唐六典》说："太卜掌管的三种式盘，分别是：雷公、太一、六壬。它们的结构是用枫木做成天，用枣心做成地。"关于六壬的解释，汉代的许叔重（许慎）说："水，就是平准、标准的意思。"象征化生万物的数字是一，象征完成万物的数字是五，用水数来搭配它们，就成了六壬。所谓遁甲，则是推算隐遁在戊、己、庚、辛、壬、癸中的六甲，这本来是黄帝、风后氏的道术。所谓孤虚，画一条笔画是孤，没有笔画是虚，有两条笔画是实，用六十甲子来确定四方，占卜它们孤、虚、实的归属，来观察其是否应验。（原注：《吴越春秋》里计倪说："孤和虚，分别指的是天门和地户。"）

郑锷的《周礼解义》对一些疑难的解读，像是"天子、诸侯冕服的九种纹样"，"授予民众三种等级的田地"，"行大阅兵之礼整治兵事，树立起各种不同的旗帜作为标志"，"古代六乡六遂的制度，师和都只是一类官长的不同名号"，"阴祀和阳祀如何使用祭牲的疑难"，"来自九畿的不同国家，应使用何种朝贡方法的困惑"，"豆、区、钟、锅这些祭器，应该使用多少的差别"，"夏代的'世室'和殷代的'重屋'，不符合周代明堂的制度。"面对这些问题，他都一一辨析明白，让混乱的概念变得有条理。

古代国家有空闲的田地，田地中也有余闲的农夫，农夫中

其财力也。至秦而自实田，至汉而核垦田，至隋而阅丁口，至唐而括逃户隐田，于是财殚力尽，民无乐生之心矣。

取士之制，其涂有三：诸侯三年一贡士，侯国之士也；乡大夫兴贤能，王畿之士也；大司乐教国子，国之贵游子弟也。

漆林之征二十而五。漆以饰器用而已。舜造漆器，群臣咸谏，防奢靡之原也。种漆成林，重其征，所以抑末而返朴也。

有闲下来的民众, 民众里也会产生多余的兵卒, 这是因为古代不会搜刮完百姓的财力啊! 到了秦朝, 百姓只能自己努力种田养活自己; 到了汉代, 国家就要来核查实际开垦的土地面积了; 到了隋朝, 开始检查每一户人家的人丁、户口; 到唐朝, 又开始搜刮逃亡的人口、隐瞒下来的田地, 到这样的程度, 百姓就资财耗尽, 民力耗散, 百姓再也没有乐于活下去的心思了。

按照选取才士的制度, 选拔人才有三条途径: 其一, 各方诸侯三年一次, 向王畿贡献士人, 这是来自侯国的士; 其二, 乡间的大夫推举贤能之士, 这是来自王畿的贤士; 其三, 大司乐教导国子, 这是培养的国家贵族的子弟。

国家对漆林征收的税收二十分之五。漆只是用来装饰器用的东西罢了。当年虞舜制造漆器的时候, 群臣都来劝谏, 这是为了从根源上防止奢侈浪费的风气。种植这么多漆树, 变成了树林, 又对漆林征收重税, 目的是为了抑制奢靡的装饰之风而让民众返归于质朴的民风啊。

卷五

仪礼

《三礼义宗》云："《仪礼》十七篇,吉礼三、凶礼四、宾礼三、嘉礼七、军礼皆亡。"《礼器》注："《曲礼》谓今礼也。"即指《仪礼》。而《仪礼》疏云："亦名《曲礼》。"（原注:晋荀崧亦云。）朱文公从《汉书》臣瓒注,谓《仪礼》乃《经礼》也。《曲礼》皆微文小节,如今《曲礼》、《少仪》、《内则》、《玉藻》、《弟子职》,所谓"威仪三千"也。《逸礼·中霤》在《月令》注疏。《奔丧》、《投壶》,《释文》引郑氏云:"实《曲礼》之正篇。"又《迁庙》、《衅庙》,见《大戴记》,可补《经礼》之阙。

韩文公《读仪礼》谓:"考于今,无所用。"愚谓天秩有礼,小大由之。冠昏丧祭,必于是稽焉。文公大儒,犹以为无所用,毋怪乎冠礼之行,不非郑尹而快孙子也。

　　崔灵恩所著的《三礼义宗》说："《仪礼》的十七篇经文，讲授吉礼的有三篇、讲授凶礼的有四篇、讲授宾礼的有三篇、讲授嘉礼的有七篇，讲授军礼的全都亡佚了。"《礼记·礼器》篇郑玄的注解说："《曲礼》，指的是现在的礼。"这说的就是《仪礼》。贾公彦为《仪礼》的注解所作的疏记载："《仪礼》也叫作《曲礼》。"（原注：晋代的荀崧也这样说。）朱文公（朱熹）遵从《汉书·艺文志》臣瓒的注解，认为《仪礼》是就是"经礼"，记载的是最重要的礼仪大节。而《曲礼》所记录的礼仪都应该是具体的、细节性的礼仪，就像现在还流传的《礼记·曲礼》、《礼记·少仪》、《礼记·内则》、《礼记·玉藻》、《管子·弟子职》等文本，这就是《礼记·中庸》里所说的"三千条涉及威仪的礼节"了。《逸礼·中霤》的部分文本在《礼记·月令》的注疏中有所保留。《礼记·奔丧》和《礼记·投壶》，陆德明的《经典释文》引用郑玄的说法："它们实际上是《曲礼》的正篇。"又有《迁庙》和《衅庙》两篇文章，见于《大戴礼记》，可以补充现在《经礼》所缺失的部分内容。

　　韩文公（韩愈）在《读仪礼》说："在今天来研究《仪礼》，对实际事务没有什么用处。"我个人则以为，礼是出于上天所生的秩序，无论是小事还是大事都应该顺着礼去做。冠礼、婚礼、

　　《艺文志》谓之《礼古经》，未有《仪礼》之名。张淳云：
"疑后汉学者见十七篇中有仪有礼，遂合而名之。"孔壁古
文多三十九篇，康成不注，遂无传焉。（原注：注谓古文作某
者，即十七篇古文也。）《论衡》以为宣帝时河内女子坏老屋
得佚《礼》，恐非。《天子巡狩礼》、《朝贡礼》、《王居明堂
礼》、《烝尝礼》、《朝事仪》，见于《三礼注》《学礼》，见于
贾谊书。《古大明堂》之礼，见于蔡邕论。虽寂寥片言，如断
圭碎璧，犹可宝也。

　　《六艺论》"五传弟子"，谓高堂生之学，萧奋、孟卿、
后苍、戴德、戴圣也。

　　《士冠礼》注："今之未冠笄者，著卷帻，颒象之所生。
滕薛名蔮为颒。"（原注：蔮，古内反。）《续汉舆服志》："蔮，
簪珥。"《集韵》有簂、幗，无蔮字。疏云："卷帻之类。"《隶
释·武荣碑》云："阙帻。"

丧礼、祭礼，一定要从上天的秩序这一点出发来稽考具体的礼制。韩文公是当时的大儒，连他都认为《仪礼》没有办法应用于当世，也难怪在践行冠礼这件事上，天下的人不去责难不知礼的京兆尹郑叔则，反而以独行冠礼的孙昌胤为怪了。

《汉书·艺文志》称今天流传的《仪礼》为《礼古经》，当时还没有《仪礼》这个名称。张淳说："我怀疑后汉学者见十七篇中既有礼仪的具体内容，又有礼仪的根本原则，于是将'仪'和'礼'二者合起来，最后取了《仪礼》这个名字。"从孔子故宅墙壁中挖出来的古文《仪礼》比今天的传本多了三十九篇，因为郑康成没有为它们作注释，所以没有传承下来。（原注：在郑玄《仪礼注》中，凡是有说"古文作某"的地方，都是《仪礼》十七篇的古文版本。）《论衡》认为，汉宣帝时期，河内有一女子拆毁自己的老房子，得到了失传的《礼》经，这恐怕不对。像是《天子巡狩礼》、《朝贡礼》、《王居明堂礼》、《烝尝礼》、《朝事仪》，都能在郑玄的《三礼注》中见到部分内容。《学礼》，在贾谊的《新书》中还能见到。《古大明堂》相关的礼仪制度，在蔡邕的《明堂月令论》中可以见到。虽然只是孤零零的只言片语，但它们也像断裂的玉圭、碎掉的玉璧那样，仍然非常珍贵。

郑玄的《六艺论》说："（传习《礼》学的，是高堂生和他）身后传承五代的弟子"，这是说，高堂生的《礼》学传人，就是萧奋、孟卿、后苍、戴德、戴圣这五辈人。

《仪礼·士冠礼》的注解说："今天还未成年，没有加冠、及笄的人，头上都戴着卷头巾，这是根据頍这种固定头发之物的形象而来的。滕、薛两个地方都把'蕳'叫作'頍'。"（原注：蕳，读音为古内反。）《后汉书·舆服志》说："蕳，就是玉制的簪

"兄弟毕袗玄"，注："袗，同也。古文袗为均。"疏云："当读如《左传》'均服振振'。"按《后汉·舆服志》秦"郊祀之服皆以袀玄"，盖"袀"字误为"袗"。《释文》之忍反，亦误。

《士冠礼》有"醮用酒"，注以为"用旧俗"。《士丧礼》云"商祝、夏祝"，则礼之兼夏、殷者。

"二十为字，未呼伯仲，至五十乃加而呼之"，此《仪礼》贾疏也。"二十已有'伯某甫'、仲、叔、季。虽云伯仲，皆配'某甫'而言，至五十直呼伯仲。"此《礼记》孔疏也。朱文公曰："疑孔疏是。石林谓五十为大夫，去'某甫'，言伯仲而冠以氏，如南仲、荣叔、南季之类。然仲山甫、尹吉甫皆卿士，亦以字为重。"

珥。《集韵》中有蔮、帼这两个字，没有蒄字。贾公彦的疏说："蒄就是卷起的头巾这类东西。"洪适《隶释·武荣碑》上则把"卷帻"写成"阙帻"。

《仪礼·士冠礼》说："将冠者的兄弟们都穿着通体一色的黑衣裳"，郑玄的注释说："袗，就是相同的意思。古代的文字记载，'袗'字就是'均'。"贾公彦的疏说："这里的"袗"字读音应当像《左传》里'均服振振'的'均'。"我考察《后汉书·舆服制》里记载，秦朝"行郊祀礼所用的都是袀黑的衣服（"袀黑"即"均黑"，上下都是黑色）"，这里大概是把"袀"字错写成了"袗"字。陆德明的《经典释文》把读音解为之忍反，这也是错误的。

《仪礼·士冠礼》中有"行醮礼的时候，用酒"这句话，郑玄的注认为这是"用了古老的习俗"。在《仪礼·士丧礼》说也说到了"熟习商代礼仪的商祝、熟习夏代礼仪的夏祝"，那么周代的礼仪实际上也兼有夏代和商代的礼仪。

"（古人）二十岁就可以取字，这时候还不能按照行辈称呼'伯、仲'，直到五十岁以后，才能让别人以'伯某甫'这样的字来称呼他"，这是《仪礼》贾公彦疏的记载。"在二十岁就已有了'伯某甫'这样的字，像是仲、叔、季，虽然同辈兄弟之间有先后差异，但在'伯'、'仲'等词后面都会配有'某甫'来说，到了五十岁才直接加上前面的'伯'、'仲'来称呼。"这是《礼记·檀弓》篇孔颖达所做的疏的说法。朱文公（朱熹）说："我怀疑孔颖达疏的说法恐怕才是正确的。石林先生叶梦得说古人五十岁以后做了大夫，就要去掉'某甫'，别人只能称呼他的氏，后面再加上伯、仲，例如南仲、荣叔、南季这些人。但是仲山甫、尹吉

冠辞"令月吉日"、"吉月令辰",互见其言。《论语》"迅雷风烈"、《九歌》"吉日兮辰良",相错成文。

《士昏礼·目录》"日入三商为昏",疏云:"商,谓商量,是漏刻之名。故《三光灵曜》亦日入三刻为昏,不尽为明。按马氏云:日未出,日没后,皆二刻半。前后共五刻。今云三商者,据整数而言,其实二刻半也。"《诗》正义云:"《尚书纬》谓刻为商。"夏文庄《莲华漏铭》"五夜持宵,三商定夕",盖取此。(原注:苏子美亦云:"三商而眠,高春而起。")

《乡饮酒》疏曰:"乡大夫(明本作"卿大夫")饮酒,尚德也。党正饮酒,尚齿也。"公是刘氏曰:"谋宾介于先生,尚德也;旅酬以齿,老者异秩,尚年也。大夫为僎,坐于宾东,尚爵也。"

《乡射礼》"设丰",《燕礼》"有丰",注:"丰形似豆而卑。"《三礼图》云:"罚爵,作人形。丰,国名也。坐酒亡

甫都已经是卿士了，他们也是凭自己的字见重的。"

加冠时的祝辞说"令月吉日"、"吉月令辰"，指的都是美好的时辰，所用的语词结构相同，都是相互阐发其意的。像《论语》中的"迅疾的雷，风很猛烈"（指"迅雷"和"风烈"）、《九歌》"吉祥的日子时辰佳"（指"吉日"和"辰良"），语词相互交错，形成了文理结构。

郑玄《士昏礼·目录》中记载"在日落三商的时候，就是黄昏"，贾公彦的疏说："商，是指商代的量器，是漏刻的名称。所以纬书《三光灵曜》也是把太阳落山后的三刻作为黄昏，不都把它算作白天。考察马融的说法：在太阳没有升起前和太阳落山之后，都有二刻半的时间。前后共有五刻。可见现在说'三商'，这是按照取了整数的结果来说的，实际上黄昏就是太阳下山后二刻半的时间。"《诗经》孔颖达所著的正义说："《尚书纬》把漏刻的'刻'称为'商'。"夏文庄（夏竦）的《莲华漏铭》说："在五更计算宵漏，通过三商确定黄昏"，这大概是取自这个典故吧。（原注：苏子美（苏舜钦）也说："三商以后就睡下，日影西斜再起床。"）

《仪礼·乡饮酒礼》篇贾公彦的疏说："卿大夫参加乡饮酒礼，是为了崇尚德行。党正参与乡饮酒礼，是为了崇尚年齿、尊重长者。"公是先生刘敞说："乡大夫前往同乡先生们商议选拔宾、介，这是为了崇尚德行；行旅酬之礼，受酬酒之的顺序要按照年龄长幼，对老者要有不一样的优待，这是为了尊重年龄。大夫需要作为僎者坐在宾席的东边，这是为了尊重爵位。"

《仪礼·乡射礼》经文中有"陈设丰"的说法，《仪礼·燕礼》中也有"放置丰"，相关的注解说："丰作为一种承觯器，它

国，戴盂戒酒。"崔骃《酒箴》："丰侯沉酒，荷罌负缶，自
戮于世，图形戒后。"李尤《丰侯铭》："丰侯醉乱，乃象其
形。"

《燕礼》疏"四向流水曰东霤"，《考工记》之"四阿"，
《上林赋》之"四注"也。两下屋曰东荣，《檀弓》之夏屋也。
（原注：《士冠礼》注："周制自卿大夫以下，其室为夏屋。"）

夏侯胜善说礼服，谓《礼》之丧服也。萧望之以礼服授
皇太子，则汉世不以丧服为讳也。唐之奸臣以凶事非臣子所
宜言，去《国恤》一篇，而凶礼居五礼之末。五服如父在为
母、叔嫂之类，率意轻改，皆不达礼意者。五服制度附于令，
自后唐始。（原注：见《五代史·马缟传》。）

《宋·何承天传》云："先是《礼论》有八百卷，承天删

的外形接近豆,但比豆要矮一些。"《三礼图》上说:"罚酒用的爵,形状被做成人形。丰,原本是一个国家的名字。因为酗酒而亡国,所以后人把丰侯的形象做成罚爵放在盂上,用来警戒饮酒过量。"崔骃的《酒箴》说:"丰侯沉溺于饮酒,背着盛酒浆的罂和缶,自己亡国绝于后世,自己的形象还被画在酒器上警戒后人。"李尤的《丰侯铭》说:"丰侯酒醉后举止无礼,于是警戒的酒器也取自他的形象。

　　《仪礼·燕礼》贾公彦的疏说:"屋子的四个方向都有流水的檐角,这就叫东霤",《周礼·考工记》中所记载的"四阿",还有司马相如《上林赋》中的"四注"指的都是这个东西。两端在屋檐底下的就叫"东荣",指的是屋檐两端翘起的部分,也就是《礼记·檀弓》中所说的"夏屋"。(原注:《仪礼·士冠礼》的注解说:"按照周朝的制度,从卿大夫再往下的士人,他们住的房子就叫作夏屋。")

　　汉代的儒者夏侯胜善于解说与礼仪服制相关的学问,这里具体说的就是《仪礼》中的丧服制度。萧望之把礼仪丧服相关的学问传授给皇太子,这样看来,汉代并不以把学习、讨论丧服看作一种忌讳。唐代的奸臣则认为丧事相关的问题不是做臣子的应该说的,因此删去了《国恤》这一篇经文,五礼原本的顺序是"吉、凶、军、宾、嘉",他们却又把凶礼(即丧礼)放在了五礼的最后。丧礼的五服制度,比如父亲健在时如何为母亲服丧、叔嫂之间如何服丧这一类问题,都由着自己的想法妄自改动,都不能通达先王制礼的本义。把五服制度依附在法令后面,这是从唐代开始的。(原注:具体的事例可以参见《五代史·马缟传》。)

　　《宋书·何承天传》说:"在这之前,《礼论》有八百卷,何

减并合为三百卷。"又王俭别钞《条目》为三十卷，梁孔子祛续一百五十卷，隋《江都集礼》，亦撮《礼论》为之。朱文公谓："六朝人多精于《礼》，当时专门名家有此学。朝廷有礼事，用此等人议之。唐时犹有此意。"潘徽《江都集礼序》曰："明堂曲台之记，南宫东观之说，郑、王、徐、贺之答，崔、谯、何、庾之论，简牒虽盈，菁华盖鲜。"杜之松借王无功《家礼问》《丧礼新义》，无功条答之。又借王俭《礼论》，则谓"往于处士程融处，曾见此本。观其制作，动多自我，周、孔规模，十不存一。"今诸儒所著，皆不传，盖礼学之废久矣。

《礼》特牲不言牢。《楚语》"天子举以大牢"注："牛、羊、豕也。""卿举以少牢"注："羊、豕。"《汉·昭纪》"祠以中牢"注："中牢即少牢，谓羊、豕也。"（原注：唐《牛羊日历》，牛僧孺、杨虞卿有"太牢笔，少牢口"之语，然太牢非止于牛，少牢非止于羊也。）

承天做了一些删减，并将其合并成三百卷。"另外，王俭又为此书抄录了《条目》，一共有三十卷，南朝梁的孔子祛为《礼论》续写了一百五十卷，成书于隋代的《江都集礼》也是摘录《礼论》才写成的。朱文公（朱熹）说："六朝的人大多精通《礼》学，当时学问上的专家名宿就有研习礼学的，朝廷中有关于礼仪的大事，都让这类人来商议。直到唐代还有这样的意思。"潘徽《江都集礼序》说："《明堂》、《曲台》的这样的经传，南宫、东观的具体说法，郑玄、王肃、徐氏、贺氏的应答，崔氏、谯氏、何氏、庾氏的论述，简册虽然积累得很是丰盈，可其中的精华之处大概很少。"杜之松曾向王无功借得《家礼问》、《丧礼新义》这两本书，有所疑惑，王无功就逐条回答他礼学相关的问题。杜之松又曾经借得王俭的《礼论》，读了之后说："之前曾在处士程融那里见过这本书。看这本书中关于礼乐制度的论述，其举措大多是出自个人的臆造，周公、孔子礼乐的规矩模范，大概十成中也留不下一成了。"现在这些儒者所写的著作都没有流传下来，大概礼学的废弛已经很久了。

《仪礼》中如果只用一头牲畜就不会再说"牢"。《国语·楚语》中说："天子在朔望日的饮食用太牢。"其注解说："太牢，就是牛、羊、猪。""卿在朔望日的饮食用少牢"，注解说："少牢，就是羊和猪。"《汉书·昭帝本纪》说："用中牢祠祀"，这句话底下的注解说："中牢就是少牢，说的就是用羊和猪祭祀。"（原注：唐代有一本书叫《牛羊日历》，当时对牛僧孺、杨虞卿两个人就有"太牢公的笔善于写文章，少牢公的嘴巴善于讲话"这样的传言，这是指牛、杨两个人的姓。但是太牢并不仅仅是牛，少牢也并不限于羊。）

欧阳公自云"平生何尝读《仪礼》",而濮议为言者所诋。高抑崇于乡饮考《仪礼》不详,而朱文公讥之。礼学不可不讲也。

"布八十缕为一升",郑谓"升当作登。登,成也。"吴仁杰曰:"今织具曰筬,以成之多少为布之精粗,大率四十齿为一成,而两缕共一齿。"正合康成之说。(原注:衰三升,其粗者。缌布冠三十升,其细者。)

《聘礼》注"君行一,臣行二",疏谓出《齐语》。今按此晏子之言,见《韩诗外传》:"卫孙文子聘鲁,公登亦登。叔孙穆子曰:'子不后寡君一等。'"

"皮树",注云"兽名。"张镒《三礼图》云:"皮树,人面兽形。"(原注:它书未见。)

《诗》、《礼》相为表里。《宾之初筵》、《行苇》可以见《大射仪》;《楚茨》可以见《少牢馈食礼》。

《燕礼》:"公与客燕,曰:'寡君有不腆之酒,以请吾子之与寡君须臾焉。使某也以请。'对曰:'寡君,君之私也。君无所辱赐于使臣,臣敢辞?'"《春秋》辞命之美,有

　　欧阳修自己说："我平生哪里曾读过《仪礼》呢"，导致在濮王典礼相关的讨论中被言官批评。高抑崇在乡饮酒礼中，因为考求《仪礼》不够详尽，导致朱文公（朱熹）也批评他。礼学真是不能不讲啊。

　　"八十缕的布就是一升"，郑玄在注解中说："这里的'升'应该写作'登'。登，就是完成的意思。"吴仁杰说："今天用于纺织的工具叫筬，用'成'的多少作为布精细还是粗糙的标准，大概四十个'齿'就能算作一'成'，而两缕加起来就是一'齿'。"这一说法正好和郑康成的说法吻合。（原注：衰服要用三升的布，这就是其中粗糙的。缌布做的冠要用三十升的布，这就是其中比较精细的。）

　　《仪礼·聘礼》篇的注释说"君主要走第一个，臣子要走第二个"，贾公彦的疏认为这句话是出自《齐语》。今天研究来看，这句话是晏子的话，出现在《韩诗外传》中："卫国的孙文子出访鲁国，鲁襄公登上一个台阶，他也上一个台阶。叔孙穆子说：'您没有比我国的君主往后一个台阶。'"

　　"皮树"，郑玄的注解说"这是一种野兽的名字"。张镒在《三礼图》上说："皮树，长着人的面孔，有野兽的形状。"（原注：在其他书中还没见到过。）

　　《诗经》、《礼经》互为表里，可以相互发明。从《诗经》的《宾之初筵》和《行苇》这两首诗中可以见到《大射礼》的内容。从《诗经·楚茨》中可以见到《少牢馈食礼》的内容。

　　《仪礼·燕礼》的经文说："主君将与异国使臣举行燕礼，就派卿大夫做摈者前往邀请使臣说：'寡君备有薄酒，请您去与寡君小坐一会儿，寡君派遣某前来相请。'使臣的介出来回答

自来矣。

《觐礼》："诸侯觐于天子，为宫方三百步，四门，坛十二寻，深四尺，加方明于其上。"陈宣帝大建十年，立方明坛于娄湖，以始兴王叔陵为王官伯，临盟百官。此与苏绰之"六官"、苏威之"五教"何以异？（原注：《传》曰："不协而盟"，无故而盟百官，不几于戏乎！）

《士相见义》曰："古者非其君不仕，非其师不学，非其人不友，非其大夫不见。"

"乡先生"，谓父师、少师，教于闾塾也。古者仕焉而已者，归教于闾里。《书大传》谓之"父师"、"少师"，《白虎通》谓之"右师"、"左师"。

庠为乡学，有堂有室。序为州学，有堂无室。有室则四分其堂，去一以为室，故浅。无室则全得其四分以为堂，故深。

礼记

《魏征传》曰："以《小戴礼》综汇不伦，更作《类礼》二十篇，数年而成。太宗美其书，录置内府。"《艺文志》云：

说:"'寡君本已独受君的厚恩,君无须再屈驾赐使臣了,臣怎么敢推辞呢?'"春秋时期辞令的美善,是有来由的啊。

《仪礼·觐礼》的经文说:"如果诸侯因会同而朝觐天子,那就在都城外用土围成宫,宫有三百步见方,开有四门。宫中筑坛,坛十二寻见方,高四尺,坛上放置方明。"陈宣帝太建十年,在娄湖上建造了方明坛,任命始兴王叔陵做王官伯,主官盟誓百官。这和苏绰设置"六官"、苏威建立"五教"有什么不同呢?(原注:《左传》说:"并不协和却要订立盟约",无缘无故地要同百官盟誓,这不是近于一场游戏吗?)

《士相见义》说:"古代的贤人,如果不是他值得信任的国君,那就不出来做官,不是他托付一生的老师,那就不跟他学习,不是他敬重的人,那就不跟他交友,不是他所居地方的大夫,那就不去拜见。"

《仪礼·士冠礼》中所说的"乡先生"是指父师和少师,他们是在乡里的'塾'中负责教学的。古代有从官场上退休后的人,他们回乡后就教化乡里。《尚书大传》称他们为"父师"、"少师",《白虎通》称他们为"右师"、"左师"。

庠是乡里的学校,有厅堂有内室。序是州中的学校,有厅堂,而没有内室。如果有内室的话就要把厅堂分成四份,去掉四分之一拿来营造内室,因此它的纵深就较浅。没有内室,四面都能作为堂屋,所以就深。

《魏征传》说:"(魏征)曾因为《小戴礼记》的汇编混乱不合道理,重新编写《类礼》二十篇,几年后就完成了。唐太宗

"《次礼记》二十卷。"《旧史》谓采先儒训注，择善从之。《谏录》载诏曰："以类相从，别为篇第。并更注解，文义粲然。"《会要》云："为五十篇，合二十卷。"（原注：传以卷为篇。）《元行冲传》："开元中，魏光乘（原注：《集贤注记》，魏哲。）请用《类礼》列于经，命行冲与诸儒集义作疏，将立之学，乃采获刊缀为五十篇。张说言：'戴圣所录，向已千载，与经并立，不可罢。魏孙炎始因旧书，摘类相比，有如钞掇，诸儒共非之。至征更加整次，乃为训注，恐不可用。'帝然之，书留中不出。行冲著《释疑》曰：'郑学有孙炎，虽扶郑义，乃易前编。条例支分，箴石间起。马伷增革，向逾百篇；叶遵删修，仅全十二。魏氏采众说之精简，刊正芜砦。'"（原注：《集贤注记》张说曰："孙炎始改旧本，以类相比，征因炎旧书，整比为注。"）朱文公惜征书之不复见，此张说文人不通经之过也。行冲谓"章句之士，疑于知新，果于仍故。比及百年，当有明哲君子，恨不与吾同世者。"观文公之书，则行冲之论信矣。（原注：《隋志》："《礼记》三十卷，魏孙炎注。"）

赞美他的书，将其抄录放在内府中。"也就是《艺文志》所记载的"《次礼记》二十卷。""《旧唐书·魏征传》说"（魏征）搜集之前儒者的训诂注释，选择其中精善的内容来解释经文。"《谏录》记载了当时的诏书说："以类别相从，重新编定了各篇顺序。并且重新注释，让经文的意思粲然重光。"《唐会要》说："《类礼》一共写成了五十篇文章，合为二十卷书。"（原注：魏征的本传把卷数写成了篇数。）《元行冲传》说"开元年间，魏光乘（原注：《集贤注记》的说法是魏哲。）上书请求把《类礼》列入经书之中，并且让元行冲和诸位儒者儒收集经义、写作注疏，将它们树立在学宫之中供士子学习，于是采集整理修订成了五十篇文章。张说说：'戴圣所记录的《小戴礼记》，已经流传了千年，同其他经书共同被确立了经典地位，不能够将之废弃。之前魏国的孙炎开始根据旧有的书籍，分析类别重新比次篇目，就好像抄录选文一样，当时的诸位儒者都认为这种做法不对。到魏征这里，又将其重新整理编次，甚至为其写成训诂注释，这书恐怕不能采用啊。'皇帝认可张说的话，将奏书留在禁中不再批复。元行冲写作《释疑》，说：'郑玄的后学中有了孙炎，虽然要支持起郑学的义理，却改作经文。让经文的条例支离破碎，批评他的言论也间而有之。司马仙又做了增加和删减，总量已经超过了百篇，叶遵删订修整，只剩下十分之二的篇幅。魏征采用各家学说中精妙简明的内容，削除繁杂、校正不通之处。'"（原注：《集贤注记》记载，张说说："到孙炎开始改变了旧本《小戴礼记》，根据文章的类别来比次顺序，魏征根据孙炎写成的旧书，整饬编排，写作注解。"）朱文公（朱熹）为不可能再见到魏征的《类礼》这本书而感到遗憾，这是像张说这样的文人不明白经学的过错。元行冲说：

"道德仁义，非礼不成。"至"是以君子恭敬、撙节、退让以明礼"，见贾谊《新书·礼篇》。刘原父谓："'若夫坐如尸，立如齐'，乃《大戴记·曾子事父母》篇之辞，'若夫'二字，失于删去。"然则《曲礼》之所采摭，非一书也。

"恒言不称老"。汉胡广年已八十，继母在堂，言不称老。

"赐果于君前"。《说苑》："晏子曰：'赐人主前者，瓜桃不削，橘柚不剖。'"汉桓荣，诏赐奇果，举手捧之以拜。

"傧人必于其伦"。《说苑》："魏文侯封子击中山，仓唐奉使，文侯顾指左右曰：'子之君长孰与是？'仓唐曰：'傧人必于其伦。诸侯无偶，无所傧之。'曰：'长大孰与寡人？'仓唐曰：'君赐之外府之裘，则能胜之；赐之斥带，则不更其

"抱守章句的士人,对开拓知新的学问疑虑重重,却对因仍故旧的学问坚持到底。等到百年之后,一定有明智的圣贤君子,恨不能跟我生在同一个时代讨论经义吧。"看了朱文公的说法,元行冲的话说得十分真切,确实如此。(原注:《隋书·经籍志》记载:"《礼记》三十卷,魏国孙炎作的注释。")

《礼记·曲礼》篇中,从"道德仁义这样的品质,没有礼的修养也不可能完成。"到"因此,君子通过态度恭敬、凡事有节制、对人谦让,这样来彰明礼义。"这段话在贾谊的《新书·礼篇》中也可以看到。刘原父(刘敞)说:"《曲礼》:'如果坐,就要像尸那样矜庄,站着就要像斋戒那样恭敬',这是《大戴礼记·曾子侍父母》篇的文辞,'若夫'这两个字在收集成篇的时候没有删去。"这样说来,那么《曲礼》这篇文章所采集的文字,就不仅仅是出自一篇文献了。

《礼记·曲礼》记载:"平常说话不说'老'字"。东汉的胡广,年纪已经到了八十岁,而他的继母还在堂前,胡广说话从不会用"老"来称呼自己。

《礼记·曲礼》谈到"在国君面前接受国君所赐的水果"这个场景。《说苑》记载:"晏子说:'在国君面前得到的赏赐',像瓜和桃子这种水果不能削开,像橘和柚子这样的水果则不能剖开。'"东汉的桓荣,皇帝下诏赐给他一种奇异的水果,他举手捧着果子来行拜礼。

"比较人一定要和他的同类人相比。"《说苑·奉使篇》说:"魏文侯分封他的儿子魏击到中山国为君。仓唐奉命出使,魏文侯回头指着身边的侍者说:'你的君主,身高和这里的哪个人一样?'仓唐回答说:"按照礼,一个人必须要和他同类的

造。’”

《列女传》："孟母曰：'《礼》，将入门，问孰存，将上堂，声必扬，将入户，视必下。'"今《曲礼》阙二句。《孟子》曰："放饭流歠，而问无齿决。"亦本于《曲礼》。

"在丑夷不争"。唐沈季诠事母孝，未尝与人争。皆以为怯。季诠曰："吾怯乎？为人子者，可遗忧于亲乎哉？"

古者王司敬民，岂有"献民虏"？田以井授，岂有"献田宅"？无总于货宝，岂有"受珠玉"？记《礼》者，周之末造也。

"张拱"，出《曲礼》注。（原注："室中不翔"注："行而张拱曰翔。"）"叶拱"，出《书大传》。（原注："子夏叶拱而进"，又《家语》"师襄子避席叶拱而对"。注："两手薄其心。"）

人才能相互比较，诸侯不可有所匹敌，所以我找不到比拟的对象。魏文侯说：'他的身高跟寡人相比如何？'仓唐回答说：'君上赐给他的外府的皮裘，他现在还能穿得，君上赐给他的尺带，也不必再更改。'"

刘向的《列女传》里说："孟母说：'按照《礼》经的规矩，将要进门的时候，要提前问一声谁在门内；将要进入厅堂的时候，声音一定要升高一些，让里面的人知道；将要进门的时候，目光一定要朝下看。'"今天的《礼记·曲礼》缺少了最前面的两句。《孟子》说："放回剩饭、进食狼吞虎咽却去细究不用牙咬断干肉的事情。"这里的话也本于《礼记·曲礼》。

"在众多同辈中不去和人相争。"唐朝人沈季诠侍奉母亲很孝顺，从来不曾与人争执，大家都认为他是个怯懦的人。沈季诠说："我是真正的怯懦吗？我作为儿子，难道可以让我的双亲来担心我（和人好勇斗狠）吗？"

古时候的王者要敬天保民，怎么会有"献上俘虏的民众"这样的礼制？田地都需要按照井田制来授予百姓，怎么会有"献上田地和家宅"这样的说法？不曾聚敛财货和宝物，怎么会有"接受赠送的宝珠和玉石"？（从这些记载来看，）记述《礼记》的人，是周代末期、礼崩乐坏时候的人吧。

"张臂拱手"，这个词出自《礼记·曲礼》的注解。（原注："在室内不用'翔'的方式走路"，郑玄的注解说："行走的时候而张开双臂拱手，就叫作翔。）"双手对着心拱手"，这个词出自《尚书大传》。（原注："子夏双手对着心、拱手向前"。此外，在《家语》中还有"师襄子在席间退避，双手迫近他的心、拱手恭敬地回答"。其注解说："叶拱就是双手迫近他的心。"）

"君子欠伸"一章，余在经筵进讲，谓"君以自强不息为刚，臣以陈善闭邪为敬。讲经理，讨古今，有夜分日昃而不倦者。上无厌斁之心，下无顾望之意，是故学以聚之而德益进，问以辩之而理益明"，盖因以规讽云。

古以车战。春秋时郑、晋有徒兵，而骑兵盖始于战国之初。《曲礼》"前有车骑"，《六韬》言"骑战"，其书当出于周末。然《左氏传》"左师展将以昭公乘马而归"，《公羊传》"齐、鲁相遇，以鞍为几"，已有骑之渐。

《曲礼》、《礼器》、《内则》疏引"《隐义》云"。按《隋志》："《礼记音义隐》一卷，射氏撰。"（原注：又《音义隐》七卷。）

《檀弓》载申生辞于狐突曰："伯氏不出而图吾君。"澹庵胡氏谓："狐突事晋未尝去，此云不出，记《礼》者误。"愚考《晋语》"申生败翟于稷桑而反，谗言益起。狐突杜门不出。申生使猛足言于狐突曰：'伯氏不出，奈吾君何？'"胡氏盖未考此，非《记》之误也。

《礼记·曲礼》中的"君子欠伸"这一章，当我在经筵侍讲的时候，说"君主当用乾卦'自强不息'的品质，以此修养自己刚健的品行；臣子应当把陈述善事、闭阻邪恶作为对君主恭敬的表现。讲授经典中的义理，讨论古今时势，可以直到太阳落山乃至半夜也不倦怠。君主没有厌倦的心思，臣下也没有顾虑、观望的想法，因此进行学习、集聚义理，德行就更有长进，通过提问、论辩，那样事理就更加明白"，大概也是借着这句经文来规劝君主。

古代所用的作战方式是车战。春秋的时候时郑国、晋国都有步兵，而骑兵这种兵种大概是战国初年开始产生。《礼记·曲礼》的"前边有战车和骑兵"，《六韬》中说"骑兵作战"，像这些书应该都出自周朝末年。然而像是《春秋左氏传》里说"左师展打算乘上昭公的车乘和马匹回国"，《春秋公羊传》记载，"齐景公和鲁昭公相遇，把马鞍作为几案（行礼）"，由此来看，春秋时期就已经有了骑马这一形式的端倪了。

在《礼记》中，《曲礼》、《礼器》、《内则》这几篇经文，孔颖达的疏所引用的"《隐义》说如何如何"。我考察《隋书·经籍志》里有记载："《礼记音义隐》一卷，是射氏撰写的。"（原注：另外还有《音义隐》七卷。）

《檀弓》这篇经文记载申生向狐突致辞说："（国家多有危难的时刻，）伯氏（指狐突）您就不出来辅助我君了吗？"澹庵先生胡铨说："狐突事奉晋国，从来没有离开，《檀弓》这里说狐突没有出来做事，是记述《礼记》之人的失误。"我考察《国语·晋语》中记载："申生在稷桑打败了翟人后回国，这时国内谗言日益蜂起。狐突闭门不出。申生就让猛足跟狐突说：'您不

《檀弓》笔力，《左氏》不逮也，于申生、杜蒉（原注：《传》作"屠蒯"。）二事见之。致堂胡氏曰："檀弓，曾子门人。其文与《中庸》之文有似《论语》。子思、檀弓，皆纂修《论语》之人也。"

《家语·终记》云："泰山其颓，则吾将安仰？梁木其坏，吾将安仗？哲人其萎，吾将安放？"《檀弓》无"吾将安仗"四字。或谓庐陵刘美中家古本《礼记》"梁木其坏"之下，有"则吾将安仗"五字，盖与《家语》同。

九嶷山在零陵，而云舜葬苍梧者，文颖曰："九嶷半在苍梧，半在零陵。"

曾子之子元、申，子张之子申祥，子游之子言思，皆见《檀弓》。

《春秋繁露》言爵五等，其分土与《王制》、《孟子》同。又云："附庸：字者方三十里，名者方二十里，人氏者方十五里。"盖公羊家之说。

《王制》注："小城曰附庸。"庸，古墉字。王莽曰"附城。"盖以庸为城也。

出来，那么我们的国君怎么办呢？'"胡铨先生大概是没有考察《国语》中的这件事，实际上这并非《礼记》的错误。

《礼记·檀弓》这篇文章的笔力，连《春秋左氏传》这本书都比不上它！从对申生、杜蒉（原注：《左传》所记载的名字写作"屠蒯"。）这两件事的记述上便可以看出来。致堂先生胡寅说："檀弓，是曾子的门人。他的文章和《中庸》的文章里都有类似《论语》的文字。子思和檀弓，都是曾经参与纂修《论语》的人。"

《孔子家语·终记》记载："泰山就要倒塌了，那我还能瞻仰什么呢？梁木就要朽坏了，那我还能依仗什么呢？这样的圣哲人物都生病凋落了，那我还能依据什么呢？"《礼记·檀弓》没有"吾将安仗"这四个字。有人说庐陵的刘美中家里有一部古代流传的《礼记》版本。在"梁木就要朽坏了"的文字后面还有"则吾将安仗"这五个字，大概这个版本的文字和《孔子家语》的记载是相同的。

九嶷山明明在零陵，却又说舜葬在苍梧，关于这种记载的原因，文颖说："九嶷山一半在苍梧，一半在零陵。"

曾子的儿子曾元、曾申，子张的儿子申祥，子游的儿子言思，他们的记载都见于《礼记·檀弓》。

《春秋繁露》说爵位有五等，其所说的分封的规制、疆域面积和《礼记·王制》、《孟子》的记载相同。又说"附属于诸侯国的国家中：以其主之字命名的方圆三十里，用其主之名命名的方圆二十里，用其主姓氏命名的方圆十五里。"这里用的大概是春秋学中公羊家的说法。

《礼记·王制》的注解说："小的城池叫作'附庸'。"庸，就是古代的墉字。王莽所说的"附城"，大概就是把庸解释为城池

马融云:"东西为广,南北为轮。"《王制》:"南北两近一遥,东西两遥一近。"是南北长,东西短。

范蜀公曰:"周兼用十寸、八寸为尺,汉专用十寸为尺。"

《夏小正》曰:"正月启蛰。"《月令》:"孟春,蛰虫始振,仲春始雨水。"注云:"汉始以惊蛰为正月中,雨水为二月节。"《左传》"启蛰而郊"(原注:建寅之月。)正义云:"太初以后,更改气名,以雨水为正月中,惊蛰为二月节,迄今不改。"(原注:改"启"为"惊",盖避景帝讳。)《周书·时训》:"雨水之日,獭祭鱼。惊蛰之日,桃始华。"《易通卦验》:"先雨水,次惊蛰。"此汉太初后历也。《月令》正义云:"刘歆作《三统历》改之。"又按《三统历》:"谷雨三月节,清明中。"而《时训》、《通卦验》清明在谷雨之前,与今历同。然则二书皆作于刘歆之后,《时训》非周公书明矣。是以朱熹集《仪礼》,取《夏小正》而不取《时训》。马融注《论语》,谓《周书·月令》有"更火"之文,其篇今亡。

了。

马融说："东西的距离叫作'广'，南北的长度叫作'轮'"。《王制》说："（天下的疆域）自南向北可以分为三段，其中有两段超过一千里，有一段不足一千里，自东向西分为三段，有两段不足一千里，有一段超过一千里。"这样看来，中国的土地是南北方向长，东西方向短。

范蜀公（范镇）说："周朝兼用十寸、八寸作为一尺，到了汉代，才只使用十寸作为一尺。"

《夏小正》说："正月就到了惊蛰。"《月令》上说："孟春时节蛰伏冬眠的虫类就开始活动，到仲春的时候才开始进入雨水的节气。"郑玄的注释说："到了汉代才开始把惊蛰放在正月之中，把雨水这个节气放在二月。"《左传》说："在蛰虫开始活动的时候举行郊祭"，（原注：这是以夏代历法，以寅为正月。）孔颖达《左传正义》说："在汉武帝改元太初以后，就更改了节气的名字，把雨水放在正月的中间，把惊蛰作为二月的节气，到了今天也没有改变。"（原注：把"启"字改为"惊"，这是为了避景帝的名讳。）《周书·时训》篇说："在雨水这一天，水獭开始"祭鱼"，就是在捕鱼后把鱼放在石头上。在惊蛰这一天，桃花开始绽放。"《易通卦验》中说："节气是雨水在先，再到惊蛰。"这就是用的汉朝的太初历。《礼记·月令》的正义说："是刘歆创作《三统历》，把惊蛰和雨水的顺序改了。"我又考察到，《三统历》说："谷雨是三月的节气，清明在三月之中。"可是《周书·时训》和《通卦验》却记载清明在谷雨之前，和今天的历法相同。这样的话就说明这两部书都是创作于刘歆定《三统历》之后，《时训》就不是周公所作的书，这是很明白的。因此朱熹汇辑

　　《周书序》：“周公辨二十四气之应，以明天时，作《时训》。”唐《大衍历议》七十二候，原于周公《时训》，《月令》虽颇有增益，然先后之次则同。自后魏始载于历，乃依《易轨》所传，不合经义。今改从古。（原注：李业兴以来，迄《麟德历》凡七家，皆以鸡始乳为立春初候，东风解冻为次候，与《周书》相校，二十余日。）一行改从古义。《汉上易图》云：“《夏小正》具十二月而无中气，有候应而无日数。《时训》乃五日为候，三候为气，六十日为节。二书详略虽异，大要则同。《易通卦验》所记气候，比之《时训》晚者二十有四，早者三。当以《时训》为定。故扬子云《太玄》二十四气，关子明《论七十二候》，皆以《时训》。”

　　《时训》、《月令》七十二候，雁凡四见：“孟春，鸿雁来”，《夏小正》曰“雁北乡”，《吕氏春秋》、《淮南·时则训》曰“候雁北”；（原注：《月令注》：“今《月令》‘鸿’皆为‘候’，而不言‘北’，盖‘来’字本‘北’字，康成时犹未误，故曰‘雁

《仪礼经传通解》的时候，采用了《夏小正》的内容，却没有不
采用《时训》。马融在注解《论语》时，说《周书·月令》中有"更
改火种"相关的记载，可惜《周书·月令》这篇文章今天已失传
了。

　　《周书序》说："周公辨明二十四节气变化的现象，来究明
天时节令，因此作了《时训》。"唐代《大衍历议》记载的七十二
种物候，是源于周公的《时训》，《礼记·月令》虽然基于《时
训》增加了不少内容，但是节气的先后次序是相同的。从后魏开
始，二十四气才被记载在历书中，但是依照《易轨》所传下来的
内容，不符合经典的义理，现在将其改正，依从古制。（原注：
从李业兴以来，直到《麟德历》为止，谈历法一共七家，都把鸡刚刚开
始孵化小鸡作为立春的第一种物候，把东风吹来、冰面解冻作为第二
种物候，这同《周书》相比较，差了二十多天。）一行就改正了这个问
题，遵从古义。《汉上易图》说："《夏小正》具备十二个月的物
候，却没有记载当月的中气，有物候和节气的照应却没有讲明天
数。《时训》用每五天作为一候，三候构成一气，六十天作为一
节。两部书的详略虽然不同，但大体的宗旨是相同的。《易通卦
验》所记载的气和候，比《时训》晚的有二十四条，比《时训》早
的有三条，论气和候还是应当以《时训》为准。所以扬子云（扬
雄）在《太玄》中阐明二十四节气，关子明讨论七十二候的内
容，都是根据《时训》。"

　　《周书·时训》和《礼记·月令》中所记载的七十二种物
候，雁一共出现了四次："孟春的时候，大雁飞来"，《夏小正》说
"大雁向北飞去"，《吕氏春秋》和《淮南子·时则训》则说"候
雁向北飞去"，（原注：《礼记·月令》的注解说："今天版本的《月令》

自南方来,将北反其居',其后传写者因'仲秋鸿雁来',误以'北'为
'来'。")"仲秋,鸿雁来",《吕氏》、《淮南》曰"候雁来";
"季秋,鸿雁来宾,爵入大水为蛤",《小正》曰"九月,遰鸿
雁",《吕氏》、《淮南》曰"候雁来",高诱、许叔重注以"候
雁来"为句;(原注:宾爵,老爵也,栖宿人堂宇之间,有似宾客,
故曰宾爵。)"季冬,雁北乡",《小正》在正月,《易》说在二
月。(原注:正义谓"节气有早晚"。)

"鱼上冰",《夏小正》曰:"鱼陟负冰。"(原注:陟,升
也。负冰云者,言解蛰也。)《淮南》曰:"鱼上负冰。"(原注:
注:"鲤鱼应阳而动,上负冰也。")《盐石新论》谓:"《小戴》
去一'负'字,于文为阙。"然《时训》与《月令》同。《吕氏春
秋》亦无"负"字。

"仲冬,虎始交。"《易通卦验》云:"小寒季冬,鹊始
巢。"《诗推度灾》云:"复之日,雉雊鸡乳。"《通卦验》云:
"立春。"皆以节气有早晚也。

《月令》正义:"穹天,虞氏所说,不知其名。"按《天

中，"鸿"这个字都写作"候"，却没有说"北"字。大概"来"字本来应该是"北"字，在郑玄的时代还没有写错，所以郑玄说"大雁从南方飞来，将要往北方飞回它们原来的居所"，在这之后，传抄经书的人就因为后文中有"仲秋鸿雁来"这句话，就把"北"字错写成了"来"。）"仲秋集解，大雁飞来"，《吕氏春秋》、《淮南子》都说"候雁飞来"；"季秋的时候，候雁从北方飞来，老雀飞入大海变成了蛤蜊"，《夏小正》也说"候雁飞来"，东汉高诱和许慎（字叔重）的注解都在"候雁来"之后断句；（原注："宾爵"就是老雀，平常就栖息在人住的堂宇之间，就像宾客一样，因此叫它们"宾爵"。）"季冬的时候，大雁向北飞去"，《夏小正》说季冬在正月，《易通卦验》说在二月。（原注：《礼记正义》说"节气有早有晚"。）

"鱼儿跳到水面的薄冰上"，《夏小正》说："鱼跳起来，解除了蛰伏，开始活动"。（原注："陟"，就是升高的意思。这里说的"负冰"，说的是解除冬眠蛰伏的状态。）《淮南子》说："鱼儿向上，顶着冰。（原注：高诱的注解说："鲤鱼顺应着阳气而动，向上跃起，顶着薄冰。"）《盐石新论》说："《小戴礼记》的经文去掉了一个'负'字，在文字上有阙漏。"然而《周书·时训》和《礼记·月令》的文字相同。《吕氏春秋》里也没有带"负"字。

"仲冬的时节，老虎开始交配。"《易通卦验》说："小寒的节气就是季冬，喜鹊开始筑巢。"《诗推度灾》说："在一阳来复的时候，野鸡要鸣叫求偶，家鸡要生蛋孵卵。"《易通卦验》则说："立春的时候（有这样的物候）。"这些记载不同，都是因为节气的到来有早有晚。

《礼记·月令》孔颖达的正义说："穹天是一位虞姓学者所

文录》云："虞昺作《穹天论》。"《晋·天文志》云："虞耸立
《穹天论》。"耸、昺，皆虞翻子也。虞喜《安天论》云："族
祖河间立《穹天》。"耸为河间相，然则非昺也。

"宿离不贷。"蔡邕曰："宿，日所在；离，月所历。"

"地气上腾"注："《农书》曰：'土上冒橛，陈根可拔，
耕者急发。'"正义云："《氾胜之书》也。"唐中和节进农
书。按《会要》，乃武后所撰《兆人本业记》三卷。吕温进
表云："书凡十二篇。"《馆阁书目》云："载农俗四时种莳之
法，凡八十事。"

《月令》"冬祀行"，《淮南·时则训》："冬祀井"，《太
玄数》云："冬为井"，《唐月令》："冬祀井而不祀行。"

鹰化为鸠，阴为阳所化；爵化为蛤，阳为阴所化。堇荼
如饴，恶变而美；荃蕙为茅，美变而恶。

《曲礼》，隋王劭勘晋宋古本，皆无"稷曰明粢"一句，
立八疑十二证，以为无此一句。

说，不知道他的具体名字。"考察《天文录》记载："虞昺写了《穹天论》。"《晋书·天文志》说："虞耸写成了《穹天论》。"虞耸和虞昺都是三国时期易学家虞翻的儿子。虞喜的《安天论》说："族祖在河间确立了《穹天》之论。"虞耸曾经做过河间相，这样看来，《穹天论》的作者就不是虞昺了。

《礼记·月令》说："对于太阳和月亮运行所经过的位置，观测不能出差错"。蔡邕说："宿，指的是太阳所在的方位；离，是月亮所运行的轨迹。"

《月令》中"地气向上升腾"这句经文的注解说："《农书》说：'土地里面放的橛芽向上冒，去年的根就可以拔去，要赶快发动耕作的农夫。'"孔颖达的正义说："这里的《农书》指的就是《氾胜之书》。"史书记载，在唐代二月一日的中和节，要向皇帝进献《农书》。考察《唐会要》，它实际上指的是武后所撰写的《兆人本业记》三卷。吕温进呈奏表说："此书一共十二篇。"《馆阁书目》说："《农书》记载了农事风俗还有四季耕种的方法，一共有八十件事。"

《礼记·月令》"孟冬时节要祭祀行神"，《淮南子·时则训》说"冬天要祭祀井神"，《太玄数》说："象征冬天的事物是井"，《唐月令》说"冬天要祭祀井神而不是祭祀行神。"

老鹰变化成鸠鸟，这是阴性的生物被阳气变化；雀鸟变化为蛤蜊，这是阳性的生物被阴气变化。董荼这样的苦菜像糖一样纯美，这是不好的东西能变得美好；荃与蕙这样的香草变成了茅草，这是原本美好的事物变坏。

《礼记·曲礼》，隋朝的王劭勘对了晋代和南朝宋的《礼记》古本，都没有"稷曰明粢"这一句经文，王劭立下了八点疑

公孙弘云:"好问近乎知。"今《中庸》作"好学"。

《王制》:"太史典礼,执简记,奉讳恶。"《保傅传》谓:"不知日月之时节,不知先王之讳与大国之恶,不知风雨雷电之眚,太史之任也。"愚谓人君所讳言者,灾异之变,所恶闻者,危亡之事。太史奉书以告君,召穆公所谓史献书也。

《曾子问》于变礼无不讲,《天圆篇》言天地万物之理。曾子之学,博而约者也。

《礼运》,致堂胡氏云子游作。吕成公谓:"蜡宾之叹,前辈疑之,以为非孔子语。'不独亲其亲、子其子',而以尧、舜、禹、汤为'小康',是老聃、墨氏之论。"朱文公谓:"程子论尧、舜事业,非圣人不能,三王之事,大贤可为,恐亦微有此意。但《记》中分裂太甚,几以帝王为有二道,则有病。"

《夏时》、《坤乾》,何以见夏、殷之礼?《易象》、《鲁春秋》,何以见周礼?此三代损益大纲领也,学者宜切磋究

难，十二条证据，认为原本的《礼记》中就没有这一句话。

公孙弘曾说："喜好问难，这就接近'智'的品质了。"今天所见的《中庸》里面写作"好学"。

《礼记·王制》说："太史掌管礼事，负责拿简策记录，并向王进奏应当避讳的先王的名讳和忌日。"《大戴礼记·保傅传》说："不知道日月运行的节令规律，不知道先王的名讳和大国的忌日，不知道风雨雷电的灾祸，这是太史的责任。"我窃以为，君主所忌讳、不想道明的，就是天象、灾异的变化。君主所厌恶听闻的，是历史上国家危亡的事。太史捧着书策把这些告诉国君，这就是召穆公所说的"太史献上书册"了。

《礼记·曾子问》对有所变通的礼制，没有不去讲求的，《大戴礼记·曾子天圆》篇谈到了天地万物运行的道理。曾子的学问，可以说既有广博的见识，又能简约而通于礼义了。

《礼记·礼运》，致堂先生胡寅说这是孔子弟子子游所作。吕成公（吕祖谦）曾说："《礼运》所记载的孔子的蜡宾之叹，之前的儒者怀疑这段文字，认为这不是孔子的话。'不只是侍奉他自己的双亲，不只是慈爱他自己的子辈'，而把尧、舜、禹、汤的时代都定为'小康'之世，这是老聃和墨子的观点。"朱文公（朱熹）说："程子曾评论说，尧帝、舜帝的事业，不是圣人就不能做到，夏、商、周三王的事迹，大贤还是可以做成的，恐怕也有一些《礼运》中的这个意思。但是《礼运》把两者分得太开，几乎要把尧、舜二帝之道和夏商周三代之道分成两条道了，这就有问题。"

孔子读《夏时》和《坤乾》，是凭借什么看出夏代和殷代的礼制呢？韩宣子看《易象》和《鲁春秋》，是凭借什么见到周代

之。

《白虎通》云："《礼运记》曰：'六情，所以扶成五性也。'（原注：今《礼运》无此语。）五性：仁、义、礼、智、信。"韩子《原性》与此合。

人者，天地之心也。仁，人心也。人而不仁，则天地之心不立矣。为天地立心，仁也。

《内则》："桑弧、蓬矢六，射天地四方。"贾谊《新书·胎教篇》："悬弧之礼，东方之弧以梧，南方之弧以柳，中央之弧以桑，西方之弧以棘，北方之弧以枣。五弧五分矢，东南、中央、西北皆三射。其四弧余二分矢，悬诸国四通门之左。中央之弧余二分矢，悬诸社稷门之左。"《内则》，国君世子之礼；《新书》，王太子之礼也。

"上帝降衷于民"，"后王命冢宰降德于民"。降德，所以全所降之衷也。"元后作民父母"，而"作之师"；冢宰建六典，而教典属焉。故曰"周公师保万民"。此君相之职也。二《南》之化，以身教；《内则》之篇，以言教。

的礼乐呢？这是孔子损益三代礼乐的大纲领，学孔子之道的人应当切磋探讨这个问题。

《白虎通·性情篇》说："《礼运记》记载：'喜、怒、哀、乐、爱、恶这六种情感，是用来扶助成就五性的。'（原注：现在流传的《礼运》中没有这句话。）五性，指的就是仁、义、礼、智、信。"韩愈的《原性》和这句话意思相合。

人是天地的心。仁的德性，就是人心本来具有的。人如果不仁爱，那么天地之心也就不能树立了。"为天地立心"，这就是仁啊！

《礼记·内则》说："射人用桑木做的弧弓，蓬梗做的箭矢六支，分别射向天地和四方。"贾谊的《新书·胎教篇》里说："王太子出生时所做的悬弧之礼，东方的弧弓用梧桐木制成，南方的弧弓用柳木制成，中央的弧弓用桑木制成，西方的弧弓用棘木制成，北方的弧弓用枣木制成。五张弧弓所用的箭矢要分成五份，往东方、南方、中央、西方、北方这五处都连续射箭三次。东、南、西、北这四个方向的四张弓要留下两支箭矢，悬挂在国都朝四个方向通行的门的左边。中央的那张弓要留下两支箭矢，悬挂在社和稷两处的门的左边。"《内则》所记录的是国君的世子出生要行的礼，《新书》说的是王的太子出生时用的礼。

"昊天上帝降下善和福给天下的民众"，"天子命令冢宰对百姓降下仁德"。降下恩德，这是为了成全由上天所降下的善性啊。"天下的元首是百姓民众的父母"，因此要让"师"兴起；冢宰这个官职主管邦国运转的六典，教典就是其中之一。所以说"周公作为万民的师长、保傅"。这是君主和宰相的职责啊。《周南》、《召南》这二《南》的教化，是以君主身体力行示范的

"养老",在《家语》则孔子之对哀公,在《书大传》则春子之对宣王。记《礼》者兼取之。宣王问于春子曰:"寡人欲行孝弟之义,为之有道乎?"春子曰:"昔者卫闻之乐正子曰:'文王之治岐也'"云云。《吕氏春秋》:"春居问于齐宣王曰:'今王为太室,群臣莫敢谏。敢问王为有臣乎?'王曰:'为无。'春居曰:'臣请辟矣。'趋而出。王曰:'春子,春子,反,何谏寡人之晚也!'"此即《大传》所谓春子,但其名不同。(原注:《大传》名卫,《吕氏春秋》名居。)

"蒙以养正",冈不在厥初生。古者能食能言而教之,自天子至庶人一也。《慎子》曰:"昔者,天子手能衣而宰夫设服,足能行而相者导进,口能言而行人称辞,故无失言失礼也。"《淮南·主术训》、魏文帝《成王论》、袁宏《后汉纪论》皆用其语。《通鉴》裴子野论:"古者人君养子,能言而师授之辞,能行而傅相之礼。"亦本于此。(原注:《淮南》云:"心知规而师傅谕导,耳能听而执正进谏。")魏文帝云:"相者导仪。"袁宏云:"身能衣。"今《慎子》存者五篇,其三十七篇亡。此在亡篇。

教化，《礼记·内则》所说的"降德于民"，这是用言语文字完成的教化。

"敬养老者"的道理，在《孔子家语》中，有孔子对鲁哀公的回应。在《尚书大传》中，则有春子对齐宣王的回答。后来记载《礼》的人都把它们记录了下来。宣王向春子询问说："我如果想要践行孝悌的道理，有什么适合的方法吗？"春子说："从前小臣从乐正子那里听说过'文王治理岐地的时候'，有这类做法。"《吕氏春秋·恃君览·骄恣》记载："春居问齐宣王说：'现在大王您兴建太室，群臣没有一个敢向您进谏。请问大王还有真正的贤臣吗？'齐宣王说：'看来是没有的。'春居说：'那我就请求回避了。'随后就小跑着出了门。齐宣王说："春先生！春先生！您快回来吧，您向寡人进谏为什么这么晚啊！"这里记载的就是《尚书大传》所说的春子，只是他们的名字不一样。（原注：《尚书大传》的春子名叫卫，《吕氏春秋》的名字是居。）

《周易·蒙卦》记载："蒙稚的时候应当培养纯正的品质"，正直的品质都是从刚刚出生就开始培养的。古代的时候，孩子能自己饮食，能言说话之后，大人就开始教育他，这一点从天子到平民都是一样的。《慎子》说："从前，天子长到能自己亲手穿衣服了，宰夫就为他陈设服制，天子能够独立行走了，相者就会引导他前进，天子能自己说话了，行人就要陈说合礼的言辞，所以古代天子都没有失言、失礼的地方。"《淮南子·主术训》、魏文帝《成王论》、袁宏《后汉纪论》都用了这里的话。《资治通鉴》里，裴子野议论说："古时候人君教养孩子，到了他能说话的时候，师就要传授他美好的言辞，能行自己走路了，傅就要帮助他行礼。"这也是本于《慎子》的这段话。（原注：

"六年，教数与方名。"数者，一至十也。方名，《汉志》所谓五方也。"九年，教数日。"《汉志》所谓六甲也。"十年，学书计。"六书、九数也；计者，数之详，百千万亿也。《汉志》六甲、五方、书计，皆以八岁学之，与此不同。

"四十始仕，道合则服从，不可则去。"古之人，自其始仕，去就已轻。"色斯举矣"，去之速也；"翔而后集"，就之迟也。故曰："以道事君，不可则止。"

孟母曰："妇人之礼，精五饭，羃酒浆，养舅姑，缝衣裳而已。"程子之母诵古诗曰："女人不夜出，夜出秉明烛。"唐时有不识厅屏，而言笑不闻于邻者。其习闻《内则》之训欤？

《淮南子》说："孩子的心知道规矩了，师傅就去开谕训导他，耳朵能听进话了，执正就要给他进谏。"）魏文帝说："相是要引导君主行礼的。"袁宏说："能够自己穿衣服。"今天流传的《慎子》还剩下五篇，原书的其他三十七篇已经亡佚了。上述引用的文字就在亡佚的篇目中。

"孩子六岁的时候，就教他辨认数字还有方位的名字。"数字就是从一到十。方名，就是《汉书·食货志》所说的"五方"。"九岁的时候，教给他计算日期。"这就是《汉书》里面所说的"六甲"。"十岁的时候，学习写字还有筹算。"这就是《周礼》所说的"六书"和"九数"。"计"，就是更加繁多详密的数字，例如百、千、万、亿这些。《汉书·食货志》里说的六甲、五方、书记，都是放到八岁来学习的，这与《礼记·内则》所说的不一样。

"到四十岁，才出来做官，同君主道义相符，那就追随君主，如果不能在道义上认可君主，那就离去。"古代的人，从他开始当官，就已经把官位、去留看得很轻了。"神色稍有不善"，说的是弃官离开时要迅速；"盘旋飞翔后才落下"，说的是去做官的时候要慎重。所以孔子说："要用正道侍奉君主，如果不能行道，那就不去做官了。"

孟母说："妇人所要践行的礼，只不过是做好五饭，暖好酒浆，奉养公婆，缝补衣裳罢了。"程子的母亲吟诵古诗说："女人不在夜间出门，假如夜间出门，一定要握着明亮的蜡烛。"唐代的时候，有妇人婚后也不认识外厅的屏风，从不走动、谈笑的声音也不为邻里所知。她大概是熟知《礼记·内则》的训诫吧？

张彦远云："郑玄未辩楂梨。"按《内则》注："楂,梨之不臧者。"谓之未辩可乎?

《玉藻》注："士以下皆禪,不合而縛积,如今作幧头为之也。"(原注:幧,七消反。)《后汉》向栩"着绛绡头",注:"字当作'幧'。古诗云:'少年见罗敷,脱巾着幧头。'《仪礼》注:'如今著幓头,自项中而前交额上,却绕髻也。'"

紫,间色也,孔子恶其夺朱。周衰,诸侯服紫。《玉藻》云："玄冠紫綏,自鲁桓公始。"《管子》云："齐桓公好服紫衣,齐人尚之,五素易一紫。"郑康成以紫綏为宋王者之后服,贾逵、杜预以紫衣为君服,皆周衰之制也。

"皮弁以日视朝。"沙随程氏云："皮弁视朝,明目达聪。若黈纩塞耳,前旒蔽明,乃祀天大裘而冕,专诚絜也。"

《明堂位》:成王命鲁公"祀周公以天子之礼乐"。《春秋意林》曰："鲁之有天子礼乐,殆周之末王赐之,非成王

张彦远说:"郑玄分不清楂和梨。"根据《礼记·内则》篇郑玄的注解:"楂,是梨中长得不好的那一类。"这样看,难道可以说郑玄不分辨不清楂和梨吗?

《礼记·玉藻》的注解说:"士以下的阶层都要用禅来制作束发的带,不把两端相合,就堆在头上,就像现在制作的帩头那样。"(原注:"帩"字的读音是七消反。)《后汉书》中,向栩"穿着绛色的绡头",这句话底下章怀太子的注解说:"'绡'这个字应该写作'帩'。古诗里说:'少年见罗敷,脱巾著帩头。'《仪礼》的注解说:'就像现在南子戴的幓头,从脖子后面往前在额头上交错,又绕回发髻上。'"

紫色,是混合而成的颜色,孔子厌恶当时流行的紫色扰乱了纯正合礼的红色。周朝衰微时,诸侯也都穿着紫色的衣服。《礼记·玉藻》说:"玄色的冠却配以紫色的緌带作装饰,这是从鲁桓公开始的。"《管子》说:"齐桓公喜欢穿紫色的衣服,齐人也跟风推崇紫衣服,五匹素布才能换来一匹紫布。"郑康成认为,紫色帽带是宋国殷商王室后裔的服制,贾逵、杜预认为紫色的衣服是君主的服制,这些说的都是周朝衰落之后的制度了。

"天子戴着皮弁日常上朝听政。"沙随程迥说:"穿戴皮弁去上朝,是为了让眼光通明以辨是非,耳朵通达以听取谏言。如果用黈和纩堵住耳朵,用冠冕前面的幡饰遮挡视线,这是祭祀上天的时候所穿的大裘和冠冕,是专门用于让天子真诚洁净地完成祭祀的。"

《礼记·明堂位》说:周成王命令鲁公伯禽"用祭祀天子用的礼乐来祭祀周公。"《春秋意林》说:"鲁国得以享有天子的

也。鲁惠公使宰让请郊庙之礼于天子，天子使史角往，惠公止之。其后在鲁，实始为墨翟之学。使成王之世鲁已郊矣，则惠公奚请？惠公之请也，殆由平王以下乎？"惠公事见《吕氏春秋·仲春纪》。公是始发此论，博而笃矣。石林、止斋皆因之。

"鲁公之庙，文世室也。武公之庙，武世室也。"按《春秋》成公六年"立武宫"，武公非始封之君，毁已久而复立，盖僭用天子文、武二祧之礼。《春秋》之所讥，而《记》以为礼乎？

《鲁世家》："伯禽之孙潰，弑幽公而自立。"周昭王之十四年也，诸侯篡弑之祸自此始。《记》谓"君臣未尝相弑"，不亦诬乎！太史公曰："揖让之礼则从矣，行事何其戾也。"

孔子曰："鲁之郊禘，非礼也。周公其衰矣。"《春秋》屡书，以讥其僭，又书"新作南门"、"新作雉门"及"两观"，皆僭王制也。若以王礼为当用，则如泮宫、閟宫，《春秋》不书矣。

礼乐，这大概是周朝末期的王者赐予的，而不是成王。鲁惠公曾派遣宰让向天子请求郊庙祭祀的礼仪，天子就派史角前往鲁国，最后鲁惠公把史角挽留在了鲁国。史角的后代在鲁国，实在是由他们才开启了墨翟的学说。假使周成王的时候鲁国已经有了郊祀之礼，那么鲁惠公又何必再向天子去请求呢？惠公请求郊祀之礼，大概从周平王之后吧？"鲁惠公的事迹见于《吕氏春秋·仲春纪》。公是先生刘敞最早提出这番议论，他的学问可以说既广博又深厚了，石林先生叶梦得、止斋都先生陈傅良都是继承了他的观点。

"鲁公伯禽的庙，相当于周文王的庙而不迁毁。鲁武公敖的庙，相当于周武王的庙而不迁毁。"考察《春秋》成公六年"设立鲁武公的宗庙"，鲁武公并不是最初被封在鲁地的国君，他的宗庙已经迁毁了很久，现在又重新建立，这大概是僭用天子文王、武王两位王者的宗庙不迁毁礼仪。明明是《春秋》所讥讽的，可是《礼记》却还以此为礼制吗？

《史记·鲁世家》记载："伯禽的孙子伯濞，犯上杀了鲁幽公而自立为国君。"当时还是周昭王十四年，诸侯篡位弑君的祸患从这里开始了。《礼记·明堂位》说"鲁国的君臣之间没有发生过相互残杀的事"，这不也太荒谬了吗！"正像太史公司马迁所说的那样："鲁国好像还遵从着相互揖让的礼仪，可看他们君臣做事，又是多么的暴戾啊！"

孔子说："但鲁国行郊祭天之礼和禘祭礼，却是不符合礼的。周公制定的礼乐到了到他的子孙手里却衰微了。"《春秋》屡次记载鲁国行郊礼和禘礼，是为了讥讽他们的僭越，又写下"新建起南门"、"新兴建了雉门"还有"两观"，这些都是以诸

《少仪》"朝廷曰退"，进不可贪也；"燕游曰归"，乐不可极也。

《学记》以"发虑宪"为第一义，谓所发之志虑合于法式也。"一年视离经辨志"，一年者，学之始；辨云者，分别其心所趋向也。虑之所发必谨，志之所趋必辨。为善不为利，为己不为人；为君子儒，不为小人儒：此学之本也。能辨志，然后能继志，故曰："士先志。"

"畿内为学二，为序十有二，为庠三百，诸侯之国半之。"王无咎之言也，陆务观取焉。天子诸侯有君师之职，公卿有师保之义，里居有父师、少师之教。

《列子》云："古诗言：'良弓之子，必先为箕；良冶之子，必先为裘。'"张湛注云："学者必先攻其所易，然后能成其所难。"

文子曰："人生而静，天之性也；感物而动，性之害也；

侯身份僭越了天子的礼制。如果孔子认为鲁国应当使用王者的礼制，那么像是泮宫、闷宫这样的制度，《春秋》也就不再记载了。

《礼记·少仪》记载说："朝廷上散朝叫作退"，这是说明为官不能够贪求禄位的晋升；"闲暇游玩而回叫归"，说明享乐不可以过度。

《礼记·学记》把"起心动念都符合法度"作为第一义，说的是心中所起的志向和思虑都要同法度符合。"入学一年后，考察他读经断句的能力，辨明他的志向"，一年时间，就是学习的开始；这里所说的"辨"，就是区别出他内心志趣所指向的目标。对自己的起心动念、一切事情都谨慎对待，对自己所追求的志向一定要辨别清晰；为了善而非为了一己私利去做事，为自己而学，而非为了他人而学；要做君子儒，不要做小人儒，这是儒者为学的根本。能够辨明志向，然后才能继承祖先的遗志，所以说："士人最先的标准就是志向。"

"在天子的王畿之内设置两所学校，设立十二所'序'，设置三百所'庠'，各个诸侯国所设置的数量是天子的一半。"这是王无咎的说法，陆游陆务观也采取这种说法。天子和诸侯都有作为君主和师长的职责，公卿有作为师保的义务，在乡里、民间则有父师、少师的教导。

《列子·汤问》里记载："古诗说：'好的弓匠的孩子，一定要会先制造簸箕，好的铁匠的孩子，一定要先学会制作皮衣。'"张湛的注释说："初学的人一定要先研习容易的问题，在这之后才能完成他困难部分的学习。"

文子说："人生下来就有清静的状态，这是上天赋予的本

物至而应，智之动也。智与物接，而好憎生焉。好憎成形，而智怵于外，不能反己，而天理灭矣。"与《乐记》相出入，古之遗言欤？致堂云："《乐记》，子贡作。"

"大学之教也时，教必有正业。"朱熹曰："古者唯习《诗》、《书》、《礼》、《乐》，如《易》则掌于太卜，《春秋》则掌于史官，学者兼通之，不是正业。"子思曰："夫子之教，必始于《诗》、《书》而终于《礼》、《乐》，杂说不与焉。"

"天理"二字始见于《乐记》，如孟子"性善"、"养气"，前圣所未发也。

《史记·乐书》引《乐记》，而注兼存王肃说，《通典》引《大传》，亦取肃注。肃字子雍，《魏志》有传。（原注：《集说》以肃为元魏人，误也。有两王肃，在元魏者字恭懿，不以经学名。）

"礼主其减"，《史记·乐书》作"礼主其谦"。（原注：王肃曰："自谦损也。"）"礼有报而乐有反"，郑注："'报'读为'褒'。"孙炎曰："报，谓礼尚往来，以劝进之。""石声磬"，郑注："'磬'当为'罄'。"《乐书》作"石声硁（原注：

性；受外物所感而扰动，这是对清静本性的伤害；外物到来，人要做出应对，这是人的智能在行动。智能和外物接触，人的好恶之情就产生了。好恶、爱憎的情绪形成了，人的智慧就被阻塞在外物上，不再能够返归自身，清静不动的天理就泯灭了。"这些话同《礼记·乐记》略有不同，大概都是古代遗留下来的名言吧！致堂先生胡寅说："《乐记》，是由子贡写作的。"

"大学的教学必须按季节安排教学内容，所教的内容必须是先王的经典。"朱熹说："在古代，学生只学习《诗经》、《书经》，还有《礼》、《乐》相关的学问制度，像是《易经》是由太卜掌管的，《春秋》则是由史官掌管，这些都是让学者通晓的经典，而不是正统的先王之学。"子思说："孔子的教化，一定要先从学习《诗经》、《尚书》开始，而以践行《礼》、《乐》为最终目标，其他杂乱的学说都不在其中。"

"天理"二字最早见于《礼记·乐记》，就好像孟子提出的"性善"和"养气"这样的说法，在前代圣人那里都未曾发明出来。

《史记·乐书》引用了《礼记·乐记》，但是在《史记》的注释中也保存了王肃的说法。《通典》引用的《尚书大传》，也采用了王肃的注解。王肃字子雍，在《三国志·魏志》中有单独的列传。（原注：《礼记集说》认为王肃是北魏时期的人，这是它搞错了。在历史上有两个王肃，在北魏的王肃字恭懿，在经学上并不出名。）

"礼应该以减杀、简洁为主"，这句话在《史记·乐书》里写作"礼应该以谦恭为主"。（原注：王肃的注解说：自身要居于谦虚、减损的地位。）"因此礼要求回报，而乐要求反本。"郑玄的注解说："'报'应该读作'襃'。"孙炎说："回报，说的就是在礼崇

口鼎反。）硻以立别”。（原注:《史记正义》:“《乐记》,公孙尼
子次撰。”）

《南风》之诗出《尸子》及《家语》,郑氏注《乐记》云:
“其辞未闻。”

艾轩曰:“五音十二律,古也。舜弹五弦之琴以歌《南
风》,是琴之全体具五音也。琴之有少宫、少商,则不复有
琴;乐之有少宫、少徵,则不复有乐,以繁脆噍杀之调皆生
于二变也。”

三老、五更,按《列子》云:“禾生子伯宿于田更商丘开
之舍。”更,亦老之称也。

《杂记》“里尹主之”注:《王度记》曰:“百户为里,里
一尹,其禄如庶人在官者。”正义:“按《别录》,《王度记》
似齐宣王时,淳于髡等所说也。”

孔子曰:“少连、大连善居丧。东夷之子也。”唐扶余璋
之子义慈,号海东曾子;颉利之子叠罗支,其母后至,不敢尝

尚人和人之间的往来，用来勉励学人上进。""石制的乐器，它的声音是磬的"，郑玄的注解说："'磬'应该写作'磐'。"《史记·乐书》写作"石制的乐器，它的声音是硁硁的（原注：硁的读音是口鼎反。）硁声象征确立次第等级"。（原注：《史记正义》记载："《乐记》，是由公孙尼子编次撰写的。"）

《南风》这首诗歌是出自《尸子》和《孔子家语》这两本书，郑玄在注解《礼记·乐记》的时候说："这首诗具体的文字已经不能了解到了。"

艾轩先生林光朝说："宫商角徵羽这五音，还有十二律吕，都是上古时期就有了的。舜帝弹奏五弦琴，配着《南风》这首诗歌咏唱，这说明琴这种乐器已经完全具备了五音。如果在琴上还有少宫、少商的弦，那就可以说没有雅正的五弦琴了；如果音乐中有少宫、少徵这样的音调，那就不再有雅正的音乐了，因为繁复、柔弱、急促、衰微的这些音调都产生于变宫、变徵这二变。"

三老、五更，按照《列子·黄帝》篇的说法："禾生子伯住宿在田更商丘开的屋舍。"这里的"更"，也是对老年人的一种称呼。

《礼记·杂记》"里尹主持这件事"之下的注解，《王度记》说："一百户叫作一里，每个里都设置一位里尹，他的俸禄等于一位庶人在官府当官所得的俸禄。"孔颖达的正义说："考察《别录》，《王度记》这本书似乎是齐宣王的时候淳于髡等学者所说的。"

《礼记·杂记》记载孔子说："少连和大连善于守丧之礼。他们都是东夷的后代。"唐代扶余璋的儿子义慈，号称东海曾

品肉。孰谓夷无人哉!

《祭法》注:"司命主督察三命。"《孝经援神契》谓:
"命有三科,有受命以保庆,有遭命以谪暴,有随命以督
行。"《孟子》赵岐注云:"命有三名:行善得善,曰受命;行
善得恶,曰遭命;行恶得恶,曰随命。"孙子荆诗:"三命皆
有极。"皆本《援神契》。

《祭义》曰:"术省之。"贾山《至言》:"术追厥
功。""术"与"述"同。

《孔悝鼎铭》:"六月丁亥,公假于大庙。"注谓"以夏
之孟夏禘祭"。《正义》:"哀十五年冬,蒯聩得国。十六年六
月,卫侯饮孔悝酒而逐之。此云六月命之者,盖命后即逐之
也。"愚按《通鉴外纪目录》,是年六月丁未朔,则无丁亥,
当阙疑。裴松之曰:"孔悝之铭,行是人非。"

《经解》以《诗》为首。《七略》、《艺文志》、阮孝绪
《七录》,用《易》居前;王俭《七志》,《孝经》为初。

子，颉利可汗的儿子叠罗支，他的母亲最后才到，他不敢先尝品供的肉。"谁能说夷人中没有贤能之人呢？

《礼记·祭法》的注解说："司命这个神灵主管督察人的三种命运。"《孝经援神契》说："人的命运有三类，有承受天命的'受命'来保有福气，有遭遇所得的'遭命'来贬斥暴乱，有随行为而来的'随命'来督管行为。"《孟子·尽心章》赵岐的注解说："人的命运有三种：行善事得善果，这种命运叫'受命'，行善事得恶果，这叫作'遭命'，行恶事得恶果，叫作'随命'。""孙子荆的诗写道：'三命都有标准。'"这些都是根据《孝经援神契》。

《礼记·祭义》说："反复地回忆着亲人。"贾山在《至言》中说："追述这先祖的功绩。"这里的"术"字和"述"字的意思是一样的。

《孔悝鼎铭》说："六月的丁亥日，卫庄公蒯聩来到太庙祭祀。"郑玄的注解说："在夏天的孟夏月举行禘祭"。孔颖达《礼记正义》上说："鲁哀公十五年的冬天，蒯聩即位，得到了卫国，为卫庄公。鲁哀公十六年的六月，卫庄公请孔悝喝酒并驱逐了他。鼎铭记载了庄公在六月册命的说法，大概是刚刚任命完就立刻把孔悝驱逐了。"我查考《通鉴外纪目录》，这一年的六月只有丁未朔日，并没有丁亥日，只能把这个疑问保留了。裴松之说："孔悝的铭文，行为是正确的，但要公正地评价他的行为，不能因其身份而有所偏颇。"

《礼记·经解》排列六经之教，把《诗经》放在首位。刘向的《七略》、班固的《汉书·艺文志》、阮孝绪所著的《七录》，都是把《易经》放在最前面。王俭的《七志》，则把《孝经》作为放

《坊记》引《论语》曰:"三年无改于父之道。"《论语》成于夫子之门人,则《记》所谓"子云"者,非夫子之言也。

《坊记》注引《孟子》曰:"舜年五十而不失其孺子之心。"今本云:"五十而慕"。康成注《礼》,必有所据。

孔子曰:"国家有道,其言足以治;国家无道,其默足以容。"盖铜鞮伯华之行也。(原注:《大戴礼》、《家语》。)曾子曰:"孝子之事亲也,居易以俟命,不兴险行以侥幸。"《中庸》之言本此。

"仁者人也"注:"人也,读如'相人偶'之'人',以人意相存问之言。"朱文公问吕成公:"'相人偶',此句不知出于何书?疏中亦不说破。"(原注:吕答未见,当考。《礼记集说》削此二句。)《周礼》注,"瑱,读如薄借綦之綦。""襆,读如旆仆之仆"。疏皆以为未闻。

"期之丧,达乎大夫。"吕与叔之说详矣。朱文公谓:"古人贵贵之义"。然亦是周公制《礼》以后方如此。故《檀

在最前面的经典。

《礼记·坊记》引用《论语》中的话说："为父亲服丧三年期间，不要改变父亲生前的主张。"《论语》是由孔子的学生纂辑成书的。《坊记》直接引用了《论语》，又说"子云"，那么《礼记》中所有的"子云"，实际上就不是孔子所说的话了。

《礼记·坊记》的注解引用了《孟子》的话说："舜即使到了五十岁，却仍没有失去孩子时那样对父母纯真的爱心。"今天的经文文本说"五十岁还像孩子那样慕恋父母"。郑康成注释《礼记》，必定是有所依据的。

孔子说："国家政治按照文武之道运行，他的言论就足以治理好国家；国家政治不符合文武之道，那么他就沉默，足以让他容身。"这大概是铜鍉伯华的操行吧。（原注：出自《大戴礼记》和《孔子家语》。）曾子说："孝子侍奉双亲的时候，会居处在平易的境况，以等候上天的正命，而不会抱着侥幸的心态去做偏激危险的行为。"《中庸》的话是源于这里。

"仁的品质，就是人的天性"这句经文的注解说："'人也'中'人'的读音，就像'两个人相对、相偶'里面的'人'，这是根据他人的意思来相互问候的话。"朱文公（朱熹）问吕成公（吕祖谦）："'相人偶'，这个句子不知道是出自什么书，在疏中也没有说清楚。"（原注：吕祖谦回答的书信还没有见到，应当去考察一下。《礼记集说》把这两句话删除了。）《周礼》的注解说："堪，读起来就像'薄借綦'中的'綦'。""轚，读起来就像'旆仆'的'仆'。"贾公彦的疏都认为这些是出自没听说过的古书。

"（为旁亲）服一年齐衰期的丧，这个制度通行到大夫这个等级。"蓝田吕大临（吕与叔）的议论已经很详细了。朱文公

弓》又云："古者不降，上下各以其亲。"

"大经"、"大本"，注："大经，《春秋》也；大本，《孝经》也。"盖泥于纬书"志在《春秋》，行在《孝经》"之言，其说疏矣。

"衣锦尚絅"，《书大传》作"尚蘱"。注："蘱，读为絅，或为絺。"

朱文公《答项平父书》云："子思以来，教人之法，惟以尊德性、道问学两事为用力之要。子静所说，专是尊德性事。而某平日所论，问学上多，所以为彼学者，多持守可观，而看义理不细。而某自觉于为己为人，多不得力，今当反身用力，去短集长，庶几不堕一边。"即此书观之，文公未尝不取陆氏之所长也。《太极》之书，岂好辩哉！

徐彦伯《枢机论》曰："中庸镂其心，左阶铭其背。""中庸镂心"未详所出，但有服膺之语。

（朱熹）认为这就是"古人尊重高贵者的义理"。但这也是因为周公制定了周礼之后才变成这样。所以《礼记·檀弓》又说："古时候没有降低丧服等级的规定，尊卑上下都各自按照亲疏关系来服丧。"

《礼记·中庸》里所说的"大经"、"大本"，郑玄的注解说："大经指的就是《春秋》，大本，指的就是《孝经》。"郑玄有这样的说法，大概是因为拘泥于《纬书》中所说的"孔子的志向表现在《春秋》中，他的行为表现在《孝经》中"这样的话。这样的说法太粗疏了。

《礼记·中庸》说："在穿的锦衣上面再加单罩衣"。这句文字在《尚书大传》中写作"尚颛"，它的注解说："颛，读作'䌹'，或许指的就是细葛布。"

朱文公（朱熹）的《答项平父书》说："从子思到现在，教导学人的方法，只有尊崇高尚的德性、践行好问求学这两件事是用功的要诀。陆子静（陆九渊）所说的为学方法，专门是尊崇高尚的德性这部分内容。而我平常所论及的为学办法，则是在勤学好问上多了一些。所以践行陆氏之学的学人，他们的修持严密，德行可观，但是看古人的义理时却不细致。而我呢，觉得自己在为己的修养，为人的学问方面，大多不能找到着力点，现在正应当回到自身修养上用力，在学问上去短集长，这样的话差不多就可以不偏堕在一边了。"就这封书信来看，朱文公未曾不采纳陆氏之学的长处啊。朱、陆二人争论《太极图说》这部书，哪里只是喜好辩论是非呢！

徐彦伯的《枢机论》说："把《中庸》镂刻在自己心中，把左阶'三缄其口'的金人铭刻在自己背上。""中庸镂心"这个典

《乐记》："倒载干戈，包之以虎皮，名曰建櫜。"字或作"建皋"。服虔引以解《左传》"蒙皋比"。

《缁衣》："叶公之《顾命》曰：'毋以小谋败大作，毋以嬖御人疾庄后，毋以嬖御士疾庄士大夫、卿、士。'"《周书·祭公篇》："公曰：'汝无以嬖御固庄后，汝无以小谋败大作，汝无以嬖御士疾大夫、卿、士，汝无以家相乱王室而莫恤其外。'"（原注：叶公当作"祭公"，疑记《礼》者之误。）

《深衣》"方领"，朱文公谓"衣领之交，自有如矩之象。续衽钩边者，连续裳旁，无前后幅之缝。左右交钩，即为钩边，非有别布一幅，裁之如钩而缀于裳旁也。"康成注："钩边，若今曲裾。"文公晚岁去曲裾之制而不用。愚以汉史考之，朱勃之衣方领，谓之古制可也；江充之衣曲裾，谓之古制可乎？此文公所以改司马公之说。

故不知道是出自何处，只知道《中庸》里有"得一善，则拳拳服膺"这样的话。

《礼记·乐记》说："把干戈等武器倒放过来用虎皮包裹好，把军队的将帅都封为诸侯，以上做法就叫作'建櫜'。"这里的"建櫜"也可能写作"建皋"这两个字。服虔在注解《左传》的时候就引用这句经文来解释《左传》中的"蒙上皋比（虎皮）"这句话。

《礼记·缁衣》里说："叶公的《顾命》说：'不要因为小的谋划却破坏了大事；不要听信宠爱的嬖妾，却非毁庄重的嫡夫人；不要听信受宠的士，而去诋毁掌事的正直的大夫、卿还有士。'"《周书·祭公篇》记载："祭公说：'不要听信宠爱的嬖妾，却非毁庄重的嫡夫人；你不要因为小的谋划却破坏了大的作为；你不要因为宠臣佞臣而非毁大夫、卿和士。你不要因为公卿的家相而扰乱王室，不再忧虑王室之外的问题。'"（原注：《缁衣》中的叶公应该改作"祭公"，怀疑是记述《礼记》的人记错误了。）

关于《礼记·深衣》的"方领"，朱文公（朱熹）说："人的衣领相交，自然会有矩一样方正的形象。《深衣》中所谓的'续衽钩边'，就是把下裳的两边都连起来，不做前后两幅的缝纫。左右交错、钩在一起，就是钩边，不是去把另外的一块布裁剪成钩子的形状去连缀在衣裳旁边。"郑康成（郑玄）注解这条经文："钩边，就像是今天的曲裾一样。"朱文公晚年考证深衣的服制，除去了曲裾的制度而不采用。我拿着汉代的史书一一查考，朱勃的衣服是正是方领，这也可以称作是古代流传下来的制度了，江充的衣服裙裾弯曲，难道可以说这也是古代的制度吗？这就是朱文公要改造司马温公（司马光）关于深衣的说法

《大戴记·投壶篇》末云："弓既平张，四侯且良。决拾有常，既顺乃让。乃揖乃让，乃隮其堂。乃节其行，既志乃张。射夫命射，射者之声。御车之旌，既获卒莫。"此命射之辞也。

哀公之问，非切问也，故孔子于问舜冠则不对，于问儒服则不知。

《儒行》言"自立"者二，言"特立"者一，言"特立独行"者一。人所以参天地者，其要在此。"如有所立卓尔"，颜子言之。"立天下之正位，先立乎其大者"，孟子言之。

《大学》之"亲民"当为"新"，犹《金縢》之"新迎"当为"亲"也。皆传写之误。

古之人文以达意，非有意于传也。《汤盘铭》以《大学》传，《虞人箴》、《祈招诗》、《谗鼎铭》以《左氏》传，楚狂《沧浪之歌》以孔、孟氏之书传。

的原因。

　　《大戴礼记·投壶篇》的末尾说："弓已经平稳地张开，四方的射侯又是多么精良。右手拇指套上骨环，左臂戴上皮臂套，一切顺利之后又为上堂而谦让。于是就作揖，于是就相让，就这样到了堂上。于是节制他的行为，已经瞄准了射侯，就奋力张弓。主管射礼的射夫下令射箭，射箭是依循礼乐的音声。御车挥舞的旗帜，射中之后又归于静默。"这就是射礼上发号施令的言辞吧。

　　在流传下来的史籍里，鲁哀公问孔子的这些问题，都不是真切地为自己上进而发问，所以当哀公询问舜那时候的衣冠时，孔子并不回答；在哀公问儒者的儒服的时候，孔子就说"我不知道儒服是怎么回事"。

　　在《礼记·儒行》中，孔子谈到"自立"有两部分，其中谈到"特立"一次谈到"特立独行"也有一次。人之所以能与天地并列、参赞天地，关键就在这里。"好像自身有所确立，高峻超拔"，这是颜子说的话。"（君子）站立在天下最正大的位置上"，"首先最大的方面能够有所树立"，这是孟子讲的。

　　《礼记·大学》最开头的"亲民"应当写作"新"，就如同《尚书·金縢》的"新迎"应当写作"亲"一样。它们都是在流传抄写过程中发生的错误。

　　古代的人写文章都是为了传达思想，并不是有意让它们流传后世。《汤盘铭》是因为《大学》的引用而流传，《虞人箴》、《祈招诗》和《谗鼎铭》都是因为《左氏传》的记载而流传，楚狂接舆的《沧浪之歌》因为孔子留下的《论语》、孟子留下的《孟子》这两部书而得以流传。

　　"知止而后有定",《章句》云:"志有定向。"或问云:
"事事物物皆有定理。"其说似不同, 当以《章句》为正。

　　子罕却玉, 韩起辞环, 有无穷之名; 季氏之璵璠, 向魋
之夏璜, 有无穷之恶。故曰:"惟善以为宝。"

　　《乡饮酒义》"立三宾以象三光", 注:"三光, 三大辰
也。天之政教, 出于大辰焉。"《公羊传》:"大火、(原注:
心。)伐、(原注: 参。)北辰(原注: 北极。为大辰。")汉文帝
诏:"上以累三光之明。"颜注:"谓日、月、星。"

　　《春秋》正义引《辨名记》云:"倍人曰茂; 十人曰选,
倍选曰俊, 千人曰英, 倍英曰贤, 万人曰桀, 倍桀曰圣。"《礼
记》正义引之, 以为蔡氏。《白虎通》引《礼别名记》曰:"五
人曰茂, 十人曰选, 百人曰俊, 千人曰英, 倍英曰贤, 万人曰
桀, 万桀曰圣。"盖《礼记》逸篇也。

《礼记·大学》说："知道'止于至善'的道理之后，就有'定'的状态"，朱熹的《大学章句》解释"定"字说："立志，有了确定的方向。"《大学或问》说："万事万物都有自身确定的道理。"这两种说法似乎有些不同，应当以《大学章句》作为正确的解释。

子罕拒绝宝玉，韩起辞让玉环，最终留下了无穷的美名，季氏的璵璠、向魋的夏璜，留下了无穷无尽的恶名。所以《大学》也说："只有善才是真正的宝物。"

《礼记·乡饮酒义》"（在乡饮酒礼中）设立三位宾长象征天上的三光"，郑玄的注解说："三光，是天上的三颗大星。上天的政教运行之法则，就是出于这几颗大辰。"《公羊传》说："大火星、（原注：就是心宿。）伐星、（原注：就是参宿。）还有北辰星（原注：就是北极星。）这三颗就是天上的大辰。"《汉书·文帝纪》记载汉文帝的诏书说："对上牵累了太阳、月亮和星辰这三光的光明。"颜师古的注释说："这里的三光说的就是太阳、月亮还有星辰。"

《春秋左氏传》，孔颖达的正义引用《辨名记》说："才能是常人的一倍叫作茂，才能十里挑一就被称为选，才能是选的一倍的人称为俊，千里挑一的人才就称为英，才能是英的一倍就叫作贤，才能万里挑一就称为桀，才能是桀的一倍就称为圣。"《礼记·月令》的孔颖达正义也引用了这段文字，认为这段文字是出于蔡氏。《白虎通》引用《礼别名记》说："才能超过五人被称为茂，在十人中才能突出就叫选，一百人中才能突出就称为俊，千人中才能突出就成为英，才能是英的一倍就叫作贤，才能万里挑一就是桀，才能超过桀一万倍才是圣。"这大概是《礼

《后汉》崔琦对梁冀曰:"将使玄黄改色、马鹿易形乎?"注言"马鹿"而不言"玄黄"。按《礼器》"或素或青,夏造殷因",注云:"变白黑言素青者,秦二世时,赵高欲作乱,或以青为黑,黑为黄,民言从之。至今语犹存也。"琦所谓"玄黄改色",即此事也。

《荀子》引《聘礼志》曰:"'币厚则伤德,财侈则殄礼。'礼云,礼云,玉帛云乎哉!"此即《聘义》所谓"轻财重礼"也。

《后汉·东夷传》:"徐夷率九夷以伐宗周,西至河上。穆王畏其方炽,乃分东方诸侯,命徐偃王主之。"《檀弓》载徐容居之对曰:"昔我先君驹王西讨,济于河。"然则驹王即偃王欤?济河即所谓"西至河上"也。

《易乾凿度》:"水为信,土为知。"《中庸》注:"水神则信,土神则知。"服氏注《左传》:"土为信。"朱文公谓:"信犹五行之土,服说是也。"

《儒行》云:"其过失可微辨,而不可面数也。"子路喜

记》散佚的篇章吧。

《后汉书》中，崔琦对梁冀说："您想要让玄变成黄、黄变成玄，改变颜色；马变成鹿，鹿变成马，颠倒它们的形体么？"注释只谈到了"马鹿"却没有说"玄黄"。考察《礼记·礼器》篇说"有的是素色有的是青色，夏代开始造器，殷代因循旧法"，郑玄的注释说："不说白色和黑色而改说素色和青色，就像秦二世的时候，赵高想要发动叛乱，有人把青色当成黑色，黑色当成黄色，百姓的语言也听从他的话。直到今天，语言中还保存着这样的话。"崔琦所说的"玄黄改色"，就是指的这件事情。

《荀子·大略》引用《聘礼志》说："礼物丰厚就会伤害德行，财物奢侈就会损害礼节。礼呀，礼呀，哪里指的是玉帛这类礼器啊！"这就是《礼记·聘义》所说的"轻看财物而重视礼仪"了。

《后汉书·东夷传》里说："徐夷率领九夷来攻打宗周，向西攻到黄河岸边。周穆王害怕徐氏势力正盛，就将东方的诸侯分出来，任命徐偃王主管。"《礼记·檀弓》记载徐容居之的对答说："从前我们的先君徐驹王向西征讨，渡过了黄河。"这样的话，那么徐驹王就是徐偃王吧？"渡过黄河"也就是《后汉书》所说的"向西到了黄河岸边"吧？

《易乾凿度》中说："水行象征着诚信之德，土行象征着智慧之德。"《礼记·中庸》郑玄的注解说："水的精神在于信德，土的精神在于智慧。"服虔注解《左传》说："土象征信的德行。"朱文公（朱熹）说："诚信、笃实的品质就好像五行中的土行一样。服虔的说法是对的。"

《礼记·儒行》说："儒者的过失，可以委婉地辨明，而不

闻过，善人能受尽言。如讳人之面数，则面谀之人至，而曾子不当三数子夏矣。以是为刚毅，焉得刚？故程子谓"游说之士所为夸大之说"。

方悫解《王制》云："爵欲正其名，故官必特置；禄欲省其费，故职或兼掌。"愚尝闻淳熙中，或言秦桧当国时，遴于除授，一人或兼数职，未尝废事，又可省县官用度，于是要官多不补。御史中丞蒋继周论之曰："往者权臣用事，专进私党，广斥异己，故朝列多阙。今独何取此？朝臣俸禄有限，其省几何？而遗才乏事，上下交病，且一官治数司而收其廪，裴延龄用以欺唐德宗也。"以是观之，则兼职省费，岂王者之制乎？

《周官》"上公九命"，《王制》"有加则赐，不过九命"。伏生《大传》谓："诸侯三年一贡士，一适谓之好德，再适谓之贤贤，三适谓之有功。有功者，天子一赐以车服弓矢，再赐以秬鬯，三赐以虎贲百人，号曰命诸侯。"此言三赐而已。《汉武纪》元朔元年有司奏议，曰："古者诸侯贡士，一适谓之好德，再适谓之贤贤，三适谓之有功，乃加九锡。""九锡"始见于此，遂为篡臣窃国之资，自王莽始。《礼

能当面去数落。"子路喜欢听到别人提出他的过错，德行好的人能够接受直言。如果忌讳别人当面数落自己的过错，那么谄媚阿谀的人就来了，而曾子也不应当三次指责子夏的错误了。把这种行为当作刚毅，哪里能是真的刚毅呢？因此，程子说《儒行》是"战国时期游说君主的士人所写的夸张的说法"。

方悫为《礼记·王制》作注解说："设立爵位，是想要上下的名分正当，因此，官职一定是单独设置；对国家，则希望减少俸禄上的损耗，因此在职位而言，有兼任的做法。"我曾听说在淳熙年间，有人说秦桧当政时，在遴选任命的官员中，有一人兼任数个职务的做法，也没有耽误政事，还可以节省那些悬置的官位的开支，从这开始，显要的官位空缺，就大多不能补上了。御史中丞蒋继周就这件事论奏说："从前权臣当政，专意进用私党，普遍地排斥异己，所以在朝的官员多有空缺。今天为何唯独要采取这样的做法呢？朝廷官员的俸禄本来就有限，从这里节省出来的费用又有多少？可这样却导致人才被遗漏，政事难以推行，在上者、在下者互相牵扯，而且一名官员治理几个部门来多得俸禄，这是裴延龄用来欺骗唐德宗的做法啊。"由此看来，官员兼任多职、节省国家开支费，这恐怕不是王者的制度吧！

《周官》说"上公接受王者的九次加命，可以担任方伯"，《王制》说"如果天子再加给恩惠就叫做赐，公的级别不超过九命"。伏生《尚书大传》说："诸侯三年一次向天子贡献贤能之士，头一次被称为好德，第二次来，就被称为贤贤，三次就被称为有功。有功之人，天子第一次把车服和弓矢赐予他，第二次，把祭祀的秬鬯赐给他，第三次赐给他虎贲军士一百人，叫作命诸侯。"这里也只是说到三次赐命罢了。《汉武纪》记载元朔元

纬含文嘉》有"九锡"之说，亦起哀、平间。饰经文奸以覆邦家，汉儒之罪大矣。

《表记》"殷人先罚而后赏"，汉武帝谓"殷人执五刑以督奸"，皆言殷政之严也。《书》曰："代虐以宽"，《诗》曰："敷政优优"，岂尚严哉？

"仁右道左"，仁对道而言。张宣公以为言"周流运用处。右为阳，而用之所行也；左为阴，而体之所存也。"

"国君沐粱，大夫沐稷，士沐粱。"司马公曰："礼别嫌明微。大夫贵近于君，故推而远之，以防僭逼之端。士贱，远于君，虽与之同物，无所嫌也。"

"善教者使人继其志。"弟子累其师，李斯、韩非之于荀卿也；弟子贤于师，卢植、郑玄之于马融也。

年，负责此事的官员上奏议事，说："古时候诸侯推荐人才，第一次称他们是好德之人，第二次则称其为贤贤，第三次叫作有功，于是要加九锡。""九锡"这个说法最初见于此处，于是成为奸臣篡夺皇位的资本，这是从王莽开始的。《礼纬含文嘉》也有"九锡"的说法，也是起源于汉哀帝、平帝年间。粉饰经典、掩盖奸诈之心，借此来颠覆国家，汉儒的罪责太大了。

《礼记·表记》中记载"殷朝人先进行处罚，然后进行赏赐"，汉武帝说"殷朝人执掌五刑，来督察奸邪"，这都是在说殷代的政治律法森严。《尚书》说："用宽和的政治取代虐厉的政治"，《诗经》说："政治广大宽和"，难道还要崇尚严酷虐厉吗？

《礼记·表记》说"仁德居右，大道在左"，这里的"仁"是对着"道"而说的。张宣公（张栻）认为，这句经文是讲"周流变化、运转发用这方面的问题。右就是阳，是道运转的大用所在；左就是阴，是说道的本体所在。"

《礼器》篇的正义说："国君要洗粱米，大夫要洗稷，士要洗粱米。司马温公（司马光）说："礼是用来辨别嫌疑，明察幽微的。大夫地位显贵，离国君近，所以要在礼制上区别开，将其推远，来防止大夫有僭位受逼的祸端。士的地位卑贱，离国君很远，即使在礼制上跟国君用同样的礼器，也不会有僭越的嫌疑。"

"善于教育的人，能使人继承他的治学志向。"弟子牵累老师的案例，有像李斯、韩非奉行法家，背离荀卿的学说。弟子继承老师，甚至要比老师还要贤能，就像卢植、郑玄跟他们的老师马融那样。

《曲礼》:"刑不上大夫。"《家语》:"冉有问刑不上
于大夫。孔子曰:'凡治君子,以礼御其心,所以属之以廉耻
之节也。'"其言与贾谊书同而加详焉。谊盖述夫子之言也。
《秋官·条狼氏》誓大夫曰鞭,恐非周公之法。

《文子》曰:"圣人不惭于影,君子慎其独也。"《刘
子》曰:"独立不惭影,独寝不愧衾。"(原注:高彦先《谨独
铭》曰:"其出户如见宾,其入虚如有人。其行无愧于影,其寝无愧
于衾。"四句并见《刘子》。)

《大学章句》"咏叹淫液",刊本误为"淫泆"。

《月令》言"来岁"者二:季秋"为来岁受朔日",秦正
建亥也;季冬"待来岁之宜",夏正建寅也。(原注:《月令》
作于秦,虽用夏时、犹存秦制。)《淮南·时则训》与《月令》
同。汉太初以前犹以十月为岁首。

《理道要诀》云:"周人尚以手抟食,故《记》云:'共饭
不泽手。'盖弊俗渐改未尽。今夷狄及海南诸国、五岭外人,

　　《礼记·曲礼》说："刑罚不用于大夫以上。"《孔子家语》说："冉有问孔子'刑罚不用于大夫以上'的道理。孔子说：'凡是统治贵族阶层，要用礼来校正他们的内心，就是为了让这些贵族君子有廉耻的节操啊。'"这话和贾谊的《新书》说的一样，而且更加详尽。贾谊大概是记述孔夫子所说的话吧。《周礼·秋官司寇·条狼氏》说"誓戒、警告大夫要用鞭打"，这恐怕不是周公定下的法则。

　　《文子》说："圣人心地光明坦荡，不会对自己的影子有惭愧之心；君子应该慎重地对待自己独处时候的心。"《刘子》说："独自站立的时候不会愧于自己的身影，独自安眠的时候不会愧于自己所盖的衾被。"（原注：高彦先的《谨独铭》说"出门要像面见重要的宾客，进入空房间要像房间里有人一样恭敬。行为不要让自己的身影愧疚，睡下也不要愧对自己所披的衾被。"这四句话都见于《刘子》。）

　　朱熹《大学章句》中的"咏叹淫液"四个字，有刊刻的版本错写成了"淫泆"。

　　《礼记·月令》中所说的"来年"有两个意义：在季秋这个月"为了来年领受朝廷统一颁布的朔日"，这是秦朝的历法，以夏历的亥月为正月；季冬"等待来年实行更加适宜的政令"，这是以夏历的寅月为正月。（原注：《月令》这篇文字是秦朝时候创作的，虽然使用了夏朝的历法，但还保留了秦朝的制度。）这方面，《淮南子·时则训》和《礼记·月令》是相同的。汉朝在施行太初历之前，仍然是像秦朝那样以夏历的十月作为一年的开端。

　　杜佑的《理道要诀》说："周朝人尚且在用手抟取食物进食，所以《礼记》说'共用一个食器吃饭的时候不要搓手'，这

皆手抟食，岂若用匕箸乎？三代之制祭立尸，自秦则废。后魏文成时高允献书云：'祭尸久废，今俗父母亡，取状貌类者为尸，败化黩礼，请厘革。'又周、隋《蛮夷传》：'巴、梁间为尸以祭。'今郴道州人祭祀，迎同姓伴神以享。则立尸之遗法，乃本夷狄风俗，至周未改耳。以人殉葬，至周方革，犹未能绝。（原注：秦穆公、魏颗之父、陈乾昔。）今戎狄尚有之，中华久绝矣。"

《少仪》："颖，警枕也。"谓之颖者，颍然警悟也。司马文正公以圆木为警枕，少睡则枕转而觉，乃起读书。

"舜葬苍梧之野"。薛氏曰："孟子以为'卒于鸣条'，《吕氏春秋》'舜葬于纪'。苍梧山，在海州界，近莒之纪城。鸣条亭，在陈留之平丘。"今考《九域志》，海州东海县有苍梧山。

《儒行》言儒之异十有七条，程子以为非孔子之言。胡

大概是因为有问题的习俗渐渐调整，还没彻底修正。现在的夷狄以及南海各国、五岭之外的人，都是用手持取食物进食，哪里比得上用羹匙和筷子呢？三代以上的制度规定，祭祀要立孙子为尸代替祖父受祭，到了秦朝就废弃了。后魏文成年间高允呈献奏书说：'祭祀中立孙子为尸的制度已经废弛很久了，现在民间父母去世的时候，还会取跟父母形貌相似的人来作为尸，这是败坏风化、玷污礼仪，请求尽数革除这样的做法。'又有周、隋史书的《蛮夷传》里记载：'巴、梁一带就有立尸来祭祀的传统。'今天的郴州和道州人祭祀，还要迎接同姓的人伴作受祭祀的神来接受享祀。这大概就是立尸制度遗留下来的礼法了，看来立尸本来是夷狄的风俗，到了周朝还没有彻底改变罢了。用活人殉葬的风俗，直至周朝才革除，但是后代也还没有完全断绝。（原注：历史上秦穆公、魏颗的父亲、陈乾昔都可以作为例证。）到今天戎狄尚且有活人殉葬的习俗，而在中华大地已经废除很久了。"

《礼记·少仪》的注解说："颖，是警枕的意思。"之所以要称作"颖"，是采用了聪明颖悟的意思。司马文正公（司马光）用圆木做枕头，稍微睡下，枕头就转动了，他就醒来了，于是就起来继续读书。

"舜帝埋葬在苍梧的郊野上"。薛氏（薛季宣）说："孟子认为舜帝'在鸣条这个地方死去'，《吕氏春秋》说'舜帝埋葬在纪这个地方'。苍梧山在海州的边界上，靠近古代莒国的纪城。鸣条亭在陈留的平丘。"今天去考察《九域志》，在海州的东海县就有苍梧山。

《礼记·儒行》篇记述儒者的不同的行为有十七条，程子认

氏谓:"游、夏门人所为,其文章殆与荀卿相类。"

古者无一民不学也。二十五家为闾,闾同一巷,巷有
门,门有两塾。上老坐于右塾,为右师;庶老坐于左塾,为
左师。出入则里胥坐右塾,邻长坐左塾,察其长幼揖逊之
序。新谷已入,余子皆入学,距冬至四十五日始出学。所谓
家有塾也。闻之先儒曰:"先王之时,其人则四民也,其居则
六乡、三采、五比、四闾也,其田则一井、二牧、三屋、九夫
也,其官则三吏、六联、五侯、九伯也,其教则五典、十义、
六德、六行也,其学则五礼、六乐、五射、六驭、六书、九数
也。少而习焉,其心安焉。正岁孟月之吉,党正社禜之会,读
法饮射,无非教也。弟子之职,摄衣、沃盥、执帚、播洒、馈
馈、陈膳、执烛、奉席,无非学也。汉犹有三老,掌教化,父
兄之教,子弟之率,余论未泯。清议在乡党,而廉耻兴焉。
经学有师法,而义理明焉。"吁,古道何时而复乎!

"絜矩",学者之事也。"从心所欲而不逾矩",圣人之
事也。

为这不是孔子的言论。胡氏认为："这是子游、子夏的门人所写的，他们的文章风格大概和荀卿相类似。"

古代没有一个老百姓是不学习的。按照古代的制度，二十五家是一闾，一闾共同使用一个巷，巷里有门，门的左右有两所塾。士人的长老坐在右塾中，担任右师；庶人中的长老坐在左塾中，担任左师。出入巷门，里胥会坐在右塾中，邻长会坐在左塾中，考察百姓中长幼、揖让的秩序。新一年的谷子已经成熟入仓的时候，未入学的孩子都进入学校，直到距离冬至四十五天的时候才离开学校。这就是所谓的"家家都有塾"了。我听先儒说过："在先王治天下的时候，治下的人民就是士、农、工、商四种人，他们的居住地方是六乡、三采、五比、四闾，他们的田地则有一井、二牧、三屋、九夫，他们的官职有三吏、六联、五侯、九伯，他们的教育是五典、十义、六德、六行，他们所践行的学说就是五礼、六乐、五射、六驭、六书以及九数。他们自小就开始学习了，一切行为都安于礼义。正月初一这样的吉日，乡里党正社禜的集会，诵读国家法令、行乡饮酒礼和射礼，这些行动中没有不是教化的内容。像弟子面对老师的职责，提起衣襟，为老师洗手，执扫帚开路，洒扫，进献肴馔、摆上饭食、在晚间陈设火烛，铺设筵席，没有一个行为不是在学习。到汉朝还有三老，执掌乡里父亲兄长的教化，作为子弟的表率。先王遗留下来的论述还没有泯灭，在乡里还存在清廉公正的评论，因此讲究廉耻的风气还能兴起。传承经学也还讲究师法，义理就能彰著了。"唉，先王的古道何时能恢复啊！

《大学》说"絜矩度量"，这是还在学习大道的人所践行的事。"随着心意所行，却没有逾越规矩"，这是到了圣人的境界

"孔子射于矍相之圃"。吕与叔曰："孔子温良恭让，其于乡党似不能言，未闻拒人如是之甚。疑不出于圣人，特门人弟子逆料圣人之意而为此说。将以推尊圣人，而不知非圣人之所当言。"（原注：此言可以厉浮薄之俗，故表而出之。）

大戴礼记

《大戴礼》《哀公问》、《投壶》二篇与小戴无甚异。《礼察》篇首与《经解》同，《曾子大孝篇》与《祭义》相似，而《曾子书》十篇皆在焉。《劝学》、《礼三本》见于《荀子》《保傅篇》，则《贾谊书》之《保傅》、《傅职》、《胎教》、《容经》四篇也，《汉书》谓之《保傅传》。

《大戴礼》卢辩注，非郑氏。朱文公引《明堂篇》"郑氏注云'法龟文'"，未考《北史》也。"

《易本命篇》与《家语》同，但《家语》谓子夏问于孔子，孔子曰："然。吾昔闻老聃，亦如汝之言。"子夏曰："商闻《山书》曰"云云。《大戴》以"子曰"冠其首，疑此篇子夏所著，而大戴取以为《记》。

所做的事情。

"孔子在矍相的园圃中行射礼"。吕与叔（吕大临）说："孔子温和、善良、谦恭、礼让，他在乡里跟平辈交往好像不会说话的人一样，没听说他这么激烈地拒斥他人。我怀疑这不出自圣人的本意，只是孔子的门徒弟子推测圣人的意旨，于是创作出这种说法用来推尊圣人，却不知道这并不是圣人应当说的话。"（原注：这段话可以激励浮薄的风俗走向刚毅深厚，所以我将它表彰显露出来。）

《大戴礼记》中，《哀公问》和《投壶》这两篇的文字和《小戴礼记》没有什么不同。《礼察》篇的篇首和《礼记·经解》相同，《曾子大孝》篇与《礼记·祭义》篇的文字相似，像是《曾子书》的十篇都在《大戴礼记》中。《大戴礼记》中的《劝学》、《礼三本》两篇都见于《荀子》。《保傅》篇就是《贾谊新书》中的《保傅》、《傅职》、《胎教》、《容经》这四篇，《汉书》将其称为《保傅传》。

《大戴礼记》是卢辩作的注解，而不是郑玄。朱文公（朱熹）引用《大戴礼记·明堂篇》的时候说"郑玄的注解说'效法灵龟背上的纹理'"，这是没有考察《北史》中记载的缘故。

《大戴礼记·易本命篇》的内容和《孔子家语》相同，只是《孔子家语》说的是子夏向孔子提问，孔子说："对。我从前去请教老聃，老聃说的也像你所说的那样。"子夏说："我听说《山书》上说"等等的内容。在《大戴礼记》是用"孔子说"放在篇首。我怀疑这篇文章是子夏所著，然后戴德采用了这篇文章编入

　　《践阼篇》载武王十七铭,《后汉·朱穆传》注引《太公阴谋》:"武王《衣之铭》曰:'桑蚕苦,女工难,得新捐故后必寒。'《镜铭》曰:'以镜自照见形容,以人自照见吉凶。'《觞铭》曰:'乐极则悲,沉湎致非,社稷为危。'"《崔骃传》注引《太公金匮》:"武王曰:'吾欲造起居之诫,随之以身。'几之书曰:'安无忘危,存无忘亡。熟惟二者,必后无凶。'杖之书曰:'辅人无苟,扶人无咎。'"《太平御览》诸书引《太公阴谋》:"笔之书曰:'毫毛茂茂,陷水可脱,陷文不活。'籁之书曰:'马不可极,民不可剧。马极则踬,民剧则败。'"又引《金匮》:"其《冠铭》曰:'宠以著首,将身不正,遗为德咎。'书履曰:'行必虑正,无怀侥幸。'书剑曰:'常以服兵,而行道德。行则福,废则覆。'书车曰:'自致者急,载人者缓。取欲无度,自致而反。'书镜曰:'以镜自照,则知吉凶。'门之书曰:'敬遇宾客,贵贱无二。'户之书曰:'出畏之,入惧之。'牖之书曰:'阙望审,且念所得,可思所忘。'钥之书曰:'昏谨守,深察讹。'砚之书曰:'石墨相著而黑,邪心谗言,无得污白。'书锋曰:'忍之须臾,乃全汝躯。'书刀曰:'刀利磑磑,无为汝开。'书井曰:'原泉滑滑,连旱则绝。取事有常,赋敛有节。'"蔡邕《铭论》谓:"武王践阼,咨于太师。作席几、楹杖、器械之铭十有八章。"参考《金匮》、《阴谋》之书,则不止于十八章矣。书于篇后,俾好古者有考。

《大戴礼记》。

《践阼篇》记载了周武王的十七篇铭文,《后汉书·朱穆传》的注解引用《太公阴谋》说:"武王的《衣之铭》说:'种桑养蚕多辛苦,女工编织多困难,得到新衣就丢弃旧衣,这样做之后必然寒冷。《镜铭》说:'用镜子照自己,可以看出自己的形貌,用贤人照自己,可以预见吉凶。'《觞铭》说:'乐到了极点就要生悲,沉湎于酒中就导致错误,这样社稷就危险了。'"《崔骃传》的注解引用《太公金匮》说:"武王说:'我想要写作起居时的诫命,随身携带。'几案上的铭文说:'安定时不要忘记危险,存在时不要忘记消亡。认真考虑这两种情况,之后一定没有凶险。'拐杖上的铭文说:'辅助他人不要有苟且之心,扶起他人就没有祸患。'"《太平御览》书中引用《太公阴谋》一书:"笔上的铭文说:'笔上茂盛的毫毛啊,陷入水中你尚可脱逃,陷入文字中就无法成活了。'在筸的铭文上写道:'马不能鞭打过头,百姓不能承受过于繁重的劳役。催马催到极点就要被绊倒,百姓困于劳役就会失败。'"又引用《金匮》说:"武王的《冠铭》写道:'冠受到宠爱,在头上地位鲜明,可假如你立身不正,将被道德抛弃,成为错误。'在履上写道:'走路必须考虑正道,不要希求侥幸。'在剑上写道:'经常把剑拿来威服众兵器,而以此推行道德。行道就是福,废止道德就会倾覆。'在车上写道:'自己要去的地方,赶路就着急,载着他人出行,动作就缓。索取欲求没有节度,那就自己去抵达然后回返。'在镜上写道:'用镜子照看自己,就能知道吉凶。'在门上说道:'恭敬地遇到宾客,不论尊贵还是卑贱,我都没有二心。'在门户上写道:'出门要敬畏,进门要戒惧。'在窗户上的铭文写道:'往外窥探、观

"武王东面而立，师尚父西面道丹书之言"。皇氏曰：
"王在宾位，师尚父在主位，此王廷之位。若寻常师徒之
教，则师东面，弟子西面，与此异。"

山谷以太公所诵《丹书》及武王铭，书于坐之左右，以
为息黥补劓之方。朱文公亦求程可久写《武王践阼》一篇，
以为左右观省之戒。（原注：《仪礼经传》删"且臣闻之"至"必
及其世"。）《大学或问》因汤《盘铭》及武王之铭。

《大戴记》之《夏小正》，《管子》之《弟子职》，《孔丛
子》之《小尔雅》，古书之存者，三子之力也。

望都要精审，要考虑自己所得的内容，思考自己所忘了的事情。'在钥匙的铭文上说：'在昏昧的时候要谨于职守，要深入考察错讹的地方。'砚台上的铭文写道：'石头和墨条相碰就黑了，邪恶的心和谗言，都污染不了真正的洁白。'写到锋刃的铭文说：'暂时的忍耐，就可以完全保全你的躯体。'写刀的铭文说：'磘磘锋利的刀，并不为你而开裂。'跟井有关的铭文说：'滑滑流动的源泉，遇到连年大旱就终结了。做事情有一定的规律，赋税征敛要有限度。'"蔡邕的《铭论》说："周武王登上王位，向太师询问。作席几、楹杖、器械相关的铭文一共十八章。"参考《金匮》、《阴谋》这些书，看来武王的铭文也不止十八章了。我把它们写在全篇之后，希望能令喜好古事的人有所考察。

"周武王面朝东方站着，周朝太师尚父姜子牙面朝西方讲了丹书上的话。"皇氏说："天子处在宾客的位置，太师尚父在主位，这是在王廷师弟子传道的位置。如果是普通的老师、学生教育的场景，那么老师是面朝东，弟子面朝西，与这里所说的不同。"

黄山谷（黄庭坚）拿姜太公所读的《丹书》和武王的铭文，书写在座位的左右，作为修养自己、改过自新，回到本来面目的方法。朱文公（朱熹）也请程可久抄写《武王践阼》一篇，作为放在左右、随时观览省察的诫命。（原注：朱熹的《仪礼经传通解》删去了"而且臣听说"到"一定到了王者的当世"。）《大学或问》所根据的是商汤的《盘铭》和周武王的铭文。

《大戴礼记》的《夏小正》，《管子》中的《弟子职》，《孔丛子》的《小尔雅》，这些古书中还能保存下来的内容，都是戴德、《管子》、《孔丛子》这三位先生努力的结果。

《诰志篇》孔子曰："古之治天下者必圣人。圣人有国，则日月不食，星辰不孛。"慈湖谓："尧、舜、禹之时，历年多无日食。至太康失邦，始日食。历家谓日月薄食可以术推者，衰世之术也，而亦不能一一皆中。一行归之君德，颇与孔子之言合。一行之术精矣，而有此论，则诚不可委之数。"

《说苑》引子思曰："学所以益才也，砺所以致刃也。吾尝幽处而深思，不若学之速；吾尝跂而望，不若登高之博见。故顺风而呼，声不加疾，而闻者众；登丘而招，臂不加长，而见者远。故鱼乘于水，鸟乘于风，草木乘于时。"与《大戴礼》、《荀子·劝学篇》略同。《隋》、《唐志》又有蔡邕《劝学篇》一卷，《易正义》引之云："鼫鼠五能，不成一伎术。"（原注：晋蔡谟读《尔雅》不熟，几为《劝学》死。）谓《劝学篇》也。《荀子》"梧鼠"，大戴云"鼫鼠"；"蟹六跪二螯"，大戴云"二螯八足"。

《曾子》曰："与君子游，如长日加益而不自知也。"董仲舒之言本于此。"行其所闻，则广大矣。"仲舒云："行其所知，则光大矣。"

  《大戴礼记·诰志篇》里孔子说："古代治理天下的人一定是圣人。圣人治理国家，那么日月就不发生日食、月食，天上就不会有彗星、星辰就不会失坠。"慈湖先生杨简说："尧、舜、禹的时候，历经很多年都没有日食。到夏朝太康失国，才发生日食。历法学家认为日食和月食的周期可以通过数术来推算，这是衰世的方术，而且也做不到一一都能应验。高僧一行把日月之食的原因归到君王的德行，跟孔子的话大多相符合。这一行大师推演历法的方术非常精深，而又有了以上这些言论，那么确实不能单纯把历法交给数术推演啊。"

  《说苑》引用子思的说法："学习是为了增益才能，磨刀是用来制作利刃的。我曾经在幽静之处深深思索，却不如学习来得快些，我曾踮起脚远望，不如登高所见更广博。所以顺着风呼喊，声音没有变快，但听到人却更多，登上山头招呼，胳膊没有变长，可是能看见的人却更远了。所以鱼类依靠水，鸟类乘着风，草木顺应时令生长。"这些话同《大戴礼记》、《荀子·劝学篇》大致相同。《隋书》、唐书的《经籍志》又都有蔡邕的《劝学篇》一卷，《周易正义》引用其中的说法："鼯鼠有五种技能，却成不了一门真正的伎术。"（原注：晋代蔡谟读《尔雅》没有读熟，几乎因为《劝学》中"蟹"的说法而死。）这里说的就是《大戴礼记·劝学篇》了。《荀子》记载的"梧鼠"，《大戴礼记》所说的"鼯鼠"；"螃蟹有六条腿，两个螯"，《大戴礼记》的说法是"两个螯八只脚"。

  《曾子》说："同君子交游，就好像夏天日子渐渐变长而自己却不知道一样。"董仲舒的说法是根据这个而来。"践行自己所听闻的，境界就广大了。"董仲舒的说法是："践行他们所知

《曾子制言》曰："良贾深藏如虚，君子有盛教如无。"
与《史记》老子之言略同。

《公符篇》载《孝昭冠辞》，其后氏曲台所记欤？（原注：
《后汉·礼仪志》注引《博物记》云。）《迎日辞》，亦见《尚书大
传》。（原注：三句与《洛诰》同。）

《哀公问五义》云："穆穆纯纯，其莫之能循。"《荀
子》云："缪缪肫肫，其事不可循。"盖古字通用。杨倞注：
"缪当为胶。肫与純同。"非也。

贾谊"审取舍"之言，见《礼察篇》。

《四代篇》引《诗》云："'东有开明'，（原注：避景帝讳
也。）于时鸡三号，以兴庶虞，庶虞动，蜚征作。嗇民执功，百
草咸淳。"（原注：庶虞，盖山虞泽虞之属。）马融《广成颂》用
"飞征"。

《虞戴德篇》：昔商老彭及仲傀，政之教大夫，官之教
士，技之教庶人。"（原注：仲傀当考。）

《小辨篇》：子曰："缀学之徒，安知忠信？"（原注：刘
歆书"缀学之士"，本此。）

道的，学问就发扬光大了。"

《大戴礼记·曾子制言》说："善于经商的人深藏资财，好像没钱一样；君子有盛大的教化，却好像没有做什么一般。"这和《史记》记载的老子的说法大致相同。

《公符(冠)篇》记载了《孝昭冠辞》，这大概是汉代后仓的《曲台记》所记录的吧？（原注：《后汉书·礼仪志》的注解引用的《博物记》这么说。）《迎日辞》的内容，也见于伏生《尚书大传》。（原注：其中有三句话和《洛诰》相同。）

《大戴礼记·哀公问五义》说："肃穆而又纯正，没有谁能遵循。"《荀子》说："缪缪又肫肫，他的事情不可能再依从。"大盖在古代"穆"和"缪"两个字是通用的。杨倞注解《荀子》，说："缪应该写作胶，肫和訰是相同的。"这个观点不对。

贾谊所说的"精审地决定取舍"的话，见于《大戴礼记·礼察篇》。

《大戴礼记·四代篇》中引用《诗经》说："东方有开明星，（原注：改"启"为"开"，这是避景帝的名讳。）这时雄鸡三声鸣叫，叫醒了众多的虞官，众多的虞人行动起来，飞禽走兽都兴起。农夫执掌土功，各种草木都生长得茂盛。"（原注：庶虞，大概就是山虞、泽虞这类虞官。）马融的《广成颂》用的字是"飞征"。

《大戴礼记·虞戴德篇》说："昔日商朝的贤臣老彭和仲隗，他们用政事教导大夫，用为官的方法教导士人，用具体的技艺教导庶人。"（原注：仲隗应当再仔细考察。）

《大戴礼记·小辨篇》记载，孔子说："（我只是一个）学习繁杂琐碎内容的人，哪知道什么是忠信之道呢？"（原注：刘歆说

"传言以象，反舌皆至。"（原注：象者，象胥，舌人之官也。）

"《尔雅》以观于古，足以辨言矣"，注谓"依于《雅》、《颂》"。（原注：张揖云："即《尔雅》也。"《尔雅》之名，始见于此。）

《保傅篇》：灵公杀泄冶，而邓元去陈以族从。（原注：邓元事唯见于此，当考。）

《文王官人篇》："其少不讽诵，其壮不论议，其老不教诲，亦可谓无业之人矣。"（原注：此言可以儆学者。）

傅氏《夏小正序》："郑注《月令》引《小正》者八。"今按《月令》"孟冬讲武"注引《夏小正》"十一月王狩"，凡引《小正》者九。（原注：《诗·七月》笺引《小正》者一。）朱熹发曰："《夏小正》具十二月而无中气，有候应而无日数。至《时训》乃五日为候，三候为气，六十日为节。岂《时训》因《小正》而加详欤？"

《孔子三朝》七篇，《艺文志注》："孔子对鲁哀公语也。三朝见公，故曰三朝。"《大戴礼记》《千乘》、《四代》、

的"缀学之士"就源于这里。)

《小辨篇》说："通过象胥的翻译来传递言辞,说不同语言的人都会来到。"(原注:象,就是象胥,是负责对外交流的官员。)

《小辨篇》说："通过《尔雅》这样的书用来观览古代的事,这样就足够用来辨明言辞了。"卢辨的注解说："依从于《诗经》的《雅》、《颂》"。(原注:张揖说:"这里说的就是《尔雅》。"《尔雅》这个名称,从这里开始出现。)

《大戴礼记·保傅篇》记载:陈灵公杀死了泄冶,邓元就率领宗族跟着自己离开了陈国。(原注:邓元的事迹只在这里出现过,应当再考察一下。)

《大戴礼记·文王官人篇》记载:"在少年时不能背诵经典,在壮年时不能对政治发表议论,到老年时也不能作为老师教育孩子,这也可以称得上是没有事业的人了。"(原注:这样的话可以用来警戒学习的人。)

傅氏《夏小正序》说:"郑玄注解《月令》,引用了八次《夏小正》。"今天考察《月令》中,还有"孟冬讲习武事"的注解引用了《夏小正》"十一月,王者狩猎",所以郑玄引用《夏小正》总共有九次。(原注:《诗经·七月》郑玄所作的笺,也引用了一次《夏小正》。)朱熹发(朱震)说:"《夏小正》列举了十二个月的节令却没有中气,有相应的物候却没有具体日期数目。到《时训》才改用五天作为一候,三候作为一气,六十日作为一节。难道《时训》是因袭《夏小正》而更加详尽吗?"

《大戴礼记》中,《孔子三朝》一共七篇。《汉书·艺文志》的注解说"这部分是孔子回应鲁哀公的话。三次去朝见鲁哀公,

《虞戴德》、《诰志》、《小辨》、《用兵》、《少闲》，凡七篇。

乐

《乐纬动声仪》："颛顼之乐曰《五茎》，帝喾之乐曰《六英》。"《汉志》、《白虎通》云"《六茎》、《五英》"，《帝王世纪》"高阳作《五英》、高辛作《六茎》"，《列子》注以《六莹》为帝喾乐，《淮南子》注以《六莹》为颛顼乐。《通鉴外纪》云："《汉志》、《世纪》放六乐撰其名，故多异。"

徐景安《乐章文谱》曰："五音合数，而乐未成文。案旋宫以明均律，迭生二变，方协七音。乃以变徵之声，循环正徵；复以变宫之律，回演清宫。其变徵以变字为文，其变宫以均字为谱。唯清之一字，生自正宫，倍应声同，终归一律。"陈晋之《乐书》谓："二变四清，乐之蠹也。四清之名，起于钟磬二八之文；二变之名，起于六十律旋宫之言，非古制也。"朱文公曰："半律，《通典》谓之子声，此是古法。但后人失之，而唯存黄钟、大吕、太簇、夹钟四律，有四清声，即半声是也。变宫、变徵始见于《国语》注。《后汉志》乃十二律之本声，自宫而下六变七变而得之者，非清声也。凡十二律皆有二变，一律之内通五声，合为七均。祖孝孙、王朴之乐皆同。所以有八十四调者，每律各添二声而得之也。"（原注：正声是全律之声，如黄钟九寸是也。子声是半律之声，如黄钟

所以书名叫作三朝。"《大戴礼记》中《千乘》、《四代》、《虞戴德》、《诰志》、《小辩》、《用兵》、《少闲》等篇目,总共有七篇。

《乐纬动声仪》记载:"颛顼时候的古乐名为《五茎》,帝喾时候的古乐名为《六英》。《汉书·乐志》、《白虎通·礼乐篇》等书都说"《六茎》、《五英》",《帝王世纪》记载"颛顼高阳氏作《五英》、帝喾高辛氏作《六茎》",《列子》的注解认为《六莹》是帝喾时期的古乐,《淮南子》的注解认为《六莹》是颛顼时期的古乐。《通鉴外纪》说:"《汉书·乐志》和《帝王世纪》都是仿照六乐来撰拟古乐的名字,所以多有不同。"

徐景安《乐章文谱》说:"五音的规律合于数,可是还不能成为乐章。宫音在十二律上的位置旋转移动来明确十二律吕,交替生出变宫、变徵这二变,方才让七个音协调。于是用变徵的声律,让正徵按次序循环;又用变宫的声律,回到清宫的声律。在其中,变徵都是用变字标识,这就是乐章的文,变宫都用均字标识,这就作为谱。只有清宫这一个字,是生自五音的正宫,声音相同,应和成倍,最后还是回到一个律上。"陈晋之的《乐书》说:"变宫、变徵二变和四个清声,是古乐的蠹虫。'四清'的名词,起源于钟磬相关的十六章乐章文字;变宫、变徵这'二变'的名字,则是起源于六十律宫声旋转的说法,都不是古代的制度。"朱文公(朱熹)说:"半律,《通典》称它为子声,这是古代作乐的方法。只不过是后来的人失去了这样的技术,而只保留黄钟、大吕、太蔟、夹钟四律,这四清声,其实就是半声。变宫、

四寸半是也。宫与羽，角与徵，相去独远，故于其间制变宫、变徵二声。）《仁宗实录》叙皇祐新乐云："古者黄钟为万事根本，故尺量权衡皆起于黄钟。至晋、隋间，累黍为尺，而以制律，容受卒不能合。及平陈，得古乐，遂用之。唐兴，因其声以制乐，其器虽无法，而其声犹不失于古。王朴始用尺定律，而声与器皆失之。太祖患其声高，特减一律，至是又减半律。然太常乐比唐之声犹高五律，比今燕乐高三律，失之于以尺而生律也。"其言皆见于范蜀公《乐书》，《实录》盖蜀公之笔也。房庶言以律生尺，蜀公谓黄帝之法也。司马公谓："胡、李之律生于尺，房庶之律生于量，皆难以定是非。"蔡季通谓："律、度、量、衡，言盖有序，若以尺寸求之，是律生于度；若以累黍为之，是律生于量，皆非也。"故自为律吹之而得其声。（原注：蜀公父名度，故以"度量"为"尺量"。）然《实录》不宜避私讳。

变徵最早见于《国语》的注解。《后汉志》所讨论的是十二律吕的本声,从宫声往下六变七变得到的,并不是所谓的清声。凡是十二律吕都具备变宫变徵二变,一个律吕之下都可以同宫商角徵羽五声相通,最后合成七均声。祖孝孙和王朴的音乐都是这样。之所以有八十四调的说法,是因为把十二律吕每律各加上两个变声而得来的。"(原注:正声是一个律吕完全的声音,比如黄钟这一律,九寸就是它完备的状态。子声是一半律管的声音,如黄钟律管长四寸半才是正确的。宫声和羽声,角声和徵声,唯独它们之间的距离比较远,所以要在他们中间再制作出变宫、变徵二声。)《仁宗实录》叙述皇祐年间的新乐说:"古代,黄钟一律是万事万物的根本,所以尺寸、度量、权衡都起源于黄钟。到晋代、隋代之间,用累积黍米,积为一尺的办法来制作乐律,容积最终不能同实际相合。隋朝平定陈国之后,得到了古代的音乐,就将其使用于典礼。唐朝兴起,根据隋代的乐律来创作音乐,它们用的乐器虽然不符合古代的法度,但它们的声音还不失古人的风貌。直到王朴开始用尺来确定律管,古代流传的声音和乐器就都失去了。太祖担心王朴所作之乐声音过高,就特别降低了一律,到这个时候又减少了半律。可是太常用的音乐要比唐代的声乐仍然高出了五律,比现在燕乐还要高出三律,这就是错在凭借尺子度量来创制律管上。"这些话都见于范蜀公(范镇)的《乐书》,《仁宗实录》大概就是蜀公的手笔吧。房庶说要用律吕来确定尺度,蜀公说这是黄帝时候的方法。司马光认为:"胡瑗、李照的律吕生于尺牍,房庶的律吕产生于容量,都难以确定他们的说法对错如何。"蔡季通(蔡元定)说:"律吕、长度、容量、权衡,这些说法应该都是按照次序排列的,如果从长度尺寸来考求律吕,那么律吕就

《淮南子·天文训》云："律以当辰，音以当日。一律而生五音，十二律而为六十音。因而六之，故三百六十音，以当一岁之日。"京房六十律，钱乐之三百六十律，本于此。

《考工记·磬氏》疏："案《乐》云：'磬前长三律，二尺七寸。后长二律，尺八寸。'"朱文公问蔡季通："不知所谓'《乐》云'者是何书？今考《三礼图》，以为《乐经》。"《书大传》亦引《乐》曰："舟张辟雍，鸧鸧相从。"汉元始四年立《乐经》《续汉志》鲍邺引《乐经》，今其书无传。

晋戴邈上表曰："上之所好，下必有过之者焉。是故双剑之节崇，而飞白之俗成；挟琴之容饰，而赴曲之和作。"盖用阮籍《乐论》之语。（原注：《乐论》云："吴有双剑之节，赵有挟琴之容。"）

乐名，周以"夏"，宋以"永"，梁以"雅"，周、隋以

是产生于长度了；如果用容器积累黍米的方法来推求，那么律吕就产生于容量了，这都是不对的。"所以蔡季通自己要重新制作律管，用吹灰的方法来确定声音。（原注：范蜀公父亲的名字叫作范度，所以把"度量"改成了"尺量"。）然而在《仁宗实录》中不应该回避私家的名讳。

《淮南子·天文训》说："乐律要和星辰相应，音声要跟时日相当。一种律可以生成宫、商、角、徵、羽五音，十二律就可以生成六十音。用六来乘以六，所以一共有三百六十音，正好同一年的天数相当。"京房有六十律的说法，钱乐的三百六十律的说法，都本于这种理论。

《考工记·磬氏》的贾公彦的疏说："根据《乐》书说：磬的前部长大约三律，为二尺七寸。后半部分长二律，为一尺八寸。"朱文公（朱熹）曾经问他的弟子蔡季通（蔡元定）："不知道这里所谓的'《乐》书说'指的到底是什么书？现在考察《三礼图》，贾公彦说的应该就是《乐经》。"《尚书大传》也引《乐》说："船在辟雍的流水中，鸧鹒互相跟从。"汉代元始四年在学官设立《乐经》。《续汉志》鲍邺引了《乐经》，现在这本书没有流传下来。

晋朝的戴邈上表说："居上位者所喜好的，下位者一定会有变本加厉地去施行的人。所以干将、莫邪的复仇节操受推崇，飞白的风俗也就形成了；以带着琴的仪容为装饰，那赴曲的唱和也就兴起了。"这大概是采用了阮籍的《乐论》中的句话。（原注：《乐论》说："吴国有干将莫邪那样复仇的节操，赵国有带着琴作为装饰的仪容。"）

给乐曲取名字，周代用"夏"，南朝的宋用"永"，南朝的梁

"夏"，唐以"和"，本朝以"安"。

傅玄《琴赋》："齐桓曰号钟，楚庄曰绕梁，相如曰焦尾，伯喈曰绿绮。"《宋书·乐志》曰："世云焦尾伯喈琴。以傅氏言之，非伯喈也。"今按《蔡邕传》注引《琴赋序》："相如绿绮，蔡邕焦尾。"《宋志》恐误。

嵇叔夜《琴赋》："曲引所宜，则《广陵》、《止息》。"李善注：应璩《与刘孔才书》曰："听《广陵》之清散。"傅玄《琴赋》曰："马融覃思于《止息》。"明古有此曲。韩皋谓："嵇康为是曲，当晋、魏之际，以魏文武大臣败散于广陵始；晋虽暴兴，终止息于此。"今以《选》注考之，《广陵散》、《止息》皆古曲，非叔夜始撰也。（原注：魏扬州刺史治寿春，亦非广陵。）顾况《广陵散记》云："曲有《日宫散》、《月宫散》、《归云引》、《华岳引》。"，然则"散"犹"引"也，败散之说非矣。

"铜山西崩，灵钟东应。"《世说》注引东方朔、樊英事。《乐纂》又谓："晋人有铜澡盘自鸣，张茂先曰：'此器与洛阳钟声谐，宫中撞钟，故鸣。'"

《朱熹语录》云："《汉·礼乐志》刘歆说乐处亦好。"

用"雅"，北周和隋也用"夏"，唐代用"和"，宋代用"安"。

傅玄的《琴赋》说："齐桓公有琴叫作号钟，楚庄王有琴名叫绕梁，司马相如有琴名叫燋尾，蔡伯喈（蔡邕）有琴名叫绿绮。"《宋书·乐志》说："世上流传的说法，都说燋尾是蔡伯喈的琴。从傅玄的文章来看，它并不是蔡伯喈的琴吧！"今天考察《后汉书·蔡邕传》的注解引用的《琴赋序》："司马相如有绿绮琴，蔡邕有焦尾琴。"《宋书·乐志》的说法恐怕有误。

嵇叔夜（嵇康）的《琴赋》里说："曲调中创作得最适宜乐理的，就是《广陵》、《止息》。"李善的注解说：应璩《与刘孔才书》说："听《广陵》之清逸闲散。"傅玄的《琴赋》说："马融在《止息》的古曲下深思。"这就证明古代就有这些曲子。韩皋说："嵇康创作《广陵散》这首曲，是在晋、魏之际，从魏国的文武大臣在广陵打了败仗四散奔逃开始；晋朝虽说取代魏国、突然兴起，但也最终要止息于此。"今天用《文选》的注解来考证，《广陵散》和《止息》都是古代流传下来的曲子，不是从嵇叔夜才开始编制的。（原注：魏国扬州刺史的治所设在寿春，也不是广陵。）顾况《广陵散记》说："其中的曲调有《日宫散》、《月宫散》、《归云引》、《华岳引》。"像这样的话，那么"散"的用法就跟"引"字一样，是曲体的名称，被击败逃散的说法是错误的。

"铜山在西边崩塌，灵钟在东方回应。"《世说新语》的注解引用了东方朔、樊英的事例。《乐纂》又说："晋朝时候有人发现有一个铜制的澡盘，自己鸣响起来，张茂先（张华）说：'这件器皿跟洛阳的钟声谐和，这是因为洛阳的宫中在撞钟，所以澡盘也鸣响起来。'"

《朱子语录》说："《汉书·礼乐志》刘歆解说音乐的地方

《汉志》无刘歆说乐，此记录之误。《近思续录》亦误取之。（原注：隋牛弘引刘歆《钟律书》，出《风俗通》。）

周无射之钟，至隋乃毁；唐显庆之辂，至本朝犹存。物之寿亦有数邪？

徐氏之礼，善盘辟之容而不能明其本；制氏之乐，纪铿锵之声而不能言其义。汉世所谓礼乐者，叔孙通之仪，李延年之律尔。礼缺而乐遂亡，徐氏之容，制氏之声，亦不复传矣。

夏侯太初《辩乐论》："伏羲有网罟之歌，神农有丰年之咏，黄帝有龙衮之颂。"元次山《补乐歌》有《网罟》、《丰年》二篇。《文心雕龙》云："二言肇于黄世，《竹弹》之谣是也。"（原注：《竹弹歌》见《吴越春秋》。）

韩文公《琴操》十首，琴有十二操，不取《水仙》、《坏陵》二操。

范蜀公《议乐》曰："秬一稃二米，今秬黍皆一米。"杨次公非之曰："《尔雅》：'秬，黑黍。秠，一稃二米。'其种异。以为必得秠然后制律，未之前闻也。"（原注：晁子止曰："纵黍为之则尺长，律管容黍为有余，王朴是也。横黍为之则尺短，律管容黍为不足，胡瑗是也。"）

也很好。"《汉书·礼乐志》并没有刘歆说音乐的内容，这大概是朱子门人记录的错误。《近思续录》也错误把这句话采用进来。(原注：隋代牛弘曾经引用了刘歆的《钟律书》，相关的内容出自《风俗通》。)

周代有无射钟，到了隋朝才被毁弃，唐代有显庆辂，到了本朝还存在着。难道对这些物品而言也有寿命的定数吗？

汉代鲁地徐氏的礼容，大概是精于盘旋进退等礼仪各方面的礼容，却不能明了礼义的根本；制氏所传承的乐，能够记下铿锵的声音节奏，却不能说出它的含义。汉代所说的礼乐，只不过是叔孙通所定的礼仪，和李延年所确立的乐律罢了。当礼仪都有缺损，那相应的乐也就消亡了，徐氏的礼容之学，制氏的音乐之学，也就不再能流传了。

夏侯太初（夏侯玄）的《辩乐论》说："伏羲氏教百姓渔猎，于是有《网罟》这首歌曲，神农氏教百姓耕种，所以《丰年》这首歌谣；黄帝制作衣裳服制，有《龙衮》这首颂歌。"元次山的《补乐歌》中有《网罟》、《丰年》两篇。《文心雕龙》说："这两首歌曲都是开始于黄帝那个时代，也就是《竹弹歌》这样的歌谣。"（原注：《竹弹歌》的记录见于《吴越春秋》。)

韩文公（韩愈）著有《琴操》十首，古代原本流传的琴曲有十二首琴操，但韩愈并不采取《水仙》、《坏陵》这二首。

范蜀公（范镇）的《议乐》说："秬这种作物，本来是一个外壳中有两粒米，今天的秬和黍都只有一粒米了。"杨次公（杨杰）非难他说："《尔雅》上说：'秬，是黑色的黍。秠，是一个稃壳中有两粒米。'它们的种类就不同了。要是认为必须得先得到秠然后才能去确定乐律，我以前从来没有听说过这样的道理。"

《新唐书·乐志》多取刘贶《太乐令壁记》。

《吕才传》云："制尺八，凡十二枚，长短不同，与律谐契。"尺八，乐器之名，（原注：见《摭言》、《逸史》）《仙隐传》："房介然善吹竹笛，名曰尺八。"

《文子》曰："听其音则知其风，观其乐即知其俗，见其俗即知其化。"与《乐记》意同。

《吕氏春秋》"齐之衰也，作为大吕。"即《乐毅书》所云"大吕陈于元英"者。

孔子鼓瑟，有鼠出游，狸微行造焉，获而不得，而曾子以为有贪狼之志。客有弹琴，见螳螂方向鸣蝉，惟恐螳螂之失也，而蔡邕以为有杀心。二事相类。

《琴操》曰："聂政父为韩王治剑，不成，王杀之。时政未生。及长，入太山，遇仙人，学鼓琴。七年，琴成入韩。"岂韩有两聂政与？

范蜀公曰："清声不见于经，唯《小胥》注云：'钟磬者编次之二八十六枚，而在一虡，谓之堵。'至唐又有十二清声，其声愈高。国朝旧有四清声，置而弗用。至刘几用之，与

（原注：晁子止（晁公武）说："用纵向的黍制作的律管确定的尺较长，律管中可容纳的黍是有余的，这是王朴的说法。用横向的黍来做律管，确定的尺就短，律管中可以容下的黍子就不够，这是胡瑗的说法。"）

《新唐书·乐志》对刘贶所撰写的《太乐令壁记》多有采纳。

《吕才传》说："（吕才）制作的尺八，一共有十二枚，长短虽然不同，但同乐律都非常和谐。"尺八，是乐器的名字，（原注：详情可以参见《摭言》、《逸史》。）《仙隐传》记载："房介然善于吹竹笛，竹笛的名字就叫尺八。"

《文子》说："听当地曲子的声音就能知道当地百姓的风气，看一个地方的乐曲就能知道百姓的习俗，了解他们的风俗就能知道他们教化的状况。"这话和《礼记·乐记》意思相同。

《吕氏春秋》记载："齐国衰微，是从齐景公派人制作大吕开始的。"这也就是《乐毅书》所说的"大吕被放在了元英宫"。

孔子弹瑟的时候，有老鼠出外游走，猫悄悄地行走，跟着老鼠却没有捕猎成功，曾子认为瑟的声音中含有贪得无厌的情志。一位客人弹琴时，看见螳螂正在对着鸣叫的蝉准备捕猎，唯恐螳螂失去猎物，蔡邕认为琴声中有杀戮之心。这两件事非常类似。

《琴操》说："聂政的父亲为韩王冶炼宝剑，没有成功，被韩王杀了。当时聂政还没有出生，到他长大后，进了泰山，遇见一位仙人，就跟随仙人学习弹琴。七年后，琴艺学成就进入韩国。"难道韩国还有两个聂政吗？

范蜀公（范镇）说："清声没有出现在经书的记载中，只有《诗经·小胥》的注解说：'把钟磬编次排列出二八十六枚，都放在一个陈设钟的簴上，这就称为堵。'到唐代又有十二清声的

郑、卫无异。"今考皇祐二年，王尧臣等言："准正声之半，以为十二子声之钟，故有正声、子声各十二。"子声即清声也。唐制以十六为小架，二十四为大架，今太常钟垂十六。旧传正声之外，有黄钟至夹钟四清声。又乐工所陈自磬、箫、琴、籥、巢笙五器，本有清声，埙、篪、竽、筑、瑟五器本无清声。（原注：刘几用四清声，未可以为非。）

西山先生曰："礼中有乐，乐中有礼。朱文公谓：'严而泰，和而节。'礼胜则离，以其太严，须用有乐；乐胜则流，以其太和，须用有礼。"

致堂胡氏曰："礼、乐之书，其不知者，指《周官》、《戴记》为《礼经》，指《乐记》为《乐经》。其知者曰：'礼、乐无全书。'此考之未深者。孔子曰：'吾自卫反鲁，然后乐正，雅、颂各得其所。'是《诗》与《乐》相须，不可谓乐无书。《乐记》则子夏所述也。至于礼，夫子欲为一书而不果成，夏杞、殷宋之叹是也。"

鲁虽赐以天子之礼乐，其实与天子固有隆杀也。乐有

说法，声调越来越高。本朝传统有四清声，只是陈设而不去使用。到刘几采用清声，这就跟淫靡的郑、卫之乐没有两样了。"今天考察皇祐二年，王尧臣等人说："按照正声的一半作为标准，用来制作十二子声的钟，所以有正声、子声的钟各十二个。"子声就是清声。按照唐朝的制度，以十六个编钟用的是小架，二十四个编钟用的是大架，今天太常寺的钟悬挂有十六架。按照以前流传的说法，在正声之外，从黄钟到夹钟四律就是四清声。另外，乐师所陈设的从磬、箫、琴、籥、巢笙五种乐器，本来就有清声，埙、篪、竽、筑、瑟等五种乐器本来就没有清声。（原注：刘几使用四清声，也不能认为就完全是错的。）

西山先生（真德秀）说："礼中有乐的清和，乐中有礼的严密。朱文公（朱熹）说：'庄严而又安泰，和乐又有节制。'礼节太过头了就导致关系疏离，因为这样太重视严肃谨饬的内容，就需要用乐来调适。乐太过就流荡无归，因为这样就导致只关注和乐，需要用礼来裁断。"

致堂先生胡寅说："礼、乐相关的书籍，不知道其中奥秘的人，就认为《周官》、《小戴礼记》就是《礼经》，认为《礼记·乐记》就是《乐经》。知道一些学问的人就说：'礼和乐已经没有完整的书籍流传了。'这也是没有深入考证的缘故。孔子说：'我从卫国回到鲁国后，乐章才得以修正，《雅》、《颂》也能各得其所。'《诗经》和乐是相辅相成，不能说是古乐没有书籍记载。《乐记》则是子夏所记述的。至于礼方面的学问，孔夫子想要著成一本书，却没有成功，这就是孔子有'夏礼在杞国得不到印证、殷礼在宋国得不到印证'这种感叹的原因。"

鲁国虽然被周王室赐予了天子级别的礼乐，其实他们跟天

夷、蛮而无戎、狄也；门有雉、库而无皋、应也。尊用四代
之尊，而爵无虞氏之爵也；俎用四代之俎，而豆无虞氏之豆
也。其后鲁公僭天子之制，三家僭鲁公之制，陪臣僭三家之
制。然鲁有郊庙之礼，始于惠公之请，在平王东迁之后。（原
注：说见前。）

　　《乡饮酒》："升歌三终，（原注：《鹿鸣》、《四牡》、《皇
皇者华》。）笙入三终，（原注：《南陔》、《白华》、《华黍》。）闲
（当为间）歌三终，（原注：歌《鱼丽》，笙《由庚》。歌《南有嘉
鱼》，笙《崇丘》。歌《南山有台》，笙《由仪》。）合乐三终。"（原
注：《周南》、《关雎》、《葛覃》、《卷耳》《召南》、《鹊巢》、《采
蘩》、《采蘋》。）《周南》、《召南》，《燕礼》谓之乡乐，亦曰
房中之乐。大射，歌《鹿鸣》三终，（原注：《鹿鸣》、《四牡》、
《皇皇者华》。）管《新宫》三终。（原注：其篇亡。）笙诗无辞，
则管诗亦无辞。（原注：《左传》："宋公享昭子，赋《新宫》。"）
则《新宫》有辞。

子在礼制上本来就有尊卑的差别，在天子隆重而鲁礼减省。像鲁国用的乐有夷、蛮却没有戎、狄，鲁国的城门有雉门、库门却没有皋门、应门。行礼用的尊，有虞舜、夏、商、周四代的尊，但饮酒的爵却不包含有虞氏的爵；俎会使用虞舜、夏、商、周四代俎，但豆却不包含有虞氏的豆。之后鲁国的国君僭越天子的制度，鲁国的三桓又僭越了鲁公的制度，三家内部的陪臣又僭越了三家的制度。然而，鲁国拥有郊庙祭祀的礼仪，是由鲁惠公的请求开始的，时间还在周平王东迁洛邑之后。（原注：详细的解说在前面。）

《礼记·乡饮酒义》记载："（乐师）来到堂上唱三首歌，（原注：唱奏的歌曲是《鹿鸣》、《四牡》、《皇皇者华》。）吹笙的乐师在堂下演奏三首歌，（原注：演奏的是《南陔》、《白华》、《华黍》。）接着歌唱和吹笙交替进行，唱三首歌、吹三支曲，（原注：歌唱《鱼丽》，笙奏《由庚》。歌唱《南有嘉鱼》，笙奏《崇丘》。歌唱《南山有台》，笙奏《由仪》。）最后歌唱和乐器合在一起演唱三首歌。"（原注：演唱的歌是《周南》中的《关雎》、《葛覃》、《卷耳》三首歌。《召南》中的《鹊巢》、《采蘩》、《采𬞟》三首歌。）《周南》、《召南》两部分的奏唱，《燕礼》称其为乡乐，也可以称作房中之乐。举行大射礼的时候，要歌唱《鹿鸣》等三首歌，（原注：即《鹿鸣》、《四牡》、《皇皇者华》。）要用丝管等乐器演奏《新宫》等三首歌。（原注：具体的篇目已经失传了。）现存《诗经》中的笙诗没有相应的歌辞，那么这里的管乐相关的诗大概也没有歌词。（原注：《左传》记载："宋元公设享礼宴请大夫昭子，在席间赋诗《新宫》。"）这样看来，这首《新宫》是有歌词的。

文 / 白 / 对 / 照

困學紀聞

中

〔南宋〕王应麟 著

郝二伟 译

团结出版社

© 团结出版社，2024 年

图书在版编目（ＣＩＰ）数据

文白对照困学纪闻 /（南宋）王应麟著；郝二伟译
-- 北京：团结出版社，2024.8
　ISBN 978-7-5234-0583-3

Ⅰ . ①文… Ⅱ . ①王… ②郝… Ⅲ . ①笔记 - 中国 -
南宋 - 选集 Ⅳ . ① Z429.442

中国国家版本馆 CIP 数据核字（2023）第 208367 号

责任编辑：张振胜
封面设计：张　信

出　　版：团结出版社
　　　　　（北京市东城区东皇城根南街 84 号　邮编：100006）
电　　话：（010）65228880 65244790
网　　址：http://www.tjpress.com
E-mail：zb65244790@vip.163.com
经　　销：全国新华书店
印　　装：天宇万达印刷有限公司

开　　本：145mm×210mm　　32 开
印　　张：44　　　　　　　　　字　数：918 千字
版　　次：2024 年 8 月 第 1 版　　印　次：2024 年 8 月 第 1 次印刷

书　　号：978-7-5234-0583-3
定　　价：198.00 元（全三册）

目 录

卷十

卷十一

卷六——卷十一

卷六

春秋

《春秋》之法，韩文公"谨严"二字尽之；学《春秋》之
法，吕成公"切近"二字尽之。

《诗》亡然后《春秋》作。《诗》、《春秋》相表里，
《诗》之所刺，《春秋》之所贬也。《小雅》尽废，有宣王焉，
《春秋》可以无作也。《王风》不复《雅》，君子绝望于平王
矣。然《雅》亡而《风》未亡，清议盖凛凛焉。《击鼓》之诗，
以从孙子仲为怨，则乱贼之党犹未盛也。《无衣》之诗，待
天子之命然后安，则篡夺之恶犹有惧也。更齐、宋、晋、秦之
伯，未尝无《诗》，礼义之维持人心如此。鲁有《颂》而周益
衰，变风终于陈灵而《诗》遂亡。夏南之乱，诸侯不讨而楚
讨之，中国为无人矣。《春秋》所为作与？

"春王正月"，程氏传曰："周正月，非春也，假天时以

孔子作《春秋》的笔法，韩文公（韩愈）说的"谨严"两个字就把它说尽了；学习《春秋》的方法，吕成公（吕祖谦）说的"切近"两个字就把它说尽了。

《诗经》亡佚了之后，《春秋》这部经典才兴起。《诗经》和《春秋》相为表里，《诗经》所抨击的，就是《春秋》所贬斥的。《小雅》全部都废弃了之后，还有周宣王在，那么《春秋》就可以不用撰写了。《王风》就不再有《大雅》《小雅》的留存了，君子也就对周平王失去希望了。但《大雅》《小雅》都消亡了，《诗经》的《国风》还没有失传，所以当时君子对时政的批评大都有凛凛的风骨。《击鼓》这首诗，对追随孙子仲征战而感到怨恨，那么犯上作乱的奸贼势力还不强盛。《无衣》这首诗，是等待天子的任命然后才安心，那么篡夺权位的恶人还有畏惧之心。到了齐、宋、晋、秦各国轮流来做天下诸侯的领袖的时候，也未尝没有《诗经》，礼义能够维持人心到了这样的高度。当鲁国都有《颂》，就说明周朝已经衰落了，变风在陈灵公这里终结，而《诗经》于是也就亡佚了。夏徵舒在陈国作乱时，各国诸侯不去讨伐，而是楚国去讨伐它，中国文明之地，已经没有正义之士了！这大概就是孔子作《春秋》的原因吧！

关于"春季，历法的正月"这句经文的解释，小程子（程颐）

立义耳。"胡氏传曰:"以夏时冠月,垂法后世;以周正纪事,示无其位不敢自专。"朱文公谓:"以《书》考之,凡书月皆不著时。疑古史记事例如此。至孔子作《春秋》,然后以天时加王月,以明上奉天时、下正王朔之义。而加'春'于建子之月,则行夏时之意,亦在其中。""以程子'假天时以立义'考之,则是夫子作《春秋》时,特加此四字以系年,见行夏时之意。如胡氏之说,则周亦未尝改月,而夫子特以夏正建寅之月为岁首,月下所书之事,是周正建子月事,自是之后,月与事常差两月,恐圣人制作不如是错乱无章也。刘质夫说,似亦以'春'字为夫子所加,但《鲁史》谓之《春秋》,似元有此字。"石林叶氏考《左传》祭足取麦,谷邓来朝,以为《经》、《传》所记有例差两月者,是《经》用周正而《传》取国史,有自用夏正者,失于更改也。陈氏《后传》曰:"以夏时冠周月,则鲁史也。夫子修《春秋》,每孟月书时,以见鲁史;每正月书王,以存周正,盖尊周而罪鲁也。"张氏《集传》曰:"周官布治,言正月之吉,此周正也,而以夏正为正岁。《诗·七月》言月皆夏时,而以周正为'一之日'。可见兼存之法。"沙随程氏曰:"周正之春,包子、丑、寅月。"吕成公《讲义》,于"春"字略焉,盖阙疑之意。"

在《春秋程氏传》上说："'正月'指的是周朝的正月,按照历法来看,并不在春季,这是借助天时来树立道义。"胡安国《春秋胡氏传》说:"把夏代的历法放在月份前面,为后代确立法度,用周朝的历法来记录事件,表示孔子自己没有天子之位,不敢擅自专权。"朱文公(朱熹)说:"根据《尚书》来考察,凡是写到月份的内容都不会再写天时。我怀疑是古代史官记事的规矩就是这样。到孔子作《春秋》,这之后才按照天时,后面附上周王朝的月份,用来表明对上奉行天时、对下确立周朝正统历法的大义。而又在以子月为周朝正月的前面放上'春季',那么孔子推行夏代历法的大义,也蕴含在其中了。""用程子所说的'借天时来确立大义'来考察,那么孔子是在作《春秋》时,特地加上'春王正月'这四个字来联系年份,来表现推行夏代历法的用意。要是按照胡安国的说法,那么周朝也未曾改变过历法上的正月了,如果历法都没有改变过,孔夫子就只是把夏代历法的寅月这个正月作为一年之首,可月份底下所记载的事情却还是周朝以子月为正月的事情,那么从此以后,《春秋》记载的月份和实际发生事件的月份一直差着两个月,恐怕圣人的著作不会像这样错乱没有章法。刘质夫(刘绚)的说法,似乎也认为'春'字是由孔夫子所增加的,只是鲁国官方的史书也叫作《春秋》,似乎原本就有这个'春'字。"石林叶氏(叶梦得)考察《左传》记载祭足收割麦子,谷、邓两国国君来朝见鲁君的历史,认为《春秋经》和《春秋传》所记的历史事件有相差两个月的案例,这样就是《春秋经》用了周朝的历法为正,而《春秋传》用了各国的史书,其中就有自己沿用夏历正月的,而编辑者没有去更改。"陈氏(陈傅良)的《春秋后传》说:"把夏代的历法放在周代历法的

胡文定《春秋传》曰："元，即仁也。仁，人心也。"龟山谓"其说似太支离，恐改元初无此意。"（原注：东莱《集解》亦不取。）

隐元年有"正月"，后十年皆无"正月"。陆淳曰："元年有'正'，言隐当立而不行即位之礼。十年无'正'，讥隐合居其位而不正以贻祸。"

《春秋》书"侵"者才五十八，而书"伐"者至于二百一十三。苏氏谓"三《传》侵伐之例非正也，有隙曰侵，有辞曰伐。"愚谓《孟子》曰："春秋无义战。"非皆有辞而伐也。

月份前面，那么这句经文就是出自鲁国的史书。孔夫子撰写《春秋》，在每一个四季的第一个月都把季节写上，以此来表现这是出自鲁国的史书。在每年正月的前面写上'王'字，来保存周代历法正朔，这大概是为了尊崇周室而加罪于鲁国。"张氏（张洽）的《春秋集传》说："周代官员公布历法、治理政事，称说正月是吉利的，这便是周代正统的历法，而又把夏朝的历法作为岁时的正朔。《诗经·七月》中说到月份，用的都是夏历的时间，但说到'一之日'等这些地方，用的都是周代的正朔，从这里就能见到兼存两代历法的方法。"沙随程迥说："周代历法中的春天，包含了子、丑、寅三月。"吕成公（吕祖谦）的《讲义》，在"春"这个字的解释上比较粗略，大概是有暂时阙疑的用意。"

文定先生胡安国的《春秋传》说："元，指的就是仁。仁爱的品质，就是人的心。"龟山先生杨时说："这种说法好像太过支离，恐怕孔子改变纪年的方式本来没有这个意思。"（原注：东莱先生（吕祖谦）的《集解》也没有采用这种说法。）

《春秋》经中，只有隐公元年写了"正月"，在这之后的十年都没有写"正月"。陆淳说："在隐公元年写上'正'，这是说隐公应当继位，却没有举行即位的典礼。十年没有'正'，这是批评隐公把本来应该居于君位，却不能持守正道即位，最终留下祸害。"

《春秋》记载战争，用"侵"字才只有五十八次，而写"伐"字到了二百一十三次。苏氏（苏辙）认为"《春秋》的三部《传》中'侵'和'伐'的用例并不是正确的，有矛盾而攻打叫作'侵'，有讨伐的文辞再攻打叫作'伐'。"我认为孟子说的："春秋时期没有正义的战争。"并不是都先发布讨伐的文辞再去发动讨伐。

　　《金石录》："鼎铭有云：'王格大室即立。'按古器物铭，凡言'即立'，或言'立中庭'，皆当读为'位'，盖古字假借。其说见郑氏注《仪礼》。秦泰山刻石犹如此。"愚按《周礼·小宗伯》"掌建国之神位"，故书"位"作"立"。郑司农云："立读为位。古者'立'、'位'同字。古文《春秋经》'公即位'为'公即立'。"盖古字通用。《诅楚文》"变输盟刺"即"渝"字。朱文公引以证《公》、《谷》"郑人来输平"即《左氏》"渝平"也。（原注：胡文定谓以物求平，恐未必然。）

　　《史记·孔子世家》："文辞有可与人共者，至于为《春秋》，笔则笔，削则削，子夏之徒不能赞一辞。"曹子建《与杨德祖书》："昔尼父之文辞，与人通流。至于制《春秋》，游、夏之徒乃不能措一辞。"李善注引《史记》曰："子游、子夏之徒，不能赞一辞。"今本无"子游"二字。

　　《公羊》疏："案闵因叙云：'昔孔子制《春秋》之义，使子夏等十四人，求《周史记》，得百二十国宝书。'"（原注：今《经》止有五十余国。通戎、夷、宿、潞之属，仅有六十。）庄七年《传》云："《不修春秋》曰'雨星不及地尺而复'；君子修

《金石录》记载："鼎上的铭文说：'王到了大室即位'。考察古代器物的铭文，凡是说'即立'，或者说'位于中庭'，里面的'立'字都应当读为'位'字。大概古代的文字可以相互假借，具体的说法见于郑玄注解的《仪礼》。到了秦朝的泰山刻石，还是像前面说的，把'位'假借为'立'。"我考察《周礼·小宗伯》，小宗伯执掌建立邦国、进行祭祀的神位，因此把"位"写作"立"。郑司农（郑众）说："'立'字应该读作'位'。古时候'立'和'位'是一个字。古文书写的《春秋经》就把'公即位'写成'公即立'。"大概在古代，两个字是通用的。《诅楚文》里的"变输盟刺"，其中的"输"字其实就是"渝"。朱文公（朱熹）引用这个案例，证明《公羊传》和《谷梁传》中"郑人来输平"其实就是《左传》中的"渝平"。（原注：胡文定（胡安国）认为这里指的是用财物求得和平，恐怕未必是这样。）

《史记·孔子世家》说："文章辞藻有可以和别人共同商讨、写作的，到了孔子写《春秋》，该怎么下笔就怎么下笔，该怎么删削就怎么删削，像子夏这些人也不能再补充一句话。"曹子建（曹植）的《与杨德祖书》写道："从前孔子的文章词句都会和人交流，到了他写《春秋》，像子游、子夏这些人竟然不能再帮他写一句话。"李善的注解引用《史记》说："子游、子夏这些人不能再补充一句话。"今天版本的《史记》没有"子游"这两个字。

《公羊传》徐彦的疏说："根据闵因所作序言的说法：'从前孔子为了制定《春秋》的大义，派遣子夏等十四人去搜求周王室官方写定的史书，得到了一百二十个国家的宝书史册。'"（原注：今天的《春秋经》中只记载有五十多个国家。即使再加上戎、夷、

之，曰'星霣如雨'。"何氏曰："《不修春秋》，谓史记也。古者谓史记为《春秋》。"刘原父谓："何休以《不修春秋百二十国宝书》、《三礼春秋》"。朱文公谓"二书不传，不得深探圣人笔削之意"。

王介甫《答韩求仁问春秋》曰："此经比他经尤难，盖三《传》不足信也。"尹和静云："介甫不解《春秋》，以其难之也。废《春秋》，非其意。"朱文公亦曰："《春秋》义例，时亦窥其一二大者，而终不能自信于心，故未尝敢措一辞。"

鹤山曰："《春秋》由惧而作，书成而乱贼惧。乱贼盖陷溺之深者，而犹惧焉，则人性固不相远也。"其说本于吕成公《讲义》。

书"尹氏卒"，此尹氏立王子朝之始也。书"齐崔氏出奔卫"，此崔杼弑其君之始也。比事观之，履霜坚冰之戒明

宿、潞之类的夷狄，也只有六十个国家。）鲁庄公七年的《公羊传》
传文说："《不修春秋》记载'流星雨坠落，离地面不到一尺就
飞回天上去了'；君子把这句话修改了，写成'星星如同下雨一样
划落'。"何休说："这里的《不修春秋》，说的就是各国官方修
订的史记。古代就是把列国史记称为《春秋》的。"刘原父（刘
敞）说："何休根据《不修春秋一百二十国宝书》、《三礼春秋》
（根据注释，其意应为：何休根据《不修春秋一百二十国宝书》
为《春秋》的经传作注解）。"朱文公（朱熹）说："《不修春
秋》和《百二十国宝书》这两本书没能传承下来，我们就没法深
入探求圣人书写和删定的用意了。"

　　王介甫（王安石）的《答韩求仁问春秋》一文说："《春秋》
这部经典要比别的经典尤其困难一些，我想大概是因为《公羊
传》《谷梁传》和《左传》这"三传"不足以采信吧。"尹和静
（尹焞）说："王安石不为《春秋》作解说，是因为难度太大了。
废除《春秋》这部经典，也不是他的本意。"朱文公（朱熹）也
说："《春秋》的大义和体例，有时也可以窥见其中一两个重要
的内容，可是终究没法让自己在心中完全相信，所以我从来不
敢在《春秋》这部经典上说一句话。"

　　鹤山先生（魏了翁）说："孔子的《春秋》是为了让乱臣贼
子恐惧而创作的，《春秋》写成，乱臣贼子为之恐惧。作乱的贼
人大概都是在利欲中陷溺很深的人，他们尚且还为此感到害
怕，那么人性之间本来在德性上相差就没有太远吧！"他的说
法起源于吕成公（吕祖谦）的《春秋讲义》。

　　《春秋》记载"尹氏身死"，这是尹氏扶立王子朝争夺天
子之位的开端。《春秋》记载"齐国的崔氏逃亡到卫国"，这是

矣。圣人绝恶于未萌，必谨其微。

薛士龙《春秋旨要序》谓："先王之制，诸侯无史，天子有外史，掌四方之志，而职于周之太史。隐之时，始更《鲁历》而为鲁史。诸侯之有史，其周之衰乎！《费誓》、《秦誓》列于《周书》，《甘棠》、《韩奕》编之《南》、《雅》，乌在诸侯之有史也！《晋乘》始于殇叔，秦史作于文公。王室之微，诸侯之力政焉耳。"止斋《后传》因之。朱文公以为"诸侯若无史，外史何所稽考而为史？古人生子，则闾史书之。闾尚有史，况一国乎？"（原注：愚谓：《酒诰》曰"矧太史友、内史友"，则诸侯有史矣。）

《春秋》日食三十六，有甲乙者三十四，历家推验精者不过二十六，（原注：有日朔者二十六，以《周历》考之，朔日失二十五，《鲁历》校之，又失十三。）唐一行得二十七。（原注：朔差者半。）本朝卫朴得三十五，独庄十八年三月，古今算不入食法。

崔杼弑杀他的君主的开端。把史事排列到一起来观察,《周易》
"踩着寒霜,说明坚冰也已经到来"的告诫也已经很鲜明了。圣
人在恶事还未发生之前就将其杜绝了,一定会小心谨慎地对待
细微的事。

薛士龙的《春秋旨要序》说:"先王的制度,诸侯是没有自
己的史官的,天子有外派的史官,掌管天下各方诸侯的史志,而
供职于周朝的太史。在鲁隐公的时候,开始把《鲁历》改为鲁
国的国史。诸侯有了自己的史官、史记,这大概就是周王朝衰微
了吧!鲁侯伯禽的《费誓》和秦穆公的《秦誓》两篇文章被列在
《尚书·周书》中,歌颂召伯的《甘棠》和歌颂韩侯的《韩奕》这
两首诗分别被编入《召南》和《大雅》,王室衰落,岂止是诸侯
有了自己的史书啊!晋国的史书《晋乘》从殇叔开始写起,秦国
的史书从文公开始写起。王室衰微时,是诸侯用武力把控政治
导致的。"陈止斋(陈傅良)的《春秋后传》接受了这种说法。
朱文公(朱熹)认为"诸侯如果没有自己的史官,外史拿什么稽
查考求、撰写史书呢?古人生孩子乡间内的史就把这件事记录下
来。闾巷中尚且有史官,何况是一个国家呢?"(原注:我个人认为
《尚书·酒诰》中说"左右太史、左右内史",这样看来,那么诸侯也有
自己的史官了。)

《春秋》记载的日食有三十六次,其中记载了甲乙天干的
有三十四次,历法家推算检验,其中精密的不过是二十六次,
(原注:其中记载了具体日期的有二十六次,用周代的历法查考,朔日有
二十五次误差,用鲁国历法校对,又有十三次误差。)唐朝的一行大师
算出了二十七次日食的时间。(原注:朔日相差一半。)本朝的卫朴
算出了三十五次,只有鲁庄公十八年三月的那次,用古今的方法

汉日食五十三，后汉七十二，唐九十三。历法：一百七十三日有余一交会。然《春秋》隐元年至哀二十七年，凡三千一百五十四月，唯三十七食，是虽交而不食也。襄二十一年九月、十月，二十四年七月、八月，频食，是频交而食也。（原注：汉高帝三年十月、十一月亦频食。）

西畴崔氏曰："《春秋》桓四年、七年无秋冬，定十四年无冬，桓十七年书'夏五'而阙其月，庄二十二年书'夏五月'而阙其事，僖二十八年书'壬申'而不系之月，桓十年书'五月'而不系之夏，昭十二年书'十二月'而不系之冬。'郭公'、'仲孙忌'与凡日食而不系朔与日者，皆阙也。"

《孟子题辞》："仲尼有云：'我欲托之空言，不如载之行事之深切著明也。'"《太史公自序》："闻之董生曰：'子曰："我欲载之空言，不如见之行事之深切著明也。"'"正义云："此《春秋纬》文。"愚谓纬书起哀、平间，董生时未有之，盖为纬书者述此语耳。

计算都算不出日食来。

西汉发生的日食有五十三次，后汉发生了七十二次，唐代发生了九十三次。根据历法推算：在一百七十三天多一些，太阳和月亮会交会一次。然而《春秋》从鲁隐公元年到鲁哀公二十七年，总共三千一百五十四个月，只记录了三十七次日月，这样看来，是日月运行的轨迹虽然相交，却没有发生日食的缘故。襄公二十一年九月、十月，襄公二十四年七月、八月，连续出现日食，看来是日月运行的轨迹频繁交会，产生了日食。（原注：西汉高祖三年十月、十一月，也是频繁发生日食。）

西畴崔氏（崔彦直）说："《春秋》记载鲁桓公四年和七年没有秋冬季节，鲁定公十四年没有冬季，鲁桓公十七年写了'夏五'却没有写'月'字，鲁庄公二十二年写了'夏天五月'却把事件给漏写了，鲁僖公二十八年只写了'壬申日'却没有把它连在月份之后，鲁桓公十年只写了'五月'却没有把它放在夏季的后面，鲁昭公十二年写了'十二月'却没有把它放在冬季的后面。'郭公'、'仲孙忌'等所有和日食相关，却没有把月份和日期写上的经文，都是《春秋》的阙笔。"

赵岐的《孟子题辞》说："仲尼有言：'我想要把自己的志向寄托在自己的言论上，倒不如让它承载于具体的行为史事上来得深刻、切己、鲜明啊。'"《史记·太史公自序》中说道："我曾听董仲舒先生说过：'孔子说："我想要把自己的想法都用自己的言论记载下来，却不如在行为、史事上表现出来来得更深切鲜明。"'"《史记正义》说："这是出自《春秋纬》的文字。"我个人以为纬书是从西汉哀帝、平帝年间兴起的，在董仲舒那个时候还没有出现纬书呢，大概就是那些编写纬书的人记述了这

"公矢鱼于棠"。朱文公曰："据《传》曰'则君不射'，是以弓矢射之，如汉武亲射蛟江中之类。按《淮南·时则训》'季冬，命渔师始渔，天子亲往射鱼'，则《左氏》陈鱼之说非矣。"

《春秋》，正月书"王"者九十二，二月书"王"者二十有三，三月书"王"者一十九。（原注：元年，不以有事无事，皆书"王"。）何休谓："二月、三月皆有'王'者，以存二王之后。"（原注：二月，殷之正月。三月，夏之正月。）先儒以为妄。

"纪侯大去其国。"陈齐之谓："圣人盖生名之。大，名也，若汉栾大是也。"愚按以大为纪侯之名，本刘质夫说。

鲁哀公问仲尼曰："《春秋》之记曰：'冬十二月，霣霜不杀菽。'何为记此？"仲尼对曰："此言可以杀而不杀也。夫宜杀而不杀，桃李冬实。天失道，草木犹犯干之，而况于人君乎？"此《韩非书》所载也。以《鲁论》"焉用杀"之言观之，恐非夫子之言也。法家者流托圣言以文其峭刻耳。胡文定公《春秋传》取之，未详其意。

段话罢了。

《春秋经》记载："鲁隐公在棠地射鱼"。朱文公（朱熹）说："根据《左传》上说'国君就不去射杀它们'，这里说的就是用弓箭去射杀它们，就像汉武帝亲自在江中射蛟这类事情一样。考察《淮南子·时则训》有记载，天子要在'季冬时，命令渔业官开始捕鱼，天子要亲自去射鱼'，那么《左氏传》中记载的陈列捕鱼器具的说法就是错误的了。"

《春秋经》里面在正月前写上"王"的有九十二条，在二月前写上"王"的有二十三条，在三月前面写上"王"的有一十九条。（原注：在鲁公即位的元年，不管国家有没有发生大事，都会写上"王"。）何休说："二月、三月前都写上'王'字，是为了保存夏、商两代君王的后代。"（原注：周代历法中的二月是殷代的正月，周代历法中的三月就是夏代的正月。）先辈儒者认为这是一种荒诞的言论。

"纪侯永远离开了他的国家。"陈齐之解释这句经文说："圣人大概称呼活着的人物就会用他的名字。这里的'大'指的就是纪侯的名字，就像汉代有叫栾大的人。"我考察这个问题，把大作为纪侯的名字，这个说法是本于刘质夫（刘绚）的说法。

鲁哀公问孔子说："《春秋》的记载说：'冬季十二月，霜气降下却没能杀死菽。'为什么《春秋》要记下这件事呢？"孔子回答说："这是说原本按照天道节律应该杀死却没能杀死。应该杀而不杀的现象，就比如桃李在冬天结果。上天偏离了正道，草木尚且敢于触犯它，何况是君主呢？"这是《韩非子》所记载的一件事。拿《鲁论语》"哪里要用刑罚杀戮"的话来看，恐怕这不是孔子所说的话。法家一派的人假托圣人的话来粉饰自己

　　沙随《春秋例目》云:"'有蜮',或考隶古《春秋》作'有蟘'。《尔雅》:'食叶蟘,音特。'"(原注:《尔雅》:"蜚,蠦蜰。")郭璞注:"蜚,即负盘,臭虫。"刘歆曰"负蠜",误矣。江休复《杂志》:"唐彦猷有旧本《山海经》,说'蜚处渊则涸,行木则枯',疑《春秋》所书即此物。若是负蠜,不当云有,谓之多可也。

　　郎顗谓:"鲁僖遭旱,修政自救,时雨自降。"然《春秋》于僖公初书"雨",已而书"雩",已而书"大旱",公之德衰矣。

　　名不可不谨也。《春秋》或名以劝善,或名以惩恶,衮钺一时,薰莸千载。东汉豪杰耻不得豫党锢,慕其流芳也。我朝镌工之微,不肯附名党碑,惧其播恶也。名教立而荣辱公,其转移风俗之机乎!

　　"公如京师",非礼也。晋、楚可以言"如",京师不可以言"如",于是朝觐之礼废矣。

法律的严厉刻薄罢了。胡文定公（胡安国）的《春秋传》采用了这段解释，不清楚他的用意是什么。

沙随程迥《春秋例目》说："'有蜮'，有人考证用隶书校对写定的《春秋》里把它写作'有蟔'。《尔雅》里说：'吃桑叶的蟔，读音是特。'"（原注：《尔雅》记载："蟔，就是蠦蜚。"）郭璞的注解说："说的就是负盘虫，也就是臭虫。"刘歆把它解为"负蠜"，这就错了。江休复的《杂志》记载："唐彦猷有一本旧传的《山海经》，说到'蟔到了回转的水里，水就干涸，走到树木上，树就枯死'，我怀疑《春秋经》所写的就是这个东西。如果说的是负蠜，就不该用"有"字来形容，写成"多"就可以了。

郎顗说："鲁僖公的时候遭受旱灾，修明政治惩罚自己，应时的雨水就自然降落下来。"然而《春秋经》在僖公最早的时候写的是"雨"，到了之后写的又是"雩"，到了之后又写"大旱"，鲁僖公的德业已经衰落了。

称名不能不谨慎。《春秋经》中，对有的人是称他的名字来赏劝善行，对有的人是称他的名字来惩戒恶人，在一时确立的褒贬，即使千年以后来看，香味、臭味仍然分明。东汉的豪杰之士耻于不能跟党锢之祸中的党人站在一起，是仰慕他们能够千载流芳。在我朝，即使镌刻石碑的工人这样身份低微的人，也不肯在元祐党人碑上留下自己的名字，也是恐惧他恶名被流传开来啊。名教树立起来，荣耀和耻辱就能够公正，这就是改易风俗的关键吧！

"鲁成公到了京师"，这是不合于礼的做法。如果是鲁公到晋国和楚国去的话，可以用"如"这样的字，如果去天子的京城里，就不能说"如"了，到这里，诸侯朝觐天子的礼仪也就被

仲子之赗, 宰书其名; 成风之赗, 王不书天。正三纲也。《公羊氏》乃有 "母以子贵" 之说, 谓之知《春秋》之义, 可乎? 汉章帝不以尊号加于贾贵人, 晋明帝不以尊号加于荀豫章君, 犹近古也。

"齐侯、卫侯胥命于蒲。"《荀子》曰: "《春秋》善胥命。" 程子、胡文定皆善之。刘原父以为 "自相命, 非正也"。止斋亦以为 "相推长也。于是齐僖称小伯, 黎之臣子亦以方伯责卫宣"。愚谓齐、卫胥命, 此霸者之始。其末也, 齐、魏会于徐州以相王。霜凝冰坚, 其来渐矣。

书 "郊" 九, 皆卜不吉。失时, 牛灾, 则书之。书 "大雩" 二十一, 皆在午、未、申之月。建巳之雩, 常事不书。

三书 "蒐" 于昭公之时, 兵权在大夫。再书 "蒐" 于定公之时, 兵权在陪臣。

废弃了。

　　周天子送来为仲子的丧礼助丧的赗,《春秋》写上了负责送礼的官宰的名字;天子送来为成风助丧的赗,在"王"前面没有写"天"。这是为了端正三纲。《春秋公羊传》中却有"母亲凭借儿子的身份而尊贵起来"的说法,说这才是通晓《春秋》的大义,难道可以吗?汉章帝不把皇后的尊号加封给贾贵人,晋明帝不把皇后的尊号加封给荀豫章君,这种做法尚且还接近古人的风气。

　　"齐僖公与卫宣公在蒲地'胥命'。"《荀子》记载:"《春秋》认为'胥命'这种相互的约定才是善行。"程子(程颐)、胡文定(胡安国)都认为这很好。刘原父(刘敞)认为"两个诸侯自己相互约定,这不是正当的"。止斋(陈傅良)也认为"这种行为是相互推举、拔高地位的意思。当时齐僖公号称小伯,黎的臣属也拿地方诸侯之长的身份责令卫宣公。"我认为齐侯和卫侯私下里相互约定,这是春秋王道废弛、走向霸道的起始。这种风气发展到最后,齐、魏两国就在徐州会盟互相称王了。霜冻凝结,寒冰坚硬,是一点点端倪渐渐积累发展来的。

　　《春秋》记载了"郊祀"九次,占卜的结果都不吉利。错过农时,牛有灾祸,《春秋》就都把它们记下来。记载了"大雩"二十一次,都是在午、未、申这个几个月份间。像是在巳月发生的"大雩"现象,因为是正常情况也会发生的事情,所以没有特别的文字来强调它。

　　在鲁昭公的时候,《春秋》三次记载了"蒐"这样的军礼,是因为兵权被大夫掌握了。在鲁定公的时候两次记载了"蒐"礼,是因为兵权都掌握在大夫的家臣那里。

定公六月即位，而于春夏书元年。正义谓："汉、魏以来，虽于秋冬改元，史于春夏即以元年冠之，因于古也。"《通鉴》汉建安二十五年之初，汉尚未亡，即以为魏黄初元年。朱文公谓："夺汉太速，与魏太遽，非《春秋》存陈之意。"

《春秋》三书"孛"，而昭十七年"有星孛于大辰，申须曰：'彗，所以除旧布新也。'"《史记·天官书》刘更生封事云："《春秋》彗星三见。"则彗、孛一也。《晏子春秋》："齐景公睹彗星，使伯常骞禳之。晏子曰：'孛又将出，彗星之出，庸何惧乎？'"则孛之为变，甚于彗矣。（原注：齐有彗星，见于《传》而《经》不书。）

星孛东方，在于越入吴之后；彗见西方，在卫鞅入秦之前。天之示人著矣。

齐桓之将兴也，恒星不见，星陨如雨；晋文之将兴也，沙鹿崩。自是诸侯无王矣。晋三大夫之命为侯也，九鼎震。自是大夫无君矣。人事之感，天地为之变动，故董子曰："天人相与之际，甚可畏也。"

鲁定公在六月即位，却在春季和夏季后面写上"元年"。
《春秋左传正义》说："汉朝和魏以来的朝代，即使皇帝是在
秋、冬两季即位改元，但是史书还是会在春、夏就把"元年"放
在季节前面，这是因袭古代传统的做法。"《资治通鉴》在汉代
建安二十五年初，汉朝还没有灭亡的时候，就已经写了魏国黄初
元年。朱文公（朱熹）说："《资治通鉴》褫夺汉朝的地位太快
了，把正统地位给魏国又太仓促了，这不是《春秋》保留陈国名
号的用意。"

《春秋》三次记载"孛"这个天文现象，而鲁昭公十七年
记载"有彗星出现在大辰，申须说：'彗星就是代表政治上除旧
布新的。'"《史记·天官书》记载刘更生的封事说："在《春秋》
中彗星出现三次。"这样看来，那么彗星和星孛就是一回事了。
《晏子春秋》记载："齐景公看到了彗星，就让伯常骞举行祭祀
以求消灾解祸。晏子说：'孛星又将出现，那么彗星的出现，还
有什么可怕的呢？'"那么星孛所代表的异变，恐怕要比彗星更
加厉害了。（原注：齐国有彗星出现，这件事见于《春秋传》，但是《春
秋经》并没有记载。）

孛星出现在东方，这发生在越国被吴国吞并之后；彗星出
现在西方，这发生在卫鞅进入秦国之前。上天所启示给人间的
天象也很明显了。

齐桓公将要兴起的时候，天上的恒星不见，星星像雨一样
坠落下来；晋文公将要兴起的时候，沙鹿崩塌了。从此诸侯再
也没有尊崇天子的意思了。当晋国的韩、赵、魏三位大夫被任
命为诸侯的时候，周王室的九鼎震动。从此大夫也没有君臣之
分了。人事变动所造成的感应，天地都要为它而变动，所以董子

晋自武、献以来，以诈力强其国，故《传》曰"晋人虎狼也"，"晋人无信"，"晋所以霸，师武臣力也"。《春秋》书"晋人纳捷菑于邾，弗克纳"，"晋士匄帅师侵齐至穀，闻齐侯卒，乃还"，此《孟子》所谓"彼善于此"者，君子与之。义理之在人心，不可泯也。《剥》之上九，一阳尚存。《春秋》之作，见人心之犹可正也。

列国之变，极于吴、越。通吴以疲楚者，晋也；通越以挠吴者，楚也。《春秋》于是终焉。唐以南诏攻吐蕃，而唐之亡以南诏。本朝以女真灭契丹，而中原之亡以女真。女真之将亡也，吾国又不监宣和而用夹攻之策。不知《春秋》之义也。

邢有狄难，已迁于夷仪，三国之师城邢，俾反其国都，故列三国称师，以著其功。淮夷病杞，方伯不能斥逐蛮夷，使杞人安其都邑，乃城缘陵使迁，故书诸侯而不列序。狄入卫，逾年，齐侯方城楚丘以处文公，故但书"城楚丘"而不著其城之者，书愈略者，功愈降也。沙随程氏云。

（董仲舒）说："天和人相交会作用的边际，很令人敬畏啊。"

晋国从晋武公、晋献公以来，都是用诡诈的手段和武力侵袭来使国家强大，所以《春秋左氏传》说"晋国人就像虎狼一样"，"晋国人不讲信用"，"晋国之所以能称霸诸侯，都是因为军队勇武、臣子尽力"。《春秋经》记载"晋国人护送捷菑到邾国，但是捷菑没有被邾国接受"，"晋国的士匄率军攻打齐国，到了穀这个地方，听说齐灵公去世的消息，于是就回国了"，这就是《孟子》中所说的"打仗时那方比这方好一点的现象还是有的"，君子也会赞同他。义理就在人心之中，这是不能泯灭的。《周易》中《剥》卦的上九爻，还有一个阳爻存在，没有完全消剥。孔子之所以要《春秋》，也是见到人心还是可以端正过来的。

各个诸侯国的变乱，在吴、越两个国家达到了极点。暗暗沟通吴国来让楚国疲困的是晋国，暗暗沟通越国来扰乱吴国的是楚国。《春秋》就在这个节点终结了。唐朝联合南诏攻打吐蕃，但唐朝的灭亡也是因为南诏。本朝利用女真来消灭契丹，可是北宋灭亡、中原沦丧也是因为女真。而在女真将要灭亡时，我国又没有反思宣和年间的历史，却仍然采用联合蒙古夹攻女真的计策。这是不懂《春秋》的大义啊。

邢国发生了狄人叛乱，已经把邢国国都迁移到夷仪这个地方，齐国、宋国、曹国三国的军队在邢地筑城，希望他们能返回自己的国都，所以《春秋》将三个国家的军队都列出来，用来彰显他们的功绩。淮夷扰乱杞国，各方诸侯不能够驱逐蛮夷，让杞人安心生活在他们的都城，于是修筑起缘陵城，让杞国人迁移到城内，所以《春秋》只写了"诸侯"，却没有罗列出具体的名

齐桓之霸，自盟于幽，至会于淮，凡十有二会。而孔子称"九合诸侯"。刘氏《意林》曰："始于幽，终于淮，合者九。"崔氏曰："道其不以兵车而已。庄十六年，九国盟于幽。二十七年，五国又盟于幽。僖元年，六国会于柽。二年，四国盟于贯。五年，八国会王世子于首止。七年，五国盟于宁母。八年，王人与七国会于洮。九年，宰周公与七国会于葵丘。十三年，七国会于咸。凡九合诸侯也。牡丘之盟、阳穀之会、淮之会、盖有兵车矣。"胡氏《通旨》曰："桓公霸四十二年，会盟凡二十有一，独称九合，举衣裳之会尔。"《谷梁传》："衣裳之会十有一。"《论语疏》谓："不取北杏及阳穀为九"。《史记》："兵车之会三，乘车之会六。"其说不同。朱文公谓："九，《春秋传》作'纠'，展喜犒师之词云尔。"李氏韶《世纪》云："桓公会不迩三川，盟不加王人；文公会畿内，盟子虎矣。桓公宁不得郑，不纳子华，惧其奖臣抑君；文公则为元咺执卫侯矣。此夫子所以有正谲之辨。"

字次序。狄人入侵卫国，过了一年，齐桓公才修筑楚丘城来让卫文公居住，所以《春秋》只写下"城楚丘"三个字，而不记载命令筑城的齐桓公，《春秋》记载用的文字越简略，说明其人的功劳就越卑下。这是沙随程迥的说法。

齐桓公的称霸，自己在幽地组织诸侯会盟，到在淮河组织诸侯会面，一共主持了十二次会盟。可是孔子却说齐桓公是"九次组织诸侯结盟"。刘敞的《春秋意林》说："从幽地开始，到淮水会盟为止，会盟加起来是九次。"崔彦直说："孔子说的是齐桓公不使用兵车武力组织起来的会盟次数罢了。"鲁庄公十六年，以齐国为首的九国在幽地结盟。鲁庄公二十七年，齐、鲁、宋、陈、郑五国又在幽地结盟。鲁僖公元年，齐、鲁、宋、郑、曹、邾六国在柽地会盟。鲁僖公二年，齐、宋、江、黄四国在贯地结盟。鲁僖公五年，齐、鲁、宋、陈、卫、郑、许、曹八国和王世子在首止结盟。鲁僖公七年，齐、鲁、宋、陈、郑五国在宁母结盟。鲁僖公八年，周王的使者和齐、鲁、宋、卫、许、曹、陈七国在洮地会盟。鲁僖公九年，宰周公和齐、鲁、宋、卫、郑、许、曹七国在葵丘盟会。鲁僖公十三年，齐、鲁、宋、陈、卫、郑、许、曹七国在咸地会盟。这些加起来一共有九次会合诸侯。像牡丘的盟会，阳谷的盟会，淮地的会盟，都是有兵车。"胡氏（胡宁）《春秋通旨》说："齐桓公称霸四十二年，会盟总计二十一次，孔子唯独称许九次会盟，只是要推举符合礼制的和平会盟罢了。"《谷梁传》里说"符合礼制的和平会盟有十一次。"《论语疏》说："不认可北杏和阳谷这两次会盟，数量就是九次。"《史记》说："带有兵车、使用武力的会盟有三次，只是乘车、代表和平的会盟有六次。"他们的说法都不相同。朱文公（朱熹）

《春秋繁露》曰："《春秋》甚幽而明，无传而著。"又曰："《易》无达吉，《诗》无达诂，《春秋》无达例。"陆农师称之。又曰："不由其道而胜，不如由其道而败。"攻媿谓"真得夫子心法"。

董仲舒《春秋决狱》，其书今不传。《太平御览》载二事。其一引《春秋》许止进药，其一引夫人归于齐。《通典》载一事，引《春秋》之义"父为子隐"。应劭谓"仲舒作《春秋决狱》二百三十二事"，（原注：《隋》、《唐志》十卷。）今仅见三事而已。御史中丞众议薛况之罪，孔季彦断梁人之狱，皆以《春秋》合于经谊。终军之诘徐偃，则论正而心刻矣。吕步舒使治淮南狱，穷验其事，盖仲舒弟子不知其师书者也。公孙弘以《春秋》之义绳臣下，张汤请博士弟子治《尚书》、《春秋》，补廷尉史。是以《春秋》为司空城旦书也。胡文定公曰："《春秋》立法谨严，而宅心忠恕。"斯言足以正

说:"九在《春秋左氏传》中写作'纠',展喜犒劳齐国军队的词句就是这样说的。"李韶《春秋王霸列国世纪编》中说:"齐桓公和诸侯结盟,不会靠近三川,盟会的地位不会在王室的使者之上,到晋文就开始在王畿之内会盟,要跟王子虎结盟了。"桓公宁可选择不得到郑国,没有采纳子华的计策,担忧奖励臣子,压制了国君的威权;而晋文公却要为了元咺这个大夫逮捕卫成公了。这就是孔子说'齐桓公正而不谲,晋文公谲而不正'的原因。"

《春秋繁露》说:"《春秋》的文辞很幽隐,但道理又非常明白,没有传文却也很显著。"又说:"《周易》中没有哪一个通行的吉兆,《诗经》没有一个确定通行的解释,《春秋经》也没有一个完全通行的义例。"陆农师(陆佃)非常推崇董仲舒的这些话。《春秋繁露》又说:"不遵循大道却取胜,倒不如按照正道去做事却失败。"楼攻媿(楼钥)说"这话真是得到了孔子作《春秋》的心法"。

董仲舒的《春秋决狱》,这本书没有流传到今天。《太平御览》记载了其中的两件事,其中的一件事是引用《春秋》中"许止进药"的故事,另外一件事引用了"夫人姜氏回到齐国"的经文。《通典》记载了一件事,引用《春秋》里"父亲为儿子隐瞒罪行"的大义。应劭说"董仲舒作《春秋决狱》,其中用了二百三十三件事",(原注:《隋书》和《唐书》的《经籍志》记载《春秋决狱》有十卷。)现在仅仅能见到这三件事而已。西汉的时候,御史中丞一起来商议薛况的罪名,孔季彦判断梁地人的罪名,都是用《春秋》让律令同经义相合。终军诘问徐偃,他的议论正直但是心地刻薄。吕步舒被派去审理淮南王刘安的案件,彻底

汉儒之失。（原注：《盐铁论》文学曰："吕步舒弄口而见戮。"）

　　刘原父深于《春秋》，然议郭后祔庙，引《春秋》"禘于太庙，用致夫人"："致者不宜致也，且古者不二嫡，当许其号而不许其礼。"张洞非之曰："按《左氏》，哀姜之恶，所不忍道，而二《传》有非嫡之辞。敞议非是。"然则稽经议礼，难矣哉！

　　桓以许田赂郑，宣以济西田赂齐，身为不义，而以赂免。取宋郜鼎，纳莒仆宝玉，人欲横流，天理灭矣。末流之敝，货范鞅而昭公不入矣。窃宝弓而盗臣肆行矣。受女乐而孔子遂去矣，三叛人以邑来，知利而不知义矣。《孟子》是以有"不夺不餍"之戒。

查验他的谋反之事,他也就是身为董仲舒弟子却不能真正了解老师论著大义的人而已。公孙弘用《春秋》的义理绳治臣下,张汤请博士弟子研习《尚书》、《春秋》,学成后补任廷尉史,这都是把《春秋》当成司空城旦这些官员给人定罪的书。胡文定公(胡安国)说:"《春秋》所定的义法非常谨严,但是用心却是忠恕之心。"这句话足以纠正汉儒的偏颇之处。(原注:《盐铁论》里的文学之士就说:"吕步舒因为玩弄口舌而被杀戮。")

刘原父(刘敞)对《春秋》造诣很深,然而他主张郭皇后祔祭于太庙,引用《春秋经》中"在太庙举行禘祭,是因为把夫人的神主放入太庙"的经文说:"这里'致'字的意思,就是表示不适宜'致'。而且古代没有两个嫡妻,应当准许他的称号而称许用这种礼节。"张洞指责刘敞说:"根据《左传》,哀姜的罪恶,是人都不忍心说出来的,而且《公羊传》和《谷梁传》都有说到夫人不是嫡妻的文字。刘敞的建议不对。"这样看,要考察经典来议论礼制,实在是太难了!

鲁桓公用许地的田地来贿赂郑国,鲁宣公用济西的田地来贿赂齐国,自己干出不义的事情,却用贿赂的手段而得以幸免。像鲁桓公夺取了宋国的郜鼎,鲁宣公接纳了莒国弑父的太子仆和他带来的宝玉,个人的私欲无限膨胀,天理在他们心中已经泯灭了。事情发展到最后产生的弊病,比如:季孙氏贿赂范鞅,鲁昭公就再也回不到鲁国了;阳虎盗窃宝玉、大弓,盗臣就横行无忌了;季桓子接受齐国的歌舞女乐,孔子就离开鲁国了;邾庶其、莒牟夷、黑肱三个叛徒带着城邑前来,最后被鲁国接纳,这是只知道利益,不知道大义了。所以《孟子》才有"不把利益全都夺到手就不会满足"的警戒。

"公如京师"者一，"朝王所"者二，"卿大夫如京师"者五，其简如是。而朝聘于大国，史不绝书。尊卑之分不明，强弱之力是视。记《礼》者以鲁为有道之国，道焉在哉！

卫人立晋，不称公子者，宣公淫乱，此狄入卫之兆也。居中国，去人伦，变华而狄，以灭其国，东徙渡河，终不复还旧封。《诗》以《鹑之奔奔》在《定之方中》之前，其戒深矣。故于晋始立名之。

书"狄入卫"，书"楚子入陈"，不忍诸夏见灭于夷狄，故称"入"焉。书"吴入郢"，楚昭出奔，犹有君也，申包胥求救，犹有臣也，故不言"楚"。书"于越入吴"，国无人焉，如升虚邑，故言吴。

礼乐自天子出，而"献六羽"焉；非天子不制度，而"税亩"焉，故皆书曰"初"。《史记·表》于秦书"初立西畤"，"初租禾"，"初为赋"，取法乎《春秋》。

陈同甫《春秋属辞》："'公会戎于潜'、'公及戎盟于

《春秋经》记载"鲁君到周朝京师"一次,"朝见周王的居所"两次,"卿、大夫到周朝京师"有五次,对天子简慢到了这样的地步。可是跟大国举行朝聘之礼,太史从不曾中断过这样的记载。不能明确尊卑的名分,只看到国力的强弱,记录《礼记》的人认为鲁国是有道之国,道到底在哪里呢?

卫国人把公子晋立为国君,就是卫宣公,《春秋》不称其为"公子晋"的原因,在于卫宣公淫乱,这是狄人入侵卫国的征兆。虽然住在中原大地,却抛弃人伦,把华夏的礼乐文明变为夷狄的风俗,最终导致国家灭亡,向东迁徙渡过黄河,最终没有再回到天子当初分封给祖先的土地。《诗经》把《鹑之奔奔》放在《定之方中》之前,警戒后人的意味也很深长了。所以到公子晋这里才把名字写上。

《春秋》记载"狄人入侵卫国",记载"楚国入侵陈国",都是不忍心让华夏各族被夷狄消灭,因此都把入侵称为"入"。《春秋》记载"吴国攻入郢都",楚昭王出逃,这是因为还有国君存在,申包胥去向秦国求救,可见仍然有刚毅的大臣在,所以不说"吴国攻下了楚国"。《春秋》记载"于越攻入吴国",当时吴国国内已经没有人了,好像进入一座空城那样,所以称吴国。

礼乐制度从天子那里发出,所以鲁国举行祭礼,"献礼的时候用六排人跳羽舞";不是天子,不能更改制度,但鲁国却"用土地的面积来计算税收",所以《春秋》都把它们记载为"初"。《史记·表》在秦国的记载中写道"开始建立西畤","开始用耕种的土地面积收税","开始征收口赋",这种笔法是学习的《春秋》。

陈同甫(陈亮)的《春秋属辞》说:"'公和戎在潜地会

唐'，曰："圣人不与戎狄共中国，故中国不与戎狄共礼文。
'齐侯使其弟年来聘'、'郑伯使其弟语来盟'，曰：诸侯
以国事为家事，圣人以国事为王事。'郑世子忽复归于郑'、
'许叔入于许'，曰：不能大复国于诸侯，则力不足以君国；
不能公复国于诸侯，则义不足以有国。'公如齐纳币'、'大
夫宗妇觌用币'，曰：父子之大义，不以夫妇而遂废；夫妇
之常礼，不以强弱而有加。'郑伯逃归不盟'、'郑伯乞盟'，
曰：去就不裁于大义，则举动无异于匹夫。'宋公会于盂'、
'战于泓'，曰：与夷狄共中国者，必不能与夷狄争中国。'盟
于翟泉'，'晋人、秦人围郑'，曰：锐于合诸侯者，必有时而
惰；工于假大义者，必有时而拙。'狄围卫，卫迁于帝丘'、
'卫人侵狄，卫人及狄盟'，曰：避夷狄之兵，以见小国之无
策；要夷狄之好，以见中国之无霸。'遂城虎牢'、'成郑虎
牢'，曰：公其险于天下，所以大霸者制敌之策；归其险于一
国，所以成霸者服叛之功。'城杞'、'城成周'，曰：大夫之
于诸侯不自嫌，则列国之于王室何以辨？"其发明经旨，简而
当。

盟'、'公和戎在唐地会盟',这就是说:圣人不和戎狄等未开化的蛮族共同处于中原之地,所以中原之国不和戎狄共同使用一套礼乐制度。'齐僖公派他的弟弟夷仲年来我国聘问'、'郑厉公派遣他的弟弟语来鲁国结盟',这就是说:诸侯把国家的事情当作自己家里的事情来处理,圣人把国家的事情当作王者的事务来处理。'郑国的太子忽重新回到郑国'、'许叔进入许国',这就是说:不能够表彰诸侯恢复自己的国家,那么就说明力量就不足以作为一国之君;如果不能凭借公义恢复诸侯的地位,那么根据道义就不足以拥有一个诸侯国。'鲁庄公到齐国送礼'、'大夫宗妇相见,互赠财货',这就是说:父子之间的大义,不会因为夫妻关系就被废止;夫妇之间合于常道的礼数,也不会因为强弱而有增加。'郑文公逃回郑国,不参与结盟','郑文公请求参与结盟',这就是说:不论参不参与结盟,都不能凭借大义去裁断,即使他是国君,行为也和一般人没有区别。

'宋襄公在盂地会盟','在泓水交战',这就是说:和夷狄共处中原的人,一定做不到和夷狄争夺中原。'在翟泉会盟','晋人、秦人包围郑国',这就是说:锐意要联合诸侯,一定会有懈怠的时候;精于假托大义的人,一定会有犯拙劣错误的时候。'狄人围住卫国,卫国迁移到帝丘'、'卫国入侵犯狄人,卫国和狄结盟',这就是说:避开夷狄的军队,可以看到小国无计可施,而寻求和夷狄结好,可以看出华夏已经没有霸主扶持了。'于是就在虎牢筑城'、'戍守郑国的虎牢',这就是说:把险地公开,交托给天下,这是称许霸主制服敌人的策略;要把险峻之地收归到自己这一个国家,这是成全霸主降服叛乱的功业。'在杞地筑城'、'在成周筑城',这是说:大夫都不注意在礼制上把自己

《晋语》司马侯曰："羊舌肸习于《春秋》。"《楚语》申叔时曰："教之《春秋》。"皆在孔子前，所谓《乘》、《梼杌》也。鲁之《春秋》，韩起所见，《公羊传》所云"不修《春秋》"也。

康节邵子学于李挺之，先视以陆淳《春秋》，欲以表仪《五经》。既可语《五经》大旨，则授《易》终焉。此学自《春秋》而始也。横渠张子谓"非理明义精，殆未可学"，朱熹谓"《春秋》乃学者最后事"。此学至《春秋》而终也。

孙明复《春秋总论》曰："《周礼》'九命作伯'，得专征诸侯，孟子所谓'五霸'者，伯也。"李泰伯《常语》、司马公《迁书》皆用此说，《通鉴》谓"王霸无异道"，先儒非之。愚按"五伯"见《左传》成二年，杜氏注云："夏伯昆吾，商伯大彭、豕韦，周伯齐桓、晋文。"以"霸"为"伯"可也，而非《孟子》，则过矣。邵子于五霸取秦穆、晋文、齐桓、楚庄。

跟诸侯分开，那么列国跟周王室的上下尊卑又能凭什么来分辨呢？"他对《春秋》经文宗旨的解释，简明而又恰当。

《国语·晋语》记载司马侯说："羊舌肸通晓《春秋》。"《国语·楚语》记载申叔时说："教国子学习《春秋》。"这些人都生活在孔子之前，他们所说的《春秋》就是所谓的晋国的《乘》和楚国的《梼杌》。鲁国的《春秋》，是韩起见过的，也就是《公羊传》所说的"未曾修订过的《春秋》"。

邵康节先生（邵雍）向李挺之（李之才）拜师学习，李挺之教他先看陆淳所注解的《春秋》，以求用它来作为学习《五经》的模范。当已经可以告诉弟子《五经》的宗旨后，就讲授《易经》来完成整个系统。这是把《春秋》作为学习经典的开端的案例。横渠张子（张载）说"不到学理分明、义理精深的程度，大概还不能开始学《春秋》吧"，朱子（朱熹）说"《春秋》是学道之人最后要解决的一件事。"这是把《春秋》作为学问的终结的案例。

孙明复（孙复）的《春秋总论》说："《周礼》上说'九次接受天子的赐命，就可以作为诸侯之长'，可以按照自己的意愿去征伐诸侯，孟子所说的'五霸'，实际上就是伯。"李泰伯（李觏）的《常语》和司马公（司马光）的《迂书》都采用了这种说法，《资治通鉴》说"王者和霸主，他们所行的道是一样的"，先儒批评这样的说法。"我查考"五伯"的记载见于《左传》成公二年，杜预的注解说："夏代的伯是昆吾，商代的伯是大彭、豕韦，周代的伯是齐桓公、晋文公。"以"霸"为"伯"是可以的，可是为此去指责《孟子》，那就错了。邵子（邵雍）在五霸中采取秦穆公、晋文公、齐桓公、楚庄王这样的说法。

锡桓公命，葬成风，王不书"天"。桓四年、七年，去"秋""冬"二时，此天法也。不书即位，名天子之宰，贬诸侯，讨大夫，此王法也。孟子谓"天子之事"，邵子谓"尽性之书"，胡文定谓"传心之要典"也。

明天理，正人伦，莫深切于《春秋》。三忠臣书"及"，而为义者劝焉；三叛人书名，而不义者惧焉。书克段、许止而孝悌行矣，书仲子、成风而纲常立矣。书郜鼎、卫宝而义利辨矣，书遇于清、会于稷而乱贼之党沮矣。

宣之于仲遂，定之于意如，以私劳忘大谊，不若叔孙昭子远矣。晋文公以定襄王而请隧，王弗许，曰"班先王之大物以赏私德。"又曰"余敢以私劳变前之大章！"真文忠《文章正宗》以此篇为首，其有感于宝庆之臣乎？懔懔焉《春秋》之法也。

"晋阳以叛"书，圣笔严矣。《公羊氏》乃谓"逐君侧之恶"，《谷梁》亦云"以地正国"。汉之乱贼，晋之强臣，唐之悍将，假此名以称乱，甚于《诗》、《礼》发冢者也。

在《春秋经》中，天子赐予鲁桓公爵服等赏命，安葬鲁僖公的母亲成风，对周王的赏赐都不写上"天"字。在鲁桓公四年、七年，没有载录"秋""冬"二季，这是上天的法则。《春秋》不记载即位，对天子的臣宰称呼名字，贬斥诸侯，讨伐大夫，这是王者的法度。孟子说"《春秋》是天子才能做的事"，邵子（邵雍）说"《春秋》是让人完成天性的书"，胡文定（胡安国）认为这"《春秋》是传递圣人之心的重要典章"。

明晓天理，端正人伦，没有比《春秋》更深切的了。对孔父、仇牧、荀息三位忠臣都写"及"，践行道义的人就感到鼓舞了；对邾庶其、莒某夷、黑肱三个叛徒都写上名字，不义的人就恐惧了。《春秋》在隐公元年写上"克段"、许止的事情，孝悌之道就可以践行了，写仲子和成风，嫡庶的纲常就确立了。写上部鼎、卫国的宝玉的事情，对义利的辨析也就清楚了，记载在清地会盟、在稷地会盟，乱臣贼子这类人的行动就被消弭了。

鲁宣公对仲遂，鲁定公对季孙意如，都是为了私人的功劳忘记了大义，这比叔孙昭子要差远了。晋文公凭借安定周襄王的功劳去请求隧葬，周襄王没有答应，还说："分出先王遗留下来的神圣宝物来奖赏为我私人贡献的功德"，又说"我怎敢因为您对我私人的功劳而改变先王的大法！"真文忠公（真德秀）的《文章正宗》把这篇文章作为首篇，大概是有感于宝庆之臣史弥远的事情吧，《春秋》的法度真是凛然可畏啊！

"（赵鞅）进入晋阳发起叛乱"，圣人的笔法也很严格了。《公羊传》中却说赵鞅是"驱逐君主身边的恶人"，《谷梁传》也说"用一个封地来匡正国家"。汉时的乱臣贼子，晋朝的权臣，唐朝的悍将，都是借助这个名义来发起叛乱，严重的程度要

平王之迁，戎为之也；襄王之出，狄为之也。《春秋》之笔，戎为先，狄次之。其末也，淮夷列诸侯之会，天下之变极矣。

"《春秋》以道名分"，其特书，皆三纲之大者：曰"成宋乱"，以宋督弗讨而货赂是取也；曰"宋灾故"，以蔡般弗讨而细故是恤也；曰"用致夫人"，以嫡妾无辨而宗庙之礼乱也；曰"大夫盟"，以君弱臣强，而福威之柄移也。吁，其严乎！

沈既济书中宗曰"帝在房陵。"孙之翰、范淳夫用其例，《春秋》"公在乾侯"之比也。沙随程氏谓："三子不以敬王之例书'居'，而引诸侯之在他国者，其考《春秋》而未熟者欤？"朱文公诗，以为范太史受说伊川，然既济之议，乃其始也。

大雩、大阅、大蒐、肆大眚，凡以"大"言者，天子之礼也，书鲁之僭。《月令》曰："大雩帝。"天子雩上帝，诸侯雩山川。经书"大雩"二十有一，非礼也。贾逵云："言大，别山川之雩。"（原注：诸侯雩上帝，于是季氏旅泰山矣。）

比念着《诗经》、《礼经》去盗墓更厉害。

周平王迁都洛阳，是戎人造成的，周襄王逃出国都，这是狄造成的。《春秋》的笔法，总是把戎族放在首位，其次是狄人，到最后，淮夷也能列入诸侯的会盟了，可见天下的变乱已经到了极点啊。

"《春秋》这部经典是用来确立上下名分的"，《春秋》所特别书写揭示的，都是三纲中最重要的：《春秋》说"鲁、齐、陈、郑造成了宋国的动乱"，这是因为不去讨伐作乱的宋督却把他所奉的贿赂都笑纳过来；《春秋》说"因为宋国火灾的缘故"，是因为不讨伐蔡般却只关心火灾这点小小的变故；《春秋》说"是因为把夫人的神主放入太庙"，是因为不去辨别嫡妻和旁妾，导致宗庙的礼制混乱；《春秋》说："大夫盟誓"，这是因为君主弱小，而臣子势力强大，赏罚的权柄被臣子所夺。唉，多么严正啊！

唐代沈既济写史书，写到唐中宗的时候写"皇帝在房陵。"孙之翰、范淳夫（范祖禹）写史也采用了这个体例，《春秋》中的"鲁公在乾侯"就是这个体例的源头。沙随程迥说："这三位先生不仿照《春秋》写周敬王的例子写'居'，却引用逃亡到别国的诸侯写'在'，这恐怕是研究《春秋》却还不够精熟吧？"朱文公（朱熹）的诗认为范太史（范祖禹）是在程伊川（程颐）这里接受了这种说法，然而沈既济的议论，才是这种体例的开端。

像是大雩、大阅、大蒐、肆大眚这些礼仪，凡是用"大"字来形容的，都是天子才能用的礼仪，这是为了记载鲁君的僭越行为。《礼记·月令》上说："举行大规模地向天帝求雨的雩祭。"天子雩祭的对象是上帝，诸侯雩祭的对象是山川神灵。

　　溴梁之盟，大夫无君；申之会，诸侯皆狄。春秋之大变也。有鸡泽之盟，而后有溴梁之盟；有宋之盟，而后有申之会。君臣、夷夏之分，谨其微而已。

　　诸侯之主盟，自齐桓始也。北杏、鄄之会，鲁不至，及幽之盟而始会焉，则鲁不亟于从霸也。夷狄之主盟，自楚灵始也。申之会，鲁不至，及蓮启彊之召，而后如楚焉，则鲁不亟于从狄也。故曰："鲁一变，至于道。"

　　幽王之尹氏，不能世吉甫之贤，而秉国不平，西周所以夷于列国也。景王之尹氏，又世太师之恶，而私立王子朝，东周所以降于战国也。

　　鲁，秉礼之国也，大夫不止僭诸侯而旅泰山，以《雍》彻，僭天子矣；陪臣不止僭大夫而窃宝弓，祀先公，僭诸侯矣。

《春秋》经写了"大雩"二十一次，都是不合于礼制的僭越行为。贾逵说："称天子的雩祭为'大雩'，是为了跟山川的雩祭区别开来。"（原注：当诸侯也可以雩祭上帝，到这个程度，季氏当然也可以旅祭泰山了。）

　　各国在溴梁的盟会，大夫执掌国政，已经没有敬君的概念了；在申地的盟会，诸侯都成了夷狄。这是春秋时期的一大变动。先有了鸡泽的盟会，然后才有溴梁的盟会；有了在宋国的盟约，然后才有了申地的盟会。君臣、夷夏的名分变动，都是需要在细微处更加谨慎罢了。

　　由诸侯来主持会盟，是从齐桓公开始的。在北杏和鄄的盟会，鲁国没有到场，直到幽地会盟的时候才参与会盟，那么鲁国是不急于跟从霸主的。由夷狄来主持会盟，是从楚灵王开始的。在申地的盟会，鲁国没有到场，等到蓬启疆来召唤鲁昭公，昭公才到楚国去，那么鲁国就是不急于追随夷狄了。因此孔子说："鲁国一旦变化了，就达到了道的境界。"

　　周幽王时候的尹氏，不能继承尹吉甫的贤能，主持国政却做不到公平公正，这是西周被降低到跟列国等同水平的原因。周景王时候的尹氏，又是继承了太师的恶行，凭借私意拥立王子朝为王，这是东周沦落到战国的原因。

　　鲁国是秉承礼制的国家，大夫却不仅仅是僭越诸侯，去旅祭泰山，甚至还用《雍》这种礼乐来撤除祭品，这已经是僭越天子的礼制了；鲁国大夫的家臣却不仅仅是僭越大夫，窃取宝玉和大弓，甚至还祭祀先公，这是僭越诸侯的礼制了。

左氏传

　　三《传》皆有得于《经》而有失焉。"《左氏》善于礼，《公羊》善于谶，《谷梁》善于经"，郑康成之言也。"《左氏》艳而富，其失也巫；《谷梁》清而婉，其失也短；《公羊》辩而裁，其失也俗"，范武子之言也。"《左氏》之义有三长，二《传》之义有五短"，刘知几之言也。"《左氏》拘于赴告，《公羊》牵于谶纬，《谷梁》窘于日月"，刘原父之言也。"《左氏》失之浅，《公羊》失之险，《谷梁》失之迂"，崔伯直之言也。"《左氏》之失专而纵，《公羊》之失杂而拘，《谷梁》不纵不拘而失之随"，晁以道之言也。"事莫备于《左氏》，例莫明于《公羊》，义莫精于《谷梁》；或失之诬，或失之乱，或失之凿"，胡文定之言也。"《左氏》传事不传义，是以详于史而事未必实；《公羊》、《谷梁》传义不传事，是以详于《经》而义未必当"，叶少蕴之言也。"《左氏》史学，事详而理差；《公》、《谷》经学，理精而事误"，朱文公之言也。学者取其长，舍其短，庶乎得圣人之心矣！啖、赵以后，凭私臆决，甚而阁束三《传》，是犹入室而不由户也。

　　《春秋》三《传》对于《春秋经》的大义都有所领会，同时也有各自的缺陷。"《左传》善于记载礼制，《公羊传》善于记载谶言，《谷梁传》擅长解释经义"，这就是郑康成（郑玄）说的话。"《左传》文采艳丽丰富，但它的过失在载录巫术神怪；《谷梁传》文辞清简委婉，但它的过失在于义理上阐发不足；《公羊》义理精明、长于裁断，但其过失就在于重视成败、牵合流俗"，这是范武子（范宁）所说的话。"《左传》阐发义理有三点长处，《公羊传》《谷梁传》两部《传》阐发的义理有五个短处"，这是刘知几说的话。"《左传》对经文的解释拘泥于史官赴告的制度，《公羊传》被谶纬的解释所牵制了，《谷梁传》被《春秋》记录日月的义理困住了"，这是刘原父（刘敞）的解释。"《左传》的缺点在义理浅近，《公羊传》的缺点在怪异惊人，《谷梁传》的缺点在于迂阔不能切于世用。"这是崔伯直说的话。"《左传》的缺失在专门记事而不够检束、说义不精；《公羊传》的缺失在其驳杂，因而拘泥于礼制，《谷梁传》没有过于放纵的毛病，也没有过于拘泥的毛病，但其缺点则是说理随顺"，这是晁以道说的话。"记载各国史事没有比《左传》更完备的了，春秋的义例没有比《公羊传》更鲜明的了，讲论《春秋》的大义没有比《谷梁传》更精到的了；可是《左传》有载录史事不准确的缺点，《公羊传》有记载斗争变乱之意的缺点，《谷梁传》说理有穿凿附会的缺点"，这是胡文定（胡安国）说的话。"《左氏传》传承了春秋的史事而没有传承《春秋》大大义，因

　　吕成公谓《左氏》有三病：周郑交质，不明君臣之义，一也；以人事傅会灾祥，二也；记管、晏之事则善，说圣人之事则陋，三也。王介甫疑《左氏》为六国时人者十一事。（原注：介甫《左氏解》一卷，其序谓"为《春秋》学余二十年。《馆阁书目》以为依托。"）

　　汉武帝好《公羊》，宣帝善《谷梁》，皆立学官。《左氏》尝立而复废，贾逵以为明刘氏之为尧后，始得立。不以学之是非，而以时之好恶，末哉，汉儒之言《经》也！

此在史料上保留得很详尽，可是事件未必真实；《公羊传》、《谷梁传》传承了《春秋》大义，可是没有传承《春秋》记载的史事。因此这二《传》对《春秋经》的解释很详细，但道理不一定恰当。"这是叶少蕴（叶梦得）说的话。"《左传》实际上是史学，所以记事详细，道理却有差错，《公羊传》、《谷梁传》是经学，所以义理精深，可是在记事上就有错误。"这是朱文公（朱熹）说的话。对于学习《春秋》的人来说，采取他们各家的长处，舍弃他们的短处，这样或许差不多就能体会圣人的用心了。唐代啖助、赵匡之后的学者凭借个人自己的意见来决断经义，甚至到把三《传》束之高阁，这就像要走进室内却偏偏不走大门一样。

吕成公（吕祖谦）说《左传》有三个弊病：记载周王室和郑国交换人质，不明白君臣之间上下尊卑的道理，这是第一点；把实际政治上的人事跟天地间的灾祸和祥瑞附会在一起，这是第二点；记载管仲、晏婴这些宰相名臣的事情记得很精善，可谈及圣人孔子的事迹却很浅陋，这是第三点。王介甫（王安石）怀疑《左传》的作者"左氏"是六国时候的人，为此举出了十一条证据。（原注：王安石的《左氏解》有一卷，他的序言说到"我研究《春秋》学超过了二十年"。《馆阁书目》认为这是别人托名王安石所写的。）

汉武帝爱好《公羊传》，汉宣帝精通《谷梁传》，这两部《春秋》的《传》都设立在学官中，供士子学习。《左传》曾经也被立为学官，之后又被废止了，贾逵认为《左传》足以证明刘姓是尧帝的后裔，《左传》在学官里才得以成功树立。不凭借学问本身的是非，却要依据当时皇帝的好恶来判断，汉代的儒者谈

"八世之后，莫之与京"，其田氏篡齐之后之言乎？"公侯子孙，必复其始"，其三卿分晋之后之言乎？"其处者为刘氏"，其汉儒欲立《左氏》者所附益乎？皆非《左氏》之旧也。新都之篡，以沙麓崩为祥；释氏之炽，以恒星不见为证。盖有作俑者矣。

正义云："和帝元兴十一年，郑兴父子奏上《左氏》，始得立学，遂行于世。至章帝时，贾逵上《春秋大义》四十条。"愚尝考和帝元兴止一年，安得有十一年？一误也。郑兴子众终于章帝建初八年，不及和帝时，二误也。章帝之子为和帝，先后失序，三误也。《释文序录》亦云"元兴十一年"，皆非也。

"优而柔之，使自求之"，《大戴礼》孔子之言也。东方曼倩、杜元凯皆用之。

老泉《谥论》云："妇人有谥，自周景王穆后始。"愚按：鲁惠公声子已有谥，在春秋之初。

众仲对羽数，服、杜之说不同。服虔云："天子八八，至

经典也太末流了。

"八代以后，没有人能比得上他"，这个预言大概是田氏篡夺了齐国政权以后才出现的话吧？"公侯的子孙，一定会回到当初公侯的地位"，这大概是韩、赵、魏三卿瓜分晋国之后才流传的说法吧？"他的家族中留在秦国的便以刘为氏"，这大概是想把《左传》立于学官的汉代儒者所附会的增加吧？这些都不是《左传》的原貌了。王莽篡位为帝，把沙麓崩塌作为祥瑞，佛教的兴旺，把恒星不出现作为证明。大概《左传》里附会一些内容是有始作俑者的。

孔颖达《左传正义》说："汉和帝元兴十一年，郑兴父子奏告皇帝，献上《左传》，《左传》才开始得以立于学官，于是在世上流行。到汉章帝的时候，贾逵向章帝献上《春秋大义》四十条。"我曾经考证，汉和帝的元兴这个年号只有一年，怎么会有十一年呢？这是第一个错误。郑兴的儿子郑众，他在汉章帝建初八年就已经去世了，并没有赶上汉和帝在位的时候，这是第二个错误。汉章帝的儿子才是汉和帝，前后的时间顺序有问题，这是第三个错误。《释文序录》也说是"元兴十一年"，这些都是错误的记载。

"在教学上既要宽舒又要柔和，让他自己去求得大道"，这本来是《大戴礼记》里记载的孔子的话。后来东方曼倩（东方朔）、杜元凯（杜预）都在自己的文章里引用了这句话。

苏老泉（苏洵）的《谥论》说："妇人有谥号，是从周景王的穆后开始的。"据我考察，鲁惠公的夫人声子就已经有谥号了，那个时候还在春秋初期。

众仲回答鲁公所问的乐舞用羽的数目，服虔和杜预的两

士二八。"则每佾八人。杜预云："天子六十四人,至士四人。"则人数如其佾数。宋太常傅隆以杜注为非,谓"八音克谐,然后成乐,故必以八人为列。降杀以两,减其二列尔。预以为一列又减二人,至士止余四人,岂复成乐?"刘原父谓:"士无舞,特牲、少牢皆士礼,无用乐舞之仪。"

石碏曰:"陈桓公方有宠于王。"《公羊传》公子翚曰:"吾为子口隐矣。"《荀子》:周公曰"成王之为叔父。"《穆天子传》亦云"穆满。"皆生而称谥,纪事之失也。

富辰言周公封建亲戚,凡二十六国。成鱄言:"武王兄弟之国十有五人,姬姓之国四十人。"(原注:《史记》云:"文、武、成、康所封数百,而同姓五十五。")与此同。《荀子》谓:"周公立七十一国,姬姓独居五十三人。"《汉表》谓:"周封国八百,同姓五十有余。"后汉章和元年诏谓:"周之爵封千有八百,姬姓居半。"当以成鱄之言为正。皇甫谧亦云:"武王伐纣之年,夏四月乙卯,祀于周庙,将率之士皆封,诸侯国四百人,兄弟之国十五人,同姓之国四十人。"

种说法不一样。服虔说："天子的乐舞是八行八列，一共六十四人，往下到士这个阶层就是二乘八，一共十六人。"这样看，就是每佾都有八个人了。杜预说："天子的乐舞用六十四人，到士只能用四人。"那么人数就和佾数一样了。南朝宋的太常傅隆就认为杜预的解释不对，他说"八音能够和谐，这样以后才能形成音乐，所以必须把八人作为一列。每往下降一个等级所减杀的数字都是两，所以所用的乐师就减少两列。杜预认为每一列也都得减少两个人，到士用乐舞，总共只剩下四个人，哪里还能再完成乐章呢？"刘原父（刘敞）说："士人祭祀没有用乐舞的，特牲、少牢这些祭品都是士这个阶层的礼制，没有要用到乐舞的仪节。"

石碏说："陈桓公正受到周王的宠信。"《公羊传》记载公子翚对鲁桓公说："我为您对隐公说了。"《荀子》记载：周公说："我身为周成王的叔父。"《穆天子传》也说"穆满"，都是在人还活着的时候就称呼他的谥号，这是记载史事的失误。

富辰说周公给亲族和外戚封邦建国，一共分封了二十六个国家。成鱄说："武王的兄弟受封的国家有十五个，姬姓受封的国家一共有四十个。（原注：《史记》说："文王、武王、成王、康王所封的国家有几百个，而作为王室同姓的姬姓诸侯国有五十五个。"）与这种说法相同。《荀子》说："周公分封各国，建立了七十一个国家，光是姬姓就占据了五十三个。"《汉书·诸侯王表》说："周朝分封了八百个诸侯，同姓的诸侯国有五十多个。"东汉章和元年的诏书说："周朝分封下去的官爵有一千八百个，其中姬姓的贵族就占了一半。"所以在周初分封诸侯这个问题上，应当把成鱄的话作为正解。皇甫谧也说："周武王讨伐商纣那年，夏季四

宋人请猛获于卫，卫人欲勿与，石祁子曰："天下之恶一也。"名臣之言，可训万世。盖祁子之学识，见于不沐浴佩玉之时。卫多君子，渊源有自来矣。

原繁曰："臣无二心，天之制也。"此天下名言，万世为臣之大法。《西山读书记》取之，《博议》贬繁，恐未为笃论。

郑伯谓烛之武曰："若郑亡，子亦有不利焉。"观《魏受禅碑》、《唐六臣传》，利蔺而乐亡者有矣。

君之于民亦曰忠，季梁云："上思利民，忠也。"子之于亲亦曰慈，《内则》云："慈以旨甘。"圣贤言忠，不颛于事君，为人谋必忠，于朋友必忠告，事亲必忠养。以善教人，以利及民，无适非忠也。

《素问》："立端于始，表正于中，推余于终，而天度毕矣。"注谓："立首气于初节之日，示斗建于月半之辰，退余闰于相望之后。"此可以发明《左氏》正时之义。

月乙卯日, 武王在周国宗庙举行祭祀, 领兵打仗的将士都能够受封, 分封的诸侯国君有四百人之多, 其中武王兄弟受封的封国有十五个, 同姓的封国国君有四十人。"

宋人到卫国去请求归还猛获, 卫国人不想归还, 石祁子说:"天下的邪恶是一样的。"名臣留下来的话, 足以垂训万世。大概石祁子的学识, 从他居丧而不洗头、洗澡、佩玉以追求吉兆的时候就有了。卫国出的君子比较多, 看来也是有它久远的渊源的。

原繁说:"臣子对君主没有二心, 这是上天的律令。"这真是天下的名言, 也是万世以来做臣子的大原则。《西山读书记》就认可、采用了原繁的这句话。《博议》贬斥原繁, 恐怕也不是非常确切的评价。

郑文公对烛之武说:"如果郑国灭亡了, 对您也是没有好处的。"看《魏受禅碑》和《唐六臣传》, 借着国家有灾难捞取利益、甚至乐于见到国家灭亡的人也有不少啊。

君主对民众也可以称作忠, 季梁说:"在上的人考虑怎么做对民众有利, 这就是忠诚的品质。"儿子对父亲也可以称为慈,《内则》说:"怀着慈爱的心情向父母进献美味的食物。"圣贤说到"忠"这个品质, 不是专指侍奉君主而言的, 替人谋划, 一定要竭忠尽智, 对朋友, 必须忠诚地劝告, 事奉亲人, 必须要忠诚地奉养。用善行教化他人, 让利益遍及民众, 没有一件事不是在忠诚的范围中。

《素问》中说:"确立了岁首冬至并以此为开始, 用圭表的日影以推正中气的时间, 随着日月的运行而推算节气的盈余, 直到岁尾, 这样就穷尽了天度的变化。"《素问》的注解说:"在初节

《通鉴外纪目录》云："杜预《长历》既违五岁再闰，又非归余于终，但据《春秋》经传，考日辰朔晦，前后甲子不合，则置一闰，非历也。"《春秋分记》云："《长历》于隐元年正月朔则辛巳，二年则乙亥。诸历之正皆建子，而预之正独建丑焉。日有不在其月，则改易闰余，强以求合。故闰月相距，近则十余月，远或七十余月。"刘羲叟起汉元以来为《长历》，《通鉴目录》用之。

"王贰于虢"、"王叛王孙苏"，曰"贰"曰"叛"，于君臣之义失矣，不可以训。《通鉴》书"燕叛齐"，而《大事记》非之；书"蜀汉寇魏"，而《纲目》非之；书"晋寇梁"，而《读史管见》非之。况天子之于臣乎！

晋假道于虞，曰："冀为不道，入自颠轺，伐鄍三门。"杜氏以冀亭为冀国。尝考之《东汉·西羌传》"渭首有冀戎"，《史记》云秦武公伐而县之，汉天水郡之冀县也。入颠轺者，盖冀戎。（原注：前此虢公败犬戎于渭汭，盖亦渭首之戎，但秦之县冀，在晋假道于虞之前，盖其余种也。）晋自有冀邑。

这一天确立岁首，把斗建安置在月半的辰位，把闰余之气放在望日的后面。"这种说法可以跟《左传》"推历明时"的大义相互发明。

《通鉴外纪目录》说："杜预的《长历》既违背了五年两次设置闰的做法，又不是把每个月余下来的日子来设置闰月，只是根据《春秋》的经传记载，考察每日的甲子和月相晦朔，前后的甲子不能相合，就设置一个闰月，这个不是实际使用的历法。"《春秋分记》说："《长历》记载，隐公元年的正月初一是辛巳日，隐公二年是乙亥日。各种历法都是以子月为正月，杜预所说的历法却独独要以丑月为正月。所以实际的日辰有不能与月份相合的，那就给多出来的日子设置闰月，强行要把日月凑在一起。所以两次闰月相距的时间，近的有十余个月，远的就有七十来个月。"刘羲叟把汉元帝以来的日月发掘出来，编写《长历》，《通鉴目录》采用了他的成果。

"周平王偏信虢公"、"周匡王背叛了王孙苏"，《左传》记载这些事的时候用"贰"和"叛"，这是违背了君臣尊卑的大义，不能够作为典范。《资治通鉴》里写"燕国背叛了齐国"，于是《大事记》非难它；书中说到"蜀汉作为贼寇入侵曹魏"，于是《通鉴纲目》批评他；书中说"晋朝入寇后梁"，于是《读史管见》也批评他。何况《左传》说的是天子对于臣下的关系呢！

晋国向虞国借道，说："冀国残暴无道，从颠軨入侵虞国，攻打鄍邑的三面城门。"杜预把冀亭当作冀国。我曾经考察过《后汉书·西羌传》，里头记载"渭水的上游有冀戎"，《史记》说秦武公讨伐了冀戎，并在这里设置了县，也就是汉朝天水郡的冀县。这里说从颠軨入侵的，大概就是冀戎了吧。（原注：在之

（原注：冀缺为卿，复与之冀。）

子犯曰："民未知礼，未生其共。""生"之一字，与《乐记》"易直子谅之心，油然生矣"，《孟子》"乐则生矣"之"生"同。温公省试《民受天地之中以生论》，以"生"为"活"，其说以为民受天地之中，则能活也。朱文公谓此说好。

楚箴曰："民生在勤。""生"如"生于忧患"之"生"，盖心生生不穷。勤则生矣，生则乌可已也；怠焉则放，放则死矣。故公父文伯之母曰："民劳则思，思则善心生。"

古者以德为才，十六才子是也。如狄之酆舒，晋之知伯，齐之盆成括，以才称者，古所谓"不才子"也。

禹，鲧之子也。史克于鲧曰"世济其凶"，而于禹曰"世济其美"。论其世，则鲧非美也。于此见立言之难。

"贵而能贫"，张文节、司马公有焉。"能贱而有耻"，刘道原、陈无己有焉。

前，虢公在渭水和汭水之间打败犬戎，大概也是渭水上游的戎族，不过秦国在冀地设县，还在晋国向虞国借道之前，大概是当地冀戎的后代子孙吧。）晋国国内本身就有一个冀邑。（原注：冀缺做卿的时候，又把冀地封给了他。）

子犯说："百姓还不知道礼仪，还没有生出恭敬的心。""生"这一个字和《礼记·乐记》里所说的"平易、正直、慈爱、诚敬的心就自然生发出来了"，《孟子》中"有乐就生发出来了"中的"生"字是相同的。司马温公（司马光）在礼部试中所写的《民受天地中以生论》，认为"生"就是"活"的意思，他的说法认为，百姓身受天地的中气就能活着。朱文公（朱熹）说这种说法好。

楚国古老的箴言说："百姓的生计都在勤劳。"这里的"生"就跟"在忧患中得以生存"中的"生"一样，大概人心有一种生生不息、无穷无尽的特性。勤奋就足以生存了，活着又怎么可以停止呢；怠惰了就会放纵，放纵就死去了。所以，公父文伯的母亲说："百姓勤劳就有思考了，有思考，善心也就生发出来了。"

古人都把德行叫作才能，《左传》记载的十六才子就足以证明。像是狄族的郤舒，晋国的智伯，齐国的盆成括，这些以才能著称的人，实际上都是古人所说的"没有才能的人"。

禹是鲧的儿子。史克说鲧是"世世代代都完成他祖上的凶暴"，可是对夏禹又说"世世代代都成全他祖上的美德"。如果论及大禹的身世，那么鲧就不是所谓的美德。从这里就能看到立说的困难。

"身份高贵而能安于贫穷"，张文节（张知白）和司马公（司马光）都有这种品质。"身处卑贱却有廉耻之心"，刘道原

楚有夏州，以夏变夷。卫有戎州，以夷变夏。

《管子·大匡篇》："管仲曰：'君会其君臣父子，则可以加政矣。'公曰：'会之道奈何？'曰：'诸侯毋专立妾以为妻，毋专杀大臣，毋国劳，毋专予禄士庶人，毋专弃妻，毋曲隄，毋贮粟，毋禁材。行此卒岁，则始可以罚矣。'君乃布之于诸侯，诸侯许诺，受而行之。"《孟子》所谓"五禁"，略见于此。吕成公曰："如内政之类，桓公于五命之戒，亦未免有所犯，故《左氏》隐而不书，使后世不知桓公躬言之而躬自蹈之也。"《说苑》："晋文公合诸侯而盟曰：'无以美妾疑妻，无以声乐妨政，无以奸情害公，无以货利示下。'"亦五禁之意，传记不载。

"赵衰以壶餐从径，馁而弗食，故使处原。"《韩非子》曰："晋文公出亡，箕郑挈壶餐而从。迷而失道，与公相失，饿而不敢食。及文公反国，曰：'轻忍饥馁之患，而必全壶餐，是将不以原叛。'乃举以为原令。"此即赵衰事也。

（刘恕）、陈无己（陈师道）就有这种品质。

楚国是夷狄之国，却有夏州这个地名，是用华夏文明改变夷狄的例证。卫国是华夏，却有戎州这个地名，是用夷狄的风俗来改变了华夏。

《管子·大匡篇》记载："管仲说：'您能够让他们的君臣父子间的关系融洽，就可以施加政令了。'齐桓公说：'融会君臣父子之伦的方法是什么呢？'管仲说：'诸侯不能擅自把妾室立为妻室，不能擅自诛杀大臣，不要让国力疲敝，不要擅自给没有功绩的士庶人发放俸禄，不能擅自抛弃妻子，不能修堤拦截山谷，不能囤积粮食，不能禁止民众伐木，把这些法令颁行满一年，就可以开始处罚了。'齐桓公便把这些事项遍告诸侯，诸侯答应了，接受并施行。"《孟子》所说的"五禁"，大致可以从这里见到。吕成公（吕祖谦）说："像是这些禁令中关于内政的这类内容，桓公对于盟誓中所说的五种诫命，也不免会触犯其中的一些内容，所以《左传》就隐去了部分内容没有记载，让后世的人不知道齐桓公亲自颁布了这些诫命，同时又亲自触犯了这种诫命。"《说苑》记载："晋文公召集诸侯盟誓说：'不要因为美丽的姬妾而去怀疑正妻，不要因为声乐的享受而妨碍政事，不要因为奸邪私情损害公家利益，不要拿获取财货利益来给臣民做示范。'"这也是齐桓公五禁的意思，但是相关的传记上都没有记载。

"赵衰带上一壶饭从小路走，即使饿坏了也不吃，所以让他主管原这个地方。"《韩非子》记载："晋文公逃去国外的时候，箕郑提着壶和饭食跟随晋文公，中途迷失了道路，跟晋文公失散了，到饿极了的程度也不敢吃壶中的食物。等到晋文公返

杜预解《传》云："诸侯谅闇，国事皆用吉礼。"《议太子服》云："高宗无服丧之文，唯称不言而已。"饰经舞礼，不可以训。

伯宗伐潞，曰："后之人，或者将敬奉德义，以事神人，而申固其命，若之何待之？"乐毅伐齐，曰："待彼悔前之非，改过恤下而抚其民，则难虑也。"羊祜伐吴，曰："若更立令主，虽有百万之众，长江未可窥也。"此皆兵家权谋，惟恐人之迁善，岂所谓以善养人者哉！

"西陆朝觌"，其说有三：服氏谓"春分奎晨见东方"，杜氏谓"三月奎朝见"，郑氏谓"四月昴朝见"。《尔雅》："西陆，昴也。"刘炫云："郑为近之。"《诗》"三星在天"，其说有二：毛氏以为"参，十月始见"；郑氏以为"心，三月见东方。"朱文公从郑说。

"季氏有嘉树，韩宣子誉之。"服虔云："誉，游也，宣子游其树下。夏谚曰：'一游一誉，为诸侯度。'"（原注：《孟

回晋国，说：'不在乎忍耐饥饿的危险，而一定要保全壶中的餐饭，这样看来，他也不会凭借原叛乱。'于是就把他提拔做原地的官长。"这说的就是赵衰的事。

杜预解释《左传》说："诸侯在居丧的时候，国家大事都会使用吉礼。"《议太子服》说："殷高宗没有实际服丧的记载，古书上只是说他三年没有言语罢了。"修饰经典用来改窜礼制，杜预的行为不能作为榜样。

伯宗讨伐潞国的时候说："他的继任者，或许将会恭敬地践行德义，侍奉神明、百姓，而使他的国运巩固，到时候我们又应该怎么对待他们呢？"乐毅讨伐齐国的时候，说："等到他们能追悔之前犯的错误，改正过错、体恤臣下、安抚百姓，那讨伐之事就难以考虑了。"羊祜讨伐吴国的时候，说："如果另立一位好君主，即使我方拥有百万规模的军队，也难以窥视长江、攻打吴国啊。"这些都是用兵的权谋策略，只怕人们改过行善，这哪里是所谓的用善事养人呢！

关于"西陆朝觐"这句话的解释，说法有三种：服虔说"春分的时候，奎宿在清晨出现在东方的天空"，杜预说"三月的时候，奎宿在早晨出现"，郑玄说"四月的时候，昴宿在早上出现"。《尔雅》说："西陆，指的就是昴星。"刘炫说："郑玄说的比较接近真相。"《诗经》中说"三星在天"，关于它的解释有两种：毛公认为："这里说的是参宿，直到十月才开始出现在天上"，郑玄认为"这里说的是心宿，三月在东方的天空出现"。朱文公（朱熹）同意郑玄的说法。

"季氏种了一株很好的树，韩宣子在树下'誉'"。服虔的注解说："誉，是出游的意思，韩宣子在这株树下游玩。"夏朝

子》注引"范宣子豫焉","苑"字误。）

宋伯姬，先儒谓妇人之伯夷。《左氏》谓"女而不妇"，非也。陆淳又以为"非可继可传之道"。胡文定讥之，谓以此卜其贪生惜死，不知命矣。愚谓淳党叔文而不羞，由其不知命也。

卫侯赐北宫喜谥曰贞子，赐析朱鉏谥曰成子，是人臣生而谥也。魏明帝，有司奏帝制作兴治，为魏烈祖，是人君生而谥也。

蔡墨曰："国有豢龙氏，有御龙氏。"后汉有侍御史扰龙宗，岂其苗裔欤？

宁殖愧诸侯之策，贾充忧谥传，其恶不可掩也，是以知"可欲之谓善"。

《左氏》曰："先二子鸣。"《庄子》曰："子以坚白鸣。"昌黎《送东野序》言"鸣"字本于此。

人生求富，而子文逃之；富，人之所欲，而晏子弗受。庶几乎无欲矣。

的谚语说：'游览又游览，成为诸侯的法度。'"（原注：《孟子》的注解引用了"苑宣子在树下游玩"这句话，其中的"苑"字是错误的。）

宋伯姬，从前的儒者称她为妇人中的伯夷。《左传》说她是"虽然身为女子却不行妇道"，这是不对的。陆淳又认为"宋伯姬的行为不是可以继承的大道"。胡文定（胡安国）讥讽陆淳，认为从这种言论就可以预见到他贪生怕死，不知道天命了。我认为陆淳之后同王叔文结党而不觉得羞耻，这就是由于他不懂得天命的缘故。

卫灵公赐给北宫喜的谥号叫贞子，赐给析朱鉏的谥号叫成子，这是人臣还活着的时候就赐下了谥号。魏明帝的时候，有关官员奏请皇帝改定制度、兴起太平，可以称作魏烈祖，这是君主活着的时候就有了谥号。

蔡墨说："国家中有豢龙氏，有御龙氏。"东汉时期有一位侍御史叫作扰龙宗，难道就是豢龙氏和御龙氏的后裔吗？

宁殖为诸侯在策书上对自己的记录感到羞愧，贾充为自己不好的谥号流传后世而感到担忧，他们做的恶事也永远不能被掩盖，由此就知道什么叫作"有想追求善的欲望就叫作'善'"。

《左传》说："我像雄鸡一样，比两位先生鸣叫得早。"《庄子》说："您却用石头坚硬和纯白的辩题来鸣叫。"韩昌黎（韩愈）《送孟东野序》这篇文章里的"鸣"字就是本于此。

人人都想要求得财富，可是子文却逃避它；富裕，是人人都想要追求的，可是晏子却不接受。这样的人大概就接近"无欲"了吧。

侨不以防怨为善，而怨自弭，故侨与郑俱昌。斯以分过为忠，而过益彰，故斯与秦俱亡。

《韩非》曰："宋君失刑，而子罕用之，故宋君见劫。"李斯曰："司城子罕相宋，身行刑罚，以威行之，期年遂劫其君。"愚按：襄九年，宋"乐喜为司城以为政"，即子罕也。《左氏》载其言行，《檀弓》亦称之，贤大夫也。《宋世家》无子罕劫君之事，非、斯乃与田常并言，不亦诬乎！《战国策》谓忠臣令诽在己，誉在上。宋君夺民时以为台，而民非之。子罕释相为司空，民非子罕而善其君。此即《左氏》分谤之事。司城，宋之司空也。宋无两子罕，则非、斯之言妄矣。《史记》邹阳曰："宋信子罕之计而囚墨翟。"《汉书》作"子冉"，文颖注以子冉为子罕，皆所未详。

臧文仲"废六关"，《家语》云"置六关。"注谓"文仲置关以税行者，故为不仁。"

气志有交胜之理，治乱有可易之道，故君相不可以言

公孙侨（子产）并不把堵住百姓抱怨的渠道当作善政，可是百姓的怨言自然消散，所以子产本人和郑国都得到昌盛。李斯把分揽主上的过错作为忠诚，结果让过错更加明显，所以李斯与秦朝就一起灭亡了。

《韩非子》上说："宋辟公失去了刑罚的权柄，这一刑罚的权柄为司城子罕所用，所以宋辟公后来就被劫持了。"李斯说："司城子罕在宋国做宰相，亲自执行刑罚，用威权来推行刑罚，一年之后他就劫持了自己的君主。"据我看：鲁襄公九年，宋人"喜欢让司城来执掌政事"，这里的司城说的就是子罕。《左传》记载了他的言行，《檀弓》也称赞它，看来他是一位贤明的大夫。《史记·宋世家》里面没有载录子罕劫持君主的事情，韩非、李斯竟然把他同田常放在一起来说，这不也太荒唐了吗！《战国策》认为忠臣是让诽谤的话都对着自己，让美誉都在君主身上。宋辟公打破百姓的农时，让百姓为自己建造高台，百姓就批评国君。子罕就放弃了宰相之位，去做了负责建筑的司空，百姓就非难子罕而赞同他的国君了。这就是《左传》所记载的替国君分担毁谤的事情。司城，就是宋国的司空。宋国并没有两个子罕，那么韩非、李斯的话就错得太荒谬了。《史记》里邹阳说："宋人相信了子罕的计策而囚禁墨翟。"《汉书》里写作"子冉"，文颖的注释认为"子冉"就是"子罕"，都已经不清楚详情了。

《左传》记载臧文仲"废六关"，《孔子家语》说他"置六关"。《家语》王肃的注解说："文仲设置六关来征收过路人的关税，所以是不仁。"

人的血气和意志有相互克服的道理，治乱的局面也有可以

命。多福自我求，哲命自我贻，故圣贤可以言天。天者，理而已。以苌弘为违天，是人臣不当扶颠持危也；以楚克有陈为天道，是夷狄可以猾夏乱华也。（原注：赵氏震撰曰："《左氏》之害义，未有甚于记女宽之论苌弘也。"）自昔圣贤未尝以天废人。殷既错天命，王子则曰：'自靖自献。'周天命不又，大夫则曰：'黾勉从事。'治乱安危，天之天也；危持颠扶，人之天也。以忠臣孝子为违天，则乱臣贼子为顺天矣，而可哉！"

　　刘文公合诸侯于召陵。及皋鼬，将长蔡于卫。卫侯使祝佗私于苌弘，乃长卫侯于盟。考之《春秋》，是年三月会于召陵，蔡侯已在卫侯之上矣。五月盟于皋鼬，不序诸侯。《经》无"长卫"之文，《传》未足信也。

　　《韩诗外传》："受命者必以其祖命之。孔子为鲁司寇，命之曰：'宋公之子，弗甫何孙，鲁孔丘，命尔为司寇。'"（原注：古重世族，故命必以祖。）

　　《文选·补亡诗》："荡荡夷庚。"李善注："夷，常也。"《辩亡论》："旋皇舆于夷庚。"注引繁钦《辩惑》："吴人

改变的办法，所以君主、宰相都不可以侈谈天命。多多的福报应该从自身去寻求，神圣的命运要由我自己带来，所以圣贤可以说到"天"。天，实际上就是理罢了。认为苌弘赴死就是违背天理，这就说明做臣子的不应当在国家危难、颠覆的时候去努力扶持了。把楚国吞并陈国作为天道，这样的话，夷狄就可以扰乱华夏了。（原注：赵震挨说："《左传》对大义的伤害，没有比女宽对苌弘的评论更厉害的了。"）自古以来，圣贤从来没有因为天命而取消人事。殷商废弃了天命以后，王子则说：'自己图谋献身于国事。'在周朝天命不安的时候，大夫就说：'要勉力做事。'社会的治乱安危，是上天决定的命运，在最危险、即将颠覆的时刻去帮扶维持，这是人的天命。认为忠臣孝子就是违背天意，那么乱臣贼子就算是顺应天理了，这样难道真的就可以吗！"

刘文公在召陵和诸侯举行盟会。到了皋鼬这个地方，准备把蔡国放在卫国前面为长。卫灵公派祝佗和苌弘在私下交涉，于是在结盟时就让卫灵公做诸侯的盟主。考察《春秋》，这一年三月的时候，诸侯在召陵会盟，蔡侯的地位已经在卫侯之上了。到了五月在皋鼬结盟的时候，没有把诸侯按照次序排列。在《春秋经》中没有记载"卫国为长"这样的文字，《左传》的记载也未必完全确信。

《韩诗外传》记载："即将接受任命的人一定要带着他的祖父的名讳接受任命。孔子做鲁国大司寇，册命就写道：'宋公的儿子弗甫何的孙子，鲁国的孔丘，君上任命你为司寇。'"（原注：古代重视世族的身份，所以任命的时候一定要说祖父的名字。）

《文选·补亡诗》里说："浩浩荡荡的'夷庚'啊。"李善的注释说："夷，是常的意思。"《辩亡论》中说："在夷庚上旋转

以船楫为舆马，以巨海为夷庚。庚者，藏车之所。"愚按《左传》成十八年"披其地以塞夷庚"，正义谓"平道也"。二字出于此，《选》注误。

齐伐晋，"入孟门"。孟门山在慈州文城县。林成己《春秋论》谓孟门即孟津，误矣。晋裴秀客、京相璠撰《春秋土地名》，其说多见于《水经注》。

匠庆谓季文子曰："子为正卿，而小君之丧不成，不终君也。君长，谁受其咎？"吕文靖于李宸妃之丧，其意本于此。

卫"公叔发"，注谓公叔文子，《论语》孔注作"公孙拔"。《集注》云："公孙枝"，盖传写之误。

《史记》：仲尼弟子"颜高，字子骄。"定八年《传》："公侵齐，门于阳州。士皆坐列，曰：'颜高之弓六钧。'皆取而传观之。阳州人出，颜高夺人弱弓，籍丘子鉏击之，与一人俱毙。"岂即斯人欤？《家语》作"颜刻"。《孔子世家》云："过匡，颜刻为仆。"古者文武同方，冉有用矛，樊迟为右；有若与微虎之宵攻，则颜高以挽强名，无足怪也。

皇帝的舆驾。"注解引用了繁钦的《辨惑》说:"吴地的人把舟船当作车舆和马匹,称呼大海为夷庚。庚,就是藏车的地方。"我考察《左传》鲁成公十八年的记载:"把这里的土地分开,来堵塞夷庚",《左传正义》对"夷庚"的解释是"平坦的道路"。这两个字是从这里出来的,《文选》的注释有误。

齐国讨伐晋国,《左传》记载"攻入孟门"。孟门山在慈州的文城县。林成己的《春秋论》说孟门就是孟津,这就错了。晋朝的裴秀客和京相璠撰写过《春秋土地名》这本书,他们的说法在郦道元的《水经注》中多有出现。

匠庆对季文子说:"您做正卿,却没能完成国君太夫人的丧礼,这是让国君不能完成丧礼。当国君年长之后,谁会受承受这份责难呢?"吕文靖(吕夷简)对李宸妃的丧礼,他的态度也本于此而发。

卫国的"公叔发",注释中说他就是公叔文子。《论语》孔安国的注解写作"公孙拔"。《四书章句集注》把他写成"公孙枝",这大概是传抄导致的错误。

《史记》记载,孔子的弟子"颜高,字子骄。"鲁定公八年的《左传》记载:"鲁定公入侵齐国,去攻打阳州的城门。军士们都排成列坐着,说:'颜高的强弓有六钧的力量。'都把这把弓拿来争相传看。阳州人出战,颜高把别人的软弓夺过来,籍丘子鉏射击颜高,颜高和另外一个人都被射倒在地。"难道说的就是这个人吗?这个人《孔子家语》里面被写作"颜刻"。《孔子世家》说:"孔子到匡地的时候,颜刻来为孔子驾车。"古代的文教和武艺都是一起学的,冉有在战争中用长矛,樊迟驾车作为车右;有若和微虎在晚间发动攻击,那么颜高凭借力挽强弓而闻

攻媿跋语用"飞矢在上,行人在下",迂斋引熙宁八年旧弼韩、富、文三公之对。愚考《春秋释例》曰:"使以行言,言以接事,信令之要,于是乎在。举不以怒,则刑不滥;刑不滥,则两国之情得通。兵有不交而解者,皆行人之勋也。是以虽飞矢在上,走驿在下。"(原注:见正义。)攻媿之言本此。(原注:嘉熙庚子,愚试胄闱,王图南发策,亦用此二语。)

《释例》终篇云:"称'凡'者五十,其别四十有九。盖以'母弟'二凡,其义不异故也。"《隋志》有《春秋五十凡义疏》二卷。

魏绛曰:"靡自有鬲氏,收二国之烬,以灭浞而立少康。"杜氏谓:"靡,夏遗臣事羿者。"真文忠辩之曰:"靡忠于王室如此,考其本末,乃事相,非羿也。岂有夏之忠臣而肯事羿者哉!"张宣公曰:"若靡可谓忠之盛者矣!"

师旷"骤歌北风,又歌南风"。服氏注:"北风,无射,夹钟以北;南风,姑洗,南吕以南。律是候气之管,气则风也。"

"谗鼎之铭",服氏注:"疾谗之鼎,《明堂位》所云'崇

名，就不足为怪了。

楼攻媿（楼钥）的跋语用到"飞翔的箭矢在天上，出使的行人在地上"，迂斋先生楼昉引用熙宁八年当时的宰相韩琦、富弼、文彦博三位先生的问对。我考察杜预的《春秋释例》说："出使的使者是为了通达言辞，言辞是用来交接事务，信令的关键就在于此。举动不出于怒气，那么刑罚就不会被滥用，不滥用刑罚，那么两国之间的情实就能够相互沟通。兵事就会有不用交战就得以解除的，这都出使的使者的功劳。所以，即使两国交战，飞翔的箭矢还在上空，使者的驿站却还在地上运作。"（原注：详见《春秋左传正义》。）楼攻媿（楼钥）的话是来自这里。（原注：嘉熙四年庚子，我去主持会试，王图南的策论，也用了这两句话。）

杜预《春秋释例》的终篇说："《左传》里称'凡'的地方有五十处，实际上分出来只有四十九条。大概是因为'母弟'这两种凡例，它们的意义没有什么不同的缘故。"《隋书·经籍志》记录有《春秋五十凡义疏》二卷。

魏绛说："夏的遗臣靡从有鬲氏出发，收留斟灌、斟寻二国的遗民，用以灭亡寒浞，最后立少康为君。"杜预说："靡，是侍奉羿的夏朝的遗臣。"真文忠（真德秀）分析道："像靡这样忠于夏朝的王室，考究事情的本末，他侍奉的应该是夏后相，而不是羿。哪里有夏代的忠臣肯去侍奉羿的呢！"张宣公（张栻）说："像靡这样的臣子，可以说是忠诚到了极点了。"

师旷"一会儿歌唱北风，一会儿又歌唱南风。"服虔的注解说："北风，是无射、夹钟二律再往北；南风，是指姑洗、南吕二律往南。律管是占验气的管子，气就是风。"

对"谗鼎上刻的铭文"，服虔的注释说："这是为了痛恨

鼎'是也。"一云："谗，地名。禹铸九鼎于甘谗之地，故曰谗鼎。"正义谓二说无据。愚考《韩子·说林》曰："齐伐鲁，索谗鼎，鲁以其赝往。齐人曰：'赝也。'鲁人曰：'真也。'齐曰：'使乐正子春来，吾将听子。'"《新序》、《吕氏春秋》皆曰"岑鼎"，二字音相近。然则谗鼎，鲁鼎也。《明堂位》"鲁有崇鼎"，服注不为无据。

　　谓之"郑志"，以明兄弟之伦；谓之"宋志"，以正君臣之分。

　　"宋人取长葛"，《经》以为冬，《传》以为秋。刘原父谓："《左氏》杂取诸侯史策，有用夏正者，有用周正者。"

　　《公羊》疏："《左氏》先著竹帛，故汉时谓之古学。《公羊》汉世乃兴，故谓之今学。是以《五经异义》云：'古者，《春秋左氏》说；今者，《春秋公羊》说。'"郑众作《长义》十九条十七事，论《公羊》之短，《左氏》之长。贾逵作《长义》四十条，云《公羊》理短，《左氏》理长。"魏钟繇谓："《左氏》为太官，《公羊》为卖饼家。"

　　权载之问《左氏》云"夏五之阙"、"艮八之占"，名对

谗言所铸造的鼎，也就是《礼记·明堂位》所说的'崇鼎'。"另一种说法是："谗，是地名。大禹在甘谗这个地方铸造了九鼎，所以叫作谗鼎。"《春秋左传正义》认为这两种说法都没有根据。我考察《韩非子·说林》说："齐国讨伐鲁国，向鲁国索要谗鼎，鲁国就带着赝品前往。齐国人说：'这是赝品啊。'鲁国人说：'这是真品。'齐国人说：'派你们的乐正子春来，假如他说这是真的，我就会听从你。'"《新序》、《吕氏春秋》里都称它为"岑鼎"。"岑"和"谗"两个字读音相近。这样说来，谗鼎，就是鲁国的鼎了。《礼记·明堂位》记载"鲁国有崇鼎"，服虔的注解不是没有根据的。

《左传》说"郑志"，这是为了表明兄弟之间的伦理，记载说是"宋志"，这是用来端正君臣之间的名分。

"宋人攻取了长葛"，《春秋经》认为是在冬天，《左传》认为是在秋天。刘原父（刘敞）说："《左传》采用的诸侯史策来源驳杂，其中有用夏历正朔的，有用周历正朔的。"

《春秋公羊传注疏》中徐彦的疏文说："《左传》最先是写在竹简和丝帛上的，所以汉代的时候称《左传》为古学。《公羊传》直到汉代才兴起，所以就叫作今学。所以许慎的《五经异义》说：'古文经学，就是《春秋左氏传》的经说；今文经学，就是《春秋公羊传》的经说。'郑众写了《长义》十九条，一共十七事，来批评《公羊传》的短处，《左氏传》的长处。贾逵写了《长义》四十条，说《公羊传》的道理有短处，《左氏传》的道理很深长。"魏国的钟繇说："《左氏传》像是掌管帝王膳食的官员，什么都有；《公羊传》像是卖饼家，身份低贱。"

权载之（德舆）问《左氏传》说"夏五的阙文"、"《艮》八

也。

史赵曰："自幕至于瞽瞍，无违命，舜重之以明德，真德
于遂。"《鲁语》："幕，能帅颛顼者也，有虞氏报焉。"韦昭
注云："幕，舜之后，虞思也，为夏诸侯。"《郑语》："虞幕，
能听协风，以成乐物生者也。"注亦以为"舜后虞思"。按
《左氏》，则幕在瞽瞍之先，非虞思也。

"穆有涂山之会"，注："在寿春东北。"《说文》：
"崟，会稽山。一曰：九江当崟也。民以辛壬癸甲嫁娶。"按
《汉·地理志》"九江郡当涂"，应劭注："禹所娶涂山，侯
国。有禹虚。"苏鹗《演义》谓宣州当涂，误也。东晋以淮南
当涂流民寓居于湖，侨立当涂县以治之。唐属宣州。汉之当
涂乃今濠州钟离也。

季平子卒，"阳虎将以璵璠敛，仲梁怀弗与。"《吕氏春
秋》云："孔子径庭而趋，历级而上，曰：'以宝玉收，譬之犹
暴骸中原也。'"《说文》云："孔子曰：'美哉璵璠！远而望
之，奂若也；近而视之，瑟若也。一则理胜，二则孚胜。'"
《初学记》引《逸论语》曰："璠璵，鲁之宝玉也。"下与《说
文》同。其即季孙之事欤？

的占断",这是知名的对子。

史赵说:"从幕一直到瞽瞍,都没有人违背天命。到舜又增加了美好的德行,把这德行传递到了遂的身上。"《国语·鲁语》记载:"幕,是能够继承颛顼的人,后来的有虞氏祭祀他。"韦昭的注释说:"幕,是舜的后代,叫作虞思,他是夏朝的诸侯。"《国语·郑语》中说:"虞幕,是一位能倾听和风,来完成乐章,使万物生长的人。"韦昭的注解也认为他是"舜的后代虞思"。考察《左传》的记载,那么幕还要在舜的父亲瞽瞍的前面,不是虞思。

"周穆王有涂山的盟会",《左传》的注解说:"涂山在寿春东北。"《说文解字》记载:"盒,就是会稽山。另一种说法是:盒是九江的当盒。百姓在辛壬和癸甲完成嫁娶。"考察《汉书·地理志》"九江郡当涂"这句话,应劭的注解说:"当涂就是禹娶妻的涂山,是一个侯国。当地有禹墟。"苏鹗的《演义》说是宣州当涂,这是错误的。东晋的时候,因为淮南的当涂流民寄居在湖上,于是就借地设立了当涂县,以此为县治所在地。此地在唐代属于宣州管辖。汉代的当涂是现在濠州的钟离。

季平子死的时候,"阳虎准备用玙璠等美玉为季平子入殓,仲梁怀不给。"《吕氏春秋》说:"孔子穿过中庭、小步快走,登着台阶走上前,说:'用宝玉来入殓,就好像是暴尸中原一样。'"《说文解字》记载:"孔子:'玙和璠是多么美啊,远远地看着,纹理鲜明;近近地看它,又是明亮而洁净。第一个是纹理美丽胜过质地,第二个是质地美丽胜过纹理。'"《初学记》引用《逸论语》说:"璠玙,是鲁国的宝玉。"下面的文字跟《说文解字》相同。这说的大概就是季孙氏的事吧?

范武子之德，本于"家事治"。宣子不能守家法，乃纵女祁之恶，信子鞅之谗，锢逐栾盈，几危晋国，忝厥祖矣。再传而吉射亡，宜哉！

"子，周公之孙也，多飨大利，犹思不义"，子赣之责公孙成也。刘歆亦少愧哉！

"犹秉周礼"，"齐犹有礼"，观"犹"之一字，则礼废久矣。

吕向注《雪赋》曰："隐公之时，大雪平地一尺。是岁大熟，为丰年。桓公之时，平地广一丈，以为阳伤阴盛之证。"按《左氏》于隐公云"平地尺为大雪"，不言是岁大熟；桓公事无所据，其说妄矣。桓八年冬十月，雨雪。建酉之月而雪，未闻其广一丈也。

柳子《晋问》："魏绛之言：'近宝则公室乃贫。'"按《左传》成六年，此乃韩献子之言。

刘勰《辨骚》："班固以为羿、浇、二姚与《左氏》不合。"洪庆善曰："《离骚》用羿、浇等事，正与《左氏》合。孟坚所云，谓刘安说耳。"

《列子》载"随会知政，群盗奔秦"，"赵襄子胜翟，有忧色"，皆格言也。而谓随会时有赵文子，又谓孔子闻襄子之

范武子的德行，其根本在于"家事井井有条"。范宣子不能守住家法，便纵容女祁的恶行，听信儿子范鞅的谗言，禁锢并驱逐了栾盈，差点危及晋国，真是愧对他的祖先了。传了两代到范吉射就逃亡出国了，这也是应该的啊。

"您是周公的后世子孙，享受了很多利益，还想着做不义的事情"，这是子赣责备公孙成的话。刘歆见到这句话也应该稍有惭愧了。

"还在秉持着周礼"，"齐国还有礼节"，看到"犹"这一个字，就知道周礼废弃已久了。

吕向注释《雪赋》说："鲁隐公的时候，平地上大雪积了一尺深。这年大丰收，就是一个丰收之年。鲁桓公的时候，大雪在平地上积了一丈，被认为是阳气伤损阴气过盛的征兆。"考察《左氏传》在隐公年间有记载"平地上大雪落了一尺深"，没有提到这一年大丰收；鲁桓公时期的事情并没有依据，看来吕向的说法是荒谬的。鲁桓公八年冬十月，下雪。在酉月就下雪，没听说过它能积到宽过一丈的程度。

柳宗元的《晋问》中说："魏绛的话说道：'接近宝物，那么公室就贫穷了。'"考察《左传》鲁成公六年的记载，这是韩献子说的话。

刘勰的《辨骚》说："班固认为《离骚》记载的羿、浇、二姚的史事跟《左传》的记载不相符合。"洪庆善（洪兴祖）说："《离骚》里用羿和浇等古事，正同《左传》相合。班孟坚（班固）所说的不合，针对的是淮南王刘安的说法。"

《列子》记载"当随会主持政事的时候，国内的强盗都跑到了秦国"，"赵襄子战胜了翟人，脸上有担忧的神色"，这些都是

言，其先后差龃。凡诸子纪事，若此者众。《说苑》载祁奚救叔向，以栾盈为乐达，范宣子为范桓子，皆误。

《考古编》谓：“欧阳公论二帝三王世次差舛，发端于杜佑《通典》。”按《释例》，《世族谱》已有此疑，则发端乃杜预也。

雍熙中校九经，史馆有宋臧荣绪、梁岑之敬所校《左传》，诸儒引以为证。孔维谓不可。按据杜镐引贞观敕，以经籍讹舛，由五胡之乱，学士多南迁，中国经术浸微，今并以六朝旧本为证，持以诘维。维不能对。（原注：见《谈苑》。）太平兴国中校《汉书》，安德裕取《西域传》山川名号字之古者，改附近人集语。钱熙谓人曰：“予于此书，特经师授，皆有训说，岂可胸臆涂窜，以合词章？”（原注：见晏元献公书。）观镐、熙之言，则经史校雠不可以臆见定也。）

前辈学识，日新日进。东坡《咏三良》，其和渊明者，与在凤翔时所作，议论夐殊。吕成公《博议》论公孙敖二子，及《续说》则谓“宗子有君道”，赵宣子使臾骈送贾季帑，则谓“古人风俗尚厚，《博议》非是”。可以见进德修业之功。

格言。而有人认为在随会的时候有赵文子，又讲孔子听到了赵襄子的话，时间上的先后都有差错。凡是诸子记录史事，像这样的情况还有很多。《说苑》记载祁奚营救叔向，把栾盈当作乐达，把范宣子写作范桓子，这些都是错误的。

　　《考古编》说："欧阳公（欧阳修）评论尧、舜二帝，夏、商、周三王的时代顺序有差错，这是从杜佑的《通典》开始的。"按照《春秋释例》，《世族谱》中已经有了这样的疑问，那么这一问题的开端应该是杜预。

　　宋太宗雍熙年间校对九经，在国史馆有南朝宋的臧荣绪、南朝梁的岑之敬所校正的《左传》版本，各位儒者都引这个版本作为证据。孔维说不行。我考证，据杜镐所引用的唐朝贞观年间的敕令，因经籍讹误错乱，是因为五胡之乱，学人士子大多迁移到了南方，中原的经术就逐渐衰微了，现在都以六朝的旧版本作为证据，拿着这个话来诘难孔维，孔维就无法回答了。（原注：这件事情见于《谈苑》。）在太平兴国年间，校订《汉书》，安德裕拿着《汉书·西域传》里山川名号的古字，改为附上近代人的称呼。钱熙对别人说："我对《汉书》这本书，特别经过老师传授，都有训诂和师说，怎么能凭着臆想修涂改窜，用来符合文章的写法呢？"（原注：这件事记载于晏元献公（晏殊）的书。）看杜镐和钱熙说的话，那么经书、史书的校雠工作，就不能凭借臆想来求得定论啊。

　　前辈儒者的学问和见识，都是一天比一天有新见，一天比一天进步。苏东坡（苏轼）的《咏三良》中跟陶渊明唱和的那首诗，和他在凤翔的时候所写的，议论见解迥然不同。吕成公（吕祖谦）的《博议》中评论公孙敖的两个儿子，到了《续说》就评

齐、晋、楚之霸，皆先服郑；范睢、李斯之谋，皆先攻韩。盖虎牢之险，天下之枢也。在虢曰制，在郑曰虎牢，在韩曰成皋。虢叔恃险而郑取之，郑不能守而韩灭之，韩又不监而秦并之，秦之亡也，汉、楚争之。在德不在险，佳兵者好还，信夫！

欲治国者先齐家，家之不齐，莫甚于鲁、卫，观《诗》可见已。卫不足言也，鲁自括、戏之争，而桓、宣皆篡兄矣；自文姜之乱，而哀姜袭其迹矣。自成风事季友，而敬嬴事襄仲矣。家法不修，故曰："鲁、卫之政，兄弟也。"然卫多君子，鲁无君子者，斯焉取斯，风化犹嫩也。畏清议者，亦曰："何以见鲁、卫之士？"政治虽浊，风俗不衰，与汉之东都同。

"周人以讳事神，名终将讳之。"《曲礼》注云："生者不相辟名。卫侯名恶，大夫有石恶，君臣同名，《春秋》不非。"《理道要诀》云："自古至商，子孙不讳祖父之名。周制

价说"宗子有为君之道"，赵宣子派史骈去送给贾季费用，就说"古人的风俗尚且还厚道，《博议》的说法不正确"。可以看出他们进德修业的功力。

齐国、晋国、楚国成就霸业，都是要先使郑国顺服；范睢、李斯的谋划，都是要先攻打韩国。大概像虎牢关的险要之地，就是天下的枢纽。这样的险地，在虢国的时候叫制，在郑国的时候叫虎牢，到了韩国的时候叫成皋。虢国仗着险阻，最后被郑国占领了，郑国不能真正守住它，又被韩国所灭，韩国又不以虢、郑为鉴，最后被秦国吞并了。秦朝灭亡之后，汉、楚两国也争夺此地。为政的要领在于执政者的德，而不在于地势的险要，好用兵事的人总会有报应，这确实是真的！

想治理国家的人先要让家族齐心，家族之间的不和，没有比鲁国、卫国更严重的了，我们读《诗经》就可以看出来了。卫国并不值得谈论，鲁国自从公子括、公子戏兄弟的争端开始，像鲁桓公、鲁宣公就都是篡夺了兄长的权位；自从文姜作乱以来，哀姜也继承了这样的事迹；从国君夫人成风侍奉季友开始，之后的敬赢就也来侍奉襄仲了。家族的法度不能树立，所以说："鲁国、卫国的政局，就像兄弟一样。"然而卫国尚且有很多君子，鲁国没有君子，这样的德行是从哪儿取法而来的呢？看来风俗和教化仍然是比较淳美。害怕清议的人，也说："我凭什么去跟鲁、卫之士相见呢？"政治的局面虽然污浊，风化习俗还没有衰败，这跟东汉的风俗气节是一样的。

"周人用避讳来事奉神，人的名字在死后都会被避讳"。《曲礼》郑玄的注释说："活着的人是不会相互避讳名字的。卫襄公的名字叫恶，他手下有一位大夫叫石恶，君主和臣子是同样

方讳。"（原注：夷狄皆无讳。）汉宣帝诏曰："古天子之名，难知而易讳也。其更讳询。"则生而称讳矣。《博议》谓："名子者当为孙地。"出《颜氏家训》。

《河图》曰："昆山出五色流水，其白水入中国，名为河。"故晋文公投璧于河，曰"有如白水"。

狐偃曰："求诸侯莫如勤王。"荀彧以此劝曹操迎献帝。（原注：彧之言曰："晋文公纳周襄王，而诸侯景从。"）岂诚于为义者？故曰"谲而不正"。《淮南》之书谓晋文"得之乎阃内，失之乎境外"，非也。辰嬴之事，阃内之法安在哉！《诗》如《卫风·木瓜》，犹美齐桓，而《唐风》不录晋文，亦以是夫。

介之推曰："身将隐，焉用文之？"君子之潜也，名不可得闻。先儒谓召平高于四皓，申屠蟠贤于郭泰。

邵子曰："修夫圣者，秦穆之谓也。"盖取其悔过自誓。胡文定谓文四年"见伐不报，始能践自誓之言矣"。《尸子》称"穆公明于听狱，断刑之日，揖士大夫曰：'寡人不敏，使

的名字，《春秋》也没有批评这种现象。"《理道要诀》说："自古以来到商朝，子孙都不避讳祖父的名字。到周代的制度才有避讳的说法。"（原注：夷狄也都没有避讳的传统。）汉宣帝的诏书说："古代的天子的名字，百姓很难知道，同时也容易避讳。所以朕要改名为询。"那就是皇帝活着的时候就开始避讳了。吕祖谦的《博议》说："给儿子取名的时候，应当为孙子辈的留下余地。"这句话出自《颜氏家训》。

《河图》说："昆仑山涌出五色流水，其中白色的水流入中国，名字就叫黄河。"所以晋文公把璧投入黄河，说："就像这白水一样。"

狐偃说："要想得到诸侯的拥护，没有比勤劳王事更好的办法了。"荀彧也用这句话劝曹操迎立汉献帝。（原注：荀彧的进言说："晋文公接纳周襄王，诸侯们都如影随形地跟从他。"）这难道是真诚地想要行义的人吗？所以孔子说晋文公"诡谲而不正大"。《淮南子》这本书说晋文公"在后宫中做到了有法度礼节，在境外做事多有过失"，这是不对的。晋文公娶辰嬴为妻的事情，后宫的法度体现在哪里呢？《诗经》里像《卫风·木瓜》这样的诗篇，还是赞美齐桓公，可是《唐风》就没有记载晋文公的了，也是因为这个。

介之推说："身体将要隐居不见了，哪里还用得着纹饰呢？"君子要潜藏下来，名字都不会让人听闻。从前的儒者认为，召平的境界要高于商山四皓，申屠蟠要比郭泰贤能。

邵子（邵雍）说："修身到圣贤的境界，说的就是秦穆公吧。"这大概是认可他的悔过自誓。胡文定（胡安国）说鲁文公四年"被讨伐而不去报复，这时候才算是能履行自己发誓说的

民入于刑，寡人与有戾焉。二三子各据尔官，无使民困于刑。'"此虽大禹之泣辜无以过。以此坊民，犹有立威于弃灰者。

楚之兴也，筚路蓝缕；其衰也，翠被豹舄。国家之兴衰，视其俭侈而已。

乐王鲋毁叔向，以平公不好贤也；梁丘据不毁晏子，以景公好贤也。二臣皆从君者，易地则皆然。（原注：刘贡父诗云。）《顾子》曰："昔梁丘据之谏景公也于房；晏婴之谏景公也于朝。然晏婴之忠著于竹素；梁丘之佞于今不绝。"（原注：顾夷《义训》，《唐志》在"儒家"。梁丘据岂能谏景公哉？斯言缪矣！）

或求名而不得，如向戌欲以弭兵为名，而宋之盟其名不列焉。或欲盖而名章，如赵盾伪出奔，崔杼杀太史，将以盖弑君之恶，而其恶益著焉。推此类言之，可见谨严之法。求名非谓齐豹，名章不止三叛也。

话了"。《尸子》记载"秦穆公善于断案,在给罪人判刑的时候,他向士大夫拱手行礼说:'寡人没有才能,让百姓犯罪,不得不受到刑罚,寡人也有罪过啊。你们几位先生各自根据你的官职,不要让百姓被刑罚所困。'"秦穆公这样的话,即使像大禹对受刑的人哭泣的状态都没法超过。用这种方法来规范百姓,难道不比丢一点灰就要受罚来得更有威信吗?

楚国的兴起,是祖先坐着柴车、穿着破衣服开辟的基业;在它衰落的时候,楚国的君主已经用着翠鸟的羽毛做的披风、豹皮做的靴子。国家的兴衰,就是看君主是节俭还是奢侈而已。

乐王鲋来毁谤叔向,就是因为平公不喜欢贤才;梁丘据不能诋毁晏子,就是因为齐景公喜欢贤人。这两位臣子都是只会顺从君主的意思的人,要是让他们互换身份境遇,恐怕做的会是一样的事。(原注:刘贡父(刘攽)的诗是这么说的。)《顾子》说:"从前梁丘据向齐景公进谏是在房内,晏婴劝谏齐景公是在朝堂。然而晏婴的忠诚被书写在史书上,梁丘奸佞的名声到今天也没有停息。"(原注:这话出自顾夷的《义训》,《唐书·经籍志》把这本书放在"儒家"类。梁丘据哪里是能劝谏齐景公的人?这话说错了。)

有的人想追求好名声,却总是得不到,比如向戌想拥有消弭战事的美名,可是宋国的会盟,他的名字并没有列进去。有的人掩盖自己的恶名,可是恶名反而更加彰著,比如赵盾假装逃亡出国,崔杼杀害齐国的太史,想要借此掩盖杀害君主的恶名,可是他们的罪恶却更加明显。根据这类情况来推论,可以见到《春秋》笔法的谨慎严格。追求美名不仅仅是说齐豹,恶名昭

孙郃论"春秋无贤臣"，盖诸侯不知有王，其臣不能正君以尊王室。此孟子所以卑管、晏也。

周之替也，自原伯鲁之不说学；秦之亡也，自子楚之不习诵。

史墨对赵简子曰："天生季氏，以贰鲁侯。"又曰："君臣无常位，自古已然。"简子在晋，犹季氏在鲁也。史墨之对，其何悖哉！张睢阳责尹子奇曰："未识人伦，焉知天道！"

"今天或者大警晋也"，畏而能自修者也。"虽晋之强，能违天乎！"怠而不自强者也。

叔向曰："楚辟我衷，若何效辟？"王魏公之于寇莱公曰："不可学他不是。"

公山不狃曰："君子违，不适雠国。所托也则隐。"斯言也，盖有闻于君子矣。背君父以覆宗国者，不狃之罪人也。

齐人歌曰："唯其儒书，以为二国忧。"春秋之季，已轻儒矣。至战国而淳于髡有"贤者无益"之讥，秦昭王有"儒无益"之问，末流极于李斯。

著也不只是三个叛臣而已。

孙邰论述"春秋时期没有真正的贤臣",大概诸侯不知道应该尊重天子,他们的臣子也不能让君主的心重回正道、尊崇王室。这就是孟子之轻视管仲、晏婴的原因。

周朝的衰落,是从原伯鲁不稀罕学习开始;秦朝灭亡,是从嬴子楚不肯学习经典开始的。

史墨回应赵简子的话说:"上天让季氏生下来,就是用来辅助鲁侯的。"又说:"君臣没有真正固定的位子,自古以来就是这样。"赵简子在晋国,就像季孙氏在鲁国一样。史墨的回答,是多么荒谬呀!张睢阳(张巡)责备尹子奇说:"不懂得人伦的关系,哪里能知道天道呢!"

"现在上天或许是大力警告晋国了",说这话的就是为畏惧而能自我修正的人。"即使是晋国这样的强大,难道能违抗上天吗?"这是懈怠,不能自强的人。

叔向说:"楚国偏邪而我国正义,您为什么要效法偏邪的国度呢?"王魏公(王安礼)对寇莱公(寇准)说:"不可以学他不对的地方。"

公山不狃说:"君子出奔在外,不能到与自己母国敌对的国家去做事。他们委任你这样的事,你应当回避。"他说的这些话,大概是从君子那里听来的。背叛君父而使国家灭亡的,就是公山不狃的罪人了。

齐国人唱道:"只因他们相信了儒家的书,所以造成了齐鲁两国的忧愁。"春秋末期,已经看不起儒家了。到了战国时,淳于髡就有"儒家贤明的人对国家没有益处"的讥讽,秦昭王才有"儒者对人的国家没有益处"这样的问题,发展到最后就到了

申包胥似张子房，天下士也。楚破矣，请秦师以却吴；韩亡矣，借汉兵以灭秦，其相似一也。入郢之仇未报，则使越，为之谋以灭吴；（原注：见《吴语》。）韩王成之仇未报，则从汉，为之谋以灭项，其相似二也。楚君既入而逃赏，汉业既成而谢事，其相似三也。自夏靡之后，忠之盛者，二子而已。然楚国复兴，而韩祀不续，天也，子房之志则伸矣。我思古人，唯汉诸葛武侯可以继之。"鞠躬尽力，死而后已"，其志一也。若梁之王琳、唐之张承业，功虽不就，抑可以为次矣，不当以功之成否论。吁！春秋亡国五十二，未见其人也。遂之四氏，仅能歼齐戍。其亡而复存者，唯一包胥，岂不难哉！太史公传伍员而不传包胥，非所以劝忠也。《战国策》：楚莫敖子华曰："昔吴与楚战于柏举，三战入郢。棼冒勃苏赢粮潜行，上峥山，逾深溪，蹠穿膝暴，七日而薄秦朝。鹤立不转，昼吟宵哭，七日不得告，水浆无入口。秦遂出革车千乘，卒万人，属之子满（原注：《左氏》作"蒲"。）与子虎，下塞以东，与吴人战于浊水，大败之。"棼冒勃苏即申包胥也，岂蚡冒之裔，楚之同姓欤？《淮南·修务训》云："申包胥赢粮跣走，跋涉谷行，上峭山，赴深溪，游川水，犯津关，躐蒙茏，蹶沙石，跖达膝曾茧重胝，七日七夜，至于秦庭。鹤跱而不食，昼吟宵哭，面若死灰，颜色霉墨，涕液交集，以见秦王。"亦与子华之言同。所谓"莫敖大心深入吴军而死"，以《左氏》考之，即左司马戌也。戌者，叶公诸梁之父也。诸梁定白公之乱，不有其功而老于叶。其闻包胥之风而师法之欤？

李斯倡导的焚诗书。

申包胥就像张子房那样，是天下的贤士。楚国已经被打得接近破灭了，申包胥去请来秦国的军队打退吴国；（原注：见《国语·吴语》）韩国已经灭亡了，张良就借助汉军的力量灭掉秦国，这是他们之间的第一个相似点。吴国打入郢都的大仇还没有得报，申包胥就出使到越国去，为越国谋划以求灭掉吴国；韩王成的大仇还没有得报，张良就跟从汉王刘邦，为他出谋划策，以求消灭项羽，这是第二个相似点。楚国的国君回国，申包胥逃避国君的赏赐；汉室大业已成，张良就辞去事务、归隐不出，这是第三个相似点。从夏代的靡以后，最了不起的忠诚，只这有两位先生罢了！然而楚国能够复兴了，韩国的国祚却并没能接续下来，这是天意，张良的志向却已经得到伸张了。我能想到的这些古人中，只有汉代的诸葛武侯可以继承这几位的志业。"献出自己的身躯，耗尽我的全力，直到死后才能停止"，他们的志向是一样的。像是梁朝的王琳、唐代的张承业，他们的功业最后虽然没有成就，但大概也可以作为仅仅次于申包胥、张良、诸葛亮这样的忠诚了，不应当只看他们的事业是否最终成果。唉！春秋时有五十二个国家灭亡了，我们也没有见到过这样的人。遂国的四个氏族，仅仅能歼灭齐军的戍卒罢了。能够让一个灭亡的国家重新兴起存在的，只有一个申包胥了，这难道不困难吗！太史公司马迁为伍员作传，却不给申包胥作传，这不是劝勉忠臣义士的做法。《战国策》记载：楚国的莫敖子华说："从前吴国和楚国在柏举交战，吴国三次战役后就攻入了楚都郢城。芬冒勃苏带着粮食暗中出发，登上峥山，越过深溪，脚掌磨穿膝盖暴晒，花了七天时间才逼近秦国的朝堂。像鹤一样站着一点不动，

　　郑文公之知命，楚昭王之知大道，惠王之知志，其所知有在于卜祝史巫之外者。裨灶言郑之将火，或中或否，子产谓"焉知天道"；梓慎言鲁之将水，昭子曰旱也。秋大旱，如昭子之言，亦非知天者也。故"圣人以人占天"。

　　鉏麑之于赵宣子，沐谦之于司马楚之，诚敬之感人至矣。商君载甲操戟，李林甫重关复壁，不亦愚乎！

　　《春秋》书灾异，不书祥瑞，所以训寅畏、防怠忽也。灾

白天晚上不断地哭泣,连续七天都没能得到入宫的许可,水和
粮食都没有入口。秦国于是派出兵车一千辆,士兵万人,吩咐子
满(原注:《左传》中写作"蒲"。)和子虎两位将领,走出函谷关的
东面,和吴军在浊水大战,大败吴军。"棼冒勃苏就是申包胥,他
大概是棼冒氏的后裔,是楚国王室的同姓亲戚吧?《淮南子·修
务训》说:"申包胥担着粮食、光着脚赶路,跋涉山谷,上陡山,
奔赴深溪,游过川水,闯过津关,越过山林,脚在泥沙间扑倒,
脚掌和膝盖都磨出了厚厚的老茧,七天七夜才赶到秦国朝廷。
像鹤一样站着不动,也不吃饭,白天晚上都在不断地啼哭,面色
如死灰,脸色墨黑,涕泪交集,以求见到秦王。"这里说的也和
子华的话相同。所谓"莫敖大心深入吴国军队的阵中而战死",
根据《左传》来考察,莫敖大心就是左司马戌。戌,就是叶公诸
梁的父亲。诸梁平定白公之乱,不独占这份功绩、最后老死在叶
地。他大概就是有感于申包胥的风范,师法申包胥的吧?

　　郏文公知道天命,楚昭王懂得天道,惠王懂得史志,他们
所知道的有超出太卜、巫祝、太史、巫师以外的地方。禅灶说郑
国将要发生火灾,有的被说中的,而有的没有,子产说:"怎么知
道天道",梓慎讲到鲁国将要发生水灾,昭子说要发生大旱,到
秋季发生大旱,正如昭子说的那样,但他也不是懂得天命的人。
所以"圣人用人事来占验天象"。

　　鉏麑在赵宣子那里放弃刺杀,沐谦在司马楚之那里放弃刺
杀,赵宣子和司马楚之的真诚恭敬让人感动到了这个地步。商
君披甲持戟,李林甫用多重的关卡和加厚的墙壁防范刺杀,这不
是太愚蠢了吗!

　　《春秋》上只记述灾异,没有记载祥瑞,是用来教导人敬

异，古史官之职。陨石六鹢，宋襄以问周内史。有云夹日，楚昭以问周太史。在汉则太史公掌天官，张衡为日官。我朝旧制，太史局隶秘书。凡天文失度，三馆皆知之。淳熙中，荧惑入斗，同修国史李焘，类次汉元鼎至宣和四十五事以进。荧惑犯氐，秘书丞蒋继周言："氐者邸也，驿传宜备非常。"不淹旬，都进奏院灾。盖每有星变，馆吏以片纸录报，故得因事献言。自景定后，枋臣欲抹杀灾异，三馆遂不复知。甲子，彗星宫中见之，乃下求言之诏，则蒙蔽可见。壬申，地生毛，明年失襄阳。灾异其可忽哉！为人臣不知《春秋》之义，其祸天下极矣，叔辄所以哭日食也。

宋襄求诸侯而败于泓，楚灵卜得天下而辱于乾溪。《淮南子》曰："侯而求霸者，必失其侯；霸而求王者，必丧其霸。"

臧孙于鲁曰："国有人焉。"师慧于宋曰："必无人焉。"襄仲于秦曰："不有君子，其能国乎？"有士五人，晋文所以霸也；有大叔仪，有母弟鱄，卫献所以入也；有赵孟，有伯瑕，有史赵、师旷，有叔向、女齐，晋所以未可媮也。曰"子无谓秦无人"，曰"无善人，则国从之"，国之存亡轻重，视其

畏、防止懈怠忽略的。灾异是古代史官的职责。陨石坠落、六只鸟倒着飞过，宋襄公拿这种灾异去询问周朝的内史。有云夹住太阳，楚昭王用这个异象去问周朝的太史。在汉代，就是太史公职掌天文，张衡做日官。按照我朝的旧制，太史局隶属于秘书省。凡是天象失去常轨，三馆都能知道。淳熙年间荧惑星进入斗宿，同修国史李焘，把从汉代元鼎年间到宋代宣和年间的四十五件异事分类编撰成书呈进。荧惑星干犯氐宿，秘书丞蒋继周说："氐宿代表官邸，驿站、邮传应该防备非常之变。"不到十天，都进奏院发生火灾。大概每有星象变化，馆吏都会用片纸记录报告，所以能够根据异事向皇帝进言。自宋理宗景定年间以后，枋臣贾似道想要抹杀灾异的存在，三馆就不再知晓天变了。景定五年甲子日，彗星在宫中出现，才颁布广求直言的诏书，那么皇帝受到的蒙蔽就可以想见了。宋理宗景定五年壬申日，地上生出毛，第二年宋朝就丧失了襄阳。灾异现象哪里是可以忽视的啊！作为人臣不知道《春秋》的大义，他对天下的祸害可以说严重到了极点，这就是叔辄要为日食哭泣的原因。

宋襄公想得到诸侯的支持却在泓水边打了败仗，楚灵王占卜出来有望得到天下，却在乾溪受到侮辱。《淮南子》说："封侯而又想要成为霸主，那他连诸侯的地位都会失去，已经称霸而又想谋求成为王者的人，一定会丧失诸侯霸主的地位。"

臧孙在鲁国说："国内有人才。"师慧在宋国说："一定没有人才了。"襄仲在秦国说："没有君子，能够称为一个国家吗？"有五个真正贤士，这是晋文公成就霸业的原因；有太叔仪和弟弟公子鱄，这是卫献公能够回到卫国的原因；有赵孟、伯瑕、史赵、师旷，有叔向和女齐，这是不能小看晋国的原因。《左传》记

人之有无而已。舜有臣五人，武王有乱臣十人，殷有三仁，周有八士。之人也，始可谓之有。虞有宫之奇，项有范增，不能有其有矣。魏之窥吴，则曰"彼有人焉"；贾生言天下倒悬，则曰"犹为国有人乎？"此皆以人为盛衰也。

隐公之大夫多不氏，犹可言未命也。宋昭公之大夫多不名，则说者不一矣。

《春秋》诛乱臣贼子，《左氏》谓"称君，君无道也"，《谷梁》谓"称国以弑其君，君恶甚矣"。安定先生曰："是启乱臣贼子之言也。其为害教大矣。"

宗人衅夏之守礼，圣人遗化也。后世犯葵丘之禁者多矣，汉之刘辅、魏之栈潜、我朝之邹浩，守经据古，其有鲁宗人之风乎！

夫差之报越，其志壮矣。燕昭报齐似之，取其大节而略其成败可也。慕容盛之讨兰汗，其言曰："兔不同天之责。凡在臣民，皆得明目当世。"君子犹有取焉，况吴乎！

载"您别说秦国没有人才",还说"没有善人的话,那么国家就会跟着恶人一起堕落",国家的存亡、国势的强弱,只要看有没有人才就可以了。舜有五个大臣,周武王有十个治世的大臣,殷商有三位仁人,周朝有八位贤士。国家有这样的人才,才可以说是有人才。虞国有宫之奇,项羽有范增,都是不能任用他自身有的人才啊。魏国窥探吴国的情况,就说"他们那儿有人才",贾谊说天下的危机、到天地颠倒的程度,就说"难道还以为国家有人才吗?"这都是把人才作为衡量国家盛衰的标准啊。

《春秋》记载隐公时期的大夫大多数都没有写氏族的名称,尚且还能说是没有任命的缘故。可是宋昭公的大夫大大多没有写名字,那么解释的说法就不一样了。

《春秋》批评乱臣贼子,《左氏传》说"称君的名字,是为了说明君主不讲道义",《谷梁传》说"《春秋》说某国把君主杀了,是因为君主的恶行太大了"。安定先生(胡瑗)说:"这是引动乱臣贼子作恶的话,他们危害圣人教化太大了。"

鲁国的宗人衅夏坚守礼义,这是圣人遗留的教化。后世触犯葵丘之盟的禁令的人太多了,汉代的刘辅、魏国的栈潜、我朝的邹浩,守卫经典引据古礼,他们身上大概就有鲁国宗人的风范吧!

吴王夫差向越国报仇,他的志向可以说很壮烈了。燕昭王报复齐国大概就像夫差报复越国差不多,我们看这些史事,采纳他们的大节,忽略他们的成败就可以了。慕容盛征讨兰汗时,他说这样的话:"免于上天对不同戴天的大仇的责罚,凡是我们的臣下百姓,都能够在现在清清楚楚地看见了。"君子尚且对这话有所取法,何况是吴国呢!

　　周之大宝镇,《河图》、《大训》列焉。《易象》在鲁,
《三坟》、《五典》在楚, 周不能有其宝矣。然而老聃之礼,
苌弘之乐, 文献犹存。及王子朝以典籍奔楚, 于是观射父、
倚相皆诵古训, 以华其国, 以得典籍故也。区区一鼎, 与怀
璧同, 其能国乎?

　　古之谋国者, 知彼知己, 如良医察脉, 如善弈观棋, 德
刑、政事、典礼不易。"楚自克庸以来", 此晋臣之知楚也。
"晋君类能而使之", 此楚臣之知晋也。皆以纪纲风俗知
之。楚自邲之后, 晋自萧鱼之后, 精神景象非昔矣。

　　请讨陈恒之年,《春秋》终焉。夫子之请讨也, 将以见
之行事。请讨不从, 然后托之空言。

　　杜氏注云:"仲尼之徒, 皆忠于鲁国。"《史记》载夫子
之言曰:"夫鲁, 父母之国。国危如此, 二三子何为莫出?"
此夫子之训也。
　　仲子有文在手, 曰"为鲁夫人"。成季、唐叔有文在手,
曰"友"曰"虞"。正义云:"石经古文'虞'作'𡚁','鲁'作
'𠙛'。手文容或似之。'友'及'夫人'当有似之者。"

　　《艺文志》:"《春秋虞氏微传》二篇。"按刘向《别

周朝的大宝镇，上面就列着《河图》和《大训》。《易象》在鲁国，《三坟》、《五典》在楚国，看来是周朝不能存有这些宝物了。然而老聃的礼，苌弘的乐趣，文献和贤人都还在。等到王子朝带着典籍投奔楚国，于是观射父、倚相都能诵读古训，用来赋予国家文明，这都是因为得到典籍的缘故。区区的一个鼎，与身怀玉璧招来祸患的匹夫是一样的，难道能凭此治理国家吗？

古代为国家谋划的人，了解别的国家也了解自己的国家，像是良医为病人诊脉，就像下棋的好手来看别人的棋局，道德、刑罚、政事、典章礼乐都是改变不了的。"楚国从灭庸国以来"，这是晋国臣子对楚国的了解。"晋君将能人分为不同类型而使用他们"，这是楚国臣子对晋国的了解。他们都是从礼乐纲纪和百姓风俗了解到的。楚国从邲地的大战以后，晋国从萧鱼之会以后，精神气象已不再像从前了。

在孔子向鲁哀公和三桓请求征讨陈恒的那一年，《春秋》结束了。孔夫子请求讨伐叛贼，是想在行事中表现道义。请求讨伐而权臣不听，这之后才选择用文字来寄托心志。

杜预的注释说："仲尼的徒弟，都是忠于鲁国的。"《史记》记载了孔子的话说："鲁国，是我们的祖国。国家危难到了这样的地步，你们为什么不出来挽回呢？"这是孔夫子的教诲啊！

仲子生下来手上就有文字，叫作"为鲁夫人"。成季、唐叔生下来在手上也有独特的纹理，分别是"友"和"虞"。《春秋左传正义》说："石经古文书写的'虞'写作'	'，'鲁'写作'	'。它们跟手掌上的纹路应该还是很相似的。古文中的'友'和'夫人'应当也是相似的。"

《汉书·艺文志》记载："《春秋虞氏微传》二篇。"我考

录》云："虞卿作《抄撮》九卷，授荀卿，卿授张苍。"然则张
苍师荀卿者也。《左氏传》汉初出苍家，亦有功于斯文矣。
浮丘伯亦荀卿门人，申公事之受《诗》，是为《鲁诗》《经典
序录》："根牟子传赵人荀卿子，荀卿子传鲁人大毛公，是为
《毛诗》。"荀卿之门有三人焉，李斯、韩非不能玷其学也。
（原注：《毛诗传》以平平为辨治，又以五十矢为束，皆与《荀子》
同。）

　　御孙曰："俭，德之共也；侈，恶之大也。"古之格君心
者，必以俭。董仲舒《对策》乃谓"俭非圣人之中制"，公孙
弘亦云"人主病不广大"，舒、弘正邪虽殊，而启武帝之侈心
则一。

　　伯宗好直言而不容于晋，国武子好尽言而不容于齐。小
人众而君子独也。汉士习于谄谀，而以汲长孺为戆、朱游为
狂。晋士习于旷达，而以卞望之为鄙。君子之所守，不以习俗
移也。

　　列国大夫之无君，晋为之也。会于戚而不讨孙林父，会
于夷仪而不讨崔杼，会于适历而不讨季孙意如，君臣之义不
明，而大夫篡夺之祸晋自及矣。《晋语》：赵宣子曰："大哉
天地，其次君臣。"然宣子能言之而躬自犯之。

察刘向的《别录》说:"虞卿写成了《抄撮》九卷,教授给荀卿,荀卿又把它传授给张苍。"这么说来,那么张苍就是荀卿的学生了。《春秋左传》在汉朝初年出自张苍家中,他也对经典文献很有功绩了。浮丘伯也是荀卿的学生,申公向浮丘伯学习,得传《诗经》,这就是《鲁诗》。《经典序录》里说:"根牟子传给赵国人荀卿子,荀卿子传给鲁人大毛公,这就是《毛诗》。"荀子门下有这三个人,即使李斯、韩非也不能玷污他的学说了。(原注:《毛诗传》对诗经的解释,认为"平平"就是治理政事,又认为五十支箭就是一束,这些解释都与《荀子》相同。)

御孙说:"节俭是最为洪大的德行,奢侈是最为重大的罪恶。"古代能规范君主之心的人,一定是用节俭之德进言。董仲舒的《对策》中说"节俭并不是圣人最高的标准",公孙弘也说"君主就担心境界不广大",董仲舒和公孙弘的为人虽然有正直和歪曲的不同,但他们激发开启了汉武帝的奢侈之心这一点却是一致的。

伯宗喜欢直言谏说,却不能被晋国所容;国武子喜欢把话说到底,他也不能被齐国所容。这都是因为小人为数众多,君子却势力孤单。汉代的士人习惯于谄媚奉承,所以认为汲长孺是憨傻、朱游是狂妄。晋代的士人习惯于旷达,而认为卞望之是境界鄙吝。君子所要持守的大道,是不会为时代习俗而改变的。

列国的大夫目无君长,这是晋国造成的局面。在戚地会盟却不讨伐弑君的孙林父,在夷仪会盟却不讨伐弑君的崔杼,在适历会盟却不讨伐季孙意如,不能明确君臣之间的道义,而大夫篡夺君位的祸患就在晋国自己身上发生了。《晋语》记载,赵

寺人披之斩袪，芊尹无宇之断旌，其仇一也。披请见而晋文让之，无宇执人于宫而楚灵赦之。楚灵之量，优于晋文矣。汉高帝之赦季布，魏武帝之免梁鹄，吴景帝之遣李衡，皆有君人之量。

楚伍参曰："晋之从政者新。"谓荀林父也。士弥牟曰："晋之从政者新。"谓范鞅也。一以丧师，一以失诸侯。《书》曰："人惟求旧。"

以近事为鉴，则其言易入，申叔豫以子南戒蓬子冯是也。告君亦然。樊哙谏高帝曰："独不见赵高之事乎？"爰盎谏文帝曰："独不见人彘乎？"

刘炫谓《国语》非丘明作。（原注：《传》言鄢陵之败，苗贲皇之为。）《楚语》云雍子之为，与《传》不同。傅玄云："《国语》非丘明作，有一事而二文不同。"叶少蕴云："古有左氏、左丘氏。太史公称'左丘失明，厥有《国语》'。今《春秋传》作'左氏'，而《国语》为'左丘氏'，则不得为一家。文体亦自不同，其非一家书明甚。左氏，（原注：王荆公以为六国时人。）盖左史之后，以官氏者。"朱文公谓："左氏乃左史倚相之后，故其书说楚事为详。"（原注：郑渔仲云："左氏世为楚

宣子说："最大的伦理就是天地，其次是君臣。"赵宣子能够说出这番道理，可是又亲自触犯了君臣一伦。

寺人披斩断晋文公的衣袖，芋尹无宇砍断楚灵王的旌旗，行为不一样，但是君主对他们的仇恨是一样的。披请求谒见晋文公，可是晋文公派人去责备他；无宇在宫里抓人，之后楚灵王又赦免了他。看来楚灵王的器量是比晋文公要好的。汉高祖赦免季布，魏武帝赦免梁鹄，吴景帝遣送李衡，都有作为君主统率他人的器量。

楚国的伍参说："晋国的执政者是新委任的。"这里说的是荀林父。士弥牟说："晋国的执政者是新的。"这里说的是范鞅。这两个人，一个丧失了军队，一个失掉了诸侯的信任。《尚书》说："只追求旧的人才。"

拿离自己时代相近的事作为借鉴，那么他的话就容易被采纳，申叔豫就拿子南的事情来告诫蔿子冯就是这种情况。劝告君主其实也是这样。樊哙向汉高祖进谏说："您难道单单没看到赵高的故事吗？"爰盎向汉文帝进谏说："您难道单单没看到人彘的事情吗？"

刘炫说《国语》不是左丘明所作。（原注：《左传》说鄢陵之战的溃败，是苗贲皇的作为。）《国语·楚语》说这是雍子的作为，与《左传》的记载不同。傅玄说："《国语》并不是左丘明作的，因为它们记载同一件事，可是两部书的文字却不同。"叶少蕴（叶梦得）说："古代有左氏、左丘氏。太史公说'左丘明失明，就创作了《国语》'。今天《春秋传》的作者被记载为'左氏'，而《国语》的作者则被称为'左丘氏'，那么这两个人必然不是同一家。它们的文章体裁也不一样，它们不是同一部书就很明白了。左

史。”）司马公谓左氏欲传《春秋》，先作《国语》，《国语》之文，不及《传》之精也。

臧文仲以玉磬告籴于齐，见《鲁语》。《容斋三笔·书博古图》谓《左传》无玉磬之说。非也。

《晋语》：伯宗索士庇州犁，得毕阳。及栾弗忌之难，诸大夫害伯宗，毕阳实送州犁于荆。毕阳之孙豫让，见《战国策》。祖孙皆以义烈著，所谓“是以似之”者。太史公不书于《传》，故表而出之。

《晋语》：知宣子将以瑶为后，知果曰：“不如宵也。”弗听。知果别族于太史，为辅氏。（原注：《通鉴》取此。）《战国策》：张孟谈因朝智伯而出，遇智过辕门之外。智过入见智伯，曰：“二主殆将有变。”智过言之不听，出更其姓为辅氏。（原注：《韩非子》同，云“更其族”。）智过，即智果也。二说之先后不同。

氏,（原注：王荆公认为《左传》的作者左氏是六国时候的人。）大概是左史的后裔,是把祖先的官位作为姓氏的人。"朱文公（朱熹）说："左氏是左史倚相的后代,所以他的书解说楚国的事情是很详尽的。"（原注：郑渔仲（郑樵）说："左氏世世代代都担任楚国的史官。"）司马公（司马光）认为左氏想要为《春秋》左传,于是先写作了《国语》,《国语》的文辞,赶不上《左传》那么精妙。

臧文仲拿着玉磬向齐国求告买米,这件事被记载在《鲁语》中。《容斋三笔·书博古图》认为《左传》里没有玉磬这样的说法。这是不对的。

《国语·晋语》：伯宗寻求义士来庇护自己的儿子州犁,最后求得了毕阳。等到栾弗忌造成危难的时候,那些大夫们害死了伯宗,是毕阳把州犁送到了楚国。毕阳的孙子豫让,他的事迹见于《战国策》。他们祖孙都因为节义刚烈著称,这就是所谓的"因此相似"吧。太史公司马迁没有把他们的事迹记载单独立传,所以我把它表彰出来。

《国语·晋语》上说：知宣子将要把知瑶立为继承人,知果说："知瑶不如知宵。"知宣子没有听从。知果在太史中另立一族,就成了辅氏。（原注：《资治通鉴》采纳了这一观点。）《战国策》：张孟谈朝见完智伯往出走,在辕门之外遇见了智过。智过进去见到智伯,说："韩、魏两家恐怕将要发生变乱。"智伯不能听从智过提的意见,于是智过出门就把他的姓氏改为了辅氏。（原注：《韩非子》的说法跟《战国策》相同,说是"更改了他的族氏"。）智过,就是智果。两种说法只是发生的时间先后不同罢了。

《楚语》伍举曰："德义不行，则迩者骚离，而远者距违。"（原注："骚，愁也。离，畔也。"）伍举所谓"骚离"，屈平所谓"离骚"，皆楚言也。扬雄为《畔牢愁》，与《楚语》注合。

《皇王大纪》："景王二年，（原注：襄三十年。）楚公子围至晋。晋赵武子鞅鸣玉以相。"按《楚语》："王孙围聘于晋，定公飨之，赵简子鸣玉以相。"盖楚昭王时，鞅者，武之孙也。今以王孙围为公子围，以鞅为武之子，皆误。

古者，"孙以王父字为氏"。子产，子国之子，《国语》谓公孙成子，《左传》谓公孙侨。（原注：子产之子，始为国氏。致堂作《子产传》，曰"国侨"，非也。）

《郑语》"依、㽞、历、莘"。《史记·郑世家》注："莘"作"华"。《水经注》："黄水径华城西。史伯曰：'华，君之土也。'"韦昭曰：华，国名。秦白起攻魏，拔华阳。司马彪曰：华阳，在密县。"《括地志》："华阳城在郑州管城县南。"可以证今本之误。（原注：按下文"前华后河"，则上文当作"华"。）

《晋语》窦犫对赵简子曰："君子哀无人，不哀无贿；

《国语·楚语》记载：伍举说："德义不能被施行，那么亲近的人就忧愁离心，关系远的人就防备违逆。"（原注：韦昭的注解说："骚就是忧愁的意思。离，就是背叛的意思。"）伍举所说的"骚离"，还有屈原所说的"离骚"，都是楚国人的方言。扬雄写作《畔牢愁》，同《国语·楚语》的注解是吻合的。

《皇王大纪》记载："周景王二年，（原注：鲁襄公三十年。）楚国的公子围到达了晋国。晋国的赵武的儿子赵鞅佩着玉，边走边有清脆的玉鸣，来主持礼仪。"据《国语·楚语》记载："王孙围到晋国聘问，晋定公设宴招待他，赵简子佩着玉，伴着玉的鸣响来主持礼仪。"大概楚昭王的时候，赵鞅是赵武的孙子。今天《皇王大纪》把王孙围写成公子围，认为赵鞅是赵武的儿子，都错了。

古时候，"孙子用祖父的字作为自己的氏"。子产是子国的儿子，在《国语》中叫作公孙成子，在《左传》中叫作公孙侨。（原注：子产的儿子，才开始有最初的国氏。致堂先生（胡寅）作《子产传》，称子产的名字为"国侨"，这其实不对。）

《国语·郑语》中"依、睬、历、莘四个城邑"。《史记·郑世家》的注解说："莘"应该写作"华"。《水经注》："黄河流经华城的西边。史伯说：'华，那是天子的土地。'韦昭说：华，是国名。秦国白起进攻魏国，夺取了华阳。司马彪说：华阳城，就在密县。"《括地志》记载："华阳城在郑州管城县的南边。"这样证据都可以证明今本《国语》的谬误。（原注：在这段文字前面有"前华后河"的说法，那么上文就应该写作"华"字。）

在《国语·晋》中，窦犨对赵简子说："君子只会为没有得

哀无德,不哀无宠;哀名之不令,不哀年之不登。"味其言,见其贤矣。《史记》:孔子将西见赵简子,闻窦鸣犊之死,临河而叹。《索隐》云:"鸣犊,犨字。"《通鉴外纪》于周敬王二十八年书"简子杀鸣犊",三十年书"窦犨对简子",误也。

江端礼尝病柳子厚作《非国语》,乃作《非非国语》。东坡见之曰:"久有意为此书,不谓君先之也。"然子厚《非国语》而其文多以《国语》为法。

古以一句为一言。《左氏传》:"子大叔九言。"《论语》:"一言蔽之曰:思无邪。"秦、汉以来,乃有句称。今以一字为一言,如五言、六言、七言诗之类,非也。

史墨曰:"越得岁而吴伐之,必受其凶。"杜牧注《孙子》曰:"岁为善星,不福无道;火为罚星,不罚有德。"嘉定中,日官言五福太一临吴分。真文忠公奏:"汉之肇造,以宽仁得民,而不在五星之聚井;晋之却敌,以将相有人,而不在岁星之临吴。"

到人才而感到悲哀，而不因为没有财物感到悲哀，只会为自己没有德行感到悲哀，不为自己没有得到宠爱而感到悲哀；为自己的名声不好而感到悲哀，而不为今年粮食收成不好而感到悲哀。"仔细玩味他的话，就可以看出他的贤了。《史记》记载：孔子将要往西走，面见赵简子，听到窦鸣犊的死讯，他就面对着黄河长叹。《史记索隐》说："鸣犊，就是窦犨的字。"《通鉴外纪》在周敬王二十八年写道，"赵简子杀鸣犊"，又在三十年写"窦犨同赵简子问对"，这是错误的。

江端礼曾经不满柳子厚（柳宗元）写的《非国语》，于是写成了《非非国语》。苏东坡见到了《非非国语》，说："我早就有意写一本这样的书，没想到你先把这部书写出来了。"然而，柳宗元虽然批评《国语》，可是他的文章却大多取法于《国语》。

古代都是把一句话称作"一言"。《左氏传》里有"子太叔说了九言（九句话）。"《论语》中说："用一句话来概括，就是：思想纯正没有歪曲。"秦、汉以来，才有"句"这种说法。现在把一个字作为"一言"，就像是五言、六言、七言的诗歌这类叫法，都是不对的。

史墨说："越国得到岁星的庇佑，吴国却来征伐它，吴国必然要受到岁星的凶祸。"杜牧注解《孙子》说："岁星是善星，不会给没有道义的国家福报；火星是刑罚之星，也不会惩罚有德行的君主。"嘉定年间，日官报告五福和太一在吴地分野出现。真文忠公（真德秀）上奏说："汉朝初创之时，是用宽厚仁慈取得了民心，而不是因为金、木、水、火、土五星聚集到井宿这种异象；晋国把敌人打退，是因为将、相都是人才，而不在于岁星运行到吴国的分野。"

子产铸刑书，赵鞅、荀寅铸刑鼎，至邓析竹刑，则书于竹简矣。然《甫刑》云："明启《刑书》。"其来已久。《汉·杜周传》"不循三尺法"，注谓"以三尺竹简书法律也"。朱博亦云："奉三尺律令以从事。"《盐铁论》乃云："二尺四寸之律，古今一也。"盖律书以二尺四寸简，举其大数，谓之三尺。曹褒《新礼》，写以二尺四寸简。汉礼与律令同录，其制一也。

赵襄子曰："以能忍耻，庶无害赵宗乎？"《说苑·谈丛》云："能忍耻者安，能忍辱者存。"吕居仁谓："'忍诟'二字，古之格言，学者可以详思而致力。"

"内有疑妻之妾，此宫乱也；庶有疑室之子，此家乱也；朝有疑相之臣，此国乱也。"管子之言，即辛伯之谂周桓公也。然管子能言之，而不能格齐桓之心。

朱熹曰："《左氏》之失，在以成败论人。"愚尝观蔡邕《独断》引王仲任曰："君子无幸而有不幸，小人有幸而无不幸。"韩文公谓"君子得祸为不幸，而小人得祸为常；君子得福为常，而小人得福为不幸"，亦仲任之意。斯言可以正《左氏》之失。

子产在鼎上铸造"刑书"，赵鞅、荀寅铸造了刑鼎，到邓析创作竹刑，这个时候法令就已经写在竹简上了。但《甫刑》却说："当面打开《刑书》。"看来成文的刑法出现的时间已经很久了。《汉书·杜周传》有"不遵循'三尺法律'"，这句话的注释说："指的是汉代用三尺长的竹简书写的法律"。朱博也说："奉行三尺法令来办事。"《盐铁论》却说："二尺四寸长的竹简来书写律令，古今都是一样的。"大概记载律法的书用的是二尺四寸长的竹简，但是概括它大概的长度，就叫作三尺。曹褒的《新礼》写在二尺四寸长的竹简上。汉代的礼典和律令用同样的方式记录，所采用的制度是一样的。

赵襄子说："因为能够忍受耻辱，大概不会危害赵氏宗族吧？"《说苑·谈丛》说："能够忍受羞耻的人就能安全，能够忍受侮辱的人就能生存。"吕居仁说："'忍诟'（忍受诟病）两个字，就是古代的格言，学习的人可以详细思索、去尽力践行。"

"在后宫内有怀疑正妻的妾室，这就是后宫乱了；庶出的孩子中有怀疑宗室的孩子，这就是家族乱了；朝廷上有怀疑宰相的臣子，这就是邦国乱了。"管仲说的话，就是辛伯向周桓公劝诫的话啊。然而管仲可以说出这样的道理，却不能矫正齐桓公的心。

朱子（朱熹）说："《左传》的过失，在于凭借成败来论定一个人。"我曾经看蔡邕的《独断》引用王仲任（王充）的话说："君子没有侥幸的特点，但也会有不幸招致的祸患；小人有侥幸得利的案例，可是他没有东西不是侥幸得来的。"韩文公（韩愈）说："君子蒙受祸患，是一种不幸，可是小人蒙受祸患则是一种常态；君子得到福报是一种常态，可是小人得到福报就是一

宋人享赵文子，叔向为介。司马置折俎，礼也。仲尼使举是礼也，以为多文辞。服虔云："以其多文辞，故特举而用之。后世谓之'孔氏聘辞'。以孔氏有其辞，故《传》不复载也。"正义谓："孔氏聘辞，不知事何所出？"

"是谓一终，一星终也。"今俗语云："一匝。"《淮南子》："以数杂之寿，忧天下之乱，犹忧河水之少，泣而益之也。"（原注：《文子》作"数集"。）注："杂，匝也。人生子，从子至亥为一匝。"（原注：俗语出于此。）

或以益为皋陶之子。《列女传》："皋子生五岁而赞禹。"曹大家注："皋陶之子伯益也。"（原注：李邕为《李思训碑》，云："皋子赞禹，甘生相秦。""皋"与"皋"同。）林少颖谓："伯益即伯翳，其后为秦。臧文仲闻六、蓼灭，曰：'皋陶、庭坚不祀忽诸。'使皋陶犹有后于秦，则文仲之言不若此之甚也。"（原注：《列子》："夷坚闻而志之。"服虔注："即庭坚也。"）

嫠不恤纬，齐女有礼。漆室女忧君，况委质为臣者乎？（原注：《列女传》：鲁漆室女《韩诗外传》云："鲁监门之女婴"莒

种不幸。"这也是王充所讲的意思。这些话可以纠正《左传》的失误。

宋国人设享礼招待赵文子，叔向作为辅助行礼的介，司马放置折俎，这是合于礼的。孔子让人记录下了这次礼仪，是认为它文辞较多。服虔说："因为这里记载的宾主文辞较多，所以特地记录下来以备使用它。后世称它们为'孔氏聘辞'。因为孔子还保留有其中的言辞，所以《左传》就不再载录了。"正义说："孔氏的聘辞，不知道这件事是出自哪里？"

"这就叫作一终，这是岁星运行一周天的终止。"这也就是现在我们的俗语说的"一匝"。《淮南子》中说："凭借岁星运行几圈的寿命，来忧虑天下的纷乱，就好比忧虑黄河的水量减少，而用哭泣来增加黄河的水量啊。"（原注：《文子》写作"数集"。）注释说："杂，就是匝。人们生孩子，从子到亥十二年，就是一匝。"（原注：所谓的俗语就是出自这里。）

有人认为益是皋陶的儿子。《列女传》里说："皋子生下来五年，就能辅助大禹。"曹大家的注解说："这里说的是皋陶的儿子伯益。"（原注：李邕创作《李思训碑》，碑文说："皋的儿子辅助大禹，甘罗十二岁出任秦国宰相。""皋"与"皋"是相同的字。）林少颖说："伯益就是伯翳，他的后代就是秦人。臧文仲听到六和蓼国灭亡以后，就说：'皋陶、庭坚转眼间就没有人祭祀他们了。'假使皋陶在秦国仍然有后代，那么臧文仲的话就不会像上面说的那样严重了。"（原注：《列子》里说："夷坚听到后把它记录下来。"服虔的注释说："夷坚就是庭坚。"）

《左传》昭公二十四年记载，寡妇都不再操心自己手中所织的纬线；《左传》成公二年又记载，齐国辟司徒的妻子关切齐

妇投纾，复其夫之雠，而不知有君，与不恤纬者异矣。)

汉世祖罢郡国都尉，晋武帝去州郡武备，其害皆见于后。唐穆宗之销兵，则不崇朝而变生焉。故曰："谁能去兵？"

刘知几曰："能言吾祖，郯子见师；不识其先，籍谈取诮。"邓名世曰："春秋时善论姓氏者，鲁有众仲，晋有胥臣，（原注：见《晋语》。）郑有行人子羽，皆能探讨本源，自炎黄而下，如指诸掌。"（原注：郑渔仲曰："《世本》《公子谱》，二书，皆本《左传》。"）

子皮曰："君子务知大者远者，小人务知小者近者。"程子谓："君子之志，所虑者岂止一身，直虑及天下千万世；小人之虑，一朝之忿，不遑恤其身。"

国的战况与国君的安危，齐侯认为她是有礼之人；鲁国的漆室女不因自己的身家而忧愁，却担忧国君已老而太子年幼。她们能做到这样的忠诚，更何况是同国君缔约，委身而为臣下的公卿大夫呢？（原注：《列女传》记载了鲁国漆室之女这一条目。《韩诗外传》的记载说是"鲁国监门之女，名字叫婴"。莒国的女子抛下了织布的纺锤，为了为自己的丈夫报仇，却不知道尊重君主，这与不操心自己纺织而忧心王室的那个女子是不同的。）

汉世祖光武帝刘秀废除了各地郡国的都尉这一职官，晋武帝取消了州郡的武备编制，这些举措的危害当时还看不出来，却都在后世展现出来了。唐穆宗下令把天下原本的兵员数目削减到了十分之一，结果没过多久底下就发生了兵变。因此古人就说了："统御国家的人，谁能够抛开兵事武备呢？"

刘知几说："能够谈论自己祖先谱系的人，都像郯子那样可以被圣人孔子当作老师；不能够认识自己的祖先和宗族的来历，就像晋国大夫籍谈那样被周王取消为'数典忘祖'。"邓名世说："春秋时代善于论述姓氏谱系的人，在鲁国有众仲，在晋国有胥臣，（原注：具体情况见于《国语·晋语》。）在郑国有行人子羽，他们都能探究姓氏宗族谱系的根源，从炎帝、黄帝所处的上古时代开始，一直到现在，就好像指着自己的手掌，看上面的掌纹那样轻松明晰。"（原注：郑樵郑渔仲说："现在流传的《世本》和《公子谱》这两本书，都是根据《左传》编写的。"）

《左传》襄公三十一年记载，子皮说："位高德尊的君子应该专注于关心伟大和远大的事务，地位低的小人则应该只关心微小和切身的事情。"宋代的大儒程子则说："君子的志向，所

"庄公寤生"。《风俗通》云："俗说儿堕地未能开目视者，谓之寤生。"

黄池之会，王孙雒曰："必会而先之。"吴、晋争先，雒之谋也，然不能救吴之亡。故《吕氏春秋》曰："吴王夫差染于王孙雒、太宰嚭。"然则雒亦嚭之流耳。

晋有四姬，郑子产有男女辨姓之言，考之《穆天子传》，穆王有盛姬。盖周礼之坏，自王朝始，诸侯何诛焉？

叔向习《春秋》，为平公之傅，而不能谏四姬之惑，何也？曰：正己则可以格君心之非。叔向娶于申公巫臣氏，违母之训而从君之命。无诸己而后非诸人，自反而不缩，其能正君乎？先儒有言："寡欲之臣，然后可以言王佐。"

关心的事情怎么可以仅仅局限于自己一个人的命运、利益呢？君子应该考虑到千万世之后天下的文明、众生的命运；而像是品质一般的小人，他们所考虑的就只是一时的怨愤等情绪，当情绪起来的时候，他们甚至没时间顾及自己个人的生命安危。"

《左传》原文说"庄公寤生"。《风俗通》说："在通俗的说法中，'寤生'指的就是婴儿刚出生，还没有睁开眼睛的这个状态。"

在黄池之会上，王孙雒对吴王夫差说："我国必须要举行会盟，并且要担任会盟的盟主，在地位上争先。"于是吴国和晋国在争着要先献祭品，以求担任盟主，这是出于王孙雒的计划，但这却不能挽救吴国灭亡的命运。因此《吕氏春秋·当染》篇说："吴王夫差被王孙雒和太宰嚭沾染了不好的品行。"这样说来，王孙雒也是太宰嚭这样的人物罢了。

《左传》昭公元年纪载，晋国国君有四个姬姓本族的妃子，郑国的贤人子产于是就着这件事情说出了男女结婚需要辨别各自的姓氏，不能同姓婚配的言论。根据《穆天子传》的记载，周穆王的后宫中就有盛姬。大概周礼的崩溃就是从王室开始的，为何要单单在言语上批判诸侯呢？

晋国的贤人叔向精通《春秋》，也因此担任了晋平公的老师，可是叔向却不能劝谏晋平公对四位姬姓夫人的迷恋，这是为什么呢？原因在于：只有先让自己修身、践行正道，才能够批评君主，让君主改正自己的错误。叔向娶了申公巫臣氏的女儿，这是违背了母亲的教导而听从了君主的命令。如果一个人不能够对自己有严格的要求，自己也做不到所说的话，却要去批评君主，反思自己都做不到理直气壮，这样怎么可能规训君主走上

季武子曰："有叔向、女齐，以师保其君。"公室之卑，私言于晏婴；杞田之治，仅及于侵小。师保固如是乎？

鲁用田赋，仲尼曰："有周公之典在。"晋铸刑鼎，仲尼曰："晋国将守唐叔之所受法度。"周公之典，唐叔之法度，鲁、晋所以立国也。是以汉循高祖之法则治，唐变太宗之制则乱。（原注：夏有《典则》，商云《成宪》，周云《旧章》。）

古也有志，克己复礼，仁也。或谓克己复礼，古人所传，非出于仲尼。致堂曰："夫子以克己复礼为仁，非指克己复礼即仁也。胥臣曰：'出门如宾，承事如祭，仁之则也。'盖左氏粗闻阙里绪言，每每引用，而辄有更易。穆姜于《随》举《文言》，亦此类。"

正道呢? 古代的儒者说:"只有俭省自己欲望的臣子,才能够成为天子的辅佐、王室的良师。"

《左传》襄公三十年记载,季武子说:"晋国有叔向和女齐来担任他们君主的老师和保傅。"可是,在鲁昭公三年的时候,叔向跟齐国的宰相晏婴私下谈论晋国公室的衰微;在鲁襄公二十九年的记载中,女齐对于治理杞国的理解,也仅仅是停留在侵略和吞并小国,以扩大自己的势力这一层面上。难道真正有德行的老师和保傅居然只是这种水平吗?

《左传》哀公十一年记载,鲁国采用了新的田赋制度,孔子说:"假如要践行礼义来治理国家,那么周公传承下来的法典都还在。"昭公二十九年,晋国铸造了刑鼎之后,孔子:"(这是)晋国开国君主唐叔所受的周天子的法度。"周公留下的法典,唐叔所传承的法度,这是鲁国和晋国所以能够建立国家的根本命脉。因此,汉朝后世遵循着汉高祖的法度,最终汉朝能够实现太平的治理效果,唐朝改变了唐太宗所创立的制度,国家因此就走向了混乱。(原注:夏朝就有所谓的"典守和法则",商朝将这一根本大法称为"成宪",周朝把这一根本法则称为"旧章"。)

在《左传》昭公十二年的文字中,孔子曾说,"古代留下的文字记录就说,能够克制自己,恢复礼义,这就是仁。有人就根据这段记载,认为"克己复礼"这句话是古人就已经传承下来的,并不是出自孔子的创造。致堂先生胡寅说:"孔夫子是把克制自己、恢复礼义,作为践行仁道的方式,而不是说'克己复礼'就等同于仁的品质。胥臣说:'出门就好像面见宾客那样庄重,承担公共事务就好像要亲自祭祀那样庄严,这就是仁的原则。'大概是因为左丘明只是粗略地得到了一些孔子和孔门后学流传的言

《晋语》：栾氏之臣辛俞曰："三世仕家君之，再世以下主之。"（原注：大夫称主。）优施谓里克妻曰："主孟啖我。"（原注：大夫之妻称主。）《左传》医和谓赵孟曰："主是谓矣。"魏戊曰："主以不贿闻于诸侯。"此大夫称主也。齐侯使高张来唁公，称"主君"。子家子曰："齐卑君矣。"主君，大夫之称也。《史记·甘茂传》：乐羊拔中山，魏文侯示之谤书。乐羊曰："此非臣之功也，主君之力也。"《战国策》：梁王魏婴觞诸侯于范台，鲁君曰："主君之尊，仪狄之酒也；主君之味，易牙之调也。"魏以大夫为诸侯，故犹称主君。

论，于是常常引用它们，但在具体文字上又常常更改。例如穆姜在《随》卦中引用了《周易》里《文言传》的文字，其实也是出于这个缘故。

《国语》中的《晋语》记载：栾氏的臣子辛俞说："假如一家三代人都在这一家族中出仕，那就要以这个家族的领袖为君；如果只是两代人或者一袋人侍奉这个家族，那就以这个家族的领袖为主。"（原注：这是大夫被称为"主"的案例。）优施对里克的妻子说："主孟来邀请我吃这么一顿饭。"（原注：这是大夫的妻子被称为"主"的案例。）在《左传》昭公元年的记载中，医和对赵孟说："主人您这样的人就是我们前面所说的良臣了。"《左传》昭公二十八年，魏戊说："主人在诸侯中就是以不收受贿赂而出名的。"这是大夫被称作"主"的案例。齐国国君派遣高张来吊唁鲁君，他当时的称谓也是"主君"。子家子说："齐国的国君势位要变得卑微了啊。""主君"是大夫所应当使用的称谓。《史记·甘茂传》记载："魏国将领乐羊在攻下中山国之后，魏文侯给他展示了一下战争期间群臣批评乐羊的上书。乐羊说：'攻克中山，不是我个人的功劳，而是主君的力量啊。'"《战国策》记载："梁王魏婴在范台招待诸侯，鲁国的君主说："主君的尊崇，就像仪狄所酿造的酒一样香醇；主君的口味，就像易牙的烹调一样高明。"魏国是凭借原本晋国大夫的身份，最后成为了诸侯，所以在内外交往中，还称呼他们的国君为"主君"。

卷七

公羊传

　　汉武尊《公羊》家，而董仲舒为儒者宗。"正谊不谋利，明道不计功"，二言得夫子心法。太史公闻之董生者，又深得纲领之正。尝考公羊氏之《传》，所谓谶纬之文，与黜周王鲁之说，非《公羊》之言也。苏氏谓："何休，《公羊》之罪人。"晁氏谓："休负《公羊》之学。"五始、三科、九旨、七等、六辅、二类、七缺，皆出于何氏，其《墨守》不攻而破矣。

　　《笔谈》曰："《史记·年表》：'平王东迁三年，鲁惠公即位。'《纂例》隐公下注云：'惠公三年，平王东迁。'不知啖、赵得于何书？"《盐石新论》以为："啖、赵所云出何休《公羊音训》，当作'平王东迁三年，惠公立'，此休一时记录之误。"安定谓："平王东迁，孝公之三十七年也。明年，惠公立。《春秋》不始于孝公、惠公者，不忍遽绝之，犹有所待焉。历孝逾惠，莫能中兴，于是绝之。所以始于隐公也。"

　　汉武帝尊崇儒家公羊学派，而董仲舒又是公羊学派诸儒的代表。董仲舒曾说："树立正义而不谋求利益，弘扬道义而不计较功利"，这两句话可以说深得孔夫子的心法。太史公司马迁曾求教于董仲舒，又深得公羊学的学术纲领。司马迁曾考据过《公羊传》，他认为该书注解中与谶纬相关的说法，和所谓"黜周王鲁"即贬抑周室天子、尊崇鲁国诸公的说法，皆非《公羊传》经文的本义，而是后世儒者自己的创作。宋代苏轼说："何休可以说是《公羊》学的罪人。"晁说之说："何休辜负了《公羊》学。"而《公羊》学中所谓五始、三科、九旨、七等、六辅、二类、七缺的种种说法都出于何休之手，依照以上的说法，何休所做《公羊墨守》，其中自称墨守公羊古学，这种说法可谓不攻自破，自相矛盾。

　　《梦溪笔谈》曰："《史记·年表》记载：'周平王东迁三年之后，鲁惠公即位。'《春秋集解纂例》隐公下有注云：'惠公三年，平王东迁。'不知啖助、赵匡是从什么书上看到的这一说法？"《盐石新论》以为："啖助、赵匡所说的出自何休的《公羊音训》，原本应该是"平王东迁三年，惠公立"，这是何休一时间的笔误所造成的结果。"安定说："周平王东迁发生在鲁孝公三十七年。后一年，惠公即位。《春秋》经文不从鲁孝公或鲁惠

汉以《春秋》决事，如隽不疑引"蒯聩违命出奔，辄拒而不纳，《春秋》是之"；萧望之引"士匄侵齐，闻齐侯卒，引师而还。君子大其不伐丧"；丞相御史议封冯奉世，引"大夫出疆，有可以安国家，颛之可也"，皆本《公羊》。虽于经旨有得有失，然不失制事之宜。至于严助以《春秋》对，乃引"天王出居于郑，不能事母，故绝之"，其谬甚矣。

《左氏》载曹刿问战、谏观社，蔼然儒者之言。《公羊》乃有盟柯之事，太史公遂以曹沫列刺客之首。此战国之风，春秋初未有此习也。（原注：《谷梁》柯盟曹刿，《公羊》作"曹子"。然则"沫"即"刿"也。）此游士之虚语，而燕丹之用荆轲，欲以齐桓待秦政，不亦愚乎！

"九世犹可以复仇乎？虽百世可也。"汉武用此义伐匈奴，儒者多以《公羊》之说为非。然朱熹序《戊午谠议》曰：

公开始记录，是因为当时不忍心立即弃绝，心中仍然有所期待。直到经历了鲁孝公、惠公时期，周室还是没有重新繁荣起来，于是放弃记录这段时间的历史故事。所以《春秋》的记录是从鲁隐公时期开始记载的。"

汉人以《春秋》来评决政事，如隽不疑曾经引用"卫庄公蒯聩出奔他国，后来卫国不接纳蒯聩，而《春秋》对此非常认可"的事例；萧望之曾引"晋国的士匄攻打齐国，途中听到齐侯过世，于是就率领大军返回。而《春秋》的君子对其不在丧期攻伐的行为大加赞赏"的事例；丞相、御史等人倡议封赏冯奉世，则引《春秋》之大义，"大夫出使他国，如果对本国的安定有利，则可以嘉赏"，这些汉人所引用的事例、处理事务的方法皆出自《公羊》。虽然汉人对于经文的旨意的把握有得有失，然而也称得上是因事制宜。至于严助引《春秋》"周王出奔居于郑国，不能侍奉其母，所以因此断绝三年的丧期"的话语回应汉武帝，这乃是对《公羊》理解的大谬误。

《左传》记载曹刿问战、谏观社等的事例，曹刿的发言称得上循循善诱，颇有儒者的风范。《公羊》中有曹刿与鲁国在柯邑结盟的故事，司马迁因此将曹沫（即曹刿）列为后世刺客之源头。然而刺客是战国之后才盛行起来的风气，春秋初年还未形成。（原注：《谷梁传》中写作：柯蒙曹刿，《公羊传》写作"曹子"。然而"沫"就是"刿"。）这些本来都是战国游士的大话，而燕太子丹用荆轲刺秦王，想要把秦始皇嬴政当成齐桓公那样看待，这种想法不也称得上愚蠢了吗！

《公羊》传中说"过了九世还可以复仇吗？当然可以，即使过了百世也仍然可以复仇。"汉武帝以此为根据讨伐匈奴，然而

"有天下者，承万世无疆之统，则亦有万世必报之仇。"吁，何止百世哉！

"臣不讨贼，非臣也；子不复仇，非子也。""仇者无时焉可与通。"此三言者，君臣父子、天典民彝系焉。公羊子大有功于圣经。

以祭仲废君为行权，范宁已讥其失矣。孟子曰："有伊尹之志则可。"若祭仲者，董卓、司马师、孙綝、桓温之徒也，其可褒乎！

"葵丘之会，桓公震而矜之。"安定谓："前则致王世子于首止，今又致宰周公于葵丘，其心盈亦甚矣。《谷梁》以为美，非美也。孟子以为盛，有激而云。"

以卫石恶为恶人。刘原父非之曰："董贤可谓贤乎！"又以仲孙何忌为"讥二名"，新莽之制其出于此欤？东汉之士，犹无二名者。

多数儒生则对《公羊》的说法不以为然。然而朱熹《戊午谠议》的序中说道："统治天下的君主，既然继承了天下的万古之统，那么即使有万世之仇也就不足为奇了。"哎呀，按朱熹的说法，如果想要复仇，哪里止于百世，千世万世也可以！

　　"如果臣子不讨伐弑君的贼人，则不配称为臣；如果孩子不报弑父之仇，则不配称为孩子。""任何时候都不能与仇敌交往。"这三句话，将君臣父子之间的关系、责任，和天道、民则都涵盖其中。这是公羊高的说解对《春秋》之经有大功劳的地方。

　　《公羊传》中将祭仲废君之事视作懂得权衡时事的做法，而范宁已经对此表示讥讽不满。孟子曾说过："如果人有伊尹那样的心胸，才他才有资格去做废君之事。"像祭仲、董卓、司马师、孙綝、桓温这类小人，不过是篡位者罢了，他们所做的弑君之事，怎么值得后人褒奖呢！

　　《公羊传》说"葵丘会盟的时候，齐桓公展现出矜持骄傲且自负的态度。"安定说："齐桓公之前在首止奉承周惠王的世子，现在又在葵丘会盟上致敬宰周公，齐桓公的骄纵之心显露得足够充分了。《谷梁传》以为《春秋》之记事是为褒奖齐桓公，其实不是这样的。孟子认为齐桓公为五霸之盛主，其实不过是有感而发，齐桓公哪里配得上这种美名！"

　　《公羊传》认为卫国的石恶是恶人。刘敞对此有非议："如果名字有"恶"便是恶人，那董贤名字中有贤字，那么董贤岂不是成了贤人！"《公羊传》又认为一人而以仲孙、何忌来称呼为"讥二名"，汉代王莽新朝无二名的制度大概是出自这里吧？东汉的士人，也不见拥有两个名字的人。

“用致夫人”,《公羊》以为姜氏,讥以妾为妻也。董仲舒谓“成风”,先儒取之。仲舒说经,盖不泥于《公羊》也。晋江虨曰:“厌屈私情,所以上严祖考。”曾谓周礼在鲁,其臣无一江虨乎?

“晋人执宋仲几于京师。仲几之罪何?不蓑城也。”注云:“若今以草衣城是也。”《汉·五行志》:董仲舒以为“宋中几亡尊天子之心,而不衰城。”颜注云:“衰城,谓以差次受功赋也。”按《左氏传》:迟速衰序,于是焉在。”又云:“宋仲几不受功。”“蓑”字当从《汉志》作“衰”,与《左氏》合。

公羊子,齐人。其传《春秋》,多齐言。登来、化我、樵之、漱浣、笋将、踊为、诈战、往党、往殆、于诸、累、怴如、昉、棓、脰之类是也。郑康成,北海人。其注三《礼》多齐言,曲麸曰媒,疾为戚,麇为獐,沤曰涹,椎为终葵,手足掔为骹,全菹为芋,祭为堕,题肩谓击征,滑曰瀡,相绞讦为掉磬,无发为秃楬,穛为相,殷声如衣,祈之言是之类是也。方言之异如此,则《书》之诰誓其可强通哉?

对于《春秋》经文中的"用致夫人" （《春秋·僖公八年》）一语，《公羊传》以为指的是当时鲁僖公的爱妾姜氏，之所以单独称"夫人"而不加姓氏，是在讥讽僖公对妾的宠幸足以比拟其夫人。董仲舒说当时称宠妾为夫人已成风气，经文的说法并不包含讥讽之义，这个说法被先儒认可。董仲舒解说春秋，大概并不拘泥于《公羊》吧！晋代的江彪曾说："因为不徇私情，所以严格按照祖先的身份来实行礼制。"人们过去常说周礼尽在鲁，如果称夫人的作法不合礼数，难道鲁国的臣子会没有像江彪一样敢于直言的吗？

《春秋》经文："晋国的人在京师抓了宋国的仲几。那么仲几的罪孽是什么呢？据说是不蒆城。"《公羊》注说："蒆，和今天的以草衣城类似。"《汉书·五行志》说：董仲舒以为"宋中几没有尊敬天子的想法，所以不衰城。"颜师古注说："衰城的意思是以一定的标准递减受功赋。"考察《左氏传》在本段经文中的说法原作："迟速衰序，于是焉在。"《左传》又说："宋仲几不接受来自上级的功赋。"经文中的"蒆"字应当遵从《汉书·艺文志》读作"衰"，这样与《左传》的意思能也贴合。

公羊高是齐人。他为《春秋》作传，《公羊传》中便有许多齐地的方言。比如登来、化我、樵之、漱浣、笋将、踊为、诈战、往党、往殆、于诸、累、惐如、昉、椿、胆之类等等皆是齐国的方言。郑玄是北海人。因此他所注的三《礼》也有许多齐地的方言，比如将曲麸称作媒，把疾称作戚，把麋称作獐，把沤称作漤，把椎称作终葵，把手足擘称作骹，把全菹称作芊，把祭称作堕，把题肩称作击征，把滑称作滫，把相绞讦称作掉磬，把无发称作秃楬，把穰称作相，还有殷声如衣，祈之称作是之一类

文公二年，"公子遂如齐纳币"。讥丧娶也。娶在三年之外，则何讥乎丧娶？三年之内不图婚娶者，大吉也，非常吉也。其为吉者主于己，以为有人心焉者，则宜于此焉变矣。公羊子之言，天理民彝之正也。《左氏》以为礼、以为孝，其害教最甚。杜氏谓："谅闇既终，嘉好之事，通于外内。"其悖理又甚焉。《中庸》曰："三年之丧，达乎天子。"《孟子》曰："三年之丧，自天子达于庶人。"左、杜而忘诸乎？杜预在晋，议太子之服，谓："周公不言高宗服丧三年，而云谅闇，此服心丧之文也。叔向不讥景王除丧，而讥其宴乐已早，明既葬应除，而违谅闇之节也。司马公以为"巧饰经传，以附人情。"（原注：预但知春秋衰世之礼，而未知先王制礼之本也。《公羊》长于《左氏》，此其一端也。）

谷梁传

《谷梁传序》：凡《传》以通《经》为主，《经》以必当为理。夫至当无二，而三《传》殊说，庸得不弃其所滞，择善而

的，皆是齐国的方言。不同国家的方言之间的差异尚且如此，何况是距离我们有千年之久的《尚书》，语言已经不通，其中的诰誓之类的内容又岂能强行解读？

《春秋》文公二年的经文提到，"公子于是到齐国去纳币娶妻"。《公羊》以为经文是在讥讽公子遂在居丧期间娶妻。公子遂娶妻是在三年丧期之后，这件事是符合礼法的，那么怎么会被讥讽为"丧娶"呢？居丧期不考虑嫁娶，这种做法是非常吉利的。他认为对于自己是非常吉利的，认为其中有人心存在，那么在此便应该改变。公羊高的话，是合乎道理的。而《左氏》以为丧期嫁娶合乎礼仪、合乎孝法，反而危害礼仪孝法。杜预说："居丧期间，如果在谅闇的事情完结了之后，就可以嫁娶。"这话荒谬极了。《中庸》说："三年的丧期，天子也要实行。"《孟子》曰："服丧三年，从天子到普通人都要实行。"难道左丘明和杜预都不记得这些教诲了吗？杜预在晋朝，讨论太子为先帝服丧之事，说道："周公不说殷高宗为先王服丧三年，而只说到谅闇为止，是因为谅闇之后都在服心丧之礼。叔向不反对景王除丧，而对其过早行宴乐之事颇有讥讽，说明埋葬之后便可以除去丧服，不用等到谅闇再去除。"司马光认为杜预"强行解释经传，以此来附庸当时的现实人情。"（原注：杜预只了解春秋"礼崩乐坏"下的礼仪，而不了解先王制礼作乐的本义。《公羊》之所以比《左氏》要强，由此可见一端。）

《谷梁传序》说：《传》的这种体裁的主要目的在于解释《经》，解《经》恰当才是理。真理只有一个而无二，然而春秋

从乎?《孝经序》袭其语。

桓五年《传》:"郑,同姓之国也,在乎冀州。"注:"冀
州则近京师。"按郑之始封,在今京兆,其地属雍州。东迁
之后,徙新郑,在今河南,其地属豫州。谓"近京师"则可,
谓在冀州则非。或曰:冀州,中州也。《淮南子》:"正中冀州
曰中土。"

秦自殽之败,即楚,见吕相绝秦,故《谷梁》曰:"秦之
为狄,自殽之战始。"止斋曰:"楚之伯,秦之力也。自灭庸以
后,秦为楚役。"

伯宗攘奪者之善,谷梁子非之。董公遮说汉王,赵涉
遮说条侯,系天下兴亡安危之大几,用其言而不用其人,何
哉?

隐九年,侠卒。侠者,所侠也。所氏见于史者,汉有所
忠,(原注:《食货》、《郊祀志》、《石庆》《司马相如传》。)后
汉有所辅。(原注:《独行·刘茂传》。)《风俗通》:"所姓,宋
大夫华所事之后。"鲁有所氏,非但出于宋也。然无骇、翚、
挟、柔、溺、宛,先儒谓大夫未爵命于天子,不氏。则侠之氏
为所,非也。

《公羊传》于襄二十一年云:"十有一月庚子,孔子生。"
《谷梁传》于二十年十月云:"庚子,孔子生。"二十一年,

三《传》对经文的解说各不相同，可是，怎么能不放弃不恰当的解释，抓住那个独一的真理，而选择合理的解说呢?《孝经序》也继承了这段话。

鲁桓公五年的《谷梁传》说:"郑国是姬姓之国，郑国地处冀州。"注中说:"冀州近于京师。"然而我考察郑国一开始的封地在今天的京兆，归属于雍州。郑国随周平王东迁之后，搬到新郑，现在这地方在今天的河南，归属于豫州。《谷梁传》说郑国"近于京师"没问题，但是说它归属冀州则不对了。有人说:冀州是中州。《淮南子说》:"冀州的腹地称作中土。"

秦国自从殽之战战败以来，亲近于楚国，之后晋使吕相与秦决裂，所以《谷梁传》说:"秦之所以被中原诸国视作夷狄，是从殽之战开始的。"止斋说:"楚国称霸，其中有秦人的助力。而自从灭庸国之后，秦国曾经一度沦为楚国的使役。"

伯宗驱逐拉车的善言之人，谷梁赤对这种做法有所非议。董仲舒拦路向汉王进言，赵涉拦路向条侯周亚夫进言，他们所说的皆是关系天下安危的事，然而这些人的话语被采纳而本人却不受重用，这究竟是为什么呢?

鲁隐公九年的经文记载，一个叫侠的人过世了。侠，谷梁认为指的是所侠这个人。所这个姓氏载录在史书上的，西汉代有所忠，东汉有所辅。《风俗通》记载:"所姓，是宋国的大夫华所事的后裔。"鲁国有所氏，但不是出于宋国。然而无骇、翚、挟、柔、溺、宛等人，过去的儒者说这些大夫皆未受天子赐爵，所以没有氏。所以这样看来，那么所便不是侠的氏。

《公羊传》在鲁襄公二十一年的传中说:"当年十一月庚子日，孔子诞生。"《谷梁传》在襄公二十年十月的传中说:"庚子

贾逵注《经》云："此年仲尼生。"昭二十四年，服虔载贾逵语云："仲尼时年三十五。"定以孔子为襄二十一年生也。《孔子世家》云："鲁襄公二十二年生。"杜注从《史记》。臧荣绪以宣尼生庚子日，陈《五经》拜之。然以年则《公》、《谷》、《史记》有一年之差，以月则《公》、《谷》有一月之差。今不可考。

侯国不守典礼，而使宰咺归赗；侯国不共贡职，而使石尚归脤。《经》书天王以是始终，盖伤周而叹鲁也。《谷梁》谓石尚欲书《春秋》，曾是以为礼乎？

《文中子》谓：范宁有志于《春秋》，征圣经而诘众《传》，盖杜预屈《经》以申《传》，何休引纬以汩《经》，唯宁之学最善。

《谷梁》言大侵之礼，与《毛诗·云汉》传略同；言蒐狩之礼，与《毛诗·车攻》传相合。此古礼之存者。

《左传正义》云："汉代古学不行，明帝集诸学士作《白虎通义》，因《谷梁》之文为之说曰：'王者诸侯所以田猎何？为苗除害，上以共宗庙，下以简集士众也。春谓之田何？春，岁之本，举本名而言之也。夏谓之苗何？择其怀任

日，孔子出生。"贾逵注《春秋》经襄公二十一年时说："这年孔子出生。"服虔在注《春秋》昭二十四年经文时转载贾逵的话说："这年孔子三十五岁。"这样推算起来，贾逵、服虔等认为孔子是在鲁襄公二十一年出生的。《孔子世家》说："孔子在鲁襄公二十二年出生。"杜预的注则跟随《史记》。臧荣绪以为孔子出生在庚子日这天，所以将《五经》全部铺排出来，用以祭拜孔子。然而以年计算，则《公羊传》、《谷梁传》、《史记》的说法有一年的差距，以月份来说，《公羊传》、《谷梁传》差了一月，其中都有不同。但是孔子具体什么时候出生，现在已经无法考证。

诸侯国不守周的礼法，而周天子派遣宰咺去鲁国送随葬品；诸侯国不向周天子供奉贡品，而周天子派遣石尚赠送鲁国祭祀用的腊肉。《春秋经》始终两段都用天王来指代周天子，大概是为周王室感到悲伤而为鲁国感到叹息吧。《谷梁传》说石尚想要记录《春秋》，这哪里说得上是有礼之人呢？

《文中子》记载：范宁推崇《春秋》，以经文文字来诘难各本《传》书，大概当时杜预以《春秋》经迁就《左传》传文的记录，何休引用纬书阐释《春秋》经文，同期只有范宁的学问最好，因此看不惯这些事。

《谷梁传》言说大侵之礼，和《毛诗·云汉》传文相似；《谷梁传》记载的蒐狩之礼，和《毛诗·车攻》传文相匹配。这些提到的礼仪，应该都是当时尚存的古礼。

《左传正义》云："汉代时古文经学不盛行，汉明帝召集学者做《白虎通义》，顺着《谷梁》传的说法继续道：'天子诸侯为什么要田猎？是为了为田苗除害，并且还能供给宗庙祭祀，同时训练士兵。春天的狩猎为什么要叫作田？因为春天是一年的

者也。秋谓之蒐何？蒐索肥者也。冬谓之狩何？守地而取之也。四时之田总名为田何？为田除害也。'"今《白虎通义》十卷无此语，岂亦有逸篇欤？然章帝会诸儒于白虎观，正义谓明帝，亦误。

某，或作"厶"，出《谷梁注》"邓，厶地"。

谷梁子，或以为名赤，或以为名俶。秦孝公时人。今按《传》载《尸子》之语，尸佼与商鞅同时，故以谷梁子为秦孝公时人。然不可考。

论语

或问："《论语》首篇之次章，即述有子之言。而有子、曾子独以子称，何也？"曰："程子谓此书成于有子、曾子之门人也。"曰："柳子谓孔子之没，诸弟子以有子为似夫子，立而师之，其后不能对诸子之问，乃叱避而退，则固有常师之号，是以称子。其说非与？"曰："非也，此太史公采杂说之谬。宋子京、苏子由辨之矣。《孟子》谓：子夏、子张、子游以有若似圣人，欲以所事孔子事之。朱熹云：盖其言行气象有似之者，如《檀弓》所记子游谓'有若之言似夫子'之类是也，岂谓貌之似哉！"曰："有子不列于四科，其人品何如？"

本源，所以用田这个总名来称呼来指代春天的田猎。夏天的狩猎为什么要叫作苗？因为这是野兽怀孕的时期。秋天的狩猎为什么要叫作蒐？因为秋天的野兽已经成熟长大，这时候田猎是搜索长得肥壮的野兽也。冬天的狩猎为什么要叫作狩？因为这时候打猎要圈地作战。为什么四时狩猎的总名要叫作田？是取为田除害的意思。'"现在通行的《白虎通义》十卷本没有这段话，难道是《白虎通》有缺失的篇章吗？然而诸生聚在白虎观是汉章帝时期的事情，《左传正义》说是汉明帝，这也不对。

某字，有的时候写作"厶"，比如《谷梁注》中有"邓，厶地"。

谷梁子，有人认为他名叫赤，有人认为他名叫俶。他是秦孝公时期的人。我现在注意到《谷梁传》记载《尸子》这件事来看，尸佼与商鞅是同时代的人，所以按理推测，谷梁子也应该是秦孝公时期的人。但是究竟是否如此，现在已经无法考证了。

有人问："《论语》首篇的第二章，便记叙有子的言论。而唯独有子、曾子这两人在孔门弟子中以子来称呼，这是为什么呢？"我回答道："程颐认为这是因为《论语》这本书主要是有子、曾子的门人记录的，所以对这两人称子。"有人问："柳宗元说孔子去世之后，诸弟子以为有子像孔子，所以像对待孔子那样侍奉他，但是后来由于有子不能回答诸弟子的问题，所以被弟子质疑斥退，因为有常师的称号，所以以子之称来称呼有若。这个说法对不对呢？"我回答："这是不对的，这是柳宗元参考了司马迁所采集的野史造成的错误。宋祁、苏辙已经辩证过这

曰:"宰我、子贡、有若智足以知圣人。此《孟子》之言也。盖在言语之科,宰我、子贡之流亚也。"曰:"有子之言,可得闻与?"曰:"'盍彻'之对,'出类拔萃'之语,见于《论》、《孟》。而《论语》首篇所载凡三章,曰'孝弟',曰'礼',曰'信恭',尤其精要之言也。其论'晏子焉知礼',则《檀弓》述之矣。《荀子》云:'有子恶卧而焠掌。'可以见其苦学。"曰:"朱熹谓有子重厚和易,其然与?"曰:"吴伐鲁,微虎欲宵攻王舍,有若与焉,可谓勇于为义矣,非但重厚和易而已也。"曰:"有子、曾子并称,然斯道之传,唯曾子得之。子思、孟子之学,曾子之学也,而有子之学无传焉,何欤?"曰:"曾子守约而力行,有子知之而已,智足以知圣人,而未能力行也。《家语》称其'强识好古道',其视以鲁得之者有闲矣。"曰:"学者学有子,可乎?"曰:"孝弟务本,此入道之门、积德之基,学圣人之学莫先焉。未能服行斯言,而欲凌高厉空,造一贯忠恕之域,吾见其自大而无得也。学曾子者,当自有子'孝弟'之言始。"曰:"《檀弓》记有子之言,皆可信乎?"曰:"王无咎尝辨之矣。若语子游欲去丧之踊;孺子䜣之丧,哀公欲设拨以问若,若对以为可。皆非也。唯《论语》所载为是。"

个问题了。《孟子》中说：子夏、子张、子游因为有若像孔子，所以想要以侍奉孔子的方式侍奉他。朱熹说：大概是有若说话的方式和气质像孔子，像《檀弓》所记子游的言论'有若的说法方式像老师'一类的，怎么可能是由于长得像孔子所以才要侍奉他呢！"有人问："有子不在孔门德行、言语、政事、文学的四科之内，那么他的人品究竟如何？"我回答："宰我、子贡、有若等人，他们的智慧都能触及到圣人。这是《孟子》中的说法。有若大概归属在言语这科，不过比宰我、子贡等人略次一级。"有人问："有子的言论，是怎样的呢？"答："'盍彻'这样的应对，说出过'出类拔萃'这样的话语，可以在《论语》、《孟子》中见到。而《论语》首篇记载的三节，即关于'孝弟'，'礼'，'信恭'的言论，都是精要简短的言论。他论述'晏子焉知礼'的问题，则在《礼记·檀弓》中提到。《荀子》说：'有子因害怕打瞌睡耽误学习而灼焚手掌。'可见有若是个勤学苦读的人。"问："朱熹说有子个性敦厚，平和且容易相处，这评价对不对？"我回答："吴国讨伐鲁国，微虎想要晚上攻打王宫，有若参与其中，有若可以称得上勇于行义，非但只是个性敦厚，和平且容易相处而已。"有人问道："有子、曾子并称，但是孔子的真道心法只有曾子习得。子思、孟子之学，其实都是曾子之学，但有子的学问却没有传人帮他流传，这是为什么呢？"答道："曾子做学问，信守约定致力于行动，但是有子只是聪明，他的智慧触及到圣人，但是却不去实践。《孔子家语》评价有若'有广阔的见识并且喜好古人之道'，他能够以鲁国的礼乐来修养自己，使得心灵宁静平和。"有人问说："普通学者去学习有子的德行，这是可以的吗？"答道："孝顺父母，顺从兄长，专心致力于根本的事务，这是孔门

　　《春秋正义》云："哀公问主于宰我，案古《论语》及孔、郑皆以为社主，张、包、周等并为庙主。"今本作"问社"。《集解》用孔氏说，凡建邦立社，各以其土所宜之木。亦不言社主。然《正义》必有据。

　　张衡《思玄赋》："匪仁里其焉宅兮，匪义迹其焉追。"注引《论语》："里仁为美。宅不处仁，焉得知？"里、宅，皆居也。石林云："以'择'为'宅'，则里犹宅也。盖古文云然。今以'宅'为'择'，而谓里为所居，乃郑氏训解，而何晏从之。当以古文为正。"致堂云："里，居也。居仁如里，安仁者也。"

入道的大门、积蓄德行的基石，学习圣人之学没有比这几点要更基础的了。有若没有实践这些话语，就想要凌空高飞，自己制造类似于孔子一贯忠恕的领域，我在其中看到有若自大妄为的一面。向曾子学习的人，也当应该从有若'孝弟'的话开始实行，但至于其它，不建议学习。"有人问道："《礼记·檀弓》记载有子的言行，是否都是可信的？"我回答："王无咎曾经辨析过这个问题。比如说子游想要去除丧礼上的踊礼；孺子麑的丧礼的事情，鲁哀公想要以此来问有若，有若以为可以施行。《檀弓》的这些记载都不对。只有《论语》的记载是对的，应该以此为标准。"

《春秋正义》中说："鲁哀公向宰我请教关于"主"的问题，然而依据古《论语》及孔安国、郑玄的注，他们都认为鲁哀公所问的主是指社祭之主，张禹、包咸、周氏等人以为主是指庙主。"今天通行的《论语》版本此句作"问社"于宰我。《论语集解》延用孔安国的说法，认为但凡是诸侯国建立邦国树立社庙，社庙的社主所用的木要因地制宜。《论语集解》也不说社主。但是《春秋正义》的说法必定有根据。

张衡《思玄赋》中有句："匪仁里其焉宅兮，匪义迹其焉追。"注中引用《论语》："里仁为美。宅不处仁，焉得知"的经文。原句中的里、宅，皆指代居所。石林说："古人的释义中，以"择"来解释"宅"，那么里和宅的意义也相同。大概古文的意义便是这样的。现在以'宅'来解释'择'字，而说里是居所，这最初是郑玄的解释，而后来被何晏继承。应当以古文的解法来解释。"胡寅说："里，是居的意思。所谓'居仁如里'，是安居于仁的意思。"

商为"起予"，理明辞达也；回非"助我"，默识心通也。

《说苑》："管仲筑三归之台，以自伤于民。"《集注》取之。

"举直错诸枉"，"举枉错诸直"。孙季和谓："举直而加之枉之上，则民服，枉固服于直也；举枉而加之直之上，则民不服，直固非枉之所能服也。"（原注：若诸家解，何用加二"诸"字。）

王景文曰："孔子见起证而知其末，故曰：'其或继周者，虽百世可知也。'孟子见进证而知其极，故曰：'千岁之日，可坐而致也。'邵氏见困证而知其穷，故曰：'苟有命世之人，虽民如夷狄，三变而帝道可举。惜时无百年之世，世无百年之人，时难人难，不其然乎！'"（原注：邵子之言，见《观物篇》。）

"默而识之"，朱熹谓不言而存诸心。"屡空"，不取虚中之说，恐学者流于异端也。

孔子评价子夏是"起予"者，是因为子夏的话道理明晰语言通达的缘故，所以能够启发孔子；孔子说颜回不是"助我"之人，大概因为颜回对孔子的学说早已默然于心而有戚戚的缘故，所以能够帮助孔子条理言论。

刘向在《说苑》中评价："管仲在自家筑造三归台，自己破坏自己在民众中的口碑。"《论语集注》继承了这个说法。

《论语》中提到"举直错诸枉"，和"举枉错诸直"。孙季和说："把公正无私的人提拔起来，放在邪恶不正的人之上，那么老百姓就会服从了，这是由于邪恶不正必然会服从于公正无私的缘故；可是如果把邪恶不正的人提拔起来，放在公正无私的人之上，老百姓就不会服从，因为公正无私是不会屈从于邪恶不正的。"（原注：如果真像各注家所解释的那样，何必要加上两个"诸"字呢？）

王景文曰："孔子见到事物开始时的征兆而能通明其后期的发展，所以他说：'假如有继承周的统治的，即便是过了百世也是有迹可循。'孟子见到事物发展时的状态而推究其极致的状况，所以他说：'如果寻求到它们过去的状态，千年以后的今日，也是可以坐着推算出来的。'邵雍见到事物在困境中的状态而了悟其穷困的境界，所以他说：'只要有恰当的人，即使百姓如夷狄一般不安文明，三世之后也能创建帝王基业。可惜这个世界没有长久和平的时期，即便是有这样的时期，也遇不到能长久贯彻王道的人，时势之难遇，圣贤之难得，难得不是这样的吗！'"（原注：邵雍说的这句话见于《观物篇》。》

"默而知之"，朱熹解释为不说话而记在心中。"屡空"，不采取没有杂念的说法，是担心学习的人沦落为非正统的学说窠

申枨，郑康成云："盖孔子弟子申续。《史记》云：'申棠，字周。'《家语》云：'申续，字周。'"今《史记》以"棠"为"党"，《家语》以"续"为"绩"，传写之讹也。后汉《王政碑》云："有羔羊之絜，无申棠之欲。"亦以"枨"为"棠"，则申棠、申枨一人尔。唐开元封申党召陵伯，又封申枨鲁伯。本朝祥符封枨文登侯，又封党淄川侯，俱列从祀。党即棠也，一人而为二人，失于详考《论语释文》也。《史记索隐》谓《文翁图》有申枨、申堂，今所传《礼殿图》有申党，无申枨。

甘罗曰："项橐七岁为孔子师。"董仲舒《对策》："此亡异于达巷党人，不学而自知。"孟康注："'人'，项橐也。"《隶释》载《逢盛碑》，以为"后橐"。孟康之说，未知所出。《论语注疏》无之。

"师挚之始"，郑康成谓："鲁太师之名。""太师挚适齐"，孔安国以为鲁哀公时人，康成以为周平王时人。班固《礼乐志》谓："殷纣作淫声，乐官师瞽抱其器犇而散，或适诸侯，或入河海。"《古今人表》列太师挚以下八人于纣时。吴斗南云："按《商本纪》，纣世抱乐器而犇者，太师疵、少师彊也。《人表》亦列此二人于师挚八人之后，误合两事为一。"石林云："司马迁论周厉王事曰：'师挚见之

臼中呀。

申枨，郑玄说："大概是孔子弟子申续。《史记》中记载：'申棠，字为周。'《孔子家语》中记载：'申续，字为周。'"现在通行本的《史记》把"棠"写作"党"，而通行本《孔子家语》把"续"写作"绩"，这是传抄造成的讹误。东汉《王政碑》中有句："有羔羊之絜，无申棠之欲。"也是把"枨"当作"棠"，所以申棠、申枨是同一个人。唐代开元封时期封申党的召陵伯，又封了一个申枨的鲁伯。我朝祥符时期封了一个枨文的登侯，又封了一个党淄的川侯，共同封作孔子的从祀配享。党就是棠，把一人当成两人来封赏，是因为后来的学者没有考辨好《论语释文》的缘故。《史记索隐》说《文翁图》有申枨、申堂，而现在所传的《礼殿图》有申党这人，却没有申枨。

甘罗曰："项橐七岁而成为孔子的老师。"董仲舒在《举贤良对策》中说："这和达巷党人差不多，都是天生有智慧的人。"孟康为董仲舒作注时提到："达巷党人中的'人'，指的是项橐。"《隶释》中记载《逢盛碑》，认为"项橐"是"后橐"。而孟康的说法，不知道是从哪里来的。当时的《论语注疏》并未引用孟康的说法。

《论语》中提到"师挚之始"，郑玄认为："师挚是鲁太师的名字。"《论语》中提及"太师挚去了齐国"，孔安国认为太师挚是鲁哀公时期的人，郑玄则以为太师挚是周平王时期的人。班固在《汉书·礼乐志》中说："商纣王作淫邪的乐声，所以乐官和师瞽们抱着乐器逃离王城，有的逃到其他诸侯国，有的逃入到海外。"《汉书·古今人表》中列举了商纣王时期太师挚以下八人。吴璘说："我注意到在《史记·商本纪》中，纣王时期抱着

矣。'"则师挚，厉王时人也。诸说不同，横渠从孔安国注。

"考其所为，观其所由，察其所安。"亦见《大戴礼·文王官人篇》。

"老彭"，郑注云："老聃、彭祖。"龟山曰："老氏以自然为宗，谓之不作可也。"朱文公曰："以《曾子问》言礼证之，述而不作，信而好古，皆可见。盖聃，周之史官，掌国之典籍、三皇五帝之书，故能述古事而信好之。如《五千言》，或古有是语而传之。《列子》引黄帝书，即'谷神不死章'也。聃虽知礼，谓行之反以多事，故欲灭绝之。《礼运》'谋用是作，兵由此起'，亦有此意。"致堂曰："仲尼问礼，或以证旧闻，或以绝灭礼学之故振而作之。使于问答之际有启发，非以为师也。"

王无咎云："鹿邑之外，有互乡城，邑人相传，谓互乡童子见孔子者，此处也。前代因立互乡县。其城犹存。"（原注：

乐器逃离王都的，有太师疵和少师强。《汉书·古今人表》也将此二人列在师挚八人之后，将两件事误当作一件事。"石林说："司马迁评论周厉王时曾提到一句：'师挚见到这样了吧。'"这么来看，师挚应该是周厉王时期的人。各种说法不一致，而张载认同孔安国注释中的说法。

《论语》中"要看清楚一个人，既要看他当前的言行，又要看是什么原因导致了他当前的言行，还要看他的实际用心和目的是什么"这句话，同时也记载在《大戴礼记·文王官人》篇。

《论语》中提到的"老彭"，郑注中说：指的正是"老聃与彭祖。"龟山说："老子的学问宗法自然，并说听从自然，不可妄自作为。"朱熹则说："以《曾子问》中老子说证礼的部分来说，传承古代优秀文化而不作新的革命，相信而且喜好古代的东西，这样的话语皆有征实。兴许是因为老聃是周的史官，掌管国家的政要典籍和上古之书，所以能叙述并喜爱古代的故事。传说中老子所作的《道德经五千言》，也许原本便是古籍，而被老子传下来，在流传中误认为是老子所作。《列子》中引用黄帝的书的内容，即与《道德经》中的'谷神不死章'的内容一致。老聃虽然明白礼制，但是却认为施行礼乐会制造更多的祸端，所以想要反对并消除礼乐制度。《礼记·礼运》中说'所以阴谋诡计因此而起，战争战事也因此而生'，说的正是这个意思。"胡寅说："孔子向老子问礼，或许是为了证实之前听到过的说法，或许是为了振兴正在消亡的礼乐。在问答之中老子给予了孔子启发，并非是以老子为老师。"

王无咎（字补之，1024—1069）说："鹿邑城外，有一个互乡城，当地人相传就是互乡童子求见孔子的地方，宋代之前就设

鹿邑属亳县。）

　　"不舍昼夜"，《释文》："舍，音捨。"《集注》亦云：
"上声"，而《楚辞辨证》云："洪引颜师古曰：'舍，止息
也。'屋舍、次舍，皆此义。《论语》'不舍昼夜'，谓晓夕不息
耳。今人或音捨者，非是。"《辨证》乃朱熹晚岁之书，当从
之。

　　庞涓、孙膑同学兵法，苏秦、张仪同学从衡，李斯、韩非
同学刑名，始也朋而终也仇。故曰："小人同而不和"，"比
而不周"。

　　思欲近，近则精；虑欲远，远则周。

　　"四教"以文为先，自博而约；"四科"以文为后，自本
而末。

　　互乡童子则进之，开其善也；阙党童子则抑之，勉其学
也。
　　草庐一言而定三分之业，一言之兴邦也；夕阳亭一言而
召五胡之祸，一言之丧邦也。

立了互乡县，古城至今还在。"（原注：鹿邑在宋代属亳县。）

《论语》中提到"不舍昼夜"一语，《经典释文》中说："舍，音捨。"《论语集注》也认为这个字应为"上声"，但是《楚辞辨证》却认为："洪引颜师古的话中说：'舍，止息也。'屋舍、次舍，皆是取止息之意。《论语》中的'不舍昼夜'，意思是白天黑夜都不曾停止。现在有人把"舍字"读作"捨"，这是不对的。"《楚辞辨证》是朱熹晚年的作品，应该遵从朱熹的说法。

据说庞涓、孙膑二人曾一起学习兵法，苏秦、张仪也一起学习过纵横之学，李斯、韩非也曾共同学习刑名之学，这些人一开始是同学朋友，最后却反目成仇。所以《论语》才会说："小人只求与别人一致，但实际不讲原则，不会真正与他人保持和睦"，"小人容易结党营私"。

思索应该从离切实浅近的地方开始，这样思索会更加精当；考虑问题则应该做长远的打算，只有考虑得长远了才会更加周备。

孔子文、行、忠、信的"四教"之所以以文学为先，是为了使人的学习循序渐进，从广博到简约；而孔门德行、政事、言语、文学的"四科"之所以以文学为后，是为了让人明白学习要从本到末，抓住重点。

孔子之所以鼓励互乡的童子，是为了使其人的善心发端；而之所以贬斥阙党的童子，是为了勉励其人的为学之心。

诸葛亮在草庐中的发言基本已经定下了天下三分的格局，这便是《论语》中的"一言之兴邦"的实证；荀勖在夕阳亭中对贾充的发言最后招致了五胡乱华的祸事，这便是《论语》中所谓的"一言之丧邦"的实证。

唐太宗文学馆学士，许敬宗与焉；裴晋公淮西宾佐，李宗闵与焉。以是知佞人之难远。

尹和静云："君臣，以义合者也。故君使臣以礼，则臣事君以忠。"东涧谓："如言'父慈子孝'，加一'则'字，失本义矣。"

"以能问于不能，以多问于寡，有若无，实若虚，犯而不校"，颜子和风庆云之气象也。"富贵不能淫，贫贱不能移，威武不能屈"，孟子泰山岩岩之气象也。

"麻冕，礼也；今也纯，俭。"郑注："纯，黑缯也，侧基反。"而《释文》以郑为下音，今读者从上音如字，非也。按《仪礼》疏，古"缁"、"紂"二字并行，"缁布"之"缁"，本字不误。"紂帛"之"紂"多误为纯。《周礼》"纯帛"注："纯，实'缁'字。古缁以'才'为声。"（原注：《释文》："纯，侧其反，依字从糸才。"《诗·行露笺》："紂帛。"《释文》云："紂音缁。依字糸旁才。后人以才为屯，因作纯。"又《丰》诗笺云："士妻紂衣。"《仪礼》"纯衣"，《释文》无音，亦非也。《集解》："纯，丝也。"取《说文》。）

　　唐太宗的文学馆学士中，后来名列奸臣的许敬宗在其中；裴晋公淮西宾佐的贤能中，也有如李宗闵这样的奸人。这样看来，奸邪小人确实难以远离。

　　尹和静说："君臣，是因为义的聚合，才成为君臣之体。所以君王以礼对待臣属，则臣子侍奉君王才能忠诚。"汤汉评价："《论语》中的这句话'父慈子孝'，二者的关系是天经地义，无需任何附加条件的，尹和静加一个'则'字表示转折，便失去了那层天经地义的意思。"

　　《论语》中提到"有才能却向没有才能的人请教，知识广博却向知识少的人请教；有学问却像没学问一样，满腹知识却像空虚无所有；即使被冒犯，也不去计较"，这说的是颜回如和风庆云一般的气度。"在富贵时，能使自己节制而不挥霍；在贫贱时不改变自己的意志；在威武时不能做理亏的事"，这传达的是孟子高峻巍峨，使人如仰泰山一般的气象。

　　郑玄注《论语》中的"麻冕，礼也；今也纯，俭"的这句经文时说："纯是一种黑布，'纯'字是侧基反切。"《经典释文》认为郑玄注的纯字读下音，而现在的人读上音，这是不对的。按《仪礼正义》的疏文，古时"缁"、"紂"为一字的不同写法，"缁布"的缁，是其本字。而"紂帛"的"紂"却常常误写作纯。《周礼》在"纯帛"注："纯，其实就是'缁'字。古代的'缁'读作'才'。"（原注：《经典释文》："纯，侧其反，从糸从才。"《诗·行露笺》中写作："紂帛。"《经典释文》说："紂读作缁。从糸从才。后人把"才"写作"屯"，因此"紂"就写作纯。"另外在《丰》诗笺中也说："士妻紂衣。"《仪礼》中就写作"纯衣，"《经典释文》没有对其注意，这也是不对的。《论语集解》中说："纯，就是丝的意思。这是采用了

"君子不以绀緅饰"，孔氏注："一入曰緅。"石林云："《考工记》：'三入为纁，五入为緅，七入为缁。'緅在纁、缁之间。《尔雅》'一入为縓'，《礼》：'练衣黄里，縓缘'，'练冠、麻衣縓缘'，盖孔氏误以緅为縓，则緅不可为近丧服。"《集注》谓"緅，绛色，以饰练服"，亦用孔注。（原注：《正义》曰："'一入为緅'，未知出何书。又云：'三年练以緅饰衣'，似读緅为縓。"当以石林之说为正。）

马融注《论语》云："所因，三纲五常。"《大学衍义》谓："'三纲'之说，始见于《白虎通》。"愚按《谷永传》云："勤三纲之严。"《太玄·永·次五》云："三纲得于中极，天永厥福。"其说尚矣。《礼记正义》引《礼纬含文嘉》有"三纲"之言，然纬书亦起于西汉之末。

《太平御览》引《庄子》曰："孔子病，子贡出卜。孔子曰：'子待也。吾坐席不敢先，居处若斋，食饮若祭，吾卜之久矣。'"子路请祷，可以参观。

《说文解字》的说法。）

《论语》中"不以深青透红的绀色或黑中透红的緅色布给平常穿的衣服镶上边做饰物"一句，孔安国注说："一次染色称作緅。"石林则说："《考工记》：'三次染色称作纁，五次染色称作緅，七次染色称作缁。'那么緅色的工艺便在纁和缁之间。《尔雅》'一次染色称作縓'，《仪礼》则说：'练衣黄里，縓缘'，'练冠、麻衣縓缘'，大概是孔安国误将緅色当作縓色，緅色不可用作丧服。"《论语集注》谓"緅，绛色，以饰练服"，则《论语集注》也是袭承孔安国的注。（原注：《论语正义》说："'一次染色叫緅'这种说法不知出自哪本书。又说：'三年里用緅给衣服镶边做饰物'，似乎把'緅'字读作'縓'字。"应该把石林的说法看作正确的。）

马融注《论语》中说道："所凭借的，说的是三纲五常。"《大学衍义》中说："'三纲'的说法，最早是由《白虎通》提出的。"本人以为，依据《汉书·谷永传》中有一句："敬奉三纲十分严格。"《太玄·永·次五》中亦提到："三纲得到了中极，上天会永远赐福。"这些说法出现的时间都与《白虎通》差不多，有的甚至稍早。《礼记正义》引《礼纬含文嘉》，出现了"三纲"的说法，然而纬书之流，大约是在西汉末期兴起，时间太靠后了，并不能作为辅证。

《太平御览》引《庄子》的文字："孔子生病了，子贡因此出去占卜此事。孔子曰：'你不必去占卜。我一生讲礼，行为恭谨，连坐在席上都要等别人先坐，平常过日子都像在斋戒一样，吃喝时都如同在祭祀，我这一直都是在占卜祈祷啊。'"这《论语》中子路请祷一节，可以和本段一起参看。

"仁者静"。孔安国云："无欲故静。"（原注：与《太极图说》同。）石林解"执礼"云："犹执射、执御之执。《记》曰：'秋学礼，执礼者诏之。'盖古者谓持礼书以治人者，皆曰'执'。《周官·大史》：'大祭祀，宿之日，读礼书。祭之日，执书以次位常。凡射事，执其礼事。'此礼之见于书者也。"解"《雅》、《颂》各得其所"云："季札观鲁乐，以《小雅》为周德之衰，《大雅》为文王之德。《小雅》皆变雅，《大雅》皆正雅。楚庄王言武王克商，作《颂》，以《时迈》为首，而《武》次之，《赉》为第三，《桓》为第六，以所作为先后。以此考之，《雅》以正变为大小，《颂》以所作为先后者，《诗》未删之序也。论政事之废兴，而以所陈者为大小，推功德之形容，而以可告者为先后者，删《诗》之序也。"其说可以补注义之遗。

《吕氏春秋》："楚有直躬者，其父窃羊而谒之上。上执而将诛之，直躬者请代。将诛矣，告吏曰：'父窃羊而谒之，不亦信乎！父诛而代之，不亦孝乎！信且孝而诛之，国将有不诛者乎？'荆王闻之，乃不诛也。孔子闻之曰：'异哉，直躬之为信也。一父而载取名焉！故直躬之信，不若无信。'"此即叶公所云也。（原注：致堂曰："直躬，犹曰'正己'，

关于《论语》中所谓的"有仁德的人安静"一句，孔安国解释道："仁者没有欲求，所以内心平静。"（原注：与周敦颐的《太极图说》记载一致。）石林解《论语》的"执礼"一说："执礼，和执射、执御的执是同一意思。《礼记》中说：'秋学礼，执礼者诏之。'大约古时候称呼手持礼书来管教人的，都会被冠以'执'之名。《周官·大史》中说：'大的祭祀，在宿之日，应该读礼书。到了祭祀那天，手拿着礼书站在位子上。凡是涉及射礼，那么便主持礼事。'《周礼》的说法便是这种命名规则的依据。"解释《论语》中"《雅》、《颂》各得其所"一句说："季札欣赏鲁国的音乐，认为《小雅》传递周朝之德行衰退的信号，而《大雅》则在传颂文王的德性。所以《小雅》是变雅，而《大雅》是正雅。楚庄王说周武王打败了商之后创作《颂》，其中《时迈》为篇首代表，而《武》排列第二，《赉》为第三，《桓》为第六，以征战前后的所作所为排列先后的标准。以此推测，《雅》以王政大小来进行排列，《颂》以作为先后来排序，这大概是被删《诗》的排列顺序吧。讨论政事的废兴，而以诗歌中讨论的内容来推测前人的功德，以其中重要的部分来排列先后，这是被孔子删除的《诗》的排列顺序呀！"石林的说法可以弥补过去的经注未注意的方面。

《吕氏春秋》中记录："楚国有个行事正直的人，他的父亲因为偷窃羊而被他向官府举报。然而在官府抓住他的父亲并且准备将其伏法的时候，这个正直的人请求让自己代替他的父亲受罚。将要行刑之时，他对小吏说道：'父亲偷羊而选择了告发，这不是守信吗！父亲被行刑而请求以自己代替，这不是孝顺吗！如果一个守信而孝顺的人也要被杀害，那么这个国家内，还有谁

而《吕氏春秋》以为人姓名，妄也。"）

　　周生烈子云："舜尝驾五龙以腾唐衢，武尝服九駁以驰
文涂，此上御也。"谓五臣、九臣。

　　《文子》曰："人皆以无用害有用，故知不博而日不足。
以博弈之日问道，闻见深矣。"可以发明"无所用心"之戒。
（原注：言无所用心之害，非以博弈为贤也。读此章者，当以韦昭之
论、陶侃之言参观。

　　曹操《祭桥玄文》曰："仲尼称'不如颜渊'。"注引《论
语》"孔子谓子贡：'吾与汝俱不如也。'"按包氏解云："吾
与女俱不如。"
　　"周有八士"，包氏注云："四乳生八子。"其说本董仲
舒《春秋繁露》，（原注：记四产得八男，皆君子雄俊，此天所以兴
周国。）《周书·武寤篇》"尹氏八士"，注云："武王贤臣。"
《晋语》"文王询八虞"，贾逵云："周八士，皆在虞官。"以
仲舒"兴周"之言考之，当在文、武时。

将不被杀害的呢？'楚王听说了这件事，下令不对这个人用刑。孔子听说之后：'这个所谓正直之人守信的方式真奇怪啊！对告发父亲的行为需要做这么多的粉饰！这个正直之人守信的方式，还不如不守信。'"这和叶公所说的一样。（原注：胡寅说："正直"就像"正己"，但《吕氏春秋》却认为"直躬"是一个人的名字，这是错误的。）

周生烈子说："舜曾经驾着五条龙在唐地的大路上奔驰，武王曾经驾着九条蛟龙遨游于文王的大路，这是天子的车架。"所谓的五龙、九驳，我认为指的是舜的五个臣子和武王的九个臣子，并非真的是指龙、驳等传说之兽类。

《文子》中说："一般人常用无用之物来危害有用之物，所以他们的知识得不到增长而一日日地贫乏起来。如果用花在下棋之上的时间功夫去追求大道，那么他所求得的学问知识一定会变得广博深远。"这段话可以用来解说《论语》中关于"无所用心"的告诫。（原注：这里所说的"无所用心"的危害，并不将下棋当作贤能。读这一章时，应当以三国时韦昭、东晋时陶侃的解释作为参考。）

曹操《祭桥玄文》中说："孔子曾说自己'不如颜渊'。"注引《论语》中的"孔子对子贡说道：'我和你都不如颜回啊！'"包咸的解说也认为："孔子说的是自己与子贡都不如颜渊。"

《论语》中说"周有八士"，包咸注中认为这是："四次生产生下了八个俊杰。"这个说法来自董仲舒的《春秋繁露》，（原注：记录了四次怀孕生下八个男孩，都是豪迈伟岸的君子，这是上天要让周朝的兴盛啊！）而《周书·武寤篇》经文提到"尹氏八士"，注中说："八士是周武王的贤臣。"《晋语》"文王询八虞"，贾逵

东坡解"孟庄子之孝"为献子。石林谓："以献子为穆伯之子，以惠叔为惠伯，读《左氏》不精，二者皆误。"（原注：致堂取苏说，而不辨其误。）

《吕氏春秋·不苟论》云："孔丘、墨翟昼日讽诵习业，夜亲见文王、周公旦而问焉。"注：引《论语》梦见周公。（原注：孔、墨并称，始于战国之士，其流及于汉儒，虽韩退之亦不免。）

"逸民"各论其行，而不及朱张。或曰："其行与孔子同，故不复论也。"《释文》引王弼注："朱张，字子弓，荀卿以比孔子。"

"虞仲、夷逸，隐居放言"包氏注："放，置也，不复言世务。"介之推曰："言，身之文也。身将隐，焉用文之。"《中庸》曰："其默足以容。"古注亦有味。

《论语》疏："案《春秋少阳篇》：伯夷姓墨，名允，字公信。伯，长也。夷，谥。叔齐名智，字公达。伯夷之弟，齐，

注："周的八个士人，皆从事管理川林山泽的虞官。"和董仲舒"兴周"的话结合一起思考，这八个俊杰，应该是活跃于周文王、周武王时期的贤人。

苏轼解说"孟庄子之孝"的孟庄子是孟献子。石林认为："苏轼把献子误当作穆伯之子，把惠叔误作惠伯，是研究《左氏》不够精深的缘故，实际上这两个说法都是错的。"（原注：致堂采取了苏轼的说法，却没有考究辨别他的失误之处。）

《吕氏春秋·不苟论》中说："孔丘、墨翟白天读书学习，晚上梦见周文王和周公旦，并且向他们询问问题。"《吕氏春秋》的注说：这是引自《论语》中孔子梦见周公的说法。（原注：孔子与墨子同时并称，开始于战国时期的学者议论，这种说法一直影响到汉代的儒者，即使韩愈也深受影响。）

《论语》中对各类"逸民"都有论述，却没有关于朱张的相关言行。有人说："他的行为与孔子相似，所以就不再重复记录了。"《经典释文》引王弼的注："朱张，字子弓，荀子以为此人的德行可以比拟孔子。"

《论语》"虞仲、夷逸，隐居放言"一句，包咸注释说："放，意思是放下，不再插手或评论世事。"介之推说："言辞是人们用来修饰外表行动举止的外在文饰之物，如果一个人的身体将要隐居于世事之外，却反而索求文字文学等外在文饰来显耀自身，这种行为和内心相抵牾的做法又是为了什么呢？"《中庸》曰："沉默足以保全一个人的身体。"古人的注文真的可谓意味深长。

《论语》疏说："根据《春秋少阳篇》：伯夷姓墨，名允，字公信。伯，是年长之称。夷，是他的谥号。叔齐名智，字公达。他

亦谥也。"《少阳篇》未详何书。(原注:真宗问陈彭年:"墨允、墨智何人?"彭年曰:"伯夷、叔齐也。"上问:"见何书?"曰:"《春秋少阳》。"夷齐之父名初,字子朝。)胡明仲曰:"《少阳篇》以夷齐为伯叔之谥,彼已去国,隐居终身,尚谁为之节惠哉?盖如伯达、仲忽,亦名而已矣。"

沮、溺、荷蓧之行,虽未能合乎中,陈仲子之操,虽未能充其类,然唯孔、孟可以议之。斯人清风远韵,如鸾鹄之高翔,玉雪之不汙,视世俗殉利亡耻、饕荣苟得者,犹腐鼠粪壤也。小人无忌惮,自以为中庸,而逸民清士,乃在讥评之列,学者其审诸!

《吕氏春秋》云:"子路撊雉,得而复释之。"盖因"子路共之"而为此说。朱文公《集注》引晁、刘两说,"共"字当为"拱执"之义。

上蔡云:"圣人语常而不语怪,语德而不语力,语治而不语乱,语人而不语神。"本王无咎之说。

陆务观云:"一言可以终身行之者,其'恕'乎!此圣门一字铭也。《诗》三百,一言以蔽之,曰'思无邪'。此圣门三字铭也。"

是伯夷的弟弟,齐,也是谥号。"但是《少阳篇》不知是什么书,现在已经遗失了。(原注:宋真宗向陈彭年询问说:"墨允、墨智是什么人呢?"彭年回答说:"他们正是伯夷和叔齐。"皇上又问:"在哪本书里记载这个呢?彭年回答说:"在《春秋少阳》这本书中。"伯夷、叔齐的父亲名叫初,字子朝。)胡寅说:"《少阳篇》认为夷和齐是两人的谥号,可是他们二人离开故国,终生隐居深山,谁来为他们取谥号呢?大概和伯达、仲忽一类的称呼相似,不过是名字罢了。"

长沮、桀溺、荷蓧者这些隐士的言行,虽然不能合乎中庸的道理,陈仲子等人的操守,虽然还未能达到一定的境界,然而也只有孔子、孟子这样的圣贤有才资格评论。这样的人如同清爽的风悠远的韵律,好像高飞的鸾鹄,洁白无瑕的雪,将世间无耻地追求利益,贪求荣华富贵的人,视作吃腐肉的老鼠、粪土一般,加以蔑视。小人心中无所忌惮,而自以为得中庸之道,反而是将隐士和品性高洁的人,列入讥讽评价的范畴,这何其荒谬,学者应该好好反省思考这种现象呀!

《吕氏春秋》说:"子路抓到了鸡,子路却又放了它。"这个说法大概是因为受"子路共之"的启发而作。朱熹《论语集注》引晁氏、刘氏两人的说法,认为"共"字当为"拱执"之"拱",义为拱手,而不是"共"。

谢良佐说:"圣人叙说常理而不谈怪行,叙说德行而不谈暴力,叙说和平治理而不谈无序混乱,叙说人生之事而不谈神奇超常之事。"这本来是王无咎的说法。

陆游说:"有一个可以终身奉行的字,大概是'恕'吧!这是圣门的一字铭。"《诗经》三百篇,用一句话来概括它,就是'思无邪'。这是圣门的三字铭。"

"为力不同科"，马融解云："力役有上、中、下三科。"（原注：五峰谓此说是。）

"譬诸草木，区以别矣。"五峰曰："草木生于粟粒之萌，及其长大，根茎华实，虽凌云蔽日，据山蟠地，从初具乎一萌之内，而未尝自外增益之也。"（原注：用《乐记》区萌字，音勾。）朱文公曰："林少颖亦说与黄祖舜如此。"

《汉·艺文志》"小道可观"，《蔡邕传》"致远则泥"，以子夏之言为孔子。《唐·孔颖达传》"以能问于不能"，以曾子之言为孔子。

"卞庄子之勇"。或问云："事见《新序》。"愚按：《荀子·大略篇》："齐人欲伐鲁，忌卞庄子不敢过卞。"此可见其有勇也。

《史记》正义首阳山有五。颜师古注《汉书》云："伯夷歌'登彼西山'，当以陇西为是。"石曼卿诗曰："耻生汤武干戈日，宁死唐虞揖让区。"谓首阳在河东蒲坂，乃舜都也。余尝考之《曾子书》，以为'夷、齐死于济、浍之间，其仁成名于天下'，又云"二子居河、济之间"，则曼卿谓首阳在蒲，为得其实。（原注：浍，水名，《左氏》所谓汾浍。）

《论语》中有一句"能力不同，也就是射箭的力道自然也就不同"，马融解说道："体力活也有分上、中、下三科的。"（原注：胡宏认为这一解释非常正确。）

《论语》中有一句"好比花草树木，各种类别不同。表示事物有区别。"胡宏说："草木出生于种子的萌发，等到长大之后，根部和茎部都变得茁壮，虽然它的长势直上云霄、遮天蔽日，占据山林、盘踞土地，但是确实从一颗种子之内开始萌芽，不曾借助外力。"（原注：以《礼记·乐记》种的记载说明"萌"字，读作"勾"。）朱熹说："林少颖和黄祖舜的说法有些相似。"

《汉书·艺文志》中说"即使是小技艺也一定有可取之处"，《韩述·蔡邕传》中说"走得远了恐怕会因此陷入泥泞"，这是把子夏的话误当作孔子的。《唐书·孔颖达传》中说"自己有才能却向没有才能的人请教，自己知识多却向知识少的人请教"，这是把曾子的话误当作为孔子的。

《论语》中有一句"卞庄子之勇"。有人说："卞庄子的事迹可以参考《新序》。"本人以为：《荀子·大略篇》记载说："齐国想要攻打鲁国，忌惮卞庄子，因此不敢经过卞城。"从这个事例中可以看出卞庄子的勇猛。

《史记》正义说首阳山的位置有五种说法。颜师古注《汉书》以为："伯夷歌颂'登彼西山'，首阳山应当在陇西。"石延年的诗歌说："耻生汤武干戈日，宁死唐虞揖让区。"认为首阳在河东蒲坂，是旧的舜都所在。我曾经考据过《曾子书》，注意到其中有一句'夷、齐死于济、洽之间，其仁成名于天下'，又有一句"二子居河、济之间"，从中来看，则石延年谓说首阳山在河东蒲坂的说法是对的。（原注：洽，水名，《左氏》所谓汾洽。）

水，一也，孔子观之而明道体之无息，孟子观之而明为学之有本。荀子亦云："水至平，端不倾，心术如此象圣人。"其观于水也，亦亚于孔、孟矣。于此见格物之学。

吕成公读《论语》"躬自厚而薄责于人"，遂终身无暴怒。絜斋见象山读《康诰》，有感悟，反己切责，若无所容。前辈切己省察如此。

孔庭之教曰《诗》、《礼》。子思曰："夫子之教，必始于《诗》、《书》而终于《礼》、《乐》，杂说不与焉。"《荀子·劝学》亦曰："其数则始乎诵《经》，终乎读《礼》；其义则始乎为士，终乎为圣人。"（原注：《经》，谓《诗》、《书》。）

四勿、九思，皆以视为先。见弓以为蛇，见寝石以为伏虎，视汩其心也。闵周者黍稷不分，念亲者莪蒿莫辨，心惑其视也。吴筠《心目论》以"动神者心，乱心者目"。《阴符经》："心生于物，死于物，机在目。"蔡季通释其义曰："《老子》曰：'不见可欲，使心不乱。'西方论六根、六识，必先曰眼、曰色，均是意也。"

水，还是同一条河水，孔子观察水之相而领悟大道不止的道理，孟子观察水之相而领悟到学习有其本源。荀子也曾说："水面平坦，端着也不倾斜，如果内心能做到这样，便会接近圣人。"荀子观水而得出的领悟，也比孔子、孟子弱一些。从孔子、孟子、荀子的观水事例，从中可以明白格物致知的道理。

吕祖谦读《论语》"意思是做一个人，尤其是做一个君子，重要的是要严格地要求和责备自己，而对别人则采取宽容的态度，在责备和批评别人的时候应该尽量能够做到和缓宽厚。对别人多谅解多宽容"一句有悟，从此终身不起暴怒。宋袁燮见陆九渊读《康诰》有感悟一事，从此内省反思，仿佛因羞愧而无地自容。前辈反思自省应该是这样的。

孔子之门以《诗经》、《礼》为教学的重点。子思说："孔夫子教育学生，必然从《诗经》、《尚书》开始，经过学习之后，而以《礼》、《乐》结束，其中只有这些典籍，而不教其他杂说。"《荀子·劝学》中也说："学习的具体项目就是由读《诗经》《尚书》开始，最后是读《礼经》。学习的意义就是由做读书人开始，最后是学做圣人。"（原注：《经》指的就是《诗经》和《尚书》。）

《论语》中的四勿、九思，都是以视觉为先。见杯中弓的影子以为是蛇，见大石头则以为蹲着的老虎，可知视觉可以扰乱人心。为周朝悲伤的人分不清楚黍和稷，思念亲属的人分不清莪和蒿，是因为心灵扰乱了视觉的缘故。吴筠《心目论》中说"扰乱精神的是心，扰乱心灵的是眼睛"。《阴符经》说："心灵在外物之间是生还是死，关键在于眼睛。"蔡元定解释道："《老子》说：'不看见足以引起欲望的事物，使心思不被扰乱。'佛教论

古者士传言谏，其言责与公卿大夫等。及世之衰，公卿大夫不言而士言之，于是有欲毁乡校者，有谓"处士横议"者。不知三代之盛，士亦有言责也。夫子曰："天下有道，庶人不议。"而不及士，其指微矣。（原注：乙酉二月，梦前宰辅以太学所上书求余跋语，梦中作此，寤而识之。）

"非帷裳，必杀之"。郑康成云："帷裳，谓朝祭之服，其制正幅如帷。'非帷裳'者，谓深衣，削其幅，缝齐倍要。"见《春秋正义》。（原注：《集解》不取《集注》，用郑说。）

孔门弟子，唯言偃吴人，而澹台灭明南游至江。《史记正义》："苏州南五里有澹台湖。"《儒林传》："澹台子羽居楚。"

《韩非》曰："季孙相鲁，子路为郈令。鲁以五月起众为长沟。子路以其私秩粟为浆饭，要作沟者于五父之衢而飡之。孔子闻之，使子贡往覆其饭，击毁其器，曰：'鲁君有民，子奚为乃飡之？'言未卒而季孙使者至，让曰：'肥也起民而

六根、六识，必须先说眼和色相，其中的意义相同。"

古时候的士人出言上谏，他们讽谏的职责和现在的公卿大夫差不多。后来世道衰弱，公卿大夫不向君主谏言反而由士人谏言，于是出现了想要诋毁这些谏言的士人的现象，并批评士人的正常职责为"处士横议"。这些胡乱批评的人不知道古时三代盛世，普通的士人也有上言的资格和责任。孔子曾说："如果执政者治理天下有方，老百姓就不会议论政事。"孔子所说的不议论政事的人之中不包含士人，孔子的说法，其中包含着微言大义。（原注：乙酉二月，梦到前宰相向我请求让我给他在太学所推荐的书写一个前言跋语，在梦中写了这些语句，醒来以后才领悟、意识到这一道理。）

《论语》说"如果不是帷裳，必须降杀"。郑玄解释道："帷裳是朝祭的衣服，衣服的形制仿佛用整块幅布制成。经文说'非帷裳'，这指的是深衣的情况，因此需要加以裁剪，让裳的下半部分宽度超过上半部分的一倍。"这种说法可以参考《春秋正义》。（原注：《论语集解》不采纳论语《集注》的说法，用郑玄的说法。）

孔门的弟子中，只有言偃是吴国人，传说而澹台灭明后来南下，到了长江一带隐居。《史记正义》说："苏州南五里有澹台湖。"《儒林传》："澹台子羽居住在楚国。"南方有澹台灭明的相关传说可以证明这一观点。

《韩非子》中记载："季孙氏当上了鲁国的宰相，请子路做郈邑的长官。五月，鲁国发起徭役，让百姓挖长沟。子路用自己的供奉私下掏钱买了米粟制作粥饭，邀请挖掘长沟的百姓到五父衢来用餐。孔子听说了这件事，派遣子贡过去倒了他们的米

使之，先生使弟子令徒役而滄之，将夺肥之民耶？'孔子驾而去鲁。"此虽与《论语》、《史记》不同，然亦夫子去鲁之一事也。（原注：考《左氏传》，郈，叔孙之邑也。）

申屠嘉不受私谒，则可以折幸臣；董仲舒正身率下，则可以事骄王。魏相以廉正，霍氏不能诬；袁安、任隗以素行，窦氏无以害。故曰："其身正，不令而行。苟正其身矣，于从政乎何有？"

君子不因小人而求福，孔子之于弥子也；不因小人而避祸，叔向之于乐王鲋也。朱博之党丁、傅，福可求乎？贾捐之之诏石显，祸可避乎？故曰："不知命，无以为君子。"

朱熹以无垢为杂学，《论语集注》独取"审富贵，安贫贱"一语。

陈仲猷曰："'逝者如斯夫'，道体无穷，借水以明之。'鸢飞戾天，鱼跃于渊'，道体无不在，借鸢、鱼以明之。"叶仲圭曰："出入无时，莫知其乡，常人之心也。寂然不动，感而遂通，圣人之心也。圣人之心岂常人之所无哉？昏与明异而已矣。"仲猷、仲圭皆余同年。

粥，砸烂盛饭的器皿，说道：'这些百姓隶属于鲁君，你怎么能不通过鲁君的命令，私下要给他们饭吃？'话还没说完，季孙氏的侍者便来到了现场，责备道：'我发动民众而驱使他们，先生让弟子给徒役吃饭，是想夺取我的民众吗？'孔子驾车离开了鲁国。"这其中的记载虽然和《论语》、《史记》不同，但是这其中，同样也说明了孔子为什么离开鲁国，这种的说法，可备一说。（原注：根据《左氏传》，郈，是叔孙之封邑。）

申屠嘉不接受私下的访问，这种做法则可以避开奸臣；董仲舒以身作则，这种做法则可以侍奉骄纵的君王。魏显当丞相时正直廉洁，窦氏之党因此不能诬陷；袁安、任隗平时品性高洁，霍氏之党因此找不到陷害他们的理由。所以说："当政者如果自身的行为端正，无须下命令，百姓也会按他的意旨去做。如果端正了自己的言行，治理国家还有什么难的呢？"

君子不为了求福而奉承小人，孔子和弥子瑕的关系说明了这个道理；同样不为了避祸而奉承小人，叔向得罪乐王鲋的故事说明了这个问题。朱博党同于丁、傅之流，还哪能求得到福？而贾捐向石显献媚，就自以为可以避祸了吗？所以说："不知道命的道理，那么便不足以成为君子。"

朱熹以为张九成的学问是杂说偏学，因而不采用张九成的说法，然而《论语集注》唯独取了"审富贵，安贫贱"这一句。

陈仲猷说："孔子说'时间像流水一样不停地流逝，一去不复返'，因为大道之体无穷无尽，所以借助水来说明。'鹰在天空飞翔，鱼在深潭腾跃'，因为大道之体无处不在，所以借助鸢和鱼来发明。"叶采说："好像进出没有一定的时候，也不知道它去向何方，这形容的是一般人的心境。仿佛寂静无声，没有一点

王充云："'浴乎沂'，涉沂水也。'风乎舞雩'，风，歌也。"仲长统云："讽于舞雩之下。"愚谓以"风"为"讽"，则与"咏"而归一意矣，当从旧说。

上蔡《论语解》引元泽（原注：王元泽。）云："教之化民也深于命，民之效上也捷于令。"本《史记》赵良之言。（原注：《商君传》。）

《集注》："蘧伯玉于孙林父、宁殖放弑之谋，不对而出。"按《左氏传》，宁殖当为宁喜。

《史记·循吏传》："孙叔敖三得相而不喜，三去相而不悔。"与令尹子文之事相类，恐是一事。

范伯崇曰："温故而不知新，虽能读《坟》、《典》、《索》、《丘》，足以为史，而不足以为师。"

《刘子·谨独篇》曰："颜回不以夜浴改容。"《颜氏家训》曰："曾子七十乃学，名闻天下。"皆未详所出。《家语》曾参少孔子四十六岁，非老而学者。

动静，有感则应，万事皆通，这形容的是圣人的心境。圣人的心境难道是普通人没有的吗？只不过彼此之间像白天和黑夜的区别，相似却又彼此不同罢了。"仲猷、叶采和我同岁，能想到这样的道理，真是让人感慨啊。

王充云："《论语》中记载在'浴乎沂'的意思是淌过沂水。'风乎舞雩'，风是歌唱的意思。"仲长统说："这是在舞雩的下方讽咏。"我认为把"风"理解成"讽"，那么和后面的"咏"意义相同了，应当遵从古注，理解成"风"更合理。

上蔡《论语解》引王元泽的话："以教育来感化百姓比命令更深入人心，百姓效仿上级行为比法令更为迅速。"这本来是《史记》中赵良的话。（原注：《商君传》。）

《论语集注》中说："蘧伯玉对于孙林父、宁殖弑杀君主的谋划，一句话都没有评价便出走了。"依据《左氏传》的记载，宁殖应该是宁喜。

《史记·循吏传》："孙叔敖三次当上宰相而不露喜色，三次被罢免宰相之位而不露懊悔之色。"和《论语》记载楚国令尹子文的事情相同，这恐怕是同一件事的不同记载。

范伯崇曰："假如一个人温习旧的知识而没有新的理解，那么虽然他能够阅读《坟》、《典》、《索》、《丘》等上古典籍，也只是足以为史官，而不足成为老师来教导他人。"

《刘子·谨独篇》中说："颜回不因为夜间洗澡无外人相见，而因此改变自己平时的举止。"《颜氏家训》曰："曾子七十岁才开始学习，并名闻天下。"这些说法不知道从何而来，典籍中没见到相关的出处。另一方面，《孔子家语》说曾参小孔子四十六岁入学，以此来看，曾子并非老了以后才开始学习的。

蘧伯玉，《史记》谓"孔子所严事"，不当在弟子列。《礼殿图》有之，而唐、宋皆锡封从享。公伯寮，非孔子弟子，乃季氏之党，致堂胡氏之说当矣。《家语》不列其名氏，盖自《史记》失之。《家语》有县亶，字子象，《史记索隐》以为县丰，唐、宋封爵皆不及焉。《礼记·檀弓》有县子，岂其人与？

柳子厚《与太学诸生书》曰："仲尼吾党狂狷，南郭献讥。"按《荀子·法行篇》："南郭惠子问于子贡曰：'夫子之门，何其杂也。'"（原注：非以狂狷为讥。）

"无可无不可"，致堂谓："以五字成文。圣人从容中道，无所偏倚。世之通傥不泥者，才足谓之'无不可'尔。"马援以此称高帝，亦稊于常谈。

夫子之割之席，曾子之箦，一于正而已。论学则曰'正心'，论政则曰'正身'。

"善人吾不得而见之矣，得见有恒者，斯可矣。"善人，周公所谓吉士也；有恒，周公所谓常人也。

蘧伯玉这个人，《史记》说是"孔子严格侍奉的"，应当是孔子的长辈，所以不应该把他列在孔门弟子之内。但是《礼殿图》将其列入孔子弟子，而唐代、宋代都曾锡封蘧伯玉，并将他列入孔子从享。公伯寮，并非孔子的弟子，而是季氏同盟，胡寅关于此的说法是恰当的。《孔子家语》也没有将他列入孔门弟子之列，大概是从《史记》开始误解的。《孔子家语》一个叫县亶的弟子，字子象，《史记索隐》则以为县丰之名，唐、宋的封爵都没封到他头上。《礼记·檀弓》中有一个叫县子的弟子，莫非这个县子便是县亶吗？

柳宗元在《与太学诸生书》中说："孔子评价他故乡的年轻弟子不拘一格，积极进取而又洁身自好，而南郭献对此有所讥讽。"依照《荀子·法行篇》的说法："南郭惠子向子贡问道：'你老师的门下弟子，怎么如此鱼龙混杂，差生和优生混在一起。'"（原注：这里并不是在嘲笑或讥讽那些狂放不羁和狷介自守的人。）

《论语》中有一句"没有什么可以也没有什么不可以"，胡寅解释："这几个字可以大做文章。圣人为人从容而行事贴合中道，没有偏颇。世界上只有通达而不拘泥于事的人，才能配得上'没有什么不可以'的评价。"马援用这句话来评价汉高帝，但这也是老生常谈了。

孔子割席的事情，和曾子生病中仍然命人去取不适合的席，都是为了遵守正道。在学问上首先要强调的是'正心'，在政治上首先要强调的是'正身'。

"真正意义上的善良的人，我不可能见到了，能见到能够长久地保持高尚品德的人就可以了。"善良的人，周公也称作吉

微生高,《汉·古今人表》作"尾生高"。(原注:盖即《庄子》所谓尾生。东方朔曰:"信若尾生。"然尾生之信非信也。)

郑校周之本,以《齐》、《古》读正,凡五十事。(原注:《释文》。)

陈自明以"子见南子"为"南蒯"。以《传》考之,昭公十二年南蒯叛,孔子年方二十有二,子路少孔子九岁,年方十三,其说凿而不通矣。

圣人"毋必",而《乡党》言"必"者十有五,记必为之事也。其传《易》曰:"积善之家,必有余庆;积不善之家,必有余殃。""阴疑于阳必战。""小人勿用,必乱邦也。"著必然之理也。

孔门受道,唯颜、曾、子贡。(原注:太史公称"子贡一出,存鲁,乱齐,破吴,强晋,伯越",是以战国说客视子贡也。又列于《货殖传》,以《论语》一言,而断其终身可乎?子贡闻"一以贯之"之传,与曾子同。货殖何足以疵之?)

士；能够长久地保持高尚品德的人，周公称之为常人。

微生高，《汉书·古今人表》也写作"尾生高"。（原注：这大概就是《庄子》中所谓的尾生吧。东方朔说："诚信就如同尾生一样。"然而我认为尾生之信并非诚信的信。）

郑玄校正周氏所传的《论语》，以《齐论语》、《古论语》的读音为标准，这样的例子可以找到五十例。（原注：《经典释文》中记载了此事）

陈晦认为《论语》"子见南子"的"南子"应该指的是"南蒯"。用《左传》的记载来考证，鲁昭公十二年南蒯叛国，当时孔子不过二十二岁，子路小孔子九岁，当时应该是十三岁，怎么能见南蒯呢？陈晦的说法穿凿附会且不可通。

孔子曾说"毋必"，《论语·乡党篇》中以"必"开头的句子有十五句，记录的是君子一定要做的事。据说是孔子所传的《易传》中说："多做合理的事情的人家，必定会给子孙后代留下福荫；总做不合理的事情的人家，必定会给子孙后代留下灾祸。""阴被阳怀疑，那么彼此必然会有斗争。""小人不可受到重用，不然必定会祸乱国家。"这些"必"说的都是显而易见的道理。

孔子弟子中能够承接孔子之道的，只有颜回、曾子、子贡三人。（原注：司马迁评价子贡说："子贡一出，鲁国得以保存，齐国发生了混乱，吴国被攻破，晋国变得强大，越国成为霸主。"这是以战国时的角度看待子贡。这一说法观于《史记·货殖列传》，以《论语》中的一句话就去衡量判断子贡一生，这合适吗？子贡听到的"一以贯之"的教诲与曾子相同。经商营货怎么能诋毁子贡的伟大呢？）

"过则勿惮改"，"非礼勿视，非礼勿听，非礼勿言，非礼勿动"，"己所不欲，勿施于人""勿欺也"，皆断以"勿"。盖去恶不力，则为善不勇。

孔门独颜子为好学，所问曰"为仁"、曰"为邦"，成己成物，体用本末备矣。

"唐棣"与"常棣"不同。致堂谓："'偏其反而'即《诗·常棣篇》，孔子删而不取"，恐误。

阙党之童，游圣门者也，夫子抑其躁，是以知心之易放。互乡之童，难与言者也，夫子与其进，是以知习之可移。

孝经

《孝经序》"六家异同"，今考《经典序录》有孔、郑、王、刘、韦五家，而无虞翻注。（原注：有虞槃佑，东晋处士也。）

致堂谓："《孝经》非曾子所自为也。曾子问孝于仲尼，退而与门弟子言之，门弟子类而成书。"晁子止谓："何休称子曰'吾志在《春秋》，行在《孝经》'，则孔子自著也。今首章云'仲尼居'，则非孔子所著矣。当是曾子弟子所为书。"

《论语》中"有过错就不要害怕修改","不合于礼的不要看,不合于礼的不要听,不合于礼的不要说,不合于礼的不要做","自己不喜欢的,也不要亲自强加给对方""不要自欺欺人"的这些句子,都用"不要"来做评断。大概一个人如果去除恶事不够有力果决,那么行善事也会不够勇敢。

孔子弟子中只有颜回以好学闻名,他向孔子问的"为仁""为邦"之道,体现了他内心中成就自己和他人的意识,大概颜回在体用、本末的问题上皆有所体会吧。

"唐棣"与"常棣"是不同的。胡寅说:"《论语》中引用的'偏其反而'出自《诗·常棣篇》,孔子删除了这段文字而不取用",胡寅的说法恐怕是错误的。

阙之党巷的童子,是在孔子门下游学的人,孔子抑制他的躁动,从中可以看出心灵容易发散。乡风不好的地方的年轻人是难以沟通的人,但孔子仍然赞许他想要进步的想法,从中可以看出人的习惯是可以改变的。

《孝经序》中提到"六家异同"一句,现在根据《经典序录》的记载来考证,当时注《孝经》的有孔安国、郑玄、王肃、刘炫、韦昭五家的注解,而没有虞翻的注解。(原注:有一个虞槃佑的人是东晋士人。)

胡寅说:"《孝经》并非曾子自己做的。曾子向孔子问为孝的道理,问完回到住处之后向弟子陈述,门人弟子将这些话语记录下来并整理归类,集结成书。"晁公武说:"何休记载孔子说'我的志向隐藏在《春秋》之中,我的行为准则隐藏在《孝经》

冯氏曰："子思作《中庸》，追述其祖之语乃称字，是书当成于子思之手。"

《古文孝经》，《汉志》、《书序》谓出孔壁，而许冲上其父《说文》，曰："孝昭帝时鲁国三老所献"，其说不同。

"当不义，则子不可不争于父"。《孟子》云："父子之间不责善。"荆公谓："当不义则争之，非责善也。"晁子止《读书志》乃谓"介甫阿其所好"。盖子止守景迂之学，以《孟子》为疑，非笃论也。朱文公于《孟子集注》，取荆公之说。

"是何言与"，司马公解云："言之不通也。"范太史说，误以"言之不通也"五字为经文，古、今文皆无，朱文公集所载《刊误》，亦无之。（原注：近世所传《刊误》以五字入经文，非也。）

《孝经》郑氏注，陆德明云："与康成注《五经》不同。"今按康成有六天之说，而《孝经注》云："上帝，天之别名。"故陆澄谓"不与注书相类"。

之中'，那么《孝经》就是孔子自己做的。《孝经》的第一章首句说'仲尼居'，那么《孝经》就不是孔子自己写的。应该是曾子弟子做的。"冯椅说："子思创作《中庸》，追述他的祖父也就是孔子的话，才用孔子的字来称呼他，依据这个理由，《孝经》应该是出自子思。"

《古文孝经》，《汉书·艺文志》、《尚书序》中认为它是出自孔子旧宅的墙壁，而许冲献上的他父亲许慎所作的《说文》中说："《孝经》是汉昭帝时期鲁国的三位老人所献上的"，各家说法不相同，现在也不知道哪种更为可信。

"当父亲或君主的行为不合礼义时，做儿子的就不能不劝谏父亲。"《孟子》说："父子之间不求全责备。"王安石说："当对方的言行不符合礼仪时便要规劝，并且这不是求全责备。"晁公武《郡斋读书志》才说"王安石迎合他人的喜好"。大概是因为晁公武坚守晁说之的学问，认为《孟子》可疑，不是实在的学问。但是朱熹在《孟子集注》之中却采用了王安石的说法。

《孝经》中有一句"这说的什么话呢"，司马光解释道："意思是这句话说不通。"范祖禹则误以为司马光"意思是这句话说不通"这几个字是原本经文，只是后来被误认为注文。但是无论在古文《孝经》还是今文《孝经》之中都找不到这句话，朱熹《孝经刊误》中也没有载录，因此可以判断，范祖禹的猜测并没有凭据。（原注：近代以来所流传的《刊误》认为"言不通也。"这五个字是原本经文，这是不对的。）

关于《孝经》的郑玄注文，陆德明说："郑玄注《孝经》的风格和其他《五经》不同。"我认为，郑玄有一个"六天"的说法，而《孝经注》中记载："上帝，是天的别名。"所以陆澄说《孝

《荀子》述孔子之言曰："昔万乘之国，有争臣四人，则封疆不削；千乘之国，有争臣三人，则社稷不危；百乘之国，有争臣二人，则宗庙不辍。父有争子，不行无礼；士有争友，不为不义。"与《孝经》稍异。

彭忠肃公以"致敬"、"致乐"、"致忧"、"致哀"、"致严"，裒集格言，为《五致录》。司马公《家范》亦以"五致"类事，忠肃之书本于此。

《国史志》云："《孝经》孔安国传，古二十二章，有《闺门篇》为世所疑。《郑氏注》今十八章，相承言康成作，《郑志目录》不载，通儒皆验其非。开元中，孝明纂诸说自注，以夺二家。然尚不知郑氏之为小同。"

王去非云："学者学乎孝，教者教乎孝，故皆从孝字。"（原注：慈湖、蒙斋谓古"孝"字只是"学"字。愚按《古文韵》："学"字，古《老子》作"孝"；"教"字，郭昭卿《字指》作"孝"。）

"不敢毁伤"至"不敢失于臣妾"，言"不敢"者九。

经注》"和郑玄其他注书不相同"。

《荀子》述孔子之言曰:"从前拥有万辆兵车的大国,只要有了四个敢于诤谏的大臣,那么疆界就不会被割削;拥有千辆兵车的国家,有了三个敢于诤谏的大臣,那么国家政权就不会危险;拥有百辆兵车的大夫之家,有了两个诤谏的大臣,那么宗庙就不会毁灭。父亲有了诤谏的儿子,就不会做不合礼制的事;士人有了诤谏的朋友,就不会做不合道义的事。"这段记载和《孝经》的文字略有些不同,但总体上相似度很高。

彭龟年以"致敬"、"致乐"、"致忧"、"致哀"、"致严"为主题专门收集格言而汇编成《五致录》。司马光作《家范》也是以"五致"来总领各类文字,编排成册,彭龟年说法的灵感大概来自这里。

《国史志》中说:"《孝经》是孔安国传下来的,据说古文《孝经》有二十二章,其中《闺门篇》的真伪被世人怀疑。郑玄所注《孝经》现在有今十八章,据说是郑玄本人所注,但是前人的《郑志目录》却没记载这部书,一些知名的儒者都认为这部书是伪造的,是托名给郑玄的伪作。唐代开元中,唐孝明帝收集多家说法来并自己作注,并将两家的说法归为自己。但是还不知道所谓的郑氏所作之说是不是指郑玄之子小同。"

王去非说:"学者是要学习孝之行的,教师是要教导他人孝顺之理的,因此,"学"字和"教"字在古文中都是以"孝"作为部首"(原注:杨简、蔡元鼎认为古代的"孝"字就写作"学"字。我认为根据《古文韵》说:"学"字,在古代《老子》版本中写作"孝"字;郭昭卿的《字指》中把"教"字写作"孝"字。)

《孝经》中从"不敢中伤伤害他人"至"不敢失于臣妾"这段

《管子》曰："贤者行于不敢，而立于不能。"《诗》于《文王》、《仲山甫》皆曰："小心翼翼。"

"求忠臣，必于孝子之门。"《孝经纬》之言也。（原注：见《东汉·韦彪传》注。）

刘盛不好读书，唯读《孝经》、《论语》，曰："诵此能行足矣，安用多诵而不行乎？"苏绰戒子威云："读《孝经》一卷，足以立身治国，何用多为？"愚谓梁元帝之万卷，不如盛、绰之一言。学不知要，犹不学也。

范太史《孝经说》曰："能事亲则能事神。"真文忠公《劝孝文》曰："侍郎王公（原注：盖梅溪也。）见人礼塔，呼而告之曰：'汝有在家佛，何不供养？'"盖谓人能奉亲，即是奉佛。

"严父莫大于配天"。《神宗圣训》云："周公宗祀，乃在成王之世。成王以文王为祖，则明堂非以考配明矣。"（原注：自唐代宗用杜鸿渐等议，明堂以考肃宗配上帝，一时误礼非祀，无丰昵之义。）

中，说"不敢"的地方有九处。《管子》曰："贤能的人敢去做别人不敢的事情，在别人做不到的事情上建功立业。"《诗经》中《文王》、《仲山甫》两首诗之中都有一句："小心翼翼。" 可见小心谨慎对于孝子来说是一种重要的品性。

"如果想要寻找忠臣，那么就应该去出孝子的地方寻找。"这句话是从《孝经纬》之中来的。（原注：这句话出自《东汉·韦彪传》的注解。）

刘盛不喜欢读书，所读之书唯有《孝经》、《论语》，他说："能诵读这两本书便足够可以行事了，哪里需要多读书却不去行事的呢？那多读书不是没有意义了。"苏绰告诫他的儿子苏威说："读《孝经》一卷，便足以修养己身治理国家，哪里需要多读书呢？"我认为梁元帝读万卷书，不如刘盛、苏绰的一句话管用。所以说，一个人如果学习不知道重点，那么还不如不学。

范祖禹《孝经说》中提到："能够侍奉亲人的便能侍奉神明。"真德秀《劝孝文》中说："侍郎王十朋（原注：大概是指梅溪先生吧。）见到别人对佛塔行礼，便会招呼对方并向对方说道：'你自己有'在家佛'呀，为什么不去供养？而舍近求远呢？'"这句话大概说的是人能够侍奉亲人的话，便是供奉神明，不必去寺庙中寻找神明。

《孝经》中提到"敬重父亲的行为，没有比在祭天的时候，将祖先配祀天帝更为重大的了"。《神宗圣训》则说："周公宗祀，是在成王在世的时候。成王认文王为祖先，则明堂之中不是以父亲配神就明白了。"（原注：自从唐代宗采用杜鸿渐等人的建议，在明堂上以其父唐肃宗作为配享天帝的对象以来，一时间礼仪的顺序就乱了，失去了原来的意义。）

"孝子之事亲终矣。"此言丧祭之终，而孝子之心，昊天罔极，未为孝之终也。曾子战兢知免，而易箦得正，犹在其后。信乎终之之难也。

　　《孝经》中说"孝子侍奉亲人的事情终了了。"这里指的是丧礼中对先祖的祭祀终了了，但是孝子心中对亲人的思念，是天也难以追溯的，难以结束的，所以不是指孝敬亲人终了，而是指丧礼的仪式终了了。曾子在生病之时依然战战兢兢，记挂着孝亲之事，还交代死后要把不符合身份的席换掉，怕因此辱没祖先。哎呀，曾子临终之时都记挂着这件事，从中可知，孝子侍奉亲人想要完结是很难的啊！

卷八

孟子

　　《孟子集注序说》引《史记》列传,以为"《孟子》之书,孟子自作"。《韩子》曰:"轲之书非自著。"谓《史记》近是,而《滕文公》首章"道性善"注则曰:"门人不能尽记其词",又第四章"决汝汉"注曰:"记者之误。"吴伯丰以问朱文公,文公答曰:"前说是,后两处失之。"熟读七篇,观其笔势,如镕铸而成,非缀缉所就也。"

　　赵氏《孟子章指》引《论语》曰:"力行近仁。"误以《中庸》为《论语》。无垢《孝经解》,误以"临深履薄"为卫武公之诗。致堂《无逸传》误以"不解于位"为《泂酌》。(原注:吴才老《书裨传·臣辩》误以晋侯重耳为申生,诚斋《易传后序》误以韩宣子为季札。)

　　《文选》陈孔璋《为曹洪书》云:"有子胜斐然之志。"注引《墨子》曰:"二三子复于子墨子曰:'告子胜仁。'子墨子曰:'未必然也。告子为仁,犹跂以为长,偃以为广,不可久

　　《孟子集注序说》引用了《史记》列传中的内容，以为"《孟子》这本书是孟子自己作的"。《韩非子》说："孟子的书不是自己作的，而是学生记叙的。"并说《史记》和《孟子》类似，而《滕文公》首章"道性善"注中说："门人学生没办法把孟子的说法尽量记录完全"，另外第四章经文"决汝汉"注中说："这是记录者的失误。"吴伯丰以这个问题来问朱熹，朱熹则回答说："前面说的是对的，后面的地方说错了。"熟读《孟子》七篇，看他的写作风格，像是一口气熔铸出来的，而不是收集而成的杂烩，所以《孟子》这本书应该是孟子自己做的。

　　赵岐《孟子章指》引《论语》的中的："为努力实行、竭尽全力去做事，这种行为本身就接近仁了"，这是误把《中庸》中的句子当作《论语》。无垢《孝经解》中误把"临深履薄"一句当作卫武公的诗。胡寅《无逸传》误把"不解于位"当成《泂酌》中的句子。（原注：吴才老在《书裨传·臣辩》中把申生误当作晋侯重耳，诚斋在《易传后序》中又误把季札当作是韩宣子。）

　　《昭明文选》陈孔璋《为曹洪书》中的一句："有子胜文采显著的样子。"注文中引用了《墨子》曰："有几个弟子对墨子说：'告子能胜任行仁义的大事。'墨子说：'未必是这样。告子行仁

也。'"胜盖告子之名，岂即《孟子》所谓告子欤？

《文选注》引《孟子》曰："墨子兼爱，摩顶致于踵。"赵岐曰："致，至也。今本作'放踵'。"（原注：注无"致，至也"三字。）

《元和郡县志》："齐雪宫故趾，在青州临淄县东北六里。《晏子春秋》所谓'侯见晏子于雪宫。'"

《孟子》"以齐王，由反手也"，赵岐注谓"讥管、晏不勉其君以王业"。"文王望道而未之见"，注谓"殷禄未尽，尚有贤臣，道未得至。"王无咎非之曰："岐名通《孟子》，而实汩之。"

"琴张"，注谓"子张善鼓琴"，盖未知《左传》有琴张。

"周公思兼三王，以施四事"，注云："四事，禹、汤、文、武所行事也。"而伏生《大传》云："周公兼思三王之道，以施于春秋冬夏。"其说陋矣。

滕定公、文公，按赵氏注：《古纪》、《世本》滕国有考

义,如同踮起脚尖使身子增长,卧下使面积增大一样,这是不可长久的。'"的原文。胜大概是告子的名字,不知道《墨子》中的告子是不是《孟子》中那位?

《昭明文选注》引《孟子》中的一句:"墨子主张兼爱他人,以至于到了摩顶致于踵的程度。"赵岐注说:"致,是到的意思。"现在的版本写作"放踵"。(原注:《文选注》中没有"致,至也"这三个字。)

《元和郡县志》记载:"齐国雪宫的旧址在青州临淄县东北六里的地方。这也是《晏子春秋》中提到的'侯见晏子于雪宫'的地方。"

《孟子》中"以齐王的能力,做这样的事情,容易得就好像反手一样"一句,赵岐注中以为这句话是在"讥讽管仲、晏子不勉励齐王成就王道大业"的意思。另一句"文王听闻了道但是却没见到",赵岐注"这其中隐含的意思是殷朝还有贤臣存留,殷的王气没有完结,而周的运数还没有到来。"王无咎批评道:"赵岐的注解表面上在疏通《孟子》,实际上却是使《孟子》的意义混乱不堪。"

《孟子》的"琴张",赵岐注中提到"子张善鼓琴",赵岐大概不知道《左传》中有琴张这个人,琴张不是琴名而是人名。

《孟子》中提到"周公的思考到达了上古三王的境界,并把它们施加在四事上面",赵岐注:"四事,指的是禹、汤、文、武所行的事。"而伏生《尚书大传》中说:"周公通考上古三王的故业,用以施行在春秋冬夏四季。"这种解说四事的做法是非常鄙陋的。

滕定公、滕文公这两人,依据赵岐的注,考证《古纪》、

公廪、元公弘，即定公、文公也。《世本》今无传，此可备参考。

"《志》曰：'丧祭从先祖'"，注：引《周礼·小史》"掌邦国之志"。愚谓"邦国之志"若"周志"、"史佚之志"、郑书、楚书、秦记之类。

《孟子疏》谓："齐王悦南郭先生吹竽，喜邹忌鼓琴，安知与众乐乐？"愚考之《史记》，驺忌以鼓琴见齐威王，非宣王也。唯南郭处士吹竽，乃宣王时，见《韩非·内储说》。

《说苑》："景差相郑，郑人有冬涉水者，出而胫寒。后景差过之，下陪乘而载之，覆以上衽。叔向闻之曰：'景子为人国相，岂不固哉？吾闻良吏居之三月而沟渠修，十月而津梁成，六畜且不濡足，而况人乎？'"此即《孟子》所言子产以乘舆济人之事也。叔向之时，郑无景差，当以《孟子》为正。

"曾西"，注：以为曾子之孙，《集注》因之。《经典序录》："曾申，字子西，曾参之子。子夏以《诗》传曾申。左丘明作《传》以授曾申。（原注：曾西之学，于此可考。）楚斗宜申、公子申，皆字子西，则曾西之为曾申无疑。

《世本》滕国有考公麋、元公弘，即是《孟子》滕定公、滕文公。《世本》现在没有这段材料，赵岐的说法可备一说，用以参考，但不一定有所依据。

"《志》中提到：'无论是办丧事，还是做祭祀，我们都要遵循老祖宗留下的规矩'"，赵岐注引用了《周礼·小史》"掌邦国之志"一句来解释。本人以为，"邦国之志"的"志"大概是和"周志"、"史佚之志"、郑书、楚书、秦记一类的记叙体裁，因此不能用在注中。

《孟子疏》说："齐王喜欢听南郭先生吹竽，喜欢听邹忌鼓琴，但是怎么会知道要与众人分享快乐呢？"我在《史记》中考证这件事，驺忌借着鼓琴接近齐威王，而不是齐宣王也。只有南郭处士吹竽一事发生在齐宣王时期，这件事记载在《韩非·内储说》中。

《说苑》记载说："景差为郑国相国，有百姓严冬时节赤脚涉水过河，过河后，两条小腿冻得厉害。不久景差恰好坐车经过，把这个人扶上随从的车子，并盖上一件衣裳。晋国的叔向听说此事后，议论道：'景差身为相国，实在鄙陋。我常听人讲，有才能的官吏治理地方三月就要疏通河沟渠道，到十月就得修复渡口桥梁，六畜尚且不再涓水，何况人呢？'"这便是《孟子》中提到子产马车救济人的事情。晋国叔向生活的年代，郑国没有景差这个人，这件事应当认为《孟子》的记载正确。

"曾西"，赵岐注认为是曾子的孙子，《孟子集注》继承了这个说法。《经典序录》说："曾申，字子西，是曾参的儿子。子夏把《诗经》传给曾申。左丘明的《左传》则传给了曾申。（原注：曾西的学术，从这里可以得到考证。）楚国的斗宜申、公子申，他们的

郅恽曰："孟轲以强其君之所不能为忠，量其君之所不能为贼。"与今《孟子》语小异。

"谨庠序之教，申之以孝悌之义，颁白者不负戴于道路矣"。愚按《书大传》云："岁事既毕，余子皆入学。十五入小学，十八入大学。距冬至四十五日，始出学，傅农事。上老平明坐于右塾，庶老坐于左塾，余子毕出，然后归。夕亦如之。余子皆入，父之齿随行，兄之齿雁行。朋友不相逾。轻任并重任分，颁白不提挈。出入皆如之。此之谓造士。"《汉书·食货志》云："春将出民，里胥平旦坐于右塾，邻长坐于左塾云云。入者必持薪樵，轻重相分，斑白不提挈。"孝悌之义，当以是观之。

弃礼捐耻，秦所以败；耻尚失所，晋所以替。耻之于人大矣。

陈蕃谏校猎曰："齐景公欲观于海，放乎琅邪。晏子

字都是子西，那么曾西肯定指的是曾申。

郅恽说："孟轲把强迫君王做不到的事情当作忠诚，把单纯考量君王做不到的事情当作有害。"这与现在《孟子》中提到的意思有一点不同。

《孟子》中提到："认真地兴办学校教育，把孝悌的道理反复讲给百姓听，头发花白的老人就不会在路上背着或顶着东西了"。本人依照《尚书大传》中提到的："一年的农事完结了，那么剩下的年轻人都应该入学学习。十五岁进入小学，十八岁进入大学。离冬至之前的四十五天，才从学校出来，从事农事。上老平时坐在学校的右边，庶老坐在学校的左边，年轻人都离开学校之后，这些老人才回家。晚上也是如此。其他年轻人都进入学校，遇见年龄与自己父亲年龄相仿的人，应让他先行；遇见年龄与自己兄长差不多的人，自己可以稍后一点并排而行；和朋友走在一起，不争先恐后。老年人与年轻人都挑着轻担子，年轻人应将担子接到自己的肩上。如果都挑着重担子，年轻人应帮助老人分担一些。不要让年事已高的老人提着担子上路。在家和在外皆是如此。那么这就可以称之为可造之士。"《汉书·食货志》云："初春的清晨，农民离开居住的里去田地之时，里胥坐于里门的右侧，邻长坐在里门的左侧等等，进入的人一定带着柴火等物，背负的东西轻重不同的可以相互分担，不让年长的人提着重担。"孝悌的道理，可以从中窥见。

放弃礼制抛弃荣耻，这是秦朝败亡的原因；满朝公卿大臣行为失当，这是晋朝之所以被取代的原因。所以兴盛的原因。知耻对于人的作用可见一斑。

陈蕃对当时汉桓帝前往广成苑进行狩猎活动进谏说："齐

为陈百姓恶闻旌旗舆马之音，举首嚬眉之感，景公为之不行。"此以《孟子》二章为一事。

梁惠王"西丧地于秦七百里"。潏水李氏曰："初，北地郡属魏，后尽为秦并。丧于秦不止七百里也。"

《法言·修身篇》引《孟子》曰："夫有意而不至者有矣，未有无意而至者也。"今《孟子》无此语，其在《外书》钦？

周子静（原注：端朝）为学官。小司成袭盖卿以"守气不如守约"命题。子静曰："'气'不与'约'字对，两'守'字著略点。晦翁注甚明，岂可破句读《孟子》？"

《尸子》引孔子曰："诵诗读书，与古人居。"《金楼子》曰："曾生谓：'诵诗读书，与古人居；读书诵诗，与古人期。'"《孟子》："颂其诗，读其书，不知其人，可乎？"斯言亦有所本。

命不可委，故《孟子》言"立命"；心不可委，故南轩以陶渊明"委心"之言为非。

仁曰仁术，儒曰儒术，术即道也。申不害以术治韩，晁错言"术数"，公孙弘谓"智者术之原"，君子始恶乎术矣。故学者当择术。

景公想要去海边游玩，徘徊于琅琊一带。晏子向齐景公述说百姓厌恶王室车马的声音和皱眉叹气的样子，齐景公听了之后便断绝了观海的想法。"这和《孟子》中提到的事情相同。

梁惠王说魏国"西丧地于秦七百里"。潏水先生李复说："一开始北地郡属于魏，后来被秦吞并。魏国被秦国吞并的土地不止七百里。"

《法言·修身篇》引用《孟子》中"有意向但是没做到的人是有的，却没有无意向但是却做到的人"一句，但是现在流传的《孟子》七篇中并不见这句话，难道这是原本《孟子·外书》的内容？

周端朝担任学官。国子监司业袭盖卿把"守气不如守约"作为考试的命题。端朝批评道："'气'和'约'不能相对，两'守'字之间应该停顿。朱熹在《孟子章句集注》中说得很明白，怎么可以不注意原文的停顿，随意拆读《孟子》？"

《尸子》引孔子的话说："诵诗读书的时候，就好像和古人在一起一样。"《金楼子》也说："曾生谓：'诵诗读书的时候，就好像和古人在一起一样；读书诵诗，便是与古人见面。'"《孟子》："吟咏他们的诗，读他们的书，不知道他们到底是什么人，如此可以吗？"这些话也许有个本源。

所谓的命，是不可委任他人的，所以《孟子》谈"立命"；而人的心也不可委任他人，所以南轩先生张栻认为陶渊明"委心"的论述不对。

仁道又叫仁术，儒又叫儒术，术和道的意义原本相近。然而自从申不害以法术来管理韩国，晁错谈论"术数"，公孙弘也提到"智者术之原"一语，于是术之名被败坏，君子们开始厌恶

致堂曰："杨朱与老聃同时，墨翟又在前，宗师大禹，而晏婴学之。以为杨、墨出于师商，考之不详甚矣。"朱文公曰："庄周之学，出于老氏。韩子始谓子夏之后有田子方，子方之后流而为庄周。以其书之称子方者考之，则子方之学子夏，周之学子方者，皆不可见。"愚谓观此二说，则异端之学，非孔门弟子传流之差也。

庄子曰："为善无近名，为恶无近刑，缘督以为经。"又曰："将处夫材与不材之间。"此子莫之"执中"也。

杨之学似老，墨之学似佛。（原注：杨朱书，唯见于《列子》。）

董仲舒云："以仁治人，以义治我。"刘原父云："仁字从'人'，义字从'我'，岂造文之意邪？"愚谓告子'仁内义外'之说，孟子非之。若以人、我分仁、义，是仁外义内，其流为'兼爱''为我'矣。

《孟子》引费惠公之言，谓小国之君也。春秋时，费为鲁季氏之邑。《史记·楚世家》有邹、费、郯、邳，盖战国时以邑为国，意者鲁季氏之僭欤？

"仁，人心也'，"求其放心"，此孟子直指本心处。但

关于术的表达。所以学者应当谨慎选择所从事的道术。

胡寅说:"杨朱与老聃是同时期的人,墨翟在他们之前,且自谓师从与大禹,而后晏婴学习墨学,认为杨朱、墨翟都师从于师商,但是这种考证没有什么根据。"朱熹说:"庄子的学问出自老子。韩愈开始论述子夏的后学有叫田子方的,而田子方的后学逐渐流传而至庄周。从这种说法来考证叫子方的人,那么所谓子方学子夏,庄周又学子方的人,都不能找到并加以印证。"我认为从这两个说法中可以看出,所谓异端之学,并非从孔门弟子流出的。

庄子说:"做好事不图有名,做坏事不致于获刑,在刑与名之间顺应自然而行事。"又曰:"我庄周将位于成材和不成材之间。"这和《孟子》中子莫提到的"执中"的观点相似。

杨朱的学问和老子相似,墨子的学问和佛家相似。(原注:关于杨朱思想的书,只有在《列子》中有所记录。)

董仲舒说:"以仁道来管理他人,以义之学来管理自我。"刘原父说:"仁字偏旁为'人',义字偏旁为'我',这难道便是造字之时所蕴含的意思吗?"我本人认为告子有'仁内义外'的说法,孟子对此进行了批评。假如用人、我来分仁、义,那么便成了仁在外而义在内了,并且容易有墨子兼爱他人不考虑自己,和杨朱只考虑自我,不考虑他人的毛病。

《孟子》引费惠公的话,说费惠公自称是小国的君王。春秋时,费曾经是鲁国季氏的邑县。《史记·楚世家》中有邹、费、郯、邳等国,大概战国时,把以邑当作国家,那么春秋时把费当作城邑莫非是鲁国季氏的僭越之行的罪证?

《孟子》中提到"仁,指的便是人人本具的良心",'把那

禅学有体无用。

'曹交'，注谓曹君之弟。按《左传》哀公八年，宋灭曹。至孟子时，曹亡久矣。曹交盖以国为氏者。

老泉《三子知圣人污论》，误以"污"字为句。赵岐谓"孟子知其言大过，故贬谓之'污下'"。亦非孟子之意。

《史记·六国表》注，皇甫谧曰："《孟子》称禹生石纽，西夷人也。"今无此语。

孟子字未闻。《孔丛子》云："子车。"注："一作子居。居贫坎轲，故名轲，字子居。亦称字子舆。"疑皆附会。（原注：《圣证论》云："《子思书》、《孔丛子》有孟子居，即是轲也。《傅子》云孟子舆。"）

《孟子正义》云："唐林谨思《续孟子》书二卷，谓《孟子》七篇，非轲自著，乃弟子共记其言。"与韩文公之说同。

《正义序》云："孙奭"，《崇文总目》、《馆阁书目》、《读书志》皆无之。"朱文公谓："邵武士人作，不解名物制度，其书不似疏。"

《吕氏春秋》："舜行德三年，而三苗服。孔子闻之，曰：'通乎德之情，则孟门、太行不为险矣。'故曰：德之速，疾乎以邮传命。"此可以证《孟子》引孔子之言。

失去了的本心找回来'，这里孟子直指本心处。反观禅学，有本体却无器用。

'曹交'，赵岐注《孟子》时说是曹君之弟。本人以为，《左传》哀公八年，宋灭曹。到孟子时，曹亡国已经很久了。曹交大概是以故国的国名来当作姓氏。

老泉《三子知圣人污论》，误以"污"字来断句。赵岐说"孟子知道这个说法过分之处，所以贬斥这一说法，称其'污下'"。这本来也不是孟子的意思。

《史记·六国表》注中提到皇甫谧说："《孟子》中说大禹生了石纽，是西夷人士。"然而现在的《孟子》并没有这段话。

孟子的字找不到出处。《孔丛子》说孟子字"子车。"赵岐注说："也有作子居。居贫坎轲，所以孟子名轲，字子居。也字子舆。"怀疑这可能是赵岐穿凿附会的说法，而没有根据。（原注：《圣证论》中记载说："《子思书》、《孔丛子》等书中有"孟子居"这个人，也就是孟轲。《傅子》中说是孟子舆。）

《孟子正义》说："唐代的林谨思写了《续孟子》二卷，其中提到说《孟子》七篇不是孟子自己写作的，而是他的学生共同追述记载而成。"这种说法和韩愈的说法相同。

《孟子正义序》中提到："孙奭"，《崇文总目》、《馆阁书目》、《读书志》皆找不到这个人。朱熹说："这是邵武士人所作，他并不了解名物制度，和一般的疏解格式并不相同。"

《吕氏春秋》："舜施行德行三年过去，而三苗外邦因此臣服。孔子听了，评价道：'如果明白了道德的行径，那么远方的孟门、太行的地理位置也就不是危险的了。'所以说：德政的推行，比驿站转送教令还要迅速。"这句话可以佐证《孟子》引孔

墨之治丧以薄。《宋书·礼志》引《尸子》："禹治水，为《丧法》曰：'桐棺三寸，制丧三日。'"盖墨家托于禹也。

好乐，好勇，好货色，齐宣王所以不能用孟子也。文帝好清静，故不能用贾谊；武帝好纷更，故不能用汲黯。

"上有好者，下必甚焉。"光武封一卓茂，而节义之俗成；太宗诛一德儒，而谏争之门辟。信乎，如风之偃草也。

不仁而得天下，未之有也。秦皇以不仁得之矣，二世而失，犹不得也。

"惟尹躬暨汤，咸有一德，克享天心。"故汤曰"天吏"，尹曰"天民"。

孟子，学伊尹者也。"当今之世，舍我其谁也！"是亦圣之任。

"仁在乎熟之而已矣。"子路，未熟之五谷；管仲，已熟之莨稗；杨、墨，五谷之螟螣。

照乘之珠，和氏之璧，战国之君以为宝，故曰"诸侯之宝三"。

子的话。

墨家以薄葬为丧礼应该秉持的原则。《宋书·礼志》引用《尸子》说法:"大禹治水的时候制作了《丧法》,《丧法》规定'盛放尸体的棺材厚三寸,丧礼要在三天内完成。'"这是墨家托名于禹的说法。

喜爱音乐、喜爱勇力、喜爱货物和美色,这是齐宣王不能任用孟子的原因。汉文帝喜爱清净自为,所以不任用激进的贾谊;而汉武帝喜爱开拓进取,所以不任用保守的汲黯。

《孟子》中提到"上位者所喜爱的事物,下位者一定会更加喜爱"。东汉光武帝封卓茂为太傅,天下争着做节义之士;唐太宗诛杀高德儒,臣下争着当谏诤之臣。风吹在草上,草就必定跟着倒,确实是这么一回事儿啊!

不仁爱而能得到天下,是从未有过的事情。秦始皇是以不仁爱而得到天下的,但是他儿子就又因为不仁爱而丢掉了天下,所以就和不仁爱不能得到天下一样。

"由于伊尹和汤都有纯一的德行,能够得到天心"。所以称呼汤为"天吏",伊尹为"天民"。

孟子,是致力于学伊尹的人。"在当今这个时代,除了我还有谁能平定天下呢?"这句话是说孟子也是圣人中任天下重任的那一类人。

仁在乎的是使它成熟罢了。如果说子路是还没有成熟的五谷,那么管仲是已经成熟的稊稗,而杨朱、墨翟则可以说是五谷的害虫。

光亮可以照明车子的宝珠,和氏璧,战国时的诸侯都将这些东西当作宝物看待。所以孟子说诸侯之宝有三个:第一是土

为"天吏"，则可以伐燕，于楚、汉见之。董公未说汉王之前，以强弱角胜负，所谓以燕伐燕也。三军缟素之后，则为天吏矣。仁义之言，齐、梁以为迂阔者，董公一言而汉、楚之兴亡决焉，可谓豪杰之士。

弱而不可轻者，民也，古先哲王曰"敬民"，曰"畏民"。石守道谓："汤以七十里亡夏，文王以百里亡商，陈胜以匹夫亡秦，民可不畏乎！"故曰"民为贵。"太史公以陈涉与汤、武并言，涉岂能为汤、武哉？盖楚、汉间豪杰之余论也。

"善推其所为"，此心之充拓也；"求其放心"，此心之收敛也。致堂曰："心无理不该。去而不能推，则视之不见，听之不闻，痒痾疾痛之不知；存而善推，则潜天地，抚四海，致千岁之日至，知百世之损益。"此言充拓之功也。西山曰："心一而已。由义理而发，无以害之，可使与天地参；由形气而发，无以检之，至于违禽兽不远。"此言收敛之功也。不阖则无辟，不涵养则不能推广。

地、第二是人民、第三是政事。

作为上天的使者才可以讨伐燕国，在楚汉之争上可以明白地看出来。在董公没有去游说汉高祖刘邦之前，楚汉是以军事力量的强弱来角逐胜负，就像以燕国这样的国家来讨伐燕国一样。在董公游说汉高祖，汉高祖的军队为义帝披麻戴孝之后，刘邦被人民视作是上天派来的使者。仁义的说法，齐、梁之地的人认为迂腐不堪，不可信任，但是董公关于仁义的一番话，事实上却使汉朝兴盛，以后甚至决定来楚汉之争的成败，因此，董公推行仁义的作为可以称之为豪杰之士。

力量虽然弱小但是不能轻视的是人民百姓。古代先王常常提到"敬民""畏民"。石守道说："商汤以方圆七十里的土地灭亡了夏朝，周文王以方圆一百里的土地灭亡了商朝，陈胜以匹夫之身灭亡了秦朝，人民难道可以不被敬畏吗？所以孟子说'民为贵'"。太史公司马迁将陈涉与汤、武并列，但是陈涉又怎么能比得上商汤、周武王呢？所以说，陈涉充其量也不过就是楚汉之交的豪杰之流罢了。

善于推广自己的所作所为，这是心的扩充；求得自己放佚的心，这是心的收敛。胡寅说："没有理是心所没有包括的，但是如果不能推扩此心，则视之不见，听之不闻，不知疾病痛痒；如果存养此心，善于推扩，则通晓天地、抚慰四海，推求千年的节气，知晓百世的礼法损益。"这说的是心的扩充的功能。而西山说："心只有一个。如果是由义理主导心的发动，不受事物妨害，那么心可以与天地并立；如果是由形气主导心的发动，不去检查，那么就离禽兽不远了。"这说的是心收敛的功能。因此，对于心来说，不收敛则不能打开，不涵养则不能扩充。

"守孰为大？守身为大。"有猷有为矣，必曰有守；"不亏其义"矣，必曰"不更其守"。何德将叹习曰："入时愈深，则趋正愈远。"以守身为法，以入时为戒，可谓士矣。

"行一不义，杀一不辜，而得天下，皆不为也。"诸葛武侯谓"汉贼不两立"，其义正矣。然取刘璋之事，可谓义乎？

"君子可欺以其方，难罔以非其道。"日无再中之理，而新垣平言之；日无渐长之理，而袁充言之。汉文、隋文皆以是改元。汉文悟平之诈，而隋文终受充之欺。此存亡之判欤？

"夫道一而已矣。"为善而杂于利者，非善也；为儒而杂于异端者，非儒也。

尧"使契为司徒，教以人伦。"学"所以明人伦。"舜"察于人伦"。"居中国，去人伦，无君子，如之何其可也。"孟子道性善，称尧、舜，莫大于人伦。此正人心之本原也。

《孟子》说"守护什么最重要？守护自身最重要。"有谋略有行动，其背后一定要有守则。不做违反正义的事情，一定"不更改他的守则"。何德将感叹习俗的变化时说：沉浸于世间的风俗愈深，则离正路愈远"。所以，如果有人以守护自身为法则，以沉浸世间风俗为戒律，那么这个人就可以称之为士了。

《孟子》中提到，哪怕做一件不义之事、杀一个无辜之人就可以得到天下（即使这件事看起来很容易），但是心中有正义的君子却都不会去做。诸葛亮说"汉贼不两立"，可以说是在践行义的原则方面，诸葛亮做得很完美了。但是在对待刘璋这件事上，他的行为又可以称得上义吗？

《孟子》中说"君子可以被合乎情理的谎言欺骗，却很难被不合常理的诡计愚弄。"太阳没有一天两次居中的道理，但是新垣平却说有；白昼没有一点一点变长的道理，但是袁充却说白昼在随着日子的变化一点一点变长。汉文帝、隋文帝皆因为这些说法而更改年号。汉文帝后来意识到新垣平的诡计，但是隋文帝却一直受了袁充的欺骗。是否能认识到谎言，这就是他们之所以存亡的原因吧？

《孟子》说"道，只有一个啊"。如果做善事却夹杂着利益的，那么就不是纯粹的善了；假如作为儒学而夹杂异端学说的，就不是纯粹的儒学了。

尧"任命契担任司徒，用人伦教导民众"。学习就是要学"如何明了人伦"。而舜更进一步，"明明白白地知晓人伦"。"如果身住在中原，却废弃人伦，不要当君子，那怎么行呢？"，孟子认为人性是善的，而因此夸赞在尧、舜的功绩中，没有比人伦德行更重要的了。因为人伦德行，事实上是匡正人心的本原。

　　《晏子春秋》曰："有贤而不知，一不祥；知而不用，二不祥；用而不任，三不祥。"《孟子》谓："言无实不祥，不祥之实，蔽贤者当之。"盖古有此言也。

　　孺子"沧浪"之歌，亦见于《楚辞·渔父》。考之《禹贡》，汉水东为沧浪之水，则此歌楚声也。《文子》亦云："混混之水浊，可以濯吾足乎；泠泠之水清，可以濯吾缨乎。"

　　"无恒产而有恒心者，惟士为能"，古之士所以异于民也。苏秦无二顷田，而奔走游说，岂所谓士哉！水心叶氏云："周衰，不复取士，孔孟不以其不取而不教也，孔孟之徒不以其不取而不学也，道在焉故也。"

　　"不得志，修身见于世。"上蔡谢子曰："天下皆乱而己独治，不害为太平。"蜀士杨肩吾曰："天下虽不治平，而吾国未尝不治且平者，岐周是也。一国虽不治平，而吾家未尝不治且平者，曾、闵是也。一家虽不治平，而吾身吾心未尝不治且平者，舜与周公是也。"（原注：《文子》亦云："不忧天下之乱而乐其身治者，可与言道矣。"）

　　《晏子春秋》说："国家有贤者而不知在哪里，这是第一个不详的征兆；知晓国家有贤者而不任用，这是第二个不详的征兆；任用他但是又不信任他，这是第三个不详的征兆。"《孟子》说："推荐贤才没有说到点子上是不好的。这种不好的后果，要由那些埋没了贤才的人承担。"大概古代就有类似的言论。

　　孺子的"沧浪"之歌，在《楚辞·渔父》中也有。根据《尚书·禹贡》考察，汉水的东边为沧浪之水，那么这首歌应该是楚地的歌曲了。《文子·上德篇》也提到这首"沧浪"之歌："浑浊的水啊，可以用来洗我的脚；清清的水啊，可以用来洗我的帽缨。"

　　《孟子》中说："没有固定产业而有不变的志向，这件事只有士人能做到。"这是古代的士人所以异于民众的地方。苏秦因为连二顷田地都没有，因此奔走游说于诸侯之中，这样的人怎么能称之为士呢？水心先生叶适说"周朝衰落，不再取士。但是孔子和孟子不因为周朝不取士而不教育民众，而孔子和孟子的弟子也不因为朝廷不取士而不学，这是因为有道的存在啊。"

　　《孟子》中说："如果不得志时，那么就应该退而修身立于世间。"而上蔡先生谢良佐说："天下都混乱不堪而我独独不失条理，不妨碍这也是一种太平。"蜀地士人杨肩吾说："天下没有被治理得太平无事，但是国家被治理得太平无事，这是岐山周围能做到的。国家虽然没有被治理得太平无事，但是我家、我自身治理得太平无事，这是曾子和闵子能做到的。我的家庭虽然没有被治理得太平无事，但是我的身心和乐安闲，这是舜与周公能做到的。"（原注：《文子》中也记载说："那些不因为天下混乱而能为

《盐铁论》引《孟子》曰："居今之朝，不易其俗，而成千乘之势，不能一朝居也。"又云："今之士，今之大夫，皆罪人也。"又云："王者与人同，而如彼者，居使然也。"与今本不同。

民心之得失，此兴亡之大几也。林少颖云："民之思汉，则王莽不能胁之使忘；民之忘汉，则先主不能强之使思。"唐与政云："民心思汉，王郎假之而有余；民心去汉，孔明扶之而不足。"

《论语》终于《尧曰篇》，《孟子》终于"尧、舜、汤、文、孔子"，而《荀子》亦终《尧问》，其意一也。

"利与善之间"，君子必审择而明辨焉。此天理人欲之几，善恶正邪之分界也，孟子之言公。"不夷不惠，可否之间"，"材与不材之间"，扬、庄之言私。

"若将终身焉"，穷不失义；"若固有之"，达不离道。能处穷，斯能处达。

"养心莫善于寡欲"，注云："欲，利也。"虽非本指，"廉者招福，浊者速祸"，亦名言也。道家者流，谓丹经万

自己身心得到和乐而感到快乐之人，才能与他们谈论道呀。"）

《盐铁论·论儒篇》引用《孟子》说："在当下的朝廷中出仕，但是不致力于改变风俗，而致力于增加国家的兵力，这样的人，不屑与之同朝为官"，又在《孝养篇》中说"：现在的士人和现在的大夫，都是有罪之人"。又在《制权篇》说："帝王与普通百姓没什么区别，但是不同的地位，会对威严与气质的塑造产生重大影响。"这些句子和现在《孟子》中的内容不同。

民心的得与失，这是国家兴亡的关键。林少颖说："人民思念汉朝，那么王莽就无法胁迫民众忘记汉朝；民众忘记汉朝，则刘备不能强迫民众思念汉朝。"唐与政说："人民思念汉朝，王朗就可以借助自己与汉朝皇室关系密切从而上位；人民忘记汉朝，孔明强行辅佐刘备也无法恢复大汉天下。"

《论语》以《尧曰》作为最后一章结尾，《孟子》以"尧、舜、汤、文、孔子"为最后一章，《荀子》以《尧问》为最后一章，这些儒家典籍，他们选用篇章来结尾的意义是一样的。

《孟子》中提到"利与善的分别"，君子一定要学会审视、选择、明辨的方法。这是天理人欲的关键，善恶正邪的分界，从中可以看出，孟子的话是出于公心的。"不做伯夷与柳下惠，在这二者之间"，"处于材与不材之间"，显然，扬雄、庄子的话是出于私心。

《孟子》中说"好像终身就这样了"，穷困的时候不离道义；"好像我原先就有"，通达的时候不离道义。一个人如果能安处穷困，那么就一定能安处通达。

《孟子》说"养心的方法没有比减少欲望更好了。"赵岐注说："欲，这是利的意思"。虽然不是本意，但是"清廉的人感召

卷，不如守一。愚谓不如《孟子》之七字。不养其心而言养生，所谓"舍尔灵龟，观我朵颐"也。

《吕氏春秋·开春论》云："《神农之教》曰：'士有当年而不耕者，则天下或受其饥矣；女有当年而不绩者，则天下或受其寒矣。'故身亲耕，妻亲绩，所以见致民利也。"《管子》引《神农之数》，《文子》亦引《神农之法》，此即许行所为《神农之言》欤？《汉·艺文志》"农家"有《神农》二十篇，刘向《别录》云："疑李悝、商君所说。"

孔子、孟子皆不之秦，荀子尝入秦而讥其无儒。孔子顺曰："秦为不义，义所不入。"其志如鲁仲连。

句容有盗，改置社稷而盗止。下邳多盗，迁社稷于南山之上，盗亦衰息。见陈后山《谈丛》。岳州田鼠害稼，雍明远曰："迎猫之祭不修也。"命祭之，鼠随以毙。见《范蜀公集》《孟子》有"变置社稷"，《礼记》有八蜡，孰谓古制不可行于今乎？

"求在我者"，尽性于己；"求在外者"，听命于天。李

福报，恶浊的人感召祸患"，也是名言了。道家学者认为一个人即使有万卷练丹之经，修行万般心法，反而不如精神守一来得有用。我认为道家的说法反而不如孟子的这几个字来得精妙。不养心而单纯养生，便是所谓"舍弃你灵龟般的智慧，反而来看我大吃大喝"所说的意思。

《吕氏春秋·开春论·爱类篇》云："《神农之教》说：'男子如果有当年不耕地的，那么天下就可能有人因此挨饿；女子如果有当年不纺织的，那么天下就可能有人因此挨冻。'因此男子亲自耕地，他妻子亲自纺织，所以使民众得到利益。"《管子·揆度篇》引《神农之数》，《文子·上义篇》亦引《神农之法》，这大概就是许行所说的《神农之言》吧？《汉书·艺文志》记载"农家"有《神农》二十篇，刘向《别录》中说："这可能是李悝和商鞅所传。"

孔子和孟子都不去秦国，荀子曾经去过秦国，但是讥讽秦国没有儒者存在。孔子遵循道义说："秦国的所作所为不合道义，秉持道义的人是不会进入秦国的。"孔子和孟子、荀子等人，他们的志向和鲁仲连一样。

句容这个地方有盗贼，但自从重新改置了社稷之神，盗贼就停止了盗窃行为。下坯盗贼很多，自从把社稷之神迁到南山之上，原本这个地方的盗贼消失了。这些内容记载在陈后山《谈丛》里。岳州的田鼠损害庄稼，雍明远说："这是因为没有进行迎接猫神的祭礼"，命令属下祭祀，田鼠随后就毙命了。这个记载还见于《范蜀公集》。《孟子》有"变置社稷"，《礼记》有"八蜡"之礼，谁说古代的制度不能在当下实行呢？

《孟子》中说"追求我自身固有的东西。"这是自己尽自己

成季曰：“与其有求于人，曷若无欲于己？与其使人可贱，不若以贱自安。”吕居仁亦以见人有求为非。

宿于昼，《水经注》云：“漕水出时水，东去临淄城十八里，所谓漕中也。俗以漕水为宿留水，以孟子三宿出漕。”（原注：或云当作“画”，后汉“耿弇进军画中”。《史记》“画邑人王蠋”，《通鉴》作“昼邑”。）

“以刃与政，有以异乎？”邵子之论秦曰：“杀人之多，不必以刃。谓天下之人无生路可趋也。”

“商鞅富强之术，诱三晋之民，力耕于内，而使秦民应敌于外。”使梁王用孟子之言，施仁政于民，秦焉得诱之？仁胜不仁，如春融冰泮，故曰“仁者无敌。”

“盖大夫王驩”。汉泰山郡盖县故城，在沂州沂水县西北。

赵氏《春秋论》曰：“‘五伯者，三王之罪人’，谓其三代而春秋之也，齐桓其作俑也。‘今之诸侯，五伯之罪人’，谓其春秋而战国之也，晋定其作俑也。‘今之大夫，今之诸侯之罪人’，谓其战国而七国之也，晋之韩、赵、魏其作俑也。”

的性。"追求不属于自己的东西",这是听命于上天。李成季说:"与其有求于人,哪里比得上自己无欲无求? 与其让别人轻贱自己,不如安处贫贱,不求他人。"吕居仁也认为有求于人是不对的。

《孟子》中说"在昼这个地方住宿",《水经注》说:"澅水源出于时水,在临淄城以东十八里,也就是所谓澅中。世人认为澅水就是宿留水,认为孟子在澅地住了三晚才离开"。(原注: 有人说澅字应该是画字,《后汉书》"耿弇进军画中",《史记》"画邑人王蠋",《通鉴》说《史记》记载的是"昼邑"。)

《孟子》中提到"用利刃杀人和用政策杀人,这其中难道有什么区别吗?"邵雍讨论秦政时批评道"杀人如此之多,却不需要用利刃。我认为当时天下人没有生路可走。"

《孟子》中说"商鞅用富国强民的学说,引诱三晋的民众去秦国,三晋的民众在国内耕种,秦国的民众在国外打仗。"如果梁惠王当时听了孟子的话,在国内施行仁政,秦国又如何可以引诱三晋人民呢? 仁胜不仁,就像春天的太阳融化积冰,所以说"仁者无敌"。

"盖大夫王驩"。汉代的泰山郡有盖县故城,位于沂州沂水县西北。

赵岐《春秋论》说"春秋五霸,是三皇的罪人",认为是他们将三王的良好政治变成了春秋时期的混乱局面,而齐桓公是春秋五霸的始作俑者。"现在的诸侯,是五霸的罪人"。认为是现在的诸侯将混乱的春秋时期带入现在残酷的灭国之战中,而晋定公是始作俑者。"现在的大夫,是现在诸侯的罪人",认为是现在的大夫掀起灭国之战,从战国转而为战国七雄,而晋国

止斋曰："人多言常平出汉耿中丞，颜师古以寿昌为'权'道，岂知常平盖古法? 孟子言'狗彘食人食而不知检，涂有饿莩而不知发'，今文作'检'，班氏《食货志》作'敛'是也。"夫丰岁不敛，饥岁不发，岂所谓无常平乎?"

陈烈读"求其放心"而悟曰："我心不曾收，如何记书?"遂闭门静坐，不读书百余日，以收放心。然后读书，遂一览无遗。（原注：古人之读书如此。）

"若民则无恒产，因无恒心"，《孟子》言战国之民也。周之盛时，以井牧授田，以乡遂设教。"攸介攸止，烝我髦士"，士亦田野之秀民也。不惟士有常心，民亦有常心矣。故曰："文、武兴而民好善。"

小学

《尔雅注》："汉武帝时得豹文鼮鼠，孝廉郎终军知之，赐绢百匹。"《文选》注引《窦氏家传》，以为窦攸，世祖诏诸侯子弟从攸受《尔雅》。二说不同。

的韩、赵、魏三家大夫是始作俑者。

止斋说："大家都说常平法出自汉代的耿寿昌，颜师古就将耿寿昌的做法称为'权'道，又怎么知道常平法是古代的法则呢？孟子说'狗彘食人食而不知检，途有饿莩而不知发'，今文作'检'，班固的《汉书·食货志》作'敛'，作'敛'是正确的。"丰收的年份不储存粮食，到了饥荒的年份也不知道要发放储粮赈灾，这样的做法，难道就是人们所说的没有常规吗？

陈烈在读"求其放心"时突然明悟："如果我的心没有收回来，那我读书又如何能记得住书呢？"于是闭门静坐，一百多天没有读书，通过静坐来收心。而在收心之后，开始读书，从此以后，知识在他面前一览无遗。（原注：古人就是这样读书的。）

《孟子》说"对于民众来说，因为没有恒产，所以就没有恒心。"《孟子》这里说的是战国时期的民众。在周朝兴盛的时候，按照土质区划田地，或作田地耕种，或为牧地畜牧。而在乡、遂的土地之间设立教育机构，用以教化民众。《诗经》中"黍米高粱长得都非常茂盛。就在这座富丽堂皇的行宫，我要犒劳那些能干的臣工"，这里所说的士也是指的乡村田野里出众的民众。在当时，不仅仅士有常心，民众也有常心。所以说"只要有文王武王这样圣明的君主兴起进行统治，那么民众便逐渐开始行善"，所以只要教化民众，民众便会养成恒心。

《尔雅·释兽》注：汉武帝的时期，得到了豹纹貔鼠，孝廉郎终军知晓这个物种，皇帝因此赏赐一百匹绢。《昭明文选》注中引用了《窦氏家传》，认为是窦攸知晓了这个物种，世祖下令

　　《尔雅》：“西至于邠国，谓之四极。”朱文公曰：“邠国近在秦陇，非绝远之地。”愚按《说文》引《尔雅》曰：“西至汃国，谓四极。汃，西极之水也。”（原注：府巾切。）

　　《尔雅疏》：“案《尸子·广泽篇》云：‘墨子贵兼，孔子贵公，皇子贵衷，田子贵均，列子贵虚，料子贵别，囿其学之相非也，数世矣而已，皆弇于私也。天、帝、皇、后、辟、公、弘、廓、宏、溥、介、纯、夏、幠、冢、晊、贩，皆大也，十有余名而实一也。若使兼、公、虚、均、衷、平、易、别囿一实，则无相非也。”《仁意篇》述太平之事云：“烛于玉烛，饮于醴泉，畅于永风。春为青阳，夏为朱明，秋为白藏，冬为玄英。四气和，正光照，此之谓玉烛。甘雨时降，万物以嘉，高者不少，下者不多，此之谓醴泉。其风春为发生，夏为长嬴，秋为方盛，冬为安静，四气和为通正，此之谓永风。”

　　《尔雅疏》引“舍人云”：“按《经典序录》，《尔雅》有犍为文学注二卷。”一云：“犍为郡文学卒史臣舍人，汉武帝时待诏。”

诸侯子弟跟从窦攸学习《尔雅》。两种说法有所不同。

《尔雅》："向西一直到邠国，称之为四极。"朱熹说："邠国很近，就在秦陇，不是绝远之地。"我认为：《说文》引《尔雅》说："向西一直到汃国，称之为四极。汃，这是西极之地的一条河。"（原注：汃读作府巾切。）

《尔雅疏》：我注意到《尸子·广泽篇》说："墨子重视兼爱，孔子重视大公无私，皇子重视真诚，田子重视均平，列子重视虚静，料子重视区别善恶而宽容别人。他们这些学者各立学派而互相非难，已经持续了几代人还未停止，他们都是因为被私心私见所蒙蔽了。天、帝、皇、后、辟、公、弘、廓、宏、溥、介、纯、夏、幠、冢、晊、昄，这些字眼都有"大"的意思，十多个名称，而实际上意思都是一样的。如果使人们明白兼爱、大公无私、虚静、均平、真诚、平均、区别善恶而宽容别人，这些不同的概念本质都是一样的，那么他们就不会互相非难了。"《仁意篇》叙述太平时节说："照耀的是'玉烛'，饮用的是'醴泉'，沐浴的是'永风'。春天叫作'青阳'，夏天叫作'未明'，秋天叫作'白藏'，冬天叫作'玄英'。四季和煦、适宜，美好的阳光普照，这叫作'玉烛'。甘甜的雨水及时落下，万物因此而欣欣向荣，高处的雨水不少，低处的雨水不多，这叫作'醴泉'。对于风来说，美好的春风叫作'发生'，美好的夏风叫作'长嬴'，美好的秋风叫作'方盛'，美好的冬风叫作'安静'。四季的风都很祥和，这就是普遍美好的风，这叫作'永风'。"

《尔雅疏》引"舍人云"："我注意到《经典序录》记载，《尔雅》有犍为文学注二卷。"还有一种说法："犍为是州郡文学卒史臣的舍人，汉武帝时期的待诏。"

《白虎通》引《亲属记》，即《尔雅·释亲》也。《通典》："颜延之曰:'伯叔有父名，则兄弟之子不得称姪；从母有母名，则姊妹之子不可言甥。且甥、姪唯施于舅、姑耳。'雷次宗曰:'姪字有女，明不及伯叔；甥字有男，见不及从母。'刘共父刊《二程先生集》，改"姪"为"犹子"，朱文公谓：古人固不谓兄弟之子为姪，亦无云"犹子"者，记礼者言"犹己之子"。但云兄之子、弟之子。然从俗称侄，亦无害于义理也。

"傅，负版。"郭璞注："未详。"即柳子所为作《蝜蝂传》者也。《西京赋》"戎葵怀羊"，《尔雅》"藐怀羊"，璞亦曰"未详"。

陆玑为《诗草木疏》，刘杳为《离骚草木疏》，王方庆有《园庭草木疏》，李文饶有《山居草木记》，君子所以贵乎多识也。然《尔雅》不释"蒜薤"，字书不见"桕椊"，学者耻一物之不知，其可忽诸!

"槚，苦荼。"注：今呼早采者为荼，晚取者为茗。一名荈。《说文》："茗，荼芽也。"东坡诗："周诗记苦荼，茗饮出近世。"

《急就篇》注："牡蒙，一名黄昏。"后山诗"黄昏汤"，疑即此也。

终军之对豸鼠，卢若虚之辩鼮鼠，江南进士之问天鸡，刘原父之识六驳，可谓善读《尔雅》矣。蔡谟不识彭蜞，人谓"读《尔雅》不熟"；田敏不知日及，学之陋也。

《白虎通》所引用的《亲属记》，就是《尔雅·释亲》。《通典》："颜延之说：'伯叔有父亲的名义，所以兄弟的孩子不能称为姪。伯母、婶婶、姨母等有母亲的名义，所以姊妹的孩子不能称之为甥。况且甥姪只有在姑舅关系的时候才这么称呼。'雷次宗说：'姪字有女字旁，明显和伯叔无关。甥字有男字旁，明显和从母无关。'"刘共父刊发《二程先生集》，将"姪"改为"犹子"，朱熹说：古人本来不将兄弟的孩子称为姪，也没有说姪是"犹子"的人，记礼的人说犹己之子。只是说哥哥的孩子、弟弟的孩子而已。但是遵从习俗称为姪，也不妨害义理。

《尔雅》提到"傅，负版。"郭璞注释说：不清楚其中的意思。大概就是柳子所作的《蝜蝂传》。《西京赋》"戎葵怀羊"，《尔雅》"蔥怀羊"，这其中的意思，郭璞都说不太清楚。

陆玑著《诗草木疏》，刘杳著《离骚草木疏》，王方庆著《园庭草木疏》，李文饶著《山居草木记》，君子是重视见多识广的。但是《尔雅》不解释"薜莜"，字书找不到"枱梠"，学者如果有一个事物不知道，是深为可耻的，这是能轻视的吗？

"槚，苦荼"。注：现在称呼提早采摘的为荼，称呼晚一点采摘的为茗，或者荈。《说文解字》解释："茗，荼芽也。"苏东坡作诗："周诗记苦荼，茗饮出近世。"

《急就篇》注："牡蒙，又名黄昏"。后山诗句"黄昏汤"，我认为指的就是牡蒙。

终军认出"鼦鼠"，卢若虚辨明"䶅鼠"，江南进士询问"天鸡"，刘原父识得"六驳"，他们可以说是善于读《尔雅》的。蔡谟不认识"彭蜞"，别人说他读《尔雅》不够熟悉。田敏不知道"日及"，学问浅陋。

唐玄度《十体书》曰："周宣王太史籀始变古文，著大篆十五篇。秦焚《诗》、《书》，唯《易》与史篇得全。逮王莽乱，此篇亡失，建武中获九篇。章帝时，王育为作解说，所不通者十有二三。"按《说文》多引王育说，如"天屈西北为无"，"苍颉出，见秃人伏禾中，因以制字"。

《说文叙》："《尉律》试八体，大篆、小篆、刻符、虫书、摹印、署书、殳书、隶书。亡新使甄丰等改定古文，时有六书。"古文、奇字、篆书、佐书、缪篆、鸟虫书。佐即隶也。《书》正义亦云："秦有八体，亡新六书。"去大篆、刻符、殳书、署书，加古文、奇字。《艺文志》谓："汉兴，萧何草律，著其法，曰：'太史试学童，以六体试之。'"古文、奇字、篆书、隶书、缪书、虫书。律即《尉律》也。六体非汉兴之法，当从《说文叙》改"六"为"八"。

《急就篇》"长乐无极老复丁"，颜氏解为"蠲其子孙之役"，非也，即《参同契》所谓"老翁复丁壮"。朱文公诗："自庆樽前老复丁。"《黄庭经》亦有此三字。

董彦远《除正字谢启》，叙字学，涉猎该洽。其略云："残经不悟于郭亡，阙文徒存于夏有。马不足一者，既失其全；虎多于六者，自乖其数。书残武瞾，颂乱汤齐。乌写混淆，鱼鲁杂糅。增河南之邑为雒，减汉东之国为隋；避上

唐玄度《十体书》说："周宣王的太史籀，最早变更古文，写作大篆十五篇。秦朝时焚毁《诗》、《书》，只有《易》经与史书没有被焚毁。等到王莽作乱的时候，大篆十五篇遗失了。建武年间又重新获得九篇。章帝的时候王育为这九篇作解说，不理解的内容占到十分之二三。"《说文解字》大多引王育的说法，比如"天屈西北为无"，"苍颉出，见秃人伏禾中，因以制字"。

《说文叙》："《尉律》用八种书写方式考核：大篆、小篆、刻符、虫书、摹印、署书、殳书、隶书。王莽新朝时期下令让甄丰等人改定古文，这时候有六种书写方式：古文、奇字、篆书、佐书、缪篆、鸟虫书。"佐就是隶。《尚书正义》也说："秦有八种书写方式，王莽新朝有六种书写方式。"去掉大篆、刻符、殳书、署书，加上古文、奇字。《汉书·艺文志》说：汉朝兴起之后，萧何初步制作律令，说："太史考核学童，以六种书写方式考核。"古文、奇字、篆书、隶书、缪篆、虫书。萧何初步制作的律令就是《尉律》。六种书写方式不是汉朝兴起时候的法令，当依从《说文叙》，改"六体"为"八体"。

《急就篇》有"长乐无极老复丁"一句，颜氏解释为"蠲其子孙之役"，即除去他子孙的徭役，这个解释不对。这个意思就是《参同契》所说的"老翁复丁壮"，就是年龄大了依然像年轻人一样。朱熹诗："自庆樽前老复丁。"《黄庭经》也有这三个字。

董彦远著《除正字谢启》，该书叙述文字学，涉猎广博、融洽，其大致意思是说："经书残缺，将'郭公'误认为郭亡，经文缺失，仅仅保留有'夏''有'二字。马字下面的四笔和下曲的马尾应该五笔，现在才写了四笔，少了一笔，不是完整的马字；虎

则皋不从辛，绝下则对因去口。棘合而棘氏微，足省而疎姓绝。定文于六穗之禾，训同于导；分序于八寸之策，执异为宗。丁尾乱真，钩须失实。书立书肖，而既谬国名；为卷为端，而遂乖服制。篆形误伪，谁正云兴之祁祁；隶体散亡，共守鸢声之钺钺。锁定银铛之名，车改金根之目。知一束二缝之为来，指二首六身之为亥。郡章立信，救时唯正于四羊；国史传疑，考义共惑于三豕。傅会作九禾之秀，离析为三刀之州。合乐之奏，妄加文武之为斌；定经之名，误合日月之为易。字失部居，改白水真人之兆；书忘形象，作非衣小儿之谣。四十八安取于桑？三十七未足语世。梁父七十二家，名虽俱在；《尉律》四十九类，书盖已亡。误存舟二间之为航，安识门五日之为闰？"学者遍观异书而求其事之所出，亦多识之一也。彦远有《古文集类叙》云："孔安国以隶古易科斗，故汉人不识古字。开元又废汉隶易以今文，故唐人不识隶古。"

穴误为虎六,和数目六七是无所谓的。《尚书》残缺,武王"殪戎殷"变为了《中庸》"壹戎衣",《诗经·颂》里"汤齐"齐的读音淆乱;乌、写容易混淆,鱼、鲁容易认错。因为汉朝忌水,所以将河南洛邑更改为雒,隋朝因为周、齐不安宁,所以随字去辶为隋;为了避"皇帝"的"皇"之讳,则皋字不从辛,更改为"罪";对字本从口,汉文帝因为口多非实,把对的偏旁改成了土。为了避仇把棘姓改为枣,把跳姓的足字旁省掉,跳姓消失了。"稤"这个"上道下禾"字形的字(也就是《说文解字》中所谓的"六穗之禾",即"稤"这个字本意是一种禾的名称)与"导"(《颜氏家训》认为此字的意思是"择")字意思给混淆了;董秉纯说在《北史·徐遵明传》中记载说徐遵明见到郑玄的《论语注序》这一本著作时,徐遵明将"八寸策"这几个字误读为"八十宗",因此本意为"用八寸的竹简书写"就变成了"八十家注解《论语》的流派"。原本的"丁"字字形有弯折的部分,也就是所谓的"钩""须""尾",但东汉末年成书的《说文解字》上"丁"字的小篆字形下部已经变直,没有弯折的部分了。很多文字甚至被误写为原字的半个字,如以"趙"为"肖";以"齊"为"立",甚至连"赵""齐"这些国名都写错了;本来应该是"袞"字却被误以为是"卷"字,本来应该是"冕"字却被误以为是"端"字,因为"端"字与诸侯朝见天子的礼制不符。按照上朝的礼制,诸侯朝见天子时天子穿着与诸侯不同,因此应当是"冕"字而非"端"字。因为误读了篆体字,谁才能将《诗经》中本来应该是"兴雨祁祁"却误读作"兴云祁祁"这一错误改正呢?因为隶书体的失传,导致本该是"斧戉"的"戉"字却误写作"钺"字,后人一直认为《诗经》中"鸾声戉戉"是"鸾声钺钺"。本来应该是"银

铛", 也就是大锁的意思, 却被误认为是银铛; 即将 "银" 字误以为是 "银" 字。将本来的 "金根车" 却错误地改为 "金银车", 也就是将本来的 "根" 字误以为是 "银" 字; 这样我们也就知道为何 "一束二缝" 这种像芒束形状的字就构成了 "来" 字, 也了解了为何以 "二" 字为头、以 "六" 字为身会构成 "亥" 字。即使在一个县里, 本来应该是 "上白下羊" 的 "皋" 字, 但县丞的印章上的这个 "皋" 字却是 "上四下羊", 县尉的印章上这个 "皋" 字却是 "上白下人", 然后 "人" 字下又有 "羊", 构成了这个 "皋" 字。可见即便在一个县里, 不同的官员的印章上同一个字都不尽相同, 而印章本应该是能够取信于人的东西, 应该完全相同才对; 国史也有错误的地方, 子夏在读史书时有一句 "晋师伐秦三豕渡河", 他认为不是这样的, 应该读作 "晋师伐秦己亥渡河", 问过晋国史官后果然如此。东汉光武帝刘秀因为出生时当地有嘉禾生长出来, 一支茎上长了九条穗, 因此被取名为 "秀"。西晋的大将军王濬刚开始是广汉太守, 一天晚上梦到三把刀悬挂在卧室的房梁之上, 过不多久又梦到另外一把刀, 他的主簿李毅解释这个梦说三把刀就是一个 "州" 字, 又益多了一把刀, 你莫不是要升任益州刺史了吧? 后来王濬果然做了益州刺史。三国时曹魏明帝太和初年, 公卿通过奏乐和舞蹈来对皇帝歌功颂德, 为了给这套舞乐起名字, 还专门造了一个字, 就是 "文" "武" 合起来称作 "斌", 这套舞乐也叫 "章斌" 之舞, 这种鄙陋浅薄的做法就是 "妄加"; 在确定《易经》的名字时, 一些人为了附会, 将 "易" 字说成是 "上日下月", 也就是 "易" 字下面不是 "勿", 而是 "月" 字。文字一旦失去其原本应该有的偏旁部首, 这就是国家危亡、王莽篡汉的征兆。因为当初王莽篡汉后以 "钱" 字有

"金"有"刀"为由，将"钱"字改为"货泉"，写作"白水真人"；一旦文字失去了原有的形象，就会有类似于唐代徐敬业为收服宰相裴炎而根据其"裴"字编造出的歌谣那样，歌谣为"非衣小儿当殿坐"，"非"下一个"衣"字正是"裴"字。三国时期蜀汉的何祗有一天梦到井里生出了桑树，就去请一个名叫赵直的人替他解梦。赵直告诉他桑树不是井中的东西，应该会被移植（暗示何祗可能会升官），但"桑"字的部首是"四十下八"，寿命恐怕不会超过四十八。后来何祗果然升任犍为太守，四十八岁去世。但《说文解字》中的"桑"字上面是叒下面是木，并非是上面十下面八，怎么能以"四十八"来解释"桑"字呢？秦始皇在巡幸东方时在会稽立碑文，其他碑文都是四个字一句，只有"三十有七年"一句不是四个字，多出了一个字，而秦朝正好存在了三十七年。于是有些人就以"世有七年，三十为世"这一句话解释说"世"字与"卅"字相似，因此这句话正好预示了秦朝存在的时间。但也有人认为在《说文解字》中"世"字并不能解释为三十七，因此说三十七的这种说法是"未足语世"。古代封禅于泰山而姓名被记载的人有七十二家；汉代律法《尉律》有四十九类，如今记载的书籍却早已亡佚。对于由篆书转为隶书的"舟"字，后世人何法盛在《中兴书》中认为夹在"二"字中间的"舟"新构成的那个字为"航"字，其实这是错误的。《左传》中记载说"晋复伐郑。十二月癸亥，门其三门。闰月戊寅，济于阴阪"但其实这一年并无闰月戊寅，戊寅应该是十二月二十日，因此《左传·襄公九年》记载可能是误将"闰"字写为"门"字，还将"闰"字里面的"王"字误写为"五"字。怎么能把"门"字里面加个"五"字作为"闰"字呢？"后世的学者们找遍了各种不常见的

　　宋景文公云："萧何自题苍龙、白虎二阙,后世署书由何始。"《说文》"扁,署也。从'户册'。户册者,署门户之文也。"

　　夹漈《金石略》云:"《祀巫咸大湫文》,李斯篆。"愚按方氏《跋诅楚文》以为秦惠文王二十六年。石湖亦谓当惠文王之世,后百余年东巡泰山刻石,则小篆非出于李斯。

　　古器铭云"十有三月"、"十有四月"、"十有九月",云"正月乙子",或云"丁子"。吕与叔《考古图》谓"嗣王逾年未改元,故以月数"。乙子即甲子,丁子即丙子,世质人淳,取其同类。不然,殆不可考。曾子固谓:"古字皆重出,此文作三者,特二字耳。"

　　《毛伯敦》"祝"下一字,刘原父以为"郑",曰"文、武时毛叔郑也",而吕与叔以为"邧"。《簠铭》"中"上一字,欧阳公以为"张",曰"宣王时张仲也",而与叔以为"弡"。《周姜敦》"伯"下一字,欧阳公以为"同",曰"穆王时伯同也。"而与叔以为"百"。古文难考,几于郢书燕说。

书籍来求证以上的这些事迹，但对于这些事迹的原因却也仅仅是多出了一种说法而已。宋代人董彦远的《古文集类叙》中记载说："西汉的孔安国以隶书来改易代替古代的篆书，因此导致汉代人无法识别古代的篆书"。唐玄宗李隆基开元年间又废除了汉代以来形成的隶书，以今天我们所见的文字改易代替了隶书，因此导致唐朝以后的人无法识别古代的隶书。

宋景文公说："萧何自己在两间房子上提名苍龙、白虎，后代房间署文字从萧何开始。"《说文》："篇，就是题写的意思。从户册。户册就是门户上署着的文字。"

夹漈著《金石略》说："《祀巫咸大湫文》，李斯书写篆刻。"我认为：方氏给《诅楚文》做跋，以为《诅楚文》作于秦惠文王二十六年。石湖先生范大成也说：在秦惠文王的时期做的，又过了一百多年，东巡泰山，刻石。如此说来，小篆并不是李斯制作。

古器铭说"十有三月"、"十有四月"、"十有九月"，说"正月乙子"，或说"丁子"。吕与叔《考古图》说："继承王位的新王超过一年没有改元，所以用月数的话。"乙子就是甲子，丁子就是丙子。风俗质朴，人民淳朴，取其同类，不这么解释的话，估计很难得出确切说法。曾子固说："古代的文字大多有重出的现象，这个字写作三，仅仅只是二字而已。"

《毛伯敦》"祝"后边的一个字，刘原父认为是"郑"，说："是周文王周武王时候的毛叔郑。"而吕与叔认为是"邾"。《簠铭》"中"前边的一个字，欧阳公认为是"张"，说："宣王时候的张仲。"而吕与叔认为是"歫"。《周姜敦》"伯"后边的一个字，欧阳公认为是"同"，说："是周穆王时候的伯同。"而吕与叔认

《博古图》："《晋姜鼎铭》'用蕲绰绾眉寿'，《伯硕父鼎铭》'用祈匄百禄眉寿绾绰'，《孟姜敦铭》'绾绰眉寿'，石湖云："似是古人祝延常语。"愚谓《汉书·安世房中歌》云"克绰永福"，颜氏注："绰，缓也，亦谓延长。"

张燕公《谢碑额表》云："孔篆吴札之坟，秦存展季之垅。"言孔子篆者始见于此。

《金石录·汲县太公碑》云："晋太康二年得竹策之书，其纪年曰：'康王六年，齐太公望卒。'参考年数，盖寿一百一十余岁。"今按《书·顾命》云"齐侯吕伋"，则成王之末，伋已嗣太公为齐侯矣。"

潏水李氏云："古印有文曰'祭尊'，非姓名，乃古之乡官也。"《说苑》载乡官又有祭正，亦犹祭酒也。"

秦《诅楚文》作于惠文王之时，所诅者，楚怀王也。怀王远屈平，迩靳尚，而受商于之欺，致武关之执，非不幸也。然入秦不反，国人怜之如悲亲戚。积怨深怒，发于陈、项，而秦亡也忽焉。六国之灭，楚最无罪，反尔好还，天人之理也。南公曰："楚虽三户，亡秦必楚。"吁，秦诅楚邪？楚诅秦邪？

为是"百"。古文很难考证，这些几乎都是郢书燕说、穿凿附会的说法。

《博古图》:《晋姜鼎铭》"用来祈求长命百岁",《伯硕父鼎铭》"用来祈祷百福翔集、延年益寿"。《孟姜敦铭》"绾绰眉寿",石湖说:"这些好像是古人祝福常用语。"我认为《汉书·安世房中歌》说:"克绰永福",颜氏注释说:"绰,是缓的意思。也有人说是延长的意思"。

张燕公《谢碑额表》说:"孔子篆刻吴国公子季札的碑文,秦保存了季札的坟墓。"这里说孔子篆刻的事情,还是第一次在文献中见到。

《金石录·汲县太公碑》说:"晋朝太康二年,（有人盗墓）得到了写在竹策上边的书。其中的《纪年》说:'周康王六年,齐国姜太公吕望去世。'参考生卒年,吕望大概活了一百一十岁,现在考察《书·顾命》说'齐侯吕伋',那么周成王末年,吕伋已经继承太公爵位当齐侯了。"

漪水先生李复说:"古印有的文字是'祭尊',这不是人的姓名,而是古代的乡官"。《说苑》记载乡官中有祭正",和祭酒是一个意思。

秦国的《诅楚文》是在秦惠文王的时候创作的,所诅咒的是楚怀王。楚怀王疏远屈平,亲近靳尚,而受到秦送楚商于六百里地这件事的欺骗,导致在武关被秦国擒获,这并不是他不幸运。但是楚怀王进入秦国,不被允许返回,楚国人怜悯他,就好像怜悯自己的亲戚一样。积怨很深,满怀怒气,在陈胜和项羽身上发泄了出来,而秦国也就很快灭亡了。六国的灭亡,楚国是最无罪的。反而这样极易得到报应,这是天理和人道的辩证

　　徐楚金《说文系传》有《通释》、《部叙》、《通论》、《祛妄》、《类聚》、《错综》、《疑义》、《系述》等篇。吕太史谓："元本断烂，每行灭去数字，故尤难读。若得精小学者，以许氏《说文》参绎，恐犹可补也。"今浙东所刊，得于石林叶氏、苏魏公本也。

　　《说文》："饮器象爵者，取其鸣节节足足也。"《宋·符瑞志》："凤凰其鸣，雄曰节节，雌曰足足。"然则爵即凤凰欤？

　　宣和中，陕右人发地，得木简于瓮，字皆章草。檄云："永初二年，六月丁未朔，廿日丙寅"。朱文公《答吴斗南书》，谓"东汉讨羌檄，日辰与《通鉴长历》不同"，盖指此也。今考《通鉴目录》，汉安帝永初二年六月乙未朔。《后汉纪》五月有丙寅，七月有戊辰，恐当以《长历》为正。

　　《汉·西域传》："安息国，书革，旁行为书记。"颜氏注："今西方胡国及南方林邑，书皆横行，不直下。《法苑珠林》云："造书凡有三人，长名曰梵，其书右行；次曰佉卢，其书左行；少者苍颉，其书下行。"夹漈《六书略》云："梵书左旋，其势向右；华书右旋，其势向左。"

关系。南公说："楚国虽然只有三户，但是灭亡秦国的一定是楚国。"埃！究竟是秦诅咒楚呢？还是楚诅咒秦呢？

徐楚金《说文系传》有《通释》、《部叙》、《通论》、《祛妄》、《类聚》、《错综》、《疑义》、《系述》等篇。吕太史说："元刻本断裂破烂，每一行都丢失了好几个字，所以特别难读。如果有精通小学的人，用许慎的《说文解字》来参照，大概还可以补全"。现在浙东刊刻的《说文系传》，是石林叶氏、苏魏公的版本。

《说文》说："喝酒的器皿以爵为原型来制作，是取它的鸣叫声节节足足的寓意"。《宋书·符瑞志》说："凤凰其鸣，雄曰节节，雌曰足足"。看起来，这里的爵好像就是凤凰？

宣和年间，陕西的人挖掘土地，在瓮里得到木简，上面的字都是章草，上边写着"永初二年，六月丁未初一，二十日丙寅"。朱熹《答吴斗南书》说："东汉讨伐羌族的檄文，时间与《通鉴长历》不同，大概就是指的这个。现在考察《通鉴目录》，写作汉安帝永初二年六月乙未初一"。《后汉纪》五月有丙寅，七月有戊辰，恐怕应该以《长历》为正确的记载。

《汉书·西域传》说："安息国的人在皮革上书写，文字横着书写记录"。颜师古解释说："现在西方的胡国和南方的林邑，书写方式都是横着写而不是竖直向下写"。《法苑珠林》说："创造文字书写的人一共有三个，最早的名字叫作梵，书写方式是向右写；其次的名字叫佉卢，书写方式是向左写；年龄最晚的名字叫苍颉，书写方式是竖直向下。"夹漈《六书略》说："梵文的书写方式是向左旋，它的笔势向右；中文的书写方式是向右旋，它笔势向左。"

韩文公曰："凡为文辞，宜略识字。"杜子美曰："读书难字过。"字岂易识哉！李衡《识字说》曰："读书须是识字，固有读书而不识字者，如孔光、张禹、许敬宗、柳宗元，非不读书，但不识字。孔光不识'进退'字，张禹不识'刚正'字，许敬宗不识'忠孝'字，柳宗元不识'节义'字。"此可为学者之戒。

周越《书苑》云："郭忠恕以为'小篆散而八分生，八分破而隶书出，隶书悖而行书作，行书狂而草书圣。'以此知隶书乃今真书。"赵明诚谓：误以八分为隶，自欧阳公始。庾肩吾云："隶书，今之正书。"张怀瓘云："隶书者，程邈造，字皆真正，亦曰真书。"《千文》云："杜藁钟隶。"《王羲之传》："尤善隶书。"

康节邵子之父古，字天叟。定律吕声音，以正天下音及古今文。谓："天有阴阳，地有刚柔，律有辟翕，吕有唱和。一阴一阳交，而日月星辰备焉；一刚一柔交，而金木水火备焉；一辟一翕，而平、上、去、入备焉；一唱一和，而开发收闭备焉。律感吕而声生焉，吕应律而音生焉。"《观物》之书本于此，谓"辟翕者律天，清浊者吕地。先闭后开者春也，纯开者夏也，先开后闭者秋也，冬则闭而无声。东为春声，阳为夏声。此见作韵者亦有所至也。衔、凡，冬声也。"横渠张子曰："商、角、徵、羽，皆有主出于唇齿喉舌，独宫声全出于口，以兼五声也。"夹漈郑氏曰："声为经，音为纬。平、上、

韩愈说："凡是作文章的人，应该多少学习一些字。"杜甫说："读书时难认的字，就任他过去，不用再提。"毕竟，这么多文字又岂是容易认识的呢？李衡《识字说》说："读书必须要认识字，但是确实有读书而不认识字的人。比如孔光、张禹、许敬宗、柳宗元等人，并非不读书，只是不认识字。孔光不认识'进退'字，张禹不认识'刚正'字，许敬宗不认识'忠孝'字，柳宗元不认识'节义'字。"这句话可以让学者引以为戒。

周越《书苑》说："郭忠恕认为'小篆散乱之后八分出现，八分破乱之后隶书出现，隶书悖乱之后行书出现，行书狂乱之后草书出现。'通过这句话知道隶书就是现在的真书"。赵明诚说："错误的把八分当作隶书，是从欧阳修开始"。庾肩吾说："隶书，就是现在的正书。"张怀瓘说："隶书，是程邈制造的。字都真正，又叫作真书。"《千文》说："杜稾钟隶。"也就是杜度草书之手稿与钟繇所作隶书的真迹。《王羲之传》说："尤其擅长隶书"。

邵雍的父亲邵古，字天叟，确定了律吕的声音，用来校正天下的声音和古今文章。称天有阴和阳，地有刚和柔；律有辟和翕，吕有唱和和。一阴一阳交感，日月星辰就完备；一刚一柔交感，金木水火就完备。一辟一翕，平、上、去、入就完备；一唱一和，开发收闭就完备。律和吕交感，声就产生了；吕和律相应，音就产生了。《观物》这本书就是以这些为根本。说辟翕是模仿天，清浊是模仿地。先闭后开的是春天，纯开的是夏天，先开后闭的是秋天，冬天就彻底关闭而没有声。东是春声，阳是夏声，这可以看出来作韵的人，也是有所领会的。衔、凡，是冬声。横渠先生张载说："商、角、徵、羽，都有主要用唇齿喉舌发

去、入，四声也，其体纵，故为经；宫、商、角、徵、羽、半徵、半商，七音也，其体横，故为纬。"

七音三十六字母，出于西域，岂所谓"学在四夷"者欤？司马公以三十六字母，总三百八十四声，为二十图。夹漈谓："梵人长于音，所得从闻入；华人长于文，所得从见入。华则一音该一字，梵则一字或贯数音。"鸠摩罗什曰："天竺国俗，甚重文制。其宫商体韵，以入管弦为善。凡觐国王，必有赞德。佛经中偈颂，皆其式也。"

谐声，六书之一也，声韵之学尚矣。夹漈谓"五书有穷，谐声无穷。五书尚义，谐声尚声。"《释文序录》云："古人音书，止为譬况之说，孙炎始为反语。"《考古编》谓"周颙始有翻切"，非也。

隋陆法言为《切韵》五卷，后有郭知玄等九人增加，唐孙愐有《唐韵》，今之《广韵》则本朝景德、祥符重修。今人以三书为一，或谓《广韵》为《唐韵》，非也。鹤山魏氏云："《唐韵》于二十八删、二十九山之后，继以三十先、三十一仙。今平声分上下，以一先二仙为下平之首，不知'先'字盖自'真'字而来。"愚考徐景安乐书，凡宫为上平，商为下平，角为入，徵为上，羽为去，则唐时平声已分上下矣。米元章云："五声之音，出于五行，自然之理。沈隐侯只知四声，求

出的，只有宫声全部用口发出，用来包含五声。"夹漈先生郑樵说："声是经，音是纬。平、上、去、入这四声，它们特点是纵，所以是经。宫、商、角、徵、羽、半徵、半商，这七音，他们的特点是横，所以是纬。"

七音三十六字母，最早在西域产生，这大概就是所谓的"学在四夷"吧？司马公将三十六字母，总共三百八十四声，制作成二十副图。郑樵说："梵人擅长音，他们所获得的是从耳朵听来的；华人擅长文，他们所获得的是从眼睛见到的。在中国就一个音表示一个字，在梵文一个字或许有好几个音。鸠摩罗什说："天竺的国家风俗，很重视文制。他们的宫商体韵，以能否奏入管弦为好坏标准。凡是觐见国王，一定会有称赞的话语。《佛经》中的偈颂，都是这样的。"

谐声，是六书的一种，声韵的学问由来已久。郑樵说："五书有穷尽的时候，而谐声没有穷尽的时候。五书崇尚意义，谐声崇尚声音"。《释文序录》说："古代人的音书，只是用譬喻来说，孙炎开始有反切。"《考古编》说"周颙才开始有反切"，这是不对的。

隋朝陆法言写作《切韵》五卷，后来有郭知玄等九人增补。唐朝的孙愐写作《唐韵》，现在的《广韵》是本朝景德、祥符年间重新修订。现在的人认为三本书是同一本书，或者认为《广韵》是《唐韵》，这都不对。鹤山魏氏说："《唐韵》在二十八删、二十九山之后，是三十先、三十一仙。现在平声分上下，把一先二仙作为下平的开始，不知道'先'字是从'真'字而来。"我考察徐景安《乐书》，宫音都是上平、商音都是下平、角音是入声、徵音是上声、羽音为去声，看起来唐朝时平声已经分

其宫声不得，乃分平声为二。"然后魏江式曰："晋吕静仿李登《声类》之法，作《韵集》五卷，宫、商、角、徵、羽各为一篇。"则韵分为五，始于吕静，非自沈约始也。约《答陆厥》曰："宫商之声有五，文字之别累万。以累万之繁，配五声之约，高下低昂，非思力所学。"沈存中云："梵学入中国，其术渐密。"

《潜虚》以"芫"为"天"，古文也。见《广韵》，而《集韵》不载。《古文韵》芫字，《碧落》文。

《广韵》言姓氏甚详，然"充"字有充虞，见《孟子》。"归"字有齐归，见《左传》。其遗阙多矣。"贲育"，谓孟贲、夏育也，《广韵》以"贲"为姓，"古有勇士贲育"，谬矣。

颜鲁公在湖州，集文士，摭古今文字，为《韵海镜源》三百六十卷，以包荒万汇，其广如海，自末寻源，照之如镜。《崇文总目》仅存十六卷，今不传。

《韩非·五蠹》曰："苍颉之作书也，自环者谓之私，背私谓之公。"《说文》云："自营为厶。""背厶为公。"

宋元宪宝玩《佩觿》三篇。苏文忠每出，必取声韵音训

成上下了。米元章说："五声的音，出自五行，这是自然的道理。沈约只知道四声，求不到宫声，就把平声分成两个。"然后魏江式说："晋朝的吕静模仿李登《声类》的方法，创作《韵集》五卷，宫商角徵羽分别为一篇。"这样看起来，韵分为五种，是从吕静开始的，不是从沈约开始的。沈约《答陆厥》说："宫、商、角、徵、羽这些声只有五种，而文字的分别成千上万。用成千上万的繁多的文字，来搭配五声，高下低昂，这不是仅仅思考就能学会的。"沈约说："自从梵学进入中国之后，声音的学说越来越缜密了。"

《潜虚》把"莫"当作"天"字，认为莫是天的古文写法。《广韵》收录这个字，而《集韵》没有收录。本人认为，《古文韵》收录的莫，是《碧落碑》上篆刻的文字。

《宋本广韵》记录姓氏很详细，但是充字有充虞这个人，《孟子》里可以见到。归字有齐归这个人，《左传》可以见到。遗漏的还是很多的啊！"贲育"，说的是孟贲和夏育连个人。《宋本广韵》确将"贲"当成姓，说古代有勇士贲育，这是文献有了谬误啊！。

颜真卿在湖州的时候，聚集文士，搜集古今文字，写作《韵海镜源》三百六十卷，用来包揽所有的字，收录范围广阔如海，从现在的字去寻找字的源头，就像照镜子一样简单。《崇文总目》仅仅记录了十六卷，现在已经亡佚，不再流传了。

《韩非子·五蠹》说："苍颉造字的时候，自己环绕起来的叫作私，背对着私的叫作公。"《说文》说："字形环绕起来的为厶，背对着厶为公。"

宋元宪学习琢磨《佩觿》三篇，将这本书视作宝贝；苏文忠

文字置箧中。晁以道晚年日课识十五字。

夹漈谓: ”《说文》定五百四十类为字之母。然母能生而子不能生, 误以子为母者二百十类。 ”

吴孙休自制名字, 以命其子。武曌、刘龑因之, 皆字书所无。(原注:《梁四公记》亦然。)

《隋志》以《苍颉》、《训纂》、《滂喜》为《三苍》,《说文系传》以《苍颉》、《爰历》、《博学》为《三苍》, 并《训纂》为四篇。

《急就篇》“沐浴揃搣寡合同。”《庄子·外物篇》“眦搣可以休老”, 亦作“揃搣”。

“不”字, 本方久反, 凡书之“不”字, 皆点入声。“其”字, 本音箕, “夜如何其”。凡书之“其”字, 皆点平声。(原注:《攻媿集》。)

李瀚《蒙求》, 以平声与上、去、入相间。近世续《蒙求》者不知此。攻媿云。

经说

“六经”始见于《庄子·天运篇》。孔子曰:“治《诗》、《书》、《礼》、《乐》、《易》、《春秋》六经。”以《礼》、《乐》、《诗》、《书》、《易》、《春秋》为六艺, 始见于太史公

每次出去，一定把声韵音训文字的书籍放在随身携带的箱子中；晁以道晚年的时候，给自己制定日课，每天学习十五个字。

郑樵说：《说文解字》定为五百四十类，并且规定了诸字中的母字。然而母字能够发展延伸出子字，反之，子字不能继续发展延伸，《说文解字》中误把子字当作母字的大约有二百十类。

吴国的孙休自己制作字来给他的儿子起名，武曌、刘龑模仿他，起名的字都是字书没有记载的。（原注：《梁四公记》也这么说。）

《隋书·经籍志》认为《苍颉》、《训纂》、《滂喜》合成所谓《三苍》，而《说文系传》则认为《苍颉》、《爰历》、《博学》是《三苍》，加上《训纂》，一共是四篇。

《急就篇》"沐浴揃搣寡合同"，《庄子·外物篇》"眦搣可以休老"，也写作"揃搣"。

"不"这个字，本来的反切是方久反，所有书里的"不"字，都标记为入声。"其"字本来的音是箕，就是"夜如何其"这个音。所有书里的"其"字，都标记为平声。（原注：这种说法可以参考《攻媿集》。）

李瀚在《蒙求》中，以平声与上声、去声、入声交替出现。近世续《蒙求》这部书的学者不知这个情况。攻媿中记载。

"六经"的说法，最早见于《庄子·天运篇》。孔子说："他研读《诗》、《书》、《礼》、《乐》、《易》、《春秋》六经。"将《礼》、《乐》、《诗》、《书》、《易》、《春秋》称为"六艺"，最

《滑稽列传》。孔子曰："六艺于治，一也。"或云"七经"，后汉赵典学孔子七经。蜀秦宓谓："文翁遣相如东受七经。"或以六经、六纬为"十二经"。《庄子·天道篇》。或以五经、五纬为"十经"。《南史·周续之》。或云"九经"。《释文序录》："《易》、《书》、《诗》、《周礼》、《仪礼》、《礼记》、《春秋》、《孝经》、《论语》。"《唐·谷那律传》"九经库"，始有"九经"之名。《乐经》既亡，而有"五经"，自汉武立博士始也。邵子定以《易》、《书》、《诗》、《春秋》为"四经"，犹春夏秋冬，皇帝王伯。

《汉·艺文志》云："六艺之文，《乐》以和神，仁之表也；《诗》以正言，义之用也；《礼》以明体，故无训；《书》以广听，知之术也；《春秋》以断事，信之符也。五者盖五常之道，相须而备，而《易》为之原。"《白虎通》云："有五常之道，故曰'五经'。《乐》仁，《书》义，《礼》礼，《易》智，《诗》信也。"二说不同。然"五经"兼五常之道，不可分也。

后汉翟酺曰："文帝始置一经博士。"考之汉史，文帝时申公、韩婴皆以《诗》为博士，（原注：所谓《鲁诗》、《韩诗》。）《五经》列于学官者，唯《诗》而已。景帝以辕固生为博士，（原注：所谓《齐诗》。）而余经未立。武帝建元五年春，初置《五经》博士。《儒林传赞》曰："武帝立《五经》博士，

早见于司马迁的《滑稽列传》。孔子说："六艺对于治理来说，是一回事。"又有人说是"七经"。东汉赵典学习孔子的七经。蜀地秦宓说：蜀郡太守文翁派司马相如去东边学习七经。又有人将六经、六纬合起来称为十二经。见《庄子·天道篇》。又有人将"五经"、"五纬"称为"十经"。见《南史·周续之》。又有人说"九经"。见《释文序录》：《易》、《书》、《诗》、《周礼》、《仪礼》、《礼记》、《春秋》、《孝经》、《论语》。《唐书·谷那律传》有九经库，从这时候才开始有九经的名称。《乐经》已经亡佚了，只剩下"五经"，"五经"的名称从汉武帝时期设立五经博士时候出现。邵雍将《易》、《书》、《诗》、《春秋》称为"四经"，就像春夏秋冬，皇帝王伯一样为"四"。

《汉书·艺文志》说："六艺的人文化成，《乐》经使人神气和洽，是仁的表现；《诗》经使人言辞正直，义的作用；《礼》经使人明了大体，使人不被训斥；《书》经使人博学多闻，是智慧的方法；《春秋》经用来判断事情，使事物合情合理。五经表现仁、义、礼、智、信五常大道，需要互相配合，而《易》经是五经的本原。"《白虎通》说："因为有五常的道存在，所以称之为'五经'：《乐》代表仁，《书》代表义，《礼》代表礼，《易》代表智，《诗》代表信也。"这两种说法不同，但是"五经"表示五常之道，这是说法不可分割的。

东汉的翟酺说："汉文帝的时候开始设立一经博士。"核对汉朝史事，汉文帝时，申公、韩婴都因为通晓《诗》经被立为博士。（原注：就是我们所说的《鲁诗》、《韩诗》。）这时候《五经》被列为官方教授的，只有《诗》经。汉景帝时将辕固生立为博士，（原注：就是我们所说的《齐诗》。）而剩下的经书都没有被列为

《书》唯有欧阳，《礼》后，《易》杨，《春秋》公羊而已。"
立五经而独举其四，盖《诗》已立于文帝时，今并《诗》为五
也。

石经有七，汉熹平则蔡邕，魏正始则邯郸淳，晋裴頠，
唐开成中唐玄度，后蜀孙逢吉等。本朝嘉祐中，杨南仲等。
中兴，高庙御书。后蜀石经，于高祖、太宗讳皆缺画。唐之泽
深矣。

《唐·儒学传序》："文宗定《五经》，镵之石，张参等
是正讹文。"按《文粹》刘禹锡《国学新修五经壁记》云：
"初，大历中，名儒张参为司业，始详定《五经》，书于论堂
东西厢之壁。"《序》以参为文宗时，误矣。参所定乃书于
壁，非镵石也。《旧史·纪》云："开成二年，十月癸卯，宰臣
判祭酒郑覃进《石壁九经》一百六十卷。"《会要》载是年
八月覆定石经字体官唐玄度《状》："今所详覆，多因司业张
参《五经字》为准。"《艺文志》参有《五经文字》三卷，玄
度有《九经字样》一卷。文宗时是正讹文乃玄度，非参也。

《皇览·冢墓记》曰："汉明帝时，公卿大夫诸儒八十余

官方教授。汉武帝建元五年春天，最早设立《五经》博士。《儒林传赞》说："汉武帝设立《五经》博士，《书》经欧阳传授，《礼》经后苍传授，《易》经杨何传授，《春秋》公羊高传授。"汉武帝设立五经博士而《儒林传赞》仅仅列举四经，大概是因为《诗》早在汉文帝时已经设立博士，汉武帝设立的四经加上《诗经》刚好为五经。

　　刻有经文的石碑一共有七处，汉朝熹平石碑是蔡邕书写，魏正始石碑是邯郸淳书写，晋石碑是裴頠书写，唐开成石碑是中唐玄度书写，后蜀石碑则是孙逢吉等人书写。我们大宋嘉祐中石碑是杨南仲等人书写。南宋中兴，高庙的石碑是皇帝亲笔书写。后蜀的石经，为了要避高祖、太宗的讳，一些字眼都故意缺少笔画。其中可见唐朝恩泽确实源远流长。

　　《唐书·儒学传序》："唐文宗确定《五经》，刻在石碑上边，张参等人更正讹误文字"。我注意到《文粹》记载刘禹锡《国学新修五经壁记》说："开始的时候，大历年间，中期著名儒士张参是司业，最早详细更定《五经》，书写在论堂的东西墙壁。"《唐书·儒学传序》认为张参是文宗时人，这是之前的典籍搞错了。张参所更定的五经是书写在墙壁，而不是刻写在石碑上。《旧史纪》说："开成二年十月癸卯，宰臣判祭酒郑覃奉上《石壁九经》一百六十卷。"《会要》记载这一年八月，更定石经字体官唐玄度所上的《状》说："现在所详细核查的，大多以司业张参的五经字为准"。《艺文志》记载张参有《五经文字》三卷，玄度有《九经字样》一卷。文宗时更正讹误文字的错误，以为是玄度，而不是张参。

　　《皇览·冢墓记》说："汉明帝的时候，公卿大夫诸多儒

人，论《五经》误失。符节令宋元上言："秦昭王与吕不韦好
书，皆以书葬。王至尊，不韦久贵，冢皆以黄肠题凑，处地高
燥，未坏。臣愿发昭王、不韦冢，视未烧《诗》、《书》。"愚谓
"儒以《诗》《礼》发冢"，《庄子》讥假经以文奸者尔，乃欲
发冢以求《诗》、《书》，汉儒之陋至此！

欧阳文忠公《笔说》云："安昌侯张禹曰：'书必博见，
然后识其真伪。'"当考所出。

艾轩云："日用是根株，文字是注脚。"此即象山"《六
经》注我"之意。盖欲学者于践履实地用工，不但寻行数墨
也。

虞溥《厉学》曰："圣人之道，淡而寡味，故学者不好
也。及至期月，所观弥博，所习弥多，日闻所不闻，日见所不
知，然后心开意朗，敬业乐群，忽然不觉大化之陶己，至道
之入神也。学者不患才不及，而患志不立。"任子曰："学所
以治己，教所以治人。不勤学无以为智，不勤教无以为仁。"
愚谓此皆天下名言，学者宜书以自儆。

《文中子》言："圣人述史三焉，《书》、《诗》、《春
秋》，三者同出于一。陆鲁望谓："六籍之中，有经有史。
《礼》、《诗》、《易》为经，《书》、《春秋》实史耳。"舜、皋

生八十多个人，讨论《五经》的讹误缺失。符节令宋元上书说：'秦昭王与吕不韦喜好图书，都用图书陪葬。秦昭王是至尊，吕不韦长久处于尊贵的地位，他们的坟墓都是以柏木黄心致累棺材外边，木头都向内，坟墓地势较高且又干燥，所以里边的藏书应该没有损坏。臣愿意挖掘秦昭王、吕不韦的坟墓，来观看未被秦朝焚书所焚毁的《诗》《书》。"我认为"儒生朗诵《诗》经、遵守《礼》经来盗墓"，是庄子在讥讽假借经文来修饰奸行的人。现在竟然想依靠盗墓来求《诗》、《书》，汉儒真是卑陋啊。

欧阳修《笔说》说："安昌侯张禹说：'书法一定要博见诸家，然后才能识别真假。'"应该考察一下张禹这句话的出处。

艾轩说："日用生活是根本，文字只是注脚。"这就是陆九渊所说"《六经》注我"的意思。他大概是希望学者在践履实地上用工夫，不仅仅读几本书而已。

虞溥《厉学》说："圣人的道，平淡而没有滋味，所以学者不怎么喜好。等到一个月之后，观察的越多，练习的越多，每天听到自己原先没有听到的，每天见到自己原先没有见到的，然后豁然贯通，敬业乐群，忽然间好像没有感觉到大化对于自己的陶冶，至深的道理已经深入自己的心神。学者不应该担心才能不够，而应该担心没有确立远大的志向。"任子说："学习是用来克治自己，教学是用来治理他人。不勤奋学习无法获得智慧，不勤奋教育不能称得上仁义。"我认为这是天下的至理名言，学者应该书写下来时时刻刻警醒自己。

《文中子》说圣人叙述的史籍有三种，《书》、《诗》、《春秋》这三种，其实都是同一个来源。陆鲁望说："六经里边，有经有史，《礼》、《诗》、《易》是经，《书》、《春秋》其实是史。"

陶之《赓歌》、《五子之歌》皆载于《书》,则《诗》与《书》
一也。《文中子》之言当矣。

王微之云:"观书每得一义,如得一真珠船。"见陆农师
诗注。

古未有板本,好学者患无书。桓谭《新论》谓:"梁子
初、杨子林所写万卷,至于白首。"南齐沈驎士年过八十,手
写细书,满数十箧。梁袁峻自写书课,日五十纸。抱朴子所
写,反复有字。《金楼子》谓:"细书经、史、《庄》、《老》、
《离骚》等,六百三十四卷,在巾箱中。"后魏裴汉,借异书,
躬自录本。其勤与编蒲缉柳一也。《国史·艺文志》:"唐末
益州始有墨板,多术数、字学小书。"后唐诏儒臣田敏校《九
经》,镂本于国子监。国初,广诸义疏音释,令孔维、邢昺雠
定颁布。

《春秋》正义云:"傅咸为《七经诗》,王羲之写。"今
按《艺文类聚》、《初学记》载傅咸《周易》、《毛诗》、《周
官》、《左传》、《孝经》、《论语》诗,皆四言,而阙其一。

郑康成注二《礼》,引《易说》、《书说》、《乐说》、《春
秋说》、《礼家说》、《孝经说》,皆纬候也。《河》、《洛》、
七纬合为八十一篇。《河图》九篇,《洛书》六篇,又别有
三十篇。《七经纬》三十六篇。《易纬》:《稽览图》、《乾凿
度》、《坤灵图》、《通卦验》、《是类谋》、《辨终备》;《书
纬》:《璇玑钤》、《考灵曜》、《刑德放》、《帝命验》、《运
期授》;《诗纬》:《推度灾》、《泛历枢》、《含神务》《礼

舜、皋陶的《赓歌》、《五子之歌》，都记载在《书》里，那么《诗》与《书》其实一回事。《文中子》的话很恰当。

王微之说："读书每得到一点意思，就好像得到了一艘珍珠船一样珍贵。"这句话同样出现在陆农师的诗注中。

古代没有雕版印刷，爱好读书的人总是因为没有书读苦恼。桓谭《新论》说："梁子初、杨子林写书万卷，一直到头发都白了。"南齐沈驎士年过八十，手写的小字书，有数十箱。梁袁峻自己写书，每天写五十张纸。抱朴子所写的书，纸张反复书写。《金楼子》说"：用小字抄写经、史、《庄》、《老》、《离骚》等，一共六百三十四卷，在书箱中。"后魏裴汉，借别人的书，亲自抄写誊录。他的勤奋和编蒲缉柳一样。《国史艺文志》说："唐朝末年，益州才开始有墨板，大多是术数、字学小书。后唐下诏令儒臣田敏校定《九经》，在国子监刊刻。南宋建立初期范围扩大到义疏音释，让孔维、邢昺校订颁布"。

《春秋正义》说："傅咸做《七经诗》，王羲之书写。"现在核对《艺文类聚》、《初学记》所记载傅咸《周易》、《毛诗》、《周官》、《左传》、《孝经》、《论语》诗，都是四言诗，只有六首，在流传的过程中缺了其中一首。

郑玄注释《周礼》《礼记》，引用《易说》、《书说》、《乐说》、《春秋说》、《礼家说》、《孝经说》，都是谶纬占候一类的书。《河》、《洛》、七纬一共有八十一篇：《河图》九篇，《洛书》六篇，别的又有三十篇；《七经纬》三十六篇。《易纬》：《稽览图》、《乾凿度》、《坤灵图》、《通卦验》、《是类谋》、《辨终备》。《书纬》：《璇玑钤》、《考灵曜》、《刑德放》、《帝命验》、《运期授》。《诗》纬：《推度灾》、《泛历枢》、《含神务》。《礼

纬》:《含文嘉》、《稽命徵》、《斗威仪》;《乐纬》:《动声
仪》、《稽耀嘉》、《汁图征》《孝经纬》:《援神契》、《钩命
决》;《春秋纬》:《演孔图》、《元命包》、《文耀钩》、《运
斗枢》、《感精符》、《合诚图》、《考异邮》、《保乾图》、
《汉含孳》、《佑助期》、《握诚图》、《潜潭巴》、《说题
辞》。又有《尚书中候》、《论语谶》在七纬之外。按李寻有
"五经六纬"之言,盖起于哀、平,至光武笃信之,诸儒习为
内学。隋焚其书,今唯《易纬》存焉。《正义》多引谶纬。欧
阳公欲取《九经》之疏,删去谶纬之文,使学者不为怪异之
言惑乱,然后经义纯一。其言不果行。

　　朱文公谓:"五经疏,《周礼》最好,《诗》、《礼记》次
之,《书》、《易》为下。"愚考之《隋志》,王弼《易》,孔安国
《书》,至齐、梁始列国学,故诸儒之说不若《诗》、《礼》之
详实。
　　司马文正公曰:"新进后生,口传耳剽,读《易》未识卦
爻,已谓《十翼》非孔子之言;读《礼》未知篇数,已谓《周
官》为战国之书;读《诗》未尽《周南》、《召南》,已谓毛、
郑为章句之学;读《春秋》未知十二公,已谓三《传》可束之
高阁。"朱文公曰:"近日学者,病在好高。《论语》未问'学
而时习',便说'一贯';《孟子》未言'梁惠王问利',便说
'尽心';《易》未看六十四卦,便读《系辞》。此皆躐等之
病。"

纬》:《含文嘉》、《稽命徵》、《斗威仪》。《乐纬》:《动声仪》、《稽耀嘉》、《汁图徵》。《孝经纬》:《援神契》、《钩命决》。《春秋纬》:《演孔图》、《元命包》、《文耀钩》、《运斗枢》、《感精符》、《合诚图》、《考异邮》、《保乾图》、《汉含孳》、《佑助期》、《握诚图》、《潜潭巴》、《说题辞》。又有《尚书中候》、《论语谶》在七纬之外。我注意到李寻有"五经六纬"的说法,大概开始于汉哀帝、汉平帝年间,到汉光武帝的时候笃信不疑,诸多儒生都学习谶纬,将之当作内学。隋朝焚毁谶纬图书,现在只有《易纬》还存在。《周易正义》引用了很多谶纬,欧阳修打算取《九经》的疏文,删去其中引用的谶纬文字,这是为了让学者不被怪异的言论迷惑,然后使经义纯正。但是可惜欧阳修的想法最终没有实现。

朱熹说:五经疏里边《周礼》疏最好,《诗》疏、《礼记》疏次之,《书》疏、《易》疏最次。我考察《隋书·经籍志》,王弼的《易》注、孔安国《书》注到齐、梁的守候才开始被列为官学,所以其他儒家学者的说法没有《诗》疏、《礼》疏之详细扎实。

司马光曰:"现在刚刚读书的年轻人,只用耳朵来剽窃别人的言谈,读《易》经还不认识卦爻,已先说《十翼》不是孔子所作;读《礼》书还不知道一共有几篇,已先说《周官》是战国时期的书;读《诗》还没有读完《周南》、《召南》,已开始先说毛传、郑笺是章句之学;读《春秋》十二公还没有读完,已先说春秋三《传》可以束之高阁。"朱熹说:"现在的学者,他们的毛病在好高骛远,《论语》还没有做到学而时习,便要寻求一贯之道;《孟子》没说梁惠王问怎么对国家有利,便说要尽心;《易》还没有读六十四卦,便先读《系辞》。这都是躐等的毛病。"

《宋·符瑞志》云:"孔子斋戒向北辰而拜,告备于天曰:'《孝经》四卷,《春秋》、《河》、《洛》凡八十一卷,谨已备矣。'"见《援神契》。是以圣人为巫史也。纬书谬妄,而沈约取之,无识甚矣。

《家语》:"齐太史子余叹美孔子云:'天其素王之乎!'"素,空也,言无位而空王之也。董仲舒《对策》云:"见素王之文。"贾逵《春秋序》云:"立素王之法。"郑玄《六艺论》云:"自号素王。"卢钦《公羊序》云:"制素王之道。"皆因《家语》之言而失其义,所谓郢书燕说也。《庄子》云:"玄圣素王之道。"祥符中谥孔子为"玄圣"。后避圣祖名,改"至圣"。

自汉儒至于庆历间,谈经者守训故而不凿。《七经小传》出而稍尚新奇矣,至三经义行,视汉儒之学若土梗。古之讲经者,执卷而口说,未尝有讲义也。元丰间,陆农师在经筵始进讲义。自时厥后,上而经筵,下而学校,皆为支离曼衍之词。说者徒以资口耳,听者不复相问难,道愈散而习愈薄矣!陆务观曰:"唐及国初,学者不敢议孔安国、郑康成,况圣人乎!自庆历后,诸儒发明经旨,非前人所及,然排《系辞》,毁《周礼》,疑《孟子》,讥《书》之《胤征》、《顾命》,黜《诗》之《序》。不难于议经,况传注乎!"斯言可以箴谈经者之膏肓。

《宋书·符瑞志》说:"孔子斋戒的时候,拜北极星,告诉上天说:《孝经》四卷,《春秋》、《河》、《洛》一共八十一卷,已经都整理齐备了。"这句话见于《援神契》。这是认为圣人是巫史。纬书说法实在谬妄,但是沈约却引用纬书的说法,太没有见识了。

《孔子家语》说:"齐太史子余赞美孔子说:'上天是让他做素王的吧!'素是空的意思,是说孔子是没有王位的王。董仲舒《对策》说:"这句话可以在素王的文章中见到。"贾逵《春秋序》说:"设立了素王的法则。"郑玄《六艺论》说:"自称素王。"卢钦《公羊序》说:"制定了素王的大道。"这些都是因循《孔子家语》的话而失去了《孔子家语》的本义,也就是郢书燕说,穿凿附会。《庄子》说:"玄圣素王之道。"祥符年间,谥孔子为玄圣。后来避讳圣祖的名字,改为至圣。

从汉儒到庆历年间,谈论经书的人遵守训故而不穿凿附会。《七经小传》出现之后,学者开始追求新奇。到《三经义》大行天下之后,将汉儒的学问视若土梗。古代讲经的人,手持经书,口说经义,没有制作讲义的。元丰年间,陆农师在经筵,开始制作讲义。从这个时候开始,上到经筵,下到学校,都开始制作支离曼衍的讲义。说经的人只是让自己有话可说,听经的人也不再询问疑难,大道愈来愈散乱,习俗愈来愈浇薄。陆务观说:"唐朝到本朝初立的时候,学者不敢议论孔安国、郑康成,何况议论圣人呢?从庆历之后,诸多儒士发明经书旨意,是前人比不上的,但是排斥《系辞》,非毁《周礼》,怀疑《孟子》,讥讽《书》经的《胤征》、《顾命》,罢黜《诗》的《序》,议论经书尚且不难,何况传注呢?"这句话直指谈经人的要害,可以让他们

西山先生《大学衍义后序》谓"有进奸言于经幄者"。尝以问西山之子仁甫，答云："讲《易·乾》之《文言》"知进退存亡"，为奸言以罔上。"

秦有《誓》而《书》亡；鲁有《颂》而《诗》亡；鲁郊禘，秦僭畤，而《礼》亡；大夫肆夏，三家《雍》彻，而《乐》亡。

《法言》曰："古之学者耕且养，三年通一经。"《艺文志》曰："古之学者耕且养，三年而通一艺。"盖刘歆《七略》。

有所改变。

西山先生《大学衍义后序》说:"有人在经幄讲经的时候讲的是奸言"。我曾经问西山的儿子仁甫这句话什么意思,他告诉我说:"有人在经幄讲《易·乾》的《文言》'知进退存亡'这一句,意图欺骗皇帝,让该退休的人继续留下来。"

秦有《秦誓》而《尚书》亡佚;鲁有《鲁颂》而《诗经》亡佚;鲁国在郊外举行禘礼,秦国僭越,在西畤侍奉上帝,从而《礼》消亡;大夫奏肆夏的音乐,孟孙、叔孙、季孙奏着天子的音乐《雍》诗撤除祭品,从而《乐》经消亡。

《法言》说:"古代的学者,用耕地来养活自己,三年通晓一种经书。"《艺文志》说:"古代的学者,用耕地来养活自己,三年通晓六艺的一种。"大概刘歆的《七略》是引用《法言》的话。

卷九

天道

　　《三五历纪》："天去地九万里。"《淮南子》以为五亿万里。《春秋元命包》："阳极于九,周天八十一万里。"《洛书甄曜度》："一度千九百三十二里,天地相去十七万八千五百里。"《孝经援神契》："周天七衡六间,相去万九千里八百三十三里三分里之一,合十一万九千里。从内衡以至中衡,中衡以至外衡,各五万九千五里。"《关令内传》："天地南午北子,相去九千万里;东卯西酉,亦九千万里。四隅空相去九千万里。天去地四十千万里。天有五亿五万五千五百五十里,地亦如之,各以四海为脉。"《论衡》："天行三百六十五度,积凡七十三万里。天去地六万余里。"《灵宪》："自地至天一亿万六千二百五十里。垂天之晷,薄地之仪,皆千里而差一寸。"《周髀》："天离地八万里。冬至之日,虽在外衡,常出极下地上二万里。"《周礼疏》："案《考灵曜》'从上临下八万里,天以圆覆,地以方载。'《河图括地象》:'西北为天门,东南为地户。天门无上,地户无下。极广长,南北二亿三万一千五百里,东西二亿三万三千里。'《广雅》:'天圜,南北二亿三万三千五百里七十五步,东西短,减四步,周六亿十万七百里二十五步。从地至天,亿一万六千七百八十七里半。下度地之厚,与天高

　　《三五历纪》中提到："天距离地九万里。"《淮南子》认为是五亿万里。《春秋元命包》："阳数之极是九，所以一周天应该是八十一万里。"《洛书甄曜度》："一度是一千九百三十二里，天地之间的距离为十七万八千五百里。"《孝经援神契》："周天有七衡六间，彼此距离是一万九千里八百三十三里三分里之一，合起来便是十一万九千里。从内衡到中衡，中衡到外衡，各自距离五万九千五里。"《关令内传》："天地南午北子之星，距离九千万里；东卯西酉之星，也是九千万里。四方之星各相距离九千万里。天距离地四十千万里。天有五亿五万五千五百五十里，地也是这样，天地以四海为脉。"《论衡》："天行三百六十五度，换成长度便是七十三万里。天距离地六万余里。"《灵宪》："从地到天距离一亿万六千二百五十里。因为日晷和地动仪，都是一寸比一千里的比例。"《周髀》："天离地八万里。冬至日，太阳虽运行在外衡，但是常出极下地上二万里。"《周礼疏》："我注意到《考灵曜》记载说'从天上到地下八万里，天是圆的，覆盖在上，地是方的，承载在下。'《河图括地象》：'西北是天门，东南是地户。天门让没有更高的存在，地户则没有下方。四极非常宽广且长，南北二亿三万一千五百里，东西二亿三万三千里。'《广雅》：'天圆，

等。'《天度》云：'东方七宿七十五度，南方七宿百一十二度，西方七宿八十度，北方七宿九十八度四分度之一，四方三百六十五度四分度之一，度二千九百三十二里。二十八宿间相距，积百七万九百一十三里，径三十五万六千九百七十里。'"《月令》正义："《考灵曜》云：'一度二千九百三十二里千四百六十一分里之三百四十八。周天百七万一千里，是天圆周之里数也。以围三径一言之，直径三十五万七千里，此二十八宿周回直径之数也。然二十八宿之外，上下东西各有万五千里，是为四游之极，谓之四表。据四表之内，并星宿内，总三十八万七千里。天之中央上下正半之处，一十九万三千五百里，地在于中，是地去天之数也。'"安定胡先生云："南枢入地下三十六度，北枢出地上三十六度，状如倚杵，此天形也。一昼一夜之间，凡行九十余万里。人一呼一吸谓之一息，一息之间，天行八十余里。人之一昼一夜，有一万三千六百余息，是故一昼一夜而天行九十余万里。"致堂胡氏谓："天虽对地而名，未易以智识窥。非地有方所可议之比也。"

　　《河图括地象》云："天左动，起于牵牛；地右动，起于毕。"《尸子》云："天左舒而起牵牛，地右辟而起毕、昴。"

南北长二亿三万三千五百里七十五步，东西宽的距离稍短，少四步，一周是六亿十万七百里二十五步。从地至天，一共一亿一万六千七百八十七里半。往下测量地的厚度，与天的高度相同。'《天度》说：'东方七宿七十五度，南方七宿一百一十二度，西方七宿八十度，北方七宿九十八度四分度之一，四方三百六十五度四分度之一，一度二千九百三十二里。二十八宿间相距，一共一百七万九百一十三里，直径三十五万六千九百七十里。'"《月令》正义："《考灵曜》说：'一度是二千九百三十二里一千四百六十一分里之三百四十八。一周天一百七万一千里，这是天圆周的里数。依照围三径一的理论来说，天圆的直径是三十五万七千里，这是二十八星宿围成的圆圈的直径距离。然而二十八星宿之外，上下和东西之间各有万五千里的距离，这便是四游的极点，被称之为四表。四表之内，也是在星宿内，总长一共三十八万七千里。天的中央上下正半的地方，相互距离一十九万三千五百里，地四周到正中间，这是天地相距的距离。'"安定先生胡瑗说："南枢入地下三十六度，北枢出地上三十六度，它的形状如同倚杵一般，这是天的形态。在一昼一夜的时间中，天运行了九十余万里。人一呼一吸的节律称作一息，在一息的时间里，天运行了八十余里。人在一昼一夜之间，有一万三千六百次呼吸，是故一昼一夜的时间中，天运行了九十余万里。"致堂先生胡寅说："天虽然是相对于地而命名，但是人的智识并不能窥见天的微妙之处。天上的景象不是地上的所处的事物可以比较的。"

　　《河图括地象》记载："天向左移动，起于牵牛星中；地向右移动，起于毕星中。"《尸子》云："天向左移动而起于牵牛星，地向

（原注：《尔雅注》："牵牛斗者，日月五星之所终始，故谓之星纪。"）

　　杨倞注《荀子》云："天无实形，地之上空虚者，尽皆天也。"其说本于张湛《列子注》，谓："自地而上则皆天矣，故俯仰喘息，未始离天也。"

　　《黄帝书》曰："天在地外，水在天外，水浮天而载地。"又曰："地在太虚之中，大气举之。"道书谓："风泽洞虚，金刚乘天。"佛书谓："地轮依水轮，水轮依风轮，风轮依虚空，虚空无所依。""风泽洞虚"者，风为风轮，所谓大气举之也；泽为水轮，所谓浮天载地也。"金刚乘天"者，道家谓之"刚风"，岐伯谓之"大气"。葛稚川云"自地而上，四千里之外，其气刚劲"者是也。张湛解《列子·汤问》曰："太虚无穷，天地有限。"朱文公曰："天之形虽包于地之外，而其气常行乎地之中。"则"风轮依虚空"可见矣。

　　《三礼义宗》："天有四和。昆仑之四方，其气和暖，谓之和。天道左转，一日一夜，转过一度。日月左行于天，而转一日一夜，币于四和。"愚按《周髀》云："天地四极四和。"注谓："四和者，谓之极。子午卯酉，得东西南北之中。"《义宗》之说本此。

　　《白虎通》曰："日月径千里。"徐整《长历》曰："大

右移动而起于毕星、昴星。"（原注：《尔雅注》记载说："牵牛星与北斗星分别是日、月、金、木、水、火、土五行星运行的起点和终点，因此他们所在的区域被称为星纪。"）

杨倞注《荀子》云："天没有实体，地上空虚之处，全部都是天的范畴。"这种说法源自张湛的《列子注》，其中说："地上都是天的范围，所以一个人低头仰头呼吸之间，事实上都没有离开天。"

《黄帝书》记载说："天在地之外，水在天之外，水浮在天上而又被地所载。"又说："地在太虚之中，大气托举之。"道书说："风泽洞虚，金刚乘天。"佛书说："地轮依靠着水轮，水轮依靠着风轮，风轮依靠着虚空，而虚空则无所依靠。"所谓"风泽洞虚"，风是风轮，便是所谓大气托举地面的；泽是水轮，是所谓水浮在天上而又被地所载的。所谓的"金刚乘天"，道家称呼它为"刚风"，岐伯称呼它为"大气"。葛稚川说"自地上往上看，四千里之外，那个地方的气刚劲"，他指的便是这个风。张湛解说《列子·汤问》："太虚虽然无穷，但是天地之间却是有限的。"朱熹说："天虽然包裹在地之外，但是天的气却常常在大地内部运行。"那么依照这个说法，"风轮依虚空"的说法便可以窥见了。

《三礼义宗》中曾经提到："天之上有四和。传说昆仑的四个方位，其气和暖，所以被称之为和。天的运行是向左转的，并且在一日一夜之间，天转过一度。日和月在天中向左转动，而日月在一日一夜之间转动一周，并且在四和之间环绕转动。"我认为在《周髀》中记载说："天地有四极四和。"注中说："所谓四和，被称之为四极。子午卯酉的十二辰对应东西南北的方位之中。"而《三礼义宗》之中的说法本来是源自《周髀》的说法。

《白虎通》中说："日月的直径大约长有千里。"徐整《长

星径百里，中星五十，小星三十。"晋鲁胜《正天论》谓："以
冬至之后，立晷测影，准度日月星。案日、月裁径百里，无千
里。星十里，不百里。"未详其说。

《月令正义》引《前汉·律历志》二十八宿之度，不载四
分度之一。愚谓《天度》列为二十八宿，唯斗有余分。《续汉
志》斗二十六，（原注：四分退二。）《晋志》斗二十六，（原注：
分四百五十五。）皆有余分。唐一行谓《太初历》，"今赤道星
度，其遗法也。"《续汉志》黄道度与《前志》不同。贾逵论
云："五纪论日月循黄道，南至牵牛，北至东井。率日日行一
度，月行十三度十九分度七。今史官一以赤道为度，不与日月
行同。"而沈存中谓"二十八宿度数，皆以赤道为法，唯黄道
度有不全度者，盖黄道有斜有直，故度数与赤道不等"。蔡
伯静亦谓"历家欲求日月交会，故以赤道为起算之法。《月
令》正义引赤道度，其以是欤？"（原注：《淮南子·天文训》
"箕十一四分一"，与汉、晋《志》不同。）

历》中说："大星直径约百里，中等星直径约五十里，小星直径约三十里。"西晋的鲁胜《正天论》中说："因为冬至之后，立晷测试影子，以此来确定、推测日月星的方位和直径。我注意到根据日晷的算法，日、月的直径才到百里，还不到千里。小的星直径十里，不到百里。"不知道这种说法来自哪里。

《礼记·月令正义》引用《前汉书·律历志》天上二十八星宿的各种的度数的说法，但是没有记录四分度之一的说法。我个人以为，依照《天度》一书，天上的星空体系，以一周天的范畴来划分各自体系，整个星空被分作二十八星宿体，各列星宿体的度数，唯独北斗星有多余的度数。《续汉书·律历志》记载北斗星二十六度，（原注：以太阳运行速度较慢的两个时期为标准进行计算。）《晋书·律历志》也记载北斗星的度数为二十六，（原注：将赤道分为四百五十五个部分）都有余分。唐一行评论《太初历》中说道，"现在所通行的赤道内星系的度数，是《前汉书》《续汉书》等书籍遗留下来的内容。"《续汉书·律历志》记录的黄道度数与《前汉书·律历志》不一样。贾逵对此解释道："五纪中记载的日、月也是遵循黄道而动，向南运动至牵牛星，向北运动到东井星。假如将太阳一天所运行的轨迹算作一度，那么月亮一天运行十三度十九分度七。现在的史官记录方式有所改变，依据赤道来进行计算，而不与太阳月亮的轨迹相同。"而沈存中说"天空中二十八星宿体系各自的度数，应该以赤道作为基础和标准进行测定计算，唯独黄道的度数有不能完全测量的，大概是因为黄道的轨迹有直的有斜的，与赤道不同，所以它的计算方式和赤道不相同"。蔡伯静也说"天文学家想要计算观测太阳和月亮的交汇时间，所以依照赤道作为计算的基础。《礼

日右转，星左转，约八十年差一度。汉文帝三年甲子，冬至，日在斗二十二度。唐兴元元年甲子，冬至，日在斗九度。九百六十一年差十三度。见李肇《国史补》。裴胄问董生云："贞观三年己丑，冬至，日在斗十二度，每六十年余差一度。此李淳风之说也。汉太初元年丁丑，冬至，日在斗二十度，至庆历甲申，《崇天历》冬至，日在斗五度八十四分，每八十五年退一度。（原注：每年不及者一分差。）见《武经总要》。岁差之说不同。"贾逵云："古历冬至日在建星，即今斗星。《太初历》冬至日在牵牛初。"何承天云："尧冬至日在须女十度。《太初历》冬至在牵牛初四分，《景初历》在斗二十一。"祖冲之云："汉初用秦历，冬至日在牛六度，《太初历》日在牛初，《四分法》日在斗二十二。晋姜岌以月蚀，知冬至在斗十七。今参以中星，课以蚀望，冬至日在斗十一。通而计之，未盈百载，所差二度。"沈存中云："《颛帝历》冬至日宿斗初，今宿斗六度。《尧典》日短星昴，今日短星东壁。"

记·月令》正义的疏文之所以引用赤道的度数,我想其中的理由大概是在这里吧?"(原注:《淮南子·天文训》中记载说:"二十八宿与赤道形成的度数中,箕宿是十一又四分之一度",这一记载与《汉书》、《晋书》的律历志不同。)

天体的运行法则,是太阳向右边旋转,星体向左边旋转,彼此之间大概运转八十年会相差一度。汉文帝三年的甲子之日,那一天是冬至日,太阳大致处于北斗星二十二度的位置上。唐德宗兴元元年甲子之日也是冬至日,太阳大致处于北斗星九度的位置上。根据记录,汉文帝三年到唐德宗兴元元年经历了九百六十一年,太阳所处的位置差了大约十三度。这件事可以从李肇的《国史补》中见到。裴胄向董生问道:"唐太宗贞观三年己丑日的冬至日,太阳大致处于北斗星十二度的位置上,依据这个记录,太阳所处的位置大概每六十多年差一度。这是李淳风的说法。汉代太初元年丁丑日的冬至日,太阳大致处于北斗星二十度的地方上,到宋仁宗庆历年的甲申日,这天是《崇天历》所记录的冬至日,太阳大致处于北斗星五度八十四分的位置上,大概每八十五年退一度。(原注:每年太阳与北斗星角度的差距若不一致,均按一分计算。)这件事记载在《武经总要》中。太阳和星系究竟运动多少年相差一度,不同文献之间的说法不同。"贾逵说:"根据古代的历法,冬至日那天,太阳应该处在建星星系的位置上,建星便是现在的北斗星。《太初历》中记载,冬至日那天,太阳在牵牛星系中。"何承天说:"在尧那个时候,冬至日那天,太阳大致处于须女星系十度的位置上。《太初历》冬至日,太阳处在牵牛星四分的位置上,而《景初历》则认为当时太阳应该处于北斗星二十一度的位置上。"祖冲之说:"汉代早期使用的是

　　信都芳曰："浑天覆观，以《灵宪》为文；盖天仰观，以《周髀》为法。"刘智谓："黄帝为盖天，颛顼造浑仪。"《春秋文曜钩》谓："帝尧时，羲和立浑仪。"而本朝韩显苻《浑仪法要序》以为伏羲立浑仪。未详所出。

　　《后汉·天文志》："黄帝始受《河图》，斗苞授规日月星辰之象，故星官之书，自黄帝始。"斗苞，似是人名氏，当考。

　　刻之长短，由日出之早晚；景之长短，由日行之南北。（原注：此语盖出于方氏《礼记解》。）

　　《观象赋》，后魏张渊撰。（原注：见《后魏书》。）《初学记》云宋张镜，非也。

秦代的历法，所以冬至日那天，太阳运行在牵牛星六度的位置上，《太初历》则认为应该在牵牛初，《四分法》则认为太阳在北斗星二十二度的位置。晋代姜岌按照月食的时间，判断冬至日太阳北斗星十七度的位置上。现在以中星作为参考，并以日食月食和朔日望日来校正，冬至日那天，太阳运行在北斗星十一度的地方。结合起来思考，彼此之间不过相差百年，就差了二度。"沈存中说："《颛帝历》记载冬至日那天，太阳运行在北斗星之初，现在则在北斗星大约六度的地方。《尧典》说太阳短于星昴，现在短于东壁。"

信都芳说道："浑天覆观的说法，可以从《灵宪》一文中找到根据；至于盖天仰观的说法，则以《周髀算经》为基本法则。"刘智说："盖天说是由黄帝提出的，而浑天仪则是由颛顼发明建造的。"《春秋文曜钩》之中提到："传说中帝尧的时代，羲和建立了浑天仪。"而当今的天文学家韩显符写作的《浑仪法要序》中认为是伏羲建造设计的浑天仪。不知道他的说法是从哪里来的。

《后汉书·天文志》中记载："《河图》一书最早是黄帝发现流出的，而斗苞将日月星辰的运行法则授予了黄帝，所以记载天文历法星象的书籍，是从黄帝的时代开始的。"斗苞，似乎是个人名，今后应当加以考证。

时间刻度的长短之度，是由太阳出现和消失在天边的时间来决定的；影子的长短，则是由太阳在南北方向的运行角度来决定的。（原注：这种说法出自本朝方悫的《礼记解义》一书。）

《观象赋》这一本书是由后魏的张渊写作的。（原注：这一说法参见《后魏书》。）《初学记》一书以为是宋代的张镜所作，其实这个说法并不对。

《大象赋》，《唐志》谓黄冠子李播撰。李台《集解》："播，淳风之父也。"今本题杨炯撰，毕怀亮注。《馆阁书目》题张衡撰，李淳风注。薛士龙书其后曰："专本巫咸星赞，旁览不及《隋书》。时君能致之兰台，坐卧浑仪之下，其所论著，何止此耶？"愚观赋之末曰："有少微之养寂，无进贤之见誉。耻附耳以求达，方卷舌以幽居。"则为李播撰无疑矣。播仕隋高祖时，弃官为道士，时未有《隋志》，非'旁览不及'也。张衡著《灵宪》，杨炯作《浑天赋》，后人因以此赋附之，非也。

《步天歌》，《唐志》谓："王希明丹元子"。今本"司天右拾遗内供奉王希明撰，乔令来注"。《二十八舍歌》、《三垣颂》、《五行吟》总为一卷。郑渔仲曰："隋有丹元子，隐者之流也，不知名氏，作《步天歌》，句中有图，言下见象。王希明纂《汉》、《晋志》释之。"然则王希明、丹元子盖二人也。

沈约《宋志》："五星聚者有三：周将伐殷，聚房；齐桓

　　《天文大象赋》，《唐书·艺文志》中提到由自号为黄冠子的李播写作。李台在《天文大象赋集解》中提到："李播，是李淳风的父亲。"现在的版本则记载由杨炯撰写，由毕怀亮作注。《四库馆阁书目》则提出作者是张衡，李淳风不过为其作注。薛士龙在书中最后提到："这本书源自于巫咸星赞之说，但是旁征博引却不如《隋书》。想当初李播甚至官至秘书省，整日坐在浑天仪下研究星象，他所论著的内容及其深度，怎么可能只有这种程度呢？"我看这篇赋的末尾写道："有像少微星那样安静闲适的举止和声名，却没有贤士进誉那样的美名。我耻于像个小人那样附于王者的耳畔叙说建议，以此来求官进禄，所以停止与上位者交流，从此幽居深宫。"从这样的叙述来看，我认为作者无疑是李播。李播在隋高祖时期出仕为官，并且后来放弃官场，出家成为道士，当时还没有《隋书》，自然也就没有薛士龙所说的'旁征博引却不如《隋书》'的批评。张衡是《灵宪》一书的作者，杨炯写作《浑天赋》，后人因此附会，将《天文大象赋》也附会成他们写的，实际上这是错误的。

　　《步天歌》一诗，《唐书·艺文志》认为作者是王希明丹元子。现在的版本则认为是"司天右拾遗内供奉王希明所写，乔令来所注"。并且与《二十八舍歌》、《三垣颂》、《五行吟》合并在一起，共同合成一卷。郑渔仲说："隋朝一个名叫丹元子的人，大概是个隐士，不知道此人的具体姓名，传说他写作了《步天歌》，并且在诗句之下附有图象。王希明撰写《汉书·天文志》、《晋书·天文志》对此有过解释。"然而我个人以为，王希明和丹元子大概原本是两个人，被误认成一个。

　　沈约《宋书·天文志》中提到："水星、金星、火星、木星与

将霸，聚箕；汉高入秦，聚东井。周、汉以王，齐以霸。"襄陵许氏谓："恒星不见，星陨如雨，齐桓之祥也。沙鹿崩，晋文之祥也。桓将兴而天文隳，文欲作而地理决，王道之革也。"

后汉永建初，李郃上书曰："赵有尹史，见月生齿龁毕大星，占有兵变。赵君曰：'天下共一毕，知为何国也？'下史于狱。其后公子牙谋杀君，如史所言。"（原注：《天文志》注：《李氏家书》。）按太史公《天官书》：昔之传天数者，赵尹皋。"又谓："皋、唐、甘、石，因时务论其书传。"尹史，即尹皋也，其占验仅见于此。《赵世家》不载。

星家有甘、石、巫咸三家。太史公谓"殷商，巫咸"，考之《书》"伊陟赞于巫咸，作《咸乂》四篇"，又曰："在太戊，巫咸乂王家。"孔安国云："巫，氏也。"马融谓"殷之巫也"，郑康成谓"巫官"，孔颖达云："咸、贤父子并为大臣，必不世作巫官，言'巫，氏'是也。"《后汉·天文志》乃云"汤则巫咸"，当以《书》为正。（原注：《史记正义》："巫咸，吴人，今苏州常熟县西海隅山上有巫咸、巫贤冢，并识之以广异闻。"郭璞

土星等五星相聚的记录有三次：周人将要讨伐殷的时候，五星聚在房星的位置；齐桓公将称霸的时候，五星聚在箕的位置；汉高祖将要进入秦都咸阳的时候，五星聚在东井的位置。过去的五星相聚，预示着周、汉想要称王天下，齐将要称霸。"襄陵一个姓许的人说："天上不见恒星，星星坠落的样子好像下雨一样，这是预示着齐桓公称霸的祥瑞。沙鹿的崩塌，是晋文公称霸的祥瑞。齐桓公将要称霸然而天上像星星坠落，周文王要兴起而地上崩坏，这是王道将兴而出现的异象王。"

后汉时期的永建初年，李郃向皇帝上书时提到："赵国有个史官姓尹，见到月亮上出现像齿痕一样的痕迹，并且吞噬毕星，因此占卜到会有兵变。赵国的国君说：'天下只有一颗毕星，知道是什么国家吗？'并且将姓尹的史官投入监狱。其后公子牙谋杀赵君，果然和姓尹的史官说的一样。"（原注：《天文志》注：此事见于《李氏家书》。）我注意到太史公司马迁《天官书》中的说法："古时候传播天文历法的人中，有一个赵国的尹皋。"又说："皋、唐、甘、石等人，根据时事评论尹皋的书传。"尹姓的史官便是尹皋。关于他占卜的灵验只有见到这一例。《赵世家》并没有记载这件事。

历史上著名的占星家有甘氏、石氏、巫咸三家。太史公司马迁说"巫咸是殷商时期的人物"，将这个说法考证于《尚书》，其中说"伊陟辅佐大戊时，亳都的朝廷上出现了桑和楮合生在一起的不祥征兆。伊陟告诉巫咸，作《咸乂》四篇"，又说："在太戊时期，巫咸辅佐王家。"孔安国注释说："巫，这是姓氏。"马融则说"巫不是姓氏，而是殷的巫师"，郑玄解释为"巫官"，孔颖达疏解："咸、贤父子都是殷朝的大臣，那么一定不可能一

《巫咸山赋序》："巫咸以鸿术为帝尧之医。"此又一巫咸也。)

《庄子》言："傅说乘东维，骑箕尾，而比于列星。"古赋有云："傅说奉中闱之祠。"注云："傅说一星，在尾北后河中，盖后宫女巫也。"说为商良相，岂为后宫女巫祈子而祷祠哉！此天官之难明者也。

《春秋繁露》云："天不刚则列星乱其行，君不坚则邪臣乱其官。故为天者务刚其气，为君者务坚其政。"丁鸿《日食封事》："天不可以不刚，不刚则三光不明；王不可以不强，不强则宰牧纵横。"其言出于此。

元祐末，日食不尽如钩。元符末，日食正阳之朔。此皆有阴慝见于祲象，志壹之动气也。

元祐七年三月望，月食既。王岩叟言："《汉·历志》：

直作为巫官，说'巫是姓氏'，这个说法是对的。"《后汉书·天文志》说"汤则巫咸"，认为巫咸是汤时期的人，关于巫咸所处的朝代，应该以《尚书》的说法为准确。（原注：《史记正义》记载："巫咸是吴国人，今天的苏州常熟县西海隅山上有巫咸、巫贤冢，并把这件事记录下来，让更多人知道。"郭璞《巫咸山赋序》中说："巫咸以其高深的医术作为帝尧的御用医生。"这是另一个巫咸。）

《庄子》一书中记载："傅说得到它，乘驾东维星，骑坐箕宿和尾宿，而永远排列在星神的行列里。"古代的诗赋中提到："傅说力捧的地方，在中闱之祠。"注中说："傅说这一颗恒星，在北斗星尾北的星河中，大概相当于后宫的女巫。"傅说是殷商时期著名的丞相，那可能是后宫女巫为了祈子而进行的祷祠呢！这是天文历法之中难以明白的地方。

董仲舒的《春秋繁露》中提到："如果上天不刚强，众多星宿就要随意运行，如果国君不坚定，奸邪的官吏就要扰乱他们的职责。所以作为上天一定要使自己的气刚强，做国君的一定要使自己的政令坚定。"丁鸿在《日食封事》中提到："上天不可以不刚强，如果上天不刚强，失去信用，那么日月星三光都会失去光亮；做国君不可以不刚强，如果不刚强，那么就会放任宰相等官僭越行事，纵横于国内。"丁鸿《日食封事》中的话语大概出自于董仲舒。

宋哲宗元祐末年，那一年发生的日食没有将太阳完全吞没，好像一根鱼钩挂在天边。宋哲宗元符末年，日食发生在正阳的初一。此都是天地的阴气被入侵的迹象，所以说如果意志专注于某一个方面，意气感情也会受到影响从那个方面表现出来。

宋哲宗元祐七年三月十五这天，月食达到了"食既"阶段，

'月食之既者，率二十三食而复既。'按元丰八年八月望，食之既，今未及二十三食而复既，则是不当既而既也。"愚谓月食之既，犹儆戒如此，况日食乎！

《素问》：《太始天元册文》有"九星"之言。王冰注云："上古世质人淳，九星垂明，中古道德稍衰，标星藏曜，故星之见者七焉。九星谓天蓬、天内、天冲、天辅、天禽、天心、天任、天柱、天英，此盖从标而为始，遁甲式法，今犹用焉。"《楚辞》刘向《九叹》云："讯九鬿（原注：音祈。）与六神。"注："九鬿，谓北斗九星也。"《补注》谓："北斗七星，辅一星，在第六星旁，又招摇一星，在北斗杓端。《北斗经疏》云：'不止于七，而全于九，加辅、弼二星故也。'"与《素问注》不同。《曲礼》"招摇在上"注："招摇星，在北斗杓端，主指者。"正义引《春秋运斗枢》云："北斗七星：第一天枢，第二旋，第三机，第四权，第五衡，第六开阳，第七摇光。摇光则招摇也。"《淮南·时则训》注："招摇，斗建也。"《楚辞补注》以招摇在七星之外，恐误。（原注：徐整《长历》曰："北斗七星间，相去九千里，皆在日、月下。其二阴星不见者，相去八千里。"）

即月球完全进入地球的本影中。王岩叟说："《汉书·历志》说：
'月食如果发生食既的现象，那么出现二十三次月食之后还
会再次出现完全月食的现象。'我注意到宋神宗元丰八年八月
十五这天，出现食既的现象，到现在，还没经历二十三月食而又
再次出现，那么便是在不应该出现的时候出现。"我觉得出现月
食现象，都如此儆戒谨慎，何况是日食出现食既的现象呢！

  医经著作《素问》中提到《太始天元册文》有关于"九星"
的言论。王冰在注中说："上古时期世道质朴而人性淳朴，九星
共同垂耀在天空中，中古时期道德开始衰弱，于是标星开始隐藏
它的光芒，所以原本天空中的九星只有七星可见。所谓的九星，
指的是天蓬、天内、天冲、天辅、天禽、天心、天任、天柱、天英
等九星，这大概是从标星开始算，现在民间的奇门遁甲等法，
还在沿用九星的算法。"汉人所集的《楚辞》中有一首刘向的
《九叹》，其中说道："使九魅（原注：魅读作祈。）与六神能够相
通。"注中解释："九魅，是所谓的北斗的九星。"《楚辞补注》
中说："北斗有七星，其中一颗为辅星，在第六星的旁边，又有招
摇一星，在北斗星的杓的顶端上。《北斗经疏》说：'北斗星实际
上不止于七颗，而是九颗星，这是加上辅、弼二星的缘故。'"
这种说法与《素问注》不一样。《礼记·曲礼》经文的"招摇在
上"注中提到："招摇星，在北斗星的杓的顶端上，是一颗负责
指点的星星。"《礼记》正义引《春秋运斗枢》的话说："北斗星
共有七星：第一为天枢星，第二为旋星，第三为机星，第四为权
星，第五为衡星，第六为开阳星，第七为摇光星。所谓的摇光星
便是招摇星。"《淮南子·时则训》注中解释："招摇星，便是斗建
星。"而《楚辞补注》认为招摇星在北斗星主体的七星之外，这种

王介甫云："云，阴中之阳；风，阳中之阴。"朱文公云："纬星，阴中之阳；经星，阳中之阴。"按《素问·天元纪大论》："天有阴阳，地亦有阴阳。故阳中有阴，阴中有阳。"

颜之推《归心篇》、孔毅父《星说》，亦仿屈子《天问》之意。然《天问》不若《庄子·天运》之简妙。巫咸诏之言，不对之对，过柳子《天对》矣。（原注：傅玄《拟天问》，见《太平御览》。）

古诗"黄姑织女时相见"之句，此所云黄姑，即河鼓也，吴音讹而然。

《黄帝风经》曰："调长祥和，天之善风也。折扬奔厉，天之怒风也。"（原注：见《御览》。）《周官·小祝》："宁风旱。"汉代田之法能风与旱。此昌黎所以讼风伯也。

《太平御览》以五色云列于咎征。宋景平元年，有云五色如锦，而徐羡之废帝。韩魏公五色云见之事，不见于国史，疑《家传》之增饰也。

《龙城录》"月落参横"之语，《容斋随笔》辨其误，然

看法恐怕是错误的。(徐整在《长历》中说："北斗七星之间相距九千里,都位于日、月之下。另外两颗看不见的'阴星'之间相距八千里。")

王介甫说："云,这是天地之气中所谓的阴中之阳气;风,这是天地之气中所谓的阳中之阴气。"朱子说："纬星,是天地之气中所谓的阴中之阳气;经星,是天地之气中所谓的阳中之阴气。"我注意到医经著作《素问·天元纪大论》的内容:"天上有阴阳二气,地之中也有阴阳二气。所以在阳气中含有阴气,而在阴气中含有阳气。"

颜之推的《归心篇》、孔毅父的《星说》,都是模仿屈原的《天问》的大意而创作的。然而我认为屈原的《天问》不如《庄子·天运》来得简短且精妙。巫咸祒的话语,可以说是用不回答的方式来回答,这比柳宗元的《天对》中一问一答的设置要高妙得多。(原注:这段话见于《太平御览》中傅玄所作《拟天问》。)

古诗中有"黄姑织女时相见"一句,这里所说的黄姑,便是河鼓的意思,之所以叫黄姑,是吴地的方言讹误导致的结果。

《黄帝风经》中提到的:"如果风的状态是温柔绵长,祥和平静的,那么这便是天的好风。如果风的状态是奔腾不息,严厉上扬的,那么这便是天的怒风。"(原注:此段话见《太平御览》。)《周官·小祝》中说"宁静的风是干旱的。"汉代作田之法能涉及风与旱。这是韩愈当初写作文章来控告风伯的原因。

《太平御览》将五种颜色的云当作灾难发生的征兆。南朝宋景平元年间,天空中出现好像绸缎一般的五色云,于是之后发生了徐羡之废帝这样的灾祸。但是韩魏公所记录的空中出现五色云的事情,不见于正统的国史,怀疑是后来《家传》私自增加的。

《龙城录》有"月亮落下,参星横斜"的话语,《容斋随

古乐府《善哉行》云："月没参横，北斗阑干。亲友在门，忘寝与餐。"《龙城录》语本此，而未尝考参星见之时也。

《天经》，绍兴三十年王及甫上。朱文公谓："类集古今言天者，极为该备。"

星始则见于辰，终则伏于戌。自辰至戌，正于午，中于未。《尧典》举四时之正，以午为中。《月令》举十二时之中，以未为中。（原注：以火星论之，以午为正，故《尧典》言"日永星火，以正仲夏"以未为中，故《月令》言"季夏昏火中"至申为流，故《诗》曰"七月流火"。以辰为见，以戌为伏，故《传》曰："火见于辰，火伏而蛰者毕。"诸星亦然。《诗·定之方中》亦以十月中于未也。朱子曰："尧时昏旦星中于午。《月令》差于未，汉、晋以来又差。今比尧时似差及四分之一。"）

《后魏·天象志》曰："班史以日晕五星之属列《天文志》，薄蚀彗孛之比入《五行说》。七曜一也，而分为二志。

笔》辨明过其中的错误，然而古乐府诗歌《善哉行》有一句："月亮已经落下，参星横斜，北斗星照应在栏杆上。亲朋好友在门内外，忘记了睡觉和吃饭。"《龙城录》中"月亮落下，参星横斜"本源自这里，然而不曾考察过参星在天空中闪烁的时间。

《天经》，据说是宋高宗绍兴三十年王及甫所作的。朱文公评价说："这本书集中了古代和现在言说天道的言论和著作，搜罗广泛而详细，极为该备。"

星星一开始出现在天空中是在辰时，并且在戌时消失于天边。从辰时到戌时，并且在午时正处于天空，在未时正处于天空。《尚书·尧典》中列举春夏秋冬四时的正时，并把午当作日中的区别。《礼记·月令》举十二时的中时，并把未当作中间数。（原注：如果以火星来作为参考，那么午时便是正时，所以《尚书·尧典》中说"东方苍龙七宿中的心宿在黄昏出现在正南方天空时，这一天白昼最长，便确定这天为日永，日永之日可以校正仲夏"，以未时日中，所以《礼记·月令》言"季夏者，日月会於鹑火，黄昏之时在火星之中"至申为流火，所以《诗经》说"农历七月天气转凉的时节，天刚擦黑的时候，可以看见大火星"。认为星星一开始出现在天空中是在辰，并且在戌消失于天边，所以《诗传》说："火星一开始出现在辰，当火星消失于天边，那么所蛰伏的也会跟着结束。"其他星星也会这样。《诗·定之方中》也以十月中出现在未。朱子说："古代圣人尧的时代，日出和黄昏，星星出现于午。《月令》则差于未，汉、晋以来又差了一节。今天比尧时似乎差四分之一。"）

《后魏·天象志》中说道："班固的史书以日晕五星之类内容列入《天文志》之中，并且收集了日食月食彗星等内容列入

故陆机云：'学者所疑。'"

凡星皆出辰没戌，故五星为五辰。十二舍亦为十二辰。

弧与建星非二十八宿，而昏明举之者，由弧星近井，建星近斗。（原注：《月令正义》。）二十八宿连四方为名者，唯箕、斗、井、壁四星。（原注：《诗正义》。）

《唐·天文志》："咸通中，荧惑、镇、太白，辰星聚于毕、昴，在赵、魏之分。诏镇州王景崇被衮冕，军府称臣以厌之。"衰世之政，其怪如此，是谓人妖，何以弭变？

《月令》凡二傩：一以季春，一以仲秋。郑康成谓"阴气右行，季春之中，日行历昴，阳气左行；仲秋之月，宿直昴、毕，昴有大陵积尸之气，气佚则厉鬼随而出行。于是索室驱疫以逐之。《王居明堂礼》曰：'季春出疫于郊，以攘春气。仲秋九门磔攘，以发陈气，御止疾疫。'"然则民之疾，系乎日星之行度。古者圣君范围于上，贤相燮理于下，是为天地之良医。皇建有极，五福锡民，莫不寿考且宁。傩所以存爱民之意而已。

《五行说》之中。日、月及金、木、水、火、土等七曜星其实是一个整体，但班固却将之分为二志。所以陆机说：'这个说法被学者怀疑。'"

但凡星辰，都是在辰时出现而在戌时伏没，所以五星也称为五辰。十二舍也称为十二辰。

弧星和建星不在二十八宿之内，并且从黄昏和清晨星星的状态来举例，在天空之中，弧星接近井星，建星接近斗星。（原注：见于《月令正义》。）天空中的二十八宿联系四方有名字的星星，唯有箕、斗、井、壁四星。（原注：见于《诗正义》。）

《唐书·天文志》中提到："唐懿宗咸通中期，荧惑星、镇星、太白星，辰星聚集在毕星、昴星的区域内，并且在赵国、魏国的土地之内。当时诏镇州王景崇身披着原本只有天子才能穿的衮冕之服，军府上下都向他称臣，以此来满足他。"这可以说得上是衰世之政，出现像这样的怪事，可以说是人为制造的怪异事件，怎么能够平息变乱呢？

《礼记·月令》中指出一年之中要实行两次傩祭：一次是季春之时，另一次是仲秋之时。郑玄说"天地之间的阴气向右流行，在季春的时节，太阳运行在历昴之间；天地之间的阳气向左流行，在仲秋的时节，宿于直昴星、毕星，昴星这颗星内有大陵的积尸之气，气体如果积攒到一定程度，那么厉鬼则会随之出现，大发流行。于是让索室来驱赶疫疾，并且放逐它。《王居明堂礼》中提到：'季春在郊区举行仪式，从而驱赶疫病，来攘除春天的不详之气。仲秋在九门裂牲祭神以驱除疠疫灾殃，以发散一年之中的陈气，以此来驱赶疾疫。'"然而人民的疾病，事实上是和日星通行的度数相联系。古时候，圣明的君王在上治

《唐志》："测景在浚仪岳台。"按宋次道《东京记》："宣德门前天街西第一岳台坊，今祥符县西九里有岳台。"《图经》云："昔魏主遥事霍山神，筑此台，祷于其上，因以为名。"

历数

《太初历》"以前历上元泰初四千六百一十七岁，至于元封七年，复得阏逢摄提格之岁"。孟康注："此为甲寅之岁。"《大事记解题》："按《通鉴目录》、《皇极经世》'太初元年，岁次丁丑'。当考。"愚按《大衍历议》云："《洪范传》曰：'历记始于颛顼上元太始阏蒙摄提格之岁，毕陬之月，朔日己巳立春，七曜俱在营室五度。'秦《颛顼历》元起乙卯，汉《太初历》元起丁丑，推而上之，皆不值甲寅，犹以日月五纬，复得上元本星度，故命曰阏蒙摄提格之岁，而实非甲寅。"（原注：其说可以补《解题》之遗。）

理国事,贤明的丞相在下都忙治理,这是为天地之间的良医啊。但凡皇建有极,五福赐给人民,没有不长寿且安宁的。施行傩祭的背后,所涵养的是爱民的深意。

《唐书·天文志》:"测景的地方,是在浚仪岳台商。"我注意到在宋次道《东京记》中说:"京城中宣德门前天街西有第一岳台坊,现在祥符县西九里有岳台。"《图经》说:"从前,魏国的国君从远处祭祀霍山神,因此建造了这个岳台,并且在上面进行祈祷,于是岳台因此成名。"

汉武帝时期所发行的《太初历》中提到"在此以前的古历法认为,上元太初时期大概经历了四千六百一十七年,到了汉武帝元封七年,又到了摄提格(甲寅年)的时期"。孟康注中提到:"这一年应该是甲寅年。"吕祖谦的《大事记解题》中提到:"我注意到《通鉴目录》、《皇极经世》等书的内容,'上古太初的元年,这一年是丁丑年次'。这种说法值得考证。"本人认为,依照《大衍历议》一书的说法:"《尚书·洪范传》说道:'历法的纪年是从传说中颛顼上元太始阏蒙摄提格那一年,农历得甲的正月开始的,那一年的农历初一己巳日立春,日、月及金星、木星、水星、火星、土星七星聚集在营室五度的位置上。'秦朝的历法《颛顼历》则将历法的起源则从那一年的乙卯日算起,汉代颁布的《太初历》的历法则从那一年的丁丑日算起,总结起来往上追溯,都没算到甲寅日这天,依然涉及日月及太白、岁星、辰星、荧惑、镇星五星,重新得到上古原初的星空之度,所以将这一年命名为阏蒙摄提格之年,实际上并不是甲寅日。"(原注:这种说法

　　《大衍历议》曰:"《考灵曜》、《命历序》皆有甲寅元,其所起在《四分历》庚申元后百十四岁,纬所载壬子冬至,则其遗术也。"按《汉志》鲁釐公五年,正月辛亥朔旦冬至,殷历以为壬子。《隋志》:"《春秋纬命历序》云:'僖公五年正月壬子朔旦冬至。'"然则纬与《殷历》同。故刘洪曰:"《甲寅历》于孔子时效。"即《命历序》所谓"孔子修《春秋》用《殷历》"也。《晋志》姜岌曰:"考其交会不与《殷历》相应。"《春秋分记》曰:"周正皆建子也,今推之历法,积之气候,验之日食,则春秋隐、桓之正皆建丑。庄、闵、僖、文、宣之正,建子及丑者相半。至成、襄、昭、定、哀之正,而后建子,间亦有建亥者。非一代正朔,自异尚也,历乱而不之正也。"

　　历有小历,有大历。唐曹士蒍《七曜符天历》,一云《合元万分历》,本天竺历法,以显庆五年庚申为历元,雨水为岁首,世谓之小历,行于民间。石晋《调元历》用之。后周王

可以弥补《解题》所带来的缺憾。)

《大衍历议》中提到："《考灵曜》、《命历序》这两本中都提到了名叫'甲寅元'的历法的算法，依照这个算法，历法的起点从《四分历》庚申元后一百十四年起算，汉代纬书中所记载的所谓壬子年冬至的说法，便是'甲寅元'算法遗留下来的痕迹。"我注意到《汉书·天文志》中记载的内容，在鲁釐公五年那一年的正月辛亥日，初一便是冬至日，而按照殷代历法的算法，那一天应该是壬子日。《隋书·天文志》中提到："《春秋纬命历序》中说：'在鲁僖公五年的正月壬子日，初一便是冬至日。'"然依照以上内容，汉代纬书的算法和《殷历》是一样的。所以刘洪说："《甲寅历》是在孔子的时代效行的历法。"便是《命历序》中提到的"孔子编撰整理《春秋》一书，参考的正是《殷历》"。《晋书·天文志》中姜岌说："考证春秋时期日月交汇的日子发现，并不和《殷历》相匹配。"《春秋分记》中说："周代历法所认定的正月都是建子月，现在从历法气候日食方面去考证验实，那么春秋时期，鲁隐公、鲁桓公统治时期的正月都是建丑月。而鲁庄公、鲁闵公、鲁僖公、鲁文公、鲁宣公等统治时期的正月，有建子月，也有建丑月，比例大概是相对半。到了鲁成公、鲁襄公、鲁昭公、鲁定公、鲁哀公统治时期的正月，大部分时期都是以建子月为正月，当然其中也有少数以建亥月为正月的。即便是同一朝代正月朔日的算法，也有异常混乱的地方，从中可以看出，如果历法乱了，那么日期的算法自然也不会正常。"

所谓的历法，有小历，也有大历。唐代的曹士蔿写作《七曜符天历》一书，也有说这书叫《合元万分历》，这部历法的算法源于天竺国的历法，把唐高宗显庆五年庚申日定做为改历法的元

朴校定大历，削去符天之学，为《钦天历》。

刘贶曰："历动而右移，律动而左转。"

刘洪曰："历不差不改，不验不用。未差无以知其失，未验无以知其是。失然后改之，是然后用之。"李文简以为至论。

蓂荚谓之历草，田俅子曰："尧为天子，蓂荚生于庭，为帝成历。"而《大戴·明堂篇》谓："朱草日生一叶，至十五日生十五叶，十六日一叶落，终而复始。（原注：唐《律赋》有《朱草合朔》。）古有云："梧桐不生，则九州异。"注谓一叶为一月，有闰十三叶。（原注：平园《闰月表》用梧桐之叶十三。）

纳甲之法，朱文公谓今所传《京房占法》，见于《火珠林》者，是其遗说。《参同契》借以寓行持进退之候。虞翻云："日月垂天，成八卦象：三日暮，震象；月出庚八日，兑象；月见丁十五日，乾象。月盈甲壬十六日旦，巽象。月退辛

年，把雨水时节当作一年的开始，世人便把这当作小历，并且在民间流行。石晋写作的《调元历》则沿用了曹士蒍的做法。后周的王朴校正大历时，削去符天之学，并且将其命名为《钦天历》。

刘羲曾经说："如果历法会发生改变，那么它会向右移动，如果音律会发生改变，那么它应该会向左转变。"

刘洪曾经说："如果历法没有发生明显的差别错误，那么就不去改动它，如果一个历法没有经历时间的考验，那么便不应该投入使用。没有出现明显的错误，就不知道历法的缺失在哪里，而一个历法如果没有经历时间的考验，就不知道它的正确之处。历法有所缺失，那么就改善它，历法在实践中是正确无误的，那么便可以投入使用。"李文简将这段话当作金科玉律。

蓂荚这种草本植物，又被称作历草，田俅子说："尧作为天子的时代，蓂荚生长在庭中，并且成为帝王写作历法的材料来源。"而《大戴礼记·明堂篇》中说："朱草这种植物，每天生长一片叶子，到十五天之后便会长出十五片叶子，到了十六天，便会有一片叶子落下，然后叶子慢慢下落，这个从生长到落叶，落叶到生长的过程会不断重复。（原注：唐代的《律赋》中有《朱草合朔》。）古时候有句话叫："假如梧桐不长叶片，那么天下九州都会因此发生异动。"注中说一片叶子的生长期是一个月，如果是闰月，那一年便会生长十三片叶子。（原注：平园《闰月表》采用了梧桐之叶十三的说法。）

卦或爻的纳干支所配成的纳甲之法，朱子曾经提到现在所流传的《京房占法》一书，这种说法在《火珠林》中也能见到，这是纳甲之法遗留下来的痕迹。《周易参同契》借着这个说法来比喻进退之候。虞翻曾说："太阳和月亮在太空之中垂耀，并

二十三日, 艮象; 月消丙三十日, 坤象; 月灭乙晦夕朔旦, 坎象; 水流戊日中, 离象。火就巳。"虞与魏伯阳皆会稽人, 其传盖有所自。汉上朱氏云: "乾纳甲、壬, 坤纳乙、癸, 震纳庚, 巽纳辛, 坎纳戊, 离纳己, 艮纳丙, 兑纳丁。庚、戊、丙三者得于乾, 辛、己、丁三者得于坤。始于甲、乙, 终于壬、癸, 而天地五十五数具焉。"又有"九天九地之数。乾纳甲、壬, 坤纳乙、癸, 自甲至壬, 其数九, 故曰九天; 自乙至癸, 其数九, 故曰九地。"九天九地之说者, 九天之上, 六甲子也。九地之下, 六癸酉也。"

五运六气, 一岁五行主运各七十二日。少阴君火, 太阴湿土, 少阳相火, 阳明燥金, 太阳寒水, 厥阴风木; 而火独有二。天以六为节, 故气以六期为一备。地以五为制, 故运以五岁为一周。《左氏》载医和之言曰: "天有六气, 降生五味。"即《素问》五六之数。《易》、《洪范》、《月令》其致一也。杨退修谓: "五运六气, 通之者唯王冰。然迁变行度, 莫知其始终次序。"程子曰: "气、运之说, 尧、舜时十日一雨, 五日一风, 始用得。"

且形成八卦的象：三日的傍晚，呈现出震卦的象；月出之后的庚八日，呈现出兑卦的象；月在丁区域出现的十五天，呈现出乾卦的象。月圆的甲壬十六日的白天，呈现出巽卦的象。月亮开始消退的辛二十三日，呈现出艮卦的象；月缺的丙三十日，呈现出坤卦的象；月消失的乙月最后一天晚上，初一的早上，天空中呈现出坎卦的象；水流的戊日日中，呈现出离卦的象。火星接近巳去。"虞翻和魏伯阳都是会稽地区的人，他们所学的学问大概是有所传承。汉上的姓朱的人说："乾纳甲、壬，坤纳乙、癸，震纳庚，巽纳辛，坎纳戊，离纳己，艮纳丙，兑纳丁。庚、戊、丙三者得于乾，辛、己、丁三者得于坤。从甲、乙开始，到壬、癸结束，而易之中，传说天地之书，以五十五为完全之数。"又有"九天九地的数字。乾纳甲、壬，坤纳乙、癸，从甲到壬，其中的数差有九，所以叫作九天；从乙到癸，其中的数差也是九，所以叫作九地。"这便是九天九地的说法，据说九天的上方，是所谓的六甲子。九地的上方，是所谓的六癸酉。"

依照五运六气的说法，一年之中的日子可以分为金木水火土五行，并将五行和三百六十日相配，五行各自主七十二日之运。据说少阴天气之象和暑气相配，五行属火，太阴天气之象和湿润相配，五行属土，少阳天气之象和火相配，五行属相火，阳明天气之象和干燥相配，五行属金，太阳天气之象和寒相配，五行属水，厥阴天气之象和风相配，五行属木；而和火相配的有两个。因为天气以六为节度，所以天地之气也应该以六期为一备。地则以五为规制，所以五运的说法之中，以五年为一周天。《左氏》记载了医和的言论，其中提到："上天有风气、热气、湿气、相火、燥气、寒气等六气，上天的六气降生了酸、苦、

朱文公尝问蔡季通："十二相属起于何时？首见何书？"又谓："以二十八宿之象言之，唯龙与牛为合，而他皆不类。至于虎，当在西而反居寅，鸡为鸟属，而反居西，又舛之甚者。"《韩文考异》："《毛颖传》封卯地谓十二物，未见所从来。"愚按："吉日庚午，既差我马"，午为马之证也；"季冬出土牛"，丑为牛之证也。蔡邕《月令论》云："十二辰之会，五时所食者，必家人所畜，丑牛、未羊、戌犬、酉鸡、亥豕而已。其余虎以下，非食也。"《月令正义》云："鸡为木，羊为火，牛为土，犬为金，豕为水。但阴阳取象多途，故午为马，酉为鸡，不可一定也。"十二物，见《论衡·物势篇》。《说文》亦谓巳为蛇象形。

甘、辛、咸的五味。"这便是医学著作《素问》中的五和六之数的来源。《周易》、《尚书·洪范》、《礼记·月令》中记载的五运六气的说法基本一致。杨退修曾经说："五运六气的学说,对此有充分的研究的人,只有王冰。然而这种学说其中的变迁的行度,不知道它的始终的次序。"程子也曾经对此说道:"关于气和运的学说,大概上古尧、舜之时,气候变化万端,平均十天便会降下一次雨,五天会有一次狂风,因此发明了关于气和运的学说,企图掌握天气的规律。"

朱熹曾经询问蔡元定:"鼠牛虎兔的十二生肖的说法是什么时候开始流传的?这个说法最早在那本书中可以追溯?"又说:"如果把二十八星宿的说法和十二生肖联系在一起来看,只有龙和牛的说法比较合理贴近,然而其他说法都不合理。至于虎,理论上来说应该在西边,但是反而被分配到寅的位置上,鸡应当是属于鸟类别,却反而被分配到了西边,这其中的错误达到了近乎离谱的地步。"《韩文考异》中曾经提及:"韩愈的《毛颖传》中的封卯地曾提到十二兽,但是不知道这个说法从何而来。"我认为:《诗经·吉日》有一句"庚午吉祥日子好,打猎马匹已选齐",这是午是马的证明;《礼记·月令》中有一句"季冬的时节将会出土牛",这是丑是牛的证明。蔡邕《月令论》中提到:"十二辰的交会这种,一年四季五时所食用的,一定要是家人所豢养的,将五时和五畜相配,不过丑牛、未羊、戌狗、酉鸡、亥猪而已。十二生肖的其余虎以下的兽类,因为不在食用的范畴,所以不列入其中。"孔颖达的《月令正义》中疏解到:"鸡属于木相,羊属于火相,牛属于土相,狗属于金相,猪属于水相。但在阴阳的学说中取象的方式有很多,所以午属于马相,酉属于

　　自帝尧元年甲辰，至宋德祐丙子，凡三千六百三十三年。帝尧而上，六阙逢无纪。致堂云："有书契以来，凡几鸿荒，几至德矣。《广雅》自开辟至获麟，二百七十六万岁，分为十纪，盖茫诞之说。"刘道原《疑年谱》谓："大庭至无怀氏无年，而有总数。"尧、舜之年，众说不同。《三统历》次夏、商、西周，与《汲冢纪年》及《商历》差异，况开辟之初乎？王质景文云："浑沦以前，其略见于释氏之《长含经》。开辟以后，其详见于邵氏之《皇极经世》。"

　　以十一星行历推人命贵贱，始于唐贞元初，都利术士李弥乾。（原注：《聿斯经》本梵书。）程子谓："三命是律，五星是历。"晁氏谓："泠州鸠曰：'武王伐殷，岁在鹑火，月在天驷，日在析木之津，辰在斗柄，星在天鼋。'五星之术，其来尚矣。"

鸡相，不可以局限在固定的方式中。"所谓的十二兽的说法，同样能在《论衡·物势篇》见到。翻阅文献，《说文解字》中也提到巳为蛇的象形文字。

从帝尧的元年甲辰日，到宋德祐年间的丙子日，其中经历了三千六百三十三年。然而帝尧以上的年代，六个阏逢的纪年没有记录。胡寅说："自从发明了书契以来，经历了多少鸿荒的年代，近乎到了道德的最高境界。《广雅疏证》中提到自从传说中天地开辟到孔子获麟的年代，一共经历了二百七十六万年，这其中经历的时间可以分为十纪，但是这种说法大概不过是荒诞不经的说法。"刘道原所作的《疑年谱》提到："从传说的大庭年代到无怀氏的年代，不知道具体是什么时候开始，什么时候结束的，没有年历的具体时间，不过只有大概的总数。"关于尧、舜所处的年代，诸多学者和典籍的说法都不同。《三统历》认为次于夏、商、西周，这说法和《汲冢纪年》及《商历》有所差异，何况是关于天地开辟之初的说法？王质景文说："据说天地处于浑沦的状态以前的情况，大略可以从佛家所著的《长含经》中可以看到。至于天地开辟以后的状况，具体可以参考邵雍所著的《皇极经世》。"

用太阳帝君、太阴元君、木德岁星星君、火德荧惑星君等所谓的十一星行历来推演人的命格贵贱的说法，最早出现在唐代贞元初期，据说是都利的术士李弥乾创立的。（原注：《聿斯经》本来是梵文书籍。）程子说："三命的说法是从律历中来的，五星的说法是从历法中来的。"晁公武说："泠州鸠说：'周武王讨伐殷商的时候，那一年是鹑火出现的年份，是天驷出现的月份，是析木之津的日子，十二辰在斗柄之区域，星则运行在天鼋。'

　　"《定之方中》，公刘之诗，择地之法也。'我辰安在?'论命之说也。"《传》云："不利子商。"则见姓之有五音。《诗·吉日》"维戊"、"庚午"，则见支干之有吉凶。

　　《五代史·马重绩传》："漏刻之法，以中星考昼夜为一百刻，六十分刻之二十为一时，时以四刻十分为正，此自古所用也。"今考《五代会要》，晋天福三年，司天台奏《漏刻经》云："昼夜一百刻，分为十二时，每时有八刻三分之一。六十分为一刻，一时有八刻二十分。四刻十分为正前，十分四刻为正后，二十分中心为时正。上古以来，皆依此法。"欧阳公作史，于"六十分"之上阙"八刻"二字，不若《会要》之明白。

　　《数术记遗》云："世人言三不能比两，乃云捐闷与四维。"甄鸾注《艺经》曰："捐闷者，周公作。先布本位，以十二时相从。徐援称'捐闷是奇两之术。'"《御览》引《艺经》作"悁闷"。"三不能比两"者，孔子所造，布十干于其方，戊己在西南。"四维"，东莱子所造，布十二时四维。

所以所谓的五星之术,由来已久。"

"《诗经·定之方中》,这是周代公刘时期的诗,诗歌的内容揭示了择地而居的方式。'我的辰在哪里?'这是谈论命运的说法。"《诗传》则说:"这样不利于子商。"从中可以知道姓氏也有采用宫商角徵羽五音之名的。《诗·吉日》中的"维戊"、"庚午",则透露出天干地支之间隐藏着吉凶的蕴意。

《五代史·马重绩传》中提到:"用漏刻来定时的方法,以中星为参考,把整个白天黑夜的一天分为一百刻,其中把六十分刻二十为一时,一时以四刻十分为标准,这是自古就在用的方式。"现在考证《五代会要》,晋代的天福三年时期,司天台向上奏的《漏刻经》中提到:"一天,包括黑夜和白天,用漏刻来定时,一天可以分为一百刻,一百刻可以分为十二时,那么每一时则有八刻三分之一。六十分为一刻,那么一时则有八刻二十分。四刻十分被命名为正前,十分四刻被命名为正后,所以二十分的中心是测录时间的正中标准。自从上古以来,计算时间,用的都是这套标准。"欧阳修写作史书的时候,在"六十分"之上少刻录了"八刻"二字,所以导致了欧阳修的说法不如《五代会要》明白。

徐岳撰写的《数术记遗》中提到:"世人都说数字三的奇数类不能比数字两的偶数类,所以才说捐闷之法与四维之法。"甄鸾注《艺经》中说:"所谓的捐闷之法,传说是由周公创作的。要执行捐闷之法,首先要确定本位,然后使十二时相随而上。徐援称'捐闷之法的本质是采用奇偶的法则。'"《太平御览》引用了《艺经》的说法,将此法写作"悁闷"。"数字三的奇数类不能比数字两的偶数类"的说法,本来是孔子所造在四方分布十干之法,于是戊己在西南方向。"四维"的说法,传说是由东

桓谭《新论》曰："老子谓之玄，杨子谓之太玄。"石林谓："《太玄》皆《老子》绪余。老氏道生一，一生二，二生三。三之为九，故九而九之为八十一章。《太玄》以一玄为三方，自是为九，而积之为八十一首。"（原注：《金楼子》云："扬雄有《太玄经》，杨泉有《太元经》。"）

《潜虚》，心学也，以元为首，心法也。人心其神乎，潜天而天，潜地而地。温公之学，子云之学也。《先天图》皆自中起，万化万事生乎心，岂惟先天哉！《连山》始《艮》，终而始也；《归藏》先《坤》，阖而辟也。《易》之《乾》，太极之动也，《玄》之中，一阳之初也。皆心之体，一心正而万事正，谨始之义在其中矣。邵子曰："《玄》其见天地之心乎？"愚于《虚》亦云。《虚》之元，即《乾》、《坤》之元，即《春秋》之元，一心法之妙也。张文饶《衍义》以养气释元，似未尽本旨。

《管子·幼官篇》："冬十二始寒尽刑，十二小榆赐予，

菜子创造的，将十二时分布在四维之上。

桓谭的《新论》中提到："老子将其称之为玄，而在杨雄那里则称呼为太玄。"石林说："《太玄》都是《老子》说法的余韵。老子说道是独一无二的，道本身包含阴阳二气，阴阳二气相交而形成一种适匀的状态，生成了三，三则最终使得万物在这种状态中产生。三和三相乘得到了数字九，所以九和九相乘，最终合成八十一章。《太玄》认为一玄最终成就三方，三方则自是成就了九，它们之间的相乘最终成就了八十一首。"（原注：《金楼子》中说："扬雄写作了《太玄经》，杨泉写作了《太元经》。"）

《潜虚》这部书的核心内容，是心学，以元的概念作为始点，这便是心法。人心是多么的神奇玄妙啊，向天潜则有天的广阔，向地潜则有地的包容。司马光的学问，便是杨雄的学问。《先天图》中提到万物都是起源于心中，万化万事都是从心中生成的，哪里是比天先生成的呢！据说传说中的三《易》，《连山》是从《艮卦》开始的，其中蕴含着周而复始的道理；《归藏》是从《坤卦》开始的，其中蕴含着封闭和开合本是一源的道理。《周易》中的《乾卦》，这卦代表着太极之动，《玄》之中揭示着，一阳之动是最初的开始。这些都寓示着心的本体，只要把心态摆正，那么万事也会随之而正，之所以要对开始保持谨慎的态度，原因就在这里。邵雍说："《玄》的内容所揭示的，其中大概蕴含着天地之心吧？"我在《虚》中也曾经这么说过。《虚》的源头，便是《乾卦》、《坤卦》的源头，便是《春秋》源头，这是心法的奇妙之处。张文饶在《御定内则衍义》中提到，用养气的方式来解释"元"的概念，但是他的说法似乎并没有完全解释清楚。

《管子·幼官篇》中记载说："立冬之后的第十二天，天气

十二中寒收聚，十二中榆大收，十二寒至静，十二大寒之
阴。"注云："阴阳之数，日辰之名。"盘洲于闰十一月用中榆
立闰，盖出于此。

《国史志》云："历为算本。治历之善，积算远，其验难
而差迟；治历之不善，积算近，其验易而差亦速。"

历元始于冬至，卦气起于《中孚》，《豳诗》于十月"日
为改岁"。周以十一月为正，盖本此。（原注："日为改岁"，用周
正；"何以卒岁"，乃夏正。）

开始变得寒冷，这个时候适合施行刑杀，使那些犯死罪的刑徒不至于被羁压在牢狱之中。又过十二天，是越冬的小榆节，这个时候君主应该颁行赏赐给予他的臣民。再过十二天，是中寒节气，这个时候就要命令民众收聚谷物、储藏果实。再过十二天，是中榆的节气，这个时候应该命令民众全面地收藏。再过十二天，是大寒节气，也就是冬至节，这个时候君主应当命令其臣民停止农事，使农民得以进入休息静养以求无事而安心。再过十二天，是大寒至阴节气，天气开始变得阴暗。"作者给这段话做注释说："上述这段话中关于阴阳以及涉及日历星辰的名称（即"始寒""小榆""中寒""中榆""寒""大寒"等）都是古代历算节气的名称。"洪适（宋孝宗时宰相，字景伯，号盘洲，鄱阳人）选择从润十一月的中榆这一天开始确立闰月，就是从《管子·幼官篇》的这段记载而来的。

《国史志》中说道："历法是一种算法。能够精深地钻研历法的人，他的历法能运算到很久远的年代，他所作的历法也一定难以被验证出错误，并且历法中的讹误很久之后才能显现；如果没有对历法有精深的研究，那么他的历法只能算到就近的年代，那么他所作的历法很快就能被验证出问题，并且历法中的讹误很快就能浮现。"

历法中的元年一般从冬至日开始，卦气说认为，元年之象便是起于《中孚卦》，《诗经·豳诗》中提到十月"日为改岁"。周代之所以以十一月作为岁正，大概是从这里来的。（原注："日为改岁"，这指的是周代的正月；"何以卒岁"，这指的是夏代的正月。）

卷十

地理

《三礼义宗》引《禹受地记》，王逸注《离骚》引《禹大传》，岂即太史公所谓《禹本纪》者欤？

《盐铁论》大夫曰："邹子推终始之运，谓中国天下八十分之一，名赤县神州，而分为九州，绝陵陆不通，乃为一州。有大瀛海圜其外。所谓八极而天下际焉。故秦欲达九州，方瀛海，朝万国。"文学曰："邹衍怪说，荧惑诸侯。秦欲达瀛海而失其州县。"愚谓：秦皇穷兵胡粤，流毒天下。邹衍迂诞之说实启之。异端之害如此。

《管子》曰："齐之水道躁而复，故其民贪粗而好勇。楚之水淖弱而清，故其民轻果而贼。越之水浊重而洎，故其民愚疾而垢。秦之水泔最而稽，埳滞而杂，故其民贪戾罔而好事。齐、晋之水枯旱而运，埳滞而杂，故其民谄谀而葆诈，

　　《三礼义宗》作书引用《禹受地记》，王逸注解《离骚》引用了《禹大传》，那难道这就是西汉史学家司马迁所著的《禹本纪》的原型吗？

　　《盐铁论》中写道："炼丹的术士说：'大夫说："邹衍推崇阴阳之道、终始之运，称中原地带共分为八十块地界，其中之一名叫赤县神州，神州又能分为九州，其中山高路险人们难以往来，这片地带就属于同一州。九州土地之外有一片大海围绕。这就是所说的八方定天下的边界了。所以，秦国想要抵达九州，就需要度过大海，才能使万国来朝。"文学记载："邹衍的学说实属怪谈，迷惑了诸侯。导致秦国想要跨越大海抵达九州，而忽视了州县管理、丢弃了国事治理，导致亡国。"我认为秦始皇穷兵黩武，不仅进攻北方的胡人，还出兵攻打南粤，给天下造成了巨大的祸害，这是秦国覆灭的根本原因。而秦始皇之所以穷兵黩武，热衷于四处出兵，便是由邹衍等人的怪诞的阴阳学说所启发的。因此，从中可以看出，怪诞学说的祸害可谓遗祸无穷。

　　《管子》认为："齐国地界里的水流急而繁盛，所以被齐水滋养的民众也秉承了贪婪、粗暴且好勇的个性。楚国地界里的水流柔弱且清澈，所以被楚水滋养的民众也秉承了轻捷、果断且机敏聪明的个性。越国地界里的水道浑浊水滞重但浸润，所

巧佞而好利。燕之水萃下而弱，沉滞而杂，故其民愚戆而好贞，轻疾而易死。宋之水轻劲而清，故其民闲易而好正。是以圣人之化世也，其解在水。故水一则人心正，水清则民心易。"此即《汉志》所谓"系水土之风气"也。杜牧亦云："山东之地，程其水土，与河南等常重十三，故其人沈鸷多材力，重许可，能辛苦。"

　　太史公、班孟坚谓："禹酾二渠以引其河"，一贝丘，一漯川。李垂《导河书》曰："东为漯川者，乃今泉源赤河，北出贝丘者，乃今王莽故渎。而汉塞宣房所行二渠，盖独漯川，其一则汉决之，起观城，入蒲台，所谓武河者也。"晁补之《河议》曰："二渠于《禹贡》无见。禹时河入海，盖在碣石。"《地理志》："碣石在北平骊城县西南，计勃海北距碣石五百余里。而河入勃海，盖汉元光三年，河徙东郡所更注也。而言禹时河入勃海，何哉？"

以被越水滋养的民众也秉承了愚蠢、善妒且低俗的个性。秦国地界里的水苦涩而浑浊，淤浊而混杂，所以被秦的河流所滋养的民众也秉承了贪婪、暴戾且好事的个性。齐国、晋国的水流枯竭，不过勉强维持着航运，且淤浊遍布，泥水混杂，所以被齐水、晋水所滋养的民众也秉承了谄谀、伪诈、巧佞且好利的个性。燕国地界里的水深聚、柔弱且混杂，所以河流滋养的民众也愚憨、忠贞、英勇但急躁。宋国地界里的水轻疾而清澈，所以河流滋养的民众也纯朴、平易且清正。所以圣人治理国家，重点在治理水道。因此说如果水道统一，那人心也会因此秉持正道，如果水道清澈，那则民心也会因此而改变。"这就是《汉书·艺文志》所说的"要关注水土的风气"的原因所在。杜牧也说："用秤称量太行山以东地区的水土重量，常常发现其比黄河以南地区的水土重十分之三。因为被这样的水土所滋养，所以太行山以东的人也就养成了相对应的性格：性情阴沉不喜言语，躯体多有力讲究信誉，重视许诺吃苦耐劳。"

西汉史学家司马迁和东汉史学家班固都认为："禹渠、酾渠这两渠是引黄河水"，一条渠名叫贝丘，一条渠名叫漯川。李垂的《导河书》也有记载："东边一条河叫作漯川，现在在泉源赤河，北边一条河源自贝丘，是现在王莽的故地。而汉代的关塞宣关、房关二关所凭借的两条渠，大概一条指的是漯川，另一条则是武河，武河于汉代开决，起自观城，流经蒲台。"晁补之的《河议》认为："贝丘、漯川这二渠在《禹贡》中没有记载。大禹时期引黄河入海是在碣石一地。"而《汉书·地理志》记载："碣石在北平骊城县的西南角，大概渤海北边距离碣石一地有五百余里。而黄河汇入勃海，是汉武帝元光三年的事，（《汉书·地理

　　蔡氏《禹贡传》曰："鸟鼠,《地志》在陇西郡首阳县西南,今渭州渭源县西也。"此以唐之州县言,若本朝舆地,当云"今熙州渭源堡"。又曰："朱圉,《地志》在天水郡冀县南,今秦州大潭县也。"按《九域志》:建隆三年,秦州置大潭县,熙宁七年,以大潭隶岷州。今为西和州,当云:"今西和州大潭县。"朱文公《诗传》曰："秦德公徙雍,今京兆府兴平县。"按《舆地广记》:凤翔府天兴县,故雍县,秦德公所都也。兴平,乃章邯为雍王所都之废丘也。当云:"雍,今凤翔府天兴县。"

　　《吕氏春秋》:禹南至九阳之山,羽人裸民之处,不死之乡。此屈子《远游》所谓"仍羽人于丹丘兮,留不死之旧乡。朝濯发于汤谷兮,夕晞余身于九阳"。

　　朱文公谓:"汉之浔阳县,在江北,今之江州,非古九江地。,其说明矣。然汉柴桑县属豫章郡,而莽以豫章郡为九江,柴桑县为九江亭,则九江之名,其误久矣。以九江为洞庭,本于《水经》,而胡、晁、曾氏因之。

志》)更新注解是在黄河东移而郡县改名之后改动的。至于说大禹时期黄河入渤海？我们怎么能从汉代的典籍中知道呢？"

蔡氏《禹贡传》认为："鸟鼠这个地方，《汉书·地理志》记载它在陇西郡首阳县西南部，现在在渭州渭源县西边了。这是按照唐的州县划分而言的，如果按照宋朝的行政地域划分，应该称为"现在在熙州渭源堡"。(蔡氏《禹贡传》) 又说："朱圉这个地方，《汉书·地理志》记载它在天水郡冀县南部，现在在秦州大潭县。"按照《元丰九域志》的说法：建隆三年，秦州设置大潭县，熙宁七年，将大潭归岷州所有。现在归为西和州所有，所以现在应该改 (秦州大潭县) 叫西和州大潭县。"朱熹的《诗传》认为："秦德公迁徙到雍，(雍) 现在是京兆府兴平县。"我注意到《舆地广记》的说法是：凤翔府天兴县，旧称雍县，是秦德公所定的城市。兴平，是章邯为雍王所驻扎之地的旧址。应该说："雍是现在凤翔府天兴县。"

《吕氏春秋》记载：大禹向南行进到九阳山附近，发现这个地方是羽人裸民的居住地，传闻中的不死之乡，也是屈原《远游》中所说的地方："随着飞仙升到丹丘仙境，在神仙的不死之乡息停。早晨在汤谷洗洗头发，傍晚让九阳晒干我的全身。"

朱熹说："汉代的浔阳县，在长江边北，现在在长江之中的小岛上，(浔阳县) 不是古书中记载的九江地"。这就能够说明现在的九江不是古籍中的九江了。之所以会出现地名不符事实的情况，是因为汉代柴桑县属于豫章郡，但王莽改制将豫章郡改名为九江，将柴桑县改名为九江亭，因此九江这个名字，就被一直误用了。而把九江当作洞庭，则源于《水经》，胡旦、晁说之、曾旼之所以也错了，是因为承袭了《水经》的错误。

《国语注》"姑蔑，今太湖"，当作"太末"。"甬句东，今句章东，海口外洲"，当作"浃口"。盖传写之误。（原注：唐卢潘引《地理志》：浙江出黟县南率山，东入海。今《汉志》云："蛮夷中。"）

《战国策》："田单为栈道木阁，迎齐王与后于城阳山中。"非但蜀有栈阁也。

楚"北有甘鱼之口"，鲍氏注：疑为济阴高鱼，非也。《左氏·昭十三年传》"次于鱼陂"，注云："竟陵县城西北有甘鱼陂。"

《大事记解题》：沈黎郡、汶山郡，《地理志》不载。按《舆地广记》：汉武帝置郡，既而罢之。愚按：《黄霸传》"入谷沈黎郡"，《后汉·莋都夷传》："武帝所开，以为莋都县。元鼎六年，以为沈黎郡。至天汉四年，并蜀为西部，置两都尉。一居旄牛，主徼外夷，一居青衣，主汉人。"《冉䮾夷传》："武帝所开，元鼎六年以为汶山郡。至地节三年，省并蜀郡为北部都尉。灵帝时复分蜀郡北部为汶山郡。"（原注：《宣帝纪》：地节三年十二月，省文山郡并蜀。）

《国语注》记载的"姑蔑这个地方，现在叫太湖"，（过去的姑蔑）应当写作"大末"。"甬句东，现在叫句章东，在海口外洲"，（过去的甬句东）应当写作"渓口"。而之所以从"大末"、"渓口"变成了"太湖"、"句章东"，大概是传抄过程中抄错了。（原注：唐代卢潘引《地理志》说：浙江从黟县以南沿着山流出，一直向东流入大海。今本《汉志》记载说："浙江源于蛮夷中。）

《战国策》记载："田单建筑栈道木阁，以便在城阳山中迎接齐王与王后。"这说明不只是蜀地有栈阁。

楚地"北边有甘鱼口这个地方"，鲍彪的《鲍氏校订战国策》中写道："（甘鱼口）可能是济阴高鱼，这一说法（甘鱼口）可能是记错了的缘故。"《左传·昭公十三年》有"驻扎在鱼陂"的记载，鲍彪的《鲍氏校订战国策》写道："竟陵县城西北有一个陂叫甘鱼陂，鱼陂指的应该是这个地方。"

《大事记解题》记载到："沈黎郡、汶山郡这两个地方，《汉书·地理志》却没有记载。我注意到《舆地广记》的记载：汉武帝划分郡县，完成划分后废弃了沈黎郡、汶山郡。"我认为：《黄霸传》中记载"向沈黎郡的官府纳谷，以买官或赎罪"，《后汉书·莋都夷传》记："（沈黎郡）最早是汉武帝所设置的，当时取名叫作莋都县。汉武帝元鼎六年，改名沈黎郡。到汉武帝天汉四年，（沈黎郡）并入蜀地西部，并且（汉武帝）在蜀地设置两都尉来管理蜀西这个胡汉交接的地带。蜀西的两边，一边是少数民族在放养着旄牛，两都尉的设立主要是为了抵御外族入侵；一边生活穿着青衣的汉人，两都尉的设立主要为了管理居住此地的汉人。"《冉駹夷传》也记载："（汶山郡）最早是汉武帝设置的，汉武帝元鼎六年取名为汶山郡。到汉宣帝地节三年，将汶

荀卿为兰陵令。县在汉属东海郡，今沂州承县。诚斋
《延陵怀古》有《兰陵令》一章，盖误以南兰陵为楚之兰陵
也。古灵诗亦误。

文中子父曰"铜川府君"。（原注：隆为铜川令。）阮氏注：
"上党有铜鞮县"。龚氏注："隋初置铜川县，今忻州秀容
是"。愚考《隋·地理志》："定襄郡秀容县，开皇初，置新兴
郡铜川县。十八年，置忻州"。龚注是也。

《中说》"同州府君"，龚氏本作"司州"，注云："宋武
置司州于虎牢，西魏始改华州为同。"

子夏居西河，在汾州。文中子之教兴于河汾。

《汉·地理志》言风俗，多取太史公《货殖传》。然太史
公语尤奇峻，可以参观。

《地理志》："《禹贡》桐柏大复山，在平氏东南，淮水
所出，东南至淮陵入海"。《禹贡集解》云："淮陵，晋犹存，
不知何代废省，今其地当在楚州界。"愚考《宋·州郡志》：
"淮陵郡本淮陵县"。（原注：汉属临淮，后汉属下邳，晋永宁元

山郡合并到蜀郡当中，并在蜀郡北部设置北部都尉管理汶山郡一带。汉灵帝年间重新将蜀郡北部划分出来，称为汶山郡。"（原注：《宣帝纪》记载说："汉宣帝地节三年十二月，将文山郡并入蜀郡。）

荀子是兰陵县有记载以来的第一任县长。兰陵县在汉代时属于东海郡，现在在沂州承县。杨万里的《延陵怀古》中有《兰陵令》一章，大概是杨万里误把南兰陵当作楚国的兰陵了。古灵诗中也误把南兰陵当作楚国的兰陵了。

司马光的《文中子补传》记录有"铜川府君"。（原注："铜川府君"王隆，是铜川县令。）阮逸的注解认为："上党郡有铜鞮县"。龚氏注说："隋代初期设置了铜川县，现在属于忻州秀容县"。我考察了《隋书·地理志》："定襄郡秀容县，隋文帝开皇初期设置了新兴郡铜川县。隋文帝开皇十八年，改将铜川县设置在忻州"。龚鼎臣也这样认为。

《中说前述》记载"同州府君"，龚鼎臣认为"同州"本来应该写作"司州"，龚鼎臣的注解写道："宋武帝在虎牢这个地方设置司州府，西魏时期才开始把华州改为同州。"

子夏居住在西河这个地方，西河在汾州。司马光的《文中子补传》认为孔子的教育兴盛于汾河地带。

《汉书·地理志》谈论风俗的地方，多取自西汉史学家司马迁的《史记·货殖传》。西汉史学家司马迁的语言尤其俊丽奇特，可以用来参考。

《汉书·地理志》记载："《禹贡》中的桐柏大复山，在平氏一地东南部，淮河就发源于这个地方，向东南方向流淌，在淮陵一地汇入海中"。《禹贡集解》认为："淮陵这个地区，晋代仍然存在，不知道哪一代被废弃，原地域范围现在应当属于楚州

年为淮陵国。）《舆地广记》：泗州招信县，本淮陵县，汉属临
淮郡。宋曰睢陵，置济阴郡"。今按：汉、晋有淮陵、睢陵二
县，宋济阴郡有睢陵县，而淮陵郡无淮陵县。盖宋之睢陵，
即汉之淮陵也。（原注：《广记》：汉睢陵故城，在淮阳军下邳
县。）《寰宇记》：古淮陵城，在招信县西北二十五里。然则
《禹贡解》以淮陵在楚州，非也。

《志》谓"齐俗弥侈，织作冰纨绮绣纯丽之物，号为冠
带衣履天下"。"临淄有服官"。《说苑》："《墨子》曰：'锦
绣絺紵，乱君之所造，其本皆兴于齐景公喜奢而忘俭。幸有
晏子以俭镬之，然犹几不能胜。'"齐俗之侈，盖自景公始。

琅邪郡灵门县壶山，浯水所出。（原注：音吾。）元次山名
浯溪，亦有所本，非自造此字也。

《沟洫志》："史起引漳水溉邺"。出《吕氏春秋·先识
览》，以"贤令"为"圣令"，"舃卤"为"斥卤"。

界内。"我考据《宋书·州郡志》，其中记载："本来的淮陵郡就是淮陵县"。（原注：汉代时淮陵属于临淮，东汉时属下邳，西晋永宁元年时封为淮陵郡国。）《舆地广记》记载：泗州招信县，本来也属于淮陵县管辖，汉代时属于临淮郡管辖。南朝宋时称临淮郡为睢陵，归属济阴郡管辖"。现在一般认为，汉代、晋代有淮陵县、睢陵县二县，南朝宋时济阴郡有睢陵县，但是只有淮陵郡没有淮陵县。大概是因为南朝宋时睢陵县是汉代淮陵郡吧。（原注：《舆地广记》记载：汉代时的睢陵在今天的淮阳军下邳县。）《寰宇记》记载：古淮陵县城，在招信县西北方向二十五里处。然而《禹贡解》认为淮陵在楚州，之所以会出现这样的错误，是不明白今天的淮陵来源于汉代淮陵郡的缘故。

《宋书·州郡志》记载"齐国的习俗重奢靡，布锦要做成冰纨绮绣纯丽的东西，并宣称治理天下要注重穿戴的整齐秩序"。"齐国首都临淄还设置了专门研究管理衣服秩序的官员"。《说苑》提到："《墨子》也有记载：'华丽的布匹，是昏庸的君主才会制造，这种做法的源头都起于齐景公，齐景公他喜欢奢侈而忘了要保持勤俭。幸好有晏子用保持勤俭提醒他，不然在春秋诸侯混战中都不能取胜。'"可见，齐国重奢靡的习俗，从齐景公就开始了。

琅邪郡灵门县壶山，是浯河的发源地。（原注："浯"读作"吾"。）（浯河）在元次山界内名叫浯溪，这也是有根本的，并不是自己随意造的字。

《沟洫志》记载："史起引漳河灌溉邺城（今河北临漳）"。改名一事出自《吕氏春秋·先识览》，书中记载当时将"贤令"改为"圣令"，将"舄卤"改为"斥卤"。

《史记·货殖传》:"南阳西通武关、郧关"。《正义》云:"《地理志》宛西通武关,而无郧关。'郧'当为'洵'。洵水上有关,在金州洵阳县。"愚按:《汉志》汉中郡长利县有郧关。长利,今商州上津县,武关在商洛县,《正义》失之。

古公事獯鬻,而商不与;晋拜戎不暇,而周不知,封建之效也。唐以幽镇扞契丹,及幽镇亡,而契丹之患始炽,方镇之效也。郡县削弱,则夷狄之祸烈矣。

《九域志》:"沧州有汉武台"。《唐·太宗纪》:"贞观十九年,伐高丽,班师,次汉武台,刻石纪功"。台余基三成,燕、齐之士,为汉武求仙之处。

李太白《蜀道难》云:"蚕丛及鱼凫,开国何茫然?尔来四万八千岁,不与秦塞通人烟。"其说本扬雄《蜀记》。愚谓:岷、嶓载于《禹贡》,庸、蜀见于《牧誓》,非至秦始通也。

《史记·货殖传》记载:"南阳向西走可达武关、郧关"。《史记正义》中说:"《汉书·地理志》记载宛地向西走可到武关,但是却没有郧关。之所以没有郧关,是因为此处的'郧'字应该写为'洵'字。之所以要改写是因为洵河边水上有关,叫作洵关,该关在金州洵阳县境内。这样《史记·货殖传》记载的两个关就能说得通了。"我考察了《汉书·艺文志》:汉中郡长利县有郧关。而长利县,现在在商州上津县。武关在商洛县,但是《史记正义》中没有记载郧关、武关这两个关。

古公事奉獯鬻,而商不参与其中;晋抵御北方的异族入侵者自顾不暇,但周却不知道这件事,这是地域分封的缘故。唐代用幽镇抵御北边的异族契丹,直到幽镇覆灭,契丹族侵扰边界这个隐患才开始变得严重,之前之所以一直未显露出来,是因为有幽镇在抵御。因为郡县的权利被削弱了,所以外族带来的灾祸就变得严重了起来。

《汉书·九域志》记载:"沧州有汉武台"。《唐书·太宗纪》记载:"贞观十九年,出征高丽,回师途中,驻扎在汉武台,在石上刻下出征的事宜来记功勋"。汉武台残余的基石高三层,燕、齐的炼丹师认为此地是汉武帝求仙的地方。

李太白《蜀道难》写道:"传说中蚕丛和鱼凫建立了蜀国,开国的年代实在久远无法详谈。从那时至今约有四万八千年了吧,秦国、蜀国被秦岭所阻,从不相互沟通往返。"秦国、蜀国被秦岭所阻,从不与相互沟通往返这个说法,源自扬雄的《蜀记》。但是我认为蜀国的岷山、嶓山在《禹贡》书中就有记载,庸地、蜀地的风俗习惯也出现在中原的古书《牧誓》当中,可见蜀国和中原之间的沟通往返在商周时期就有了,并不是到了秦始皇时

《水经》引天下之水百三十七，江河在焉。郦氏注引枝流一千二百五十二。《通典》谓：晋郭璞注三卷，后魏郦道元注四十卷，皆不详撰者名氏，不知何代之书。云"济水过寿张"，则前汉寿良县，光武更名；"又东北过临济"，则狄县安帝更名；"荷水过湖陆"，则湖陵，章帝更名；"汾水过永安"，则彘县顺帝更名。故知顺帝以后纂序也。愚按：《经》云："武侯垒。"又云："魏兴安阳县。"注谓：诸葛武侯所居。魏分汉中，立魏兴郡。又"改信都从长乐"，则晋太康五年也。然则非后汉人所撰。《隋志》云："郭璞注。"而不著撰人。《旧唐志》云："郭璞撰。"愚谓：所载及魏、晋，疑出于璞也。《新唐志》始以为桑钦，而又云："一作郭璞撰。"盖疑之也。《经》云："何水又北薄骨律镇城。"注云："赫连果城也"，乃后魏所置，其郦氏附益欤？按《前汉·儒林传》：古文《尚书》，涂恽授河南桑钦君长。晁氏《读书志》谓："钦，成帝时人"。意者钦为此书，而后人附益，"如《山海经》禹、益所记，有长沙、零陵、桂阳、诸暨之名；《本草》神农所述，有豫章、朱崖、赵国、常山、奉高、真定、临淄、冯翊之称；《尔雅》作于周公，而云张仲孝友；《苍颉篇》造于李斯，而云'汉兼天下'；皆非本文"，颜之推尝论之矣。《通典》又谓："景纯注解疏略，多迂怪"。今郭注不传。

期才彼此连通的。

　　《水经》记载天下的河流有一百三十七条，长江、黄河也在其中。郦道元的注解记载，天下河流的支流一千二百五十二条。《通典》认为：晋代郭璞为《水经》做的注有三卷，后魏郦道元为《水经》做的注有四十卷，但是这些注中事例的来源都不清楚最初记录者的姓名，也不知道是在哪一个朝代被记录的。比如《水经》的注中有记载"济河流经寿张县这个地方"，寿张县也就是西汉时期的寿良县，在东汉武帝光武年间改名叫寿张县；《水经》中记载有"（济河）又向东北流经临济县这个地方"，临济县就是狄县，在汉安帝年间改名叫临济县；《水经》中还有记载"荷河流经湖陆县这个地方"，湖陆县就是湖陵县，在汉章帝年间改名叫湖陆县；以及《水经》中还有"汾河流经永安县这个地方"，永安县就是彘县，汉顺帝年间改名叫永安县。所以知道了县名更改的朝代，就会知道这些改名后的地名出现的时代是在汉顺帝年间或以后，这样《水经》注中事例的纂写时间就能大概确定了。我考察了《水经》，《水经》中记载有："武侯垒"这个地名。又写道："武侯垒在魏兴安阳县。"《水经》的注解说：（魏兴安阳县）是诸葛亮居住的地方。魏时重新划分汉中地带，设立魏兴郡。《水经》又记载"信都改归属于长乐"，这件事是晋武帝太康五年发生的事。所以可以确定，《水经》并不是东汉时期的人改的。《隋书·经籍志》认为："（《水经》）是郭璞注的。"但是不说（《水经》）是谁所著。《旧唐志》认为："（《水经》）是郭璞撰写的。"我认为（《水经》）所记载的内容凡是涉及魏朝、晋朝的，可能都出于郭璞之手。《新唐志》一开始以为是桑钦所著，但是又说："（《水经》）作者最开始是郭璞。"《新唐

　　《三辅黄图》所载"灵金内府"及"天禄阁青藜杖"，皆王嘉《拾遗记》谲诞之说。程泰之谓《黄图》盖唐人增续成之。（原注：《水经注》引《黄图》，今本所无。）

　　《殷芸小说》云："诸葛武侯躬耕于南阳。"南阳是襄阳墟名，非南阳郡也。

　　《素问》："天不足西北，左寒而右凉；地不满东南，右

志》大概也怀疑是桑钦所著这个观点吧。《水经》中记载:"河
向北流经薄骨律镇城。"《水经》的注解说:"(薄骨律镇城)
就是赫连果城",(赫连果城)是后魏所设置的,后魏设置的城
难道会与郦道元有关系吗? 按照《前汉书·儒林传》的说法:涂
恽传授河南桑钦君长古文《尚书》。晁补之的《郡斋读书志》认
为:"桑钦是汉成帝时期的人,如果是汉成帝时期桑钦写的《水
经》,那么《水经》中怎么会有晋武帝太康五年发生的事呢? "。
有些人就会认为是桑钦创作了《水经》这本书,后代的人添加
了一些内容罢了,"他们认为《水经》就像《山海经》等书一样,
《山海经》中夏商时期的禹、益所记载的地名,也有后世才有的
长沙、零陵、桂阳、诸暨;《本草》中上古时期的神农所讲述的
地名,也有后世才有的豫章、朱崖、赵国、常山、奉高、真定、临
淄、冯翊;有说法认为《尔雅》是周代的周公所著,也有说法是
张仲孝友所著;《苍颉篇》是秦代的李斯所写,但是却提到'汉
兼天下';可见以上诸书都不是原文",颜之推也曾经讨论过古
书中有后代事实这件事。《通典》又说:"郭璞的注解疏漏颇多,
怪异不通的地方也有很多。"所以现在郭璞的注解没有被传承
下来。

《三辅黄图》所记载的"灵金内府"和"天禄阁青藜杖",
都是出自王嘉《拾遗记》的诡诞说法,不可当真。而程泰之所
说的《黄图》待改是唐代的人增加补充而成的,并不是《三辅黄
图》的原本。(原注:《水经注》中所引用的《黄图》并不见于今本。)

《殷芸小说》认为:"诸葛亮在南阳耕种。"这里的南阳是
襄阳一个山丘的名字,不是南阳郡。

《黄帝内经素问》写道:"西北天气不足,因此北方寒而西

热而左温。”

《汉袁良碑》云:“帝御九龙殿,引对饮宴。”《集古录跋》谓:九龙殿名,惟见于此。愚按:张平子《东京赋》曰:“九龙之内,寔曰嘉德。”注:九龙,本周时殿名。门上有三铜柱,柱有三龙相纠绕,故曰九龙。嘉德殿在九龙门内。非但见于此碑也。

　　武后在洛阳,不归长安。此《通鉴》所载也。张柬之等举兵,至后所寝长生殿,又迁后于上阳宫,皆在洛阳。程泰之《雍录》,乃谓长安宫殿,误矣。

　　冯衍赋云:“皋陶钓于雷泽兮,赖虞舜而后亲。”未详所出。《水经注》引《墨子》曰:“舜渔濩泽。”今《墨子·尚贤篇》曰:“舜渔雷泽,尧得之服泽之阳。”“服”字,疑即“濩”字。

　　《汉·王嘉传》:“为南陵丞”。颜注:“南陵,县名,属宣城。”按:汉无宣城郡南陵县。(原注:宣城县属丹阳郡。)

　　南陵属京兆,文帝七年置。颜注不考《地理志》,何

方凉；东南地气不满，因此南方热而东方温。"

《汉袁良碑》认为："帝在九龙殿，作诗宴饮。"《集古录跋》记载：九龙作为殿名，只出现在《汉袁良碑》这本书。我考察到：张衡《东京赋》中说："嘉德殿前有九龙门。"注解道：九龙，原本是周时的殿名。（九龙殿）的门上有三个铜柱，柱上各有三龙相互缠绕，所以取名叫九龙。嘉德殿在九龙门内。嘉德殿在九龙门内这样的描述不仅出现在这块碑上，其他书籍中也有记载。所以应该是把"嘉德殿"和"九龙门"错记成了"九龙殿"。

武则天来到洛阳，便不回长安。这是《通鉴》所记载的事情。张柬之等发动战争，攻打至武则天的寝宫长生殿，又将武则天迁至上阳宫，长生殿和上阳宫这两个寝宫都在洛阳。而程泰之的《雍录》却认为武则天所待的宫殿在长安，是由"长生殿"望文生义，理解错了。

冯衍赋说："皋陶在雷湖垂钓，后来和舜成为了相互亲近的人。"却没有详细地说明这个说法的出处。《水经注》引用《墨子》的说法，认为："舜在濩湖捕鱼。"现在流传的《墨子·尚贤篇》中则记载："舜在雷湖捕鱼泽，尧在服湖的北边遇到了舜。"这里服湖的"服"字，怀疑是古音相似的"濩"字。（两者音近，在流传过程中产生了讹误。因此，舜应当是在濩湖捕鱼，冯衍赋说法错。）

《汉书·王嘉传》记载（王嘉）是南陵的县令，颜之推注解道：南陵，县名，属于宣城。我认为：汉代南陵县并没有设置在宣城郡。（原注：宣城县属于丹阳郡。）

南陵属于京城的管辖区域，汉文帝七年设置。颜之推的注

邪?

《禹贡》："冀州,治梁及岐。"先儒皆以为雍州之山。
晁氏谓:冀州之吕梁狐岐山也。蔡氏《集传》从之。(原注:
朱文公曰:"梁山证据不甚明白。")

《贾谊书》曰:"所为建武关、函谷、临晋关者,大抵为
备山东诸侯也。"武关在商州商洛,以限南诸侯;函谷在陕
州灵宝,以限北诸侯;临晋在同州朝邑,以限东诸侯。

鲍明远《登大雷岸与妹书》云:"栈石星饭,结荷水宿。
旅客贫辛,波路壮阔。"其词奇丽超绝,翰墨畦径,可以讽
诵。明远妹令晖,有文才,能诗,见钟嵘《诗品》。大雷在舒
州望江县,《水经注》所谓大雷口也。晋有大雷戍,陈置大
雷郡。庾亮《报温峤书》:无过雷池一步。(原注:积雨为池,
谓之雷池,东入于江,为大雷口。《元和郡县志》云。)

余仕于吴郡,尝见长洲宰,其圃扁曰"茂苑"。盖取诸
《吴都赋》。余曰:"长洲非此地也。"问其故,余曰:"吴
王濞都广陵。《汉·郡国志》:广陵郡东阳县有长洲泽,吴
王濞太仓在此。东阳,今盱眙县,故枚乘说吴王云'长洲之

解为什么没有考察《汉书·地理志》呢?(如果考察了就不会出现南陵县名属于宣城的错误了,那颜之推这样注解的原因是为什么呢?)

《禹贡》:"冀州,(从壶口开始施工以后)就治理梁山和它的支脉岐山。"前代的注解都认为是冀州域内的山是雍州的山。晁补之认为:冀州域内的山是吕梁的狐岐山也。蔡沈的《书经集传》也认同晁补之的观点。(原注:朱熹说:"说它是梁山的证据不足。")

《贾谊书》认为:"之所以要建武关、函谷、临晋关,大概是为了防备太行山东边的诸侯。"武关在商州商洛,用来限制南面的诸侯;函谷在陕州灵宝,用来限制北面的诸侯;临晋在同州朝邑,用来限制东面的诸侯。

鲍照的《登大雷岸与妹书》写道:"(我前往大雷对的途中),夜间在山路上进餐,连起荷叶屏障在水边过夜。旅途行客贫苦艰辛,水路壮阔漫长。"其词奇丽超绝,翰墨畦径,可以用来歌唱,也可以用来诵读。鲍照的妹妹令晖,有文学方面的才华,能作诗,钟嵘的《诗品》有对鲍照的妹妹令晖评价。大雷在舒州望江县,也是《水经注》所说的大雷口。晋代有大雷戍,陈朝时设置大雷郡。庾亮的《报温峤书》也有写道:江州刺史温峤要坐镇防地,不要越过雷池去京都。(原注:雨水积聚为池,就叫作雷池,向东汇入长江,就是大雷口。见于《元和郡县志》。)

我在吴郡为官的时候,曾经见过长洲的官员,他家中的园林有块匾写着"茂苑"二字。"茂苑"二字大概是取自《吴都赋》。但是我认为"长洲不是在吴郡这个地方。"长洲的官员问为什么,我说"吴王濞建都在广陵。《汉书·郡国志》记载:广陵郡东

苑'，服虔以为'吴苑'，韦昭以为长洲在吴东，盖谓广陵之
吴也。"曰："它有所据乎？"曰："隋虞绰撰《长洲玉镜》，盖
炀帝在江都所作也。长洲之名县，始于唐武后时。"（原注：
《元和郡县志》苑在长洲县西南七十里，未足据也。当从《郡国
志》。）

杀胡林，在栾城县。（原注：唐属赵州，后属真定府。《纪异
录》云："林内射杀一狐，因以名之。"《续通典》云："唐天后时，
袭突厥，群胡死于此，故以名之。"）

隋牛弘封奇章公。僧孺其后也。奇章，巴州之县，梁普
通六年置，取县东八里奇章山为名。《隋》、《唐志》、《通
典》、《九域志》、《舆地广记》皆云"其章"，误也。《续通
典》作"奇章"。

诸子

《汉志》："《曾子》十八篇。"今世所传，视汉亡八篇
矣。十篇见于《大戴礼》。景迂云："世知读《曾子》者，殆未

阳县有长洲泽，吴王濞的粮仓安置在这里。东阳，现在在盱眙县，所以枚乘说吴王称东阳叫'长洲之苑'，服虔认为东阳应该叫'吴苑'，韦昭也认为长洲在吴国东边，所以说才把吴地称为广陵。"官员问："东阳才是长洲这个说法有根据吗？"我说"隋虞绰的《长洲玉镜》，大概是隋炀帝在江都期间所作的。而长洲作为一个县的名字，是唐武则天时期才设立的，隋代的小说怎么会用在它之后唐代的县名呢？所以这里的长洲不会是今天的长洲，而是汉代时的长洲，也就是今天的东阳。"（原注：《元和郡县志》说苑在长洲县西南方七十里的地方这一说法证据不足。应当依从《郡国志》的说法。）

杀胡林这个地区，在栾城县。（原注：杀胡林在唐代时属赵州，后来又属于真定府。《纪异录》说："因为在树林里用弓箭射杀了一只狐狸，所以才命名为"杀胡林。"《续通典》说："武则天时期，突袭突厥，许多胡人死在此地，所以叫"杀胡林。"）

隋代的牛弘被封为奇章公。牛僧孺是他的后人。奇章县，是巴州的一个县，梁武帝普通六年设置的，地名取自县东边八里远的奇章山。《隋书·牛弘传》、《唐书·牛僧孺传》、《通典》、《元丰九域志》、《舆地广记》都记"奇章"为"其章"，这是因为音同而笔误了。《续通典》改正了这个错误，将"其章"重新改做"奇章"。

《汉书·艺文志》认为："《曾子》一书共有十八篇。"但从流传到现在的篇目看，只剩下了十篇，在汉代时就遗失了八篇。

见其人也。"朱文公云："所记虽或甚疏，亦必切于日用躬行之实。"

太史公序《历书》曰："律居阴而治阳，历居阳而治阴，律、历更相治，间不容翲忽。"出《曾子·天圆章》。（原注：《曾子》云："其间不容发。"）

《通鉴》载"子思言苟变于卫侯"，在安王三十五年。《大事记》云："去孔子没百有三年。子思逮事孔子，未必至是时尚存。"薛常州亦云："子思之年，毋乃过于寿考乎？"

《家语》："《荀子》谓'孔子观于鲁桓公之庙，有欹器焉'"。《韩诗外传》、《说苑》皆云："观于周庙，有欹器焉。"《晋·杜预传》云："周庙欹器，至汉东京，犹在御坐。"当以周庙为是。

剩下的十篇可以在《大戴礼记》中找到。北宋末南宋初的晁说之认为："世上知道读《曾子》的人，大概还做不到《曾子》里所要求人要有的样子吧。"朱熹说："《曾子》所记载的内容虽然很难做到，逻辑也不是很严密，但是一定要结合到日常的实践中去体会，才能懂得《曾子》说的是什么，要求人做到的样子是什么样的。"

西汉史学家司马迁为《历书》作序说："乐律居于阴位而治理阳，历法居于阳位而治理阴，乐律、历法更替着相互发生作用，其间不容许有丝毫差错。"这段话就是出自《曾子·天圆章》当中。(原注:《曾子》说:"这当中的关系极为微妙。")

《资治通鉴》记载了"子思向卫国国君推荐苟变"的事迹，并认为这件事发生在周安王三十五年。《大事记》认为："周安王三十五年是孔子去世后的第一百零三年。如果此时子思还在侍奉孔子，但按照子思的年纪计算，这时候(孔子去世后一百零三年)未必还活着。"薛常州也说："如果子思向卫国国君推荐苟变发生在周安王三十五年的话，子思此时年满一百二十岁? 这么看来子思的年纪，难免不会过于大了吗。"

《孔子家语》认为："《荀子》中有记载'孔子在鲁桓公的祠堂观礼，在那儿有欹器'"。《韩诗外传》、《说苑》都说："(孔子)是在周天子的祠堂观礼，按照周代的礼乐制度，诸侯国的祠堂不能拥有欹器，只有周天子的祠堂才能有欹器，。"《晋书·杜预传》的记载同《韩诗外传》、《说苑》一致，认为："孔子是在周天子的祠堂观礼，看到了欹器。一直到了西汉时期，欹器仍然原封保存在旧时周天子的都城。"所以，(欹器)应该在周天子的祠堂才对。

　　《皇览·记阴谋》："黄帝《金人器铭》：武王问尚父曰：'五帝之诫，可得闻乎？'"尚父曰："黄帝之戒曰：'吾之居民上也，摇摇恐夕不至朝。故为金人，三封其口，曰：古之慎言。'"按《汉·艺文志》"道家"有《黄帝铭》六篇。蔡邕《铭论》："黄帝有《巾机》之法。"《皇览》撰集于魏文帝时，汉《七略》之书犹存。《金人铭》，盖六篇之一也。

　　胡文定铭龟山杨公曰："孰能识车中之状，意欲施之。"《韩诗外传》云："孔子出卫之东门，逆姑布子卿，曰：'二三子引车避。有人将来，必相我者也。'孔子下步，姑布子卿曰：'赢乎若丧家之狗。'子贡以告，孔子曰：'丘何敢乎？'子贡曰：'何足辞也？'子曰：'汝独不见夫丧家之狗欤？既敛而椁，布器而祭。顾望无人，意欲施之。上无明王，下无贤方伯，王道衰，政教失，强陵弱，众暴寡，百姓纵心，莫之纲纪。是人固以丘为欲当之者也，丘何敢乎？'"文定盖用此，以比二程。

　　荀卿《非十二子》，《韩诗外传》引之，止云十子，而无

　　《皇览·记阴谋》认为："黄帝所撰的《金人器铭》记载：周武王问尚父：'古代帝王的自我警戒可以告诉我吗？'"尚父说："黄帝时的警戒说：'我领导人民，忧虑不孜，唯恐傍晚到不了早晨'，所以黄帝铸造金人并三封其口，提醒说出口的话要再三考虑，这就是：古人所说的慎言。'"我注意到《汉书·艺文志》中对道家的记载，认为有六篇《黄帝铭》。蔡邕在《铭论》中说："黄帝时期有《巾机》一书中记载的格言作为自我戒惧之法。"《皇览》一书是魏文帝时期集中编撰的，这时汉代的《七略》一书还存在，《七略》是《汉书·艺文志》的前身。而《金人铭》就是《七略》六篇中的一篇。

　　胡文定在给杨龟山的墓志铭里写道："怎么能知道车内的情形呢，想要在这个混乱的时候有所作为。"《韩诗外传》记载有："孔子从卫国的东门出行，以免碰到善于识人任用的姑布子卿，并告诫弟子们说：'你们碰到姑布子卿应该牵车躲避。如果有人要来访，必定是要让我当宰相。'于是孔子便下车躲避。姑布子卿说：'羸弱的样子就像丧家之犬一样。'子贡把这件事告诉孔子，孔子说：'我怎么敢担任（宰相）的职位呢？'子贡说：'要怎么推辞呢？'孔子说：'你怎么不看看那丧家之狗呢？主人家收尸定棺，礼器已祭。（丧家之狗）环顾四周，以为无人，正想施展自己。可是上面没有圣明的君主，下层也没有贤能的大臣，王道衰败，政治教化不行，强者霸凌弱者，人多的国家欺负人少的，百姓恣意而为，漠视法纪。固然姑布子卿这人觉得我可以在危乱之际力挽狂澜大干一场，我怎么敢？'"胡文定大概是用危难之际将大有作为的"丧家之犬"来类比二程。

　　荀卿的《非十二子》和《韩诗外传》均引用了这个例子，但

子思、孟子。愚谓：荀卿非子思、孟子，盖其门人如韩非、李斯之流，托其师说以毁圣贤。当以《韩诗》为正。

荀卿曰："盗名不如盗货。田仲、史鰌不如盗也。"陈仲子犹可议，"直哉史鱼"，以为盗名，可乎？《非十二子》，史鰌与子思、孟轲皆在焉，岂有法仲尼而非三子者乎？

《楚辞·渔父》："吾闻之，新沐者必弹冠，新浴者必振衣，安能以身之察察，受物之汶汶者乎？"《荀子》曰："新浴者振其衣，新沐者弹其冠，人之情也。其谁能以己之僬僬，受人之掝掝者哉！"荀卿适楚，在屈原后，岂用《楚辞》语欤？抑二子皆述古语也？

《荀子》曰："非其人而教之，赍盗粮、借贼兵也。"独不知李斯、韩非乎？

《成相》曰："禹傅土，平天下，躬亲为民行劳苦。得益、皋陶、横革、直成为辅。"注云："横革直成，未闻。"韩侍郎云："此论益、皋陶之功，横而不顺者革之，直者成之也。"愚尝考《吕氏春秋》云："得陶、化益、真窥、横革、之交五人，佐禹，故功绩铭乎金石，著于盘盂。"陶，即皋陶也。化益，即伯益也。真窥，即直成也。（原注："真"与"直"字相

是说孔子只有十个弟子,没有子思和孟子。我想,荀卿之所以认为没有子思、孟子,大概是因为他的弟子像韩非、李斯这类人,想要借荀卿的名号来诋毁圣贤子思和孟子。因此,应该以《韩诗外传》中的记载为准。

荀卿说:"偷盗名声比偷东西更令人不耻。田仲不食不义之禄最终饿死、史鰌死不治正堂为谏,他们欺世盗名而行为无益于国家,这样偷盗名声的人还不如偷东西的小偷呢。"陈仲子还有待讨论,"史鱼正直"认为史鰌偷盗名声,这样正确吗?史鰌与子思、孟子三个人都有美名,哪有认可儒家鼻祖孔子却否认其他三人的道理呢?

《楚辞·渔父》写道:"我听说:刚洗过头一定要弹弹帽子,刚洗过澡一定要抖抖衣服。怎能让清白的身体去接触世俗尘埃的污染呢?《荀子》也说:"刚洗过澡一定要抖抖衣服,刚洗过头一定要弹弹帽子,这是人之常情。谁能让自己清白的身体去接触他人的污染呢!"荀卿到达楚国,是在屈原之后,难道用的是《楚辞》中的语句吗?还是两个人都说的古语?

《荀子》中还说:"把本领教给不正派的人,就等于给盗贼送去了食粮,为叛贼提供了兵器。"荀卿是惟独不了解李斯、韩非吗?

《荀子·成相》认为:"夏禹领导治水土,安定天下,亲自为民奔走,做事劳累又辛苦,得到伯益、皋陶、横革、直成的辅助。"注解写道:"从未听说过有横革、直成这两个人。"韩愈说:"这里说的是,要论益、皋陶的功劳,大约是废革那些阻挠治水之人,成就那些辅助治水之人。"我曾经考据《吕氏春秋》,得出:"得陶、化益、真窥、横革、之交这五个人,辅佐

类。）横革即横革也。皆禹辅佐之名。（原注：之交，未详。《世本》化益作井，宋衷云："伯益。"）

《王霸篇》："睪牢天下而制之。"《马融传》注作"皋牢，犹牢笼也。"

孟子三见齐王不言事，曰："我先攻其邪心。"杨倞注云："以正色攻去邪心，乃可与言也。"此《庄子》所谓"正容以悟之，使人之意也消"。

《荀子》曰："千人万人之情，一人之情是也。"《阿房宫赋》之语本此。

《劝学篇》"青出之蓝"，作"青取之于蓝"；"圣心循焉"，作"备焉"；"玉在山而木润"，作"草木润"；"君子如向矣"，作"如响矣"。《赋篇》"请占之五泰"，作"五帝"。监本未必是，建本未必非，余不胜纪。（原注：今监本乃唐与政台州所刊。熙宁旧本亦未为善，当俟详考。五泰，注云："五泰，五帝也。"监本改为五帝，而删注文。）

河间献王之言，惟见于《说苑》，谓："尧存心于天下，

过夏禹，所以这五个人的功绩被铭刻在金石之上，写在盘盂之中。"陶就是即皋陶。化益就是伯益。真窥就是直成。（原注："真"字与"直"字相似。）横革就是横革。陶、化益、真窥、横革这些都是辅佐夏禹的大臣的名字。（原注：不清楚"之交"是什么。《世本》中"化益"写作"井"，宋哀以为就是伯益。）

《荀子·王霸篇》认为："总揽天下之人就像控制自己的子孙一样。"《马融传》的注作"皋牢就是像牢笼一样。"（这里疑似字形相近而误解，罩像是殷勤敬佩孝顺的样子。）

孟子三次觐见齐宣王却不谈国事，却说："以严肃的神色去除对方的不良思想。"杨倞注说："用端正的神色去除对方邪僻之心，才可以给他交流。"这也就是《庄子》所说的"端正面容来开悟别人，使别人邪念也消失"。

《荀子》说："千人万人的心，其实就是一个人的心。《阿房宫赋》中的"一人之心，千万人之心也"就是出自这里。

《荀子·劝学篇》的原始版本中"青出之蓝"，写作"青取之于蓝"；"圣心循焉"，写作"备焉"；"玉在山而木润"，写作"草木润"；"君子如向矣"，写作"如响矣"。《荀子·赋篇》原始版本中"请占之五泰"，写作"五帝"。考察原始的版本所记载的未必一定是正确的，流传的版本未必一定是错的，原始的版本与流传的版本中的不同太多了，多得我都数不过来了。（原注：今本《荀子》是唐与政在台州所刊刻的。熙宁年间的版本也不一定最好，还需要详加考证。五泰，注解说："五泰就是五帝。"今本《荀子》将五泰改为五帝，删除了注文。）

河间献王的言论只出现在《说苑》当中，（河间献王）说：

加志于穷民，痛万姓之罹罪，忧众生之不遂也。有一民饥，则曰：'此我饥之也。'有一人寒，则曰：'此我寒之也。'一民有罪，则曰：'此我陷之也。'仁昭而义立，德博而化广，故不赏而民劝，不罚而民治。先恕而后教，是尧道也。"又曰："禹称：'民无食，则我不能使也。功成而不利于人，则我不能劝也。'故疏河以导之，凿江通于九派，酾五湖而定东海。民亦劳矣，然而不怨苦者，利归于民也。"又曰："汤称：'学圣王之道，譬如日焉；静居独思，譬如火焉。夫舍学圣王之道，若舍日之光。独思，若火之明也，可以见小，未可用大知，惟学问可以广明德慧也。'"又曰："《管子》称：'仓廪实，知礼节；衣食足，知荣辱'夫谷者，礼义所以行，而人心所以安也。《尚书》"五福"，以富为始。子贡问为政，孔子曰：'富之。既富，乃教之。'此治国之本也。"司马公为献王赞，谓："用其德，施其志，帝王之治复还，其必贤于文、景远矣。"

"尧心存天下，有志于改善穷苦民众的生活，痛恨百姓受难，担忧众生不顺。有一个民众受饿，（尧）就说：'这是我让他受饿啊。'有一个民众受寒，（尧）就说：'这是我让他受寒啊。'有一个民众受罪，（尧）就说：'这是我让他受罪啊。'因此（尧）的仁心得以昭显，义气得以树立，德行广博，化于万民之中，所以，（尧）不用赏赐，民众就会自发地勤劳向上，不用惩罚，民众就会自发地遵守法律。先对民众宽容然后再加以教导，这是尧的治国方法。"（河间献王）又说："禹称：'百姓没饭吃，那么我也做不到让他们吃饱。我治水成功但是百姓没有受益，那么我也不能够更加勤勉。'所以（禹）通河道以导洪水，开凿河道使长江在九派间流通，流入五湖最终流向东海。百姓也十分劳累，但是却少有抱怨的人，因为治水的好处是归百姓的。"（河间献王）还说："汤称：'学习圣王治国的方法，就像沐浴阳光；静静地一人沉思，就像近火取暖。如果放弃学习圣王治国的方法，就像舍弃阳光。一人沉思，就像火焰的光亮，可以用来看见微小之处，却不知道可以用来获得大智慧，只有学问可以用来增加智慧提升德行也。'"（河间献王）又说："《管子》称：'百姓的粮仓充足，丰衣足食，才能顾及到礼仪，重视荣誉和耻辱'。粮仓充足了，礼仪才能开展，人心才能安定。《尚书》中的"五福"，以富足作为开始。子贡向孔子请教治理国家的办法，孔子说：'推行政策使（百姓）富裕起来，等他富裕起来后，（用礼义）教化他'。这是治国的根本。"司马光专门为河间献王写的《献王赞》说："河间献王重视德行教化，在他的领地内施展他的志向，修兴礼乐，治国理民，使得尧舜时期治国的方法才能得以再现，会呈现比文景之治更贤明的政治景象。"

《法言序》旧在卷后，司马公《集注》始寘之篇首。
《诗》、《书》之序亦然。

老泉《太玄论》曰："疑而问，问而辩，问辩之道也。扬
雄之《法言》，辩乎其不足问也，问乎其不足疑也，求闻于后
世而不待其有得，君子无取焉。"东坡亦谓：《太玄》、《法
言》"雕虫而变其音节，谓之经可乎？"

《法言》末篇称"汉公"，斯言之玷，过于《美新》矣。
司马公虽曲为之辩，然不能涤莽大夫之羞也。

五两之纶，半通之铜。注云："半通，阙。"（原注：今按：
仲长统《昌言》曰："身无半通青纶之命。"注：《十三州志》曰："有
秩啬夫，得假半章印。"半通，半章也。）

"美灵根，闭朋牖，"《太玄》之心学也。

《中说前述》云："隋文帝坐太极殿，召见，因奏太平之
策十有二焉。"按《唐会要》："武德元年五月，改隋大兴殿
为太极殿。"隋无此名。

"《诗》失于齐、鲁"，当从龚氏本云："《论》失于齐、
鲁。"谓《论语》也。上文已言齐、韩、毛、郑，《诗》之末也，
不当重出。

《法言序》旧版在卷后，司马光的《集注》将其置于篇首。《诗经》、《尚书》的序言也是这样。

苏洵《太玄论》认为："有疑惑然后提问，提问了然后互辩，这是问辩的方法。扬雄的《法言》提到，辩论完了就不需要提问了，提问完了就不会疑惑了，后世求知却无法有所得，是因为君子没有学到这个方法。"苏轼也说：《太玄》、《法言》（与经典相比）只是"雕虫小技而变换了一下音节，说是经可以吗？"

扬雄的《法言》最后一篇极力称道安汉公王莽，这种言论比《美新》有过之而无不及。司马光虽然为扬雄争辩，但是依旧不能洗涤他出仕王莽政权带来的羞辱。

（扬雄《法言·孝至》还写道）重五两的布匹，可以制作半个章的铜。《法言》的注解道："半通也就是阙。"（原注：我认为仲长统《昌言》里说道："身无半通青纶之命。"注解说：《十三州志》说："有秩啬夫，得假半章印。"里说的"半通"也就是"半章"的意思。）

"美灵根，闭朋膈，"这是道家学派《太玄》一书中提到的心学。

《中说前述》认为："隋文帝在太极殿中，召见献上安定社会十二条计策的贤士王诩。"按照《唐会要》的说法："唐高祖武德元年五月，改隋代的大兴殿名为太极殿。"隋代没有"太极殿"这个名字。

《中说前述》还说"齐人辕固的《齐诗》，鲁人申培公的《鲁诗》均已失传"，这句话应当遵从龚鼎臣版本的说法理解："齐人的《论语》，鲁人的《论语》没有流传。"《中说前述》记载的《诗经》应该说错了，说的是《论语》。因为《中说前述》上

"封禅，秦汉之侈心"。此河汾笃论也。房、魏学于河汾，而议封禅之礼，不以为非，安在其为守师说乎？梁有许懋，而唐无人焉，曾谓房、魏不如懋乎！

龚氏注《中说》，引古语云："上士闭心，中士闭口，下士闭门。"愚按：《楚辞·橘颂》云："闭心自谨终不过失兮。"王逸注："闭心，捐欲也。"

《中说》于文取陆机，于史取陈寿，自魏、晋而下言之也。

"记註兴而史道诬矣。""註"，当作"注"。"记注"，谓汉、晋以后起居注之类，虚美隐恶，史无直笔，故曰"诬"。阮逸谓若裴松之注《三国志》，恐非。

"张玄素问礼"，注云："史传未见。"玄素蒲州人，《唐书》有传。注以为未见，非也。

文已经说过四家《诗》的传授者为齐人辕固传《齐诗》，鲁人申培公传《鲁诗》，燕人韩婴传《韩诗》，毛亨、毛苌传《毛诗》，其中齐人辕固传《齐诗》，鲁人申培公传《鲁诗》，燕人韩婴传《韩诗》三家诗亡逸。在后文中不应该再说一遍，综合注本，应为书名写错。

"举行封禅礼是秦汉的帝王为满足自己心愿的奢侈想法"。这个说法广泛流传于汾河地带。房玄龄、魏徵在汾河求学期间，讨论到封禅礼，一致不认为这是不对的，坚持相信秦汉有封禅礼，难道这是为了坚持他们在汾河学到的学说吗？梁朝许懋认为上古时期就存在封禅礼，但是唐代没有人这么认为，难道就说房玄龄、魏徵的学问不如许懋吗！

龚鼎臣注解《中说前述》的时候，引用古语说："上等的士，不轻易动心，修身养性；中等的士，不轻易开口说话，谨言慎行；下等的士，则闭门谢客，处静以求少过。"我考察到：《楚辞·橘颂》也认为："你断绝私欲谨慎自守，便永不会犯错误。"王逸注解道："闭心，就是摈弃欲望的干扰。"

《中说前述》收录魏代、晋代以后的内容时，在文章上就采取陆机的说法，在史事上就采取陈寿的观点。

"记註兴而史学作假。""註"字应该写成"注"。"记注"指的是汉代、晋代以后的起居注之类，浮夸虚假的善而隐匿真实的丑恶，记录史实不据实而写，所以叫作"诬"。阮逸说就像裴松之注解《三国志》一样，这一说法恐怕不符合事实。

"张玄素问礼"这句话《唐书》注解说："史传中没有见到（张玄素）这个人。"张玄素是蒲州人，《唐书》有他的传，但是《唐书》的注解认为没有这个人，这是注解的错误。

"戎狄之德，黎民怀之，三才其舍诸。"此叔恬之言也。（原注：元魏之君，唯称孝文，然治家无法，佳兵不已，再传而遂乱，安在其黎民怀之也？）

"文中子游马颊之谷，遂至牛首之溪。"龚氏本云："子游黄颊之谷，遂至白牛之溪。"注云："王绩尝题诗黄颊山壁。"愚按《负苓者传》："文中子讲道于白牛之溪。"当从龚本。

仲长子光，《中说》称之。王无功为传云："著《独游颂》及《河渚先生传》以自喻。文中子比之虞仲、夷逸。"又为祭文云："明道若昧，进道若退。鸟飞知还，龙亢靡悔。藏用以密，养正以蒙。不见其始，孰知其终。"

无功《答冯子华书》曰："吾家三兄生于隋末，伤世扰乱，有道无位，作《汾亭》之操，盖孔氏《龟山》之流也。吾尝亲受其调，颇谓曲尽。近得裴生琴，更习其操，洋洋乎觉声品相得。"又曰："吾往见薛收《白牛溪赋》，韵趣高奇，词义旷远，嵯峨萧瑟，真不可言。壮哉邈乎，扬、班之俦也！高人姚义常谓吾曰：'薛生此文不可多得，登太行，俯沧溟，高深极矣！'"（原注：可附《中说》注。）

"外族的礼遇之德，百姓们都记在心里，天地人三才，人住在其中。"这是王凝的记载。（原注：北魏当时皇帝被称作"孝文帝"，然而治理国家不依常法，对外用兵不断，到孝文帝的儿子继位国家就乱了，老百姓怎么会记在心里呢？）

（王凝记）"文中子游学到马颊谷，接着游学到了牛首溪。"龚鼎臣版本说："文中子游学到黄颊谷，接着游学到了白牛溪。"注解说："王绩曾经在黄颊山壁题诗。"我按照《负苓者传》的说法，认为："文中子在白牛溪讲学。"因此地名的版本应该按照龚鼎臣的版本。

仲长子光，《中说前述》称赞他。王绩也为他作传，说："（仲长子光）著《独游颂》及《河渚先生传》来比喻自我。文中子将他比作自比虞仲、夷逸。"（王绩）又为（仲长子光）写祭文说："光明的道好像是昏暗的，前进的道好像是退路。飞鸟飞远日暮时分尚且知道返巢，升腾到极限的龙会有灾祸之困，居高位的人要戒骄，否则会因失败而后悔。隐藏能力言行谨慎，学识、学养在启蒙阶段得到正确培养。不知道一件事的开始，怎么能知道一件事的结尾呢。"

王绩的《答冯子华书》写道："我家三兄弟出生于隋末，世道混乱，帝王之位悬置，作《汾亭》中讲究的节操，大概只有孔子《龟山操》里说的那些人了。我曾经亲自被人传授过《龟山操》，颇有曲尽人散之感。最近得到裴生琴，重新练习《龟山操》，裴生琴弹奏《龟山操》的声音是多么的宏达悠扬，陶醉地感觉到《龟山操》声音与人品相当啊。"（王绩）又说："我看到薛收的《白牛溪赋》，气韵趣味奇高，词义空旷辽远气势高峻萧条，嵯峨萧瑟，妙到难以言喻。多么宏伟，多么浩远啊，可以和西汉大

　　李百药曰："分四声八病。"按《诗苑类格》沈约曰：
"诗病有八：平头、上尾、蜂腰、鹤膝、大韵、小韵、旁纽、
正纽。唯上尾、鹤膝最忌，余病亦通。"

　　杜淹《文中子世家》："二子，长福郊，少福畴。"龚氏
本载《前述》长子福奖。刘禹锡撰《王质碑》云："文中子生
福祚，福祚生勉，勉生怡，怡生潜。"质，潜之季子，为谏议
大夫、给事中，终宣歙观察使，《唐书》有传。福畤之子，见于
《文艺传》者，勔、勮、勃、助、劼、劝。"（原注：太原府君召
三子而教焉，龚氏注云："文中子三子：福奖、福祚、福畴。"福奖疑
即福郊也。）书此以补《世家》之阙。

文学家扬雄和东汉一代史学大师班固相媲美! 高人姚常对我说'薛收这篇文非常难得, 登太行山领略天下小我, 读着就像俯沧溟海感受深海浩渺, 这篇文高深到了极点! ' "(原注: 这段话可与《中说》的注文相配合。)

李百药说: "(诗歌) 分四声 (指平、上、去、入四声) 八病。" 我认为《诗苑类格》中沈约说的: "诗有八病: 平头 (五言诗第一字、第二字不得与第六字、第七字同声 (同平、上、去、入)。上尾指第五字不得与第十字同声 (连韵者可不论)。)、上尾、蜂腰 (指五言诗第二字不得与第五字同声, 言两头粗, 中央细, 有似蜂腰)、鹤膝 (第五字不得与第十五字同声, 言两头细, 中央粗, 有似鹤膝)、大韵 (五言诗如以"新"为韵, 上九字中不得更安"人、津、邻、身、陈"等字)、小韵 (除韵以外而有迭相犯者)、旁纽 (即五字句有"月"字, 不得更安"鱼、元、阮、愿"等与"月"字同声纽之字)、正纽 (即以"壬、衽、任、入"为一组, 五言一句中已有"壬"字, 不得更安"衽、任、入"字, 致犯四声相纽之病)。其中上尾、鹤膝是最需要避免的, 其他问题也一样。"

杜淹《文中子世家》中记载: 有两个儿子, 大的叫王福郊, 小的叫王福畤。龚鼎臣版本记载《中说前述》认为长子叫福奖。刘禹锡撰《王质碑》认为: "文中子生王福祚, 福祚生王勉, 王勉生王怡, 王怡生王潜。" 质, 是王潜的第二个儿子, 后来成为了谏议大夫、给事中, 最终封为宣歙观察使, 《唐书·文艺传》有记载。福畤的孩子, 记载于《汉书·文艺传》当中的, 有劢、勮、勃、助、劫、劝六人。"(原注: 太原府君召见其中三人而教育他们, 龚鼎臣注解说: "文中子的三个儿子是王福奖、王福祚、王福畤。" 福奖可能

　　王无功《游北山赋序》云："余周人也。本家于祁，永嘉之际，扈迁江左。地实儒素，人多高烈，穆公衔建元之耻，归于洛阳。同州悲永安之事，退居河曲。始则晋阳之开国，终乃安康之受田。"其赋云："白牛溪里，冈峦四峙，信兹山之奥域，昔吾兄之所止。许由避地，张超成市。察俗删诗，依经正史。组带青衿，锵锵儗儗。阶庭礼乐，生徒杞梓。山似尼丘，泉疑泗洙。"又注云："此溪之集，门人常以百数。河南董恒、南阳程元、中山贾琼、河南薛收、太山姚义、太原温彦博、京兆杜淹等十余人，称为俊颖。而姚义慷慨，同侪方之仲由；薛收以理达，方庄周。门人多至公辅，而文中之道未行。然无功不及房、杜、魏，何哉？"郑毅夫论《中说》之妄，谓："李德林卒于开皇十二年，通时年八九岁，未有门人，而有"德林请见，归而有忧色，援琴鼓《荡》之什，门人皆沾襟；关子明太和中见魏孝文，如存于开皇间，亦一百二三十岁矣，而有"问礼于子明"。是二者，其妄不疑。"晁氏《读书志》谓："薛道衡仁寿二年出襄州，通仁寿四年始到长安，其书有'内史薛公见子于长安'，用此推之，则以房、杜为门人，抑又可知也。"

就是福郊。）这里写出杜淹的谱系用来补充《文中子世家》的缺漏。

王绩《游北山赋序》认为："我本来是北周人。本家在祁地，西晋怀帝永嘉年间，匈奴军队攻陷西晋破败，我王家举家横渡长江避难；长江下游以南地区土地平旷，读书人的一言一行都符合儒家规范的言行，南迁的人多志向高远，遵守世业，不忘祖宗，虽南迁而不忘北归中原。高祖王虬因为建元之耻（南齐高帝萧道成篡宋，年号建元），便带领族人便北上归往洛阳。曾祖王彦悲痛北魏孝庄帝永安三年孝庄帝被并州刺史尔朱兆刺杀，从洛阳北渡黄河、翻越中条山抵达河东隋河东郡，从此远离河南平原地区的政治中心。王家以高祖王虬开始，高祖王虬为魏国效力被封开国郡公爵位，落户河汾地带，迎生送死，在河汾地带生活已经有四代了；以祖父王杰结束，祖父王杰后来官至济州刺史杰，被封为安康献公，接受皇帝分封的土地，管理安康郡。"王绩的赋还说："白牛溪里，周围山峦四立，此地确实是诸山环绕的腹地。于是我的兄长在此停驻。《庄子·逍遥游》载，上古时期许由拒绝尧的高官厚禄，选择做一个躲避世事纷扰的隐士。东汉人张楷隐居与弘农山中，但是当时的学者依然来追随他，追随的学者多的就像赶集里的人群一样。孔子删《诗》得《诗经》三百篇，依据经典编订《春秋》，以修订齐史。佩印用带的官宦，穿着黑色衣领的学生，有节奏地行进着，求学重教的样子就像草木般茂盛。《论语·季氏》载，孔子见子鲤过庭院，便教导他要学《诗》《礼》，王家虽深居高山之中，也依然重视家教，要求子承父训，对门人弟子的教诲依旧不落，要求他们都成为像杞、梓一样的良木。我的兄长生于隋末，但坚守道义

《世说》其言清以浮，有天下分裂之象。《中说》其言
闳以实，有天下将治之象。

张巨山《读管子》曰："读《心术》、《白心》、《内业》诸
篇，知其功业之所本，然后知世之知《管子》者殊浅也。书

不做唐朝的官员，隐居在白牛溪中。编撰孔子的六经，注解的经书有近百卷，想跟随他的门人弟子多的就像赶集里的人群一样。白牛溪旁的山就像孔子母亲求子祷告之地，白牛溪就像孔子讲学之地曲阜的洙河、泗河一样。"王绩又注说："白牛溪王通的师门弟子众多，弟子常常以百计数。河南的董恒、南阳的程元、中山的贾琼、河南的薛收、太山的姚义、太原的温彦博、京城的杜淹等十余人，称为俊杰。而姚义慷慨，同侪将他比作仲由；薛收以冷静著称，同侪将他比作庄周。弟子多到辅佐杨坚建隋李德林任职处，而王通的儒学之道却未施展。但是为什么王通比不上房玄龄、魏徵、杜如晦呢？"郑毅夫谈到《中说前述》时说：李德林死于隋文帝开皇十二年，王通当时才八九岁，还没有弟子，但是就有"李德林请求拜访王通，李德林回去时有忧虑的神色，拿琴弹奏《荡》，王通的弟子们感动得都哭了"；关子明在南北朝时期北魏孝文帝太和年间觐见孝文帝，如果到隋文帝开皇年间还活着，关子明也一百二三十岁了，又怎么会有"（李德林）问礼于子明"这件事呢。但是"李德林请求拜访王通""（李德林）问礼于子明"这两种记载，王绩都不怀疑事件真伪。晁公武的《郡斋读书志》认为：薛收隋文帝仁寿二年离开襄州，王通隋文帝仁寿四年才到长安，王通的书里有"内史薛收在长安见到了王通"。用这句话来推断，如果房玄龄、杜如晦是王通的弟子，怎么又能不知道薛收是王通在时间上不成立呢？。

《世说新语》的语言清新，漂浮不定，有天下分裂的景象。《中说前述》的语言宏达，言之有物，有天下将兴盛的景象。

张巨山《读管子》认为："读《心术》、《白心》、《内业》多篇，才知道建功立业的根本是什么，然后才知道世上那些谈论

多古字，如'况'作'兄'，'释'作'泽'，此类甚众。召忽曰：
'百岁之后，吾君下世，犯吾君命而废吾所立，夺吾纠也，
虽得天下，吾不生也，兄与我齐国之政也。'而注乃谓：'召
忽谓管仲为兄。''泽命不渝'，而注乃以为'泽恩之命'。甚
陋，不可遍举。"愚谓：《管子》乃尹知章注，今本云房玄龄，
非也。

《地员篇》云："管仲之正天下也，其施七尺，（原注：
施者，大尺之名。）渎田悉徙，五种无不宜。其立后而手实。"
（原注：谓立君以主之，手常握此地之实数。）"手实"之名，始
见于此。吕惠卿因以行手实之法。苏文忠论管仲之无后，利
不可与民争也，盖有激云。

傅子谓《管子书》过半是后之好事者所加，《轻重篇》
尤鄙俗。《古史》谓"多申、韩之言，以智欺其民，以术倾邻
国。有不赀之宝，石璧菁茅之谋，使管仲信然，何以霸哉！"

《管子》的人是多么的肤浅。《管子》书写时多用古字,比如'况'作'兄','释'作'泽',这种现象太多了。《管子》中召忽说:'百年以后,国君下世,如有违犯君命废弃我所立的制度夺去公子纠的君位,就是得了天下,我也不愿活着;何况,参与了我们齐国的政务。'但是注解却说:'召忽说管仲是他的兄长。这是望文生义,没有注意到'兄'字是'况'"字的古字。"而'泽命不渝',召忽也犯一样望文生义的错误,认为是'泽恩之命',把"丢掉性命而不违背诺言"为"君主恩赐惠及臣民的命"。这种粗略的错误,《管子》中多到没办法穷尽了。"我认为《管子》是尹知章注解的,现在有说法认为是房玄龄,这是错误的。

《管子·地员篇》认为:"管仲治理天下,规定地深七尺为一施。(原注:"施是一种大尺的名称。")河川沃土坚硬而肥沃,种五谷无不相宜。这里的土壤,种出来的谷物,谷粒肥厚而谷穗充实。"(原注:确立君主来主导,要掌握这一地区的田亩人口总数。)"手实"这个说法,第一次是出现在《管子·地员篇》这里。宋神宗时,吕惠卿借鉴《管子·地员篇》实施"手实"之法,又创制五等丁、产簿,规定申报的项目极为广泛。苏轼对"手实"之法极为反对,攻击管仲没有后代,是因为他推行的"手实"之法扰民太甚、与民众争利,不免有过激之处。

傅玄说:《管子》一书超过一半是后来的好事者补上的,其中《管子·轻重篇》写得特别差。《古史·管子传》认为"《管子》中许多内容都是法家申不害、韩非子的学说,内容多以智慧欺骗民众,以技巧欺骗邻国,有数不清的财富,却只有石璧菁茅般的谋略,却要使人们相信这是管仲所说,这种做法是多么的霸道啊!"

管仲曰："决狱折中，臣不如宾胥无，请立为大理。"《吕氏春秋》云："臣不若弦章。"按《说苑》，弦章在景公时，当以《管子》为正。

黄帝六相，一曰蚩尤，《通鉴外纪》改为风后。

《弟子职》，《汉志》附于《孝经》，朱子谓："疑是作《内政》时，士之子常为士，因作此以教之。"

晁景迁云："王弼注《老子》，知'佳兵者不祥之器'至于'战胜，以丧礼处之'，非《老子》之言。不知'常善救人，故无弃人；常善救物，故无弃物'，独得诸河上公，而古本无有也。傅奕能辩之。"

《老子》曰："治人事天，莫若啬。夫。唯啬是谓早复。早复谓之重积德。"司马公谓："不远而复，不离于德，可以修身。"朱文公谓："能啬则不远而复，重积德者，先已有所积，复养以啬，是又加积之也。"（原注：王弼注本作"早服"，而注云："早服，常也。"亦当为复。）

管仲说："审判案件，调节纷争，不妄杀无辜的人，不妄诬无罪的人，我不如宾胥无，请封他为'大司理'。"《吕氏春秋》说："我（管仲）比不上弦章。"我注意到《说苑》的说法，弦章是齐景公时期的人，应该认为《管子》中的记载是正确的。

传说黄帝有六相，有说法认为是蚩尤（有六相），《通鉴外纪》改为黄帝的宰相风后（有六相）。

《弟子职》、《汉书·艺文志》附于《孝经》之后，朱熹说："（《弟子职》、《汉书·艺文志》）怀疑是在作《内政》时，为了劝导为什么士的孩子常常也成为士，因此放在《孝经》之后用来教导他们。"

晁景迂说："王弼注释《老子》时，知道从'精锐的军队和锋利的兵器，是残伤生灵的凶械'到'打胜仗了那肯定双方的将士都会各有伤亡，依旧要以丧礼来处理后事'这段话，不是《老子》的原文。却不知道'圣人善于做到人尽其才，所以没有被遗弃的人；总是做到物尽其用，所以没有被废弃的物品。'我曾经得学于河上公处，他藏有的《老子》古本没有后半句话。傅奕也辩论过后句话是否为《老子》原文。"

《老子》认为："你在管理社会、按照天之道行事的时候，要节俭、克制欲望。只有这种节俭的品德，才能让你早早地悟道。当你这么去做了，并且保持这种状态，就是为你自己积德。"司马公说："走不远就需回头审视一下自己，审视自己所说之言、所行之事，以达到修身养德的目的。"朱熹也说："修身养生要用吝啬的方法，吝啬生命的根源——精气，修身养生要趁早，如果能趁这时宝精养气，"早服"，那就为日后的身体积累成双重的德了。"（原注：王弼注《老子》写作"早服"，注解说："早服

方伯谟，文公高弟也。其言曰："老子之言，盖有所激者，生于衰周，不得不然。世或黜之，以为申、韩惨刻，原于《道德》，亦过矣。"又曰："释氏，固夷也，至于立志坚决，吾亦有取焉。"似与师说背驰。

"生之徒十有三。"《韩非·解老》云："四肢与九窍。"

首章以"有"、"无"字下断句，自王介甫始。（原注：朱文公谓：名可名，有名、无名皆一义。常无欲，是说无欲。）

"惟无以天下为者，可以有天下。"此即舜、禹有天下而不与之意。汤、武之征伐，非利天下也。无利天下之心，而与天下同其利，然后可以得天下。

"谷神"一章，养生者宗焉。《春秋繁露》谓："养生之大者，在爱气闲欲以平意。平意以静神，静神以养气。古之道士有言曰：'将欲无陵，固守一德。'此言神无离形，则气多内充。"董子亦有得于此。

即常"。这里也应该写作"早复"。）

　　方伯谟是朱熹的弟子中有建树的。方伯谟说："老子的言论有过激的地方，老子出生于周代衰败之际，为了破旧立新不得不这样说。有的人不认同老子的观点，认为法家学派的一些观点源于《道德经》，这种观点也是不对的。"（方伯谟）又说："佛教虽然来自外邦，但是其立志坚决，我也从中学到不少。"这个观点似乎与朱熹的学说相背离。

　　"长寿的人占所有人的十分之三。"《韩非·解老》云："（人都有）四肢与九窍。"

　　而《老子》文章的开头以"有"、"无"字后断句，是从王安石开始的。（《韩非·解老》的"十有三"的断句习惯也是王安石之后才有的，那么这句话是否是《韩非·解老》的原文，就待疑。）（原注：朱熹说："名可名，有名与无名都是同一个意思。"常无欲"是在说无欲。）

　　"只有那些不把天下当回事、忘怀天下的人，才可以把天下托付给他。"这就是舜、禹能拥有天下而难以表达出来的意思。商汤、周武王发动战争，对天下并没有益处。没有为天下谋利的想法，但是结果却可以和天下共享利益，这样做也可以得到天下。

　　《谷神》这一章是"养生"文章的源头。《春秋繁露》认为：修养自身的关键，就在于使意念平静，平静意念以使精神安宁，安宁精神以便修养气。古代的得道之人说："想要不受灾祸侵袭，惟有固守"中和"之道。"这句话是说精神集中不要离开身体，那么身体里的气就会多起来了。董仲舒也从中得到了启示，提出天人合一的观点。

文子者, 老子弟子也。(原注: 序曰: "亦曰计然, 姓辛, 名研, 字文子。")其书称平王问道, (原注: 老子与孔子同时。又云范蠡师之, 去平王之时远矣。序谓周平王时人, 非也。)其言曰: "玉在山而草木润, 珠生渊而岸不枯。"《荀子》取之。"譬若积薪燎, 后者处上", 汲黯取之。"再实之木, 其根必伤", 明德后取之。"用兵有五: 有义兵, 有应兵, 有忿兵, 有贪兵, 有骄兵。义兵王, 应兵胜, 忿兵败, 贪兵死, 骄兵灭", 魏相取之。"临河欲鱼, 不如归而织网", 董仲舒取之。"孔子无黔突, 墨子无暖席", 班固、杜甫、韩愈取之。"心欲小, 志欲大, 智欲圆, 行欲方", 孙思邈取之; "德均则众者胜寡, 力敌则智者制愚", 陆抗取之; "欲治之主不世出", 王吉取之; "寸而度之, 至丈必差; 铢而解之, 至石必过。石称丈量, 径而寡失", 枚乘取之; "山有猛兽, 林木为之不斩; 园有螫虫, 葵藿为之不采; 国有贤臣, 折冲千里", 郑昌取之; "文之所加者深, 则权之所服者大; 德之所施者博, 则威之所制者广", 班固《刑法志》取之; "人之将疾, 必先厌鱼肉之味; 国之将亡, 必先恶忠臣之语",《越绝》、刘子取之; "乳犬之噬虎, 伏鸡之搏狸", 何休注《公羊》取之; 又曰: "士有一定之论, 女有不易之行。""同言而信, 信在言前; 同令而行, 诚在令外。""狡兔得而猎犬烹, 高鸟尽而良弓藏。"皆见此书。其见于《列》、《庄》、《淮南子》者, 不可缕数。

文子是老子的弟子。(原注：序说："文子也叫计然，姓辛，名叫研，字文子。")他的书中有平王问道的事例，(原注：老子与孔子生活在同一时期。又说范蠡也曾向文子学习，离平王时很远了，序文说文子是周平王时人，这是不对的。)《文子》书中说："宝玉埋在深山，草木就会很润泽，珍珠掉进深渊，崖岸就不会干枯。"荀子就引用了这句话，《荀子·劝学篇》中就有"宝玉埋在深山，草木就会很润泽，珍珠掉进深渊，崖岸就不会干枯"的表述。《文子》书中有："好比堆积柴火，后搬来的反而堆在上面"，汲黯引用了这句话，《汉书·汲黯传》有记载汲黯对汉武帝说"陛下用群臣，好比堆积柴火，后搬来的反而堆在上面。"《文子》书中有："再次结果的树一定会伤根"，明德黄后引用了这句话，《后汉书·后纪》中有："常常看那些富贵显赫的家族，他们的家族官爵重重叠加，就像再次结果的树，一定会伤到根脉。《文子》还说："战争有五类：凡是本着诛暴虐、救贫弱的战争，那么就看作是正义的战争，叫作'义兵'；用于抵抗侵略、保卫国家的战争则看做是'应兵'；欺负小国而不能战胜，其士兵内心忿恨，叫作忿兵；凡是用于侵略别国，扩展土地的则看作是"贪兵"；凭恃其国家强大、人民众多，就想逼迫其他国家像尊重贤圣一样臣服于自己的国家，这样的战争叫作'骄兵'。忿兵会败，贪兵必死，骄兵必然会走向灭亡。"，魏相引用了这句话。《文子》还说"站在水边想得到鱼，不如回家去结网"，董仲舒引用了这句话，《汉书·董仲舒传》书中说："所以汉掌权以来，常常想要好好治理但是今天却没办法好好治理欲。古人曾说：'站在水边想得到鱼，不如回家去结网。'"说明只有愿望而没有措施，对事情毫无好处。《文子》说"孔子、墨子四处周游，每到一处，坐席没有坐暖，灶

突没有熏黑，又匆匆地到别处去了"，班固、杜甫、韩愈引用了这句话，班固《答宾戏》有："所以圣贤想要治理国家，常常忙于世事，各处奔走栖栖遑遑，孔子、墨子四处周游，每到一处，坐席没有坐暖，灶突没有熏黑，又匆匆地到别处去"。《文子》还说："欲望要小，志向要大；智谋要周全，行方要端正"，孙思邈引用了这句话。《文子》说："政治条件一样，那就是人多的战胜人少的；军事力量相等，那就是明智的战胜愚蠢的"，陆抗引用了这句话；《文子》还说："想治理好社会的圣主并不是每个世代都会出现的"，王吉引用了这句话；《文子》还说："一铢一铢地称，称到一石一定会有差错；一寸一寸地量，到一丈就一定会有差错。以石和丈来称量，简捷又少差错"，枚乘引用了这句话；枚乘《上书谏吴王》写道：一铢一铢地称，称到一石一定会有差错；一寸一寸地量，到一丈就会有差错。以石和丈来称量，既直接又少出差错。《文子》说"山上有猛兽，人们就不敢上山砍伐；园圃里有刺人的虫子，人们就不便去采摘葵花和豆叶"；国家有贤人德之臣，就能在千里之外的战场战胜敌人，郑昌引用了这句话；《文子》还说："恩德布施得越深厚，民心归顺得越广大；恩德布施得越深厚，威名传播得越广泛正在育子的母狗敢于嘶咬老虎"，东汉史学家班固《汉书·刑法志》引用这句话；《文子》还说"人在将要得病的时候，必定先贪吃大鱼大肉等美味；国家将要灭亡的时候，必定先厌恶忠臣的谏诤"，《越绝书》、刘向都引用了这句话；汉代袁康《越绝书·越绝德序外传记》记载：人快死的时候，怕闻到酒肉的气味；国家将要灭亡的时候，怕听到忠臣的声音。说明拒忠臣、逆忠言，国家势必灭亡。《文子》说："正在育子的母狗敢于嘶咬老虎，正在孵卵的母鸡

《文子》曰："虚无因循，常后而不先，譬若积薪燎，后者处上。"汲长孺学黄、老言，故用《文子》之语。颜注云："积薪之言，出《曾子》。"当考。

《战国策》云："不闻老莱子之教孔子事君乎？示之其齿之坚也，六十而尽相靡也。"《孔丛子》云："老莱子谓子思曰：'子不见夫齿乎？虽坚刚卒尽相摩；舌柔顺终以不弊。'"《汉·艺文志》："老莱子与孔子同时。"当从《国策》。

壶丘子林，列子之师也。《吕氏春秋》云："子产相郑，往见壶丘子林，与其弟子坐，必以年。"然则与子产同时。

列子以仕卫为"嫁于卫"，从一而终，之死靡它，是之谓

敢于和狸猫搏击"，何休注解《公羊》时引用了这句话；《文子》
还说："读书人有明确的言论规范，女子有不能更改的人生轨
迹。""是先有诚信之德，而后有信必、可信之教令。非有诚信之
修为，则不可有政令、法律的令行禁止。""狡猾的兔子被抓到
以后，抓兔子的猎狗就该被宰烹了；高飞的禽鸟被射杀光，强有
力的弩也该被收藏不用了（常比喻给统治者效力的人，功成后
常遭废弃或杀害）"等名句都出自《文子》这本书。而这些名句被
《列子》、《庄子》、《淮南子》所引用的例子，多到不可胜数。

《文子·上德篇》中说："内心保持空虚状态而做事因循自
然，往往甘于处后而不争先，这就如同堆积柴木时，位置居后
的木头反而堆在上面。"汲黯学习过黄老之言，所以在向皇帝进
言的时候使用《文子》中的话。颜师古注释说："关于积聚木柴
的言论，出于《曾子》。"但这有待考证。

《战国策》说："没有听说过老莱子如何教导孔子侍奉君
主么？他张开嘴巴让孔子知道他的牙齿虽坚硬牢固，但到了六十
岁全部相继脱落。"《孔丛子》说："老莱子对子思说：'你没看
见牙齿吗？虽然坚硬但最终全部相继脱落；而舌头温和柔顺故
而得以长久保存避免祸患。'"《汉书·艺文志》说："老莱子和
孔子是同时代的人。"因此应当遵从《战国策》老莱子教导孔子
的说法。

壶丘子林是列子的老师。《吕氏春秋·慎大览·下览篇》中
说："子产在郑国为相时去见壶丘子林，和他的弟子坐在一起的
时候一定根据年龄来排座次。"也就是说壶丘子林是和子产同
时代的人。

《列子·天瑞篇》中说列子把在卫国做官视作"如女子嫁

正。

《列子》言"西方之圣人","西极之化人",佛已闻于中国矣。

"狐父之盗",《史记》正义:"《括地志》:狐父亭在宋州砀山县东南三十里。"

东坡欲去《庄子》《盗跖》、《渔父篇》,而邵子《观物外篇》谓:"《盗跖》言事之无可奈何者,虽圣人亦莫如之何;《渔父》言事之不可强者,虽圣人亦不可强。"

五峰云:"《庄子》之书,世人狭隘执泥者,取其大略,不为无益。若笃行君子,句句而求,字字而论,则其中无真实妙义,不可推而行也。"愚谓此读《庄子》之法。(原注:伊川一生不曾看《庄》、《列》。)

《韩诗外传》:"楚成王读书于殿上,而轮扁在下,作而问曰:'不审主君所读何书也?'"与《庄子》同而小异。(原注:《汉·古今人表》作"轮边"。)

《大宗师》曰:"道可传而不可受。"屈子《远游》曰:"道可受兮不可传。"敢问其所以异?曰:"庄子所谓传,传

往卫国"，始终如一，到死也不变，这就是正道。

《列子·仲尼篇》说到了"西方的圣人"，"西边尽头有道术的人"，看来佛在当时的中国便已经为人所知了。

"狐父之地的盗贼"，《史记·曹相国世家》的正义中说："《括地志》记载狐父亭在宋州砀山县东南方向三十里的地方。"

苏轼想去掉《庄子》中的《盗跖》、《渔父》这两篇，但邵雍所作的《观物外篇下》中说："《盗跖》说的是对于人世间一些没有办法的事，即使是圣人也无法做什么；《渔父》说的是对于一些不可以强求的事情，即使是圣人也不能勉强做成。"

五峰先生胡宏在《与张钦夫第十书》中说："《庄子》这本书，那些心胸见识狭窄，执拗拘泥而不知变通的人通读并领会它的大意，不能说没有好处。但如果是要践行自己学问的君子，对《庄子》这本书的每一句每一字的意思都加以认真地研习思考，那么就会发现这里面并没有什么真实而又微妙的义理，其中所讲的东西也没法推广实行。"我认为：这就是读《庄子》的正确方法。（原注：程颐这一辈子也不曾读过《庄子》、《列子》这种玄虚之书。）

《韩诗外传》中说："楚成王在殿上读书，而轮扁在殿下，他站起来问道：'不知道君上在读的是什么书？'"《韩诗外传》中所记载的这一段内容和《庄子·外篇·天道》中轮扁和齐桓公的对话基本相同，差异不大。（原注：《汉书·古今人表》中的"轮扁"写作"轮边"。）

《庄子·大宗师》中说："道可以用精神领悟、传承，但不一定能被接收感受，是无法教授的。"但屈原所作的《远游》

以心也。屈子所谓受，受以心也。目击而存，不言而喻。耳受而口传之，离道远矣。"

朱文公谓《庚桑楚》一篇，皆是禅。《天运篇》："孔子见老聃归，三日不谈。弟子问曰：'夫子见老聃，亦将何规哉？'孔子曰：'吾乃今于是乎见龙，龙合而成体，散而成章，乘乎云气，而养乎阴阳。予口张而不能嗋，予又何规老聃哉！'"《太平御览》引《庄子》曰云云。孔子曰："吾与汝处于鲁之时，人用意如飞鸿者，吾走狗而逐之；用意如井鱼者，吾为钩缴以投之。吾今见龙，云云。余口张不能嗋，舌出不能缩，又何规哉！"与今本异。

初寮谓："《庄子》之言风，其辞若与风俱鸣于众窍。掩卷而坐，犹觉翏翏之逼耳。"

《齐物论》："女以妄听之奚。"（原注：张文潜铭商瑶曰：

说:"人可以凭借内心感受从而接受大道,而不可以口耳相传。"
请问这两句话关于道的"传"与"受"的说法如此不同的原因?
回答道:"《庄子》中所说的传承,是要用心传承感受。屈原所
说的接受,也是要用内心来感受。他们说的都是眼光一见便知
'道'之所在,不必说便能明白其中道理。至于为师者口头传输
知识,学生凭记忆接受所听见的知识,这样的方式学生没有用
心感悟,因此与得'道'也会相距很远。"

　　朱熹说《庄子·庚桑楚》这一篇所谈内容的都是近似于佛
家的禅语。《庄子·天运篇》说:"孔子见过老聃回去后,三天不
再开口说话。于是弟子们问道:'先生见到老聃后,是如何对老
聃进行规劝的呢?'孔子说:'我现在才看见了龙,那龙变化莫
测,合拢起来浑然成体,扩散开来有绚丽的花纹,它乘驾着云气
而休养于天地之间。我见到龙之后惊得嘴巴都张开了因此又如
何能对老聃进行规劝呢?'"《太平御览》第六百一十七中引用了
《庄子》中所说孔子见到老子的相关部分。孔子说:"我和你们
待在鲁国的时候,有的人说话目的如同天上的飞鸟,于是我如同
地上的走狗一般追逐其意;有的人说话目的如同井底的游鱼,于
是我就使言辞如鱼钩鱼线投入其中用来钩钓它们。我现在看见
了龙,等等(与《庄子》语句相同)。我惊得嘴巴都张开了,舌头
不能缩回口中,又如何能进行规劝呢。"其中的记载与现在通行
的《庄子》中的相关部分说法不同。

　　王安中说:"《庄子·齐物论》对风进行了具体的形容,这
些形容风言辞似乎也与风一般在众多孔窍中共同鸣奏发声。我
盖上书卷静坐,仿佛仍然能感觉得到大风逼人的气势。"

　　《庄子·齐物论》中说:"你就随便听听吧。"(原注:张耒为

"造物则奚"句法本此。)

"饰小说以干县令"，疏云："县，高也。谓求高名令
闻。"（原注：有进士程文用此，犯圣祖名。）

谓惠子曰："儒、墨、杨、秉，四，与夫子为五。"《列
子·释文》："公孙龙，字子秉。"（原注：秉，谓公孙龙也。）

"鲁鸡固能矣。"注云："大鸡也，今蜀鸡。"《尔雅》：
"鸡大者蜀。"韩文公《守戒》曰："鲁鸡之不期，蜀鸡之不
支。"是以蜀鸡为小也，未详。

荆公曰："古之善事亲者，非事其亲之谓也，事其心而
已矣。""事其心"，出《人间世》。

吕吉甫曰："圣人之所以駴天下，神人未尝过而问焉。"
盖孔氏与老氏同生于衰周，庄子与孟子俱游于梁惠，其书之
言未尝相及，以此而已。

商瑶写的墓志铭中有："天地规则如此吧。"这句话的句法来源于《齐物论》中的这句话。)

《庄子·杂篇·外物》中说"修饰浅薄的言辞以求得高高的美名"，这句话的注疏说："㖗，这个字的意思是高。这句话是说有人寻求高显的名声而使别人都能听见。"（原注：有一个进士程文用了这种方式，触犯了圣祖赵玄朗的名讳。）

《庄子·徐无鬼》中庄子对惠子说："儒家、墨家、杨朱、公孙龙，总共有四家，再加上你共有五家了。"《列子·仲尼篇·释文》中说："公孙龙的字是子秉。"（原注：《庄子》中的秉，说的就是公孙龙。）

《庄子·庚桑楚》说"大鸡却能做到。"这句话的注释说："鲁鸡是大鸡，也就是现在所说的蜀鸡"《尔雅·释畜》中说："大鸡就被认为是蜀地的鸡。"而韩愈的《守戒》中所说："鲁鸡的无法预料，蜀鸡的力量不够。"则是认为蜀鸡个子的不大，体型偏小，但关于蜀鸡的大小问题由于说得不够详尽因此不能弄明白。

王安石说："以前善于侍奉父母双亲的人，并不是仅仅为父母做事来侍奉父母，而要揣测顺从父母的心意，调养父母的心情，使父母心情能够保持和畅而已。""调养他们的心情"的说法，出自于《庄子·人间世》。

吕惠卿说："圣人做了使天下惊动的事情，神人却未尝去过问，这大概是说孔子与老子一同生活在周王朝衰落的时候，庄子和孟子都曾经游说过魏惠文王，但这些生活在相同时代的人在他们所写的书中都没有提到过彼此，就和这句话说的一样。"

“以恬养知”者，主静而识益明；“以知养恬”者，致知而本益固。

向秀注《庄子》而郭象窃之；郗绍作《晋中兴书》而何法盛窃之。二事相类。

“支离疏鼓筴播精”，《文选》注作“播糈”。

郭象注曰：“圣人之在天下，嗳然若阳春之自和，故蒙泽者不谢；凄乎若秋霜之自降，故凋落者不怨。”李太白云：“草不谢荣于春风，木不怨落于秋天。”其语本此。注又曰：“世有假寐而梦经百年者，则无以明今之百年非假寐之梦者也。”邯郸枕、南柯守之说，皆原此意。幽求子曰：“当其梦时，睹山念木，或志在舟楫，因舟念水，因水念鱼。”东坡《梦斋铭》，意出于此。

《庄子》称“墨翟、禽滑釐闻其风而悦之”，则滑釐，墨

《庄子·外篇·缮生》中所说的"以静定涵养智慧"的人，性格沉稳安静而对事物认识更加透彻；"用智慧涵养静定"的人，能对事物的理解更为完善而美好的本性更加牢固。

向秀注释了《庄子》，但是郭象窃取了他的劳动成果并据为己有，后世之人也大多以为向秀为《庄子》所作的注释是郭象所著；郗绍写了《晋中兴书》，但是何法盛窃取了他著书的成果，后世之人也就大多认为郗绍所写的《晋中兴书》的作者是何法盛。这两件事情极为相似。

《庄子·人间世》中说"支离疏簸动簸箕，扬去粗糠以此而得到了精米"，《文选·东方朔赞》的注释中把"播精"写作为"拨糈"。

郭象在《庄子·大宗师》中的注释说："圣人在治理天下时，温和如同没有太阳却令人感到温暖的春天，故而蒙受恩泽的人不会因恩情过盛而加以感谢；严冷却又如秋日的清霜因天气寒冷自然而然地落下，因此为这严冷而凋零的人不会为此感到怨恨。"李白的《日出入行》中的诗句说："花草不对春风的爱抚加以感谢，落叶也不对秋风的凋残加以埋怨。"这句话大概是来源于郭象的注释。郭象对《庄子·齐物论》的注释中又说："世上有人打了个瞌睡，瞌睡时在梦中经历了百年的时光，不知道我们现在所过的人生是否也不过只是在瞌睡时所做的一场梦。"这句话的意义是邯郸枕上黄粱一梦、南柯一梦的说法之本原。幽求子说："在做梦的时候，看到山便因此而想到草木，或者心里想着舟船，因为舟船而想到水，因为水而想到水里的游鱼。"苏轼所写的《梦斋铭》所讲的意思也出于此处。

《庄子·天下篇》中说"墨翟、禽滑釐听到这种风教就十分

者也。《史记·儒林传》谓："田子方、段干木、吴起、禽滑釐之属，皆受业于子夏之伦，为王者师。"岂滑釐逃儒而入于墨，亦若吴起之言兵欤？（原注：《说苑·反质篇》载"禽滑釐问墨子"。）

庖丁解牛，行其所无事也。《管子》云："屠牛坦朝解九牛而刀可以莫铁，则刃游间也。"贾谊《疏》云："解十二牛。"《胡子知言》云："一目全牛万隙开。"横渠诗语也。

王坦之著《废庄论》，而其论多用《庄》语。胡文定《春秋纲领》有取于《庄子》之言，其可废乎？

豫且事有二。《说苑》："吴王欲从民饮。伍子胥曰：'昔白龙下清泠之渊，化为鱼，豫且射，中目。白龙不化，豫且不射。'"张平子《东京赋》所谓"白龙鱼服，见困豫且"者也。《史记·龟策传》褚先生曰："宋元王二年，江使神龟使于河，至于泉阳。渔者豫且举网，得而囚之，置之笼中。夜半，龟来见梦于宋元王。"《庄子》所谓"神龟能见梦于元君，而不能避余且之网"者也。

高兴并加以跟从"，如果按照《庄子》的这种说法，那么滑釐是信奉墨子学说的人。但《史记·儒林传》中却说："田子方、段干木、吴起、禽滑釐等人都向子夏这些人学习学问，并成为了王者的老师。"难道是滑釐离开儒家不再修习儒业而修习墨家学问，就和吴起曾学儒但之后谈论兵法一样吗？（原注：《说苑·反质篇》记载了"禽滑釐问墨子"。）

《庄子·养生主》中所说的庖丁宰杀分割全牛，是按事物的运动规律做事，顺其自然因此能够游刃有余。《管子·制分篇》说："一个名叫坦的屠牛者每天早上可以分割九头牛而他的屠刀还很锋利，快到能够断铁，这是因为他的刀刃能在骨头空隙间运转自如的缘故。"贾谊的《陈政事疏》说："分解十二头牛。"《胡子知言》说："一眼望去一只全牛身上的间隙均被洞悉，整只牛因而也自然而然被分割开。"这是张载的诗句。

王坦之写了《废庄论》，但他的这篇文章中许多论述用了《庄子》中的语句。胡文定的《春秋纲领》中有的话是从《庄子》中拿来使用的，因此《庄子》这本书是可以废弃的吗？

关于豫且的事有两种说法。《说苑·正谏篇》中说："吴王想要跟百姓一起饮酒。伍子胥说：'从前白龙从天上下到清泠池，变化成了鱼，渔父豫且射中了它的眼睛。白龙不变化成鱼的话，豫且自然也不敢射它。'"也就是张衡所作的《东京赋》所采取的说法："白龙化作鱼的样子而被渔父豫且所困"之说。而《史记·龟策列传》中褚先生说："宋元王二年的时候，长江之神派神龟出使于黄河，神龟到了泉阳。在此处渔父夫豫且撒下了渔网，捉住了神龟并把它关了起来放在了笼子之中。到了半夜的时候，神龟就给宋元王托梦并与元王在梦中相见。这也就是

郭象注云：“喜惧战于胸中，固已结冰炭于五藏矣。”韩文公《听颍师琴诗》“无以冰炭置我肠”，本于此。

《齐物论》，非欲齐物也，盖谓物论之难齐也。是非毁誉，一付于物，而我无与焉，则物论齐矣。邵子诗谓“齐物到头争”，恐误。张文潜曰：“庄周患夫彼是之无穷，而物论之不齐也，而托之于天籁。其言曰：吹万不同，而使其自已也。此言自以为至矣，而周固自未离夫万之一也，曷足以为是非之定哉？虽然，如周者，亦略税驾矣。”

《庄子》逸篇

陆德明《叙录》曰：“庄生宏才命世，辞趣华深，正言若反，故莫能畅其私致。后人增足，渐失其真。故郭子玄云：‘一曲之才，妄窜奇说，若《阏奕》、《意修》之首，《危言》、《游凫》、《子胥》之篇，凡诸巧杂，十分有二。’《汉书·艺文志》‘《庄子》五十二篇’，即司马彪、孟氏所注是也。言多诡

《庄子·外物篇》中所说的："神龟能够给宋元王托梦并与王在梦中相见，但是却无法躲避渔夫余且布下的渔网。

郭象对于《庄子·人间世》的注释中说："喜爱与恐惧在胸中交战，身体的五脏六腑中自然也和结了冰块、置于火炉之中一样。"韩愈的《听颖师弹琴》中所说的："颖师弹琴的技艺的确很高超，可是请别再把冰块和火焰填入我的肝肠"，就来源于郭象的这句注释。

《庄子·齐物论》并不是打算将万事万物同等看待，大概是要说对天下万物所作的评论难以一致。对与错、毁谤与称赞全部顺其自然由事物自身发展结果来决定，而不掺杂个人主观判断，那么对于万事万物的评论自然也就一致了。邵雍所写的《放言》诗中说："认为万事万物没有差别到头来却又要你争我夺"，这个理解恐怕不对。张耒说："庄周忧虑'彼是'的无穷无尽以及天下人对于万物的评价难以一致，因此他托言于天籁。庄子说：'天籁的音响万变但又能使其自行停息。'这句话庄子自以为是说得十分透彻，但是庄周自己未尝离开过众多的音响嘈杂，又如何能够判断何者为对何者为错？虽然如此，像庄周这样的人仍是比一般人要超脱于人世的。"

陆德明的《叙录》说："庄子是富有才华足以名重一时的大才，他的文辞华美旨趣深奥，具有正面意思的话却又好像在反说，因此很多人不能流畅地理解庄子的本意。后来的人又在他的文章里添加了许多内容，使得他的书逐渐失去了本来面目。因此郭象说：'有些一己之见的学者，按照自己的私意而在《庄子》

诞，或似《山海经》，或类占梦书，故注者以意去取。其内篇众家并同，自余或有《外》而无《杂》，唯子玄所注，特会庄生之旨。"（原注：北齐杜弼注《庄子·惠施篇》。今无此篇，亦逸篇也。）

　　阙奕之隶，与殷翼之孙、遏氏之子，三士相与谋，致人于造物，共之元天之上。元天者，其高四见列星。（原注：司马彪曰："元，天山名。"）

　　游凫问雄黄曰："今逐疫出魅，击鼓呼噪，何也？"雄黄曰："黔首多疾，黄帝氏立巫咸，使黔首沐浴斋戒，以通九窍；鸣鼓振铎，以动其心；劳形趋步，以发阴阳之气；饮酒茹葱，以通五藏。夫击鼓呼噪，逐疫出魅鬼，黔首不知，以为魅祟也。"

　　插桃枝于户，连灰其下，童子入不畏，而鬼畏之。是鬼智不如童子也。

　　童子夜啸，鬼数若齿。

　　小巫见大巫，拔茅而弃，此其所以终身弗如。

中大量掺假，如《阏奕》、《意修》的开头，《危言》、《游凫》、《子胥》等篇中，被巧妙掺入的伪作竟然有十分之二以上。'《汉书·艺文志》中说'《庄子》中总共有五十二篇'，这五十二篇也就是司马彪、孟氏所注的那个本子。这个本子中的篇章语言有不少诡异放诞之处，有些像是《山海经》，有些像是占梦书，因此为庄子作注的人往往是根据自己的见解随意取舍。只有《庄子》的内篇各家都是一样的，除去各家相同的内篇外，有的本子有《外篇》却没有《杂篇》，只有郭象对《庄子》的注释，领会了庄子在书中的意思。"（原注：北齐杜弼注释了《庄子·惠施篇》。现在通行的《庄子》中没有这一篇，这也是逸散的篇章。）

阏奕的弟弟，和殷翼的孙子、遏氏的儿子，这三位士人一起在元天之上研究人和造物的问题。元天是一座高山，这座山高到能看见四周的星星。（原注：司马彪说："元天是山的名字。"）

《太平御览·仪礼类》中说游凫问雄黄："如今人们往往敲着鼓乱声喊叫来驱逐疫鬼、赶走鬼怪，这是为什么呢？"雄黄说："百姓容易生病，因此古时的黄帝设立了巫咸一职，并让百姓洗澡更衣、戒除嗜欲以此来疏通九窍，敲鼓、摇铃来触动他们的内心，举步行走、劳累他们的身体以此来激发他们体内的阴阳之气，喝酒吃葱来疏通他们的五脏。敲着鼓乱声喊叫来驱逐疫鬼赶走鬼怪，但是百姓不明白这一系列行为的真意，因此以为这些只是在迷惑害人的鬼怪。"

把桃枝插在门上，桃枝的灰撒在门下，小孩进门不觉得害怕而鬼却感到害怕。这是说明鬼的智慧还不如小孩。

小孩子在夜晚喊叫，鬼会来数他们还未换的牙齿。

小巫遇见大巫，小巫拔起用来卜吉凶的茅草就走，这就是

尹儒学御三年而无所得，夜梦受秋驾。明日往朝师，师曰："今将教子以秋驾。"（原注：司马彪曰："秋驾，法驾也。"）

空阅来风，桐乳致巢，此以其能苦其性者。（原注：司马彪曰："门户孔空，风善从之。桐子似乳，著其叶而生，其叶似箕，鸟喜巢其中也。"）

绋讴所生，必于斥苦。（原注：司马彪曰："斥，疏缓也。苦，用力也。引绋所以有讴歌者，为人用力不齐，故促急之也。"）

庚市子肩之毁玉也。（方朴山云"王"作"玉"。）

孔子病，子贡出卜。孔子曰："汝待也。吾坐席不敢先，居处若斋，食饮若祭，吾卜之久矣。"

老子见孔子从弟子五人，问曰："前为谁？"对曰："子路，勇且多力。其次子贡，为智。曾子为孝。颜回为仁。子张为武。"老子叹曰："吾闻南方有鸟，名为凤凰。之所居也，

小巫一辈子都比不上大巫的原因。

尹儒学习驾驭马车三年，但是始终没有学到驾车的要领，有一天他在晚上睡觉时梦见学习驾驭的绝技。第二天去拜见老师时，老师对尹儒说："今天我要教给你驾车的绝技。"（原注：司马彪说："秋驾，也就是皇帝的车马。"）

有空门的地方风就会吹过来，桐树结的籽实的形状容易招来鸟儿做窝，这都是因为它们天生的能力禀赋而使自己受苦。（原注：司马彪说："门的孔是空的，因此风容易从此处吹来。桐树的籽看上去像乳，并且附着桐叶生长，而桐树的叶片又大得像簸箕能为鸟提供遮掩，因此鸟雀喜欢在其中筑巢。）

在拉着灵柩时唱挽歌不过是为了适当调节体力。（原注：司马彪说："斥的意思是舒缓。苦的意思是要用力。拉着引柩索而唱歌的原因不过是因为在拉灵柩时人们用力不齐因此唱歌进行催促使人们加大力气。"）

据引用的《庄子后解》说，有一个叫庚氏子肩的圣人为使集市上人停止争斗而毁去了王。（方朴玄认为这里的"王"应该是"玉"字。）

孔子生病了，子贡为孔子求卜。孔子说："你等着，不用去了。我在入坐时从来不敢与人争先，平日的仪容举止端正庄重如同在斋戒，饮酒吃饭时有节制如同在祭祀，这样看来我为自己占卜祈祷很久了。"

《艺文类聚》与《太平御览》均记载：老子看见了跟随着孔子的五位弟子，因而向孔子问道："走在前面的是谁？"孔子回答道："走在前面的是子路，他勇敢并且力气大。走在他之后的

积石千里，河水出下，凤鸟居上。天为生食，其树名琼枝，高百仞，以璆琳琅玕为宝。天又为生离珠，一人三头，递起以伺琅玕。凤鸟之文，戴圣婴仁，右智左贤。"

善卷，尧闻其得道之士，乃北面而师事之。蒲衣八岁，而舜师之。

廉者不食不义之食，不噉不义之水。

仲尼读《春秋》，老聃踞灶觚而听。（原注：觚，灶额也。）

羊沟之鸡，三岁为株。相者视之，则非良鸡也。然而数以胜人者，以狸膏涂其头。（原注：羊沟，斗鸡处。株，魁帅也。鸡畏狸也。）

惠子始与庄子相见，而问乎庄子曰："今日自以为见凤凰，而徒遭燕雀耳。"坐者俱笑。

之后的是子贡，他聪明而富有智慧，曾子为人孝顺，颜回为人仁爱，子张富于武力。"老子叹息着说："我听说南方有一种名叫凤凰的鸟。凤凰所居住的地方，石块积聚在一起绵延至千里，黄河之水从下面流出，凤鸟就居住在这石块上面。天为凤凰长出食物，这种树叫作琼枝，它有百仞之高，树上长出的果实是璆琳琅玕这样的美玉。天又为了凤凰而生出离朱这样的人物，他长有三个脑袋，三个脑袋轮流守候着照料琼树上所结的美玉。凤鸟身上的花纹，头上的文彩如'圣'字，脖子上的花纹如同'仁'字，左侧的纹彩如同'智'字，右边的纹彩如同'贤'字。"

《太平御览·人事部》引用《庄子》的佚文说：尧听说善卷是一个通晓大道的人，于是面向北面将他拜为自己的老师。蒲衣在八岁时就被舜拜为老师。

《太平御览·饮食部》：清廉的人不吃以不正当手段得来的食物，不喝以不正当手段得来的水。

《太平御览·居处部》引用《庄子》中的佚文说：孔子读《春秋》，老聃席地坐在灶上的烟囱上听孔子读书。（原注：觚也就是灶上的烟囱。）

《太平御览·羽族部》引用《庄子》中的佚文说：羊沟这个地方有只斗鸡，用了三年才长得魁伟。相鸡的人看这只斗鸡时一致认为这不是一只好斗鸡。但是这只斗鸡多次能战胜别人的鸡，原因不过是有人将狐狸油涂在了它的头上。（原注：羊沟是斗鸡的地方。株是魁梧帅气的意思，鸡害怕狐狸。）

惠子刚开始与庄子相见的时候对庄子说："我今天自以为见到了凤凰，而却只遇见了如同燕雀一样不值一提的人。"在座的人都笑了。

豫樟初生，可抓而绝。

鹊上高城之垝，而巢于高榆之颠。城坏巢折，凌风而起。故君子之居世者，得时则义行，失时则鹊起。

金铁蒙以大缧，载六骥之上，则致千里。

孔子舍于沙丘，见主人曰："辩士也。"子路曰："夫子何以识之？"曰："其口穷踦，其鼻空大，其服博，其睫流，其举足也高，其践地也深，鹿与而牛舍。"

青鹝爱子忘亲。（原注：司马彪曰："鹝鸟专爱其子，而忘其母也。"）

声氏之牛，夜亡而遇夔，止而问焉："我有四足，动而不善，子一足而超踊，何以然？"夔曰："以吾一足王于子矣。"

市上之人有善戴尊者，累十尊而行。人有与之更者，行道未半，而以其尊颠。

豫樟这样的参天大树在刚长出来的时候，用手轻轻一抓便能使它折断。

鹊飞上高城的城墙，在高高的榆树顶端筑巢。但是一旦城墙倒塌、筑巢的大树折断，筑在树上的巢穴也随之掉落，鹊便不得不乘风飞起。因此当今世上的君子，在得到有利时机时道义则能够推行，一旦失去有利时机，他们就只能如鹊一般高飞而无处可依。

《太平御览·珍宝部》引用《庄子》中的佚文说：将铜与铁用粗大的绳索系紧，用六匹骏马载着它们，能够到达千里之外。

《太平御览·人事部》引用《庄子》的佚文说：孔子在沙丘住宿，见到主人时便对弟子们说："这个人是一个辩士。"子路说："夫子是凭什么认出这是一位辩士的呢？"孔子说："他的嘴巴大而偏向一边，他的鼻子和鼻孔都很大，他的服饰宽大，他的眼神狡黠，他抬脚很高，踩在地上时脚步用力因此脚印很深，就如同一只与牛住在一起的鹿。"

《太平御览·羽族部》中引用《庄子》的佚文说：青鹪爱它的孩子却忘记了自己的父母双亲。（原注：司马彪说："鹪鸟只爱自己的孩子却忘记了自己的母亲。"）

《太平御览·兽部》中引用的《庄子》的佚文说：声氏的牛，在夜晚时逃跑并遇见了夔，它停下来问夔道："我有四只脚但并不擅长用它奔跑行走。你只有一只脚却能跳得那么远，为什么呢？"夔说："因为我这一只脚远远胜过你的四只脚。"

《太平御览·器物部》引用的《庄子》佚文说：集市上有一个善于头顶着酒樽耍杂技的人，他在头上累了十个酒樽行走而酒樽不倒。但是有人在他头上又加了一个酒樽，路还没走到一

亡羊而得牛，断指而得头。

羌人死，燔而扬其灰。

子张见鲁哀公不礼士也，托仆夫而去，曰："臣闻君好士，故不远千里而见。君之礼士也，有似叶公子高之好龙：室雕文，尽写以龙，于是天龙下之，窥头于牖，施尾于堂。叶公见之，弃而还走，失其魂魄，五色无主。是叶公非不好龙也，好夫似龙而非龙也。今君非不好士也，好夫似士而非士者也。"

流脉并作，则为惊怖。阳气独上，则为癫病。

以十钧射者，见天而不见云；以七钧射者，见鹄而不见鸽；以五钧射者，见鸽而不见雀。

函牛之鼎沸，蚁不得措一足焉。（原注：喻圣主之法明，奸至不敢蹈之。）

赵简子出田，郑龙为右。有一野人，简子曰："龙下射彼，使无惊吾马。"三命郑龙，郑龙不对。简子怒。郑龙曰：

半，他头上的酒樽便都倒了下来。

《太平御览·人事部》引用《庄子》的佚文说：丢失了羊却又得到了牛，断掉了一根手指却保全了性命。

《太平御览·四夷部》引用《庄子》中的佚文说：羌人在有人死去之后会将死人的遗体焚烧然后将骨灰洒去。

《文选》中的注释引用《庄子》中的佚文说：子张见到鲁哀公不对士人以礼相待，他托仆人给鲁哀公带话后离去，说："我听说您喜欢贤士，因此不远千里而来拜见您。您对于士人的礼遇就和叶公子高喜爱龙一样：房间里所雕刻的花纹全部都是龙，于是天上的龙从天而降，头从窗户里伸进来，尾巴拖在厅堂上。叶公看见了，吓得掉头就跑，魂飞魄散，仓皇失措而六神无主。叶公不是喜欢真的龙，而是喜欢像龙又非龙的东西。现在您不是不喜欢贤士，而是喜欢像贤士但又不是贤士的人。"

《太平御览·疾病部》引用《庄子》中的佚文说：流脉共同发作，则会有惊恐的症状；如果只有阳气兴盛于上那么会阴阳失调导致疯病。

《艺文类聚·巧艺部》引用《庄子》的佚文说：用十钧重的弓箭射击的人，眼里只看得见天却见不得天上的云；用七钧重的弓箭射击的人，眼里只看得见天鹅却看不见鹔鸹；用五钧重的弓箭射击的人，眼里看得见鹔鸹却看不见雀鸟。

《后汉书》中的注释说：能容纳一头牛的大鼎煮沸时，蚂蚁一步也不敢靠近它。（原注：这是比喻圣明的君王法律严明，臣下有作恶的机会也不敢作恶。）

《太平御览·人事部》中引用《庄子》的佚文说：赵鞅外出狩猎，郑龙是他的车右。在打猎过程中他们遇见了一个住在国

"昔吾先君伐卫克曹，退为践土之盟，不戮一人。君今一朝田，而曰：'必为我杀人！'是虎狼杀人，故将救之。"简子愀焉曰："不爱其身以活人者，可无从乎？"还车辍田，曰："人之田也得兽，今吾田也得士。"

梁君出猎，见白雁群集。梁君下车，彀弩欲射之。道有行者不止，白雁群骇。梁君怒，欲射行者。其御公孙龙下车抚其心，梁君忿然作色而怒曰："龙不与其君，而顾与他人，何也？"公孙龙对曰：昔者齐景公之时，天旱三年，卜之，曰：'必以人祠乃雨。'景公下堂顿首曰：'吾所以求雨者，为民也。今必使吾以人祠乃且雨，寡人将自当之。'言未卒而天大雨方千里者何？为有德于天而惠施于民也。今主君以白雁之故，而欲射杀人，无异于虎狼。"梁君援其手与上车，归入郭门，呼万岁曰："乐哉！今日猎也。人猎皆得禽兽，吾猎独得善言而归。"

都郊野的人，赵鞅说："郑龙下去用箭射那个人，不要让他使我的马受惊。"他三次命令郑龙而郑龙没有回答也没有依从赵鞅的命令。赵鞅十分生气。但郑龙说："当初晋文公讨伐卫国攻下曹国，在征伐结束后主持进行了践土之盟，没有杀死任何一个人。您现在不过一时出来打猎，却下令说：'一定要为我杀人！'这是老虎和豺狼在杀人，不是我所效忠的主君要求杀人，因此我要救这个人。"赵鞅脸色变得严肃起来说："不爱惜自己的生命而想救人的人所说的话又怎么能不听从呢？"于是他调转车子停止打猎说："别人打猎不过猎得了野兽，而我外出打猎却得到了一位贤士。"

《太平御览》引用《庄子》中的佚文说：魏君外出打猎，看见有一群白雁聚集在一起。于是魏君下车，拉满弓搭箭准备射向白雁。此时路上有走路的人脚步没有停下，白雁群受到了惊吓因此四散飞走。魏君十分生气，想要射杀那个走路的人。他的御者公孙龙下车抚摩他的心口，魏君因气愤而脸有怒色，十分愤怒地说："公孙龙不听从他的君主的命令，而顾及着他人，这是为什么？"公孙龙回答说："当初齐景公的时候，齐国干旱了足足三年，齐景公为这件事进行占卜，巫师说：'必须要用活人祭祀才会下雨。'齐景公听了巫师的话后走下殿堂对天磕头跪拜说：'我求雨是为了齐国的百姓。现在如果必须要我以活人祭祀才能下雨，那我宁愿自己成为那个祭品。'他的话还没说完齐国方圆千里的地方便降下了大雨的原因是什么？不过是因为齐景公顺应天意对百姓施以恩惠。如今您因为行人惊飞了您要狩猎的白雁的原因，而要射杀行人，这种行为与老虎和狼没有区别。"魏君听了便拉着他的手一起上车，回到城门时高呼万岁说："今

人而不学,命之曰视皮。学而不行,命之曰辄囊。(原注:辄,系者也。一作"撮"。)

秋禽之肥,易牙和之,非不美也。彭祖以为伤寿,故不食之。

祝牧谓其妻曰:"天下有道,我韍子佩;天下无道,我负子戴。"

易姓而王,封于泰山、禅于梁父者,七十有二代。其有形兆垠堮勒石,凡千八百余处。

槐之生也,入季春,五日而兔目,十日而鼠耳,更旬而始规,二旬而叶成。(原注:鹪为鹩,鹩为布谷,布谷为鹪,此物变也。)

卢敖见若士深目鸢肩。

礼若亢锯之柄。(原注:亢,举也。礼有所断割,犹举锯之柄以断物也。)

天打猎真是快乐啊! 别人打猎都不过是得到了猎物, 只有我是得到善言而回来的。"

《太平御览·饮食部》引用《庄子》的佚文说: 不学习的人被叫作"禽兽"。学了之后却不能将知识加以运用, 被称为"绑住的口袋"。(原注: 辄, 意思是绑。也有版本把"辄"写作"撮"。)

《太平御览·饮食部》引用《庄子》的佚文说: 秋天的飞鸟肥美, 易牙对它进行烹煮调味, 这样做出的禽肉味道并不是不鲜美。只是彭祖认为这损伤寿命因此不食用它。

《太平御览·人事部》引用《庄子》中的佚文说: 祝牧对他的妻子说: "天下有道的时候, 我们两个能够共享荣华; 到了天下无道的时候, 我们将共同安于贫贱。"

《后汉书·祭祀志》引用《庄子》的佚文说: 通过禅让的方式而得以统治天下, 在泰山上祭天, 在梁父祭地的人足有七十二家。在泰山封禅的人留下的象征着界限的刻有文字的石碑总共有一千八百多块。

《太平御览·木部》引用《庄子》中的佚文说: 槐树在生长时, 在进入春季最后一个月的第五天时长出兔眼一样的新叶, 第十天时叶片弯曲像是老鼠耳朵的样子, 再过十天后叶片才开始舒展长开, 二十天后叶片便长成了。(原注: 鹝长成鹦的样子, 再从鹦的样子长成布谷的样子, 然后以布谷的样子再变回鹝的样子, 这就是事物之间的变化。)

《太平御览·人事部》引用《庄子》的佚文说: 卢敖见若士, 只见若士长得眼窝凹陷, 两肩高耸。

《太平御览·器物部》引用《庄子》的佚文说: 礼就如同高举着要割断器物的锯子的柄。(原注: 亢, 是举的意思。用礼来裁决

叔文相莒，三年归，其母自绩。谓母曰："文相莒三年，有马千驷，今母犹绩，文之所得事，皆将弃之已。"母曰："吾闻君子不学诗书射御，必有博塞之心；小人不好田作，必有窃盗之心；妇人不好纺绩织纴，必有淫泆之行。好学为福也，犹飞鸟之有羽翼也。"

汉《七略》所录，若《齐论》之《问王》、《知道》，《孟子》之《外书》四篇，今皆亡传。《庄子》逸篇十有九，《淮南鸿烈》多袭其语，唐世司马彪注犹存。《后汉书》、《文选》、《世说注》、《艺文类聚》、《太平御览》间见之。断圭碎璧，亦足为箧椟之珍，博识君子，或有取焉。

《太平御览》引苏子曰："兰以芳自烧，膏以明自炳，翠以羽殃身，蚌以珠致破。"苏秦能为此言，而不能保其身。《汉书》楚老父之言，本于此。（原注：《文子》引《老子》曰："鸣铎以声自毁，膏烛以明自煎。"）

事物，就像拿着锯子的柄来切割器物一样。）

《太平御览·学部》引用《庄子》的佚文说：叔文在莒国为相三年后回家，他的母亲在亲自捻线纺织，于是叔文对他的母亲说："我在莒为相三年，拥有几千驷的马，而母亲仍自己纺织，我之所以要得到高位，不过是为了不用再做这些事情，既然如此，我在君王那里得到的东西不如都抛弃好了。"叔文的母亲说："我听说君子如果不学习《诗经》《尚书》、不学习如何射箭、驾车，那么一定会有争强好胜的心思；小人不喜欢耕作，则一定会有偷窃盗取他人财物的心思；妇人如果不喜欢纺线织布，则一定会有淫荡放恣的行为。喜好学习是福气，就像飞鸟拥有羽翼一样。"

汉代时刘歆所著的《七略》中所记录的一些书籍，比如《齐论》中的《问王》、《知道》、《孟子》中的《外书》四篇，如今都因已亡佚而没能流传下来。《庄子》也有十分之九的篇章已经丢失亡佚，《淮南子》中有许多话便是沿袭了《庄子》中这些散逸的篇章。唐代人司马彪为《庄子》做的注也仍然留存。《后汉书》、《文选》、《世说新语》的注释、《艺文类聚》、《太平御览》中偶尔也能看到《庄子》逸篇中的话语，尽管只是只言片语，对于学者来说却弥足珍贵，学识丰富的人也能从中得到有用的东西。

《太平御览·香部》中引用《苏子》中所说的话："兰草因为它的芬芳而自己招来了被烧的命运，油脂因为能用来照明而自己招致被烧热的下场，翠鸟因为它华美的羽毛而被残害，蚌因为产出的珍珠而导致蚌壳被人打破。"苏秦能说出这样的话，却还是不能保全自己的性命。《汉书》中楚国老人说的话便是来源于

《尸子》曰："孝己事亲，一夜而五起，视衣厚薄、枕之高下也。"又曰："蒲衣生八年，舜让以天下；周王太子晋生八年，而服师旷。"《汉书》称孝己，《庄子》称蒲衣子，其事见此。（原注：太子晋事，见《周书》。）

邹阳曰："里名胜母，曾子不入。"《尸子》谓："孔子至于胜母，暮矣而不宿；过于盗泉，渴矣而不饮，恶其名也。"

《尸子》曰："舜兼爱百姓，务利天下。其田也，荷彼未耜，耕彼南亩，与四海俱有其利。雷泽也，旱则为耕者凿渎，俭则为猎者表虎。故有光若日月，天下归之若父母。"《文心雕龙》："舜之祠田云：荷此长耜，耕彼南亩，四海俱有。"谓之"祠田"，岂它有所据乎？

程子，见《家语》。子华子，见《庄子》。近有《子华子》之书，谓程本字子华，即孔子倾盖而语者。后序谓鬼谷子之师。水心铭巩仲至，所谓《程子》，即此书也。朱文公谓：

这个地方。(原注:《文子》引用《老子》中的话说:"作响的铃铛因为它能发声而招至毁坏,油脂做的蜡烛因能用来照明而受到煎熬。")

《尸子》说:"孝己侍奉父母双亲,一个晚上要起来五次,看父母穿的衣服的厚薄,父母所枕的枕头是否太高或太低。"《尸子》又说:"蒲衣在八岁时,舜便要将天下禅让给他;周代的王太子晋(后世多称他为王子晋或王子乔)在八岁时而使师旷叹服。"《汉书·陈平传》中提到了孝己,《庄子》中也多处提到了蒲衣,有关蒲衣子的事在《庄子》中可以看到。(原注:王子晋的事迹在《周书》中可见。)

邹阳说:"有一个巷弄名叫'胜母',因此孝顺的曾子不愿意走进这个巷弄。"《尸子》说:"孔子到了胜母这个地方,即使那时天色已晚也不肯进去住宿;经过盗泉这个地方,即使口渴也不饮用其中的水,这是因为厌恶它们的名字。"

《尸子》说:"舜不论厚薄亲疏地爱护百姓,他致力于为天下造福,做对天下有利的事。在历山耕田时,他带着耒耜之类的农具在农田中耕种,和天下之人一起分享农田的收成。他在雷泽渔猎时,干旱的时候为种田的人开凿水渠,在危险的时候则向猎人警示老虎的存在。因此他的光辉如同太阳和月亮一般,天下的人归顺他就和归顺他们的父母一样。"《文心雕龙·祝盟篇》中说:"舜在祭祀田神时说:背着这长耜,在农田之中耕种,天下之人一起享受收成。"刘勰的《文心雕龙》说这是"祭祀田神"的祷词,不知道是不是有其他的根据。

程子,在《孔子家语·致思篇》中可见到这个名字。子华子,在《庄子·让王篇》中可以看见他的名字。最近有一本叫作《子华子》的书,说程本的字是子华,子华子就是和孔子偶然交谈

"词艰而理浅，近世巧于模拟者所为，决非先秦古书。"

《韩子·内储说》谓叔向谗苌弘。按《左传》哀三年"周人杀苌弘"，叔向之没久矣。

《韩子》曰："殷之法，刑弃灰于街者。子贡以为重，问之仲尼。仲尼曰：'知治之道也。'"以商鞅之法为殷法，又托于仲尼，法家侮圣言至此。

《五蠹》曰："周去秦为从，期年而举；卫离魏为衡，半岁而亡。是周灭于从，卫亡于衡也。"按《史记》，赧王倍秦，与诸侯约从。卫为衡之事，未详。

《说疑》曰："有扈氏有失度，讙兜氏有孤男，三苗有成驹，桀有侯侈，纣有崇侯虎，晋有优施，此六人者，亡国之臣也。"崇侯、优施事甚著。《古今人表》桀时有雅侈，余皆阙。《吕氏春秋》云："夏桀染于羊辛、歧踵戎，殷纣染于崇侯、恶来，周厉王染于虢公长父、荣夷终，幽王染于虢公鼓、祭公敦。此四王者，所染不当。"《古今人表》桀时有干辛。荣

又一见如故的程子。书后的序说他是鬼谷子的老师。叶适为巩至仲写的墓志铭中所提到的《程子》也就是指这本书。朱熹的《读子华子漫记》中说:"《子华子》这本书语句艰深而道理浅显,是近代善于模仿伪造的人写成的,绝对不是先秦时期的古书。"

《韩非子·内储说下》中说叔向谗毁苌弘。但是我注意到《左传》哀公三年的记载,"周人杀死了苌弘",此时叔向已经死去很久了。

《韩非子·内储说上》说:"殷商的法律规定,对于倒灰在街道上的人要处以刑罚。子贡认为这种刑律太重了,便拿它去问孔子。孔子说:'这说明商代人懂得了治理民众的办法。'"韩非把商鞅的法律说成是商代的法律,又假托孔子说出自己的看法,法家侮辱圣人的言论到了如此地步。

《韩非子·五蠹》说:"西周君背离秦国去搞合纵,一年就被攻克了;卫国背离魏国搞连横,半年就亡了国。这样看来西周是因为搞合纵而亡了国,卫国是搞连横而亡了国。"我注意到《史记·周本纪》中的记载说,周赧王背叛了秦国而与山东诸侯约定合纵之计。卫国进行连横的事情,这些事由于缺乏记载情况不明。

《韩非子·说疑》说:"从前有扈氏有失度,讙兜氏部落有孤男,三苗部落有成驹,夏桀手下有侯侈,商纣手下有崇侯虎,晋国有优施,这六个人都是使国家灭亡的臣子。"崇侯虎、优施的事迹十分著名,广为人知。《古今人表》中记载夏桀的时候有一个叫雅侈的人,余下人等的姓名都缺失了。《吕氏春秋·仲春纪·当染篇》说:"夏桀受到了羊辛、歧踵戎的熏染,殷纣受到了

夷终即荣夷公，虢公鼓即虢石父。

　　《韩子》曰："商君教秦孝公燔《诗》《书》而明法令。"
愚按《史记·商君传》不言燔《诗》《书》。盖《诗》《书》之
道废，与李斯之焚之无异也。

　　又云："吴起教楚悼王损不急之枝官。"注："谓非要
急，若树之枝也。养树者必披落其枝，为政者亦损其闲
冗。"宋景文诗："何言汉朴学，正似楚枝官。"（原注："枝官"
二字，前未有用者。）

　　又云："儒服带剑者众，而耕战之士寡；坚白无厚之
词章，而宪令之法息。"愚谓"坚白"，公孙龙之言也；"无
厚"，邓析之言也。

　　"渔者持鳣，妇人拾蚕，利之所在，皆为贲、诸。"吕太
史《西汉手笔》曰："利之所激，深宫之女皆仪、秦也。"文法
本此。

　　"叔瞻、宫之奇，亦虞、郑之扁鹊也。"后魏崔浩谓：

崇侯、恶来的熏染，周厉王受到了虢公长父、荣夷终的熏染，周幽王受到虢公鼓、祭公敦的熏染。这四位君主所受的熏染不得当。"《古今人表》中说夏桀的时候有一个叫干辛的人。荣夷终也就是荣夷父，虢公鼓也就是虢石父。

《韩非子·和氏篇》说："商鞅教秦孝公烧掉《诗经》、《尚书》等儒家经典而彰明法令。"我认为《史记·商君列传》没有说烧毁《诗经》《尚书》等儒家经典。大概是因为《诗经》、《尚书》中包含的儒家之道已被废弃，因此商鞅所提议的和李斯提议的焚书没有什么区别。

《韩非子·和氏篇》又说："吴起教导楚悼王撤销那些无关紧要而又多余的官职。"注释说："意思是说并不紧要，就如同树的树枝。养树的人一定会修剪树的枝条，执政者也要撤销闲散而多余的官职。"宋祁的《属疾》诗的第五首说："如何评价汉代的儒家经学？就正如同楚国的枝官一样多而无用。"（原注："枝官"这两个字，以前没有人在诗中把它当作典故使用。）

《韩非子·问辩》说："穿着儒生衣服的先生和带剑的游侠多了起来，而从事农耕和作战的人就少了。'坚白''无厚'之类的辩说多了起来，那么法律政令的规范就消失了。"我认为："坚白"是公孙龙提出的辩题；"无厚"是邓析提出的辩题。

《韩非子·说林下》说："渔民用手握黄鳝，妇女用手拾蚕，在有利可图的地方，人们都能成为孟贲、专诸那样的勇士。"吕太史写的《西汉手笔》说："在利益的驱使下，深宫中的女子都能是堪比张仪、苏秦那样口齿伶俐的辩士。"《西汉手笔》一书的文法就源于《韩非子》。

《韩非子·喻老》说："叔瞻、宫之奇，也就相当于是虞国、

"王猛之经国，苻坚之管仲也；慕容恪之辅少主，慕容暐之霍光也；刘裕之平逆乱，司马德宗之曹操也。"笔墨畦径，皆有自来。

"必恃自直之箭，百世无矢；恃自圜之木，千世无轮。"刘梦得用此语。（原注："恃"字，作"俟"。）

巨、屠之费金、璧，西门豹之纳玺，战国之时，官邪赂章，毁誉决于左右之口。于此可见，若阿、即墨之断者，几何人哉？（原注：赵之郭开，齐之后胜，皆受秦间金。魏信陵之以毁废，亦以万金为间，三国遂墟矣。）

"人主以二目视一国，一国以万目视人主。"此名言也。郑长者之书，见《汉·艺文志》。

"吏者，民之本纲也。圣人治吏不治民。"斯言不可以韩非废。

郑国的扁鹊啊。"北魏的崔浩说:"王猛治理国家,相当于符坚的管仲;慕容恪辅佐年幼的皇帝,相当于慕容暐的霍光;刘裕平定了东晋的叛乱,但对于司马德宗而言他无异于曹操。"这段话作文的句法程式来自于《韩非子》中的这段话。

《韩非子·显学篇》中说"如果一定要靠生来笔直的竹竿来做箭,那么再等上一百年也不会有箭;如果一定要靠生来就很圆的树木做车轮,那么等上一千年也做不成车轮。"刘禹锡在他的《答连州薛郎中答书仪书》中就用了这句话。(原注:"恃"相当于"俟"。)

《韩非子·外储说左下》说:齐国的巨、魏国的孱为了进朝做官而花费金钱玉璧买通他们国家君主身边的人,西门豹因魏文侯身边之人的诋毁而上交官印辞官。战国的时候,官员违法失职、公然收受贿赂,个人的损毁与赞誉都由君主身边的人所说的话而不是所立下的功劳来决定。由此可见,能如同齐威王这样不为声名所惑,明断阿大夫、即墨大夫的赏罚的人又有多少呢?(原注:赵国的郭开,齐国的后胜,他们都收了秦国人的收买间谍的金钱。魏国的信陵君因为他人的谗毁而被魏君忌惮废黜,秦人也是用万金在魏国收买间谍以挑拨离间使信陵君郁郁不得志,赵、齐、魏于是终被秦国所灭,国都变为废墟。)

《韩非子·外储说右上》中说"君王用两只眼睛监视全国,而全国的人用千万只眼睛盯着君主。"这是一句十分有名的话。郑长者的书在《汉书·艺文志》中有相关记载。

《韩非子·外储说右下》说"官吏是民众的'树干'、'网纲绳'。因此圣明的君主要管理官吏而不直接管理民众。"这句话非常有道理,因此不可以因为它出自于韩非之口而不采用。

　　《韩子》谓："赵襄子赏有功者五人，高赫为赏首。仲尼闻之曰：'善赏哉襄子！赏一人而天下为人臣者莫敢失礼。'"事在孔子后，孔鲋已辨其妄。然传记若此者众。《说苑》："周威公问于宁子曰：'取士有道乎？'宁子曰：'楚平王有士，曰楚傒胥丘负客，出亡之晋，晋人用之，是为城濮之战。'"城濮在楚成王时，以为平王，谬矣。又曰："晋平公好乐，多赋敛，治城郭。有咎犯者，见门大夫以乐见，平公纳之。对曰：'臣不能为乐，臣善隐。'"又曰："石乞侍坐于屈建，屈建曰：'白公其为乱乎？'"又曰："介子推行年十五而相荆，仲尼闻之，使人往视。"又曰："晋灵公造九层台，荀息闻之，上书求见曰：'臣能累十二博棋，加九鸡子其上。'"按犯、建、子推、息四人事迹，皆在前。刘子政博极群书，何述纪之误也？《新序》楚共王逐申侯，晋文公遇栾武子，叶公诸梁问乐王鲋，皆不同时。

　　《韩子》云："赵襄子召延陵生，令将军车骑先至晋

　　《韩非子·难一篇》说："赵襄子赏赐了五个有功劳的人，高赫成为了受赏的第一人。孔子听说了这件事后说：'赵襄子善于奖赏啊！他奖赏了一个人而天下做臣子的就都不敢失礼了。'"赵襄子被困晋阳后赏赐功臣这件事发生在孔子死之后，孔鲋已经辨明了这件事的虚妄。然而像这样将年代不同的人置于一处的传记有很多。《说苑·尊贤篇》中说："周威公问宁越说：'选拔士人有什么办法吗？'宁越回答说：'楚平王有士人叫楚傒胥、丘负客，逃离楚国到了晋国。晋国任用他们，这就有了晋楚之间的城濮之战。'"城濮之战发生在楚成王时期，此处却认为当时的楚王是楚平王，这是错误的。又说："晋平公喜好音乐，在国内征收了许多赋税，却不修整城邑。有一个叫咎犯的人求见守宫门的门大夫并以音乐求见晋平公，平公同意见咎犯。咎犯对平公说：'我不会奏乐，但我善于说隐语。'"《说苑·权谋篇》又说："石乞在屈建身边陪坐，屈建说：'白公将要作乱了吧？'"《说苑·尊贤篇》又说："介子推刚十五岁就做了楚国的国相，孔子听说这件事派人前去观察他。"《说苑》又说："晋灵公建造了巍峨的九层高台，荀息听说了这件事，便上书请求见到灵公说：'我能将十二个博棋垒在一起，并在上面放九个鸡蛋。'"咎犯、屈建、介子推、荀息这四个人的事迹都在晋平公、白公胜、孔子生活的年代之前。刘向看了许多书，知识相当渊博，怎么在记述这些事情的时候会犯这样严重的年代错误？《新序·杂事篇》说楚共王驱逐申侯，晋文公遇见栾武子，叶公沈诸梁向乐王鲋发问，但这些故事的主人公在历史上并不生活在同一时代。

　　《韩非子·十过篇》说："于是赵襄子召见了家臣延陵生，

阳。"《战国策》云延陵王，误也。鲍氏改"王"为"君"，亦未之考。

《韩子》云："吴起欲攻秦小亭，置一石赤菽东门外，令人能徙此于西门外者，赐之上田宅。人争徙之。乃下令曰：'明日攻秦，能先登者，仕之大夫，赐之上田宅。'于是攻之，一朝而拔。"《吕氏春秋》云："吴起治西河，欲谕其信于民，夜日置表于南门之外，令于邑中曰：'明日有人能偾南门之外表者，仕长大夫。'明日日晏矣，莫有偾表者。民相谓曰：'此必不信。'有一人曰：'试往偾表，不得赏则已，何伤？'往偾表，来谒吴起。起自见而出，仕之长大夫。自是之后，民信吴起之赏罚。"愚按商鞅入秦，在吴起死后二十一年，徙木予金，其祖吴起之遗智欤？

《说文》："古者宿沙初作煮海盐。"《鲁连子》曰："古善渔者宿沙瞿子，使渔于山，则虽十宿沙子，不得一鱼焉。"又曰："宿沙瞿子善煮盐，使煮渍沙，虽十宿沙不能得也。"

《鹖冠子·博选篇》用《战国策》郭隗之言，《王鈇篇》

派他率领车马先到晋阳去。"《战国策》把"延陵生"说成是"延陵王",这是错误的。鲍彪把"王"改成"君",也是没有仔细考察。

《韩非子·内储说上》中说:"吴起想要去攻打一座秦国的边防岗亭,于是将一石赤豆放置在东门外面,然后对百姓下令说能够将这石赤豆搬到西门外面的人,将赐给他上等的农田和上等的住宅。于是人们争着去搬它,吴起便下令说:'明天将攻打秦国,能率先登上岗亭的人,将任命他为大夫,赐给他上等的住宅与农田。'于是攻打那座岗亭,一个早晨就将它攻克了。"《吕氏春秋·似顺篇·慎小篇》中说:"吴起治理西河之地,想要向百姓表明自己的信用,就派人前一天在南门外树起一根木桩,对城中的百姓下令说:'明天如果有人能把南门外的木柱扳倒,就让他做长大夫。'第二天直到天黑也没有人去扳倒木柱。人们一起相互议论说:'这个说法肯定不是真的。'有一个人说:'我去把木柱扳倒试试,最多得不到赏赐罢了,有什么妨害?'这个人去扳倒了木柱,来禀告吴起。吴起亲自接见他,把他送了出来,任命他为长大夫。从此以后,百姓相信了吴起的赏罚。"我认为商鞅在吴起死去了二十一年后来到秦国,给搬走木头的人金钱,这是效法了吴起的智慧吗?

《说文解字》中说:"古代人宿沙第一次煮海水得到了海盐。"《鲁连子》说:"古代善于捕鱼的渔民宿沙瞿之,让他在山中打鱼,即使有十个宿沙子也捉不住一条鱼。"又说:"宿沙瞿之善于煮盐,但如果让他浸煮沙子,即使有十个宿沙瞿子也得不到盐。"

《鹖冠子·博选篇》中用了《战国策》里郭隗对燕昭王说的

用《齐语》管子之言，不但用贾生《鵩赋》而已。柳子之辩，其知言哉！

《战国策》郑璞之说，亦见《尹文子》。

谚云："不聪不明，不能为王；不聩不聋，不能为公。"见《慎子》。

《吴子》曰："承桑氏之君，修德废武，以灭其国。"柳子《佩韦赋》："桑弘和而却武分，涣宗覆而国举。"桑，谓承桑氏也。（原注：一本改"桑"字为"乘"，误。）

程子曰："韩信多多益办，是分数明。"按《孙子》："治众如治寡，分数是也。"杜牧注："谓韩信多多益办。"

汉景帝后二年诏曰："雕文刻镂，伤农事者也；锦绣纂组，害女红者也。农事伤，则饥之本也；女红害，则寒之原也。夫饥寒并至，而能亡为非者，寡矣。"本李克对魏文侯之言。（原注：见《说苑》。）《艺文志》"儒家"，《李克》七篇。

《韩子》谓："钟鼎之铭，皆番吾之迹，华山之博也。"蔡邕谓："唯郭有道无愧。"昌黎犹不免谀。白乐天《立碑

话,《王鈇篇》用了《齐语》中管仲所说的话,因此《鹖冠子》这本书中不仅仅用了贾谊的《鹏鸟赋》。柳宗元的《辩鹖冠子》可以称得上是有见识的文章。

《战国策·秦策》中郑人把没有雕琢的玉叫作璞的说法,在《尹文子·大道下》中也可以看见。

谚语说:"眼睛不够明亮不能眼观八方,耳朵不够灵敏不能耳听四海的人不能成为君王;眼不花,耳不聋的人则做不好家公。这句话见于《慎子》。

《吴子·初见魏文侯》说:"承桑氏的君主,只注重修养德行而废弃武力,因此导致了国家灭亡的结果。"柳宗元的《佩韦赋》说:"桑宽宏和善而拒绝武力,最终宗庙倾覆、国家灭亡。"此处的桑说的便是承桑氏。(原注:一个版本将"桑"字改成了"乘"字,这是错误的。)

程颐的《伊川遗书》中说:"韩信带兵,人数越多越好,是因为对军队组织得当。"《孙子兵法·势篇》中说:"管理大部队如同管理小部队一样,这是因为组织得好。"杜牧的注释说:"是说韩信带兵人数越多越好。"

汉景帝后元二年下诏书说:"雕花镂文,会伤害农事;锦绣纺织,会伤害从事纺织等工作的妇女。农事受到伤害,是饥饿的本源;女工受到伤害,是寒冷的本源。饥饿、寒冷一起到来却还能恪守正道不做坏事,这样的情形很少。"这本来是李克对魏文侯说的话。(原注:这件事在《说苑》中可以看见。)《汉书·艺文志》"儒家"分类下录有《李克》七篇。

《韩非子·外储说左上》中说:"刻铸在钟鼎上的铭文,和播吾山上的脚印、华山上的棋子一样不过是骗人的东西。"蔡邕

诗》曰："岂独贤者嗤，仍传后代疑。"

　　《鬼谷子·午合篇》："伊尹五就桀，五就汤，然后合于汤。吕尚三入殷朝，三就文王，然后合于文王。"（原注：《孙子·用间篇》当参考。伊、吕圣人之耦，岂诡遇求获者？此战国辩士之诬圣贤也。伊尹三聘而起，太公辟纣海滨，当取信于《孟子》。）

　　尹知章序《鬼谷子》曰："苏秦、张仪往事之，受捭阖之术十有二章，复受《转丸》、《胠箧》三章。然秦、仪用之，裁得温言、酒食、货财之赐。秦也，仪也，知道未足行，复往见，具言：'所受于师，行之，少有口吻之验耳。未有倾河填海移山之力，岂可更闻至要，使弟子深见其阃奥乎？'先生曰：'为子陈言至道。'斋戒择日而往见，先生乃正席而坐，严颜而言，告二子以全身之道。"《文心雕龙》云："《转丸》骋其巧辞，《飞钳》伏其精术。"（原注：程子曰："秦、仪学于鬼谷，其术先揣摩，然后捭阖，捭阖既动，然后用钩钳。"）

说:"我为许多人人作了墓志铭,这些人当中只有郭有道能安然接受那些赞美而不惭愧。"韩愈写墓志铭的时候也免不了奉承墓主。白居易的《立碑诗》说:"哪里只有贤人对它嗤之以鼻,这些赞美之辞即使流传到后代也只会让后人起疑。"

《鬼谷子·午合篇》中说:"伊尹五次侍奉桀,然后五次离开桀投奔汤,与汤经过磨合而终于君臣相合。姜尚三次投奔殷朝,三次投奔周文王,最终与文王君臣相合。"(原注:《孙子兵法·用间篇》的记载可以用来作为参考。伊尹、姜尚都是圣人,怎么会是不以正道猎取名利求得收获的人?这是战国时期的辩士诋毁圣贤的胡说八道。伊尹在成汤三次聘请之下方接受成汤之请,姜尚为躲避纣王而到海滨,这些当相信《孟子》的说法。)

尹知章为《鬼谷子》作序说:"苏秦、张仪拜鬼谷子为老师,学习了捭阖之十二章,又学得了《转九》、《肱箧》三章。然而苏秦、张仪运用在鬼谷先生处学到的本领,只得到了别人的好话、酒与饭菜、钱财货物之类的赏赐。于是苏秦、张仪知道他们的所学的本领不足以施用,于是他们又回去见了鬼谷子,详细告诉鬼谷子说:'我们将老师教给我们的加以施用,可是只有口头上的灵验。并没有如同能够吸尽黄河、填平大海、移动山岳一般的力量,先生是否能够教给我们学问的要旨,使弟子能够透彻了解学问的精微深奥所在?'鬼谷先生说:"那就教给你们精深微妙的学问。"于是苏秦、张仪进行斋戒并挑了一个吉利的日子去见鬼谷先生,先生摆正座席,庄重地坐于其上,说话时脸色严肃,然后教给苏秦、张仪保全自身之道。"《文心雕龙·论说篇》说:"《转九》发挥巧妙的说辞,《飞钳》使人受制于精妙辩术。"(原注:程颐说:"苏秦、张仪两人向鬼谷子学习,他们所学习的

蒯通善为长短说，主父偃学长短从横术，边通学短长。《史记索隐》云："《战国策》亦名《长短书》。"

鬻熊为周文王师，著书二十二篇，诸子之最先者，今存十四篇。《列子·天瑞篇》引"运转无已、天地密移"，《力命篇》引语文王曰："自长非所增，自短非所损。"《贾谊书》引文王、武王、成王问，皆今书所无。

《吕氏春秋》曰："老耽贵柔，孔子贵仁，墨翟贵廉，关尹贵清，子列子贵虚，陈骈贵齐，阳朱贵己，孙膑贵势，王廖贵先，儿良贵后。"《荀子》曰："慎子有见于后，无见于先；老子有见于诎，无见于信；墨子有见于齐，无见于畸；宋子有见于少，无见于多。"墨子有见于齐，兼爱也；阳朱贵己，为我也。《吕氏》以孔子列于老氏之后，秦无儒故也。

迂斋云："《梓人传》规模从《吕氏春秋》来。"愚按《吕氏·分职篇》云："使众能，与众贤，功名大立于世，不予佐之者，而予其主，其主使之也。譬之若为宫室，必任巧匠。奚

道术先要学习揣摩,学习揣摩之后便是学习捭阖,开始使用捭阖之术后,便要运用钩钳这样的辩术。")

蒯通善于纵横家之言,主父偃学习过纵横家的辩术,边通学习过纵横之术。《史记·田儋列传·索引》说:"《战国策》也叫作《长短书》。"

鬻熊做周文王的老师,写书二十二篇,可以说是诸子百家中年代最早的,他所写的书现在只留存下了十四篇。《列子·天瑞篇》引用了鬻熊书中的"万物运动流转无止息,天地也在悄无声息地迁移变化",《列子·力命篇》引用了鬻熊对文王说的话:"自然要变长的并非是由于外力的增加,自然要变短的并非是由于外力的减损。"《贾谊书·修政语下》引用了周文王、周武王、周成王之问鬻熊,这些都是现在流传的《鬻子》十四篇中所没有的。

《吕氏春秋·审分览·不二篇》说:"老聃崇尚柔,孔子崇尚仁,墨翟崇尚廉,关尹崇尚清,列子崇尚虚,陈骈崇尚齐,阳生崇尚己,孙膑崇尚势,王廖崇尚先,兒良崇尚后。"《荀子·天论》说:"慎子只看见后退的一面,却没有看到前进的一面;老子只看到委曲求全的一面,却没有看到积极进取的一面;墨子只看见人们齐同的一面,却看不见人之尊卑贵贱等方面的不同;宋子只看到人们寡欲的一面,却没有看到人多欲的一面。"墨子看到人们的齐同,是因为他倡导兼爱之说;阳朱重视自身,是为了自我。《吕氏春秋》将孔子列在老聃的后面,是因为秦国没有儒者。

楼昉说:"柳宗元所作的《梓人传》的布局、模式来自于《吕氏春秋》。"我认为是,《吕氏春秋·分职篇》中说:"(先王)任用各位能人与贤人,在世上功名卓著,人们不把功名归于辅佐

故？曰：‘匠不巧则宫室不善。’夫国，重物也，其不善也岂特宫室哉！巧匠为宫室，为圆必以规，为方必以矩，为平直必以准绳，功已就，不知规矩绳墨而赏匠巧也。巧匠之宫室已成，不知巧匠，而皆曰：‘善，此某君某王之宫室也。’”柳子立意本于此。

　　刘向《论起昌陵疏》："自古及今，未有不亡之国也。"本于《吕氏春秋》。

　　《说苑》："晋太史屠余见晋平公之骄，以其国法归周。周威公见而问焉，曰：‘天下之国孰先亡？’对曰：‘晋先亡。’居三年，晋果亡。"愚谓平公后三年晋未亡也。是时两周未分，亦无周威公。《吕氏春秋》："晋太史屠黍见晋公之骄。"高诱注以为"晋出公"，当从《吕览》。然晋政在大夫久矣，非以骄亡也，屠黍不可谓知几。

　　《孔丛子》："公孙龙臧三耳。"《吕氏春秋》作"藏三牙"。

　　贾谊疏"一动而五业附"，《新书》云"五美附"。"业"字，当作"美"。

他的人而归于君主，因为是君王使辅臣这样做的。这就像建造宫室一定要任用能工巧匠，为什么呢？回答是：'工匠技巧不高超，宫室就建造不好。'国家是非常重要的东西，如果国家治理不好，所带来的危害岂止像宫室建造不好那样呢！巧匠建造宫室的时候，画圆一定要用圆规，画方一定要用矩尺，取平直一定要用水准墨线。事情完成后，主人不知道圆规、矩尺、水准墨线，只赏赐能工巧匠。宫室建造完成，人们不知道巧匠，而都说：'造得好，这是某某君主、某某帝王的宫室。'"柳宗元《梓人传》的立意便来源于这段话。

刘向的《论起昌陵疏》说："从古代到现在，没有不会灭亡的国家。"这句话来源于《吕氏春秋·孟冬纪·安死篇》。

《说苑·权谋篇》说："晋国太史屠余见晋平公骄横，就带上晋国的图册历法回到了周王室。周威公看见他就问道：'天下哪个国家先灭亡？'屠余回答说：'晋国先亡。'过了三年后，晋国果然灭亡了。"我注意到晋平公死后三年晋国也没有灭亡。当时周也没有分裂成东西二周，因此也没有周威公。《吕氏春秋·先识览》说："晋国太史屠黍见晋公骄横。"高诱的注释认为此处的晋公是晋出公，应当遵从《吕氏春秋》的说法。然而晋国的大夫把持晋国国政已经很久了，晋国不是因为国君骄横而灭亡，屠黍不能说是富于洞见。

《孔丛子》说："公孙龙说羊有三只耳朵。"《吕氏春秋》则写作"羊有三颗牙齿"。

贾谊的奏疏《治安策》说"只要采取这样的措施，上述五个方面业绩也随之而来"，《新书·五美篇》中对于贾谊写的这篇疏奏中"五业附"这三个字是写作"五美附"，这句话的意思

　　《六韬》曰："冠虽弊，礼加之于首；履虽新，法践之于地。"贾谊之言本此。《韩非子》亦云："冠虽穿弊，必戴于头；履虽五采，必践之于地。"黄帝曰："日中必熭，操刀必割。"颜注此语见《六韬》。"主上之操也"，语出《尉缭子》。

　　《淮南·诠言训》曰："禹决江河，因水也；后稷播种树榖，因地也；汤、武平暴乱，因时也。故天下可得而不可取也，霸王可受而不可求也。"张夫人谏苻坚之言，本于此。

　　《贾谊书》云："德渥泽洽，调和大畅，则天清澈，地富煴，物时熟。"吴斗南谓："汉《郊祀歌》'后土富媪，昭明三光'，'媪'当作'煴'。"

　　《盐铁论》文学曰："臧文仲治鲁，胜盗而自矜。子贡曰：'民将欺，而况民盗乎？'"文仲、子贡不同时，斯言误矣。

　　仲长子《昌言》曰："北方寒，其人寿；南方暑，其人夭。此寒暑之方，验于人也。均之蚕也，寒而饿之则引日多；

是"五件美事也随之而来"。我认为"业"字应当写作"美"字,因此应当遵从《新书》的说法。

《六韬》说:"帽子虽然破旧,但是依照礼制也要把它戴在头上;鞋子虽然是新的,但穿鞋的方法使它注定要踩在路上行走。"贾谊在奏书中所说的话便来源于此。《韩非子·外储说左下》中也说:"帽子即使破得有了洞,也一定是要戴在头上;鞋子即使五彩缤纷,也一定是要踩在地上。"黄帝说:"太阳当头时一定要把东西拿去外面晒干,握着刀子一定要切割东西。"颜师古注释说这句话在《六韬·守上篇》中可以看见。"这是行使人主的权力。",这句话出自于《尉缭子》。

《淮南子·诠言训》说:"大禹疏通长江、黄河是按照水的流向规律行事的;后稷播种五谷是按照土地规律行事的;成汤、周武王平暴除乱,是按照时势要求行事的。因此可见天下能够得到而不可以强取;霸王之号可以接受而不能强求。"《晋书·列女传》中记载的张夫人劝谏苻坚的话便来源于此处。

贾谊的《新书·礼篇》说:"恩德泽润万民,天人关系和谐流畅,那么天将清净透明,大地富庶繁盛,作物按照时节成熟。"吴斗南说:"汉代的《郊祀歌》说'土地富饶多产,使得日月星辰更为光明。','媪'字应该写作'熅'字。"

《盐铁论·周秦篇》中的贤良文学说:"臧文仲治理鲁国,战胜盗贼后就自我夸耀。子贡说:'臧文仲这个人连民众都要欺骗了,更何况是盗贼呢?'"臧文仲、子贡并不在同一个时代,这句话是错的。

仲长统的《昌言》说:"北方寒冷故而北方人长寿;南方酷热故而南方人易短命早死。这是寒冷与酷暑的规律准则在人身

温而饱之则引日少。此寒温饥饱之为修短，验于物者也。"
论养生者，盍于此观之？（原注：韩子苍《医说》用此意。《物理
论》曰："道家则尚冷，以草木用冷生。医家则尚温，以血脉以煓
通。"）

　　《淮南子》曰："春贷秋赋，民皆欣；春赋秋贷，众皆
怨。得失同，喜怒为别，其时异也。为鱼德者，非挈而入渊；
为猿赐者，非负而缘木，纵之其所而已。"亦见《文子》。此
柳子《种树传》之意。

　　《文子》："聋虫虽愚，不害其所爱。"注云："鳖聋无
耳。"《淮南子》曰："狂马不触木，猘狗不自投于河，虽聋虫
而不自陷，又况人乎！"又曰："马，聋虫也。"注云："喻无
知。"孝皇问王季海曰："聋字何以从龙从耳？"对曰："《山
海经》龙听以角，不以耳。"（原注：《山海经》检此语未见。）

　　《傅子》曰："人之学者，犹渴而饮河海也。大饮则大

上的应验。这对蚕来说也是一样的，让蚕寒冷的环境下，并且使蚕饥饿，蚕反而能活得更久；让它在温暖的环境之中，吃得很饱，蚕反而短命。这是寒冷、温暖、饥饿、饱足对于寿命的影响在动物身上的应验与表现。"谈论养生的人，大约不少受了这段话影响吧？（原注：韩子仓《医说》便用了这段话的意思。《物理论》说："道家崇尚寒冷，因为草木需要寒冷方能生长旺盛。医家则崇尚温暖，因为人的血脉在温暖时更为通畅。"）

《淮南子·说山训》说："春天时借出粮食给百姓，秋天时向百姓收取赋税，老百姓都十分高兴；如果在春天收取赋税，秋季时借出粮食给百姓，众人都会怨恨。得失相同，喜怒却不同，这是借贷时期的不同造成的。对鱼施加恩德的话，不能提着鱼让它进入深渊；给予猿奖励的话，不能背着它去爬树，一开始就让它们能舒展自己的本性使它们得其所就可以了"这段话在《文子·上德篇》也可以看见。这也是柳宗元《种树郭橐驼传》所表达的意思。

《文子·道德篇》说："无知的畜类虽然愚蠢，但也不加害自己的所爱。"这句话下面的注释说："鳖听不见声音且没有耳朵。"《淮南子·说林训》说：失控的马"不会碰到木头上，疯狗不会自己跳到河中，即使是无知的畜类也不会让自己陷入灭亡的境地，何况是人呢！"又说："马是无知的动物。"注释说："此处聋虫是用于比喻无知。"宋孝宗问王淮说："'聋'字的字形为何会是由'龙'和'耳'这两个字组成？"王淮回答说："《山海经》中说龙用角而不用耳朵来听取万物之音。"（原注：我在《山海经》中没有找到这个说法。）

《傅子》说："学习知识的人，就像渴了而在黄河、大海中

盈,小饮则小盈。"伊川谓:"如群饮于河,各充其量。"

《抱朴子·论仙篇》:"按董仲舒所撰《李少君家录》。"仲舒儒者,岂肯为方士家录?盖依托也。

又按《汉禁中起居注》,即《西京杂记》所谓"葛洪家有《汉武帝禁中起居注》一卷,《汉武故事》二卷"。《通典》云:"汉武帝有《禁中起居注》,马后撰《明帝起居注》,则汉起居似在宫中,为女史之任。"荀悦《申鉴》曰:"先帝故事有《起居注》,动静之节,必书焉。"

《祛惑篇》:有古强者云:"孔子常劝我读《易》,云:'此良书也,丘窃好之,韦编三绝,铁擿三折。'今乃大悟。"《史记》世家"韦编三绝"、"铁擿",见于此。(原注:擿,一作"挝"。此方士寓言也。)

魏李萧远《运命论》:"张良受黄石之符,诵《三略》之说。"言《三略》者,始见于此。(原注:汉光武诏引《黄石公记》,未有《三略》之名。)《含神雾》云:"风后为黄帝师,又为禹师。化为老子,授张良书。"今有《素书》六篇,谓黄石公圯上授子房,世人多以《三略》为是。荆公诗云:"《素书》

喝水一样，喝得多，则腹中的水也多；喝得少则腹中的水也少。"程颐写的《明道行实》中说："就像一群人共同在黄河中喝水，都是各自喝饱而已。"

《抱朴子·论仙篇》说："我注意到董仲舒所撰写的《李少君家录》。"董仲舒是正宗的儒者，怎么可能会愿意为方士这种人作家录？这大约不过是依托之辞而已。

我还注意到《汉禁中起居注》也就是《西京杂记》中所说的"葛洪家中藏书有《汉武帝禁中起居注》一卷，《汉武故事》二卷。"《通典》中说："关于汉武帝朝有《禁中起居注》，马皇后撰写了《明帝起居注》，那么汉代时对于皇帝日常生活作息的记录似乎是宫中女史的职责。"荀悦的《申鉴》中说："先帝时的旧事在《起居注》中可以看到，君王的一举一动都会记录在《起居注》之中。"

《抱朴子·祛惑篇》中说：有古代的仙人说："孔子经常劝我读《周易》，说：'这是一本好书，我个人非常喜欢它，反复研读以至于穿竹简的皮带断了很多次，编缀竹简的铁擿也断了很多次。'现在才彻底明白。"《史记·孔子世家》记载"穿竹简的皮带断了多次"、"编缀竹简的铁擿"，大概就是取自这段话。（原注：擿，也有一种说法是写作"挝"。这一段话不过是方士所编的寓言，因此可信度不高。）

曹魏时李康的《运命论》说："张良接受了黄石公授予的兵书，诵读了《三略》中的学问。"此处是第一次说到《三略》的地方。（原注：汉光武帝的诏书引用了《黄石公记》，里面也没有提到《三略》。）《含神雾》中说："风后是黄帝的老师，后来又成了禹的老师。之后又变化为老子，传授给张良学问。"现在有《素书》

一卷天与之。"

《太平御览》引《邹子》曰:"朱买臣孜孜修学,不知雨之流粟。"此《邹子》之书,非战国之邹子也。

《慎子》曰:"礼从俗,政从上,使从君。国有贵贱之礼,无贤不肖之礼。"(原注:见《初学记》。)《曲礼》曰:"礼从宜,使从俗。言事不可常也,谓礼从俗,则非。"

《尸子》曰:"郑简公谓子产曰:'饮酒之不乐,钟鼓之不鸣,寡人之任也。国家之不乂,朝廷之不治,与诸侯交之不得志,子之任也。子无入寡人之乐,寡人无入子之朝。'自是以来,子产治郑,城门不闭,国无盗贼,道无饿人。孔子曰:'若郑简公之好乐,虽抱钟而朝可也。'"愚谓为邦必"放郑声",此孔子之言也,岂有抱钟而朝之言哉! 程子谓:"未有心蠹,而能用管仲者,于郑简公亦云。"

《论衡》,盖蔡中郎所秘玩。而刘氏《史通》讥之曰:"充自纪述其父祖不肖,为州闾所鄙,而答以瞽顽舜神,鲧

六篇，据说里面是当初黄石公在圯上传授给张良的兵法学问，但如今的人大多认为《三略》中所记方是黄石公所传授的兵法学问。王安石的诗《张良》说："一卷《素书》是上天给予张良的。"

《太平御览》引用了《邹子》中的话说："朱买臣学习勤勉而专心致志，不知道大雨把谷子给冲走了。"这本叫《邹子》的书，肯定不是战国时期的邹子所写。

《慎子》说："礼仪依从民俗，政事依从上位，调遣依从君主。国家有划分尊卑贵贱的礼仪，没有划分贤明不肖的礼仪。"（原注：这段话在《初学记》中可以看到。）《礼记·曲礼》说："行礼时要顺从时宜，出使他国要遵从他国风俗习惯。"这句话的意思是说做事不能固守成规，要灵活处理。因此说"礼仪依从民俗"是不对的。

《尸子》中说："郑简公对子产说：'喝酒不能尽兴，钟鼓不能奏响，这是我的责任。国家不能安定，朝廷政务紊乱，与诸侯交往时不能称心如意，这是你的责任。你不要干预我的快乐，我也不干预你的朝政。'从此以后，子产将郑国治理得井然有序，城门不必关闭，国内没有盗贼，道路上没有饥饿的人，孔子说：'像郑简公这样爱好音乐，即使是抱着乐器上朝也是可以的。'"我认为治理邦国必须"禁绝郑国俗乐这种靡靡之音"，这是孔子自己所说的话，因此他怎么可能会说君主抱着乐器上朝也是可以的这样的话呢！程颐说："齐桓是内心没有完全被腐蚀，而能任用管仲的人"，这句话对于郑简公也适用。

《论衡》一书被蔡邕私下玩味作为谈资。而刘知几的《史通·序传篇》讥讽王充所作的《论衡》一书说："王充自己记载

恶禹圣,盛矜于己而厚辱其先,何异证父攘羊,学子名母,
名教之罪人也。"葛文康公亦曰:"充刺《孟子》,犹之可也,
至诋訾孔子,以系而不食之言为鄙,以从佛肸、公山之召为
浊,又非其脱骖旧馆,而惜车于鲤,又谓道不行于中国,岂
能行于九夷。若充者,岂足以语圣人之趣哉!"即二说观
之,此书非小疵也。吕南公谓:"充饰小辩以惊俗,蔡邕欲独
传之,何其谬哉!"

　　《家语》"问舜冠",谓鲁哀公问孔子,《尚书大传》以为
成王问周公。

　　《子思子》曰:"东户季子之时,道上雁行而不拾遗,余
粮宿诸亩首。""余粮栖亩"本于此。

　　刘邵《人物志》曰:"《易》以《咸》为德,以《谦》为道。
《老子》以'无'为德,以'虚'为道。"愚谓《咸》言"虚"而
不言"无",与《老氏》异。

叙述说自己的祖先不孝，因此被乡里人鄙视，对此他举出了舜的父亲瞽愚蠢无知而舜聪明；禹的父亲鲧是恶人而禹却是个圣人的例子作为解释，大大自夸了一通的同时也狠狠贬损侮辱了自己的祖先。这种行为与儿子告发父亲偷羊，读书人直呼自己母亲的姓名的行径没有什么区别，王充实在是破坏名分礼教的罪人！"葛胜仲也说："王充讥讽《孟子》也还说得过去，至于诋毁非议孔子，认为孔子说的不能如稣瓜一般中看不中吃的言论粗鄙，认为孔子听从佛肸、公山的召请是庸俗之举，又责备孔子愿在客馆守馆人的丧事上解下骖乘之马送给死者家属，却不愿意将车给自己的儿子孔鲤，又说孔子的道不能在中国推行，又怎能在蛮夷之地推行呢？像王充这样的人，见识哪里足够评说圣人的旨趣呢！"根据这两种说法来看，这本书的毛病不小。吕南公说："王充粉饰巧言以惊动世俗，蔡邕却想把王充《论衡》之书流传下来，这是多么的荒谬！"

《孔子家语》记载了"问舜的冠帽"的事情，此书认为这是鲁哀公向孔子请教，《尚书大传》认为这是周成王向周公请教舜的冠帽之事。

《子思子》说："东户季子执政的时候，道路上人来人往、井然有序并且没有人会捡路上别人丢失的东西，吃用之外余下的粮食能放在田地过夜却不用担心被偷走。""将余粮积存在田亩之中"这个典故便来源于此。

刘邵的《人物志》说："《周易》认为《咸》卦体现了德，《谦》卦体现了道。《老子》认为'无'体现了德，'虚'体现了道。"我认为《咸》卦说了"虚"却不说"无"，这和《老子》不同。

宋咸注《法言》云："天地不常泰，亦不常否。圣人不常出，亦不常绝。"

或问贤，曰："颜渊、黔娄、四皓、韦玄成。"王介甫曰："出乎颜渊，则圣人矣；出乎韦玄成，则众人矣。"

"奔车之上无仲尼，覆舟之下无伯夷。"此《韩非》语也。余襄公《谨箴》用之。

杜牧《注孙子序》云："孙武著书数十万言，魏武削其繁剩，笔其精切，凡十三篇。因注解之。"考之《史记》本传，阖庐曰："子之十三篇，吾尽观之矣。"（原注：非笔削为十三篇也。）

《庄子》楚狂之歌，所谓"迷阳"，人皆不晓。胡明仲云："荆楚有草，丛生修条，四时发颖，春夏之交，花亦繁丽。条之腴者，大如巨擘，剥而食之，其味甘美，野人呼为迷阳。其肤多刺，故曰：'无伤吾行，无伤吾足。'"

　　宋咸注释扬雄所作的《法言》中说："天地不会持续降福于人，但也不会持续降祸于人。圣人并不会持续出现在世上，但也不会一直不出现在世间。"

　　有人问什么样的人称得上是贤人，回答道："颜渊、黔娄、商山四皓、韦贤可以称得上是贤人。"王安石说："德行高乎颜渊，那就是圣人；德行不及韦贤，那不过是普通人而已。"

　　"飞奔的车子上不会有孔子这样的聪明人，倾覆的船下不会有伯夷这样清廉的人。"这是《韩非子·安危篇》中所说的话，余靖的《谨箴》中借用了这句话。

　　杜牧的《注孙子序》说："孙武写的书有几十万字，魏武帝曹操削减去了繁复多余的文字，使文字更为精当贴切，最后总共有十三篇。我按照经魏武帝删削的《孙子》版本进行注解。"在《史记·孙子吴起列传》中对此事加以考察，吴王阖庐说："您所写的十三篇兵法，我都看过了。"（原注：由此可见，《孙子》本来就只有十三篇，并不是被魏武帝精简删削到只有十三篇。）

　　《庄子·人间世》中记载的楚狂经过孔子面前所唱的歌中所说的"迷阳"，人们都不知道这说的是什么，胡寅说："楚地有一种草，这种草枝条修长并聚在一起生长，它在一年四季都会长出嫩芽，在春末夏初时，花朵也开得十分繁盛美丽。长得丰腴的枝条和大拇指一般粗大，将它剥开食用，味道非常甜美，住在城外的人管这种植物叫作"迷阳"。它的皮上有许多刺，所以楚狂唱的歌谣中说：'不要刺伤我的脚，不要刺伤我的脚。'"

卷十一

考史

　　《战国策》："张仪说秦王曰：'世有三亡，而天下得之。'"姚氏《战国策后序》云："《韩非子》第一篇《初见秦》文与此同。"鲍氏失于考证。（原注：吕成公《丽泽集》文取此篇。）

　　"邹忌不如徐公美。"《新序》云："齐有田巴先生，行修于外。王闻其贤，聘之，将问政焉。田巴改制新衣，拂饰冠带，顾谓其妾，妾曰：'佼。'将出门，问其从者，从者曰：'佼。'过于淄水，自照视，丑恶甚焉。遂见齐王，齐王问政，对曰：'今者大王召臣，臣问妾，妾爱臣，谀臣曰'佼'；问从者，从者畏臣，谀臣曰"佼"。臣至临淄水而观，然后知丑恶也。今王察之，齐国治矣。'"与邹忌之言略同。洪景卢谓：《孟子》所书齐景公问晏子，与《管子·内言·戒篇》相似，盖传记若是者多矣。

　　《战国策》中记载："张仪劝说秦王道：'这个世界上有三种失败，但是天下诸侯都犯了这些失败的错误。'"姚宏在《战国策后序》里说："《韩非子》的第一篇《初见秦》里面，所记录的文本跟这里的记载相同。"鲍彪的失误在于没有对这个问题进行仔细考证。（原注：吕祖谦的《丽泽集》里面就是采用的这个文本。）

　　"邹忌比不上徐公那么美丽。"刘向在《新序》里面说："齐国有一个名为田巴的先生，品行很好，在外面很有名望。齐王听说了他的贤德，于是想要礼聘他出仕，希望可以向他咨询政治见解。田巴于是做了一套新衣服，打理好以后，戴上了帽子、系上了衣带，回头问他的妾室，自己的装扮怎么样，妾室说：'您非常好看。'田巴准备出门了，又问了一下他的随从，随从也说：'您非常好看。'直到经过淄水，田巴在水里，照了一下自己，突然觉得自己非常丑陋。于是田巴去拜见了齐王，在齐王询问政事的时候，田巴回答说：'大王今天召见我，我便询问了我的妾室，但她因为爱我，所以奉承我说'您很好看'；我又询问了一下我的随从，但他因为害怕我，所以奉承我说'您很好看'。但是，当我走到淄水边，自己对着水面看了一下自己，才觉得自己很丑陋。如

"齐负郭之民有狐咺者，正议闵王，斮之檀衢。"按，《吕氏春秋·贵直论》："狐援说齐湣王曰：'殷之鼎陈于周之廷，其社盖于周之屏，其干戚之音在人之游。亡国之音不得至于庙；亡国之社不得见于天，亡国之器陈于廷，所以为戒。王必勉之！其无使齐之大吕陈之廷，无使太公之社盖之屏，无使齐音充人之游。"齐王不受。狐援出而哭国五日，其辞曰："先出也，衣絺紵；后出也，满囹圄。吾今见民之洋洋然东走，而不知所处。"齐王问吏曰："哭国之法若何？"吏曰："斮。"王曰："行法。"狐援乃言曰："有人自南方来，鲋入而鲵居，使人之朝为草而国为墟。殷有比干，吴有子胥，齐有狐援。已不用若言，又斮之东闾。每斮者以吾参夫二子者乎！"《汉·古今人表》作"狐爰"，注："即狐咺也。"愚谓：杀诤臣者必亡，狐援其洩冶之类乎！

果大王现在能够明白这个道理，那么齐国就会治理得很好了'"
这跟邹忌的话是大概相同的。洪迈说：《孟子》里面所记载的齐
景公询问晏子，跟《管子·内言·戒篇》的记载很相似，传记中有
很多这样类似的记载。

"齐国靠近城郭的地方，有个人叫狐咺，他正面进谏，议论
闵王，于是在檀衢被杀害了。"我注意到《吕氏春秋·贵直论》的
记载："狐援曾经劝说齐湣王：'殷商的鼎放在周的中庭，商朝
的社被周的屏墙所掩盖，战斗所形成祭祀的声音还在别人的耳
边游荡。亡国之音不能到宗庙；亡国的社不能在天空下被展现，
亡国的器具被横陈在中庭，这是大王所需要引以为戒的。大王
一定要通过这件事来勉励自己啊！千万不要让齐国的大吕被放
在他国的中庭，不要让姜太公的社庙被他国的屏墙掩盖，不要
让齐国的音乐在他国游荡。'齐王并不接受他的进谏。狐援离开
了，然后为国家哭了五天，歌词是这么唱的："一开始出去，穿着
麻衣；后面出去，监狱都满了。我看见大家都向东走，却不知道
能去哪里。"齐王于是询问管吏说："哭国依据法律要怎么办？"
吏曰："斩。"齐王说："行刑。"狐援于是说："有人来自遥远的
南方，像孱弱的鲫鱼归附齐国，又像凶悍的雄鲸傲居朝纲，他
让别人的国家变成废墟，他让别国的朝廷化作草莽。殷商有比
干苦谏致死，吴国有伍子胥直言身亡，齐国有我狐援敢于冒死
犯上。齐王已不采纳我如此忠直的劝谏，还要将我杀害在东城
门广场。哦，我是该杀呀，因为我与比干、子胥二人肝胆一样！"
《汉书·古今人表》里面写成了"狐爰"，注释说："狐爰就是狐
咺。"我认为：杀了敢于直谏的诤臣，国家一定会灭亡，狐援大概
是泄冶一类的人吧！

齐威王封即墨大夫，燕取齐七十余城，唯莒、即墨不下。田单以即墨破燕。齐王建将入秦，即墨大夫入见，画临晋、武关之策，建不听而亡。吁，何即墨之多君子也！建能听即墨大夫之谋，则齐可以胜秦矣。国未尝无士也。

《太平御览》引《战国策》曰："吴子问孙武曰：'敌人保山据险，擅利而处，粮食又足，挑之则不出，乘间则侵掠，为之奈何？'武曰：'分兵守要，谨备勿懈。潜探其情，密候其怠。以利诱之，禁其牧采。久无所得，自然变改。待离其故，夺其所爱。'"今本无之。

"乐间入赵，燕王以书谢焉。"《新序》以为惠王遗乐毅书。《新序》乐毅书："君子绝交无恶言，去臣无恶声。"

战国有两公孙弘，一在齐，为孟尝君见秦昭王；一在中

　　齐威王封了即墨大夫管理即墨，燕国恰好进攻齐国，连续攻下了七十多座城池，其中，只有莒和即墨没有被攻下。田单随后在即墨大破燕国军队。齐威王田建马上准备攻打秦国，即墨大夫进都城拜见了齐王，出谋划策，提出了关于如何攻打临晋、武关的对策，齐威王田建并没听从他的建议，所以出兵失败。啊！即墨为什么这么多君子呢！如果齐威王田建能听从即墨大夫的建议，那么齐国想必就可以战胜秦国了。可见，国家未必是没有人才的啊！

　　《太平御览》中引用了《战国策》的记载，写道："吴子曾经向孙武询问说：'如果敌人占据山丘这些险要的地方，依据有利地形，他们的粮食又准备得非常充足，即便是派人反复挑衅，敌人也不出战，反而是乘着你不注意来骚扰劫掠，那我们应该怎么办呢？'孙武说：'这个时候应该分散兵力，去据守险要的地方，谨慎戒备不要松懈，在暗中不断打探敌方的情报，慢慢等候他们变得松懈的时候。要学会用好处来引诱他们，要学会禁止他们放牧收割粮食。这样一来，假如他们长时间没有什么收获，敌我之间的情况自然就改变了。等到他们因为没有收获，选择离开原来的地方，那我们马上就派兵去夺下他们重视的据点。'"今本《战国策》没有这段话。

　　"乐间去了赵国，燕王就写了封书信向他道歉。"刘向在《新序》里面认为，这是燕惠王写给乐毅的书信。《新序》里是这么记载的：乐毅写道："君子绝交，他们之间没有说出很恶劣的言论，一个臣子忠诚，即便他离开了国家，国君对他也没有很恶劣的评价。"

　　战国有两个人，他们都叫公孙弘，一个是齐国人，他代替

山，言司马熹招大国之威求相。与汉平津侯为三。《韩子》云："公孙弘断发而为越王骑。"是又一人也。

《禹贡》正义：郑康成云："《战国策》：碣石在九门。"姚宏云："《战国策》遗逸，如司马贞引'马犯谓周君'、徐广引'韩兵入西周'、李善引'吕不韦言周三十七王'、欧阳询引'苏秦谓元戎以铁为矢'、《史记正义》引'九门本有宫室而居'，今本所无。"

晏元献论秦穆公以由余为贤，用其谋伐戎："夫臣节有死无贰，戎使由余观秦，终竭谋虑，灭其旧疆，岂钟仪操南音，乐毅不谋燕国之意哉！秦穆之致由余而辟戎土也，失君君臣臣之训矣。"元献之论，有补世教，故录之。

唐太宗问褚遂良曰："舜造漆器，禹雕其俎。"其事见《韩子》：由余对秦穆公曰："舜作食器，流漆墨其上，国之不服者十三。禹作祭器，墨染其外，朱画其内，国之不服者三十三。"

孟尝君面见了秦昭王；一个是中山人，他建议司马熹利用大国的声威来谋求相国的地位。这跟汉代平津侯公孙弘是三个不同的人。《韩子·说林》里面记载："公孙弘割断了自己的头发，从而成为越王的臣子。"这个公孙弘又是另外一个人了。

《尚书·禹贡》正义中，孔安国写道：郑玄说："《战国策》记载'碣石存放的地方是在九门。'姚宏说：'《战国策》里面是有很多遗失散佚的地方的，比如司马贞引用过的文本中写到'马犯跟周君进行过谈话'、徐广引用过的文本写到'韩国的军队进入了西周'、李善引用过的文本写到'吕不韦说，周王朝有过三十七个君王'、欧阳询引用过的文本写到'苏秦劝说元戎人，使用铁来制作箭矢'、《史记正义》引用过的文本写到'九门原来有可以供人居住的宫殿'，这些文本，在今天的《战国策》里面都没有保存。'

晏元向秦穆公献上了自己的建议，他认为由余非常贤德，所以应该采用他的谋略来征讨戎："一个好的臣子，他的节气应该只有死亡，而没有对君主的二心，戎让由余来观察秦国，耗尽心思来谋划考虑，摧毁了他原来的疆域，这难道不是钟仪操着南音，乐毅不替燕国进行谋划一样的意思吗！秦穆公因为选择了由余，于是成功攻下了戎的领土，这是失去了君君、臣臣的祖训吧。"晏元所献上的见解，对于世间的教化很有裨益，所以记录下来保存它。

唐太宗询问褚遂良说："舜制造了漆器，禹雕刻了俎具。"这个事情，可以参看《韩子·十过篇》，里面记载：由余回答秦穆公说："舜制作食物容器，用漆为它上色，国家之中有十分之三的人不服从。禹制作祭祀用的礼器，用墨水把外面染黑，用朱

薛士龙曰："齐威之霸，不在阿、即墨之断，而在毁誉者之刑。"今按，毁誉者乃佞臣周破胡。见《列女传》。

《大事记》："魏以田文为相"，《解题》曰："田文与孟尝君姓名适同而在前。《吕氏春秋·审分览》作'商文'，所载'吴起问答'，与《史记》略同。"《西山读书乙记》谓："田文，游侠之宗主，以主少国疑自任，未见其可也。"误以为孟尝君。

王逸《注楚辞自序》云："屈原为三闾大夫。三闾之职，掌王族三姓，曰昭、屈、景。屈原序其谱属，率其贤良，以厉国士。"汉兴，徙楚昭、屈、景于长陵，以强干弱支，则三姓至汉初犹盛也。《庄子·庚桑楚》曰："昭、景也，著戴也；甲氏也，著封也，非一也。"说云："昭、景、甲三者，皆楚同宗也。"甲氏，其即屈氏欤？秦欲与楚怀王会武关，昭睢、屈平皆谏王无行。襄王自齐归，齐求东地五百里，昭常请守之，景鲤请西索救于秦，东地复全。三闾之贤者，忠于宗国，所以长久。

砂在里面作画，国家之中有十分之一的人不服从。"

薛季宣说："齐威王能称霸，并不是因为对阿、即墨大夫的自我判断，而在于对他们进行评价的人进行适当的刑罚。"我认为这个评价的人说的就是佞臣周破胡。这个事情可以参考刘向的《列女传》。

《大事记》记载："周安王十六年，魏国由田文担任相国"，《解题》说："田文和孟尝君的名字是一样的，不过田文生活的年份稍微在孟尝君前面。《吕氏春秋·审分览》里面把'田文'写成了'商文'，书里面所记载的'吴起问答'和《史记》的相关记载，有许多地方是相同的。"真德秀在《读书乙记》中说："田文是游侠们的宗主，但是由于国君很年少，国民都很怀疑田文，认为他有不臣之心，然而即便如此，田文却还自行任命自己为相国，这个于理不合，实际中大概是不可能的。"这是因为真德秀误把这个田文当成了孟尝君。

王逸在《楚辞章句·注楚辞自序》里面说："屈原是楚国的三闾大夫。三闾大夫的主要职责是管理王族的三大姓氏，他们分别是昭姓、屈姓以及景姓。屈原对三大姓氏的族谱进行说明并加以完善，率领族人中比较有才能品行的人，从而增加国家的人才储备，强盛国家。"在汉代兴盛以后，汉王朝把楚国的三姓族人昭、屈、景都迁移到了长陵这个地方，从而实现强大汉室家族，弱化其他家族的目的，这个记载也反向说明，楚国的三大姓氏，即便到了汉代初期也还是很强大的。《庄子·庚桑楚》里面说："昭姓、景姓，都是因为他们的任职，从而得到姓名，甲氏却是因为自己的封地得到姓名，三者并不一致。"陆德明也说："昭姓、景姓、甲姓，这三个姓氏都是楚国同一宗族的不同分

　　《陈轸传》"卞庄子刺虎",《战国策》作"管庄子",《索隐》引《战国策》作"馆庄子":"馆谓逆旅舍。其人字庄子。"

　　晋、楚之争霸在郑,秦之争天下在韩、魏。林少颖谓:"六国卒并于秦,出于范雎远交近攻之策。"取韩、魏以执天下之枢也。其远交也。二十年不加兵于楚,四十年不加兵于齐;其近攻也,今年伐韩,明年伐魏,更出迭入无宁岁,韩、魏折而入于秦,四国所以相继而亡也。秦取六国,谓之蚕食,盖蚕之食叶,自近及远。《古史》云:"范雎自为身谋,未见有益于秦。"愚谓此策不为无益,然韩不用韩玘,魏不废信陵,则国不亡。

支。"甲氏大概就是屈氏吧？秦王计划跟楚怀王在武关会面，昭睢和屈原都劝说楚怀王千万不要前往。秦襄王从齐国回来，他就跟齐国国君计划，夺取了楚国东方五百里的土地，昭常于是请求让自己去守卫这里，景鲤也请求让自己去西边，向秦国求援，这才把楚国东方失去的五百里土地都收复回来了。三问之中，因为有许多贤德的人，他们都忠于自己的国家，所以自己的姓氏族群也才能够长久兴盛。

《陈轸传》记载到："卞庄子拿武器刺死了老虎"，《战国策》里面却写的是"管庄子"，《史记索隐》引用了《战国策》写成"馆庄子"，原文是这么说的："馆就是不在舍中居住的人，这个人的字是庄子。"

晋、楚两国争霸天下的关键在于郑国，秦国争夺天下的关键在韩国、魏国。林少颖认为："六国最终被秦国所吞并，这主要是由于范睢所采取的远交近攻的战略。"秦国如果夺取了韩国、魏国，那就等于执掌了天下的交通枢纽。远交的关键是，在二十年内不跟楚国交战发生争斗，在四十年内不跟齐国交战发生争斗；而近攻的关键则是在于，今年讨伐韩国，明年又讨伐魏国，跟他们不断地进行战争，争斗不停，让他们没有安宁的年份，因此韩国、魏国才会导致每年不断折损，以至于最终被秦国所吞并，这以后，四国才会在此基础上，相继灭亡。秦国夺取六国的这种方法叫作蚕食，就像蚕吞食桑叶那样，从靠近自己的地方开始，再慢慢吞食到远处的地方。《古史》里面说："范睢只不过是为了自己来进行谋划，倒并不见得是对秦国真的有好处。"我认为这个谋略并不是没好处的，但是，即便采取了这个战略，假如韩国并没有用韩玘，魏国并没有废处信陵君，那他们最后

　　周赧王卒于乙巳，明年丙午，秦迁西周公，而东周君犹存也。壬子，秦迁东周君，而周遂不祀。作史者，当自丙午至壬子，系周统于七国之上，乃得《春秋》存陈之义。《大事记》周赧后即系秦，朱子以为未当，《纲目》以七国如楚、汉并书之。

　　七国，齐、魏、赵、韩皆大夫篡，楚为黄，秦为吕，唯燕为旧国，召公之泽远矣。惠王不用乐毅，太子丹乃用荆轲，其能国乎？

　　老泉《权书·强弱篇》谓："秦之忧在六国，蜀最僻最小，最先取；楚最强，最后取，非其忧在蜀也。"愚谓取蜀则楚在掌中矣，白起所以再战而烧夷陵也。

　　鲁仲连书："富比乎陶、卫。"延笃注《战国策》云："陶朱，公子荆。"王邵云："魏冉封陶，商君封卫。"今按，商君封于商，非封卫也。

可能都不会走上亡国的地步。

周赧王死于乙巳年，在这以后的第二年，丙午年，秦国把西周公从原来的领地迁走了，但是，这个时候东周君还在。壬子年的时候，秦国又迁走了东周君，这以后，周国的祭祀就算是没有了。作史的人，应该从丙午年记录到壬子年，在这期间，史书的记载应该把周王朝放在七国之上来记录，这才符合《春秋》保留陈的微言大义。而《大事记》的记载方式中，周赧王以后，史书上就记录的是秦国了，朱熹认为这种记录史书的方式是非常不合适的，《纲目》也不过是把七国当成楚、汉，各国一起进行记录。

战国的七个国家之中，齐国、魏国、赵国、韩国，这四个国家都是大夫篡国，楚国是黄氏，秦国是吕氏，也是大夫强大，把控朝政。只有燕国是故国，保留了君主的权力，可见召公的恩泽，还是很深远的了。燕惠王不任用乐毅，燕太子丹却任用荆轲这样的人，这又怎么能让国家得以保全下来呢？

苏洵在《权书·强弱篇》这篇文章里面说道："秦国的困扰在六国，秦国附近的蜀国是最偏僻、最弱小的国家，所以秦国要最先攻下它；而楚国因为是最强大的，所以秦国最后再去攻取它，这并不是由于受到了蜀国的侵袭而困扰，不过是策略罢了。"我认为，假如秦国攻取了蜀国，那么楚国自然就在秦国的掌握中了，这也是白起再次起兵去焚烧夷陵的原因。

鲁仲连写道："一个人的富有，可以跟陶公、卫公两个人进行比较。"延笃注释《战国策》的时候写道："陶朱公就是公子荆。"王邵又在书里说："魏冉的封地是在陶地，商君的封地是在卫地。"不过，我认为商君的封地应该是商地，而不是卫地。

李文叔《书战国策》曰："为是说者非难，而载是说者为不易得。使秦、汉而后，复有为是说者，必无能载之者矣。"愚观董晋之答回纥语，李怀光、谭忠之说刘总，词气雄健，有先秦风，韩、杜二公之笔力，足以发之也。（原注：《董晋行状》、《燕将录》。）

秦昭王五十一年灭周，是岁汉高祖生于丰沛。天道之倚伏，可畏哉！（原注：《史记》："昭王五十一年，赧王卒。"皇甫谧曰："是岁高祖生。"）

秦庄襄王元年，灭东周。三年，始皇立，而伯翳之秦亦灭。二世元年，废卫君，是岁诸侯之起者五国。三年而秦亡。然则灭人之国，乃所以自灭也。

秦皇欲以一至万，新莽推三万六千岁历纪，宋明帝给三百年期，其愚一也。汉世祖曰："日复一日，安敢远期十岁乎？"真帝王之言哉！

　　李格非在《书战国策》里面说："一个人有这个说法并不难，难的是，说法产生以后，有记录下来这个说法的人。在秦、汉以后还有很多立说的人才，却几乎没有能够把这些说法记录下来的人了。"我看到了董晋回答回纥人的话语，李怀光、谭忠之劝说刘总的话语，这些发言都非常的雄健有力，很有先秦的风骨，依靠韩愈、杜甫两人的笔力和才华，应该足够把他们的言论和事迹记录下来了。（原注：这些对话见于《董晋行状》《燕将录》。）

　　秦昭王五十一年的时候，秦国消灭了周朝，这一年，汉高祖刘邦在丰沛这个地方出生。天道的变化无常，可真的是令人感到敬畏啊！（原注：《史记》记载："秦昭王五十一年的时候，周赧王去世了。"皇甫谧在这里注释说道："这一年汉高祖刘邦刚刚出生。"）

　　秦庄襄王元年，秦国消灭了东周王朝政权。秦庄襄王在位的第三年，秦始皇即位，不过，这样算来，秦氏始祖伯翳所建立的秦国，应该也算是灭亡了吧。在秦二世胡亥元年的时候，胡亥废掉了卫君，这一年，各路诸侯里面，有五个国家造反了，声讨秦政权。秦二世胡亥在位的第三年，秦国就灭亡了。不过，想来，秦国正是因为灭亡了他人的国家，这才最终导致自我国家政权的灭亡吧。

　　秦始皇希望秦国从自己开始，可以延续到千秋万代，新朝的王莽也推算过，认为自己的国家会保持三万六千年，南朝宋明帝计划宋王朝至少会三百年的统治，可见，他们的愚蠢大概都是一样的吧。汉世祖说过："国家能够过一天就算一天，我哪里敢期待能有十年的政权啊？"这才真的是一个符合帝王的言论吧！

魏公子退让,而口不忍献五城;尹翁归不私,而不敢见其邑子。是以君子正容以悟之,使人之意也消。

箝语燔书,秦欲愚其民而不能愚陈涉;指鹿束蒲,高欲愚其君而不能愚子婴。

韦昭《洞历记》:"纣无道,比干知极谏必死,作《秣马金阙歌》。"(原注:古歌尚质,必无"秣马金阙"之语,盖依托也。)

贾生《过秦》曰:"秦孝公据殽、函之固。"(原注:春秋时,殽,桃林,晋地,非秦有也。)

《史记》正误(原注:《索隐》《正义》《史剟》《通鉴考异》《古史》《大事记解题》所考正者皆不著。)

《五帝本纪》列黄帝、颛、辛、尧、舜,谓:"孔子所告宰予,儒者或不传。及《春秋》《国语》,发明《五德》《系姓》章矣。《书》缺有间,乃时见于他说。"五峰胡氏曰:"仲尼

魏公子退位让贤，口中还念念有词，说自己不忍心把五城献上给其他诸侯；尹翁归选举人才的时候，并不会避开自己的亲人，不避开亲近自己的人，然而他却不敢看见自己城邑中的百姓。所以君子需要端正容貌，整理仪容来实现自我的觉悟，不过这也会让人的意志逐渐消退。

钳制言论，焚烧书籍，秦国始终在想办法，想要让自己的百姓变得愚笨，来方便统治，却始终没能愚弄到陈涉；把鹿说的是马，将捆束的蒲柳说成肉脯，有意颠倒黑白，混淆是非。这些事情是赵高想要让他所服侍的君主变得愚笨的方法，然而却也没办法愚弄到子婴。

韦昭的《洞历记》里面记载："纣王残虐无道，比干知道，如果自己坚持向纣王进谏，那么自己一定会死，于是便作了《秣马金阙歌》来抒发自己的志向。"（原注：古代的歌谣的文字，还比较质朴，想来，肯定是不可能有"秣马金阙"这样的内容的，这篇歌谣必然是后来的人，假托比干的名字，说是比干写的。）

贾谊在《过秦论》里面说："秦孝公据守着殽关、函谷关这样坚固险要的关口。"（原注：在春秋的时候，殽地、桃林实际上都是晋国的土地，并不是秦国所拥有的地方。）

《史记》正误（原注：《索隐》《正义》《史剡》《通鉴考异》《古史》《大事记解题》等书对《史记》中所记载事件的考证都没有记录下来。）

司马迁在《史记·五帝本纪》中，依次列出了黄帝、颛顼、帝辛、尧帝、舜帝，这五位贤明圣德的帝王，他在文中是这么说的："孔子告诉宰予的话，后来的儒生或许没有能够传下来。等到了

《系易》，历叙制器致用，兼济生民者，独称牺、农、黄帝、尧、舜氏，盖以是为五帝也，而颛、辛无闻焉。太史公所载，特形容之虚语尔。"朱子《答吕子约书》曰："《易大传》，孔圣之言；八卦，文字之祖。何故遗而不录？"

"舜年二十以孝闻，年三十尧举之，年五十摄行天子事，年六十一代尧践帝位。践帝位三十九年。"《书·舜典》正义曰："舜年六十二为天子。《大禹谟》：'朕宅帝位三十有三载'，乃求禅禹。《孟子》云：'舜荐禹于天十七年。'是在位五十年明矣。《史记》皆谬。"

《夏本纪》："太康崩，弟仲康立。仲康崩，子相立。相崩，子少康立。"《左传·襄四年》正义曰："太康失邦，及少康绍国，尚有百载，乃灭有穷。《本纪》不言羿、浞之事，是迁说之疏。"

在《春秋》《国语》这些书中，我却发现，书里面发明了《五德》《系姓》这些篇章。《尚书》的缺失也应该有一段时间了，只是，我时不时还可以在其他书中，偶然见到《尚书》的只言片语。"五峰先生胡宏说："孔子的《系易》篇，一一叙述了制器的功用，然后涉及怎么周济养育百姓，孔子在书里把庖牺氏、神农氏、黄帝、尧帝、舜帝，这五位当成了五帝，然而在书里，颛顼和帝辛却没有怎么听闻到。太史公的记载，只是一些比较模糊粗略的话罢了。"朱熹在《答吕子约书》里说："《易大传》里面所记载的，是孔圣人的话；八卦应该算是文字的始祖了。这些内容为何被遗漏，而没有记录呢？"

"舜二十岁的时候，因为孝顺的行为，在乡里远近闻名，在他三十的时候，尧帝开始举用他，在他五十的时候，他开始代替处理天子的事务，在他六十一的时候，代替了尧帝，登上了帝位。舜帝在位的时间长达三十九年。"在《尚书·舜典》里，孔颖达注解道："舜在六十二岁的时候当了天子。依据《大禹谟》里面的记载：'我在帝位上，时间也有三十三年'，这以后，舜帝才把帝位禅让给大禹。《孟子》里面也说：'舜向上天推荐了大禹，这个试炼的阶段长达十七年。'那么，舜在位时间应该是五十年，这是很清楚的。《史记》这个部分的相关记载应该是有问题的了。"

《史记·夏本纪》说："太康去世后，太康的弟弟仲康继承帝位。仲康去世后，仲康的儿子相继承帝位。相去世后，相的儿子少康继承帝位。"《左传·襄公四年》中孔颖达注释说道："太康失去了国家，等到少康才恢复国土，从太康失去国家到少康恢复国家，这中间还有一百年的时间，这以后才灭了有穷。《史记·夏本纪》中，并没有记载羿、浞的事情，这是司马迁的疏

《殷本纪》："祖乙迁于邢。"《书·盘庚》正义曰："郑玄云：'祖乙去相，居耿，而国为水所毁，于是修德以御之，不复徙也。'"

"小辛立，殷复衰，百姓思盘庚，乃作《盘庚》三篇。"与《书序》违，非也。

"太甲既立三年，伊尹放之于桐宫。居桐宫三年。悔过反善，伊尹乃迎而授之政"，谓太甲归亳之岁。已为即位六年，迁说妄也。

"祖己嘉武丁之以祥雉为德，立其庙为高宗，遂作《高宗肜日》及《训》。"与《书序》相违。

"帝阳甲之时，殷衰。自中丁以来，废适而更立诸弟子。弟子或争相代立，比九世乱。"《皇王大纪》曰："以其世考之，自沃丁至阳甲，立弟者九世。中丁之名误也。"

太戊为太甲之孙。《三代表》云，太戊，小甲弟。则亦

漏。"

《史记·殷本纪》说：祖乙把国家迁到了邢这个地方。《尚书·盘庚》中，孔颖达注释说："郑玄说：'祖乙离开了相地，在耿地居住，主要是因为，国都被洪水毁坏了，所以他修养德性，好好地管理国家，从这以后，商民再没有迁徙过。'"

"小辛继承帝位，殷商的国力又一次衰败了，所以殷商的老百姓都非常怀念盘庚，于是就作了三篇《盘庚》，来纪念盘庚的功绩。"这个记载，与《尚书序》里面记载相互违背，并不是事实。

"太甲继位的第三年，伊尹决定把他流放到桐宫。太甲于是在桐宫住了三年。这以后，太甲悔过自新，重新恢复了善良仁德，伊尹才决定迎接他回来，慢慢教授他政治"，这一年就是太甲回归亳地的那一年。但是，实际上，按照推算，这个时候太甲已经即位六年了，可见司马迁的说法是错误的。

"祖己想要褒奖武丁，于是决定把代表吉祥的雉鸡，当作他德行的体现，赏赐给了他。然后把武丁的庙号立为高宗，臣民很高兴，于是就作了《高宗肜日》和《训》两篇文章来纪念这件事。"这个记载也和《尚书大序》里面的记载相矛盾。

"阳甲在位的时候，殷商逐渐衰弱下来。自从中丁以来，大家把适废除了，然后另外立了适诸多兄弟的儿子。这些人相互争抢，谋求取代彼此，以求自己可以继承帝位，这样，一直在中丁之后的九位帝王统治时期，商王朝社会动乱不已。"《皇王大纪》说："从这些世系来进行考察，从沃丁到阳甲，立了他的弟弟后，大概是有九代的。这里面，中丁的名应该是有错误的。"

太戊是太甲的孙子。《三代表》里面说，太戊是小甲的弟

是沃丁弟，太甲子。《书》正义谓："《本纪》《世表》必有一误。"

《周本纪》：不窋末年，夏氏政乱，去稷不务，不窋以失其官而奔戎、狄之间。《周语》云："不窋自窜于戎、狄之间。"韦昭云："不窋去夏而迁于豳。"《诗》正义："按《公刘》之篇，公刘避乱适豳。公刘者，不窋之孙。"

"古公有长子曰太伯，次曰虞仲。太姜生季历。《左传·僖五年》正义曰："如《史记》之文，似王季与太伯别母，迁言疏缪。太伯、虞仲辟季历，适荆蛮，若有嫡庶，不须相辟。知其皆同母也。"

"诗人道西伯，盖受命之年称王而断虞、芮之讼。"欧阳公以为妄说。五峰胡氏曰："诗人言文王受命，指其至诚动天，得天人之助耳。"李子思曰："以虞、芮质成之年，为文王兴王业之初则可，而谓文王于是自称王则不可。"朱文公谓："《武成》有'惟九年大统未集'之说，若以在位五十年推之，不知九年当从何处数起？"亦未见史迁全不是，欧公全是，不若两存之。（原注：刘道原曰："迁不见《古文尚书》，以文王受命七年而崩。孔安国见《武成篇》，故《泰誓传》曰：'周自虞、芮质厥成，诸侯并附。'以为受命之年，至九年卒。'刘歆《三

弟。那么太戊肯定也是沃丁的弟弟，是太甲的儿子了。《尚书》里面，孔颖达解释说："《殷本纪》和《三代世系表》的记载，肯定有一个是出错了。"

《周本纪》说：不窋末年的时候，夏朝的政治非常混乱，帝王远离社稷黎民，不理政务，不窋因为这个，失去了他的官位，于是他出逃、前往戎、狄之间的地方。《周语》说："不窋自己逃窜，去了戎、狄之间的地方。"韦昭说："不窋离开夏地，迁移到了豳地。"《诗》正义里面，孔颖达解释说："按照《大雅·公刘》的记载，公刘因为躲避祸乱，去了豳地。公刘是不窋的孙子。"

"古公的长子叫太伯，次子叫虞仲。太姜随后生了季历。《左传·僖公五年》正义中，孔颖达解释说："如果按照《史记》的文字记载，似乎，王季和太伯不是同一个母亲，但是，司马迁的话显然是错误的。太伯、虞仲远离了季历，而选择前往荆蛮。如果他们之间有嫡亲和庶出的关系，那显然，他们是没必要相互躲避的。因此，我们可以知道，王季和太伯是同一个母亲所生的兄弟二人。"

"诗人说，西伯侯姬昌大概是在受西伯之命的年份，才开始称王，然后他裁断了虞、芮的纷争。"欧阳修认为这个说法是不正确的。五峰先生胡宏说道："诗人说文王受命，应该指的是，文王对于百姓的至诚之意感动了上天，因此才得到了上天和百姓的帮助。"李子思说道："虞、芮二族把自己的子嗣送去当人质的时候，文王才刚刚兴起了周的基业，那么，按照前面的说法，文王在这里自行称王，这肯定是不对的。"朱熹也说："《武成》篇里面，有'文王九年的时候，还没有继承大统'的说法，假如依据文王在位五十年的前提，进行推算，那么不知道这九

统历》以为九年。"）

"武王祭于毕，观兵盟津。"欧阳公曰："《伯夷传》又
载父死不葬之说，皆不可为信。"程子曰："观兵必无此理。
今日天命绝，则纣是独夫，岂容更待三年？"林氏曰："汉儒
以'观政'转为'观兵'，而为周师再举之说。"

武王追思先圣，乃褒封神农之后于焦，封黄帝之后于
蓟，封帝尧之后于祝，封帝舜之后于陈。"《礼记》正义曰：
"追思先圣乃封之，与《乐记》'未及下车'义反，当以《记》
为正。"

"襄王母早死，后母曰惠后，生叔带。"《左传》曰："母
弟，俱是惠后所生。"《正义》曰："《史记》谬也。"

年应该是从什么时候开始算起的？"这说明，司史迁也不见得都错了，欧阳修也不见得是都对了，倒不如把两种说法都保留下来。（原注：刘希宪说："司马迁主要是因为没看到《古文尚书》，里面说，文王在受命七年之后就去世了。孔安国肯定是看到了《武成篇》，所以在《泰誓传》里面说：'周王朝自从虞、芮把自己的儿子送过来当人质以后，就慢慢兴起了，这以后诸侯都慢慢来归附周王朝。'那么，这说明，文王应该就是在受命的第九年去世了。'刘歆《三统历》里面也认为文王是在受命九年的时候去世了。"）

"武王在毕这个地方进行祭祀，在盟津这里巡视军队。"欧阳修在《泰誓论》里面说："《伯夷传》里面又记载了父亲死去可以不用埋葬这样的说法，这些实际上都是不可信的。"程颐说："巡视军队，想必是没有这种道理的。今天，天命断绝，那么纣就是个独夫，怎么可能再等待三年才去征讨他？"林之奇在《尚书全解》里面说："汉代的儒生把'观政'改成了'观兵'，这显然是替周朝的军队再次起兵，找了个理由。"

武王追思以前的圣贤，为了褒奖他们的后代，于是决定把神农氏的后代分封在焦地，把黄帝的后代分封在了蓟地，把尧帝的后代分封在了祝地，把舜帝的后代分封在了陈地。"《礼记》里面，孔颖达解释说："追思先圣，于是进行了分封，但这和《乐记》里面'没来得及等到即位'的语义是相反的，应该把《乐记》的记载当作准确的记载。"

"襄王的母亲很早就去世了，襄王的后母叫惠后，惠后生了叔带。"《左传》里面说："襄王和同母亲的弟弟，也就是叔带，其实都是惠后生的。"《史记正义》说："《史记》的说法是错的。"

"周、召二相行政，号曰共和。"吕成公曰："《古史》，案《汲冢纪年》：'共伯和干王位，故谥共和。'《左传》："王子朝告诸侯曰：'诸侯释位，以间王政，宣王有志而后效官。'"推是而言，则厉、宣之间，诸侯有去其位而代王为政者。《庄子》曰："共伯得之于丘首。'"

"舜封弃于邰，号曰后稷。"《诗》正义曰："稷之功成，实在尧世，其封于邰，必是尧之封，故笺、传皆以为尧。《本纪》以后稷之号亦起舜时，其言不可信也。"

"武王伐纣，卜龟兆，不吉，群公皆惧，惟太公强之。"《书》正义曰："太公《六韬》云：'卜战，龟兆焦，筮又不吉。太公曰：'枯骨朽蓍，不逾人矣。'彼言'不吉'者，《六韬》之书，后人所作。《史记》又采用《六韬》，好事者妄矜太公，非实事也。"

穆王即位，春秋已五十矣，立五十五年。《书正义》曰：

　　"周公、召公两个人，共同担任相国，管理国家大事，推行政事，这个时期号称共和。"吕祖谦说："《古史》里面，我注意到《汲冢纪年》的记载：'共伯和这个人继承王位，所以给他谥号叫作共和。"《左传》里面说："王子早朝的时候，告诉诸侯说：'诸侯放逐君王，代为参行君王的政事，因为宣王有志向，这以后诸侯才逐渐服侍君王，开始担任官职。'"根据这个来说，那厉王、宣王这两位帝王之间，诸侯中肯定是有放逐君王的行为存在的，这些诸侯就是代替君王行政的人。《庄子》里面说："共伯是在丘首这个地方获得了大道。'"

　　"舜帝把弃分封在邰地，弃被称为后稷。"《诗》正义里面，孔颖达解释说："后稷的主要事迹和成就，实际上应该是发生在尧的时代，他被分封在邰地，那这显然是尧帝分封的结果，所以笺和传里面，都认为是尧帝而不是舜帝。不过，《史记本纪》却认为后稷的封号产生在舜的时候，这种话显然也是不可信的。"

　　"武王姬发准备讨伐商纣王，通过占卜龟甲，得到了兆纹，兆纹的纹路显示的却不太吉利，于是大家都很恐惧，准备放弃讨伐。这个时候，只有姜太公坚持要讨伐纣王。"《尚书》正义解释说："姜太公在《六韬》说：'占卜战争，龟甲兆纹是焦灼漆黑的，筮草的占卜结果也显示也不太吉利。姜太公说：'枯朽的骨头，腐坏的蓍草，都不应该超过人的意愿。'那这里所说的'不吉利'的情况，如果按照《六韬》记载，相互印证，《六韬》显然也应该是后人所记录的。《史记》采用了《六韬》的说法，好事的人妄加评论姜太公的对错，这显然也是不符合事实的。"

　　周穆王即位的时候，已经五十岁了，周穆王总共在位五十五

"《孔传》云穆王即位过四十矣，不知出何书？迁若在孔后，或当各有所据。"

《秦本纪》："晋献公虏虞君与其大夫百里奚，以为秦穆公夫人媵于秦。百里奚亡秦走宛，楚鄙人执之，穆公以五羖羊皮赎之。"范太史曰："《商鞅传》又载赵良之言曰：'五羖大夫，荆之鄙人也。自鬻于秦客，被褐食牛。期年，穆公知之，举之牛口之下，而加之百姓之上。'《史记》所传，自相矛盾如此。"朱文公曰："按《左氏》，媵秦穆姬者，乃井伯，非百里奚也。"

"赐襄公岐以西之地。襄公生文公。于是文公遂收周余民有之，地至岐，岐以东献之周。《诗》正义曰："郑氏《诗谱》言'横有周西都宗周畿内八百里之地'，则是全得西畿，与《本纪》异。按，终南之山，在岐之东南。大夫之戒襄公，已引终南为喻，则襄公亦得岐东，非唯自岐以西也。如《本纪》之言，文公献岐东于周，则秦之东境终不过岐。而春秋之时，秦境东至于河，明襄公救周即得之矣。《本纪》之言不可信也。"

年。《尚书正义》里面说："《孔传》说，周穆王即位的时候，已经过了四十岁，这一说法不知道是出自什么书？司马迁如果在孔颖达之后，那司马迁和孔颖达的记载应该各自有各自的文献依据。"

《秦本纪》里面说："晋献公虏走了虞君和他的大夫百里奚，百里奚被当成秦穆公夫人的陪嫁品，一起到了秦国。百里奚从秦逃走，去了宛地，被楚国的乡下人抓住了，秦穆公又用五张羊皮把他赎了回来。"范太史说："《商鞅传》里面又记载着赵良的话：'百里奚是楚国的乡下人。他把自己卖给秦国的商人，披着麻布，嚼着牛皮。就这么过了一年，秦穆公知道了他的才华，于是觉得把他放在牛口以下、百姓以上的位置。'按照《史记》的记载，这也太过于自相矛盾了。"朱熹说："我注意到《左氏》的记载，给秦穆姬陪嫁的应该是井伯，而不是百里奚。"

"周王赐给秦襄公岐山西边的土地。秦襄公生了秦文公。这以后，秦文公慢慢收容了周地残余的百姓，并保护他们，给他们家园。这样一来，秦国的国土就慢慢到了岐山，岐山东边的土地还是选择献给了周朝。《诗》正义里面说："按照郑玄《诗谱》的记载'秦国横向算起来，拥有着周国西都王畿之地以内八百里的土地'，那基本上算来，秦国实际已经拥有了周国西边所有的土地，这跟《秦本纪》的记载是有矛盾的。我认为，终南山在岐山的东南。实际上，秦国大夫劝诫秦襄公的时候，已经引用了终南山进行比喻，那显然，秦襄公也得到了岐山东边的土地，而不仅仅是岐山西边的所有土地。正如《秦本纪》的记载，秦文公把岐山东边的土地献给周朝，那秦国东边的国境应该不会超过岐山。然而，到了春秋的时候，秦国的国境，却一直蔓延，向东甚

　　《吕后本纪》，夹漈郑氏曰："迁遗惠而纪吕，无亦奖盗乎？"

　　《乐书》："得神马渥洼水中，为《太一之歌》。后伐大宛，得千里马，为歌。中尉汲黯进曰云云，丞相公孙弘曰：'黯诽谤圣制。'"说斋唐氏曰："按《汉书·武帝纪》：'元鼎四年秋，马生渥洼水中，作《天马之歌》。'太初四年春，贰师将军广利斩大宛王首，获汗血马来。作《西极天马之歌》。"而元狩二年春三月，丞相弘薨，则先元鼎四年已八年矣。《汲黯传》：浑邪王降之岁，汲黯坐法免官，隐田园者数年，至更立五铢钱，复起为淮阳太守，居淮阳十岁而卒。按，《武纪》昆邪之降在元狩二年，而行五铢钱在五年，又十岁，则元封四年也。其去太初四年尚六年，则汲黯之卒亦久矣。今《乐书》乃云得大宛马而作《天马之歌》，汲黯尝有言而公孙弘又从而谮之，不亦厚诬古人哉！况黯在武帝时，始为谒者，迁荥阳令，称疾归，乃召为中大夫，又出为东海太守，又召为主爵都尉，又公孙弘请徙为右内史，数岁而免官，又数岁而起为淮阳太守，则未尝为中尉也。假使黯之言在马生渥洼之年，则弘之死固已久矣。《汉书·司马迁传》言《史记》十篇"有录无书"，而注言《乐书》亦亡，则此非迁之作明矣。使迁在当时而乖舛如此，不亦缪乎？"

至到了黄河边上，这也说明，秦襄公在援救周朝的时候，就已经得到了这一大片土地了。所以，《秦本纪》里面的话，也并不可信。"

关于《吕后本纪》，夹漈郑樵是这么说的："司马迁在编写《史记》时，不给汉惠帝立本纪，却给吕后立本纪，这个行为就好比是在奖励盗贼。"

《乐书》记载："大汉在渥洼的水中得到了神马，于是大臣作了《太一之歌》来纪念这件事。这以后，汉王朝讨伐了大宛，得到了千里马，于是又作了一首歌来进行纪念。中尉汲黯向皇帝进言，说了一些话，丞相公孙弘马上说：'汲黯是诽谤圣主的礼制。'"说斋先生唐仲友说："我注意到《汉书·武帝纪》的记载：'元鼎四年的秋天，天马在渥洼水中出生，于是大臣作了《天马之歌》来进行纪念。"太初四年的春天，贰师将军李广利斩杀了大宛王，拿下了他的头颅，又获得汗血宝马，成功归来。于是大臣又作了《西极天马之歌》。"然而，事实上，元狩二年春天，在三月的时候，丞相公孙弘已经死了，这时比元鼎四年早了整整八年。《汲黯传》说：浑邪王投降的那一年，汲黯因为连坐，被罢免官职，于是隐居在田园，就这么过了好几年，到了使用五铢钱的年份，才又被举用，推举为淮阳太守，这以后，他在淮阳待了十年以后才去世了。我认为《武帝本纪》中昆邪投降应该是在元狩二年，推行五铢钱的年份是元狩五年，这以后再过十年，才是元封四年。这距离太初四年，都还有六年时间，那汲黯显然早就死了很久了。现在的《乐书》却说，得到大宛马才作了《天马之歌》，汲黯才向汉武帝进言，这时候公孙弘却又能攻击他，这难道不是诬陷古人吗！何况汲黯在汉武帝的时候，才刚当上谒者，

　　《天官书》"东宫苍龙","南宫朱鸟","西宫咸池"，
"北宫玄武"。吴氏曰："苍龙、朱鸟、玄武，各总其方七宿
而言；咸池，别一星名，《晋·天文志》所谓'天潢南三星'，
曰咸池、鱼囿者是已，岂所以总西方七宿哉？又列参、白虎
于昴、毕之后，何其类例之驳也？"

　　《十二诸侯年表》："敬王四十一年，孔子
卒。""四十三年，敬王崩。"《周本纪》："敬王崩，子元王
立。八年，崩，子定王立。"《六国年表》："定王元年，《左
传》尽此。"《左传》正义曰："杜《世族谱》云：'敬王三十九
年，鲁哀公十四年，获麟之岁也。四十二年而敬王崩，敬王
子元王十年，《春秋》之传终矣。'与《史记》不同。《史记》
世代年月，事多舛错，故班固以文多抵捂。案《世本》："敬
王崩，贞王介立。贞王崩，元王赤立。宋忠注引《太史公书》

担任了荥阳令，这以后又因为疾病返乡。后面才又被选召，担任中大夫，又出任了东海太守，又被上面选召，担任了主爵都尉，马上因为公孙弘的推举，担任了右内史。过几年就被免官了。又过了几年，才被举用，担任了淮阳太守。汲黯显然并没有担任过中尉这个职务。假如汲黯是在天马在渥洼出生的年份说了那些话，按时间推算，这个时候，公孙弘也应该死了很久了。《汉书·司马迁传》说，《史记》中有十篇是"有目录却没有书"，而且注释里面也说，《乐书》已经亡佚了。那这个部分显然不是司马迁的作品。假如司马迁在这个时间活着，书里面所写的还犯了这种错误，这难道不是太荒谬了吗？"

《天官书》里面说"东宫苍龙"，"南宫朱鸟"，"西宫咸池"，"北宫玄武"。吴氏说："苍龙、朱鸟、玄武，它们各自总领着自己方向的七个星宿，因而得名；咸池是一个星宿的名字，《晋书·天文志》里面说'天潢南边的三个星宿'，分别叫作咸池、鱼、囷，既然是星宿，怎么可能总领着西方的七个星宿呢？书里又把参星、白虎这两个星宿列在昴星、毕星的后面，司马迁这里的分类也太过混乱了吧？"

《十二诸侯年表》里面记载："周敬王四十一年的时候，孔子去世。""敬王即位四十三年的时候，敬王也去世了。"《周本纪》里面记载："敬王去世了以后，敬王的儿子元王即位。又过了八年，元王也去世了，于是元王的儿子定王即位。"《六国年表》里面记载："定王元年的时候，《左传》的记录正式结束了。"《左传》正义解释说："按照杜预的《世族谱》记载：'敬王三十九年，恰好是鲁哀公十四年，这一年正好是捕获麒麟的那一年。在四十二年的时候，敬王去世，敬王的儿子元王在位，

云：'元王仁生贞王介，与《世本》不相应，不知谁是？'则
宋忠不能定也。《帝王世纪》敬王三十九年，《春秋经》终。
四十四年，敬王崩，子贞定王立。贞定王崩，子元王立。是
《世本》与《史记》参差不同。书籍久远，事多纰缪，杜违
《史记》，亦何怪焉？"

《吴世家》以光为诸樊之子，僚为夷昧之子。《左传》
正义曰："《世本》云：'夷昧及僚，夷昧生光。'服虔云：夷
昧生光而废之。僚者，夷昧之庶兄。夷昧卒，僚代立，故光
曰：'我王嗣也。'是用《公羊》为说也。杜言'光，吴王诸樊
子'，用《史记》为说也。班固云迁采《世本》为《史记》，而
今之《世本》与迁言不同。《世本》多误，不足依凭，故杜以
《史记》为正。'"

《传》言大伯端委，仲雍断发。《史记》云，二人皆"文
身断发，示不可用。"文身断发，自避害耳，远适荆蛮，则周
人不知其处，何以须'示不可用'也？皆迁之谬。（原注石林

十年的时候,《春秋》传也结束了。'这和《史记》的记载是不相同的。《史记》的世代和年月,里面有很多的错误,所以班固认为,司马迁的文字存在很多自相矛盾的地方。我注意到《世本》的记载:"敬王去世了,贞王介即位。贞王去世后,元王赤即位。宋忠注释的时候引用了《太史公书》说:'元王仁生了贞王介,这和《世本》的记载对应不上,不知两本书的记载哪个是正确的?'宋忠显然也不太能确定。《帝王世纪》记载,敬王三十九年的时候,《春秋经》正式结束纪录。到了四十四年的时候,敬王去世,他的儿子贞定王即位。贞定王去世后,他的儿子元王即位。那么《世本》和《史记》又有比较大的出入了。因为书籍的年代太过久远,所记录的事情也有很多错误,杜预并不依据《史记》的记载来进行解释,这又有什么奇怪的呢?"

《吴世家》里面把光当成了诸樊的儿子,把僚当成了夷昧的儿子。《左传》正义里面说:"按照《世本》的记载:'夷昧的继任者是僚,夷昧生了光。'服虔说:夷昧生了光,然后又马上废了他。僚是夷昧的同父异母的哥哥。夷昧死了,僚就代替他即位,所以光说:'我是王族的后代。'这主要是采用了《公羊传》里面的说法。杜预说'光是吴王诸樊的儿子',这里又应该是采用了《史记》的说法。班固说,司马迁采用了《世本》的说法,然后作了《史记》,但是我们今天却可以发现,《世本》和司马迁的记载也有许多不同。《世本》里面有许多错误,它是不足以作为文献依据的,所以杜预依据了《史记》。'"

《左传》里面记载,大伯穿着礼服,仲雍削断了头发。《史记》里面却是这么说的,这二人都是"有纹身,并且割断了头发,象征着他们是不能够被举用的。"纹身和断发,不过是他们避

叶氏曰："以《春秋传》考之，断发文身盖仲雍，大伯无与焉。"）

"越王灭吴，诛太宰嚭。"《通鉴外纪》："《左传》哀二十四年'闰月，哀公如越，季孙惧，因太宰嚭而纳赂焉'，在吴亡后二年也。嚭入越亦用事，安得吴亡即诛哉！"

《宋世家》："武王克殷，微子肉袒面缚，左牵羊，右把茅。"《书》正义曰："面缚，缚手于后，故口衔其璧，又安得'左牵羊，右把茅'也？"

《燕世家》："成王既幼，周公摄政，当国践阼，召公疑之，作《君奭》。"《书》正义曰："此篇是致政之后言留辅成王之意。其文甚明，迁妄为说尔？"

《卫世家》："庄公娶齐女为夫人，而无子。又娶陈女为夫人，生子，早死。陈女女娣生完，完母死，庄公命夫人齐女子之。"《诗》正义曰："礼，诸侯不再娶，且庄姜仍在。《左传》唯言'又娶于陈'，不言为夫人。《左传》言庄姜以为己子，云'完母死'，亦非也。"

开祸害的方式罢了。他们都到了荆蛮地区那么远的地方，周人甚至都不知道这是什么地方，哪里需要'用这个象征不能被举用'呢？这不过是司马迁的谬论。（原注：石林叶德清说："从《春秋传》来进行考察，断发纹身的大概是仲雍，这跟大伯应该是没关系的。"）

"越王消灭了吴国，诛杀了太宰嚭。"《通鉴外纪》里面记载："《左传》鲁哀公二十四年，'闰月的时候，鲁哀公去了越国，季孙因此感到非常害怕，所以找到太宰嚭，希望贿赂他'，这应该是在吴国灭亡后的第二年。那么，这也说明，太宰嚭在进入了越国以后还被举用了，怎么可能吴国亡国的时候他就被诛杀了呢！"

《宋世家》记载："武王攻克殷商，微子赤身裸体反绑着自己，他左手牵着羊，右手拿着茅草。"《尚书》正义里面说："被缚住应该是指把手绑在身后，所以只能用嘴来衔着璧玉，表示投降，那怎么可能还做到'左手牵着羊，右手拿着茅草'呢？"

《燕世家》里面说："成王年纪还很小，这个时候周公摄政，代为掌管国家政事，召公怀疑他有不臣之心，就作了《君奭》来表示自己的想法。"《尚书》正义里面说："这篇应该是摄行政事以后，召公希望周公留下辅佐成王的意思。文章意思是很清楚的，司马迁大概是在胡说吧？"

《卫世家》里面说："卫庄公娶了齐国的女子作自己的夫人，这位夫人并没有生孩子。于是卫庄公又娶了陈国的女子当作自己的夫人，这位夫人生了一个孩子，可惜很早就死了。陈国女子的妹妹给卫庄公生了公子完，但公子完的母亲去世了，卫庄公于是命令夫人齐女把公子完当成自己的儿子。"《诗》正义里面说："按照礼法，诸侯不会再另外娶一个夫人，而且这个齐国来的

武公杀兄篡国。吕成公曰："武公在位五十五年,《国语》又称"武公年九十有五,犹箴儆于国",计其初即位,其齿盖已四十余矣。使果弑共伯而篡立,则共伯见弑之时,其齿又加长于武公,安得谓之早死乎?髦者,子事父母之饰,诸侯既小敛,则脱之。《史记》谓釐侯已葬而共伯自杀,则是时共伯已脱髦矣,《诗》安得犹谓之'髧彼两髦'乎?是共伯未尝有见弑之事,武公未尝有篡弑之恶也。"

"初,宣公爱夫人夷姜。"《左传》正义曰:"烝淫而谓之夫人,谬也。"

《郑桓公世家》云"宣王庶弟",《年表》云"宣王母弟"。《诗》正义曰:"《世家》《年表》自乖异。"

"虢、郐果献十邑,桓公竟国之。"《诗》正义曰:"《诗谱》'武公卒取十邑',如《世家》,则桓公皆自取十邑。马迁

夫人庄姜还健在。所以《左传》只是说'卫庄公又在陈娶了一个女子',没有说把她当成了夫人。《左传》里面说庄姜把公子完当成自己的儿子,然后说'公子完的母亲去世',这个记载显然也是不对的。"

武公杀了自己的兄长,然后篡夺了国家权力。吕成公于是说:"武公在位的时间长达五十五年,《国语》里面又说"武公在自己九十五岁的时候,还在向国民进行规诫训话",那么,从他刚即位算起,这都已经过了大概有四十多年了。假如真的是武公弑杀共伯,然后进行了篡位,那么共伯被杀的时候,年纪肯定是比武公大的,那怎么可能又说共伯是早死的呢?髦指的是男子未行冠礼前,头发齐眉,分向两边的样子,这是孩子服侍父母时会进行的事情,帮助他们梳理头发,在诸侯举行葬礼以后,就会从父母的尸身上对它进行处理,倒梳向后面。《史记》里面却说,釐侯已经被埋葬了,然后共伯自杀。那么,这个时候共伯应该是已经把头发梳到后面了,那《诗》里怎么还会说共伯'垂发齐眉'呢?由此可见,共伯并没有被杀的事情,武公也没有篡逆弑兄的罪恶。"

"一开始的时候,宣公非常喜欢夫人夷姜。"《左传》正义里面说:"夷姜是宣公的母亲一辈,两个人乱伦,行淫乱之事,司马迁还称夷姜作夫人,这真是荒谬绝伦的事情。"

《郑桓公世家》里面说"宣王有个同父异母的弟弟",《年表》里面却说"宣王有同母的弟弟"。《诗》正义里面说:"《郑桓公世家》和《年表》个地方的记载自相矛盾。"

"虢国、邻国献上了十座城邑给郑国,郑桓公最终还是征服了他们的国家。"《诗》正义里面说:"按照《诗谱》里的记载

见《国语》有'史伯为桓公谋取十邑'之文，不知桓身未得，故傅会为此说耳。《外传》云：'皆子男之国，虢、郐为大。'则八邑各为其国，非虢、郐之地，无由得献之桓公也。"

（原注：《左传》正义曰："按《郑语》，桓公始谋，未取之也；武公始国，非桓公也。全灭虢、郐，非献邑也。迁之言皆谬。"）

《齐世家》："胡公始徙都薄姑。周夷王之时，献公因徙薄姑都，治临淄。《诗》正义曰："《诗·烝民》云：'仲山甫徂齐。'《传》曰：'古者诸侯逼隘，则王者迁其邑而定其居。盖去薄姑，迁于临淄。'以为宣王之时始迁临淄，与《世家》异。毛公在迁之前，其言当有据。"

"顷公十一年，晋初置六卿。赏鞌之功，顷公朝晋，欲尊王晋景公，景公不敢当。"《晋世家》："景公十二年，齐顷公如晋，欲上尊景公为王。景公让不敢。"《左传》正义曰："此时天子虽微，诸侯并盛，晋文不敢请隧，楚庄不敢问

'郑武公最终还是取了十座城邑'，这跟《郑世家》的记载是一样的，那么郑桓公应该是自行征讨，取得了两个国家的十座城邑。司马迁看见《国语》里面有'史伯替郑桓公谋划，夺取了十座城邑'这样的文字记载，但是不知道郑桓公自己其实并没有得到十座城，司马迁只不过是在附会《国语》里面的这个说法罢了。《外传》里面说：'在那些子爵和男爵的国家当中，虢、郐应该算是比较大的。'那么八座城邑应该各自属于自己的国家，并不算是虢、郐两国的领地，又怎么可能被献给郑桓公呢。"（原注：《左传》正义里面说："我注意到《郑语》的记载，郑桓公只是谋划如何进行夺取行为，并没有在实际上取得城邑；到了武公的时候，才正式夺下了这些领地，实际的行为并不是郑桓公进行的。郑武公把虢国、郐国都消灭了，并不是让他们献上城邑。司马迁的话都错了。"）

　　《齐世家》里面记载："从齐胡公开始，把国都迁徙到了薄姑。周夷王的时候，齐献公由于国都迁至薄姑，因此也管理着临淄一带的地方。《诗》正义里面说："《诗·烝民》记载：'仲山甫到了齐地。'《诗传》里面说：'原来诸侯的地方非常狭小，王可以自由迁徙他们的领地，然后定居在他们想居住的领地上。所以齐可以离开薄姑，把领地迁到临淄。'不过，《诗传》认为，到了宣王的时候，才把领地迁到临淄，这里的记载跟《齐世家》的记载相互矛盾。毛公的活动时间应该在迁都这件事情的前面，所以毛公的话相对比较有依据。"

　　"齐顷公十一年的时候，晋国开始设置六卿的职务。为了回馈晋国在鞌之战中的功劳，齐顷公决定前往朝拜晋国，并想要尊奉晋景公为王，晋景公不敢接受。"按照《晋世家》的记载："晋景公十二年的时候，齐顷公前往晋国，想要尊奉晋景公为

鼎。又齐弱于晋，所较不多，岂为一战而胜，便即以王相许？准时度势，理必不然。"齐侯朝于晋，将授玉"，迁之意所以有此说者，当读此《传》'将授玉'，以为'将授王'，遂饰成为此谬辞耳。"

《鲁世家》：哀公奔越，"国人迎哀公复归，卒于有山氏。"《左传》正义曰："《传》称国人施罪于有山氏，不得复归，而卒于其家也。迁妄耳。"

《齐世家》："周西伯昌与吕尚阴谋修德以倾商政，其事多兵权与奇计，故后世之言兵及周之阴权，皆宗太公为本谋。"石林叶氏曰："其说盖出《六韬》。夫太公，贤者也，其所用，王术也；其所事，圣人也；则出处必有义，而致君必有道。自墨翟以太公于文王为忤合，而孙武谓之用间。且以尝为文、武将兵，故尚权诈者多并缘自见。"说斋唐氏曰："三分有二而犹事商，在众人必以为失时；三后协心而后道洽，在常情必以为无功。二圣人信之笃，守之固，至诚恻怛之心，

王。然而晋景公却坚持推辞谦让，不敢接受。"《左传》正义里面说："虽然这个时候天子相对微弱，诸侯们都很强大，然而晋文公却不敢请求随葬的葬礼规模，楚庄王也并不敢前往周王朝问鼎的大小。而且，从实际情况来说，齐国虽然比晋国的国力要弱小一点，但是两国却相差的并不多，两国之间，难以在一战之内分出胜负，这样算来，齐国又怎么可能尊晋景公为王呢？按照时事的情况和事情的态势推测，这个事理肯定不可能是这样的。

"齐侯朝拜晋国，晋景公想要授给齐侯美玉"，《左传》的原文中有这么一条文献记载，那么，由此可以推断司马迁为什么有上面的那种说法，这应该是读了《左传》这里的'晋景公将要授予齐侯美玉'，然后误以为晋景公是'将要授于齐侯王的爵位'，所以在文中就改成了这种谬论。"

《鲁世家》里面说：鲁哀公出奔，逃到了越地，'鲁国国民又把鲁哀公给迎接回来了，鲁哀公在有山氏的领土去世。'《左传》正义里面说："《左传》记载，鲁国降罪给有山氏，不让他们返回鲁国，有山氏的人只能死在自己的领地。司马迁应该是理解错了。"

《齐世家》里面记载："周西伯侯姬昌和姜太公吕尚，两人私下谋划，要修养德行，从而颠覆殷商的政权，这些密谋的事情大多数都涉及军事权谋和阴谋妙计，所以，后代说到兵法和阴谋计策，基本都尊奉姜太公为祖师爷。"石林叶德清说："这个说法大概是出自《六韬》。其实，姜太公是非常仁慈贤德的人，他所用的方式是帝王王霸天下之术；他所辅佐的文王、武王也都是圣人；那么，姜太公的谋略，在形成的时候一定是基于正义，辅佐君主的出发点，也一定是基于正道。不过，自从墨翟

宽厚和平之政, 浃于斯民, 固结而不可解。此岂矫拂而伪
为? 亦出于自然而已。彼太史公曾不知此, 乃曰:'周西伯昌
囚羑里, 归与吕尚阴谋修德以倾商政。'又曰:'周公闻伯禽
报政迟, 乃叹曰:'鲁后世其北面事齐矣!'"此特战国变诈
之谋, 后世苟简之说, 殆非文王之事, 周公之言也。迁不能
辨其是否, 又从而笔之于书, 使后人怀欲得之心, 务速成之
功者, 借此以为口实, 其害岂小哉?"

《晋世家》:"鄂侯郄立六年, 当鲁隐五年, 卒; 子哀侯
光立。《诗》正义曰:"案《左传》隐五年, 曲沃庄伯伐翼, 翼
侯奔随。秋, 王命虢公伐曲沃, 而立哀侯于翼。六年, 翼九
宗五正, 顷父之子嘉父, 逆晋侯于随, 纳诸鄂, 晋人谓之鄂

把姜太公辅佐文王的方式当成是灵巧机变，孙武也认为这是使用计谋。而且，过去文、武将领在带兵的时候，都会崇尚权谋机诈，那他们的计谋和机诈，大多都会自然而然出现，不能都归因到姜太公身上。"说斋先生唐仲友说："拥有天下领土的三分之二，还以臣子的身份对待殷商。在大家都认为一定会失败的时候，夏禹、商汤、周文王三位圣王与百姓齐心协力，然后达到王道的融洽。在正常情况，大家都以为没有可能成功的时候，两位圣人反倒是信心笃甚，坚守道义，从而达到极致的真诚和对黎民百姓的恻隐，然后实行宽德仁厚和平爱民的政治举措，并把这些举措切实施加到百姓身上，那么，百姓自然就会坚固团结，不可能与圣人分离。这难道是矫揉造作的作伪吗？他们不过是出自于自然而然的心罢了。司马迁不明白这一点，反而说：'周西伯侯姬昌被囚禁在羑里，回到了周地，和吕尚私下密谋，意图颠覆殷商政权。'又说：'周公听说伯禽报告政事稍微迟了，于是感叹说：'鲁以后大概会向北服侍齐国吧！'"这实际上都是战国时期机变欺诈的谋略，把这些谋略归因于个人，不过是后世简单化的表现。这实际上都不关文王的事情，也并不是周公的话。司马迁不能够分辨这些话的正确与否，只是依从道听途说，然后加以记录，并让后人有了想要得到天下的心思，追求短暂迅速的成功，然后借由这个当作口头的依据，这种危害难道还小吗？"

《晋世家》里面记载："鄂侯郗在位的第六年时候，去世了，这刚好是鲁隐公五年；他的儿子哀侯光随即即位。《诗》正义里面说："我注意到《左传》的记载，鲁隐公五年，曲沃庄伯讨伐了翼，翼侯马上逃到了随。秋天的时候，王命令虢公讨伐曲

侯。则哀侯之立,鄂侯未卒,《世家》言卒,非也。"

"献公使士蒍尽杀诸公子,而城聚都之,命曰绛。"《诗》正义曰:"按《左传》'士蒍使群公子尽杀游氏之族,乃城聚而处之',则城聚以处群公子,非晋都也,言'命聚曰绛',非也。"

"天子使王子虎命晋侯为伯。周作《晋文侯命》。夹漈郑氏曰:"于时去文侯十有五世,而误以文侯为重耳。"

"申生母,齐桓女也;同母女弟为秦穆夫人。夷吾母,重耳母女弟也。《左传》正义曰:"案《传》,申生之母本是武公之妾。武公末年,齐桓始立,不得为齐桓女也。虢射,惠公之舅;狐偃,文公之舅,二母不得为姊妹也。皆迁之妄。"

"梦天谓武王曰:'余命女生子,名虞。'"《左传》正义曰:"邑姜方震而梦,明是邑姜梦矣,安得以为武王梦也?薄姬之梦龙据其心,燕姞之梦兰为己子,彼皆梦发于母,此何以梦发于父?是迁之妄。"

沃，立了哀侯，封在翼地。六年的时候，翼的九宗五正、颇父的儿子嘉父在随这个地方迎接晋侯，并将他安置在鄂地，所以晋人称他为鄂侯。按照这样的说法，哀侯即位的时候，鄂侯其实还并没去世，《晋世家》的记载是有错误的。"

"献公让士蔿把诸多公子都给杀了，之后筑城并把这里当成国都，命名为绛城。"《诗》正义里面说："我注意到《左传》的记载，'士蔿让诸多公子杀光了游氏一族，并把他们聚到一个城进行处决'，那么这个聚集用来处决诸多公子的地方，就肯定就不会是晋都了，又说'把聚集的地方命名为绛城'，显然事实也并非如此。"

"天子让王子虎下令，把晋侯封为诸侯之长。周朝于是作了《晋文侯命》一文。夹漈郑樵说："这个时候，距离文侯的时间，大概已经过来十五世了。这显然也是误把晋文侯当成了重耳。"

"申生的母亲是齐桓公的女儿，他同母的妹妹正是秦穆夫人。夷吾的母亲是重耳母亲的妹妹。《左传》正义里面说："我注意到《左传》的记载，申生的母亲本来是晋武公的妾。武公在快去世的时候，齐桓公才刚刚即位，那申生的母亲很显然不可能是齐桓公的女儿。虢射是惠公的舅舅，狐偃是文公的舅舅，他们两人的母亲也不可能是姐妹。这都是司马迁的错误。"

"梦到上天对武王说：'我命令你生一个孩子，他的名字应该叫作虞。'"《左传》正义里面说："邑姜刚刚震动，他就做了一个梦，这样就知道，这是邑姜的梦，怎么能认为这是武王的梦呢？薄姬梦到，龙盘踞了她的心，燕姞梦到兰草成为了自己的孩子，这些梦都是源于的母亲，怎么能认为这些梦是源于父亲呢？这大概是司马迁胡说的。"

《陈世家》："桓公鲍卒。弟佗，其母蔡女，故蔡人为佗杀五父及桓公太子免而立佗，是为厉公。"太子免之三弟，长者名跃，中曰林，少曰杵臼，与蔡人共杀厉公而立跃，是为利公。"《诗》正义曰："按《左传》桓五年：'文公子佗杀太子免而代之'，则是佗自杀免，非蔡人为佗杀免也。六年：'蔡人杀陈佗'。庄二十二年《传》曰：'陈厉公，蔡出也，故蔡人杀五父而立之。'五父与佗一人，不得云'为佗杀五父'也。六年，杀佗；十二年，陈侯跃卒，则厉公即是跃。跃既为厉公，则无复利公矣。既误以佗为厉公，又妄称跃为利公。《世家》言'佗死而跃立，立五月而卒'，然则跃亦以桓六年卒矣。而《春秋》跃卒在桓十二年，非徒五月。皆《史记》之谬。"《左传》正义曰："束晳言'迁分一人以为两人，以无为有'，谓此事也。"

"舜居妫汭，其后因姓妫氏。"《左传》正义曰："《世本》：'舜姓姚氏。'虞思，犹姓姚也。至胡公，周乃赐姓为妫。谓胡公之前已姓妫，妄也。"

《楚世家》："高阳生称，称生卷章，卷章生重黎，高辛氏之火正，能光融天下，帝喾命曰祝融。"《诗》正义曰："《楚语》称'颛顼命南正重司天以属神，命火正黎司地以属民'，则黎为火正，高阳时也。言高辛者，以重、黎是颛顼

　　《陈世家》里面记载："陈桓公鲍死了。他弟弟是佗，佗的母亲是蔡国女子，所以蔡人替佗杀了五父以及桓公的太子免，拥立了佗，佗就是陈厉公。"太子免有三个弟弟，大的叫跃，老二叫林，小的叫杵臼，他们和蔡人一起杀了厉公，立了跃当国君，跃就是陈利公。"《诗》正义里面说："我注意到《左传》桓公五年的记载：'文公子佗杀了太子免，取而代之'，那肯定是佗自己亲手杀了免，而不是蔡人替佗杀了免。桓公六年的时候记载：'蔡人杀了陈厉公佗'。鲁庄公二十二年，《左传》中记载：'陈厉公是蔡国出身，所以蔡人杀了五父，拥立佗。'五父和佗其实是同一个人，所以不可能说'蔡人替佗杀了五父'。鲁桓公六年，杀了佗；十二年，陈侯跃去世，那么，厉公实际上就是跃。跃既然就是厉公，那就没有可能还有利公这个说法。既然误把佗当成厉公，又妄加称呼跃是利公。《世家》里面说，'佗死了，跃即位，五个月后也死了'，那么跃也是桓公六年去世的。然而《春秋》记载跃在桓公十二年才去世，而不是在五个月后。这都是《史记》的错误。"《左传》正义里面说："束皙说，'司马迁习惯把一个人分成两个人，把没有的事写成有的'，说的就是这个事。"

　　"舜居住在妫汭，他的后代因此也姓妫。"《左传》正义里面说：《世本》记载：'舜帝姓姚。'虞思就姓姚。到了胡公的时候，周王才给舜的后代赐姓妫。那么说胡公之前，舜的后代就已经姓妫，这显然是错误的。"

　　《楚世家》记载："高阳生了称，称生了卷章，卷章生了重黎，他是高辛氏的火正，能够以火光照亮天下，帝喾给他命名叫作祝融。"《诗》正义里说："按照《楚语》的记载，'颛顼让南正重掌天来管理神明，让火正黎掌地来管理百姓'，那么黎当火

命之，历及高辛，仍为此职，故二文不同也。黎实祝融，重为南正，而《楚世家》同以重黎为祝融，谬也。'《世家》又云：'帝喾诛重黎，而以其弟吴回为重黎后，复居火正，为祝融。'《郑语》以八姓为黎后者，以吴回系黎之后，复居黎职，故本之黎也。《左传》：少皞氏有子曰重，颛顼氏有子曰黎，《史记》以重、黎为一人，又言以吴回为重黎，皆谬。"

"蚡冒卒，弟熊达立，是为楚武王。"《左传》正义曰："杜注：蚡冒，楚武王父。"不从《史记》。刘炫以《世家》规杜云："蚡冒是兄，不得为父。"

"庄王即位三年，伍举入谏曰：'愿进隐。'"愚按：庄王时，有嬖人伍参，其子伍举在康王时。康王，庄王之孙。《吕氏春秋·审应览》云："荆庄王立三年，不听而好讔。成公贾入谏曰：'愿与君王讔。'"《新序》云"士庆"，然则非伍举也。

《燕世家》："孟轲谓齐王曰：'今伐燕，此文、武之时，不可失也。'"朱文公曰："或问：劝齐伐燕有诸？《史记》盖传闻此说之误。"

《三代世表》，"稷、契皆为帝喾之子，尧亦帝喾之子。"《左传》正义曰："《世族谱》取《史记》之说，又从而讥之：'案，鲧则舜之五世从祖父也，而及舜共为尧臣。尧则舜之

正是在高阳的时候。说高辛，是因为重、黎是颛顼下令掌职的，传到高辛的时候，还是这个职务，所以两个记载不相同。黎就是祝融，重是南正，然而《楚世家》把重黎当成祝融，是错的。'《世家》又说：'帝喾诛杀重黎，把他的弟弟吴回当成重黎的后代，又让他担任火正，是祝融。'《郑语》把八姓作为黎的后代，是因为吴回是黎的后代，担任黎的职务，所以源于黎。《左传》：少皞氏有个儿叫重，颛顼氏有个儿子叫黎，《史记》把重、黎当成一个人，又说吴就是重黎，都错了。"

"蚡冒死了，他的弟弟熊达即位，这就是楚武王。"《左传》正义里面说："杜预注释道：蚡冒是楚武王的父亲。"这里并没有遵从《史记》的记载。刘炫依照《世家》纠正了杜预："蚡冒是熊达兄长，不可能是他的父亲。"

"庄王即位的第三年，伍举进谏说：'愿意向大王进献隐语。'"我认为：楚庄王的时候，有受宠的大臣伍参，他的儿子伍举是康王时的人。康王是庄王的孙子。《吕氏春秋·审应览》里面说："楚庄王即位三年，不听政令，却喜欢听讔语。成公贾进谏说：'愿意向君王说讔语。'"刘向《新序》说是"士庆"，不是伍举。

《燕世家》说："孟子对齐王说：'现在讨伐燕国，文、武都是很好的时机，不要失去它。'"朱熹说："有人问：劝齐王讨伐燕国的事有记载吗？《史记》大概是听传闻，这个说法有错误。"

《三代世表》里面说，"稷、契都是帝喾的儿子，尧也是帝喾的儿子。"《左传》正义说："《世族谱》遵照了《史记》的说法，却又讽刺它：'我认为，鲧是舜的五世叔祖父，却和舜共

三从高祖,而妻其女。此《史记》之可疑者。'"

《杞世家》:其殷后,则初封武庚于殷墟,复以叛而诛之,更命微子为殷后。《诗》正义曰:"《书序》《微子之命》,是宋为殷后,成王始命之。《乐记》武王投殷之后于宋,其实武王之时,始封于宋,未为殷后也。成王命为殷后,当爵为公,地方百里。《史记》以为成王之时,始封微子于宋,与《乐记》又乖。"

《管蔡世家》:"武王同母兄弟十人",蔡叔,周公弟也。《左传》正义曰:"僖二十四年《传》,富辰言文之昭十六国,蔡在鲁上,明以长幼为次。贾逵等皆言'蔡叔,周公兄',故杜从之。"

聃季载,杜云:"毛叔聃。"又不数叔振铎者,杜以振铎非周公同母,故不数之。或杜别有所见,不以《管蔡世家》为说。

《魏世家》:"三十六年,惠王卒。"《左传后序》曰:"《古书纪年篇》'魏惠王三十六年改元,从一年始,至十六年而称惠成王卒。'即惠王也。疑《史记》误分惠成之世以为后王年也。"朱文公曰:"惠、襄、哀之年,见于《竹书》明甚,《史记》盖失其实。邵子《皇极》之书乃从《史记》而不取《竹书》。"

同担任尧的大臣。尧是舜的三从高祖，却把女儿嫁给他。这是《史记》可疑的地方。'"

《杞世家》记载：杞人是殷商的后代，一开始武庚被分封在殷墟，又因为叛乱被诛杀，于是下令让微子继承殷商后代的祭祀。《诗》正义说："依据《书序》《微子之命》，那宋应该是殷的后代，成王才下令。《乐记》记载，武王把殷的后代封在宋，其实，武王的时候才分封了宋地，宋地并不是殷的后代。成王下令宋是殷的后代，宋国君主进爵宋公，土地有百里。《史记》认为成王的时候，就分封微子到宋地，这和《乐记》的记载相矛盾。"

《管蔡世家》记载："周武王同母的兄弟有十个人"，蔡叔是周公的弟弟。《左传》正义说："僖二十四年，《传》记载，富辰说文王后代的十六个国家，蔡国在鲁国之上，显然是依照长幼顺序。贾逵等大儒都说'蔡叔是周公的兄长'，所以杜预遵从这个说法。"

关于冉季载，杜预说："他是毛叔聃。"却不说叔振铎，可能杜预认为振铎并不是周公同母兄弟，所以不说。或许杜预在别的地方看见了，所以不按照《管蔡世家》的说法。

《魏世家》说："三十六年，魏惠王去世。"《左传后序》说："《古书纪年篇》记载'魏惠王三十六年改元，又从第一年开始，到第十六年才宣称惠成王去世。'惠成王就是惠王。我怀疑《史记》错误地把惠成的时代当成了后来的王的年份。"朱熹说："惠、襄、哀的年份，《竹书》记载很清楚，《史记》记载跟事实不符。邵雍《皇极经世》这本书依从《史记》，却没有取用《竹书》。"

太史公曰："天方令秦平海内，其业未成。魏虽得阿衡之佐，曷益乎？"《史通》曰："论成败者，当以人事为主。必推命而言，则其理悖矣。"

《赵世家》："赵朔娶晋成公姊为夫人。"《左传》正义曰："按《传》，赵衰适妻是文公之女。若朔妻成公之姊，则亦文公之女。父之从母不可以为妻。且文公之卒，距此四十六年，庄姬此时尚少，不得为成公姊。贾、服先儒皆以为成公之女，故杜从之。"

屠岸贾诛赵氏，杀赵朔、赵同、赵括。又云："公孙杵臼取他儿代武死，程婴匿武于山中，居十五年。"《左传》正义曰："'栾书将下军'，则于时朔已死矣，不得与同、括俱死也。晋君明，诸臣强，无容有屠岸贾辄厕其间，如此专恣。"吕成公曰："《史记》失于传闻之差。是时晋室正盛，而云'索庄姬子于宫中'，晋宫中自有纪纲，不容如此。赵朔已亡，而云'与同、括同时死'。以二者考之，见其误。"

《孔子世家》，王文公曰："仲尼之才，帝王可也，何特公侯哉！仲尼之道，世天下可也，何特世其家哉！处之《世家》，仲尼之道不从而大；置之《列传》，仲尼之道不从而小，而迁也自乱其例。"淇水李氏曰："欲尊大圣人而反小之，其所以称夫子者，识会稽之骨，辨坟羊之怪，道楛矢之异，测桓、釐之灾。斯以为圣而已矣，何其陋也！"《皇王大

太史公说:"上天让秦国平定海内,这个事业没有完成。魏国即使得到伊尹的辅佐,又有什么用处呢?"《史通》说:"讨论成败,应该把人事当成主要因素。一定要推到命数上,那这个道理就很错误了。"

《赵世家》说:"赵朔娶了晋成公的姐姐当作夫人。"《左传》正义说:"按照《传》的记载,赵衰的妻子是文公的女儿。如果赵朔的妻子是成公的姐姐,那也是文公之女。父亲的从母是不可能娶作妻子的。而且文公的死,距离这件事儿有四十六年,庄姬这时候还小,不可能是成公的姐姐。贾逵、服虔这些以前的大儒都误认为是成公的女儿,所以杜预也跟着这么记载。"

屠岸贾诛灭赵氏,杀了赵朔、赵同、赵括。有人说:"公孙杵臼把自己的儿子代替赵武去送死,程婴偷偷藏匿赵武,在山中居住了十五年。"《左传》正义说:"'栾书率领下军',那这个时候赵朔已经死了,不可能和赵同、赵括一起死。晋君圣明,诸臣强大,不可能允许屠岸贾在他们之间,如此肆意妄为。"吕祖谦说:"《史记》的缺点在于听信传闻导致差错。这时候晋国王室正强大,司马迁却说'在宫中索要庄姬子',晋国宫中自有规范,不可能允许这样。赵朔已经死了,却说'和赵同、赵括一起死'。从这两点考察,可以发现司马迁的谬误。"

关于《孔子世家》,王安石说:"孔子的才能可以当帝王,怎么只是以公侯来看待呢!孔子的道,可以传给天下,怎么只将他编入世家呢!把孔子放在《世家》之中,孔子的道并不会因此增大;放在《列传》里面,孔子的道也不会因此而变小,司马迁自己把书例搞乱了。"洪水李清臣说:"想要尊崇圣人,反而贬低了他,之所以称他是夫子,是因为能识别会稽防风氏的遗骨,分辨

纪》曰："迁载孔子言行，不得其真者尤多。"

《伯夷传》，朱文公曰："孔子谓：'求仁得仁，又何怨？'《传》但见伯夷满身是怨。"致堂胡氏曰："叩马之谏，孔氏未尝及也。"（原注：程子曰："《史记》所载谏词，皆非也。武王伐商，即位已十一年矣，安得父死不葬之语？"）

《仲尼弟子传》："子贡一出，存鲁、乱齐、破吴、强晋而霸越。《通鉴外纪》曰："战国之时，齐、鲁交兵者数矣，一不被伐，安能存哉？田氏弱齐，一当吴兵，安能乱哉？吴不备越而亡胜齐，安能破哉？四卿擅权，晋以衰弱，修兵休卒，安能强哉？越从吴伐齐，灭吴乃强，此安能伯哉？十年之中，鲁、齐、晋未尝有变，吴、越不为是而存亡，迁之言华而少实哉！"

"有若状似孔子，共立为师。"宋景文公曰："此邹、鲁间野人语耳。观《孟子》书，则始尝谋之，后弗克举，安有撤坐之论乎？"

"宰予与田常作乱。"龟山杨氏曰："田常为乱于齐，齐君盖弗胜也。宰予附田常，则谁得而杀之？使其为齐君而死，则予何罪焉？当是时，有阚止，字子我，死于田常之乱，是必传之者误而为宰我也。"

坟羊这样的土怪，说出肃慎氏楛矢的差异，推测桓、釐的灾祸。如果因为这些就当他是圣人，这也太鄙陋了！"《皇王大纪》说："司马迁记载孔子的言行，其中有很多并非真实的记载。"

《伯夷传》中，朱熹说："孔子说：'追求仁，得到仁，又有什么怨恨呢？'《传》里面却只见到伯夷浑身怨恨。"致堂先生胡寅曰："在马前叩头的极力劝谏，孔子是达不到的。"（原注：程颐说："《史记》记载的劝谏之词，都不是实际情况。武王讨伐商的时候，即位已经有十一年了，怎么可能有父亲死了却还没安葬的记载？"）

《仲尼弟子传》说："子贡出来当政，保全鲁国、混乱齐国、击破吴国、强大晋国，让越国称霸。《通鉴外纪》说："战国的时候，齐、鲁两国多次交战，没有特意讨伐，否则鲁国怎么可能保全？田氏让齐国衰弱，然后受到吴国军队的攻击，否则怎么可能混乱？吴国倘若不防备越国，败给齐国，怎么可能被攻破？四大卿大夫操纵国家权力，晋国因此衰弱，修整士兵军队，怎么可能强大？越国跟随吴国攻打齐国，灭了吴才强大起来，这能称霸诸侯吗？十年内，鲁、齐、晋并没有什么变化，吴、越不因为子贡保存或灭亡，司马迁的话有点浮华，少了点实在吧！"

"有若长得像孔子，孔子的后辈共同推举他当老师。"宋景文公说："这一定是邹、鲁两地中居住在城外的民众胡乱说的闲话。我看《孟子》的书里面，开始曾经试图如此，后面却没有成功，那怎么会有撤坐的论调呢？"

"宰予和田常作乱。"龟山先生杨时说："田常在齐国作乱，齐君大概是不能胜过他的。宰予依附田常，那谁可以杀死他呢？让他为了齐君去死，那宰予又是什么罪呢？这个时候，有个叫阚止的人，字子我，在田常叛乱中去世，想必是传这件事儿的

　　《孟子列传》:"梁惠王谋欲攻赵,孟轲称大王去邠。"葛氏曰:"于《孟子》无所见,但有对滕文公之语。"

　　《刺客传》,说斋唐氏曰:"诸侯弃甲兵之雠,为盟会之礼,乃于登坛之后,奋匕首而劫国君,贼天下之礼者,非沫乎?君臣之义,有死无陨,专诸感公子光之豢养,而亲剚刃于王僚,贼天下之义者,非诸乎?父母全而生之,子全而归之,政才终老母之年,遂杀身以为仲子,贼天下之仁者,非政乎?樊将军以困穷归燕丹,轲说取其首以济入秦之诈,贼天下之信者,非轲乎?以贼礼、贼义、贼仁、贼信之人,并列于《传》,又从而嗟叹其志,不亦缪哉!豫子以不忘旧君,杀身而不悔,'抗节致忠,行出乎列士',乃引而置诸四子之间,不亦薰莸之共器乎?"

　　《张叔传》:"未尝言案人。"吕成公曰:"景帝诛晁错,时丞相青翟、中尉嘉、廷尉欧,劾奏错之大逆无道。错当要斩,父母妻子同产无少长皆弃市。廷尉欧,即张欧也,安得为不案人哉?则欧固谨于细而略于大也。"

人误认为此人就是宰我了吧。"

《孟子列传》中记载："梁惠王计划攻打赵国,孟子说了周太王离开邠地的事儿"。葛立方说："这件事在《孟子》里面是没有看到记载的,不过孟子回答滕文公有类似的话。"

关于《刺客传》,唐仲有说:"诸侯放弃战争的仇恨,进行会盟的礼仪,是在登坛之后了,拿着匕首威胁国君,破坏天下共有的礼仪的人,难道不是曹沫吗?君臣之间的礼仪,只有死亡而没有毁坏,专诸感念公子光对待他的恩情,于是亲自携带利刃刺杀王僚,破坏天下共有的义的人,难道不是专诸吗?父母完完全全地生下孩子,孩子也应该保全然后归还身体给父母,聂政刚刚赡养老母天年,就自杀式地去刺杀仲子,破坏天下共有的仁的人,难道不是聂政吗?樊於期因为走到绝路投奔燕太子丹,荆轲劝说后拿他的头方便骗取秦国的信任,破坏天下的信的人,难道不是荆轲吗?因为破坏礼、义、仁、信的人,却可以并列在《传》中,又因此感慨他们的志向,这难道不是很荒谬的吗!豫让因为难忘原来的君主,即使身死也不后悔,'坚守节操以尽忠,行为如同烈士一般',这才引述他的事迹,放在这四个人中间,这难道不像香草、臭草放在同一个瓶子里吗?"

《史记·万石张叔列传》说:张欧自从入仕做官为吏以来,从来没有向上进言要求惩处查办什么人过。但是吕成公岳珂说:"汉景帝诛杀晁错,当时丞相陶青、中尉嘉、廷尉欧都上奏弹劾检举晁错的大逆不道。最终晁错被腰斩,他的父母、妻子与孩子以及兄弟姐妹不论年少或年长均被杀死并将尸体丢弃。上书参奏晁错的廷尉欧,也就是张欧,既然如此又如何能说张欧是不惩处查办他人的人呢?由此看来张欧是一个于细小处谨

《商君传》："赵良曰：'五羖大夫相秦六七年，而东伐郑，三置晋君。'"吕成公曰："秦穆纳晋惠在僖九年，纳晋文在僖二十四年。相距十九年。"

《司马相如传赞》："扬雄以为劝百而风一。"江淹曰："雄后于迁甚久，迁得引雄辞，何哉？盖后人以《汉书》赞附益之。"

《滑稽传》，韩、魏处战国之时，而云其君陪楚庄王葬马。《史通》谓"以后为先"。

《货殖传》"子赣废著鬻财"，《史通》曰："太史公述《儒林》，则不取游、夏之文学；著《循吏》，则不言冉、季之政事；至于《货殖》为传，独以子贡居先。成人之美，不其缺如。"

《酷吏·周阳由传》："与汲黯俱为忮，司马安之文恶，俱在二千石列，同车未尝敢均茵伏。"吕成公曰："吾观汲黯，廷折公孙弘，质张汤，揖卫青，所谓'眼高四海，空无人'

慎而又忽略大处的人啊。"

《史记·商君列传》说："赵良说五羖大夫百里奚在秦国为相不过六七年,秦国却能向东讨伐了郑国,三次扶持安置了晋国的君主。'"吕成公岳珂说："秦穆公是在鲁僖公九年的时候收留了晋惠公,在鲁僖公二十四年收留了晋文公。这其中相差了十九年,因此秦国并没有在六七年内三次扶持晋国君主。"

《史记·司马相如列传》的赞语说："扬雄认为司马相如的赋中规讽的言辞远远比不上劝诱奢靡的言辞。"江淹说："扬雄生活在司马迁死去很多年之后,但司马迁却在《史记》中引用了扬雄评价司马相如的言辞,这是为什么呢? 这大约是因为后来的人把《汉书·司马相如传》中的赞语加在了《史记·司马相如列传》中。"

《史记·滑稽列传》,韩国、魏国均于战国时期方立国,但是《史记·滑稽列传》却说韩、魏两国的君主陪同生活在春秋时代的楚庄王葬马。这大约就是《史通》所说"将年代在后者提前"。

《史记·货殖列传》中说"子赣(即子贡)放弃儒者的生活方式去经商买卖,买进货物将它们贮存起来再将它们出售",《史通》说："太史公司马迁写《儒林列传》,却没在其中说到子游、子夏在儒学上的成就;写《循吏列传》,却没有在其中说到冉求、季文子的政治成就;至于在《货殖列传》中,唯独将子贡居前。为突显子贡之成就,便没有记载本该记载的东西。"

《史记·酷吏列传·周阳由传》说："周阳由与汲黯一样都为人刚愎凶狠,与司马安一样用法害人,他们与周由阳的禄位都同在二千石之列,但汲黯、司马安二人在和周阳由同车时都不

者也。彼周阳由，孤豚腐鼠，何足以辱同车，而反谓黯不敢均茵冯？班固之陋至此。"愚按，班史实本于《史记》。

《自序》："桀、纣失其道而汤、武作，周失其道而《春秋》作，秦失其政而陈涉发迹。"夹漈郑氏曰："汤、武仗大义，平残贼，《易》谓顺天应人，乌可与陈涉同日并议哉！"

"猎儒、墨之遗文，明礼义之统纪，绝惠王利端，作《孟子荀卿传》。"郑氏曰："孟子距杨、墨，荀卿亦非墨子，儒、墨固异矣，岂尝猎其遗文哉？"

"仁者有乎，义者有取焉，作《游侠传》。"郑氏曰："游侠之徒，未足为煦煦孑孑之万一，况能当仁义之重名乎！

太史公论六家之要指，西山真氏曰："列儒者于阴阳、墨、名、法、道家之间，是谓儒者特六家之一尔。而不知儒者之道，无所不该。五家之所长，儒者皆有之；其短者，吾道之所弃也。谈之学本于黄、老，故其论如此。"

敢与他平起平坐。"吕成公岳珂说:"我观览汲黯的事迹,他在朝廷上当众折辱公孙弘,责问张汤,无礼于卫青,是人们所说的那种'眼光高于四海,目中无人'的人。而周阳由为人卑劣却不值一提,如何足以使与他同车的人受辱?因此为何反而说汲黯不敢与周阳由平起平坐?班固的浅陋到了如此地步。"我认为班固在《汉书》中对这段历史的描述实际上是按照《史记》中相关记载来写的,因此指责班固是没有道理的。

《史记·太史公自序》中说:"夏桀、商纣违背了道义因此成汤、周武王兴起,周违背了道义因此春秋成书,秦朝政治混乱而陈涉得以建立功业。"郑樵说:"成汤、周武王凭借着大义,平定了天下的残贼,《周易》称赞他们的行为是顺应天道,是人心之所向,因此成汤、武王怎么能和陈涉这种人放在一起谈论!"

"搜集儒家、墨家流传下的诗文,彰明礼义的纲纪,根绝后世君王所有的类似于梁惠王逐利之念头,因此写下了《孟子荀卿列传》"。郑樵说:"孟子排拒杨朱、墨子,荀子也对墨子有所非议,儒家与墨家本就不同,司马迁真的有搜集过儒家与墨家流传下的文章吗?"

"(游侠)有仁者之风,也有义者的人生态度,因此而作《游侠列传》。"郑樵说:"游侠这一类人,连小仁小义的万分之一都说不上,又怎么能配得上仁义的盛名!"

司马迁议论阴阳、儒、法、名、墨、道家这六家学问的要义,西山真德秀说:"司马迁把儒家放在阴阳、墨、名、法、道家这五家之间,这是认为儒家不过是六家之一而已。可他却不知道儒者之道,没有什么不包括于其中。其余五家的长处,儒家都

《封禅书》、《皇王大纪》曰："自史迁载管仲言上古
封禅之君七十有二，后世人主希慕之，以为太平盛典。然
登不遍于四岳，封非十有二山。入怀晏安，不行五载一巡守
之制；出崇泰侈，无纳言计功行赏之实。镌文告成，明示得
意，而非所以教诸侯德也。泥金检玉，遂其侈心，而非所以
教诸侯礼也。心与天道相反，事与圣人相悖，故太平之典方
举，而天灾人祸随至者多矣。梁许懋曰：'燧人之前，世质民
淳，安得泥金检玉？结绳而治，安得镌文告成？'是故考《舜
典》，可以知后世封禅之失；稽懋言，可以知史迁著书之
谬。"

《鲁世家》"开金縢书"，吕子进曰："考之于《书》，启
金縢之书在周公未薨前，而无搔蚤事。此盖一事，传之者不
同耳。"

有；而其余五家的短处，则是儒家之道所抛弃的部分。司马迁的父亲司马谈的学问从黄老之说而来，故而司马迁会发出这样的言论。"

《封禅书》、《皇王大纪·五帝纪论》说："自从司马迁记载管仲之言，说上古的时候进行封禅、祭祀天地的君主有七十二位，后世的君主都向往羡慕封禅之举，认为封禅是太平时期不可或缺的重大典礼。但是君主们在进行封禅并祭祀天地的时候不能将四岳登遍，所祭祀山的数目也没有达到十二座。他们在宫内的时候则心里贪恋安乐，不能遵守从古代时期流传下来的君主每隔五年就外出对天下进行一次巡视的制度；在宫外则推崇喜好奢侈，不能广开言路、听纳贤言，也不能按照臣子功绩大小进行相应奖赏。刻在石碑上的文章的完成，表现了君主的功绩成就，却不能用来教导诸侯什么是德。用于装饰的金和用来做封箧的玉，满足了君主的侈靡之心，但不是用来教导诸侯什么是礼。君王的心中所想与天道相反，所做的事情与圣贤的教导相违背，因此经常封禅这一太平之典才刚进行，天灾人祸就随之而来。梁代的许懋说：'在燧人氏之前，世风质朴民情淳厚，如何能有用水银和金作饰，用玉制成的检来用于封禅呢？上古时期的人们以结绳的方式进行记事，又怎能有刻在石头上的文章的完成？'所以考察《舜典》，就可以知道后世之人在封禅时的错误；查核许懋的言论，则可以知道司马迁在写书时所犯的错误。"

《史记·鲁周公世家》记载了"周成王打开周公留下的金縢之匮中的书策"的事情，吕希纯说："在《尚书》之中考证此事，周成王打开金縢之匮，看到周公的书策是在周公去世之前

《张释之传》："事孝文帝，十岁不得调。""张廷尉事景帝，岁余为淮南王相。"洪氏曰："《汉百官公卿表》：文帝即位三年，释之为廷尉，至十年，书廷尉昌、廷尉嘉又二人，凡历十三年，景帝乃立，而张欧为廷尉。则是释之未尝十年不调，及未尝以廷尉事景帝也。"

《匈奴传》："夏道衰，公刘变于西戎。其后三百有余岁，戎狄攻大王亶父。"王俅曰："自后稷三传而得公刘，自亶父三传而武王灭商，则公刘在夏之中衰，而亶父宜在商之季世，不啻五六百年。而曰三百岁，未知何所据？"

"秦穆公得由余，西戎服于秦。""后百有余年，晋悼公使魏绛和戎翟。"以《左氏》考之，鲁文公三年，秦始霸西戎。（原注：《史记》差一年。）襄公四年，晋魏绛和戎，裁五十余岁。

的事，但《尚书》并没有记载《鲁周公世家》中所说的周公修剪指甲须发并祝词希望周武王早日病好的事情。《鲁周公世家》、《尚书》中所讲的大约是同一件事，只不过是传闻不相同而已。"

《史记·张释之冯唐列传》中说："张释之在汉文帝时做官，十年职位没有发生调动。""张释之在汉景帝时为廷尉，几年后成为淮南王的相国。"洪迈说："《汉百官公卿表》中说：汉文帝登基即位三年时，张释之是廷尉，到了文帝即位的第十年，记载廷尉昌、廷尉嘉两人，担任廷尉的人中没有张释之的名字。经过十三年之后，汉景帝即位，而这个时候张欧是廷尉，张释之不是廷尉。也就是说张释之并没有在文帝朝时十年不调任，也没有在景帝时担任廷尉，因此《史记》的说法不准确。"

《史记·匈奴列传》中说："夏朝衰弱的时候，周之先祖公刘在西戎改革并变化风俗。在那之后过了三百多年，戎狄攻打大王亶父。"王迈说："从后稷开始传了大约三代才有了公刘，从亶父开始传了大约三代则有周武王灭商，按照记载公刘生活在夏代国势衰弱之时，而亶父应当生活在商代的末年，这之间相差的年份不止五六百年。而《史记》却说公刘和亶父的生活年代相差了三百多年，不知道司马迁是根据什么而得出这个结论的？"

"秦穆公得到了由余，在由余的辅佐之下，西戎臣服于秦。""在穆公称霸西戎之后一百多年，晋悼公派遣魏绛与戎狄进行和议。"根据《左传》来考察这段历史，鲁文公三年的时候，秦国开始称霸西戎。（原注：《史记》对于这件事年份的记载和《左传》中所说的年份相差一年。）鲁襄公四年的时候，晋国魏绛与戎狄和议，所以按照《左传》的说法秦国称霸西戎和魏绛和戎

《田敬仲世家》："齐人歌之曰：'妪乎采芑，归乎田成子。'"《史通》曰："田常见存，而遽呼以谥，此之不实，昭然可见。"苏氏曰："田常之时，安知其为成子而称之。"

《周本纪》："秦取九鼎宝器，而迁西周君于惮狐。"《秦始皇本纪》："还，过彭城，斋戒祷祠，欲出周鼎泗水。使千人没水求之，弗得。"潏水李氏曰："是时泗水在彭城，宋之分，九鼎何缘而至宋？夫取九鼎者，秦昭襄王也。始皇乃庄襄之子也，世数年岁相去不远。始皇东游过彭城，于泗水欲出周鼎，竟不得。两说抵牾如此。"

《宋世家》："襄公之时，其大夫正考父美之，故追道契、汤、高宗，殷所以兴，作《商颂》。"曹氏曰："自戴公至襄公，凡一百五十有一年，正考甫既佐戴公，而能至于襄公之时作《颂》，何其寿耶？"朱子曰："太史公盖本《韩诗》之说。《颂》皆天子之事，非宋所有。其辞古奥，亦不类周世之文。"

这两事在年代上只相距五十多年，而不是《史记》中所说的一百多年。

《史记·田敬仲完世家》中说："齐国人为田常作歌，歌词说：'妇女们采来芑，将它们送给田成子。'"《史通·暗惑篇》说："田常还活着，却以田常的谥号'成'来称呼他，这首歌谣的虚假，实在是明明白白的。"苏轼对此也说："田常还活着的时候，当时的人怎么能知道他的谥号会为成子，并以他的谥号来称呼他。"

《史记·周本纪》说："秦国取走了九鼎与周王室的宝器，将西周君移居到了惮狐。"《史记·秦始皇本纪》说："始皇帝东巡返回的途中，经过了彭城，始皇斋戒并祭祀神灵，想要从泗水中打捞出周鼎。因此始皇命令上千人潜入泗水中以寻找周鼎，却没有任何结果。"李复说："当时泗水在彭城，彭城属于宋国之地，九鼎为什么会到宋国？关于九鼎的下落有一种说法是取走九鼎的人是秦昭襄王。始皇是秦庄襄王的儿子，因此秦始皇与秦昭襄王的世系辈数与生活年代相差并不久远。还有一种说法是始皇帝东游经过彭城，意图从泗水中打捞出周鼎，最后竟然一无所获。《史记》所记载的两种说法竟然这样相互冲突。"

《史记·宋微子世家》："宋襄公的时候，他的大夫正考父赞美他，因此向前追溯至契、汤、高宗，讲述了殷商的兴起，写成了《商颂》。"曹粹中说："从宋戴公到宋襄公，大约有一百五十一年，正考父既然辅佐过宋戴公，却又能在宋襄公的时候写《商颂》，这得是多么长寿？"朱熹说："司马迁大约是根据《韩诗》的说法。但是只有天子才有资格作《颂》，因此写作《商颂》不是作为诸侯国的宋国所能有的。《商颂》的文辞古老

《殷本纪》曰：微子数谏纣，不听，乃与太师、少师谋，遂去。比干强谏而死，箕子佯狂为奴，而后太师、少师挟其祭乐器，以奔于周。武王乘此东伐。刘氏曰："以《书》考之，太师即箕子也，少师即比干也。若已杀比干，囚箕子，则所谓太师、少师奔周者，又何人也？《宋世家》曰：'箕子不忍彰君之恶，乃佯狂为奴。比干见箕子谏不听，乃直谏而死。微子曰：'义可以去矣。'于是太师劝微子，遂行。及武王伐商，微子遂持其祭器，造于军门，肉袒面缚，以降于周。'今以《论语》考之，微子则先去，箕子奴次之，比干死又次之。圣人之言固有次第，且微子已行矣，则武王伐商之际，何反归于国，以自取面缚之辱也？蔡氏曰：'按《左传》，微子适周，乃在克商之后。所谓去者，特去其位而逃遁于外耳。'"

《伯夷传》："天道无亲，常与善人。若伯夷者，可谓善人非邪？"程子曰："天道甚大，安可以一人之故，妄意窥测？如曰颜何为而夭？跖何为而寿？皆指一人计较天理，非知天也。"

而深奥，不易理解，也和周代时候所用的文辞不同。因此宋襄公的时候正考父写《商颂》以歌功颂德的事情是假的。"

《史记·殷本纪》中说：纣王同父异母的哥哥微子多次向纣王谏言，纣王不听，于是微子与太师、少师商议，就此离开。比干极力诤谏并因此而死，箕子假装疯狂而成为奴隶，之后太师、少师带着祭乐与祭器，以此逃离商到了周。周武王便趁着这个机会向东讨伐商。刘度说："根据《尚书》考证此事，太师就是箕子，少师就是比干。如果纣王已经杀了比干，囚禁了箕子，那么《史记》所说逃往周的太师、少师又是什么人呢？《史记·宋微子世家》说：'箕子不忍心彰显君主的恶行，于是装疯并成为奴隶。比干见箕子的进谏不为纣王所听，于是因直言进谏而死。微子说：'道义已经可以离开了。'于是太师劝说微子，微子就此离开。待到武王讨伐殷商的时候，微子便带着他的祭祀之器，到周武王的军门之前，去衣露体，缚手于背，以此向周投降。'现在根据《论语》来考察此事可以知道，微子是先离开的，箕子在微子离开商后成为奴隶，比干死在箕子成为奴隶之后。圣人的话固然说出了这三件事之间的先后顺序，但是微子如果已经离开了，那在武王讨伐殷商的时候，他又为何要回到商，自己招致面缚投降的耻辱呢？蔡沉的《书传》中说：'我注意到《左传》的说法，微子是在周武王灭商之后才到周的。因此微子所谓的离开，只不过是抛弃官爵而逃跑在外。'"

《史记·伯夷叔齐列传》："天道不分亲疏，但往往降福于善人。可是像伯夷这样的人，难道不是善人吗？为什么反而最后饿死在了首阳山上？"程颐对此评论说："天道十分广大，怎么能根据一个人的事例而对天道任意窥视揣测？比如问颜回为什

"秦废太后，逐穰侯。"朱文公曰："《经世书》只言秦夺太后权，盖实不曾废。"

《孔子世家》："匡人拘孔子益急，孔子使从者为宁武子臣于卫，然后得去。"致堂胡氏曰："穆公末，武子之子相已与孙良夫将兵侵齐，武子非老则卒矣。穆公卒，历定公、献公，凡三十七年。至灵公三十八年，而孔子来。使有两武子则可，若犹俞也，其年当百有五六十矣，何子长之疏也？"

三年不蜚不鸣，《楚世家》谓伍举进隐于庄王，《滑稽传》谓淳于髡说齐威王。此一事而两见，然庄王时嬖人伍参，见《左氏传》，举，其子也。《新序》以为士庆，《吕氏春秋》以为成公贾，不言伍举。

么早死? 盗跖为什么长寿? 这都是以一个人的经历为例而与天理相计算比较, 从而对天道产生怀疑, 这不是明白天道的表现。"

"秦国废黜了太后, 驱逐了穰侯。"朱熹说: "《经世书》上只说秦昭襄王夺走了宣太后的权力, 可能实际上秦国并没有废黜太后。"

《史记·孔子世家》中说: "匡人围困孔子越来越急迫, 孔子只得派遣跟从他的人到卫国的宁武子那里称臣, 然后才得以平安离开匡地。"胡寅说: "卫穆公统治的末年, 史书记载宁武子的儿子相已经与孙良夫带兵入侵齐国, 这个时候宁武子就算没有死也年纪很大了。卫穆公去世后, 卫定公、卫献公这两位君主在位的年份总共有三十七年。在卫灵公三十八年时, 孔子来到了匡地并受到围攻。如果有两个宁武子那还说得过去, 如果孔子之时的宁武子仍然是宁俞, 那么这个宁俞大概有一百五六十岁了, 司马迁怎么能在这一点上疏忽呢?"

关于有鸟三年不飞不叫的故事, 《史记·楚世家》说这个故事是伍举向庄王进言的隐语, 《史记·滑稽列传》说这是淳于髡劝说齐威王的言论。这是同一件事在《史记》中却有两种不同说法, 关于楚庄王时得宠信的臣子伍参, 在《春秋左氏传》中可以看见伍参的名字, 而伍举正是伍参的儿子。《新序》认为向楚庄王进言的人是士庆, 但《吕氏春秋》认为进言的人是成公贾, 这两本书都没有说到伍举。

文 / 白 / 对 / 照

困學紀聞

下

〔南宋〕王应麟　著

郝二伟　译

團結出版社

© 团结出版社，2024 年

图书在版编目（ＣＩＰ）数据

文白对照困学纪闻 /（南宋）王应麟著；郝二伟译
-- 北京：团结出版社，2024.8
　ISBN 978-7-5234-0583-3

　Ⅰ.①文… Ⅱ.①王…②郝… Ⅲ.①笔记 - 中国 -
南宋 - 选集 Ⅳ.① Z429.442

中国国家版本馆 CIP 数据核字（2023）第 208367 号

责任编辑: 张振胜
封面设计: 张　信

出　版: 团结出版社
　　　　　（北京市东城区东皇城根南街 84 号　邮编：100006）
电　话:（010）65228880　65244790
网　址: http://www.tjpress.com
E-mail: zb65244790@vip.163.com
经　销: 全国新华书店
印　装: 天宇万达印刷有限公司

开　本: 145mm×210mm　　32 开
印　张: 44　　　　　　　　　字　数: 918 千字
版　次: 2024 年 8 月　第 1 版　　印　次: 2024 年 8 月　第 1 次印刷

书　号: 978-7-5234-0583-3
定　价: 198.00 元（全三册）

目 录

卷十二——卷二十

卷十二

考史

"三皇之书，伏牺有《易》，神农有《本草》，黄帝有《素问》。《易》以卜筮存，《本草》、《素问》以方技存，其天乎！"新安王晦叔云。（原注：程子曰："《素问》必出于战国之末。"）

"三皇象春，五帝象夏，三王象秋，五伯象冬。"见于《王莽传》，盖古之遗言也，与邵子《观物》同。

司马公诗曰："虞舜在倦勤，荐禹为天子。岂有复南巡，迢迢度湘水。"张文潜诗曰："重瞳陟方时，二妃盖老人。安肯泣路旁，洒泪留丛筹。"二诗可以祛千载之惑。

《天官书》云："熟五斗米顷。"李商隐《李贺小传》"如炊五斗黍许时"，本于此。

"赵使乐乘代廉颇，颇怒，攻乐乘"；"使赵葱、颜聚代李牧，牧不受命。"此非为将之法，颇、牧特战国之将尔。

"三皇时期的书籍，伏羲著有《易》，神农著有《本草》，黄帝著有《素问》。《易》因为可用于卜筮占卦而得以留存，《本草》、《素问》因为其中记载了医术方技而得以留存，这大约是天意吧！"新安人王炎说。（原注：程颐说："《素问》这本书必然是在战国末期时成书"）

"三皇象征春天，五帝象征夏天，三王象征秋天，五伯象征冬天。"这段话见于《汉书·王莽传下》，这句话大概是古代前贤的遗训，邵雍的《观物》中也有相同的表述。

司马光的诗说："舜帝倦于政事辛劳，故而举荐大禹为天子。又怎么会再次南巡，不远千里地渡过湘水。"张耒的诗说："舜帝去世的时候，娥皇、女英二妃大概已经是老人了。既然她们已垂垂老矣，又怎么愿意在路边哭泣，以致于泪水洒在丛丛碧竹之上留下点点泪斑呢。"这两首诗都可以纠正流传了足有千年的错误。

《史记·天官书》说："在大约可煮熟五斗米的时间。"李商隐所写的《李贺小传》中有"大约煮熟五斗小米那么长的时间"，其出处便在此。

"赵悼襄王派乐乘来代替廉颇之位，廉颇大怒，于是出兵攻打乐乘"；"（赵王迁）派赵葱、严聚替代李牧的位置，李牧拒

《易》之《师》曰："行险而顺。"

太史公传周阳由云："与汲黯俱为忮。"黯之正直，所谓仁者有勇，刚毅近仁者也，谓之忮可乎? 周阳由蝮鸷之靡尔，其可与黯并言乎? 汲、郑同传犹不可，而以由与黯俱，是鸾枭接翼也。

贾生《弔屈原》曰"谓跖、蹻廉。"注："楚之大盗曰庄蹻。"《韩非子》："楚庄王欲伐越，杜子谏曰：'庄蹻为盗于境内，而吏不能禁，此政之乱也。'蹻盖在庄王时。《汉·西南夷传》："庄蹻者，楚庄王苗裔也，以其众王滇。"此又一庄蹻也。名氏与盗同，何哉?

《淮南·人间训》曰："秦皇利越之犀角、象齿、翡翠、珠玑，乃使尉屠雎发卒五十万，为五军：一军塞镡城之岭，一军守九嶷之塞，一军处番禺之都，一军守南野之界，一军结余干之水，三年不解甲弛弩。使监禄转饷，又以卒凿渠而通粮道，以与越人战。杀西呕君译吁宋，而越人皆入丛薄中，与禽兽处，莫肯为秦虏。置桀骏以为将，而夜攻秦人，大破之，杀尉屠雎，伏尸流血数十万，乃发适戍以备之。于是陈

不接受命令。"他们的做法都不是作为将军的规矩法式,廉颇、李牧也只能是战国这一特定时期的将军了。《易经》的《师》卦说:"行动极险而行事顺利",大约说的就是廉颇、李牧这种人吧。"

司马迁在为周阳由作传时说:"(周阳由)与汲黯一样行为刚愎凶狠。"但是根据史书所记载的汲黯的事迹来看,汲黯这个人为人正直,是所谓仁而无所畏惧,性格刚毅而有仁者之心的人,说他刚愎凶狠真的合适吗?周阳由刚愎不仁,能够与汲黯相提并论吗?汲黯与郑庄列为同传都不怎么合适,司马迁却将周阳由和汲黯相提并论,这无异于让凤凰与猫头鹰比翼齐飞。

贾谊的《吊屈原赋》中说:"世道溷浊不分反而认为盗跖、庄蹻这样的人正直。"这句话下面的注释说:"楚国有一个大盗名叫庄蹻。"《韩非子·喻老篇》中说:"楚庄王想要讨伐越国,杜子向庄王进言劝谏说:'庄蹻在楚国境内为盗抢夺财物,而官吏不能禁绝,这是楚国为政混乱。'"根据这句话推测,庄蹻大概是楚庄王时的人。《汉书·西南夷传》中说:"庄蹻是楚庄王的后裔,凭借着他手下的兵马在云南称王。"这又是一位庄蹻。他的名与姓氏和大盗庄蹻一样,这又是为什么?

《淮南子·人间训》说:"秦始皇贪图越国的犀角、象齿、翡翠、珠宝等奇珍异宝,便派遣屠睢调动五十万士兵,并将军队分为五军:一军在镡城的山岭处构筑要塞,一军在九嶷山的关塞处守卫,一军处于番禺城之中,一军守着南野的边境,一军在余干水系集结,士兵艰苦御敌,多年不曾脱下战甲放松弩箭。同时秦始皇派遣监禄来运送军粮,又调遣士兵开凿水渠以沟通粮道,凭借庞大的军队与后勤保障和越人进行作战。秦人杀死

胜起于大泽。"秦击越之事，详见于此。《大事记》在始皇
三十三年，《解题》不引《鸿烈书》，录此以补遗。(原注:淮
南王谏伐闽越，其言略同。)

　　太史公述《楚汉春秋》，其不载于书者，《正义》云:项
羽歌，美人和之。《楚汉春秋》云:"歌曰:'汉兵已略地，四
方楚歌声。大王意气尽，贱妾何聊生?'"是时已为五言矣。
五言始于《五子之歌》、《行露》。

　　《楚汉春秋》曰:"高帝初封侯者，皆赐丹书铁券，曰:
'使黄河如带，太山如砺，汉有宗庙，尔无绝世。'"下二句
不同。

　　又曰:"惠帝崩，吕太后欲为高坟，使从未央宫而见之。
诸将谏，不许，东阳侯垂泣曰:'陛下见惠帝冢，悲哀流涕无
已，是伤生也。臣窃哀之。'太后乃止。"东阳侯，张相如也。
又曰:"下蔡亭长詈淮南王曰:'封汝爵为千乘，东南尽日
所出，尚未足黔徒群盗所邪，而反，何也?'"(原注:谓英布,

了越人的君主译吁宋，于是越人都进入山林草木之中，与禽兽同居处，坚决不肯成为秦人的俘虏。越人又立桀骏为将军，趁着夜色攻打秦人，大败秦人，并杀死了屠睢，杀人众多，足有几十万人死去，秦便征发戍卒以防备越人。于是戍卒陈胜在大泽乡起义。"秦朝攻打南越的事在这个地方记载颇为详细。《大事记》中记载秦国攻越之事在秦始皇三十三年，《解题》没有引用《淮南子》，于是我就在此处补充《淮南子》中关于秦攻南越的记载。（原注：淮南王向皇帝进谏讨伐闽越之地，他所说的话大致与此相同。）

司马迁的《史记》部分取材于《楚汉春秋》，《楚汉春秋》中有部分内容《史记》没有加以记载，比如《史记·正义》在项羽悲歌美人相和之处说：《楚汉春秋》说美人歌唱道："汉兵已攻占楚之土地，四面传来悲戚的楚声。大王的英雄气概与坚强意志已消磨殆尽，我又何必苟且偷生呢。"在这个时候就已经有用五言写成的歌诗了。但是五言诗应当起源于《尚书》中的《五子之歌》和《诗经》中的《行露》。

《楚汉春秋》说："汉高祖刘邦给最早封侯的功臣都赐下了丹书铁券，并且发誓说：'即使黄河细如衣带，泰山平如磨刀石，只要汉之宗庙尚在，你们的禄位便不会断绝。'"对于这个誓言的后面两句《楚汉春秋》和《史记》中的相关记载不同。

《楚汉春秋》）又说："汉惠帝去世，吕太后想要为汉惠帝建一座高大的陵墓，并且这座陵墓要从未央宫就能看到。诸位将领对此进行劝谏，吕后不听，东阳侯张释之哭泣着说：'陛下见到惠帝的陵墓，为之悲哀哭泣无法停止，这是伤损寿命的做法。我暗地为陛下感到哀痛。'太后这才听从劝谏，停止这一想

《史》、《汉》不载。）

汉大启九国：燕、代、齐、赵、梁、楚、荆吴、淮南、淮阳，皆同姓也。长沙异姓不与焉。《汉表》削淮阳而列长沙，当从《史记》。

"断而敢行，鬼神避之。""见末而知本，观指而睹归。""秋霜降者草花落，水摇动者万物作。"此战国诸子之言而赵高诵之尔，高非能为此言也。

《乐书》"作十九章"，《索隐》云《安世房中乐》，今考之《汉志》，《安世房中歌》十七章、《郊祀歌》十九章。《索隐》误。

《御览》载淳于髡《十酒说》曰："罗襦排门，翠笄窥牖。"盖好事者因《滑稽传》而广之，非战国时语也。

《邹阳书》："齐用越人蒙。"《汉书》云："越人子臧。"其事未详。

法。"东阳侯，也就是张相如。《楚汉春秋》又说："下蔡亭长
骂淮南王说：'朝廷分封给你千乘的爵位，东南之地终日生产的
财富，对百姓与群盗而言难道不够，又为什么要造反呢？'"（原
注：是说英布，《史记》、《汉书》均未记载这条。）

汉代封立了九个诸侯国：燕国、代国、齐国、赵国、梁国、荆
吴、淮南、淮阳，这些诸侯国均为刘邦的同姓之国。长沙为异姓
诸侯国国故而不列于九国之中。《汉表》削去了淮阳国而将长沙
国列入九国之中。这是不对的，应当按照《史记》的记载。

"做事果断而勇敢，即使鬼神也要躲避他。""看见苗头
而能预知根本，看到动向便能预知归宿。""秋霜一降而花草
随之凋落，冰雪消融而万物更生。"这些都是战国时期诸子的言
论，赵高不过是援引背诵诸子所说的话罢了，赵高本人说不出
这样的话。

《史记·八书·乐书》中说"写成乐曲十九章"，《史记·索
引》说这十九章乐曲为《安世房中乐》，现在于《汉书·礼乐志》
之中对此加以考证便可以知道，《安世房中乐》总共有十七章，
《郊祀歌》总共有十九章。因此《史记·索引》的说法是错误
的。

《太平御览》中记载了淳于髡的《十酒说》说："穿着罗襦
的女子推门，头插翠笄的美人从窗上向屋里偷看。"这大概是
后世的好事者们根据司马迁在《史记·滑稽列传》中记录的淳
于髡对齐威王的进言而穿凿附会，但实际上并不是战国时期的话
语。

《史记·邹阳列传》中邹阳在监狱中对梁王的上书中说：
"齐国任用越国人蒙。"《汉书·邹阳传》也说："越国人子

《李斯传》注："辩士隐姓名，遗秦将章邯书云云。此书在《善文》中。"《隋志》："《善文》五十卷，杜预撰。"

《滑稽传》："齐使淳于髡献鹄于楚。"《说苑》云："魏文侯使舍人毋择献鹄于齐。"《鲁连子》云："展无所为鲁君使，遗齐君鸿。"《韩诗外传》云："齐使使献鸿于楚。"其事皆同，而四书所载异。

《项羽纪》说者曰："人言楚人沐猴而冠耳。"《法言》以为蔡生，《汉书》以为韩生。

汉高祖起布衣，灭秦、楚，自后世处之，必夸大功业，以为轶尧、舜，驾汤、武矣。其赦令曰："兵不得休八年，万民与苦甚。今天下事毕，其赦天下殊死以下。"言甚简而无自矜之意。此所以诒厥子孙，享四百年之祚欤？

"王者莫高于周文，伯者莫高于齐桓，皆待贤人而成名。"此高帝之诏也。宣帝曰："汉家自有制度，本以霸、王道杂之。"盖已见于此诏矣。刘向称贾谊，虽古之伊、管，未能远过。伊、管岂可并言哉？林少颖论之曰："王、霸之分

藏。"不过越国人子藏的事迹并不详尽，因此不为今人所知。

《史记·李斯列传》的注释说："辩士隐去姓名，送给秦将章邯书信并说了一些话等等。这封书信在《善文》这部书中录有全文。"《隋书·经籍志·总集》说："《善文》总共有五十卷，杜预编撰。"

《史记·滑稽列传》中说："齐国派遣淳于髡向楚国进献鹄鸟。"《说苑·奉使篇》中说："魏文侯派遣舍人毋择向齐国进献鹄鸟。"《鲁连子》中说："展无所作为鲁国君主的使者，送给齐君大雁。"《韩诗外传》说："齐国派遣使者向楚国进献大雁。"所说的事情是一样的，但是四本书对此事的记载却各不相同。

《史记·项羽本纪》中有游说者对项羽说："人们都说楚人不过是戴上帽子扮人的猴子罢了。"《法言·重黎篇》认为说这话的人是蔡生，但《汉书·陈胜项籍传》认为说这话的人是韩生。

汉高祖刘邦在身份微贱的时候起兵，灭秦、楚，如果后世的人在他那个位置，一定会夸大自己的功业，认为超过了尧、舜，压倒了成汤、周武王。但汉高祖的敕令说："士兵足有八年不得休息，人民也深受兵戈之苦。现在天下战事已经结束，赦免天下凡死刑以下的所有罪犯。"他的话语简要却没有自夸的意思。这就是他能福及子孙，使得汉代能绵延四百年的原因吗？

"王者的功业没有超过周文王的，霸者的功业没有超过齐桓公的，他们都是凭借贤人而成就了他们的名声。"这是汉高祖刘邦的诏书中所说的话。汉宣帝说："汉朝本来就有自己的制度，原本就是霸道、王道混合使用。"汉宣帝说的这句话在

辨，汉世为尤甚。拟人之非伦，汉儒为尤甚。尊王绌霸，言道义不言功利，一董仲舒而已。"

班固叙武帝名臣，李延年、桑弘羊亦与焉。若儒雅，则列董仲舒于公孙弘、兒宽之间。汲黯之直，岂卜式之俦哉？史笔之褒贬，万世之荣辱，而薰莸浑殽如此，谓之比良迁、董，可乎？

"'为吕氏右袒，为刘氏左袒。'军中皆左袒。"按，《仪礼·乡射》疏云："凡事无问吉凶，皆袒左。是以士丧礼及大射皆袒左，唯有受刑袒右。故《觐礼》乃云：'右肉袒'，注云'刑宜施于右'是也。"以此考之，周勃诛吕氏之计，已定为吕氏者有刑，故以右袒令之，非以觇人心之从违也。

"与父老约"为句，下云"法三章耳"。（原注：唐高祖入京师，约法十二条，盖仿此语而失之。）

汉高祖刘邦所下的诏书中便有迹可循。刘向赞扬贾谊说即使是古代的伊尹、管仲也不见得比贾谊高明很多。可是伊尹、管仲这两个人又怎么能够相提并论？林少颖评价道："对于王、霸二者不加以分辨，在汉代时表现得尤其明显。比拟往往不够恰当这点，在汉代儒者身上表现得也十分明显。汉代时尊崇王道而贬黜霸道，说道义却不说功利的，只有一个董仲舒而已。"

班固在《汉书》中述说汉武帝时的名臣，李延年、桑弘羊也在名臣之列。在论说博学儒士时，则将董仲舒列于公孙弘、儿宽之间。汲黯为人刚直，又怎么会和卜式同类呢？史册中的赞扬与指责，关系着千年万世的荣耀与耻辱，可班固却如此将贤愚善恶混为一谈，后人认为班固可与司马迁、董狐相比，这是可以的吗？

《史记·吕后纪》说"'愿意为吕氏效力的人就脱去右袖内外衣，露出胳膊，愿意为刘氏效力的人就脱去左袖内外衣，露出胳膊。'于是军队中的人全部都左袒选择为刘氏效力。"我注意到，《仪礼·乡射》注解的注释说："所有事情不管是吉是凶都要左袒。所以在士人的丧礼以及大射时都要左袒，只有要接受刑罚的人才右袒。所以《觐礼》说：'脱去右袖内外衣，露出胳膊'，这句话下面的注释说：'刑罚适合施加在身体右侧'。"根据这个加以考证，周勃诛灭吕氏的计划中，已经将为吕氏效力的人定为有罪，故而命令他们右袒，他并不是根据士兵的左袒或右袒来判断人心的依从或违背。

"刘邦与当地有名望的老人约定"是一句，下面才是说"定下三章法条"。（原注：唐高祖在进入京城时，提出了十二条法律，大约是模仿这句话却又将这句话的句读弄错了。）

淮阴侯羞与樊哙伍，然哙亦未易可轻：谏留居秦宫，鸿门谯项羽，排闼入见，一狗屠能之，汉廷诸公不及也。

吴斗南为《汉书刊误补遗》，朱文公答书曰："刘氏所断句，如《项羽传》'由是始为诸侯上将军'，《儒林传》'出入不悖所闻'，皆与《史记》合。'为原庙渭北'，见一书'庙''渭'之间有'于'字。刘氏所疑亦有误，如《沟洫志》'于楚'字，本文属下句，下文有'于齐'、'于蜀'字，皆是句首，而刘误读属之上句。"

《通鉴》不书符瑞，高帝赤帝子之事，失于删削，《纲目》因之。（原注：《文公语录》以此事为虚。）

《文章缘起》有汉惠帝《四皓碑》，今考《高士传》："高车山上有《四皓碑》及祠，汉惠帝所立。"

武帝年十二，而决廷尉狱防年之疑；明帝年十二，而辨陈留吏垦田之牍。其英明略同，而武帝之事，史策不著，仅

　　淮阴侯韩信为与樊哙为伍而感到羞耻，但樊哙也绝不是可以被轻易轻视的：他为刘邦留在秦宫居住的事情对刘邦进行劝谏，在鸿门宴上责骂项羽，在刘邦生病不见众臣的时候撞门入见那一类呢刘邦，一个杀狗的屠夫能做到这些，汉代朝廷之上的诸人比不上他。

　　吴斗南写《汉书刊误补遗》，朱熹在回复他的书信中说："刘敞所断的句子，比如《汉书·陈胜项籍传》中的'于是项羽开始成为各位诸侯的上将军'，《汉书·儒林传》中的'在家或在外的一举一动都不违背他所学的知识道理。'，都与《史记》相同。《汉书·郦陆硃刘叔孙传·叔孙通传》说'在渭北另外修立宗庙'，我在一本书中看到'庙'字、'渭'字之间有一个'于'字。刘敞等人所怀疑的地方也有错误，比如《汉书·沟洫志》中'于楚'这两个字，按文意这两个字应该属于下一句并为下句句首，下文中也有'于齐'、'于蜀'之类的字，都应该是位于句子开头，而刘敞却将句子理解错了而认为这两字要放于上句之句尾。

　　《资治通鉴》不记载帝王受命的征兆，因此汉高帝刘邦是赤帝之子的事情在司马光的《资治通鉴》中也都被删去而不加以记载，朱熹所写的《资治通鉴纲目》也因袭了《资治通鉴》的这种不记载帝王受命于天的征兆的做法。（原注：《朱子语录》认为刘邦是赤帝之子这件事是假的。）

　　《文章缘起》中收录有汉惠帝的《四皓碑》，如今在《高士传》中对这件事情加以考证："高车山上有《四皓碑》和祠堂，这些都是在汉惠帝时修建树立的。"

　　汉武帝年仅十二岁，便能够对廷尉上报的陈防杀母的疑案做出决断；汉明帝年仅十二，便能分辨陈留的官吏关于垦田的简

见于《通典·刑法·杂议》。

《武帝纪》元朔三年诏曰:"夫刑罚所以防奸也,内长文所以见爱也。"或云:"古写本无注。《汉书》作:而肆赦所以见爱也。"

魏丁仪《周成汉昭论》云:"成王秀而获实,其美在终;昭帝苗而未秀,其得在始。必不得已,与夫始者。"

《食货志》:"李悝为魏文侯作尽地力之教。"《货殖传》云:"当魏文侯时,李克务尽地力。"以《艺文》考之,《李克》七篇在"儒家",(原注:子夏弟子,为魏文侯相。)《李悝》三十二篇在"法家"。(原注:相魏文侯,富国强兵。)尽地力者,悝也,非克也,《货殖传》误。(原注:《史记正义》云:"刘向《别录》亦云'李悝'。")

贾谊《赋》"见细德之险微",颜注云:"见苛细之人,险陂之证。"则"微"当作"徵"。见险证而去,色斯举矣,见几而作。

牍。他们的卓越明智相近，但是汉武帝断案的事情史书没有记载，仅仅在《通典·刑法·杂议》中可以看见这件事。

《汉书·武帝纪》中记载元朔三年皇帝下诏书说："刑罚的设立是为了防止犯法作乱，内心真诚通过文辞表达来显示慈爱。"有人说："古时的《汉书》写本是没有注的。因此古本《汉书》所谓'内文德'之句应当是："而缓刑、赦免罪责是为了显示慈爱。"

曹魏时期丁仪所写的《周成汉昭论》中说："周成王聪明优异并且获得了好的结果，他值得称美之处在他的统治后期；汉昭帝有天赋潜力却因早死而未能脱颖而出，他的所得在他刚即位之初。如果不得不评价二位君主，我更乐意肯定汉昭帝。"

《汉书·食货志》中说："李悝帮助魏文侯实行提高土地出产能力的方法，以达到富国强兵的目的。"《汉书·货殖传》中说："在魏文侯时，李克务求充分发挥土地潜力来提高土地产量，富国强兵。"根据《汉书·艺文志》对此进行考证，李克所写的"七篇"被归入儒家一类（原注：李克是子夏弟子，当过魏文侯的相国。）而《李悝》所写的三十二篇则列于法家一类（原注：李悝作为魏文侯相国，使国家富裕军队强大。）因此要发挥土地潜力的是李悝不是李克，《汉书·货殖传》记错了。（原注：《史记·正义》说："刘向的《别录》也说是李悝辅佐魏文侯并力图发挥土地潜力。"）

贾谊的《吊屈原赋》中说"看见德行卑鄙之人显露出的危险征兆。"颜师古的注释说："见到苛求细处之人，这是危险的征兆。"这说明"微"字应当写作"征"字。见到危险征兆便应该离开，见人颜色不善便飞走，要明察事物细微变化而采取行动。

《史通》述傅玄之言曰："孟坚《汉书》，实命世奇作。及与陈宗、尹敏、杜抚、马严撰《中兴纪传》，其文曾不足观，岂拘于时乎？不然，何不类之甚也。"

陆澄注班史，多引《史记》，此缺一言，彼摘半句，皆采摘成句，标为异说。今其书不传。前辈谓班之于马，时有遗失，如"彘肩"之不言"生"；"有以！起自布衣"，而去"也夫"二字；垓下之战，《史》载甚详，而孟坚略不及。

《梁书·刘之遴传》云："古本《汉书》，《外戚》次《帝纪》下，《诸王》悉次《外戚》下，在陈、项传前，《新唐书·列传》盖仿此。"

《匡衡传》注："今有《西京杂记》，其书浅俗，出于里巷，多妄说。"段成式云："庾信作诗，用《西京杂记》事，自追改曰：'此吴均语，恐不足用。'"今按《南史》，萧贲著《西京杂记》六十卷。然则依托为书，不止吴均也。

《史通·覈才篇》记述傅玄的话说："班固的《汉书》，实在是当时的奇作。但到了班固与陈宗、尹敏、杜抚、马严一起编写《中兴纪传》时，所写成书的文字粗陋却不值一看，这是被当时形势所束缚的缘故吗? 如果不是，为何此书与《汉书》水平相差如此之大。"

陆澄为班固的《汉书》作注，许多地方是引用了《史记》，这里减少一句，那里增加半句，都是东采西抄拼凑而成的句子，却偏要标举说是自己独到的意见。现在他的书已经失传了。前人说将班固与司马迁相比，会发现班固往往会有所遗漏不记的地方，比如《汉书·樊郦滕灌傅靳周·樊哙传》中的所说"猪肩"，《史记》中说明了樊哙所吃的是生的猪肩，《汉书》中却没有说它是生的。《汉书·田儋传》中"有作为啊! 于身份低微时起事"，班固去掉了"也夫"这两个字; 对于垓下之战，《史记》的记载十分详细，几乎是如在目前，而相比之下班固的《汉书》对于此事记载的详细程度则比不上《史记》。

《梁书·刘之遴传》中说："在古本的《汉书》之中，《外戚传》排在《帝纪》之后，《诸王传》都排在《外戚传》之后，在《汉书·陈涉项籍传》之前，《新唐书·列传》的排列体例大概便是效仿了古本《汉书》的编排方式。

《汉书·匡衡传》的注释说:"现在有《西京杂记》一书，这本书内容轻浅庸俗，出自于民间的巷陌胡同，记载了不少没有根据说法。"段成式在《酉阳杂俎·语资篇》中说:"庾信写诗时把《西京杂记》中所记载的事作为典故，之后又自己追悔对写成的诗歌进行修改，并说:'这是吴均说的话，恐怕不能引用。'"现在我注意到《南史·齐竟陵王子良传》中的记载，上面说萧贲

《刑法志》："狱刑号为平矣。"《酷吏传序》："号为
罔漏吞舟之鱼。"《王温舒传》："广平声为道不拾遗。"曰
"号"，曰"声"，谓名然而实否也，书法婉而直。

《平当传》云："汉兴，唯韦、平父子至宰相。"愚谓周
勃、亚夫父子为相，事业过韦、平远甚，班孟坚其忘诸乎？

《艺文志》："于长《天下忠臣》九篇。"刘向《别录》
云："传天下忠臣。"愚谓《忠臣传》当在《史记》之录，而列
于阴阳家何也？《七略》，刘歆所为，班固因之。歆，汉之贼
臣，其抑忠臣也则宜。

董公之名不闻，鲁两生之氏不著。仁义之说，如山川出
云，时雨既降，而不有其功；礼乐之言，如凤翔千仞，非燕雀
之网所能罗。古之逸民也。

写了《西京杂记》六十卷。也就是说依托《西京杂记》这一书名而作伪书的人，并不只有吴均一个。

《汉书·刑法志》中说："号称刑罚、讼案少了许多。"《汉书·酷吏传序》说："声称没有遗漏任何一个重大罪犯。"《汉书·酷吏传·王温舒传》说："广平声称社会风气良好，即使东西落在地上也没人捡走。"说"号称"、说"声称"的意思是说听上去是如此但实际上并不是如此，由此可见《汉书》记载史事的方式委婉却又公正。

《汉书·隽疏于薛平彭传·平当传》中说："自从汉朝建立以来，只有韦贤、平当俩父子均官至宰相。"我认为周勃、周亚夫父子也都官至宰相，他们对于汉的功劳也远远超过韦贤、平当这两个人，班固是把这些人都忘记了吗？

《汉书·艺文志》："于长写了《天下忠臣》九篇。"刘向的《别录》说："这本书是为天下的忠臣作传记。"我认为《天下忠臣》这本书应该和《史记》为同一类书，但为什么《汉书·艺文志》要把它放入阴阳家哪一类呢？《七略》是刘歆所作，而班固的《汉书·艺文志》的内容大多是沿袭《七略》这部书。刘歆是汉代谋反的乱臣贼子，因此他贬斥忠臣也是理所应当的，所以刘歆所作的《七略》把这部《天下忠臣》归入阴阳家而不是和《史记》这样的史书归为一类也是适合的。"

董公的名字不为世人所知，《汉书·叔孙通传》中所记载的鲁地两位书生的姓氏也不见载于史册。仁义的学说就像山川之中有云升起，应时的雨水落下，但山川却不认为降雨是自己的功劳；关于礼乐的话语，就像凤在高空翱翔，捕捉燕雀的网是不能将它捉住的。这些不知名姓的人都有古时节行超逸、避世隐居

陈万年为三公，而教其子以谄；范滂、姜叙之母一妇人，而励其子以义。二汉风俗，以是观之。

一梁以折七国之锋，一琅邪以续典午之绪，封建可以支变故。安平之功，以画邑之王蠋；南阳之兴，以东郡之翟义。节行可以回人心。

辛庆忌之救朱云，张万福之拜阳城，服儒衣冠者亦可愧矣。

《功臣表》："靡有孑遗，耗矣。"孟康曰："耗，音毛。"颜师古曰："今俗语犹谓'无'为'耗'。"《冯衍传》"饥者毛食"，注："案，《衍集》'毛'字作'无'，今俗语犹然，或古亦通乎？"

卫绾"以戏车为郎"，《盐铁论》："贤良曰：戏车鼎跃，咸出补史。累功积日，或至卿相。"鼎跃，《东方朔》所谓鼎官，《邹阳》所谓鼎士也。

之人的风采，值得为人所敬仰。

陈万年位列三公之尊位，却教导他的儿子应该如何巴结奉承他人；而范滂、姜叙的母亲不过是一介妇女，却用道义来教导勉励她们的儿子。西汉与东汉时期的社会风俗，在此处便得以一见。

一个梁国便能在七王之乱中挫断七国之叛军的锋锐，一个琅琊王便能够使分崩离析的晋朝得以延续国祚，由此可见分封宗室功臣使其建国在国家发生动乱变故时可以起到支持局面的重大作用。田单在安平之战的胜利，是由于退隐大夫画邑人王蠋发挥了重要作用；汉光武帝能在南阳兴起使汉朝中兴，东郡太守翟义的起兵至关重要。由此可见高尚的品格节操可以回转人心。

辛庆忌上书救朱云，张万福向阳城等人行礼表达敬意，做儒生打扮的所谓儒者见到这两个人的事迹应当感到愧疚。

《功臣表》中说："没有任何东西剩余，耗没了。"孟康说："耗，读作'毛'。"颜师古说："现在的俗语仍然将'无'说成是'耗'。"《后汉书·冯衍桓谭传》说："饥饿的人却没有任何果腹的食物"，注释说："我注意到《衍集》中'毛'字的意思与'无'字的意义相同，现在的俗语也有这种情况，或许这表现了古时与现在语言的相通吧？"

卫绾"因在车上表演杂技的技术高超而被汉文帝赏识并成为了中郎将"，因此《盐铁论》中说："文学贤良说：有些人凭着在车上耍杂技、举着鼎跳跃等取上位者欢心的技艺而被选为官吏。时间久了，功劳立的多了，这些人中有的就成为了卿相。"鼎跃，也就是《东方朔》所说的鼎官，《邹阳》所说的鼎士。

《武纪》：元狩二年秋，匈奴昆邪王降，"置五属国以处之"。注不载五属国之名。考之《地理志》，属国都尉，安定治三水，上郡治龟兹，天水治勇士，五原治蒲泽，张掖治日勒。此武帝初置也。若金城、西河、北地属国，置于宣帝时，不在五属国之数。

张良，张仲三十代孙，张老十七代孙。（原注：《张氏谱》云：仲见《诗》。老见《春秋》、《礼记》。）

《史通》云："司马相如始以《自叙》为传，然其所叙，但记自少及长，立身行事而已。"今考之本传，未见其为《自叙》。又云："相如《自叙》，记其客游临邛，以《春秋》所讳，持为美谈。"恐未必然。意者《相如集》载本传，如贾谊《新书》末篇，故以为《自叙》欤？

桓谭《新论》："汉百姓赋敛，一岁为四十余万万。吏俸用其半，余二十万万藏于都内，为禁钱。少府所领园地作务八十三万万，以给宫室供养诸赏赐。"汉财用之数，大略见此。

《汉书·武帝纪》中说：元狩二年的秋天，匈奴昆邪王投降，"汉武帝设立了五个属国来安置昆邪王"。这一段下面的注释中没有具体记载汉武帝设立的五个属国分别是叫什么名字。根据《汉书·地理志》对此来加以考证，其中说如果是安定的属国都尉则要治理三水，如果是上郡的属国都尉则要治理龟兹，作为天水的属国都尉要治理勇士，作为五原的属国都尉要治理彭泽，作为张掖都尉则要治理日勒。这些都是汉武帝最初设立的属国。至于金城、西河、北地等属国则是在汉宣帝时设立，不在汉武帝设立的五属国的行列。

张良是张仲的第三十代子孙，是张老的第十七代子孙。（原注：《张氏谱》说：张仲的名字在《诗经》中可见，张老的名字则可以在《春秋》《礼记》中见到。）

《史通》说："司马相如最初把《自叙》当作自己一生行事的传记，但是他所记述的只是他从年少到长大成人这一段时间如何处世待人。"现在根据司马相如在史书中的本传对此加以考证，并没有见到司马相如写作《自叙》的记载。《史通》又说："司马相如写《自叙》记载了他在临邛游历的经历，因为史书忌讳这些虚写的故事而未被录收，只能将作为一时的笑谈。"恐怕这未必是对的。《相如集》中有司马相如的本传，就像贾谊的《新书》的末篇亦有，所以相如是把本传当作《自叙》吗？

桓谭所写的《新论》中说："朝廷从汉朝百姓手里征收来的赋税，一年就有四十亿多，官吏的俸禄便用去了这些钱的一半，剩下二十亿则藏在国都之中，这些都是皇帝的钱。少府所管理的园林田地处可产出八十三亿，这些钱用来供养住在宫室里的人以及赏赐他人。汉代财物的数目，在这个地方大概可得以一

何武曰："卫青在位，淮南寝谋。"李寻曰："淮南王作谋之时，其所难者，独有汲黯。"今人多以淮南寝谋称黯，而不及青，才能不若节义也。（原注：汲黯在朝，淮南寝谋。其语见吴步骘疏。）

西汉末，郭钦、蒋诩、栗融、禽庆、苏章、曹竟不仕于莽。卓茂与孔休、蔡勋、刘宣、龚胜、鲍宣同志，不仕莽时。王皓、王嘉并弃官。《汉史》不能表而扬之为《清节传》，而仅附见其名氏，然诸君子清风肃然，立懦夫之志于百世之下，不待传而彰。

《论衡》："孝明之世，读《苏武传》，见武官名曰'栘中监'，以问百官，百官莫知。"

又云："司马长卿为《封禅书》，文约不具。子长纪黄帝至孝武，扬子云录宣帝至哀、平，陈平仲纪光武，班孟坚颂孝明。汉家功德，颇可观见。"今子云书不传，平仲未详其人，孟坚颂亦亡。

见。

何武说:"因为卫青在位,所以淮南王停下了叛乱的谋划。"李寻说:"淮南王在谋划叛乱的阴谋时,让他感到为难的只有汲黯。"现在的人大多以使淮南王停下叛乱的谋划来称赞汲黯,却不说卫青在震慑淮南王使淮南王不敢叛乱的功绩,这大约是因为有才华能力的人远远比不上有节操与义行的人吧。(原注:汲黯在朝廷担任官职,淮南王停下了谋划。这句话在吴步骘的疏中可见。)

西汉末年的时候,郭钦、蒋诩、栗融、禽庆、苏章、曹竟都不愿意为王莽出仕做官。卓茂和孔休、蔡勋、刘宣、龚胜、鲍宣也都抱有相同的想法志向,因此都不在王莽篡汉时出仕为官。王皓、王嘉一起辞官。《汉书》却没有作《清节传》来公开赞美他们的事迹,而仅仅只是把他们的姓氏名字加在后面。只是各位君子如清风一样严谨清廉,在百年之后即使是懦弱的人听到了他们的事迹也能立下不屈之志,他们的事迹不需要特地宣传却仍然能广为人知。

《论衡·别通篇》说:"汉明帝时期,明帝读《苏武传》,读到书中说有个武官叫作:'栘中监',于是汉明帝询问百官什么是'栘中监',但是朝廷中的众多官员没有人知道这是什么。"

《论衡·须颂篇》中又说:"司马相如写作《封禅书》,文辞简约而不齐全。司马迁记录了自黄帝至汉武帝这几千年的历史,扬雄记录了从汉宣帝到汉哀帝、汉平帝这几十年中的历史,陈平仲记录了汉光武帝一朝之事,班固为汉明帝作颂。汉朝的功业与恩德由此得以看见。"但是如今扬雄的书没有传下来,陈平仲是何人现在也不清楚,班固所作的赋也已经亡佚。

荀爽《对策》曰："今臣僭君服，下食上珍，宜略依古礼尊卑之差，及董仲舒制度之别。"注引仲舒《对策》。愚谓制度之别，必有其书，非但"正法度"，"别上下"之对也。《春秋繁露》有《度制篇》。

董仲舒三年不窥园，法真历年不窥园，赵昱历年潜思不窥园门，桓荣十五年不窥家园，何休不窥园者十七年。

号万石者五家：汉石奋及四子皆二千石，号万石君；冯扬为弘农太守，八子皆为二千石，亦号万石君；严延年兄弟五人至大官，母号万石严姬；秦袭为颍川太守，群从同时为二千石者五人，号万石秦氏；唐张文瓘为侍中，四子皆至三品，号万石张家。

汉丞相再入二人，周勃、孔光。御史大夫再入三人，孔光、何武、王崇。后汉太尉再入二人，刘矩、马日磾；三入一人，胡广。司徒再入二人，鲁恭、胡广。司空三入一人，牟融。唐宰相再入五十七人，长孙无忌至裴枢；三入十二人，武承嗣至郑畋；四入三人，韦巨源、姚元之、韦安石；五入三人，萧瑀、裴度、崔胤。

　　荀爽所写的《对策》中说："如今臣子超越本分使用只有君主方能够用的服饰仪仗，地位低下的人食用唯有地位高贵者方能品尝的珍贵食物，对此应当依循古代礼制中所说地位高低不同的人之间的差距，以及董仲舒所说的不同地位的人应遵守的规则的差别。"注释里引用的是董仲舒的《对策》。我认为关于不同人所用制度之间的差别，必定要有和它有关的书，不仅仅是说如何"端正法度规矩"，"区分上下地位之差"之类的对策。董仲舒的《春秋繁露》中便有《度制篇》一篇。

　　董仲舒埋头苦读，三年不看向园子，法真多年不看园子，赵昱多年深思而不看向园门，桓荣十五年不看家里的园子，何休足有十七年不看园子。他们都是埋头苦读，不为外物所动的典范。

　　号称为万石的有五家：汉代的石奋和他的四个儿子都是二千石禄位，因此号称为万石君；冯扬是弘农太守，八个儿子都是二千石禄位，也号称为万石君；严延年兄弟五人都做到了大官，他们的母亲因此号称为万石严姬；秦袭是颍川太守，他的堂兄弟与诸子侄中同时有二千石禄位的足有五人，号称为万石秦氏；唐代张文瓘是侍中，他的四个儿子也都官位达到三品，因此号称为万石张家。

　　汉代的时侯两次成为丞相的有周勃、孔光二人。三次成为御史大夫的有孔光、何武、王崇三人。东汉时两次担任太尉的有刘矩、马日磾两人，三次成为太尉的有胡广一人。两次成为司徒的有鲁恭、胡广两人。三次成为司空的有牟融一人。唐代时两次成为宰相的有从长孙无忌到裴枢五十七人；三次成为宰相的有从武承嗣到郑畋十二人；四次成为宰相的有韦巨源、姚元之、

《宋·礼志》云："汉文以人情季薄，国丧革三年之纪；光武以中兴崇俭，七庙有共堂之制；魏祖以侈惑宜矫，终敛去袭称之数；晋武以丘郊不异，二至并南北之祀。岂三代之典不存哉，取其应时之变而已。"愚谓四事唯丧纪、庙制先儒议其失。

扬雄《河东赋》：羲和司日，颜伦奉舆。注云："伦，古善御者。"愚尝考《韩诗外传》：孔子云："美哉！颜无父之御也。马知后有舆而轻之，知上有人而爱之。至于颜伦，少衰矣。马知后有舆而轻之，知上有人而敬之。"此颜伦善御之事也。书此以补《汉注》之阙。

秦亡于婴，而莽立婴以嗣平，速汉之亡也。

张竦《答陈遵》曰："学我者易持，效子者难将。"陈无己为《秦少游字序》云："行者难工，处者易持。"吕成公《书赵忠定父行实后》云："处者易持，出者难工。"皆本张竦之意。

韦安石三人；五次拜为宰相的有萧瑀、裴度、崔胤三人。

《宋书·礼志》中说："汉文帝刘恒因为世人风情浇薄，因此下诏要求说自己死后，在国丧期间要革除天下为自己服丧三年的法度。汉光武帝刘秀因为想使汉中兴而崇尚节俭，因此实行将汉之诸先帝在同一祖庙供奉祭祀的制度。魏武帝曹操因认为沉迷侈靡铺张应该得到矫正，死前废止在葬礼上穿全套寿衣的仪节。晋武帝司马炎因认为郊坛和圜丘没有区别，因此将冬至郊天、夏至祀地与在南、北郊祭天地之礼合并。这些不守旧时礼制的行为的出现难道是因为夏、商、周的典礼没有留存吗，不过是为顺应当时的需要而加以变通罢了。"我认为先世的儒者只评论了这四件事中丧事、宗庙制度的过失。

扬雄所写的《河东赋》中说："羲和为天子驾车，颜伦侍奉左右。"这句话下面的注释说："伦是古代的时候善于驾车的人。"我曾经在《韩诗外传》中考证过："孔子说：颜无父驾车的技术多么好啊！他驾车时，马知道后面有车舆却觉得车辆轻快，知道马上有人而喜爱此人，至于颜伦驾车的技术，则略微比不上颜无父。他驾车时，马知道身后有车舆却觉得车辆轻快，知道马上有人而尊重此人。"这也是说颜伦善于驾车的事，我将此段话记录在这里用来填补《汉书》注释的遗漏。

秦朝在子婴时灭亡，而王莽立孺子子婴以继承汉平帝的帝位，这个行为加快了西汉的灭亡。

张竦在回复陈遵的书信中说："学习我的人容易做到，写得稳重，而效仿你的人往往容易出现写的文章难以为继的结果。"陈师道写《秦少游字序》，在其中说："性格放恣的人文章往往难以作得工巧，端庄谨严的人文章往往容易保持，显得稳

　　杨盈川《隰川令志》云："代恭王之子郢客为侯。"周益公刊《文苑英华校正》，以为楚元王子郢客为侯。今云代恭之子，未详。愚按《汉书·王子侯表》："土军侯郢客，代共王子。"此盈川所用也。

　　"严延年劾奏霍光'擅废立，无人臣礼，不道。'奏虽寝，朝廷肃焉。"吕成公曰："大哉，延年之奏也。自夷、齐之后，一人而已。"沙随程氏谓：延年女罗紨，为昌邑王贺妻，生子女持辇。惟汉人风俗之厚，故不以为嫌。王元石曰："宣帝时，有大议论三：延年以不道劾光，夏侯胜言武帝不宜立庙乐，有司谥故太子曰'戾'。皆后世所不能及。"（原注：刘应起时可奏疏，谓："当使近习畏辅相，辅相畏台谏，若申屠嘉能使近习畏之，若严延年能使辅相畏之。"）

　　晁错《对策》首云："平阳侯臣窋等所举贤良方正、太子家令臣错。"自言所举之人及其官爵无所隐。汉制犹古也，自后史无所纪，唯唐张九龄《对策》首云："嗣鲁王道坚所举道侔伊吕科、行秘书省校书郎张九龄。"自糊名易书之

重。"吕本中《书赵忠定父行实后》说:"端庄谨严的人文章容易保持,写得也稳重,而出人意表的人文章难以写得工巧。"这些话都自于张竦的话中之意。

杨炯所写的《隰川令志》中说:"代恭王的儿子郢客在此为侯。"周必大刊刻《文苑英华校正》,认为是楚元王的郢客在此地为侯。现在说是代恭王的儿子,不知道是何缘故。我认为《汉书·王子侯表》中说:"土军王郢客是代共王的儿子。"这就是杨炯运用了典故的地方。

《汉书·酷吏传·严延年传》中说"严延年上奏弹劾霍光'自作主张废黜旧帝立新帝,没有作为人臣的礼数规矩,胡作非为。'他的奏书虽然被搁置不理,但朝廷上下为之战兢。"吕成公岳珂说:"严延年的这道奏书多么了不起啊。在伯夷叔齐之后也就只有他这么一个人与他们相类了。"沙随程迥说:严延年的女儿罗紨嫁给了被霍光废掉的皇帝昌邑王刘贺为妻,并生下了孩子执瑬。只有汉代人风俗醇厚因此并不因此而避嫌。王元石说:"汉宣帝的时候,有三件重大议论:一件是严延年弹劾霍光胡作非为,一件是夏侯胜说不应该为汉武帝立宗庙之乐,一件是有关部门给汉武帝时期因为巫蛊之祸而自杀死去的太子刘据的谥号是'戾',这些都是汉代之后难以做到的。"(原注:刘应起时可以上奏说:"应当使君主宠爱的人畏惧辅相,辅相惧怕台谏,就像申屠嘉能够使为皇帝宠信的人惧怕,就如严延年能使辅相感到惧怕。")

晁错的《对策》的开头说:"平阳侯曹窋等所推举的贤良方正、太子家令晁错。"这是自述所推举的人以及被推举的人的官职而不加隐瞒。汉代时期的制度尚存古时之风,自此之后史书上便没有这种说明举荐自己的人为何人、这个人担任什么

法密，不复见此矣。道坚，鲁王灵夔之孙，本传称其方严有礼法，是以能举九龄。而秉史笔者，不书于传，仅见《九龄集》。

皇甫谧《高士传》云："成公者，成帝时自隐姓名，常诵经，不交世利，时人号曰成公。成帝时出游，问之，成公不屈节。上曰：'朕能富贵人，能杀人，子何逆朕哉？'成公曰：'陛下能贵人，臣能不受陛下之官；陛下能富人，臣能不受陛下之禄；陛下能杀人，臣能不犯陛下之法。'上不能折，使郎二人就受《政事》十二篇。"班史逸其事。孟坚讥太史公之退处士，而不为逸民立传，是以有目睫之论。

《高帝纪》："群臣曰：'帝起细微，拨乱世，反之正，平定天下，为汉太祖，功最高。'上尊号曰高皇帝。"此谥议之始也。崔骃《章帝谥议》，见《太平御览》。

欧阳子曰："始为朋党之论者，甚于作俑。"愚考《汉

官职的记载，只有唐代张九龄《对策》开头说："嗣鲁王李道坚所推举的道侔伊吕科、行秘书省校书郎张九龄。"但自从糊名易书这种隐去考生个人信息之方法的规则逐渐细密以来，这些便不再能够看到了。李道坚是鲁王李灵夔的孙子，他的史传说他："方正严明，同时能遵守礼法"，所以他能够推举张九龄这样的人。但是写史书的人没有把这些写在张九龄的传记中，因此这些仅仅能在《张九龄集》中看到。

皇甫谧的《高士传》说："成公在汉成帝的时候便隐藏去自己的姓名，经常念诵流传下来的经典，不在意世间的利禄也不与这些打交道，当时的人称呼他为成公。汉成帝当时出游，向成公询问打听他有没有出仕之意，成公不愿失去自己的操守而拒绝了成帝的征辟。于是汉成帝说：'我能使人富贵，也能杀人，你为什么要忤逆我呢？'成公回答说：'陛下能够使人尊贵，而我能不接受陛下给予的官职；陛下能够使人富有，而我能够不接受陛下所赐予的俸禄；陛下能够杀人，而我能够不触犯陛下定下的法律。'汉成帝不能够使成公屈服，于是让两位郎官就地向成公习得了《政事》十二篇。"班固的《汉书》没有记载此事，班固讥讽司马迁"抛弃不讲隐士"的做法，但自己也没能为节行超逸之人立传，于是有这种肤浅的言论。

《汉书·高帝纪》中记载说："诸位大臣商议说：'皇帝于地位低微时起兵，消除了天下混乱的局面使其回归正常秩序，安定天下，是汉的开国之君，功劳最高。'因此为刘邦上尊号为高皇帝。"这是群臣议论谥号的起始。崔骃的《章帝谥议》在《太平御览·仪礼部》中可以看到。

欧阳修在《五代史·唐六朝传论》中说："最早开始朋党之

史》萧望之、周堪、刘更生同心谋议，弘恭、石显奏望之、堪、更生朋党，欲专擅权势。"朋党"二字，始见于此，遂为万世之祸，可谓一言丧邦。

　　何武为沛郡太守，决富家翁之子之讼，夺女财以与子，谓翁之思虑弘远。乖崖断杭民子婿之事，其意类此。事见《风俗通》。

　　《古今人表》许繇、巢父为二人。谯周《古史考》："许由夏常居巢，故一号巢父。"则巢、许为一人。应休琏又谓之山父。

　　《儒林传》"毛莫如少路"，宋景文公引萧该《音义》："案《风俗通·姓氏篇》：'混沌氏，太昊之良佐。汉有屯莫如，为常山太守。'按，此莫如姓非毛，应作'屯'字，音徒本反。"愚按《沟洫志》云："自塞宣房后，河复北决于馆陶，分为屯氏河。"颜师古注："屯，音大门反。"而隋室分析州县，误以为毛氏河，乃置毛州，失之甚矣。以此证之，则毛、屯之相混久矣。屯之为氏，于此可考。《广韵》云："《后蜀录》有法部尚书屯度。"徒浑切，与萧该音不同。

论的人所开启的恶劣风气甚于最初用俑殉葬的人。"我考察了《汉书·萧望之传》，其中记载萧望之、周堪、刘更生志同道合并进行谋划，而弘恭、石显上书参奏萧望之、周堪、刘更生，说他们是朋党，想要独掌朝廷大权。"朋党"这两个字最早在此处看到，于是"朋党"也成为了之后各朝各代的祸患，这一句话的影响是如此之大，甚至可以说是"因为一句话而使国家走向衰亡"。

何武当沛郡太守的时候，决断富家老人的儿子有关财产继承的官司时，按照富家老人的安排剥夺了富家老人给女儿的财产而将财产判给了富家老人的儿子，并认为老人的考虑深刻而长远。张咏判决杭州富家子弟和女婿的财产纠纷之案子，他的意思也和何武断案类似。这件事在《风俗通》中可以看见。

在《古今人表》中许繇、巢父是两个人。谯周的《古史考》说："许由在夏季时时常常住在巢穴之中，故而有一个称号是巢父。"如果按照谯周的这种说法，那么巢父和许由就是同一个人。应璩又说巢父是山父。

《汉书·儒林传》中说"毛莫如字少路"，宋祁引用萧该的《音义》说："我注意到《风俗通·姓氏篇》中说：'混沌氏是太昊贤能的辅佐之臣。汉代有一个叫屯莫如的人是常山太守。'我认为，这个叫莫如的人不姓毛，而应该是'屯'字，这个字的发音是徒本反切。"我注意到《汉书·沟洫志》说："在汉武帝时堵塞住瓠子决河，并在河的决口处修立宣房宫后，黄河又在北边的馆陶决口，分流出了屯氏河。"颜师古注释说："屯，发音是大门的反切。"而隋代划立州县的时候，误以为屯氏河是毛氏河，于是设立了毛州，这就错得太厉害了。以这个为证据来看，毛、屯这

王式以《诗》授褚少孙，《褚氏家传》云："即《续史记》褚先生。"（原注：沛人，为博士。）

田何子装，《释文序录》作"子庄"。（原注：《高士传》云："字庄。"）

《楼护传》云："论议常依名节。"东莱谓："居五侯之门而论名节，犹为盗跖之徒而称夷、齐也。"陈群为曹操掾，而《传》云："雅杖名义。"其能免楼护之讥乎？

《魏志》："建安二十年，始置名号侯。"裴松之谓："今之虚封，盖自此始。"按《汉·樊哙传》："赐爵封号贤成君。"颜注云："楚、汉之际，权设宠荣，假其位号，或得邑地，或空受爵。"则虚封非始于建安也。

《崇文总目》："《史隽》十卷。"《汉隽》之名本于此。

两个字很久以来就是混淆不清的。屯可以作为人的姓氏在这个地方也可以得到证明。《广韵》说："《后蜀录》中记有一个法部尚书名叫屯度。"屯的发音是徒浑的反切，这和萧该《音义》中所说的不同。

王式向褚少孙传授了《诗经》，《褚氏家传》说："褚少孙也就是写了《续史记》的褚先生。"（原注：褚少孙是沛地人，曾经担任过博士。）

田何子装，《释文序录》把他的字写成了"子庄"。（原注：《高士传》说："田何的字是庄。"）

《汉书·楼护传》说："楼护议论品评人物往往是依据这人的名誉与操守。"吕本中的《史说》中说："楼护依附于五侯的门下却讨论名誉与操守，这和盗跖这样的大盗称美伯夷、叔齐没有区别。"陈群是曹操的东西曹掾，但《三国志·陈群传》说他："非常爱护、依仗自己的名誉与节义。"因此陈群又怎么能够免得了类似于吕本中评价楼护这样的讥评呢？

《魏志》说："在建安十二年时，第一次开始设立名号侯。"裴松之的注释说："现在采用的空授爵位与封邑的做法大概是从这个时候开始的。"我注意到《汉书·樊哙传》中的记载："赐予樊哙爵位，封号是贤成君。"颜师古的注释说："在楚、汉之时，个人的权势地位都要依靠他的爵位与名号，有的人得到封邑土地，有的人只空有一个爵位封号。"由此可见空授爵位与封号的做法不是从建安时期开始的，而是早已有这种做法。

《崇文总目》说："《史隽》有十卷。"《汉隽》这本书的名字大概就是根据《史隽》这本书的名字而有的。

壶关三老茂,《汉武故事》以为郑茂。颜师古曰:"荀悦《汉纪》云:'令狐茂。'"今《汉纪》本脱"令狐茂"三字。《御览》:"《上党郡记》:令狐征君隐城东山中。"

《张敞集》:"朱登为东海相,遗敞蟹,报书曰:'蘧伯玉受孔氏之赐,必以及乡人。敞谨分斯觖于三老尊行者,曷敢独享之?'"其言有儒者风味。

宣帝以刑余为周、召,非独弘、石也。平恩侯亦刑余,而魏相因以奏事。戚、官之祸汉,自宣帝始也。

《宣纪》:"神爵三年,益吏百石以下奉十五。"《通典》引应劭曰:"张敞、萧望之言:'仓廪实而知礼节,衣食足而知荣辱。今小吏奉率不足,常有忧父母妻子之心,虽欲洁身为廉,其势不能。可以什率增天下吏奉。'宣帝乃益天下吏奉什二。"与《汉纪》不同。

《黄霸传》"鹖雀",颜氏注:"当为'鹍'。"徐楚金考

《汉书·武五子传》中所说的壶关县的三老茂,《汉武故事》认为是他的姓名是郑茂。颜师古说:"荀悦的《汉纪》说:'壶关县三老是令狐茂。'"现在的《汉纪》版本脱漏了"令狐茂"三个字。《太平御览》:"《上党郡记》中说令狐征君在城东边的山中隐居。"

《张敞集》中记载说:"朱登在东海国为相国,送给张敞螃蟹,张敞给朱登回信说:'蘧伯玉收到孔子送给他的东西,一定会将它们分给同乡之人。因此我也将你所赠予的厚礼分给受尊敬的长者,怎么敢独自享有它呢?'"他的话具有作为儒者的优雅风度。

汉宣帝把阉人视作周公、召公而加以倚重,但汉宣帝所重用的阉人不只有弘恭、石显。汉宣帝的第一任皇后许平君的父亲平恩侯许广汉也是阉人,而魏相要通过许广汉才能向宣帝上奏言事。之后的外戚、宦官为祸汉室,在汉宣帝这儿便埋下了祸根。

《汉书·宣帝纪》中说:"神爵三年,汉宣帝下诏给百石以下的官员加了原俸禄二分之一的俸禄。"《通典·职官十七》引用应劭的话说:"张敞、萧望之说:'人只有粮食充足方会懂得礼仪,吃穿富足才会明白什么是荣誉与耻辱。现在的官吏俸禄不够,往往为如何养活父母、妻子、儿女而忧心,因此即使他想要保持清廉洁身守道,形势往往使他不能保持本心。所以可以给天下的官吏在原俸禄的基础上加十分之几的俸禄。'于是汉宣帝下诏给天下官吏加了十分之二的俸禄。"其中的说法与《汉书·宣帝纪》不同。

《汉书·黄霸传》中的"鹖雀",颜师古在这下面的注释说:

《说文》，当为"鳺"。

《皇极经世书》："惠帝崩，立无名子为帝。"（原注：王陵争非刘氏而王，而宫中已有非刘氏而帝者矣。）

贾捐之上书罢朱崖。杜佑云："捐之，谊之孙。高见实类其祖。"

汉之刘歆，魏之元韶，卖宗国以徼利，而身亦不免。小人可以戒矣！

张文潜《文帝论》谓："绛侯之迹，异于韩、彭者无几，文帝所以裁之者，乃所以深报之也。"其说太过。贾谊"体貌大臣而厉其节"，乃正论也。

扬雄自比孟子，而《校猎赋》乃曰："群公常伯，杨朱、墨翟之徒"。学孟子而尊杨、墨，与《法言》背驰矣。

楼护之执吕宽，小人之不义者也，不当传于《游侠》。《法言》独称"朱家之不德"，以为"长者"。楼护，朱家之罪人也。

"鹠字应当是鸱字。"徐楚金考证了《说文解字》后说:"鹠字应当是鸠。"

《皇极经世书》记载:"汉惠帝死后,吕后将不知名姓的孩子扶立为了皇帝。"(原注:王陵因为吕后立了不是刘姓的人为诸侯王,违背了汉高祖刘邦当年所说的话而与吕后争辩,但宫中却已经有不是刘姓而成为皇帝的人了。)

贾捐之向皇帝上书要求罢免朱崖。杜佑说:"贾捐之是贾谊的孙子。他的见解高明很像他的祖父贾谊。"

汉代的刘歆,北魏时期的元韶都是为了贪求一己私利而出卖自己的国家,但自己最终也难逃一死。那些小人应该以他们的事例作为警戒!

张耒的《文帝论》说:"绛侯周勃的所作所为和韩信与彭越没有什么区别,汉文帝对周勃加以打压控制,实际上也是为了除去周勃的骄傲怠慢之心,保全周勃全族,以此来报答周勃当初的迎立文帝之功。"张耒这种说法未免过于牵强。贾谊的《陈政事疏》中所说的"是为了尊重大臣,勉励他们保持节操",方是正确合理的言论。

扬雄往往将自己比作孟子,但他所写的《校猎赋》中却说:"诸位王公大臣、皇帝左右的近臣以及杨朱、墨翟之类的人。"扬雄学习孟子却又尊崇杨朱、墨翟,这和他所写的《法言》中所说的东西完全相反,不免自相矛盾。

楼护捉拿吕宽之事是小人才做的没有道义的事情,不应当将他记入《汉书·游侠传》。《法言》称美"朱家庇护他人却不觉得自己对别人有恩的行为,"并认为朱家是"长者"。楼护行为卑劣,空有游侠之名,是败坏朱家这类真正的侠义之人声名的

让，美德也，然当审其是非。赵充国不归功于二将军，君子以为是；颜真卿归功于贺兰进明，君子以为非。

刘道原曰："历代国史，其流出于《春秋》。刘歆叙《七略》，王俭撰《七志》，《史记》以下，皆附《春秋》。荀勖分四部，史记、旧事入丙部。阮孝绪《七录·记传录》记史传，由是经与史分。"

《汉名臣奏》："丞相薛宣奏：汉兴以来，深考古义，惟万变之备，于是制宫室出入之仪。故司马殿省门闼至五六重，周卫击刁斗，近臣侍侧，尚不得着钩带入房。"

匈奴遗汉文帝书曰："天所立匈奴大单于。"又曰："天地所生，日月所置，匈奴大单于。"突厥致书隋文帝曰："从天生大突厥天下贤圣天子、伊利俱卢设莫何沙钵略可汗。"

西山先生称："天台刘深父每举史传，数百千言。汉许后《上成帝书》，于班史为隐僻处，学者多不道。一日，对客诵'奈何妾薄命，端遇竟宁前'及'设为屏风张某所'等语，无一字差。"（原注：前辈读史精熟如此。）

罪人。

谦让是一种美好的品德，但是也应当审视在什么情况下应该谦让，什么时候不应该。赵充国没有把胜利归于二位将军，君子认为这种行为是对的；颜真卿将功劳归于贺兰敬明，君子认为这种行为是错的。

刘道原在《通鉴外纪自序》中说："历朝历代的史书，它们的源流都是《春秋》。在刘歆写的《七略》，王俭编撰的《七志》这两部目录学著作以及《史记》这些史书之后的书中都有《春秋》。荀勖将书籍分为甲、乙、丙、丁四大部，将对于历史记载、过去之事的记录都归入丙部。阮孝绪的《七录·记传录》记载历史传记，于是从此经部与史部开始区分开来，不再混在一起。"

《汉名臣奏》中说："丞相薛宣上奏说：汉自从建国以来，对古时的道理细加研习，做好了应对多种突发情况的准备，于是制订了进出宫室的应遵守的礼仪。因此司马殿的宫门简省到了只有五六重，宫中的侍卫要击打金析，皇帝亲近的臣子侍奉皇帝也不能带着刀进入宫殿。"

匈奴给汉文帝的书信说："天所扶立的匈奴大单于。"书信中又说："是天与地所生的，太阳与月亮所设立的匈奴大单于。"突厥给隋文帝写的书信说："据天意而生的大突厥的天下贤圣天子、伊利俱卢设莫何沙钵略可汗。"

西山先生真德秀在《跋刘深父杯水篇》中称赞说："天台人刘深父每次列举史传原文，往往能举出几百甚至上千字为证。汉代许皇后的《上成帝书》，在班固的《汉书》中算是生僻少有人问津之处，学者大多不说这个。但一天刘深父对着客人吟诵《汉书·外戚传》中记录的许皇后所写的《上成帝书》中的从'无

李靖曰:"张良所学,《六韬》、《三略》是也。韩信所学,《穰苴》、《孙武》是也。"光武诏报臧宫、马武,引《黄石公记》。《隋志》有《三略》三卷。(原注:《馆阁书目》云:"恐后人依托为之。")近世有《素书》一卷,六章:曰原始,曰正道,曰本德宗道,曰求人之志,曰遵义,曰安乐。晁公武云:"厖乱无统,盖采诸书成之。"(原注:谓晋有盗发张良冢者,于玉枕中获此书,亦依托也。)《初学记》又引《黄石公阴谋秘法》。

董仲舒在建元初对策,愿"兴太学,置明师,以养天下之士,数考问以尽其材。"《传》谓"立学校之官,自仲舒发之"。考之《武帝纪》,建元五年置五经博士,此所谓学校之官也。元朔五年,始有礼官劝学之诏,于是丞相弘请为博士置弟子员。《儒林传》所载其著功令也,详于取而略于教,不过开禄利之涂而已。明经而志青紫,教子而拟籯金,孰知古者为己之学哉?傥以仲舒为相,使正谊明道之学行于时,则学者兴于礼义,庶几三代之风,岂止彬彬多文学之士乎?

奈妾身命运不济,恰巧遇到竟宁前减损车马旧例之时'到'设立屏风用来陈设布置某个地方'等话,没有一个字和书上所说有出入。"(原注:前辈读史书精湛纯熟到了如此地步。)

李靖说:"张良所学习的是《六韬》、《三略》。韩信所学的是《穰苴》、《孙武》。"汉光武帝给臧宫、马武的诏书引用了《黄石公记》。《隋书·经籍志》中记载有《三略》三卷。(原注:《中兴馆阁书目》说:"这部书恐怕是后来的人假借书名写成的伪书。")近代有一卷《素书》,总共六章,章节名分别是:原始、正道、本德宗道、求人之志、遵义、安乐。晁公武说:"这本书内容又多又乱,没有什么条理,大概是从很多书上摘取内容段落拼凑而成的。"(原注:据说晋代时有盗贼盗掘了张良的坟墓,在玉枕中得到了这本书,也不过是假托而成的不实之词。)《初学记》中引用了《黄石公阴谋秘法》。

董仲舒在汉武帝建元元年时对策,就政事、经义进行对答时说希望能够"兴办太学,在其中安置贤明的老师以此培养天下的士人,多次对他们进行考察提问以求能够充分发挥他们的天资能力"。《汉书·儒林传》说:"建立学校的官守,是由董仲舒首先倡议的。"在《汉书·武帝纪》中加以考察,在建元五年时汉朝设立了五经博士,这也就是人们所说的学校之官。元朔五年的时侯,才开始有让礼官劝勉人学习的诏书,于是丞相公孙弘请求为博士添置太学生。《汉书·儒林传》中记载丞相公孙弘创立了用于考核选用学宫的法条之上的新立之条,他对于教书育人谈得不多,说得多的是需要取得什么,因此立学宫也不过是打开了追求富贵利禄的道路罢了。明习经学却又志在高官显爵,教育儿子却又将经书和一籯黄金相比,这样的人怎么会明白古

　　韩信无行，不得推择为吏；陈汤无节，不为州里所称；主父偃学从横，诸儒排傧不容；李陵降匈奴，陇西士大夫以为愧。秦汉之后，乡党清议犹严也，是以礼官劝学，则曰"崇乡里之化"。

代学者读书是为了提升自我修养而不是利禄呢？如果让董仲舒成为丞相，使得还原经典本来意义、明习经学的学问能够在当时风行，那么学者就能知礼义并使礼义兴盛，那么上古三代的遗风也能再次彰显，立太学的成就又怎会只是产生了众多的有文化的儒生呢？

韩信行为不检，因此不能被推举选为官员；陈汤没有操守，因此不被州里的人称赞看重；主父偃学习纵横家的学问，因此被儒生们排斥而不被接纳；李陵投降了匈奴，陇西的士大夫们都为他的行为感到羞愧。秦代、汉代之后，乡里的批评议论依旧严格，所以礼官在劝勉学生学习的时候，会说"要崇尚乡里的教化"。

卷十三

考史

翟公巽谓："范蔚宗书语近词冗，事多注见。其自叙云：'比方班氏，非但不愧。'今丛陋乃尔，岂笔削未定，遂传之耶？乃删取精要，总合传注，作《东汉通史》五十卷。"（原注：其书未见）

致堂《读史管见》论马援曰："光武非简贤者，必以其女为太子妃，逆防未然，故不授以重任。"按《马后纪》，入太子宫在援卒之后，"防未然"之说非。

吕成公《史说》谓："马援还书，王昶戒子，举可法可戒者以教之，其心固善。不知所教者本不欲其言人之过，言未脱口而已自言人之过，何其反也？"

《东观汉记》：光武诏曰："明设丹青之信，广开束手之路。"（原注：《公孙述传》："帝与述书，陈言祸福，以明丹青之信"二句见《文选》注。）

明帝为太子，谏光武曰："有禹、汤之明，而失黄、老养

　　翟汝文有言："范晔《后汉书》的遣词用语近乎烦冗，事例多见于注释中。他在自序中说：'（我的作品）相比于班固的作品，没有什么值得惭愧的地方。'如今竟有诸多的问题，难道是增删工作还没确定好，就让它流传下来了吗？（为了弥补《后汉书》的不足）于是我要选取精要内容，总和各家传注，作这五十卷本的《东汉通史》。"（原注：这本书如今并未得见。）

　　胡寅《读史管见》评论马援说："光武帝并非一般的贤者，必定要让他（马援）的女儿成为太子妃，为防患于未然，因此不能授予马援重任。"根据《马后纪》的记载，马皇后是在马援去世后被选入太子宫的，"防患于未然"这个说法并不正确。

　　吕祖谦《史说》中说："马援还书训诫侄子，王昶作书训诫子，推举可以被教导的人来受教，他们的用心本是好的。但没想到教导者本不愿他们谈论别人的过失，可（教导者）话还没出口就已经点出了别人的过失，难道不矛盾吗？"

　　《东观汉记》记载：光武帝曾下诏令说："以公开记载于书册的形式确立诚信的形象，广开降者的生路。"（原注：《公孙述传》中："光武帝致公孙述书信，信中陈述祸福利弊，以表现自己言出必行。"这两句话见于《文选》注。）

　　汉明帝还是太子时，曾向光武帝进谏："（陛下）有大禹、

性之福。"夫禹、汤之道，尧、舜之道也。不以圣人之道养性而取诸黄、老，谓之"学通《尚书》"，可乎？以无逸之心，明立政之体，君道尽矣，何羡乎黄、老！

"谢承父婴为尚书侍郎，每读高祖及光武之后将相名臣策文通训，条在南宫，秘于省阁，唯台郎升复道取急，因得开览。"（原注：谢承《后汉书》，见《文选注》。）汉尚书作诏文。（原注：见《周礼注》。）尚书郎，乃今中书舍人。（原注：见《通典》。）

钟离意谓"成汤遭旱，以六事自责"，本于《荀子》。黄琼谓"鲁僖遇旱，以六事自让"，本于《春秋考异邮》。

郅恽上书王莽云："取之以天，还之以天。"莽犹能赦之，此祖伊之得全于殷纣之世也。

鲁丕《对策》，见袁宏《纪》，而范史不载。

《文苑传》自东汉始，而文始卑矣。

汉政归尚书，魏、晋政归中书，后魏政归门下，于是三省分矣。

为杜密之居乡，犹效陈孟公、杜季良也。为刘胜之居乡，犹效张伯松、龙伯高也。制行者宜知所择。

商汤的贤明，但没有黄帝、老子修养性命的福气。"大禹、商汤之道，即是尧、舜之道。不以圣人之道修养性命却取诸黄老之学，还称他"学贯《尚书》"，合适吗？时刻怀着不贪安逸之心，明白为政为官的道理，为君之道已完备，又何必羡慕黄老之术！

"谢承的父亲谢婴曾担任尚书侍郎，每当他读到汉高祖及光武帝时名臣将相的策文通训，就要逐条记录于尚书省，秘藏于中枢机构，只有尚书郎有急用时，才能开放阅览。"（原注：谢承著有《后汉书》一百三十卷，见《文选注》的记载。）汉代尚书（的职责是）写作诏书文字。（原注：见《周礼注》。）尚书郎，就是今天的中书舍人。（原注：见《通典》。）

钟离意所谓的："成汤统治时遭遇大旱，（成汤）他便从六个方面自我检讨。"出自《荀子·大略篇》。黄琼所谓："鲁僖公时遭遇大旱，他从六个方面自我反省。"出自《春秋考异邮》。

郅恽上书给王莽说："从天命处所取得的（地位），终将还给天命。"王莽居然还能赦免他，这就好比祖伊在商纣王的统治下得以保全自身。

鲁丕的《对策》，见于袁宏《后汉纪》，而范晔《后汉书》没有记载。

《文苑传》从东汉开始记述，而文章的地位也从此开始衰落。

汉代政务归尚书负责，魏、晋时归中书监负责，后魏时归门下省，于是三省已然成分立的局面。

杜密居于乡里，依旧效仿陈遵、杜季良行事。刘胜居于乡里，却仿效张竦，龙伯高行事。有德行的人应当能够理解他们

东汉有佛书，而诸臣论议，无述其言者，唯襄楷云："浮屠不三宿桑下。"

《班固传》：《西都赋》云："招白闲，下双鹄。揄文竿，出比目。"二句为对。白闲，犹黄间也。注云："弓弩之属。"《御览》引《风俗通》："白鹇，古弓名。"《文选》以"闲"为"鹇"。（原注：非禽名也。）

《东都赋》"正予乐"，（原注：依谶文，改乐为《大予》）《文选》李善注亦引"大予"，五臣乃解为"正乐"。今本作"雅乐"，亦误。（原注：盖五臣本改为"雅"。）

"范氏施御"，班固《东都赋》注引《括地图》曰："夏德盛，二龙降之。禹使范氏御之，以行程南方。"按《左传》襄二十四年，范宣子曰："昔匄之祖，在夏为御龙氏。"《括地图》之说本于此。然蔡墨谓"刘累学扰龙于豢龙氏，以事孔甲，赐氏曰御龙"，非禹也。

《文选》鲍照《放歌行》注引崔元始《正论》："永宁诏曰：'钟鸣漏尽，洛阳城中不得有行者。'"永宁，汉安帝年号。元始，崔寔字也。《后汉纪》不载此诏。

崔寔《四民月令》，朱文公《答杨直方书》谓："见当时风俗及其治家整齐，即以严致平之意。"

不同的抉择。

东汉时期已有佛书传入，可是诸臣论议时，却从来没人引用过佛教术语，只有襄楷曾说过："佛教弟子不会连续三次在桑树下休息。"

《班固传》记载说：《西都赋》说："美人们拉开白闲之弓，射下一对对天鹅；举起有花纹的钓竿，钓比目鱼出青波。"二句互相对应。白闲，即是黄间。注言：弓弩的一种。《太平御览》第三百四十七引用《风俗通》的记载："白鹇，古时弓的名称。"《文选》以"闲"代"鹇"。（原注：不是禽类的名称。）

《东都赋》"正予乐"，（原注：依据谶文，应改为《大予》。）《文选》李善注也引用"大予"这一说法，吕延济将之解释为"正乐"。今本作"雅乐"，也是错的。（原注：大概是吕延济的传本中将"正乐"改为"雅乐"的吧。）

"范氏施御"，班固《东都赋》注释引用《括地图》言："夏朝治国有德，有两只龙降临。禹派遣范氏前去驾驭它们，以行往南方。"我注意到《左传》襄公二十四年记载，范宣子言："曾经我士匄的先祖，在夏朝时封号为御龙氏。"《括地图》的这一说法源出于此，然而蔡墨所谓："刘累曾向豢龙氏学习豢龙之术，以便为孔甲效力，孔甲赐他封号为御龙"，（是孔甲）而非禹。

《文选》中鲍照的《放歌行》注释引用了崔元始的《正论》："永宁帝下诏书说：'钟声鸣过滴漏滴尽，洛阳城里就不能再有行人。'"永宁是汉安帝的年号。元始是崔寔的字。《后汉纪》里没有记载这条诏书。

崔寔的《四民月令》，朱熹《答杨直方书》称它："可见当时人民的风俗以及治家有度，这就是严格（的法度）带来太平的

　　崔寔《政论》云："谚曰：'一岁再赦，好儿喑哑。'"见《太平御览》四百九十六唐太宗之言，盖出于此。（原注："儿"与"人"同，如以"可人"为"可儿"。）

　　刚者必仁，佞者必不仁。庞萌为人逊顺，而光武以托孤期之，不惟失于知人，其惑于佞甚矣。子陵所以鸿飞冥冥也，"怀仁辅义"之言，岂特规侯霸哉？

　　东汉三公，无出杨震、李固之右，而始进以邓、梁，君子以为疵。故《易》之《渐》曰："进以正。"

　　《曲礼》、《少仪》之礼废，幼不肯事长，不肖不肯事贤。东都之季，风化何其美也！魏昭请于郭泰，愿在左右，供给洒扫。荀爽谒李膺，因为其御。范滂之归，乡人殷陶、黄穆侍卫于旁，应对宾客。阙里气象，不过是矣。

　　仲平二年，昆阳令愍繇役之害，结单言府，收其旧直，临时募顾，不烦居民。太守、丞为之立约。见于《都乡正街弹碑》。此募役之始也。

　　孔子曰："故者，毋失其为故也。"苏章借故人以立威，其流弊遂为于禁、源怀，忠厚之俗不复见。若章者，难与并为仁矣。

体现。"

崔寔《政论》有云："谚语说：'一年之中犯法受刑的人多次被赦，好人们都有苦难言。'"见《太平御览》四百九十六唐太宗说的话，大概是出自于此。（原注："儿"与"人"相通，比如以"可人"代为"可儿"。）

刚毅者必定仁义，奸佞者必无仁义。庞萌为人谦逊温和，光武帝期望托孤于他，不仅是识人有误，也是深受小人迷惑。因此严光归隐山林，"怀仁辅义"之言，难道是只用来规劝王侯将相的吗？（也是用来劝勉普通人的啊。）

东汉三公之中，没有能超出杨震、李固的人，但（他们）最初经由邓骘、梁商的推荐进入朝廷，君子认为这是（他们的）瑕疵。所以《易》的《渐》篇说："以正途进入。"

《曲礼》、《少仪》所记载的礼仪已经被废止了，年幼者不肯服侍年长者，没有才能的人不肯服侍有才能的人。东汉之时，民风教化是多么美好啊！魏昭向郭泰请求，愿意侍奉在他左右，做些满足需求洒扫之类的工作。荀爽拜见李膺，为他御马驾车。范滂归乡，同乡人殷陶、黄穆在路旁侍卫，接待宾客。儒学的气象兴盛，由此可见一斑。

汉灵帝中平二年，昆阳县令怜悯（人民）繇役带来的祸害，采取"结单言府"这种组织方式，按照从前的价钱收税，临时雇佣征募，不烦扰居民百姓。太守、丞为他立下约定。见于《都乡正街弹碑》。这就是募役的初始。

孔子曾这样说过："既然身为故友，就不要失去故友间的情谊。"苏章借惩罚故人来立威，此种规矩沿袭下来的弊端就体现在于禁、源怀身上，忠诚厚道的风俗不再现世。像苏章这

精庐，见《姜肱传》，乃讲授之地，即《刘淑、包咸、檀敷传》所谓精舍也。《文选》任彦升《表》用"精庐"，李善注引王阜事，五臣谓寺观，谬矣。

孔北海答王修教曰："掾清身洁己，历试诸难。谋而鲜过，惠训不倦。余嘉乃勋，应乃懿德，用升尔于王庭，其可辞乎！"文辞温雅，有典诰之风，汉郡国之条教如此。（原注：然"历试诸难"，恐不可用。）

孝女叔先雄，《水经注》以为光终，符县人。又引《益部耆旧传》："符有光洛，（原注：疑即"终"字。僰道有张帛。"）

刘赣父《东汉刊误》谓：《列传》第七十九注最浅陋。章怀注书，分与诸臣，疑其将终篇，故特草草耳。今观《南匈奴论》"弃蔑天公"，注引《前书》云："'老秃翁何为首鼠两端'，秃翁，即天翁也。"其谬甚矣。

《曹娥碑》云："盱能抚节按歌，婆娑乐神，以五月时迎伍君。"《传》云："迎婆娑神。"误也。

蔡邕文今存九十篇，而铭墓居其半。曰碑，曰铭，曰神诰，曰哀赞，其实一也。自云为《郭有道碑》，独无愧辞，则其他可知矣。其颂胡广、黄琼，几于老、韩同传，若继成汉史，岂有南、董之笔？

样的人，难以将他与仁人并称。

精庐，可见《姜肱传》中的记载，乃是讲授学理的地方，即《刘淑、包咸、檀敷传》中所讲的精舍。《文选》中记载任昉《为范云求立太宰碑表》用"精庐"，李善注引用王阜的事例说明，吕延济注称其为寺观，是错误的。

孔融在答复王修的回复中说："（你）洁身自好，历经诸多困难。谋划很少出错误，往好处训导他人却从不觉得疲倦。我嘉奖你的功勋，因为你拥有美好的德行，所以任用你在王庭，可不能推辞！"文辞温和典雅，有典训诰命的风格，汉朝郡国的教令就是如此这般。（原注：然而"历试诸难"，恐怕不可以用在这里。）

孝女叔先雄，《水经注》中称其为光终，符县人。又引用《益部耆旧传》："符县有孝女光洛，（原注：可能就是"光终"的"终"字。僰道有贤妻张帛。"）

刘攽《东汉刊误》说：《列传》第七十九条注释最浅陋，章怀太子注《后汉书》，分工给诸臣子，怀疑他（觉得）篇目将终，所以故意草草了结。如今看《南匈奴论》"弃蒇天公"一句，注释引《前书》里："'老秃翁何为首鼠两端'，秃翁，指的即是天翁。"这个错误很严重。

《曹娥碑》有言："曹盱能够击节按乐而歌，以舞蹈娱神，在五月时迎接伍君神。"《列女传》中的："迎接婆娑神。"是错误的。

蔡邕的文章现存有九十篇，而其中墓志铭占了一半。所谓碑，所谓铭，所谓神诰，所谓哀赞，其实都是同一样东西。（蔡邕）自己认为所写的《郭有道碑》，只有这篇没有可惭愧的地方，则可知其他作品的情况了。蔡邕为胡广、黄琼作颂，几乎等

《周举传》：“太原旧俗，以介子推焚骸，有龙忌之禁，一月寒食。”按《淮南子·要略篇》云：“操舍开塞，各有龙忌。”注：中国以鬼神之亡日忌，北胡、南越皆谓之请龙。

郭伋为并州牧，有童儿骑竹马。《史通·暗惑篇》云：“晋阳无竹，事不可信。”

《光武纪》：建武二十三年，“陈留太守玉况为大司徒”。（原注：二十七年薨。）《虞延传》注引《谢承书》曰：“况，章和元年为司徒。”《谢承书》，误也。

汉诏令，人主自亲其文。光武诏曰：“司徒，尧也；赤眉，桀也。”明帝即位诏曰：“方今上无天子，下无方伯。”岂代言者所为哉？

习凿齿《汉晋春秋》以蜀汉为正。朱文公《感兴诗》谓：“晋史自帝魏，后贤盍更张”，然晋人已有此论。

三国鼎峙，司马公《通鉴》以魏为正统，（原注：本陈寿。）朱子《纲目》以蜀汉为正统。（原注：本习凿齿。）然稽于天文，则荧惑守心，魏文帝殂，而吴、蜀无它。此黄权对魏明帝之言也，若可以魏为正矣。月犯心大星，王者恶之，汉昭烈殂而魏、吴无它。权将何辞以对？

于是把老子、韩非放在同一传记当中,倘若让他续写汉史,岂会
有南史、董狐之笔?

《周举传》记载:"太原的旧俗,因为介子推尸骸尽焚,有
鬼神的禁忌,要吃一个月的寒食。"我注意到《淮南子·要略篇》
记载说:"操舍开塞,各有需要注意的忌讳。"注:中国以鬼神亡
日为忌,北胡、南越之地都称之为请龙。

郭伋担任并州牧时,有儿童骑竹马。《史通·暗惑篇》记载:
"晋阳地区不产竹子,这件事不可信。"

《光武纪》记载:建武二十三年,"陈留太守玉况为大司
徒"。(原注:玉况二十七年去世。)也是《光武纪》所记的文《虞
延传》注引《谢承书》说:"玉况,章和元年官至司徒。"《谢承
书》中说的是错的。

东汉诏令,君主亲自作文。光武帝下诏书说:"司徒,是
尧;赤眉,是桀。"汉明帝即位下诏书说:"如今在上没有天子,
在下没有诸侯之长"这难道是代替他们草拟诏书之人所说的
吗?

习凿齿所作的《汉晋春秋》以蜀汉为天命正统。朱熹《感兴
诗》中有:"晋史自然是要尊魏为帝,后代的贤士为什么不改弦
更张",然而晋人中已存在这个观点。

关于三国鼎峙的历史记载,司马光的《资治通鉴》以曹魏为
正统,(原注:依据陈寿的记载。)朱熹的《纲目》以蜀汉为正统。
(原注:依据习凿齿的记载。)然而考察天文,则要看荧惑守心天
象所示,魏文帝去世,而吴、蜀两国统治者仍然平安。这是黄权
对魏明帝所说的话,倘若可以把曹魏当作正统。月犯心占中央
大星,为王者所忌,汉昭烈帝(当年)去世而魏、吴二主平安。黄

邵公济《谒武侯庙文》云：“公昔高卧，隐然一龙。鬼蜮乱世，其谁可从？惟明将军，汉氏之宗。相挽以起，意气所同。欲持尺箠，尽逐奸雄。天未悔祸，世岂能容？惟史臣寿，奸言非公。惟大夫周，误国非忠。庙食故里，羞此南充。置公左右，不堪仆童。我实鄙之，筑公之宫。《春秋》之法，孰敢不恭？俾千万年，仰其高风。”（原注：陈寿、谯周，皆巴郡人，今果州。陆务观《筹笔驿》诗：“运筹陈迹故依然，想见旌旗驻道边。一等人间管城子，不堪谯叟作降笺。”公济之文盖果州作。）

君子小人之夭寿，可以占世道之否泰。诸葛孔明止五十四，法孝直才四十五，庞士元仅三十六；而年过七十者，乃奉书乞降之谯周也。天果厌汉德哉？

诸葛武侯曰：“势利之交，难以经远。士之相知，温不增华，寒不改叶，贯四时而不衰，历夷险而益固。”（原注：《太平御览》引《要览》云。见四百六卷。）

武侯不用魏延之计，非短于将略也，在《易·师》之“上六”曰：“小人勿用。”

权又将说什么话来应对?

邵博的《谒武侯庙文》说:"你昔日高卧隆中,隐居的姿态宛如卧龙。乱世时期奸人当道,值得追随的明主又有谁人?只有刘玄德将军,乃是汉氏的宗族。(你们)相互挽挽扶持着创立事业,英雄之间意气相投。你想要持尺箠,将那天下奸雄除尽。上天不因为人间灾祸悔过,世人岂能容得下你?史臣陈寿,奸言有失公允。大夫谯周,误国其心非忠。如今你在(他们的)故里享受供奉香火,足以令这些南充人羞愧。在您的左右,(他们)连仆童都不敢承当。我着实鄙视他们,(后人)修筑您的宫庙。《春秋》记载历史的法度,谁敢对此不恭敬?让千万年之后,人们都来瞻仰您的高风亮节。"(原注:陈寿、谯周,都是巴郡人,就是今天的果州。陆游《筹笔驿》诗:"(诸葛亮)运筹帷幄的古迹依然在,可以推想当年旌旗列道的景象。人世间第一等的毛笔,怎么能受得了为谯叟作投降的文笺。"邵博的文章大概是在果州作的。)

君子和小人的长寿与早逝,可以昭示世道的好坏。诸葛亮享年只有五十四岁,法正四十五去世,庞统仅仅活了三十六年;然而年过七十者,是奉诏书乞活投降的谯周。上天果然厌弃汉朝的德行吗?

诸葛亮说过:"追求利益的交往,难以维持得长久。君子相知相识,对待温厚富足的人不增加他的华贵,对逆境受挫的人不改变他的态度,经过四时更迭也不曾衰减,历经艰难险阻却更加牢固。"(原注:《太平御览》引《要览》的句子,见四百零六卷。)

诸葛亮不用魏延的计策,并非因为他调兵遣将的谋略不足,在《易·师》篇的"上六"有云:"不要任用小人。"

　　三国魏有篡弑，吴有废立，皆受制强臣。蜀汉未亡之前，庸主尸位而国无内忧，昭烈、武侯之规模远矣。

　　《水经注》引武侯《与步骘书》曰："仆前军在五丈原，原在武功西十里。马冢在武功东十余里，有高势，攻之不便，是以留耳。"武侯《表》云："臣遣虎步监孟琰据武功水东，司马懿因水长攻琰营，臣作竹桥，越水射之，桥成驰去。"此可以裨《武侯传》之阙。晦翁："欲《传》末略载瞻及子尚死节事，以见善善及子孙之义。南轩不以为然，以为瞻任兼将相，而不能极谏以去黄皓。谏而不听，又不能奉身而退，以冀主之一悟，可谓不克肖矣。兵败身死，虽能不降，仅胜于卖国者耳。以其犹能如此，故书子瞻嗣爵，以微见善善之长，以其智不足称，故不详其事，不足法也。此论甚精。"

　　昭烈谓："武侯之才，十倍曹丕。"以丕之盛，终身不敢议蜀也。司马懿畏蜀如虎，非武侯之敌。《史通·曲笔篇》云："陆机《晋史》虚张拒葛之锋。"又云："蜀老犹存，知葛亮之多枉。"然则武侯事迹湮没多矣。

　　八阵图，薛士龙曰："图之可见者三：一在沔阳之高平

三国中魏国有篡位弑君，吴国有废立君王，都是受制于强臣的结果。蜀汉还没灭亡的时候，庸主空居高位但是国家内部没有忧患，可见昭烈帝刘备、武侯诸葛亮的谋划深远。

《水经注》引用武侯《与步骘书》中："我的前军在五丈原，原先在武功往西十里的地方。马冢在武功向东十余里处，地势高，不便攻打，因此留着它。"武侯《表》中曾说："我派遣虎步监孟琰占据武功河水的东岸，司马懿沿着水流远攻孟琰的军营，我下令做竹桥，越过河水射击他们，桥成后就奔驰离去。"这可以补《武侯传》的缺漏。朱熹说："想要在《诸葛瞻传》末尾稍微记载诸葛瞻及他的儿子诸葛尚死节的事迹，以展现好人美好的品德以及子孙的忠义。张栻不以为然，他认为诸葛瞻兼任将相，却不能权力进谏驱逐黄皓。谏议不被君主听取，自己又不能全身而退，以期望君主的醒悟，可算是没有继承前人遗志。兵败身死，即使能做到不投降，也聊胜于卖国之贼而已。仅仅因为他能够满足这么基本的要求，所以记录（诸葛亮）儿子诸葛瞻嗣承爵位，以稍微展现其人美德的可称道处，但是因为他的才智不足称道，所以不详尽记载他的事迹，以证明此人不足以效仿。这个论点非常精妙。"

昭烈帝刘备曾说："武侯诸葛亮之才，是曹丕才能的十倍之上。"以曹丕的盛权，终身不敢议论攻打蜀国的事。司马懿畏惧蜀国如同畏惧老虎，可见他不是武侯的对手。《史通·曲笔篇》曾这样说过："陆机在《晋史》中虚张声势地抗拒诸葛亮的势力。"又说："蜀国遗老要是还存在，就知道诸葛亮的诸多冤枉。"然而武侯的事迹大都被历史湮没了。

八阵图，薛季宣曾说："八阵图现存可见的有三处：一是在

旧垒，一在新都之八阵乡，一在鱼复永安宫南江滩水上。"
蔡季通曰："一在鱼复，石碛迄今如故。一在广都，土垒今
残破不可考。"

君子其潜如龙，非迅雷烈风不起；其翔如凤，非醴泉甘
露不食。司马德操、诸葛孔明俱隐于耕稼，而仕止殊；魏玄
成、徐鸿客俱隐于黄冠，而出处异。如用之，易地则皆然。

邓艾取蜀，行险以徼幸，阎伯才《阴平桥》诗云："鱼贯
赢师堪坐缚，尔时可叹蜀无人。"

张文潜《梁父吟》曰："永安受诏堪垂涕，手挈庸儿是
天意。渭上空张复汉旗，蜀民已哭归师至。堂堂八阵竟何
为？长安不见汉官仪。邓艾老翁夸至计，谯周鼠子辨兴衰。"
其言悲壮感慨，蜀汉始终，尽于此矣。说斋云："人心思汉，
王郎假之而有余；人心去汉，孔明扶之而不足。"

舜、禹有天下而不与焉。魏文喜跃于为嗣之初，大飨于
忧服之中，不但以位为乐而已。其篡汉也，哆然自以为舜、
禹，可以欺天下乎？（原注：曹植拜先君墓，与友人宴于松柏之
下，为诗云："乐至忧复来。"又云："可不及娱情。"其末流至于阮
籍，礼法之亡，自魏文兄弟始。）

沔阳的高平旧垒，一是在新都的八阵乡，一是在鱼复永安宫南江的滩水上。"蔡元定说："（八阵图）一是在鱼复，乱石沙滩迄今依然同过去一样。一是在广都，土块壁垒现在已经残破而不可考据。"

君子往往如潜龙般隐居，除非有迅雷烈风则不现世；往往如凤鸟般高飞，除非有醴泉甘露则不栖食。司马徽、诸葛亮都是隐居于耕种间，但是出仕和归隐的道路不同；魏徵、徐鸿客都是隐于道观之间，但是他们自身的出处不同。如果要任用他们，就算处境改变，结果也是一样的。

邓艾进攻蜀国，行军路途十分危险，最后却获得意外成功，阎伯才有《阴平桥》诗句："鱼贯而入的羸弱之师都能困住蜀汉，真可叹那时蜀国没有有才能的人啊。"

张耒的《梁父吟》有言："在永安接受遗诏足以让人垂泪，提携庸碌小儿是上天的意思。河边徒劳地挂上光复汉室的旌旗，蜀地的百姓却在痛哭前线军队的归来。堂堂的八阵图竟有何作为？长安城中不见汉朝的官员。邓艾老翁自吹最好的计谋，谯周这卑微不足称道的人却来分辨王朝的兴衰。"他的言词悲壮感慨，蜀汉从始至终，在此说明详尽了。唐仲友说："人民心中思念汉朝，王莽凭借这（举事）都有余力；人民民心背离汉朝，孔明扶持汉室都不足够。"

舜、禹治理天下但他们并不赞许（这件事）焉。魏文帝曹丕刚成为嗣君时就十分喜悦，在服忧期间宴请六君及百姓，不仅是以帝位为喜事而已。他篡夺汉室江山，却张口自称为舜、禹，这难道是可以欺瞒天下的吗？（原注：曹植祭拜先父之墓，却与友人在松柏下宴饮，作诗云："快乐刚至忧愁又来。"又说："可不及娱情。"

晋傅玄（武帝泰始元年上疏）曰："魏武好法术，而天下贵刑名；魏文慕通达，而天下贱守节。"然则放旷之风，魏文实倡之。程子谓：东汉之士，知名节而不知节之以礼，遂至苦节。苦节既极，故魏、晋之士变而为旷荡。愚谓东都之季，或附曹，群忘汉，荃蕙化为茅矣，苦节之士安在哉？傅玄之言得之。

《律》章句，马、郑诸儒十有余家，魏明帝诏但用郑氏章句。范蜀公《策问》曰："《律》之例有八：以、准、皆、各、其、及、即、若。若《春秋》之凡。"宋莒公曰："应从而违，堪供而阙，此《六经》之亚文也。"

魏以不仁得国，而司马氏父子世执其柄。然节义之臣，齾巨奸之铓，若王凌以寿春欲诛懿而不克，文钦、毋丘俭以淮南欲诛师而不遂，诸葛诞又以寿春欲诛昭而不成，千载犹有生气，魏为有臣矣。郑渔仲谓："《晋史》党晋，凡忠于魏者为叛臣；《齐史》党齐，凡忠于宋者为逆党。"《史通》亦云："古之书事也，令乱臣贼子惧；今之书事也，使忠臣义士羞。"

"学如牛毛，成如麟角。"出蒋子《万机论》。

他们的末流就是阮籍，礼制法度的消亡，就从魏文帝兄弟开始。)

晋朝的傅玄（在晋武帝泰始元年）上疏进言说道："魏武帝喜好法家权术，所以影响到天下人以刑名为重；魏文帝崇尚放荡旷达，所以影响到天下人以守节为轻。"然而放旷风气的形成，魏文帝确实是提倡的。程颐说：东汉的士人，知晓名节的重要性但却不知道以礼仪节制它，于是天下士人竟到了因名节而苦的地步。苦节发展到极致，导致魏、晋的士人一转而为旷荡。我认为东汉末年，荀彧依附曹家，人心背离汉室，荃蕙般的贤才统统化作茅草般的小人，苦守节义的士人又在何方呢？傅玄的发言得之真意。

《汉律》的分析和注解，有马融、郑玄等十余家儒生之言，魏明帝下诏书只用郑玄的注解。范镇的《策问》说："《汉律》的义例有八种：以、准、皆、各、其、及、即、若。这是仿照《春秋》之凡例。"宋莒公曾这样说过："应当顺从而违背，可以供应而有缺，这是《六经》的副文。"

魏国通过不仁不义的手段得到国家权力，可最后是司马氏父子世代执掌它的重权。然而有忠义有气节的臣子，实际上缺少大奸之人的锋芒，比如王凌从寿春起兵事欲图诛杀司马懿最后没成功，文钦、毌丘俭在淮南试图诛杀司马师而未果，诸葛诞又在寿春尝试诛杀司马昭而失败，（他们的形象）历经数载仍然有生动之气，可见魏国是有忠臣的。郑樵曾这样说过："《晋史》偏袒晋，但凡忠诚于魏的人都是叛臣；《齐史》偏袒齐，但凡忠诚于宋的人都是逆党。"《史通》也评论说："古时记录史事，令乱臣贼子感到恐惧；如今纪录史事，使忠臣义士感到羞愧。"

"学者多如牛毛，成大器者却凤毛麟角。"这番话出自蒋济

司马孚自谓"魏贞士"。孚，上不如鲁叔肸，下不如朱全昱，谓之"正"，可乎?

魏文帝诏曰:"三世长者知被服，五世长者知饮食。"（原注:谓被服、饮食难晓也。俗语有所本。）

管幼安如郭林宗，天子不得臣，诸侯不得友。苏文定赞之曰:"少非汉人，老非魏人，何以命之? 天之逸民。"

《江表传》:"群臣以孙权未郊祀，奏议曰:'周文、武郊酆、鄗，非必中土。'权曰:'文王未为天子，立郊于酆，见何经典?'复奏曰:'《汉·郊祀志》匡衡奏言:文王郊于酆。'权曰:'文王德性谦让，处诸侯之位，明未郊也。俗儒臆说，非典籍正义，不可用。'"权之识见高于群臣矣，汉儒不及也。

孙权破关羽，而昭烈复汉之志不遂。权称臣于曹操，称说天命，英雄之气安在哉? 故朱子曰:"权亦汉贼也。"

《诸葛恪传》注:虞喜《志林》曰:"况长宁以为君子临事而惧，好谋而成。"又曰:"往闻长宁之甄文伟。"（原注:亦见《通鉴》。）文伟，谓费祎也;长宁，未详其人，盖蜀人也。

的《万机论》。

司马孚自称为"魏国的忠贞之士"。司马孚,跟前人相比不如鲁叔肸,与后辈相较不如朱全昱,称这样的人为"正",可以吗?

魏文帝在诏书中曾说:"三世仕宦的长者知道着衣披服的规矩,五世仕宦的长者知道饮食吃饭的规矩。"(原注:所谓被服、饮食的规矩难以学习。这句俗语是有所依据的。)

管宁就像郭泰,天子无法强迫让他心悦诚服,诸侯不得强行与他交往。苏辙称赞他说:"年少时坚守道义不侍奉汉朝,到老也不肯当魏国的子民,该怎样评价这个人呢?这是上天选中的隐逸之民。"

《江表传》记载:"群臣因为孙权没有行过郊祀礼,上奏评议说:'周文王、周武王在酆、鄗举行郊祀,可见行礼不一定必须在中原。'孙权问:'文王没有当过天子,在酆地郊祀,哪部经典记载中可见?'(群臣)又上奏说:'《汉书·郊祀志》中匡衡上奏说道:文王于酆祀。'孙权回答道:'文王品德谦让,身处诸侯的位置,明面上未曾郊祀。这些都是庸俗的儒生猜测之说,不是典籍明确记载,(我)不可这样做。'"孙权的见识高过群臣,即使是汉儒也不及他。

孙权打败关羽,而昭烈帝光复汉室的大志没能实现。孙权向曹操称臣,称说是天命所为,此时他的英雄气又在哪里呢?所以朱熹评价他:"孙权也是汉贼。"

《诸葛恪传》注言:虞喜《志林》曾这样说过:"何况长宁认为君子面临事务心怀敬畏,善于思谋而能成事。"又说:"以前听闻长宁甄别文伟。"(原注:亦见《通鉴》。)文伟,就是费祎;

《广韵》（四十一《漾》"况"字下）引何氏《姓苑》，有况姓，"庐江人。"

严畯之逊吕蒙，有郑子皮之风；陆逊之荐淳于式，有晋祁奚之风，吴安得不兴乎？

孙坚与策，皆以轻敌陨其身。权出合肥之围，亦幸而免。

孙休之遣李衡，有汉高帝之度；其讨孙綝，有叔孙昭子之断，吴之贤君也。

孙峻荐诸葛恪可付大事，而恪终死于峻之手。《易》曰："比之无首，无所终也。"汉昭烈托孤于孔明，而权乃托孤于恪，刘、孙之优劣，于此可见。

吴筑涂塘，赤乌十三年晋兵出涂中。《武帝纪》涂音除，即六合瓦梁堰，水曰滁河。南唐于滁水上立清流关。（原注：或以涂塘音涂，误也。）《元和郡县志》："滁州，即涂中。"

楚"莫敖狃于蒲骚之役，将自用也"。诸葛恪东关之胜，亦以此败，其失在于自用。

《史通·杂说》云："《晋史》所采多小书，若《语林》、《世说》、《搜神记》、《幽明录》是也。曹、干两《纪》，孙、檀二《阳秋》，皆不之取。其中所载美事，遗略甚多。"（原注：曹嘉之、干宝《晋纪》。孙盛、檀道鸾《晋阳秋》。）又（《论赞

长宁，不清楚这个人的来历，大概是蜀地的人吧。《广韵》四十一《漾》“况”字下引用何氏《姓苑》记载，有况这个姓，是“庐江人。”

严畯退让于吕蒙，有春秋时郑国大夫子皮的遗风；陆逊推荐淳于式，有春秋时晋国大夫祁奚之风，（有这样的人才）吴国怎么会不兴盛呢？

孙坚与孙策，都是因为轻敌而身死。孙权逃出合肥的围困，也是侥幸而免于一死。

孙休遣送李衡还乡，有汉高帝的风度；他征讨孙綝，又有叔孙昭子的决断，（他们）可谓是吴国的贤君子。

孙峻举荐诸葛恪认为他可以托付国家大事，然而诸葛恪最终死于孙峻手下。《易》有言：“该居上位者不居于首位，最终也会无所依附。”汉昭烈帝托孤于孔明，而孙权乃托孤于诸葛恪，刘、孙的优劣，在此处可见。

东吴在涂塘筑垒，赤乌十三年西晋从涂中出兵。《武帝纪》涂读音为除，指的是六合的瓦梁堰这个地方，有河名为滁河。南唐时曾在滁水上设立清流关。（原注：有人认为涂塘读音为塗，这是错的。）《元和郡县志》记载：“滁州，即涂中。”

楚国（曾有）“莫敖拘泥于蒲骚战役的胜利，（他）将变得自以为是”。诸葛恪取得了东关的胜利，也因此而失败，他的过失在于自以为是。

《史通·杂说》记载：“《晋史》所依据的大多是小道之书，例如《语林》、《世说》、《搜神记》、《幽明录》等等。曹、干两《纪》，孙、檀二《阳秋》，都不取用。其中所记载的好事，缺漏遗留得太多了。”（原注：指的是曹嘉之、干宝的《晋纪》。孙盛、檀道

篇》）云："唐修《晋书》，作者皆词人，远弃史、班，近宗徐、庾。"晁子止亦谓："《晋史》丛冗最甚"。

李华（《作萧颖士集序》）云："（君谓左思诗赋，有雅颂遗者。）干宝著论，近王化根源。"（原注：谓《晋纪论》以民情风教，国家安危之本。）

放翁《丰城剑赋》谓："吴亡而气犹见，其应晋室之南迁。"愚谓丰城二剑事，出雷次宗《豫章记》。所谓孔章者，即雷焕也，盖次宗之族。此刘知几《史通·杂说篇》所云庄子鲋鱼之对，贾生服鸟之辞，"施于寓言则可，求诸实录则否"。而唐史官之撰《晋史》者取之，后人因而信之，误矣。颜师古注《汉书》，凡撰述方志、新异穿凿者，皆不录。注史犹不取，况作史乎？（原注：《豫章记》见《艺文类聚》）

晋元帝为牛氏子，其说始于沈约，而魏收《岛夷传》因之，唐贞观史官修《晋书》亦取焉。王劭谓沈约喜造奇说，以诬前代。刘知几亦以为非，而致堂《读史管见》乃谓元帝冒姓司马，过矣。

《演蕃露》云："晋郭展为太仆，留心于养生，而厩马充多。潘尼为《太仆箴》，叙列其事，皆推养生而致之于马。"今按，郭展事见《晋诸公赞》。潘尼为《乘舆箴》，见《晋

鸾的《晋阳秋》。)又有《论赞篇》说:"唐朝修《晋书》,作者都是诗人、词人,抛弃司马迁、班固修史的传统,就近以徐陵、庾信为宗。"晁公武亦评价:"《晋史》繁杂冗长的情况最严重"。

李华《作萧颖士集序》曾这样说过:"(你认为左思的诗赋,有《雅》、《颂》的遗风。)干宝的著论,近似于王道教化的根源。"(原注:是因为《晋纪论》记百姓的情感风俗,关涉国家安危的根本。)

陆游的《丰城剑赋》记载说:"吴国即将灭亡然而犹能展现出气节,它正对应晋室之南迁。"我认为丰城二剑事,出自雷次宗的《豫章记》。这个所谓"孔章"的人,即是雷焕,他大概是雷次宗的族人。这就是刘知几《史通·杂说篇》所说的庄子鲋鱼之对,贾谊服鸟之辞,"(这些事)收录在寓言中是可行的,但要作为历史实录则行不通"。然而唐朝的史官撰写《晋史》时取用了这些事,因此导致后人相信它们真实存在,这是不对的。颜师古注《汉书》时,但凡是撰述方志、奇闻异说、穿凿附会的内容,都不录用。试想注解史书犹不取用,何况写作史书呢?(原注:《豫章记》见《艺文类聚》)

晋元帝是牛金的儿子,这个说法是从沈约开始传播的,而魏徵收录《岛夷传》时沿用了这个说法,唐朝贞观时史官纂修《晋书》也取用它。王劭评价沈约喜欢制造新奇的说法,来诬陷前代人。刘知几也认为这是不对的,而胡寅《读史管见》也认为晋元帝冒充司马的姓氏,这也是错的。

《演蕃露》曾这样说过:"晋朝的郭展身为太仆,却醉心于养生之术,而他所饲养的马匹众多。潘尼作《太仆箴》,条列叙述他的事迹,竟然都是将养生之术推之于马匹身上。"我注意

书》，非《太仆箴》也，盖误以二事为一。

《后妃传赞》"持尺威帝"，《庾亮传论》"牙尺垂训，帝深念于负芒"。按，殷芸《小说》："晋成帝时，庾后临朝，诸庾诛南顿王宗。帝问南顿何在？答曰：'党峻作贼，已诛。'帝知非党，曰：'言舅作贼，当复云何？'庾后以牙尺打帝头，云：'儿何以作尔语？'帝无言，惟张目熟视诸庾，甚惧。"

阮嗣宗《苏门歌》曰："日没不周西，月出丹渊中。阳精蔽不见，阴光代为雄。亭亭在须臾，厌厌将复隆。富贵俯仰间，贫贱何必终？"其有感于师、昭之际乎？然劝进之作，焉能逭《春秋》之诛？

反镜索照，出夏侯湛《抵疑》。湛赞闵子骞云："圣既拟天，贤亦希圣。"周子前已有此语矣。

东坡谓刘壮舆曰："陶威公忠义之节，横秋霜而贯白日，《晋史》书折翼事，岂有是乎？"陈忠肃亦曰："陶公被诬，以晋之刑政，不行于庾元规也。元规以笔札啗王隐，折翼化鹤之事，隐与杜延业共为之也。"

到，郭展的事迹可见于《晋诸公赞》。潘尼作《乘舆箴》一事，可见《晋书》记载，但不是《太仆箴》，（作者）大概是误会这两件事是同一件吧。

《后妃传赞》中有"持尺咸帝"一事，《庾亮传论》中有"牙尺垂训，帝深念于负芒"一事。我认为，殷芸的《小说》记载："晋成帝时，庾太后临朝听政，庾家外戚诛杀了南顿王司马宗。晋成帝在朝堂上问南顿王在哪里？（庾家外戚）回答道：'此人结党意图谋反，已经被诛杀了。'晋成帝心中知道他并没有结党营私，便说：'倘若说舅舅您是反贼，应当怎么回话？'庾太后用象牙尺打皇帝的头，说：'孩儿你怎么能说这样的话？'晋成帝不言语，只是睁大眼睛仔细看着庾家外戚，十分害怕。"

阮籍的《苏门歌》有言："太阳从西边的不周山那边落下去了，而月亮则从东边的丹渊那边升起来了。烈阳的精华遮蔽不可见，阴冷的月光替代为英雄。美好和明亮只是须臾片刻，微弱的状态又将复兴。大富大贵的时光也不过俯仰间的一瞬，清贫低贱的生活又何必去终结它？"他有感于司马师、司马昭（掌权）之时吗？然而他为司马氏写作的那些歌功颂德的诗作，怎么能逃得过《春秋》史书中对他的讽刺诛心呢？

反镜索照，此语出自于夏侯湛《抵疑》。夏侯湛曾称赞闵子骞说道："圣人既已经阐述天道，贤人也是十分罕见的杰出之人。"可知在周子之前已有此语。

苏轼对刘羲仲说："陶侃忠义的气节，仿佛可以横亘秋霜而贯穿白日，《晋史》记载了他梦中折翼的事迹，这难道是能故意而为之的吗？" 陈瓘也说："陶公被诬陷，根据晋朝的法律政治，这事不是庾亮所作为的。庾亮用笔札利诱王隐，化鹤折翼的

庾翼谓："天公愦愦。"李文饶《货殖论》曰："昔秦得金策，谓之天醉。岂天之常醉哉？"吁，为天者亦难矣。《诗》云："民今方殆，视天梦梦。既克有定，靡人弗胜。有皇上帝，伊谁云憎？"是之谓知天。（原注："天醉"，见张衡《西京赋》、庾信《哀江南赋》。）

何曾、荀𫖮之孝，论者比之曾、闵。夫以孝事君则忠，不忠于魏，又不忠于晋，非孝也。𫖮之罪，浮于曾。曾之骄奢，祸止及家；𫖮之奸谀，祸及天下。

山涛欲释吴以为外惧，又言不宜去州郡武备，其深识远虑，非清谈之流也。颜延之于七贤，不取山、王，然戎何足以比涛，犹碔之于玉也。

康节邵子《西晋吟》："有刀难剖公间腹，无木可枭元海头。祸在夕阳亭一句，上东门啸浪悠悠。"考之《晋史》，贾充纳女以壬辰，刘曜陷长安以丙子，相去才四十五年。奸臣、孽女之败国家，吁，可畏哉！（原注：近世贾妃之册以壬辰，而宋之祸亦以丙子，悲夫！）

江默云："唐、虞、三代，有疑赦而无大赦。汉、唐有大赦而无郊赦。故大赦始于春秋，而郊赦始于五代。"愚谓，

传说，隐约是（王隐）与杜延业共同策划的。"

庾翼说："上天真是昏聩。"李德裕《货殖论》曰："过去秦朝有赚得金钱的政策，（人们）称之为天醉。难道上天能经常醉吗？"唉，作为上天也是难事。《诗经》有云："百姓如今正危难，上天却昏聩不知。天命早已被注定，人力本无法战胜。若有伟大的上帝，你恨的人是谁呢？"可以算是知道天命。（原注："天醉"一词，见张衡《西京赋》、庾信《哀江南赋》。）

何曾、荀顗都是十分孝顺的人物，有议论者将他们与曾参和闵损（闵子骞）比对。以孝顺服侍君主确实是忠诚，但既不忠心于魏，又不忠心于晋，不算孝顺。荀顗的罪责，在何曾之上。何曾骄奢淫逸，带来的灾祸只会延及家庭；荀顗奸诈阿谀，带来的灾祸却会延及天下。

山涛想要保存吴国作为外部的敌人，又说不应该去除州郡的武装防备，这份深谋远虑，可不是那些只懂清谈的人物能比的。颜延之之于七贤，不认为山涛、王戎可取，然而王戎哪里足够和山涛比较，他们就如同像是玉的石头之于真正的宝玉。

邵康节邵雍先生的《西晋吟》中有："有刀在手却难剖开贾充的肚子，没有木头可悬示刘渊的首级。夕阳亭践行一句话招来祸患，石勒在上东门的呼啸绵延不绝。"考据《晋史》来看，贾充壬辰年将女儿送进宫中，刘曜丙子年攻陷长安城，相距不过才四十五年。奸臣、孽女败坏国家，唉，着实可怕！（原注：近年贾似道的姐姐贾妃的册封在壬辰，而宋朝的灾祸也是在丙子，令人悲伤啊！）

江默曾说过这样的话："尧、虞、上古三代时，有疑赦的情况但没有大赦。汉、唐时期有大赦的记载却无郊赦。所以大赦

晋王彪之答简文云："中兴以来，郊祀往往有赦，常谓非宜。"则郊赦东晋有之，非始于五代也。

《通鉴·晋纪》（孝武帝大元八年）："秦兵既盛，谢玄入，问计于谢安。安夷然，答曰：'已别有旨。'既而寂然。玄不敢复言，乃令张玄重请。安遂命驾出游山墅，与玄围棋赌墅。"《纲目》删"玄不敢复言，乃令张玄重请"二句，则围棋为张玄乎？谢玄乎？《世说·雅量门》注引《续晋阳秋》曰："与兄子玄围棋。"然二玄当如《汉书》叙臣胜、臣夏侯胜，以姓别之。

王导之孙谧，授玺于桓玄；谢安之孙澹，持册于刘裕。此朱子所以叹嗣守之难也。（原注：无忝乃祖，一陶渊明而已。）

桓玄篡逆，卞承之谓宗庙"祭不及祖。知楚德之不长"。乱臣贼子祭及其祖，可以长世乎？斯言不当污简牍。

《晋史·忠义传》，可削者三人：韦忠不见裴頠，辞张华之辟，初节亦足称矣；而仕于刘聪，为之讨羌而死，非为晋死也，谓之忠义，可乎？王育仕于刘渊，刘敏元仕于刘曜，舍顺从逆，皆失节者也，忠义安在哉？唐之修《晋史》也，许敬宗、李义府与秉笔焉，是恶知兰艾鸾枭之辨？

应当是从春秋开始的，而郊赦从五代开始。"我认为，晋朝王彪的答简中曾说过："晋朝中兴以来，郊祀往往有赦，但常常被认为不应该。"则郊赦在东晋已有，并非从五代开始。

《通鉴·晋纪》孝武帝大元八年："秦兵的阵势已经很强盛，谢玄到来，向谢安询问对策。谢安表现得十分平静，回答说：'我已经有别的主意了。'一会儿一阵沉默。谢玄不敢再说话，于是命令张玄重新请教谢安。谢安就下令乘车驾出游到山中别墅去，与玄在别墅里赌围棋。"《纲目》删去了"谢玄不敢再说话，于是命令张玄重新请教"二句，那么说的是和张玄下围棋呢？还是和谢玄呢？《世说新语·雅量门》注释引用《续晋阳秋》里的记载："与哥哥的儿子谢玄下围棋。"这里记载谢玄、张玄这二人应当如《汉书》叙述臣胜、臣夏侯胜那样，加上姓氏以做区别。

王导的孙子王谧，将玉玺授于桓玄；谢安的孙子谢澹，为刘裕持宝册。这就是朱熹感叹后嗣难以守节的原因。（原注：没有愧对祖宗的人，只有一个陶渊明而已。）

桓玄篡位谋逆，卞承之曾说过宗庙祭礼"祭祀却不祭祖宗。可知楚国命脉不会长久"就算乱臣贼子祭祀祖宗，难道他们的统治就会长久吗？这种言论不应该污了史书简牍。

《晋史·忠义传》中，可删削的人有三个：韦忠拒绝去见裴頠，推辞张华的辟用，他最初的气节可算是足以称道的；但却在刘聪手下做事，为他讨伐羌而死，究其根本不是为了晋朝而死，称这种人为忠义，合理吗？王育为刘渊做事，刘敏元为刘曜做事，都是抛弃了正道而追随叛逆之臣，说到底都是失节者罢了，忠义的精神又在哪里呢？唐朝修《晋史》，是许敬宗、李义府负

陶渊明《读史》述夷齐云:"天人革命,绝景穷居。"述
箕子云:"矧伊代谢,触物皆非。"先儒谓:"食薇饮水"之
言,"衔木填海"之喻,至深痛切,读者不之察尔。颜延年
《诔渊明》曰:"有晋徵士。"与《通鉴纲目》所书同一意。
《南史》立传,非也。

"策扶老以流憩",《归去来辞》谓扶老藤也。见《后
汉·蔡顺传》注。

渊明《与子俨等疏》,"颍川韩元长"谓韩融,(原注:
韶子,《后汉》有传)"济北泛稚春"谓泛毓。(原注:《晋书》有
传。《集》云"范稚春",误。《南史》氾幼春,盖避唐讳"治"字之
嫌。)

朱文公《答吕伯恭》曰:"陶公栗里,前贤题咏,独颜
鲁公一篇,令人感慨。"今考鲁公诗云:"张良思报韩,龚胜
耻事新。狙击苦不就,舍生悲拖绅。呜呼陶渊明,奕叶为晋
臣。自以公相后,每怀宗国屯。题诗庚子岁,自谓羲皇人。手
持《山海经》,头戴漉酒巾,兴与孤云远,辩随还鸟泯。"见
《庐山记》,集不载。

乐广客蛇影,与《风俗通》所载杜宣事同。

责秉笔书写的,他们怎么会知道兰香艾臭、鸾鸟鸱枭的区别?

　　陶渊明的《读史》论述伯夷叔齐说:"适逢上天人心改朝换代之时,他们选择销声匿迹从此隐居。"论述箕子则说:"况且世事更迭,所见所闻都不再是从前的景象。"古时的大儒曾说过:"食薇饮水"这样的话,用"衔木填海"这样的比喻,他们心中情感至深痛切,如今的读者却无法体察。颜延之的《诔渊明》中称陶渊明为:"晋朝的隐士。"与《通鉴纲目》所写的是同一类意思。让《南史》为其立传,是不应该的。

　　"策扶老以流憩",《归去来辞》的意思是扶着老藤。可见《后汉·蔡顺传》注释。

　　陶渊明的《与子俨等疏》中,"颍川韩元长"所指的是韩融,(原注:韩韶之子,《后汉书》有传)"济北泛稚春"指的是泛毓。(原注:《晋书》有传。《集》中写作"范稚春",是错的。《南史》记作氾幼春,大概是为了在唐朝时避讳"治"字。)

　　朱熹《答吕伯恭》曾这样说过:"陶公隐居的栗里,有从前的贤人题诗吟咏,如今却只有颜真卿一篇,世事变迁令人感慨。"现今再看颜真卿的诗:"张良想着报效韩国,龚胜不耻仕宦于新朝。苦于博浪沙狙击未能成功,想要舍弃生命又悲伤为臣的责任。可叹啊陶渊明,你家世世代代为晋臣。你身为开国公相之后,时常怀着忠国之心。庚子年题新诗,你自称羲皇上人。手中拿着《山海经》,头上戴着漉酒巾,你的意兴随着孤云远去,分辨的话语却同飞鸟消失。"这首诗在《庐山记》可见,诗集中没有记载。

　　乐广赐客人酒,杯中有蛇影之事,与《风俗通》所记载的杜宣的事相同。

苍蝇传赦,《异苑》以为晋明帝,与苻坚《载记》同。

嵇康,魏人。司马昭恶其"非汤、武",而死于非辜,未尝一日事晋也。《晋史》有传,康之羞也。后有良史,宜列于《魏书》。

司马师引二败以为己过,司马昭怒王仪"责在元帅"之言。昭之恶,甚于师。

刘殷失节于刘聪,而戒子孙曰:"事君当务几谏。"大节已亏,其言之是非不足论也。

干宝论"晋之创业立本,固异于先代"。后之作史者不能为此言也,可谓直矣。

焚石勒之币,江左君臣之志壮矣。僭号之国十六,而晋败其一,(原注:苻坚)灭其三,(原注:李势、慕容超、姚泓)不可以清谈议晋。

晋简文咏庾阐诗云:"志士痛朝危,忠臣忧主辱。"东魏静帝咏谢灵运诗曰:"韩亡子房奋,秦帝鲁连耻。本自江海人,忠义动君子。"至今使人流涕。

祖逖曰:"晋室之乱,非上无道而下怨叛也,晋之德泽浅矣。"姚弋仲曰:"亟自归于晋。"王猛曰:"勿以晋为图。"人心知义,非后世所及也。

苍蝇传送赦免之令，《异苑》认为是晋明帝的故事，与《苻坚载记》相同。

嵇康是魏国人。司马昭憎恶他说"非难成汤、周武王"，而他最终死于无辜之罪，未曾有一日为晋朝出力也。《晋史》中有他的传，这对嵇康而言是一种耻辱。此后若有正直负责的史官，应当把他列于《魏书》。

司马师认为两次失败是自己的过错，司马昭迁怒王仪"责任在于元帅"的话。司马昭的可恶之处，远超司马师。

刘殷失节仕宦于刘聪，而告诫子孙说："侍奉君王应当着力于多进谏。"大节上已有亏损，他的具体言论的是非不足以分辨。

干宝有言"晋朝创业立本的方式，本来与先前的朝代不同"。后来的作史者说不出这样的话，他可算是耿直。

焚烧石勒送来的钱币，江左君臣的雄壮之志。僭越名号的国有十六个，晋打败其中一个，（原注：苻坚）消灭了其中三个，（原注：李势、慕容超、姚泓）不能只以清谈议论晋朝。

晋朝简文帝咏庾阐诗句："有志之士痛感朝廷危机，忠诚臣子忧虑君主受辱。"东魏孝静帝咏谢灵运诗句："韩国的灭亡使张良奋进，秦王称帝让鲁仲连感到羞耻。本是放情江海之人，但他们的忠义足以令君子动容。"至今使人热泪盈眶。

祖逖说过："晋朝王室的祸乱，并非上位者没有道义而在下者心生怨恨背叛，而是晋朝的福泽太浅了。"姚弋仲对儿子说："你应当尽快回归晋室。"王猛曾这样说过："不要图谋东晋的位置。"可见当时人心都是知晓道义，就凭这一点不是后世的人能企及的。

　　南丰《记王右军墨池》云："爱人之善，虽一能不以废。"愚谓右军所长，不止翰墨。其劝殷浩内外协和，然后国家可安；其止浩北伐，谓力争武功，非所当作；其遗谢万书，谓随事行藏，与士卒同甘苦；谓谢安虚谈废务，浮文妨要，非当时所宜。言论风旨，可著廊庙，江左第一流也。不可以艺掩其德，谓之"一能"过矣。

　　"慕容恪尚在，忧方大耳。"如"得臣犹在，忧未歇也"。觇国者以人为轻重。

　　《宣帝纪论》："窃钟掩耳，以众人为不闻。"出《淮南子》。

　　杨盛不改义熙年号，其志如陶靖节，孰谓夷无人哉？（原注：盛，武都王。）

　　袁宏以伏滔比肩为辱，似知耻矣，而失节于桓温之九锡，耻安在哉？

　　《谢邈传》：孝武多赐侍臣文诏，辞义有不雅者，邈辄焚毁之。《通鉴》云："帝好为手诏诗章，以赐侍臣。或文词率尔，徐邈应时收敛，还省刊削，皆使可观，经帝重览，然后出之。"此一事也，《晋书》以为谢邈，《通鉴》以为徐邈，必有一误。

曾巩的《记王右军墨池》有言："珍爱别人的才华，即使别人只有一技之长也不应使其埋没。"我认为王羲之所擅长的，不止是书法。他劝告殷浩内外合力协作，然后国家才能安定；他阻止殷浩北伐，劝说力争军事之功，不是应当做的决定；他写给谢万书信，提出要根据不同的情况做出具体的选择，应当与士兵们同甘共苦；他认为谢安虚空的谈话荒废政务，浮夸的文字妨碍要事，不是当今时人应该做的事情。他的言谈风度，足可列著庙堂之上，可谓是江左第一流人物。不可以因他的才艺掩盖他的德行，称他"只有一技之长"是不合理的。

"假如慕容恪尚且在世，忧患还是很大的。"这种言论就像是"成得臣（楚国令尹子玉）还在，我担忧的事情还没结束"。国家的统治者以人物来衡量事件轻重。

《宣帝纪论》记载："有个盗贼偷盗钟的时候掩盖住自己的耳朵，还以为众人听不见他偷钟的声音。"出自《淮南子》。

杨盛没有改义熙年号，可见他的气节可比陶渊明，谁说夷狄之众里就没有能人了？（原注：杨盛是武都王。）

袁宏以和伏滔比肩为耻辱，这似乎是知道廉耻的表现，可他却因为桓温求九锡一事作文而失节，此时他的廉耻又在哪里呢？

《谢邈传》记载：孝武帝经常赐给侍臣他的文诏，若是有些言辞有不雅的地方，谢邈就会焚毁它们。《通鉴》则说："孝武帝喜欢手写诗章，用来赐给侍臣。有时诗章文辞轻率，徐邈当时就把它们收集起来，做些修改删减，使它们都变得可以一观，经过孝武帝重新阅览，然后再赏出去。"这件事情，《晋书》上记载的是谢邈，《通鉴》上记载的是徐邈，一定有一个记错了。

　　晋之伐吴，杜预曰："孙皓或怖而生计，则明年之计，或无所及。"隋之伐陈，文帝投枒于江，曰："使彼惧而知改，吾又何求？"隋文之识，若优于预矣。以时考之，吴犹有死守之臣，杜预所以诡形而不敢露；陈不闻力战之将，隋文所以衡行而无所忌。预之言近乎实，文帝之言非其诚也。

　　《文心雕龙·明诗篇》谓："江左篇制，溺乎玄风。"《续晋阳秋》曰："正始中，王、何好庄、老；至过江，佛理尤盛。郭璞五言，始会合道家之言而韵之，许询、孙绰转相祖尚，而《诗》、《骚》之体尽矣。"愚谓东晋玄虚之习，诗体一变，观兰亭所赋可见矣。

　　梁武帝敕群臣，自太初终齐，撰《通史》六百二十卷。元魏济阴王晖业起上古终宋，著《科录》二百七十卷。其书亡传。《高氏小史》自天地未分至唐文宗，为百二十卷，今虽存而传者鲜。自书契以来，未有如《通鉴》者。

　　宋周朗有"楪带宝，筥着衣"之论，司马文正公有"耳视目食"之说，皆足以儆世迷。

　　魏之篡汉，晋之篡魏，山阳、陈留犹获考终，乱贼之心

　　西晋攻打东吴，杜预说："孙皓可能因为害怕而想出对策，要是明年再来计划（进攻的事情），或许就来不及了。"隋攻打陈，隋文帝把木头扔进江中说道："若能让你们感到恐惧而做出积极的改变，我还能有什么多余的要求呢？"隋文帝的眼界，比杜预要高。从时代背景来看，吴国尚有坚定死守的臣子，杜预因而隐藏行迹不敢表露心意；陈国没有力主战斗的将领，所以隋文帝可以横行而无所顾忌。杜预的话比较实诚，隋文帝的话并非发自真心。

　　《文心雕龙·明诗篇》曾这样说过："江左一带文人的文章，总是沉溺于玄学风气中。"根据《续晋阳秋》记载："正始年间，王弼、何晏喜好老、庄之学；过江之后，佛理尤其兴盛。郭璞的五言诗，开始融合道家之言而赋予其韵律，许询、孙绰崇尚玄言，而《诗经》、《离骚》的体例将要终结了。"我认为东晋时期确有玄学清谈的习惯，诗体发生变化，从兰亭集会所作的文章中可见一斑。

　　梁武帝命令群臣，从三皇太初开始到南朝齐为止，撰写《通史》六百二十卷。北魏的济阴王元晖业从上古时期开始直到刘宋，撰写了《科录》二百七十卷。这本书现在已经失传了。《高氏小史》从天地未分时写到唐文宗时，共一百二十卷，如今虽然存有但是传下来的已经很少了。自从书写的文字诞生以来，还没有哪一本书足够和《通鉴》相比。

　　南朝宋时的周朗有"给匣子装饰宝物，给衣箱穿着华服"这样的言论，司马光有"用耳朵看衣冠、用眼睛吃美食"的言论，都足以警醒被物质迷惑的世人。

　　魏篡夺汉室，晋篡夺魏室，山阳公、陈留王犹能获得善终，

犹未肆也。宋之篡晋，逾年而弑零陵，不知天道报施，还自及也。齐、梁以后，皆袭其迹，自刘裕始。

徐羡之、傅亮、谢晦之死，犹晋之里克、卫之宁喜也，文帝不失为叔孙昭子。

宋文帝、魏太武，佳兵者也，皆不克令终，不祥好还之戒昭昭矣。

叶少蕴《石林燕语》云："齐武帝欲为裴后立石志墓中，王俭以为非古。或以为宋元嘉中，颜延之为王球作志，墓有铭自宋始。唐封演援宋得《司马越女冢铭》，隋得《王戎墓铭》，为自晋始，亦非是。今世有崔子玉书《张衡墓铭》，则墓有铭，自东汉有之。"周益公谓：铭墓三代有之。唐开元四年，偃师耕者得比干墓铜槃。东汉志墓，初犹用砖，久方刻石。

张融风止诡越，齐高帝曰："此人不可无一，不可有二。"程致道赞米元章云："是千载人，不可无一。"

南丰序《齐书》曰："萧子显之文，喜自驰骋，其更改破析，刻雕藻绘之变尤多，而其文益下。"愚谓子显以齐宗室仕于梁，而作《齐史》，虚美隐恶，其能直笔乎？

梁武帝曰："应天从人。"致堂《读史管见》十二谓：

可见乱臣贼子的心还没有过于放纵。刘宋篡夺晋室,只过了一年就杀了零陵王,不知道这是天道降下的报复,还是自己招来的。齐、梁以后,人们都沿袭这种行迹,就是从刘裕开始的。

徐羡之、傅亮、谢晦的死,如同春秋晋国的里克、卫国的宁喜,南朝宋文帝刘义隆不逊于叔孙昭子。

宋南朝文帝、北魏太武帝,都是擅长用兵的人,却都不得善终,佳兵不祥、天道好还的训诫显而易见。

叶梦得《石林燕语》曾说:"齐武帝想要为裴皇后墓中立石碑铭志,王俭认为这不符合古制。有人认为南朝宋元嘉年间,颜延之为王球作墓志,墓碑有铭文是从南朝宋开始的。唐朝封演援引南朝宋铭文得到《司马越女冢铭》,援引隋朝铭文写成《王戎墓铭》,所以说墓碑有铭文是从晋朝开始,也不是。如今世间有崔子玉写的《张衡墓铭》,可见墓碑有铭文,从东汉时就已有。"周益公谓:铭墓从上古三代时就有了。唐开元四年,偃师的一个种地之人得到商朝比干墓铜槃。东汉时的志墓,最初还在用砖,时间久了才用刻石。

张融行为作风诡异不同于常人,齐高帝说:"这种人不可以没有,但也不可再有。"程俱称赞米芾说:"是千年难遇的人,世上不可以没有。"

曾巩为《齐书》作序时曾说过:"萧子显的文字风格,喜好自在驰骋,他自己更改突破常规,雕琢藻饰的变处尤其多,然而文章的格调却降低了。"我认为萧子显以齐宗室身份在梁做官,却作《齐史》,极力夸大好的一面,对阴暗丑恶之事却极力掩饰,他能做到秉笔直书吗?

梁武帝曾说:"上顺应天命,下适应民意。"胡寅《读史管

"《易》之《革》曰：'顺天应人。'未闻'应天'也。为是言者，不知天之为天矣。"愚按，梁武之父名顺之，故不云"顺天"，避讳也。后人应天之语，盖袭其误。（原注：萧道成之篡夺，顺之为爪距，岂知祚移其子乎？）

梁武帝时钱陌减，始有足陌之名。唐末以八十为陌，汉隐帝时王章又减三钱，始有"省陌"之名。

后魏葛荣陷冀州，贾景兴称疾不拜，每"扪膝"曰："吾不负汝。"伪楚之僭，喻汝砺扪其膝曰："此岂易屈者哉？"以扪膝自号，盖本于此。

宇文泰弑君之罪，甚于高欢之逐君，乃以周公自拟，亦一莽也。

北齐魏长贤曰："王室板荡，彝伦攸斁。大臣持禄而莫谏，小臣畏罪而不言，虚痛朝危，空哀主辱。匪躬之故，徒闻其语；有犯无隐，未见其人。嫠不恤纬而忧宗周之亡；女不怀归而悲太子之少，况委质有年，安可自同于匹庶？"其言凛然，可以立懦夫之志。作史者以魏收之族与之同传，兰艾混殽甚矣。（原注：长贤，征之父也。）

见》十二说："《易》的《革》卦记载：'顺天应人。'没听说过
'应天'的说法。说这样话的人，是不知道天之所以为天啊。"
我注意到，梁武帝的父亲名叫顺之，因此他不说"顺天"，这是
为了避父亲名讳。后人说的应天之语，大概是在沿袭他的错误。
（原注：萧道成篡夺皇位，萧顺之做他的爪牙，他怎么会想到最后皇位
会由他的儿子继承呢？）

梁武帝时百钱贬值，开始有"足陌"的说法。唐朝末年以
八十钱为百钱，汉隐帝时期王章又减三钱，开始有"省陌"的说
法。

北魏葛荣攻陷冀州时，贾景兴称病不去拜见，他每每摸着
膝盖说："我不会辜负你。"伪楚皇帝张邦昌僭位时，喻汝砺摸
着他的膝盖说："我怎么会是那么容易屈服的人呢？"他自号为
"扪膝"，大概是出自于此。

宇文泰弑杀君王的罪行，比高欢驱逐君王更加恶劣，此人
甚至还以周公自比，只不过又是一个王莽而已。

北齐魏长贤曾说过这样的话："王室失德，伦常败坏。大臣
们拿着俸禄却不进谏，小臣们害怕获罪而不敢直言进谏，忠贞
之士只能徒劳痛心朝廷安危，无力地哀谈君主的荣辱。耿耿忠
心而不顾自身，这种人只出现在话语中；敢于犯上而无所隐藏，
现实生活中没见过这样做的人。寡妇不怕织得少，而怕亡国之
祸；思妇不想念归家之人，而悲伤国家没有继承人，况且为国
献身也是有年限的，有志之士怎么能自己甘愿做匹夫庶人呢？"
他的话正气凛然，可以鼓舞懦夫的志气。作史书的人因为他和魏
收同姓所以让他与魏收同传，是在混淆兰草与艾草啊。（原注：
魏长贤，魏征之父。）

高洋之恶，浮于石虎、苻生，一杨愔安能救生民之溺乎？

执笏，始于宇文周保定四年。紫绯绿袍，始于隋大业六年。

萧方等，梁元帝子，为《三十国春秋》，以晋为主，附列刘渊以下二十九国。《通鉴》晋安帝元兴三年引方等论，《纲目》但云"萧方"，误削"等"字。

晋之篡魏以贾充，其亡亦以充；隋之平陈以杨素，其亡亦以素。（原注：立太子妃，易太子，亡之兆也）玄感之于素，犹李敬业之于勣也。炀、武之立，素、勣之力也，其子孙欲扑其燎，可乎？

祖君彦檄："光武不隔于反支。"乃明帝事，见王符《潜夫论》。（原注：反支日用月朔为正。戌亥朔一日，申酉朔二日，午未朔三日，辰巳朔四日，寅卯朔五日，子丑朔六日。）

《北史》：李绘"六岁求入学，家人以偶年俗忌，不许"。偶年之忌见于此。

梁武帝策锦被事，刘峻以疏十余事而见忌。又问栗事，沈约以少三事而为悦。君之于臣，争名记诵之末。"燕泥"、"庭草"，于隋炀何议焉？

李仲信垕为《南北史世说》，朱文公谓：《南北史》凡

高洋的罪恶，超过石虎、苻生，仅仅凭借一个杨愔怎么能挽救生民于倒悬之灾中？

大臣手持牙笏，开始于宇文周保定四年。身着紫袍用绯绿，这条规矩开始于隋大业六年。

萧方等，梁元帝的长子，创作《三十国春秋》，内容以晋国的国事为主，附列刘渊以后的二十九国。《通鉴》中记载晋安帝元兴三年引用萧方等的言论，《纲目》只记载了"萧方"，因为失误删去了"等"字。

晋室凭借贾充篡夺魏室的江山，它的灭亡也是因为贾充；隋朝凭借杨素平定陈国，它的灭亡也是因为杨素。（原注：立太子妃，但又换太子，这是灭亡的前兆。）杨玄感对于杨素，就像李敬业对于李勣。隋炀帝、武则天的江山，是杨素、李勣出力打下的，他们的子孙想要推翻统治，可能吗？

祖君彦檄文中有这样的话："光武不忌讳反支。"这里用的乃是汉明帝的事，具体情况可见王符《潜夫论》。（原注：反支日以月朔为正。戌亥朔一日，申酉朔二日，午未朔三日，辰巳朔四日，寅卯朔五日，子丑朔六日。）

《北史》记载：李绘"六岁时请求入学堂，家人因为他偶数年纪按照习俗犯忌讳，不许他去"。偶数年纪的忌讳可见于此。

梁武帝策问群臣有关锦被的故事时，刘峻因为趁此机会上疏十余事而被梁武帝厌恶。梁武帝又问和栗有关的故事，沈约因为比梁武帝少说了三个典故而被赏识。君主和臣子，争这些记诵名物的虚名。说什么"燕泥"、"庭草"，其实与隋炀帝又有什么区别呢？

李仲信李屋作《南北史世说》，朱熹评价说：《南北史》中

《通鉴》所不取者，皆小说也。

隋万宝常听乐，泣曰："乐声淫厉而哀，天下不久将尽。"隋之不久，不待听乐而知也。师尚父曰："以不仁得之，以不仁守之，必及其世。"使隋用宝常之言，复三代之乐，其能久乎？宝常之先见，不逮房玄龄。

徐楚金《说文系传》云："随文帝恶'随'字为走，乃去'之'，成'隋'字。隋，裂肉也，其不祥大焉。殊不知'随'从'辵'，辵，安步也。而妄去之，岂非不学之故？"

陈无淮，无荆、襄，无蜀，而立国三十二年，江左犹有人也。

魏节闵帝阳瘖避祸，至于八年。终身为范粲可也，"天何言哉"之言，一出诸口，遂以不免。程子曰："节或移于晚，守或失于终。"

"宁为袁粲死，不作褚渊生"，宋石头城之谣也。"宁为王凌死，不为贾充生"，宋沈攸之之言也。"悲君感义死，不作负恩生"，陈鲁广达之留名也。"与其含耻而存，孰若蹈道而死"，秦郭质之移檄也。"与其屈辱而生，不若守节而死"，燕贾坚之固守也。"宁为南鬼，不为北臣"，则有齐新野之刘思忌。"宁为赵鬼，不为贼臣"，则有赵仇池之田崧。"宁为国家鬼，不为贼将"，则有魏樊城之庞德。"宁为国家鬼，不为羌贼臣"，则有晋河南之辛恭靖。之人也，英风劲

凡是《通鉴》所不收取的部分，都是小说家言而已。

隋朝人万宝常听音乐，有一次哭着说："这乐声过于猛烈而哀伤，可知王朝天下不久将尽。"隋朝无法长久，不需要等到听音乐时才能知道。姜太公曾说："通过不仁义的手段取得，通过不仁义的手段守护，必然只能延续到当世"假如隋朝采用万宝常的建议，恢复三代的礼乐，难道王朝就凭借这个长久了吗？万宝常虽然有先见之明，但是不及房玄龄。

徐楚金《说文系传》曾说过："隋文帝厌恶'随'字有'走'字旁，于是去除'之'，成'隋'字。隋，意为裂肉，它有很强的不祥之意。却不知'随'从'辵'，辵，本意为安稳的步伐。这样草率去除，难道不是不学无术的缘故吗？"

陈国没有淮地，没有荆地、没有襄地，没有蜀地，但却立国三十二年，可见江左还是有能人的。

北魏节闵帝以哑病作为托辞躲避灾祸，坚持了八年不说话。倘若他终身作像范粲那样的隐士是可以的，但是"天怎么会说话"这句话，一说出口，就再也无法回避。程颐评价说："气节或是晚年改移，操守或是失最终失去。"

"宁愿像袁粲那样死，不愿像褚渊那般生"，这是南朝宋石头城里的歌谣也。"宁像王凌那样死，不愿像贾充那般生"，这是南朝宋沈攸之的话。"替你为道义而死感到悲伤，坚决不背负恩情而活着"，这是南朝陈鲁广达留名青史的话。"与其耻辱地生存着，不如为践行道义而死"，这是前秦郭质的檄文所言。"与其屈辱地苟活，不如坚守道义而死"，这是前燕贾坚固守的誓言。"宁为南鬼，不为北臣"，这么说的有南齐新野太守刘思忌。"宁为赵鬼，不为贼臣"，则有前赵仇池镇将田崧。"宁为国

气，如严霜烈日，千载如生。其视叛臣要利者，犹犬彘也。

　　韦孝宽知兵而不知义。尉迟迥之讨杨坚，所以存周也。孝宽受周厚恩，乃党坚而灭迥。坚之篡也，孝宽实成之，难以逭《春秋》之诛矣。

　　杨坚以后父篡国，亦一莽也。"以不仁得之，以不仁守之，必及其世"，坚之谓矣。莽、坚之女，皆节妇也，为其父者，亦少愧哉！

　　颜见远死节于萧齐，其孙之仪尽忠于宇文周，常山、平原之节义，有自来矣。

家鬼，不为贼将"，则有曹魏樊城守将庞德。"宁为国家鬼，不为羌贼臣"，则有晋河南太守辛恭靖。这些人物，英姿勃发，气势宛如严霜烈日，历经千载依旧生动。他们看待叛臣逐利者，就像看待猪犬。

韦孝宽知道用兵却不知道道义。尉迟迥讨伐杨坚，是为了保存周室。韦孝宽蒙受周室深厚的恩典，却与杨坚结党而消灭尉迟迥。杨坚篡位，韦孝宽实际上帮他成功，这就是《春秋》的诛笔啊。

杨坚以皇后父亲的身份篡夺国家，到底也不过是另一个王莽。"通过不仁义的手段取得，通过不仁义的手段守护，必然只能延续到当世"，这番话就是形容杨坚的。王莽、杨坚的女儿，都是节烈的妇人，他们作为父亲的，也少不了愧疚吧！

颜见远为萧齐王朝殉节，他的孙子颜之仪尽忠于宇文周，颜常山、颜平原的气节忠义，是有自身来源的。

卷十四

考史

　　唐府兵之数，《兵志》云："十道置府六百三十四，而关内二百六十一。"《百官志》：凡六百三十三。陆贽云："府兵八百所，而关中五百。"杜牧云："折冲果毅府五百七十四。"《旧唐书·志》、《六典》云："天下之府五百九十四。"《会要》云："关内置府二百六十一，又置折冲府二百八十，通计旧府六百三十二。"《通典》云："五百七十四。"《理道要诀》云："折冲府五百九十三。"《邺侯家传》云："诸道共六百三十府。"今以《地理志》考之，十道共有府五百六十六，关内二百七十三，余九道二百九十三。参以《志》、《传》，差互不齐。神宗问："何处言府兵最备？"王文公对曰："《李邺侯传》，言之详备。"然府数与诸书亦不同。

　　了斋云："颜回配飨先圣，其初但为立像，至开元中，始与十哲合为一座。"按《唐志》开元八年，"诏十哲为坐像"。（原注：《集古录》："李阳冰《缙云孔子庙记》云：'换夫子之容貌，增侍立者九人。'盖独颜回配坐而闵损等九人为立像。阳冰修庙，在肃宗上元二年，其不用开元之诏，何也？"）

唐朝置府的数量,《兵志》有这样的记载:"十道置府有六百三十四所,而关内二百六十一所。"《百官志》记载:一共六百三十三所。陆贽记载说:"府兵八百所,而关中占了五百。"杜牧曾说过:"折冲果毅府五百七十四所。"《旧唐书·志》、《六典》记载:"天下设府有五百九十四。"《会要》记载说:"关内置府二百六十一所,又置折冲府二百八十所,共计旧府六百三十二。"《通典》记载:"五百七十四。"《理道要诀》记载:"折冲府五百九十三所。"《邠侯家传》记载:"诸道总共六百三十府。"如今以《地理志》考察,十道共有府五百六十六所,关内二百七十三,其余九道二百九十三。以《志》《传》为参考,数量参差不齐。宋神宗问:"哪里记载的府兵最完备?"王安石对答:"《李邠侯传》,讲得非常详尽完备。"然而府数还是与其他诸书不同。

陈瓘曾这样说过:"颜回祔祀于先圣孔子,但最初他作为站立之像,至开元年间,才开始与十哲像合为配侍的坐像。"根据《唐志》开元八年记载,"皇帝下诏改十哲为坐像"。(原注:《集古录》记载说:"李阳冰《缙云孔子庙记》有言:'改换夫子的容貌,增加九个侍立者像。'大概只有颜回配坐像,而闵损等九人为站立者像。李阳冰修缮孔庙,是在唐肃宗上元二年,他不服从开元时的诏命,这是

《魏征传》："帝谓群臣曰：'此征劝我行仁义既效矣。'"《新史》润色之语也。《贞观政要》云："太宗谓群臣曰：'贞观初，人皆异论，云当今必不可行帝道、王道。唯魏征劝我。既从其言，不过数载，遂得华夏安宁，远戎宾服。突厥自古已来，尝为中国勍敌，今酋长并带刀宿卫，部落皆袭衣冠。使我遂至于此，皆魏征之力。'"《新史》于《罽宾传》又云："惟魏征劝我修文德，安中夏。"以《通鉴》考之，与《政要》所载同一事。（原注：或谓太宗以既效自满，非也。）

郑毅夫谓："唐太宗功业雄卓，然所为文章纤靡浮丽，嫣然妇人小儿嘻笑之声，不与其功业称。甚矣，淫辞之溺人也。"神宗圣训亦云："唐太宗英主，乃学庾信为文。"（原注：《温泉铭》、《小山赋》之类可见。）

《新史》论张公谨之抵龟，曰："投机之会，间不容穟。"郑伯克段于鄢，《春秋》所以纪人伦之大变也。曾是以为投机乎？晋栾书将弑厉公，召士匄、韩厥二人，皆辞。太宗临湖之变，问李靖、李勣二人，皆辞。靖、勣贤于公谨远矣。

唐太宗赠尧君素蒲州刺史诏曰："虽桀犬吠尧，乖倒戈之志，而疾风劲草，表岁寒之心。"我艺祖赠韩通中书令制

为什么呢？"）

《魏征传》记载："皇帝对群臣说：'魏征劝我实行仁义之道，效果斐然啊。'"这是《新唐书》润色之后的表述。《贞观政要》中说道："唐太宗对群臣说：'贞观初年，人人都持有不同的意见，说当今不必实行帝王仁政之道。只有魏征劝我（行仁政）。从我采用他的建议，不过几年，就得华夏安宁，外族诚服。突厥自古以来，就曾是中国的劲敌，如今他们的酋长成为皇宫中带刀的侍卫，部落中人皆着衣戴冠。使我成就至此的，都是魏征的努力。'"《新唐书》在《阚宾传》又说："只有魏征劝我修养文德，安定华夏。"以《通鉴》作为参考，《新唐书》与《政要》所记载的是同一件事。（原注：有人觉得这是唐太宗以政绩而自满，不是这样的。）

郑獬认为："唐太宗功业雄伟卓然，然而所写的文章却纤靡浮丽，嫣然的样子就像妇人小儿嘻笑之言，与他的功业并不相称。淫靡的文辞害人太深了。"宋神宗也说过："唐太宗是英明的君主，却学庾信作文章。"（原注：从《温泉铭》、《小山赋》这类文章中可见一斑。）

《新唐书》评论张公谨扔掉占卜用龟一事，说道："机会极其难得，因此行事要抓紧时机。"郑伯克段于鄢，是《春秋》用以记录人伦纲常大变的事件。当时的人也会觉得这是投机吗？晋国卿大夫栾武子将要弑杀晋厉公，召集士匄、韩厥二人，二人都推辞。唐太宗想要发动临湖之变，问询李靖、李勣二人，二人也都推辞。李靖、李勣的贤德远超过张公谨。

唐太宗追赠尧君素蒲州刺史的诏书中说："虽然曾经身为别人的臣子一心为主子效命，决意不肯倒戈，但是疾风知劲草，可

曰："易姓受命，王者所以徇至公；临难不苟，人臣所以明大节。"大哉王言！表忠义以厉臣节，英主之识远矣。欧阳公《五代史》，不为韩通立传，刘原父讥之曰："如此是第二等文字。"（原注：通附传在《建隆实录》。齐武帝使沈约撰《宋书》，疑立《袁粲传》。审之于帝，帝曰："袁粲自是宋室忠臣。"惜乎欧阳子念不及此。）

贤臣久于位，则其道行，房乔以之成贞观之治。奸臣久于位，则其欲肆，林甫以之成天宝之乱。

《唐史发潜》谓：武氏之起，袁天纲言其贵不可言，李淳风云："当有女主王天下，已在宫中。"此必武氏僭窃之后，奸佞之徒神其事，言天之所启，非由人事也。愚谓：《左氏》载陈敬仲、毕万之筮，太史公载赵简子之梦，皆此类。

佩鱼始于唐永徽二年，以李为鲤也。武后天授元年，改佩龟，以玄武为龟也。

治平末年，始鬻度牒。考之《唐史》，肃宗时，裴冕建言度僧道士，收赀济军兴。此鬻牒之始也。

钟绍京为宰相，而称义男于杨思勖之父。史不载也，而石刻传于后世，人皆见之，恶之不可掩如是。臧坚以刑人之唁为辱，此何人哉？林甫、国忠因力士以相，其原见于此。李

见你一片决心。"我朝太祖（宋太祖）追赠韩通中书令时诏书上说："换掉姓氏接受王命，为王者当要追求公正；面临危难却不苟活，你身为人臣却能深明大节。"唐太宗、宋太祖所说的话格局多么广大！表彰忠义之士以勉励臣子的气节，这是英明君主所拥有的远见。欧阳修编《五代史》，却不为韩通立传，刘原父讽刺他说："如此是便只能是第二等的作品了。"（原注：刘通的附传在《建隆实录》。齐武帝命令沈约撰《宋书》，疑似设立《袁粲传》。交给齐武帝审查，齐武帝说："袁粲自是宋室的忠臣。"可惜啊欧阳修没有想到这里。）

贤臣久居重要的位置，那么他的理念就能得以实行，因此房玄龄能成就贞观之治。奸臣久居重要的位置，则他的贪欲越发肆虐肆，因此李林甫会酿成天宝之乱。

《唐史发潜》中说：武则天称帝，袁天纲说她贵不可言，李淳风说："当有女性作天下之王，此人已在宫中。"这一定是武则天僭越窃位之后，奸佞之徒神化她的事迹，说是上天的旨意，不是由人事能决定的。我认为：《左传》记载陈敬仲、毕万的卜筮，司马迁记载赵简子的梦，都是这类文字。

身佩鱼袋这个行为开始于唐朝永徽二年，因"李"谐音为"鲤"。武则天天授元年，改为佩龟，是以玄武为龟。

唐朝治平末年，开始出售度牒。根据《唐史》考察此事，唐肃宗时，裴冕进言卖度牒给僧尼道士，收取资金资助军队。这是最初的出售度牒。

钟绍京身为宰相，却向杨思勖的父亲自称义儿。正史不曾记载，然而石刻碑文却传于后世，人人得以见之，厌恶他的情绪不可掩盖。臧坚以受宦官的吊唁为耻辱，这是怎样的人物啊！李

揆当国，以子姓事辅国，不耻也，绍京何责焉？

《郑薰传》云："宦人用阶请荫子，薰却之不肯叙。"亦庶几有守矣。《文苑英华》九百三十二有薰所撰《仇士良神道碑》云："孰称全德，其仇公乎？"其叙甘露之事，谓"克歼巨孽，乃建殊庸"，以七松处士而秉此笔，乃得佳传于《新史》，岂作史者未之考欤？碑云："大中五年，念功录旧，诏词臣撰述，不敢虚美。"以元恶为忠贤，犹曰不虚美乎？宣宗所褒表者若此，唐之不竞有以哉！（原注：宣宗召韦澳，问："内侍权势何如？"对曰："陛下威断，非前朝比。"上闭目摇手曰："尚畏之在。"士良之立碑，其亦畏昏椓之党欤？）

席豫未尝草书，曰："细犹不谨，而况巨耶？"然豫为黜陟使，言安禄山公直无私，其迷国之罪大矣，安在其能谨哉？《唐史》立传褒之，未有著其罪者，何小人之多幸也？（原注：席建侯，即豫也。《唐史》避代宗讳称字。孔光党王莽，则不言温室树不足以为谨。席豫党禄山，则未尝草书，不足以为谨。）

《容斋续笔》辩严武无欲杀杜甫之说。愚按《新史·严武传》多取《云溪友议》，宜其失实也。

林甫、杨国忠凭借高力士得以当上宰相，本原就在于此。李揆当国，以儿子的身份侍奉讨好大宦官李辅国，不知羞耻，钟绍京是怎么责备他的呢？

《郑薰传》记载说："有太监请求用阶位荫蔽子孙，遭到郑薰的拒绝。"也算得上是有操守的。《文苑英华》九百三十二有郑薰撰写的《仇士良神道碑》："谁能称得上有完备的品德，那不就是仇公吗？"他记叙甘露之变，称它"歼灭了大害首恶，建立了特殊的功劳"，以七松处士之名而这样秉笔，还能在《新唐书》中列为佳传，难道是作史者没有考证这件事吗？碑言："大中五年，（皇帝）念及功劳首录旧事，命令文臣撰述，不敢有虚伪溢美之词。"以万恶之首为忠诚贤良，还能说不虚美吗？宣宗所褒奖表扬的人就像这样，唐朝的衰弱已经有征兆了！（原注：宣宗召见韦澳，问："内侍的权势怎样？"回答道："陛下断绝威明，（内室）比不上前朝。"皇上闭上眼睛摆手说："还是会忌惮他们。"士良能够立碑，不也是畏惧阉人之党吗？）

席豫从不写草书，他说："细微处都不谨慎，更何况是重大事件？"但是席豫身为黜陟使，却说安禄山公直无私，他迷惑国的罪过太大，怎么能称他谨慎呢？《唐书》立传褒扬他，没有谈到他罪过的地方，何故小人如此幸运？（原注：席建侯，即席豫。《唐书》避唐代宗名讳称他的字。孔光攀附王莽一党，则"不说温室种的树"不足以称得上谨慎。席豫攀附安禄山一党，则"从不草书"不足以称得上谨慎。）

《容斋续笔》辩论严武没有杀死杜甫的念想这一说。我认为《新唐书·严武传》大多取自《云溪友议》，它的来源不那么真

　　《通鉴》载李德裕对杜悰，称"小子闻御史大夫之命，惊喜泣下。"致堂《读史管见》二十五谓："德裕岂有是哉？杜悰，李宗闵之党，故造此语以陋文饶，史掇取之。以文饶为人大概观焉，无此事必矣。"愚按，此事出张固所撰《幽闲鼓吹》，杂说不足信也。

　　《李泌传》："加集贤殿、崇文馆大学士。泌建言'学士加"大"，始中宗时，及张说为之，固辞，乃以学士知院事。'至崔圆复为大学士，亦引泌为辞而止。"愚按，崔圆相肃宗，在泌前。《会要》：贞元四年五月，泌奏"张说恳辞'大'字，众称达礼。至德二年，崔圆为相，加集贤大学士，因循成例。望削去'大'字。"此乃泌引圆为辞，《传》误矣。

　　韦济试理人策第一。致堂《读史管见》谓："济被识擢，不闻以循良称，是实不副言矣。"愚考《通鉴》开元二十二年，相州刺史韦济荐方士张果。盖逢君之恶者，不但实不副言也。（原注：少陵《赠韦左丞诗》，即济也。）

　　《旧史·敬宗纪》："李翱求知制诰，面数宰相李逢吉过"。愚谓翱为韩文公之友，此逢吉所深忌也，面数其过，可谓直矣。求知制诰，乃诬善之辞。荆公尝辩之曰："世之浅者，以利心量君子。"

实。

《通鉴》记载说：李德裕对杜惊，称"我这不肖之人听到自己被任命为御史大夫的诏令，惊喜落泪。"胡寅《读史管见》二十五说："德裕怎么会这样呢？杜惊，是李宗闵一党的人，他们故意捏造这种话语来丑化文饶（李德裕字），而史家又截取了这个片段。认为李德裕为人大体可见一斑，但事实上并没有这件事。"我认为，这件事出自张固所撰的《幽闲鼓吹》，杂谈不足为信。

《李泌传》记载："（李泌）加集贤殿、崇文馆大学士。李泌进言'学士前加"大"字，开始于中宗时，等到张说获此称呼，本该推辞，就称为学士知院事。'带到崔圆再为大学士，也引用李泌的话推辞告终。"我认为，崔圆当肃宗的宰相是在李泌之前。《会要》记载说：贞元四年五月，李泌上奏书言"张说诚恳地辞去'大'字，众人称赞他明礼。至德二年，崔圆当宰相，加封集贤大学士，因袭已有的案例。希望能削去'大'字。"这是李泌引崔圆作为托辞，《传》记错了。

韦济应试问策排名第一。胡寅《读史管见》认为："韦济被赏识提拔，没听说是因为循规善良而被称赞，是品行与他的言论不相称啊。"我考察《通鉴》开元二十二年的记录，相州刺史韦济推荐方士张果。大概逢迎君王之恶的人，不仅仅是名不副实而已。（原注：杜甫的《赠韦左丞诗》，指的就是韦济。）

《旧史·敬宗纪》记载："李翱请求担任制诰一职，当面指责宰相李逢吉的过错"。我认为李翱是韩愈的朋友，这为李逢吉所深深忌惮，当面指责他的过失，可算得上刚直了。请求担任制诰，这是诬陷良善之人的说辞。王安石曾经为他辩护说："世上

《老学庵笔记》云："旧制，两省中书在门下之上，元丰易之。"愚观李文简《历代宰相表》云："中书、门下，班序各因其时。代宗以前，中书在上；宪宗以后，门下在上。大历十四年，崔祐甫与杨炎皆自门下迁中书，不知何时升改。"放翁所记，盖未考此。

《李靖兵法》世无全书，略见于《通典》。今《问对》出阮逸，因杜氏所载附益之。

《唐六典》太子令书画"诺"，本朝至道初改为"准"。此东宫画诺也。陆龟蒙《说凤尾诺》云："东宫曰'令'，诸王曰'教'，其事行则曰'诺'，犹天子肯臣下之奏曰'可'也。"晋元帝为琅邪王，批凤尾诺；南齐江夏王学凤尾诺，则诸王亦画诺矣。《后汉书》云："南阳宗资主画诺。"梁江州刺史陈伯之目不识书，"得文牒辞讼，惟作大诺"，则郡守、刺史亦画诺矣。

《唐六典》、《开元礼》宣示中外，未有明诏施行。见《吕温集》。南丰《乞赐唐六典状》谓：《六典》"本原设官因革之详，上及唐、虞，以至开元。其文不烦，其实甚备，可谓善于述作者。"

《李德裕传》："韦弘质建言，宰相不可兼治钱谷。"嘉祐六年《制策》：（原注：胡武平撰）"钱谷，大计也，韦贤之言

浅薄的人，以功利心来衡量君子。"

《老学庵笔记》记载说："旧的制度中，尚书省、中书省地位在门下省之上，元丰年间转变了。"我看到李焘的《历代宰相表》记载："中书省、门下省，班次排序各因它的时代而不同。唐代宗以前，中书省地位在上；唐宪宗以后，门下省地位在上。大历十四年，崔祐甫与杨炎都是自门下省升迁中书省，不知是何时发生的改动。"陆游所记的内容，大概没有考察到这个依据。

《李靖兵法》这本书世上没有这本书的全貌，部分内容见于《通典》。如今《李卫公问对》出自于阮逸家，是因袭了杜佑记载的并对其作了增附补充。

《唐六典》记载说皇太子所下的命令，结尾处要写"诺"字，本朝至道年初改为"准"。这就是东宫画诺所指。陆龟蒙《说凤尾诺》记载说："太子向下发布命令为'令'，诸王下命令为'教'，执行命令则为'诺'，就像天子肯定臣子的启奏为'可'。"晋元帝身为琅邪王时，批示凤尾诺；南齐江夏王学写凤尾诺，则可见诸王也称画诺。《后汉书》记载："南阳宗资主画诺。"梁江州刺史陈伯目不识丁，"得了文牒辞讼，只会画大诺"，可见郡守、刺史也可称画诺。

《唐六典》、《开元礼》只为向中外宣示礼仪，没有明确的诏令被施行过。见于《吕温集》。曾巩《乞赐唐六典状》说：《六典》"根本在于还原设官制因袭变革的详尽过程，上可追溯到尧、舜，下至开元时期。其行文不繁琐，其内容很完备，可称得上是善于著述者（的作品）。"

《李德裕传》记载说："韦弘质进言，主张宰相不可以兼管钱粮。"嘉祐六年《制策》（原注：胡武平撰）记载："钱粮乃是国

不宜兼于宰相。"盖"弘"字避讳,误以"质"为"贤"。

刘秩为祭酒,上疏曰:"士不知方,时无贤才,臣之罪也。"元稹守同州,《旱灾自咎》诗曰:"上羞朝廷寄,下愧闾里民。"秩、稹可谓知所职矣。其言不可以人废。

《唐·宗室表》宰相十一人:林甫、回、程、石、福、勉、夷简、宗闵、适之、岘、知柔。《传》止云九人,盖不数福、宗闵。宗室为状头有李肱。

唐制举之名,多至八十有六,凡七十六科,至宰相者七十二人。本朝制科四十人,至宰相者,富弼一人而已。中兴复制科,止得李垕一人。

唐宏词之论,其传于今者,唯韩文公《颜子不贰过》。制举之策,其书于史者,唯刘蕡一篇。不在乎科目之得失也。

李泌,父承休,聚书二万余卷。诫子孙不许出门,有求读者,别院供馔。(原注:见《邺侯家传》)邺侯家多书,有自来矣。

《艺文志》"儒家":"员俶《太玄幽赞》十卷。开元四年,京兆府童子进书,召试,直弘文馆。"《李泌传》云:"开元十六年,员俶九岁升坐,词辩注射,帝异之。"年岁皆不同。盖《泌传》所载,本《邺侯家传》,当以《志》为正。

家大计，韦贤进言认为不宜由宰相兼管。"大概是"弘"字避讳，误把"质"当作"贤"字。

刘秩为国子祭酒，上疏说："士人不知道伦理道德和学问，当今之世没有贤能才人，这是我的罪过。"元稹任同州刺史时，有《旱灾自咎》诗："对上羞于朝廷的寄托，对下愧见闾里的百姓。"李秩、元稹可称得上是理解自己的职责所在。这些话不能因为说的人而被忽视。

《唐书·宗室表》记载宰相十一人：李林甫、李回、李程、李石、李福、李勉、李夷简、李宗闵、李适之、李岘、李知柔。《宗室传》只记载了九人，大概是没有包括李福、李宗闵。宗室中中状元的有李肱。

唐朝科举的名额情况，状元多达八十六人，七十六人中举，成为宰相的就有七十二人。本朝科举状元四十人，当上宰相的，只有富弼一人而已。中兴后恢复科举，只有李垕一人中举。

唐朝宏词科的文章，流传到今天的，只有韩愈的《颜子不贰过》。科举考试的策问篇目，被载入史书的，只有刘蕡的一篇。（他们）不在乎科目考场上的得失。

李泌的父亲李承休，收藏书集二万余卷。他告诫子孙不许出门，若有请求读书的人，在别院提供书集饮食。（原注：见《邺侯家传》）邺侯家多书，是有其来源的。

《艺文志》"儒家"有这样的记载："员俶著有《太玄幽赞》十卷。开元四年，（他作为）京兆府童子进书，皇帝召他应试，在弘文馆。"《李泌传》记载："开元十六年，九岁的员俶升堂坐对，考察词章辩析和注释，皇帝对他感到惊异。"年岁都不同。大概《李泌传》所记载的内容，源本于《邺侯家传》，应当以《艺文

韦应物，史逸其传。沈作喆为《应物传》，叙其家世云："复之孙待价，仕隋为左仆射，封扶阳公。"盖据林宝《姓纂》。《唐书》韦待价乃挺之子，武后时拜文昌右相。岂二人同名欤？当考。

刘辟乱于蜀，其嫂庾氏弃绝不为亲。白乐天为诗《赠樊著作》，与阳城元稹、孔戡并称，欲其著书编为一家言。而《唐史》于庾氏无述焉，故表而出之。

《唐六典》记南内龙池，程泰之《雍录》谓："谄辞皆出李林甫，而非张九龄所得知也"。愚按，《九龄集》有《龙池圣德颂》，则夸诩符瑞，虽贤者不免。

郑余庆采士庶吉凶书疏之式，杂以当时家人之礼，为《书仪》两卷。后唐刘岳等增损其书，司马公《书仪》本于此。

唐开元之任将，以久任而兆乱，其权颛也。我艺祖之任将，以久任而成功，其权分也。《柳氏家学录》谓：贞观故事，边将连帅三年一易，收其兵权。然用得其人，御得其道，不在于数易也。

忌日行香，始于唐，崔蠡奏罢之。本朝宋景文公奏云："求于非福，则是谄祭；忏于无罪，则是诬亲。"其言不行。

志》为准。

韦应物，正史上没有他的传记。沈作喆写作《应物传》，叙述他的家世："韦夐的孙子韦待价，作为左仆射仕于隋朝，被封为扶阳公。"可能是由林宝的《姓纂》而来。《唐书》记载韦待价是韦挺的儿子，武后时拜为文昌右相。难道是二人同名吗？应当考据一下。

刘辟祸乱蜀地，他的嫂子庾氏与他断绝关系不为亲人。白居易有诗《赠樊著作》，将她与阳城元稹、孔戡并称，想要他（樊著作）著书将这些人编为一家之言。而《唐书》没有著述关于庾氏的内容，所以特意提出来。

《唐六典》记皇城东南有龙池，程大昌《雍录》有这样的记载："谄媚的言辞都出自李林甫，而非张九龄能知道的"。我认为，《九龄集》中有《龙池圣德颂》，可见夸耀奉承祥瑞，即使是张九龄这样的贤者也无法避免。

郑余庆采纳唐朝士庶吉凶书疏的仪式，与当时家中的礼制杂合，著为《书仪》两卷。后唐的刘岳等人根据这本书增减，司马光《书仪》就是依据这个而来。

唐玄宗任用将领，将领因任期很长而发生叛乱，因为将领的权力集中。我朝太祖任用将领，将领任期同样长久而得以成功，因为将的权力分散。《柳氏家学录》曾说：贞观时期，边疆的将帅三年一换，收回他们的兵权。然而善于用人，能以正确的方式驾御，不在于变换将帅的年数。

在忌日举办行香礼，是从唐朝开始的，崔蠡曾上奏请求罢免这个活动。本朝的宋祁曾上奏说："非福之人向神的乞求，是媚神的祭祀；无罪之人对神的忏悔，是对至亲的诬陷。"他的建

诚斋《易·坎·九五传》云："文宗陷于宦寺之险，而未能出。惟裴度可以出之，然度自陷于程异、元稹浸润之内。"愚谓，稹在穆宗时，异在宪宗时，非文宗事也。

颜鲁公为《郭汾阳家庙碑》云："端一之操，不以险夷概其怀；坚明之姿，不以雪霜易其令。"斯言也，鲁公亦允蹈之。

杨绾《赠官制》云："历官有素丝之节，庇家无匹帛之余。"史臣谓：当时秉笔者无愧色。

唐时午日，扬州江心铸镜供进。又千秋节，进镜。滴水李氏复收其一，乃方镜，背鼻有篆文"五日"字，面径八寸，重五十两。盛露囊，千秋节戚里皆进。《华山记》云："弘农邓绍八月晓入华山，见童子执五彩囊，盛柏露食之。"又《荆楚风土记》："以五彩结眼明囊，相传赤松子以囊盛柏露，饮之而长生。"皆八月中事。

《旧史·德宗纪》："贞元六年，岐州无忧王寺有佛指骨寸余。先是取来禁中供养，二月乙亥，诏送还本寺。"此迎佛骨之始也。《韩愈传》云："凤翔法门寺有护国真身塔，内有释迦文佛指骨一节。"（原注：寺名与前不同。）贞元、元和、咸通，迎佛骨者三。

议没有被听取。

杨万里《易·坎·九五传》有言:"唐文宗受制于宦官,处境危险,而未能出。只有裴度可帮他逃出,然而裴度自己陷于程异、元稹的牵连之中。"我认为,元稹在穆宗时,程异在宪宗时,这肯定不是文宗时的事情。

颜真卿作《郭汾阳家庙碑》有言:"有端正专一的操守,不会因为危险而掩盖自己的胸怀;有坚定明朗的风姿,不会因为打击而改变自己的品格。"这番话语,颜真卿自己也践行了。

杨绾《赠官制》曾说:"做官有清正廉洁的操守,在家里生活却很清贫。"《旧唐书》有这样的记载:当时写这句话的人脸上没有惭愧的神色。

唐朝时有年端午,扬州有一在江心铸成的水心镜。在千秋节皇帝寿诞之日,这面镜子被进贡入宫,李复收藏了一份,乃是一面方镜,背部刻有篆文"五日"的字样,镜面径长八寸,重五十两。用丝织成的香囊装着,千秋节时王公大臣都以此镜进贡皇帝。《华山记》记载说:"弘农邓绍八月早早进入华山,看见一个童子拿着五彩香囊,用它盛柏树露水而食。"又有《荆楚风土记》记载:"以五彩结眼明囊,相传赤松子用囊盛柏树露水,饮下就能长生。"都是八月中的故事。

《旧唐书·德宗纪》有这样的记载:"贞元六年,岐州无忧王寺中有几寸长的指骨。原先是取来供奉于宫中,二月乙亥,皇帝诏令将它送还本寺。"这是最初的迎佛骨。《韩愈传》记载:"凤翔法门寺中有一座护国真身塔,塔内有释迦文佛的一节指骨。"(原注:寺的名称与之前不同。)唐德宗贞元年间、唐宪宗元和年间、唐懿宗咸通年间,时期曾三次迎佛骨。

　　萧颖士《与韦述书》，欲依《鲁史》编年，著《历代通典》，起汉元十月，终义宁二年，约而删之，勒成百卷。于《左氏》取其文，《谷梁》师其简，《公羊》得其核，综三《传》之能事，标一字以举凡。然其书今无传焉，略见于本传，而不著《通典》之名。

　　杨文庄公徽之好言唐朝士族，阅《讳行录》，悉能记之。按《馆阁书目》：《讳行录》一卷，以四声编登科进士族系、名字、行第、官秩及父祖讳、主司名氏。（原注：起兴元元年，尽大中七年）宋敏求续为《后录》五卷。

　　《温彦博传》"我见其不逮再稘矣"，出《说文》引《虞书》："稘，三百有六旬。"《李密传》"敖庾之藏，有时而赐"，出《诗》"王赫斯怒"。郑笺："斯音赐，尽也。"《新史》尚奇类此。

　　马总《通历》所载"公子曰"、"先生曰"者，皆虞世南《帝王略论》。（原注：《略论》五卷，起太昊，讫隋，假公子答问。）

　　李翱为史官，请作行状者，指事说实，直载其词。然我朝名公秉笔，亦有误者。欧阳公为《范文正碑》云："至日大会前殿，上将率百官为太后寿。公上疏，其事遂已。"其后老泉编《太常因革礼》，有已行之明验，质之欧公。公曰："谏而不从，碑误也。"东坡为《张文定名方平铭》云："神宗问：'元昊初臣，何以待之？'公曰：'臣时为学士，誓诏封册，

萧颍士《与韦述书》记载，(他)想要依照《春秋》编年的体例，来编撰《历代通典》，从汉朝元年十月开始，到隋朝义宁二年结束，修改删削后，共成百卷。在《左传》中吸取行文风格，学习《谷梁传》的简明扼要，得《公羊传》的思想内核，综合三部《传》的长处，标举一字以为凡例。但是这部书现今已经失传，部分见于他的个人传记，但是没有著《通典》的名字。

文庄公杨徽之喜欢点评唐朝士族，他阅览《讳行录》后，能记住全部内容。根据《馆阁书目》记载：《讳行录》一卷，依照四声的规则编写登科进士的族系、名字、行第、官职以及父亲祖父的名讳、主司的姓名。(原注：起于唐德宗兴元元年，终于唐宣宗大中七年)宋敏求续编为《后录》五卷。

《温彦博传》记载"我看他是等不到再稘了"，出自《说文》引用《虞书》："稘，三百六十天。"《李密传》中"谷仓的积粮，终有穷尽的那天"，出自《诗经》"王赫斯怒"郑玄笺注说："斯读音为赐，表示尽的意思。"《新唐书》追求新奇之风就像这样。

马总《通历》所记载的"公子曰"、"先生曰"，皆出自虞世南《帝王略论》。(原注：《略论》共五卷，起于太昊，终于隋朝，假托公子与先生答问的形式。)

李翱身为史官，请奏主张那些负责记录人们行状的人，应当针对事件的真实面貌、直言不讳地用词。然而我朝的名士秉笔纪实，也有讹误的情况。欧阳修作《范文正碑》曾说："那日在朝会前殿，皇帝想要率领百官向太后拜寿。范公上疏据理力争，于是这件事便不了了之。"之后苏洵编《太常因革礼》，(发现此事)有明确证据证明确实发生过，便以这件事去质问欧

皆臣所草。'"李微之考《国史》,誓诏在庆历四年十月,封册在十二月。明年二月,文定始为学士。(原注:封册乃宋景文撰。)朱文公为《张忠献名浚行状》,其后语门人云:"向只凭钦夫写来事实,后看《光尧实录》,其中多有不相应处。"以三事观之,网罗旧闻,可不审哉?

唐配帝皆一后,唯睿宗二后;昭成,明皇之母,开元四年升祔。此失礼之始也。

龙朔二年改左右散骑常侍曰左右侍极,《职源》误以左史为左侍极,而近世制词多踵其误。

石林序卢鸿一《草堂图》云:"《唐旧史·隐逸传》鸿一,盖二名,与《中岳刘真人碑》所书合。《新史》删去'一'字,不知何据?当以《旧史》为正。"愚按,南齐张融曰:"昔有鸿飞天首,积远难明,越人以为凫,楚人以为乙。人自楚、越,鸿常一耳。""鸿一"之义取于此。

《考古编》以《通鉴》贞观十三年房玄龄"请解机务","诏断表",为今"断来章"之祖。愚按,《晋·山涛传》:手诏曰:"便当摄职,令断章表。"此断表之始,非昉于唐也。

公。欧公回答："上了谏言但没被听从，是碑记错了。"苏东坡作《张文定名方平铭》说："宋神宗问：'元昊第一次称臣，当时是怎样对待他的？'文定公回答：'我当时是学士，誓诏和封册的文章，都是由我草拟的。'"李心传根据《国史》考证，誓诏时间是在庆历四年十月，封册时间在十二月。而第二年的二月，文定公才被任命为学士。（原注：封册乃是宋祁撰写的。）朱熹作《张忠献名浚行状》，文章之后他对门人说："我向来只依靠张栻所记录的事实，后来查看《光尧实录》，发现其中有很多对应不上的地方。"通过这三件故事来看，收集整理过去的历史，能不严谨吗？

唐朝的皇帝都只立过一位皇后，只有睿宗立过两位皇后；昭成皇后，是唐明皇之生母，开元四年升为皇后。这是礼制丧失的开端。

龙朔二年将左右散骑常侍改称为左右侍极，《职源》误以为左史即是左侍极，而近世的文献记载大多重复了这个错误。

石林为卢鸿一的《草堂图》作序时曾说："《旧唐书·隐逸传》记载鸿一，大概有两个名字，与《中岳刘真人碑》所记载的相对应。《新唐书》删去'一'字，不知道依据的是什么？应当以《旧唐书》为准。"我认为，南齐张融说过："曾经有鸿鸟飞向天际，遥远而难以看清，越地的人觉得是凫鸟，楚地的人以为乙。人虽然来自楚、越，但鸿鸟却常常为同一只。""鸿一"的意思出自于此。

《考古编》以《通鉴》贞观十三年房玄龄"请求解除机关职务"，"下诏断绝上表"，为当今"断来章"的来源。我注意到，《晋书·山涛传》有这样的记载：（皇帝）手写诏书言："应当剥

韩、柳方驾,而其行殊;元、白齐名,而其操异。(原注:
管、华,嵇、阮亦然。)

唐亦有蔡京,(原注:咸通三年,岭南节度使以贪虐诛。京始
末,见《云溪友议》。)此奸臣名氏之同者。吴有桓彝,晋亦有
桓彝,此忠臣名氏之同者。若两曾参、两毛遂,则贤否分矣。
(原注:两毛遂,见《西京杂记》。员半千诗用之。)

颜鲁公为刑部尚书,有举家食粥之帖。盖自元载制禄,
厚外官而薄京官。京官不能自给,常从外官乞贷。杨绾既相,
奏加京官俸。鲁公以绾荐,自湖州召还,意者俸虽加而犹薄
欤?

李康《运命论》曰:“以一人治天下,不以天下奉一人。”
《大宝箴》用之。

李方玄曰:“沈约年八十,手写簿书。”本杜牧所作《方
玄墓志》。本朝建隆诏亦云:“沈约为吏,手写簿书。”愚按
《理道要诀》云:“宋光禄大夫傅隆,年过七十,手写籍书。
梁尚书令沈约,位已崇高,议请宝重。”盖误以傅隆为沈约
也。

孝宗问周益公云:“唐孙樵读《开元录》,杂报数事,内
有宣政门宰相与百僚廷诤,十刻罢。遍检新、旧《唐史》及诸

夺职位，下令停断章表。"此乃断表的开始，并非始于唐朝。

韩愈、柳宗元并驾齐驱，然而他们行为不同；元稹、白居易齐名相当，但是他们操守相异。（原注：管宁、华歆，嵇康、阮籍也是这样。）

唐朝也有一个蔡京，（原注：咸通三年，岭南节度使因为贪污暴虐被诛杀。蔡京开始出现，见于《云溪友议》。）这是与奸臣同名同姓的人。吴国有桓彝，晋朝也有桓彝，这是与忠臣同名同姓的人。就像曾有过两个曾参、两个毛遂，则是否是贤才需要分别讨论。（原注：两个毛遂的事情，见于《西京杂记》。员半千的诗引用了这个故事。）

颜真卿担任刑部尚书时，曾写过记叙全家喝米粥的字帖。大概是自从元载成为宰相，外省官员得到厚待而京官待遇却很微薄。京官生活不能自给自足，常常从外地官员处乞食贷款。杨绾当了宰相后，上奏请求增加京官的俸禄。颜真卿是杨绾举荐的，从湖州召还至京，意思是俸禄虽然增加然而还是不够吗？

李康《运命论》说："以一个人治理天下，而不是以天下人供奉一个人。"《大宝箴》采用了这句话。

李方玄曾说："沈约八十岁时，能手抄书籍。"出自于杜牧所写的《方玄墓志》。本朝太祖皇帝也在诏书中言："沈约为官吏，能手抄书籍。"我注意到《理道要诀》中的记载："宋朝的光禄大夫傅隆，年过七十，还能手写书籍。梁朝的尚书令沈约，地位已然很崇高，还请求保重自身。"可能是误以为傅隆之事是沈约所为。

宋孝宗曾问周必大："唐朝的孙樵读《开元录》，交杂记录许多件事，其中有宣政门宰相与数百官僚在朝廷上争论，过了

书,并不载。"益公奏:"《太平御览总目》内有《开元录》一书。祖宗朝此本尚存,近世偶不传耳,容臣博加询访。"

萧遘与其子三儿生日诗曰:"吾家九叶相,尽继明时出。"《唐史》云:"自瑀逮遘,凡八叶宰相。"此云九叶,《宰相世系表》:梁贞阳侯之后有邺,相宣宗。

姚崇十事,见《开元升平源》,《通鉴》不取。
王起广《五位图》,《旧史》云《五运图》。
李白上《宣唐鸿猷》一篇,即《新书》本传所谓"召见金銮殿,奏颂一篇"者也。今《集》中阙。

"绯衣小儿"之谣,《朝野佥载》谓裴炎也,而张权舆以诬裴度。
韩文公子昶,虽有"金根车"之讥,而昶子绾、衮皆擢第,衮为状元,君子之泽远矣。

孔戣为华州刺史,奏罢明州岁贡淡菜、蛤蚶之属。(原注:见《昌黎集》。)元稹为越州,复奏罢之。(原注:见《白乐天集》。)盖尝罢于元和,而复贡于长庆也。

毕炕,天宝末为广平太守,拒安禄山,城陷,覆其家。《唐史》附于父《构传》,盖取韩文公所撰《毕坰志》。然炕之名不书于《忠义传》,故文公谓:"广平死节,而子不荷其

十刻才停止。（我）翻遍了新、旧《唐书》以及相关史书，都没有记载这件事。"周必大回奏："《太平御览总目》内有《开元录》一书。先帝时期这本书还存在，近年或许已经失传了，请容许臣多加寻访。"

萧邁给他的第三个儿子的生日诗有云："我家九世为相，都是开明盛世出任。"《唐书》有这样的记载："自萧瑀及萧邁前，八代均为宰相。"此处言九代，《宰相世系表》记载：齐梁一房贞阳侯之后有邺侯，为宣宗之相。

姚崇的"十事"，见于《开元升平源》，《通鉴》没有收录。

王起广的《五位图》，《旧唐书》称之为《五运图》。

李白呈上《宣唐鸿猷》一篇，即《新唐书》本传中所谓的"召见他于金銮殿，命令奏颂一篇"。现在的《李太白集》中缺了这篇。

"绯衣小儿"的歌谣，《朝野佥载》认为指的是裴炎，而张权與用来诬陷裴度。

韩愈的儿子韩昶，虽然有"金根车"这个可笑之言，但是韩昶的儿子韩绾、韩衮都中了进士，韩衮更是状元，可知君子的福泽深远。

孔戣担任华州刺史，上奏书请求罢免明州每年进贡淡菜、蛤蚶这类食物。（原注：见《于昌黎集》。）元稹担任越州刺史，也上奏请求罢免。（原注：见于《白乐天集》。）可能这一政策曾经罢免于元和年间，而又在长庆年间恢复进贡。

毕炕，天宝年末为广平太守，抵抗安禄山，城池陷落，家族覆灭。《唐书》将他的事迹附于他的父亲《毕构传》中，大概是取用了韩愈所撰写的《毕坰志》。然而毕炕的名字不被记录

泽"。愚谓广平之节如此，河北二十四郡不止一颜平原也，《通鉴》亦不书其事。

广德元年十一月，太常博士柳伉上疏，请斩程元振。于是削元振官爵，放归田里。东坡《试制科对策》谓："及其有事且急也，虽代宗之庸，程元振之用事，柳伉之贱且疏，而一言以入之，不终朝而去其腹心之疾。"愚按《登科记》："伉，乾元元年进士。"《翰林院故事》载：宝应已后，伉自校书郎充学士，出鄠县尉，改太常博士，兵部员外，谏议大夫，皆充学士。《新唐史·程元振传》云"太常博士，翰林待诏柳伉上疏"，以《翰林故事》考之，伉是时为学士，非待诏也。伉以博士在禁林，职近而亲，不可谓"贱且疏"。《唐史》不为伉立传，故详著其事，俾览者知词臣之献替，不独陆贽、李绛也。

东坡谓："学韩退之不至，为皇甫湜；学湜不至，为孙樵。"《谢南省主文欧阳内翰启》朱新仲曰："樵乃过湜，如《书何易于》、《襄城驿壁》、《田将军边事》、《复佛寺奏》，皆谨严得史法，有补治道。"

林宝《元和姓纂》十卷，"自皇族之外，各依四声类集，每韵之内，以大姓为首"。此林宝《自序》之文。邓名世谓：稍能是正数十条，而齐、秦之属，亦所未暇。至鉏丘茅夷，指为复姓，又不胜其谬。郑樵《通志·氏族略》谓：宝不知自

在《忠义传》中，所以韩愈说："广平太守为国死节，而他的儿子没有受到他的福泽庇护"。我认为广平太守的气节如此，河北二十四郡不只有一个颜真卿，《通鉴》也不记载他的事迹。

广德元年十一月，太常博士柳伉上疏，请求斩杀程元振。于是程元振被削去官职爵位，被放归乡里田间。苏东坡《试制科对策》曾说："等到有重大的事且十分急迫时，纵使是代宗这样平庸，程元振这样主权，柳伉这样卑微且疏远的身份，只要有一句话被听从，朝会不待结束便除去了心腹大患。"我注意到《登科记》的记载："柳伉，是乾元元年的进士。"《翰林院故事》记载：宝应以后，柳伉自校书郎充学士，出任鄠县尉，改迁太常博士，兵部员外郎，谏议大夫，都充任学士。《新唐史·程元振传》说"太常博士，翰林待诏柳伉上疏"，根据《翰林故事》考证，柳伉当时是学士，并非待诏。柳伉以博士身份在宫廷内，职位亲近（皇帝），不算是"卑微且疏远"。《唐书》不为柳伉立传，所以详细著明他的事迹，博览群书者知道重要文臣的交接替换，不只有陆贽、李绛。

苏东坡曾说："学习韩愈但是达不到他的水准，就像皇甫湜；学习皇甫湜但是达不到他的水准，就像孙樵。"《谢南省主文欧阳内翰启》中朱新翌曾说："孙樵实际上超过了皇甫湜，比如《书何易于》、《襄城驿壁》、《田将军边事》、《复佛寺奏》，都严谨而有史家法度，有益于治道之学。"

林宝有《元和姓纂》十卷，"除去皇族以外，其他人分别依据四声分类整理，每个韵部内，以大姓为首"。出自林宝《自序》之文。邓名世认为：能算作是正确的有数十条，而齐姓、秦姓的所属，也有没顾到的地方。至于钼丘、茅夷，被指认为复姓，又

姓所由来。

刘允济曰："班生受金，陈寿求米。"（原注：受金事未详。）

刘知几领史事，言"五不可"，曰："孙盛取嫉权门，王劭见雠贵族。"《文粹》云："王韶直书，见雠贵族。""宋王韶之为晋史，序王珣货殖，王廞作乱。珣子弘、廞子华并贵，韶之惧为所陷，深附结徐羡之、傅亮等。"当从《文粹》为王韶。《新史》误以"韶"为"劭"。（原注：韶之弑君之贼也，身为枭獍，而秉史笔，其谁服之！《传》曰："无瑕可以戮人。"）

李晟每战，必锦裘绣帽自表，而晟以胜；宋殷孝祖每战，常以鼓盖自随，而孝祖以败。兵岂有定法哉？

闽俗比中州，化于善也。蔡人过夷貊，化于恶也。

汉党锢以节义，群而不党之君子也。唐朋党以权利，比而不周之小人也。汉之君子，受党之名，故其俗清；唐之小人，行党之实，故其俗弊。

奸臣唯恐其君之好学近儒，非独仇士良也。吴张布之排韦昭、盛冲，李宗闵之排郑覃、殷侑，亦士良之术。

十分荒谬不经。郑樵《通志·氏族略》记载：林宝不知道自作之姓的由来。

刘允济曾说："班固有受金之名，陈寿有求米之事。"（原注：受金一事没有详略记载。）

刘知几主领史官之事，进言"五不可"，说："孙盛纪实被权贵们嫉恨，王劭直言被贵族仇怨。"《文粹》记载说："王韶秉笔直书，被贵族仇视。""宋王韶身为东晋史官，为王珣的货殖传作序，王廞起兵作乱。王珣的儿子王弘、王廞的儿子王华一并成为权贵，韶之害怕被他们陷害，暗中依附结交徐羡之、傅亮等人。"应当遵从《文粹》中的记载写为王韶。《新唐书》误以"韶"为"劭"。（原注：王韶之乃是弑君的贼人，身为枭雄，却秉笔书史，谁能信服呢！《左传》记载说："人必须以身作则，才能教育惩戒别人。"）

李晟每场战役前，必然穿着锦绣裘衣、戴着刺绣帽子上表呈请，而李晟能够胜利；宋殷孝祖每次参战，常常让鼓吹和伞盖这些仪仗跟随着自己，而孝祖最终失败。用兵也是有固定不变的法则吗？

闽地的风俗可与中原相比，是教化向善的结果。蔡地的百姓比蛮夷更可恶，是教化向恶的结果。

汉朝党锢之祸的缘起是气节忠义，是结伴而不结党的君子。唐朝朋党之祸的缘起是权力利益，是拉帮派但不团结的小人。汉朝的君子，只有党派的名声，因此他们的作风清正；唐朝的小人，坐实党派的行为，因此他们的作风多弊。

奸臣唯恐他们的君王喜爱学习亲近儒学，不只是仇士良害怕。吴国的张布排挤韦昭、盛冲，李宗闵排挤郑覃、殷侑，用的也是仇士良的权术。

杜佑《理道要诀》，朱文公谓非古是今之书。

魏郑公曰："重君子也，敬而远之；轻小人也，狎而近之。"武帝之于汲黯、卫青、公孙弘，明皇之于姚崇、宋璟、李林甫，可见矣。《中庸》之尊贤，必以修身为本。

"善言不可离口，善药不可离手"，孟诜之言也。《观物外篇》取之。

张文潜云："节度之强，不起于河北之继袭，而起于节度之有功。"愚考方镇之强，始于仆固怀恩用贼党田承嗣、李怀仙、李宝臣分帅河北，非有功之将也。

司空图《房太尉》诗曰："物望倾心久，匈渠破胆频。"注谓：禄山初见分镇诏书，扪膺叹曰："吾不得天下矣！" 琯建遣诸王为都统节度，而贺兰进明谮于肃宗。以司空表圣之言观之，则琯建此议，可以破逆胡之胆。《新唐书》采野史稗说，而不载此语，唯程致道著论发扬之。（原注：晋以琅邪立江左之业，我宋以康王建中兴之基，琯可谓善谋矣。）

《通鉴》：刘蕡"不得仕于朝，终于使府御史"。《唐鉴》云："终于柳州司户。"以《新史》考之，当从《唐鉴》。（原注：宦人深嫉蕡，诬以罪，贬柳州司户。）

颜真卿、郑畋以兴复为己任，倡义讨贼，其志壮矣。真

杜佑的《理道要诀》，朱熹认为它是一本批评古代制度而肯定现在制度的书。

魏征曾说："礼重君子，尊敬但是疏远他们；轻亵小人，亲昵并且亲近他们。"汉武帝对待汲黯、卫青、公孙弘，唐明皇对待姚崇、宋璟、李林甫，可见一斑。《中庸》所谓尊重贤德之人，必须以自我修养为根本。

"善意的忠言不能离开口边，滋补的良药不能离开手边"，孟诜所说之言。《观物外篇》引用了这句话。

张文潜曾这样说过："节度使的强盛，不是开始于河北的突袭，而是起始于节度使有军功。"考察后认为方镇势力的强盛，开始于仆固怀恩启用贼人党派田承嗣、李怀仙、李宝臣分别统帅河北，而非有军功的将领。

司空图《房太尉》诗中说："众望仰慕你已然许久，匈奴贼首因为你而频频吓破胆。"注释说：安禄山刚见到分镇的诏书时，捶胸叹息说道："我得不到这天下了！"房琯建言派遣诸王为都统节度，而贺兰进明向肃宗进谗言。根据司空表圣的诗句来看，则房琯的这条谏言，可以威慑叛逆胡人。《新唐书》采用野史稗官之说，却不记载这句话，只有程俱在著论中着重提倡这句。（原注：晋朝凭借琅邪王氏建立江左的基业，我大宋凭借康王赵构建立中兴的基业，房琯可称得上是善于谋划。）

《通鉴》有这样的记载：刘蕡"不得入朝为官，终身在使府担任御史"。《唐鉴》记载："最终担任柳州司户。"根据《新唐书》考证，应当依从《唐鉴》。（原注：宦官非常嫉恨柳蕡，诬陷他有罪，贬为柳州司户。）

颜真卿、郑畋以兴复国家为己任，提倡忠义讨伐反贼，他们

卿权移于贺兰进明，畋见袭于李昌言，功不克就。故才与诚合，斯可以任天下之重。

常衮与礼官议："礼，为君斩衰三年。汉文帝权制三十六日，我太宗遗诏亦三十六日。群臣不忍既葬而除，略尽四月。高宗如汉故事，玄宗以来，始变天子丧为二十七日。（原注：世多以短丧议汉文帝，而不知二十七日之制，自玄宗始也。）

韩偓自书《裴郡君祭文》，首书"甲戌岁"，衔书"前翰林学士承旨、银青光禄大夫、行尚书户部侍郎、知制诰、昌黎县开国男、食邑三百户韩某"。是岁朱氏篡唐已八年，为乾化四年，犹书唐故官，而不用梁年号。（原注：庆历中，诏官其四世孙奕。）

仆固怀恩叛唐，李日月为朱泚将，而其母皆知逆顺之理，良心不可泯也。

李光弼与韦陟论战守，曰："辨朝廷之礼，我不如公；若夫军旅，则公不如我。"陟无以应。古者治军，有军礼焉，楚得臣以无礼败，晋文公以有礼胜。礼莫大于君臣之分，光弼命召不至，愧恨以没，盖以礼与军旅为二物也。

《唐鉴》曰："人君观史，宰相监修，欲其直笔，不亦难乎？房、魏为相，总史事，其父彦谦、长贤，皆得佳传，况不如房、魏者乎？"

的志向远大。颜真卿的权力转移到贺兰进明处，郑畋被李昌言所袭击，功业无所成就。所以才能与忠诚相结合，才可以负担天下之重任。

常衮与礼官商议："按照礼制，应当为皇帝穿三年斩衰（一种丧服）。汉文帝下诏改为三十六天，我朝太宗皇帝的遗诏也是要求三十六天。群臣不忍心刚刚安葬好就除去丧服，稍微延长四个月。唐高宗依照汉朝旧制度，唐玄宗以来，开始改天子丧为二十七天。（原注：世人大多以丧期太短议论汉文帝，却不知道二十七日之制，是自玄宗开始的。）

韩偓自己所作的《裴郡君祭文》，开篇写道"甲戌岁"，结尾处为"前翰林学士承旨、银青光禄大夫、行尚书户部侍郎、知制诰、昌黎县开国男、食邑三百户韩某"。当年距离朱温篡唐称帝已过去八年，为乾化四年，依旧写唐时的官名，而不用梁的年号。（原注：庆历年间，诏他的四世孙韩奕为官。）

仆固怀恩背叛唐朝，李日月为朱泚将，然而他们的母亲都知晓顺之者昌逆之者亡的道理，良心没有泯灭啊。

李光弼与韦陟讨论战争与守备，说："明辨朝廷的礼节，我不如您；倘若说到军营旅战，则您不如我。"韦陟没有回应。古时的人治理军队，有军队的礼制，楚国令尹成得臣因为无礼而败，晋文公因为有礼而胜。礼制中没有比君臣之分更重要的，李光弼受命召回而不至，愧恨而死，大概是因为认为礼与军旅是两回事吧。

《唐鉴》记载说："人君观览历史，宰相负责监修，想要他们秉笔直书，不是一件难事吗？房玄龄、魏征当宰相，总领修史之事，他们的父亲房彦谦、魏长贤，都有很好的传记，何况那些

独孤及《福州新学碑铭》云："闽中无儒家流，成公至而俗易，（原注：成公，李椅也。在大历八年。）家有洙、泗，户有邹、鲁。"（原注：常衮建中初为闽人设乡校。李椅在其前。）

王福畤为博士，执许敬宗之谥不改，无忝河汾之学矣。

许敬宗谥缪，而更曰恭。陈执中谥荣灵，而更曰恭。二事相类。

武德初，以隋张衡死非其罪，谥曰忠，是奖弑君之贼也。高祖相封德彝，宜其以逆为忠也。汉大纲正，见于戮丁公；唐无三纲，见于赠张衡。

《朝野杂记·贾集》十七"本朝视汉唐户多丁少之弊"曰："西汉户口至盛之时，率以十户为四十八口有奇。东汉户口，率以十户为五十二口，可准周之下农夫。唐人户口至盛之时，率以十户为五十八口有奇，可准周之中次。"（原注：其说本程沙随。）

欧阳子书"唐六臣"于唐亡之后，贬其恶也；朱子书"晋处士"于晋亡之后，表其节也。一字之惩劝深矣。

《五代史·周本纪论》："周世宗尝夜读书，见唐元稹《均田图》，叹曰：'此致治之本也。'诏颁其图法，使吏民先习知之，期以一岁大均天下之田。"考之《五代会要》"租税"类，世宗见元稹在同州时所上《均田表》，因制素为图，

不如房玄龄、魏征的人呢？"

独孤及的《福州新学碑铭》曾这样说过："闽地中没有儒家的流派，成公到后风俗改变，（原注：成公即是李椅。在大历八年到闽。）家家户户都有洙泗、邹鲁之风。"（原注：常衮于建中初为闽人设立乡校。李椅在他之前。）

王福時担任博士，坚持不改许敬宗的谥号，无愧于他出身河汾学派。

许敬宗谥号为"缪"，而后改称为"恭"。陈执中谥号为"荣灵"，而后改称为"恭"。这两件事相类似。

武德初年，（皇帝）因为隋朝的张衡受到莫名的罪责而死，赠谥号为"忠"，这是在嘉奖弑君之贼。唐高祖封封伦为宰相，他也是以逆贼为忠臣。汉朝纲纪正明，从杀丁公一事可见；唐朝没有三纲，从赠张衡一事可见。

《朝野杂记·贾集》十七"本朝视汉唐户多丁少之弊"说："西汉户口最兴盛的时候，大概是每十户有四十八口人有余。东汉户口，大概是每十户共有五十二口人，可以比照后周人口较少时。唐朝时户最兴盛的时候，大概每十户有五十八口人有余，可以比照后周人口中等规模。"（原注：这个说法出自程沙随。）

欧阳修写"唐六臣"于唐朝灭亡之后，是为了贬斥他们的恶；朱熹写"晋处士"于晋亡之后，旌表他的气节。一个字就能蕴含着惩劝的深意。

《五代史·周本纪论》记载："周世宗曾经在夜晚读书，看见唐朝元稹的《均田图》，感叹道：'这是治国治民的根本。'下诏书颁布这个图法，让官吏百姓先学习知晓这件事，期望一年内均平天下的田地。"考证《五代会要》"租税"类，周世宗看见元

赐诸道。《崔颂传》云："世宗读唐元稹《均田疏》，命颂写为图，赐近臣，遣使均诸道租赋。"史谓"元稹图"，误也。《稹集》有《同州奏均田》。《续通历》云："唐同州刺史元稹奏均租赋，帝览文集而善之，写其辞为图以赐。"

　　欧阳子之论笃矣，而"不以天参人"之说，或议其失；司马公之学粹矣，而"王霸无异道"之说，或指其疵。信乎，立言之难也。

　　欧阳子谓："五代礼坏，寒食野祭而焚纸钱。"按纸钱始于开元二十六年，王玙为祠祭使，祈祷或焚纸钱，类巫觋。非自五代始也。古不墓祭，汉明帝以后有上陵之礼，蔡邕议以为"礼有烦而不可省者"。《旧唐书·玄宗本纪》开元二十年，寒食上墓，编入五礼，永为常式。寒食野祭，盖起于此。朱文公《语录》谓："汉祭河，用寓龙、寓马，以木为之，已是纸钱之渐。《唐·礼书》载范传正谓：'唯颜鲁公、张司业家祭不用纸钱'。本朝钱邓州不烧楮镪，吕南公为文颂之。"

　　《兔园策府》三十卷，唐蒋王恽令僚佐杜嗣先仿应科目策，自设问对，引经史为训注。恽，太宗子，故用梁王兔园名其书。冯道《兔园策》，谓此也。

　　天子之废置，出于士卒，自唐明宗始也。明宗以此得

稹在同州时所呈上的《均田表》，因制素为图，赐给诸道官员。《崔颂传》有这样的记载："周世宗读到唐朝元稹的《均田疏》，下令颂写为图，赐给近臣，派遣使均分给诸道租赋官员。"史称"元稹图"，是不对的。《元稹集》有《同州奏均田》。《续通历》记载："唐朝同州刺史元稹上奏请求平均租赋，皇帝观览文集而十分喜欢这篇，写文成图以赐给臣子。"

欧阳修的言论笃实，而"不以天参人"的话语，有人认为这句话不合理；司马光的学问精粹，而"王霸无异道"的话语，有人指出有瑕疵。可见啊，立言的困难。

欧阳修认为："五代时礼崩乐坏，吃生冷的食物，在野外祭祀且焚烧纸钱。"我认为纸钱开始流行于开元二十六年，王玙担任祠祭使，祈祷的场合有时会焚纸钱，类似于巫觋。不是自从五代开始的。古时不祭祀墓地，汉明帝以后有上陵之礼，蔡邕曾说"礼节虽然繁琐但却不能省略的"。《旧唐书·玄宗本纪》开元二十年，吃寒食祭墓地，被编入五礼之中，永久作为常礼。寒食野祭，大概是起源于此。朱文公《语录》记载："汉朝祭河之礼，使用寓龙寓马，用木头作为材质，已是纸钱的先兆。《唐书·礼书》记载范传正说：'只有颜真卿、张籍家祭祀不用纸钱'。本朝的钱邓州不烧焚化用的纸钱，吕南公有专门文章称颂他。"

《兔园策府》三十卷，唐朝蒋王李恽命令僚佐杜嗣先仿照应试的科目，自己设置提问与对答，引用经史为训注。李恽是唐太宗之子，所以殷用梁王兔园为此书命名。冯道的《兔园策》，说的就是这个事。

天子的废除与确立，取决于士卒，是自唐明宗开始的。唐明

之，而反尔之报，在其后人。

后唐天成元年，吏部侍郎刘岳奏罢告身绫轴钱。本朝复纳绫纸钱，淳熙元年始免。

周显德六年，始去符契，专以印章为验。

欧阳子、司马公之贬冯道，《春秋》之法也。我朝太宗谓范质欠世宗一死，所以立万世为臣者之训。

唐后主不肯和亲而亡，石晋父事契丹而兴。晋之兴也，乃其所以亡也。桑维翰之兴晋，即所以亡晋也。

朱温之兄全昱，杨涉之子凝式，人心之公是非，在其家者如此，况天下千万人之心乎！

梁太祖幸河北，至内黄，顾李珽曰："何谓内黄？"珽曰："河南有外黄、下黄，故此名内黄。"曰："外黄、下黄何在？"珽曰："秦有外黄都尉，今在雍丘。下黄为北齐所废，今在陈留。"按《五代通录》李珽曰："河南有外黄、小黄。"《汉·地理志》：陈留有外黄、小黄县。（原注：《五代史记》改小黄为下黄，误也。当从《通录》。）

宗以此得到天下,而相反的报应,应在他的后人身上。

后唐天成元年,吏部侍郎刘岳上奏罢免告身交纳的绫轴钱。本朝重新缴纳绫纸钱,淳熙元年才开始免去。

后周显德六年,开始取消符节契书,专门以印章作为验证方式。

欧阳修、司马光贬斥冯道,用的是《春秋》笔法。我朝太宗皇帝评论说程范质欠世宗一死,以此来确立万世为臣者的信条。

唐后主不肯和亲而灭亡,后晋以对待父亲的方式侍奉契丹而兴旺。后晋兴旺所依赖的,也正是它灭亡的原因。桑维翰振兴后晋的方式,也是灭亡后晋的原因。

朱温之兄朱全昱,杨涉之子杨凝式,人心之公允是非,在他们的家人心中尚且如此,何况是天下千万人的心中呢!

梁太祖临幸河北,到达内黄,看向李斑问:“什么是内黄?”李斑回答:“河南有外黄、下黄之地区,所以此地名为内黄。”(梁太祖)问:“外黄、下黄在哪里?”李斑回答:“秦时有外黄都尉,如今在雍丘。下黄这一称谓被北齐废除,如今在陈留。”根据《五代通录》记载李斑回答:“河南有外黄、小黄。”《汉书·地理志》记载:陈留有外黄、小黄县。(原注:《五代史记》改小黄为下黄,是错的。应当遵从《通录》。)

卷十五

考史

　　《孟子》曰："天下可运于掌。"又曰："以齐王由反手也。"岂儒者之空言哉？自唐肃宗之后，纪纲不正，叛兵逐帅，叛将胁君，习以为常；极于五季，君如逆旅，民坠涂炭。我艺祖受天明命，澡宇宙而新之。一阶一级，全归伏事之仪，发于圣训，著于令甲。于是上下之分定，朝廷之体尊，数百年陵犯之习，片言而革。至若饿狼馁虎，肉视吾民而咀啖之，艺祖用儒臣为郡守，以收节度之权；选文臣为县令，以去镇将之贪。一诏令之下，而四海之内改视易听。"运掌"、"反手"之言，于是验矣。

　　高宗绍兴三年正月之诏曰："廷尉，天下之平也。高柔不以明帝喜怒而毁法，游肇不以宣武敕命而曲笔，况可观望臣庶而容心者乎？曹刿谓：'小大之狱，虽不能察，必以情。为忠之属也，可以一战'，不其然乎？布告中外，为吾士师者，各务仁平，济以哀矜。天高听卑，福善祸淫，莫遂尔情，罚及尔身。置此座右，永以为训。"大哉王言，几于典诰矣！

《孟子》曾这样说过："（用王道统一）天下就如在手掌上转动东西那么容易。"又说："以齐国的实力来统一天下，易如反掌。"这难道只是儒家学派的空言吗？自从唐肃宗之后，纲纪伦理不正，叛兵驱逐将帅，叛将威胁君上，都是习以为常之事；五个国家互相对峙，君王频繁交替，天下生灵涂炭。我朝太祖皇帝承受上天之命，扫清天下而建立新朝。阶级条目，全部归属于服侍的礼仪，皇帝的训言一经发布，便著书于法令之上。于是上级下级的界限被划定，朝廷的体面得到尊重，数百年的以下犯上之习，简单几句话就除去了。至于那些像是饿狼猛虎，视人民为鱼肉而妄图嚼食他们的人，太祖皇帝选用儒臣担任郡守，来收回节度使的专权；选用文臣作为县令，来去除镇守将领的贪念。一道诏令下过后，四海之内所视所听之景焕然一新。"运掌"、"反手"的说法，就此应验了。

高宗绍兴三年正月下诏书说："廷尉，就是维护天下公平的人。高柔不因为魏明帝个人的喜怒而破坏法则，游肇不因为宣武帝的命令而歪曲历史，何况那些观望臣民而有所留心的人呢？曹刿曾说：'大大小小的案子，即使不能完全体察，也必定会根据实情。这是忠于自己的职属的体现，可以以此为作战的依据'，难道不是这样吗？将此话布告中外，做我的臣属的人，各自的公

　　崔伯易《感山赋》："以皇祐之版书，较景德之图录，虽增田三十四万余顷，反减赋七十一万余斛。"会计有录，非以增赋也。陈君举赴桂阳军拟奏疏云："自建隆至景德四十五年，南征北伐，未尝无事，而金银钱帛、粮草杂物七千一百四十八万，计在州郡不会。"藏富于州县，所以培护本根也。

　　真文忠公言本朝治体，曰："立国不以力胜仁，理财不以利伤义，御民不以权易信，用人不以才胜德。恩结乎人心，富藏乎天下。君民相孚而猜忌不作，材智不足而忠信有余。"

　　袁机仲言于孝宗曰："威权在下则主势弱，故大臣逐台谏以蔽人主之聪明；威权在上则主势强，故大臣结台谏以遏天下之公议。"机仲之言未尽也。台谏为宰相私人，权在下则助其搏噬，以张其威；权在上则共为蔽蒙，以掩其奸。刘时可（原注：应起。）谓："台谏之议论，庙堂之风旨，颇或参同。夹袋之欲汰，白简之所收，率多暗合。"此犹婉而言之也。开庆初，边事孔棘，御史有疏云："虏虽强，而必亡之势已见。"咸淳初，召洪君畴长台端，御史自造谤诗，以尼其来，罔上诬善。至此，岂但参同暗合而已哉！是以天子之耳

务要做到仁义公正，兼以怜悯之心。处于高位要善于倾听下层民意，不论福祸各事，不要为了满足自己的私情，招来自身的惩罚。将这些话作为座右铭，这番训诫将永远流传。"君王之言多么伟大，几乎可与古时的典语相对等！

崔公度《感山赋》说："将皇祐年间的版书，同景德年间的图录相比较，虽然田亩面积增加了三十四万多顷，但是赋税反而减少了七十一万余斛。"都是有所记录的，并没有增加赋税。陈君举赴桂阳军拟上奏疏说道："自从建隆年到景德年四十五年间，南征北伐，没有无战事的时候，而金银钱帛、粮草杂物共计价值七千一百四十八万，都记在州郡的名下。"将财富藏于州县，是用来保护国之根本。

真德秀谈论本朝的治理体系，说："本朝立国不把武力凌驾于仁爱之上，治理财政不因逐利破坏忠义，管理百姓不因权力改变诚信，任用人才不因才能忽视德行。在人心里结下恩情，使天下万民富裕。君民相互信任而不相猜忌，纵使有才智的人不多但是忠心可信之人有余。"

袁枢由提举江东常平茶盐，改知处州，入朝对对孝宗说："权威下移则君主势力弱小，因此大臣们排斥台官谏官以蒙蔽人主的视听洞察之力；权威集中则君主势力强大，因此大臣们笼络台官谏官以控制天下人的公议。"袁枢这番话还有未尽之处。台官谏官隶属宰相私人管辖，权力下移则会帮助宰相打击陷害，以张显他的权威；权力集中则会和宰相共同蒙蔽皇帝，以掩盖他的奸恶。刘时可（原注：应起。）曾说过："台官谏官的议论，庙堂上的风吹草动，有时有很多雷同之处。收揽的人才和亲信中想要淘汰的，和弹劾官员的奏章中所收录的，大概多有暗自相合

目，勿用憸人，其惟端士。

　　汉高帝三章之约，我艺祖陈桥之誓，所谓"若时雨降，民大悦"者也。

　　周益公《跋范太史藏帖》云："《续通鉴长编》多采近世士大夫所著，如曾子宣《日记》之偏，王定国《甲申录》之妄，咸有取焉。"然李微之《旧闻证误》"执政不坐奏事"，以王定国《闻见录》为证，与王沂公《笔录》不同。修《长编》时，未见定国书，故专用《笔录》，然则《长编》所采摭，犹有遗也。

　　晁景迂谓："今赋役几十倍于汉。"林勋谓："租增唐七倍，又加夏税钱，通计无虑十倍。"李微之谓："布缕之征三，谷粟之征三，力役之征四，盖用其十矣。"

　　止斋谓：本朝名节自范文正公。议论文章，自欧阳子，道学自周子。三君子皆萃于东南，殆有天意。

　　《两朝国史》非寇准而是丁谓，托之神宗圣训，盖蒲宗孟之笔也。王允谓"不可令佞臣执笔"，谅哉！

　　绍兴重修《哲宗实录》，独元祐八年事皆无存者，至参

的地方。"这还是委婉的表达。开庆初年,边地战事艰难,御史却上疏言:"胡虏虽然强大,但是必将灭亡的势头已经显现。"咸淳初年,(皇帝)任命洪君畴为侍御史,然而御史自己伪造诽谤诗,等他到来,便欺罔君上诬陷忠良。至此,岂止是雷同和暗地相合呢!所以为天子探听消息监察百官的职位,不能用奸诈之人,只能用正直之士。

汉高祖的约法三章,我朝太祖皇帝的陈桥之誓,就是所谓的"当时降下了及时雨,百姓们非常喜悦"。

周必大的《跋范太史藏帖》曾说:"《续通鉴长编》多采用近世的士大夫所著之文,譬如曾子宣《日记》的偏狭,王定国《甲申录》的妄言,都有收取之处。"然而李心传的《旧闻证误》中"执政不坐着启奏事项",以王定国《闻见录》作为证据,与王沂公《笔录》记载不同。修《长编》时,没见到定国的书,所以只用了《笔录》,然而《长编》所收集的信息,还是有遗漏的。

晁说之说:"如今的赋税徭役是汉朝的几十倍。"林勋说:"今天的租税增加到唐朝时的七倍,又加上夏季的税钱,共计必定有十倍之多。"李心传曾说:"布缕的征收有三处来源,谷粟的征收也有三处,劳力仆役的征收有四处,总共有十倍。"

陈傅良曾说:本朝的士名气节自范仲淹而立。议论文章,自欧阳修而立,道学自周敦颐。三位君子都先后聚集于东南之地,大概是上天有意。

《两朝国史》否定寇准而肯定丁谓,假托是神宗皇帝的圣训,实则是蒲宗孟的笔法。王允曾说"不能让佞臣执笔书史",要注意啊!

绍兴年间重修《哲宗实录》,唯独元祐八年的大事都没有

取《玉牒》、《日历》诸书以足之，仅得成书。中兴后事，绍兴八年至二十五年最为疏略。鹤山谓："小人为不善，于传世诒后之书，必遏绝之，自唐许、李至近世，莫不然。"

李常宁曰："天下至大，宗社至重，百年成之而不足，一日坏之而有余。"（原注：元祐中对策。）刘行简曰："天下之治，众君子成之而不足，一小人败之而有余。"（原注：绍兴中奏疏。）皆至论也。

太祖在位十七年，四行郊礼。太宗二十有三年，五讲郊礼。真宗东封西祀，率三年一行。仁宗后，三岁一郊为定制。

《元城语录》艺祖造薰笼事，周益公谓：误以元丰后官制为艺祖时官制。

吕正献公书坐右曰："不善加己，直为受之。"本后汉张霸戒子之语。吕居仁《杂录》曰："少年毋轻议人，毋轻说事。"本魏李秉《家诫》。

吕氏《童蒙训》云："前辈有《编类国朝名臣行状墓志》，取其行事之善者，别录出之，以自警戒。亦乐取诸人以为善之义。朱文公亦云："籍溪胡先生教诸生于功课余暇，以片纸书古人懿行或诗文铭赞之有补于人者，粘置壁间，俾往来诵之，咸令精熟。"此二事可以为法。

被保存下来，以至参考《玉牒》、《日历》诸书来补足它，才能得到完整的书。中兴之后的事件，绍兴八年至二十五年间的记载最是疏漏。魏了翁曾说："小人行不善之举，对于传世留给后人的史书，一定会遏制它们，自从唐朝的许、李到近些年，没有不这样做的。"

李常宁有言："天下如此广大，宗庙社稷尤为重要，耗时百年尚不足以成就它，但要破坏它一天时间甚至还有的多。"（原注：元祐年间对策时说。）刘行简曾这样说过："治理天下，一众君子尚不足以完全成功，但一个小人要破坏它绰绰有余。"（原注：绍兴年中的奏疏。）都是有道理的言论。

太祖皇帝在位十七年，四次举行郊礼。太宗皇帝在位二十三年，五次举行郊礼。真宗皇帝在位时东封西祀，大概是三年一次。仁宗皇帝以后，三年举行一次郊礼成为规定的礼制。

《元城语录》记载太祖皇帝时造薰笼一事，周必大认为：这是误将元丰以后的官制当作太祖皇帝时期的官制。

吕公著所书的座右铭："（如果别人）将不好的事情施加于自己身上，只接受它就可以。"本自后汉时期张霸训诫子孙之语。吕本中《杂录》有言："少年时不要轻易议论别人，不要轻易评议别事。"本自魏李秉《家诫》。

吕本中《童蒙训》曾这样说过："前辈有《编类国朝名臣行状墓志》，挑选其中行事美好的人单独纪录出来，来警戒自己。也乐于把那些大家觉得美好的教义挑出来。朱熹也说："籍溪胡宪先生在功课之余教导诸位学生，用纸片写下古人的美好德行或这诗文铭赞之类对人有裨益的文字，粘贴在墙壁之间，学生往来诵读，能令他们对此精通熟悉。"这两件事可以作为效

周元公濂溪先生生于道州，二程子生于明道元、二间，天所以续斯道之绪也。

元祐之党，刘元城谓止七十八人，后来附益者非也。庆元之党，黄勉斋谓本非党者甚多，群小欲挤之，借此以为名耳。

欧阳公为《周君墓表》云："笃行君子，孝于其亲，友于其兄弟。"而《集》缺其名与字。周益公考之《舂陵志》，乃周尧卿，字子俞。《东都事略》有传，其行事与墓表合，而字子余。未知《事略》据何书而立传也。荆公为《征君墓表》云："淮之南有善士三人。"杜嬰、徐仲坚，而征君之名字《集》亦缺焉。三人皆居真之扬子，当求郡志而补之。（原注：二表皆载于《文鉴》。）

宗庙乐有舞。建隆初，窦俨定太庙四舞，僖祖曰《大善》，顺祖曰《大宁》，翼祖曰《大顺》，宣祖曰《大庆》。列圣皆以"大"为名。中兴后，自僖祖《基命》，至钦宗《端庆》，以原庙殿名为舞名，礼官之失也。

《长编》宣和五年，求石晋故疆，不思营、平、滦三州，乃刘仁恭遗虏，虏不肯割。按《五代史》，刘仁恭无割地遗虏之事。《四夷附录》云："契丹当庄宗、明宗时，攻陷营、平二州。"（原注：唐无滦州。《武经总要》："石晋割赂燕、蓟、易、定，帅王都驱其民入契丹，因以乌滦河为名以居之。按贾耽说，西

法。

周敦颐濂溪先生生于道州，二程生于宋仁宗明道元年、二年之间，这是上天延续道统的迹象。

元祐年间的党人，刘元城说只有七十八人，后来依附而来者不算。庆元年间党人，黄勉斋说并非党人者非常多，众多小人想要挤进来，借此增加自己的名声。

欧阳修的《周君墓表》记载："（他是）敦厚踏实的君子，对亲人孝敬，对兄弟友爱。"而欧阳公的《集》中缺少"周君"这个人的姓名和字。周必大根据《舂陵志》考证，认为是周尧卿，字子俞。《东都事略》有这个人的传记，他的行为与墓表相契合，而字子余。不知道《事略》是依据哪本书而立传的。王安石的《征君墓表》记载说："淮水之南有三位品行高尚之士。"（他们是）杜婴、徐仲坚，但是征君的名字，欧阳公的《集》中也缺漏了。三人都是居住在真州的扬子，应当查询郡县方志来补上。（原注：两篇表都载于《文鉴》。）

宗庙礼乐中有舞曲。建隆初年，窦俨制定太庙四舞，僖祖的名为《大善》，顺祖的名为《大宁》，翼祖的名为《大顺》，宣祖的名为《大庆》。列祖列宗都以"大"为名。中兴以后，自僖祖的《基命》，到钦宗的《端庆》，以原庙的殿名为舞名，这是礼官的失职。

《长编》记载宣和五年，查询石敬瑭时期后晋曾经的疆土，没有想到营、平、滦三州，这些地方都被刘仁恭割让给胡虏，胡虏不肯归还。根据《五代史》的记载，刘仁恭并没有割地给敌人的事迹。《四夷附录》记载说："契丹在庄宗、明宗时，攻陷了营、平二州。"（原注：唐朝没有设滦州。《武经总要》记载："石敬瑭

北渡滦河，至卢龙镇。"《唐·贾循传》："张守珪北伐，次滦河。"
《薛讷传》："师至滦河。"）

　　仁宗时，制科十五人：天圣，何泳、富弼；景祐，苏绅、
吴育、张方平、田况；庆历，钱明逸、彦远；皇祐，吴奎；嘉
祐，夏噩、陈舜俞、钱藻、苏轼、辙、王介。东坡《同年王中
甫挽词》诗："先帝亲收十五人"，注者多误。

　　乾道元年，《郊赦文》云："前事俱捐，弗念乎薄物细
故；烝民咸乂，靡分乎尔界此疆。"洪文惠所草也。朱文公
《与陈正献书》曰："卑辞厚礼，乞怜于仇雠之戎狄。幸而
得之，肆然以令于天下，曰：'凡前日之薄物细故，吾既捐
之矣。'孰有大于祖宗陵庙之雠者，而忍以薄物细故捐之
哉！"

　　孝皇独运万几，颇以近习察大臣。《中庸或问》"敬大
臣"之说，《大事记》"大臣从臣"之说，皆以寓箴讽之意。
《文鉴》所取，如徐鼎臣名铉《君臣论》、文潞公《晁错
论》、苏明允《任相论》、秦少游《石庆论》之类，皆谏书
也。
　　真文忠公奏疏曰："乾道、淳熙间，有位于朝者，以馈遗
及门为耻；受任于外者，以苟直入都为羞。"然朱文公封事，
言浙中风俗之弊，甚者"以金珠为脯醢，以契券为诗文"，则

政权割让燕、蓟、易、定，帅王都且驱逐百姓进入契丹，借以乌滦河为名而居住于此。根据贾耽的说法，西北渡滦河，就到了卢龙镇地区。”《唐书·贾循传》记载：“张守珪北伐，到达了滦河。”《薛讷传》记载：“大军到达滦河。”）

仁宗时科举中举者共有十五人：天圣年间，有何泳、富弼；景祐年间，有苏绅、吴育、张方平、田况；庆历年间，有钱明逸、彦远；皇祐，吴奎；嘉祐年间，有夏噩、陈舜俞、钱藻、苏轼、苏辙、王介。苏东坡《同年王中甫挽词》诗中写道：“先帝亲自收取了十五个人”，注释者多有误解。

乾道元年，《郊赦文》记载说：“往事都已经抛弃，不再念及那些不值一提的物资和琐屑的故事；黎民百姓都生活安定，不再区分你与我的疆土边界。”这篇文章是洪文惠所草拟的。朱熹《与陈正献书》曾说：“言辞谦卑而礼物厚重，向有深仇大恨的戎狄乞求怜悯。侥幸得到怜悯，便公然诏令天下，说：‘凡是从前不值得一提的财物和琐屑往事，我都放弃了。’还有比祖宗陵庙的仇敌更可恨的吗，而怎么忍心说抛弃了财物往事这种话！”

孝皇独自处理万机，常常通过平时的习惯来考察大臣。像《中庸或问》中的“敬大臣”一说，《大事记》中的“大臣从臣”一说，都有以寓言行箴刺讽谏的意思。《文鉴》所收取的，例如徐鼎臣名铉的《君臣论》、文彦博的《晁错论》、苏洵的《任相论》、秦观的《石庆论》之类，都是谏言的文书。

真德秀上奏疏说：“乾道、淳熙年间，在朝廷中任职的官员，以家门收到馈赠为耻；在外地受任官职的，以家里收到贿赂为羞。”然而朱熹投匦中密奏，言及浙中地区风俗流弊，严重的

此习犹未革也。

高宗庙号未定，有议为"光宗"、"宁宗"者，见周益公《思陵录》。其后两朝用之。高宗陵名，尝拟"永阜"，其后孝宗用之。

淳熙十四年皇太子参决庶务手诏，洪景卢所草也。礼部太常官堂白手诏，用贞观、天禧事，皆非所宜。

胡文定言：崇宁以来，奄寺"用王承宗故事而建节旄"。"宗"字误，当云"承休"。《五代史》：蜀王衍以宦者王承休为天雄军节度使。（原注：致堂《原乱赋》"建承宗之旄纛"，亦误。）

李微之问勉斋云："南轩赐章服，两为胡忠简铨缴还，而不闻引避；东莱除职，既遭陈叔进行词丑诋，乃复受之而不辞。皆所未晓。"勉斋答云："先辈非后学所敢轻议，然辞受合尚严，令当严者反宽，是以不免为具眼者勘破，学者所当戒也。"

微之又云："东莱之学甚正，而优柔细密之中，似有和光同尘之弊；象山之学虽偏，而猛厉粗略之外，却无枉尺直寻之意。"

《演蕃露》："明道二年，奉安庄献神御于慈孝寺彰德殿，则庄献不入景灵。"按景灵宫建于祥符五年，以奉圣祖。其为原庙，自元丰五年始。前此帝后馆御，寓佛、老之祠者

地方"把金银珠宝当作佐酒的菜肴,视契约钱券为诗文唱和",可见此种陋习仍未革除。

高宗的庙号还未确定时,有人提议用"光宗"、"宁宗"之类的,见于周必大的《思陵录》。高宗之后的两朝皇帝采用了。高宗的皇陵的名称,曾经草拟为"永阜",之后被孝宗采用了。

淳熙十四年皇太子参决日常事务的手诏,乃是洪迈所草拟的。礼部太常官员公开宣读手诏,用贞观、天禧年间的事例,都不很合适。

胡安国曾这样说过:崇宁以来,宦官"用王承宗故事而建节旄"。"宗"字写错了,应该是"承休"。《五代史·前蜀世家·王衍》乾德六年:蜀王衍任命宦者王承休为天雄军节度使。(原注:胡寅《原乱赋》"建承宗之旄纛",也写错了。)

李心传问黄榦有言:"张栻赐金紫的章服,两度被胡忠简铨交还,而没有听闻他有避讳之举;吕祖谦被授予高职,却遭到陈骙进言诋毁,最后还是接受而没有推辞。都有不为人所知的原因。"黄榦回答道:"先辈不是后生们可以随意议论的,然而推辞接受之事本该崇尚严肃,让本该严肃的事物反而呈现宽容面目,但仍免不了被有眼力的人勘破,做学问的人应该引以为戒。"

李心传还说过:"吕祖谦的学问非常纯正,而在优柔细密之中,似乎有和光同尘的弊端;陆九渊的学问虽然偏激,而在猛厉粗略之外,却并无在小处委屈以求得较大好处的意图。"

《演蕃露》记载:"明道二年,将庄献明肃太后的肖像供奉在慈孝寺的彰德殿,然而庄献太后没有被奉入景灵宫。"根据考察,景灵宫建于祥符五年,用来供奉圣祖灵像。用作庙宇,是

多矣，非止庄献也。

攻媿《跋曹子方书》以为祐陵时上书论时事，靖康至枢筦。愚谓：有两曹辅，其一字子方，与苏、黄游；若论事为枢筦者，字载德。龟山为铭，（见《龟山集》）合为一人，非也。又《淮海楼记》考《国史传》，秦少游调定海主簿，而《文集》无一语及之。愚谓少游为蔡州教授时，选人七阶未改，主簿乃初阶，非历此官也。

《律疏》与《刑统》不同，《疏》依律生文，《刑统》参用后敕，虽引《疏》义，颇有增损。天圣中，孙奭校定《律文》及《疏》为《音义》。

江休复《杂志》："驾头，初即祚所坐。王原叔曰：'此坐传四世矣。'"按《国史·舆服志》："驾头，七宝床也，覆以绯罗绣帕，内臣马上捧之。"（原注：嘉祐六年，幸睦亲宅，内侍堕马，驾头坏，遂以阁门祗候，内侍各二员，挟驾头左右，次扇筬，又以皇城亲从兵二十人从其后。）

景祐二年，郊赦，梁适上疏，论"朱全忠唐之贼臣，今录其后，不可以为劝"。仁皇是其言，记姓名禁中。石介亦论"赦书不当求朱梁、刘汉后"，遂罢不召。其言一也，而黜陟异焉，岂遇不遇有命乎？

从元丰五年开始的。在此之前的帝后设立馆台，奉于佛、老的庙祠之人很多，不止有庄献太后。

攻媿的《跋曹子方书》以为徽宗时曹子方上书议论时事，靖康年间钦宗召其为至枢笔。我认为：有两个曹辅，其中一个字子方，与苏轼、黄庭坚交好；若是因论事而后成为枢笔的那个人，他字载德。杨时为他做过墓铭，（见《龟山集》三十七）合而为一人，这是错误的。又有《淮海楼记》考据《国史传》，秦观调任定海主簿，而《文集》中没有一句话提及此事。我认为少游为蔡州教授时，选人七阶的制度还没有改变，主簿乃是初阶，而非指的是担任此官。

《律疏》与《刑统》不同，《律疏》的文字依照刑律而书，《刑统》参考后世敕文，虽然有引用《律疏》字义的地方，但常常有增加和删改。天圣年间，孙奭校定《律文》及《律疏》为《音义》。

江休复《嘉祐杂志》记载说："驾头是（皇帝）初次登基时所坐之座。王原叔说：'这个宝座传承了四代了。'"我注意到《国史·舆服志》的记载："驾头即七宝床，以绯罗刺绣的帕巾覆盖，由宦官骑在马上手捧。"（原注：嘉祐六年，皇帝临幸族中亲人的宅邸时，内侍从马上摔下，驾头损坏了，于是安排阁门祗候，内侍各二人，挟着驾头于左右，在扇筤之后，又安排皇城亲兵二十人跟随其后。）

景祐二年，仁宗皇帝举行郊赦，梁适上奏疏，论及"朱全忠乃是唐朝的贼臣，如今（赦免书）收录他后人的名字，这样无法起到劝勉忠良的效果"。仁宗赞同他的话，下令在皇宫中记下（那些人）的姓名。石介也说过"赦书不应该包括朱梁、刘汉的后人"，却被罢免而不召。他们说的话都是一样的，但是进退相

乾道中，张说、王之奇签书枢密院事，辞免，降诏，直学士院周必大奏："唐元和间，白居易在翰林，奉宣草严绶江陵节度使、孟元阳右羽林统军制，皆奏请裁量，未敢便撰。元祐中，师臣避免拜之礼，执政辞迁秩之命，苏轼当撰答诏，言其不可，卒如所请。今除用执政，非节度统军、免拜迁秩比，二人辞免不允诏书，臣未敢具草。"绍熙中，谯熙载自遥郡观察使除正任，辞免，降诏，倪思封还词头，亦引苏轼论不当撰，辞免不允诏者凡三。嘉定中，师𥬠知临安府，辞免，蔡幼学当草诏，奏曰："不允必有褒语，臣无词以草。"淳祐中，别之杰参知政事，尤焴不草答诏。此禁林缴奏故事也。唐末，韦贻范起复，命韩偓草制，偓曰："腕可断，麻不可草。"上疏论之。明日，百官至而麻不出。此非盛世事，故前辈不以为故实。

蒋希鲁居姑苏，延卢仲甫（原注：秉。）后圃。希鲁曰："亭沼粗适，恨林木未就。"仲甫曰："亭沼譬爵位，时来则有之；林木譬名节，非素修弗成。"

欧阳公《辨尹师鲁志》曰："若作古文自师鲁始，则前

异，难道能否被知遇重用真的要看天命吗？

乾道年间，张说、王之奇被任命为签书枢密院事，他们推辞并拒绝新命诏书，（皇帝）降下诏书不允许他们推辞”，直院学士周必大上奏说：“唐朝和元年间，白居易担任翰林学士时，奉命草拟授于严绶江陵节度使、授于孟元阳右羽林统军一职的诏书时都上奏请求圣上裁度，（白居易）就没敢直接撰写。元祐年间，老臣们推辞免拜之礼，执政大臣推辞晋升的命令，苏轼本当撰写答复的诏书，说他们不可这样做，最后还是如（臣子们）所请。如今擢拔执政官员，既非节度统军、免拜迁秩这样的大事可比，这两个人的辞免不允诏书，我也不敢直接草拟。”绍熙年间，谯熙载从遥郡观察使的位置晋升正任，推辞不去，圣上降不允诏，倪思封还文辞的开篇，也引用了苏轼说不当撰写的言论，辞免不允诏的情况有三例了。嘉定年间，师羼担任临安府知府，推辞不去，蔡幼学本该草拟诏书，他上奏说：“不允词一定要说褒奖的话语，而我没有什么话可说。”淳祐年间，别之杰任参知政事，尤焴拒绝为他草拟答复诏书。这些都是宫廷内缴奏的故事。唐朝末年，韦贻范被重新起用，（皇帝）命令韩偓草拟诏书，韩偓说：“我的手腕可以断，但这诏书不可拟。”上奏疏争论此事。第二天，百官已到但是诏书不出。这不是盛世之事，所以前辈都不认为是事实。

蒋堂居住在姑苏时，在屋后的园地里招待卢仲甫（原注：名为秉。）蒋堂说：“池水园亭大体舒适，只是遗憾林木还没长成。”仲甫回答：“亭池就像爵位，时运来了就能拥有；林木好比名节，没有平时的修行是不能成的。”

欧阳修的《辨尹师鲁志》曾说：“若说作古文是从师鲁开

有穆修、郑条辈，及有宋先达甚多，不敢断自师鲁始也。"条之名不著，《馆阁书目》有《郑条集》一卷。条，蜀人，自号金斗先生，名其文《金斗集》。

祁宽问和静尹先生曰："伊川谓欧阳永叔如何？"先生曰："前辈不言人短，每见人论前辈，则曰：'汝辈且取它长处。'"吕成公《与朱文公论胡子〈知言〉书》曰："孟子论孟施舍、北宫黝曰：'二子之勇，未知其孰贤，然而孟施舍守约也。'所以委曲如此者，以其似曾子、子夏而已。若使正言圣门先达，其敢轻剖判乎？"文公答曰："和静之言，当表而出之。"

刘应起时可，淳祐初为太学博士，言定大计曰："谋之而臧，则文子文孙，宜君宜王；谋之不臧；则生天王家以为大感。"此人所难言也。

建炎，李纲去而潜善、伯彦相。绍兴，赵鼎、张浚去而桧相。桧死，其党迭为相。隆兴至淳熙，万几独运而大臣充位。庆元后，政在侂胄。嘉定后，政在弥远。端平讫景定，更一相则曰更化，然奸臣弄权之日常多。阳淑消而阴慝长，危亡之证，所由来渐矣。阴凝冰坚，极于似道。邵子谓"祸在夕阳亭一语"，遂与西晋同辙，哀哉！

苏绅、梁适，谓之"草头木脚"，其害在士大夫。薛极、

始的，则之前有穆修、郑条等辈，以及有宋一代先贤甚多，不敢下结论是从师鲁开始的。"郑条的名声不显赫，《馆阁书目》中有《郑条集》一卷。郑条是蜀地人，自号为金斗先生，他的文集被命名为《金斗集》。

祁宽问尹焞先生说："程颐对欧阳修怎么看？"先生说："前辈不说别人的缺点，每次看到有人评论前辈，就说：'你们要学习他的长处。'"吕祖谦《与朱文公论胡子〈知言〉书》说："孟子评论孟施舍、北宫黝说：'这两人的勇气，不知道谁的更强，然而孟施舍能遵守约定。'之所以表达如此委婉，是因为他们与曾子、子夏相像而已。倘若让他（孟子）正面评价先贤前辈，难道他敢轻率评判吗？"朱熹对此回答说："尹先生的话，应当被旌表而出示给所有人学习效法。"

刘应起时可，淳祐初年担任太学博士，商定国家大计时说："如果能做出好的谋划，则帝王家的子孙，都适合当上君王；如果谋划得不好，那么生在帝王家就是莫大的悲哀。"这是人们所难以说出的话。

建炎年间，李纲离开后黄潜善、汪伯彦担任宰相。绍兴年间，赵鼎、张浚离开后秦桧担任宰相。秦桧死后，他的党羽交替担任宰相。从隆兴到淳熙，皇帝独掌大权而大臣只是空处其位。庆元以后，权力在韩侂胄手中。嘉定以后，权力在史弥远手中。从端平到景定，换一个宰相就被称作更天换地，然而奸臣弄权的时候常有。阳正消亡而阴邪滋长，危亡的先兆，正渐渐地来临。小人得势，到了贾似道时达到顶点。邵雍所说的"祸患在夕阳亭一语"，便与西晋时如出一辙，真是令人哀痛！

苏绅、梁适，当时人称他们为"草头木脚"，他们祸害的主

胡榘，谓之"草头古，天下苦"，其害在民。

《朝野杂记》载开禧贪浊之事详矣，继其后者又甚焉。当时谓侍从之臣"无论思，有献纳"，他可知矣。以阴召阴，极于"天下无邦"。

仁宗阅审刑奏案，有"次公"，而梁适对以"黄霸，盖宽饶字"。高宗阅刑部奏案，有"生人妇"，而汤思退对以"见《魏志·杜畿传》"。皆简上知，至辅相。然以记问取人，则许敬宗贤于窦德玄矣。

四渎，济水独绝。朱全忠篡唐，降昭宣帝为济阴王。嘉定末济王之封，岂权臣亦取济水之绝乎？又萧衍篡齐，降和帝为巴陵王，而济王亦降封巴陵公，非令典也。为大臣者，不知则不学，知之则何以示后？

绍兴建储，欲更名烨，周益公谓与唐昭宗同，而亟改之。景定建储，更名乃与蜀汉后主太子同。咸淳末，命嗣君之名，又与唐中宗同，而当时无言者。

范正献公《唐鉴》曰："后世人君观史，而宰相监修，欲其直笔，不亦难乎？"其论正矣。然自唐奸臣为《时政记》，而史益诬，近世尤甚。余尝观《宝庆日历》，欺诬之言，所谓以一手掩天下之目。所恃人心公议不泯耳。

要是针对士大夫。薛极、胡榘，当时被称作"草头古，天下苦"，他们祸害的主要是针对老百姓。

《朝野杂记》详细地记载了开禧年间贪污腐败的事迹，步其后尘的又更加过分。当时形容侍从这类臣子"不论想的是什么，有呈献交纳的东西就行"，其他情况可以推之。以阴气召集阴气，到极致就是"天下没有邦国"。

宋仁宗审阅刑奏的案例时，看见有臣僚名"次公"，而梁适对答道"黄霸字次公，大概是以其字为名"。宋高宗审阅刑部奏案，看见有"生人妇"一词，而汤思退以"见《魏志·杜畿传》注释"回应高宗。二人都能回应体谅皇帝的疑问，官至辅相。然而以记问的能力取用人才，则许敬宗要比窦德玄更强。

长江、黄河、淮河、济水中，济水非常特殊。唐朝末年朱全忠篡夺唐室，将昭宣帝降为济阴王。嘉定末年封济王一事，难道弄权之臣也想借用济水的特殊意义吗？又有南朝时期萧衍篡夺齐室，将齐和帝降位为巴陵王，而济王也降封为巴陵公，都没有诰令典训。身为大臣，不知道这种行为则不去效仿，若是知道了要怎么向后人做表率？

宋高宗选立储君，想要将皇太子更名为烨，周必大说这个名字与唐昭宗相同，所以急需改掉。宋理宗选储君，更换的名字与蜀汉后主的太子相同。咸淳末年，为嗣君选择的名字，又与唐中宗相同，但是当时没有人提出意见。

范祖禹《唐鉴》记载说："后世的君王观看往昔的历史，然而是宰相负责监修，想要他们秉笔直书，不是难事一件吗？"他说的确如此。然而自从唐朝的奸臣作《时政记》，史书越来越虚假，近代以来尤为严重。我曾经看过《宝庆日历》，欺骗虚假之

葛文康（原注：胜仲。）《与王黼书》曰："天下无事则宰相安，宰相生事则天下危。"

胡文定公自登第逮休致，凡四十年，实历不登六载。朱文公五十年间，历事四朝，仕于外者仅九考，立于朝者四十日，道义重而爵位轻，所以立言不朽。

邵公济筑室犍为之西山，《告家庙文》曰："少时得大父平生之言于汝颍大夫士，曰：'世行乱，蜀安，可避居焉。'大父学通天人，足以前知矣。宣和国乱，先人载家使蜀，免焉。"（原注：大父，康节；先人，伯温也。）

梁世荣录南轩语云："温公作相，夫人闻其终夜长吁，问之。曰：'某所奏盗贼，某所又奏某事。吾为宰相，使天下如此，所以长吁也。'"按《温公集》张夫人终于元丰五年，此记录之误也。

乾道壬辰，黄定《对策》谓：以大有为之时，为改过之日月。又云："虽有无我之量，而累于自喜；虽有知人之明，而累于自恃。"又云："欲比迹太宗，而操其所不用之术，顾盼周行，类不适用，则曰腐儒，曰好名，曰是党耳。于是始有弃文尚武，亲内疏外之心。何不因群情之所共违，而察一己之独向？"其言皆剀切。孝皇擢之第一，有以见容直之盛德，而秉史笔者未之纪焉。

言，这就是所谓的用一只手遮掩天下人的耳目。他们所忌惮的就是人们心中公正的议论永不泯灭。

葛文康（原注：名胜仲。）《与王龟龄书》记载说："天下无事则宰相的处境安宁，宰相若是生事则天下的处境就危险了。"

胡寅自从登科举第到退休致仕，总共四十年，实际上为官的时间不到六年。朱熹五十年间，历经四朝，在外地为官仅有九年可考，立于朝堂上的只有四十日，（他们）重视道义而看轻爵位，所以能够立不朽之言。

邵博在犍为的西山修筑居室，《告家庙文》曾记载说："年幼时曾得知大父平生论及汝颍奇士的话语，说：'世道混乱，蜀地安全，可以在那里避居。'大父的学问可与天人相通，足以有预知先见。宣和年间国家动乱，先人带领全家来到蜀地，因而免受灾祸。"（原注：大父即是邵雍，先人即是邵伯温。）

梁世荣收录张栻语录说："司马光担任宰相，夫人听闻他终夜长叹，就询问他。回答道：'某处奏报有盗贼作乱，某处又奏报遭到某事。我身为宰相，却使天下如此，所以长叹啊。'"根据《温公集》张夫人逝世于元丰五年，可见这个记录有误。

乾道壬辰年，黄定的《对策》曾这样说过：以大有可为的时候为改过自新的重要时机。又说："即使有无我之量，但负累于沾沾自喜；即使有着识别人才的明智眼光，但却因为过分自信而受到了拖累。"又说："想要比肩太宗，而操持他不曾用过的道术，回顾周身行迹，却都不适用，则说这是腐儒，是势利，是党人之言。于是开始有弃文尚武，亲内疏外的心思。为何不因为违背了人群的感情所向，而去反省是否是了自己一人的独断呢？"这番话非常切中肯綮。宋孝宗提拔擢他为第一，有包容直臣的盛

徐景说（原注：霖）以《书》义冠南宫，上书言时宰奸深之状曰："不与天下之公义争，而与陛下之明德为仇。每潜沮其发见之端，周防其增益之渐，使陛下之明德不得滋长广充，以窥见其奸而或觉之也。其先也夺陛下之心，其次夺士大夫之心，而其甚也夺豪杰之心。"景说由是著直声。

唐及国初，策题甚简，盖举子写题于试卷故也。庆历后不复写题，寖失之繁。今有数千言者，问乎其不足疑。

《嘉祐制策》曰："治当先内。或曰：'何以为京师？'"此晋谢安之言也。"命秩之差，虚实之相养"，此唐陆贽之言也。二苏公之对，不能无所遗。

龟山志游执中曰："尝以昼验之妻子，以观其行之笃与否也；夜考之梦寐，以卜其志之定与未也。"

绍兴、隆兴，主和者皆小人；开禧，主战者皆小人。

吕文靖为相，非无一疵可议，子公著为名相，而扬其父之美。史直翁为相，非无一善可称，子弥远为权臣而掩其父之美。《易》曰："有子考无咎。"

德,而秉笔书史的人没有记录下来。

徐景说(原注:名霖)以通晓《书》的经义而冠绝礼部,他上书直言当时宰相奸诈阴险的行状:"(宰相)不为天下的公义争取,却与陛下的明德有仇。每每在暗中阻止它发见的端倪,防备它日渐地增益,使陛下的明德不得以滋长扩充,从而窥见他的奸恶或者发觉他。这个人先夺取陛下的心,其次再夺士大夫的心,而他更过分的是还想要夺取豪杰的心。"景说因此而有直言的名声。

唐朝建国初年,策试的题目非常简单,大概是举子们在试卷上答题的缘故。庆历以后不再考卷上答题,便流于繁琐。如今有写了数千字的,(如此繁琐)却仍有不足以让人信服的地方。

《嘉祐制策》有言:"治理当从内部开始。有人就说:'(不这样)怎么算京师之地呢?'"这是东晋时谢安所说的话。"任命官员的高低等差,虚位实利之间应当互相辅助",此乃唐时陆贽所说的话。两位苏公(苏轼、苏辙)的对答,也做不到无所遗漏。

杨时为游执中做墓志时写道:"曾在白天从妻子儿女的反应来省察自己的行为以看是否诚信;在夜晚由梦境情况来考验自己的志气,以知其是否坚定。"

绍兴、隆兴年间,主张求和者都是小人;开禧年间,主张开战者都是小人。

吕文靖名夷简,担任宰相,并非完美到没有一处瑕疵,他的儿子吕公著作为名相,却宣扬其父亲的美名。史直翁名浩作为宰相,并非差劲到没有一处长处可称道,他的儿子弥远身为权臣但

嘉定癸未，礼闱策士云："发德音，下明制。"宁皇遗诏，下谓之"遗诰"，盖避时宰家讳也。蒋良贵签判安吉州，时水灾后修城，郡守赵希观属良贵作《记》。用"浩浩"字，希观欲改，良贵不可曰："以宗室而避宰相父名，此非艺祖皇帝所望于金枝玉叶也。"闻者壮之。

胡文定父子奏疏，以《春秋》之义，扶世道，正人心，可以立懦夫之志。此义不明，人欲横流，始也不知邪正，终也不知逆顺。

唐内殿《无逸图》代以山水，开元、天宝治乱所以分也。仁宗宝元初，图农家耕织于延春阁，哲宗元符间，亦更以山水，勤怠判焉。徽宗宣取秘书省图画进览，陈师锡奏曰："《六经》载道，诸子谈理，历代史籍、祖宗图书，天人之蕴，性命之妙，治乱安危之机，善恶邪正之迹在焉。以此为图，天地在心，流出万物；以此为图，日月在目，光宅四海。观心于此，则天地冲气生焉；注目于此，则日月祥光丽焉。心以道观则正，目以德视则明。"噫，使徽宗能置其言于坐右，则必能鉴成败、别淑慝矣。以规为瑱，听之藐藐，而画学设焉。《黍离》、《麦秀》之风景，其可画乎？

掩饰自己父亲的美名。《易传》曾说："有这样的儿子，父亲就能免于灾难。"

嘉定癸未年，策士参加会试时说："发出代表美德的声音，下达贤明的命令。"这是宁宗的遗诏，下面的人都称之为"遗诰"，大概是避当时宰相史弥远的忌讳。蒋重珍担任安吉州签判，时值水灾过后修缮城市，郡守赵希观的下属重珍作《记》记录。用了"浩浩"的字眼，希观想要改掉，重珍不同意并说："以宗室的身份却避宰相的父名，这不是太祖皇帝所期望的金枝玉叶。"听到这番话的人都觉得他说的有魄力。

胡寅父子的奏疏，以《春秋》的大义，匡扶世道，使人心淳正，可以树立懦夫的志向。这种道义不显，则人的物欲横流，初始时不知道邪正，最终也不能知道逆顺。

唐朝时内殿的《无逸图》被山水画取代，这是开元、天宝年间的治安与动乱之分的预兆。仁宗宝元年初，在延春阁挂上农家耕织的图画，哲宗元符年间，也用山水图取代了，勤政与怠懒高下立判。徽宗皇帝下令取秘书省所挂的图画进宫阅览，陈师锡上奏说："《六经》记载大道，诸子谈论真理，历代的史书典籍、祖宗的图画书册，都饱含着天人的蕴藏，性命的玄妙，治理乱世安定危难的道理，善恶邪正的表现都在于此。若能以此为图，则天地万物都在心中，随时得以流出；若能以此为画，则日月光华都在眼中，光辉庇护四海。用心观赏，则天地间的中和之气滋生；注目凝视，则日月祥瑞之光越发灿烂。心常观道则能够正，目常视德则能够明。"唉，假如徽宗能够将他说的话重视起来，则必能鉴别成败的原由、分清忠良之士与奸诈小人。把规劝的话当作塞耳的填，心不在焉地听，但却设立学画的学校。

绍兴间，李谊言："《汉·循吏传》六人，而五人出于宣帝；《酷吏传》十二人，而八人出于武帝。《唐·循吏传》十五人，而出于武德、贞观之时者半；《酷吏传》十二人，而出于武后之时者亦半。吏治视上之趋向。"

富文忠公使虏还，迁翰林学士、枢密副使，皆力辞，愿思夷狄轻侮之耻，坐薪尝胆，不忘修政。嘉定初，讲解使还，中书议表贺，又有以和戎为二府功，欲差次迁秩。倪文节公思曰："澶渊之役，捷而班师，天子下诏罪己，中书枢密待罪。今屈己盟戎，奈何君相反以为庆？"乃止。

延平先生论治道，必以明天理、正人心、崇节义、厉廉耻为先。

王时雍、徐秉哲等为卖国牙郎，而不忍以宋宗族交与虏人者，开封捉事使臣窦鉴也。李邺以越守降虏，而袖石击虏伪守者，亲事官唐琦也。

朱文公谓蔡季通曰："身劳而心安者为之，利少而义多者为之。"（原注：出《荀子·修身篇》）李诚之尝语真希元曰："'笃信好学，守死善道。'此吾辈八字箴。"

元祐中，李常宁对策曰："天下至大，宗社至重，百年成之不足，一日坏之有余。"擢为第一。景定中，有擢伦魁者，

《黍离》、《麦秀》所描述的亡国之景，难道有可画之处吗？

绍兴年间，李谊有言："《汉书·循吏传》记载六人，而其中五人出于汉宣帝时期；《酷吏传》收录十二人，其中八人出于汉武帝时期。《唐书·循吏传》记录十五人，出于武德、贞观时期的人各占一半；《酷吏传》中有十二人，出于武后时期的人也占了一半。吏治的趋向可以由当时统治者的好恶可见一斑。"

富弼出使契丹归还，皇帝提拔他为翰林学士、枢密副使，他都竭力推辞，愿（皇帝）反思被夷狄轻侮的耻辱，坐薪尝胆，不忘修缮政策。嘉定初年，讲和的使臣归还，中书省奏议表示祝贺，又有人认为和议戎狄为大功，想要分别晋升。倪思说："澶渊之役，获胜而班师回朝，天子还要下诏反思自己的罪责，中书枢密大臣犹为待罪之身。如今委屈自己与金朝讲和，怎么你们反而以这件事为值得庆贺的呢？"于是争议停止了。

李侗先生论治学之道，必须以知明天理、端正人心、崇尚节义、厉行廉耻为首要。

王时雍、徐秉哲等人都是卖国的小人，而不忍心将宋室宗族交给胡虏的人，却是开封捉事使臣窦鉴。李邺以越州守臣的身份投降胡虏，而用袖中石伏击胡虏的伪太守的人，则是身为亲事官的唐琦。

朱文公对蔡元定说："肯受身体劳苦而内心安定之人能为大事，追逐利益少而重视节义多的人能为大事。"（原注：出自《荀子·修身篇》）李诚之曾经对真德秀说："'笃信好学，守死善道。'这足以为我辈的八字箴言。"

元祐年中，李常宁对策曾说："天下是最大的，宗庙社稷是最重要的，用百年时间都不足以成就它，但要破坏它只用不到一

其破题云："运一心之乾，开三才之泰，可以观世道之消长矣。"

先儒论本朝治体云："文治可观而武绩未振，名胜相望而干略未优。"然考之史策，宋与契丹八十一战，其一胜者，张齐贤太原之役也，非儒乎？一韩一范使西贼骨寒胆破者，儒也。宗汝霖、李伯纪不见沮于耿、汪、黄三奸，则中原可复，雠耻可雪。采石却敌，乃眇然幅巾缓带一参赞之功。儒岂无益于国哉？搢绅不知兵，介胄不知义，而天下之祸变极矣。

元祐诸贤不和，是以为绍圣小人所乘。元符、建中韩、曾不和，是以为崇宁小人所陷。绍兴赵、张不和，是以为秦氏所挤。古之建官曰三公，公则无私矣；曰三孤，孤则无朋矣。无私无朋，所以和也。

蔡京之恶极矣，曾布、张商英是以窃君子之名。

止斋曰："国初以科举诱致偏方之士，而聚之中都。由是家不尚谱牒，身不重乡贯。"

《夬》"扬于王庭"，以正小人之罪；"孚号，有厉"，以危小人之复。元祐诸贤，似未知"其危乃光"之义。

天时间。"被提拔为第一名。景定年中，有被擢升为第一名的，他是这样破题的："运用内心的光明正大，开天、地、人三才之通，可以看清世间此消彼长的道理。"

有儒生前辈评论本朝的政治法度说："文治尚可观但是武功还未振，有名望的才俊众多但是治世才能不算优秀。"然而根据史策记载考证，宋朝与契丹八十一次战斗，其中唯一胜利的，乃是张齐贤主导的太原之役，这难道不是儒生的功绩？一个韩琦一个范仲淹使西方贼人骨寒胆破，他们也是儒生。倘若宗泽、李刚不被耿南仲、汪伯彦、黄潜善三个奸人所打压，则可以光复中原，一雪前耻。在采石击退敌军，乃是一个微不足道、着头巾缓带的参赞的功劳。难道还觉得儒生无益于国家吗？缙绅不懂用兵，军士不懂道义，则天下的祸乱会走向极点。

元祐时诸贤关系不和，因此被绍圣年间的小人所投机。元符、建中年间韩忠彦、曾布不和，所以被崇宁间小人所构陷。绍兴年间赵鼎、张浚不和，所以被秦桧排挤。上古时期建立官制为三公，公则是没有私心的意思；为三孤，孤则是没有朋党的意思。没有私心没有朋党，所以才能和睦。

蔡京罪大恶极，相比之下曾布、张商英都能窃得君子美名。

陈傅良说："国朝初年通过科举吸引偏远地方的文士，将他们聚集到京师。因此家族内部不崇尚谱牒，出身不看重籍贯。"

《周易·夬》说"传闻于朝廷"，是要正视小人的罪过；"真诚地号令，戒备危险"，是要警惕小人的反复。元祐年间的贤人，似乎并不知道"时时戒备危险"的深意。

胡文定公曰："宰相时来则为，不可擅为己有。"余谓：宰相非久居之地也。仁以为己任，死而后已，元祐司马公是也；夸者死权，绍兴之秦、绍定之史是也。

陈恕定茶法，以中等为可行。张方平论盐法，以再榷为不可。

王仲山以抚州降，仲嶷以袁州降，禹玉之子也。綦叔厚行责词云："昔唐天宝之乱，河北列郡并陷，独常山、平原能为国守者，盖杲卿、真卿二颜在焉。尔等顷以家声，屡尘仕版，未闻亏失，浸预使令，为郡江西，惟兄及弟，力诚不支，死犹有说。临川先降，宜春继屈，鲁、卫之政，若循一途，虽尔无耻，不愧当时之公议；顾亦何施面目，见尔先人于地下哉！"秦桧，仲山之婿。

虞公以玉失国，楚子常以佩丧邦。近岁襄阳之事，亦起于榷场之玉带。

淳祐甲辰，宰相起复。太学诸生黄恺伯等上书曰："弥远奔丧而后起复，嵩之起复而后奔丧。"徐仁伯（原注：元杰。）兼说书，对经幄，其言当帝心。台谏刘晋之、王瓒、胡清献、龚基先联章论仁伯，上震怒，夜出御笔，逐四人。遂寝起复之命，而相范、杜。明年，仁伯卒，人以为毒也。然其事竟不明白。庸斋赵茂实志之，徐景说铭之。

胡寅曾这样说过："当宰相的时运到来就去担任，不可以专擅为自己独有。"我认为：宰相之位不是久居之地。以传播仁义为自己的重任，至死方休，元祐年间司马公是这样的；夸耀权势的人死于争权，绍兴年间的秦桧、绍定年间的史弥远是这样的。

陈恕确定茶法，以中等的法度为可行的。张方平商榷盐法的制定，认为不可以再榷盐法。

王仲山在抚州投降，王仲嶷在袁州投降，二人都是王禹玉的儿子。綦崇礼严词责备他们说："昔年唐朝天宝之乱，河北诸郡都陷落了，唯独常山、平原能为国家坚守不落，是因为有颜杲卿、颜真卿二人在。你们短时间凭借家族名声多次踏入仕途，没有听闻有什么亏失，逐渐准备应对上级的命令事宜，江西的守备，只有你们兄弟，倘若真是力量不足以支撑，战死犹有可以说道之处。临川先投降，宜春之后投降，鲁、卫之政，如果遵循一条路，即使这样无耻，不愧当时之公议；环顾四周看看又能以何种面目，在九泉之下见你们的先人！"秦桧乃是王仲山的女婿。

虞公因为贪图宝玉而丢失国家，楚国子常因为贪求玉佩而丧失国邦。近年襄阳的祸事，也是起因于用玉带换榷场。

淳祐甲辰年，宰相再次被起用。太学诸生黄恺伯等人上书说："史弥远奔丧后而被起用，史嵩再被起用后去奔丧。"徐仁伯（原注：名元杰。）兼任说书，侍对经幄，他的话能说到皇帝心坎上。台谏刘晋之、王瓒、胡清献、龚基先连夜草奏弹劾徐仁伯，皇帝震怒，夜里御笔下命，驱逐这四人。于是起复之命就被搁置了，并且让范钟、杜范担任宰相。第二年，徐仁伯去世，人们都以为是中毒而死。然而这件事的真相如何无法查明。庸斋

自荆舒之学行，为之徒者，请禁读史书。其后经筵不读《国风》，而《汤誓》、《泰誓》亦不进讲。人君不知危亡之事，其效可睹矣。

小人之毁君子，亦多术矣。唐左拾遗侯昌业上疏，极言时病，而田令孜之党伪作谏疏，有"明祈五道，暗祝冥官"，"于殿内立揭谛道场"。本朝邹浩谏立刘后，而章厚之党伪作谏疏，有"取他人之子"之语。其诬善丑正，不谋而同；然不可泯者，千万世之清议也。

邓志宏（原注：肃。）谓：崇宁以来，蔡京群天下学者，纳之黉舍，校其文艺，等为三品。饮食之给，因而有差。旌别人才，止付于鱼肉铢两间。学者不以为羞，且逐逐然贪之。部使者以学宫成坏为州县殿最。学校之兴，虽自崇宁，而学校之废，政由崇宁。盖设教之意，专以禄养为轻重，则率教之士，岂复顾义哉？（原注：崇宁学校之事，概见于此。昔之所谓率教者犹若此，今之所谓率教者又可见矣。）

大观八行，因《周礼》之六行，附以六德之忠、和。奸臣不学如此。

真文忠公《自箴》曰："学未若临邛之邃，量未若南海之宽，制行劣于莆田之懿，居贫愧于义乌之安。"（原注：临邛，魏鹤山了翁；南海，崔菊坡与之；莆田，陈宓；义乌，徐侨。）

先生赵茂实为他作志, 徐景说为他作铭文。

自王安石的学风盛行, 为其信徒的人, 请求禁读史书。此后经筵不读《国风》, 而《汤誓》、《泰誓》也不再进讲。身为人君却不知危亡的史事, 其后果有目共睹。

小人要想毁掉君子, 手段是很多的。唐朝时左拾遗侯昌业上疏进言, 极力陈述当时的弊病, 而田令孜的党羽伪造谏疏, 内容有"明面上祈求五道, 暗地里祝祷冥官", "在殿内立揭谛道场"。本朝的邹浩进谏立刘氏为皇后, 而章厚的党羽伪作谏疏, 有"取他人之子"之语。这些人诬陷忠良丑化正义之士, 却是不谋而同; 然而也有不可泯灭的事物, 便是千秋万世的公道评议。

邓志宏(原注: 名肃。)说: 崇宁以来, 蔡京网罗天下的学者, 将他们收纳进校舍中, 核对他们的文艺才能, 分为三个等级。饮食的供给, 因等级而有差别。甄别选用人才, 只停留在鱼肉铢两的层面。学者不以此为羞, 反而急切地追逐着。部使者认为学宫败坏乃是州县殿最为严重的事。学校的兴起, 虽然是自崇宁开始, 而学校的荒废, 也是源自于崇宁。大概设置学校施行教化的意图, 只以俸禄给养为重, 则率领教学的文士, 难道还顾得上道义吗? (原注: 崇宁学校之事, 大概于此可见。从前的所谓率教者已是如此, 如今这些所谓率教者又可见一斑。)

大观元年确定的八种德行, 延续《周礼》的六行, 附上了六德中的忠、和。奸臣是不学这些的。

真德秀《自箴》曾这样说过: "我的学问不如魏了翁深邃, 气量不如崔与之宽阔, 行为举止没有陈宓那样端正, 身处贫苦但愧与徐侨的安贫乐道相比。"(原注: 临邛, 指的是魏鹤山魏了

上蔡先生初造程子，程子以客肃之，辞曰："为求师而来，愿执弟子礼。"程子受之，馆于门侧。上漏旁穿，天大风雪，宵无烛，昼无炭，市饭不得温。程子弗问，谢处安焉。如是逾月，豁然有省，然后程子与之语。

吕子约曰："读《明道行状》，可以观圣贤气象。"

谯天授（原注：定。）之学，得于蜀曩氏夷族；袁道洁（原注：溉。）之学，得于富顺监卖香薛翁，故曰："学无常师。"

翁；南海，指的是崔菊坡崔与之；莆田，指陈宓；义乌，指徐侨。）

上蔡先生谢良佐初次造访程颐处，程颐以待客的方式严肃对待，推辞说："我是为拜师而来的，愿意施行弟子的礼仪。"程颐接受了，让他住在门侧的房间。屋顶上漏出的风从旁边穿过，风雪大作，晚上没有蜡烛，白天没有炭火，饭食也没有温热的。程颐从不过问，谢良佐也能安然处之。就这样过了几个月，他豁然有体悟，然后程颐才和他论道。

吕子约说："通过阅读《明道行状》，可以看见圣贤之人的气象。"

谯天授（原注：名定。）的学问，是从蜀地襄氏夷族处习得的；袁道洁（原注：名溉。）的学问，是从富顺监卖酱的薛翁处习得的，所以说："学习过程中没有所谓寻常的老师。

卷十六

考史

汉河渠考

美哉禹功，万世永赖，云何汉世，河决为害？盖自战国，壅川壑邻，决通堤防，重以暴秦。水失其行，故渎遂改。碣石九河，皆沦于海。微禹其鱼，遗黎之思，披图案谍，用缀轶遗。

孝文十二年，河决酸枣东，溃金堤。

陈留郡酸枣县，（原注：今属开封府。）秦拔魏置县。（原注：地多酸枣，因以为名。）金堤河堤在东郡白马界。《括地志》："一名千里堤，在滑州白马县东五里。"《郡县志》："在酸枣县南二十三里。"（原注：《舆地广记》："酸枣县有金堤，汉文时河决金堤，即此。"）王尊为东郡太守，请以身填金堤。程子曰："汉火德，多水灾。唐土德，少河患。"

　　大禹的功绩何其伟大，千秋万世人民的生活都要仰赖他的功劳，为什么到了汉代，就常常有江河决堤的祸害发生呢？这是因为自从战国开始，诸国堵塞河川将灾祸引向别国，打通防水的堤坝，各国情况以暴虐的秦国最为严重。河水本来的流经遭到了破坏，以往的河道随之变化。九条支流之河汇集于碣石山，最终都归于大海。当初倘若没有大禹挺身而出如今我们都已是鱼虾，后世的百姓思念此事，自发地用图画书札记录下来，用以补缀遗失的故事。

　　汉孝文帝十二年，黄河在酸枣县东决口，冲溃了金堤。

　　陈留郡的酸枣县，（原注：如今隶属开封府。）秦国时打败魏国并设县于此。（原注：此地多产酸枣，因而以此为名。）金堤河堤在东郡的白马县地界里。《括地志》记载说："另外有一个名字是千里堤的，在滑州的白马县往东五里处。"《郡县志》记载："（它的位置）在酸枣县往南二十三里处。"（原注：《舆地广记》记载："酸枣县有金堤，汉文帝时黄河冲决金堤，即是此地。"）王尊当时担任东郡太守，请求以肉身填补金堤。程颐曾说："汉朝主火德，所以多水灾。唐朝主土德，所以少河患。"

　　孝武元光三年，河水徙，从顿丘东南流入勃海，复决濮阳瓠子，注钜野，通淮、泗。鬲居河北。（原注：鬲，音输，《后汉》注：音俞。）东郡顿丘县，（原注：今澶州开德府濮阳、清丰两县。）汉勃海郡，在勃海之滨。（原注：今沧、棣、霸、滨诸州之地。）《水经注》："《禹贡》曰：'夹右碣石，入于河。'《山海经》：'碣石之山，绳水出焉，东流注于河。'河之入海，旧在碣石，今川流所导，非禹渎也。周定王五年，河徙故渎。班固曰："商竭周移。'"（以上皆《水经注》第五卷文。）瓠子，今开德府濮阳县西有瓠子口。瓠子，河名也。济州巨野县东北有大野泽，即巨野也。《禹贡》："大野既猪。"清河郡鬲县，《通典·州郡十》"德州平原县"注：鬲故城在德州平原县西南。（原注：大名府夏津县，本鬲县。程氏曰：周时河徙砱砾，至汉又改向顿丘东南流。"）

　　元封二年，自泰山还至瓠子，自临塞决河，筑宣防宫。

　　《水经》（二十四）："瓠子河出东郡濮阳县北河。"（原注："县北十里为瓠河口，亦谓瓠子堰、宣房堰。"）《括地志》："故龙渊宫，俗名瓠子宫，亦名宣房宫，在濮阳县北十里。"决河，在鄄城以南，濮阳以北，广百步，深五丈。（原注：《通典》："秦始皇二十二年，攻魏，决河灌其都。决处遂大，不可复

汉孝武帝元光三年，黄河水改道，从顿丘东南方向流入勃海，又在濮阳瓠子决口，注入钜野，连通淮水、泗水。鄃县则位于黄河北部。（原注：鄃，读音为输，《后汉书》注：读音为俞。）东郡的顿丘县，（原注：如今的澶州开德府濮阳、清丰两县。）汉朝时勃海郡，在勃海的海滨。（原注：如今的沧、棣、霸、滨诸州所在之地。）《水经注》记载说："《禹贡》有言：'从碣石的右边，汇入黄河。'《山海经》有言：'碣石山，乃是绳水所出之地，向东流注入黄河。'黄河的入海口，从前在碣石山，但是如今的川流导向，已经不是大禹那时的河川面貌。周定王五年，黄河改道从前的河川。班固说："'商朝时河水枯竭所以周朝统治时期黄河河道改移。'"（以上内容皆为《水经注》第五卷的文字。）瓠子，在如今的开德府濮阳县西边有个瓠子口。瓠子是河流的名。济州巨野县东北方向有一个庞大的野湖泽，那就是巨野。《禹贡》记载："大泽在此汇聚。"清河郡鄃县，《通典·州郡十》"德州平原县"注说：鄃故城在德州平原县的西南方向。（原注：大名府夏津县，原本是鄃县。程颐说：周朝时黄河改道砾砾，至汉又改向顿丘的东南方向流去。"）

元封二年，皇帝从泰山到达瓠子，亲自到临填塞黄河决口处，下令修筑宣防宫于其上。

《水经》（二十四）记载："瓠子河出自东郡濮阳县北边的河口。"（原注：注："濮阳县往北十里处为瓠河口，也被称作瓠子堰、宣房堰。"）《括地志》记载："从前的龙渊宫，其俗名为瓠子宫，也被叫作宣房宫，它位于濮阳县北边十里。"决河，在鄄城的南边，濮阳的北边，有百步宽，有五丈深。（原注：《通典》记载："秦

补。"汉王横云："《九域志》：'濮州雷泽县有瓠子河。'澶州濮阳县有瓠子口。万里沙在莱州掖县。济州东阿县有鱼山，一名吾山。《瓠子歌》曰："吾山平，巨野溢。"东阿，今属郓州。）

导河北行二渠，复禹旧迹。

《河渠书》："禹乃厮二渠以引其河，北载之高地，过降水，至于大陆，播为九河，同为逆河，入于勃海。"（原注：孟康曰："二渠，其一出贝丘西南南折者也，其一则漯川也。"臣瓒曰："河入海乃在碣石。元光二年更注勃海，禹时不注也。"）贝丘，贝州清阳县。（原注：熙宁四年，省入清河县。）漯水，出东郡东武阳，（原注：省入大名府莘县、澶州朝城县。）至千乘（原注：青州千乘县。）入海。降水故渎，在冀州南宫县东南六里。《大事记》："周威烈王十三年，晋河岸倾，壅龙门，至于底柱。"春秋后河患见史传始于此。

自塞宣房后，河复北决于馆陶，分为屯氏河。

《地理志》："魏郡馆陶县，河水别出为屯氏河，东北至章武入海。"（原注：馆陶，今属大名府。《通典》："魏州贵乡县有屯氏河。大河故渎，俗曰王莽河。章武县、沧州鲁城县，周省入清池县。"《九域志》："大名府馆陶县、夏津县有屯氏河。南乐县有大河故渎。"）

始皇二十二年，大军攻打魏国，挖通河流冲灌它的都城。决口处于是变大，没法再补上。"汉朝的王横说："《九域志》记载：'濮州雷泽县有瓠子河。'"澶州濮阳县有瓠子口。万里沙在莱州掖县。济州东阿县有鱼山，另一个名字是吾山。《瓠子歌》说过："推平吾山，巨野溢出。"东阿，今天隶属郓州。）

导河北行这两条沟渠，是还原了大禹时的遗迹。

《河渠书》记载说："于是大禹就分开这两条沟渠来引导河水流向，向北流经高地，经过降水，来到大陆，分散为九河，汇同为逆河，最后注入勃海。"（原注：孟康说："二渠，其中一条出自贝丘西南的南折，另一条则出自漯川。"臣瓒曾说："黄河入海口的位置位于碣石。元光二年变更为注入勃海，大禹时黄河并非注入渤海。"）贝丘，即贝州清阳县。（原注：熙宁四年，并入清河县。）漯水，出于东郡东武阳，（原注：并入大名府莘县、澶州朝城县。）到达千乘（原注：青州的千乘县。）入海。降水从前的河道，在冀州南宫县东南处六里的地方。《大事记》记载："周威烈王十三年，晋河的河岸倾覆，河水堵塞龙门，一直到底柱。"春秋时期以后的河患见于史书记载的从这里开始。

自从堵塞了宣房处的河水后，黄河曾有一次在北方馆陶县决口，分出支流屯氏河。

《地理志》记载："魏郡的馆陶县，黄河水在此别出为屯氏河，流向东北到章武入海。"（原注：馆陶，如今属于大名府。《通典》记载："魏州贵乡县有屯氏河。是黄河以前的河道，俗称王莽河。章武县、沧州鲁城县，周边并入清池县。"《九域志》记载："大名府馆陶县、夏津县有屯氏河。南乐县有黄河从前的河道。"）

元帝永光五年，河决清河灵鸣犊口，而屯氏河绝。

清河之灵县鸣犊河口，《地理志》："清河郡灵县，河水别出为鸣犊河，东北至蓨，入屯氏河。"（原注：灵县，隋省入博州博平县，蓨音条，县属德州，后属冀州。）

成帝建始四年，河决东郡金堤。河堤成，以五年为河平元年。三年，河复决平原，流入济南、千乘。

平原，德棣州。济南，齐淄州。千乘故城，在淄州高苑县北。

鸿嘉四年，勃海、清河、信都河水溢，李寻等言："议者常欲求索九河故迹而穿之，今因其自决，可且勿塞，以观水势。"

信都，冀州信都县，禹导河，北过降水，即此。亦曰枯泽渠，西南自南宫县界入。《禹贡》"九河既道"，《尔雅》："一曰徒骇，二曰太史，三曰马颊，四曰覆釜，五曰胡苏，六曰简絜，七曰钩盘，八曰鬲津，其一河之经流。"（原注：先儒不知"河之经流"，遂分简絜为二。）徒骇，（原注：《寰宇记》在沧州清池。许商云在成平。）马颊，（原注：《郡县志》在德州安德。《寰宇记》在棣州滴河北。《舆地记》即笃马河也。）覆釜，（原注：《通典》在德州安德。）胡苏，（原注：《寰宇记》在沧州饶安、临津、无棣三县。许商云在东光。）简絜，（原注：《舆地记》在临

元帝永光五年，黄河在清河灵县的鸣犊河口决口，而屯氏河断流。

清河的灵县鸣犊河口，《地理志》记载："清河郡灵县，黄河水有一条支流即鸣犊河，往东北到蓚地，汇入屯氏河。"（原注：灵县，隋朝时期并入博州博平县，蓚读音为条，县先属于德州，后来属于冀州。）

汉成帝建始四年，黄河在东郡金堤决口。河堤修成后，以建始五年为河平元年。河平三年，黄河又一次在平原决口，流入济南、千乘。

平原，就是棣州。济南，就是淄州。千乘的旧城，在淄州高苑县北部。

汉成帝鸿嘉四年，勃海、清河、信都河河水暴涨，李寻等进言："议论的人常想找寻九条河以前的轨迹并且引导河水归于故道，现在因为河自己决堤了，就可以暂且不阻拦它们，以此来观察水势。"

信都，冀州信都县，大禹疏导黄河，从北汇入降水，就在此地。也被称作枯泽渠，从西南自南宫县的地界汇入。《禹贡》记载了"九条河流在此同道"，《尔雅》记载："第一条河名为徒骇，第二条名为太史，第三条名为马颊，第四条名为覆釜，第五条名为胡苏，第六条名为简絜，第七条名为钩盘，第八条名为鬲津，都是一条河的支流。"（原注：从前的儒生不知道"河的经流"，于是把简絜一分为二。）徒骇，（原注：《寰宇记》记载在沧州清池。许商言在成平。）马颊，（原注：《郡县志记载》在德州安德。《寰宇记》记载在棣州滴河北。《舆地记》记载即为笃马河。）覆釜，（原注：《通典》

津。)钩盘,(原注:《通典》、《寰宇记》在沧州乐陵东南,从德州
平昌来。《舆地记》在乐陵。)鬲津,(原注:《寰宇记》在乐陵东,
西北流入饶安。《通典》在饶安。许商云在鬲县。《舆地记》在无
棣。)太史。(原注:不知所在。)汉世近古,止得其三,唐人遂
得其六,欧阳忞《舆地记》又得其一。或新河载以旧名,或
一地互为两说,皆似是而非,无所依据。郑氏以为齐桓塞其
八流以自广。夫曲防,齐之所禁,塞河非桓公所为也。程氏大
昌《禹贡论》以为九河之地,已沦于海,谓今沧州之地,北与
平州接境,相去五百余里,禹之九河当在其地。郦道元亦谓:
"九河碣石,苞沦于海。"(原注:笃马河在平原县,今德州。乐
史以为马颊,误矣。)

平当使领河堤,奏:"按经义治水,有决河深川,无堤防
壅塞之文。"

程子曰:"河北见鲧堤,无禹堤。鲧堙洪水,故无功,禹
则导之而已。"

贾让言:"禹凿龙门,辟伊阙,析底柱,破碣石。"

《水经》(四):"河水南过河东北屈县(原注:唐慈州
吉昌。)西,(原注:"《吕氏春秋》曰:龙门未辟,吕梁未凿,河出
孟门,大溢逆流,名曰鸿水。大禹疏通,谓之孟门。孟门即龙门之

记载在德州安德。）胡苏，（原注：《寰宇记》记载在沧州饶安、临津、无棣三县。许商言在东光。）简絜，（原注：《舆地记》记载在临津。钩盘，（原注：《通典》、《寰宇记》记载在沧州乐陵东南，从德州平昌来。《舆地记》记载在乐陵。）鬲津，（原注：《寰宇记》记载在乐陵东，向西北流入饶安。《通典》记载在饶安。许商言在鬲县。《舆地记》记载在无棣。）太史。（原注：不知所在。）汉朝时代接近上古，只记载了其中三条，唐人就记载了六条，欧阳忞的《舆地记》又记载了一条。有人认为是新河被命为旧名，有人认为是同一个地方互为两种说法，都似是而非，无所依据。郑氏以为齐桓公堵塞其八条支流以自广。曲防在齐国被堵塞，堵塞河道并非齐桓公所为。程氏大昌《禹贡论》认为九河所在地，已全部沦为大海，就是今天的沧州一带，北与平州接境，相去五百余里，禹之九河当在其地。郦道元也说："九河碣石，苞沦于海。"（原注：笃马河在平原县，今德州。乐史以为马颊，这是错误的。）

平当使负责修河堤，上奏说："按照经义治水，只有冲决河口挖深河川，而无修筑堤坝防止堵塞的记载。"

程颐曾这样说过："在河北可见鲧修筑的堤，而无禹修筑的堤。鲧堵截洪水，所以没有成功，大禹于是采取疏导的办法。"

贾让有言："大禹修凿龙门，辟开伊阙，析通底柱，破开碣石。"

《水经》（四）记载说："河水向南经过河东北屈县（原注：唐朝的慈州吉昌。）向西，（原注："《吕氏春秋》记载：龙门尚未开辟，吕梁尚未凿出，河水从孟门流出，溢满之后逆流而上，名为鸿水。大

上口也。）河水又南过皮氏县（原注：河中府龙门。）西，又南出龙门口。"（原注："大禹导河积石，疏决梁山，即《经》所谓龙门也。""崩浪千寻，悬流万丈，迄于下口。《慎子》曰：下龙门，非驷马之追也。" 潏水李氏曰："同州韩城北有安国岭。东临大河，有禹庙，在山断河出处，禹凿龙门，起于唐张仁愿所筑东受降城之东，自北而南，至此山尽。两岸石壁峭立，大河盘束于山峡间。至此山开岸阔，豁然奔放，声如万雷。"）《通典》："绛州龙门县，（原注：今属河中府。）有龙门山，即大禹所凿。《三秦记》云：'鱼鳖上之即为龙，否则点额而还。'"（《通典·州郡七》）黄河北去县二十五里，乃龙门口。《舆地记》（十三）："同州韩城县有龙门山。颜氏曰：'龙门山，其东在今龙门县北，其西在今韩城县北，而河从其中下流。'"《水经注》："砥柱，山名。禹治洪水，破山以通河，河水分流，包山而过，山见水中，若柱然，故曰砥柱。三穿既决，水流疏分，亦谓之三门山。"（《水经》"河水又东过砥柱间"注。）伊阙、碣石，见前。

淇口以东。

《通典·州郡八》："淇水出共山，东至卫州卫县界入河，谓之淇水口。"

新莽始建国三年，河决魏郡，泛清河以东数郡。

禹疏通后，称之为孟门。孟门即龙门的上游河口。）河水又向南经过皮氏县（原注：河中府的龙门。）向西，又向南流出龙门口。"（原注："大禹疏导河中的积石，疏通冲决梁山，也就是《水经》所说的龙门。""激荡的水浪有万寻高，悬挂的飞流有万丈长，直到下口。《慎子》有云：水下龙门，除非驷马并驾才能追上。"李复说："同州的韩城北有安国岭。东临大河，有一座大禹庙，位于山断河出之处，禹开凿龙门，起于唐朝的张仁愿所筑东受降城的东方，自北而南，到此山才为尽头。两岸石壁峭立，大河盘踞于山峡间。至此山开岸阔，河流豁然奔放，水声如万雷齐响。"）《通典》记载说："绛州龙门县，（原注：今天归属河中府。）有龙门山，即大禹所凿的。《三秦记》记载：'鱼鳖游上去就能化成龙，否则只能点额而还。'"（《通典·州郡七》）黄河往北去县二十五里处，乃是龙门口。《舆地记》（十三）记载："同州韩城县有龙门山。颜氏曾这样说过：'龙门山，它的东边在今天龙门县往北，它的西边在今天韩城县往北，而河从其中流过。'"《水经注》记载说："砥柱乃是山名。大禹治理洪水，破山用以通河，河水分流，包夹着山而经过，山见于水中，样子像是柱子，所以被称为砥柱。三穿都已决口，水流疏分，也被称为三门山。"（《水经》"河水又向东流过砥柱间"注。）伊阙、碣石，见前文。

淇口往东。

《通典·州郡八》记载："淇水出于共山，向东流至卫州卫县边界汇入黄河，称之为淇水口。"

王莽刚刚建国三年，黄河在魏郡决口，河水淹没清河往东数个州郡。

魏郡，相州大名府。清河，恩州。

明帝永平十三年，王景修汴渠成。

诏曰："自汴渠决败，六十余岁。（原注：平帝时。）今既筑堤理渠，绝水立门，河、汴分流，复其旧迹。"（见《明帝纪》。）《郡县志·河南道一》："汴渠在河南府河阴县（原注：汉荥阳县，唐属孟州。）南二百五十步，亦名蒗荡渠。禹塞荥泽，开渠以通淮、泗。汉命王景修渠。"（原注：《汉书》有荥阳漕渠，如淳曰："今砾溪口是也。"《水经注》："王景即荥水故渎，东注浚仪，谓之浚仪渠。"）

章帝建初三年，罢虖沱、石臼河。

虖沱，出代州繁畤县东南，流经五台山北，东南流过定州入海。邓训治虖沱、石臼河，从都虑至羊肠仓。石臼河在定州唐昌县东北。（原注：本汉苦陉县，省入安喜县。）《通典·州郡九》："岚州宜芳县，即汉汾阳县。积粟所在，谓之羊肠仓，石磴萦委，若羊肠焉。"（原注：《水经注》："按《郡国志》，常山南行唐县，有石臼谷。"）《张骞传》："天子案古图书，名河所出山曰昆仑。"

汉武帝以于阗山出玉，因名河所出曰昆仑。《博雅》曰："昆仑虚，赤水出其东南陬，河水出其东北陬，洋水出其西北陬，弱水出其西南陬。河水入东海，三水入南海。"（见

魏郡，就是相州大名府。清河，即恩州。

汉明帝永平十三年，王景修筑成了汴渠。

（汉明帝）下诏说："自从汴渠决口破败，已经过去六十多年了。（原注：汉平帝时的事情。）如今既已修筑了堤坝整理了水道，阻绝洪水建立闸口，黄河、汴河分流，恢复它从前的水道。"（见于《明帝纪》。）《郡县志·河南道一》记载说："汴渠在河南府河阴县（原注：汉朝的荥阳县，唐朝时归属孟州。）往南二百五十步处，也被称作浪荡渠。大禹堵塞荥泽，开通渠道以通淮水、泗水。汉朝时命令王景修理河渠。"（原注：《汉书》有记载荥阳漕渠，如淳说："是今天的砾溪口。"《水经注》记载："王景沿着荥水从前的河道，向东注入浚仪，称之为浚仪渠。"）

汉章帝建初三年，罢免了滹沱、石臼河的河漕官员。

滹沱河，出于代州繁畤县的东南部，流经五台山北部，从东南流过定州汇入大海。邓训治理滹沱、石臼河，从都虑一直到羊肠仓。石臼河在定州唐昌县的东北方向。（原注：原本是汉朝的苦陉县，如今并入安喜县。）《通典·州郡九》："岚州的宜芳县，即汉朝的汾阳县。囤积粟米的地方，被称为羊肠仓，石阶盘旋曲折，就像羊肠一样。"（原注：《水经注》记载："根据《郡国志》记载，在常山南部的行唐县，有一个石臼谷。"）《张骞传》有这样的记载："天子根据上古图册书籍的记载，认为黄河所出的山名为昆仑。"

汉武帝认为于阗山产出玉石，所以将黄河所出的山命名为昆仑。《博雅》记载说："昆仑虚，赤水从它的东南隅流出，黄河从它的东北隅流出，洋水从它的西北隅流出，弱水从它的西南隅

《释水》。)《后汉书·明帝纪》(永平十七年)注云："昆仑山在肃州酒泉县西南。山有昆仑之体，故名之。"（原注：朱文公曰："二书之语，似得其实。《水经》言昆仑去嵩高五万里，恐不能若是之远。"）《通典》(以下皆《州郡四》"议曰"之文。)："今吐蕃中河，从西南数千里向东北流，见与积石山下河相连。聘使涉历，无不言之。吐蕃自云：'昆仑山在国中西南，则河之所出也。'《尚书》云：'织皮昆仑析支、渠搜，西戎即叙。'《后汉书》云：'西羌在汉金城郡之西南，滨于赐支。'《续汉书》：'河关（原注：县属金城郡，今积石军。)西可千余里有羌，谓之赐支，盖析支也。'然则析支在积石之西，是河之上流明矣。昆仑在吐蕃中，当亦非谬。"（原注：《楚辞》注："《尔雅》：'河出昆仑虚，色白。所渠并千七百一川，色黄。百里一小曲，千里一曲一直。'"《离骚》："邅吾道夫昆仑。"《九歌》："登昆仑兮四望。"）

灵帝光和六年，金城河溢。
金城郡，今兰会西宁湟州积石军。

流出。黄河汇入东海，其他三条河流入南海。"（见《释水》记载。）《后汉书·明帝纪》（永平十七年）注释说："昆仑山在肃州酒泉县的西南方向。山有昆仑之体，所以得名。"（原注：朱熹曰："这两本书的记载，似乎是真实的。《水经》上说昆仑比嵩山高五万里，恐怕差距不会像这样大。"）《通典》（以下都是《州郡四》"议曰"的文字。记载："如今的吐蕃中河，从西南方向数千里处向东北流，可见它与积石山下河相连。涉足此处的使臣，没有不这样说的。吐蕃自己也记载：'昆仑山在国中西南部，是黄河流出的地方。'《尚书》中记载：'织皮族居住在昆仑山、枝支山、渠搜山等地，西戎各国也归服了'《后汉书》记载：'西羌在汉朝的金城郡西南方向，在赐支之滨。'《续汉书》记载：'河关（原注：县属于金城郡，即今天的积石军。）往西数千里之外有羌，被称为赐支，大概就是析支。'这样则析支在积石军的西部，所以黄河上流的情况明确了。昆仑山在吐蕃境内，应当也不是谬说。"（原注：《楚辞》注言："《尔雅》记载：'黄河刚出昆仑虚，水色清白。并入黄河的河渠有一千七百一十条，水色变得浑黄。河道每百里就有一个小弯，每千里就一弯一直。'"《离骚》曾这样说过："我把行程转向昆仑山下。"《九歌》有言："登上昆仑山啊四处遥望。"）

汉灵帝光和六年，金城的河水泛滥。

金城郡，即是如今的兰会西宁湟州积石军。

历代田制考

秦废井田，开阡陌。（原注：周显王十九年。）

《通典·州郡四》议曰："按周制，步百为亩，亩百给一夫。商鞅佐秦，以一夫力余，地利不尽，于是改制，二百四十步为亩，百亩给一夫。又以秦地旷而人寡，晋地狭而人稠，诱三晋人发秦地利，优其田宅，复及子孙。而使秦人应敌于外。大率百人，则五十人为农，五十人习战。兵强国富，职此之由。"朱文公《开阡陌辩》曰："说者之意，皆以'开'为'开置'之开，言秦废井田而始置阡陌也。按阡陌者，旧说以为田间之道，盖因田之疆畔，制其广狭，辨其横从，以通人物之往来，即《周礼》所谓遂上之径，沟上之畛，洫上之涂，浍上之道也。然《风俗通》云：'南北曰阡，东西曰陌。'又云：'河南以东西为阡，南北为陌。'二说不同。今以《遂人》田亩夫家之数考之，当以后说为正。盖陌之为言百也，遂、洫从而径、涂亦从，则遂间百亩，洫间百夫，而径、涂为陌矣。阡之为言千也，沟、浍横而畛、道亦横，则沟间千亩，浍间千夫，而畛、道为阡矣。阡陌之名，由此而得。至于万夫有川，而川上之路周于其外，与夫《匠人》井田之制。遂、沟、洫、浍亦皆四周，则阡陌之名，疑亦因横从而命之也。然遂广二尺，沟四尺，洫八尺，浍二寻，则丈有六尺矣。径容牛马，畛容大车，涂容乘车，一轨道，二轨路，三轨则几二丈矣。此其水陆占地不得为田者颇多，所以正经界，止侵争，时畜洩泄，备水旱，为永久之计。商君以急刻之心，行苟且之政，但

　　秦国废除井田制，打通田地之间的界限。(原注:周显王十九年之事。)

　　《通典·州郡四》(议)记载说:"根据周朝的制度,以百步大小的田地为一亩,一个农夫负责一百亩的田地。商鞅辅佐秦国主持政事之后,认为一个农夫力量有余,地利资源不能用尽,于是更改制度,以二百四十步大小为一亩,一个农夫负责一百亩。又因为秦国国土空旷而人口稀少,晋国国土狭长而人口稠密,吸引三晋地区的百姓来开发秦国的土地资源,使他们获得更好的土地宅邸,优待延及他们的子孙。而使秦国人在外应敌。大概一百人中,则五十人作为农民,五十人学习战斗。使军事强壮国家富饶,作为职责的由来。"朱熹《开阡陌辩》曾说:"说者的意思,都认为'开'是'开置'的开,讲的是秦国废除井田制而开始设置阡陌。我认为阡陌的意思,从前的说法认为是田间的道路,大概是因为田野的田界,限制它的面积广狭,区分它的方向纵横,用以人们的往来交通,即《周礼》所说的遂上有径,沟上有畛,洫上有涂,浍上有道。然而《风俗通》记载说:'南北方向为阡,东西方向为陌。'又说:'黄河南部地区以东西方向为阡,南北方向为陌。'这两种说法不同。如今以《遂人》中记载的田亩农夫家的数量考据,应当以后一种说法为正确的。原来陌用来形容百,遂、洫为纵而径、涂也为纵,则遂间有百亩,洫间有百夫,而径、涂为陌。阡用来形容千,沟、浍为横而畛、道也为横,则沟间有千亩,浍间有千夫,而畛、道为阡。阡陌的名称,由此得来。至于万夫有川,而川上的路环绕其外边,和《匠人》记载的

见田为阡陌所束，而耕者限于百亩，则病其人力之不尽；但见阡陌之占地太广，而不得为田者多，则病其地利之有遗。又当世衰法坏之时，归授之际，必有烦扰欺隐之奸，而阡陌之地切近民田，又必有阴据自私而税不入于公上者；是以尽开阡陌，悉除禁限，而听民兼并买卖以尽人力，垦辟弃地，悉为田畴，不使有尺寸之遗以尽地利，使民有田即为永业，而不复归授，以绝烦扰欺隐之奸；使地皆为田，田皆出税，以核阴据自私之幸。此其为计，正犹杨炎疾浮户之弊，破租庸以为两税，盖一时之害虽除，而千古圣贤传授精微之意，于此尽矣。故《秦纪》、《鞅传》皆云：'为田开阡陌封疆，而赋税平。'蔡泽亦曰：'决裂阡陌，以静生民之业，而一其俗。'所谓'开'者，乃破坏划削之意，而非创置建立之名。所谓阡陌，乃三代井田之旧而非秦之所置矣。所谓'赋税平'者，以无欺隐窃据之奸也。所谓'静生民之业'者，以无归授取予之烦也。"《大事记解题》三曰："决裂云者，唐、虞、三代井田之制，分画坚明，封表深固，非大用力以决裂之，不能遽扫灭其迹也。秦始皇三十一年，使黔首自实田。使井田不废，何患田之不实乎！"

井田之制相同。遂、沟、洫、浍也都在四周，则阡陌的名称，可能也是因为横纵而命名。这样就广有二尺，沟有四尺，洫有八尺，浍有二寻，则丈有六尺。小径可以容牛马通过，畛可以容大车通过，涂可以容乘车通过，一轨可以为道，二轨可以为路，三轨则几乎有二丈宽了。这是因为被水陆占据了地盘而不能用作耕田的情况颇多，所以要明确边界，防止侵争，按时畜泄，预备水旱，是为永久之计。商君因为心中急迫，施行只图一时利好之政，只看见田地被阡陌所束缚，而耕田的人被限制在百亩的土地里，则担忧农人不能用尽全力；只看见阡陌占据土地的范围太广，而不能用做农田的地方太多，则担忧这些土地资源被遗弃了。又正当世道衰落礼法崩坏的时候，百姓把田地还给政府之时，一定会有烦扰欺隐的坏事发生，阡陌的土地事关百姓的田地，又必定会有阴险自私而不交税到公家上位的人；因此把阡陌土地开垦殆尽，全部解除禁止和限制，而听任百姓兼并买卖以用尽人力，垦辟废弃的土地，全部设为田地，不让哪怕尺寸的土地被遗漏以用尽地利资源，让百姓有田即为拥有永久产业，而不再归还给官府，以杜绝烦扰欺隐的坏事；使土地都开为田地，田地收成都用以交税，然后达到阴险自私之流的目的。这一计策，正如同唐代的杨炎深感无定籍的户口的流弊，破除交纳谷帛的租庸调税制改为两税，虽然一时的祸害解除了，但是千古圣贤传授的精微奥义，到此殆尽。所以《秦纪》、《商鞅传》都说：'为田地开设阡陌封疆，而赋税才能均平。'蔡泽也说：'分割阡陌，以稳定生民的产业，而统一人民的习俗。'所谓'开'者，乃是破坏划削的意思，并非创置建立的意思。所谓阡陌，乃是上古三代井田的旧习而非秦国所设置的。所谓'赋税问题平定'，指的是

汉董仲舒请限民名田。

名田，占田也。各为立限，不使富者过制，贫弱之家可足也。武帝时，贾人有市籍及家属，皆无得名田。胡氏曰："限田终不能行者，以人主自为兼并，无以使民兴于廉也。"

赵过教民为代田。

"代，易也。"师古注文《周官·大司徒》：不易、一易、再易之地，有三等。（原注：《公羊传注》："司空谨别田之高下善恶，分为三品，上田一岁一垦，中田二岁一垦，下田三岁一垦。"）《左传》："晋作爰田。"《晋语》云："作辕田。"辕，易也。贾逵注文。《汉·地理志》："秦商君制辕田。"（原注："辕"与"爰"同，易也。）《食货志》："岁耕种者为不易上田，休一岁者为一易中田，休二岁者为再易下田。三岁更耕之，自爰其处。"《盐铁论·未通篇》：御史曰："古者制田，百步为亩，民井田而耕，什而藉一。先帝哀怜百姓之愁苦，衣食不足，制田二百四十步而一亩，率三十而税一。"

没有欺隐窃据的坏事发生。所谓'稳定生民的产业',指的是没有还政取索的烦扰。"《大事记解题》三曾说:"分割所说的,唐尧、虞舜、上古三代帝王的井田之制,划分坚定明确,封表根深蒂固,倘若没有用很大的力气来破坏它,是不能立刻扫灭它的痕迹的。秦始皇三十一年,使老百姓自己向政府申报他们各自占有的土地面积。假如井田不废,又何必担心百姓各自占有的田地面积呢!"

汉朝董仲舒请求限制农民占田。

名田,就是占田的意思。各自设立界限,不让富余的人占用超过规制,贫弱的家庭可以自足。汉武帝时期,商贾人家有市籍以及家属的话,都不能占田。胡寅说:"限田最终不能实行,是因为皇帝自己参与兼并,做不到廉洁以使百姓生活兴旺。"

赵过教导百姓如何实行代田法。

"代,就是易的意思。"颜师古注释这样说《周官·大司徒》有这样的记载:不变、一变、再变之地,有此三等。(原注:《公羊传注》:"司空谨区别田地的高下好坏,分为三品,最好的田一年一垦,中等的田二年一垦,下等的田三年一垦。")《左传》记载:"晋国作爰田。"《晋语》说:"(爰)作辕田。"辕,就是变的意思。贾逵这样注释。《汉书·地理志》记载:"秦国的商君实行辕田的制度。"(原注:"辕"与"爰"同意义,都是表示变更。)《食货志》记载:"每年都耕种的为不变的上等田,休息一年的为一变的中等田,休息两年的为再变的下等田。每三年更换耕田,自己变更所耕之田的位置。"《盐铁论·未通篇》记载:御史有言:"古时的人们设立田制,以百步为一亩,百姓将田地规划成井字然后躬耕,十人才能供出够一人的收成。先帝怜惜百姓的愁苦,衣着和

师丹建言限名田。

王嘉奏曰："诏书罢苑，而以赐董贤二千余顷。均田之制，从此堕坏。"

新莽更名天下田曰王田，不得买卖。

建武十五年，诏州郡检核垦田户口。

《通典·食货一》曰："自秦孝公隳经界，立阡陌，虽获一时之利，而兼并逾僭兴矣。阡陌既弊，又为隐核。隐核之法，凭乎簿书。簿书既广，必藉众功。藉众功，则政由群吏。政由群吏，则人无所信矣。"

后魏孝文太和九年，诏均田：男夫十五以上，受露田四十亩。妇人二十亩。

刘氏（原注：恕。）曰："后魏均田制度，似今世佃官田及绝户田出租税，非如三代井田也。魏、齐、周、隋兵革不息，农民少而旷土多，故均田之制存。至唐承平日久，丁口滋众，官无闲田，不复给授，故田制为空文。《唐志》云：'口分世业之田坏而为兼并。'似指以为井田之比，失之远矣。"

北齐河清三年，令民一夫受露田八十亩，妇人四十亩。

隋文帝开皇十二年，京辅三河地少人众，发使四出，均

食物都不能自足，下令以二百四十步为一亩田，税率确定为三十分之一。"

师丹上疏言限制占田。

王嘉上奏说："（皇帝）有诏书禁止修林园，但却赐给董贤二千余顷土地。均田的制度，从此崩坏。"

王莽将天下所有土地名字改为王田，不允许买卖。

光武帝建武十五年，下诏命令州郡检查核对垦田和户口。

《通典·食货一》记载说："自从秦孝公毁坏了经界，设立了阡陌，虽然获得了一时之利，但是兼并的情况越加猖狂。阡陌既有弊端，又隐含了限制兼并的考核规则。考核的规则，主要凭借簿书。簿书涉及范围广泛，必须要依靠众人的人力。借助众人的人力，则权力在官吏人群手中。权力在官吏人群手中，则人民没有可以信赖的了。"

北魏孝文帝太和九年，下诏书实行均田法：十五岁以上的男人，可接受四十亩露田。妇人可受二十亩。

刘氏（原注：恕。）曾这样说过："后魏的均田制度，接近于当今的佃官田及绝户田和出租税制度，不像上古三代的井田制度。魏、齐、周、隋时期战乱不休，农民少而闲置的土地多，所以均田制能够存在。到了唐朝国家承平日久，人口数量滋长，官府没有空闲的田地，不再授予百姓，因此田制成了一纸空文。《唐志》说：'口分世业的田亩制度崩坏了而改为兼并。'似乎指的是以井田制与均田制相比较，偏差很大。"

北齐河清三年，下令农民男性每人可得露田八十亩，妇人四十亩。

隋文帝开皇十二年，国都及附近三河等土地稀少而人口众

天下之田。其狭乡每丁才至二十亩。

唐武德七年，初定均田。丁、中之民，给田一顷。笃疾减十之六，寡妻妾减七。皆以什之二为世业，八为口分。

范氏曰："唐初定均田，有给田之制，盖由有在官之田也。其后给田之制不复见，盖官田益少矣。"林氏（原注：勋）曰："周制步百为亩，百亩仅得唐之四十余亩。唐之口分，人八十亩，几倍于古。盖贞观之盛，户不及三百万，永徽唯增十五万。若周则王畿千里，已有三百万家之田，列国不与焉。是以唐制受田倍于周，而地亦足以容之。狭乡虽裁其半，犹可以当成周之制。然按一时户口，而不为异日计，则后守法难矣。"（原注：既无振贫之术，乃许之卖田，后魏以来弊法也，是以启兼并之渐。）永徽中，洛多豪右，占田逾制，贾敦颐举没三千余顷，赋贫民。

开元九年，宇文融为劝农使，括逃户及籍外田。

陆贽论兼并之家，私敛重于公税，请为占田条限。

多，（隋文帝）派遣使者四处奔走使天下耕田平均。那些地狭人
稠的地方每个成年男性才能分到二十亩田。

唐朝武德七年，开始定下均田的制度。成年男性、青年男
性，给一顷田。身患重病者得到的田面积减少十分之六，寡妇、
妻妾得到的减少十分之七。都以二十亩田为永业田，八十亩为口
分田。

范祖禹说："唐朝初年制定均田政策，有供给田地的制度，
大概是来源于官府掌控的田地吧。之后供给田地的制度再也见
不到了，可能是因为官府拥有的田地越来越少。"林氏（原注：名
勋）曾说："周朝制度凡一百步的面积为一亩，一百亩仅仅抵得
上唐朝的四十多亩。唐朝有口分田制度，每人都能拥有八十亩
地，是上古时期的数倍。大概贞观最鼎盛的时期，百姓户口数目
不到三百万，永徽时期只增加了十五万。像周朝王都附近的土地
千里之广，已经有三百万人家的耕田，列国的土地不算。所以唐
朝的田制分配的土地是周朝的几倍，而土地也足以容纳。地狭
人稠的地方虽然裁减了一半，也足以与周朝的制度相比较。然
而只根据一时的户口，而不为以后做计划，则之后一直遵守土地
之法就会很难。"（原注：既然没有振兴贫困的方法，就只能允许买卖
田地，这是北魏以来土地制度的积弊，所以开启兼并的风气。）永徽年
间，洛阳多有豪门大族，侵占田地违反制度，贾敦颐查出被霸占
的三千多顷田地，并将这些土地分给贫困的农民。

开元九年，宇文融担任劝农使，清查逃亡的户口以及户籍
之外的田地。

陆贽认为兼并土地的大家族，私收租金比公家收税还要
多，请求为占田设立条款限制。

后周世宗以元稹《均田图》赐诸道，诏艾颖等分行诸州，均定田租。（原注：《会要》云："见元稹在同州时所上《均田表》，因制素为图。"）今按元稹《同州奏均田》曰："因农务稍暇，令百姓自通手实状，又令里正书手等傍为稳审，并不遣官吏擅到村乡，略无欺隐。除去逃荒，其余顷亩，取两税元额，通计七县沃瘠，一例作分抽税。"苏氏曰："三代之君，开井田，画沟洫，谨步亩，严版图，因口之众寡以授田，因田之厚薄以制赋。经界既定，仁政自成，下及隋、唐，风流已远。然其授民田有口分、世业，皆取之于官。其敛民财有租、庸、调，皆计之于口。其后变为两税。户无客主，以见居为簿；人无丁中，以贫富为差。贫者急于售田，则田多而税少；富者利于避役，则田少而税多。侥倖一兴，税役皆弊。嘉祐中，薛向、孙琳始议方田，量步亩，审肥瘠，以定赋税之入。熙宁中，吕惠卿复建手实，抉私隐，崇告讦，以实贫富之等。元丰中，李琮追究逃绝，均虚数，虐编户，以补失陷之税。此三者，皆为国敛怨，所得不补所失。昔宇文融括诸道客户，州县观望，虚张其数，以实户为客，虽得户八十余万，岁得钱数百万，而百姓困弊，实召天宝之乱。均税之害，何以异此！"张子曰："治天下不由井地，终无由得平。周道止是均平。"

后周世宗皇帝以元稹的《均田图》赐于各地，诏令艾颖等人分别于各州实行，平均制定田租。（原注：《会要》有言："（皇帝）看见元稹在同州时所上奏的《均田表》，因此修改为图。"）现在根据元稹的《同州奏均田》记载："趁着农务中短暂的闲暇，让百姓自己写下真实的情况，又命令里正书手等人在一旁审核，并未派遣官吏擅自到村里来，所以没有欺瞒隐藏的地方。除去逃荒的情况，其余的顷亩，取两税法的最初的额度，一共统计了七个县土地的肥瘦，一律分别抽收税金。"苏辙曾这样说过："上古三代君王，开设井田，规划沟洫，明确步亩，严整版图，根据人口的多少来分配田地，根据田地的肥瘦来制定赋税。地界已然确定，仁政自然成功，向后一直影响了隋、唐，这些英雄事迹已经远去。然而分配民田的方式有按人口分田、世代的田，都取决于官员。他们收敛百姓的钱财有租、庸、调等方式，都是按人口来算。此后变为两税法。户口上没有客主之分，以居住的为准；人口中没有成年未成年的差别，以贫富为准。贫困者急于出售田地，则可以耕种的田地多而缴纳的税少；富有者急于逃避劳役，则可以耕种的土田少而缴纳的税多。侥幸逃脱，则税收和劳役都有问题。嘉祐年间，薛向、孙琳开始奏议方田法，测量步亩，考察肥瘠，用以确定赋税的收入。熙宁年间，吕惠卿再次建立手实法，查明隐瞒的情况，鼓励责人过失，以核实贫富的等级。元丰中，李琮追究逃绝，均虚数，虐编户，以填补缺失的税收。这三次事件，都是替国家收敛怨气，所得的弥补不了所失的。当初宇文融清查各地的暂居的户口，各地州县观望情况，虚报数目，以实际的人口为客居人口，虽然算得户口八十多万，每年得钱数值百万，而百姓生活贫困，事实上招致了天宝之乱。均税的危害，

南唐烈祖分遣使者，按行民田，以肥瘠定其税。

历代漕运考

汉

渭渠。

渭水，出熙州狄道县东北，至华州华阴入河。刘仲冯曰：
"今渭汭至长安仅三百里，固无九百余里，而云'穿渠起长
安，旁南山至河'，中间隔灞、浐数大川，无缘山成渠之理。
此说可疑，今亦无其迹。"《西都赋》："通沟大漕，溃渭洞
河。"

褒斜道，故道。

褒水通沔，在兴元府褒城县。（原注：出衙领山至南郑入
沔。）斜水通渭，在京兆府武功县。（原注：出衙领山北流至郿
入渭。）故道，今凤州梁泉县。

河内。

怀、卫二州之地。

东冶，零陵、桂阳峤道。

东冶，福州闽县。零陵郡，南临源岭。（原注：永州。）桂

与此有何区别!"张子载有言:"治理天下不基于土地,终究是没法使其平定。周朝的王道只是公平。"

南唐烈祖皇帝分别派遣使者,根据农民的田地,以土地是肥沃还是贫瘠来确定对应的税收。

渭渠。

渭水,出自熙州狄道县的东北部,直到华州华阴汇入黄河。刘仲冯说:"如今的渭水交汇处距离长安仅有三百里,确实没有九百多里,而所谓'穿连河渠到长安,沿着南山汇成河',中间隔着灞、浐数条大江,没有沿着山脉汇成河渠的缘由。这个说法很可疑,如今也没有它存在的痕迹。"《西都赋》说:"有人工漕渠,通向渭水、黄河。"

褒斜道,以前的河道。

褒水连通沔水,在兴元府的褒城县。(原注:出自衙领山从南郑汇入沔水。)斜水连通渭水,在京兆府的武功县。(原注:出自衙领山从北流到郿汇入渭水。)以前的河道,在今天的凤州梁泉县。

河内。

怀、卫二州的地方。

东冶,零陵、桂阳峤道。

东冶,在福州闽县。零陵郡,在南临源岭。(原注:即永州。)

阳郡，腊岭。（原注：郴州。）沮、下辨。沮县，汉属武都，隋为
兴州顺政。（原注：沔水发源于此，一名沮水，今沔州。）下辨县，
汉下辨道属武都，西魏改同谷，唐为成州同谷。（原注：《续
志》："下辨东三十余里有峡，中当水泉，生大石，障塞流水，至春
夏辄溢。虞诩使人烧石，以水溉之，石皆裂，因镌去石，遂无泛溺
之患。"）

　　斜谷。
　　《郡国志》："右扶风武功县有斜谷。"注："褒斜谷在
长安西南，南口褒，北口斜，长百七十里，其水南流。"（原
注：武功，今凤翔府郿县。）

<h2 style="text-align:center">魏</h2>

　　陈项、寿春。
　　《通典·州郡七》："颍州，魏汝阴郡，邓艾屯田于此。"
陈、项，陈州宛丘、项城县。寿春，见前。《晋志》："修广淮
阳、百尺二渠，上引河流，下通淮、颍。"（原注：《通典》陈州
宛丘县有百尺堰。《隋志》颍川郡北舞县有百尺沟。《郡县志》百尺
堰在颍州汝阴县西北一百里。）

桂阳郡，在腊岭。（原注：即郴州。）沮、下辨。沮县，在汉朝时隶属武都，隋朝时为兴州顺政。（原注：沔水发源于此地，另一个名字是沮水，即今天的沔州。）下辨县，汉朝时下辨道属于武都，西魏时改为同谷，唐朝时为成州同谷。（原注：《续志》有这样的记载："下辨县往东三十多里处有一条山峡，中间有泉水，有一块大石，阻塞了流水，到了春夏时节河水就会溢出。虞诩派遣人用火烧石头，又用水浇灌，石头全部裂开，趁机移去石块，就此没有河水泛滥的灾患。"）

斜谷。

《郡国志》记载："右扶风下的武功县有斜谷。"注释说："褒斜谷在长安的西方向南，南口为褒，北口为斜，长一百七十里，它的水流向南边。"（原注：武功，即今天的凤翔府郿县。）

陈项、寿春。

《通典·州郡七》记载："颍州，魏国的汝阴郡，邓艾曾在此屯田。"陈、项，即陈州的宛丘、项城县。寿春，见前文。《晋志》记载："修理扩建淮阳、百尺两条河道，上游引黄河支流，下游连通淮水、颍水。"（原注：《通典》记载陈州宛丘县有百尺的堤坝。《隋志》记载颍川郡北舞县有百尺沟渠。《郡县志》记载百尺堤坝在颍州汝阴县西北方向一百里处。）

晋

潢、淯水，杨口。

《汉·地理志上》（"南阳郡"）："潢水出鲁阳县鲁山，东北至定陵入汝。（原注：鲁阳，汝州鲁山县。定陵故城，在蔡州郾城县西北。）育水出郦县西北，南入汉。"（原注：郦故城在邓州临湍县。）《通典·州郡十三》："复州沔阳县，汉云杜县，杜预为荆州刺史，开杨口达巴陵径千余里。内避长江之险，通零、桂之漕，即此也。"（原注：零陵、桂阳。）

石门。

《水经注》七："荥渎水受河水，有石门，谓为荥口石门。"

千金堨。

永嘉元年，修千金堨于许昌，以通运。（《晋书·怀帝纪》文）《水经注》："河南县城东十五里，有千金堨。《洛阳记》曰：千金堨，旧堰谷水，魏时更修，积石为堨。开沟渠五所，谓之五龙渠，渠上立堨。（原注：堨是都水使者陈协造。）水历堨东注，谓之千金渠。"（原注：许昌、许州，今颍昌府许田镇。刘曜攻石生于金墉，决千金堨以灌之。）

滍水、淯水，杨口。

《汉书·地理志上》（"南阳郡"）记载说："滍水出于鲁阳县的鲁山，往东北到定陵汇入汝水。（原注：鲁阳，在汝州鲁山县。定陵从前的城郭，位于蔡州郾城县西北方向。）淯水出自郦县的西北部，往南注入汉水。"（原注：郦县以前的地址在邓州临湍县。）《通典·州郡十三》记载："复州的沔阳县，汉朝时称为杜县，杜预担任荆州刺史，开通杨口到巴陵的一千多里道路。可以规避长江天险，连通零陵、桂阳的漕运，即指此。"（原注：零陵、桂阳。）

石门。

《水经注》七记载："荥河水来自于黄河水，有一座垒石而成门，被称为荥口石门。"

千金堨。

永嘉元年，在许昌修筑千金堨，用以连通漕运。（《晋书·怀帝纪》中有记载）《水经注》记载："河南县城往东十五里处，有千金堨。《洛阳记》说：千金堨，是以前被堵塞的榖水，魏国时再次修理，堆积石块修筑成堨。开凿五处沟渠，称之为五龙渠，在渠上树立堨。（原注：堨是都水使者陈协造的。）河水途经堨向东流，称之为千金渠。"（原注：许昌、许州，即是今天的颍昌府许田镇。刘曜在金墉进攻石勒，掘开了千金堨以冲灌他。）

隋

蒲, 陕, 卫, 汴, 黎阳, 汾, 晋, 渭水, 广通渠, 大兴城, 潼关。

蒲州。（原注：河中府。）汴州。（原注：开封府。）黎阳。（原注：今濬州。）汾州。（原注：唐为慈州。）晋州。（原注：平阳。）京兆府万年县，隋改为大兴县。广通渠，在华州，置广通仓。（原注：《隋·纪》："幸霸水，观漕渠。"）潼关，在华州华阴县。渭水，在万年县北五十里，东流二百四十里，至华阴县，东北流三十五里，自永丰仓入河，谓之渭口。山阳渎。楚州山阳县。（原注：今淮安州。）砥柱。陕州硖石县，（原注：今省入陕县。）有底柱山，俗名三门山，在县东北五十里。河水分流包山，山见水中若柱然。又以禹治河水，山陵当水者破之，三穿既决，河出其间，有似于门，故亦谓三门。唐太宗勒铭。

通济渠, 谷、洛水, 板渚, 邗沟。

《通典·州郡七》："汴渠在河南府河阴县南二百五十步，今名通济渠。隋炀帝开导，西通河、洛，南达江、淮。（原注：河阴后属孟州。）汴州有通济渠，隋炀帝开引黄河水以通江、淮漕运，兼引汴水，即浪宕（原注：与"蒗荡"同。）渠也。（原注：《隋志》在浚仪县。）《九域志》："汴水，古通济渠也，在开封县。"《周语》"谷、洛斗"，注云："洛在王城之南，谷在王城之北，东入于瀍。至灵王时，谷水盛出于王城之西，

蒲州，陕州，卫州，汴州，黎阳，汾州，晋州，渭水，广通渠，大兴城，潼关。

蒲州。（原注：即河中府。）汴州。（原注：即开封府。）黎阳。（原注：今天的濬州。）汾州。（原注：唐朝时为慈州。）晋州。（原注：即平阳。）京兆府万年县，隋朝时期改为大兴县。广通渠，在华州，设置有广通仓。（原注：《隋书·纪》记载："（皇帝）临幸霸水，观看漕运河渠。"）潼关，在华州华阴县。渭水，在万年县往北五十里处，向东流二百四十里，到华阴县，向东北流三十五里，从永丰仓汇入黄河，称之为渭口。山阳渎。楚州山阳县。（原注：今天的淮安州。）砥柱。陕州硖石县，（原注：今天并入陕县。）有底柱山，俗称三门山，在县往东北五十里处。河水分流包朱山，山在水中仿佛柱子的样子。又有大禹治理黄河，破开了挡住河水的山陵，三穿都已决口，河水流出其间，就像是门一样，所以也称为三门。唐太宗时镌刻铭文。

通济渠，谷、洛水，板渚，邗沟。

《通典·州郡七》记载："汴渠在河南府河阴县往南二百五十步处，今天名为通济渠。隋炀帝时开凿，往西开通河、洛，往南直达江、淮。（原注：河阴后来属于孟州。）汴州有通济渠，隋炀帝开凿导引黄河水以通江、淮的漕运，同时引汴水，即是浪宕（原注：与"蒗荡"读音相同。）渠。（原注：《隋志》记载在浚仪县。）《九域志》记载："汴水乃是古时的通济渠，在开封县。"《周语》记载"谷、洛相争"，注释说："洛水在王城的南边，谷

而南流合于洛水。"（原注：《山海经》：涧水西北流，注于谷水。《通典》："谷水本涧水，经苑中入于洛。"）板渚，《水经》："河水又东合汜水，又东迳板城北。"注云："有津，谓之板城渚口。"（原注：在孟州汜水。）《左传》（哀公九年）："吴城邗沟，通江、淮。"注云："于邗江筑城穿沟，东北通射阳湖，西北至末口入淮，通粮道也，今广陵韩江是。"（原注：隋开邗沟，自山阳至杨子入江。渠广四十步，自楚州宝应县北流入淮。）

永济渠。

《国史志》："大名府永济县有永济渠。"（原注：今省为镇，入临清县。）

东莱海口。

东莱郡莱州，西至海二十九里，北至海五十里，东南至海二百五十里。

唐

三门，河阴，柏崖，集津仓，（原注：盐仓。）含嘉仓，太原仓。

裴耀卿于三门东西置仓，开山十八里，为陆运以避其险，卒沂河而入渭。（原注：三门山，见前"砥柱"。）《地理志》："河南府河阴县，开元二十二年，置领河阴仓。（原注：

水在王城的北边，往东流入到瀍。到灵王时期，榖水泛滥于王城的边西，而向南流汇合于洛水。"（原注：《山海经》记载：涧水向西北流，注入谷水。《通典》记载："谷水本为涧水，经过苑中汇入洛水。"）板渚，《水经》记载："河水又向东汇合汜水，又向东经过板城北。"注释说："有渡水的地方，被称为板城渚口。"（原注：位于孟州汜水。）《左传》（哀公九年）记载："吴城的邗沟，沟通江、淮。"注释说："于邗江筑城穿沟，向东北连通射阳湖，向西北的末端汇入淮水，连通粮道，乃是今天的广陵韩江。"（原注：隋朝时期开凿邗沟，自山阳到杨子入江。渠宽广四十步，自楚州宝应县向北流入淮水。）

永济渠。

《国史志》记载说："大名府永济县有永济渠。"（原注：今天并为镇，归入临清县。）

东莱海口。

东莱郡莱州，往西离海二十九里，往北离海五十里，往东南离海二百五十里。

三门，河阴，柏崖，集津仓，（原注：盐仓。）含嘉仓，太原仓。

裴耀卿在三门外东西两处设置仓，开凿大山十八里，为陆上运输规避风险，（使河水）最后逆黄河而汇入渭水。（原注：三门山，见前文"砥柱"。）《地理志》记载说："河南府河阴县，开元

会昌三年属孟州。）河清县，咸亨四年置柏崖县，寻省，有柏崖仓。陕州平陆县，三门西有盐仓，东有集津仓，陕县有太原仓。"《六典》："东都曰含嘉仓。自含嘉仓转运，以实京之太仓。自洛至陕运于陆，自陕至京运于水。"（原注：杨慎名为含嘉仓出纳使。）刘晏移书曰："陕郊见三门、集津遗迹。"（原注：曾子固曰："宋兴，承周制，置集津之运，转关中之粟，以给大梁。"）李泌自集津至三门，凿山开车道，以避底柱之险。（原注：《九域志》："陕州平陆县三门集津镇。"）

浐水，望春楼，广运潭。

《地理志》（《唐志》"关内道"）："京兆府万年县有南望春宫，临浐水，西岸有北望春宫，宫东有广运潭。华州华阴县有漕渠，自苑西引渭水，因石渠，会灞、浐，经广运潭至县入渭。天宝三载，韦坚开。"（原注：《会要》："自华阴永丰仓以通河、渭。"）望春楼在禁苑东南高原之上。姚南仲曰："王者必据高明，烛幽隐，所以因龙首而建望春。"

上津，扶风，洋川。

商州上津县。（原注：汉长利县。）扶风郡凤翔府。（原注：自襄阳取上津，路抵扶风，德宗治上津道置馆。）洋川郡洋州。（原注：溯江、汉而上至洋川，陆运至扶风。）汴水堙，废漕运，自江、汉抵梁、洋。（原注：梁州兴元府。）

二十二年, 设置河阴仓。(原注: 会昌三年归属孟州。) 河清县, 咸亨四年设置柏崖县, 不久就并入其他地区, 这里有一座柏崖仓。陕州平陆县, 在三门西处有盐仓, 东处有集津仓, 陕县有太原仓。"

《六典》记载: "东都称为含嘉仓。自含嘉仓转运, 以充实京畿的太仓。从洛阳到陕州依靠陆地运输, 从陕州到京师依靠水路运输。"(原注: 杨慎名担任含嘉仓的出纳使。) 刘晏致书宰相说: "陕州郊外可见三门、集津的遗迹。"(原注: 曾巩曾说: "大宋兴起承接周朝制度, 置合集津的漕运, 转送关中的米粟, 以供给汴梁。") 李泌从集津到三门, 凿山开通车道, 以避开底柱的危险。(原注: 《九域志》: "陕州平陆县有三门集津镇。")

　　浐水, 望春楼, 广运潭。

　　《地理志》(《唐志》"关内道") 记载: "京兆府万年县有南望春宫, 紧邻着浐水, 西岸有北望春宫, 宫的东面有广运潭。华州华阴县有漕渠, 从宫苑的西部引来渭水, 沿着石渠, 经过灞水、浐水, 流经广运潭到县里汇入渭水。天宝三年, 韦坚负责开凿。"(原注: 《会要》记载: "从华阴永丰仓以连通黄河、渭水。") 望春楼在皇家林苑的东南高原上。姚南仲有言: "王者必须占据高明位置, 照亮幽隐之地, 所以循着龙首而建望春楼。"

　　上津, 扶风, 洋川。

　　商州上津县。(原注: 汉朝时的长利县。) 扶风郡凤翔府。(原注: 从襄阳取道上津, 路途中抵达扶风, 德宗在上津道上设置驿馆。) 洋川郡洋州。(原注: 逆着江水、汉水往上到达洋川, 走陆路到扶风。) 汴水淤塞, 漕运废置, 自江水、汉水抵梁州、洋州。(原注: 梁州兴元府。)

汴水, 梁公堰。

刘晏疏浚汴水, 见宇文恺梁公堰。《通典·州郡七》:
"汴口堰, 在河阴县西二十里, 又名梁公堰。隋开皇七年,
使梁睿增筑汉古堰, 遏河入汴。"(原注:《会要》:"开元二
年, 李杰奏汴州东有梁公堰, 堰破漕梗, 发汴、郑丁夫浚之。省功
速就, 刻石水滨纪其绩。")

甬桥, 涡口, 蔡水。

甬桥, 在宿州苻离县。涡口, 在濠州钟离县九十里。杜佑
以汉运路出浚仪十里, 入琵琶沟, 绝蔡河, 至陈州而合。(原
注: 李勉治蔡渠引东南馈。)《通典·州郡七》:"汴州浚仪县有
蔡水。"(原注:《九域志》: 祥符县有蔡河。)

建隆元年, 浚蔡河, 设斗门。二年, 导闵水, 自新郑与蔡
水合, 贯京师, 南历陈、颍, 达寿春, 以通淮右之漕。以西南
为闵河, 东南为蔡河。开宝六年, 改闵河为惠民河。(原注:
与蔡河一水。)李泌曰:"江、淮漕运, 自淮入汴, 以甬桥为咽
喉。"

金、商运路。

《通典·州郡五》: 金州, 去西京九百九十一里。商州,
去西京三百里。

渭桥, 东渭桥。

渭桥,《三辅故事》:"秦昭王作, 长三百八十步。"《郡

汴水，梁公堰。

刘晏疏通淤塞的汴水，此事见于宇文恺修筑梁公堰。《通典·州郡七》记载："汴口堰，在河阴县往西二十里处，又叫作梁公堰。隋朝开皇七年，皇帝派遣梁睿增补修筑汉朝的古堰，阻止黄河汇入汴水。"（原注：《会要》记载："开元二年，李杰上奏汴州东边有梁公堰，堰破水流漕运遭到阻塞，汴水泛滥、河南的民夫疏通了它。迅速完成了任务，因此在水滨刻石碑纪念他们的功绩。"）

甬桥，涡口，蔡水。

甬桥，位于宿州苻离县。涡口，位于濠州钟离县九十里处。杜佑认为汉朝的运输道路位于浚仪县出发十里外，进入琵琶沟，越过蔡河，到陈州汇合。（原注：李勉治理蔡渠时使用了东南的馈运。）《通典·州郡七》记载："汴州浚仪县有蔡水。"（原注：《九域志》记载：祥符县有蔡河。）

建隆元年，治理蔡河，设立斗门。第二年，引来闵水，从新郑与蔡水汇合，此河横穿过京师，向南经过陈州、颍州，抵达寿春，用来连通淮右的漕运。以西南方向的为闵河，东南方向的为蔡河。开宝六年，将闵河改为惠民河。（原注：与蔡河同出一水。）李泌曾说："江、淮漕运，从淮水入汴水，以甬桥为咽喉要道。"

金、商运路。

《通典·州郡五》记载：金州，距离西京九百九十一里。商州，距离西京三百里。

渭桥，东渭桥。

渭桥，《三辅故事》记载："秦昭王时所作，长有三百八十

县志》:"中渭桥,在咸阳县东南二十二里。"("关内道
一"。)渭水南,去县三里东渭桥,在万年县东。《后汉》注:
"渭桥本名横桥,在咸阳县东南。"

　　扬子院,淮阴,项城,颍,溵。
　　扬州扬子县,(原注:今属真州。)广明元年,高骈奏改扬
子院为发运使。淮阴县,楚州。项城县,陈州。颍水出阳城
县阳乾山,东至下蔡,入淮。溵水,《唐志·地理志》("河南
道"):"陈州溵水县,(原注:今改商水县。)水出颍川阳城少
室山,东入颍。"

后周

　　汴水埇桥,(原注:见前。)泗上。
　　《汉·地理志》有两泗水,其一自乘氏至睢陵入淮,又
一水卞县至方与入沛。泗上,今招信军相对泗口也。

　　五丈河。
　　五丈河,开宝六年改为广济河。自都城北历曹、济及
郓,其广五丈,以通东方之漕。建隆二年,浚五丈河,(原注:
命陈承昭于京城之西,夹汴河造斗门,自荥阳凿渠百余里,引京、索
二水通城濠,入斗门,架流于汴,东汇于五丈河,以便东北漕运。)
以京、索河为源,《禹贡》之菏泽。(原注:《九域志》在祥符县
东明县。)

步。"《元和郡县志》记载："中渭桥，位于咸阳县东南方向
二十二里处。"（此事记载于《元和郡县志》的第一章"关内
道"。）渭水南部，距离县城三里处为东渭桥，在万年县的东边。
《后汉书》注："渭桥本名为横桥，在咸阳县的东南方向。"

扬子院，淮阴，项城，颍，溵。

扬州扬子县，（原注：今天属于真州。）广明元年，高骈上奏改
扬子院为发运使。淮阴县，即楚州。项城县，即陈州。颍水出自
于阳城县阳乾山，往东流至蔡水，汇入淮水。溵水，《唐志·地
理志》（"河南道"）记载说："陈州溵水县，（原注：今天改为商水
县。）溵水出自颍川阳城的少室山，向东汇入颍水。"

汴水埇桥，（原注：见前文。）泗上。

《汉书·地理志》记录了两条泗水，其中一条从乘氏到睢
陵汇入淮水，另外一条从下县至方与汇入沛水。泗上，即今天与
招信军相对的泗水口岸。

五丈河。

五丈河，开宝六年改名为广济河。自从都城北流经曹、济及
郓等地，它宽五丈，以沟通从东方来的漕运。建隆二年，疏通五
丈河，（原注：（皇帝）命令陈承昭在京城的西边，与汴河相夹处建造斗
门，从荥阳开凿河渠百余里，引来京、索二水连通城壕，汇入斗门，分开
汴河的支流，向东汇入五丈河，以方便来自东北漕运。）以京河、索河
为水源，即为《禹贡》记载的菏泽（原注：《九域志》记载在祥符县

蔡水。见前。

蔡河贯京师，兼闵水、洧水、潩水以通陈、颍之漕，盖古琵琶沟也。元祐四年，知陈州胡宗愈，议古八丈沟可开浚，分蔡河之水自为一支，由颍、寿入淮。杨侃《皇畿赋》："天设二渠，曰蔡曰汴。通江会海，萦畿带甸。千仓是兴，万庾是建。"

原武。

原武县，属郑州。

两汉崇儒考

汉高祖十二年，过鲁，以太牢祠孔子。

《史记·世家》："孔子葬鲁城北泗上，弟子及鲁人往从冢而家者百有余室，因命曰孔里。鲁世世相传以岁时奉祠孔子冢，而诸儒亦讲礼乡饮大射于孔子冢。孔子冢大一顷。故所居堂弟子内，后世因庙藏孔子衣冠琴车书，至于汉二百余年不绝。高皇帝过鲁，以太牢祠焉。诸侯卿相至，常先谒然后从政。"《皇览》曰："孔子冢去城一里，冢茔百亩，冢南北广十步，东西十三步，高一丈二尺。冢前以瓴甓为祠坛，方六尺，与地平。本无祠堂，冢茔中树以百数，皆异种，鲁人世世无能名其树者。民传言，孔子弟子异国人，各持其方树来种之。"《水经注》（二十五）云："《从征记》曰：洙、泗二水，

东明县。)

蔡水。见前文。

蔡河贯穿京师，兼汇闵水、洧水、渠水以连通陈、颍的漕运，大概是古时的琵琶沟所在。元祐四年，胡宗愈担任陈州知州，奏议古时的八丈沟可以开导疏通，分蔡河的水流自成一支，由颍水、寿水汇入淮水。杨侃《皇畿赋》记载说："上天设计了两条河渠，一条为蔡水一条为汴水。连通江河汇入大海，造福沿河的土地城市。千座粮仓因此而兴，万座谷仓因此得建。"

原武。

原武县，属于郑州。

汉高祖十二年，高祖经过鲁地，以太牢之礼祭祀孔子。

《史记·世家》记载："孔子葬在鲁城北部的泗上，他的弟子以及鲁人迁过来依冢而居住的人有一百多户，因此这个地方又叫孔里。鲁地的人们世世相传按照岁时祭祀孔子冢，而各位大儒也在孔子冢举办讲礼、乡饮酒礼、大射之礼。孔子冢的面积有一顷。最初的墓址在居堂弟子内，后世的人们在庙堂里存放着孔子的衣冠、琴、车还有书，一直到汉朝二百多年而儒学不绝。汉高祖经过鲁地，以太牢之礼祭祀孔子。诸侯卿相到来，常常先拜谒孔子然后才开始处理政务。"《皇览》记载说："孔子冢距离城郭一里地，墓地占地百亩，冢的南北长约十步，东西宽约十三步，高有一丈二尺。冢的前面用砖块建造了一座祠坛，宽

交于鲁城东北十七里。阙里背洙泗墙，南北一百二十步，东西六十步，四门各有石阃，北门去洙水百余步。《孔丛》曰：夫子墓茔方一里。"鲁人藏孔子所乘车于庙中，是颜路所请者也。献帝时，庙遇火烧之。《儒林传》："高帝诛项籍，举兵围鲁。鲁中诸儒尚讲诵习礼乐，弦歌之音不绝。岂非圣人之道化，好礼乐之国哉！"

武帝建元五年，置五经博士。元朔五年，为博士置弟子。

晋灼曰："西京无太学。"（《汉·艺文志》"《曲台后仓》九篇"下注。）公孙弘曰："请因旧官而兴焉。其肄习之地，则太常也。传授之师，则五经博士也。"（《汉书·儒林传》。）《三辅黄图》（五）："汉太学，在长安西北七里。"《关中记》："在安门之东，杜门之西。何武歌太学下，王咸举幡太学下，则有太学矣。或曰：晋灼以汉初言，《黄图》记武帝时。

宣帝甘露三年，诏诸儒讲《五经》同异于石渠阁。

《三辅故事》："石渠阁，在未央宫殿北，藏秘书之

有六尺，与地面相平。原本是没有祠堂的，墓地中有百余棵树，都是奇异的品种，鲁地人们世世代代居然没有能认出这些树的人。百姓们传言，孔子的弟子中有外国人，各自带着他们当地的树种在这里。"《水经注》（二十五）记载："《从征记》说：洙、泗二水，交汇于鲁城的东北方向十七里地处。阙里背靠着洙泗筑墙，南北相隔一百二十步，东西相隔六十步，四道大门各自有石门槛，北门距离洙水有一百多步。《孔丛》记载：孔夫子的墓茔占地一里。"鲁人在庙中收藏了孔子所乘过的车，是颜路所请来的。汉献帝时，孔庙被大火焚烧。《儒林传》记载："汉高祖平定项羽后，举兵包围鲁地。鲁中诸儒仍在讲诵、学习礼乐，弦歌的音乐不曾断绝。这难道不是圣人教化之国，追求礼乐之国吗！"

汉武帝建元五年，设置五经博士。元朔五年，为博士设置弟子。

晋灼曾这样说过："长安无太学。"（《汉书·艺文志》"《曲台后仓》九篇"下注。）公孙弘有言："请延续以前的官制并振兴它。人们学习的地方，就是太常。传授知识的老师，就是五经博士。"（《汉书·儒林传》。）《三辅黄图》（五）记载："汉朝的太学，位于长安西北部七里处。"《关中记》记载："在安门的东边，杜门的西边。何武在太学下放歌，王咸在太学下举幡，则已经有太学了。有人认为：晋灼是在汉朝初年这样说，《三辅黄图》记录的是武帝时的情况。

汉宣帝甘露三年，诏集诸儒生在石渠阁讲授《五经》的同异之处。

《三辅故事》记载："石渠阁，在未央宫殿北部，乃是收藏

府。"《黄图》云："萧何造，其下砻石为渠以导水。所藏入关所得秦之图籍。"

成帝绥和元年二月，封孔吉为殷绍嘉侯。（原注：匡衡、梅福以为宜封孔子世为汤后。）刘向说上宜兴辟雍，设庠序。（原注：未作而罢。见《礼乐志》）

平帝元始元年，封孔均为褒成侯。

《汉表》：殷绍嘉侯在沛郡，褒成侯在瑕丘。（原注：今兖州瑕丘县。）《后汉·孔僖传》："平帝时，封孔均，追谥孔子为褒成宣尼公。建武十三年，复封均子志为褒成侯，子损嗣。永元四年，徙封褒亭侯。"

世祖建武五年，初起太学，帝还，视之。十九年，又幸太学。中元元年，起辟雍。

明帝永平二年，临辟雍，行大射养老礼。十五年，至鲁，诣孔子宅。

章帝建初四年，诏诸儒会白虎观，议《五经》同异。元和二年，至鲁，祠孔子及七十二弟子于阙里，作六代之乐，会孔氏男子六十二人。

安帝延光三年，祀孔子及七十二子于阙里，还幸太学。

《洛阳记》："太学在洛阳城故开阳门外，去宫八里。讲堂长十丈，广三丈。"（《光武纪》注引）《述征记》："在国

秘书的地方。"《黄图》有言："(石渠阁)是萧何建造的,在下方将石头打磨为渠以导引流水。所收藏的都是入关时所得的秦朝图籍。"

汉成帝绥和元年二月,册封孔吉为殷绍嘉侯。(原注:匡衡、梅福认为应当封孔子的后世为殷汤后人。)刘向向皇上建议宜兴办辟雍(即大学),设立学校。(原注:还没实行就已作罢。见《礼乐志》记载。)

汉平帝元始元年,册封孔均为褒成侯。

《汉表》记载:殷绍嘉侯在沛郡,褒成侯在瑕丘。(原注:今天的兖州瑕丘县。)《后汉·孔僖传》记载说:"汉平帝时,册封了孔均,追谥孔子为褒成宣尼公。建武十三年,再次册封孔均的儿子孔志为褒成侯,另一个儿子孔损为继任者。永元四年,孔损被徙封为褒亭侯。"

光武帝建武五年,刚刚设立太学,皇帝还宫时,前来视察过。建武十九年,又临幸太学。中元元年,设立辟雍。

汉明帝永平二年,皇帝临幸辟雍,举行大射养老礼。永平十五年,皇帝到达鲁地,亲临孔子宅。

汉章帝建初四年,皇帝召集诸位大儒集会白虎观,评议《五经》的同异之处。元和二年,皇帝到达鲁地,在阙里祭祀孔子及七十二弟子,演奏六代之乐,接见孔氏一族男性成员六十二个人。

汉安帝延光三年,皇帝在阙里祭祀孔子及七十二弟子,还亲临太学。

《洛阳记》记载:"太学在洛阳城从前的开阳门外,距离宫殿八里。讲堂长有十丈,宽有三丈。"(《光武纪》注引)《述

子学东二百步。”（见《太平御览》）《汉官仪》：“辟雍去明堂三百步，车驾临辟雍，从北门入。三月、九月于中行大射礼。”（原注：永平四年、八年，和帝永元十四年，顺帝阳嘉元年、二年，灵帝熹平六年，并临辟雍。）“孔子宅，在兖州曲阜县，故鲁城中归德门内，阙里之中，背洙面泗，矍相圃之东北也。”（“孔子宅”以下皆《明帝纪》注文。）梅福曰：“今仲尼之庙，不出阙里。”（《请封孔子之世为殷后书》载本传。）永平二年，郡县学校行乡饮，祀孔子，（见《礼仪志》）犹未立庙也。梁天监四年，初立孔子庙。（见《梁书·武帝纪》。）唐武德二年，始诏国子学立庙。贞观四年，诏州县学皆作孔子庙。北宫白虎门，于门立观。

顺帝永建六年，修缮太学，凡造二百四十房，千八百五十室。

《水经注》（十六）：“汉置太学于国子堂东。石经东有一碑，阳嘉八年立，文云：‘建武二十七年，造太学，年积毁坏。永建六年九月，诏修太学，用作工徒十一万二千人。阳嘉元年，作毕，碑南面刻颂。’”（原注：献帝初平四年，太学行礼，幸永福城门临观其仪。光和五年，幸太学。）

灵帝熹平四年，诏诸儒正《五经》文字，刻石立太学门外。

《水经注》（十六）：“光和六年，刻石镂碑，载《五经》，立于太学讲堂前东侧。蔡邕自书丹于碑，《洛阳记》：

征记》记载："（太学）在国子学往东二百步处。"（见《太平御览》）《汉官仪》记载："辟雍距离明堂三百步，车驾到临辟雍，从北门入。三月、九月在这里举行大射礼。"（原注：永平四年、八年，汉和帝永元十四年，汉顺帝阳嘉元年、二年，汉灵帝熹平六年，都有皇帝亲临辟雍。）"孔子宅邸，位于兖州曲阜县，以前的鲁城中归德门内，阙里之中，背靠洙水面对泗水，瞿相圉的东北方向。"（"孔子宅"以下都是《明帝纪》的注文。）梅福曾这样说过："如今的仲尼庙，不会在阙里以外的地方。"（《请封孔子之世为殷后书》载于本传。）永平二年，郡县学校举行乡饮之礼，祭祀孔子，见《礼仪志》。那时还没设立孔庙。梁天监四年，刚刚设立孔子庙。（见《梁书·武帝纪》。）唐朝武德二年，开始下诏国子学设立孔庙。贞观四年，下诏州县的学校都要设立孔子庙。北宫白虎门立观，沿用门名为白虎观。

汉顺帝永建六年，修缮太学，一共造了二百四十栋房子，一千八百五十间教室。

《水经注》（十六）记载说："汉朝设置的太学在国子堂东边。石经东边有一座碑，阳嘉八年所立，上面写着：'建武二十七年，建造太学，经年累月之后被损坏。永建六年九月，皇帝下诏修缮太学，做工的工人有十一万二千人。阳嘉元年，修缮完毕，于立面南石碑刻有颂文。'"（原注：汉献帝初平四年，太学行礼，皇帝临幸永福城门观看它的仪仗。光和五年，皇帝临幸太学。）

汉灵帝熹平四年，诏集诸儒校对《五经》文字，刻石碑立于太学门外。

《水经注》（十六）记载："光和六年，刻石镂碑，记载《五经》，立于太学讲堂前的东侧。蔡邕亲自用朱笔书写于碑上，《洛

高一丈许，广四尺。"

魏文帝黄初二年，封孔羡为宗圣侯。

晋（武帝泰始三年）封二十三世孙震为奉圣亭侯。后魏高祖延兴三年，封二十七世孙乘为崇圣大夫。太和十九年，孝文幸鲁，亲祠孔子庙，改封二十八世孙珍为崇圣侯。北齐（显祖天保元年）封三十一世孙（长）为恭圣侯。周武帝（大象二年）改封邹国公。隋文帝仍旧封，炀帝（大业四年）改封绍圣侯。唐贞观十一年，封裔孙德伦为褒圣侯。（案，以上俱《后汉书·儒林·孔僖传》注文。）开元二十七年，以孔子后为文宣公。宋太平兴国二年，孔宜袭封文宣公。至和二年，祖无择言不可以祖谥加后嗣，诏封宗愿为衍圣公，今世袭。后魏高祖太和十六年，谥孔子曰文圣尼父。唐贞观二年，升孔子为先圣；十一年，尊为宣父。武后（天授元年）封隆道公。开元二十七年，谥为文宣王。宋祥符元年，幸曲阜，谒文宣王庙，谥玄圣文宣王；五年，改谥至圣。

阳记》记载：（石碑）高有一丈多，广有四尺。"

　　魏文帝黄初二年，封孔羡为宗圣侯。

　　晋（武帝泰始三年）封孔子二十三世孙孔震为奉圣亭侯。北魏高祖延兴三年，封孔子二十七世孙孔乘为崇圣大夫。太和十九年，孝文帝临幸鲁地，亲自到孔子庙祭祀，改封孔子二十八世孙孔珍为崇圣侯。北齐（显祖天保元年）封（孔子）三十一世孙孔长为恭圣侯。周武帝（大象二年）改封邹国公。隋文帝沿用以前的封号，炀帝（大业四年）改封绍圣侯。唐贞观十一年，封孔子裔孙孔德伦为褒圣侯。（以上都是《后汉书·儒林·孔僖传》的注文。）开元二十七年，以孔子后人为文宣公。宋太平兴国二年，孔宜承袭封号文宣公。至和二年，祖宗没有选择的话就不可以把祖宗的谥号加在后嗣身上，于是下诏封孔宗愿为衍圣公，现在世袭这个封号。北魏高祖太和十六年，给孔子谥号为文圣尼父。唐贞观二年，升孔子为先圣；贞观十一年，尊孔子为宣父。武后（天授元年）封为隆道公。开元二十七年，谥号为文宣王。宋祥符元年，皇帝临幸曲阜，拜谒文宣王庙，给孔子谥号为玄圣文宣王；五年，改谥号为至圣。

卷十七

评文

　　汪彦章曰："左氏、屈原，始以文章自为一家，而稍与经分。"

　　《离骚》曰："闺中既以邃远兮，哲王又不寤。"以楚君之暗，而犹曰"哲王"，盖屈子以尧、舜之耿介，汤、禹之祗敬望其君，不敢谓之不明也。太史公《列传》曰："王之不明，岂足福哉？"此非屈子之意。

　　夹漈《通志·草木略》，以兰蕙为一物，皆今之零陵香也。然《离骚》"滋兰"、"树蕙"，《招魂》"转蕙"、"泛兰"，是为二草，不可合为一。

　　江离，《史记·司马相如列传索隐》引《吴录》曰："临海海水中生，正青似乱发。"《广志》为"赤叶红华"。今芎䓖苗曰江离，绿叶白华，又不同。《药对》以为蘪芜，一名江离。（原注：芎䓖、蒿本、江离、蘪芜并相似，非是一物也。《淮南子》云："乱人者，若芎䓖与蒿本。"颜师古曰："郭璞云：江离似水荠，今无识之者，然非蘪芜也，《药对》误耳。"《楚辞补注》、《集注》皆缺。《读诗记》："董氏曰：'《古今注》谓"勺药，可离"，《唐本草》"可离，江离"。然则勺药，江离也。'"）

　　汪藻曾这样说过："自从左丘明、屈原开始，文章逐渐自成一家，并稍微与经学分离。"

　　《离骚》有言："闺中美人既然已经远离，智慧的君王又始终不觉醒。"楚国国君如此昏庸，而依然被屈原称为"智慧的君王"，或许屈原是把像尧、舜作为耿介的标准，像汤、禹那样作为恭敬的模范来期望他的君王，所以不敢称他不贤明。太史公在《史记·屈原列传》中说："国君如此不贤明，难道是值得庆贺的事吗？"这不是屈原的本意。

　　郑樵的《通志·草木略》，认为兰、蕙为同一种植物，都是今天所说的零陵香。然而《离骚》中的"滋兰"、"树蕙"，《招魂》中的"转蕙"、"氾兰"，指的是两种草，不可合二为一。

　　江离，《史记·司马相如列传索隐》引用《吴录》记载："生长在浅海的海水中，正青色，形似纷乱的头发。"《广志》中记载其形状为"赤色的叶子红色的花朵"。今天的人们把芎藭苗称为江离，绿叶白花，形态上又不一样。《药对》认为蘼芜的别名是江离。"（原注：芎藭、藁本、江离、蘼芜都很相似，但不是同一种植物。《淮南子》记载说："祸乱人心者在人群中就好像芎藭之于藁本。"颜师古说："郭璞说：江离很像水荠，今天已经没有认识它的人了，然而它并非蘼芜，《药对》上关于它的记载是错误的。"《楚辞补注》、

　　屈原,楚人,而《涉江》(《九章》之二。)曰:"哀南夷之莫吾知。"是以楚俗为夷也。阴邪之类,谗害君子,变于夷矣。"

　　"忠湛湛而愿进兮,妒披离而鄣之"(《九章·哀郢》)壅蔽之患也。元帝似之,故周堪、刘更生不能决一石显。"声有隐而相感兮,物有纯而不可为",(《悲回风》。)偏听之害也。德宗似之,故陆贽、阳城不能攻一延龄。

　　宋玉《钓赋》:"宋玉与登徒子偕受钓于玄渊。"(原注:《淮南子·原道训》作"蜎蠉"。《七略》:蜎子名渊,楚人。)唐人避讳改"渊"为"泉",《古文苑》又误为"洲"。宋玉《对问》"阳春白雪",《集》云:"陵阳白雪"。见《文选·琴赋》注。

　　刘勰《辨骚》:班固以为"羿、浇、二姚,与《左氏》不合"。洪庆善(《补注》)曰:"《离骚》用羿、浇等事,正与《左氏》合。孟坚所云,谓刘安说耳。"

　　《艺文类聚·鉴诫类》多格言法语,如曹植《矫志诗》曰:"道远知骥,世伪知贤。"荀爽《女诫》曰:"七岁之男,王母不抱。七岁之女,王父不持。亲非父母,不与同车。亲

《集注》都缺失了(这个记载)。《读诗记》记载说："董氏说：'《古今注》称"勺药，可离"，《唐本草》也说"可离，江离"，所以勺药就是江离。'")

屈原是楚人，而《涉江》(《九章》第二篇)说："可悲啊这些南方的蛮夷不知道我的心意。"大概是将楚地的民俗诗作蛮夷，那些阴邪小人，谗言陷害君子，行径就如同蛮夷之人。

"有的人一片忠心甘愿为国效命，却遭到嫉妒者的陷害障蔽"(《九章·哀郢》)这说的是为小人所障蔽的祸患。汉元帝就像这样，所以周堪、刘更生不能处决一个石显。"秋声虽小可使草木感应啊，草木虽本性纯真却难抵秋风"(《悲回风》)。)这就是偏听小人的危害。唐德宗就像这样，因此陆贽、阳城士人不能对抗一个裴延龄。

宋玉《钓赋》曾说："宋玉与登徒子一同向玄渊学习钓鱼。"(原注：《淮南子·原道训》(玄渊)作"蜎蠉"。《七略》：蜎子名渊，是楚人。)唐人为了避讳，改"渊"为"泉"，《古文苑》又误以为是"洲"字。宋玉的《对问》中有"阳春白雪"，《集》记载为："陵阳白雪"。见《文选·琴赋》的注文。

刘勰在《辨骚》记载说：班固认为"羿、浇、二姚，与《左传》的记载不合"。洪庆善(《补注》)认为："《离骚》引用羿、浇等事，正与《左传》相合。班固所言，认为是淮南王刘安说的。"

《艺文类聚·鉴诫类》中有许多的格言警语，比如曹植《矫志诗》有言："路途遥远才知道何为良马，时世虚伪才知道何为真贤。"荀爽《女诫》有言："七岁的男孩，不能由祖母抱着。七岁

非兄弟，不与同筵。非礼不动，非义不行。"程晓《女典》曰：
"丽色妖容，高才美辞，此乃兰形棘心，玉曜瓦质。"姚信
《诫子》曰："古人行善者，非名之务，非人之为，险易不亏，
终始如一。"诸葛武侯《诫子》曰："非学无以广才，非志无
以成学。"颜延之《庭诰》曰："性明者欲简，嗜繁者气昏。"
卞兰《座右铭》曰："求高反坠，务厚更贫。闭情塞欲，老氏
所珍。周庙之铭，仲尼是遵。无谓幽冥，处独若群。不为福
先，不与祸邻。"司马德操《诫子》曰："论德则吾薄，说居
则吾贫。勿以薄而志不壮，贫而行不高。"王修《诫子》曰：
"时过不可还，若年大不可少也。言思乃出，行详乃动。"
羊祜《诫子》曰："恭为德首，谨为行基。无传不经之谈，无
听毁誉之语。"徐勉《与子书》曰："见贤思齐，不宜忽略以
弃日。非徒弃日，乃是弃身。"王粲《安身论》曰："君子不妄
动也，必适于道；不徒语也，必经于理；不苟求也，必造于
义；不虚行也，必由于正。忧患之接，必生于自私，而兴于有
欲。自私者不能成其私，有欲者不能济其欲。"凡此，皆可为
治心齐家之法。若马援、王昶之诫，张茂先之诗，崔子玉之
铭，见于史传、《文选》者，不复纪。

的女孩，不能由祖父抱着。和父母之外的亲人，不可乘坐同一架车。和兄弟之外的亲戚，不可在同一个筵席上用餐。不符合礼仪的情况下不行动，不符合道义的事情不去做。"程晓《女典》有言："姿色美丽容貌妖艳，才华横溢言辞华美，这都是外表和善内心险恶，外表可贵内心低下的表现。"姚信《诫子》有言："古时的人们做好事，不是为了追求名利，也不是为人所强迫，不论环境艰苦还是容易都不亏损自己的品质，从始至终都保持一心。"诸葛亮《诫子》言："如果不学习就不能增长才能，如果缺乏志向就不能学有所成。"颜延之《庭诰》说："天性简明的人清心寡欲，嗜好繁华的人气息混乱。"卞兰《座右铭》说："追求高位却可能反而坠落，谋求厚利也可能更加贫困。不去动情和塞住欲望，此乃老子所看重的品格。周王室的礼乐仪制，此乃孔子所遵守的规矩。不论环境多么昏暗，孤身独处时也要表现得像在人群中一样。不因为福运而争先，不与潜在的灾祸相邻。"司马徽《诫子》说："说到德行那么我的修为还很浅薄，说到生活那么我的处境还很贫困。但莫要因为浅薄而没有壮志，莫要因为贫困而放弃善行。"王修《诫子》说："时间流逝不复返，如果年岁已高，就不能再重回年少时。话语要经过思考再说出，行动要计划周详再去做。"羊祜《诫子》说："恭敬是德行之首，谨慎为行动之基。不传播没有依据之谈，不听毁誉别人的话。"徐勉《与子山松书》说："看见贤人就想向他看齐，这是不能忽略之事。（否则）不仅是浪费时间，也是辜负自身。"王粲《安身论》说："君子不草率行动，必须使行为符合道；不凭空出语，必须使言语依据道理；不任意索取，必须使需求出于义；不随意出行，必须使理由为正当。忧患的时局，一定源出于人

《文心雕龙》谓英华出于情性："贾生俊发，则文洁而体清；子政简易，则趣昭而事博；子云沉寂，则志隐而味深；平子淹通，则虑周而藻密。"

李善注《文选》，详且博矣，然犹有遗缺。尝观《杨荆州诔》"谓督勋劳"，不引《左氏》"谓督不忘"；"执友之心"，不引《曲礼》"执友称其仁"。（原注："谓督不忘"，即《微子之命》曰："笃不忘也。"古字"督"与"笃"通用。以"督"为"察"，非也。）

琼，赤玉也。（《说文》）《雪赋》（谢惠连作。）"林挺琼树"，注以为误。

韩文公《曹王皋碑》云："王亲教之抟力、句卒、嬴越之法。"《考异》谓："《秦纪》、《越语》、《世家》皆无'抟力勾卒'之文。"愚按，《左传》哀十七年：三月，"越子为左右句卒"。注云："钩伍相著，别为左右屯。"此即谓勾卒也。抟力，必秦法，未见所出，《新唐书》作"团"。

心的自私，而恶化于人心的欲望。因为自私的人不能实现他的私心，有欲的人不能满足他的私欲。"凡此种种，都可为作治心齐家的方法。像马援、王昶的训诫，张茂先的诗，崔子玉的铭文，都见于史传、《文选》记载，这里不再记录。

《文心雕龙》中谈论文辞之美的根源出自于作者的性情："贾谊英姿勃发，他的文辞则简洁干净而体格清明；刘向简单平易，他的文辞则志趣明显而事典丰富；扬雄沉静孤寂，他的文辞则内容含蓄而意味深长；张衡深沉通达，他的文辞则考虑周到而辞采细密。"

李善所注的《文选》，虽然非常详细且内容广博，然而还是有遗漏的地方。我曾看《杨荆州诔》中有"谓督勋劳"，没有引用《左传》的"谓督不忘"注释；"执友之心"，没有引用《曲礼》的"执友称其仁"注释。（原注："谓督不忘"，即是《微子之命》中的"曰笃不忘"。古代"督"字与"笃"字通用。认为这里的"督"为"察"是不对的。）

琼，指的是红色的玉。（出自《说文》。）《雪赋》（谢惠连作。）中说："林园离挺立着琼玉般的树木"。吕延济、刘良、张铣、吕向、李周翰等五臣注《文选》认为这个比喻是不恰当的。

韩愈《曹王皋碑》有言："曹王亲自传授他抟力、句卒等战胜越国的兵法。"《考异》说："《秦纪》、《越语》、《世家》都没有'抟力句卒'这样的文字。"我认为，《左传》哀公十七年有这样的记载：三月，"越国国君分为左右两军军队"。注释说："钩兵队伍相互连接，分别为左右两军。"此即是所谓的句卒。抟力，必定是秦国兵法，没有见到它的出处，《新唐书》中作"团"。

"十抽一推"，或谓"推"当为"椎"，未冠之称。按
《史记·秦始皇纪》：王翦"什推二人从军"。《索隐》云：
"什中唯择二人。"文公语出于此，不必改为"椎"。

《原道》："佛者曰：孔子，吾师之弟子也。"盖用佛书
"三圣弟子"之说，谓老子、仲尼、颜子也。《纬文琐语》
云。

曹子建《诘咎文》：假天帝之命，以诘风伯雨师。韩文公
《讼风伯》，盖本于此。

《送穷文》"小黠大痴"，按《张敏集·奇士刘披赋》：
"古语有之，小痴为大黠，小黠为大痴。"

《欧阳生哀辞》："闽人举进士由詹始。"史因之。黄璞
《闽川名士传》：其前有薛令之、林藻。考之《登科记》，信
然。（原注：欧阳詹之行，获称于昌黎，而见毁于黄璞记太原伎。黄
介、喻良能为文以辨。）

太行之阳有盘谷，在孟州济源县。

韩、柳并称而道不同。韩作《师说》，而柳不肯为师；韩
辟佛，而柳谓佛与圣人合；韩谓史有人祸天刑，而柳谓刑祸
非所恐。（原注：柳以封禅为非，而韩以封泰山、镂玉牒劝宪宗。）

柳文多有非子厚之文者，《马退山茅亭记》，见于《独
孤及集》；《百官请复尊号表》六首，皆崔元翰作；（原注：贞

　　"十抽一推"，有人认为"推"当为"椎"，未冠之称。根据《史记·秦始皇纪》中的记载：王翦"十人里推二人从军"。《索隐》解释："十个人中只选择二人。"韩愈的语义出自于此，所以不必改"推"为"椎"。

　　《原道》记载："佛家说：孔子，乃是我师父的弟子。"大概是引用了佛书"三圣弟子"之说，认为三圣弟子乃老子、仲尼、颜子。记载于《纬文琐语》。

　　曹植《诘咎文》曾说：借天帝的命令，以诘问风伯雨师。韩愈的《讼风伯》大概是源出于此。

　　《送穷文》中的"小黠大痴"的具体含义，根据《张敏集·奇士刘披赋》可知："古时的谚语中就有，小痴为大智，小智为大痴。"

　　《欧阳生哀辞》有言："闽人考中进士是由欧阳詹开始的。"史官沿用了这个记录。黄璞的《闽川名士传》记载：在欧阳詹之前有薛令之、林藻。根据《登科记》考证，确实是这样。（原注：欧阳詹的德行，被韩愈称赞，而毁于黄璞所记的太原伎之事。黄介、喻良能都有文章为他分辨事实。）

　　"太行山南面有座盘谷"，其位置在孟州的济源县。

　　韩愈、柳宗元声明并称而道不同。韩愈作《师说》，而柳宗元不肯为人师；韩愈不信佛，而柳宗元认为佛与圣人相合；韩愈认为历史上确实存在人祸与天刑，而柳宗元认为人祸与天刑不应该为人所恐惧。（原注：柳宗元认为封禅是不对的，而韩愈劝唐宪宗封禅泰山、准备玉简文书。）

　　柳宗元现存文章中有很多不是他自己的作品，《马退山茅亭记》，见于《独孤及集》；《百官请复尊号表》六首，都是崔

元五年，子厚方十七岁。）《为裴令公举裴冕表》，邵说作；（原注：冕大历四年薨，八年，子厚始生。）

　　《请听政第三表》，《文苑英华》乃林逢；《第四表》云："两河之寇盗虽除，百姓之疮痍未合。"乃穆宗、敬宗时事；《代裴行立谢移镇表》，行立移镇在后，亦他人之文；《柳州谢上表》，其一乃李吉甫《郴州谢上表》也。《舜禹之事》、《谤誉》、《咸宜》三篇，晏元献云："恐是博士韦筹作。"《愈膏肓疾赋》，晏公亦云："肤浅不类柳文。"宋景文公谓：《集外文》一卷，其中多后人妄取他人之文，冒柳州之名者。然非特《外集》也，刘梦得《答子厚书》曰："获新文二篇，且戏余曰：'将子为巨衡，以揣其钧石铢黍。'"此书不见于集。《食虾蟆诗》，韩文公有答，今亦不传，则遗文散轶多矣。

　　《答元饶州论春秋》，又《论政理》，按《鄱阳志》，元藇也。艾轩《策问》以为元次山。次山不与子厚同时，亦未尝为饶州。

　　《平淮夷雅》"其佐多贤"，出《说苑》："'涣其群，元吉'者，其佐多贤矣。"

　　《饶娥碑》，按魏仲咒（原注：大历间乐平令。）作《饶孝女碣》，旌其里闾，不言娥死。子厚失于传闻，而史承其误。

元翰作；（原注：贞元五年，柳宗元才十七岁。）《为裴令公举裴冕表》，为邵说所作；（原注：裴冕大历四年去世，大历八年，柳宗元才出生。）

《请听政第三表》，见于《文苑英华》，乃林逢所作；《第四表》言："两河流域的寇盗虽然被除去，但是百姓生活的疮痍仍没有愈合。"此乃穆宗、敬宗时的事情；《代裴行立谢移镇表》，此事发生在他死后，也是他人的文章；《柳州谢上表》，其一乃是李吉甫的《郴州谢上表》。《舜禹之事》、《谤誉》、《咸宜》三篇，晏殊认为："恐怕是博士韦筹所作。"《愈膏肓疾赋》，晏公亦说："如此肤浅不像是柳宗元的文章。"宋祁认为：《集外文》一卷，其中多有后人妄自取用他人之文，冒充柳宗元之名的情况。然而并非只有《外集》是这样，刘禹锡《答子厚书》曾说："刚获得两篇新文章，且和我开玩笑说：'把你当作一柄巨大的秤杆，来看看这文章是重要还是轻微。'"此书在集中不可见。《食虾蟆诗》，韩愈有答复之作，如今也不传，可见遗文散轶的非常多。

《答元饶州论春秋》，又及《答元饶州论政理书》，根据《鄱阳志》记载，应当是给元藇的。艾轩的《策问》中认为是元结。元结和柳宗元非同时人，也未曾出任饶州。

《平淮夷雅》中有"辅佐他的人中多有贤才"，其语出自《说苑》："'使众人贤能，是吉的开始'的意思，是辅佐他的人中多有贤才。"

《饶娥碑》，根据魏仲嵒（原注：大历年间的乐平令。）所作的《饶孝女碣》，在乡里闾巷旌表她的行为，但没有说饶娥身死。柳宗元因为相信传闻而记错了，史书也就承袭了他的错误。

《游黄溪记》仿太史公《西南夷传》；皇甫湜《悲汝南子桑》仿《庄子·天运》，皆奇作也。

《王参元书》云："家有积货，士之好廉名者，皆畏忌，不敢道足下之善。"尝考李商隐《樊南四六》，有《代王茂元遗表》云："与季弟参元，俱以词场就贡，久而不调。"茂元，栖曜之子也。商隐《志王仲元》云："第五兄参元教之学。"

沈亚之《送韩静略序》曰："文之病烦久矣，闻之韩祭酒之言曰：'善艺树者，必壅以美壤，以时沃灌。'"（原注：祭酒即文公也。白乐天《老戒诗》："我有白头戒，闻于韩侍郎"，皆文公绪言也。）

《驴九锡》封庐山公，《鸡九锡》封浚鸡山子。《毛颖传》韩文公作。本于此。

刘梦得文不及诗，《祭韩退之文》乃谓："子长在笔，予长在论；持矛举楯，卒莫能困。"可笑不自量也。

郑亚《会昌一品集序》云："周勃、霍光虽有勋伐，而不知儒术；枚皋、严忌善为文章，而不至岩廊。"欧阳公（《薛简肃公文集序》）曰："刘、柳无称于事业，姚、宋不见于文章。"其言简而明，非唐人所及也。

魏郑公《砥柱铭》："挂冠莫顾，过门不息。"《淮南

《游黄溪记》模仿司马迁的《西南夷传》；皇甫湜的《悲汝南子桑》模仿《庄子·天运》，都是奇作。

《王参元书》记载说："家中若有积货，向往清廉名声的士人，都会感到忌惮，不敢说出自己拥有的宝物。"我曾考察李商隐的《樊南四六》，有《代王茂元遗表》一文说："（王茂元）与弟弟王参元，都是以文词出众而中举，但过了很久也没有接到调用。"王茂元，是王栖曜的儿子。李商隐《志王仲元》曾说："第五个哥哥王参元教他学习。"

沈亚之《送韩静略序》一文说："文章的弊病困扰人们已久，我听说韩祭酒曾说过：'擅长栽培树木的人，一定要用肥沃的土壤培土，按照时令浇水施肥。'"（原注：祭酒即韩愈。白居易《老戒诗》有言："我有白头戒，闻于韩侍郎"，都是引用了韩愈所说的话。）

《驴九锡》封驴为庐山公，《鸡九锡》封鸡为浚鸡山子、会稽公。《毛颖传》韩愈作。其根源大概是出于此。

刘禹锡的文章不及他的诗歌写得好，《祭韩退之文》曾说："您作文的长处在于笔力，我作文的长处在于议论；我们俩就像持矛的人对举盾的人，终究无法击败对方。"他的不自量力十分可笑。

郑亚《会昌一品集序》有言："周勃、霍光虽然有征伐之功，但是不懂儒术；枚皋、严忌虽然擅长作文章，但是没有做过官。"欧阳修（《薛简肃公文集序》）说："刘禹锡、柳宗元不因为政事显赫，姚崇、宋璟不因为文章显赫。"他们表述自己的观点简洁明了，不是唐人所能及的。

魏征《砥柱铭》曾说："（大禹）冠帽挂在树枝上也不顾，

子·原道训》云:"禹之趋时,冠挂而不顾,履遗而不取。"
《盐铁论·相刺篇》云:"簪堕不掇,冠挂不顾。"

　　梁简文《诫子当阳公大心书》曰:"立身之道,与文章异。立身先须谨重,文章且须放荡。"见《艺文类聚·鉴诫类》。斯言非也。文中子谓"文士之行可见",放荡其文,岂能谨重其行乎?

　　又《大同哀辞》序曰:大同字仁洽,予之第十九子也。生于仲秋,殒于冬末。客有谓予曰:"陈蕃所憩之家,久记玄录之岁;华歆所闻之语,已定北陵之期。"按,《搜神记》陈仲举宿黄申家,《列异传》华子鱼宿人门外,皆因所宿之家生子,而夜有扣门者言所与岁数。

　　庾信《三月三日华林园马射赋》云:"落花与芝盖齐飞,杨柳共春旗一色。"王勃效其语,江左卑弱之风也。

　　岑文本《拟剧秦美新》,虽不作可也。班孟坚《典引》师其意,南丰说非异师其辞。
　　李善精于《文选》,为注解,因以讲授,谓之"文选学"。少陵有诗云:"续儿诵《文选》",又训其子"熟精《文选》理",盖选学自成一家。江南进士试《天鸡弄和风诗》,以《尔雅》"天鸡"有二,问之主司。其精如此,故曰:"《文选》烂,秀才半。"熙、丰之后,士以穿凿谈经,而选学废

经过自己的家门也不进去休息。"《淮南子·原道训》言:"禹着急赶路时,冠帽挂在树上也不管不顾,鞋子落在地上也不捡。"《盐铁论·相刺篇》说:"发簪掉在地上也不捡,冠帽挂在树上也不顾。"

梁简文帝《诫子当阳公大心书》说:"立身之道,与写文章不同。立身必须谨慎庄重,作文章需要放荡不羁。"(见于《艺文类聚·鉴诫类》。)这番言论其实不正确。文中子(王通)说:"文士的品行可见于文章",若是为文放荡,为人又怎能行为慎重呢?

又有《大同哀辞》序说:大同字仁洽,他是我的第十九个儿子。他生于深秋时节,殒于冬末。客人中有人对我说:"陈蕃所居住的人家,长久的记着孩子所活的年岁;华歆听到的话语中,已经定下了孩子的死期。"我认为,《搜神记》记载陈仲举曾在黄申家住宿,《列异传》记载华歆住在人家门外,都是在这时所居住的人家家中生子,而晚上有敲门人说出孩子寿命的年岁。

庾信《三月三日华林园马射赋》说:"落花与伞盖一齐在风中飞舞,杨柳与春日的旌旗融为一色。"王勃仿效他的语句,这是江左文辞卑弱之风的表现。

岑文本的《拟剧秦美新》,虽然不去作也是可以的。班固《典引》师法这个意思,但曾巩认为这和其效仿的言辞不同。

李善精通《文选》,为其作注解,并加以讲授,这种学问被后人称为"文选学"。杜甫有诗云:"接下来儿子诵读《文选》",又教导他的孩子"熟读精通《文选》的义理",大概说明文选学能够自成一家。江南有进士应试作《天鸡弄和风诗》,因为《尔雅》中"天鸡"有两个意思,故向主考官询问。其如此精

矣。

元次山《恶圆》曰："宁方为皁，不圆为卿。"范文正《灵乌赋》曰："宁鸣而死，不默而生。"其言可以立懦。

李义山赋怪物，言佞魑、谗魖、贪魅，曲尽小人之情状，螭魅之夏鼎也。

白乐天云："富于黔娄，寿于颜回，饱于伯夷，乐于荣启期，健于卫叔宝。"达人之言也。

刘梦得《口兵戒》："可以多食，勿以多言。"本《鬼谷子·权篇》："口可以食，不可以言。"

《文选》(沈休文)《安陆王碑》云："弈思之微，秋储无以竞巧。"弈秋，见《孟子》。储字未详，盖亦善弈之人，注谓"储蓄精思"，非也。

秦少游、张文潜学于东坡，东坡以为"秦得吾工，张得吾易"。

荆公《潭州新学诗》"仲庶氏吴"，本《诗》"挚仲氏任"。吕太史《钓台记》"姓是州曰严"，本柳子厚《愚溪诗序》"姓是溪曰冉溪"。子厚之语，又出于《水经注》"豫章以木氏郡"。司马公"保业"云"怀玺未燧"，本元次山《出

通,所以有俗话说:"《文选》翻烂,秀才一半。"熙宁、元丰之后,士人大多重视以穿凿附会、断章取义的方式谈论经典,于是文选学就逐渐被荒废。

元结《恶圆》曾说:"我宁愿做一个方正的低级差役,也不愿做一个圆滑的高官卿相。"范仲淹《灵乌赋》也说:"宁愿悲鸣而死,不愿沉默而生。"他们的壮言可以使懦夫立志。

李商隐为三怪物作赋,说它们是佞魃、谗魃、贪魃,委婉但详尽小人的言行举止,他的文章如此有洞见宛如识别螭魅的夏鼎。

白居易曾这样说过:"(我)比黔娄富裕,比颜渊寿长,比伯夷要饱足,比荣启期要快乐,比卫叔宝健康。"此乃豁达者的言论。

刘禹锡《口兵戒》有言:"可以多吃食物,但不要多说话。"这句话出自《鬼谷子·权篇》:"口可以用来吃东西,但不可以用来多说话。"

《文选》(沈休文)《安陆王碑》说:"弈秋下棋思考的精微,秋储无法与其相比。"弈秋,见《孟子》记载。储的名字不太清楚是什么人,大概也是擅长下围棋的人,注言解释为"储蓄精思",是不对的。

秦观、张耒学于苏东坡,苏东坡认为"秦观学到了我的工笔,张类学到了我的简易"。

王安石《潭州新学诗》"仲庶氏吴",出自于《诗经》"挚仲氏任"。吕祖谦《钓台记》中"姓是州曰严",出自于柳宗元《愚溪诗序》"姓是溪曰冉溪"。柳宗元的这句话,又出自于《水经注》"豫章以木氏郡"。司马光进奏"保业"时说"怀玺未煖",

规》"岂无印绶,怀之未煖"。

张文潜《送李端叔序》:"枭鸱不鸣,要非祥也;豺狼不噬,要非仁也。"本于唐吕向上疏(《谏玄宗不令突厥入仗驰射疏》):"鸱枭不鸣,未为瑞鸟;猛虎虽伏,岂齐仁兽?"

晁无咎《求志赋》:"讯黄石以吉凶兮,棋十二而星罗;曰由小基大兮,何有颠沛?"谓《灵棋经》也。《异苑》云:"十二棋卜,出自张文成,受法于黄石公,行师用兵,万不失一,东方朔密以占众事。"

荆公为《外祖母墓表》云:"女妇居不识厅屏,笑言不闻邻里,是职然也。"唐岐阳公主不识刺史厅屏,见杜牧之文。薛巽妻崔氏言笑不闻于邻,见柳子厚文。荆公为文,字字不苟如此,读者不知其用事。

《大乐十二均图》,杨次公作也,编于《老苏集》;《蚕对织妇文》,宋元宪作也,编于《米元章集》;《三先生论事录序》,陈同甫作也,编于《朱文公集》,皆误。

丘宗卿谓:"场屋之文,如校人之鱼,与濠上之得意异矣。"慈湖(杨简号)。谓:"文士之文,止可谓之巧言。"

景德二年,命王钦若、杨亿修历代君臣事迹。六年上之,凡千卷,诏题曰《册府元龟》。周益公记《文苑英华》

源出于元结的《出规》"岂无印绶，怀之未煖"。

张耒《送李端叔序》（李端叔，名叫李之仪）说："纵使枭鸱不鸣叫，也不是吉祥的征兆；哪怕豺狼不咬人，也非仁义的猛兽。"源出于唐朝吕向的奏疏（《谏玄宗不令突厥入仗驰射疏》）："纵使鸱枭不鸣，也不是吉祥的鸟类；即使猛虎伏身，难道就是仁义的野兽吗？"

晁无咎《求志赋》记载说："问黄石公吉凶如何，散落十二棋子以占卜；说若能由微小可以见大体，如此怎会有变乱？"指的是《灵棋经》。《异苑》说："用十二枚棋子占卜，出自张良，他从黄石公处学到此法，行师用兵，万无一失，东方朔曾用此秘密占卜过很多事情。"

王安石为《外祖母墓表》云："妇女居家不识丈夫的厅屏，谈笑的言论不让邻里听闻，这是她们的职责所在。"唐朝的岐阳公主不知道刺史厅的陈设是什么样，见于杜牧的文章。薛巽的妻子崔氏言谈笑语不使邻里听闻，见于柳宗元的文章。王安石作文，字字严谨如此，一般读者不知道他用的典故。

《大乐十二均图》，为杨杰所作，收编于《老苏集》；《蚕对织妇文》，为宋庠所作，编于《米元章集》；《三先生论事录序》，为陈亮所作，编于《朱文公集》，这些收录都是的错误。

丘宗曾这样说过："科举考试中的应试文章，就像是管理池沼的小吏用鱼来骗君子，与庄子濠上观鱼之得的意思是不同的。"慈湖（杨简的字号。）认为："现在文士的文章，只能被称为巧言。"

景德二年，（皇帝）命令王钦若、杨亿编修历代君王大臣的事迹。六年后修好呈给皇上，一共有上千卷，皇上下诏题为《册

云："太宗诏修三大书：曰《太平御览》，曰《册府元龟》，曰《文苑英华》，各一千卷。"今按，《御览》修于太平兴国二年，《英华》修于七年，皆太宗时。若《元龟》乃真宗时修，益公考之未详也。《太宗实录》：雍熙三年十二月，宋白等进《文苑英华》，有表，有答诏，当载于首卷。真宗景德四年八月，诏馆阁分校。又以前编次未允，令择古贤文章，重加编录。芟繁补阙，换易之，卷数如旧。祥符二年，命覆校。皆当备载于纂修事始之后。（原注：太宗修三大书，其一乃《太平广记》五百卷。）

班孟坚《两都赋序》，迂斋（楼昉号）谓：唐说斋《中兴赋序》得此意。按《中兴赋序》云："虽词有工拙，学有博陋，气有强弱，思有浅深，要皆变化驰骛，不失古人之法度。"盖用班《序》"道有夷隆，学有粗密"之意，然所取乃律赋，非《两都》比也。

澹庵（胡中简公铨）云："韩安国不能《几赋》，罚酒三升；王子敬诗不成，亦饮三觥。一诗一赋，岂足以尽豪杰之士？"

"天下不可以无此人，亦不可以无此书，而后足以当君子之论。"（《扬雄度越诸子略》）又曰："天下大势之所趋，天地鬼神不能易，而易之者人也。"此龙川科举之文，列于古之作者而无愧。

府元龟》。周必大记载《文苑英华》说道："太宗皇帝下诏编修三部大书：一部是《太平御览》，一部是《册府元龟》，一部是《文苑英华》，各自有一千卷。"我注意到，《太平御览》修于太平兴国二年，《文苑英华》修于七年，都是太宗时的事情。只有《册府元龟》乃是真宗时所修，周必大没有仔细考据这件事。《太宗实录》记载说：雍熙三年十二月，宋白等人进献《文苑英华》，有表，有答诏，应当记载于首卷。真宗景德四年八月，下诏给馆阁分别校对。又因为之前的编撰次序没定，下令选择古代前贤的文章，重新加以编录。删繁补缺，改换之后，卷数还和从前一样。祥符二年，下令再次校对。这些事情都应当完备记载于纂修事开始之后的内容。（原注：太宗所修三大书，其一乃是《太平广记》五百卷。）

班固的《两都赋序》，楼昉认为：唐仲友的《中兴赋序》得其真意。我注意到《中兴赋序》中记载说："即使文辞有工拙之分，学问有博陋之别，文气有强弱之变，哲思有浅深之辨，核心大要都能变化自如，就不会失了古人作文的法度。"大概是用班固《两都赋序》"道理有盛衰之分，学问有粗密之别"之意，然而其所吸取的乃是律赋，不能与《两都》相比。

胡铨曾说过："韩安国不能作《几赋》，罚酒三升；王子敬作诗不成，也饮酒三觥。一诗一赋，怎么能难倒豪杰之士呢？"

"天下不可以没有这样的人，也不可以没有这样的书，然后才能够论君子所为。"（出自《扬雄度越诸子略》）又说："天下大势所趋，纵使天地鬼神也不能改变，而能够改变它的只有人。"这是陈亮应科举时所作的文章，即使是让其列于古代的作

《集古录跋》谓《乐毅论》与《文选》所载时时不同。《文章正宗》谓崔寔《政论》列于《选》。今考《文选》无此二篇,皆笔误也。

诚斋(杨文节公万里)为《章焘墓铭》云:"今日士师,非禾绢士师也。"《宋明帝纪》:胡母颢专权,奏无不可。时人语曰:"禾绢闭眼诺,胡母大张橐。"禾绢,谓上也。盖谓秦桧颛政,士师非主上之士师也。

南丰序《礼阁新仪》则指新法,记襄州长渠则指水利,《兵间诗》则指徐德占(名禧)。《论交诗》,则指吕吉甫(名惠卿)。此孙仲益(名观)之言也。

宋景文云:"贾生思周鬼神,不能救邓通之谮。"考之《汉史》,无邓通谮贾生之事,盖误。(原注:景文谓:因撰《唐书》,尽见前世论著,乃悟文章之难。)

张说为《广州宋璟颂》曰:"爆牛牲兮菌鸡卜,神降福兮公寿考。"东坡《韩文公碑》用此四字。

周益公《杂志》辨楮币,谓"俗人创二字,通上下皆用,犹纸钱也。"按范淳父为《郭子皋志》,言交子云:"纸币之设,本与钱相权。"元祐间已有此语矣。

东坡得文法于《檀弓》,后山得文法于《伯夷传》。
杨植《许由庙碣》云:"尧而许之,日而月之。"(见《唐

者中也无愧。

《集古录跋》认为《乐毅论》与《文选》所记载的有许多不同。《文章正宗》认为崔寔的《政论》被收录于《文选》。今天考察《文选》中并没有这两篇，大概都是笔误。

杨万里作《章焘墓铭》说道："今日的文士军士，不是禾绢文士军士。"《宋明帝纪》记载：胡母颢专权，他的请奏没有不被许可的。当时的人们说："禾绢闭上眼睛应声诺诺，胡母在一边大张口袋中饱私囊。"禾绢，指的是皇上也。大概是指秦桧专权，文士军士已经不是皇上的文士军士了。

曾巩为《礼阁新仪》作序则意在新法，记襄州长渠则意在水利，作《兵间诗》则意在徐德占（名禧）。作《论交诗》则意在吕吉甫（名惠卿）。此乃孙仲益（名观）所说的话。

宋祁曾这样说过："贾谊懂得鬼神之术，却不能自救于邓通对他的谮言。"我考察《汉史》，没有记载邓通诬陷贾谊之事，大概是记错了。（原注：宋祁说：因为撰写了《唐书》，看尽了前世的论著，才领悟作文章之难。）

张说作《广州宋璟颂》说："用爆牛作祭品用菌鸡进行占卜，天神降下福祉让您长寿。"苏东坡的《潮州韩文公庙碑》一诗用了"爆牛鸡卜"这四个字。

周必大《二老堂杂志》辨析楮币，称"众人创造出楮币这两个字，以方便上下通用，其实指的就是纸钱。"根据范祖禹所做的《郭子皋志》，谈论到交子时说："设置纸币，本意是与钱相互权衡。"元祐年间就已经有这种说法了。

苏轼从《檀弓》学得文法，陈师道从《伯夷传》学得文法。

杨植《许由庙碣》说："尧帝和许由，（就像）太阳和月亮。"

文粹》五十二。独孤及《仙掌铭》云："月而日之，星而辰之。"见《唐文粹》六十六。）同一句法。

《文心雕龙·论说篇》云："《论语》已前，经无'论'字。"晁子止云："不知《书》有'论道经邦'。"

和凝为文，以多为富，有集百余卷，自镂板行于世。识者多非之，此颜之推所谓"詅痴符"也。（原注：詅，力正反。）杨绾有论著，未始一示人，可以为法。《易》曰："白贲无咎。"

崔骃《西巡颂表》曰："唐、虞之世，樵夫牧竖，击辕中韶，感于和也。"《班固集》："击辕相杵，亦足乐也。"曹子建书"击辕之歌，有应风雅"，柳子厚（《答人求文章书》）云"击辕拊缶"，宋景文《明堂颂》云"壤翁辕童"，皆本于崔、班。

刘梦得《叹牛》云："员能霸吴属镂赐，斯既帝秦五刑具。长平威振杜邮死，垓下敌禽钟室诛。"《儆舟》云："越子膝行吴君忽，晋宣尸居魏臣怠。白公厉剑子西哂，李园养士春申易。"文法效《汉书》蒯通等《传赞》。（原注：《唐书·奸臣传赞》亦然。）

张文潜《论文诗》曰："文以意为车，意以文为马。理强意乃胜，气盛文如驾。理维当即止，妄说即虚假。气如决江

（见于《唐文粹》五十二。）独孤及的《仙掌铭》言："（先有）月亮和太阳，（再有）星辰万物。"（见于《唐文粹》六十六。）是同一种句法。

《文心雕龙·论说篇》说："在《论语》之前，经书没有用'论'字的。"晁公武说："却不知道《书经》中有'论道经邦'。"

和凝写文章，以数量多为好，他有集子数百卷，自行雕版刊刻传于世上。有见识的人大多不认可他的行为，此乃颜之推所说的"詅痴符"。（原注：詅，读音为力正反。）杨绾也有论著，但未尝示人，其可以作为效仿的对象。《易经》有言："以朴素的白色装饰就不会带来灾祸。"

崔骃《西巡颂表》言："唐尧、虞舜的时候，有樵夫牧童，击辕而唱，有感而相和。"《班固集》有言："击辕而歌春谷而号，也足以为乐。"曹植书"击辕而歌，也应和风雅之处"，柳宗元（《答人求文章书》）说"击辕拊缶"，宋祁《明堂颂》言"壤翁辕童"，都是源出于崔骃、班固。

刘禹锡《叹牛》中说道："纵使伍子胥帮助吴国称霸但却被赐予镂剑以自裁，李斯辅佐秦国成就帝业却遭到腰斩之刑。纵使白起长平一战威震天下却逃不过杜邮之死，韩信帮助刘邦打败项羽却被诛杀于钟室。"《儆舟》中说："越王勾践跪爬俯首使吴王夫差忽视他，司马懿装成"尸居余气"的样子使得曹爽懈怠，白公胜终日磨剑等待机会报仇而子西却讥笑他，李园豢养武士杀春申君而春申君却毫无防备。"这些文法仿效《汉书》蒯通等的《传赞》。（原注：《唐书·奸臣传赞》也是这样。）

张耒的《论文诗》说："文章以文意为车，文意以文章为马。作文的逻辑缜密则文意就会强胜，作文的气势盛大则文章就如

河，势顺乃倾写。"

山谷《与王观复书》曰："刘勰尝论文章之难云：'意翻空而易奇，文征实而难工。'此语亦是沈、谢辈为儒林宗主时，好作奇语，故后生立论如此。好作奇语，自是文章病。但当以理为主，理得而辞顺，文章自然出群拔萃。"张文潜《答李推官书》可以参观。（原注：《文鉴》取此二书。）

迂斋《太学策问》言宣和事云："夷门之植，植于燕云。"（原注：夷门在大梁。）用《乐毅书》文法。

柳下惠见饴曰"可以养老。"盗跖见饴曰"可以黏牡。"见物同而用之异。（原注：出《淮南子》。牡，门户籥牡。案，见《说林训》）《左氏博议》用此。《吕氏春秋·孟冬纪·异用篇》："仁人得饴，以养疾侍老也；跖、蹻得饴，以开闭取楗也。"

司马公序颜太初醇之文曰："观其《后车》诗，则不忘鉴戒矣。观其《逸党》诗，则礼义不坏矣。观其《哭友人》诗，则酷吏愧心矣。观其《同州题名记》，则守长知弊政矣。观其《望仙驿记》，则守长不事厨传矣。"《文鉴》惟载《逸党》、《许希》二诗。

同驾车飞驰。逻辑结构应当适时收束，随意谈论就是在作假。气势就像江河决口，顺势而下就能一泻千里。"

黄庭坚《与王观复书》言："刘勰曾说过作文章的难处：'文意构思浮想联翩就容易显得奇怪生僻，文章根据事实按部就班就很难显得言辞优美。'这番话也是在说沈约、谢朓等辈为文坛宗主时，喜好作新奇的用语，所以后生如此立论。好作奇语，固然是作文章的一种弊病。但只要以表达文理为主要目的，文理清晰而言辞通顺，文章自然就能出类拔萃。"可以参看张耒《答李推官书》。（原注：《文鉴》记载了这两篇文章。）

楼昉《太学策问》叙述宣和年间的事说道："昔日夷门的木植，如今却植于燕云。"（原注：夷门在汴梁。）此处用《乐毅书》的文法。

柳下惠看见麦芽糖就说"可以把糖给老人吃"。盗跖看见麦芽糖则说"可以用这个黏住牡"。（他们）所见的东西虽然相同但联想到的用法截然不同。（原注：这一说法出自《淮南子》。牡，指的是门户的锁孔。注释，见《说林训》）《左传博议》用了这个典故。《吕氏春秋·孟冬纪·异用篇》："仁爱的人得到糖，想到的是用来照顾病患侍奉老人；盗贼得糖，想到的却是用来开门撬锁的勾当。"

司马光为颜太初的诗集作的序文中说："看了他的《后车》诗，则不敢忘记以之为鉴时时警戒。看了他的《逸党》诗，则自己心中的礼义不会被损坏。看了他的《哭友人》诗，就算是严苛的酷吏也会心中有愧。看了他的《同州题名记》，哪怕是郡守县令这样官员也能知晓政事的利弊。看了他的《望仙驿记》，郡守县令长不再准备驿传事物。"《文鉴》只记载了《逸党》、《许希》这两首诗。

絜斋先生（袁燮号）为楼，名以"是亦"。曰："直不高大尔，是亦楼也。"以至山石花木、衣服饮食、货财隶役，亦莫不然。"至于宦情亦薄，曰：'直不高显尔，是亦仕也。'凡身外之物，皆可以寡求而易足，惟此身与天地并广大高明，我固有之，朝夕磨厉，必欲追古人而与俱。若徒侪于凡庸，而曰'是亦人尔'，则吾所不敢也。"

邓志宏《与胡丞公书》曰："熙、丰间，如司马温公与王荆公之所争者，曰是与非。崇宁间，陈了翁与蔡长沙之所争者，曰治与乱。靖康间，李丞相与耿门下之所争者，又不特是非、治乱、安危而已，其存亡所系乎？"

唐五代之际，以文纪事者多用故事，而作史者因而舛误。回鹘乌介可汗走保黑车子族，李德裕《纪圣功碑》云："乌介并丁令以图安，依康居而求活。"所谓康居，用《汉书》郅支事也。而《旧史》云："乌介依康居求活。"北汉郑珙卒于契丹，王保衡《晋阳见闻录》："虏俗虽不饮酒，如韦曜者，亦加灌注。"韦曜，即吴孙皓时韦昭也。而路振《九国志》云："高祖镇河东，命韦曜北使。曜不能饮酒，虏人强之。"此殆类痴人说梦也。

絜斋先生(袁燮的号)修了一座楼,命名为"是亦楼"。说:"虽然不怎么高大,但终究也是一座楼(是亦楼)。"以至于楼中的山石花木、衣服饮食、货财奴役,也都是这样。"至于为官微薄,他也说:'虽然不怎么显贵,但终究也是在做官(是亦仕也)。'但凡身外之物,都可以通过降低欲求而轻易满足,但只有此身与天地一并广大高明,这是我生而就有的品性,必须朝夕磨砺,一定要以追及古人而与之同等境界为目标。倘若只是一味地追随平庸之辈,而说'但终究也是为人生活(是亦人尔)',我是不会这样做的。"

邓志宏《与胡丞公书》说道:"熙宁、元丰年间,像司马光与王安石所争的,是决定政治的是与非。崇宁年间,陈瓘与蔡京所争的,是决定国家的治与乱。靖康年间,李纲与耿南仲所争者,又不外乎是非、治乱、安危而已,这些不都是和存亡所紧密联系的吗?"

唐朝五代之际,用文章纪事的人多用没有依据的故事传说,而作史者沿用了他们的说法导致历史记载中多有错误。回鹘的乌介可汗败逃到保黑车子族处,李德裕的《纪圣功碑》说:"乌介以及他的族人为了谋求安稳,依附康居的势力而求活。"所谓康居,乃是用了《汉书》郅支事。而《旧唐书》说:"乌介依附于康居求活。"北汉的郑珙死于契丹,王保衡《晋阳见闻录》记载:"胡虏的习俗虽然不饮酒,但像韦曜这样的人,也要强行灌他酒。"韦曜,即三国吴国孙皓统治时的韦昭。而路振《九国志》记载说:"高祖镇守河东,命韦曜为北行的使者。韦曜不能喝酒,但胡虏却强迫他。"这种记载大概就类似于痴人说梦吧。

卷十八

评诗

　　陶渊明《饮酒》诗："羲农去我久，举世少复真。汲汲鲁中叟，弥缝使其淳。"又曰："此中有真意，欲辩已忘言。"东坡（《书李简夫诗集后》）云："渊明欲仕则仕，不以求之为嫌；欲隐则隐，不以去之为高。饥则扣门而求食，饱则具鸡黍以迎客。古今贤之，贵其真也。"葛鲁卿为赞，罗端良为记，皆发此意。萧统疵其《闲情》，杜子美讥其《责子》，王摩诘议其乞食，何伤于日月乎？《述酒》一篇之意，惟韩子苍知之。

　　《咏贫士诗》云："昔在黄子廉，弹冠佐名州。一朝辞吏归，清贫略难俦。"愚按《风俗通》曰："颍川黄子廉，每饮马辄投钱于水，其清可见矣。"《吴志·黄盖传》（注引《吴书》）曰："故南阳太守黄子廉之后。"

　　《古辞》："鸡鸣高树巅，狗吠深宫中。"（见《宋书·乐志三》。）陶渊明《归田园》诗二句效此，唯改"高"为"桑"、

　　陶渊明《饮酒》诗言："伏羲神农时的盛世已经离我远去，整个世上少有人再像曾经那样真诚。鲁中的老叟孔子匆忙奔走，想要弥合世人的裂缝想要使世人回到淳朴的生活。"又作诗书："这其中有真正的道理，可当我想要分辨时却已忘记了如何言语。"苏东坡（《书李简夫诗集后》）曾说："陶渊明想要入仕就入仕，不以仕宦之事为可嫌，想要隐居就隐居，不以归隐山林为崇高。饥饿贫困的时候会敲邻居家门而乞求食物，富余的时候则杀鸡备黍来迎接客人。古往今来人们都认为他是贤人，可贵之处就在于他真诚。"葛胜仲为他作赞，罗愿为他作记，都是从此意出发。萧统认为他的《闲情》是瑕疵之作，杜甫批评他的《责子》，王维议论他向别人乞食，但这些话怎又怎么会减损日月的光辉？《述酒》一篇的真意，只有韩驹知道。

　　《咏贫士诗》说："从前的名士黄子廉，做官时任职于州郡。一旦辞官回到故里，就过着非常清贫的生活。"我注意到《风俗通》的记载："颍川的黄子廉，每次在牵马饮于河边都会往河水中投钱，他的清正可见一斑。"《吴志·黄盖传》（注释引《吴书》）说："（黄盖）是从前的南阳太守黄子廉的后人。"

　　《古辞》说："鸡在高耸的树巅打鸣，狗在宫殿深处吠叫。"（见《宋书·乐志三》。）陶渊明《归田园》诗二句仿效此处，只

“宫”为“巷”。

少陵《和严武军城早秋》诗：“已收滴博云间戍，更夺蓬婆雪外城。”的博岭，在维州。（原注：见《韦皋传》。）蓬婆山，在柘州。（原注：见《元和郡县志》。）

《饮中八仙》，其名氏皆见于《唐史》，唯焦遂事迹仅见于《甘泽谣》。

《石壕吏》，盖陕州陕县石壕镇也。（原注：见《九域志》、《舆地广记》。本崤县，唐改为硖石，熙宁六年省为镇。）

《新安吏》“仆射如父兄”，《汝坟》之诗曰：“虽则如燬，父母孔迩。”此诗近之。山谷所谓“论诗未觉《国风》远。”

少陵善房次律，（房琯字。）而《悲陈陶》一诗不为之隐；昌黎善柳子厚，而《永贞行》一诗不为之讳。公议之不可掩也如是。

《赠严阁老诗》：“扈圣登黄阁，明公独妙年。”《旧史·严武传》：“迁给事中，时年三十二。”给事中属门下省，开元曰黄门省，故云黄阁。少陵为左拾遗，亦东省之属，故云“官曹可接联”。近世用此诗为宰辅事，误矣。《通鉴》：“王涯谓给事中郑肃、韩佽曰：‘二阁老不用封敕。’”此唐人称给事中为阁老也。

《公安送李晋肃入蜀》，盖即李贺之父。

不过改"高"为"桑"、改"宫"为"巷"。

杜甫《和严武军城早秋》诗云:"已经收复了滴博岭位于云间的边戌,更是夺下了蓬婆山位于雪外的城池。"的博岭,在维州。(原注:见《韦皋传》记载。)蓬婆山,在柘州。(原注:见《元和郡县志》记载。)

《饮中八仙》,他们的姓名氏族都见于《唐史》,只有焦遂的事迹仅见于《甘泽谣》。

《石壕吏》,大概是指陕州陕县石壕镇。(原注:见《九域志》、《舆地广记》。本为崤县,唐朝时改名为硖石,熙宁六年并为镇。)

《新安吏》"仆射对兵士就像他们的父兄那样",《汝坟》诗云:"虽然军事急迫如火,但是还有谁能来养活父母呢?"和这首诗很接近。这就是黄庭坚所说的"评论当下的诗歌时并没觉得《国风》已经距离我们很远了。"

杜甫和房次律(房琯字次律)交好。但《悲陈陶》一诗不为他隐瞒;韩愈和柳宗元交好,而《永贞行》一诗不为他讳言。这是因为公议之事不可遮掩。

《赠严阁老诗》云:"跟随皇帝身边辅佐从而进入云黄阁,只有您是正值年轻力壮的时候。"《旧唐书·严武传》记载说:"迁任给事中,当时他年仅三十二岁。"给事中属于门下省,开元时称为黄门省,所以被称为云黄阁。杜甫为左拾遗,也是归属于门下省,所以说"我们的官职可相关联"。近世有人认为此诗讲的是宰相的事情,这是不对的。《通鉴》记载:"王涯告诉给事中郑肃、韩佽:'两位阁老不需要封敕。'"这是唐朝人称给事中为阁老的证据。

《公安送李晋肃入蜀》,这里的"李晋肃"大概指的是李贺

　　王无功《三月三日赋》："聚三都之丽人。"（《丽人行》）"长安水边多丽人，"语本此。

　　"土门壁甚坚，杏园度亦难。"（《垂老别》。）土门口在镇州获鹿县，即井陉关也。郭子仪自杏园渡河，围卫州。董秦为濮州刺史，移镇杏园渡。地盖在卫州汲县，非长安曲江池之杏园也。

　　《杜位宅守岁》，按《李林甫传》，杜位，林甫诸婿也。"四十明朝过"，《年谱》谓：天宝十载，时林甫在相位，盍簪列炬之盛，其炙手之徒欤？又《寄杜位诗》："近闻宽法离新州，想见怀归尚百忧。逐客虽皆万里去，悲君已是十年流。"其流贬盖以林甫故。

　　《示獠奴阿段》，《北史·蛮獠传》："獠无名字，以长幼次第呼之。丈夫称阿谟、阿段，妇人称阿夷、阿等之类，皆语之次第称谓也。"

　　李尚书之芳，考诸《唐史·太宗九王蒋王恽传》：之芳，蒋王恽之曾孙。"广德初，诏兼御史大夫，使吐蕃，被留二岁乃得归，拜礼部尚书。"故少陵诗有"修文将管辂，奉使失张骞。史阁行人在，诗家秀句传"之句。

　　杨绾谥文贞，比部郎中苏端持异议。《雨过苏端》，岂即斯人欤？然少陵称其"文章有神交有道"，而端终为憸人，岂晚谬乎？

的父亲。

王绩的《三月三日赋》说："齐聚三都的丽人。"（《丽人行》）云"长安水边多丽人"语本自于此。

"土门关的防守十分坚固，杏园镇要想偷渡也难如登天。"（《垂老别》。）土门口在镇州的获鹿县，即井陉关。郭子仪从杏园渡河，围攻卫州。董秦担任濮州刺史，转移到杏园渡镇守。地点大概在卫州汲县，而非长安曲江池的杏园。

《杜位宅守岁》一诗，根据《李林甫传》记载，杜位乃是李林甫的女婿。"到了明天我四十岁这年就要过去了"，《年谱》记载：天宝十载，当时李林甫在相位，他的势力大概正如日中天，杜位那时想必也是炙手可热的人物吧？又有《寄杜位诗》："我最近听闻法度放宽你可以离开新州，可想要回归尚有众多需要担忧的事情。被放逐的宾客虽然都在万里之外，但我只痛心你已流落在外十年。"他遭到贬斥流放大概也和李林甫有关。

《示獠奴阿段》一诗，《北史·蛮獠传》言："蛮獠在家庭中没有名字，按照长幼次第来称呼。丈夫被称为阿谟、阿段，妇人被称为阿夷、阿等之类，都是按照用语的顺序来称呼。"

李尚书之芳，考察《唐史·太宗九王蒋王恽传》记载：李之芳，蒋王李恽的曾孙。"广德初年，应诏兼任御史大夫，出使吐蕃，被留在那里两年才得以归还，回来后担任礼部尚书。"所以杜甫诗有"文学的修养可比管辂，奉命出使不输张骞。史馆中犹有人在行走，诗人经典的诗句依旧在传诵"之句。

杨绾谥号为文贞，比部郎中苏端持有不同的意见。《雨过苏端》一诗，难道说的就是这个人？可杜甫称他"文章有神采交往有礼节"，而苏端最终成了奸佞小人，岂不是晚节不保？

　　《可叹行》云："丈夫正色动引经，丰城客子王季友。群书万卷常暗诵，《孝经》一通看在手。豫章太守高帝孙，引为宾客敬颇久。"季友，肃、代间诗人也。殷璠谓其诗放荡，爱奇务险，然而白首短褐。钱起有《赠季友赴洪州幕下诗》云："列郡皆用武，南征所从谁？诸侯重才略，见子如琼枝。"此即豫章宾客之事也。少陵谓："王也论道阻江湖"，期以"致君尧舜"，季友不但工诗而已。（原注：太守，宗室。少陵谓"邦人思之比父母"。鲍钦止云："江西观察使李勉，时季友兼监察御史，为副使。"）

　　《出瞿唐峡诗》："五云高太甲，六月旷抟扶。"注不解"五云"之义。尝观王勃《益州夫子庙碑》云："帝车南指，遁七曜于中阶；华盖西临，藏五云于太甲。"《酉阳杂俎》（第十二）谓："燕公读碑，自'帝车'至'太甲'四句悉不解，访之一公，一公言：北斗建午，七曜在南方。有是之祥，无位圣人当出。'华盖'以下，卒不可悉。"愚谓老杜读书破万卷，必自有所据，或入蜀见此碑而用其语也。《晋·天文志》："华盖杠旁六星曰六甲，分阴阳而配节候。"太甲恐是六甲一星之名，然未有考证。以一行之邃于星历，张燕公、段柯古之殚见洽闻，而犹未知焉，姑阙疑以俟博识。

　　《可叹行》言："大丈夫若论严谨地说经，莫如丰城的宾客王季友。万卷书常在他胸中暗涌，《孝经》在手已是烂熟于心。豫章太守乃是高帝之孙，将他当作自己的宾客敬重颇久。"王季友是唐肃宗、代宗年间的诗人。殷璠称他的诗风格放荡，爱奇务险，然而他本人却老迈贫穷。钱起有《赠季友赴洪州幕下诗》言："天下各郡都在举兵起事，南征所能依靠的人又是谁？诸侯用人注重才略，看见您就如同看见嘉树美卉。"此处说的是王季友担任豫章太守的宾客之事。杜甫说："王也论道阻江湖"，期待能够"致君尧舜"，可见王季友不仅仅是擅长作诗而已。（原注：豫章太守乃是唐朝宗室。杜甫称他"地方上的百姓想起他都觉得是自己的父母官"。鲍钦止曾说："江西观察使李勉，当时王季友兼监察御史，担任他的副使。"）

　　《出瞿唐峡诗》说道："五云高太甲，六月旷抟扶。"注释没有解释"五云"的含义。我曾看到王勃《益州夫子庙碑》有言："北斗星南指，七颗明星遁于中阶；华星西临，五色云气藏匿于太甲星边。"《酉阳杂俎》（第十二）说："张燕公读碑，从'帝车'到'太甲'这四句都无法解释，便去拜访询问一公，一公说：北斗建午，七曜在南方。有这样的征兆，预示着圣人当出。'华盖'以下，就不知道怎么解释。"我认为老杜读书破万卷，一定有自己所依据的来源，也许是入蜀后看见此碑而用了碑文的话语。《晋书·天文志》记载："华盖星旁的六星名为六甲，划分阴阳而配和节气。"太甲恐怕是六甲中一颗星的名字，然而未有考证的材料。以个人的力量去深挖天文历法知识，如张燕公、段柯古这样博闻广识，犹不可解，就暂且留个疑问以待博之士的解答。

《赠闾丘师太常博士均之孙》谓："凤藏丹霄暮，龙去白水浑。"盖称均之文也。考之《旧史》，成都闾丘均，景龙中为安乐公主（武后女。）所荐，起家拜太常博士。公主诛，贬循州司仓。进不以道，其文不足观也已。

"终始任安义"之句，萧使君之贤可见矣。少陵自注其事，足以砥薄俗，惜其名不传也。

"陈仓石鼓又已讹"，按陈仓，在唐为凤翔宝鸡县。石鼓，在天兴县南，乃雍县也。魏太武自东平趣邹山，见始皇石刻，使人排而仆之。《宋书·索虏传》"峄山之碑野火焚"，盖此时也。

《遣兴》云："门户有旌节。"注引杨国忠以剑南旌节导驾。二字出《周礼》，少陵岂用《新唐史》语哉！

《金华山》诗："上有蔚蓝天，垂光抱琼台。"放翁云："蔚蓝乃隐语天名。"按《度人经》作"郁蓝"。

《成都》诗："初月出不高，众星尚争光。"谓肃宗初立，盗贼未息也。胡文定《通鉴举要补遗序》曰："日毂冥濛，众星争耀。"语本于此。

鲜于京兆，仲通也；张太常、博士，均、垍也。所美非美然，昌黎之于于頔、李实类此。杜、韩二公晚节所守，如孤松

《赠闾丘师太常博士均之孙》说："恰如蔡凤藏身晚霞暮天，又似游龙一去白水泛波。"大概都是称赞闾丘均的文采。考察《旧唐书》，成都的闾丘均，景龙年间被安乐公主（武后的女儿）推荐，最初当官就担任太常博士。公主被杀后，被贬为循州司仓。不以正道进步，他的文字也没什么可观之处。

"从始至终都秉持着任安一般的忠义"一句，萧使君的贤能可见一斑。杜甫亲自注释他的事迹，足以平复俗人的鄙薄，可惜他的名字没有流传下来。

"陈仓石鼓文又已是讹误"，我注意到陈仓这个地方，在唐朝时为凤翔宝鸡县。石鼓，在天兴县的南部，即雍县。北魏太武帝从东平前往邹山，看见秦始皇时的石刻文，派人排列跪拜。《宋书·索虏传》"峄山之碑已被野火焚毁"，大概就是指此时。

《遣兴》言："各门户都有旌节仪仗。"注释引用杨国忠以剑南旌节引导车驾。这两个字出自《周礼》，杜甫怎么会用《新唐书》的语典呢！

《金华山》诗："其上有蔚蓝天，垂下光芒拥抱琼台。"陆游说："蔚蓝乃是隐语上天之名。"我注意到《度人经》中作"郁蓝"。

《成都》诗云："初升的月亮还没到达高处，群星尚能争先散发光彩。"讲的是肃宗刚刚登基，盗贼祸乱还没有平定。胡寅《通鉴举要补遗序》说："太阳幽暗不明，众星争先闪耀。"一语源出于此。

鲜于京兆，即鲜于仲通；张太常、博士，指的是张均、张垍。（杜甫）所赞赏的人并非真正的好人，韩愈之于于頔、李实也是

劲柏,学者不必师法其少作也。

《野望诗》:"西山白雪三奇戍,南浦清江万里桥。"按《唐·地理志》,彭州导江县有三奇戍。《韦皋传》:"遣大将陈洎等出三奇。"《西南备边录》所谓三奇营也。一本作"三年",赵氏本作"三城",当从旧本"三奇"为是。潕水李氏云:"老杜读书多,不曾尽见其所读之书,则不能尽注。其间又用方言,如'岸溉'、'土锉',乃黔蜀人语,须是博问多读。"

《八哀诗》,将相、宗室之外,名士有三焉:苏源明不污伪爵,其最优乎;李邕细行弗饬,次也;郑虔大节已亏,下矣。

"借问悬车守,何如俭德临?"(《提封》。)"不过行俭德,盗贼本王臣。"(《有感》第三首。)明皇以侈致乱,故少陵以俭为救时之砭剂。

《别李义》诗:"丈人嗣王业。又云:"道国继德业,丈人领宗卿。"按《唐书·宗室表、传》:"道孝王元庆次子询之子微,嗣王,终宗正卿。"李义,盖微之子也。

《送顾八分文学》,赵氏《金石录》以为前太子文学、

这样。杜甫、韩愈二公晚节所守，宛如孤傲之松、道劲之柏，学习者不必师法他们年轻时的诗作。

《野望诗》有云："西山上有着终年积雪，三城外有重兵驻防；南郊外的万里长桥，横跨那浩浩汤汤的锦江。"根据《唐书·地理志》记载，彭州的导江县外有三奇军队戍守。《韦皋传》记载："派遣大将陈洎等人出任三奇营。"即《西南备边录》所说的三奇营。另一种版本写作"三年"，赵氏版本作"三城"，我认为应当跟从旧本作"三奇"比较合适。李复曾说："杜甫读书很多，倘若人们不曾看尽他所读过的书，则不能尽善尽美地注释其诗。他的诗中又有用方言的地方，如'岸溉''土锉'，此乃黔地蜀地人们的语言，所以必须要博问多读。"

《八哀诗》，其所记录的人除了将相、宗室之外，还有三位有名的文士：苏源明不接受伪政权的爵位，他的人品最高尚；李邕不治细行，有时私挪公款，他的品性其次；郑虔的大节有损害，他为人最下。

"我想请问那些在艰难险阻中坚守的人，又怎么样才能让节俭的美德重临？"（出自《提封》）"只要能够实行勤俭的美德，就算是盗贼也能使其称为王臣。"（《有感》第三首）唐明皇因为奢侈导致国家祸乱，所以杜甫认为勤俭是拯救时势的良方。

《别李义》诗云："您的父亲继承了王业。又说："为国尽忠继承德行家业，您的父亲乃是宗正寺卿。"根据《唐书·宗室表、传》记载："道孝王李元庆的次子李询的儿子李微，继承了王位，最终成为宗正寺卿。"李义大概就是李微的儿子。

《送顾八分文学》一诗，赵明诚的《金石录》认为顾八分乃

翰林院待诏顾诫奢。《醉歌行》云："东吴顾文学。"即诫奢也。注谓顾况，误。

《李潮八分小篆歌》："潮也奄有二子成三人。"《金石录·跋尾十七》云："潮书唯《慧义寺弥勒像碑》与《彭元曜志》，其笔法亦不绝工，非韩、蔡比也。"

《郑驸马宅宴洞中》，今考少陵作《皇甫德仪碑》云："有女临晋公主，出降代国长公子荥阳潜曜。"又曰："忝郑庄之宾客，游窦主之山林。"郑潜曜，见《孝友传》。

《桥陵诗》："石门雾露白，玉殿莓苔青。"《旧史》郑颢梦为联句，与此同。

《得房公池鹅》诗："凤凰池上应回首，为报笼随王右军。"宋元宪以鹅赠梅圣俞，圣俞以诗谢曰："昔居凤池上，曾食凤池萍。乞与江湖客，从教养素翎。"宋得诗不悦。圣俞之意，本于少陵。

陶靖节之《读山海经》，犹屈子之赋《远游》也。"精卫衔微木，将以填沧海。刑天舞干戚，猛志故常在。"悲痛之深，可为流涕。

真文忠公《龚德庄咏古诗序》曰："杜牧之、王介甫赋息妫、留侯等作，足以订千古是非。"

《文选》注："五言自李陵始。"《文心雕龙·明诗篇》

是前太子文学、翰林院待诏顾诫奢。《醉歌行》记载说:"来自东吴的顾文学。"即指的是顾诫奢。注释认为指的是顾况,这是不对的。

《李潮八分小篆歌》有言:"李潮也是有两位志同道合的朋友可以成三人之行。"《金石录·跋尾十七》说:"李潮的书法作品只有《慧义寺弥勒像碑》与《彭元曜志》留存,他的笔法也并非绝对巧夺天工,不能和韩择木、蔡邕相比。"

《郑驸马宅宴洞中》一诗,今天考察杜甫所作的《皇甫德仪碑》中说:"唐玄宗的女儿临晋公主,嫁给了代国长公主的儿子荥阳郡公郑潜曜。"又说:"忝列郑庄的宾客中,畅游窦主之山林。"郑潜曜,见《孝友传》记载。

《桥陵诗》记载说:"石门外云雾笼罩着露水一片洁白,玉殿下苍翠的青苔颜色正鲜。"《旧唐书》记载郑颢在梦参加联句,所联的诗句与此句相同。

《得房公池鹅》诗云:"凤凰池上应回首,为报笼随王右军。"宋庠送给梅尧臣大鹅,梅尧臣作诗答谢他说:"昔居凤池上,曾食凤池萍。乞与江湖客,从教养素翎。"宋庠收到诗却不太高兴。其实梅尧臣的本意,出自于杜甫。

陶渊明的《读山海经》,就像是屈原的《远游》赋那样。"精卫鸟口中衔着小小的木枝,但却想要填平无垠的沧海。刑天失去了头颅依旧挥舞着盾牌,他心中勇猛的志向同往常一样还在。"悲痛的情感之深切,足以令人流泪。

真德秀的《龚德庄咏古诗序》说:"杜牧、王安石赋息妫、留侯等人所作的诗赋,足以考订千古历史的是非。"

《文选》注说:"五言诗是从李陵开始作的。"《文心雕

云:"《召南·行露》,始肇半章;孺子《沧浪》,亦有全曲;《暇豫》优歌,远见春秋;《邪径》童谣,近在成世。则五言久矣。"

《古诗十九首》,或云枚乘,疑不能明也。《驱马上东门》、《游戏宛与洛》,辞兼东都,非尽是乘作。《文心雕龙·明诗》云:"《孤竹》一篇,傅毅之词。"

鹤山《邓公立注黄诗外集序》云:"《礼》于生子曰诗负,于祝嘏曰诗怀。诗之为言承也,情动于中,而言以承之,故曰诗。"

《列女传》:《式微》,二人之作。联句始此。(原注:皮日休云:"柏梁七言,联句兴焉。"《文心雕龙》云:"联句共韵,柏梁余制。")

《左传》有《虞殡》,《庄子》有《绋讴》,挽歌非始于田横之客。

韦孟在邹诗曰:"我既仙逝,心存我旧,梦我渎上,立于王朝。其梦如何? 梦争王室。其争如何? 梦王我弼。"吕成公曰:"孟既致为臣而归,拳拳之意犹如此。"

《吴语》:"越王告吴王曰:'民生于地上,寓也。'"老

龙·明诗篇》则说:"《召南·行露》中就开始有半章的五言诗;
到了《孟子·离娄》所载的《沧浪歌》,就全是五言的了。此外,晋
国优施所唱的《暇豫歌》,还更是早在春秋时期,较近的有汉
成帝时的《邪径谣》,都是五言的。根据上述历史发展的情况,
可知五言诗很早就有。"

《古诗十九首》,有人认为是枚乘所作,这个疑问至今没
法解答。《驱马上东门》、《游戏宛与洛》,用辞兼有《东都赋》
的风格,并不能证明都是枚乘所作。《文心雕龙·明诗》也说:
"《孤竹》这一篇,很像是傅毅的文词。"

魏了翁《邓公立注黄诗外集序》曾说:"《礼》中对于国君生
子用手抱持一事称为诗负,对于祝福祭祀一事称为诗怀。诗的
作用在于用言语承接,情动于心中,而用言语承接,所以称之为
诗。"

《列女传》记载:《式微》,乃是两个人共同完成的作品。
联句的习俗自此开始。(原注:皮日休曾说:"柏梁体七言诗,联句
从此开始。"《文心雕龙》也说:"联句共韵的体制,乃是柏梁体的余
音。")

《左传》中有《虞殡》,《庄子》中有《绋讴》,可见挽歌这
一习俗并非始于田横的门客。

韦孟在邹诗中所言:"我既然已经登仙而去,但是心中依然
牵念着我的旧国,曾梦见我离开河川之上,重新站立在庙堂。这
个梦是怎样的?梦中的王朝励精图治。它是怎样励精图治的?
梦中的君王身边有我在辅佐。"吕祖谦评价说:"韦孟虽然身为
老臣而告老归乡,然而拳拳报国之心依然不减。"

《吴语》记载说:"越王对吴王说:'百姓生长在这片土地

莱子曰："人生于天地之间，寄也。寄者固归。"《古诗十九首》"人生忽如寄"本于此。

东方朔有八言、七言，考之《风》、《雅》："尚之以琼华乎而"，七言也；"我不敢效我友自逸"，八言也。

《雕龙·明诗》云："张衡《怨篇》，清典可味。"《御览》（九百八十三）载衡《怨诗》曰："秋兰，嘉美人也。猗猗秋兰，植彼中阿。有馥其芳，有黄其葩。虽曰幽深，厥美弥嘉。之子之远，我劳如何？"

陈思王《灵芝篇》曰："伯瑜年七十，彩衣以娱亲。"今人但知老莱子之事，而不知伯瑜。

陆务观（《跋吕成叔和东坡尖叉韵诗》）云："古诗有倡有和，有杂拟、追和之类，而无和韵者。唐始有用韵，谓同用此韵。后有依韵，然不以次。最后有次韵，自元、白至皮、陆，其体乃成。"

《诗苑类格》谓回文出于窦滔妻所作。《文心雕龙·明诗》云："回文所兴，则道原为始。"又傅咸有回文反复诗，温峤有回文诗，皆在窦妻前。（原注：皮日休曰："傅咸反复兴焉，温峤回文兴焉。"）

上，不过是暂时居住于此。'"老莱子说："人诞生于天地之间，仿佛是暂时寄居于此。寄居者终归是要回归到他的来处。"《古诗十九首》说"人生恍惚捉摸不定就像是暂居于世间"出自于此。

东方朔有八言、七言诗，根据《诗经》的《风》、《雅》考据："尚之以琼华乎而"，这是七言句；"我不敢效我友自逸"，这是八言句。

《文心雕龙·明诗》说："张衡所作的《怨篇》，清丽典雅令人回味无穷。"《太平御览》（九百八十三）记载了张衡的《怨诗》说："秋兰，是用以相配美人的芳草。茂盛美丽的秋兰啊，在山湾丘陵处生长。它有着馥郁的芳香，它有着明黄的奇葩。即使生长在幽远的深处，它的美丽却愈加彰显。这个人离我如此之远，我要怎样才能亲近他？"

曹植的《灵芝篇》曾说："伯瑜年以七十，依旧穿上彩衣使双亲欢娱。"今天的人们只知道老莱子的典故，但不知道有伯瑜。

陆游（《跋吕成叔和东坡尖叉韵诗》）记载说："上古的诗作有唱有和，有杂拟、追和一类的作品，但是没有和韵之作。唐朝开始有用韵的规则，就是指用同样的一类韵。之后还有依韵诗，但是不必遵守同样的次序。最后有次韵诗，到元稹、白居易至皮日休、陆龟蒙时，体例已经大致形成了。"

《诗苑类格》认为回文诗是窦滔的妻子首创的体裁。但是《文心雕龙·明诗》记载说："回文体裁开始兴盛，是在南北朝的贺道庆开始。"又如傅咸的作品中有回文反复诗，温峤的作品中有回文诗，他们的作品都在窦滔妻子之前。（原注：皮日休曾说：

左思《白发赋》："星星白发，生于鬓垂。"诗用"星星"字，出于此。

韩子苍曰："《柏梁》作而诗之体坏，《河梁》作而诗之意乖。"

李义山《韩碑诗》谓昌黎文"若元气"，荆公谓少陵诗"与元气侔"，唯韩、杜足以当之。

山谷《与赵伯充书》云："学老杜诗，所谓刻鹄不成犹类鹜也。"后山谓："山谷得法于少陵。"朱文公《跋刘病翁诗后》云："李、杜、韩、柳，初亦学《选》诗，然杜、韩变多，而柳、李变少。变不可学，而不变可学。"

朱文公编《小学》书，其《答刘子澄》谓："《古乐府》及杜子美诗可取者多，令其喜讽咏，易入心，最为有益。"今本《乐府》及诗皆不取，岂修改而删之欤？（原注：子澄著《训蒙新书》、《外书》。）

韩文公《城南联句》"礼鼠拱而立"，出《关尹子》"圣人师拱鼠制礼"。《远游联句》"开弓射鴅吺"，《古文尚书》"驩兜"字也。《管子·短语·侈靡篇》云："鴅然若謞之静。"即"驩"字。又《雨中联句》"高居限参拜"，《战国策》顿弱曰："臣之义不参拜。"二字本此。

"从傅咸开始反复诗得以兴盛,从温峤开始回文诗得以兴盛。")

左思《白发赋》曾这样说过:"星星点点的白发,从鬓边垂落。"古诗中用"星星",源出于此。

韩驹曾说:"《柏梁》诗出现后而诗的体格就遭到了破坏,《河梁》诗出现后而诗的文意就遭到了破坏。"

李商隐《韩碑诗》认为韩愈的文章"仿佛蕴藏着正气",王安石认为杜甫的诗"与天地自然的精气相齐",这样的评价只有韩愈、杜甫才当得起。

黄庭坚《与赵伯充书》曾这样说过:"我向杜甫学习作诗,就是所谓的雕刻鸿鹄不成但却像一只鹜鸭。"陈师道认为:"黄庭坚的诗法得于杜甫。"朱熹《跋刘病翁诗后》说:"李白、杜甫、韩愈、柳宗元,最初都是学习《文选》中的诗,然而杜甫、韩愈创变之处更多,柳宗元、李白创变之处更少。他们改变的部分是不可学的,但是不变的部分还有办法可以学到。"

朱熹编纂《小学》一书,其《答刘子澄》说:"《古乐府》及杜甫的诗作中可以取用的作品很多,能令人们崇尚讽咏,感化入心,是最有益处的。"然而今本却未取《乐府》及杜诗,难道是经过了修改而删去了?(原注:子澄著有《训蒙新书》、《外书》。)

韩愈在《城南联句》诗中曾这样说过"黄鼠拱手而立",出自《关尹子》"圣人效仿拱鼠的习性制定了礼节"。《远游联句》说"张开弓箭射杀那四凶之一的鹠咉",指的是《古文尚书》中的"驩兜"。《管子·短语·侈靡篇》有言:"就好像寂静之中鹠的叫声,激动着人的思想。""鹠"即"驩"。又有《雨中联句》中的"居于高地前来参拜的人也稀少有限",《战国策》里顿弱有言:

送广帅诗："上日马人来。"《唐书·环王传》："西屠夷，盖马援还，留不去者，才十户，隋末孳衍至三百，皆姓马，俗以其寓，故号马留人，与林邑分唐南境。"《演蕃露》引《传灯录》：中印度，乃在西域"，其说误矣。

《抱朴子》曰："俗士多云：今月不如古月之朗。"李太白诗有《古朗月行》，又《把酒问月》云："今人不见古时月，今月曾经照古人。"

王胄以"庭草"一句，为隋炀所忌。《初学记》载胄《雨晴》诗："风度蝉声远，云开雁路长"，亦佳句也。

"忍过事堪喜"，杜牧之《遣兴》诗也。吕居仁《官箴》引此，误以为少陵。俗言"忍事敌灾星"，司空表圣诗也。

韦处厚《盛山十二诗》，韩文公为序，今见于《唐诗纪事》。十二诗谓：《隐月岫》、《流杯渠》、《竹岩》、《绣衣石榻》、《宿云亭》、《梅溪》、《桃坞》、《胡卢沼》、《茶岭》、《盘石磴》、《琵琶台》、《上士瓶泉》也。

伊川曰："凡人家法，须月为一会以合族。古人有'花树韦家宗会法'可取也。""宗会法"今不传，岑参有《韦员外家花树歌》："君家兄弟不可当，列卿太史尚书郎。朝回花底常会客，花扑玉缸春酒香。"韦员外失其名，此诗见一门

"我的道义就是不愿参拜。"二字出自于此。

送广帅诗有言："到了佳节良日，马流人也一齐来到。"《唐书·环王传》有这样的记载："是少数民族，大概是马援离开后，他的军中有留在此地没有离去的，不过十户人左右，到了隋末已经繁衍到三百户，部落中人都姓马，以他们寄居所在地的习惯，故被称为马留人，与林邑相隔位于唐朝国土的南境。"《演蕃露》引《传灯录》：中印度，位于西域"，这个说法是不对的。

《抱朴子》有言："那些庸俗之人常常说：今天的月亮不如古时的月亮那样明朗。"李白的诗作中有《古朗月行》，又有《把酒问月》言："今天的人们虽然不曾见到古时的月亮，但是今天的月亮曾经照耀在古人身上。"

王胄因为"庭草无人随意绿"一句，被隋炀帝所忌恨。《初学记》记载了王胄的《雨晴》诗："风将蝉鸣声送到遥远的地方，浓云散开大雁的归路也变得漫长"，也是佳句。

"忍过了这段岁月是一件值得高兴的事情"，出自杜牧的《遣兴》诗。吕本中《官箴》引用了这句话，却误以为是杜甫的诗句。俗语"忍耐是战胜灾祸的办法"，这是司空图的诗句。

韦处厚有《盛山十二诗》，韩愈为他作序，如今见于《唐诗纪事》。十二首诗分别是：《隐月岫》、《流杯渠》、《竹岩》、《绣衣石榻》、《宿云亭》、《梅溪》、《桃坞》、《胡卢沼》、《茶岭》、《盘石礒》、《琵琶台》、《上士瓶泉》。

程颐曾说："但凡家族之法，必须每个月让族中成员相会一次。古人有'花树韦家宗会法'是可取的。""宗会法"如今已经失传，岑参有《韦员外家花树歌》云："君家的兄弟不可轻易当，列位都是卿相太史尚书郎。每每在花底下宾客相会，花的香气

华鄂之盛。

《墨子·亲士篇》谓"西施之沈，其美也"，岂亦如隋之于张丽华乎？"一舸逐鸥夷"，特见于杜牧诗，未必然也。

张碧，字太碧；黄居难，字乐地，慕太白、乐天也。亦李赤之类欤。

陆鲁望《杂讽》云："红蚕缘枯桑"、"童麋来触犀"、"鸤鹅惨于冰"、"赤舌可烧城"，皆用《太玄》语。又《南征诗》"绕帐生犀一万株"，宋元宪诗"帐犀森别校"、"犀株卫帐并儿勇"，景文诗"合宴传餐帐绕犀"，皆用此。

毛泽民诗"不须买丝绣平原，不用黄金铸子期"，本李贺、贯休诗。

李义山咏贾生云"可怜夜半虚前席，不问苍生问鬼神"，马子才咏文帝云"可怜一觉登天梦，不梦商岩梦櫂郎"，虽同一律，皆有新意。

唐以诗取士，钱起之《鼓瑟》，李肱之《霓裳》是也。故诗人多。韩文公荐刘述古，谓举于礼部者，其诗无与为比。（原注：钱起名在第六，《豹鸟赋》。）

罗昭谏《咏松》曰："陵迁谷变须高节，莫向人间作大

扑满玉缸混合着春酒的芳香。"虽然韦员外的名字如今已经不可考,但是从这首诗中可以窥见一门兄弟友爱和睦的盛况。

《墨子·亲士篇》认为"西施沉水,是她的美好品行的体现",难道她的命运也像是隋朝之于张丽华那样吗?"同范蠡泛舟江上",只见于杜牧诗,也未必是这样。

张碧,字太碧;黄居难,字乐地,这是因为仰慕李太白、白乐天。就像是李赤这类人。

陆龟蒙《杂讽》诗云:"老蚕顺着枯萎的桑树攀缘""幼小的麋鹿却来抵触犀牛""鹏鹅在寒冷的冰封中悲鸣""说出谗言的三寸不烂之舌就像烈火可以毁掉一座城池",都引用了《太玄》的语典。又有《南征诗》说"军中营帐外有劲兵千万",宋庠有诗"帐外犀军秩序井然接受校阅""劲兵们像犀株那样守卫着军中大帐",宋祁有诗"胜利举宴传餐帐外的犀兵",都使用了这类典故。

毛泽民诗云"不须买来丝绸绣出平原君的模样,不用买来黄金铸成钟子期的塑像",出自李贺、贯休诗。

李商隐咏贾谊说"可惜皇帝深夜里依然热切向您讨教,问得不是天下苍生却是鬼神之事",马子才咏文帝言"可惜您做了一场一步登天的梦,梦中没有在野的贤士却是邓通那样的小人",虽然用的是同一律,但是各自有新意。

唐朝以诗歌取用士人,譬如钱起有《鼓瑟》,李肱有《霓裳》这类。所以诗人众多。韩愈推荐刘述古,认为他适合去礼部任职,这个人的诗作写得很好无人可比。(原注:钱起的排名在第六位,有《豹舄赋》。)

罗隐的《咏松》曾说:"即便经历山崩地裂般的巨变依然

夫。"其志亦可悲矣。"唐六臣"，彼何人哉！昭谏说钱镠举兵讨梁，见《通鉴》，其忠义可见。视奴事朱温之杜荀鹤犹粪土也。

《宋书·乐志》，《陌上桑》曰"楚辞钞"，以《九歌》、《山鬼》篇增损为之。东坡因《归去来》为词，亦此类也。

诗一字至七字，张南史《花》、《竹》、《草》是也。一字至十字，文与可《竹》、《石》是也。

"一丛深色花，十户中人赋"，白乐天谓牡丹也。"岂知两片云，戴却数乡税"，郑云叟谓珠翠也。侈靡之蠹甚矣。

韩文公《题临泷寺》诗"离家已五千"，注引沈休文《安陆王碑》"平涂不过七百"，而不知"弼成五服，至于五千"，本《书》语也。奚以泛引为？

唐彦谦《送樊琯司业归朝》诗："啖蔗讥《尔雅》，卖饼斥《公羊》。"事出《晋书》、《魏志》。

白乐天《迂叟诗》："初时被目为迂叟，近日蒙呼作隐人。"又云："自哂此迂叟，少迂老更迂。"则迂叟之名，不独司马公也。

要保持高尚的节操，莫要像人间那些士大夫那般卑躬屈膝。"他的心志确实令人感到悲伤。"五代史记载唐亡时六臣"，都是什么样的小人！罗隐说服钱镠举兵讨伐梁，这件事《通鉴》有记载，他的忠义之心可见一斑。他将卑躬屈膝侍奉朱温的杜荀鹤视作粪土。

《宋书·乐志》中收录的《陌上桑》"楚辞钞"，是以《九歌》《山鬼》等篇为基础经过增减之后形成的。苏轼以《归去来》为词，也是这样做的。

诗有一字至七字的作品，例如张南史的《花》、《竹》、《草》。也有一字至十字的作品，例如文与可的《竹》《石》。

"这一丛艳丽明媚的花，背后却是十户人家的赋税"，这是白居易咏牡丹。"怎知道两抹流光溢彩的云鬟，戴着的却是多少乡里的税金"，此乃郑云叟咏珠翠也。可见侈靡之风的毒害甚深。

韩愈《题临泷寺》诗有言"离家已五千里"，注释引用沈休文《安陆王碑》之言"平涂不过七百里"，却不知道不知"辅国之人在五服外，至于五千外"，本是《尚书》的用语也。难道只是作为一种泛指的表示吗？

唐彦谦《送樊琯司业归朝》诗中说："吃着螃蟹却讥笑《尔雅》，卖饼之徒斥说《公羊》。"这个事典出自《晋书》、《魏志》。

白居易《迂叟诗》有言："最初的时候我被大家称为远离世事的老人，近段时间又被称为归隐山林的隐士。"又说："我自己都要嘲笑这个迂阔的老人，年轻的时候就已经如此迂腐，到老来更加如此。"则迂叟之名，不只有司马光这么自称。

"尧韭舜荣"，梁元帝《玄览赋》始用之。李群玉《蒲涧寺诗》："涧有尧时韭，山余禹代粮。"

致堂云："古乐府者，诗之旁行也；词曲者，古乐府之末造也。"陆务观云："倚声制词，起于唐之季世。"

寒山子诗，如施家两儿，事出《列子》；羊公鹤，事出《世说》。如子张、卜商，如侏儒、方朔，涉猎广博，非但释子语也。对偶之工者：青蝇、白鹤，黄籍、白丁，青蚨、黄绢，黄口、白头，七札、五行，绿熊席、青凤裘。而《楚辞》尤超出笔墨畦径，曰："有人兮山陉，云卷兮霞缨。秉芳兮欲寄，路漫兮难征。心惆怅兮狐疑，塞独立兮忠贞。"

司空表圣云："戴容州（原注：叔伦。）谓：诗家之景，如蓝田日暖，良玉生烟，可望而不可置于眉睫之前也。"李义山"玉生烟"之句，盖本于此。

《古诗十九首》"何能待来兹"，（《文选》注：）"兹，年也。"《左传》（僖公十六年）"今兹"，注云："此岁。"《吕氏春秋·任地篇》："今兹美禾，来兹美麦。"

梁元帝《赋得兰泽多芳草》诗。（原注：古诗为题见于此。）韩文公《记梦》诗云："六字常语一字难。"《文心雕龙·谏字篇》谓："善为文者，富于万篇，贫于一字。

王俭四言，颇有子建、渊明余风。其《侍太子九日玄圃

"尧韭舜荣"，梁元帝的《玄览赋》最先用这个典故。李群玉《蒲涧寺诗》曾说："涧边生有尧时的韭，山上藏着禹代的粮。"

胡寅认为："古乐府，是古诗的旁支；词曲一类，乃是古乐府末流后来的流变。"陆游曾说："倚声填词，开始于唐朝的末年。"

寒山子的诗，比如施家两儿，这个比喻的喻体出自《列子》；他的诗中用到羊公鹤，这个典故出自《世说新语》。又用到了如子张、卜商，如侏儒、方朔，可见他涉猎广博，不仅仅局限于佛家用语。诗句中对偶之工：有青蝇、白鹤，黄籍、白丁，青蚨、黄绢，黄口、白头，七札、五行，绿熊席、青凤裘。而他的《楚辞》尤超出寻常的笔墨路径，他说："有人在那山陉，飞云流卷晚霞如缨。秉持芳草欲寄远方，路途漫漫难以抵达。我心惆怅充满疑虑，独身而立内心忠贞。"

司空图曾这样说过："戴容州（原注：即戴叔伦。）认为：诗家所造之景，如蓝田日暖，良玉生烟，可以想象但是不可置于眉睫之前。"李商隐"玉生烟"一句，大概是出自于此。

《古诗十九首》中"何能待来兹"，（《文选》注：）"兹，指的是年。"（《左传》僖公十六年）"今兹"，注释解释为："今年。"《吕氏春秋·任地篇》："今兹美禾，来兹美麦。"

梁元帝有《赋得兰泽多芳草》诗。（原注：用古诗作题首见于此。）韩愈《记梦》诗云："七言诗句六字都是常语但往往难在一字上。"《文心雕龙·谏字篇》有言："善于写文章的人，往往有万篇佳作，却仍然感到一字之难。

王俭的四言诗，颇有曹植、陶渊明的余风。他的《侍太子九

宴》云：“秋日在房，鸿雁来翔。寥寥清景，蔼蔼微霜。草木摇落，幽兰独芳。眷言淄苑，尚想濠梁。既畅旨酒，亦饱徽猷。有来斯悦，无远不柔。”

刘苞《九日诗侍宴游苑正阳堂》：“曲终高宴罢，景落树阴移。”（原注：陆务观：“夕阳频见树阴移。”）

吴会，谓吴、会稽二郡也。（原注：石湖辩之甚详。）魏文帝《杂诗》：“适与飘风会。”又曰：“行行至吴会。”

应璩《百一诗》：“室广致凝阴，台高来积阳。”出《吕氏春秋》。

李虚己初与曾致尧倡酬，致尧谓曰：“子之诗虽工，而音韵犹哑。”虚己初未悟，既而得沈休文所谓“前有浮声，后须切响”，遂精于格律。

诗言志。“秀干终成栋，精钢不作钩”，包孝肃之志也。“人心正畏暑，水面独摇风”，丰清敏之志也。

张文饶曰：“处心不可著，著则偏；作事不可尽，尽则穷。先天之学，止是此二语，天之道也。”愚谓邵子（《重九日登石阁（诗）》）诗“夏去休言暑，冬来始讲寒”，则心不著矣。（《安乐窝》诗）“美酒饮教微醉后，好花看到半开时”，则事不尽矣。

日玄圃宴》说："秋日艳阳当悬，鸿雁翱翔天宇。清景寥寥，微霜蔼蔼。草木风中摇落，幽兰独自芬芳。回顾宫廷园苑，犹想濠水之上。既有美酒畅饮，又有君子同游。愉快的心情油然而生，天地万物都显得温柔。"

刘苞《九日诗侍宴游苑正阳堂》诗有言："一曲终了宴会也接近尾声，夕阳西下美景将落树影偏移。"（原注：陆游有诗云："夕阳之下频见树影飘摇。"）

吴会，指的是吴郡、会稽两郡。（原注：范成大在《吴郡志》中有非常详细地考辩。）魏文帝《杂诗》有言："浮云随着飘风四处游荡。"又曰："且行且止直到吴会。"

应璩《百一诗》曾说："空广的屋子里凝聚着阴暗，高台之上才能堆积暖阳。"这句话出自《吕氏春秋》。

李虚己早年与曾致尧互相作诗倡酬，致尧曾说："您的诗作虽然展现了修辞工笔，但是音韵方面还是有些欠缺。"虚己一开始还没有领悟，后来得到沈休文所谓"在前有虚浮的声音，在后就必须有切实的声响"的建议，于是便致力于钻研格律。

诗歌传达人的志向。"挺拔的良木终究将成为栋梁，精纯的钢铁不会被用作钩子"，此乃包拯之志。"当众人在心中畏惧着酷暑时，荷花却在水面亭亭独立随风摇摆"，此乃丰稷之志。

张行成曾说："内心的意志不可张扬外显，外显则会偏离本质；处事之道不可追求极致，达到极致则意味着穷尽。为人修行的先天之学，就体现在这此二语，这是永恒的真理。"我认为谓邵雍先生（《重九日登石阁(诗)》）诗："夏天过后就不必再言暑热，严冬降临才开始说寒冷"，就是心不外显的体现。

杜正献公诗:"因念古圣贤,名为千古垂。何尝广居室?俭为后人师。亚圣乐箪食,寝丘无立锥。文终防势夺,景威耻家为。文园四壁立,郑公小殿移。"陈正献公(後卿《示二子》)诗:"遗汝子孙清白在,不须厦屋太渠渠。"二贤相之清风,可以愧木妖之习。

雁湖注荆公诗,于《明妃曲》"汉恩自浅胡自深,人间乐在相知心",则引范元长之语,以致其讥。《日出堂上饮》之诗"为客当酌酒,何预主人谋",则引郑氏《考槃》之误,以寓其贬。《君难托》之诗曰:"世事反复那得知,谗言入耳须臾离",则明君臣始终之义,以返诸正。愚按,杨元素绘谓:介甫诗"今人未可轻商鞅,商鞅能令政必行",今睹其行事,已颇类之矣。言,心声也,其可掩乎?

东坡文章好讥刺,文与可戒以诗云:"北客若来休问事,西湖虽好莫吟诗。"晚年,郭功父寄诗云:"莫向沙边弄明月,夜深无数采珠人。"饶德操、黎介然、汪信民寓宿州,

(《安乐窝》诗)言"美酒需要喝到刚刚有醉意就停下,好花只要看到半开的时候就可以",则是事不穷尽的体现。

杜衍诗云:"我想到那些古时的圣贤,他们的大名永垂不朽。可他们在世时何尝坐拥广厦?可见俭朴的作风才是后人应当师法的。颜回只有一箪食而不改其乐,孙叔敖之子求封寝丘无立锥之地。萧何为防势夺在穷僻处置宅,霍去病立志灭匈奴而拒绝皇上赏赐的宅邸。司马相如与卓文君最初也是家徒四壁,魏征家的寝屋是用唐太宗小殿省下的材料造的。"陈正献公(俊卿《示二子》)诗云:"只要我的子孙能够秉持为人的清白,就不需要厦屋千万间。"两位贤相清正之风,可以教那些穷奢极侈之徒羞愧。

李璧为王安石的诗做注,于《明妃曲》一首说"汉朝的恩宠太浅可胡虏却一往情深,要知道的人间至乐在于两心相知",在注释中他引用了范冲的评价,来间接地讥讽诗意。《日出堂上饮》诗言"身为客人只需尽情酌酒,何需为主人出谋划策呢?",则引用了郑玄注《考槃》时的错误,用以寄寓他贬斥的意义。《君难托》一诗说:"世事反复无常人们又怎能通晓一切,一旦耳边有谗言将进就需要尽快清醒过来",则阐明君臣始终的道义,得以返回正道。我认为,杨元素曾这样说过:王安石诗云"现在的儒士可不能轻易诋毁商鞅,至少商鞅能使法令政策坚决施行",如今亲眼目睹他的行为作风,已经很像他所说的话了。言,乃是由心而发之声,怎么能够掩饰呢?

苏轼作文章喜欢讥刺调笑,文与可曾经以诗告诫他:"若有北方来客千万不要多问,西湖风光虽好也切忌随意吟诗。"苏轼晚年,郭功父寄诗给他说:"可别光顾着欣赏沙岸边的明月,而

作诗有略诋及时事者，吕荥阳闻之，作《麦熟》、《缲丝》等四诗，以讽止之。自此不复有前作。

后山（《答李端叔书》）云："苏公之门有客四人：黄鲁直、秦少游、晁无咎则长公之客也；张文潜则少公之客也。"鲁直（《以团茶洮州绿石砚赠无咎文潜》）诗云："晁子智囊可以括四海，张子笔端可以回万牛。"文潜（《赠李德载》）诗云："长公波涛万顷陂，少公巉秀千寻麓。黄郎萧萧日下鹤，陈子峭峭霜中竹。秦文倩丽舒桃李，晁论峥嵘走珠玉。"可以见一时文献之盛。

"衣上六花非所好，亩间盈尺是吾心。""何由更得齐民暖，恨不偏于宿麦深。"《雪诗》无出晏元献（殊）、韩持国之右。

晏元献诗："二龙骖夏服，双鹤记尧年。"宋元宪（庠）诗："轩野龙催驭，尧宫鹤厌寒。"刘敬叔《异苑》："太康二年冬，大寒，南州人见二白鹤于桥下，曰：'今兹寒，不减尧崩年。'"故山陵挽章用之。

《符瑞图》："日二黄人守者，外国人来降。"（见《太平御览》八百七十（三））宋景文（《皇帝阁春帖子词》）云："青帝回风还习习，黄人捧日故迟迟。"翟公巽云："青女霜

忘了有数不清的采珠人藏身于黑暗之中。"饶德操、黎介然、汪信民寓居宿州时，苏轼作诗唱和仍然有触及时事的敏感话语，吕希哲听说了这个情况，就作《麦熟》、《缲丝》等四首诗，用以劝诫苏轼。于是苏轼自此不再有类似于之前的作品了。

陈师道（《答李端叔书》）曾说："苏轼先生家的门下有客四人：黄庭坚、秦观、晁补之等人是苏轼的门客；张耒则是苏辙的门客。"黄庭坚（《以团茶洮州绿石观赠无咎文潜》）诗云："晁补之的聪慧仿佛四海皆在其心中，张耒的笔力足以使万牛回首。"张耒（《赠李德载》）诗云："苏轼先生宛如大河波涛万顷，苏辙先生恰似山麓巉秀千寻。黄庭坚先生风姿出尘如同日下仙鹤，陈师道先生高雅俊洁宛如霜中翠竹。秦观先生的文章倩丽有如桃李盛放，晁补之先生的论文峥嵘好比珠玉流走。"这些内容足可以展现当时文士交往的盛况。

"衣上点缀的雪花并非我所喜欢的，广阔土地的收成才是我心之所念。""为什么不能让老百姓度过一个温暖的冬天，我恨上天不肯垂怜垄麦深处的人民。"后世作《雪诗》者无出晏殊、韩维之右。

晏殊有诗云："二龙骖服此为圣德之兆，双鹤出现乃是太平盛世。"宋庠诗云："旷野上二龙并驾齐驱，尧中宫双鹤感慨天寒。"刘敬叔《异苑》记载说："太康二年冬，天气十分寒冷，南州有人看见两只白鹤在桥下谈话，说：'今年这么寒冷，可不比尧帝驾崩那年差。'"所以山陵挽章用了这个典故。

《符瑞图》："有两个黄人在外看守，于是外国人便主动前来投降。"（见《太平御览》八百七十（三））宋祁（《皇帝阁春帖子词》）曾说："青帝乘风而来所以微风习习，黄人捧日而出是故

如失，黄人日故迟。"

　　司马公《早朝诗》"太白明如李"。出《汉·天文志》(孝成建始四年七月)"荧惑逾岁星，居其东北半寸所如连李"。又《即事》云"雨不成游布路归"，出《左传》(襄三十年)"自朝布路而罢"。今《集》中皆注云"恐误"，盖未考也。

　　"更无柳絮随风起，惟有葵花向日倾"，可以见司马公之心；"浮云世事改，孤月此心明"，见东坡公之心。

　　东坡《次韵朱公掞初夏》诗："谏苑君方续承业，醉乡我欲访无功。"隋乐运，字承业，录夏、殷以来谏争事，名《谏苑》。文帝览而嘉焉。注谓《南史》李承业作《谏苑》。误矣。

　　《答王定国》诗："谨勿怨谤谗，乃我得道资。淤泥生莲花，粪壤出菌芝。赖此善知识，使我枯生荑。"此尹和静所谓"困穷拂郁能坚人之志而熟人之仁"也。《诗》曰："它山之石，可以攻玉。"

　　"浮云世事改，孤月此心明"，坡公晚年所造深矣。

　　夏均父诗："栾城去声色，老坡但称快。呜呼二法门，

日光迟迟。"翟汝文有诗言:"青女召唤的霜雪宛如箭失,黄人捧出的太阳依然温暖。"

司马光《早朝诗》有言"启明星正明亮"。出自《汉书·天文志》(汉孝帝成建始四年七月)"荧惑星越过岁星,位于其东北方向半寸处状若启明星"。又有《即事》云"遇上下雨出游不成便只好分散而归",出自《左传》(襄公三十年)"于是各自朝着不同的方向分散而行"。今天所存的《集》中都注释说"恐怕是有错误",大概是没有仔细考证过吧。

"再也没有随风而起的柳絮,只有一朵葵花倾心向日",可以见司马光之心;"世事宛如浮云般来去变换,我的心却始终如同孤月般皎洁明亮",可以见苏轼之心。

苏轼《次韵朱公掞初夏》诗曾说:"你尚有志向续写承业的《谏苑》,至于我只想造访王绩的无功乡。"隋朝的乐运,字承业,他著录了夏、商代以来的言官谏争之事,成书名为《谏苑》。隋文帝看过之后对他大加赞赏。注释说《南史》记载李承业作《谏苑》。这是错误的。

《答王定国》诗云:"请不要怨恨所遭到的诽谤谗言,那些都是我修身养性的依凭。污秽的淤泥中才能生出高洁的莲花,腐臭的粪壤里才能培育出上好的灵芝。正是仰赖这佛教的密语,才使我宛如枯木逢春。"这是尹焞先生所说的"困穷抑郁能够使人的意志更加坚定而强化人的仁爱之心"。《诗经》也说:"别的山上石头坚硬,可以用来琢磨玉器。"

"世事宛如浮云般来去变换,我的心却始终如同孤月般皎洁明亮",此乃苏轼晚年所到达的高深境界。

夏均父有诗曰:"苏辙的文章少有外在的声色雕饰,苏轼的

近古绝伦辈。"尝观栾城为《欧阳公碑》云:"公之于文,雍容俯仰,不大声色而义理自胜。"栾城评品文章至佳者,独云"不带声色",盖得于公也。欧阳公《与梅圣俞书》云:"快哉,快哉!老夫当避路,放他出一头地。"东坡看人文字,于所酷爱者,但称快而已,亦得于公也。

陆务观记东坡诗"翠欲流",谓"蜀语鲜翠,犹言鲜明也"。愚按,嵇叔夜《琴赋》云"新衣翠粲",李周翰注:"翠粲,鲜色。"李善注引《子虚赋》:"翕呷翠粲。"张揖曰:"翠粲,衣声。"《汉书》作"萃蔡"。(原注:萃音翠。)班健伃赋见《汉书·外戚传》"纷綷縩兮纨素声",其义一也。以鲜明为翠,乃古语。

后山云:"少好诗,老而不厌。及一见黄豫章,尽焚其稿而学焉。豫章以谓譬之弈焉,弟子高师一着,仅能及之,争先则后之。"此可为学文之法。

东坡与欧阳晦夫诗三首。晦夫,名辟,桂州人,梅圣俞有诗送之云:"我家无梧桐,安可久留凤?"东坡南迁至合浦,晦夫时为石康令,出其诗稿数十幅。事见《桂林志》。注坡诗者以为文忠之族,非也。

文章自有一股意气称快。啊这两位先生各自开创了各自的法门，都是近世才华绝伦的大才子。"我曾读苏辙的《欧阳公碑》："您做的文章，俯仰之间气度雍容，不大关注声色而凭借义理取胜。"苏辙评品最好的文章，只说"不带声色"，大概是从欧阳修这里学来的。欧阳修《与梅圣俞书》有言："快哉，快哉！我应当避开门路，放这些后生们前去出人头地。"苏轼看人文字，见有酷爱的地方，也只称快而已，同样是从欧阳修这里学来的。

陆游记苏轼诗中有"翠欲流"，认为"蜀地的方言形容鲜翠，就是在说鲜明"。根据我的考证，嵇康《琴赋》曾说"新衣翠粲"，李周翰注释说："翠粲，是形容鲜艳的颜色。"李善注引用《子虚赋》中的："翕呷翠粲。"张揖认为："翠粲，指的是衣袂飘飘的声音。"《汉书》中作"萃蔡"。（原注：萃的读音为翠。）班倢伃的赋中有见《汉书·外戚传》"纷綷縩兮纨素声"，这是其中一个意思。以鲜明为翠，乃是古时的语意。

陈师道曾说："我年轻的时候就喜欢作诗，到老也不厌倦。等到第一次见到黄庭坚的诗，我就焚烧了从前的诗稿而学习他的作诗。黄庭坚认为学诗就像对弈，弟子有时高师父一著，也仅仅是能追及，若是一直抢先手则会落后。"这可以作为学作文章的心法。

苏轼曾有写给欧阳晦夫的诗三首。晦夫，名为辟，乃是桂州人，梅尧臣有诗送给他说："可惜我的家中没有尊贵的梧桐树，又怎能久留凤凰鸟？"苏轼南迁到合浦，晦夫当时担任石康令，便给苏轼展示了梅尧臣赠给他的数十幅诗稿。此事可见于《桂林志》。注苏轼诗的人以为欧阳晦夫乃是欧阳修的族人，其实不是这样。

《夏小正》：九月荣鞠。东坡（《赠朱逊之》）诗云："黄花候秋节，远自《夏小正》。"注止引《月令》，非也。（原注：司马公《春帖子》"候雁来归北，寒鱼陟负冰"，亦用《夏小正》。）

山谷诗晚岁所得尤深。鹤山称其"以草木文章发帝杼机，以花竹和气验人安乐。"

《题苏若兰回文锦诗图》云："亦有英灵苏蕙子，只无悔过窦连波。"连波，窦滔字也。《武后记》云："因述若兰之多才，复美连波之悔过。"

《物理论》云："虚无之谈，无异春蛙秋蝉，聒耳而已。"山谷《演雅》"春蛙夏蜩更嘈杂"，本于此。

《题王黄州禹偁墨迹》："掘地与断木，智不如机舂。圣人怀余巧，故为万物宗。"注不言所出，尝观孔融《肉刑论》云："贤者所制，或逾圣人。水碓之巧，胜于断木掘地。"此诗意本于此。机舂，即水碓也。

《立春》诗："看镜道如咫"，出《汲冢周书·太子晋解》："王子曰：远人来欢，视道如尺。"

《呈吉老县丞》诗："觟𧣾今无种，蒲卢教未形。"注云："觟𧣾，此两姓，今无人。"按《太玄·难》上九云："角觟𧣾，

《夏小正》：九月菊花最盛。苏轼（《赠朱逊之》）诗也说："菊花静静等候秋节到来，这可以追溯至《夏小正》。"注释中只引用了《月令》，这是不对的。（原注：司马光《春帖子》说"南归的大雁再次北归，水底的寒鱼游近冰面"，也引用了《夏小正》的话。）

黄庭坚的诗到了晚年所达到的境界非常高深。魏了翁称他"从一草一木中发现文心抒发广大的胸臆，从花朵翠竹中寻到和气使人内心安乐。"

《题苏若兰回文锦诗图》说："也有苏蕙那样冰雪聪明的灵性，只是没有知错肯改的窦连波。"连波，是窦滔的字。《武后记》记载说："趁着记述苏若兰的才华横溢，一同赞美窦连波的悔过之心。"

《物理论》记载说："虚无的漫谈，无异于春日蛙鸣深秋蝉声，只是耳边聒噪而已。"黄庭坚《演雅》说"春天蛙声夏天鸣蝉嘈杂不断"，源出于此。

《题王黄州禹偁墨迹》有言："不论是掘地挖井还是断木取水，都不如利用机舂取水来的巧妙。圣人心智灵巧，所以能为万物所宗。"注释没有解释这句话的出处，我曾经读到孔融《肉刑论》说："贤者制造的能力，有时超过圣人。水碓的巧妙，远胜于断木掘地。"这首诗的本意大概出自此。机舂，即是水碓。

《立春》诗云："当我看向镜中仿佛世间的大道就在咫尺"，这句话出自于《汲冢周书·太子晋解》："王子说：远方人的到来带来欢娱，看见大道就在眼前。"

《呈吉老县丞》诗云："艉觚今天已经绝后，蒲卢一脉也没有形迹显现。"注释说："艉觚，这是两个姓，今天已经没有人

终以直，其有犯。"二字与"解豸"同。亦见王充《论衡》云："一角之羊也。"注误矣。

"八百老彭嗟杖晚"（《以虎臂杖送李任道》诗。）出《庄子释文》："彭祖至七百岁，犹曰悔不寿，恨杖晚而唾远。"（《逍遥游释文》引王逸注。）"醇朴乃器师"，（《次韵送公定》诗。）二字出《荀子》。

《江西道院赋》"堂密有美枞"，出《尔雅注》："《尸子》谓松柏之鼠，不知堂密之有美枞。"

后山《挽司马公》云："辍耕扶日月，起废极吹嘘。"与老杜（《屏迹》诗。）"桑麻深雨露，燕雀半生成"相似。生成、吹嘘，字若轻而实重。

张文潜《咏孔光》云："试问不言温室木，何如休望董贤车。"仲弥性《咏韦执谊不看岭南图》云："政恐崖州如有北，却应未肯受谗夫。"二诗诛奸谀之萧斧也。

朱云为槐里令，上书求见，而即得对，成帝时言路犹未塞也。张文潜诗曰："直言请剑斩安昌，勿谓朱游只素狂。君看汉家文景业，张侯能以一言亡。"

南丰《麻姑山诗》送南城罗尉，仿《庐山高》而不逮，绝

姓了。"根据《太玄·难》上九说："觟鳢角,修长笔直,中间有分支。"这二字与"解豸"同义。这两个字亦见于王充的《论衡》："(觟鳢)指的是长着一只角的羊。"注释说是两个姓氏不对。

"彭祖活了八百岁犹然恨枕高"(《以虎臂杖送李任道》诗句。)出自于《庄子释文》："彭祖活到七百岁,仍然遗憾自己活的不够长久,遗憾枕高而不利于养生。"(《逍遥游释文》引王逸注。)"醇厚朴实乃是掌管百工的官吏",(《次韵送公定》诗。)"器师"二字出自《荀子》。

《江西道院赋》说"在平缓的山坡上有秀美的枞木",出自于《尔雅》注:"《尸子》说生活在松柏间的鼠,不知道平缓的山坡上有秀美的枞木。"

陈师道《挽司马公》曾说:"在关键时刻放弃耕作挺身而出匡扶日月,为了重振废墟用尽全力。"与杜甫(《屏迹》诗。)"桑与麻都在雨露里茁壮生长,燕子和麻雀也在这里安家了。"相似。生成、吹嘘,这些字眼看似轻易实则非常重要。

张耒《咏孔光》言:"试问那无法言说的宫中树木,为什么不能够直视董贤的车驾呢。"仲并有《咏韦执谊不看岭南图》言:"平生只怕崖州以为不详,却因为刚正不阿而被人进谗言陷害。"这两首诗都是批判奸谀小人的之利器。

朱云作为槐里令,上书求见皇帝,即可得到允许,可见汉成帝时期百官进谏的言路还没有被堵塞。张耒有诗议论:"敢于直言进谏请求宝剑斩安昌侯,可不要认为朱云这个人只是一介狂生。君请看汉家文景之治打下的基业,张侯可以凭借一句话就叫它消亡。"

曾巩《麻姑山诗》送南城罗尉,仿欧阳修的《庐山高》但却

唱寡和也。

　　唐子西（《湖上》诗）"佳月明作哲，好风圣之清"，本于李诚之"山如仁者静，风似圣之清。"朱新仲（翌）"无人马为二，对饮月成三"，本于秦少游（《宁浦书事》）"身与杖藜为二，影将明月成三。"陆务观（《自东泾度小岑闻有地可卜庵喜而有赋》）"谁其云者两黄鹄，何以报之双玉盘"，本于新仲（《东津送方务德》诗）"何以报之青玉案，我姑酌彼黄金罍"。叶少蕴"逸人旧住子午谷，诗客独寻丁卯桥"，务观用之。程致道（俱）"明知计出柏马下，正拟身全木雁中"，敖器之（陶孙）用之。

　　或问崔德符作诗之要，曰："但多读而勿使，斯为善。"张芸叟（《晚作乐府百余篇自序》）云："年逾耳顺，方敢言诗。"（原注："未窥六甲，先制五言"者，观此可以戒。）

　　曾文昭公《河间》诗云："南北车书久混同，河间今有楚人风。独惭太守非何武，已见州间出两龚。"谓彦和兄弟也。《童蒙训》以为曾子宣（布）作，恐误。

不及，可见诗家绝唱少有人可以相和。

唐庚（《湖上》诗）"美好的明月宛若先哲的光辉，和煦的柔风就像圣人的气质"这一句，源出于李师中"崇山宛如仁者般威严沉静，微风好似圣人般身带清风。"朱新仲（翌）"没有人与我相伴但至少还有所骑的马与我作伴，没有人同我饮酒但至少还有明月身影与我对饮成三人"，源出于秦观（《宁浦书事》）"我这一身与手中的杖藜就算是有两人相作伴了，算上影子还有明月就算是对饮成三人了。"陆游（《自东泾度小岑闻有地可卜庵喜而有赋》）"是谁提醒我们潜在的灾难呢，是两只黄鹄鸟，我能用什么报答呢，就用那一对成双的无暇玉盘"，源出于新仲（《东津送方务德》诗）"我能用是什么报答呢，就用那青玉案作为回礼，我姑且痛饮那黄金罍中盛满的美酒"。叶梦得有"那隐逸的旧人从前居住在子午谷，孤独的诗客只向着丁卯桥处找寻"，陆游化用了这句诗。程致道（俱）"明知道唯有就师求学才能成器，但我仍希望在成材与不成材之间找到栖身的空间"，敖器之（陶孙）化用了这句诗。

有人问崔鸥作诗的要领是什么，他回答说："只要你博览群书而不去急着表现和使用，就做得很好了。"张舜民（《晚作乐府百余篇自序》）有言："过了耳顺之年，才敢谈作诗的事情。"（原注："还没学透基本的知识，就开始尝试着写诗"的人，看到这些话可以引以为戒。）

曾肇《河间》诗曾说："南方北方的车轨文字混同太久，河间中原一带今天已经有楚人之风。可惜太守并不是何武，已见过州同出来的两龚。"所指的是龚彦和兄弟俩。《童蒙训》认为是曾子宣（布）的作品，恐怕是记错了。

徐师川以谏议召,程致道在西垣,封还除书,言与中贵人唱和"鱼须"之句,为人所传。朱文公《语录》云:"师川游庐山,遇宦者郑谌,与之诗。"后村谓:"《徐集》不载'鱼须'之篇。"愚考集中有《次韵郑本然居士》云:"颇知鹤胫缘诗瘦,早弃鱼须伴我闲。"本然居士,岂即郑谌欤?(原注:鱼须,筋也。)

朱新仲《咏颜鲁公画像》云:"千五百年如烈日,二十四州唯一人。"又《咏昭君》云:"当时夫死若求归,凛然义动单于府。不知出此肯随俗,颜色如花心粪土。"

《本草》:"菊,一名傅延年。"朱新仲诗:"三径谁从陶靖节?重阳惟有傅延年。"(原注:前未有用者。)

梁文靖公(原注:克家。)《梅花诗》云:"九鼎燮调终有待,百花羞涩敢言芳。"用王沂公之意,亦魁天下,位宰相。然梁公之句,失于雕琢。

诚斋始学江西,既而学五字律于后山,学七字绝句于半山,最后学绝句于唐人。

诚斋《读贞观政要》云:"拔士新丰逆旅中,怀贤鸭绿水波东。酒倾一斗鸢肩客,醋设三杯羊鼻公。"(原注:羊鼻公谓魏郑公。见《龙城录》。)

徐俯被征召为右谏议大夫，程俱当时在西垣，封官完毕收到拜官授职的文书后，说到徐俯与宫中的宦官作诗唱和有"鱼须"之句，为人所传。朱熹《语录》说道："徐俯在庐山游历，遇到了宦官郑谌，并与他作诗相和。"刘克庄曾说："《徐集》中并没有记载'唱和鱼须'的篇目。"我考查到徐俯的集中有一首《次韵郑本然居士》说："要是能知道作诗鹤胫消瘦的意义，我就早该弃了鱼须过那闲适的生活。"本然居士，难道就是郑谌吗？（原注：鱼须，指的是笏。）

朱翌《咏颜鲁公画像》有言："一千五百年来他的精神宛如烈日当空，遍览二十四州唯有颜鲁公这么一个人。"又有《咏昭君》言："当时丈夫死去她渴求归来，凛然大义惊动了单于府。可却人们不知道她这一出虽然顺应时势，昔日的如花的美貌在她心中就宛如粪土。"

《本草》记载："菊，又名傅延年。" 朱翌有诗言："三径之间谁跟随着陶靖节？重阳之时惟有傅延年。"（原注：在这之前没有这么用的。）

梁文靖公（原注：即梁克家。）《梅花诗》有言："国柄的和谐调理终究要等待贤人的出现，在百花羞涩凋零之际只有它敢自言芬芳。"此句用了王曾的《梅花诗》之意，王曾亦是天下士人之首，位及宰相。然而梁公的诗句，问题在于太过雕琢。

杨万里作诗最开始学习江西派，之后又学向陈师道学习五律，向王安石学七绝，最后向唐人学绝句。

杨万里《读贞观政要》说："身在选拔士人的新丰旅途中，心却感怀鸭绿江东的贤士。我愿倾酒一斗祭奠那鸢肩客马周，再酿三杯敬给羊鼻公。"（原注：羊鼻公指的是魏征。见《龙城录》

攻媿记张武子之语，水禽有名信天公者。按《晁景迂集》："黄河有信天缘，常开口待鱼。"

苏云卿，广汉人，隐东湖。张魏公为相，使帅漕挽其来。一夕遁去，不知所之。真文忠为诗曰："魏公孤忠如孔明，赤手能支天柱倾。苏公高节如子陵，寸胶解使黄河清。等是世间少不得，问津耦耕各其适。后人未可轻雌黄，两翁之心秋月白。"

南塘挽赵忠定公（汝愚）云："空令考亭老，垂白注《离骚》。"杨楫《跋楚辞集注》云："庆元乙卯，治党人方急。赵公谪死于道，先生忧时之意，屡形于色。一日，示学者以所释《楚辞》一篇。"

孙烛湖《读通鉴》诗："簿书流汗走君房，那得狂奴故意降？努力诸公了台阁，不烦鱼雁到桐江。"又曰："清浊无心陈仲弓，圆机聊救汉诸公。末流不料儿孙误，千古黄初佐命功。"朱文公谓："二绝甚佳。"

平园（周益公号）诗"生戎马"、"死佛狸"，荆公诗"生白"、"杀青"，皆佳对。

鹤山诗："只期玉女是用谏，肯为金夫不有躬。"本于

记载。）

楼钥记载张良臣的语录，有一种水鸟名叫信天公。根据《晁景迁集》的记载："黄河边生活中信天缘这种水鸟，常常张开喙等待捕鱼。"

苏云卿，广汉人，他隐居于东湖。张浚当宰相时，派遣他手下的豫章帅漕前来劝他出仕。结果苏云卿过了一晚就逃走了，不知去向。真德秀有诗赞曰："张浚赤胆忠心宛如诸葛孔明，能够赤手撑起将倾的天柱。苏公高风亮节如严子陵，方寸的真心就能使黄河清明。他们都是世间少有的人物，不论是在庙堂还是在田园都是各得其所。后世的人们千万不要信口雌黄，这两位老翁的心意都如秋月般皎洁。"

赵汝谈为赵忠定公（汝愚）作挽词："朱熹想要援救却无果，须发尽白时仍在《离骚》。"杨楫《跋楚辞集注》记载说："庆元乙卯年，朝廷整治党人的心情很急切。赵公死于贬谪的路途中，先生忧时伤世的心意，总是显露于色。某天，他给学者们展示他自己注释的《楚辞》一篇。"

孙应时《读通鉴》诗云："为了览阅簿书在室内汗流浃背，我怎么能做那狂奴的姿态而故意屈服呢？愿诸公都能尽心尽力地为台阁出力，不辜负那百姓们寄托思念的游鱼飞雁。"又说："不论是清流还是浊流陈寔都无心在意，机缘巧合之下救了东汉诸公。但没料到儿孙竟没有坚守他的道义，都在曹魏初期做了推翻汉世的功臣。"朱熹认为："这两首绝句都很不错。"

平园（周必大的号）诗云"生戎马""死佛狸"，王安石诗"生白""杀青"，都是很不错的对仗。

魏了翁诗："只期玉女是用谏，肯为金夫不有躬。"这一句源

"玉汝"、"金吾"之对。

林和靖诗"怪书披月看铜墙",放翁文有"铜墙鬼炊"之语,出东方朔《神异经》。

"田园图史分贫富,鼎鼐楼台辨有无。"洪舜俞诗,用庞颖公、寇莱公事。

本朝绝句,有夹漈(郑樵)《咏汉高祖》五言,乃唐于季子诗。又荆公绝句《咏叔孙通》,亦见《宋景文公集》。

《演蕃露》云:"搏黍为莺,不知何出。"盖未考《诗·葛覃》注也。《缃素杂记》不知"麦秋"出《月令》,亦此类。《能改斋漫录》考古语所出,详且博矣,然"首如飞蓬"见于《诗》,乃以左思赋为始;"树桃李者夏得休息",见于《说苑》,乃以狄梁公事为始。若此者非一,是以君子无轻立论。

《方言》:"斟,益也。凡病少愈而加剧,谓之不斟,或谓之何斟。"吕居仁《答曾吉父》诗"记我今年病不斟",盖用此,而不知者改为"不禁"。《韦玄成传》"五世圹僚",言五世无官也。吕成公铭汤烈母云:"汤世圹僚,委祉于后。"而婺本改为"圹辽"。东坡《春帖》用"翠管银罂",出老杜《腊日诗》,而注者改为"银钩"。此邢子才所以有"日思误书"之语也。

出于"玉汝""金吾"的对仗。

　　林逋有诗"志怪奇书记载了披月看铜墙"，陆游的文中有"铜墙鬼炊"之语，源出于东方朔的《神异经》。

　　"安守田园之人也可以是宰相，坐览图史之人也可以是书生，有的人官居鼎鼐但却不为自己筑楼台。"洪咨夔这首诗，用庞籍、寇準的事典。

　　本朝的绝句，有夹漈先生（郑樵）《咏汉高祖》五言，乃是唐朝时人于季子的诗。又有王安石的绝句《咏叔孙通》，亦见于《宋景文公集》记载。

　　《演蕃露》曾说："搏黍为莺，不知道这个用语的出处是什么。"大概是没有参考《诗经·葛覃》的注释。《缃素杂记》不知"麦秋"出自《月令》，也是这种类似的情况。《能改斋漫录》对于古时人的用语所源出处的考据，不仅非常详细而且十分广博，然而"首如飞蓬"见于《诗经》，但却以左思赋为开始；"种植桃李的人到了夏天可以休息"，见于《说苑》，却以狄梁公的事典故为源头。像这样的情况不止一处，可见君子千万不可轻言立论。

　　《方言》记载："斟，其意为增益。如果得病刚恢复一些就病情加剧，则称之为不斟，或称之为何斟。"吕本中《答曾吉父》诗有言"我今年的病情不斟"，大概是用了这个意思，而不知情者将其改为"禁不住"。《韦玄成传》所说的"五世圹僚"，意思是家族五世都没有任官。吕本中为汤烈母所作铭文中有："虽然汤家世代圹僚，但却将福祉遗留给子孙后代。"可是婺本却改成了"圹辽"。苏轼《春帖》中的"翠管银罂"一句，出自于杜甫的《腊日诗》，可是作注者却把它改成了"银钩"。这就是邢邵

1264　　　　　　　　　　　　　　　　　　　　　　困学纪闻

吕居仁诗："弱水不胜舟，有此积立铁。"又云："何知若人胸，中有积立铁。"出老杜《铁堂峡》诗："壁色立积铁。"又云"准拟春来泰出游"，出《汉书·田叔传》。又云："日月已秋罢。"出《元帝纪》。

赵紫芝(《秋叶偶书》)诗谓："辅嗣《易》行无汉学，玄晖诗变有唐风。"

潘庭坚《题岳麓寺道乡台》曰："坡仙不谪黄，黄应无雪堂。道乡不如新，此台无道乡。青山非其人，山灵能颉颃。一落名胜手，境与人俱香。悲吟倚空寂，临眺生慨慷。道乡不可作，承君不可忘。"(原注：陈枢密宗礼，景定间，持节广东，有诗云："山川只为蛮烟累，姓字多因谪籍香。"御史虞虑劾之，陈坐谪。其后陈召入，虞镌官。)

吴吉甫以晚科试漕闱，《捣药兔长生》诗云："真水黄芽长，香风玉杵鸣。不为三窟计，永伴一轮明。"省试《圣人之道犹日中赋》，用"阙抟之月，见沫之星。"第七联云："桑榆已晚，尚期一战之收。"

说"每天思考书中的谬误，实在是一件惬意的事情"这番话的缘故。

吕本中诗云："弱水撑不起前行的舟船，仿佛其中装载着生铁。"又说："怎能知道那人的心胸中，装有沉重的铁石。"出自杜甫《铁堂峡》诗："沿途山壁的颜色仿佛堆积的生铁。"又说"准备趁着春色正好前来出游"，出自《汉书·田叔传》。又有："日月流逝又是一秋。"出自《汉书·元帝纪》。

赵师秀（《秋叶偶书》）诗云："王弼清识玄远使《易》学兴起而没人关注汉学，谢玄晖作诗风格一变而有唐朝诗风的先声。"

潘牥《题岳麓寺道乡台》诗云："假如苏东坡没有被贬谪到黄州，黄州应该不会有这座雪堂。人人都说修道之境越新越好，可这座道乡台上却没有邹道乡。青山本非人，但这山却也有刚直不屈的精神。若能遇上名人才俊的点石成金手，则风景与人物都会声名远扬。而我只能悲吟独倚徒感空寂，登临远眺心生慨慷。我不愿做第二个邹道乡，但田承君的教诲却不可忘。"（原注：枢密院参知政事陈宗礼，景定年间，他巡视广东，作诗云："山川风月徒因蛮荒的民风而累，青史姓字却多因谪籍的身份而响亮。"御史虞虑趁机弹劾他，陈宗礼因此落罪遭谪。后来他被重新召用，此时虞虑已被削去官职。）

吴吉甫以晚科参加漕试，作《捣药兔长生》诗云："从铅水中提炼出纯净的精华，香风吹拂玉杵声声清鸣。不去谋划狡兔三窟的计策，只因决心永远伴随那轮明月。"省试作《圣人之道犹日中赋》，用"阙捣之月，见沫之星。"的典故，第七联说："桑榆已晚，仍旧期望一战成名。"

汤伯纪《自儆》云："《春秋》责备贤者，造物计校好人。一点莫留余滓，十分成就全身。"此老晚节，庶几践斯言也。

薛士龙（《读三国志》）诗："左角蛮攻触，南柯檀伐槐。"的对也。

徐渊子诗："植杞必植梓，艺兰仍艺荪，过庭遗训在，凿楹故书存。"盖以"梓荪"喻"子孙"也。凿楹，出《晏子春秋》。（原注：李义山诗："经出宣尼壁，书留晏子楹。"）

任元受《七夕》诗："切勿填河汉，须留洗甲兵。"意亦新。

伊川先生不作诗，唯《寄王子真》诗云："我亦有丹君信否，用时还解寿斯民。"先生入嵩山，子真已候于松下。问何以知之，曰："去年已有消息来矣。"盖先生前一年欲往，以事而止。子真名篯，岐下阳平人。元丰中，赐号冲熙处士。张芸叟为《功行碑》，谓超世之资，与陈图南侔。

建隆初，诏五代时命官，投状叙理，复命之。郭恕先诗云："为逢末劫归依佛，不就新恩叙理官。"飞龙在天，利见大人，而犹不屈，其志如此。

《文鉴》取蔡确《送将归赋》，犹《楚辞后语》之取息

汤汉《自儆》诗云:"《春秋》从来都是对贤者求全责备,造物主亦总是算计好人。但我的内心要不留一点污秽,以求此身尽善尽美。"此人到老年时坚守晚节,差不多践行了这番豪言。

薛季宣(《读三国志》)诗云:"左角之上蛮氏攻触,南柯梦里檀国伐槐。"对仗工整。

徐似道诗云:"种植杞树必定要植梓树,修剪兰草仍要修剪荪草,孔鲤(孔子的儿子)快步走过庭院但祖宗的遗训犹在,哪怕凿开门槛也要留存故书。"大概是以"梓荪"暗喻"子孙"。凿槛纳书,这个典故出自于《晏子春秋》。(原注:李商隐有诗云:"古经出于孔子家壁,古书留在晏子门槛。")

任尽言有一首《七夕》诗:"请不要填平黄河汉水,征夫还需要用它们洗净盔甲。"语意亦是新奇。

程颐先生不作诗,唯有《寄王子真》诗一首言:"我亦有神奇的灵丹妙药先生您相信吗,希望用到时能为老百姓们谋得福祉。"先生入嵩山时,王子真早已在松下等候。先生问他是怎么知道自己今天来,子真回答:"去年我已经收到消息了。"大概是指程颐先生前一年就想去嵩山,但因为其他事情耽搁了。王子真名荃,乃是岐下阳平人。元丰年中,被赐号为冲熙处士。张舜民为他作《功行碑》,称他具有超世之资,与陈抟相当。

建隆年初,皇帝下诏命令五代时的命官,投状叙说天理,一再下令。郭忠恕作诗说:"因为遭逢末代的浩劫而选择归依佛门,所以不因新朝的恩惠而叙理求官。"龙飞在天,王朝处于最鼎盛的时期而正好有利于见到大人物,却可以做到威武不能屈,其人志向如此。

《文鉴》收取蔡确的《送将归赋》,就像是《楚辞后语》序

夫躬也。

浮溪诗:"人间何事非戏剧,鹤有乘轩蛙给廪。"《水经注》引《晋中州记》:"惠帝为太子,令曰:'若官虾蟆,可给廪。'"(原注:《晋书》无此语。)

张芸叟曰:"岐山石鼓,是《车攻》诗也。'我车既攻,我马既同',则所取也;'其鱼维何,维鲂及鱮。何以贯之,维以杨柳',则所不取者也;先儒凡今《诗》所无者,尽目为逸诗,误矣。"(原注:见致堂《论语说》。)

朱文公曰:"顾况诗有集,皆不及见《韦应物集》者之胜。"今按,《韦集》有顾况《奉同郡斋雨中宴集》诗云:"好鸟依嘉树,飞雨洒高城。况与数君子,列座分两楹。文雅一何丽,林堂含余清。我公未归朝,游子不待晴。白云帝乡远,沧江枫叶鸣。拜手欲无言,零泪如酒倾。寸心已摧折,别离方骨惊。安得凌风翰,肃肃宾天京。"

程可久(原注:沙随先生。)《自题昈怡斋》云:"乞得胶胶扰扰身,霜筠露菊便相亲。劝君莫厌羹藜藿,违己由来更病人。""六月松风万籁寒,笙竽频到枕屏间。夜深梦绕匡庐阜,瀑布溅珠过药栏。""葵花已过菊花开,万里西风拂面来。问字今朝几人至,细看屐齿破苍苔。"

言用"息夫躬"一语。

汪藻诗言:"人间万事不就是一出荒唐的戏剧吗,就像鹤鸟有乘坐的轿子、青蛙有廪粮。"《水经注》引用《晋中州记》记载:"晋惠帝还是太子时,下命令说:'如果是官家的蛤蟆,要给它廪食。'"(原注:《晋书》没有记载这句话。)

张舜民说:"岐山石鼓上所铭刻的,是《诗经·车攻》这首诗。'我车既攻,我马既同',则是《车攻》中记录了。'其鱼维何,维鲂及鳢。何以贯之,维以杨柳',则是没有记录的部分。先儒认为凡今天《诗经》中所没有的,全都标注为逸诗,这是不对的。"(原注:见胡寅《论语说》记载。)

朱熹曾说:"顾况的诗作有集出版,但都不如见《韦应物集》中记载的那些作品好。"我今天考察得知,《韦集》有顾况《奉同郡斋雨中宴集》诗言:"可爱的鸟儿停在繁茂的树上,飘飞的雨滴洒向高高的城墙。我与数位志同道合的君子,分别列座于房屋的两旁。来人的文辞风度多么优雅,林堂之上清风犹存。韦公还没有归朝,可我已等不到天晴。白云高处帝乡遥远,沧江远去枫叶萧瑟。拜手行礼相顾无言,唯有泪水倾洒如酒。方寸心肠已经摧折,别离时刻更是惊忧入骨。怎能乘那凌风飞去,快快进谒京都。"

程迥(原注:沙随先生。)《自题晒怡斋》诗云:"好不容易乞得这纷扰不断的身躯,终于能与霜竹露菊相亲近。劝您不要厌恶粗茶淡饭,违心的生活向来更折磨身心。""六月时穿过松林的风给万物送来寒意,隐约的笙竽声频频来到枕屏之间。夜深时分我梦见匡俗兄弟在庐山,瀑布溅起的水珠掠过药栏。""葵花花期已过菊花正在盛开,万里以外的西风拂面而来。请问今

朱新仲云："唐之诗人,达者唯高适。"适位不过常侍。本朝欧、王、苏、黄出,徐、陈、韩、吕继之八人:一相、三执政、三从官,何其盛也!

山谷(《胡逸老致虚庵》)诗云:"能与贫人共年谷,必有明月生蚌胎。"为富不仁者可以警。

少陵(《夔州歌》)诗:"东屯稻田一百顷,北有涧水通青苗。"东屯,乃公孙述留屯之所,距白帝城五里,稻米为蜀第一。郡给诸官俸廪,以高下为差,帅漕月得九斗。王龟龄(《东屯》)诗云:"少陵别业古东屯,一饭遗忠畎亩存。我辈月叨官九斗,须知粒粒是君恩。"(原注:东屯有青苗陂。)

有问"心远"之义于胡文定公者,公举上蔡语曰:"莫为婴儿之态,而有大人之器;莫为一身之谋,而有天下之志;莫为终身之计,而有后世之虑。此之谓'心远'。"

宋正甫(《和人》)诗:"三圣传心惟主一,《六经》载道不言真。"

攻媿先生书桃符云:"门前莫约频来客,坐上同观未见书。"
葛鲁卿(名胜仲。)《借书》诗:"大胜扬雄辞子骏,更

朝又有几人来到此地，不如细看脚下足迹碾破的苍苔。"

朱翌说："唐朝的那些诗人里，算得上旷达的只有高适。"高适在的官位不过是个常侍。本朝先有欧阳修、王安石、苏轼、黄庭坚，又有徐俯、陈与义、韩驹、吕本中八人：一个位及宰相、三个乃执政重臣、三人（应该是四人）是随从官员，何其旺盛！

黄庭坚（《胡逸老致虚庵》）诗云："为上位者若能与贫困的人民共同分担年岁收成，那一定会有明月蚌实之时。"那些为富不仁的人应当引以为戒。

杜甫（《夔州歌》）诗："东屯有稻田一百顷，往北有涧水灌溉青苗。"东屯，乃是公孙述昔日留屯的所在地，距离白帝城五里，这里产出的稻米为蜀地第一。郡里给诸官员的俸廪，以稻米品质的高下为分别，帅漕每月可得九斗。王十朋（《东屯》）诗言："杜少陵的居所在古时的东屯，即使只接受了一顿饭的恩惠，也要永远记住。我辈每月叨扰官家索取稻米九斗，须记住这些粮食粒粒都是君恩。"（原注：东屯有青苗陂。）

有人问胡寅向"心远"的意思是什么，胡寅举出谢良佐所说的话："莫作婴孩的姿态，而有大人的器量；莫作自私的谋划，而有天下的志向；莫作终身的考量，而有后世的远虑。这就是所谓的'心远'。"

宋自适（《和人》）诗云："上古三圣的道统传承归根结底唯有专心诚心，《六经》虽然记载着大道，但只有自己用心体悟而不是通过语言得出的才是真的大道。"

楼钥先生写的春联说："门前莫约频来客，坐上同观未见书。"

葛鲁卿（名胜仲。）《借书》诗云："比扬雄辞别刘歆时说的

殊班嗣阻君山。"

朱希真避地广中,作《小尽行》云:"藤州三月作小尽,梧州三月作大尽。哀哉官历今不颁,忆昔升平泪成阵。我今何异桃源人,落叶为秋花作春。但恨未能与世隔,时闻丧乱空伤神。"(原注:唐李益《问路侍御六月大小》云:"野性迷尧历,松窗有道经。故人为柱史,为我数阶蓂。")

山谷(《和杨明叔》)诗"金石在波中,仰看万物流",出《孟子注》:"万物皆流,而金石独止。"

野处《雪》诗:"天上长留滕六住,人中会有葛三来",葛三事,出《太平广记》。(原注:葛仙公第三子。)

王逢原(《采莲示王圣美葛子明》)诗:"退之昔裁诗,颇以豪横恃。暮年意气得,金玉多自慰。买居纪厢荣,顾影乐冠佩。喜将闾巷好,持与妻子议。彼哉何足道?进退兹焉系?安知九列荣,顾是德所累。"谓《南内朝贺归》及《示儿》诗也。朱子曰:"此篇所夸,乃《感二鸟》。符读书之成效极致,而《上宰相书》,所谓行道忧世者,已不复言矣。"邓志宏亦谓:"爱子之情则至矣,导子之志则陋也。"

致堂曰:"韩退之赋石鼓曰'孔子西行不至秦',故不见

话更精彩,比班固拒绝桓谭那言论更高明。"

朱敦儒隐居在广中,作《小尽行》说:"藤州的三月当作小月计算,梧州的三月当作大月计算。可悲啊官府颁行的历法到今日还没发行,回忆起往昔不由得泪落成阵。我如今的处境与那桃源人有何区别,看到落叶便知秋看到鲜花才知春。只是遗憾这样还不能彻底与世隔绝,不时听闻天下丧乱的消息我却只能徒劳伤神。"(原注:唐朝李益有《问路侍御六月大小》云:"乡野风物让我有忘怀时间之感,所幸松窗之下还有道经相伴。老子曾经担任柱下史,替我数着阶下的阶蓂。")

黄庭坚(《和杨明叔》)诗云"金石静静沉在水波中,仰观万物奔流不息",此语出自《孟子注》:"万物都在流动,唯有金石静止。"

洪迈《雪》诗云:"天上长住着雪神滕六,人世中会有葛三前来",葛三的事典,出自《太平广记》。(原注:葛三即葛仙公的第三个儿子。)

王令(《采莲示王圣美葛子明》)诗云:"韩退之昔日作诗,颇以豪迈气象自恃。他暮年意气已得,所获金玉财宝多作安慰。买下厢房,看着倒影的冠佩而喜乐。喜欢将那街头巷尾的趣事,记录下来与妻子儿子共同议。这些外物何足挂齿?人生进退和什么相维系?怎知九卿的光荣,都是为德行所累。"指的是《南内朝贺归》及《示儿》诗。朱熹认为:"此篇所赞的,乃是《感二鸟赋》。韩符读书的成果非常显著,可观《上宰相书》,所谓行道忧世的大志,却已不再提起了。"邓志宏也说:"(韩愈)爱子之情十分深切,然而教育引导儿子的志向却很粗浅。"

胡寅说:"韩愈赋石鼓说'孔子西行不至秦',这个典故不

录。孔子编《诗》岂必身历而后及哉？信斯言也，《车邻》、《驷铁》，胡为而收之也？"

荆公《伤杜醇》曰："隐约不外求，耕桑有妻子。藜杖牧鸡豚，筠筒钓鲂鲤。"《吊王致》曰："老妻稻下收遗秉，稚子松间拾堕樵。"二人，四明乡先生也。固穷守道如此，今人知者鲜矣。利欲滔滔，廉耻寥寥，孰能景慕前修哉！

唐子西《内前行》云："宅家喜得调元手。"唐时宫中谓天子为宅家。《通鉴》（唐昭宗乾宁四年）：韩建发兵围十六宅，诸王呼曰："宅家救儿！"（唐昭宗光化三年）：刘季述等至思政殿，皇后趋至，拜曰："军容勿惊宅家。"

文宋瑞《指南录·为或人赋》云："悠悠成败百年中，笑看柯山局未终。金马胜游成旧雨，铜驼遗恨付西风。黑头尔自夸江总，冷齿人能说褚公。龙首黄扉真一梦，梦回何面见江东！"（原注：《南齐》乐预谓徐孝嗣曰："人笑褚公，至今齿冷。"谓褚渊也。）

翁与可《上徐直翁清叟》诗："六丈谋谟同辈服，二郎官职乃翁知。"
郑德言（原注：偘。）为国子、博士，私试策问师道，祭酒

见于从前的记录。孔子编《诗》难道必须亲身经历后才能做到吗？假如这番话可信，《车邻》、《驷铁》这些诗篇，又是怎么被收录进来的呢？"

王安石《伤杜醇》诗云："生活困厄但不向别人乞求，耕种农桑有妻子、儿子相伴。挂着藜杖养鸡与猪，带着筠筒钓鲂鱼与鲤鱼。"《吊王致》诗云："老迈的妻子在稻田里收集成把的遗穗，幼小的孩子在松林间捡拾落下的柴木。"这两个人，都是四明乡的先生。坚守固穷的道义到如此境界，可惜今天知道他们的人太少了。追求利益的欲望滔滔不绝，知晓廉耻的君子寥寥无几，怎样才能重振仰慕前贤的风气呢！

唐庚《内前行》有言："宅家喜得治理天下的能手。"唐朝时宫中人称天子为宅家。《通鉴》（唐昭宗乾宁四年）记载说：韩建发兵围困十六宅，诸王呼救："宅家救救我！"（唐昭宗光化三年）：刘季述等人到了思政殿，皇后跟着到来，拜谢说道："各位将军请勿惊扰宅家。"

文天祥《指南录·为或人赋》说："岁月悠悠百年中兴亡成败，烂柯人笑看石室山上还没有终局的对弈。帝都繁华的胜游如今已成为过去式，宫门口铜驼的遗恨只能交付西风。黑头公乃是王掾的自夸，冷齿却是别人对褚公的评价。白首穷经出入阁扉真就是一场空梦，梦醒之后我又有何面目见江东父老！"（原注：《南齐》记载乐预对徐孝嗣说："人们朝笑褚公，至今觉得齿冷。"指的是褚渊。）

翁合《上徐直翁清叟》诗云："范仲淹的远谋同辈人皆佩服，王祐之子王旦入朝为官其父亲早已知晓。"

郑德言（原注：郑侣。）当时为国子、博士，私自在试策时问

不悦，台评及之。李艮翁（原注：丑父。）为诗饯之曰："诸生幸不笑韩愈，官长何因骂郑虔？"

柳文（《王氏伯仲唱和诗序》）云："王氏子著论，非班超不能读父兄之书，而力徼狂疾之功以为名。"先君子尝为《投笔》诗，其末云："兰台旧家学，胡不绍箕裘。"

邓志宏曰："诗有四忌：学白乐天者忌平易，学李长吉者忌奇僻，学李太白者忌怪诞，学举子诗者忌说功名。"

和师道相关的内容，祭酒心生不悦，御史台也一并不悦。李艮翁（原注：丑父。）作诗为他饯行说："国子监诸生所幸没有嘲笑韩愈，官长因为什么缘故责骂郑虔呢？"

柳宗元（《王氏伯仲唱和诗序》）说："王氏兄弟著论研学，认为除了班超其他人不能读其父兄的著书，从而决心奋发图强。"我的父亲王撝曾经为《投笔》诗，在诗的末尾说道："从汉宫典籍中而来的旧家学，后生子弟怎么不去继承祖先之志呢。"

邓志宏说："作诗有四种忌讳：学习白居易的人切忌像他一样平易，学习像李贺的人切忌像他一样追求词句奇僻，学习李白的人切忌像他一样追求词句怪诞，学那些参加科举考试的举子的诗之人切忌只一心追求功名利禄。"

卷十九

评文

《谷梁》隐四年《传》注云："（立君非以尚贤，所以明有统；）建储非以私亲，所以定名分。"邓润甫《草东宫制》云："建储非以私亲，盖明万世之统；主器莫若长子，兹本百王之谋。"盖出于此。

晏元献《谢昪王记室表》云："衣存缺衽，式赞于谦冲；馔去邪蒿，不忘于规谏。"《韩诗外传》周公诫伯禽曰："衣成则必缺衽，宫成则必缺隅。"

《九章算术》："五雀六燕，飞集于衡，衡适平。一雀一燕，飞而易处，则雀重而燕轻。"陆农师《谢吏部尚书表》："六燕相亭，试铨平其轻重。"盖用此。

《周书·王会》东越海蛤，或误为"侮食"，而王元长《曲水诗序》用之，其"别风淮雨"之类乎？

　　《谷梁》鲁隐公四年《传》的注释说："（确立君主的人选并非只看谁更贤能，所以建国是有道统依据的；）确立储君的人选并非看谁私下更亲近，所以名分得有定数。"邓润甫在《草东宫制》中说道："立储并非依据私情，以明确万世的道统；担当太子者莫若长子，这是为了平息其他诸王夺嫡之心。"大概源出于此。

　　晏殊《谢昇王记室表》曾说："衣服制成后有意缺襟，展示人有缺陷，以启示为人应谦逊自持，不应当自满；饮食中务必要除去邪蒿，以启示为臣不该忘记自己规谏君主的职责。"《韩诗外传》记载周公告诫伯禽说："做成衣服必须要缺衽，制成宫殿则必然会有角落的缺失。"

　　《九章算术》记载说："五只雀和六只燕，一齐飞到平衡的秤的两边，秤刚好可以保持平衡。假如有一只雀和一只燕，飞起来交换位置，则雀更重而燕更轻。"陆佃《谢吏部尚书表》说："六只飞燕停驻，试图衡量各自轻重。"大概就是用了这个典故。

　　《周书·王会》记载东越之地产出的海蛤，有人误以为是"侮食"，而王融在《曲水诗序》中引用了这种说法，这大概是跟《尚书大传》里的"别风淮雨"后世被误用的情况相似吧？

骆宾王（《萤火赋序》）云："类同心异者，龙蹲归而宋树伐；质殊声合者，鱼形出而吴石鸣。"龙蹲，谓孔子。《春秋演孔图》：孔子坐如蹲龙，立如牵牛。

杨盈川叙郡守云："代临本州，则元宾之父喜形于色；继为本守，则张翁之子迎者如云。"（《桓州刺史建昌公王公神道碑》）叙县令曰："仁之所怀，幼童不能击将雏之雉；明之所断，老父不能争食粟之鸡。"对的语工。

苏许公（《授齐瀚紫微舍人制》）："右掖司言，仁光于五字。"常衮表："五字非工。"张南史诗："唯有五字表。"《魏志》：司马景王命中书令虞松作表，再呈辄不可意。中书侍郎钟会取视，为定五字，松悦服。西掖用"五字"，本于此。

张文定庆历中草两制，《荐举敕》云："盖举类之来旧矣，三代之盛王，其必由之。如闻外之议云：'是且启私谒告请之弊也。'予不以是待士大夫，何士大夫自待之浅邪？"又《察举守令敕》云："夫天下之大，官吏之众，独不闻循良尤异者之达予听，外台之职，岂非阙欤？抑朝廷未有以导之也。其视守令，能以仁政得民，民心爱之，如古循吏然者，宜以名上，予得以褒慰之；亦以使四方之民，知予不专宠健吏，所贵仁者尔。"尤延之谓二诏：大哉言乎！简而尽，直而婉，丁宁恻怛之意，见于言外。至今诵之，盎然如在春风中。

骆宾王(《萤火赋序》)曾说:"那些看似相同但本心相异的人,就会像孔子离开而宋国司马桓魋拔除他讲习之处的树那样;材质不同但心声契合的人,就会像蜀中出产的梧桐树干制成的鱼形鼓槌而能敲响吴郡的石鼓那样。"龙蹲,指的是孔子。《春秋演孔图》记载:孔子坐时宛如蹲踞之龙,站立好似牵引之牛。

杨炯记录郡守曾说:"在本州主事,则毕元宾之父毕众敬也会喜形于色;继而为郡守,则人们就像迎接张翁之子那般热情。"(《桓州刺史建昌公王公神道碑》)记叙县令说:"他心中所怀仁义,县里幼小的孩童不忍伤害鸡雏;他眼中明断是非,县里父老从没有争过食粟之鸡。"他的用语对仗工整。

苏颋(《授齐瀚紫微舍人制》)说:"右掖司言,仁光于五字表章。"常衮表对此评价:"五字不工整。"张南史有诗曰:"唯有五字表。"《魏志》记载说:司马师命令中书令虞松作表,再但提交的奏表不符合他的心意。中书侍郎钟会取表来看,为他改定五字,虞松心悦诚服。西掖用"五字",是源出于此。

张方平在庆历年间草拟两封制书,《荐举敕》说:"大概举荐善类的来源历史悠久,上古三代的圣王,一定也是这样做的。有时听闻外界的议论说:'是这样请允许私自拜见告发其人的弊端。'我尚且不会这样对待士大夫,何故士大夫们如此刻薄地对待自己?"又有《察举守令敕》记载说:"这天下之大,官吏众多,我却从没听说过有循良优异的人,负责监察地方的官员的机构岂不是失职吗?抑或是朝廷没有加以引导他们。我们看待地方守令,能凭借仁政得民心,被老百姓拥护爱戴的,像是上古的循吏那样的人,应当被推荐给朝廷,我才能够褒奖勉励他们;

岂特公之文足以导上之德意志虑，亦当时善治足以起其文
也。

　　文定又行《范文正公参政制》云："大恩之下难为报，
大名之下难为处。矧兼二者，可无勉哉! 尔尚朝夕以交修，予
允迪前人勤教，邦其永孚于休。"训辞温雅，可以见太平之
象。

　　端平元年九月，真文忠公除翰林学士，洪舜俞命词曰：
"迪惟仁祖，有若臣修。朝京师于甲午之元，拜内相于季秋
之月。"欧阳公之除，在至和元年九月，岁皆甲午。用事切当
如此。

　　庆元（宁宗年号。）初，嗣秀王辞中书令，赐赞拜不名。
郑溥之草制云："天下之达尊三，德兼爵齿以俱茂；人臣之
不名五，老与亲贤而并隆。"《公羊（桓四年）传》注："礼，
君于臣不名者有五：诸父兄不名，上大夫不名，盛德之士不
名，老臣不名。"《说苑·臣术篇》"伊尹曰："君之所不名臣
者四：诸父臣而不名，诸兄臣而不名，先王之臣臣而不名，
盛德之士臣而不名。"咸淳（度宗年号。）初，嗣荣王赐诏书
不名，余草制，用《说苑》事。

也能够使四方百姓，知道我不专宠有才能的官吏，真正看中的乃是仁者。"尤延之认为这两封诏书：言辞多么宏大！简约而祥尽，清直而婉丽，叮咛担忧之意，又见于言外。至今诵读，盎然舒畅仿佛身在春风中。难道只有他的文章能够开导皇帝布施恩德的心意与忧虑，也是在那个时候天下得到治理的环境能够振作起他文章的气势。

张方平又作《范文正公参政制》说："大恩之下难以为报，盛名之下难以自处。更何况二者兼而有之，能不勤勉吗！您每日每夜地坚持匡助君王，我认真遵守践行前人的教诲，使国家能够永保太平。"训辞温和典雅，可以由此窥见当时国家的太平气象。

端平元年九月，真德秀被授予翰林学士一职，洪咨夔受命作文词说道："因为先祖仁德，而有贤臣若此。到达京师于宋理宗十年甲午之年，拜授内相于季秋之月。"欧阳修的授职，在至和元年九月，年岁皆为甲午年。可见其用事典如此恰当。

庆元（宁宗年号）。初年，嗣秀王辞去中书令一职，皇帝赐他觐见时不必上报姓名的恩典。郑湜负责草拟诰言："普天之下人们共同推举尊者有三个条件，必须是兼具德性、官爵和高龄；身为人臣而不必报姓名的情况有五，资历老与亲人、贤人并重。"《公羊（桓公四年）传》注释言："礼，君王对于臣子不必通报姓名的情况有五：皇帝的父兄不必通报姓名，上大夫不必通报姓名，盛德之士不必通报姓名，老臣也不必通报姓名。"《说苑·臣术篇》"伊尹有言："君王接见大臣不必通报姓名的有四：诸臣之父，诸臣之兄，先王之臣，盛德之士臣。"咸淳（度宗年号。）初年，嗣荣王被赐诏书以不必通报姓名之权，我负责草拟制

开禧追贬秦桧。周南仲代草制云："兵于五材，谁能去之，首弛边疆之禁；臣无二心，天之制也，忍忘君父之雠。"又云："一日纵敌，遂贻数世之忧。百年为墟，谁任诸人之责！"（原注：《金虏南迁录》载孙大鼎疏言：遣桧间我以就和。桧之奸状著矣。嘉定之牵复，几于失刑。）

韩文公《王仲舒铭》云："敷文帝阶，擢列侍从。"野处《谢敷文阁直学士表》云："宣布中和，方歌盛德之事；擢列侍从，遽复敷文之阶。"虽借用而切当。

"王辅嗣吐金声于中朝，此子复玉振于江表。微言之绪，绝而复续。不意永嘉之末，复闻正始之音。"晋人之称卫玠，盖所尚者清谈也。正始，魏齐王芳年号。胡武平启，以"正始之遗音"，对"夺朱之乱雅"，陆务观尝摘其误。王季海行《东坡赠太师制》云："博观载籍之传，几海涵而地负；远追正始之作，殆玉振而金声。"恐亦袭武平之误也。若正始之清谈，非所以称坡公。

胡文定《以亲辞成都学事》云："矧当喜惧之年，深计短长之日。"曾文清《求归侍》云："朝则倚门，暮则倚闾，常恐失望；父曰嗟子，母曰嗟季，曷敢弭忘？"

诰，用了《说苑》的典故。

　　开禧年间追贬奸臣秦桧。周南代皇帝草拟制诰言："军队与金、木、水、火、土五种材料，谁能放弃呢，可（他）却首次废弛边疆的禁军；为臣者当别无二心，此乃上天之制，（他）怎么能忘记君父之仇。"又说："一时放纵敌人，于是遗留下数世的忧患。百年基业成了废墟，谁能担得起所有人的责任！"（原注：《金虏南迁录》记载孙大鼎上疏说：派遣秦桧（背着我偷偷）去谈和。秦桧的奸恶行状太过分了。嘉定年间几次牵扯，差一点没给他定罪刑。）

　　韩愈《王仲舒铭》说："舜帝施文教、在两阶之间跳文舞，拔擢文学侍从官。"洪迈在《谢敷文阁直学士表》中说道："王褒作《宣布》、《中和》之诗，汉宣帝认为是歌颂盛德之事；舜帝拔擢文教侍从，于是恢复文教之阶。"虽然是借用但是十分切当。

　　"王弼在曹魏正始年间玄理精微奥妙，此人又复著述继美前贤于江南地区。微言的脉络，一度断绝如今再续。没有想到永嘉末年，又再次听闻正始之音。"晋人卫玠，大概是因为当时崇尚清谈。正始，是魏齐王曹芳的年号。胡武平之启，以"正始时期的遗音"，对"夺朱时乱雅之音"，陆游曾经指出他的错误。王淮作《东坡赠太师制》说道："博览记载在典籍中的文字，如海之能包容，地之能负载；远追正始时期的文章，可言著述继美而发金声。"恐怕也是沿袭胡武平的错误。像正始时的清谈，不可以用来形容苏东坡。

　　胡安国《以亲辞成都学事》曾说："况且在正当欢喜忧郁的年岁，总是计较着每日的短长。"曾几《求归侍》说："清晨倚门，傍晚倚闾，常常担心让家人失望；父亲为了孩子叹息，母亲也为

上官仪《册周王文》："识表魏舟之象，词掩汉台之驾。"上句用曹苍舒事，下句用《柏梁台》诗，梁王曰："骖驾驷马从梁来。"或以"驾"为"卦"，引沛献王占雨事，非也。

洪景卢《周茂振入馆谢启》：虽不若董彦远之博，如"桃、莱难悟，栵卯本同"；"幼妇外孙之义，女郎世子之名"，亦俪语之工者。

野处草《梁叔子制》云："鼎学士之大称。"盖用刘禹锡《天平军壁记》"以牙璋玉节鼎右仆射官称"之语。又草《叶颙左相制》云："学圣人之道，高天下以声" 。或云："叶语音高，故以戏之。"然"矜人臣以能，高天下以声"，《史记》谓殷纣也，不当用之王言。

徐渊子《上梁文》云："林木翳然，便有濠濮间想；清风飒至，自谓羲皇上人。" 初寮《贺唐秘校及第启》云："得知千载，上赖古书。作吏一行，便废此事。"皆全句。

李宗道《春秋十赋》，属对之工，如："越椒熊虎之状，弗杀必灭若敖；（宣四年。）伯石豺狼之声，非是莫丧羊舌。（昭二十八年。）""王子争囚，而州犁上下；（襄二十六年。）伯舆合要，而范宣左右。（襄十年。）""鲁昭之马将为楗，（昭二十九年。）卫懿之鹤有乘轩。（闵二年。）""于

了孩子叹息，这情形怎么敢忘却？"

上官仪《册周王文》有言："见识广博可借魏舟称象，文词清俊可胜汉台之驾。"上句用曹冲的事典，下句用了《柏梁台》诗中的典故，梁王说："驾驭四匹马的高车从梁而来。"有人认为这是以"驾"为"卦"，并引用沛献王占卜问雨之事，其实不是这样。

洪迈作《周茂振入馆谢启》虽然不如董逌博学，但如"桃、莱难悟，栁卯本同"；"幼妇外孙之义，女郎世子之名"，这些句子亦是骈文中比较工整的。

洪迈草拟《梁叔子制》说道："鼎足学士的大称。"大概使用了刘禹锡《天平军壁记》"以牙璋玉节鼎右仆射官之称"的用语。又草拟《叶颙左相制》说："学习圣人之道，高扬天下以声"。有人认为："叶颙说话的声音响亮，所以故意开个玩笑。"然而"尽人臣的职能，高扬天下的美声"，这句话是《史记》中形容殷纣王的用语，不该用来成为君王的话语。

徐似道《上梁文》曾说："深林里树木翳然，便有垂钓濮水和在濠水游玩时那种与世无争、悠闲自得的情趣和思想；一阵清风飒然而至，便悠然自谓羲皇上人。"王安中《贺唐秘校及第启》说道："得知千载事，全赖古书存。一旦做了官吏，便荒废读书事。"都是佳句。

李宗道的《春秋十赋》，对仗十分工整，譬如："越椒熊虎之状，弗杀必灭若敖（楚国司马子良所生的儿子名叫越椒，越椒这孩子刚出生就生的一副熊虎一般的外貌，子良的兄弟子文说如果不杀掉他，他以后一定会使得我们若敖氏灭亡的）；（鲁宣公四年。）伯石豺狼之声，非是，莫丧羊舌（晋国贵族叔向与申公

奚辞邑，而卫人假之器；（成二年。）晋侯请隧，而襄王与之田。（僖二十五年。）”“星已一终，鲁君之岁；（襄九年。）亥有二首，绛老之年。（襄三十年。）”“作楚宫，见襄公之欲楚；（襄三十一年。）效夷言，知卫侯之死夷。（哀十二年。）”“鸡惮牺而断其尾，（昭二十二年。）象有齿而焚其身。（襄二十四年。）”“虞不腊矣，（僖五年。）吴其沼乎。（哀二年。）”“好鲁以弓，请谨守宝；（昭七年。）赐郑以金，盟无铸兵。（僖十八年。）”“蛇出泉台声姜薨，（文十六年。）鸟鸣亳社伯姬卒。（襄十三年。）”

巫臣的女儿所生的儿子名叫羊舌食我,字伯石,叔向的母亲在听过伯石出生时的哭声后说伯石的哭声简直像豺狼的声音一样,除了他,恐怕没有能使羊舌氏以后会灭亡的人了。)。(昭公二十八年。)""王子争囚,而州犁上下(楚共王之子公子围与楚国方城外县尹穿封戌为了究竟是谁俘虏了郑国大夫皇颉而争执不休,于是就请楚国太宰伯州犁来评判,结果伯州犁上下其手,让本该属于穿封戌的功劳变成了公子围的。);(襄公二十六年。)伯舆合要,而范宣左右(周灵王时伯舆与王叔陈生二人互相争夺政权,王叔陈生准备逃奔晋国,晋悼公派范宣子来调停二人的争执。范宣子让二人互相对证,而范宣子自己却以"凡是天子所支持的,我国国君也支持;凡是天子所反对的,我国国君也反对"的借口来暗中支持伯舆,反对王叔陈生)。(襄公十年。)""鲁昭之马将为槚(鲁昭公爱好名马,于是准备用棺木来厚葬自己已死去的名马),(昭公二十九年。)卫懿之鹤有乘轩(卫懿公爱好仙鹤,甚至于让鹤乘坐在装饰华美的车上)。(闵公二年。)""于奚辞邑,而卫人假之器(仲叔于奚有大功于卫国,却谢绝了赏赐给他的城池封邑,而是请求在他的车上挂上可以显示其贵族地位的"繁缨"。孔子认为宁可多给他一些城池封邑,但车服仪制和名号爵位是不可以随便赐给别人的。);(成公二年。)晋侯请隧,而襄王与之田(对周室有大功的晋文公向周襄王请求在其死后可以享用以隧道葬礼的仪式,但这是一种王者才能享有的葬礼,于是周襄王拒绝了这一要求,而是赐给了晋文公阳樊、温、原等许多土地。)。(僖公二十五年。)""星己一终,鲁君之岁(岁星(即木星)运行了一周天,也就是十二年,又叫一终,这就是鲁襄公的年龄了。);(襄公九年。)亥有

二首, 绛老之年 ("亥"的篆体是"二"字头, "六"字身。将"二"字头下移到字身的部位, 即73年, 也就是绛县老人的年龄了。)。(襄公三十年。)" "作楚宫, 见襄公之欲楚 (鲁襄公喜欢楚国王宫的样式, 于是就在访楚归来后仿照其样式建立了宫室, 最后死在楚宫); (襄公三十一年。) 效夷言, 知卫侯之死夷 (卫出公在被吴国抓住后又释放回国, 开始模仿学习吴国语言, 此时尚且幼小的公孙子之预言说卫国国君 (指卫出公) 估计不能免于祸患, 以后很可能会死在吴越等夷人之地。最后卫出公果然死在越国)。(哀公十二年。)" "鸡惮牺而断其尾 (雄鸡因为害怕被用作祭祀牺牲的祭品而自断其尾), (昭公二十二年。) 象有齿而焚其身 (大象因为其牙齿值钱而遭遇非命)。(襄公二十四年。)" "虞不腊矣 (宫之奇说虞国的灭亡不需要等到年底岁终祭祀的时候了), (僖公五年。) 吴其沼乎 (伍子胥对别人说吴国恐怕要被越国灭亡, 将变成泥沼啊)。(哀公二年。)" "好鲁以弓, 请谨守宝 (楚灵王送给鲁昭公一把名为"大屈"的名弓, 事后又后悔了, 蘧启疆听说后来见鲁昭公, 劝鲁昭公谨慎保护好这件宝物, 因为齐国、晋国和越国都想得到它。吓得鲁昭公又将之还给了楚灵王); (昭公七年。) 赐郑以金, 盟无铸兵 (齐桓公死后郑国立刻就亲附了楚国, 郑文公初次到楚国朝见, 楚成王送给他很多铜, 但不久又后悔了, 为了挽回, 于是就和郑国人盟誓说不要用这些铜来铸造兵器)。(僖公十八年。)" "蛇出泉台声姜薨 (蛇从泉台这个地方出来进入国都的一共有17条, 正好与鲁国国君的数量一致。没过多久声姜夫人就死了), 文公十六年。乌鸣亳社伯姬卒 (宋国发生火灾前发生了鸟儿在亳社 (太庙) 鸣叫的怪事, 结果在发生火灾后, 由于宋伯姬非要等到其保

晏元献《进两制三馆牡丹歌诗表》云："永平神爵之颂，孝明称美者五人；贞元重九之篇，德宗考第于三等。"按《论衡·佚文篇》云："永平中，神雀群集，诏上《神雀颂》。百官上颂，文比瓦石，唯班固、贾逵、傅毅、杨终、侯讽五颂金玉，孝明览焉。"贞元事，见《刘太真传》。

宁皇《服药赦文》，陈正父所草也。"虽不明不敏，有辜四海望治之心，然无怠无荒，未始一毫从己之欲。"天下诵之，谓写出宁皇心事。

卢思道《在齐为百官贺甘露》云："神浆可挹，流味九户之前；天酒自零，凝照玉阶之下。"常衮《中书门下贺雪》云："重阴益固，应水泽腹坚之时；积润潜通，迎土膏脉起之候。"皆俪语之工者。

俗语皆有所本，如"利市"，出《易·说卦》、《左传》。"难为人"，出《表记》。"担负"，出《诗·玄鸟》笺。"折阅"，出《荀子》。"生活"，出《孟子》。"家数"，出《墨子》。"服事"，出《周礼·大司徒》。"伏事"，出陆士衡诗。"分付"，出《汉·游侠·原涉传》。"交代"，出《盖宽饶传》。"区处"，出《黄霸传》。"多谢"，出《赵广汉传》。"丁宁"，出《诗·采薇》笺。"什物"，出《后汉·宣秉传》。"自由"，出《五行志》。"晓示"，出《循吏·童恢传》。"主者"，出《刘陶传》。"意智"，出《鲜卑传》。"卑末"，出《栾巴传》。

姆来后才离开，结果被火烧死）。（襄公三十年。）"

晏殊《进两制三馆牡丹歌诗表》有言："永平年间作神爵之颂，为孝明帝称道者有五人；贞元年间作重九之篇，唐德宗为百官排序三等。"根据《论衡·佚文篇》记载："永平年间，有神雀聚集，皇帝下诏百官呈上《神雀颂》。于是百官作文上颂，大多数文章质感如同瓦石，唯有班固、贾逵、傅毅、杨终、侯讽五人的颂仿佛金玉，被孝明帝阅览。"贞元年间的事，见《刘太真传》记载。

宋宁宗的《服药赦文》，是倪思所草拟的。"虽然我尚不足称机敏明断，辜负了天下人民对我的期望之心，但是我执政从未荒废怠慢，从不曾有分毫放纵自己的欲望。"天下人读诵过后，都认为这写出了宋宁宗的心里话。

卢思道《在齐为百官贺甘露》写道："神浆可盛舀，芳香飘流于九户门前；美酒从天零落，凝照于玉阶之下。"常衮《中书门下贺雪》说："重阴时越发坚固，回应水泽腹坚的时候；积蓄润泽疏通潜力，迎接土膏脉起的时候。"都是骈俪工笔之语。

一些通俗用语其实都是有所源出的，比如"利市"，出自于《易·说卦》、《左传》。"难为人"，出自于《表记》。"担负"，出自于《诗·玄鸟》笺注。"折阅"，出自于《荀子》。"生活"，出自于《孟子》。"家数"，出自于《墨子》。"服事"，出自于《周礼·大司徒》。"伏事"，出自于陆机的诗。"分付"，出自于《汉书·游侠·原涉传》。"交代"，出自于《盖宽饶传》。"区处"，出自于《黄霸传》。"多谢"，出自于《赵广汉传》。"丁宁"，出自于《诗经·采薇》的笺注。"什物"，出自于《后汉书·宣秉传》。"自由"，出自于《五行志》。"晓示"，出自于《循吏·童恢传》。

"告示"，出《荀子·荣辱篇》。（原注："仁者好告示人。"）"布施"，出《周语》。（原注："布施优裕。"）"比校"，出《齐语》。"行头"，出《吴语》。"当日"，出《晋语》。"地主"，出《左传》、《越语》。"相于"，出《晋·后妃传》。"料理"，出《王徽之传》。"长进"，出《和峤传》。"消息"，出《魏·少帝纪》。"功夫"，出《王肃传》。"普请"，出《吴·吕蒙传》。"手下"，出《太史慈传》。"牢固"，出《陆抗传》。"郑重"，出《王莽传》。"分外"，出魏程晓上疏。"小却"，出《宋纪》。"间介"，出马融《长笛赋》。（原注："间介无蹊。"）"娄罗"，出《南史·顾欢传》。"本分"，出《荀子·非相篇》。（原注："见端不如见本分。"）"措大"，出《五代·东汉世家》。"假开"，出《王峻传》。"本色"，出《唐·刘仁恭传》。"古老"，出《书·无逸》注。"商量"，出《易》"商兑"注。"不宣备"，出杨德祖《答临淄侯》。（原注："不能宣备。"见《文选》。）"生人妇"，出《魏·杜畿传》。"私名"，出《列子》。"家公"，出《庄子》。（原注："主人公也。"）"致意"，出《晋·简文纪》。"传语"，出《后汉·清河王庆传》。"收拾"，出《光武纪》。"寻思"，出《循吏·刘矩传》。"不审"，出《韩诗外传》。"世情"，出《缠子》。（原注："不识世情。"）"尔来"，出孔明《出师表》。"揭来"，出《思玄赋》。"和买"，出《左传》正义。"阿谁"，出《蜀·庞统传》。"罢休"，出《史记·孙武传》。"惭愧"，出《齐语》。"安排"，出《庄子》。"比数"，出《周礼·大司马》注。"见在"，出《夏官·稟人注》。"孩儿"，出《书·康诰》注。"老境"，出《曲礼》正

"主者"，出自于《刘陶传》。"意智"，出自于《鲜卑传》。"卑末"，出自于《栾巴传》。"告示"，出自于《荀子·荣辱篇》。（原注：原文为"仁者好告示人。"）"布施"，出自于《周语》。（原注：原文为"布施优裕。"）"比校"，出自于《齐语》。"行头"，出自于《吴语》。"当日"，出自于《晋语》。"地主"，出自于《左传》、《越语》。"相于"，出自于《晋书·后妃传》。"料理"，出自于《王徽之传》。"长进"，出自于《和峤传》。"消息"，出自于《魏书·少帝纪》。"功夫"，出自于《王肃传》。"普请"，出自于《吴书·吕蒙传》。"手下"，出自于《太史慈传》。"牢固"，出自于《陆抗传》。"郑重"，出自于《王莽传》。"分外"，出自于三国时魏国程晓的上疏。"小却"，出自于《宋纪》。"间介"，出自于马融《长笛赋》。（原注：原文为"间介无蹊。"）"娄罗"，出自于《南史·顾欢传》。"本分"，出自于《荀子·非相篇》。（原注：原文为"见端不如见本分。"）"措大"，出自于《五代史书·东汉世家》。"假开"，出自于《王峻传》。"本色"，出自于《唐书·刘仁恭传》。"古老"，出自于《书·无逸》注。"商量"，出自于《易》中"商兑"的注。"不宣备"，出自于杨修的《答临淄侯》。（原注：原文为"不能宣备。"见《文选》。）"生人妇"，出自于《魏书·杜畿传》。"私名"，出自于《列子》。"家公"，出自于《庄子》。（原注："即主人公。"）"致意"，出自于《晋书·简文纪》。"传语"，出自于《后汉·清河王庆传》。"收拾"，出自于《光武纪》。"寻思"，出自于《循吏·刘矩传》。"不审"，出自于《韩诗外传》。"世情"，出自于《缠子》。（原注：原文为"不识世情。"）"尔来"，出自于孔明《出师表》。"竭来"，出自于《思玄赋》。"和买"，出

义。"牵帅"，出《左传》。"先辈"，出《诗·采薇》笺。"如今"，出《杕杜》笺。"居士"，出《玉藻》。"可人"，出《杂记》。"道人"，出《汉·京房传》。"寄居"，出《息夫躬传》。"某甲"，出《周礼·天官·职内注》。"道士"，出《新序》。（原注：介子推云。）"主人公"，出《史记·范睢传》。"小家子"，出《汉·霍光传》。"不中用"，出《史记·外戚世家·王尊传》。"我辈人"，出《晋·石苞传》。"对岸"，出《乐志》。"十八九"，出《汉·丙吉传》。（原注："至今十八九矣。"）"浩大"，出《后汉·马廖传》。"两两相视"，出《周嘉传》。"年纪"，出《光武纪》。"杂碎"，出《仲长统传》。"细碎事手下"，出《吴·吕范传》。"合少成多"，出《中庸》注。"若干"，出《礼记·曲礼·投壶》。"如干"，出《陈·文学·何之元传》。"胶加"，出《九辩》。（原注：胶，音豪。加，丘加反。）"牢愁"，出《扬雄传》。（原注："畔牢愁。"《集韵》："愁音曹。"）"墨屎"，出《列子》。（原注：音眉痴。）"冗长"，出陆士衡《文赋》。"无状"，出《史记·夏本纪》。"擘画"，出《淮南子》。"前定"，出《中庸》。"细作"，出《左传释文》。"叙致"，出《世说》。"留连"，出《后汉·刘陶传》。"问息耗"，出《窦后纪》。"已分"，出魏文帝书。"物色"，出《淮南子》。"本师"，出《史记·乐毅传》。"祖师"，出《汉·外戚·丁姬传》。"生熟"，出《庄子》。"有瓜葛"，出《后汉·礼仪志》。"发遣"，出《陈宠传》。"天然"，出《贾逵传》。"新鲜"，出《太玄》。"钝闷"，出《淮南子》。"夸张"，出《列子》。"憛悇"，出王褒《洞箫赋》。"近局"，出陶渊明诗。"提撕"，出《诗·抑》笺。"本贯"，出晋江统论。"十字

自于《左传》正义。"阿谁",出自于《蜀书·庞统传》。"罢休",
出自于《史记·孙武传》。"惭愧",出自于《齐语》。"安排",
出自于《庄子》。"比数",出自于《周礼·大司马》注。"见在",
出自于《夏官·稾人注》。"孩儿",出自于《书·康诰》注。"老
境",出自于《曲礼》正义。"牵帅",出自于《左传》。"先辈",出
自于《诗·采薇》的笺注。"如今",出自于《杕杜》的笺注。"居
士",出自于《玉藻》。"可人",出自于《杂记》。"道人",出自于
《汉书·京房传》。"寄居",出自于《息夫躬传》。"某甲",出自
于《周礼·天官·职内注》。"道士",出自于《新序》。(原注:介
子推所言。)"主人公",出自于《史记·范睢传》。"小家子",出
自于《汉书·霍光传》。"不中用",出自于《史记·外戚世家·王
尊传》。"我辈人",出自于《晋书·石苞传》。"对岸",出自于
《乐志》。"十八九",出自于《汉·丙吉传》。(原注:原文为"至今
十八九矣。")"浩大",出自于《后汉书·马廖传》。"两两相视",
出自于《周嘉传》。"年纪",出自于《光武纪》。"杂碎",出自
于《仲长统传》。"细碎事手下",出自于《吴书·吕范传》。"合
少成多",出自于《中庸》注。"若干",出自于《礼记·曲礼·投
壶》。"如干",出自于《陈书·文学·何之元传》。"胶加",出自
于《九辩》。(原注:胶,读音为豪。加,读音为丘加反。)"牢愁",出
自于《扬雄传》。(原注:原文为"畔牢愁。")《集韵》:"愁读音
为曹。""墨厕",出自于《列子》。(原注:读音眉痴。)"冗长",
出自于陆士衡《文赋》。"无状",出自于《史记·夏本纪》。"擘
画",出自于《淮南子》。"前定",出自于《中庸》。"细作",出
自于《左传释文》。"叙致",出自于《世说新语》。"留连",出自于

街",出《北史·李庶传》。"见钱",出《汉书·王嘉传》。

梁简文《为子大心辞封当阳公表》云:"日蚀之余,无黄童之对;荷戟入榛,异子乌之辩。"又《为长子大器让宣城王表》云:"熙祖流聪慧之称,方建临淮之国;元仲表岐嶷之资,乃启平原之封。"(原注:荷戟入榛,扬雄童乌事。熙祖,晋太子遹字。元仲,魏明帝字。)元丰末,《皇弟似封普宁郡王制》,全用熙祖、元仲一联,然熙祖非美事也。

王元之(禹偁)《到黄州谢上表》:"风摧霜败,芝兰之性终香;日远天高,葵藿之心未死。"刘元城(安世)《元符末自贬所起帅郓当过阙谢表》云:"志存许国,如万折而必东;忠以事君,虽三已而无愠。"斯言可以立懦志。

"驴非驴,马非马",(原注:《汉·西域传》。)"乌不乌,

《后汉书·刘陶传》。"问息耗"，出自于《窦后纪》。"已分"，出自于魏文帝书。"物色"，出自于《淮南子》。"本师"，出自于《史记·乐毅列传》。"祖师"，出自于《汉书·外戚·丁姬传》。"生熟"，出自于《庄子》。"有瓜葛"，出自于《后汉书·礼仪志》。"发遣"，出自于《陈宠传》。"天然"，出自于《贾逵传》。"新鲜"，出自于《太玄》。"钝闷"，出自于《淮南子》。"夸张"，出自于《列子》。"悍悷"，出自于王褒《洞箫赋》。"近局"，出自于陶渊明诗。"提撕"，出自于《诗·抑》笺。"本贯"，出自于晋代江统论。"十字街"，出自于《北史·李庶传》。"见钱"，出自于《汉书·王嘉传》。

梁简文帝在《为子大心辞封当阳公表》中说道："日蚀之余，而今已无黄琬对答；荷戟入榛，和童乌之辩并不相同。"又在《为长子大器让宣城王表》中说道："熙祖素来有聪慧之称，能建临淮之国；元仲有早慧之资，乃有平原之封。"（原注：荷戟入榛，乃是用了扬雄之子童乌的事典。熙祖，晋太子司马遹的字。元仲，乃是魏明帝曹叡的字。）元丰末年，《皇弟似封普宁郡王制》一文中，全用熙祖、元仲的事迹为一联，然而熙祖之事并不是什么好事。

王元之（王禹偁）《到黄州谢上表》说："纵有风霜的摧败，芝兰芳香的天性不会改变；哪怕日远天高，葵花向阳之心不会放弃。"刘元城（刘安世）《元符末自贬所起帅郓当过阙谢表》曾说过："立志报效国家，就算遭到多次挫折也一定要前进；忠心耿耿事君，即使被多次罢免也没有愠怒。"这些豪言壮语可以使懦夫树立志向。

"驴非驴，马非马"，（原注：出自《汉书·西域传》。）"乌不

鹊不鹊",（原注:《战国策》。）可以为对。傅景仁（伯寿）云:
"烹羊炰羔,唯'带牛佩犊'可对。"

嘉定受宝玺,南塘贺表云:"函封远致,不知何国之白
环;璪刻孔章,咸曰宁王之大宝。"（原注:宗室入翰苑者三
人:彦中、汝谈、汝腾。）

王岐公《答韩魏公诏》:"岂朕郁于大道,未昭治乱之
原;将卿保其成功,自洁进退之分。"崔大雅（名敦诗）《答
周益公诏》:"岂朕不德,未达好贤之诚;将卿既明,自全引
退之节。"盖仿其意。

郑安晚再相,应之道草制云:"彦博重入中书,特令纳
节;王曾再登揆席,俛就集贤。"

黄伯庸为《贺雪表》云:"招来众俊,无昼卧洛阳之人;
奖励三军,有夜入蔡州之志。"语工而健。（原注:"上天同
云,平地尺雪",范蜀公表也,周益公用之。）

耿直之守京口,复陈少阳（东）之后,曰:"如可赎兮百
身,犹将宥之十世。"

"亿载万年,为父为母;（韩退之《元和圣德诗》。）四
海九州,悉主悉臣。（退之《平淮西碑》。）"迂斋（楼昉）
对。

李显忠复节钺,汪圣锡草制云:"念秦伯用孟明之意,

乌，鹊不鹊"，（原注：出自《战国策》。）可以互为对仗。傅景仁（傅伯寿）说："烹羊炰羔，只有'带牛佩犊'可与之相对。"

宋宁宗继位受玺，南塘贺表云："函封从远处来，不知道是哪个国家的白环；但其雕刻明显，人们都称是宁王的珍宝。"（原注：宋朝宗室中进入翰林苑的有三人：赵彦中、赵汝谈、赵汝腾。）

王珪《答韩魏公诏》一文中说："难道是朕郁困于践行大道，导致没有分辨出治乱的根源；请爱卿保全名节成功，自己做到进退之分。"崔大雅（名叫敦崔诗）《答周益公诏》说："难道朕没有大德，尚未做到诚心广纳贤士；请爱卿自明，自己保全引退的名节。"大概是效仿王珪的用意。

郑清之再度担任宰相，应繇负责草拟诰命说道："文彦博重入中书省，天子专门下令起用；王曾再度担任相位，躬亲纳贤。"

黄畴若作《贺雪表》说道："招徕众多才俊，使没有白天在洛阳家中躺卧之人；奖励三军士气，有李愬雪夜收复蔡州的猛志。"用语工整而清健。（原注："上天同云，平地尺雪"，出自范镇之表，周必大引用了这句话。）

耿秉镇守京口，在陈少阳陈之后，有言论称："如若可赎代他死那么百人甘愿黄泉，如果他十代的子孙犯了罪也应该宽宥"

"亿万年来，为父为母；（韩愈《元和圣德诗》。）四海九州，为主为臣。（韩愈《平淮西碑》。）"这是楼昉的对答。

李显忠恢复军权，汪应辰草拟制诰说："念及秦伯用孟明

与冯唐面文帝之言。"又云："与人之周，庶几得颇、牧而能用；共武之服，尔其继英、卫之善兵。"

倪正父（思）草《寿皇尊号诏》云："率百官若帝之初，丕讲非常之礼；于万年受天之祜，聿迎滋至之休。"周益公《辞免表》云："逊于发斩、伯与，敢忘稽首；有若虢叔、闳夭，尚助迪威。"正父答诏云："发斩、伯与固可逊，未闻虞帝之必从。虢叔、闳夭虽曰贤，盖视周公而不及。"

真文忠为《原贷盗贼诏》云："弄潢池之兵，谅非尔志；烈昆冈之火，亦岂予心？"又云："自有宇宙至于今日，未闻盗贼得以全躯。"其言足以感动人心。

王卿月为《澹庵制》云："吾宁身蹈东海，独仲连不肯帝秦；至今名重泰山，微相如何以强赵？"

卢肇《海潮赋后序》"马褐"、"牛衣"，古未有对者。

崔大雅草《史直翁制》云："皇祐之诏二老，设几以须；熙宁之遇四臣，赍书而访。尚有斯礼，勿遏尔心。"（原注：二老：杜衍、任布。四臣：韩、富、文、曾。）

吕成公代其父仓部《自黄州易守池州谢宰执启》云："爰考唐朝，有杜牧把麾之旧；其临秋浦，亦齐安解组之

之意，与冯唐面见汉文帝时所说的话。"又说："待人周全细致，
就算是廉颇、李牧也能任用；武功有目共睹，你是继英国公李
勣、卫国公李靖之后最善用兵之人。"

　　倪正父（倪思）草拟《寿皇尊号诏》说："刚刚率领百官称
帝的时候，大讲非常的礼节；万年蒙受上天的护佑，迎接将要到
来的福泽。"周必大在《辞免表》中说道："我虽然不如叕斨、伯
与，却不敢忘记君臣之礼；倘若有虢叔、闳夭之才，尚能帮助皇
帝立威。"正父答诏言："叕斨、伯与固然不出色，但却没听说舜
帝一定会听从他们的建议。虢叔、闳夭虽然被称为贤人，但相较
于周公大概还是不及。"

　　真德秀在《原贷盗贼诏》中说道："煽动潢池之兵，不应该
是你们的志向；昆仑失火玉石俱焚，难道就是我想看到的吗？"
又说："自从有宇宙开始直到今日，还没有听说过盗贼能够保
全性命的。"这番话足以感动人心。

　　王卿月在《澹庵制》中说："纵使投身沉入东海，只有鲁仲
连不肯称秦为帝；蔺相如舍生忘死的声名至今重于泰山，但没有
蔺相如又能如何能使赵国强大呢？"

　　卢肇的《海潮赋后序》"马褐"、"牛衣"，在古时没有可对
的用语。

　　崔敦诗草拟《史直翁制》说："皇祐年间诏集二老，设案等
待；熙宁时期遇四臣，携信而访。尚有斯文礼，请勿三心二意。"
（原注：二老指的是：杜衍、任布。四臣指的是：韩琦、富弼、文彦博、曾
公亮。）

　　吕祖谦代替其父吕大器作《自黄州易守池州谢宰执启》说：
"从唐朝的史实来看，杜牧当刺史的时候有把麾的旧事（杜牧

余。虽后先迁徙之偶同，顾今昔风流之非匹。"

端平初，济王夫人吴氏复旧封，其父与蒋右史良贵有连，良贵托先君代为《谢丞相启》。其末联云："孤忠未泯，敢忘漆室之忧葵；厚德难酬，愿效老人之结草。"良贵称赏。

真文忠除参政，辞以疾。赵南塘草诏曰："汉御史大夫吉当封，病，上忧之。夏侯胜谓必瘳，果然，后遂至相。朕之贤卿，甚于宣帝之德吉也。卿其亲医药自厚，且先即舍拜命，少间可就车。朕遣黄门召见卿矣。"此诏有西汉风。

郑威愍公（原注：骧。）《新除谢上章》云："关陕六七任，不挂权臣之横恩；崇观二十秋，靡沾故相之余润。"公之大节如此。冯翊之死义，其处之有素矣。

傅至乐《上周益公启》云："东门之柳自凋，玄都之桃何在？彼刀头之舐蜜，得未锱铢；况井眉之居瓶，怳如梦寐。"盖指张说也。

或上朱文公启云："行藏勋业，销倚楼看镜之怀；窈窕崎岖，寄寻壑经丘之趣。"

《登乐游原》诗云：欲把一麾江海去，乐游原上望昭陵。）；登临秋日的水滨，这里亦有齐安县解绶的余韵。虽然后人和先贤迁徙偶有相重合之处，看今朝与昔日风流人物却不能与之相匹。"

端平初年，济王夫人吴氏恢复旧封，她的父亲与蒋右史蒋重珍有姻亲关系，蒋珍重拜托我父亲代作《谢丞相启》。最后一联说道："孤胆忠心未曾泯灭，怎么能忘记漆室鲁女忧葵之心；深厚恩德难以酬报，愿意效仿老人结草报答之行。"蒋重珍十分赞赏此文。

真德秀被授予参政一职，但以身患疾病推辞。赵汝谈草拟诏书说："汉朝御史大夫丙吉在册封前，突然生病了，皇帝十分担忧。夏侯胜说他一定会痊愈，果然如此，后来官至宰相。朕礼贤众卿，比汉宣帝更具有德行。爱卿就医服药善自珍重，且先回居所待命，到了可以乘车的时候。朕再派遣宫中太监召见爱卿。"这封诏书有西汉遗风。

郑威愍公（原注：即郑骧。）《新除谢上章》有言："任职于关陕之位六七任，从不仗着权臣之位横行霸道；崇宁大观二十载春秋，从未因为故相的余威获得恩泽。"郑公大节凛然如此。冯翊郡从容就义，仿佛习以为常那样。

傅自得《上周益公启》说："东门之柳憔悴凋零，玄都之桃今又何在？为求财色刀尖舐蜜，尚且得不到微小的利益；何况居于井口边的瓶子稍微动一动就有掉入深井的危险，恍恍惚惚宛如做梦。"大概指的是张说吧。

有人致信朱熹说："一举一动都藏着功勋伟业，有倚楼看镜的胸怀；精神世界里窈窕崎岖，寄存着寻壑经丘之趣。"

宋正甫诗："三甲未全,一丁不识。"

或试县学见黜,后预乡荐,以启谢县令,有不平之意。令答云:"大敌勇,小敌怯,昔固有之;今日是,前日非,吾无愧矣。"

毛宪守长沙,《谢韩平原》云:"湖南之地二千里,序诗幸托于昌黎;平原之客十九人,脱颖愿同于毛遂。"

毛泽民启云:"扬子云貌寝官卑,经虽玄而谓白;九方堙机深识妙,马本骊而为黄。"李清卿启云:"斯风未泯,则朝取温造而暮拔石洪;吾道不行,则近舍皇甫而远求居易。"

洪舜俞荐于乡,巩嵘监试。后巩为江东宪使,舜俞分教番阳,启云:"东坡倅钱唐,曾在门外鹄袍之列;半山宪江左,亦赏梁间燕语之诗。"

徐渊子为越教,《答项平甫安世》云:"正恐异时风舞雩之流,不无或者月离毕之问。"或《答洪舜俞》云:"鲁直大名,有皎洁江梅之句;少游下蔡,无丁东玉佩之词。"

有郡守招士人教子辞曰:"士而托于诸侯,非其义也;师不贤于弟子,将焉用之?"

张宣公《答教官》云:"识其大者,岂诵说云乎哉;何以

宋正甫诗言："三甲之术没有全备，一丁大字都不认识。"

有人尝试考入县学而被罢免，后来准备乡里的举荐，去登门感谢县令，那人心中有不平之意。受命答复的时候说："面对大敌而勇敢，面对小敌而露怯，以前就本来有这样的情况；今日值得肯定，过去不足为道，我依旧问心无愧。"

毛宪守长沙，《谢韩平原》一文中说道："湖南地方二千里，为诗作序有幸委托于韩愈；平原君的宾客十九人，脱颖而出的心愿和毛遂相同。"

毛滂启说道："扬雄相貌丑陋官职卑微，他认为经义虽玄妙而尚浅白；九方埋见识广博，他相马不看重外表而看重内在。"李若水说："先贤遗风尚未泯灭，则早上有温造而晚上有石洪；我坚信的道义若是不行，则要就近舍弃皇甫湜而远求白居易。"

洪舜俞被推荐参加乡试，巩嵘作为监考。后来巩嵘担任江东宪使，洪舜俞分教番阳，致信说道："苏东坡任杭州通判之前，也曾是考官门外白袍士子中的一员；王安石在江左任上，亦十分欣赏梁间燕语般的诗句。"

徐似道为越教，《答项平甫安世》中说道："正担心那时候风分舞雩之流，总有好像天象有雨的问题。"另有《答洪舜俞》说："黄庭坚大名鼎鼎，有皎洁江梅之句；秦观赠寄，但无丁东玉佩之词。"

曾有郡守招收士人教育后生的话说道："士人托身于诸侯，这并非士人应有的道义；为师不能贤于弟子，那要老师有什么用？"

张栻《答教官》说："识大体的人，又怎么会仅仅挂在嘴边

告之? 亦仁义而已矣。"

真文忠为江东转运, 有民困于买鸠之役, 来诉。公判云: "诏捕鸡鹬, 若水尚还其使; 岁贡蚶蛤, 孔戣犹疏于朝。况为州县之官, 可恣口腹之欲?"

攻媿《为姜氏庆七十致语》云: "今日王孙, 犹有承平之故态; 旧时竹马, 得见会昌之新春。"承平、王孙, 见柳文《姜嶭志》。

衢州稽古阁书《皋陶谟》于屏, 其《上梁文》云: "皋陶若稽古, 事三朝稽古之君; 孔子与斯文, 为万世斯文之主。"

王相(原注: 爔。)嘉熙间, 以亲老辞督府辟, 其书曰: "昔温太真绝裾违母以奉广武之檄, 心虽忠而人议其失性; 徐元直指心恋母以辞豫州之命, 情虽窘而人予其顺天。"

吕倚《谢王岐公馈钱酒》, 用"白水真人"、"青州从事", 岐公称之。

夏文庄(竦)表云: "诗会余蚔之文, 简凝含酏之墨。"余蚔, 见《诗》"贝锦"笺。"笔锐干将, 墨含淳酏", 出《文心雕龙·奏启篇赞》。

"独孤《驯象》, 世以为工。子云《甘泉》, 晚而悔作。"晏元献谓赋也。独孤绶《放驯象赋》云: "返诸林邑之野, 归尔梁山之隅。时在偃兵, 岂婴乎燧尾? 上惟贱贿, 宁恤乎焚

诵说呢；那要怎么告诉别人呢？也是通过仁义而已。"

真德秀担任江东转运使时，有百姓因为买鸠的劳役而困顿，前来投诉。真德秀的判决说："（官府）下诏令百姓捕捉鸂鶒，即使是唐朝的倪若水都要放归这种水鸟；每年都要向朝廷上贡蚶蛤，就算是孔戣这样的贤才也会疏于朝政。何况作为州县百姓的父母官，怎可放纵自己的口腹之欲呢？"

楼钥在《为姜氏庆七十致语》中说："今日的王孙，犹有开元盛世的故态；开元时期的竹马，得见会昌年间国家衰败之象。"承平、王孙，见于柳宗元的文章《姜崿志》。

衢州稽古阁将《皋陶谟》书写于屏风上，其《上梁文》说："皋陶考察古代的故事，历事三朝稽古之君；孔子与斯文，成为万世斯文之主。"

王相（原注：即王燧。）宋理宗嘉熙年间，因为双亲年迈而推辞了督府的任职，他的推辞信里说："昔日温峤断绝衣裾违背母亲的意愿以奉晋元帝的文檄，其心虽忠诚，然而人们议论其没有孝心；徐庶因为挂念母亲而拒绝了刘备的请求，其情虽窘但人们认为他顺应天理。"

吕倚《谢王岐公馈钱酒》一文中，引用了"白水真人"、"青州从事"，王岐公十分赞赏。

夏文庄（竦）表说："诗要有余蚋之文，简凝而又有含酏之墨。"余蚋，见《诗经》中"贝锦"的笺注。"笔锐干将，墨含淳酏"，出自于《文心雕龙·奏启篇赞》。

"独孤绶的《驯象》，世人都以为是工笔之作。扬雄的《甘泉》，到了晚年反而后悔当初之作。"这是晏殊对赋的评价。独孤绶《放驯象赋》中说："重返山林旷野，复归梁山之隅。当时

躯?"

唐律赋《鸡鸣度关》云:"念秦关之百二,难逞狼心;笑齐客之三千,不如鸡口。"

绍兴中,省试《高祖能用三杰赋》,第四韵用"运筹帷帐"。考官谓《汉书》乃"帷幄",非"帐"字,不敢取。彻棘,以语周益公,益公曰:"《史记》云'运筹帷帐之中',非误也。"淳熙中,省试《人主之势重万钧赋》,第一联有用"洪钟"二字者,考官哂之。洪文敏(迈)典举,闻之曰:"张平子《西京赋》'洪钟万钧',此必该洽之士。"遂预选。绍熙中,四明试《航琛越水》诗,有用东坡"舶趠"二字而黜者。决得失于一夫之目,其幸不幸若此。

"东都之季,清议扶之而有余;强秦之末,壮士守之而不足。"(原注:前辈作《风俗万世之基》末韵。)"亶聪明而有作,无作聪明;由仁义以安行,非行仁义。"(原注:舜由仁义行。)"非刀匕是共,膳宰举席间之觯。(《礼记·檀弓》)释椎凿而上,轮人议堂上之书。(《庄子》)"此工执艺事以谏赋联也。

若能偃兵息鼓，怎么会遭受爨尾之事？上位者轻贱财货，又怎么会在乎大象焚躯？"

唐代的律赋《鸡鸣度关》说："念秦国关隘险峻，秦王也难逞虎狼之心；笑孟尝君门客三千，都不如其中一人学作鸡鸣之声。"

绍兴年间，省试有人以《高祖能用三杰赋》为题目做文章，第四韵用了"运筹帷帐"一语。考官认为《汉书》中记载的乃是"帷幄"，而非"帐"字，所以不敢取用。考试事务处理完毕后，考官告诉周必大，周必大说："《史记》中记载的是'运筹帷帐之中'，并非笔误。"淳熙年间，省试有人作《人主之势重万钧赋》，第一联有用"洪钟"二字，遭到考官哂笑。洪文敏（即洪）当时正在担任典举，听说此事之后说道："张衡《西京赋》中有'洪钟万钧'，这个人必定是博闻之士。"于是预先选定。绍熙年间，四明地区试《航琛越水》诗，有人用了苏东坡"舶趠"二字而遭黜。决定得失的只是一个人的眼光，士人的幸运与不幸就像这样。

"东汉末年，一群清议之人帮扶尚有余力；强秦之末，纵有壮士守护社稷也心有余而力不足。"（原注：前辈作《风俗万世之基》末韵。）因为聪明而有作为，无作聪明；依照仁义而行动，非行仁义。"（原注：舜由内心的仁义而行事。）"不去管刀勺的事务，因此膳食官席间举杯自罚。（《礼记·檀弓》）。放下锥凿走上前，轮匠议论堂上之书。（《庄子》）。"这两则都是负责手艺的职工进谏君王的事迹。

卷二十

杂识

　　南丰《跋西狭颂》谓："所画龙、鹿、承露人、嘉禾、连理之木,汉画始见于今。"邵公济(《闻见后录》二十七)谓："汉李翕、王稚子、高贯方墓碑,刻山林人物,乃知顾恺之、陆探微、宗处士辈,尚有其遗法。至吴道玄绝艺入神,然始用巧思,而古意少减矣。今于盘洲所集《隶图》见之。"

　　曹操夫人《与杨彪夫人书》："送房子官绵百斤。"《古文苑》误为"官锦",而注者妄解。按《魏都赋》："绵纩房子。"《晋阳秋》："有司奏调房子、睢阳绵,武帝不许。"(见《太平御览》八百十九)《水经注》："房子城西出白土,可用濯绵。"

　　善恶以熟言,若《孟子》"仁在乎熟"、《汉·五行志》董仲舒《庙灾对》"季氏之恶已熟"是也。佛者曰(原注《成实论》)："行恶见乐,为恶未熟。至其恶熟,自见受苦。行善见苦,为善未熟。至其善熟,自见受乐。"其言善恶之熟,亦名言也。

曾巩《跋西狭颂》中说道："所画龙、鹿、承露人、嘉禾、连理之木，汉朝时的古画始见于今日。"邵博（《闻见后录》二十七）说："汉朝的李翕、王稚子、高颐的墓碑上，刻有山林人物图景，由此得知顾恺之、陆探微、宗处士等辈，尚有汉人的遗风和法度。到吴道玄时绝妙的技艺已经出神入化，然而开始用巧思设计，而古风画意减少了。今天可于盘洲所集《隶图》中见到。"

曹操夫人《与杨彪夫人书》曾这样说过："赠送房子这个地方所产出的官绵百斤。"《古文苑》误以为是"官锦"，而作注者更是妄自随意解读。根据《魏都赋》："丝绵产自于房子。"《晋阳秋》记载："相关部门请奏调用房子、睢阳的绵，武帝不允许。"（见《太平御览》八百十九）《水经注》记载："房子城的西边盛产白土，可以用来给棉布染色。"

善恶常常以生熟衡量，比如《孟子》中有"仁在于熟"、《汉书·五行志》董仲舒《庙灾对》记载"季氏的罪恶已是深熟"。佛家书（原注见于《成实论》："对于作恶感到快乐，是因为为恶未熟。等到作恶已熟，自然会感受到痛苦。对于行善感到痛苦，是因为为善未熟。等到行善已熟，自然会感受到快乐。"）其言善恶之熟，也是名言啊。

仁宗摹太宗御书大相国寺额于石，即寺为殿而藏之，御飞白名曰"宝奎殿"。绍兴庚辰，宏辞以《宝奎殿太宗皇帝御书赞》命题，唐说斋中选。但云庆历二载，而不纪月日，以《实录》考之，乃二年正月辛未也。苏子美作《宝奎殿颂》，周益公题其后云："'上宰宗工，更为辞章'者，谓吕夷简作记，章得象题额之类。"《实录》云："命夷简撰记。"而说斋谓"焕乎尧章，亲加纪述"，亦误。

旧制，麻三道以上，双宣学士分撰。元丰末，邓润甫为学士，一夕锁麻二十二通。靖康元年，麻六道，权直院莫俦独宿。

翰苑未尝草追赠制。绍定六年十月，史弥远赠中书令，追封卫王，令学士院降制。学士言非典故，诏特与降制。

太一宫四立月祝文，旧用定本，绍定二年十二月，始命学士院撰述。

亲王初除，有布政榜，首云"应某军管内。"尾云"榜某军。"仍散下。管内，谓所领节镇也。前辈制集皆可考。淳熙十六年，皇子封嘉王，布政榜乃云"嘉州管内"，盖草制者失之。开禧元年，皇子封荣王，榜威武军，合旧典矣。盖节钺初除，以敕书示谕本镇，亦唐朝隃领之制也。若封王，或以国如周、鲁，或以州如兖、雍之类，未尝有所领之国。咸淳二年，余草福王制，院吏欲以布政榜下福州，余引故事榜所领两镇。

仁宗皇帝在石头上临摹太宗皇帝的御书，御书的内容是大相国寺的寺额，于是寺庙修殿以收藏，皇帝御笔飞白书为"宝奎殿"。绍兴庚辰年，博学宏辞科以《宝奎殿太宗皇帝御书赞》命题，唐仲友中选。但他只是说在庆历二年，却没有记录具体月日，根据《实录》考据，应当是庆历二年正月辛未。苏舜钦作《宝奎殿颂》，周必大在其后题词说："'上宰宗工，更为辞章'，命令吕夷简作记，章得象题写匾额。"《实录》记载说："皇帝命令吕夷简撰写记文。"而唐仲友称"焕乎尧章，亲加纪述"，这是错误的。

依据从前的制度，三道以上的诏书，需要双宣学士分别撰写。元丰末年，邓润甫担任学士，一晚上写成诏书二十二通。靖康元年，六道诏书都由翰林学士莫俦独自完成。

翰林苑以前没有草拟过追赠制。绍定六年十月，史弥远被赋予中书令，追封为卫王，命令学士院草拟诏书。学士称之前无此典故，按诏专门拟定降制。

太一宫每年四个立日的祝文，旧制所用的是定本，绍定二年十二月，开始命令学士院负责撰述。

亲王刚刚获封时，会公布榜单，开篇说道"应某军管内的要求。"末尾说"某军张榜。"并且将榜单下发至其所领的镇军。管内，指的是某军所统辖的节镇。前辈的制集中皆有内容可供考据。淳熙十六年，皇子被封为嘉王，布政榜上却写"嘉州管内"，大概是草拟诰命的人员失误了。开禧元年，皇子被封为封荣王，威武守军张榜，这是符合旧典的。可能因为刚刚授将帅，用敕书昭谕所守的本镇，这也是唐朝时亲王担任职名不亲往任职的规矩。倘若封王，有时以国而封如周王、鲁王，有时以州而封如兖

　　陈自明（晦）绍熙（光宗）初宏辞已入等，同试者摘《周五射记》用"襄尺"字，以为犯濮（安懿）王讳。（原注：襄音让。）庆元四年，从臣荐之，谓"襄"字虽同音，嫌名不当避，乃赐同进士出身。徐子仪嘉定中试，宏辞《甘石巫咸三家星图序》，引《周礼·篜人》"巫咸"，本注"巫"当为"筮"，非殷巫咸。主司黜之，而荐于朝。不数年，入馆掌制。

　　《易·观》初六注："处于观时而最远朝美。"汤邦彦字朝美本此。《列子》曰："务外游，不如务内观。"陆游，字务观，本此。（原注：魏傅嘏字兰石，本《淮南子·说林训》："兰生而芳，石生而坚"。唐皇甫湜字持正，本《诗》"湜湜其沚"笺。黄鲁直之字本柳子《先友记》："王绂有学术鲁直"。）

　　朱文公门人晏渊。晏，音缓。晋有晏清。
　　西王母，《山海经》云："状如人，狗尾，蓬头，戴胜，善啸，居洵水之涯。"《穆天子传》注云："虎齿蓬发。"

　　《汉·天文志》："天暒而见景星。"注："暒，精明也。"《集韵》云："晴字。"
　　《易纬是类谋》曰："民衣雾，主吸霜，间可倚杵于何藏？"《河图挺佐一辅》曰："百世之后，地高天下；千岁之

王、雍王之类，但并没有实质上拥有这些地方。咸淳二年，我负责草拟封福王的诰命，院吏想要将布政榜下达福州，我引用从前的事例张榜于其所领的两镇。

陈自明（晦）绍熙（光宗）初年参加宏辞科考已经及第，一同参试者摘取其《周五射记》中所用的"襄尺"二字，认为他犯了濮（安懿）王的讳。（原注：襄读音为让。）庆元四年，大臣推荐陈自明，认为"襄"字虽然同音，但与姓名音同音近的字不当避，于是赐他进士出身。徐子仪嘉定年中参加科举，作《甘石巫咸三家星图序》，引用《周礼·篓人》中的"巫咸"，本于注释中"巫"当为"筮"，指的并非殷代的巫咸。主考官没有录用他，但是推荐他入朝。没过几年，便入馆掌管礼制。

《易·观》初六注释说："处于观时而最远朝美。"汤邦彦字朝美本源于此。《列子》有说："务于在外游历，不如务于向内自观。"陆游，字务观，本源于此。（原注：曹魏时期的傅嘏字兰石，本自《淮南子·说林训》："兰草生而芳香，磐石生而坚固"。唐朝的皇甫湜字持正，出自于《诗经》"湜湜其沚"的笺注。黄庭坚之字出于柳宗元《先友记》："王纡有学术鲁直"。）

朱熹的门人晁渊。晁，读音为缓。晋朝时有人名为晁清。

西王母，根据《山海经》记载："她的外形像人，有一条狗尾，头发蓬乱，佩戴头冠，善于长啸，居住在汹水涯岸。"《穆天子传》注释中形容她："有老虎的牙齿和蓬乱的毛发。"

《汉书·天文志》记载说："天气晴朗可以看到德星。"注释中说："暒，意为精明。"《集韵》解释说："（暒）乃晴字。"

《易纬是类谋》记载说："人民以雾为衣，人主以霜为食，二者（指人民与君主）如此相近，又能藏于何处呢？"《河图挺

后，天可倚杵。”（原注：杨文公诗有“倚杵碧天”之句。）

《士冠礼》“眉寿万年”，（郑注：）古文“眉”作“麋”。《博古图·雠公缄鼎铭》：“用乞麋寿，万年无疆。”

《集韵》：“吴人谓赤子曰䏔𤙅。”音鸦牙。《杂记》注：“婴，犹鷖弥也。”“中路婴儿”句注《孟子音义》：“倪，谓緊。倪，小儿也。”

《周礼·辀人注》：“鳋，鱼字。”以鱼名为字，亦奇语也。

《石鼓文》：帛鱼䲙䲙。又云：“有鳟有鮊。”即白鱼也。

《春秋》正义：手五指之名曰：“巨指、（原注：《仪礼·大射》、《孟子》云“巨擘”。）食指、（原注：《左传》。）将指、（原注：《仪礼·大射》注。）无名指、（原注：《孟子》。）小指。”（原注：《仪礼·特牲馈食》、《少牢馈食》云季指。）

《馆阁书目》：“《蚕书》一卷，南唐秦处度撰。以九州蚕事，独兖州为最。”按《蚕书》见秦少游《淮海后集》。少游子湛，字处度。以为南唐人，误矣。

“水母目虾”，见郭景纯《江赋》。栾城（《次韵王巩见寄》）诗云：“去住由人真水母，箪瓢粗足似山雌。”

殷芸《小说》：“蔡司徒说在洛见陆机兄弟，住参佐廨中，三间瓦屋，士龙住东头，士衡住西头。”东坡诗：“自甘茅

佐一辅》曰："百世之后，大地将与天齐；千岁之后，天与地几乎完全相同。"（原注：杨亿诗中有"倚杵碧天"之句。）

《士冠礼》中有"眉寿万年"，（郑注：）古文中"眉"写作"麋"。《博古图·雕公缄鼎铭》中记载："用以乞求麋寿，以得万年无疆。"

《集韵》记载说："吴人称小孩子为㹳犴。"读音为鸦牙。《杂记》注释中说："嫛，犹翳弥也。""中路婴儿"句注《孟子音义》说："倪，读作緊。倪，指的是小孩。"

《周礼·辀人注》："鰌，乃是鱼字。"以鱼名为字，亦是奇语。

《石鼓文》中有：帛鱼鱍鱍。又说："有鳟有鲦。"指的是白鱼。

《春秋》正义记载：手上五指分别名为："巨指、（原注：《仪礼·大射》《孟子》中称为"巨擘"。）食指、（原注：《左传》。）将指、（原注：《仪礼·大射》注。）无名指、（原注：《孟子》。）小指。"（原注：《仪礼·特牲馈食》、《少牢馈食》称为季指。）

《馆阁书目》记载："《蚕书》一卷，是南唐时秦处度所撰。《蚕书》认为九州的养蚕技术，唯独兖州最佳。"我注意到《蚕书》的记载可见于秦观《淮海后集》。秦观之子秦湛，字处度。《馆阁书目》以为他是南唐人，这是不对的。

"水母目虾"一语，见于郭璞的《江赋》。苏辙（《次韵王巩见寄》）诗云："何去何从任由别人掌控真是毫无主见，箪瓢屡空却安贫乐道才是真隐士。"

殷芸《小说》记载说："司徒蔡谟曾说在洛阳见过陆机兄弟，他们当时住参佐办公的地方，共有三间瓦屋，陆云住东头，

屋老三间。"简斋《咏怀》诗:"士龙同此屋三间。"又《寓居刘仓廨中晚步》诗云:"士衡去国三间屋。"

《唐·西域传》:末禄有军达、泥婆罗献波稜,皆菜名也。(原注:张文潜谓波稜,自坡陵国来。)

吕成公曰:"秦多良医。医缓、医和,皆秦人。"(见《左传》。)

《尸子》亦云:"医䟫者,秦之良医。"巫彭作医。(原注:《吕氏春秋》。)岐伯祖世之师曰僦贷季。(原注:《素问》。)上古医曰苗父。(原注:《说苑》。)黄石圯老教授福州,闻李葵、李楠、林之奇为众推服,即走其家,备礼延致。吕太史《祭林宗丞少颍文》,所谓"二李伯仲",盖葵之子楠、樗也。(原注:葵字袭明。子楠,字和伯;樗,字迁仲。)"里居之良,若方若陆;旁郡之士,若胡若刘。"(原注:方德顺,陆亦颜,胡原仲,刘致中,见吕居仁《寄和伯少颍迁仲诗》。)

齐斋倪公思《三戒》:不妄出入,不妄语言,不妄忧虑。

吕成公谓:"争校是非,不如敛藏持养。"

李猷护陈东之丧,黄子游赗欧阳澈之葬,皆义烈士也。李,明人,黄亦寓居焉。志吾乡人物者,宜特书之,以厉浇俗。

陆机住西头。"苏轼有诗："甘愿身居茅屋三间。"陈与义《咏怀》诗云："士龙同此屋三间。"又有《寓居刘仓廨中晚步》诗云："士衡去国三间屋。"

《唐书·西域传》记载：末禄有军达、泥婆罗献波稜，都是菜名。（原注：张耒称波稜，是从坡陵国来。）

吕祖谦说："秦国多良医。医缓、医和，都是秦人。"（见《左传》。）

《尸子》也说："医㝢，乃是秦国的良医。"巫彭作医官。（原注：出自《吕氏春秋》。）岐伯祖世之师为僦贷季。（原注：出自《素问》。）上古时有名医，名为苗父。（原注：出自《说苑》。）黄石（黄坯老）担任福州教授时，听闻李葵、李柟、林之奇为众人推服，于是去他们家中走访，准备礼品以请。吕伯恭《祭林宗丞少颖文》中，所说"二李伯仲"，可能指的是李葵之子李柟、李樗。（原注：李葵字袭明。他的儿子李柟，字和伯；李樗，字迂仲。）"身居乡里时品行良善，就像方、陆二人；与他们交往的其他郡的士人，就像胡、刘二人。"（原注：方德顺，陆亦颜，胡原仲，刘致中，见吕本中《寄和伯少颖迂仲诗》。）

齐斋倪公思《三戒》说：不随意出入，不妄加语言，不放任忧虑。

吕祖谦曾说："在小是非上争先，不如收敛锋芒修身养性。"

李猷护送陈东奔丧，黄子游救济欧阳澈安葬，都是重情义的烈士。李猷，奉化人，黄子游也是寓居于此。这是我同乡值得记载的人物，应当专门记录，以激励风俗。

　　淳祐丙午, 衢士柴望上《丙丁龟鉴》, 其表云:"今来古往, 治日少而乱日多; 主圣臣贤, 前车覆而后车诫。"

　　张鷟自号浮休子, 李白有《赠参寥子》诗, 张芸叟、僧道潜复以自号。

　　近世记录多误,《无垢心传录》以王叔文之党"陆质"为"陆贽"。(原注: 质即陆淳, 非贽也。)

　　《磨衲集》, 王公庭秀作于绍兴壬子。考其论议, 以郑介夫为妄言, 陈少阳为鼓变, 是熙、丰之法度, 非元祐之纷更, 谓党人子孙为谬赏, 谓苏、黄文章为末艺。甚者, 拟程子之学于墨、释氏, 而以《易传》为谢、杨删润成书, 其反理诡道甚矣。诋赵、张二相尤力。盖自绍圣以来, 奸憸茂恶, 家以荆、舒为师, 人以章、蔡为贤, 邪说诐行, 沈酣入骨髓。更中天之祸, 萧艾不薙, 士习熟见闻。至绍兴间, 邪说犹肆行, 笔之简牍, 不耻也。是故人心不正, 其害烈于洪水猛兽。吁, 风俗移人, 可畏哉!

　　发汉陵者, 樊崇、董卓也。发唐陵者, 温韬也。恶复诛臻, 天道昭昭矣。

　　成汤、周公, 皆坐以待旦。康王晚朝, 宣王晏起, 则《关雎》作讽, 姜后请愆, 况朝而受业, 为士之职。《书》曰:"夙夜浚明有家。"《孝经》言卿大夫之孝, 引《诗》云:"夙夜匪懈"; 言士之孝, 引《诗》云:"夙兴夜寐。"《谗鼎之铭》曰:"昧旦丕显, 后世犹怠。"叔向所以戒也。(《左传》昭三

淳祐丙午，衢州士人柴望上呈《丙丁龟鉴》，其表说道："古往今来，和平的时日少而战乱的时日多；但若君主圣明臣子贤能，则前车之覆可做后车之诫。"

张鷟自号浮休子，李白有《赠参寥子》诗，张芸叟、僧道潜又以此为自号。

近世人的历史记录多有错误，《无垢心传录》以王叔文的同党人"陆质"为"陆贽"。（原注：陆质即是陆淳，不是陆贽。）

《磨衲集》，王庭秀作于绍兴壬子年间。考察其议论，他认为郑侠的主张是妄言，陈东是生事激变，肯定熙宁、元丰之法度，而不认同元祐之纷更，称党人子孙为奖赏不当，认为苏轼、黄庭坚的文章为末流技艺。更有甚者，认为程子之学属于墨子、佛家思想，同时主张《易传》为谢良心佐、杨简删润后成书，其违反常理的诡辩之道可见一斑。诋毁赵鼎、张俊二相尤为用力。大概是自绍圣以来，奸邪滋生，以荆、舒为师，以章、蔡为贤，邪说横行，深入骨髓。加上中天之祸，不肖之人不拔除，士人们逐渐习惯见闻。到了绍兴年间，邪说仍然犹肆意横行，把这些记录在史书简牍上，实在可耻。所以人心不正，危害远胜于洪水猛兽。唉，风俗化人，值得敬畏！

挖掘汉代皇陵的人，是樊崇、董卓。挖掘唐陵的人，是温韬。这些恶行罪该万死，这些人是逃不过昭昭天道的。

成汤、周公，都曾坐等天亮。周康王不理朝政，周宣王不愿早起，则有《关雎》讽谏，姜后请罪责罚，何况早起学习处理公务，乃是士人的职责。《书》说："日日夜夜家中有浚明之气。"《孝经》中论及卿大夫之孝，引《诗经》云："日日夜夜未曾懈怠"；言士人之孝，引《诗经》言："朝起晚睡。"《谀鼎之铭》说：

年。）"三晨晏起，一朝科头"，管幼安所以惧也。"在家常早起"，杜子美所谓质朴古人风者也。"鸡鸣咸盥栉，问讯谨暄凉"，朱子之诏童蒙也。"观起之蚤晏，知家之兴废"，吕子（成公）之训门人也。"起不待鸣鸡"，陆务观《示儿》之诗也。"鸡鸣率家人同起，不可早晏无常"，叶少蕴与子之书也。"鸡鸣而起，决择于善利之间"，为舜而已矣。

晋殷仲堪父师病积年，衣不解带，躬学医术，究其精妙。北齐李元忠母多病，专心医药，研习积年，遂善方技。（见《北齐书》本传。）李密母患积年，精习经方，洞闲针药，母疾得除。隋许智藏祖道幼，以母疾，究极医方，诫诸子曰："为人子者，尝膳视药，不知方术，岂谓孝乎？"（见《隋书·文艺·许智藏传》。）文中子母铜川夫人好药，子始述方。见《中说·天地篇》。唐王勃谓："人子不可不知医。"时长安曹元有秘术，勃从之游，尽得其要。（见《唐书·文艺传上》。）甄权以母病与弟立言究习方书。见（《唐书·方技传》。）王焘母有疾，视絮汤剂，数从高医游，遂穷其术。见（《唐书·王珪传》。焘，珪之孙也。》李逢吉父颜有锢疾，自料医剂，遂通方书。杜鹏举母疾，与崔沔同授医萧亮，遂穷其术。程子曰："事亲者，不可不知医。"

康节邵子之先，世家于燕，父伊川丈人间道奔本朝。舍

"天不亮就起床，后世之人犹然懈怠。"叔向用以自戒。(《左传》昭公三年。)"许多清晨都早起，却一朝睡过头"，这是管幼安所担忧的。"在家常早起"，此乃杜甫所谓的质朴古人风。"鸡鸣时就要洗漱整理，问讯父母身上暖凉"，朱熹用以教育儿童。"观起床早晚，知家之兴废"，吕祖谦(成公)用以训示门人。"起不待鸣鸡"，陆游《示儿》诗所言。"鸡鸣率家人同起，不可早晚无常"，叶梦得与儿子的书信所言。"鸡鸣而起，决择于善利之间"，为圣人不过如此而已。

东晋殷仲堪之师常年患病，他衣不解带，亲自学习医术，医术高超。北齐李元忠的母亲多病，专心医药，研习多年，于是精通医术。(见《北齐书》本传。)李密之母患病积年，他精习经方，熟悉针药，母亲的疾病得以根除。隋朝许智藏的祖父许道幼，因为母亲染疾，他求遍医方，训诫诸子说："身为人子，虽然尝膳视药，但却不知方术，又怎能称得上孝顺呢？"(见《隋书·文艺·许智藏传》。)文中子的母亲铜川夫人喜好医药，文中子于是开始研究医方。(见《中说·天地篇》。)唐朝王勃说："身为人子不可不知医。"当时长安曹元有秘术，王勃跟从他游历，尽得其要领。(见《唐书·文艺传上》。)甄权因为母亲患病于是与弟弟立言要研究遍方书。(见《唐书·方技传》。)王焘母亲患有疾病，王焘于是研究汤剂，数次跟从名医学习，于是精通医术。(见《唐书·王珪传》。王焘，是王珪的孙子。)李逢吉的祖父李颜有锢疾，他便自学医剂，结果通晓方书。杜鹏举的母亲染疾，他与崔沔一同向萧亮学习医术，于是精通医术。程颐说："服侍亲长的人，不可不知医。"

邵康节邵雍的祖先，世代生活于燕地，其父伊川丈人前来

世禄为婺士，乃绝口不言。（原注：伯温子溥，自礼部郎使燕，道涿州良乡拜墓。洪业寺石刻，盖统和十年，伯温高大父所建。统和十年，岁在壬辰，本朝淳化三年也。至宣和六年壬辰，适百二十年，伯温记其异。今案宣和六年乃甲辰，非壬辰也。）

苏魏公（颂）《书帙铭》曰："非学何立？非书何习？终以不倦，圣贤可及。"蒲传正《戒子弟》曰："寒可无衣，饥可无食，至于书，不可一日失。"

《太史公素王妙论》曰："诸称富者，非贵其身得志也，乃贵恩覆子孙、泽及乡里也。黄帝设五法，布之天下，用之无穷，盖世有能知者，莫不尊亲，如范子可谓晓之矣。管子设轻重九府，行伊尹之术，则桓公以霸。范蠡行十术之计，二十一年之间，三致千万，再散与贫。"（原注：《史记正义》："《七略》云：司马迁撰。"见《越世家》注。）利者，夫子所罕言。又曰："如不可求，从吾所好。"太史公著论，以素王名而言求富之术，岂以家贫无财赂，有激而云，如《货殖传》之意欤？然何足以为"妙论"？

先圣冕服。祥符二年，赐曲阜文宣王庙冕九旒，服九章。熙宁八年，国子监言唐开元中尊孔子为文宣王，内出王者衮冕之服以衣之，宜用天子之制。礼院议依官品衣服，令用九旒。崇宁二年，改用冕十二旒，服九章。

投奔本朝。舍弃世代的官禄而为窭士，却绝口不言。（原注：邵伯温之子邵溥，以礼部郎身份出使燕地，道经涿州良乡前去祭拜家墓。洪业寺石刻，大概是统和十年，邵伯温高大父所建。统和十年，壬辰年间，是本朝淳化三年。至宣和六年壬辰，刚好一百二十年，邵伯温记其异常。如今宣和六年乃为甲辰，而非壬辰。）

苏魏公（颂）《书帙铭》曾说："不学习何以成人？不读书何以学习？长久坚持而不知疲倦，圣贤的境界就可以企及。"蒲宗孟《戒子弟》说："天寒可以没有冬衣，腹饥可以没有吃食，至于书，不可以一日不读。"

《太史公素王妙论》中说："那些被称作富者的人，不是因为人们看重他们自身得志，而是因为他们的富贵可以庇佑子孙、泽及乡里。黄帝设立五法，昭示天下，人们用之无穷，假如世上有能知者，没有人不会尊重亲长，比如范蠡可算得上是通晓之人。管仲设立轻重九府，行伊尹之术，则齐桓公得以称霸。范蠡行十术之计，二十一年间，多次致富千万，再散于贫穷之人。"（原注：《史记正义》记载："《七略》说：司马迁撰。"见《越世家》注。）利益，孔夫子很少谈论。又说："如果不可求得，那就顺从我所好之心。"司马迁著论，以素王的名义而言求富之术，岂不是因为家贫无财赂，应激而言，比如《货殖传》之意？这样何足以为"妙论"？

从前圣人冕服。祥符二年，赐曲阜文宣王庙冕九旒，服九章。熙宁八年，国子监称唐朝开元年中尊孔子为文宣王，内出王者当用衮冕之服为衣，应用天子之制。礼院提议依照官品制定衣服，令用九旒。崇宁二年，改用冕十二旒，服九章。

　　《礼记》于礼之变,皆曰"始":"孔氏之不丧出母,自子思始也";"士之有诔,自此始也";"邾娄复之以矢,盖自战于升陉始也";"鲁妇人之髽而吊也,自败于台鲐始也";"帷殡,非古也,自敬姜之哭穆伯始也";"庙有二主,自桓公始也";"丧慈母,自鲁昭公始也";"下殇用棺衣,自史佚始也";"庭燎之百,由齐桓公始也";"大夫之奏《肆夏》也,由赵文子始也";"大夫强而君杀之,义也,由三桓始也";"公庙之设于私家,非礼也,由三桓始也";"玄冠紫緌,自鲁桓公始也";"朝服之以缟也,自季康子始也""夫人之不命于天子,自鲁昭公始也";"宦于大夫者之为之服也,自管仲始也"。《左氏传》:"始用六佾",(《左传》隐五年。)"晋于是始墨",(僖三十三年。)"始厚葬",(成二年。)"始用殉",(成二年。)"鲁于是乎始髽",(襄四年。)"魏绛于是乎始有金石之乐",(襄十一年。)"始用人于亳社",(昭十年。)"鲁于是始尚羔",(定八年。)亦记礼之始变也。孔子恶始作俑者,始之不谨,末流不胜其敝。刘懋撰器物造作之始为《物祖》。刘孝孙、房德懋集经史为《事始》。(原注:冯鉴续《事始》,朱绘撰《事原》,高承增益为《事物纪原》。)然所载乃事物之始,不足以垂训戒。司马文正公(《论董淑妃谥议策礼》)言:"唐始令妃主葬日皆给鼓吹。非令典,不足法。"苏文忠公(熙宁三年《上神宗书》)言:"《春秋》书作丘甲,(襄十一年。)用田赋,(哀十二年。)皆重其始为民患也。《国史》记之曰:'青苗钱自陛下始。'岂不惜哉?"皆得谨始之义。

　　《礼记》中关于礼改变的记载，都称为"始"："孔氏不丧出母，自子思始"；"士人有诔，自此有始"；"邾娄以箭矢回复，大概是自从战于升陉开始"；"鲁国妇人发髽而吊，是自从败战于台鲐开始的"；"帷殡，并非古而有之，而是从敬姜哭穆伯开始"；"庙中有二主，是自桓公始"；"丧慈母，是自鲁昭公开始"；"下殇用棺衣，自史佚开始"；"庭燎之百，由齐桓公始"；"大夫奏《肆夏》之乐，由赵文子始"；"大夫过强而君主杀了他们，这是符合道义的，由三桓始"；"公庙却设于私家，这不符合礼制，由三桓始"；"玄冠紫緌，自鲁桓公始"；"以缟作为朝服，自季康子始""人不命于天子，自鲁昭公始"；"宦于大夫者为之服，自管仲始"。《左氏传》："始用六佾"，（《左传》隐公五年。）"晋国于是始墨"，（僖公三十二年。）"始厚葬"，（成公二年。）"始用殉"，（成公二年。）"鲁于是乎始髽"，（襄公四年。）"魏绛于是乎始有金石之乐"，（襄十一年。）"始用人于亳社"，（昭公十年。）"鲁于是始尚羔"，（定公八年。）也是记礼之始变。孔子厌恶始作俑者，如果开始得不严谨，则末流之人就不能承受其流弊。刘懋撰写器物造作之始的记载而又为《物祖》。刘孝孙、房德懋搜集经史鸡杂为《事始》。（原注：冯鉴续写《事始》，朱绘编撰《事原》，高承增益为《事物纪原》。）然而这些记载乃是事物之始，不足以垂训后世。司马光（《论董淑妃谥议策礼》）说："唐朝开始有妃子主葬日都允许鼓吹的规矩。这并非旧典，不足效法。"苏轼（熙宁三年《上神宗书》）说："《春秋》书作丘甲，（襄公十一年。）用田赋，（哀公十二年。）都是看重其始为人民之患。假如《国史》记载：'青苗钱法是自陛下开始。'岂不令人惋惜？"都有得圣人慎重"始"之义。

《周易集林·杂占》曰："占天雨否，外卦得阴为雨，得阳不雨。其爻发变，得坎为雨，得离不雨。巽化为坎，先风后雨；坎化为巽，先雨后风。"

江总诗："聊以著书情，暂遣他乡日。"元城刘公岁晚闲居，或问先生何以遣日？公正色曰："君子进德修业，惟日不足，而可遣乎？"

陈正献公疏曰："惩羹者必吹于齑，伤桃者或戒于李。"《楚辞·惜诵》云："惩热羹而吹齑。"《北梦琐言》："唐明宗不豫，冯道入问曰：'寝膳之间，宜思调卫。'指果实曰：'如食桃不康，他日见李思戒。'"

尹和静谓"动静一理"。伊川曰："试喻之。"适闻寺钟声，曰："譬如此寺钟，方其未撞时，声固在也。"伊川喜曰："且更涵养。"朱文公在同安，夜闻钟鼓声，听其一声未绝，而此心已自走作，因此警惧，乃知为学须专心致志。先儒于钟声之入耳，体察如此。

东坡《策别》"均户口"曰："当成、康刑措之后，其民极盛之时，九州之籍，不过千三万四千有余。夫地以十倍，而民居其一。"按《晋书·地理志》："民口千三百七十一万四千九百三十三，盖周之盛也。"（原注：见《帝王世纪》。）吴仁杰《盐石新论》，取《潜夫论》："洗金以盐，攻玉以石。"

《周易集林·杂占》说："占卜天是否会下雨，假如外卦得阴为雨，得阳则不下雨。其爻文变化，得坎为雨，得离则不下雨。巽化为坎，先风后雨；坎化为巽，先雨后风。"

江总诗云："姑且通过写作抒发情感，暂时消遣在他乡的日子。"元城刘公岁末闲居在家，有人问先生如何消遣时日？刘公严肃地说："君子进德修业，只会担心恐时日不足，哪有可以消遣的？"

陈正献公上疏说："被热羹烫到过的人就算是品尝捣碎的姜末蒜末韭菜末时也必定会吹一吹，曾经因为吃桃而伤身的人可能也不再会去吃李子。"《楚辞·惜诵》说："被热羹烫到过因而吹碎韭菜。"《北梦琐言》记载说："唐明宗身体不适，冯道入宫问候：'就寝膳食之间，应当多加调理。'指果实说：'假如吃桃子不舒服，他日看见李子也要戒食。'"

尹和静有所谓的"动静一理"。程颐问他："请试着解释一下。"刚好听闻寺庙钟声，尹和静就说："譬如这寺庙的钟声，在钟还没有撞的时候，声音就已经在了。"程颐高兴地说："好好涵养吧。"朱熹在同安，夜晚听见钟鼓声，一声之后声音未绝，而此心已经自散漫，因此警惧，乃知治理学问须专心致志。先儒于钟声入耳，体察如此深刻。

苏轼《策别》"均户口"说道："当年周成王、周康王置刑法而不用之后，正是人民极盛之时，九州户籍，不过千三万四千有余。假如说地有十倍，而百姓居住于其中之一。"根据《晋书·地理志》记载："人民有千三百七十一万四千九百三十三，可见周朝之盛。"（原注：见《帝王世纪》。）吴仁杰的《盐石新论》，取自于《潜夫论》中的："洗金以盐，攻玉以石。"这一句。

土牛之法，以岁之干色为首，支色为身，纳音色为腹。以立春日干色为角耳尾，支色为胫，纳音色为蹄。景祐元年，以《土牛经》四篇颁示天下，丁度为序。

《黄石公记》云："黄石，镇星之精也。黄者，镇星色也。石者，星质也。"（见《太平御览》六。）东坡以圯上老人为隐君子。

成都石经，孟蜀所刻。于唐高祖、太宗之讳，皆缺画。范鲁公相本朝，其《诫子侄诗》曰："尧舜理日，深泉薄冰。"犹不忘唐也。

刘梦得（《上杜司徒书》）曰："于窃鈇而知心目之可乱，于掇蜂而知父子之可间，于拾煤而知圣贤之可疑。"东坡《辩策问奏札》引之，而改"掇蜂"一句云："于投杼而知母子之可疑，于拾煤而知圣贤之可惑。"

晁文元公平生不喜术数之说，术者尝以三命语之。公曰："自然之分，天命也；乐天不忧，知命也；推理安常，委命也。何必逆计未然乎？"慈湖先生谓真文忠公曰："希元有志于学，顾未能忘富贵利达，何也？"公莫知所谓，先生曰："子尝以命讯日者，故知之。夫必去是心，而后可以语道。"

张文潜《寓陈杂诗》言颜平原事，误以卢杞为元相国。

李长吉有《春归昌谷诗》，张文潜《春游昌谷访长吉故居》云："惆怅锦囊生，遗居无复处。"（原注：在河南福昌县

土牛之法，以每年天干代表之色为首，地支代表色为身，纳音之色为腹。以立春日天干色为角、耳、尾，地支之色为胫，纳音之色为蹄。景祐元年，把《土牛经》四篇颁示天下，丁度为其作序。

《黄石公记》一书中记载："黄石，乃是镇星的精华。黄，为镇星色。石，为星质。"（见《太平御览》六。）苏轼认为圯上老人乃是归隐君子。

成都石经，是孟蜀所刻。为了避唐高祖、太宗之讳，所以字都有缺漏。范质担任本朝宰相，其《诫子侄诗》说："尧舜理日，深泉薄冰。"可见其心中仍不忘唐朝。

刘梦得（《上杜司徒书》）说道："从窃铁一事而知心目可以被扰乱，从掇蜂一事而知父子可以被离间，从拾煤一事而知圣贤可以被怀疑。"苏轼《辩策问奏札》引用了这段话，但改"掇蜂"一句为："从投杼一事而知母子之间关系也可疑，从拾煤一事而知圣贤之中也会被质疑。"

晁迥平生不喜欢术数之说，有数术者曾经以三命告诫他。晁公说："自然之分，乃是天命；乐天不忧，乃是知命；推理安常，乃是委命。人又何必计划那些未发生的事情呢"杨简对真德秀说："希元有志于学，但未能忘却富贵利达，这是为什么？"真德秀不知其所谓何事，先生说："您曾以命训诫别人，就能知道。必须要去除得失心，而后才可以语道。"

张耒《寓陈杂诗》记载颜真卿的事迹时，误以卢杞为元朝相国。

李贺有《春归昌谷诗》，张耒《春游昌谷访长吉故居》诗云："心生惆怅锦囊中诗作便生，诗人的遗居如今又在何处。"

三乡东。)《唐六典》(十四"按摩博士一人,从九品下"注:)
"崔寔《正论》云:'熊经鸟伸,延年之术,故华佗有六禽之
戏,魏文有五搥之锻。'"《后汉·华佗传》云"五禽"。

《诗释文》:"《草木疏》云:'葑,芜菁也。'郭璞云:
'今菘菜也。'案,江南有葑,江北有蔓菁,相似而异。"(以
上《邶·谷风·释文》。)张文潜(《郭园送芜菁感成长句》)
诗:"芜菁至南皆变菘,菘美在上根不食。瑶簪玉笋不可见,
使我每食思故国。"

司空表圣《题东汉传后》有取于陈太丘之容众,郭有道
之诱人。此表圣所以自处也。
《化书》曰:"奢者富不足,俭者贫有余。奢者心常贫,
俭者心常富。"(见《俭化篇》。)季元衡《俭说》曰:"贪饕
以招辱,不若俭而守廉。干请以犯义,不若俭而全节。侵牟
以聚仇,不若俭而养福。放肆以逐欲,不若俭而安性。"皆
要言也。

荀悦《申鉴·政体篇》曰:"睹孺子之驱鸡,而见御民之
术。孺子之驱鸡,急则惊,缓则滞,驯则安。"许浑诗:"遁
迹驱鸡吏。"
司马公时至独乐园,危坐读书堂,尝云:"草妨步则薙
之,木碍冠则芟之,其他任其自然,相与同生天地间,亦各
欲遂其生耳。"张文潜《庭草》诗云:"人生群动中,一气本

（原注：在河南福昌县三乡东部。）《唐六典》（十四"按摩博士一人，从九品下"注释：）"崔寔《正论》曾说：'熊经鸟伸，乃是延年之术，所以华佗有六禽之戏，魏文有五搥之锻。'"《后汉书·华佗传》记载为"五禽"。

《诗释文》记载说："《草木疏》有言：'葑，即是芜菁。'郭璞注释说：'即是今天所说的菘菜。'我认为，江南地区有葑，江北地区有蔓菁，外形相似但本质不同。"（以上出自《邶·谷风·释文》。）张耒（《郭园送芜菁感成长句》）诗云："芜菁到了南方都变成了菘，菘美味的地方在上部而根部不可食。如今瑶簪玉笋不可见，使我每次吃饭都思念故土。"

司空图《题东汉传后》中记载他有取于陈寔善于容人，郭泰循循善诱。此乃司空图用以自处之道。

《化书》中说："奢侈之人虽富但却总是不够用，俭朴之人虽贫却总是有余。奢侈者内心总是贫乏，俭朴者内心常常富足。"（见《俭化篇》。）季元衡《俭说》有言："因为贪婪而招致侮辱，不如安于俭朴而守住清廉。因为请托而违背道义，不如安于俭朴而保全名节。因为侵掠而引来仇恨，不如安于俭朴而善养福泽。放纵自我追逐欲望，不如保持勤俭而安养性情。"这些都是至理名言。

荀悦《申鉴·政体篇》记载说："目睹小孩子赶鸡，可见君王御民之术。小孩赶鸡，若是着急则鸡群惊慌，若是迟缓则鸡群滞慢，只有驯服它们才行。"许浑有诗云："遁迹驱鸡吏。"

司马光有时到独乐园，高坐于读书堂，曾说："庭草若是妨碍走路就要修剪它们，树木若是阻碍冠帽就要修理它们，其他时候任其自然生长，人与草木同生天地间，亦当各自顺遂其生长

不殊。奈何欲自私，害彼安其躯。"亦此意也。观此则见周子窗前草不除之意。

王涣之曰："乘车常以颠坠处之，乘舟常以覆溺处之，仕宦常以不遇处之，无事矣。"此言近于达者。

"民不可与虑始"，商鞅之变法也；"百姓何足与议"，董卓之迁都也。咈百姓以从己欲，其效可睹矣。

后魏温子升《阊阖门上梁祝文》云："惟王建国，配彼太微。大君有命，高门启扉。良辰是简，枚卜无违。雕梁乃架，绮翼斯飞。八龙杳杳，九重巍巍。居宸纳祜，就日垂衣。一人有庆，四海爰归。"此上梁文之始也。（原注：儿郎伟，犹言儿郎懑。攻媿尝辩之。）

真文忠公《送陈瑞父宰武义序》曰："仁义足以包宽严，而宽严不足以尽仁义。"

傅玄《席铭》，左端曰："闲居勿极其欢。"右端曰："寝处毋忘其患。"左后曰："居其安，无忘其危。"右后曰："惑生于邪色，祸成于多言。"《冠铭》曰："居高无忘危，在上无忘敬。惧则安，敬则正。"《被铭》曰："被虽温，无忘人之寒。无厚于己，无薄于人。"

梁元帝《孝德传·天性赞》曰："欲报之德，不可方思；涓尘之孝，河海之慈。"（见《艺文类聚·孝部》。）即孟东野"寸草报春"之意。

的规律。"张耒《庭草》诗有言："人生于众多生命中，一气本没有什么特殊的。奈何人总是内心自私，妨害别的生命来保全自己。"也是这个意思。观此则可见周敦颐窗前草不除之意。

王涣之曾这样说过："乘车时常以将要坠落车下而自处，乘舟时常以将要翻船落水自处，当官时常以无法知遇而自处，则人生可无事。"这番发言很像豁达通透之人所说。

"在国家方针大政的最初策划阶段不应让百姓参与"，此乃商鞅变法之道；"老百姓哪里有资格参与议事"，此乃董卓迁都所说。违逆百姓以满足个人己欲，其结果有目共睹。

后魏温子升《阊阖门上梁祝文》曾说："惟王建国，配彼太微。大君有命，高门启扉。良辰是简，枚卜无违。雕梁乃架，绮翼斯飞。八龙杳杳，九重巍巍。居宸纳祜，就日垂衣。一人有庆，四海爱归。"此乃上梁文的先声。（原注：儿郎伟，也有说法是儿郎懑。楼钥曾经分辨过。）

真德秀《送陈瑞父宰武义序》说："仁义足以包容宽严，但宽严不足以尽仁义。"

傅玄的《席铭》中，左端说："闲居时勿要穷极欢娱。"右端说："安寝处毋要忘记忧患。"左端之后说："居于安定，莫忘潜在的危险。"右端之后说："迷惑生于邪色，灾祸成于多言。"《冠铭》言："居于高位无忘危机，在上位时无忘尊敬。忧惧则安全，尊敬则正直。"《被铭》中说："被子里虽温暖，但不要忘记其他人的寒冷。不过分厚待自己，不随意轻薄他人。"

梁元帝《孝德传·天性赞》曾说说："欲报之德，不可方思；涓尘之孝，河海之慈。"（见《艺文类聚·孝部》。）即孟郊诗中"寸草报春"之意。

苏子由记杉谓："求之于人，盖所谓不待文王而兴者。"陈同甫之言梅也亦然。

汉桓永寿二年，户一千六百七万七千九百六十，至晋武太康元年平吴，户止二百四十五万九千八百四。（以上皆《晋书·地理志》文。）隋文开皇中，户八百七十万，至唐高祖武德初，户止二百余万，高宗永徽初，户仅及三百八十万。玄宗天宝末，户八百九十一万四千七百九，至肃宗乾元三年，户止一百九十三万三千一百三十四。兵祸之惨如此。

刘梦得《何卜赋》云："同涉于川，其时在风，沿者之吉，泝者之凶。同艺于野，其时在泽，伊穜之利，乃稑之厄。"东坡（《泗州僧伽塔》）诗："耕田欲雨刈欲晴，去得顺风来者怨。"本此意。

隋炀帝谓萧后曰："侬不失为长城公，卿不失为沈后。"长城公，谓陈后主；沈后者，后主之沈后也。《通鉴释文》以"沈"音"沉"，谓沉湎之后。误矣。

曾旼，字彦和，为《书解》，朱文公、吕成公皆取之。《馆阁书目》："《书讲义》，博士曾肢等解。"盖误以"旼"为"肢"。

"伐吴之役，利获二俊"，张华之称陆机、云也；"平齐之利，唯在于尔"，周高祖之谕李德林也。机、云于河桥之役，与王师为敌，其不忠大矣；德林愿以死奉杨坚，复以所

苏辙在文章中记杉木有言："将杉木比作人，大概就是那些不待周文王出现而能使国家兴盛天下之人。"陈亮记梅花用意也是如此。

汉桓帝永寿二年，有人口一千六百零七万七千九百六十户，到了晋武时期太康元年东吴被平定，人口只有二百四十五万九千八百零四户。(以上皆《晋书·地理志》记载的文字。)隋文帝开皇年间，有人口八百七十万，到了唐朝唐高祖武德初年，人口只有二百余万，高宗永徽初年，人口仅刚刚到三百八十万。玄宗天宝末年，人口有八百九十一万四千七百零九户，到了唐肃宗乾元三年，又只有一百九十三万三千一百三十四户。可见战争兵祸的惨烈景象。

刘禹锡《何卜赋》有言："一同步行于山川，其得时在于风，沿途者则吉，溯源者则凶。一同步行于荒野，其得时在于泽，早种晚熟者有利，晚种早熟者有厄。"苏轼(《泗州僧伽塔》)诗："耕田欲雨刈欲晴，去得顺风来者怨。"本于此意。

隋炀帝对萧后说："我不失为长城公，你不失为沈后。"长城公，指的是陈后主；沈后者，指的是陈后主的沈皇后。《通鉴释文》中认为"沈"读作"沉"，解释为沉湎玩乐的皇后。这是不对的。

曾旼，字彦和，他的著作《书解》，朱熹、吕祖谦都曾引用过。《馆阁书目》有这样的记载："《书讲义》，乃是博士曾肢等人所解。"大概是误把"旼"写成了"肢"。

"讨伐东吴之役，最大的收获是二位俊才"，张华用此以形容陆机、陆云；"平定齐的获利，只在于你"，周高祖以此比喻李德林。陆机、陆云在河桥之役，与王师为敌，他们不忠的罪过

以事齐者，事周矣，二国何利焉？是以持国必崇名节，持身必守行谊。

《录异传》曰："周时尹氏贵盛，五叶不别，会食数千人。遭饥荒，罗鼎作粥。"（案，见《初学记·食物部·粥类》。）《春秋》书尹氏，讥世卿，然能与周同盛衰者，亦有家法维持之也。近世纪舆地者，谓尹吉甫蜀人，为作清风堂，其谬妄甚矣。"物则秉彝"之诗，吉甫庶几知道者，而不能察掇蜂之谗，能知而不能行也。

《王羲之传论》："师宜悬帐之奇。"以卫恒《四体书序》考之，悬帐乃梁鹄书，非师宜官书也。

《说文》："朋"及"鹏"，皆古文"凤"字。宋玉曰："鸟有凤而鱼有鲲。"《庄子音义》崔譔云："鹏，音凤。"

王巾，字简栖，作《头陀寺碑》，《说文通释》以为"王中"。

封禅七十二家，管夷吾所记者十有二；（案，见《史记·封禅书》。）孟献子友五人，孟子所忘者三。记诵之学，勿强其所不知。

《集古录·李阳冰记》云："城隍神，《祀典》无之，吴越有尔。"按，北齐慕容俨镇郢城，城中先有神祠，俗号城隍神，（见《北齐书》本传。）则唐以前已有之。

很大；李德林甘愿以死报答杨坚，又以他侍奉齐的方式，侍奉周，这二国哪个获利了呢？所以扶持国家必须要推崇名节，个人立身必须要行仁义。

《录异传》记载："周朝时尹氏一族十分显贵，历经五世而家道不改，不仅平时养活了数千人。在遭遇饥荒时，还会用罗鼎煮粥赈灾。"（考据，见《初学记·食物部·粥类》记载。）《春秋》记载尹氏，讽刺他们的家族是世卿，然而其家族能与周朝同盛衰，可见也是有家法维持着的。近世有纪录地理人物的人，认为尹吉甫是蜀人，曾作清风堂，这个谬误非常严重。"物则秉彝"之诗，吉甫大概是知道的，但却不能觉察离间的谗言，可见他是能知而不能行。

《王羲之传论》记载说："有师宜悬帐之奇。"根据卫恒《四体书序》考察，悬帐指的是梁鹄的书法，并非师宜官的书法。

《说文》有这样的记载："朋"及"鹏"，都是古文"凤"字。宋玉说："鸟中有凤而鱼中有鲲。"《庄子音义》中崔譔说："鹏，读音为凤。"

王巾，字简栖，作《头陀寺碑》，《说文通释》将他记为"王中"。

曾封禅的七十二帝王，管仲所记的有十二个；（根据考据，见于《史记·封禅书》。）孟献子之友有五人，孟子所忘者有三人。记诵的学问，不要勉强其不知道的部分。

《集古录·李阳冰记》记载说："城隍神，《祀典》中没有记载，但在吴越一带有。"根据考察，北齐时慕容俨镇守郢城，城中有神接受祭祀，俗号为城隍神，（见《北齐书》本传。）可知城

　　唐子西《采藤曲》："鲁人酒薄邯郸围，西河渡桥南越悲。"（原注：下一句未见所出。）

　　《集古录·汉袁良碑》云："当秦之乱，隐居河洛。高祖破项，实从其册。天下既定，还宅扶乐。"欧阳公云："盖不知为何人也？"愚按《高祖纪》：三年，汉王自成皋入关，收兵欲复东。辕生说汉王曰："汉与楚相距荥阳数岁，汉常困。愿君王出武关，项王必引兵南走，王深壁，令荥阳、成皋间且得休息。使韩信等得辑河北赵地，连燕、齐，君王乃复走荥阳。如此则楚所备者多，力分，汉得休息，复与之战，破之必矣。"汉王从其计，出军宛、叶间。此即辕生也。（原注："辕"与"袁"同。）

　　《汉华山庙碑》："武帝立，宫曰集灵，殿曰存仙，门曰望仙。"欧阳公（《集古录跋尾》）云："集灵宫，他书皆不见，惟见此碑。"按《汉·地理志》："京兆华阴县太华山，在南有祠集灵宫，武帝起。"公偶未之考耳。

　　《容斋五笔》"石尤风"引陈子昂、戴叔伦、司空文明诗，意其为"打头逆风"也。李义山诗作"石邮"，（原注："来风贮石邮。"）杨文公诗亦作"邮"。（原注："石邮风恶客心愁。"）

　　古者，有常心曰士，无常心曰民，为己曰君子儒，为人曰小人儒。善利之间而舜、跖分焉，服言行而尧、桀异焉，仁义

隍神在唐朝以前就已有。

唐庚《采藤曲》说："鲁人酒薄邯郸围，西河渡桥南越悲。"（原注：下一句没见过其出处何在。）

《集古录·汉袁良碑》记载说："当时正值秦之乱，其人隐居河洛。汉高祖击破项羽，其人确实跟从高祖。天下既已平定，他回到家中安度余生。"欧阳修说："可能是不知道其为何人？"我根据《高祖纪》考证：三年，汉王自成皋进入关内，收兵想要再往东征。辕生劝说汉王："汉与楚距离荥阳数岁，汉军常常处于困顿中。希望君王您能出武关，项王必定带兵向南走，您让军队准备深垒，在荥阳、成皋间暂时休息。派遣韩信等人收复河北赵地，连通燕、齐，您再去荥阳。这样则楚军要应对的方向多，军力分散，汉军得以休息，再与楚军战斗，一定能击破他们。"汉王听从他的计谋，出军宛、叶之间。此人即辕生。（原注："辕"与"袁"同。）

《汉华山庙碑》记载说（此碑乃）："汉武帝所立，此宫名为集灵宫，此殿名为存仙殿，此门名为望仙门。"欧阳修（《集古录跋尾》）说道："集灵宫，在其他文献中皆不见，只见于此碑。"根据《汉书·地理志》记载："京兆华阴县的太华山，在南边有祠集灵宫，汉武帝所立。"欧阳修偶尔也有未曾考虑到的记载。

《容斋五笔》中的"石尤风"一语引用陈子昂、戴叔伦、司空曙之诗，解释其意为"打头逆风"。李商隐诗中写作"石邮"，（原注："来风贮石邮。"）杨亿诗中也作"邮"。（原注："石邮风恶客心愁。"）

在古时候，有恒常心的人被称为士，无恒常心的人被称为民，为己者为君子儒，为人者为小人儒。在善与利之间的抉择可

之心存与不存而人禽别焉。懔乎其可惧也。夫尚志谓之士，
行己有耻谓之士，否则何以异乎工商？特立独行谓之儒，通
天地人谓之儒，否则何以异乎老、释？困而不学则下民尔，
待文王而兴则凡民尔。无其实而窃其名，可以欺其心，不可
以欺其乡。

　　古者重长幼之序。齿幼位卑而名韦、杨二君，李翱所以
戒朱载言也。后生不称前辈字，刘元城所以称马永卿也。

　　李希烈之党有韩霜露，朱泚之党有李日月，逆侪之无天
甚矣。

　　柳芳《论氏族》曰："氏于事，则巫、乙、匠、陶。"按
《风俗通》，"乙"当作"卜"。

　　明州，开元二十六年置，讫于唐末，凡五乱。宝应元年，
袁晁陷明州，一也；贞元十四年，明州将栗锽杀其刺史卢云
以反，二也；乾符四年，王郢陷明州，三也；中和元年，鄮贼
钟季文陷明州，四也；景福元年，明州将黄晟自称刺史，五
也。

　　《通鉴》：浙西节度使裴璩败王郢，在乾符四年闰二
月。《纪》乃谓三年七月，当从《通鉴》。璩，字挺秀，见《世
系表》。

以区分舜与盗跖，在言行上的表现可以区分尧和桀，仁义之心存在与否决定了人与禽兽的分别。这多令人敬畏。崇尚远大志向的人被称为士，行动有礼知耻的人被称为士，否则和工人商人有什么区别呢？特立独行的人谓被称为儒，通晓天地的人被称为儒，否则和老庄、佛家有什么区别呢？处于困顿中不能实行学理之人属于下民，必须等到明主出现国家才能兴盛则属于凡人。并不符合事实却窃取这份名声，虽然可以欺骗自己的心，却不可以欺骗身边的人。

古时的人最注重长幼之序。年龄小而地位低则要称呼韦、杨二君，这是李翱用来告诫王载言的话语。后生不能称呼前辈的字，这是刘安世对马永卿所说的话。

李希烈的党人中有韩霜露，朱泚的党人中有李日月，这些逆党如此无法无天。

柳芳《论氏族》曾说过："根据从事的职业划分氏族，这样的姓氏有巫、乙、匠、陶。"根据《风俗通》记载，"乙"应写为"卜"。

明州，是唐玄宗开元二十六年所置，直至唐朝末年，历经五次战乱。宝应元年，袁晁攻陷明州，这是第一次；贞元十四年，明州反将栗锽杀害刺史卢云，这是第二次；乾符四年，王郢攻陷明州，这是第三次；中和元年，鄞县的贼人钟季文攻陷明州，这是第四次；景福元年，明州守将黄晟自称为刺史，这是第五次。

《通鉴》记载说：浙西节度使裴璩击败王郢，时间是在乾符四年闰二月。《纪》记载是乾符三年七月，应当以《通鉴》为准。裴璩，字挺秀，其人记载见《世系表》。

《孟子》曰："舜、跖之分，利与善之间也。"萧望之曰："尧、桀之分，在于义利而已。"

范文正公（《李卫公浙西述梦诗序》）谓："刘禹锡、柳宗元、吕温数人坐王叔文党，贬废不用。"（案，下云："览数君子之述，而礼意精密，涉道非浅，如叔文狂甚，义必不交。叔文以艺进东宫，人望素轻。然）《传》称叔文（知书，好论理道，为太子所信。顺宗即位，遂见用。）引禹锡等决事禁中。及议罢中人兵权，悟俱文珍辈，又绝韦皋私请，欲斩刘辟，其意非忠乎？皋衔之，（会顺宗病笃，皋）揣太子意，请监国而诛叔文，（宪宗纳皋之谋而行内禅。故当朝左右谓之党人者，岂复见雪。）《唐书》芜驳，因其成败而书之，无所裁正。（《孟子》曰：'尽信书，不如无书。'吾闻夫子褒贬，不以一疵而废其人之业也，因刻三君子之诗而复焉。至于柳、吕文章，皆非常之士，亦不幸之甚也。）韩退之欲作《唐一经》，'诛奸谀于既死，发潜德之幽光'，岂有意于诸君子乎？"

《淮南子·缪称训》："老子学商容，见舌而知守柔。"《文子·上德篇》云学常枞。（原注：《淮南》误。《说苑》亦云"常枞"。）

　　《孟子》中说道："舜、盗跖之间的分别，在于利与善之间的抉择。"萧望之说："尧与桀的差别，在于义利间的选择而已。"

　　范仲淹在(《李卫公浙西述梦诗序》)中曾说："刘禹锡、柳宗元、吕温数人因为身为王叔文党人而遭到牵连，被贬从此不受重用。"(根据记载，下文言："遍览这几位君子的自述，都是礼意精密，涉道非浅之人，像王叔文如此张狂，按照道义是必然不应与其交往的。王叔文因为才艺得以陪侍太子，人望素来很轻。然而)《传》称王叔文(熟读经书，喜欢谈论理道，为太子所信任。唐顺宗即位后，得以重用。)引荐刘禹锡等人在宫中决事。等到商议罢免中人兵权，违逆俱文珍等宵小之辈，又拒绝韦皋的私请，试图斩刘辟，其本意难道不是忠心的吗？韦皋心生怨恨，(正是顺宗病情严重时，韦皋)揣摩太子心意，请求太子监国并诛杀王叔文，(唐宪宗采纳韦皋的计谋而实行内禅。所以当朝官员称他们为党人，难道不是沉冤得雪。)《唐书》记载体例混乱，因为人的成败而决定其人记载，并未做出公正的裁决。(《孟子》中说道：'全部相信书，不如不看书。'我听闻孔夫子褒贬人物，不会因为一处瑕疵而抛弃其人之功业，因为之前刻写过赵盾、韩厥、魏绛这三位君子的诗，现重新刻写至于柳宗元、吕温擅作文章，都非庸碌之士，命运实在是不幸。)韩愈想要作《唐一经》，'将奸佞谄媚的小人诛杀，发掘君子身上被潜藏的德行之幽光'，难道不是有感于诸君子的遭遇吗？"

　　《淮南子·缪称训》记载："老子向商容学习，看见嘴里的舌头而悟出抱雌守柔的道理。"《文子·上德篇》记载所学的对象是常枞。(原注：《淮南子》所记有误。《说苑》中也是"常枞"。)

《唐·百官志》："守宫令。席寿三年，毡寿五年，褥寿七年。"（原注：语本《考工记》。）

北齐择卢思道之诗得八首，人称八米卢郎。（事见《北齐书》本传。）或谓"米"当为"采"。徐锴云："八米，以稻喻之，若言十稻之中得八粒米也。"

《燕丹子》："荆轲曰：高欲令四三王，下欲令六五霸。"（原注：四三王、六五帝、四三坟、六五典、三二曜、六五纬，皆本于此。）

《陆机传》云："弟云尝与书曰：'君苗见兄文，辄欲焚其笔砚。'"君苗，未知氏姓。考之《云集》，有《与平原书》云："前登城门，意有怀，作《登台赋》，极未能成而崔君苗作之，聊复成前意。"始知其为崔君苗也。

《文心雕龙·镕裁篇》云："士衡才优而缀辞尤烦，士龙思劣而雅好清省。"今观士龙《与兄书》曰："往日论文，先辞而后情，尚絜而不取悦。兄文章高远绝异，然犹皆欲微多，但清新相接，不以此为病耳。若复令小省，恐其妙欲不见。云今意视文，乃好清省，欲无以尚，意之至此，乃出自然。"

车永（茂安）外甥石季甫见使为鄮令，便道之职。茂安《与陆士龙书》曰："老人及姊自闻此问，不能复食。姊昼夜号泣，举家惨蹙。昨全伯始有一将来，是句章人，具说此

《唐书·百官志》记载："守宫令这个掌管宫殿铺设的官职。席的使用寿命为三年，毡的使用寿命为五年，褥的使用寿命为七年。"（原注：此语源出于《考工记》。）

北齐轩卢思道的挽诗八首，人称八米卢郎。（此事可见《北齐书》本传。）有人认为"米"字应当是"采"字。徐锴认为："八米，这是以稻米来比喻，意思是十米之中得八米。"

《燕丹子》有这样的记载："荆轲言：最好成就四三王并立，最差要让六五霸共存。"（原注：四三王、六五帝、四三坟、六五典、三二曜、六五纬这些说法，都是源出于此。）

《陆机传》记载说："弟弟陆云曾经写信给他说：'君苗看见兄长的文章，就想要烧掉自己的笔砚。'"君苗这个人，不知道他的具体姓名。根据《云集》考证，有《与平原书》记载说："之前登临城门，心中有怀，作《登台赋》，但未能写完整而崔君苗写了一首完整的《登台赋》，终于实现了我之前心意。"可知其为崔君苗。

《文心雕龙·镕裁篇》有言："陆机才华横溢而用辞繁琐，陆云才思不足而雅好清省。"如今来看陆云《与兄书》中说道："从前评论文章优劣，总是优先文辞而后情感，崇尚简洁而不取悦。兄长的文章高远绝异，但仍然所欲微多，倘若清新相接，则不会以此为弊病。倘若繁复不省，恐怕绝妙之处不可见。我如今看文章，重视简洁，崇尚无欲，文中意境流转，都是出于自然。"

车永（车茂安）的外甥石季甫被任命为鄮县的县令，可顺路任职。车茂安在《与陆士龙书》一文中说道："家中老人和姐姐自从听闻这个消息，再也吃不下东西。姐姐昼夜哭泣，全家都为

县既有短狐之疾，又有沙虱（原注：《玉篇》："虫穴也，房中切。"）害人。闻此消息，倍益忧虑。足下可具示土地之宜，企望来报。"士龙《答书》曰："县去郡治，不出三日，直东而出，水陆并通。西有大湖，广纵千顷；北有名山，南有林泽；东临巨海，往往无涯，泛船长驱，一举千里。北接青、徐，东洞交、广，海物惟错，不可称名。遏长川以为陂，燔茂草以为田，火耕水种，不烦人力。决泄任意，高下在心，举锸成云，下锸成雨，既浸既润，随时代序。官无逋滞之谷，民无饥乏之虑，衣食常充，仓库恒实。荣辱既明，礼节甚备，为君甚简，为民亦易。季冬之月，牧既毕，严霜陨而兼葭萎，林鸟祭而蔚罗设，因民所欲，顺时游猎。结罝绕冈，密罔弥山，放鹰走犬，弓弩乱发，鸟不得飞，兽不得逸。真光赫之观，盘戏之至乐也。若乃断遏海浦，隔绝曲隈，随潮进退，采蚌捕鱼，鳣鲔赤尾，鲲齿比目，不可纪名。鲙鰌鳆，炙鲥鲦，烝石首，膻鲨鰂，真东海之俊味，肴膳之至妙也。及其蚌蛤之属，目所希见，耳所不闻，品类数百，难可尽言也。昔秦始皇至尊至贵，前临终南，退燕阿房，离宫别馆，随意所居，沉沦泾渭，饮马昆明，四方奇丽，天下珍玩，无所不有，犹以不如吴会也。向东观沧海，遂御六军南巡狩，登稽岳，刻文石，身在鄮县三十余日。夫以帝王之尊，不惮尔行，季甫年少，受命牧民，武城之歌，足以兴化，桑弧蓬矢，丈夫之志，经营四方，古人所叹，何足忧乎？且彼吏民，恭谨笃慎，敬爱官长，鞭朴不施，声教风靡，汉、吴以来，临此县者，无不迁变。尊大夫贤姊，上下当为喜庆。歌舞相送，勿为虑也。"茂安又答曰："于母前伏读三周，举家大小豁然忘愁。足下此书，足为典

此忧戚不已。昨日有一个人过来，是句章人，说此县既有蜮这种水怪的祸患，又有沙蝨（原注：《玉篇》释义："虫穴，房中切。"）害人。听到这一消息，更加忧虑。希望您能告知此地的详细情况，期待来报。"陆云《答车茂安书》说道："此县距离郡治，路程不出三日，从县城东方出发，水陆并通。西边有大湖，面积有千顷；北面有名山，南方有林泽；向东濒临大海，无边无涯，乘船向前，一举千里。向北接壤青、徐，向东连通交、广，海产丰富，不可称名。阻遏长川以成山陂，焚烧杂草作为田地的肥料，火耕水种，不需要耗费过多人力。河水决口泄洪十分随意，高下都在心中，农民举锸如云，下锸成雨，既已浸润土地，随时节代际。官员没有拖欠的赋税，百姓没有饥乏的顾虑，衣食常足，仓库常满。人民深明荣辱，很懂礼节，君王崇尚简朴，百姓也能生活简易。季冬之月，放牧既以完毕，严霜陨落而蒹葭枯萎，飞鸟归林而设好捕鸟网，顺着人民的心意，按照时节游猎。结好的捕兽网绕满山冈，密网遍布，放鹰放犬，弓弩乱发，鸟、兽就无法逃走。真是欣欣向荣的景观，游戏之至乐。至于断遏海浦，隔绝曲折，随潮水进退，采蚌捕鱼，有鳣鲔赤尾，鲲齿比目，各种各样的海鱼不可一一纪名。鲙鳎鲅，炙鲥鲦，烝石首，膗鲨鳖，无论哪种烹饪方式都是东海特有的美味，肴膳之至妙。至于蚌蛤之属，平时很是少见，也是偶尔听闻，品种有数百，难可尽言。昔日秦始皇至尊至贵，先去到终南，又退回阿房，离宫别馆，随意所居，沉沦泾渭，饮马昆明，四方奇丽，天下珍玩，无所不有，仍然感觉天下各处不如吴会。于是向东观沧海，御六军向南巡狩，登临稽岳，刻文于石，身在鄮县三十余日。以帝王之尊，不惮此行，石季甫正值年少，受命至此地任职，武城之歌，足以教化百姓，桑

诰, 虽《山海经》、《异物志》、《二京》、《南都》殆不复过也。恐有其言能无其事耳。"愚谓士龙之书笔势纵放, 真奇作也。可以补四明郡乘之阙遗, 故详著之。

《荀子·非十二子篇》曰: "正其衣冠, 齐其颜色, 嗛然而终日不言, 是子夏氏之贱儒也。"荀卿之讥毁过矣, 然因其言可以见子夏门人之气象。

秦之破楚也, 王翦至蕲南, 杀其将军项燕。楚之灭秦也, 陈涉起于蕲大泽中。同此地也, 出尔反尔, 天道昭昭矣。

东坡《观棋诗》"谁与棋者",《墨君堂记》"虽微与可, 天下其孰不贤之", 皆用《檀弓》文法。

《论语》"迅雷风烈必变", 错综成文。"春与猿吟兮, 秋鹤与飞", 本于此, 非始于"吉日辰良"。

徐仲车(积)谓: "尊官重禄, 人之所好也, 安肯曰'吾不才? 吾辱其位', 甚者, 亡人之国, 危人之天下不顾也。郑綮可谓知其量矣。"后村(刘克庄号)诗谓: "未必朱三能跋扈, 只因郑五欠经纶。"朱温之篡, 崔、柳诸人之罪也, 于郑

孤蓬矢，此乃丈夫之志，经营四方，向来为古人所赞叹，又有什么可忧虑的呢？况且那里的吏民，恭谨笃慎，敬爱官长，鞭扑不施，声教风靡，自从汉、吴以来，到临此县者，无不迁变。您家中尊老贤姊，上下应当高兴。以歌舞相送，无需多虑。"车茂安复信说："我于母亲身前伏读您的来信多次，全家老少豁然忘愁。您此封书信，足为典诰，就算是《山海经》、《异物志》、《二京》、《南都》大概也比不过。恐有其言能无其事。"我认为陆云此书笔势纵放，真是奇作。可以填补四明郡乘的阙遗，所以详细记录下来。

《荀子·非十二子篇》中说道："端正自己的衣冠，整理自己的颜色，洋洋自得又终日不言，这就是子夏氏一门贱儒的表现。"荀卿此番讥毁有些过分，但依旧能因其言以见子夏门人之气象。

秦军攻破楚国，王翦大军到了蕲南，击杀楚国将军项燕。楚军灭秦国，陈涉起义于蕲地大泽中。同一块地方，出尔反尔，可见天道昭昭。

苏轼《观棋诗》中说道"谁是参与下棋的人呢"，《墨君堂记》中说"虽然不赞成与可，但天下谁又觉得他不贤明呢？"，都使用了《檀弓》的文法。

《论语》中有"迅雷风烈必变"，错综其语以成文章。"春与猿吟兮，秋鹤与飞"，本出于此，并非始于"吉日辰良"。

徐仲车（徐积）说："尊贵的官职和丰厚的俸禄，这都是人心所好，怎么肯说'我没有这份才能？会辱没这个位子'？更有甚者，即使国家灭亡，陷天下于危机也不管不顾。郑綮可谓知道这些人的肚量。"后村（刘克庄的号）诗有言："朱三未必是跛尩，

紫何议焉?

宁宗阁名曰"宝章"。至和二年,五台山真容院太宗御书阁已曰"宝章"矣。

《水经注》(三十一"南阳叶邑"):"方城西有黄城山,是长沮、桀溺耦耕之所。有东流水,则子路问津处。《尸子》曰:'楚狂接舆耕于方城。'"(原注:方城在叶县,《郡国志》曰:"叶县有长城曰方城,楚邑也。"楚狂接舆、并耕沮溺、荷蓧丈人,一时在野之贤萃于楚国。圣人晚年眷眷于楚,有以也。胡明仲曰:'沮溺耦耕之地,史谓蔡也。'")

善读书者,或曰"此法当失",或曰"一卷足矣,奚以多为",或不求甚解,或务知大义。不善读者,萧绎以万卷自累,崔儦以五千卷自矜,房法乘之不治事,卢殷之资为诗。

"庙堂"二字,见《汉·徐乐传》云:"修之庙堂之上,而销未形之患。"《梅福传》云:"庙堂之议,非草茅所当言也。"刘向《九叹》云:"始结言于庙堂。"王逸注:"言人君为政举事,必告宗庙,议于明堂。"(原注:皆谓人君。今以为宰相,误矣。)

欧阳公记醉翁亭,用"也"字;荆公志葛源,亦终篇用"也"字,盖本于《易》之《杂卦》。韩文公铭张彻亦然。

东坡《钟子翼哀词》,以四言间七言,学《荀子·成相》。

只因郑五欠经纶。"朱温篡唐，乃是崔胤、柳璨诸人的罪过，与郑綮有什么关系呢？

宁宗的藏书阁名为"宝章"。至和二年，五台山真容院太宗御书阁已用"宝章"之名。

《水经注》（三十一"南阳叶邑"）记载："方城西边有黄城山，是长沮、桀溺曾经耕种的地方。东边的河水，则是子路问津之处。《尸子》有言：'楚狂接舆躬耕于方城。'"（原注：方城位于叶县，《郡国志》记载："叶县有长城名为方城，乃是楚国城邑。"楚狂接舆、与长沮、桀溺、荷蓧丈人都曾躬耕于此，一时间在野之贤人荟萃于楚国。圣人晚年眷恋楚地，可见一斑。胡明仲说：'长沮、桀溺耦耕之地，史书中称为蔡地。'"）

善于读书的人，要么说"此法当失"，要么说"一卷足矣，读那么多做什么呢"，要么不求甚解，要么只求知道个大概。不善读书之人，萧绎以读书万卷劳累自身，崔儦以读书五千卷而自我夸耀，房法乘为了读书而不治事，卢殷用书资以为诗。

"庙堂"二字，见于《汉书·徐乐传》记载："修议于庙堂之上，而消除潜在的隐患。"《梅福传》记载说："庙堂之议，非凡夫俗子所能言。"刘向《九叹》说："开始于庙堂商议。"王逸注："谈论人君为政的举措，必须告明宗庙，议于明堂。"（原注：这里所指的都是君主。今人以为所指宰相，是不对的。）

欧阳修记醉翁亭，常用"也"字；王安石志葛源，也是终篇都用"也"字，大概是源出于《易》之《杂卦》。韩愈为张彻作铭也是如此。

苏轼《钟子翼哀词》，以四言句间杂七言，是仿效《荀子·成

《诗·伐檀》毛氏传云："风行水成文曰涟。"老泉谓："'风行水上,涣',此天下之至文也",本于此。

南丰诗称昌黎之文云："并驱六经中,独立千载后。"

周恭叔《跋薛唐卿秦玺文》曰："呜呼斯乎!是尝去《诗》、《书》以愚百姓者乎?是尝听赵高以立胡亥者乎?是尝杀公子扶苏与蒙恬者乎?是尝教其君严督责而安恣睢者乎?使其玺不得传者斯人也,而其刻画,吾忍观之哉!"李微之《朝野杂记·乙集》五曰："秦玺者,李斯之鱼虫篆也,其围四寸。至汉谓之传国玺。迄于献帝所宝用者,秦玺也。历代皆用其名。永嘉之乱,没于刘石,永和之世,复归江左者,晋玺也。太元之末得自西燕,更涉六朝至于隋代者,慕容燕玺也。(原注:隋谓之神玺。)刘裕北伐,得之关中,历晋暨陈,复为隋有者,姚秦玺也。开运之乱,没于耶律,女真获之以为大宝者,石晋玺也。盖在当时,皆误以为秦玺,而秦玺之亡则已久矣。"以上皆《杂记》文。

受宝之礼,始于元符,再行于嘉定。皇帝恭膺天命之宝,至道三年,真宗即位制之。其后凡嗣位,则更制。乾兴元年仁宗即位,嘉祐八年英宗即位,至神、哲、徽,皆制是宝。嘉定十四年,京东河北节制使贾涉,缴进皇帝恭膺天命之宝,及元符三年御命之宝,及元符三年御府宝图一册。镇

相》。

《诗·伐檀》毛氏传说:"风吹拂过水面上形成的纹路称为涟。"苏洵曾说:"'风行水上,涣散开来',此乃天下至文",源出于此。

曾巩诗中称赞韩愈的文章:"并驱六经中,独立千载后。"

周行己《跋薛唐卿秦玺文》有言:"呜呼!您是曾经焚去《诗》、《书》以使百姓愚昧的暴君吗?是听从赵高而立胡亥的昏君吗?是杀害公子扶苏与蒙恬的皇帝吗?是曾对人民严刑峻法而自己享乐放纵的帝王吗?使这玉玺不得代代相传的就是这个人,如今对其刻画,我又怎么忍得下心去看!"李心传《朝野杂记·乙集》五记载:"秦玉玺,乃是李斯鱼虫篆所写,其围四寸。到汉朝称之为传国玺。到汉献帝所用的,仍旧是秦玺。历代皆用其名。永嘉之乱后,到刘渊、石勒手中失传,东晋永和年间,复归于江南的那方玉玺,乃是晋玺。太元之末从西燕所得,历经六朝至于隋代,乃是慕容氏所创的燕国玉玺。(原注:隋朝时称之为神玺。)刘裕北伐,在关中所得,经历晋到陈,又为隋朝所有,乃是姚氏所创的秦之玉玺。开运之乱后,失传于辽军,为女真获得以为是至宝的,乃是石敬瑭所创的后晋玉玺。大概在当时,人们都误以为是秦玺,实际上秦玺失传已久了。"以上都是《杂记》的记文。

受宝之礼,始于宋哲宗元符年间,宋宁宗嘉定年间再行。皇帝恭敬接受天命之宝,至道三年,宋真宗即位所制。之后凡新帝嗣位,则要改制。乾兴元年仁宗即位,嘉祐八年英宗即位,到神宗、哲宗、徽宗,都改制玉玺。嘉定十四年,京东河北节制使贾涉,进贡给皇帝恭膺天命之宝,到了元符三年又有御命之宝,以

江都统翟朝宗以玉检来上,其文若合符契。又得"受命于天,既寿永昌"玉玺。于是礼官奏受宝之礼,献之宗庙。明年正月朔旦,御大庆殿,受宝奉安天章阁。(原注:元符三年玉玺,盖徽宗即位所制。)

　　玺也而更为宝,瓯也而更为检。古者太史"奉讳恶",岂有是哉?

　　祖宗之制,不以武人为大帅,专制一道,必以文臣为经略,以总制之。咸淳末、(度宗。)德祐初,卖降恐后者,多武人也,其后文臣亦卖降矣。

　　后汉应劭有《汉官·卤簿图》,(原注:《汉官仪·卤簿篇》。)晋有《卤簿图》、《卤簿仪》,齐有《卤簿仪》,陈有《卤簿图》,唐有《大驾卤簿》一卷,王象画《卤簿图》。景德二年,王钦若上《卤簿记》三卷。天圣六年,宋绶上《卤簿记》十卷。景祐五年,绶取旧编,益新制,上《卤簿图记》十卷。政和七年,诏改修,宣和元年己亥书成,三十三卷,饰以丹采,益详备矣。

　　赵安仁(字乐道)作《戴斗怀柔录》,王晦叔作《戴斗奉使录》。戴斗,谓北方。(原注:《尔雅》:"北戴斗极为空桐。")击壤,周处《风土记》云:"以木为之,前广后锐,长尺三寸,其形如履。(原注:古儿童所戏之器,非土壤也。)先侧一壤于地,遥于三十四步,以手中壤击之,中者为上。

　　象山先生曰:"古者无流品之分,而贤不肖之辨严。后世有流品之分,而贤不肖之辨略。"

及元符三年的御府宝图一册。镇江都统翟朝宗进献玉玺，其上有文字符契。又得"受命于天，既寿永昌"玉玺。于是礼官进献受宝之礼，献于宗庙。第二年正月朔旦，皇帝亲临大庆殿，受宝奉安于天章阁。（原注：元符三年玉玺，大概是徽宗即位后所制的。）

玉玺中的"玺"逐渐变成"宝"，瓯也逐渐变更为检。古时太史所说的"奉讳恶"，难道会有这种事吗？

祖宗留下来的规矩，不可任命武人为大帅，否则必将专制一道，必须以文臣作为辅助，作为总管政事之人。咸淳末年、（度宗时。）德祐初年，卖国投降争先恐后的人里，大多是武人，之后文臣也开始卖国投降了。

后汉应劭有《汉官·卤簿图》，（原注：《汉官仪·卤簿篇》。）晋朝时有《卤簿图》、《卤簿仪》，齐有《卤簿仪》，陈有《卤簿图》，唐有《大驾卤簿》一卷，王象画有《卤簿图》。景德二年，王钦若进献《卤簿记》三卷。天圣六年，宋绶进献《卤簿记》十卷。景祐五年，总和旧编，增益新制，进献《卤簿图记》十卷。政和七年，下诏改修，宣和元年己亥图书编成，共有三十三卷，以丹彩装饰，更加详细完备。

赵安仁（字乐道）作《戴斗怀柔录》，王曙作《戴斗奉使录》。戴斗，意为北方。（原注：《尔雅》有言："北戴斗极为空桐。"）击壤这东西，周处《风土记》记载："以木头作为材料，前端宽广后部尖锐，长一尺三寸，其形状就像鞋子。（原注：古时的儿童所玩乐的器具，并非土壤。）先侧放一块壤于地上，在距离三十四步处，以手中的另一块壤抛击，中者为上。

陆九渊曾说："上古时期人物没有流品之分，而贤与不肖之间的分辨却十分严格。后世人物有流品之分，但是贤与不肖之

司马相如《谕巴蜀檄》曰："父兄之教不先,子弟之率不谨,寡廉鲜耻,而俗不长厚也。"汉时有此议论,三代之流风遗俗犹存也。

群居终日,言不及义,而险薄之习成焉;饱食终日,无所用心,而非僻之心生焉。故曰:"民劳则思,思则善心生。"寤寐无为,《泽陂》之诗所以刺也。

刘之道(辉)《上李肃之纳拜书》曰:"古之君子,一语默而礼义明,一施设而风俗厚。如释之进王生之袜,而汉世重名;如裴度当李愬之谒,而蔡人知礼。"

晁景迂曰:"博之以《五经》而约之以《孝经》、《论语》;博之以太史公、欧阳公《史记》而约之以《资治通鉴》。"康节先生《劝学》曰:"二十岁之后,三十岁之前,朝经暮史,昼子夜集。"学者当以此为法。

夫子雅言《诗》、《书》、执《礼》,而性与天道,高弟不得闻。程子教人《大学》、《中庸》,而"无极"、"太极",一语未尝及。

"巧言"为"辩","文子"为"学",宋景文云:"此后魏、北齐里俗讹字也。"

庾信《哀江南赋》:"章蔓支以毂走,宫之奇以族行。"

间的区别早已模糊。"

司马相如《谕巴蜀檄》曾这样说过:"做父亲兄长的教导不及时,做子弟的行为不严谨,寡廉鲜耻,所以淳善的风俗无法长久。"汉代时已经有这样的议论,如今三代之流风遗俗依然存在。

终日群居,所言皆不及道义,则狭隘凉薄之习渐渐养成;终日饱食,对任何事无所用心,则非议冷僻之心渐渐兴起。因此说:"百姓在劳动中得到思考,通过思考而向善之心萌生。"而无论是醒着还是睡着都无所作为,这正是《泽陂》诗中所讽刺的。

刘之道(刘煇)《上李肃之纳拜书》中说道:"古时的君子,一语言毕而礼义明了,措施确立而风俗淳厚。如张释之为王生穿袜,而汉代人敬重他的名声;如裴度接受李愬的拜谒,而蔡地之人以此知礼。"

晁景迁曾说:"知识渊博当读《五经》而钻研精深当读《孝经》《论语》;知识渊博当读以太史公、欧阳公《史记》而钻研精深当以《资治通鉴》。"邵雍先生《劝学》有言:"二十岁之后,三十岁之前,朝诵经书暮读史书,昼览子书夜观集书。"学者应当将此作为学习的方法。

孔子雅言《诗》、《书》、执讲《礼》,至于性与天道,即使是优秀的弟子也未曾听闻。程颐教人《大学》、《中庸》,而"无极"、"太极",一语未尝谈及。

"巧言"为"辩","文子"为"学",宋祁说:"此乃后魏、北齐的里俗讹字。"

庾信《哀江南赋》有言:"章蔓支以毂走,宫之奇以族行。"

《吕氏春秋》："中山之国有凤繇者，智伯欲攻之，铸大钟，方车二轨以遗之。凤繇之君将迎钟。赤章蔓枝谏，不用，断毂而行，至卫七日，而凤繇亡。"（原注：《文苑英华》作"慢支"，《艺文类聚》作"曼友"，皆误。）

宋次道《春明退朝录》，晁子止《昭德读书志》，考之《东京记》：朱雀门外天街东，第六春明坊，宋宣献公宅，本王延德宅。宣德门前天街东，第四昭德坊，晁文元公宅。致政后辟小园，号养素园，多阅佛书，起密严堂。

《吕氏春秋·慎大览》：伊尹奔夏，三年，反报于亳曰："桀迷惑于末嬉，好彼琬琰。"注云："琬，当作婉，婉顺阿意之人。或云美玉。"按《纪年》卷上云："桀伐岷山，得二女，曰琬，曰琰。斲其名于苕华之玉。苕是琬，华是琰。"（原注：注非。）

《新序·节士篇》介子推曰："谒而得位，道士不居也。"盖谓有道之士。《汉·京房传》"道人"，亦谓有道之人。《元和郡县志》："楼观，本周康王大夫尹喜宅也。穆王为召幽逸之人，置为道士。"《太霄经》以尹喜为尹轨。又谓：平王东迁洛邑，置道士七人。按《汉·郊祀志》注：汉宫阁疏云："神明台，高五十丈，上有九室，尝置九天道士百人。"盖自武帝始也。穆王、平王事不可考。

《吕氏春秋》记载："中山国内有一小国夙繇，智伯想要攻打它，便铸大钟，用二轨并驾的大车送给他们。夙繇国君前来迎接钟。赤章蔓枝进谏劝阻，国君不听，折断车毂而行，至卫国七日，而夙繇灭亡。"（原注：《文苑英华》作"慢支"，《艺文类聚》作"曼友"，都是不对的。）

宋敏求有《春明退朝录》，晁公武有《昭德读书志》，根据《东京记》记载考证：朱雀门外天街东边，第六春明坊，有宋宣献公宋绶的宅子，原本是王延德的家宅。宣德门前天街东边，第四昭德坊，乃是晁文元公晁迥的宅子。辞官归家后在宅中开辟小园，号为养素园，多藏有佛书，修密严堂。

《吕氏春秋·慎大览》有言：伊尹投奔夏，三年，返回报信于亳说："夏桀迷惑于游戏，迷恋女子琬琰。"注释言："琬，当作婉字，指的是婉顺阿意之人。也有一说琬是美玉的意思。"根据《纪年》卷上言："桀征伐岷山，得二女，一名为琬，一名为琰。刻其名于苕华之玉上。苕是琬，华是琰。"（原注：注释并非如此解释。）

《新序·节士篇》中介子推曾说："通过谒见而得到高位，得道之人不会这样做。"大概指的是有道之士。《汉书·京房传》中的"道人"，亦指的是有道之人。《元和郡县志》有这样的记载："楼观，原本是周康王大夫尹喜的家宅。穆王为了征辟招揽幽逸之人，在此安置有道之士居住。"《太霄经》把尹喜当作尹轨。又说：平王向东迁都洛邑，设置道士七人。根据《汉书·郊祀志》注释：汉宫阁疏言："神明台，高有五十丈，其上有九室，曾居住有九天道士百人。"大概是自从汉武帝开始的。周穆王、周平王事不可考。

道书有"赤明上皇无极永寿"之号。后周甄鸾著《笑道论》曰:"古先帝王,立年无号,至汉武帝始建元,后王因之。上皇之号,可笑之深。"(原注:《隋志》又有"延康"、"龙汉"、"开皇"。)

林灵素作《神霄录》,自公卿以下,群造其庐拜受,独李纲、傅崧卿、曾几移疾不行。(原注:宣政间,道教兴行,至有号为"女真"者,当时以为先兆。)

傅奕排释氏,谓:中国幻夫,模象庄、老,以文饰之。宋景文作《李蔚传赞》亦云:"华人之谲诞者,又攘庄周、列御寇之说佐其高。"然则释氏用老、庄之说也,非老、庄与释氏合也。朱文公谓:"佛家窃老子好处,道家窃佛家不好处。"愚尝观姚崇《诫子孙》曰:"道士本以玄牝为宗,而无识者慕僧家之有利,约佛教而无业。"斯言当矣。致堂谓:"经论科仪依仿佛氏而不及者,自杜光庭为之。"考诸姚崇之言,则非始于光庭也。

《北斗经》引"居其所而众星拱之",误以"北辰"为"北斗",盖近世依托为之。

鹤山云:"旁行敷落之教。"旁行,见《汉·西域传》。敷落,见《度人经》。

《汉·罽宾传》"塞种分散",颜师古注:"即所谓释种。按《增一阿含经》:"四河入海,无复河名。四姓为沙门,皆称释种。"石林叶氏《避暑录话》下云:"晋、宋间,佛学初行,其徒犹未有称僧,通曰道人。其姓皆从所授学,如

　　道书有"赤明上皇无极永寿"之号。后周甄鸾著《笑道论》记载说："上古的帝王，立年但没有年号，至汉武帝才开始建元，后来的帝王延续了这个规矩。上皇的年号，其谬误深为可笑。"（原注：《隋志》中又记载有"延康"、"龙汉"、"开皇"。）

　　林灵素作《神霄录》，百官自从公卿以下，都去他家拜见他并肯请他的教诲，唯独李纲、傅崧卿、曾几称病不去。（原注：宣政年间，道教大兴，直到有号为"女真"者，人们认为这是当时的先兆。）

　　傅奕排斥佛教，说：传入中国的佛幻，模仿庄、老，以文采矫饰。宋祁作《李蔚传赞》也说："国人中的谲诞者，又借用庄周、列御寇之说证明它的高明。"然则佛教用老、庄之说，并非是老、庄与佛教合流。朱熹认为："佛家窃取老子好处，道家窃取佛家不好处。"我曾观看姚崇《诫子孙》说："道士本以玄牝为宗，而见识不足者仰慕僧家有利，把佛教约束为没有因果。"这番话很恰当。胡寅说道："经论科仪仿依照佛教思想但实际不及，从唐代道士杜光庭开始。"考察姚崇之言，可知此言并非始于杜光庭。

　　《北斗经》引用"居其所而众星拱之"，误把"北辰"当作是"北斗"，大概是近世人假托造成的。

　　魏了翁说："旁行敷落之教。"旁行，见《汉书·西域传》记载。敷落，见《度人经》记载。

　　《汉书·罽宾传》中有"塞种分散"的说法，颜师古注释说："即所谓的佛教种。根据《增一阿含经》记载："四河汇入大海，河的名字就隐去了。四姓皆为沙门，所以皆称释种。"石林叶氏《避暑录话》下说道："晋、宋年间，佛学刚刚流行，其信徒

支遁本姓关，学于支谦为支；帛道猷本姓冯，学于帛尸梨密
为帛是也。至道安始言佛氏释迦，今为佛子宜从佛氏，乃请
皆姓释。"

《唐·回鹘传》："元和初，始以摩尼至。其法日晏食，
饮水茹荤，屏湩酪，可汗常与共国。"

说斋谓："老、庄之学，盛于魏、晋，以召五胡之乱。而
道、释之徒，皆自胡人崇尚，遂盛于中国。"（原注：释氏至
姚兴而盛，道家至寇谦之而盛。）诚斋谓："伊川之民，被发以
祭。君子已忧其戎，汉之君志荒而妖梦是践。吾民始夷乎
言，祝乎首以为好。此五胡、耶律之先驱也。"朱黼曰："三代
以上，不过曰天而止。春秋以来，一变而为诸侯之盟诅，再
变而为燕、秦之仙怪，三变而为文、景之黄、老，四变而为巫
蛊，五变而为灾祥，六变而为符谶。人心泛然，无所底止，而
后西方异说，乘其虚而诱惑之。"

《晋语》："西方之书有之曰：'怀与安，实疚大事。'"
注："《诗》云'西方之人'，谓周也。"愚谓"西方之书"，
盖《周志》之类。《列子·仲尼篇》"西方之人有圣者"，李
知几谓：意其说佛也。《皇王大纪论》曰："当周昭王时，西
方有杰戎，穷幻驾空说。"《通历》云："孝王元年，佛入涅
槃。"《唐六典》"祠部郎中、员外郎掌祠祀享祭"注谓释迦
生当周庄王九年，鲁庄公七年。二说不同。

尚未有自称僧人的，通称为道人。其姓都是根据所授之学，比如支遁本姓关，学于支谦所以姓支；帛道猷本姓冯，学于帛尸梨密则姓帛。到了道安大师时开始称佛氏为释迦，今天的佛家信徒宜跟从佛氏，于是请求都姓释。"

《唐书·回鹘传》记载："元和初年，摩尼教开始兴盛。其教法每日晚食，饮水食荤，不吃奶酪，他们国家的君主经常与摩尼教徒共同执掌国事。"

唐仲友说："老、庄之学，兴盛于魏、晋，结果召来五胡之乱。而道、佛信徒，都是因为胡人崇尚，于是盛行于中国。"（原注：佛教至姚兴而盛，道家至寇谦之而盛。）杨万里曾说："伊川之民，披头散发以祭祀。君子已经担忧戎狄之人，汉君志向荒废而反常之梦竟以成真。我们百姓却以夷狄之言，诅咒别人为好事。此为五胡、耶律之乱的先驱。"朱黼说："三代以上，将一切都归结于天命。春秋以来，从天命变为诸侯间的结盟博弈，再变为燕、秦仙怪，三变而为汉文帝、景帝时黄、老之治，四变而为巫蛊，五变而为灾祥，六变而为符谶。人心浮动，无所依托，而后佛教这样的西方异说，便乘虚而入，传入中原了。"

《晋语》说："西方之书有如此说的：'留恋家室与贪图安逸，确实会败坏大事。'"注释说："《诗》所言的'西方之人'，指的是周人。"我认为"西方之书"，大概是《周志》之类的书。《列子·仲尼篇》"西方之人中有可称为圣人的"，李石说：其本意说的是佛祖。《皇王大纪论》说："在周昭王时，西方有圣人，有穷幻驾空之说。"《通历》记载："孝王元年，佛进入涅槃。"《唐六典》"祠部郎中、员外郎掌祠祀享祭"注释言说释迦的诞生当在周庄王九年，鲁庄公七年。这两种说法不一致。

王简栖《头陀寺碑》："周、鲁二庄，亲昭夜景之鉴。"
注云："鲁庄七年，夜明，佛生之日也。《瑞应经》：四月八日
夜，明星出时，佛从右胁坠地，即行七步。"（《文选》李善
注。）按《春秋》庄公七年："夏四月辛卯夜，恒星不见。"正
义曰："于时周之四月，则夏之仲春。杜氏以《长历》校之，
知辛卯是四月五日也。"以是考之，夜明星不见，乃二月五
日，非四月八日也。盖陋儒之佞佛者傅会为此说。

潏水云："梵书有修多罗谶，言释氏之教兴废。"则谶书
其来远矣。

梁观国有《议苏文》五卷，驳其羽翼异端者。或问地狱
之事于真文忠公，公曰："天道至仁，必无惨酷之刑；神理至
公，必无贿赂之狱。"

李寿翁曰："性命之理，死生之故，鬼神之情状，《易》
尽之矣，曷为求之它？"

《通典》：唐有符袄正，谓之视流内。（原注：袄，呼烟
切，胡神也。）

永嘉张淳（忠甫）曰："今之仕，皆非古之道，是以虽贫
而不愿禄。"问其说，曰："始至则朝拜，遇国忌则引缁黄而
荐在天之灵。皆古所无也。"

道家云："真人之心，若珠在渊；众人之心，若瓢在
水。"真文忠《议筵卷子》云："此心当如明镜止水，不可如
槁木死灰。"

东魏檄梁曰："毒螫满怀，妄敦戒业；躁竞盈胸，谬治

王简栖《头陀寺碑》记载说："周、鲁二庄，亲昭夜景之鉴。"注释说："鲁庄公七年，当夜明亮，乃是佛生之日。《瑞应经》记载：四月八日夜，明星出时，佛祖从母亲右胁处坠地，当时就走了七步。"（《文选》李善注。）根据《春秋》鲁庄公七年记载："夏四月辛卯夜，恒星不可见。"正义中说："周历的四月，则是夏历的二月。杜氏根据《长历》校对，乃知辛卯是四月五日。"据此考察，则夜空明亮星不可见，乃是二月五日，并非四月八日。大概是粗鄙儒生中厌恶佛家者牵强附会而成的说法。

李复说："佛经中有修多罗谶，言说释教之兴废。"则谶书的由来已久。

梁观国有《议苏文》五卷，反驳其羽翼异端者。有人向真德秀询问地狱之事，真德秀回答："天道是最仁爱的，一定不会有惨酷之刑；神理是最公正的，一定不会有贿赂之狱。"

李椿说："关于性命之理，死生之故，鬼神之情状，《易》已经说得很详尽了，何必为此去它书中求索呢？"

《通典》记载：唐朝时有符袄正，被视为主神。（原注：袄，读音为呼烟切，胡人之神。）

永嘉学者张淳说："今天的仕宦，已经不是古时之道，即使贫困也不愿领官家俸禄。"被问何出此言，回答："刚开始朝拜如常，遭遇国忌则披僧人缁服或道士黄冠而鼓吹在天之灵。都是古时所没有的。"

道家说："真人之心，仿佛明珠沉于深渊；众人之心，就像瓢漂浮于水面上。"真德秀《议筵卷子》说："此心当如明镜止水，不可如槁木死灰。"

东魏出兵梁的檄文言："满心都是毒螫般的计谋，却妄图

清净。"可谓切中其膏肓矣。诚斋诗云:"梵王岂是无甘露?不为君王致蜜来。"曾景建云:"此身已属侯丞相,谁办金钱赎帝归?"

唐有代宗,即世宗也,本朝有真宗,即玄宗也,皆因避讳而为此号。祥符中,以圣祖名改玄武为真武,玄枵为真枵。《崇文总目》谓《太玄经》曰《太真经》。若迎真、奉真、崇真之类,在祠宫者非一。其末也,目女冠为女真,遂为乱华之兆。

张文潜云:"尝读《宣律师传》,有一天人,说周穆王时,佛至中国。与《列子》所载,西极化人之事略同。不知寓言耶? 抑实事也? "愚谓,此释氏剽袭《列子》之言,非实事也。

"垂老抱佛脚",孟东野《读经》诗也。

东坡《宸奎阁碑铭》:"神耀得道,非有师传。"出《八师子经》:"佛在舍卫国祇树给孤独园,时有梵志来诣佛所,质疑曰:'佛所事者何师? '佛曰:'吾前世师,其名难数。吾今自然神耀得道,非有师也。'"(原注:"惟佛与佛",出《法华经》。)

放翁载长芦宗颐师颂云:"天生三武祸吾宗,释子还家塔寺空。应是昔年崇奉日,不能清俭守真风。"三武,谓魏太武、周武帝、唐武宗也。愚尝观山谷《开先院修造记》曰:"夫沙门法者,不住资生,行乞取足,日中受供,林下托宿。故赵州以断薪续禅床,宴坐三十年;药山以三篾绕腹,一日

实行佛家的戒业;急躁竞争之意盈满胸怀,还谬言治理清净。"
可称得上切中其膏肓。杨万里诗云:"梵王怎么会没有甘露呢?
只是不曾为君王献上香蜜。"曾景建有言:"此身已是鼎鼎大名
的侯丞相,谁还会置办金钱赎皇帝回来?"

唐朝有代宗,即世宗,本朝有真宗,即玄宗,都是因为避讳
而选此庙号。祥符年间,因为圣祖之名改玄武为真武,改玄宗为
真宗。《崇文总目》中称《太玄经》为《太真经》。像是迎真、奉
真、崇真之类,在祠宫中不止一例。最后,称女冠为女真,于是
就成了乱华之先兆。

张耒曾说:"我曾读《宣律师传》,有一个天人,说早在周
穆王时,佛已至中国。与《列子》所载,西极化人之事有些相同。
不知道是寓言呢?还是实事呢?"我认为,此乃佛教徒剽袭《列
子》之言,并非确有其事。

"垂老抱佛脚",出自孟郊《读经》诗。

苏轼《宸奎阁碑铭》说:"我精神显耀修行到理想境界,
不是有老师传授。"出自《八师子经》:"佛在舍卫国祇树给孤
独园,当时有梵志前来拜诣佛,质疑道:'佛曾跟随的老师是何
人呢?'佛回答:'我前世之师,其名难以计数。我如今舒展不拘
束修行到理想境界,并不是因为有老师。'"(原注:"惟佛与佛",
出自《法华经》。)

陆游载长芦宗颐师颂说道:"上天降生三武(指北魏太武
帝、北周武帝、唐武宗灭佛事件)祸害我宗门,释家子弟还家时
塔寺已空。应当是当年祀奉之日,没有做到清俭守真。"三武,
指的是魏太武、周武帝、唐武宗。我曾看黄庭坚《开先院修造
记》说:"那些佛教信徒们,从不定居维生,而是行乞漫游,白

不作则不食。今也，毁中民十家之产而成一屋，夺农夫十口之饭而饭一僧，不已泰乎！夫不耕者燕居而玉食，所在常千数百，是以有会昌之籍没。穷土木之妖，龙蛇虎豹之区化为金碧，是以有广明之除荡。"山谷之言至矣。宗颐以浮屠氏而能为此言，其墨名而儒行者与？

儒之教以万法为实，释之教以万法为空。

北齐文宣敕道士剃发为沙门，徽宗令沙门冠簪为德士。其相反如此。

《世说》：王丞相（导）拜扬州，因过胡人前，弹指云："兰阇，兰阇。"（原注：此即"兰若"也。）

后周武帝废佛、道教，其子天元复之。唐高祖废浮屠、老子法，其子太宗复之。天元不足论也，太宗亦为之，何哉？

西山先生《题杨文公所书遗教经》曰："学佛者，不繇持戒而欲至定慧，亦犹吾儒舍离经辨志而急于大成，去洒扫应对而语性与天道之妙。"（见《文集》三十五。）《跋杨和父印施普门品》曰："此佛氏之寓言也。昔唐李文公问药山禅师曰：'如何是黑风吹船，飘落鬼国？'师曰：'李翱小子，问此何为！'文公艴然，怒形于色。师笑曰：'发此瞋恚心，便是黑风吹船，飘落鬼国也。'药山可谓善启发人矣。以此推之，则知利欲炽然，即是火坑；贪爱沉溺，便为苦海；一

天接受供奉，夜里在林下住宿。故赵州禅师凭借折断的薪木修补禅床，安坐三十年；惟俨禅师用三根篾条绕腹，一日不劳作则不进食。如今，要毁掉十家中等农民家产而成佛家一屋，夺去十口之家农夫的食物而喂饱一个僧人，难道不是巨大的压力吗！不耕种者生活舒适而锦衣玉食，人数有几千数百，所以才有了唐武宗在会昌年间大量籍没寺产的法难。穷尽土木之能事，使龙蛇虎豹之类的栖居之地变成金碧辉煌的建筑，所以才有了唐僖宗广明年间十年之久的浩劫。"黄庭坚之言可谓准确。宗赜认为浮屠氏能为此言，岂非是以墨家之名而行儒家之事者？

儒家教义以万法为实，释家教义以万法为空。

北齐文宣帝敕令道士剃发为沙门，宋徽宗命令沙门留发戴上发簪为道士。相反如此。

《世说新语》记载说：王丞相（王导）到扬州，经过胡人面前，弹指说道："兰阇，兰阇。"（原注：此即"兰若"。）

后周武帝废佛、道教，他的儿子天元使其恢复。唐高祖废浮屠、老子法，他的儿子唐太宗使其恢复。后周天元固然不足为论，太宗亦如此，这是什么原因呢？

真德秀《题杨文公所书遗教经》中说道："学佛者，不坚持持戒而欲至定慧，就像是我们儒生要舍离经辨志而急于大成，不去洒扫应对而谈论性与天道之妙。"（见《文集》三十五。）《跋杨和父印施普门品》中说："此乃佛家寓言。昔日唐朝李翱问药山禅师道：'什么是黑风吹船，飘落鬼国？'禅师回答：'李翱你这小子，为什么问这个！'李翱心生不快，怒形于色。禅师笑着说：'发此瞋恚心，便是黑风吹船，飘落鬼国。'惟俨禅师可称得上善于启发人。以此推之，则知利欲炽然，即是火坑；贪

念清净，烈焰成池；一念警觉，船到彼岸；灾患缠缚，随处而安；我无怖畏，如械自脱；恶人侵凌，待以横逆，我无忿嫉，如兽自奔。读是经者，作如是观，则知补陀大士真实为人，非浪语者。"（见《文集》三十四。）

钱文季《维摩庵记》云："维摩诘非有位者也，而能视人之病为己之病。今吾徒奉君命，食君禄，乃不能以民病为己责，是诘之罪人也。"

邓志宏（《南剑天宁塑象记》）曰："丹霞御寒，则烧木佛；德山说法，则彻塑像。禅教之判，其来已久。"余谓浮屠氏之有识者，犹不以是为事，而学校乃以土木为先，吾儒之道其然乎？

《通鉴·唐武宗纪考异》云："《会要》：元和二年，薛平奏请赐中条山兰若额为太和寺。盖官赐额者为寺，私造者为招提兰若，杜牧所谓山台野邑是也。"（原注：《杭州南亭记》："武宗去山台野邑四万所。"）

爱沉溺，便为苦海；一念清净，烈焰也会变成水池；一念警觉，船到彼岸；灾患缠缚，随处而安；我无怖畏，如械自脱；恶人侵凌，待以横逆，我无忿嫉，如兽自奔。读此经者，把世间一切都视作本来如此，则知补陀大士真实为人，而非空言浪语之人。"（见《文集》三十四。）

　　钱文季《维摩庵记》说："维摩诘并非空有其位之人，而是能视别人之弊病为自己之弊病。如今我们这些人奉君王之命，食皇家俸禄，却不能以百姓之弊病为己责，是该被诘问的罪人。"

　　邓志宏（《南剑天宁塑象记》）中说："丹霞禅师为了御寒，可以烧木佛；德山禅师说法，则撒下塑像。禅教高下之判，由来已久。"我认为即使是佛家信徒中的有识之人，也不以此为大事，而学校却以土木建筑为先，这岂是我们儒家之道？

　　《通鉴·唐武宗纪考异》说："《会要》记载说：元和二年，薛平上奏请求赐中条山兰若额为太和寺。大概是官赐额者才能为寺，私造者为招提兰若，即杜牧所说的山台野邑。"（原注：《杭州南亭记》记载："武宗废除山台野邑四万所。"）